自由中國

FREE CHINA

合訂本 第九集

(第十卷)

中華民國四十三年七月一日合訂

社址：臺北市和平東路二段十八巷一號

自由中國合訂本第九集要目

第十卷　第一期

第十卷　第二期

第十卷　第三期

第十卷　第四期

第十卷　第五期

第十卷　第六期

第十卷　第七期

第十卷　第八期

第十卷　第九期

第十卷　第十期

第十卷　第十一期

第十卷　第十二期

定價：精裝每冊六十元　平裝每冊五十元

自由中國

FREE CHINA

第十卷 第一期

新年特刊

百號紀念

要目

中華民國四十三年一月一日出版

社址：臺北市和平東路二段十八巷一號

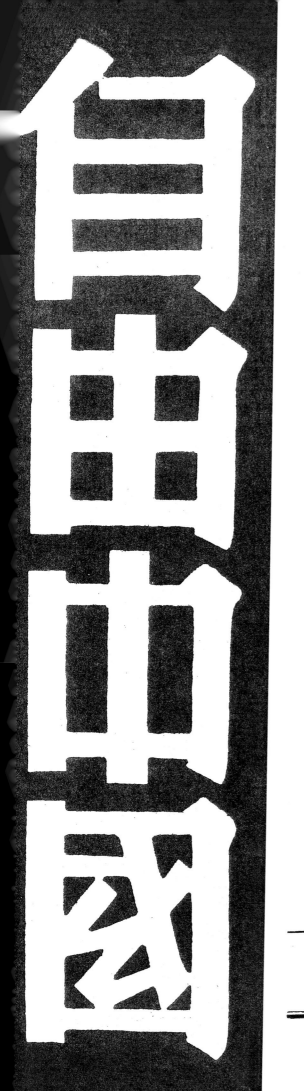

半月大事記

十二月十日（星期四）

美澳紐三國海軍代表集會珍珠港，討論海軍保衛太平洋問題。

西柏林市政府宣佈：本年度總計三十萬東德人民逃往西德，要求收容。

十二月十一日（星期五）

立法院通過妨害國家總動員懲罰條例。

美特使丁恩奉召返國，但韓國政治會議籌備工作並不中斷。

英與西歐防衞集團的六國已成立一項新協定，以確定英國與該集團間的關係。

十二月十二日（星期六）

共黨代表誣蔑美國，美特使丁恩憤然離開談判韓國政治會議的會場。

俄外長莫洛托夫向美大使包倫保證，對美總統艾森豪的原子管制新建議，予以鄭重注意。

美國防部長威爾森已批准原子時代國防計劃。

韓國友好訪問團飛抵臺北。

十二月十三日（星期日）

美特使限一週時間內要求共黨撤回其對美國的誣蔑。韓國政治會議預備會中斷。

『自由中國的宗旨』

第一、我們要向全國國民宣傳自由與民主的真實價值，並且要督促政府（各級的政府），切實改革政治經濟，努力建立自由民主的社會。

第二、我們要支持並督促政府用種種力量抵抗共產黨鐵幕之下剝奪一切自由的極權政治，不讓他擴張他的勢力範圍。

第三、我們要盡我們的努力，援助淪陷區域的同胞，幫助他們早日恢復自由。

第四、我們的最後目標是要使整個中華民國成爲自由的中國。

美國務卿杜勒斯與西德總理艾德諾已就建立歐洲軍的緊急需要完成協議。

歐洲理事會的外長委員會決議，要求德奧兩國迅速統一，成爲兩個獨立國。

韓國陸軍及警察已開始對南韓境內共黨游擊隊進行聯合清剿。

十二月十四日（星期一）

臺省俞鴻鈞主席對省議會第五次大會作施政總報告。

北大西洋公約國理事會閉幕。

美副總統尼克森完成亞洲及中東的訪問旅行，返抵美國。

十二月十五日（星期二）

美特使丁恩啓程返國，政治會議預備會仍擱淺。

北大西洋公約理事會通過防務計劃進展報告，其中表明陸軍總兵力四十師，飛機五千架。

美國務卿杜勒斯警告歐洲六國，如短期內不批准軍公約，美國將重行考慮援歐政策。

十二月十六日（星期三）

韓總統李承晚宣佈：不論政治會議何時舉行，韓國在九十天內決不採取片面軍事行動。

美國防部長威爾森稱，美國願與其盟國共享原子武器的秘密。

十二月十七日（星期四）

立院通過明年度上半年國家總預算案

北大西洋公約理事會議閉幕。

法國舉行總統選擧。

巴基斯坦與美國已非正式商談美國軍援問題。

越南內閣總辭職。

十二月十八日（星期五）

法總統選擧第三次投票仍無結果。

立法院三讀通過公務人員交代條例及四十二年度中央政府第二次追加預算案。

十二月十九日（星期六）

美參謀首長會議主席雷德福及助理國務卿勞勃森啓程赴遠東。

法總統第五次投票，僵局仍未打開。

美總統艾森豪批准一九五五年國防計劃，削減軍費約五十億元。

十二月二十日（星期日）

韓境遣俘委員會接受共黨要求，宣佈明日恢復解釋。

法總統選擧進入第四天卽第七次投票，打破僵局紀錄。

十二月二十一日（星期一）

聯軍統帥赫爾與韓國李承晚總統達致一項儘速釋放反共戰俘的協議。

美英法三國同意一項對俄國的安全保證，作爲德國問題全部協議的一部份。

法國議會第十次投票選擧總統。

俄國答覆美總統艾森豪的原子能建議，願與美國從事機密的外交談判。

十二月二十二日（星期二）

伊朗前總理莫沙德被判三年徒刑。

立法院三讀通過特刑案件處理條例。

社論

新年的願望——民主與團結

今天是中華民國四十三年的元旦。從過去一年的種種跡象看來，這一年將是一個不平常的年度。

國際方面，韓戰停火後的政治會議問題、百慕達會議後的四國外長會議問題、李承晚總統訪臺及麥克塞塞當選菲國總統後所醞釀的太平洋公約問題、歐洲軍事聯防問題、以及越南局勢、中東糾紛，這些大大小小的問題，其前途發展，可能有利於自由世界，也可能相反地助長共產國際的毒焰。

國內方面，「反攻年」的口號，已若隱若現地出自我們當局的口語，而政治上國民代表大會行將召開，反共救國會議也在積極籌劃。同時，由於有些國家提出聯合國中國代表的席位問題，我們自由中國在國際上的政治地位，又臨到一個或昇或降的關頭。這一年，我們自己的努力、自己的作風，更關重要。

在對方，共產集團方面，以莫斯科為中心所發出的和平攻勢，自馬倫可夫登臺以後，時張時弛，弄得自由世界迄未消除其意見的紛歧。而中共方面在東南亞地區的政治活動，最近日益加强，同時對於北韓又極盡拉攏之能事，（去年十一月間中共對北韓的貸款，其數額超過蘇俄貸給北韓的數量，是一顯例。）中共的這些動向，當不免引起克姆林宮的猜慮，因而在國際問題上，將在歐洲暫行讓步，在亞洲則支持中共以期滿足其某種要求。這種趨勢的發展，直接受害的自然是我們自由中國，但其後果仍為整個自由世界吃虧。

這是今天，本年度開始時，世界局勢——也是我們自由中國當前的處境——之一大輪廓。

這裏，我們不得不將我們對於自由世界和自由中國一貫的願望，藉這個新年的開始，再表達如下：

民主、團結！團結、民主！

民主勿忘團結！團結勿忘民主！

先就自由世界來說，我們要特別着重民主勿忘團結。本來，自由世界之所以為自由世界，一方面由於各國內政上之民主，一方面也由於國際間的民主。美國是今天自由世界的領導者。作為一個自由世界的領導者，自不能靠着强權來領導。否則，自由世界也就名實不符了。美國在大體上是遵循民主自由的原則來處理國際問題的，所可惜者，自由世界的其他國家，或有於私見，或不忘於舊仇，或固執於狹隘的國家民族觀念，因而全球性的反共戰略，不僅迄未建立與運用，而且一經蘇俄的和平攻勢，或稍示讓步，自由世界內部的意見益見紛歧，步驟益形凌亂，而所謂中立國家也更藉此以增高其聲勢，數年來，自由世界的內部，就一直在這種情形下任憑蘇俄採取主動。無論熱戰、冷戰、或和平攻勢，我們自由世界這一邊，總是被動地與之週旋。杜魯門時代的圍堵政策既未成功，艾森豪所宣佈的解放政策，也正在變質。其所以然者，美國在運用其領導權時，自不無有待檢討之處，但最大的原因還是在於上述的各國間所不應有的那些紛歧意見。自由世界自當遵重國際間的民主精神，但在今天，民主精神的永久維持，不得不靠堅强的團結。而且民主精神並不在於固執已見，而是在於協調。協調才是團結的基礎。照目前的情形拖延下去，只是有利於敵方。所以在這一年的開始，我們要向自由世界提出我們的願望——民主勿忘團結！

今年這一年，我們有種種理由可以相信，將是亞洲多事的一年。上述的那點原則性的話，尤其是要亞洲國家趕緊地應用到具體問題上面。

類似北大西洋公約的太平洋公約，為本刊歷來所主張早日訂結的。遠在三年以前，我國蔣總統曾個別地與菲韓兩國元首初步諮商，但一直未及實現。最近由於李承晚總統的訪臺，這個問題又再被提出，但其反應並未達到理想。菲律賓新任總統麥克塞塞宣稱就任後當急之務為內政，而日本對此問題更無熱烈表示。我們覺得亞洲當前的要圖，是中日菲韓（以中文筆畫的多少為序）四國的首先團結。這四個國家在其國際關係上，都比中南半島和印尼等國來得單純；而其現實的及潛在的軍事力量也比亞洲其他國家來得雄厚。由於前者，團結的障礙較少；由於後者，團結的效果較大。這其間自然少不了美國精神上和物質上更積極的增援，這四國又與美國無何重大的歧見，只要我們能夠合作無間，美國的增援當無問題。問題仍在我們自己。在於我們能否排除一時的私見，能否忘却歷史上的舊仇。在這一點上，我們中華民國在對日作戰結束之日所表現的國風，確可無愧於歷史。今天，日本在國際上有其獨立的地位，經濟和軍事力量的恢復，亦復昭昭在人耳目。這時，我們所期望於日本者，是澈底根除戰前的軍國主義思想，在國際問題的處理上，要存心為整個自由世界增加一份力量，而不眷戀於戰前侵略勢焰的虛榮，以免亞洲各國對日的戒惧心無以消除。同時我們也同樣懇切地希望菲韓兩國在對日問題上，不念舊惡，面對我們當前的共同大敵——共產國際，相互地以保障或恢復我們國家的獨立與自由為職志。在這一心理基礎上，中日菲韓之堅强團結，不應該還有什麼不可克服的障礙。

太平洋公約，自不以中日菲韓四國之參加為其充足條件，但四國中的每一國家之加入，却為其必要條件。在初期由此四國先行組織，或再商請泰國加入，較之廣羅太平洋各國以及與太平洋有關的各國，尤屬事半功倍。所以我們特別希望中日菲韓四國在這一年中完成這一工作，同時我們也希望美國致力於其間，以促其及早實現。

太平洋公約只是對付共產國際的全球性戰略之一部份。本文之所以只說到這一部份，並非忽視其他地區的部署配合，而是認定本年度將爲亞洲多事之秋，太平洋公約的組織，爲本年度第一大要事，故我們特別强調這個願望。

其次，說到我們對於自由中國本身的願望，原則上仍是民主、團結！團結、民主！但我們在這裏還要特別强調的：

團結無忘民主！

民主與團結，本來是不衝突的。尤其是在國內政治上，民主更是團結的要件。關於這個問題，本刊已一再地論述到。醞釀中的反共救國會議，應該是以民主精神促進團結之一方式。這個會議能否開成，開得好不好，這是本年度我國政治上的一件大事。關於這件事，本刊在第九卷八期的社論中曾提出兩點希望和兩點主張，接着我們也連續地刊載了來自海外的幾篇通訊，對於這件事提供意見。那些希望、主張、和意見，都相當具體，可供政府參考。這裏，我們要特別加以補充的，就是反共救國會議的召開，爲的是加强自由中國海內外反共人士的團結；但團結須從民主精神中求得之。也卽是說，我們所期求的團結，是一種有廣泛的代表性，同時也是自由意志的精誠團結。否則就是違反民主精神的。我們常常聽到這樣一種論調：我們今日最要緊的是力量集中，意志集中，至於「民主」，只能等到打回大陸以後再談。這種話好像是說民主與團結不能相容。所以有若干反民主的作爲，都可假團結之名來掩飾。其實這種所謂「團結」，只是强力控制的別名。與我們所要求的團結無關。

一個國家，如果有一部民主精神的憲法，而這部憲法也確是一切法令之母法的話，則這個國家的民主也就可以藉法治來保障。但在這裏所應注意者，所謂「憲法確是一切法令之母法」，就是說，除依憲制定的法律，別無法律；除依法頒佈的命令，別無命令。違憲的法律無效，違法的命令也無效。這樣才說得上是法治。我們現行的中華民國憲法，是一部有民主精神的憲法，同時我們政府當局雖有時不願提及民主自由，但無時無刻不在强調法治。照理，我國的民主政治應該可以藉此推行而且得到保障。但是我們的現行法律，是不是沒有違憲的？行政首長所頒佈的命令，是不是完全依法的？這一問，事實不容我們作一正面的答覆。四十二年元旦在立監兩院制憲國大代表歡迎胡適先生的聚會中，有一位國大代表說到「我們也許要護憲了」這句話，博得當時在座的大家鼓掌（見胡適言論集乙編四七頁），足見這句話是代表多數人的觀感，而不是無病呻吟。四十二年已經過去了，我們希望把四十三年叫做「法治年」，從這一年開始，切切實實做到一個像樣的法治國家。法治有裨於民主，因爲我們的憲法是民主的；法治也可促進團結，因爲若干年來對政府不滿者，其所指責的事件大部緣於法治之不立，而純屬於政治問題者並不太多。

民主、團結！團結、民主！這是我們對自由世界及自由中國的共同願望。各別地說，我們期望於自由世界者，民主無忘團結；我們期望於自由中國者，團結無忘民主。

追念吳稚暉先生

——實事求是，莫作調人——

胡適

吳稚暉先生今年十月三十一日死在臺北，享年八十九歲。我去年十一月二十日曾到臺大醫學院附屬醫院去問候他，那時他的病減輕了一點，他一定不肯在病床上見我，一定要我在隔壁房裏坐，他穿了衣服過來，還是那樣高聲健談！我走時，他一定要送我到房門外，等我轉了灣，他才回到病室去。我們別後不滿一年，他老人家就死了。自由中國的一個最特立獨行的怪傑就離開我們了。

我同吳先生見面時很少。有一次，——三十多年前，——他在唐山路鑛學校教書，邀我去講演，那一天我住在教員宿舍裏，同他聯床，談了好幾個鐘頭。那是我同吳先生單獨談話最久的一次。後來在科學與玄學論戰的後期（民國十二年，西曆一九二三），我有一次到上海，吳先生到我旅館裏來看我，我們談到他的「一個新信仰的宇宙觀及人生觀」，他忽然發了一點「自敍」的興趣，談起他少年時，第一天進江陰的南菁書院，去拜見書院山長定海黃以周先生(一八二八——一八九九)，看見黃先生的墻壁上有他自己寫的「實事求是，莫作調人」八個字。吳先生說，他初次看見這八個字，使他吃一驚。因為「實事求是」四個字是漢書河間獻王傳裏的話，讀書的人都知道，都記得，但「實事求是」底下加上「莫作調人」四個字，這是黃以周先生最精警的話，古人從沒有這樣說過，所以使吳先生吃一驚。吳先生說，他一生忘不了這八個字。

吳先生那一天對我講這個故事，他的意思好像是說，他寫那篇七萬字的「一個新信仰的宇宙觀及人生觀」，——「開除了上帝的名額，放逐了精神元素的靈魂」，——把「人生」看作「那兩手兩脚戴着大腦的動物在宇宙的舞臺上演他的戲」，——千言萬語，還只是他第一天進南菁書院看見的「實事求是，莫作調人」八個字的精神。

他老人家是南菁書院(當時全國最有名的學府)的高材生，是黃以周林頤山諸先生的學生。他後來很沉痛的同他的朋友陳頌平先生「私把線裝書投入毛厠裏去」，又很沉痛的公開警告我們：「這『國故』的臭東西，……非再把他丟在毛厠裏三十年不可。現在鼓吹一個乾燥無味的物質文明，人家用機關槍對打來，我也用機關槍對打，把中國站住了，再整理什麼國故，毫不嫌遲！」他苦口婆心的說這番話，也只是那「實事求是，莫作調人」八個字的精神。

在那篇「一個新信仰的宇宙觀及人生觀」裏，他很大膽的指出中國民族舊文化的缺點，很大膽的說：

「雖局董也有什麼洒掃應對，禮樂射御，許多空章程貼着，他們止是著衣也不會著好，喫飯也不像吃飯，走路也不像走路，鼻涕眼淚亂迸，指甲內泥汚積疊，——所以他們的總和道德叫做低淺。……」

同時又很大膽的說，那個「算賬」的西洋民族，

「什麼仁義道德，孝弟忠信，吃飯睡覺，無一不較上三族(卽閃彌與亞彌兩族、印度民族、與中國民族）的人較有作法，較有熱心，……講他們的總和道德叫做高明。」

這種很大膽的東西文化比較的論斷，也正是吳老先生一生不敢忘記的「實事求是，莫作調人」八個字的精神。

當民國十五六年國民革命軍北伐最勝利的時期，國際共產黨利用中國共產黨來控制中國的陰謀漸漸顯露了。但國民黨的中央黨部與國民政府都在陰謀者的把持之下，沒有制裁共產黨的能力，也沒有制裁共產黨的決心。在那個很吃緊的關頭，吳稚暉先生以國民黨中央監察委員的資格，挺身出來，向上海召集的中央監察委員會提出「舉發共產黨謀叛」的呈文。(民國十六年四月二日。)吳先生的呈文是國民黨「清黨」「反共」的重要文獻，他的全文保存在華林一編的「中國國民黨史」裏(民十七初版，頁百一三至百三二)，又有摘要本保存在張其昀先生編的「黨史概要」裏(第二冊，頁六二九至六三四)。我們在二十六年之後，重讀吳先生當日控訴共產黨的呈文，不能不佩服他老先生的遠見。他的呈文有兩大結論：

「①共產黨決定劃除國民黨之步驟，有以黨團監督政治之言，則明明為已受容納於國民黨之共產黨員同預逆謀。此本黨不願亡黨，在內部卽應當制止者也。

②現在中國國民政府已為俄煽動員鮑羅廷個人支配而有餘。則將來中國果為共產黨所盜竊，豈能逃蘇俄直接之支配，乃在變相帝國主義下為變相之屬國。揆之總理遺囑「聯合世界上以平等待我之民族」，大相刺謬。此又應當防止不平等而早揭破一切賣國之陰謀者也。」(華書頁百二九——百三〇；張書頁六三二——三三。)

共產黨在俄國十月革命取得政權之後，就計畫用「滲入」(infiltration)方法，在世界各國煽動革命，取得政權。第一次試驗是在匈牙利，建立 Bela Kun 的共產革命政權，後來失敗了。第二次試驗是在土耳其，幫助基瑪爾革命成

功，但後來土耳其反俄反共了。第三次試驗就是在中國，由共產黨以個人的資格加入國民黨，在國民黨的中央黨部裏，政府裏，軍隊的政治部與黨代表裏，都取得了重要地位。後來北伐軍到了長江流域，國民政府遷到了武漢，當日的情形確是蘇俄發縱指示的共產國際把持國民黨的中央黨部與國民政府；確是吳先生說的，「老成痛心者不敢異同，歸化希旨者甘爲傀儡，鮑羅廷已支配國民政府下之中國，曾無疑義。」當時斯大林已掌握蘇俄的獨裁政權，他運用「第三國際」的工具，用全力支持共產黨奪取中國的陰謀。這種情形，我們在二十多年之後回看當時斯大林發縱指示的文件，如中國共產黨近年發表的「斯大林論中國革命」，與「列寧斯大林論中國」諸書，固然可以看得很清楚。但在當時，一般人還不能了解那個大陰謀，吳稚暉先生的呈文還只能作一種疑詞，說「將來中國果爲共產黨所盜竊，豈能逃蘇俄直接之支配，乃在變相帝國主義下爲變相之屬國。」我們現在知道了東歐各國被征服的史實，知道了北歐被征服的史實，知道了整個中國大陸被征服的史實，我們更應該明白，二十六年前若沒有「清黨」「反共」的舉動，中國大陸早已赤化了二十多年了，也許整個亞洲也早已赤化多年了。

所以我們從歷史上回看二十六年前，才可以更深刻的了解當時蔣介石先生清黨反共的重大意義，才可以更深刻的了解吳稚暉先生舉發共產黨叛國陰謀的呈文的重大意義。

我那時正從美國回國，火車到芝加哥，才知道三月二十四日的南京慘案；火車到西雅圖剛要上船，才知道廣州上海開始清黨。船到了日本，我才知道南京已成立了新的國民政府。我在日本停留了三個多星期，仔細讀了那幾個月的報紙，才充分明白當日吳稚暉、蔡孑民、張靜江等一班文人出來主張清黨反共，確有很重要的歷史意義。爲什麼呢？因爲當時有許多中外人士還不能了解爲什麼中國革命運動忽然起了大分裂，忽然起了內部大殘殺。我在東京的帝國大旅館裏遇着剛從上海來的哈佛大學法學院名教授赫貞先生（Manly O. Hudson），他對我說：「最近中國的政變是一個大反動！」我說：「何以見得？」他說：「我親自聽見宋子文先生歎氣說，國民革命的主旨是以黨治軍，就是以文人制裁武人。現在都完了！文人制裁武人的局面全被推翻了！」赫貞先生轉問我的意見，我說：「我這十個月在歐洲美洲，不知道國內的詳細情形。但我看最近的政變，似乎不像宋子文先生說的那樣簡單吧？蔣介石將軍清黨反共的舉動能得着一班元老的支持。你們外國朋友也許不認得吳敬恒、蔡元培是什麼人，但我知道這幾個人，很佩服他們的見識與人格。這個新政府能得到這一班元老的支持，是站得住的。」我在日本對中國學生談話，對日本報人談話，也會這樣說：「蔡元培、吳敬恒不是反動派，他們是傾向於無政府主義的自由論者。我向來敬重這幾個人。他們的道義力量支持的政府，是可以得着我的同情的。」

我追記這段故事，是要指出，在二十六年前，吳稚暉、蔡孑民諸先生等一班元老在當時的危險環境裏，大膽的出頭控訴共產黨「亡黨賣國」的陰謀，主張「出以非常之處置，護救非常之巨禍」，確是一種重大的道義的力量。這種道義的力量，在我們無黨派的自由主義者的心目中，是確曾發生很大影響的。

我們在今天追悼吳老先生，必須明白吳先生當日挺身出來控訴共產黨盜國的陰謀，是根據他親自經驗觀察得來的事實，在精神上也還是他一生信仰的「實事求是，莫作調人」八個字的表現。

他是個有先見的哲人，他對於共產黨的「巨禍」，確有很深刻的觀察。我今天爲了寫這篇紀念文字，會翻看我的舊日記。在民國十七年（一九二八）五月十八日的日記裏，我曾詳記我在南京王雪艇先生寓中同吳稚暉先生同吃夜飯，飯後大談的情形。其中有這一段：

「稚暉先生總憂慮共產黨還要大得志一番，中國還免不了殺人放火之刼。

我卻不這樣想。……」

這是二十五年前的談話。現在看來，我是錯了，他的遠慮是很可以佩服的。

＊　＊　＊　＊　＊

關於吳稚暉先生的思想，我曾有一萬多字的長篇敍述。（胡適文存三集卷二，「幾個反理學的思想家」，第五篇。〔編者按：遠東圖書公司新印的「胡適文存」，這篇文章編在第三集卷一頁八一——一〇七。〕）我很盼望我的朋友陳通伯先生、胡博淵先生、和別位熟悉吳先生的生平事蹟的朋友們，能費點工夫，給這位特立獨行，一生最有光欲照人的中國大思想家寫一部好傳記。我在本月初的中央日報上得讀楊愷齡先生「國喪元良」一篇文字，才知道稚暉先生在三十八年一月中，在他決心死在上海的時期，已把他一生小心保存的六十年的函件同記錄稿子，「撕成紙屑，親自督率燒毀」，在一星期之中，燒去了「好幾箱的東西」。這眞是國家與人類的大損失。我盼望楊先生能夠告訴我們：除了那已燒去的「幾箱」之外，是否還有沒燒毀的文件已運到臺灣，至今還保存在臺灣？

吳先生一生有許多最可以感動人的軼事，我盼望他的親戚、朋友、學生，能夠把這些軼事記錄出來。這都是我們敬愛吳先生的人們的責任。

吳先生的「人生觀」的結語是：

「悠悠宇宙，將無窮極。

願吾朋友勿草草人生！」

我們忘不了這一位一生從不肯草草生活的人！

民國四十二年十一月二十四夜，在紐約寓樓。

日本「和平憲法」和軍備的消長

——從解除軍備到重整軍備——

徐逸樵

一　運近秋扇的「日本國憲法」

現在的「日本國憲法」通稱爲「和平憲法」。這憲法是戰後纔誕生的，離現在不過寒暑八易而已。這憲法所以被稱爲「和平憲法」，由於他規定了日本國民「永遠放棄國權發動的戰爭，用武力的脅威，或武力的行使」，接着又莊嚴地規定了「不保持陸海空軍和其他戰力，不承認國家的交戰權」(註一)。顯然地，這是一部史無前例的「和平憲法」。

然而這部史無前例的憲法已近於秋扇見棄了。他之所以近於秋扇之見棄，由於日本由弭軍而又整軍已到了圖窮匕見的階段。事實上，日本的統治階級對於這憲法是一向沒有重視過的。他們一向就口口聲聲這樣說：他的內容是「被強制的」，形式是「非日本的」，條文是彆彆扭扭的，全文是疙瘩滿身的。然而這樣的批評還只是舊金山和約未簽訂前的罵鷄打狗式的調子而已。其後和約生效了，局勢更變了，美國借重有加了，身上毛羽漸豐了，於是由批評而咀咒之聲，也就情不自禁地出口了。事實在不斷地顯示着：許多日本人，當然包括許多日本國民的最高民意代表也在內，已經在替他準備後事了，問題只在如何送終和幾時送終而已。然而事情眞奇怪，要送終則逕送之可耳，又爲什麼那樣拖泥帶水的呢？

二　自天而降的憲草

準備後事是新事，讓我慢慢表來。天下事有古斯有新，無新不自古，又何獨於憲法爲非然？我們要知道這憲法之所以急速衰老而近於壽終，而一方面又顯得那樣累人而不易正寢，自不能不追溯其新生所自出。然而一追溯，却又非三言二語所能畢事的。

要追溯就得回顧八年前往事。八年前就是日本初降的「虛脫期」。在這「虛脫期」中，日本統治階級最想知道的大事之一是什麼呢？就是盟國要求於「日本民主化」的究竟是怎麼一回事。可是對於這一生死攸關的大事，在最初的時候，他們委實是無法摸清的，甚至於是不敢去摸清的。到了那年九十月的中間(日本簽降約是九月二日)，虧了當時任幣原內閣國務大臣的近衛文麿，硬着頭皮二度訪麥帥，纔算摸到些頭腦。然而第一次(九月十三日)，說來眞可憐，由於近衛的英語幼稚而麥帥的譯員又不長日語，還是糊裏糊塗地白走了一趟。到了第二次，虧了麥帥的顧問阿契生(後兼盟國對日委員會代理主席)明白的指示，纔恍然於「改憲」乃是「民主化」的初步。於是他立刻上奏天皇，同時順手要到了改憲的「大任」。然而這一勇於自任的冒失行徑，在近衛本身看，當然是個將功贖罪的良機；而從旁人看，以數度任戰時首相其人，自身且難保，早晚且要入罪，又安有那樣光榮的資格下降呢？於是當時任首相的幣原喜重郎，乃以捨我其誰的氣概，悠然地掮走這個重任了。

近衛不久自戕了。他的憲草還在他的恩師佐佐木惣一博士的書篋中(佐佐木是近衛憲草的主稿人)。「藏之名山，傳之後人」乎？這有待於後起之秀去發掘了。幣原憲草呢？那是松本蒸治的主稿。看那憲草的要點之一，對於「天皇統治大權」還是那樣原封不動的(註二)，則其無傷於那個伊藤博文的傑作——明治憲法——的精華，那是不難推知的。當然地，精華既然是那樣，其爲麥帥看不順眼，那也是毋待蓍龜的了。

麥克阿瑟之爲人，方其君臨日本也，日本之善頌者曾譽之爲「軍人哲學家」。然而這位哲學家，究因其經歷是百戰的軍人，還是脫不了慣有的心急病的。他，幾次看了那不順眼的東西，心燥了，老毛病發作了，立刻下令給當時的總部民政局長斐德尼，要他動員部下的精英，自己來動手。

據名記者蓋恩(Mark Gayn)在他的名著「日本日記」(Japan Dairy)上的記載，那自己動手和迫使日本政府接受的經過，是這樣富有劇趣的。

據說麥帥於到任的次年(一九四六)二月初頭的某一天，把斐德尼叫到他自己的辦公室，要他必須於十天以內把日本憲草代草完工，準備趕上那個月的華盛頓誕生節——二月廿二日。當時經斐德尼請示草憲的重點，他只用口述給他三個大原則：

「(一)日本應該永遠放棄戰爭，廢除軍備，不再軍備；

(二)應該敍述主權還諸國民，天皇僅爲國家的象徵；

(三)貴族制應 該廢除，皇室財產 應該歸於國有。」

第二第三兩點總算還是平穩的，關於第一點，據說連斐德尼都有些楞住了。

斐德尼匆匆選拔了一些懂事的部下，在新橋的第一旅館的樓上，扃大門，嚴警備，大忙而特忙起來了。這樣忙了十多天，那份憲草居然完成了。就在第二天，他就帶了二位參與草憲的部下，一溜煙跑到幣原憲草專家們的集議的地方，找到了吉田茂(當時任外務大臣)、松本蒸治(當時任國務大臣兼憲草主持人)、白洲次郎(當時任終戰連絡事務局局長)和幣原本人及其秘書長楢橋渡。這時候，他們正以松本草案爲中心，還在那裏做搜索枯腸潤色詞意的功夫，他大踏步地進去了，把帶去的那一份草案往桌上一摜，說：

「諸位！總司令官研究了諸位所準備的草案，認爲那是完全不能同意的。我現在帶來了總司令官所承認了的草案在這裏。爲便於諸位過目，給你們十五分鐘的時間，只是十五分鐘！」

斐德尼說完後走到間壁走廊去了。十五分鐘到了，他又回到剛纔那一間房間。「只看到日本人都現出了被雷擊過似的顏色。那位擔任翻譯的白洲次郎呢，張嘴想說而又說不出聲地好幾次」。當然囉，他們一看便認爲那份憲草全是「非日本的」，要申辯和懇情是當然的。可是斐德尼又這樣帶脅帶誘地說了：

「如果諸位對於這樣形態的草案還是無意接受的話，那末麥帥只好越過諸位的頭上，直接去告訴日本國民了。可是諸位如果願意支持這樣形態的草案，那末麥帥也就會支持諸位的啊！」

這就是根據那個「突然」發表的「憲法改正草案綱要」而成的「日本國憲法」的由來(註三)。

那末這些情形是否是虛構的或鋪張的呢？從我看，寫得有聲有色點或有之，而其無傷於眞相，則爲不容否認的事實。事實上，自從那本日記出世以後，日本關於憲法的專著，或以草憲之經過爲題，爲文以載於各刊物者，當無慮百餘種，而其要點則均似之。去年改造雜誌四月一日的臨時增刊中，載有蘆田均（當時任憲法公佈委員長）、岩淵辰雄（當時任憲法研究委員）、鈴木安藏（同上）、三宅清輝（同上）、阿部眞之（政治評論家）等五人關於那次憲草經過的座談記錄。看這些人當時的頭銜，大都是有關草憲的要角，則其言應該可以憑信。記錄中有蘆田不少的回憶談，茲僅抉譯其中的一段，以示蓋恩之言決非虛構。蘆田說：

「那時我正附驥於幣原內閣末座，大部分的經過是知道的。……其間到了昭和廿一年二月的中旬（作者按：就是一九四六年二月，也就是蓋恩所指的那一月），民政局長斐德尼和其次長凱廸斯，到了外務大臣的官邸，在吉田外務大臣和松本國務大臣的前面，交出了總部所作成的那份憲法草案。値得注意的是，在那次見面的剛剛以前，松本君所準備的那份草案，原是作爲對案用的，是已經送給對方了的……結果如何呢？作爲日本案而被採用了的，除掉當初想用一院制而後來又被改爲二院制的「那一點修正以外」（引號內七字係作者附加），日本政府的草案是不太被採用了的。同時還來了這樣一個命令：以三月四日爲截止期，憲法草案是必須公布的。於是法制局和另外一些人，幾乎徹夜忙於整理和翻譯。到了三月八日那一天，新憲法的綱要總算頒布了。」

從這樣看來，「日本國憲法」原是從天而降的東西；既然是天降的東西，又何怪乎日本人要說他是非日本的「翻譯憲法」或「欽定憲法第二號」了呢？(註四)

我們在下面，就要談到這個憲法誕生不久而又重整軍備的經過。然而這一整軍的經過乃至此後極可能的發展，下面又會對照地談到，却又是和這憲法之所以雖然速老而又不易卽死的怪現象有着密切關係的，因之在這裏，我們又不能不把這個憲法所以成爲「和平的」那一條主文整個寫出來，作爲探究他之所以現出那樣怪象之一助。同時他既然是「翻譯」的，因之還不如引用那一條英語的條文來得妥當些。

Article 9. Aspiring sincerely to an international peace based on justice and order, the Japanese people renounce war as a soverign right of the nation and threat or use of force as means of settling international disputes.

In order to accomplish the aim of preceding paragraph, land, sea, and air force, as well as other war potential, will never be maintained. The right of belligerency of the state will not be recognized.

拙譯：

「日本國民誠意蘄求以正義和秩序爲基礎的國際和平，永遠放棄國權發動的戰爭，用武力的威脅或武力的使用，作爲解決國際紛爭的手段。

爲達成上項目的，不保持陸海空軍和其他『戰爭潛在力』，不承認國家的交戰權。」(註五，請特別注意這個註。又『潛在力』三字係作者改譯)

三　從無軍隊到「無戰力的軍隊」

大家都知道，「和平憲法」確實發生過使日本放棄了軍備的功效。然而那功效是爲日無幾的——僅僅只有被管理中的一個時期而已（實在說，這時期中放棄不放棄是無所謂的）。等到韓戰一發生，功效消失了，軍備重整了。關於日本重整軍備的發展，我們根據已有的事實和正在醞釀中的情勢，可以把他分做這樣三個顯明的階段：

第一階段：從警察預備隊發展到保安隊，海上警備隊也跟着加强。在這階段中，日本政府硬說速度是「漸增」的，力量是不成其爲「戰力」的，形態是不成其爲「軍隊」的；

第二階段：將從陸上保安隊海上警備隊發展到陸海空自衞隊。這個階段正由華府督促着急速踏上中；

第三階段：華府要求日本政府必須趕快踏上預定的最後階段。這一階段如果一踏上，那末太平洋上類似 N.A.T.O. 的軍事機構就會實現，日本也就成爲這一機構中具有領導作用的主力。

我們根據以上的分析，且看日本整軍的眞相究竟是怎樣。

以上第一個階段，剛纔說，開始於韓戰發生跟後。可是我所謂開始，是指形態的開始，不是指準備的開始。準備的開始，應該要追溯到美國用在日本的那二宗總值二十一億五千萬美元的 GARIO 和 EROA（註六）的行踪。因爲這二筆鉅欵的重點，一開始便放在軍需工業和有關企業的復興和加强，而從所謂「道奇路線」(Dodge Line) 實施後，不但把他們有計劃地傾注於這一條路上，同時還把國家、地方預算和一切外滙緊緊地管住，不准他們有不合目的的浪費（註七）。關於這種種，說來未免太多了，讓我回到重整軍備開始的正題。

剛纔說，重整軍備開始於韓戰發生，而其初期的形態，就是麥帥所指示的七五、〇〇〇人的警察預備隊的創設、和八、〇〇〇人的海上警備隊的增强（註八）。這個初期的警察預備隊，據日本官方的解釋，只是爲得「補助國家地方警察力和自治體警察力的不足」，然而事實上，他的裝備完全是美式的，訓練完全是美國軍官主持的，幹部之由追放被解除的舊軍官充任的，一下子就到了三〇〇名（註九）。我們看這種種的情形，能說這不是整軍的開始嗎？我們說，這是整軍的開始 日本政府原是不會同意的，可是事實不斷地告訴了人們，在那警察預備隊的階段，當時的主管者大橋武夫曾經說：「預備隊事實上已經是國防機關」（一九五一年十一月廿八日），吉田首相也曾經說：「自衛力不是違憲的」（一九五二年三月六日），和「爲自衛的軍隊是不違憲的」（同年三月九日）因而指示過大橋「提早樹立自衛的機構」。至於當時任法務總裁的木村（現任保安廳長官）甚至直截了當地說：「憲法有全面改革的必要」（同年一月十九日）。他們情不自禁地那樣說和那樣做，而在公開答復的場合，則又完全否定了那是實在的軍隊，於日本人只好說那是吉田的「私兵」和「私生子」。

在那警察預備隊的階段，吉田常常這樣說，而且氣憤憤地這樣說：如果警察預備隊可算是軍隊，那不會笑死人嗎？然而現實畢竟是嚴酷的，華府和東京聯合國軍總部的壓力是不會留情的，到了去年十月十五那一天，終於又把那個警察預備隊改爲「保安隊」了。跟着人數由七五、〇〇〇人增到一一〇、〇〇〇人了；裝備由輕重機槍、迫擊炮和中小型炮等進到戰車、高射炮和大型速射炮等近於美軍裝備的程度了；而那海上警備隊的艦隊羣也增編到十六隊了（註十）。可是儘管那樣飛躍地增强，而吉田還是氣憤憤地說：如果保安隊可算是軍隊，那不會笑死人嗎？然而吉田自由黨的勢力弱多了，在野黨的勢力相對地强多了。他們一再用事實壓迫他，用壓力誘導他。吉田迫得無路可走了，終於不得不以苦澁的表情，很懊喪地承認了那只是「無戰力的軍隊」（註十一）。

論常識，只有戰力大小的軍隊，決無「無戰力的軍隊」，如其有之，則日本的保安隊和警備隊應開其先河了。然而他們果眞是「無戰力的軍隊」嗎？讀者先看這個關於保安隊的戰力表！（註十二 並請看「註十五」）如果認爲這表，只是呆板的數字，表現不出實在的戰力，那末請再看以下保安隊大演習的實在的成績。據日人島秀夫的推測，認爲根據本年七月間保安隊七、〇〇〇人在富士山周邊大演習的實績，那時保安隊的火力大概是這樣：

（一）一個管區的榴炮火力（各種榴炮的火力應視爲火力的重心。又現日本保安隊共分爲四個管區），等於舊日本軍一個師（二次大戰時的一個師）的榴炮和野炮火力合計的四·八倍，如果發射力較演習時再增大些，等於舊日本軍一個師的六倍以上；

（二）如果再加上那時所使用的戰車炮火力，等於舊日本軍一個師再加上他的戰車炮火力的五倍以上；

（三）如果再加上那時所使用的迫擊炮和反戰車炮 (bazooka) 火力，則其綜合火力，至少要在舊日本軍一個師、再加上他的這二種火力後所有的綜合火力的八倍以上。

「這樣以火力爲重點而兩相比較的話，把現有保

日本保安隊現有裝備量及其短期內擴充預定表

兵器名稱	種類	現有數	本年度預算執行後的數量
自動手槍	—	九,五〇〇	一〇,一〇〇
騎槍	—	七〇,三〇〇	七〇,三〇〇
步槍	—	三三,三〇〇	三五,五〇〇
自動步槍	—	三,〇〇〇	三,〇〇〇
短機槍	—	一,六〇〇	一,六〇〇
輕機槍	—	八〇〇	九〇〇
重機槍	—	一,五〇〇	一,九〇〇
高射機砲	四〇粍	二〇	三〇
反戰車砲 bazooka	二·三六吋	五,〇〇〇	五,〇〇〇
反戰車砲	三·五吋	三四〇	二,八〇〇
無反動砲	五七粍	一五	三三〇
無反動砲	七五粍	一五	一五〇
迫擊砲	六〇粍	三八〇	三八〇
迫擊砲	八一粍	四七〇	四七〇
榴彈砲	七五粍	四五	四五
榴彈砲	一〇五粍	一七〇	二一〇
榴彈砲	一五五粍	七〇	一〇〇
榴彈砲	二〇〇粍	二七	二七
大砲	一五五粍	三	三
戰車	七五粍砲	三四〇	四三〇
大型軍用卡車	—	一九五二年度末共計九〇三七輛	二,〇〇〇
其他車輛	—		？
輕型飛機	—	五〇	二八
直升飛機	—	〇	三

安隊十一萬人比做舊日本軍二十乃至三十個師，那是虛心的看法，而從綜合戰力的角度看，把他比作相當於舊日本軍十四個師乃至二十個師，那也是虛心的看法。」

「至於保安隊機動力之高，本年七月富士山的演習也已經證明了的。根據當時各報的報導，清晨從東京出發的部隊，乘了數以千計的機械化車輛，竟得於三個小時的時間，到了小田原和箱根之線，那是以徒步爲主的舊日本軍所夢想也不到的。」(註十三)

從東京到小田原，小型汽車單放尙且要二小時(箱根須二小時半)，則其機動力之大就不難想像了。保安隊——「無戰力的軍隊」的火力和機動力既然如此，無怪乎那位被尊爲舊日本軍「作戰之神」的辻政信議員要望而發楞了(註十四)。日本老百姓之趨觀者，要揉揉眼睛，將信將疑地說，這究竟是「皇軍」再生呢？還是美軍啊？而自由黨和改進黨的若干議員們要屛息凝視，歎爲觀止地說，「這確是要得啊！」了。

保安隊的戰力既然是這樣，那末警備隊的現狀究竟如何呢？請先看附表的統計！(在作者執筆時之現有數，應已成「本年度預算執行後」一欄中之數了，請閱(註十五))。

與保安隊富士山演習前後，這備警備也有過一次聯合大演習，地點在五島列島和陸奧海灣一帶。對於那一次演習，木村保安廳長官也非常贊歎。據各報的記載，木村尤有「帝國海軍尙存」之感云云。

這個警備隊現在分爲佐世保、大湊、舞鶴和橫須賀等四個地方總監部(明年將設吳一個，合計爲五)，而現有人數，合幹部一、六二二人，士補三、七〇〇人，隊員五、〇〇一人，共計爲一〇、三二三人。幹部是將校的謙稱，士補和隊員是尉官和海兵的謙稱。這樣的謙稱，日本警備隊中是極多的，例如稱兵艦爲「船」，艦隊爲「船隊」，鎭守府爲「地方總監部」……則所謂警備士、準警備士、警備補、警備長等，容可推而知之，不必比照。這樣的謙稱，和保安隊中稱戰車爲「特車」，師團爲「管區」以及其他許多改名易姓之類，其揆一也。「揆」者，憲法第九條尙存，不可以言「軍」也。

日本海上警備隊現有裝備量及其短期內擴充預定表

兵器名稱	種類	現有數	本年度預算執行後的數量
Frigate艦(P.F)	一,四二〇噸級	二隻	一八隻
登陸艇(L.S)	二五〇噸級	四三隻	五〇隻
掃海艇(M.S)	—	三三隻	五三隻
警備船(驅逐艦)	一,六〇〇噸級	—	二隻
警備船(驅逐艦)	一,〇〇〇噸級	—	三隻
警備船(驅逐艦)	四〇〇噸級	—	六隻
警備船(驅逐艦)	六〇噸級	—	
工作船	一,〇〇〇噸級	—	一隻
掃海船	六〇〇噸級	—	二隻
掃海船	三二〇噸級	—	四隻
輕型飛機	—	—	五〇機
直升飛機	—	—	九機

然而這樣的謙稱，其初確也不無逼眞之處的。例如在初刱之時，無論警察預備隊或警備隊，均以「文官優先」制爲採用幹部的原則，從而所用的一時多爲過去的內務官僚系，於是大招舊軍人的側目和鄙視。可是天下事，眞身是不易久隱的，尾巴是會顯露的；其後裝備日精了，訓練日勁了，那些「行伍」先生自然會走開，而軍人東山再起之日乃到了。關於這，尤其是本質上具有高度技術性的海軍，更表現得顯著。請看現在警備隊的幹部一、六二二人中，就有了舊海軍的中堅幹部七七五八人，居全數一半以上，而保安隊中還只有三分之一弱，就是明白的例子。新舊的比重既在急速傾斜着，「行伍」確實面臨「夕陽無限好」的黃昏前了。

四　急速發展中的「戰力」

「行伍」急速沒落的過程，就是「戰力」急速成長的過程。這過程已臨飛躍之境了，那就是現在正在踏上中的第二個階段。

這階段就是從「保安」而進於「自衞」的階段，從美國支持形態說，乃是用 M.S.A. 法案來裝備的階段。

這個階段的公開宣佈，雖然開始於本年八月六日艾森豪總統送致國會的 M.S.A. 報告書，而事實的醞釀則開始於一年以前。艾總統在那個報告書中有一段這樣說：

「日本是已經以保安隊的形式，刱設了爲維治國內治安和秩序的手段了。美國現在正在採取這樣的援助政策中，就是供給日本以自己所不能供給的若干種裝備，使那個保安隊發展到能夠防衞自己的國家。關於這一點，以相互安全保障法爲依據的相互防衞協定的交涉，已於七月十五日在東京開始了。」

這報告書中明白指出了三點：(一)日本應該把軍隊的任務，從「維持國內治安和秩序」進到「防衞自己的國家」；(二)日本應該接受相互安全保障法案(Mutual Security Act)所規定的軍援和其義務；(三)美日之間應該締訂「相互防衞協定」。顯然地，這將是日本整軍過程中的大飛躍。

然而這一大飛躍，從吉田看，乃是一個不容輕躍的東西。爲什麼？因爲接受了軍援(以下簡稱 M.S.A. 爲軍援)，日本必須接受「防衞力『增大』的義務」。這個增大的義務，據該法第五一一條A項之四的規定，日本必須「在與本國的政治的和經濟的安全能夠兩立的範圍內，盡本國人力、資源的設施、以及一般經濟狀況之可能，執行全面的貢獻」，而其目的則爲「增强維持本國的自衞力和自由世界的防衞力」。從吉田看，認爲這是日本現狀所吃不消的東西。如果接受了軍援，日本又必須接受「防衛力『增强』的義務」。這個增强的義務，據該法第五一一條A項之五的規定，日本必須「力求一切必要的合理的措置」，而這措置一推行，必然會影響到日本整個產業機構的形態，從而必然會影響到整個社會經濟可能的不安。從吉田看，認爲這又是日本現狀所吃不消的東西。吉田認爲吃不消的還多哩，這裏似乎不必去詳述。總之說，從吉田看，日本政府有着許多內在外在尙未克服的弱點，而今天的軍援，則又遠非過去那樣雜有甚多經濟援助物在內的那個東西可比了。這是他所以一再拖延躊躇，而又不能不做出裝勢想跳的道理。

可是吉田也知道，光是這樣拖延、躊躇和裝勢是無濟於事的。所以於一邊抵抗之中，而一邊又大施其多角的交涉，以圖補足消化的能力（日本政府稱爲「對於 M.S.A. 的受入態勢」），這又是他在一年來，對國內，則縱橫捭闔以周旋於各黨，對國外，則星使四出以遊說於近鄰的道理。縱橫捭闔於各黨，目的在安定國內的政權，星使絡繹於近鄰，用意在減少國外的嫉視。這些顯然是極費心機和吃力的工作，吉田確是任勞任怨去做了。做，顯然是不能大如人意的，然而時機急迫極了——尷尬的朝鮮戰爭停火了，於是美國迫不及待了。美國說，這樣漫漫幹去要到幾時纔行呢？你說沒有錢，外滙爲什麼那樣浪費呢？吃的穿的爲什麼那樣考究呢？高樓大厦爲什麼那樣多造呢？「我們尙且在節省，爲什麼不束緊肚帶呢？」(註十六)你說政局不安定，爲什麼讓同胞兄弟（指鳩山自由黨）在外遊蕩呢？有血緣關係的還多着哩（改進黨），又爲什麼不去招呼他們呢？你說日本國力太小了，軍費支出已近界限了，這更是胡說！論到軍費支出和國民所得的比例，我們是一五％（五二年度，下同），英國是一〇・九％，西德是九・三％，法國是八・九％，意大利是五％，而你只有二％，無論論理論情說，提到意大利那樣，那是應當的。你說鄰舍要嫉忌，記舊恨，不合作，那倒情有可原的。可是也得把量放大些，柔軟些，乾脆些，應賠的該賠，應讓的該讓，只要誠心誠意地去幹，我在旁邊幫你一幫就好了啊。你說整軍太快有困難，和平憲法還活着，那也情有可原的。「日本的非武裝化不是日本人做出來的，而是出於美國的主張，在這裏，我率直地承認美國的錯誤！」(註十七)好了吧，還有什麼難題呢？可是有一點，關於軍援好歹非拿去不可囉！這種種，就是幾個月來杜勒斯、諾蘭、李奇偉和尼克森的嚴父慈母式的鼓勵和督責。

在這樣督促和鞭韃之下，吉田委實無可再推了，於是派了池田勇人以特使的資格赴美洽談。池田在美足足留了一個月，在那一個月中間，據說舌敝唇焦了。然而所獲究有幾許呢？他，受了吉田的重託，帶去了無數的資料，目的無非去訴苦和要錢；同時問清美國要求日本整軍的規模究竟有多大和多速呢。可是從華府要人看，不速之客來臨了，而那又是首相的代表，那當然是爲得接受軍援和準備大擴軍而來的，於是就拿出了既定的計劃，要池田接受了。

池田談判的內容是極秘密的，實情只有等待事實的證明。我們根據各種報導而予以分析，所可知者只有這些重點而已：

（一）擴軍方面——美國要求陸上部隊爲主，海空部隊爲附，日本主張三軍均衡。美國要求三年內至少增至三十二萬五千人（陸軍），日本主張三年內最多只能增至二十萬人左右。

（二）援助方面——美國主張援助只限於軍援，而軍援則限於完成兵器和其他物資之應該用於擴軍，或應該轉用於擴軍方面者(註十八)，「域外採購」額當然有一些。日本的要求呢？軍援固接受，經援更需要，至少能够援用西班牙的成例。

（三）債務方面——美國要求速償 GARIO 和 EROA 的二十億左右美元，日本只好承認了，惟盼減額和緩付。

（四）借欵方面——日本的希望本來很大，而成果則極少；已成者有火力發電借欵四千餘萬美元，有希望者似不出水力發電借欵一類而已。

看這些情形，日美之間相去是顯然很遠的。無怪池田的懊喪之情溢於言表了。池田說：「當我知道了美國並沒有準備給予日本以必要的經濟援助，作爲對日軍事援助的實惠之時，我大感失望了。我和美國顯要們談話，知道了他們除掉軍事援助以外，對其他並沒有一點關心的，同時又知道了縱使有什麼經濟援助可能的話，也是非經過別種談判不可的。」(註十九)

前面說了一大堆，那末第二階段的戰力究竟將會怎樣呢？照理說，這是有待於迫在目睫的東京談判的結果的。然而本文應編者的催促，不容等待談判有眉目而必須脫稿，於是不得已，只好把那個日本保安廳自認爲「最後的防衞案」的要點介紹給讀者，同時又把許多其他的概案也附在下面，作爲研究的參考。好在軍擴談判照例是秘密的，發表的東西照例是不易置信的，等不等也是無所謂的。

這個保安廳的所謂「最後的防衞案」是經過七度修正而成的。第六度的修正案，據說會由池田帶到美國作爲談判的對案，則這一次的案應該可視爲「最後的」了。保安廳負責人曾經自豪地說，「這案是不至於會怎樣變動的」，而木村保安廳長官於本月一日答覆左派社會黨穗積七郎的質詢，也說「我國的防衞計劃，決計照自己的見解編的」。他們都在這樣說，且看說話是否會兌現！(註二十)

（一）陸上部隊——三年後增至十八萬人，五年後增至廿一萬人(現有的十一萬人在內)。在最初的三個年中，第一年度(卽本年度)增加三萬人，第二第三年度各增加二萬人。

(二)海上部隊——第二年度增强三萬噸（連自造的在內），連現有者共計約八萬噸，五年後總噸數共計約十四萬五千噸。

(三)航空部隊——第二年度增强約一百五十機，五年後的總機數，包括噴射機四百機，共計約一千一百機。

(四)服務年限延長——陸上部隊技術人員由現在的二年延長至三年，海空部隊無期限。

這些僅是該案的要點，需要說明之處很多，以篇幅故，只好從略。至於其他概案，大旨如下：(註二十一)

案名	陸軍	海軍	空軍	軍總費	完成時間	對美援希望	備考
鳩山意見書(野村吉三郎案)	二三萬五千人	三八萬七千噸	一、八〇〇機				向杜勒斯提出
服部卓四郎案	二〇個師，戰時五〇個	二〇萬噸	二、五〇〇機	自主・自衞・自立			由市町村長負責徵募
蘆田均案	一五個師二〇萬人	據改進黨中曾根案所述，採取陸海空軍三軍均衡方式				軍援	防衞地方的義勇軍
鍋山貞親案	一五個師二〇萬人	一八萬噸	二、五〇〇機			援助裝備	以民兵組織爲中心
伊藤正德案	一二・五個師一〇萬人	二五萬噸四萬人	一、五〇〇機 三萬六千人				
酒井忠紀案	二〇個師（輕裝備的野戰軍）	沿海岸線防衞隊	援護地上的戰術空軍（三萬九千人）	每年二千六百億日圓	二年		
稻田正純案	一五個師二〇萬人	一〇萬噸	一、〇〇〇機				
邊鐵藏案	一五個師二〇萬人	三〇萬噸	二、〇〇〇機				
日本防衞委員會	二〇個師	二八萬噸（巡艦四，空母四，驅逐艦一三，其他四萬人）	二、一〇〇機 三五、〇〇〇人	陸軍在外，共九千億日圓	十年	只裝備陸軍	
岡崎勝男案	二〇個師三〇萬人	三一萬噸	一、八〇〇機				
稻葉秀三案	二〇個師	一五萬噸		三、七五〇億圓，五年完成，陸軍二、三〇〇億，海軍三〇〇億，空軍二〇〇億，其他係人事與兵營費		M.S.A. 作爲經援	軍事工廠應爲國有民營
伍堂卓雄案	一五個師二九萬人	三〇萬噸一〇萬人	二、八〇〇機				
Y委員會。(註二十二) A案 B案 C案	 二二個師二〇萬人 一一個師一五萬人 一五個師二六萬人	 二六萬噸四萬人 二五萬噸五萬人 三〇・八萬噸七萬人	 一、八〇〇機 三、〇〇〇機		均定八年，並以本年爲第一期	第一期借貸艦艇	
經團聯案	一五個師三〇萬人（裝備定三〇個師卽六〇萬人用）	二九萬噸（以驅逐艦爲基幹）共七萬人	三、七五〇機（戰鬪機一、八〇〇機，中型轟炸機九〇〇機）一三萬人	二兆九、〇〇〇億日圓	八年	一兆二、七〇〇億日圓	對美依存，初年定三・八%，終年定四・八%
經濟審議廳案	一五個師二〇萬人（裝備二五萬人份）	二二萬噸（以驅逐艦爲基幹）	二、〇〇〇機，其中噴射機三五〇—四〇〇	一兆二、三三〇億日圓	六年	二、七〇〇億圓，大部分係 M.S.A.	日本方面支出者以國民所得之四%爲限
木村篤太郎案（保安廳長官）	一五個師二〇萬人	二一萬噸四萬人	一、五〇〇機，其他練習機一八八機共五萬人	不詳，似較經濟審議廳案爲多	五年完成	借貸裝備，希望M.S.A.	徵募制
舊軍人案（根據英國「經濟人」誌）	三〇萬人，裝備六〇萬人份	二二萬噸，輕巡三，驅逐艦九六	戰鬪機一、五〇〇，中型轟炸機五〇〇	不詳	三年完成	不詳	

以上所說的只是第二階段的推測。至於第三個階段，那只是美國預定中必須要使日本踏上的一大步而已。他的實現的遲早，規模的大小，乃至可能不可能，都要看客觀情勢的發展、美國努力的程度和日本政府的誠意如何。在這裏是無從談起的。

五　「詭辯」的眞意

我們根據前面的說明，一方面，知道了日本的整軍，無論過去的「漸進」或此後的「急進」，實無一而非違憲的行爲，一方面，我們又知道了日本政府的負責人又在竭力地辯護着那決不是「戰力」和決不是違憲。事實上，「非戰力」和「非違憲」云云，究竟是「詭辯」。然則詭辯的眞意究竟在那裏呢？

木村保安廳長官說：「具有能够有效而確實執行近代戰的那種裝備的實力部隊，纔算是戰力。」(註二十三)

岡崎外務大臣說：「有執行近代戰的戰力的，就是能够執行侵略戰的能力的，纔算是戰力。」(註二十四)

吉田首相說：「我的想法是極明白的，如果還不明白，那眞笑話了。自衞力增强後成爲戰力了，就改憲法。」(註二十五)

看他們的高見，好像只有原子彈，輕氣彈和誘導兵器之類，纔配稱戰力，而其他都不是戰力；好像只有美蘇有戰力，英國有半戰力，而其他都沒有戰力；好像美蘇可以侵略，英國可以半侵略，而其他決不會和不可以侵略；好像日本有戰力之時就好侵略，而日本改憲之時，就是有戰力之時，也就是不妨侵略之時了。這眞是滑天下之大稽的高見！眞無怪乎許多日本人要說他們是「詭辯」了。

「詭辯」是不容否定的事實，而「予豈好辯哉，予不得已也」，是不容看輕的道理。這「不得已」之理在那裏呢？據事實而判斷，至少有這幾點：

第一是政治上的「不得已」。政治上的不得已就是政治欠安定。這裏所謂政治欠安定，當然是指吉田自由黨的政治勢力欠安定。「安定」不僅是吉田的「悲願」，也是美國的「要求」。遠者不必說，這次尼克森來日的一部分使命，就是爲得幫助吉田安定。證據在那裏呢？吉田和鳩山對拱久了，偏偏在尼克森留日之時就屈尊就敎，於是把鳩山派帶了一大串而走，此外可以不必談（例如尼克森和重光見面之類）。然而只是這樣是不够的，帶走以後反會增加不安定的因素的。爲什麼呢？(一)帶走的雖然是多數(二十三名)，留下的雖然是少數(十一名)，然而在吉田，仍不够衆院總數之半。(二)留下的少數危懼了，硬化了，改進黨也感到聲勢大跌而有轉爲硬化的可能了。基於「物以類聚」並「傷其類」的原則，二者大有緊緊靠攏之可能。(三)帶走的二十餘人，究竟是造過反的部隊，因之仍不免是心腹之患。這心腹之患在於內外呼應以待機。(四)社會黨左右二派因此有進一步團結的可能，並有進一步和改進黨及鳩山殘留派合作(有些方面暫時的携手)以反擊的可能。這種種，實無一而非吉田想進一步拆人之臺而固已之臺的障碍。看情形，如果進一步拆臺戲演不好，只有二條路好走：一條是和改進黨談聯立，另一條是走向加速再解散國會的路。然而據現狀以判斷，這些都不是可以安定政權的靈藥。總之說，政局不安定是吉田所以要詭辯的最大「不得已」。

第二是經濟上的「不得已」。日本的經濟，美國專家說他是「竹馬經濟」，左派和日共說他是「殖民地經濟」，一般人說他是「特需經濟」。「竹馬經濟」靠「道奇路線」救於一時了，據說「道奇路線」又要舊調重彈了。「殖民地經濟」的說法太麻煩，這裏無法來下筆。「特需經濟」云云，那大半是眞實的。大家都知道，「特需」是靠朝鮮戰爭到手的，現在戰爭停火了，「特需」何從來呢？本年八九月間有過幾次回光反照的大特需，殊不知那是美軍大修其破車破炮和其他之類而準備息手時所得的橫財。事實上，九月以後那些横財大走下坡了，於是只好等待對日軍援和近鄰諸國向日採購的軍援。這就是那個軍火資本家集團的經團聯(日本經營者團體聯盟)急急乎要向

日本經團聯提：防衞產業承製能力表(註二十六)

分類	項目	一九五四年(單位百萬日圓)	一九五五年(單位同上)
承製總能力	一般兵器	三八、三九六	五七、七九三
	電氣兵器	二、九九〇	一〇、三二〇
	艦船	—	一四、七〇〇
	水中兵器	一、〇七四	八、一三三
	飛機製造	一、一三八	三、七〇三
	同上部分品	二、二二五	八、六〇八
	計	四五、八二三	一一三、一四五
一般兵器承製力	彈藥類	二八、〇六〇	三八、四二〇
	槍和砲	三、五三三	一〇、二八三
	車輛	六、八〇〇	九、一〇〇
	計	三八、三九六	五七、七九三
建艦承製力(括弧內係噸數)	建艦可能全數量	六、〇〇〇(四、〇〇〇)	三〇、〇〇〇(二〇、〇〇〇)
	保安廳建艦預想量	六、〇〇〇(四、〇〇〇)	一五、三〇〇(一〇、二〇〇)
	爲東南亞方面採購之建艦承製數	—(一)	一四、七〇〇(九、八〇〇)
飛機承製力(括弧內係機數)	戰鬪機	—(一)	二、八〇〇(六)
	偵察機	二八〇(三)	一、八九〇(一八)
	哨戒機	三三〇(三)	二、八八〇(二四)
	大型運輸機	—(一)	一、九八〇(一三)
	小型運輸機	三九二(四)	二、五六八(六〇)
	練習機	九三六(四)	六、三八四(五八)
	計	一、九三八(一三)	一八、五三〇(一七八)
	飛機用部分品	二、二三五	八、六〇八

一九五四年之能力合美金一二七百萬美元，五五年合三一二百萬美元

美國提出承製能力的數字的道理。可是事實上，對日的軍援，據說合計往後的三年，也只有六億四千萬左右美金的價值，這裏面最大部分當然是美國供給的現成武器。至於所謂「域外採購」者，採自日本而用於日本的大約只有一億五千萬美元，採自日本而用於東南亞者也大約似之。這情形可以代替朝鮮戰爭的「特需」嗎？這情形可以饜日本軍火資本家之望嗎？那些資本家有點失望了。據說他們竟把那個神聖的M.S.A. 變爲這樣說：M.S.A. 了——"M"utual "S"ecurity "A"ct 就是 "M"o "S"ukkari "A"kirameta（日本話，意義是「已經完全絕望了或光蛋了」）。形容當然過火些，可見他們懊喪之一斑。吉田看出了軍援之不足以潤浮萍的經濟也，於是急急乎想向美國請求經援和借欵，作爲接受軍援以擴軍的條件(內心是這樣，嘴上不敢說)。可是事實如何呢？上面不是說過嗎？池田是失望歸來了。尼克森不是在日美協會上明白提過嗎？「除掉軍援以外，我們是一文也不白花的」(註二十七)。原來美國本身也正在緊縮和減政，以預防明年可能的恐慌之襲來，其不作不急不要的援助，那也毋寧是當然的，可是其如先天不足後天失調的日本何？我們在這裏，只好說到這一些。此外關於日本經濟情形尷尬之處還多着哩，只好讓諸其他機會再談了。

第三是社會方面的「不得已」。這裏所謂社會，是指一般社會情形和教育情形。先說教育方面吧。日本從憲法頒布後一直到現在，從幼稚園、小學、中學而至大學的有關社會學科方面的教科書、教授書、參考書乃至先生們的講義和教法，都以「日本國民永遠放棄戰爭」和永不軍備教導其學生。這中間，尤其是中學以下的學生，他們從未受過舊式的教育，從未看過「皇軍」的樣子。他們所被耳提而面命的全是敗戰的苦楚和戰爭的殘酷；在他們白紙似的軟軟的腦子上所寫下的，全是些日本應該是和平的國家和日本國民應該永遠不再拿槍桿的文字。這些文字是誰寫下的呢？就是這幾年來進了數以五十萬計的那個所謂左傾的「日本教職員勞動組合」的先生們。對於這些先生們，現在似乎有人說他們太左傾了，太把學生們教糟了。然而論事理，憲法上既然那樣莊嚴地寫着，這罪究竟應該誰負呢？據說上月池田勇人在美的時候，在日美雙方的談判紀錄上，承認了日本政府應該努力於這樣的「防衛教育」，就是「日本政府應該以教育及宣傳，助長其國民的愛國心和爲自衛的自動精神爲最大責任」。這責任顯然是很難的，也決非三天五天可以繳卷的。據朝日新聞「天聲人語」欄中本年十一月廿八日的說法：「如果眞正要那樣搞的話，那末教師們就要把從前教下來的東西對於學生乾脆地認錯了，從明天起，就得把口嘴擦一擦，去教相反的東西了。然而這樣的搞法，恐怕連文部大臣和吉田首相都不是輕易可做的啊！」這是教育方面的「不得已」。

其次說到一般社會情形的「不得已」。照理說，如果要明目張膽地整軍，就要堂堂皇皇地改憲。關於改憲的手續，據憲法第九十六條的規定，手續是極煩的，實現是不易的(註二十八)。最基本的一點無非在於民意的向背。可是照目前而推測較近的將來，他們的向背究竟是怎樣呢？這裏有一張讀賣新聞社關於可否整軍的這幾年來的民意變遷表，請讀者們看一看！(註二十九)看這張表的時候，還請注意這幾點：㈠表中所謂「25」年是昭和的紀年。「25」年就是一九五〇年，其餘以此類推；㈡所問的大旨是關於重整軍備贊否的問題而不及其規模；㈢只有「28」年八月那一次(就是今年)，因爲該社看清了日本接受軍援幾成定局了，於是問被測驗者們說：「防衛究竟用什麼方式好？」關於這一測驗的答案是這樣的：①答「現在的保安隊好」的佔三五．一%；②答「接受軍援以增强保安隊好」的只佔一九．九%；③答「改正憲法以整軍好」的只佔一七．一%；㈣看整個變遷表，贊成者從去年起反而呈急速下降的趨勢，這就更可玩味了。總括說一句，可否改憲應以民意爲向背，那是無可如何的事理。如果民意眞正是如此的話，那不是吉田又多了一個最大的「不得已」了嗎？

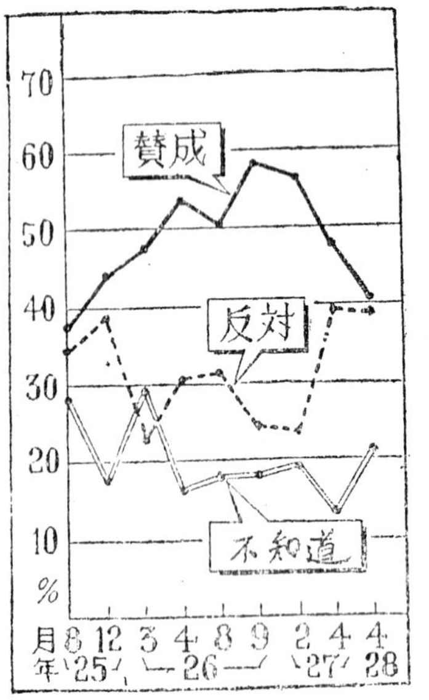

以上所說的不過只是比較大的「不得已」而已，此外內在的「不得已」還多。譬如就外在的方面說，四鄰對於日本整軍當然不會大快其意的；韓國會恐懼，非列賓和印尼等會恐懼又迫賠償。這次尼克森赴韓國，總算替吉田政府帶來了那一份韓國對日的宣言。可是細讀那份宣言的內容，關於伸手言和者只有十之一，而大責日本的却佔十之九，就是顯然的例子。然而這一些，究係小焉者也而已，如果其他條件成熟了，日本政府是不會多管那一些的，而且也無多管必要的。「改憲」乃係國內事，「自衛」更係國內事，鄰家其如我何哉？

六　秋扇如何見棄抑何時見棄？

對於和平憲法和軍備的消長已經粗粗談過了，最後要問的是，這個憲法究竟何時被揚棄和如何被揚棄呢？

關於這問題可能的答案，個人的意見大概是這樣：

㈠這個憲法的揚棄終將出於日本人完全的自動。——現在有些人，基於「趙孟之所貴，趙孟能賤之」的那一種對於事物靜止的看法，認爲只要美國暗示或强制日本改憲，日本應該會照辦的，問題只在許其時間的斟酌而已。這一種看法，老實說，不但太膚淺，而且太輕人。第一、現在的日本，說他是「獨立國」也好，說他是「美國的殖民地」也好，總之已經遠非八年前可以任人擺佈的日本可比了，所以在此時，趙孟應已早失其可貴可賤的對象了。第二、現在的憲法，無論從其由來、形式和內容說，日本人中間向來就沒有人會歡迎過的。他們要改他乃是八年來一貫的悲願，初非美國今天的好惡所能隨便擺佈的。關於這一點，無論保守或革新都是一樣的，問題只在要改的立場和其應改的時機的不同而已。為什麼呢？保守陣營的要改，如其說是在於這憲法的不許其有軍，毋寧說是在於這憲法的「非日本性」和其强授性。這理由很明白：自衛本是任何國家本有的權利，也是任何階層通有的要求，因之應該需要把這一憲法改過來乃是一種天經地義的行為，決不應該只是保守陣營的獨佔物，至於「非日本性」和强授性，前者乃是保守陣營所最厭惡的東西，而後者乃是保守陣營所單獨嘗到過的異味，其為深惡而痛絕，乃是不難想像的。革新陣營呢！對這憲法也本來沒有歡迎過，甚至八年前就已經反對過。現在他們在擁護是事實，然而這擁護，無非認為居今日而改憲要軍出於保守陣營之手，則其影響必然是不利於已而已。如果政權落到他們自已的手中，其不改亦誠怪乎哉！簡言之，這個憲法之不受任何日本人的歡迎既然是事實，則其改正之必將出於日本人的自動也是必然的事理。就現在和最近的將來看，改憲最大可能的主動者當然還是保守方面的勢力，同時還可以這樣說，他們改憲的時期也許還會和美國所期望的差不多。但是我們有理由應該認清，這個差不多只是發展途上的巧合而已，焉可視為出於美國單純的指使？八年前的日本已經早去了，趙孟早已失其可貴可賤的對象了(註三十、三十一)。

(二)改憲未必以日本的經濟的現實為依歸。——這二年來，關於軍備和改憲的爭吵，日本老百姓是聽煩了。改進黨和鳩山派天天說：那確是軍隊，那確是戰力，還不改憲嗎？社會黨右派天天說：整軍是可以的，自衛是更可以的，可不能太多囉，太多是會違憲的，而下意識中却在嘰咕着「改改也未始不可！」只不要跟美國人跑，不上他的圈套就好了(見前註三十一)。社會黨左派和其同路人呢？不必說，所張的是「擁護和平憲法」的大旗，所喊的是「取消現有戰力」的口號。於是吉田政府的要人們急壞了；急得語無倫次了，急得頭不對尾了。歸根說一句，那無非出於有苦難得說。可是天下事，複雜中應有其簡單，現象中應有其本質。論改憲，何必斤斤乎軍隊的多寡和戰力的大小？天下之改憲制憲者多矣，從未聞有出於如此高論者。論改憲，又何必斤斤乎經濟的苦樂和教育的曲直？天下之制憲改憲者也多矣，亦從未聞有出於如此高論者。質言之改憲應以適合於國情與國之理想為原則；適之者是而違之者非。此至極簡單之理者，吉田其有不知之理乎？然而明知之而乃自苦之，這又是什麼緣故呢？

(三)改憲的最高條件依舊是民意。——吉田和其政府中的要人們最近常常這樣說：等到發展到有戰力了就改憲。我認為這句話，乃是似眞而非眞，非眞而實眞也的說法。為什麼是似眞而非眞的呢？他們不是說過「戰力是具有執行現代戰的能力」(明明在指原子力等)，甚至「有侵略的能力」嗎？如果改憲要等到那時，那不是等於永不改憲或竟效法東條嗎？可是事實上，永不改憲是斷無此理的，而效法東條是事有不許的。為什麼呢？永不改憲之斷無此理可以不必說，而效法東條，則東條係獨力的侵略，至於今天乃至明天的日本，若非追隨其他强國之後而拾遺，其勢斷有不可能者在。然而以眞正獨立為悲願如吉田茂者，自斷不至於作如此違心之追隨也。從這樣看，那句話還不是似眞而不眞的嗎？然則為什麼又說那句話又是非眞而實眞的呢？吉田的眞意欲改憲，而吉田的大患在乏力。這力是指自由黨的安定力，是指可以壓倒其他在野黨而取得三分二以上足以改憲的議員力。這力之在一年前，如果再從旁邊拉一些，是幾乎可以到了那樣程度了的。可惜那時離改憲之機究太早。更可惜的是，其後形勢非而鳩山廣川二派走了，於是聲勢為之大跌，這是吉田最大的恨事。這一次降心以求去拉回鳩山，就是為得補舊恨。然而我們已經說，那樣的拉還是不夠的。此後怎樣纔有往日的盛事並加而上之，這是吉田此後最大用力點之所在。至於軍事上的戰力不戰力，那究竟是「言語上的遊戲」；時機到了隨時可以稱戰力的。這和時機迫了就把那個「非軍隊」的保安隊輕輕改為「軍隊」是一樣，那是輕而易舉的。這種改稱只是嘴唇一張一閉的問題，然而三分二以上的議員勢力究竟不是張張嘴唇可辦的小事。於是在這裏，我們不妨把那句「等到發展到戰力了就改憲」改為「等到發展到自由黨的戰力了就改憲」，倒是句眞話。這樣的改作，不知吉田先生同意不同意？

(四)改憲當不出三年。——看半年來美國關於軍事上的作法，有極明顯的二種傾向：第一是，由於經濟的和政治的理由，海外駐軍要加速度撤走(必要的基地當然不但不撤而且加强)；第二是，由於原子彈氫彈和誘導兵器等質量的大提高，所謂「强力而機動的移動國防預軍」(Powerful wide striking mobil defence reserves)要加速度完成。第一點的段落期是三年，就是艾森豪總統任滿的時候。第二點和第一點有關，目的在縮緊高度科學化的武裝拳頭，遙擊敵人於萬里之外。這二點顯然和日本改憲時間關係非常大。為什麼呢？據軍大撤了當然是日本進一大步的獨立的象徵(許多反美者也作這樣的要求和看法)，則此時焉可不改憲呢。如果那時而吉田仍不改憲，或其力尚不足以改憲，那就是旁人的天下了。旁人取而代之了，憲法還是一樣改。我不知面臨最緊張的往後二三年中，吉田先生還有什麼秘方藏在葫蘆中？

一九五三・十二・五・於東京。

註一：摘自「日本國憲法」第九條。又，「戰力」二字乃該憲法日語所用如此。此二字在該憲法英語中本係war potential，如此譯法實有問題。請閱畢本文第一章後再看(註五)。

註二：松本案未經公佈，惟據松本在第八十九屆議會(一九四五年十二月)中的報告，可知松本的草案(幣原憲草)，不但無放棄戰爭的影子，卽天皇大權還是一樣不動。

註三：請參閱麥帥送給華府的二卷報告——「日本政治方向的重定」(Political Reorientation of Japan, September 1945 to September 1948。關於日本方面的參考書現已很多，爲涉獵方便，可看日本法學協會的「注解日本國憲法」上卷(有斐閣)。

註四：這樣的說法極普通，不必詳出處。又，欽定憲法第一號當然是指明治天皇欽定的那個「明治憲法」。

註五：拙譯中的「戰爭潛在力」，卽英語條文中所謂 war potential 者，日本法定條文中却譯爲「戰力」。「戰力」和「戰爭潛在力」是顯然不同的；前者普遍指 armed force (武力)或 capacity of war (戰爭能力)，而後者則指一般國力之可轉用於戰爭者，其範圍之廣，隨數十年來所謂總體戰觀念之進展而日益擴大。如果日本連這潛在力都不許保持，那日本國民簡直只好無疾而終或趁早自殺。作者不文，不知 war potential 是否應作如此解釋，且亦不知麥克阿瑟何以必須訂此條文也。所可慶者，日本政府已把他譯成「戰力」，那自然冲淡多了。可是縱使這樣譯，而其禍延至今天而餘殃尙未盡，是誠天也！

註六：GARIO＝Government Appropriation for Relief in Occupied Area，通譯爲「占領地域救濟資金」。EROA＝Economic Rehabilitation Account for Occupation Area，通譯爲「占領地域經濟復興援助資金」。

註七：參閱「日本資本主義講座」(岩波書店)第二卷一四五頁至一四八頁。

註八：韓戰發生於一九五〇年六月廿五，而麥師指令擳設和增强則爲同年七月八日。

註九：一九五一年二月十七日初次任用舊軍官三〇〇名作爲幹部。

註十：編成於今年五月五日。是日杜勒斯宣稱美國對日的防衛計劃業已完成。又據本年十二月二日每日新聞載稱：日本保安廳又於十二月一日增編三隊，共計成爲十九隊。

註十一：本年十一月四日，吉田對改進黨議員松村謙人關於保安隊有否「戰力」和是否「軍隊」的質詢作了這樣的答復：「具有有效進行近代戰的能力的纔是戰力，這是政府對於戰力的見解。政府於有效進行近代戰的戰力的軍隊是不許他有的，因之既然不是戰力，那末說他是軍隊也好，軍艦也好，都是無所謂的。」於是對於現在的軍隊是「無戰力的軍隊」之奇稱乃開始流行了。

註十二：根據本年七月十六日日本保安廳送致參議院預算委員會的報告。

註十三：「世界」第九十四號(本年十月)載「續論日本再軍備的性格和速度。」

註十四：辻政信曾任戰時參謀，馳驅於大陸、中南半島及東南亞，日人尊之爲「作戰之神」。日本敗後，渠曾化裝爲僧侶或異國人，由南方潛入大陸，又折回本國著有「潛行三千里」及其他作戰回憶錄一類，日美人均視爲奇怪的存在。今年初競選衆議員，竟能以甚高票數當選，則其人之爲若干日本人視爲「英雄」，可以想知。

註十五：出處「同註十二。「又，本表和上表(關於保安隊之戰力者)同係本年七月間之資料。目前的實際戰力，恐怕「本年度預算執行後的數量」一欄事實上已經實現了。爲什麼呢？本月二日改進黨衆議員中曾根康弘關於日韓漁業糾紛問題、窮追木村保安廳長官於衆院，木村不得已，以得意的語調脫口而出地說：「日本方面的 Frigate 艦十八艘是主力」。Frigate 旣已由十一艘擴至十八艘，則其餘警備隊和保安隊的「現有數」應該都成爲「本年度預算執行欄」中的數字了。

註十六：本年八月，杜勒斯由日回國後，對日本整軍誠意大感不滿，認爲日本太浪費，欠節約，要求必須「束緊肚帶」，加速擴軍。

註十七：本年十一月十九日美尼克森副總統在東京日美協會上演說之一段。

註十八：例如對日軍援或對中、韓、菲、越等軍援器材之向日本採購者，此外一部份援助物資(如剩餘食糧)之日圓代價亦應作美國所指定之軍擴關係用。

註十九：本年十月廿二日U.P華盛頓電訊。

註二十：本年十一月廿七日東京讀賣、朝日、每日各報記載。

註二十一：係斟酌本年十二月號「實業之日本」中「軍備之規模，經費與徵兵制」，及本年十月「世界」第九十四號「續，日本再軍備的性格和速度」二文各表而成。

註二十二：Y委員會　此會日本人也不便一口咬定說是誰的委員會。原因爲：此會實際雖爲吉田整軍計劃的私人顧問機構，然因其參與者無一定人數、無法定名義(官銜)，且無確定的組織名稱。這種種，都是令人摸不到頭腦的吉田的把戲，於是無人好一口咬定是吉田的。同時參與人也不敢寫下確定的單一方案，於是只好用A.B.C.等方案，供吉田的採擇。吉田年餘來有許多人爲其計劃或貢獻整軍意見(日本人稱此輩爲吉田 brain)。總其成者爲岡崎勝男(外務大臣)，實際負責人爲山本善雄(問有寫爲芳雄者，前海軍少將，軍務局長)及辰巳榮一(前陸軍中將，會充吉田任駐英大使時之武官。)此外如下村定(前陸軍大將)、河邊虎四郎(前陸軍中將)、野村吉三郎(前海軍大將)、小林躋造(同上)、豐田貞次郎(同上)、保科善四郎(前海軍中將)等等均爲其從旁貢獻。惟其中屬於大將階級者只是顧問性質，每年與吉田會談幾次而已。據說山本旣爲此集團之核心，而其羅馬字拼音之第一字又爲「Y」(“Y” AMAMOTO)，於是俗稱爲「Y委員會」云云。

註二十三，註二十四，註二十五：都是本年十一月初，日本臨時國會時他們答復在野黨議員質詢的話。據各報的記載，據說那些見解都是根據自由黨所商定的「統一解釋」而發的，也不是臨時的應付或隨便的失言。

註二十六：本年十月五日讀賣新聞載。

註二十七：本年十一月十九日尼克森在東京日美協會上演說之一段。到會的日本人大都是盼望軍援的經濟價值和經援者。

(下轉第21頁)

新年話世局

朱伴耘

一　小　引

隨着聖誕節的降臨，一九五三年又成了歷史的陳蹟，世人在冷戰中又混了一年，而在臺灣的同胞們又得伸着脖子展開對一九五四的新期待。尤其大家急切要知道的，我們的期待在一九五三年未達到的、一九五四年是否可以如願達到呢？未來是過去的延續，由於國際環境的演進與中華民族的存亡及中華民國的國運，有着最密切的關連，我願於此時將個人對未來局勢的看法，貢獻出來作爲臺灣同胞們的參考。尤其我希望此文能有助於臺灣同胞們重新認識自己所處的地位、美國的處境、及對華的立場，以便進一步知道政府應在政治及外交方面如何策劃，方能使反攻復國之期望能早日實現。希望這一點新年薄禮，能引起臺灣同胞們的共鳴。

二　一九五三的國際形勢素描

一九五三年旣未爲所謂自由世界帶來和平，也未爲被奴役的人們帶來「解放戰爭」。它本給愛好自由的人們以希望始，却同時也給他們以失望終。這副啼笑皆非的畫面，是幾件關係重大事件構成的，爲了展望未來，當宜檢討過去。

一九五三年年初是解放外交的美國新總統艾森豪氏就職，他之以自由對抗奴役的外交信念，無疑的給鐵幕後的人們以莫大的鼓舞及希望。尤其自由中國，在一聲解除臺灣中立令下，更當驚喜交集。不料三月間史太林的死，以及馬林可夫上臺後的和平攻勢，美國本擬一鼓作氣積極下去的，在英法的影響下，至少是洩了氣。美國許多有識之士，本認爲史氏之死，馬氏上臺基礎未固之初，是美國積極與蘇俄對懸而未決的國際問題作一總淸算的良機。而邱吉爾之流却叫着不要逼蘇俄太甚，以致引起戰爭，讓蘇俄內部互相火併而瓦解。在西歐政略與美國不一致的情況下，良機失去，蘇俄貝里亞的淸除，東歐的動盪，似乎是蘇俄帝國有分崩離析之兆。然而西方坐視反奴役的鬪爭爲暴力壓服，艾氏的解放政策不能進一步地給爭取自由的人以鼓勵及支持，結果是馬氏在和平烟幕下，整肅內部以鞏固其政權，同時並進一步宣佈蘇俄也知道氫彈的製造。在實力威脅及外交分化的技倆下，在美國領導下的自由世界，更莫知應付之道。漸漸地英法由爲美國的盟邦，而走上了調解人的道路，美國已有孤立之感，而對七年來在馬歇爾計劃後的心血，大有重新考慮之勢。

西歐眞的自衞力量的形成，自是所謂歐洲聯軍的成立，在以法國爲主的歐洲聯軍，若無西德的實力參加，其戰鬪力之強弱，根據美人於第二次大戰中對法國的觀感及評價，美國軍事當局心中有數。是以美國願在精神上讓法國爲歐洲聯軍的支柱，而其實質上的寄託，却是西德的兵力。過去一年，美國對法國，一方面支援其越南的戰爭，給法國經援軍援，同時又多方保證勸解使法國能允西德加入歐洲聯軍，可謂用心良苦。結果，法國並未能使美國滿意，而美國自身也不得不作萬一的打算。

在美國準備萬一的打算下，在當局的心目中，西德的重要性，已比法國爲大。爲了自由世界的團結問題，美國決不會將法國一脚踢開。而爲了實力的打算，西德已成了美國的眞正盟邦。西德總理阿德諾的地位，實際上已擠入了「巨頭」之林。——我說他位列「巨頭」，這可在西德大選前夕美蘇一場外交戰看得出來：譬如在蘇俄方面於九月初投票之前，馬林可夫除與東德共產領袖訂一討好的協定允許經濟援助和送回戰俘等外，並親往柏林向西德人民警告謂：如西德繼續選出親美的阿德諾執政，不僅德國統一無期，簡直是導西德走入戰爭之途，可謂盡極威脅利誘之能事。而美國方面也不示弱，杜勒斯氏於九月三日在大西洋的彼岸也向西德人民宣稱，如他們不選出支持美國政策的阿德諾總理執政，西德統一將渺渺無期。這種公開的支持，甚至引起阿氏反對黨領袖的強烈反感，認爲杜氏是侮辱西德人民，干涉西德內政。平心而論，馬杜二氏於西德人民投票前夕，要西德人民不選出或選出某人，都有干涉內政之嫌，可是西德對美蘇在冷戰中的地位太重要了，雙方勢在必爭，自然也顧不得所謂國際慣例了。尤其蘇俄方面於選擧前指揮共產黨徒滲入西德進行搗亂工作，更可說明蘇俄對西德親美之恐懼，以及反應出西德在美國反蘇戰中之重要。一九五三年中，阿德諾的再度當選，可以說是美國外交上的唯一勝利。因爲今後四年，西德有一個安全親美的政府，與美國竭誠合作了。

談到東方，朝鮮的戰火是停了。停戰的意義是什麽？是聯合國決議的維持？是東方的和平？是朝鮮的統一？是盟軍的勝利？在東方人看來，美國人根本無打破東方旣成局勢的決心，同時東方又沒有足以使美國全力支持以打破現存局勢的力量。關於所謂太平洋公約問題，美國人希望東方有關國家自行發動者，就是有東方問題由東方人自己解決之意。根據此一原則，中國的問題也只有由中國人自己解決。所謂支援安南戰爭確保東南亞者，就是表明美國有「過去的就讓它過去吧」的態度。

綜結起來，一九五三年自艾氏就職起至百慕達會議終，仍然表明美國領導的自由世界，仍在十字街頭徘徊，冷戰的主動仍操諸共產世界之手。留在一九五四年求答案的是，自由世界是反共乎？抑防共乎？防是消極的，如再防下去，甚至於與蘇俄在現況下而尋求安協，自由世界的前途是可悲的。要反嗎？那也事不宜遲，否則既反不了，也防不成！

三 對自身地位及國際環境的再認識

大家早都知道，今日世界上已由美蘇領導二大集團對立，前者通稱爲自由世界，後者爲共產世界。在蘇俄不斷的擴張下，美國已不得不擬定其最高的對抗共產世界的政略。那就是美國官方一再聲明的共產世界因不能再在歐洲有所企圖，同時對於東南亞也不能染指。是以在這一個最高政略下，美國着重的，杜魯門時代也好，艾森豪時代也好，是一個「防」字。因爲美國目前着重在防，同時美國又一再宣稱，美國的對蘇政策，是在作長期的打算。所以美蘇的直接衝突，不是眼前的事。而冷戰呢，美國防共一天，它就存在一天。蘇俄在未有獲勝把握以前，也決不會來對美作珍珠港式的突襲，冷戰存在一天，也必是美國目的在「防」一天。對蘇俄講，是有利無害，她正可利用這一段期間消化所得的果實，儘管蘇俄野心無窮，她也深知欲速則不達的道理。戰後七年，蘇俄已建立起橫跨歐亞的大帝國，並控制世界三份之一以上的人口，不能說不是偉大的成功。如果我們要將今日的國際局勢作一簡括的總結，我們可以這樣說：戰爭的危機由於蘇俄龐大的帝國的存在並未消除。蘇俄的確需要維持現狀下的和平，假定北大西洋組織解體，歐洲聯軍根本無法成立，德國的軍事中立能得到有效的監督及保證，蘇俄是可以出一點微少的代價來換取的。美國方面雖然會一度高唱以解放代圍堵，實際上仍走着昔日防而不反的道路。他們消極方面，希望共產帝國在以蘇俄爲基礎所作的初度輻射，內部會引起變化，積極方面使所謂自由世界力量日强，使共產世界無力以今日的帝國爲基礎作再度的輻射，縱然美國於軍事方面竭力促使西歐聯軍成立及西德重整軍備，使歐洲能產生一種有利於美國的均勢，而政略方面仍是藉此盼與蘇俄商談時，得一有利的條件，根本談不上積極性的反攻，使戰機澈底消滅。尤其在蘇方亦擁有原子武器的今日，這種傾向更爲明顯。

臺灣同胞們對於現在的局勢究應有什麼了解呢？我可以這樣說，臺灣已構成了美國在東方所謂自由世界的一環。但是領導自由世界的美國，却是只有防共的決心，沒有反共的勇氣。因爲美國的最高軍略是防，是以臺灣的本身是安全無虞的，正如美國正式警告共產世界在韓不能再行發動侵略，以及不能對東南亞染指一樣。在這種防的策略下，美國的利益同臺灣本身的利益是一致的。如臺灣的利益是代表整個中華民族的利益的話，那麼美國的利益與臺灣代表整個中華民族的利益是否一致，就有討論的餘地。因爲臺灣的最高政治目的，是解救整個的中華民族，當然，他的志趣，不僅在防共，尤應在反共。試問就整個中華民族的利益言，四萬萬五千萬同胞已陷入鐵幕之後，目下只防此七百萬同胞不再進入鐵幕，有何意義之可言！是以臺灣今日的處境，就其本身言，因其業已構成自由世界的一環，是樂觀的；但就整個中華民國的國運言，其處境並不樂觀。我想在臺灣有高瞻遠矚忠誠謀國的人，都會有這種警覺。老實講，防共是國土未失、人民未受奴役的國家的外交目的，這個目的與臺灣的外交目的是不一致的。因爲臺灣站在有防共決心無反共勇氣的美國的一邊，只能維護臺灣本身的利益，却不能挽救整個中華民族的利益！我們千萬不要以爲自己是自由世界的一環而沾沾自喜，而忘記設法將整個的中華民族也拉到自由世界的一邊來。

我說美國目前有防共的決心而無反共的勇氣，這是我個人根據美國在南韓力主停戰，以及一再警告共方不得再向東南亞下手所作的判斷。如美國現時果有決心反共，正是統一朝鮮及澈底以實力解決亞洲局面的良機。如今明白告訴敵人，你再動手我就還擊，其內在的意義也就是你如不再動手，我也就算了。這當然是勇氣不够而將主動付諸敵人的表示。但如據此判斷以爲美國不知道只防不反的結果，會對美國有害，以及美國在防的大前提下，而絕對忽視反的準備，那也是不正確的。尤其在歐洲方面之力主武裝西德，更是寓「反」於「防」的措施。因爲西德一如南韓及臺灣，非反不足以求國家的統一及民族的自由。從這個暗示中，我們可以想到，自身的强大是促使美國由防而反的主要因素，美國之所以重歐輕亞重視西德而忽視臺灣及南韓，這未始不是一種解釋。

四 我們向美國應有的表示

李承晚總統確爲韓國的一位不屈不撓的愛國英雄。不論李氏今夏的斷然釋俘，以及於停戰協定簽字後一再所作，如韓國不能於政治會議上達到統一的目的，南韓卽單獨行動的表示，都充分表明李氏了解只有反共才是韓國求生之路。南韓以擁有半壁河山尙不以維持現狀爲滿足。那麼，臺灣之不會同意美國在東方只注意「防」而不着重「反」的最高策略自不待言。謝謝美國三年來所給的援助，使臺灣由混亂而趨安定，臺灣經過三年的休養生息，不應再日夜躭心自己在聯合國的席次問題，應代表全體中國人民問問美國友邦協助臺灣的目的是什麼？美國今日的對臺措施，不僅中國人不會了解，根據美專欄記者艾普（Joseph Alsop）十月間自臺寄出的報導，似乎美國官方人員也不了解，認爲美方所作的如爲防則作得太多，如目的在助國府反攻則作得太少，臺灣能再被動地在這種國際局面下混上兩三年嗎？臺灣如不早知美國對臺措施的目的，一旦妥協空氣日濃，形勢稍對臺表示不利，民心士氣必會低沉。

我們除了告知美國我們的目的是反而不是防，同時我們的民心士氣不能長在此等局勢下維持外，也得說明最後的打算以尋求美國的諒解。如我們得到的保證是，中華民族的命運與美國現行的安排是一致的，我們可以忍耐，可以等得，如果只是臺灣的命運與美國現行的安排是一致的，我們就得另作打算。我敢斷言，只要在蘇俄對中共不斷的支援下，使美國深信西方已無法將中共與蘇俄分離，只要我們所作的要求使美國深信是全民的要求，美國爲了不使十年二十年後再有一個擁有四萬萬五千萬人口的大敵，自會支援我們旣防且反的政策。

美國是我們的主要盟邦，也是自由世界的領導者，所以我說我們應於此時向她表明我們非反不足以救國的立場，至於一般人所提倡的所謂太平洋聯防問題，我們於選擇盟友時，也得注重反共的盟友，凡是有反共意志及反共必要的國家，我們可以携手爲盟。假定與只防不反的國家訂約，第一得考慮有無必要，其次，不能受任何條約的束縛陷我們只防而不反的地位。我們的處境固不同紐西蘭澳地利亞，也不同菲律賓及暹羅。他們寸土未失，是値得「防」。我們呢，如目的在求臺灣一島之苟安拋掉代表中華民國的大帽子，當然也可以「防」，否則，只有孤注一擲的「反」。我相信李承晚總統亦必有此決心，於朝鮮和平統一無望時，作孤注一擲的「反」。與其讓國際會議來處決我們的命運，不如由我們自行處決，不可老將自己的命運付諸外在環境的變遷之手。在共產世界與美國正彼此謀分化對方時，美國是會表明她的態度的。假定政治會議無法使朝鮮和平統一，假使李總統於斯時卽單獨反下去採取軍事行動，美國就不得不表示其對遠東的眞意圖，同樣的如我們將自己的決心及行動於此時作明確的表示，也可以得着一個答案。

說到這裏，我得向讀者提醒一句，目下美國當局對我們政策的宣佈，遠較派幾位軍事首長前來作打氣式的訪問義意重大。有了政策的宣佈，她的行動才有內容，我們雖弱，現時在國際大交易尙未有具體結果時，我們仍有討價還價的資格，不必太馴服了。

五　以行動代替沉默

一九五四年將是一個國際交易年。蘇俄爲了鞏固其所得，需要談判，美國以自由世界之不能竭誠合作，及鑒於原子戰爭之可怕，也需要談判。誰勝誰敗，四外長會議後，可能看出雙方的決心。如美國以受英法的壓力在四外長會議中讓步，隨之而來的自然是「五强」會議。那時大勢已定。是以一九五四年，就臺灣本身言固無問題，就其代表整個中華民國的地位及中華民族未來的生命言，這是危機最大的一年。我們不能再寄望於外在局勢有什麼新的變化，尤其今日所謂自由世界也者，仍將主動付諸蘇俄之手，內部不團結一致，當不會演出對臺灣有利的形勢。過去三年的時間，我們行政方面也許有進步，政治方面有無大刀濶斧的改革，一新海外同胞尤其大陸上的同胞的耳目，値得我們反省。如今如不用新人施新政，將政治機構作根本的革新，我不相信大陸上的同胞們，對於昔日使他們失望的一些人，還會寄以莫大的希望。我們得自問一下，未來的一場戰爭，我們是依賴民心的背向，抑是軍事力量？如謂依賴軍事力量，第一，現時我們的力量與大陸孰强？其次，當我們過去在大陸上軍事力量優於中共時，何以仍遭着慘敗？如謂依賴民心，那麼目下維持現狀的態度可使民心歸來嗎？

李承晚總統十二月九日「不統一卽戰爭」的豪語，正是全韓民意的表示，要死也同北韓同胞一道死，其他聯合國軍隊如不願作戰，可請他們回國去，如我們政府也作此同樣的表示，而這種表示是海內外同胞一致支持的，美國能不表明其最後的決策嗎？卽令我們的命運因莫斯科戰略運用的關係，對美的一切重要建議——如艾氏於八日的聯合國致詞時所提的由聯合國管制原子能——都以「拒絕」作答而延挨，在未獲美國的明確保證我們的命運是與全中國命運一致，仍不足以維繫我們的民心士氣。更何况久拖之下我們可用之兵只會有減無增。世局演變至今，所謂自由世界仍在「防共」的圈子中打轉，談判與戰爭的主動都付蘇俄之手，使我們各爲自由世界的一環，實際上我們的命運並不與自由世界一致，而決於蘇俄政略之運用，——蘇俄如表示可以談判，自由世界對我惟恐出賣之不暇，豈不令人痛心。我們爲什麼不將自己的命運操諸自己之手？受人的宰割呢？還是自作處決呢？求臺灣之偏安呢？還是與整個中華民族共存亡呢？一九五四年是我們最後選擇的時機，——放寬胸襟，擴大眼界，以行動來促進世界對我們反共復國決心的新認識吧！民四十二、十二、十六爲四十三年新年而作

社會主義未能改進生活

王聿修

蘇俄誇稱它的工業生產已佔世界的第二位，並且說這是由於史達林的天才領導，和社會主義制度的優點。

不錯，蘇俄的工業大約在一九四八年恢復到二次大戰前的生產水準，到一九五二年蘇俄的重工業生產量增加了很多。煤產量在一九四〇年爲一六〇(單位百萬噸)，到一九五一年增爲二八五。生鐵的產量在一九四〇年爲一五點三，到一九五一年增爲二二點一。鋼產量在一九四〇年爲一八點三，到一九五一年增爲三一點三。石油產量在一九四〇年爲三一，到一九五一年增爲四二點三。(註一)

不過，俄國重工業的成就，絕非因爲蘇俄的社會主義制度有什麼優點，而是由於蘇俄當局可以無限度的剝削工人和農人。這種榨取的程度，是史無前例的。

蘇俄今天的工業生產雖然超過了英國或法國，但與美國的工業生產比較，距離尚遠。美國現在如鋼產量是一一〇、〇〇〇、〇〇〇噸，差不多有蘇俄產量的四倍。美國整個的工業生產，也約爲蘇俄整個工業生產的四倍。近年來美國的工業設備不但大爲增加，而且幾乎澈底換成新的，等於一次新的工業革命(註二)，這絕不是蘇俄可以追得上的。現在美國工業之超過蘇俄，恰如第一次大戰時，德國工業之超出帝俄時代的工業(註三)。

我們在這裏須指出，美國的工業生產增加了，而美國人的生活水準也隨着更好了。但在蘇俄，工業產量雖然增加，而人民的生活却完全未改進，仍與帝俄時代差不多。這證明蘇俄所誇稱的工業生產，完全是剝削工人農人的結果，共產政府將工人和農人所應得的合理報酬，完全取去了。在一切國有國營的社會主義之下，人民是無法反抗的。

從一九四〇年到一九五〇年美國工人的實際工資(即購買力)增加了百分之三十。雖然美國在增多國防生產，但在自由經濟制度之下，市場是適應供求關係的。因爲工人的工資高了，購買力大了，所以消費物品的生產亦隨而大增，也就是人民的生活更好更舒適了。

現在我們把美俄二國工人的待遇，列表比較一下：(註四)

食物	四口之家一星期所需	蘇俄工人所需工作時數		美國工人所需工作時數	
		一九〇三	一九五三	一九〇三	一九五三
麵包	三·七磅	七·一	四·五	六·四	二·一
蕃薯	二六·八	二·三	三·一	二·九	〇·九
牛肉	八·一	一三·五	一五·八	八·一	三·三
牛油	一·〇	五·六	四·〇	一·八	〇·四
糖	四·〇	五·九	五·六	一·四	〇·三
牛奶	五·三	五·八	三·七	二·一	〇·七
鷄蛋	六·四	二·一	一·五	〇·八	〇·三
總共	—	四二·三	三八·二	二三·五	七·七

由上表可見，在俄國所謂建設社會主義若干年以來，換取四口之家一星期所需的食物，僅由四二點三小時工作減到三八點二小時，只減了十分之一。而在美國的自由經濟制度之下，已由二三點五小時的工作，減到七點七小時，減去三分之二。我們可以看出，在『社會主義的天堂』，一個俄國工人如欲得到同樣食物，須比一個美國工人多工作五倍的時間。

自一九四〇年以來，蘇俄的工業生產在政府強迫之下，增加了百分之二十三，但農產品(人民的食物)却僅增加了百分之十。在共產主義之下，俄國人所得到的肉類和奶類，尚不及在帝俄時代！現在我們看看最近俄國當局自己所宣佈的數字：

數星期前蘇俄克如什齊夫(Khrushcher，他主持俄國農業計劃多年，他主張集體農場更進一步集體化)在莫斯科廣播電臺宣佈俄國的農產品數字如下：(單位：百萬頭)

牲畜種類	一九一六年帝俄時代	一九五三年在共產主義之下
一切牲畜	五八·四	五六·六
乳牛	二八·八	二四·三
猪	二一·三	二八·五
羊	九六·三	一〇九·九
馬	三八·二	一五·三

克如什齊夫的報告說，蘇俄的農業生產，除麥類外，其他生產都失敗了。我們在此須指出，從帝俄時代到現在，三十七年來俄國的人口增加了百分之五十(現在是二億一千萬)，但俄國的牲畜却平均減少了百分之二點六。這表示俄國人在集體經濟制度下的痛苦生活。(註五)

除食物以外，在住的方面，俄國人現在的住屋情形也不及在帝俄時代。

在一九二六年，全俄國在城市中居住的人口爲二六、三一四、〇〇〇人，那時全俄國城市中房屋的總面積爲一五九、〇〇〇、〇〇〇方咪，所以每一人平均約佔六九咪。但到一九三八年，城市中人口增加了，而房屋未能隨之增加，這時每人平均約有四點五方咪，較一九二六年減少了百分之二十五。以莫斯科爲例，在一九二六年時，每人平均約佔房屋五方咪，到一九三九年降爲四點二方咪，減少了百分之二十。到一九五〇年莫斯科的人口爲五、一〇〇、〇〇〇人，房屋的總面積爲一八、六〇〇、〇〇〇方咪，每人平均僅有三點六五方咪。但在一九一二年帝俄時代，在莫斯科每人平均佔住屋七點四方咪(註六)。莫斯科是俄國共產黨所誇耀的模範城市，倘且如此，在他處住屋的情形更壞。

至於在衣服方面，俄國人民更是可憐。在俄國一雙次等的鞋售價約三百盧布，一身普通男子衣服售價六七百盧布。而工人的工資平均每月約三至五百盧布，僅足購買一雙鞋，尚不够買一身衣服(註七)。『自一九二八年以來，消費品的供應永遠是不充裕的，而且共產黨的出品大都粗製濫造，不耐使用。……在共產黨的報紙上常常有衣服遇雨便縮水變樣，鞋子一經穿着便整個破裂的新聞。』(註八)

總之，在社會主義之下，經濟的推動力是來自政府中央當局，其他人都須絕對服從。在這種制度之下，國家的生產是可以不顧人民的需要的(註九)。

但在自由經濟制度之下則不然，經濟動力是握在人民手中。由於現代技術的進步，大規模的生產成爲最經濟的，大量生產必須有大量消費方可維持，而大量消費必須一般人都買得起大量生產的出品。所以工人的工資不可能低。例如自一九二〇年以來，美國製造了二千萬隻電動洗衣機，四千八百萬隻電熨斗，二千萬隻電掃帚，二千三百萬隻電冰箱，一億隻無線電收音機，三千五百萬輛汽車（客車、載重車不在內）(註十)。自二次大戰後，每年建造約一百萬所住屋。這一切顯然絕不是少數所謂資本家可以享用得完的，所以大量生產必須大衆享用才行，也就是說，必須由大衆享用，大量生產的制度才可存在。要大衆能享用，又必須增加工資，而且要隨生產技術的改進而增加，換句話說，就是要工人的購買力隨生產力的增加而增加。同時又必須減少工作時間，因爲生產技術改進了，工作時間必須減少，才能僱用更多的工人，也就是說，購買力才可更普遍，於是生產才更發達。

在自由經濟制度下日趨於平等的發展，是必然的，是一百年前的馬克思所絕未想到的。馬克思認爲工業化後財富愈集中，現代的工業生產證明他的說法完全錯了。今天美國所實行的累進所得稅累進遺產稅制度，更使貧富懸殊成爲絕對不可能。反之，在一切收歸國有國營的共產國家，倒是大衆一齊全窮了，只有控制人民的少數共產黨人是在享受。

近十數年來，在自由制度下的美國，人民的收入更趨於平等，下面的一個表，便說明這種事實：

美國全國收入按家庭分配如下：

每年收入	一九三五年	一九四八年
1,000元以下者佔全國家庭	五三%	一二%
1,000—2,000元者佔全國家庭	三一	一八
2,000—3,000元者佔全國家庭	九·七	二三
3,000—5,000元者佔全國家庭	四	三二
5,000元以上者佔全國家庭	二·三	一五

我們可以看出，在一九三五年美國收入在一千元以下的家庭是全國家庭的百分之五十三，到一九四八年便減到百分之十二。收入在一千元以上的家庭便佔全美家庭百分之八十八，更可注意的是，到一九四九年每年收入在五萬元以上的家庭，其收入總和僅是全國總收入的百分之二點一，而在付所得稅後，實際收入尚不到全國總收入的百分之一。所以說，在自由制度之下絕對大多數人享用了絕對大多數的財富(註十一)。

在共產主義的國家，政府當局無論是在政治上或經濟上，皆可獨斷獨行，不顧人民的死活。近百年來的人類生活進步，並非由於『國營』或『平均分配』，而是由於科學及技術的進步。這種進步須有推動力及自由的社會環境，也就是，政治經濟都必須自由。

註一：見一九五二年二月九日倫敦出版的 Economist。

註二：請參看一九五一年十二月卅一日 Time，譯文見本刊六卷五期『自由經濟的成就』，及一九五三年一月三日 Time。

註三：參看 F. Sternberg 著 The End of A Rerolution 一九五三版，第二章。

註四：見本年九月七日 The New Leader 第七頁。

註五：見本年九月廿八日 Time，第廿三頁。

註六：見 Harry Schwarz 著 Russia's Soviet Economy 一九五一版，第十一章。

註七：請參看 Frank Rounds 著 18 Months Inside Russia載在一九五二年十一月廿八日U.S. News and World Refort。

註八：見 Schwarz 著同前書，第七章。

註九：參看 H. G. Moulton 著 Controlling Factors in Economic Development，一九四九版，第二章。

註十：見一九五〇年美國年鑑(Almanac)第三一七頁。

註十一：同前書，第三三六頁。

(上接第16頁)

註二十八：關於憲法的改正，據「日本國憲法第九十六條的規定，須先經參衆兩院議員總數各三分二以上的贊成，然後再提請國民複決；提請複決須得國民投票選民總數二分一以上之同意，其法應由特別投票或國會法定選擧時行之。

註二十九：讀賣新聞本年九月廿一日。

註三十：本年十一月四日，自由黨擧行吉田內閣五周年慶祝大會於上野之精養軒，出席者全係該黨參衆兩院議員及其地方幹部（如縣長、市長及地方議員等）。席間吉田演說，其中一段如下：「一想到眼前對外對內的問題，眞是嚴重得很！我當初以爲日本獨立了，國家的政治就可以回到自己手中了，可是就現狀而言，反乎預想的地方眞是多得很！不僅如此而已，獨立了反而更多不愉快的事了，那眞是難過得很囉！……」見十一月四日朝日新聞夕刊。

註三十一：本年十一月二日日本第一次臨時國會席上，右派社會黨衆議員三宅正一問吉田：「美國人是想把那個保安隊用做看護東洋治安的中堅的，如果一不小心而被拉進這一美國政策的圈套中，那還不是不得了嗎？」吉田以興奮而堅決的神情回答說：「美國也許有這種企圖的，可是照你說那樣被拉進去，那是我決不會做的。請你看看以後的成績吧！」詳同日衆院記錄，又三日的每日朝刊及其他大報也均有類似報道。

東歐社會經濟現況

原作者：Dr. George Kemeny (註1)
原文名：Eastern Europe: Development in Social and Economic Structure
刊載雜誌：World Politics, Vol. VI, No. 1, October 1953

李循和譯

在今日中歐和東歐，約有九千萬人民生活在所謂「人民民主」政治下。這一區域從易北河，巴爾幹一直延伸到黑海，包含六個國家，政治上自成一個集團。這六個國家是：波蘭、東德、捷克、匈牙利、羅馬尼亞和保加利亞。依共產黨官方的說法，這許多國家正在向社會主義途徑轉變中，「人民民主」政治正在依照蘇俄革命後建立的社會組織前進中。全部蘇維埃化所需時間則尚未明白確定。

政治制度

人民民主組織和蘇維埃組織最顯著的分別是，前者以政府不像蘇俄一樣實行一黨專政。她們的政府包含若干所謂「人民陣線」的代表。代表中間有若干所謂農民代表的非共產黨員。事實上，非共產黨員的閣員並不代表任何一部份人民或任何民意。一切附庸國裏的閣員或閣員會議不過是推行政治局——附庸國的眞正主人——決定政策的工具。

人民民主政府組織當然依照蘇維埃的形式。各附庸國的憲法完全是一九三六年十一月列寧提出的蘇俄憲法的翻版。但其實施，在若干附庸國裏曾因某種理由暫予延緩。如波蘭遲至上年方始採用蘇俄式的憲法。克里姆林宮起初因國際關係，所以在表面上沒有把東德轉變爲人民民主形式。但到一九五二年夏，蘇俄爲報復西德與西方各國的聯合，立即採取步驟，使東德的政治經濟組織完全依照其他附庸國家的方式改變。史太林死後，這一政策的執行，曾略爲放鬆，但其緩和，不過限於社會與經濟方面，政治方面並無改變。憲法的形式和蘇俄勢力的伸展沒有多大關係，眞正的關係在權力的掌握和運用。但蘇俄憲法的採用則是併入蘇俄集團的一個表記。

社會組織

雖人民民主政府一切設施大體和蘇俄一樣，但在社會與經濟組織上，仍有基本不同存在。東歐與蘇俄一樣，所有大小工業、批發業、銀行業都已收歸國有。但在人民民主政府下(保加利亞除外)私有財產制度仍流行在農業中，一部份零售業也仍在私人手裏。

主要不同在農業組織上。波蘭農地的百分之八十，捷克的百分之五十，匈牙利的百分之六十是由土地所有農民自己經營的。不過政府規定農民要對國家經濟建設努力「捐獻」，同時拿「捐獻」來進行階級鬪爭和加速農地的集體化。爲加速農地的集體化，各國政府曾運用種種行政的經濟的壓力，但尚未公開使用暴力。顯然這是受蘇俄一九三〇年初經驗的影響。當然農民問題總得解決，目前的延緩不過在避免農業生產的崩潰。各國農民對人民民主政府雖還沒有公開反對，但消極抵抗正逐漸增强。所以在人民民主政治下，共產黨對於農村的控制是有限的。

最近東德和匈牙利發生的種種，把農業政策上的一切失敗都公開了出來。爲避免生產的整個破產，對私有土地農民業已表示讓步，但並無放棄社會主義農業政策的跡象，不過把它的進程略爲延緩罷了。

工業化與對蘇倚賴的增加

農業而外，東德各國的經濟與社會組織正在發生根本變動。如波蘭、匈牙利、羅馬尼亞、保加利亞原屬農業國家，現正大規模進行工業化中，其規模之大，相當於第二期工業革命。

各國工業化計劃都以蘇俄五年計劃爲藍本，就是把各國資源完全置於政府控制之下。一切消費水準和資本蓄積率的決定都以政府政策爲中心，而不依人民的需要。依共產主義的理論，在一個社會主義的經濟體系裏，發展重工業是最重要的一件事。根據這一政策，半工業化的國家，必須把農業方面的勞力轉移到工業，高度工業化的國家，如捷克、東德，必須依蘇俄的榜樣，把輕工業轉移到重工業。

列寧在蘇俄革命初期提出的工業化計劃應用到各附庸國經濟發展上，產生了下面兩項特別意義。第一、使附庸各國的工業依共產主義的理論建立起來。第二、把東歐各國經濟納入蘇俄經濟範圍之內。蘇俄爲了給養她的軍事工業，對於機械，工業設備，半成品的需要可說是無限止的。發展各國重工業就是爲了配合這一需要。至東德捷克兩區工業的重建，其目的還不止上述。過去東德捷克的輕工業產品都向西輸入西歐。但今後她們的重工業產品都將爲蘇俄吸收。工業的轉變把整個東歐的貿易改變了方向，切斷了東德捷克與西歐經濟的關係也增加了對蘇的倚賴。共產主義的理論與實際就這樣巧妙地配合了起來。

計劃的特色

戰後東歐各國第一期經濟重建計劃都以二年或三年爲期，大體採混合經濟制度。雖曾極力推行工業國有運動，但其進度，各國頗不一致。多數國家已把礦業、鋼鐵工業和電力收歸國營，但其餘工業仍歸私人經營。大體說來，此期各國工業生產都已恢復戰前水準。但在捷克與匈加利則仍較戰時最高時期爲低。各國農業的重建，其進度遠較工業落後。戰爭加於作物和耕牛的損害迄本期計劃終了，尚未完全恢復。

一九四九——五〇年間，蘇俄對各國的統治逐漸穩定，工業國有計劃遂相繼在各國提出。一九五一年初，各國將工業建設計劃重加修正，繼之爲工業國有化的積極推進。很明顯的，各國計劃都根據同一指導原則。本期同時決定，半工業化的國家，如匈牙利波蘭應分在五年及六年期內完成工業化，俾能與東德、捷克、羅馬尼亞共同成爲蘇俄的鋼鐵區域。

東歐各國工業生產總指數

戰前水準：百分之一百

國別	計劃時期	成就 一九五〇	成就 一九五一	成就 一九五二	計劃完成時期預計
波蘭	一九五〇—五五	二二四	二七九	三三四	四五二
捷克	一九四九—五三	一四六	一六七	一九七	二一五
匈牙利	一九五〇—五四	二〇七	二六九	三三二	四七五
羅馬尼亞	一九五一—五五	一五七	二〇二	—	三八三
保加利亞	一九四九—五三	二七四	三二六	—	三七八

註：一九五二年數字係近似值。

如各國能依原定計劃完成，則各國工業生產，捷克可達戰前水準之二倍，波蘭與匈牙利可達四至五倍，羅馬尼亞與保加利亞約可達四倍。依各國計劃，捷克之總工業生產應較戰前增加二倍，機械工業應增加三倍半。波蘭之總工業生產應達戰前水準之二倍六，機械工業應增三倍半。匈牙利之總工業生產應達戰前水準之三倍，機械生產則應達五倍，依官方報告，各國正依計劃順利進行中，惟捷克與羅馬尼亞未能按照預定計劃進行。生產方面的缺點已引起嚴重的政治危機。

上述工業生產指數，其可靠程度究屬如何。除根據各種最近事實證明外，無法獲得蘇俄管制下的指數計算方式。作者曾將匈牙利工業生產三年計劃指數與其他方面所獲材料作一比較。比較結果，發現官方發表指數較實際生產指數約高出了百分之二十。但沒有疑問，近年東歐各國的工業有迅速的擴張。鋼鐵工業的生產指數比較總工業生產指數爲可信。一九三七年東歐的鋼鐵生產（包括東德）爲六百四十五萬噸，一九五一年已達九百零九萬噸，一九五二年的產量可能超過一千萬噸，一九五四年的計劃產量是一千六百萬噸。

勞力的缺乏

多數東歐國家工業化之目的，原在充分利用資源吸收農村剩餘人口。戰後第一期計劃曾吸收了一部份農村人口。第二期計劃實施以後，不僅達到了充分就業，甚至感覺到勞力的缺乏。

工業擴張的結果，把農村後備勞工一起吸收到了工業。據波蘭工業領袖貝洛(Bierut)報告，戰後波蘭非農業勞工已增加二百五十萬。波蘭六年計劃期中每年需增加三十五至五十萬非農業勞工。羅馬尼亞於一九五一年增加非農業勞工二十一萬。匈牙利五年計劃需增加六十五萬勞工。所以各國勞工的流動正在繼續。此在工業化之捷克亦不例外。因工業重心已移至重工業，故捷克之輕工業勞工已減少二十萬。

一九三七年，東德、捷克、波蘭、匈牙利共有礦業與製造工人五百五十萬。一九四八年增至六百三十萬。一九五二年之工業勞工預計將超過九百萬。工業擴張的結果造成了農業勞工的極度缺乏。影響農業生產頗鉅。據貝洛稱，戰後波蘭農工已減少百分之四十六。因勞工的缺乏，婦女亦大量吸收到工業。匈牙利自一九五一年七月至一九五二年六月期中增加勞工，其中半數以上爲婦女。

生產力與工資

勞工問題與工人生產力有關。草擬經濟計劃必須先估計工人的生產能力。共產黨設計人員爲，求工業化的完成，不惜使用各種方法來提高工人的生產能力。如匈牙利推行五年計劃初期，規定每一工人必須增加其生產力百分之九十二。羅馬尼亞規定實施五年計劃期中，工人必須增加其生產力百分之七十五。其他國家預計增加自百分之六十二至六十六不等。工人生產力的增加，當然有賴工具的改良，但在東歐大部份要靠工人工作效率的提高。

所謂經濟建設計劃是蘇俄用武力强制各附庸國人民推行的。提高生產力也使用同一方法。一面使用宣傳，一面使用壓力。所用方法如史丹哈諾夫運動，選舉勞動模範，工作比賽等都是從蘇俄來的。最普遍應用的是按時計件的包工制。這一辦法在東歐是極不受歡迎的。如爲工人着想，則至少包工制應該與工資制並行。但在人民民主政治下，其設施完全相反。按時計件的辦法只在强迫提高產量，並不考慮工資。工作依工作常模(Working norm)的變動而調整。工人祇有拚命增加生產來達到不斷提高的常模，才能維持原來的工資。

這種工資政策的後面是嚴酷的統治。工人固定在他的崗位，非經管理部門同意不能調換工作。如果違反，就要送入集中營。在這種情形下要想反對不斷提高的常模，非特無用，而且危險。

因爲工業的突然膨脹，人民民主政治下的經濟與社會方面發生了許多變動。但最感痛苦的莫過於以增進效率爲主的常模辦法。它毒害了工人，也毀傷了社會生活。而且因爲常模不斷提高，扼殺了工人進步的動力。所以一般工人都不大敢輕於增加生產，以免常模改變。改變常模的都是所謂勞動英雄，他們在一般工人眼裏則是全體工人的敵人。

雖有上述種種方法的運用，但東歐的生產並沒能按照預定計劃進行，尤以羅馬尼亞爲特別落後。羅馬尼亞政府一向腐敗和沒有效率，故其落後，並不足怪。但像捷克一樣高度工業化，人民十分守法的一個國家，計劃的完成應該沒有什麼問題，然而事實並不如此。消極抵抗與不安正在廣泛展開。到斯倫斯基Slansky(註二)審判的時候，可說發展到了最高潮。這一案子與經濟計劃的失敗有關。經濟計劃失敗表示兩點。㈠共黨領導份子不能完成蘇俄所賦予的任務，㈡工人的不合作。這當然與捷克人民民主傳統有關。重工業化的速度因此脫離了原定計劃。

波蘭與匈牙利的經濟計劃較能按預定進行。雖生產目標大體達到，但生產力並沒有提高。這一事實給工人的大量增加遮蓋了。因爲生產力不能達到要求的水準，所以就大量增雇工人來達到目標。這一辦法祇在有充分後備的工人情形下方始可能。後備工人減少，仍要達到預定生產目標，則祇有嚴格要求生產力的標準化。這種情形發展下去，其結果一定和捷克一樣。故在波蘭與匈牙利等國家，其情形亦在惡化。如匈牙利爲了擴張重工業，不得不犧牲原定的輕工業建設和房屋建築計劃。

工農生產的失調

鐵幕後勵行工業化的各國，經濟上遭遇到的嚴重問題是農業生產的低落。平均產量低而農業機構又無效率。工業計劃開始時，匈牙利農村人口佔全部人口百分之五十，波蘭佔百分之七十五，羅馬尼亞佔百分之八十。雖在二次計劃期中，農村有大量人口移往工業，但人口仍以農村佔多數。如西方的技術與組織方法能被運用，則農村現有人口足可充分供應農業與非農業人口所需之全部糧食。農村勞工的缺乏不過表示農業生產方法的落後和政府克服困難的無能。

據歐洲經濟委員會 (Economic Commission for Europe) 報告，可見東歐各國農業作物產量之低。

小麥平均產量(一九四八——五二年)　每公頃百公斤

西歐	荷蘭	三六
	丹麥	三六
	比利時	三二
	聯合王國	二七
	西德	二六
東歐	捷克	一九
	匈牙利	一三
	波蘭	一二

依目前情形看，東歐農業生產殊無改進希望。因爲共產黨的農業政策已經破壞了私有農業的經營。許多集體農場正普遍存在着不安的情況。農業機械化的進展亦非常之慢。依一九五一年聯合國年報，英國每二三公頃耕地有一曳引機，瑞士二五公頃，美國四十八公頃，但捷克需一九〇公頃，匈牙利需三二二公頃，波蘭需六二〇公頃始有一曳引機。故農業投資與機械化不足減低勞工以應工業之需。故其結果，工業與農業發生了重大的失調。

雖最近匈牙利與東德已對農業需要略爲注意，但作者並不認爲能向工農平衡發展的途徑改變。當然東歐各國可循較健全的途徑來完成工業化，就是相當延緩工業的擴張，同時對農業的發展予以較多注意。但在蘇俄現實政治下，這種合理的轉變是不可能的。在莫斯科統治下，經濟計劃並不純從經濟觀點考慮。各國計劃必須用鬭爭與打擊敵人的方法來完成目標，同時用爲加强控制人民的武器。

個別與全面的對立

東歐各附庸國建設中的重工業，其能量現已超過各國經濟的負荷與需要。大量剩餘產品都輸往蘇俄交換原料，同時由蘇俄供應各國重工業設備與重武器。當然各附庸國之間也有工業產品的交換，但各國主要貿易是以生產工具與蘇俄交換原料。

各國現已在工業上進行分工。如東德與捷克側重電力器材與機械工具的供應，波蘭側重一般重工業設備與火車廂的供應，匈牙利側重車頭及電力、器材的供應，但除此而外，整個東歐並沒有一個比較完整的分工計劃存在。各國自已的工業計劃都以自給爲目標。

依各國工業擴張與農業機械化的速度，各國國內對於機器的需要，自亦十分迫切。各國倘能根據資源條件與技術發展決定若干種機器大規模分工製造，當能減低生產成本，提高生產效率。但各國始終沒有在這一方面考慮過。各國一般經濟計劃對國內市場需要產品幾全在計劃生產範圍之內，所以大規模生產方法在東歐無法運用。

就種種跡象看，莫斯科發展東歐經濟計劃祇存在於重工業方面。雖莫斯科的經濟互助委員會 (Council of Mutual Economic Assistance) 對東歐各國經濟施行着一般的控制，但目前還看不出蘇俄對東歐全面經濟發展有任何計劃。

事實上，各國經濟計劃都依蘇俄同一方式進行。第一是重工業的擴建，其次是輕工業的發展。莫斯科除重工業外，對各國輕工業之如何發展甚少干涉。一切都由各國政府自行決定。各國設計人員都以自給而不以分工為目標。

東歐之缺乏整個區域計劃，其根源在蘇俄控制東歐的這一政策。這一政策根據分治原則 (Principle of divide et impera) 而來。各國與蘇俄都有雙邊條約緊緊地束縛在一起。莫斯科願意與較小的單位分別發生關係，所以任何類似東歐聯盟的組織是不容許存在的。捷克與波蘭、匈牙利與蘇俄之間，現已有工業合作協定，但蘇俄不容許發展為一個綜合性的工業合作計劃。莫斯科嚴格遵守對各附庸國經濟個別處理的原則。當然，蘇俄也有她的理由，各附庸國經濟上的密切合作，勢必鼓勵聯盟的產生。

結論

東歐經濟計劃的實施，解決了各國存在已久的失業問題。工業化的結果，不僅失業現象消除，而且感覺勞力不足。將來解決勞力缺乏問題，祇有採取農業集體化和機械化的辦法。但集體化這一步驟沒有十分積極進行，因為㈠怕農業生產停頓，㈡集體農場的成就不佳。機械化的進步十分遲緩，遠趕不上人力的需要。

在工業方面，其效率因經濟政策的不健全不獲充分發展。但比較以前，生產力已有相當提高。惟東歐的新興工業比較西歐，因為政策的影響始終處於不利的地位。

在工資方面，抑低工資的作用在抵銷高生產成本。這不過是一種自殺政策。工作常模的規定，使工人不願在工作上求進步。因為工資低，工人收入不足贍養家庭，所以婦女也被迫着走進工廠。這是非常矛盾的，也祇有在極權國家行得通，用低工資來解決勞力缺乏問題。

東歐各國所採工資政策，其另一作用在使東歐工人所得與蘇俄工人保持平衡。事實上，東歐工人的工資僅在戰後初期調整一次，此後數年迄未變動。蘇俄工人工資在近四年裏則會不斷增加。

東歐各國的重要困難在經濟計劃的過度消耗資源。這種強迫的工業化，阻礙了各國經濟均衡的發展，而且因為資本蓄積率的過度，無法可以提高工資，增進效率。

工資政策的弊害，如果繼續加深，也許可能改變。但這一改變牽涉到經濟計劃的基本政策——即是相當減少生產品的製造，提高消費品的生產。當然這種政策性的改變，不是各附庸國自己所能決定。即使莫斯科容許改變，但工業組織已經造成的病態也非一朝一夕所可補救。

附註：㈠ Dr. George Kemeny 前匈牙利首都一報紙經濟編輯。戰後任匈牙利財政部長。匈牙利聯合政府成立，繼續服務一短時間後即逃亡英倫。此後即在英國皇家國際事務研究所 (Royal) Institute of International Affairs) 從事研究工作。現並在自由歐洲電台擔任工作。

㈡ Slansky 負責工業建設的捷共頭子。

反共救國會議的面面觀

徐　蛻

有人反對召開

民國四十三年，將是自由中國在政治上大大開展的一年。一面要召開國民大會，選舉總統和副總統，一面要召開反共救國會議，建立聯合戰線。這兩個會議，意義都非常重大，關係將來整個的政治局勢。

但召開國民大會，有憲法的依據，有法定的代表，有一定的成規可循，雖因少數代表的資格及出席人數等問題，有不少麻煩，但究屬簡單，容易解決，也沒有人敢反對召開。至於召開反共救國會議，則無憲法的依據，無法定的代表，無固定的成規。而任務又爲建立反共救國聯合戰線，訂立反共救國綱領，故問題極爲複雜，非召開國大所能比擬。並且有人頗表反對，其反對的理由如下：

第一是沒有法律依據——反共救國會議是什麼東西呢？說是代表民意嗎？全國性的民意機構，已經有立法院監察院和國民大會。反共救國會議，既不是以國民參政會那樣的地位出現，亦不能以政治協商會議那樣的姿態產生。它在憲法上和其他任何法律上都找不出根據。

第二是沒有事實需要——反共救國會議最大的任務，是商訂反共救國綱領，實則這個綱領，需要政治專家長期研究，才能完善無疵，不是一個鬧鬨的會議所能做好，用不到開這樣一個大會。

第三是難得開好——反共救國會議，如果只找少數意見相同的人開會，雖然平靜圓滿，但效果未必很大；如果找許多意見不同的人開會，難免議論紛歧，不如不開的好。

第四是將招致政治垃圾回籠——當三十八年大陸剿匪失利的時候，不少官僚政客，動搖逃竄，遠走高飛，逍遙海外，這些政治垃圾將藉參加反共救國會議之名，混入反共抗俄陣營。

第五是將變成分贓會議——那些政治垃圾，久已不甘寂寞，一旦獲得參加救國會議的機會，必將藉此爭權奪利，企圖獲得政治上的利益。

第六是將影響士氣政風——如果因反共救國會議而使政治垃圾回籠，混入反共抗俄陣營，涇渭不分，將令志士灰心，忠貞氣短，發生不良效果。

這些反對的意見，有的激烈，有的比較溫和。他們反對的理由，或許還不止這幾點。

勢在必開

雖然有若干反對的意見，但反共救國會議勢在必開，其理由如下：

一是執政黨的決定——早在四十一年十月，中國國民黨第七次全國代表大會所通過的政綱，就已宣佈「團結反共力量，聯合國內外反共團體，建立反共抗俄聯合戰線。」至四十二年五月，國民黨中央委員會第二次全體會議，原則通過「建議政府召開反共救國會議，建立反共救國聯合戰線案」，詳細辦法，交中常會研究。四十二年十一月，國民黨中央委員會第三次全體會議，對建立反共救國聯合戰線案，復作如下之決議：「本黨二中全會此項決議，業經中常會審愼辦理，已完成初步準備工作，其所定政策與辦法，亦至妥善，本案關係反共救國，至重且鉅，自應繼續努力，俾竟全功……。」可見反共救國會議的召開，勢在必行。

二是海內外人士的願望——反共抗俄，由國際方面說，是世界自由國家的共同責任，需要通力合作，團結奮鬪。我國面臨反共抗俄的最前線，由於幾年來的奮發圖强，已由鞏固臺灣建立起反攻復國的基礎，士飽馬騰，同仇敵愾。在海外、在敵後，億萬的人民，莫不翹企臺灣這座司令塔，早日發佈反攻的號令。當此反攻前夕，爲了集中意志，加强團結，擴大政治號召，海內外有遠見的人士多希望早日召開反共救國會議，以團結海內外反共團體。

三是以濟現有民意機構之不足——現在的立法院、監察院，以及行將召開的國民大會，都是代表人民行使政權的。但其職權，在憲法上各有明白的規定，不能聯結在一起。反共抗俄是非常的大業，必需有非常的措施。召集海內外反共團體，舉行救國會議，適足以濟現有民意機構之不足，絕不致影響現有民意機構的職權。

四是並無反對者所稱的顧慮——反對召開反共救國會議者，認爲是政治垃圾回籠，將演成分贓會議，影響政風士氣，沒有法律依據，沒有事實需要。其實這些理由，都是出於一種褊狹的成見。泰山不辭土壤，故能成其高，河海不擇細流，故能成其大。沒有什麼時候比現在更需要兼容並包，集中一切力量的了。試想我們以前所誇耀的廣土衆民，目前已被敵僞所竊據，我們現處臺灣，生聚教訓，應如何珍惜一點一滴的力量，使一個人發揮十個人乃至百個人的力量，以精神的優勢，補救數量上的劣勢。只要不是共匪，都應該爭取運用。世界無廢物，垃圾未嘗不可化腐臭爲神奇。何況召開反共救國會，政府所邀請的均係各團體領袖，豈有致政治垃圾回籠之理。又會議之目的，在集中意志，加强團結，焉有鬧分贓的事實。我們原屬正統，何致稱「贓」；所謂分贓之說，不通已極，因之所有反對的理由，均缺充分。

由於以上各種事實和理由，反共救國會議，勢在必開。

反共救國會議的性質

反共救國會議，既勢在必開，可是它在憲法上無規定，在其它法律上也沒有規定，於是有人問：它是什麼東西？這個問題的答復很簡單：反共救國會議是政治性的會議，與現有的各種民意機構有別。

我國現在中央行使政權的機構，有立法院，國民大會。監察院也可算在裏面。這三個機構依憲法行使職權，其權限是固定的。我們看憲法的規定：

先看國民大會——憲法第二十五條：「國民大會依本憲法之規定，代表全國國民行使政權。」其權力好像是無限，可是憲法第二十七條，規定國民大會的職權，則僅有下列四項：「一、選舉總統副總統。二、罷免總統副總統。三、修改憲法。四、複決立法院所提之憲法修正案。」就這四項職權看，雖都很重要，但在此種條文內看不出有議決政綱政策的依據，修改憲法可說是變更政綱，因憲法爲萬法之源，憲法修改當然一切隨之改變。可是當前的國民大會，預料難達修改憲法的人數，雖可成立各種決議案送請政府辦理，然而在法律上沒有拘束力。而且現在的國民大會代表，係在六年以前選出，未必能包括所有反共團體的領袖在內，所以就政治的觀點說，它與反共救國會議各有其特殊的任務。

其次看立法院——依憲法第六十三條規定：「立法院有議決法律案、預算案、戒嚴案、大赦案、宣戰案、媾和案、條約案、及國家其他重要事項之權。」因之「爲國家最高立法機關。」此外並有對行政院長的同意權，對行政院及各部會首長的質詢權，以及得以決議變更行政院重要決策之權。但其主要職權在議決法律案，與負有特殊任務的反共救國會議性質不同。

至於監察院，在憲法上規定的職權，重心在對行政人員違法或失職的糾舉彈劾，其非決定政綱政策的機構，已無須說明。

國民大會和立法院，是經常的機構。反共救國會議，則是爲適應當前的特殊情況而召開，召開的目的，恰如中國國民黨第七次全國代表大會的宣言所說：「要求海內外所有愛護國家民族自由和民主的同胞，不分黨派地域職業男女宗教，乃至於不分以前的恩怨，團結一致，構成反共抗俄的聯合戰線。彼此間的政見容有出入，也無不可以循大同而泯小異，共同參加救國救民亦即自救的大業。」所以它的地位是在法律之外的。它的性質及任務與國民大會及立法院均有不同，它的工作也不與國民大會及立法院重複，更不至侵及國民大會與立法院的職權。它不能違反三民主義，不能牴觸憲法，不能變更反共抗俄國策。正確地說：它需要爲實現三民主義而奮鬪，爲擁護憲法而努力，爲貫澈反共抗俄國策而精誠團結，加强互信，確立共信，集中意志與力量，以達成反攻復國的神聖使命。

召開反共救國會議的問題

前面說過，反共救國會議，問題是複雜的，那末，有那些問題呢？

第一是邀那些人參加——有人堅決主張，只有反共立場堅決的人才允許參加；有人主張凡屬不是共匪的，均可邀其參加。我們希望政府休休有容，眞正做到「不分黨派地域職業男女宗教，乃至不分以前的恩怨。」將所有反共非共的份子，精誠團結於反共救國的大纛下，發出宏偉的力量。使目前和政府不即不離的人，變爲竭誠擁護政府的人，使不是共匪但也不反對共匪的人，變爲堅決的反共者，進一步使被共匪裹脅的人，變爲起義來歸的立功者；這才是我們政治上的大成功。然而對那些極度貪污的腐化份子，不可救藥的投機份子，和毫無誠意的游離份子，却沒有邀其參加的必要。

第二是召開的時間——有人主張在召開國民大會之前，有人主張在召開國民大會之後。主張在國民大會之前的理由是：當前的國際局勢，外弛內張，風雲仍極緊急，我們爲迎接猝然來臨的突變，把握有利於我的時機，必需及早擴大團結。而且國民大會依憲法的規定，是代表全國國民行使政權的機構，反共救國會議中的重大決議，有待於國民大會的支援或通過。故以在國民大會之前召開爲宜。主張在國民大會之後召開的理由：反共救國會議是各政團的聯合會議，不是依法律行使職權，其決議是政治性的，甚至是談話會的性質，不一定要有決議。各政團所同意共同遵守的原則，不一定需要國民大會的通過。而且在國民大會選舉總統副總統之後，展佈新猷，渙汗大號，於其時召集反共救國會議，更有其政治上的重大意義，故多數人主張：應以在總統副總統選出就職後召集爲宜。

第三是討論些什麼——反共救國會議，既是政治性的，所應討論的，當然是反共救國的大原則。易言之，就是要決定一項反共救國的共同行動綱領。截至目前爲止，我們反共抗俄的國策，尙缺乏一完整體系的提綱，行政院一年一次的施政方針，只能標明行政工作的概要，不是號召全民行動的政綱；我們反共救國，從思想到行動，從軍事政治外交經濟到文化教育，應如何確定它的最高目標，如何縱橫配合，統攝貫通。從摧毁敵僞的辯證唯物論起，到掃蕩敵僞的每一個軍事據點爲止。各種艱巨的工作，我們均需在這個會議中得到正確的結論。哲學上的要則是能立能破，就是要能立正義，破邪說，破彼兇邪，爲全體國民訂定對匪政治作戰的共同守則。這是會議的中心課題。至於推進各種工作的技術問題，有各級主管機關在，自不在討論之列，此外戰後的復員問題，似乎也不必在此時亟亟討論，以免分散注意力，徒增無謂的紛爭。

第四是如何討論——有人主張先開談話會，再開正式會議，以便先行集中意志；如果時間許可，這項方式很可採納。另一種方式是先舉行開幕式，由政府報告政綱政策和工作概況，使參加的人有一個大體的瞭解。再分組進行研究提案，俾能與實際情形配合，並使各項意見有交換切磋的時間。俟醞釀成熟，即繼續召開大會，決定共同綱領。在討論的時候，需在異中求同，融釋歧見，在反共救國的大前題下獲致諒解，洽協一致。每個參加的人，都應有放棄成見，服從決議大公忘我的精神，如果決定後仍然有絲毫的歧見存在，便算會議的欠圓滿。

第五是權力問題——前面說過，國民大會、立法院、監察院等，都有憲法上規定的權力，依法行使職權，反共救國會議依什麼行使職權呢？它有什麼權力呢？如果有某種權力，如何使其不與現有的民意機構重複牴觸呢？這些問題看來很複雜，其實非常簡單。反共救國會議不是法定的，而是政治性的，是各政團的聯合；現代的政治是政黨政治，政治的原動力是政黨。（當然政黨的基礎是人民）反共救國會議的決定只能約束參加會議的各政團，再由各政團貫澈之於政府及民意機構。其權力與任何民意機構也不牴觸重複，也不直接加之於任何民意機構或政府機構。明乎此，大家所懷疑的權力問題，根本不成爲問題。

第六是要不要有一個經常的機構——召開反共救國會議，是要建立聯合戰線。爲了建立聯合戰線，有人主張建立一個經常機構，但又對於這個機構的法律地位偲偲過慮。如果聯合戰線只是一個機構，這個力量也就很有限了。聯合戰線應無地不有，無所不在。海外、敵後、自由中國的每一個角落，都應該是聯合戰線發揮力量的地方。它是無形的，屬於精神上的，不是一個機構所能辦理，而是需要全國上下羣策羣力去實現的，沒有成立一個正式機構之必要。但會議之後，爲了便利各政團間的加强聯系，隨時交換意見，推定負責的人，經常在一定時間集會，不設官分署，成立衙門。此種組織，在事實上或許是需要的。

只許成功不許失敗

我國近代政團第一次的大聯合，是興中會華興會光復會等合組爲同盟會，推翻專制，建立民國。第二次的大聯合，是中華革命黨與其他政團以及梁啓超蔡鍔等人士合作，打倒袁世凱，再造民國。第三次的大聯合是，抗戰八年，獲致最後的勝利。團結是實質的力量，更是精神的力量。現在我們面臨空前未有的强敵俄寇奸匪，有唯物主義的思想壁壘，有滲透各角落的間諜組織，有數百萬的紅軍。我們要摧毀牠，殲滅牠，沒有比現在更需要團結的力量了。當强敵未滅的時候，我們自己還有什麼恩怨不能消釋？還有什麼權利値得爭奪？反共救國會議，是團結會議，是救亡圖存會議。當然只許成功，不許失敗。因爲失敗就是自我毁滅。如何保證成功？應注意到下列三點：

一是寬容異己——個人的主觀往往是偏頗的，多嚴於責人，寬於責己。我們希望在此生死關頭，大家痛切反省，有諸己而後求諸人，無諸己而後非諸人。不僅在朝的政團要寬容在野政團，在野政團同時要寬容在朝政團。彼此責善自不可少，意氣權利之爭則萬萬使不得，現在無論如何不是爭意氣的時候，也不是抹殺一切的時候了。

二是尊重少數——有種偏執的見解，認爲多數永遠是錯誤的，眞理總是在少數這邊。這種看法固然不對，但少數的意見，也或有其獨到之處，須予以尊重。能够堅持己見，不肯從風而靡，不管它對不對，其毅力已不可及，在可能考慮的時候，宜儘量予以考慮。

三是反攻第一——現在政治經濟的措施，有人主張以建設臺灣爲主，有人主張以反攻大陸爲主。我們如果只將眼睛釘住臺灣，永遠留在臺灣，不僅我們老死臺灣，整個臺灣也成死島。何況大陸四億五千萬父老兄弟姊妹，眼枯淚盡，翹企我們去解救。惟有反攻才是生路，也惟有反攻才是這次會議的中心任務。會議應以反攻爲第一，縱有其他的歧見，留待將來大陸光復，沒有不能解決的。

關於召開反共救國會議的問題，各種報章雜誌，雖然討論的已經不少。但似乎還不够熱烈，不够普遍。這是關係將來整個政局成敗的問題，我們希望在會議之前，多觀察，多研究，多討論，多提一點意見，不管這些意見對不對，目的是希望這個會議完全成功，充分達成它應有的任務。

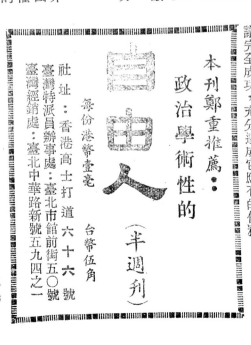

印尼通訊

印尼往何處去？

李銳華

印尼屬於那一類的國家

今日世界各國政府，對於世界複雜的政局所持的態度，無論是直接或間接的表示，當不外本乎下列四種立場。一是徹頭徹尾的擁護共產黨，像毛澤東所說的「倒向蘇俄一邊」，態度顯明，絕不含糊，到是乾脆；像蘇俄的附庸，都是屬於這一類的國家，我們對於這種國家，知所戒備，知所對付，以牙還牙，以爪還爪，不吃啞虧。一是絕對反共的國家，這些國家對於反共態度的積極性，雖因各國國情不同而有程度上的差別，但其大前提絕對不變。像在韓國及其他各地區對共產黨作戰的國家都是。另一種是消極的反共國家，像中南美、南歐和北歐及阿拉伯國家，雖未直接出兵對共產黨作戰，但他們絕對支持聯合國的反共措施和決議案。還有一種是世界各國所承認的永久中立國，既不反共，亦不反對反共，態度始終一致。像歐洲的瑞士，它不是聯合國的會員國，本無服從聯合國的義務，但在道義上它絕不破壞聯合國的憲章和決議案。至於印尼以及它最要好的印度，是屬於上述那一類型的國家呢？這到說不出來了。它不是大家所承認的永久中立國，它很像反共國家，又像親共國家。然而實際都不是。於是我們只好叫它是：聯合國裏忽左忽右的國家。

共產黨人眼中的印尼

在共產黨人看來，印尼是一個反共的國家。中共駐印尼「大使」王任叔在他所寫的「羣島之國——印尼」書裏說：

『……哈達內閣登台以後，表面上雖然仍舊裝出一副爭取印尼民族獨立的恣(別字)態，事實上是走上了投降妥協的道路，它已經不折不扣的成爲一個官僚統治集團。和一切背叛革命的資產階級統治集團毫無二致，對內貪污腐化，屠殺人民，對外出賣主權，投降帝國主義。本年（一九四八年）七月二日宣佈的日惹政府和美國大財團簽訂的「福斯協定」，就規定着福斯公司可以壟斷印尼進出口貿易達十五年之久！這種完全由帝國主義操縱經濟命脈的協定，只有十八世紀荷蘭「東印度公司」控制印尼的情形差可比擬。這不是賣身契是什麼？現在哈達政府還派有一個經濟商業的全權代表駐在紐約，專向美國求乞投資，這些事實都充分證明哈達政府甘心淪爲美帝的殖民地。

『不但在經濟上如此，政治上更是處處無一不投靠帝國主義，而且做得更加無恥，更加露骨。這裏我只要舉一個事實，就可以說明哈達政權的賣國本領。當印尼共產黨和其他左翼力量，看到印尼的獨立鬥爭，由於以哈達爲代表的新興資產階級，小資產階級和封建官僚集團所出賣而功敗垂成的時候，曾仁至義盡地，要求哈達內閣及一切右翼黨派組織廣泛的民族統一陣線，改組內閣，……哈達內閣不但嚴厲拒絕這一要求，並且明目張膽的勾結美帝國主義，聲明決以武力剿滅共產黨領導下的人民力量。以爭取民族獨立爲標榜的統治集團，竟喪心病狂到如此地步，你當初也許沒有想到吧？

『以哈達爲代表的印尼統治集團，既已如此明顯地背叛了革命，投降帝國主義，拒絕人民一切和平合理的要求，這時擺在人民面前的，便只有一條唯一正確的道路，就是自動起來掌握領導權，進行武裝鬥爭，把革命進行到底。經過馬列主義武裝了的印尼共產黨，是懂得掌握這個革命眞理的。所以它在九月十八日那一天，在茉莉芬領導了武裝起義，並立卽成立了人民政權。』

從這一段文字看來，王「大使」口口聲聲罵印尼政府「投降妥協」，「背叛革命」，則印尼似乎和共產黨有過一點默契；要不然，就是共產黨揑造謠言，汚衊印尼，認爲「孺子不可敎」，把它踢出共產黨集團之外了。

共產黨在東南亞的前哨站

茉莉芬事變後，印尼政府被迫走了反共的道路，然而共產黨並不就此放鬆印尼。因爲印尼是一個新興國家，政府執法的不嚴格和人事組織不健全，種種弱點，處處予共產黨以利用的機會，於是共產黨把印尼當做東南亞地下活動的前哨站。例如印尼政府會明令列表禁止共產書籍，而共黨書刊却照常充斥印尼各地書坊；共產黨並以印尼爲轉口站，偸運大量書刊往星洲和馬來亞銷售。今年印尼舉行國際博覽會，中共「大使舘」利用外交權利，在運入「展覽品」時，同時運入二十大箱「人民唱片」，滿街都可聽見「東方紅，太陽升，東方出了個毛賊東……」之令人作嘔的歌曲。因爲運入唱片太多，近來落價幾倍，還無人問津，於是赤色商人由棉蘭偸運檳榔嶼銷售。又如南洋各國不准蘇俄船隻靠岸，而蘇俄船隻却可到印尼來加煤。又如印尼政府明令禁止學校談政治，而赤色學校却天天召開政治座談會，美其名曰「學習小組」。有的學校，例如椰城的八華，開設地下圖書室，政府派人來查時，就把禁書收起來，過後又擺在書架上，好像騙小孩子一樣。有的學校，例如椰城的巴中，利用「公民」課時，專講馬列主義。又有些學校，例如椰城的中華中學，開設「社會發展史」一科，却專說毛賊東的「偉大」。總之共產黨人視印尼法令如兒戲，近來越來越猖獗，完全肆無忌憚了。例如關於升旗問題，印尼政府早經表示升旗與否悉聽人民之自由，並表示印尼籍民，不得升懸外國旗幟，這是合理的法令。而中共「使館」每至共黨節日之將屆，使用種種卑劣手段，强迫華僑升共黨旗幟，其方式係通過赤色「學聯會」，利用學生，鬪爭家長；通過赤色「店員會」，利用店員，搗亂店東；通過「新明會」利用僑生，「說服」僑生，這樣達到升旗的目的，連許多印尼籍僑生也漠視印尼法令，竟升起共黨旗了。中共對於動搖或騎牆的華僑，又發出「團結可團結的人」的口號，以爭取他們的靠攏；如不靠攏，則又發動所謂「諷刺會」，以挑撥父子間的仇恨和主雇間的衝突。搞得你一家大小都不安。所謂「諷刺會」的工作，就是發動赤色學生向正義華僑的子弟進攻，說「你的反動父親，斷送了你的前途」呀！又利用赤色店員向正義店東的店員說：「你的老闆是個反動份子，你爲什麼替反動份子作工呢？」經過這樣一「諷」再「刺」，天天在耳邊「諷刺」，像疲勞審問一樣，許多青年受不住，就盲目跟着他們走，被利用在正義學校去搗亂，回到家裏去吵架，在店裏去拆老闆的台，於是毆鬪放火之事頻頻發生。近又買通流氓，搗亂治安，盜賊橫行，公然搶殺。印尼政府的態度，一向是裝聾作啞，充耳不聞，民不告，官不理，這是多麼好的共產黨溫床啊！

處處遷就中共

印尼對共產黨活動，爲什麼這樣的放任呢？你說它是怕共產黨威脅嗎？茉莉芬事變中，印尼政府毅然決然槍斃了幾個共產黨首領；你說不怕共產黨嗎？許多地方印尼政府不惜破壞自己的法令，甚至喪權辱國以遷就共產黨。例如自中共與印尼「建交」以來，中共官員來印尼，事先從未通知印尼政府，總是共官在印尼登陸後，造成既成事實，移民廳覺得却之不恭，讓他們入境，只有一次中共派來十六個特務，却被印尼拒絕，隨原船遣返了。中共多鴉片而缺乏醫藥，中共官員往往利用外交特權，大量運入毒物，僞出醫藥品，印尼各港口，實際已成爲中共官方的走私站。又如印尼政府原規定華僑不准返回大陸去，回去就不准回來，可是這兩年來，完全未照辦，赤色華僑假回國觀光的名義，來去自如，華僑返回大陸者，莫不謂之觀光也。又如印尼政府根據印荷圓桌會議決議案，於一九五一年辦理外僑脫籍，十二月二十七日爲法定截止日期，到期未申請脫籍者概爲印尼籍民，不予補辦手續。可是這兩年來，許多印尼籍僑生，補辦了脫籍手續，回到大陸去。這些例子加上前面所說的准許赤色書籍和唱片的傾銷，默許赤色學校「搞」政治，允許印尼籍民升中共旗幟等等，都是自壞法令的行爲，然而印尼政府從不加以追究。原來印尼政府中到處埋伏着特務，國會中的華人議員，教育部裏的華人職員，廣播電台的華人廣播員，……很多中共特務匿跡其間。他們矇上欺下，賄賂作弊，腐蝕政府官員，使政府法令歸於無效。

印尼政府向左轉

印尼政黨複雜，最大的政黨爲瑪斯友美黨和印尼國民黨。前者反共，後者親共。其次社會黨反共，大印尼統一黨偏左，基督教黨親共，共產黨不必說。因爲社會黨反共，所以有人把社會黨和瑪斯友美黨算在一起，自然比印尼國民黨的勢力大得多。所以印尼政府接受政權之初的歷任內閣，如哈達內閣，納席內閣及蘇基曼內閣等都是非常穩健的。近兩年來，印尼國民黨拉上共產黨和親共的黨派幾票，其勢力遂駕瑪斯友美黨而上之，所以前年開始來了韋洛波的親共內閣。韋洛波主張在莫斯科開設大使館，爲反對的瑪斯友美黨所不滿，以致掀起了空前的閣潮。蘇加若總統授命印尼國民黨的芒剛沙可洛，和瑪斯友美黨的隆姆組閣，兩黨仍因在莫斯科設使等問題，意見不一致，組閣不成功。總統又授命印尼國民黨慕加多組閣，又不成功。又命瑪斯友美黨的布哈洛丁組閣，復因國民黨的反對，仍不成。最後由國民黨的阿里沙斯特若亞米約約爲內閣總理，瑪斯友美黨完全退出內閣，看樣子，阿里內閣似乎也是向左的。它的第一個左傾的表示，就是和蘇俄與中共進行關于樹膠談判；第二個表示就是拒絕反共的南韓親善團訪問印尼。最近周以德率領的美國會訪問團來印尼時，印尼政府沒有派任何官員到機場去迎接，印尼的態度已很顯明了。

忘情負義

第二次世界大戰後，印尼在日惹成立臨時政府，當時世界各國均不予承認，惟我國同情印尼之獨立運動，最早在日惹設立領事署，承認印尼之事實政權。一九五〇年印尼接收政權時，我政府又派吳鐵城爲專使，參加慶賀印尼之獨立典禮，我對印尼，總算是仁至義盡。乃印尼於接受政權之後，竟背棄我國，要求中共承認它。承認中共，固不止印尼一國，然而所有承認中共的國家，亦不否認臺灣國民政府及其在聯合國中崇高的合法地位，獨印尼、印度與緬甸三國，在聯合國中每遇蘇聯排斥我國代表時，往往加以附和，宛如蘇俄的附庸國。至於我國僑民，無論在任何國家，當地政府概准懸掛國旗，作效忠祖國政府的表示，即印度與緬甸對我國僑民態度，亦復如此。獨印尼一國，不准我僑懸掛祖國旗幟，並視我僑民爲無國籍人民，這是我僑引爲憤慨的。

美國改變了態度

由於印尼政府的態度難於捉摸，美國對印尼的態度亦改變。印尼爲一樹膠和錫產國，主要銷場是美國。印尼接收政權之初，美國高價收買印尼膠錫，藉以援助印尼經濟復興。一九五〇年印尼樹膠輸出六十三萬噸，佔輸出總額百分之四十以上，致是年年底印尼外滙結餘一億零二百萬盾，另外還購入黃金值七百六十萬美元。至於錫產以及其他產品的收入尚未計算在內。由於印尼政府的左轉，這兩年來美國不願以高價向印尼購買樹膠，今年又宣佈不買印尼的錫，印尼政府竟派人到北平去進行商務談判，要求中共買樹膠，此不啻向叫化子乞食，摸錯了門。中共購買樹膠額，每年最多只限七萬五千噸，已向錫蘭訂約每年購入五萬噸，則印尼與中共之談判縱能成功，中共也只能每年購買二萬五千噸，印尼獲利有限。印尼為聯合國的會員國，錫蘭則否，如印尼運輸樹膠與中共，則是破壞聯合國禁運法案。美國政府已表示將停止對印尼之經濟援助。羊肉吃不着，弄得一身臊，這是太不值得呀！

尼赫魯作怪

前面說過，茉莉芬事變後，印尼政府確是反共的，自由世界各國對它寄予無窮的希望，尤其是美國，惟恐荷蘭人扼殺了這一枝有希望的幼苗，極力居間調停，扶助印尼獨立。可是尼赫魯這傢伙，因為中共幾萬噸大米的賄賂，硬拉着印尼作陪伴，以報效中共的「大恩惠」。前年菲律賓總統季里諾訪問印尼時，印尼似有加入太平洋聯盟的趨勢，然自尼赫魯繼季里諾總統訪問後，印尼態度馬上就變了。今日的印度，很像十八世紀的英國，那時英國對歐洲大陸各國，不斷地挑撥戰爭，今日幫助這邊，明日又幫助那邊，使歐洲各國的力量對消，英國便拼命在海外搶奪殖民地。今日的印度亦如此。尼赫魯在做夢，想趁別人的矛盾，以爭取自己在亞洲的領導地位。美其名曰維護和平，實則是導致戰爭。何則，倘印度拉着印尼一旦完全倒向共產黨，則國際均衡局面為之打破，世界大戰馬上就來了。如果真是那樣，則將來戰爭的結果，即使是共產黨勝利，將必清算茉莉芬的舊賬，印尼政府還站得住嗎？

恭賀新禧

朝日新聞社

本社：日本東京都千代田區有樂町二ノ三

臺北支局長 近藤俊淸

臺北支局地址：臺北市中山北路一段一四三號

電話 四 二 四 二 八 號

讀賣新聞社

本社：日本東京都中央區銀座西三ノ一

臺北支局長 奧村隆

臺北支局地址：臺北市中正西路六八號

電話 二 三 三 二 四 號

每日新聞社

本社：日本東京都千代田區有樂町一ノ一一

臺北支局長 上沼健吉

臺北支局地址：臺北市中山北路一段五三巷一號

電話 四 二 九 〇 八 號

產業經濟新聞社

本社：日本東京都千代田區有樂町二ノ四

支局長 內山榮一

臺北支局地址：臺北市武昌街一段十一號

電話 二 七 二 八 二 號

霧裏獻花人

郭嗣汾

一

薄薄的霧，淡微的晨風，散佈着仲秋的涼意；太陽剛從半屏山邊透出半面，陽光從霧裏透出金劍似的光帶，那座山像浮游在霧海裏的巨鯨，弓形的山脊模糊朦朧，隱現在霧裏。另一邊，陽光透過晨霧展開了無垠的海面，海很靜，像晨睡方醒的少女，安靜、溫柔。

在陽光中，白色的「海軍忠烈將士紀念塔」巍然矗立，繞着塔基的大圓圈中，舖着綠色的淺草，草上一層露水在陽光中閃着鑽石般的光芒。大圓形草地外面是四條廣濶平坦的柏油馬路，偶而有一兩部汽車急駛而過，轟轟的馬達聲音暫時打破了早晨寧靜的空氣，轉瞬間又趨平靜了。祇剩下忠烈塔下面的衛兵往來漫步，皮鞋扣擊着堅實的地面，響着一聲聲單調而寂寞的節奏。

在這莊穆而寧靜的氣氛中，我獨自站在巨大的塔旁，默然注視着塔側面的「浩氣常存」四個燦爛的金字，心中升起了一份莊嚴悲壯的情感！輕輕地步上台階，把手上的一束剛摘下還充滿露珠的鮮花，放在忠烈將士的靈位前，默默地俯首一鞠躬。

獻花後，我輕輕地退出，衛兵不經意地踏着有規律地步伐走過去，像不會注意到有我這個人存在似的。我繞到塔後，在那塊燦爛的銅牌鐫刻的塔記上，那一排排的忠烈將士名字中，找到了一個熟悉的名字：林永譚。

我不認識他，和我不認識這些人中任何人一樣，我沒有見過他一面，然而他在我心中是熟悉的，像我熟悉自己的親人一樣。

每次，當我從臺北來到南部時，我一定到左營，到海軍忠烈將士紀念塔去為他獻上一束鮮花。我知道他沒有一個親人在臺灣，他們似乎和他的身體一樣地埋葬在海峽的對岸了。然而，我深信他不是孤單的，他活在許多人的心中，尤其活在我的心中。

海軍為許多死難的忠烈將士建立了這一座不朽的紀念塔，紀念他們的英勇和為國犧牲；我却為一次關連着我的很偶然的遭遇中，發現了他，雖然那時候他已經不存在於這個世界了……。

那裏，沒有殘缺，也沒有完美。我們也許不需要拿這個世界的一切去衡量，然而在我的心目中，他終是不幸的。雖然不幸的本身，比之引起不幸的東西會延長得更久。

每次，我來看他，總會聯想到我自己那一段不幸的生活和那偶然的際遇，而且那是我生命中一個新轉變。到現在，我還充滿信念在人生道上摸索，我得感謝那一次新轉變，它幫助我找到了生活的方向，找到新的有意義的生活。遵循着這個方向，我相信我會摸索到眞實的生命。

像經過了一次驚險的航行，回到陸地上以後永遠還會記得在死亡邊緣的掙扎；經過了一段黯淡的生涯，會永遠記得那失去希望的艱困的日子。而我，我永遠記得三年以前我生命中最黯淡的日子，那時紅潮正淹沒了大陸，在它淹沒華南之前，我流浪到了香港……

二

是一個雷雨之夜……

巨雷震撼着海島，閃電摔裂開黑暗的夜幕，豪雨如注地傾瀉下來，我住的木板屋像脆弱的火柴匣子，隨時都可能被風雨捲去。但是我忘了恐怖，死神的黑翼不足威脅我，因為我正準備走向它……

寫完了遺書的最後一個字，我擲下了筆，把信口封起來，拿起酒瓶來對着嘴倒下去，酒瓶已經空了，順手向窗口丟去，嘩啦一聲，酒瓶破裂了。

我抬起頭，遇到了棹上圓鏡中自己的眼睛，朦朧而充滿紅絲的眼珠，瘦削却紅漲的臉，雜亂紛披的頭髮，都使我自己害怕起來！但是，我仍然注視鏡子有一分鐘之久，然後輕蔑地笑笑，站起來關上了窗幔。我一直沒有理會那風雨，飄斜的雨點叮咚地打在玻璃上，風呼呼地震撼着木板屋，世界像已臨到了末日……

酒使得我昏眩無力，我費了不少的勁，才把屋角的一隻大木箱拉了出來。箱子上面積了很厚的灰塵，箱背給老鼠啃了一個大洞，一隻老鼠驚慌地跳出洞外，蹲在遠處用牠兩隻圓眼瞪着我。用鑰匙打開箱子以後，一些蟑螂四處亂跑，我厭惡地拍拍箱子，牠們都匆匆逃開了。

木箱的上層是幾十隻畫筆、顏料和調色瓷碟，零亂地散置着，有些已給蟑螂咬壞了。我取出這一層，放在地上；下面是一些已完成和未完成的畫稿，它們已經在這木箱內放置了一年多，我簡直記不得是什麼時候的作品了。

這些畫仍然被移開了，我探手在箱底摸索，順手還丟出一些髒破的軍服。最後，我終於找到它了，一個灰色油髒的布包，重甸甸地，這裏面是一隻四五口徑的德製毛瑟手槍和十發槍彈。

拿着這沉甸的布包，我遲疑了，一隻手翻着地上的畫稿，那裏面有寫生，有素描，也有信手塗抹的不成樣的東西；我記得很清楚，有許多是我從軍時畫的軍中生活，有一個時候我曾經加意珍惜的在戰火瀰漫中的作品。

但是，現在它們對我有什麼用？藝術學院的高材生，名重一時的青年畫家，這些銜頭對我現在是無勁於衷了。它們還不如我從軍時留下的唯一紀念品，這一隻毛瑟槍對我能有幫助了。

我打開了槍袋。

槍上已經生滿了鐵銹，一年多來自從我到香港住下以後就一直沒有動過它了，我用力拉了一下槍機，拉不動！從另外一隻彈夾裏取出子彈，子彈也銹得發綠霉了。

這能打得響嗎？能夠幫助我解決問題嗎？

我興喪而失望地望着它。

窗外仍然是淒涼的風雨聲，響亮有時沉重的雷聲。

難道自殺也是一件難事嗎？我重新倒在木榻上，強烈的酒在腦中燃燒、翻動；我模糊地思索着：這一年多來困居在舉目無親的香港，也可以說困居在這木板屋中，疾病、貧窮，找不到工作，僅僅靠一個收入微少的朋友來養活我，才不致餓死。我想去臺灣，那裏可以有我的工作和我曾服務過的部隊，但是我找不着人替我辦取入境證，也沒有那一筆船費。我曾經託過人找工作，不管家庭教師，苦力，侍役都可以，但在人浮於事的香港，我一次又一次失望了。而現在，我的那位好心朋友也失業去澳門了。

一個人到了山窮水盡時，自殺也許是解決一切的唯一道路了。

然而，我窮得祗能面對這一隻生銹 的手槍發呆。

再度下了決心，在髒破的衣服中，撕了一塊來搽槍。偶然地，衣服口袋中掉出了一張照片，我檢了起來。

這是母親的照片，也是我在這個世界上唯一的親人，臉上充滿了皺紋，牙齒也脫落不少了，頭髮疏朗地梳向腦後，但臉上却充滿了慈祥的笑。

像暴風雨中突出了陽光，我立即被她的溫暖的光輝所籠罩了。我惶悚地記起了幾個月前母親最後的一次信，她說：「……生活愈來愈艱困了，家中的屋房有些地方已經傾圮，庭院中的青草却長得很茂盛。」信中，她沒有要我回去。此後，在鐵幕低垂下，我再沒有接到母親的信，也沒有半點消息，我知道如果去信更會給她帶來不幸的！

母親對我永遠是慈祥的，永遠抱有無窮希望的，現在她正在鐵幕中受苦我能夠自殺麼？僅僅爲了生活我就毀滅了自己？就這樣逃避現實是應該的麼？

烈性的酒仍然在腦中刺激着，我的頭腦快要炸裂了！我的臉更形發熱，是懦怯，是低能，多麼令自己慚愧！

母親的愛是無所不包的，她又一次把我從死神的黑翼下救了出來。我還應該奮鬪，爲了我自己，爲了我的在鐵幕中受難的母親。

我沒有勇氣再向手槍瞟一眼，輕輕地把它包起來，塞入箱角，撕了給朋友的絕命書。

窗外的風雨已經小了下來……

三

像一場噩夢似的，暴風雨也過去了，太陽的光輝再來到南海的小島上。

耐心而仔細地，我收拾着室內一切零亂的什物，好久都沒有整理過了，我把衣服被蓋都放在太陽下晒着，打開了門窗使室內也充滿了陽光。從箱中，我在留下的二十多幅過去的作品中，挑了幅自己比較滿意的出來，也許，這些畫還能够幫助我解決目前生活的。

我不知道香港有沒有收買油畫的商店，我想書店中總可以寄賣的。等我的朋友從澳門回來後，我帶了畫找了一家熟悉的書店託他們寄賣，那書店中有一個司賬是我的同鄉，他熱心地收下了，並且願替我送到一個收購油畫的沙龍裏去，還賒了一些顏料和作畫用的東西，我自己存的一些也有的還可以用，我希望 自己能够畫出一點 較爲滿意的作品來。

我還年輕，我要抗拒命運所施給我的壓力。至於生活，我知道會怎樣應付的，在香港一年來，我已經懂得用最低的代價來維持 自己的生存了。

有人說：「浪子回頭金不換」，我不知道這句話是不是眞的？但是，我已覺得從一場可怕而復可笑的噩夢裏醒來後，我已變得精力充沛，決心爲未來而奮鬪了。

由於書店的那位同鄉告訴我，他們曾經替人家收買過風景畫，於是我想光找這方面的背景畫兩幅。在香港一年來，我早在心目中找到一個美麗的畫面，那就是離我住處不遠的地方有一個背山面海的海岬，是一個理想的作畫的地方。

挾着畫板與畫具，我走上舖着瀝青的山邊馬路，濃蔭的行樹遮蔽了陽光，使這條馬路顯得更僻靜而充滿詩意，時而有一對情侶挽臂走過。繞過山嘴後，整個香港市街都看不見了，山坳裏飛瀉着流泉，海岬深深切入兩山的當中，道路隨着山勢彎曲着。這海岬不過三四十公尺寬，但是繞過去都得花上二十分鐘。對面綠蔭深處，隱現出一棟乳色的別墅，安靜地躺在山邊，只有繫着銀鈴的白鴿悠悠地在天空中飛翔。秋天的白雲和藍天襯得畫面很美。

爲什麼不架一座吊橋呢？我常這樣想。那樣不單是使別墅的主人感到方便，而且會給這幽美的畫面更增加詩意的。難道主人願意這樣更隱秘麼？

在馬路邊伸出去的斷岩上，我駕好了畫架，正對着那個別墅。我從這裏可以眺望白雲底下的遠海，點點風帆和遠航船的黑烟，低翔的海鷗與高飛的白鴿。

這正是我要找的畫面，我用鉛筆先在畫布上勾出輪廓來，藍天，白雲，海岬，斷岩，綠蔭中的別墅……

到了夕陽西下的時候，我已經完成了一半，顏色很調和，畫面也美麗，這一天的收穫對我是一個滿意的結論，儘管人世間祇有庸俗的評價，我對自己却又有了堅定的信念。

我吹起口哨，收拾了畫具走向歸程。

當我走上馬路的時候，一輛奶油色無篷的敞車緩緩地駛過我身旁，駕車的是一個穿運動衣的女郎，她戴着一付寬大的太陽眼鏡，頭上戴着白色的運動帽，長髮從帽的邊沿紛披下來。轉大彎的時候，她輕輕地揿了兩聲喇叭，然後輕盈地駛過去了。

接連着三天，當我拖着疲乏的步子挾着畫具回去時，總遇到這年輕的女郎駕車過去，也許她是那別墅中的小主人吧？我想。

第四天，這幅畫全部完成了，我加意地修飾了自己認爲不滿意的地方，儘量地讓它與天然的畫面協調。整天，我忘了饑餓，也忘了疲倦，一心一意作畫，直到完成以後，我在畫上簽上了自己的名字，我才想起從上午十一點鐘來這後，我還沒有吃過什麽東西呢。我坐了下來，打開水壺喝了兩口水，吃着帶來的牛蒡麵包，自己儘情 地欣賞自己的作品。

「嗨！」一個清越的聲音在我身後發出。

我作畫的地點，就在馬路邊不到五步地方，去來的行人都可以看到，有時也有人停步看一會，我也從沒有介意過。現在，是有人招呼我嗎？我繼續吃我的麵包。

我回過頭。啊，是她，那個駕車的女郎。

不知道她什麽時候來的，車子在路的右邊停着，她站在路邊看畫。她穿着鵝黃色的綢上衣，長長的花裙，仍然戴着黑眼鏡，但是頭髮却祇用一束淺紅色絲帶束着，披向後面。她有着健康的體格和發育得很勻稱的身材。

她見我回頭看她，用手指指那幅畫說：

「這幅畫賣麽？」

我不回答，拿起水壺喝了一口水，上下地打量着她。

「你瞧，」她說：「你這麽看人多沒禮貌！」

「和你剛才那句話一樣沒有禮貌！小姐。」

她顯然是生氣了，扭動了一下腰肢，回頭就走。我也站起來伸伸懶腰，擦擦嘴，開始收拾畫具。車子發動以後又停了下來，我沒有回頭看她，但是我聽到有脚步走近我的聲音，她回來了。

「對不起！」她走近畫架說：「我剛才……」

我接過了她的話：「小姐，原諒我的粗魯，你來看我的畫總是我的光榮，」我玩笑地接了一句說：「也許，人窮氣也大了！」

「這是你的驕傲，」她說：「一個畫家也以世俗的眼光衡量別人和自己麽？」

我笑笑，紳士式地一鞠躬。不愉快的場面過去了。

「你給這海岬加上了一座吊橋，」她指着架上的油畫說：「使對岸的房屋變成很完美了。」

「那座別墅本來就是很美麗的。」

「你知道那是誰的房子？」她問。

「我來這裏僅只是想作畫，」我說：「我不懂香港的規定，是不是要得到許可……」

「這是主人的光榮！」她學着我的口吻說。

這就是她要買這一幅畫的原因嗎？我想着。

「你去過那邊嗎？」她指着對岸說。

「假如有這一座橋，我就走着過去了。」我指着畫上的那座橋說。

「我的車子可以作你的橋。」

「謝謝你，我希望有一天有這份光榮。」

「胡先生，」她顯然是看到了我畫中的簽名了，她說：「關於剛才我曾經提到的這幅畫，你能不能出讓？」

「好，」我考慮了一下說：「但是我不要任何代價。」

「那麽……」她顯得有點爲難了。

「不必介意，小姐。」我爽快地說：「因爲在香港，你是第一個欣賞我的畫的人。」

她笑了，是青春的奔放，幸福的流露。

「不過我也有一個條件，」她說：「請你到我家裏去吃一頓飯。今天好嗎？」

我下意識地摸了一下自己穿的油膩的工作服，很不好意思地笑笑。我說：

「你看我這樣子像是你們家裏的客人麽？」

「藝術家也這樣現實？」她笑着說：「那麽明天吧，明天下午我沒有課，你早一點來。啊，要我開車到你住的地方接你嗎？」

我不便再推辭了，我說：「不，還是我自己來吧。我住的地方你找不着的。」

「這樣也好，我一定等你來，可不要失信啊！」

「失信的時候也許有，但是不會是對一位美麗高貴的小姐。」

「你很有幽默感，」她瞪了我一眼說：「記着，我姓白，你找白安妮就行了。」

天色也快黑下來了，我把畫從畫架上取下來，送到她的車上去，她很小心地把它放在車後座上。車上還有網球拍和球衣。

分手以後，我愉快地走向歸途，我簡直不曾想到這幾天來的收穫是什麽？我爲什麽把自己精心的作品送給別人？

四

第二天，下午。

這是我第一次置身在香港的華貴人家的客廳裏，我感覺得有點拘泥不安，我的朋友特別爲我借來一套比較像樣的西服，但是這並不能掩飾我的寒傖。客廳很大，陳設富麗，剛從木板屋中來的我，簡直有目不暇接的感覺。不過我走進客廳中第一個吸引住我的，却是我送給安妮小姐的油畫，它被安掛在顯著的牆壁上，配了一個精美的像框。在這個高貴的客廳中，這幅畫也顯得增色了。我爲我自己高興，畢竟還有人肯要我的作品的。

「胡先生。」是安妮的聲音在身後叫我。

我轉過身來，她正站在客廳的入口處，穿着一件淺藍色的長袍，沒有化裝，只把頭髮向後用絲帶束着。

「安妮小姐。」

「藝術家，你的畫使我們的客廳生色不少了。」

「謝謝你，我很高興你歡喜它。」

她走過來，請我在沙發上坐下了，她也在我對面坐下來，愉快地注視着我說：

「高興這裏嗎？不要拘泥。」

「啊！能够來拜訪你，我感到很高興。」我繼續說：「安妮小姐，剛才是你在彈琴嗎！」

「不，我剛練完網球。」

「練網球？」我想起了昨天在車上看到她的網球拍。

「要我介紹自己嗎？我在這裏大學裏唸體育系，學校的網球選手。」

「啊，我記起我在報上看到過你的名字，上一次，你得了網球聯賽的亞軍。可是我沒有想到是你……」

她笑得很甜。「我希望有一天讓你看到我在英國溫勃敦草地網球賽中……」

「你會成功的。」

「今天你有太多的禮貌了。」

「玩世不恭的態度應該是向現實的社會挑戰，不是對好心的女主人的。」

「不要忘記你已經送了我一件很名貴的禮物了。」她笑着說：「你可要喝點什麼東西？」

「好。」

「那麼，我們到後面去坐吧。」

她引導着我，穿過客廳，經過了一段曲折的走廊後，海天豁然地從眼前展開，我們走過一個精緻的小花園，各種花香混和着使人沉醉。

琴聲又起來了，還是我剛走進客廳時的那一隻低沉悲惋的曲子，我記得那是電影「寒夜琴挑」的主題歌，應該是一隻小提琴的名曲。可是現在是鋼琴的聲音。

穿過了花園，走進一間臨着岩邊的屋子，向着海的一面，完全是用厚玻璃作成的牆，可以看到岩下的海和風帆。室中光線很好，散置着籐椅和茶几，有一邊是一列書架，另一邊有一架大鋼琴，琴後面垂着很厚的幃幕，琴聲就是由那裏傳出來的。

我們走進去時，琴聲已停了，但是可以看到彈琴的人仍然坐在那裏，琴蓋遮住了頭部，祇看得見是一個穿黑長袍的女郎，她沒有因爲有人走進去而抬起頭來。

「這裏可以招待藝術家嗎？」安妮笑着向我說。

「太美了。」

「讓我給你介紹一個人吧。」安妮引着我走向鋼琴。「表姐。」她叫。

鋼琴後面的女郎抬起頭了，啊，眞美！一時我竟呆住了。是一付橢圓形的臉，當中隆起端正的鼻子，淡淡的眉下藏着深邃得像窗外海洋似的眼睛，黑色的長髮像海波似地披着，臉上沒有施脂粉。但是，她眼光中帶有無限的哀愁，靈巧的嘴上掛着深思，蒼白的兩頰顯現出憂悒；而她，又是穿那麼一襲黑衣。

「表姐，這是胡野文先生，名畫家，徐貽潔小姐，音樂家。」安妮頑皮地爲我們介紹。

她用那一雙深邃的眼睛注視了我一下，嘴唇動了一動，但沒有說什麼，祇欠身向我點點頭。

「徐小姐，原諒我打攪你彈琴。」

「不，你太客氣了。」她淡淡地笑了一下說。

「藝術不分界域的，我希望你們談得好。」安妮說。

用人送來了三杯冰檸檬水，安妮遞給我一杯，她舉起自己的一杯笑着對我說：

「喝點水，這是——君子之交。」

「安妮小姐，」我也笑了，「你簡直不像學體育的了，是要我對昨天的粗魯道歉嗎？」

「怪不得人家說學藝術文學的人都愛懷念過去，過了一天的事爲什麼又提起來？」

徐小姐抬起頭來，白了安妮一眼，但是安妮沒有注意到。兩個人比較起來，安妮雖然減色不少，但她這一份直爽明朗的性格是可愛的。而另一個卻顯得更深沉憂悒了。

「徐小姐，」我說：「你在那裏學音樂？」

「杭州。」她簡短地回答我。

「啊，我也是在杭州藝專學畫，過去應當見過的。」我補充地說：「我從小在杭州長大。」

「那巧極了，」安妮打斷我們的話，「你們正是同鄉呢。表姐的家就在西湖旁邊。」

那位憂鬱的小姐低喟了一聲。

「天堂是值得每個人懷念的。」我眷戀地說。

「藝術家，」安妮不讓我說下去，她接着說：「讓我們談談畫吧，表姐很歡喜你的作品。」

「謝謝，徐小姐，希望你能够指點我的缺點。」

「安妮很愛開玩笑。」她說。

我不懂她這句話的意思，不過我懂得她不想說話，她有很重的心事。當然，我沒有權利去問她，假如我此刻走開也許還對她好一點，我不懂安妮爲什麼讓我來看她？

可是，安妮似乎不懂得這些，她也沒有帶我走開的意思，她反而說：

「藝術家，我請你吃飯，主要的是讓你來看看這地方，這裏可以作你的畫室嗎？」

我抬起頭對着她，徐貽潔也望着她，安妮繼續說：

「假如你願意，我想請你替我畫一張像。」

「畫你嗎？」

「你可以每天上午來我這裏，最近我都選的午後的課，上午都在家裏。」

「要我現在答覆嗎？」我問。

「表姐會知道你要些什麼東西的，我們會給你準備，問題在你是否有空或是否願意。」

「好，」我肯定地說：「我不是考慮這些，我是恐怕自己沒有把握畫好。」

「畫家，你應該比我更有信心。」安妮說。

這天下午，是我來香港後最愉快的下午了，安妮對我很好，當我在拘束的時候，她總說：「Make yourself at home!」我們還談了音樂、網球；也談到我一年多來的生活，我對她們也沒有什麼掩飾，我告訴她們我在設法去臺灣。

晚飯是中菜西吃，安妮爲我乾了三次杯，只是她的表姐仍然是那麼憂鬱沉默，很難得說兩三句話。自始至終，她不會離開鋼琴一步，吃飯也在這間房裏。

黃昏後，安妮親自駕車送我到市區，下山後我就下車自己步行返住處了。我們約定明天開始爲她畫像，每天從十時起畫兩個鐘頭。

但是，她使我驚奇了。我回到住處脫下自己的衣服，爲着要還給人家，我把衣袋中的東西搜了出來，在上衣內袋中却發現多了一個信封，我迅速地折開，是五張一百元的港幣，還附有一張紙條，用潦草的鋼筆字寫着：

「藝術家不能完全脫離現實，應該吃比麵包好些的東西……」

我想起安妮在下午曾經要我到花園中爲她摘一朶康乃馨，當時我脫了上衣留在室內，難道是那時她放進去的麼？在貧窮中，這是一筆很可觀的錢了，但是我接受這筆錢實在很難過，而退給她是決不肯收回的，這使我很爲難。

朋友勸我留下，給她畫像算是報酬；實在說，有了這筆錢我們兩個人可以維持兩個月的生活呢。

五

之後，我按時到安妮家裏作畫了，我很少見到她的家人，後來才知道她父親是香港的一位有名實業家，每天很忙，很少在家。安妮早上練網球，練完球後我給她畫像，表姐依然彈琴，不離開鋼琴，仍然是那一隻老曲子。她的獨奏顯然是很有修養的，但是她爲什麼總彈那一隻曲子？

我很少對她談話，雖然她對我並沒有壞印象。我不願打破她的沉默，我覺得沉默使她顯得更美。

安妮很難得坐上十分鐘，替她畫像眞不容易，進度很慢，不過我很仔細，我一定要使自己滿意。

一天，我去時，安妮不在，貽潔仍然在彈琴，她告訴我安妮到學校去了。我想走，但是不知怎麼樣我又留了下來，拿起畫筆繼續畫像。安妮的畫像是大半身的，畫面上的她穿一身運動衫，手上還有她一刻不離的網球拍，頭髮顯得很亂，像是剛練過球的。她自己很歡喜這樣子，這樣也更顯得出她的本色來。

室內很靜，貽潔翻着畫報，我們兩人都不說話，鴿鈴清越地在天空中響着，我戀着這份安靜的美，我專心地一筆一筆地把顏色塗上去。

「胡先生！」是貽潔叫我。

我抬起頭來，她正閤上畫報看我作畫，她的大半側面對着我。我常常感覺到我不敢正面看她，她的美麗使我震擾，在她面前我總有一份自卑的感覺。

「你的人像比風景畫更好，這幅畫你很用心。」

「謝謝你，徐小姐，」我說：「我是學人像的。」

「我看了你的那幅風景畫，你的構思很精密，佈局結構都很好，不過我想也許你很久不會作畫了。」

「筆調很生疏？」

「也許僅是我個人的感覺。」

「徐小姐，那是我到香港來後一年多的第一張畫呢。」

「你有繪畫的天才和良好的基礎，但是缺乏——」

「靈感。」我替她補充着說。

「你會找得到的。」

「我已經找到了，」我突然變得興奮起來，我說：「此刻，我已經找到了。」

「原諒我，」她扭頭不看我，「我就誤你作畫了。」

我站起來，丟下了畫筆，走到她面前去說：

「徐小姐，我希望你給我一個機會。也許這可能是使我成名的一幅畫呢。」

「什麼？」她不解地問我。

「我要給你畫像。」

她注視着我充滿光輝與希望的眼睛，然而她並沒有像我這樣激動，她仍然安詳地說：

「別浪費你的時間了，安妮的畫像會使你成名的。」

「可是你比她有更豐富的靈魂。」

「當安妮不在的時候，你對我說這樣話會合適麼？」

「原諒我，我從不願意違背自己的情感。」我解釋地說：「徐小姐，你不要以爲我會對安妮的畫像不用心。」

「我懂。」她接過去說：「藝術中不會滲雜有虛僞的成份。」

「那麼，答應我替你畫像吧。」我說：「我追求的是藝術的生命，我不會久在這裏出現的，等到安妮的像畫好以後，我不會再來了，也許你，安妮小姐和我都不會再見，……」

她作了一個手式阻止我說下去，也沒有答覆我的話，却把身體轉向鋼琴，又彈那一隻老曲子了。我悄悄地走到臨海的玻璃窗邊，眺望着遠海的風帆，情感似乎隨着琴聲飄盪到海上的白雲深處……

就在這一頃刻間，我似乎失去了我的道路，我開始懂得人與人間的距離與無法了解的情感；這是一種殘酷的距離，沒有任何的橋樑可以縮短它。

琴聲停了，我從迷惘中醒覺過來，我想我該走了，拿起了帽子，悄然地說：

「原諒我引起你的不快。」

我走到門口，她却叫停了我。

「胡先生。」

我停步向她，她正抬起頭來看着我。

「明天來吧，不過我恐怕你終歸會失望的。」

「啊，謝謝你！」我惶惑却堅定地說：「安妮使我恢復了信心，現在你使它更堅定。」

安妮的畫像完成之後，使我在這個華貴的家庭裏更有了好的評價和印象，我見過安妮的父親，他是一個受過英國典型教育的紳士，正直而有毅力。安妮開始忙於秋季網球聯賽，但是在家時總熱誠的招待我，她是一個爽朗而充滿活力的女孩子，有了她，一切都似乎有了堅實的生命。

但是，我却被另一個憂鬱的姑娘迷住了。貽潔對我始終是安祥而冷淡，我們間很少有單獨的談話，我找不到一把鑰匙可以開啓她深閉的心靈；在這個家庭中，她並不寂寞，所有的人都對她很好，而她却掛着沉重的心事成天坐在鋼琴面前，沒有彈琴的時候便凝望着海天雲帆發呆，從來不會出去過一次，我甚至沒有見她離開過座位。在她這樣年華裏，而且又是那麼美麗迷人，爲什麼却深深地鎖住了自己？我不懂，也無法問。

自從她允許我給她畫像之後，我決心要讓這幅畫成爲我最好的作品。比起安妮來，她有更多的內心的美，我要儘力讓這些美在畫面上表達出來。安妮的畫像使我恢復了自信，而貽潔給了我靈感，這張畫我畫起來覺得省力多了。我的保證沒有落空，她使我更堅定了自信。

畫面上的貽潔是半側面，光線從左前面的海上射來，和她深邃的眼睛裏放的光芒相融合，她兩隻手按在琴鍵上，像有着音律滑過，兩眼深沉地注視着前面，像在期待着什麼，微微上揚的臉，臉色沉靜而堅決，正如舊小說中所形容的「冷若冰霜」。但是眼睛却洩露了心底的秘密，表露出她也有奔放的熱情，而這份熱情却在憂鬱的畫面下深深地埋藏着了。整個畫面光線很暗，身後仍然是簾幕深垂。

爲什麼要如此畫呢？我不能答覆，這不是畫家能答覆的問題，也許是直覺，是把我蘊在心底的疑問在畫面上向她提出。那就是她痛苦的源泉，除非她或者安妮肯告訴我，我將永遠不會知道。

在進行這幅畫時我已經和她約定了，一定要畫完時才給她看，安妮可以看，但是她不能發表意見。每天畫完以後，我把它鎖在室中的一個書櫥裏，這是我的習慣，假如有人在中途加意見，便可能破壞了整個結構，也許我會完全失敗了。

畫像完成的那一天，我眞有說不出來的高興，我相信這幅畫是成功了，安妮這天也在家，她高興得像一個孩子，一面拍手贊美，一面繞着畫打轉，她叫着說：

「表姐，你眞美極了！你看，畫家給你畫得多好！」

貽潔也十分高興，眼中閃出喜悅的光輝，是我從來沒有看見過的，她激動地站起來，想走近來看看。但是她剛一開步便跌倒了！安妮和我同時驚叫了一聲跑過去把她扶了起來。

她暈倒了。原來她左脚從膝蓋以下都沒有，裝着一隻假腿，她竟是一個殘廢人！

六

事情來得這麼突然，一開始就是無法挽救的不幸，後來我知道貽潔本來就有很嚴重的心臟病，一經引發便無法救藥了。暈倒以後她再沒有醒過來，沒有一句遺言便永遠離開這個世界了。

我眞不知有多少的悔恨，爲什麼要給她畫這幅畫呢？假如她是因爲殘廢而抑鬱，但至少她不會遭到這樣大的刺激，心臟病是絕對需要安靜的。我恨自己，爲什麼要强迫她答應，爲什麼不先問安妮關於她的病？而現在，一切都遲了，永遠沒有法子可以挽回了。

像枯木死灰地，我呆坐在客廳中，整整等了三小時，最後安妮出來含着淚告訴我，已經沒有希望了。我也再沒有臉在客廳中出現了，失魂落魄地走了出來，在我的前面什麼都不存在了。

我悔恨，痛苦，甚至連我想到自殺的時候也沒有這種的痛苦！我爲什麼當時要活下去？爲什麼給這個平靜幸福的家庭帶來了如此的不幸？到了這個地步，即使我自殺也能洗贖這重大的罪疚麼？

安妮很仔細，她派了人開車趕上我，堅持把我送回住所去，我失去了自主，幾乎痲木得變成了一個白癡！回到住所以後，不眠不食地躺在床上，這眞吓慌了我的朋友，他懂得我一定是受了重大的刺激，他關切備至地詢問我，可是我能告訴他什麼呢？

第二天，安妮派人送信來，告訴我貽潔的遺體在這一天火葬，希望我到殯儀館送殯去，她還有事情和我談。

當然我是應該去的，可是我有什麼臉面去呢？我怎麼敢去見安妮，她的父親和她的家人們呢？人家一定會指着我說：就是那個窮畫家殺死她的！我該怎麼辦呢？

我沒有這股勇氣，我不敢見他們中間的任何人，終於我決定遲一天一個人偷偷地給她靈前獻上一束鮮花。

我簡直不敢相信這悲劇是眞實的，美好高朗的秋天的陽光照着我，並不是作夢，然而貽潔眞會已經死了並且裝進了骨匣？難道這就是人生？

我說不出一句話，流不出一滴眼淚，默默地把花圈送上，我怕看遺容上那一對深沉的大眼，悔恨地低下了頭。

就這樣，我呆立了半晌。

但是，當我悄悄地抬起頭轉身退出時，我才發現安妮站在我身後，她含着眼淚默默地看着我。

我又垂下了頭。

「我知道你今天會來的。」她說。

「…………」

「我送你回去。」她拭去了眼淚說。

我仍然不答，只搖搖頭。

「別再難過了，我懂得你的心情，你必須聽我的解釋，我要找到你和你談這件事情。」

「安妮小姐，我沒有臉面再見你。」

「這不是你的錯，我找你，就是要向你證明這點，現在我們走吧。」

我隨着她到附近一家幽靜的咖啡室坐下來，她開始告訴我關於貽潔的一段傷心往事：

「不幸開始於卅八年四月，那時表姐還在杭州。

「在那之前，她是一個極其幸福的寵兒，在學校中除了鋼琴外，她還有很好的歌喉，也歡喜跳芭蕾舞；在同學中，她是一顆燦爛的星星，也是被所有男同學追求的對象。她的家庭很幸福，就住在西湖旁邊，父母都在，還有兩個弟妹。

「一次偶然的機會中，她認識了一位剛由美國接艦回來的海軍軍官林永譚中尉，他拉得一手好提琴，不久他們兩人都墜入情網了。那一隻「Intermezzo」就是他們兩人最愛的曲子，你應該記得表姐一直彈那一隻曲子吧？

「在西湖的山色湖光中，他們過着極甜蜜的戀人的生活，林中尉每一次從海上歸來，便回到她那來渡着甜蜜的假期。

「表姐是卅八年的夏季畢業的，他們已決定在畢業典禮後舉行婚禮。可是，在四月下旬，共匪發動了大攻勢，林中尉那時是一條軍艦的副長，戍守南京，江陰失守後，他們奉命突圍，他在途中負了重傷被送到上海海軍醫院治療。表姐接到他同事打來的電報，便親自駕車趕去，因爲那時滬杭鐵路已經異常混亂了。不幸在途中撞車失事，她失去左腿，也被送到上海去治療。

「林中尉和她再沒有見面，他死在醫院中，表姐則在上海淪陷前被父親搶救來香港，可是她一家人却隔在杭州沒有逃出而失去聯絡了。

「她因爲受傷時失血過多，加上重大的刺激和覆車時的震盪使她罹上了極嚴重的心臟病，到香港後雖然治好了腿傷，但是她過度憂鬱，而且不肯出去，以致她的病愈來愈重，醫生明白，我們也明白，她自己也知道不會久活。醫生甚至告訴我們她不會活到冬天。

「這樣，我想假如有人能分散她的憂鬱，也許她會過得愉快一點而可能減輕她的病，於是我找到了你，我倒很高興這一段日子她過得寧靜，有時也肯講話了。誰會想到最後還是……

「你想，這是你的錯嗎？」

她說完以後，我們兩人都沉默着，然而，我並不會因爲她的解釋而減輕心底的負疚，我終於說：

「安妮小姐，你的寬容使我更不安了。」

「不要那麼想，難道說我沒有錯？我和表姐從小感情就很好，你想我會不會比你更難過？但是，她爲什麼失去腿？爲什麼罹上心臟病？爲什麼這一對幸福的情人會落得這樣的下場？爲什麼你只能流浪到香港吃麵包住貧民窟？難道這也是我們的錯？」

「我懂得，我的母親也在鐵幕中受苦……」

「是的，胡先生，」她重新溫和地說：「我找你除了要把表姐的事告訴你之外，還希望你明天同我一道去見見我父親。我相信你應該走你應該走的路。」

「啊……」我奇怪地看着她。

「他們實業界的人士組織了一個訪問團到臺灣去訪問，我已經同父親談過，讓他們以秘書的名義替你申請入臺，假如你願意爲他們工作……」

「安妮小姐，」我十分感動地說：「你對我太好了。」

「那麼你願意爲我作一件事情嗎？」

「任何事。」我肯定地說。

「啊，我先謝謝你了。」她繼續說：「我想請你把表姐的日記和一些有紀念性的遺物帶到臺灣去，因爲我不願意讓別人看到這些東西。在半年之前，父親曾去過一次臺灣，他在臺灣南部海軍基地向海軍忠烈將士獻花時，發現了林永譚的名字，我希望你把她的遺物在那裏焚化，而且替我獻上一個花圈。」

「啊，那太容易了。」

「此外，表姐的那幅畫像我不想留下來，我想把它轉送給你，假如表姐活着，我想她也願意送給你的……」

…………………

七

故事該結束了，我想抄一段貽潔的日記來作這篇故事的結尾。

「……我終於答應了胡替我畫像，認識這一個充滿了信心的畫家是我來香港後值得紀念的事情，而且他說我能够幫助他成名，他說他要永遠追求藝術的生命，使我深切感動。

沒有人能够比自己更認識自己了，在生命的火花已只剩餘燼時，假如能幫助別人，我還有什麼值得吝惜的？

抑揚的琴聲，美妙的歌喉，輕盈的芭蕾舞步，對我都過去了，我已不再珍惜或懷念那逝去的日子。但，一個人短暫的生命有盡，藝術的生命都是永恒無窮。琴聲，歌聲和芭蕾舞，將永遠屬於藝術的追求者，不會消滅的。

儘管過去與將來無法連接，然而一個人能够追求藝術的眞諦，那將永恒，沒有生，也沒有死。

過去與未來將同藝術的生命連接在一起。

如果他能够成功，我的生命也將和藝術永恒的結合了，那將不再有殘缺和死亡，它們將和完美摻合在一起。

他會成功的，他有信心。」

懷念

張秀亞

連朝風雨，窗外那株常綠的小樹，竟也飄墮了幾片黃葉。一陣急雨過去，暮色迅速的湧來，有如晚潮，廻旋蕩漾於我的週遭，我心湖中的愁緒，竟也似泛濫了。我悄悄的捻亮了檯燈，暗藍的燈座上，映現出你以白漆寫的意大利文的名字：「茜茜利亞。」幸而當初那個女人不了解這個記號，不然，連這點可憐的紀念，也要被她抹去的，但是，微娜，我心上的印痕，豈又是人手所能抹去的呢？

八年了，日子在一片灰霧中飛逝。我們如同兩顆晨星，在遙遠的天陲，互相失落。你像是一邊唱一邊飛遠的秋雁，誰知道你的影子寫上哪片流雲？寂寥中，我常常想到我們的初戀：記得有一天你着了一件白色的長衣，在那一街燈影裏，我挽着你踏過那道靜靜的石橋。斑爛的星輝下，蝙蝠到處亂飛着，橋下送來淡淡的荷葉清香。那些美麗的往事，卻如同燈影一般的消失了。如今，只有孤零的我，凝望着窗外茫茫的夜雲，我幾次都要哭出聲來了。

我深深的知道，你多感的心中，對我懷有太多的幽怨。雖然你從不曾咒罵過我，以及那個女人！最後，你只留下一句話，「罪惡的造成，只由於無知，我憐憫你！」你便悄然的走了，如同一片驚秋的木葉，輕輕的飄上洞庭波，悠然的安於自己飄零的命運，連聲太息都沒有。

當你初初離開時，我不能隱瞞你，自私的我，確感到幾分輕快。但我不曾想到，同是一座庭院，換了女主人，卻驟變了春冬的季候，形成了兩個不同的世界。你曾以你的意趣，你的柔情，升我於最高之天，而那個女人呢，卻以她的痴狂，她的愚昧，墮我於最深之淵。這完全由於我不智的抉擇，又能得到誰的同情與憐惜呢？

一日日的我更明白，一切的失誤，皆起於我性格中的缺點，弱者的名字，絕非女人，卻是男子！在情感的處理上，我自承柔弱得如同風中的蘆葦。

當我們新婚後，在山城的鄉郊那翠綠的芭蕉園中，織起我們綺麗的夢境。而不久，一個愛着紫色衣衫的女孩子，也常常出沒於那片蕉葉的綠影中了。她是一個流浪的小孤女，漸漸的，我們小家庭中那份現成的幸福，更使她自悲身世，因而起了覬覦的念頭。而你也太溫柔善良了，同時也過份的信任我，因以疏於防閑。我呢，只覺得她是個少不更事的小妮子，從不曾假以詞色，這卻大大的傷害了她的自尊心。她後來向我說，自從那次邀我為她補課遭拒，她決意拼卻生命來征服頑強的我了，直到我俯首貼耳，完全變成了她的俘虜！

機會好像也是偏袒她的，那一年我飛古城接收，你因事與孩子暫留山城。當我那天一下飛機，身邊竟飄來一片紫色的影子——她也竟然同時乘另一架飛機而至！她當時向我倨傲的點點頭，欣然的微笑着隨她一個女親戚進城了，這是一個悲劇的伏筆！那時接收的情形，一切不如理想，使我心灰意冷

，而故鄉的邊緣，又燃燒起赤燄，欲歸不得。我一日日陷於更大的苦惱，而最使我苦惱的，是遠離開了你同我們才半歲的愛兒。我終日枯坐在那寬敞冷清的旅館中，撥弄着爐火，看着窗外片片飛雪，失魂落魄的，一口口的狂吸着我的煙斗。而那個女人，竟探出我的孤獨寂寞，竟想排闥直入我的心宮了。當她第一次輕輕敲叩着房門，低聲的說着：「是我！」的時候，我確有幾分不耐煩，但是門被她悄悄的推開了，探進來烏髮蓬鬆玲瓏的頭，眨眨眼睛，第一句便柔聲的問起了你：

「我來打聽微娜可有信來嗎？」塗着淡淡口脂的唇邊，是一絲使人溶化的，春陽般的嬌笑。

我承認那時我正在思念你，任何人偶而提起你來，都能使我對他發生好感。我禮貌的讓她進來，以你為引子，遂開始了閑聊。談話中，時時提起了你同我們的孩子，那天，我還在旅館的餐室叫了兩客西餐，和她一同消磨了半日的時光。如果那天有人問我，我會毫不猶豫的回答他，只是為了你的關係，我才招待這個女人。

在一個晴朗的午後，她又來了，着了一件很可體的暗紫綢衫，畫出了她曼妙的曲線，她提了一隻籃子，裏面是一把紫色的花同一隻黑貓，想想，這是多麼奇怪的禮物！我那時正坐在沙發上看報紙，她猛地一躍，將那隻黑貓扔到我的身上，把我嚇了一跳，正欲發作，她又輕輕的拾起了她那不可抗拒的武器，——那叫人溶化的，春陽一般的嬌笑！她多可怕，緊接着是一句符咒般的：

「這隻貓兒可愛麼？」

「可愛！」我這愚蠢的男人呵，當時真無還擊之力了，只有做個應聲蟲的份！但她卻仍不愜意，又節節進逼：

「貓可愛還是人可愛？」

「人可愛！」我又第二次情不自已的做了應聲蟲！但我想我那時的面部表情，一定非常的呆笨而板滯，並不能與我的言語配合。因為事出倉促，使我

無法從容中度。她這時却聰明的透視到我的內心，覺得在那情景下，應卽適可而止，她立刻又扭轉了話題，又談到你！我的談話，遂又如春水一般的活潑了起來。（我那時還深信不疑的我是熱愛着你的。）直到今天，我才明白：如果一個女人處心積慮的要攫取一個男子，她永遠不會失敗的，尤其容易攫取的，是別人的丈夫！因爲這樣的男子，內心充滿了矛盾。他是靜極思動，時時刻刻預備走入情場，再度冒險，他唯一的顧慮，只是他的妻子。偵察出他的這份弱點，如瞄準了那個英雄阿吉利斯的足踝，一箭射出，正中要害。我就是如此負了重傷，那個女子，以你的名字，在那箭鏃，塗上魔藥，我雖受了致命的創傷而不自知，但自這傷口，愛情慢慢的流了出去，生命慢慢的流了出去。

最初，我猶盡力的掙扎，也有幾次，我的理智抬頭，我在言語中暗示她：她來得太勤，在我當然沒有什麼關係，而她，一個年輕的小姐，應知人言可畏。她趁此機會，一再否認，她說她羨慕你，她敬愛你，她之關切我，只是爲了你的關係，沒有一點自私的成份，她說得那麼動人呵：

「我尊敬你，如同我的長兄。我絕沒有意思掠奪微娜的幸福，我希望得到的，只是你給完了她同孩子以後剩餘的情感。」

她說得那麼委婉，謙卑，可憐，我卽使是鐵石，也不能不動心了。

「好吧，卽使是剩餘，也是剩餘的全部！」我回答得如此慷慨，我絲毫不覺得對你負疚。實際，我當時太懵懂了。怎知情感一物，是不能分割的，我答應了給她「剩餘」的情感，已不能再有剩餘給你！細想那時，我是多麼愚昧，我絕不想製造罪惡，我絕不甘墮落，只是在欲情與自私的煽惑下，我不自知的豎起了白色降旗，說明了一個中年男子身心的無力！

接着，命運又開始了對我另外的襲擊：不幸的消息傳來了，說是我最懷念的老父，於勝利前一年，在日寇的迫害下，在獄中憂憤交集，吐血數口而歿！我悲痛至不可言喻。她在這段期間，每天黃昏，都來到我的住處，溫語寬慰我。她有時帶來口琴，爲我吹奏幾個活潑的短曲，有時帶幾本西洋鬼怪故事的譯本，爲我柔聲的誦讀，窗外的晚霞暮煙，都成了烘托這些黃昏故事的絕好背景，我的心情，竟由她的慰藉，而漸漸復甦，她也不曾忘記一次再次的提到了你，我越法感佩她具有如此美麗而偉大的靈魂，誰知她一次再次的提起了你，只是爲了使我永遠不再提起你！女人比男子聰明多了！

一個落雪的薄暮，異常淒寒，她又依照慣例前來了，拿來一束淡紅的臘梅同一瓶酒，還有一包陸稿薦老舖的小菜。她一杯杯的爲我斟着酒，酒，蕩漾在玻璃杯裏，瑚珀般的艷紅；笑，蕩漾在她的唇邊，紅梅般的動人。我竟然醉了，而不能自持。醒來才發覺她淚眼相向，但淚光並掩不住她唇邊的笑意。我感到無限的悔恨，我對自已感到無限的嫌惡。一脚已陷入泥淖，我知道從此我將無法擺脫這工於心計小女子的糾纏了。

第二天你的長信來了，你絮絮的訴說着我們的愛兒患病的經過，最後你在信上說：

「孩子病癒後，小手拍打着窗玻璃，望着天上的白雲喊：『爸！』孩子雖只十個月，但是他多乖呵，他似記得你是坐飛機走的，所以整天向着天空喊你！」

我看完了那封信手在顫抖，我幾乎要暈眩了。這封信如果早到一天，也許我不致飲下那小女巫的魔酒！但事情是多麼不巧，你的信遲，只是爲了孩子生病，而當你身心交悴，守護在愛兒病榻之前時，怎能想像到你的丈夫却跌落到地獄的邊緣！我揑着那封信，半晌無語，而那個女人走了過來，一下自我指間抽走了那雪色的箋紙：

「你告訴她，以後少來信打擾你吧，有了我，就沒有她！」一見我已墮入她設的陷阱，她竟然揭去了溫柔的面紗，而顯出了本相！當我囁嚅着要解說什麼時，她却抽出了早已預備好的利刄：

「以後，你不能以對微娜的方式對我，如果你忽略了我，我可以控告你遺棄！」

昔日的我，是多麼的剛强，如今我又變得多麼怯懦呵！在她笑與淚的脅迫下，我只好拿出了筆，舖起了紙，寫了一封短箋給你，措詞雖儘量的委婉，但內容却是悖背情理的：

「親愛的微娜，知道孩子病好了，我極安慰。你這些天看護孩子，一定辛苦極了，相隔這麼遠遙，我無法分擔你的憂勞，一想起來，便覺負疚於心。再來信可以寫簡短一些，免得你太辛苦了。我近來也因太忙了，讀你的長信，每不能終篇……。」

你收到這信後，當然有幾分莫名其妙，你回信說：

「我讀你的信，總嫌太短，你却覺我的信太長，難道這『長』『短』也能代表個人的情意嗎？」你已經有幾分不快了，但你怎能想像出，我這兒正上演着一齣不能拉幕的戲劇呢？

但是，生活儘管已入迷途，我的良心依然是清醒着的。我曾一連幾晚夢見你，夢見我們的孩子爬到我的床邊，扳搖着我的肩，大聲的喊着：「爸！」醒來，枕上却浮漾那女人黑髮的波浪，我感到一陣怔忡！我這時眞如一個落水的人，惶急中，找不到一片可以攀附的木板。我日日如此沉淪，無以自救。罪惡的生活像沙灘，越掙扎，越深陷，直到最後，泥沙沒過了頸項！百思無計中，我悄悄的拍了一個電報給你，請你趕快來。那時，你在山城，也似聽到一些傳聞了，而在答應「迅卽啓程」的信尾，附了兩句：

「愛情如同眼睛，不能揉進一粒砂子，我相信你，但我怎能相信別的女人？」同時，你更有意無意的寫了一封信給她，寄到她親戚的住處：

「想到不久我們就可以見面了，我多快樂呵！」

她接着這信大恚：

「怎麼？她給我警告麼？我們到底看誰能贏了這一場競賽！」她更以一個女人的嬌嗔與作態羈縻住了我，而在你將要抵達古城的幾天，她索性不許我回原住的旅社了。當一個雨雪霏微的日子，你幾千里奔赴，到達古城，迎接你的只有我那空冷寂寞的房間！及至我懷着一顆忐忑的心回來，你已經苦苦的等待了兩天了。你問我，我回答說因公出差去了，這是婚後我第一次向你說慌。而有了這樣的開頭，我那一篇「謊言」，就繼續着寫下去了。

終於，我那迷亂惶惑的神態，在你那聖潔的心上，印上了一片更大的黑影，你開始以懷疑的眼睛凝望着我。一個夜晚，守着這盞檯燈，你又以背影向我了。你不言，也不笑，半晌，吐發出一聲悠長的太息。我鼓着勇氣問你：

「你為什麼不去睡？」

「我沒有睡意！」你那凄楚的模樣使我難過，我的心頭隱隱作疼。我一支接一支的吸着紙煙，煙灰積了一堆了，壁上的鐘已打了兩點。我想索性打開心門吧，再隱秘不吐，要我窒息了。

「微娜，我做了一件錯事，希望你救救我！」我的心在顫抖，我覺得這竟不像是我自己的聲音了。

「那麼我走！」出乎我的意料之外，你竟不會細加盤詰，却說出了這麼簡短有力的話。

「你走了，我的名譽即告破產！」

「那麼你要我留下來看你們義演！」你說得那麼諷刺。

「好微娜，給我一個機會，你留在這兒，靜靜的等待着我把罪過贖清吧？我對不起任何人，甚至於孩子！」

你無語的回到房中，一覺醒來，我聽到你帳內傳來了斷續的啜泣聲。

這時，由於你的來聚，那個女人催逼我更緊了。每夕她約我在外面相見，我瞞着你，又惧着她，像個瘋人似的，不管風霜雨雪，只要你一不注意，我便悄悄的蹓了出去，在那凄黑陰冷的深巷中，她罩着一塊暗色的面紗，又千百遍的重複着我聽厭了的話題：

「你和微娜離開！」

「她沒有過錯，我如此做，心裏不安！」這是我良心的聲音！

「把她拋棄和我結婚！」

「那我犯了重婚罪！」

「那麼，你打算把我如安何排，我是個苦命的孤女，除了你在這世界上，我還有誰呢？」她嚶嚶的哭倒在我的懷裏。這是女人！我重重的嘆了一口氣。

「你等我好好的安排一下，我絕不忍負你！」

她又說了一些瘋話，那在我已全無意義。我只茫然的聽着，如同一具失去靈魂的木乃伊。我好容易擺脫了她，步履匆匆的趕回家中，夜已經那麼深了，風那麼峭冷，你却在積雪的庭院中，佇立着等待我歸來，廊前的燈盞，黯淡的照着你蒼白的面容，發紅的眼圈，我真想跪倒在你的面前，請求你的寬恕，但我真不知如何啓齒。並且，在凛冽的寒風中和她爭辯了那麼久，我已感到精疲力竭，頹唐懊喪，如同一個潰兵。你抬眼望我，唇邊浮着一絲苦笑：

「你終日這末顛倒，這還叫什麼生活！」

「我已經走錯了一步。但我拿得起，我就放得下。你給我時間，從容安置好麼？」我的思路紊亂，但我仍在口頭逞强。

漸漸的，你憔悴了，瘦損了。但我的內心受着悔恨的蠶蝕，比你還要痛苦。那個女人，每天用眼淚與哭訴來逼問我，而你一雙憂鬱的眼睛，對我更是有力的指控，像兩把利劍，直刺我的內心。我有時真想逃入空山，終日對着古松明月，再也看不到一個女人的影子！我那時常常憶起了聖經上的話：「空虛的空虛，空虛的空虛，一切都是空虛！」

有一次，在一個午夜我踉蹌歸來，月色如水，正照着你獨坐窗前，悄然垂淚。聽見我的步聲，你頭也沒抬，只是一聲嘆息：

「這樣的日子，生不如死！」

我的心靈感到痛楚，但我又何辭以對呢？我只隨手自壁上拿下那只古舊的月琴，有一根琴弦已經斷了，且封住一層塵埃，我歪倚在那裏，閉了眼睛，亂彈一陣，口裏更隨意的嘯唱着，眞似荒野的鬼哭，你慢慢的走了過來，自手中取去那只月琴，聲調裏又是憐惜又是怨恨：

「你是不是瘋了？」

「你不要問我！」我氣急敗壞的說。

「與君結新婚，菟絲附蔦蘿，你是我託以終身的丈夫，我當然要問，這樣下去，你眞是自取滅亡。」

「我自取滅亡，干卿底事？我死了，這個屍首仍屬於你就是了！」

你那麼悲愴：「這又是哪一齣悲劇中的臺詞？」

我在那樣的日子，本覺無以自處，至此，我們中間的遮障推倒了，我索性便沉淪下去。利用那個女人一些小體貼，小溫存，使我的心靈暫時得到一絲慰藉。我好似一個判決死刑的人，把艷麗有毒的罌粟花，撒在赴刑場的路上，企圖自那顏色與香氣裏，忘記了就要臨頭的大難。你似乎也看透了我的心情，後來竟然也不再聞問了，但是你的心上，却醞釀着更多的愁苦。

有一次我一連三日未歸，返來後見你的房中闃然無人。只在書桌玻璃板下面，我發現了那張紙條，我才知道你竟然帶着孩子離去了。我為你購置的衣物，一件也不曾帶走。最後我更在一個抽屜裏，發現了一個紙包，裏面是平日你經手的兩個銀行存摺，包紙上抄錄着你的自度曲，歌詞是：「心字已成灰，紅淚低垂，淚濕哀弦曲難竟，凄涼因誰？」更有一首是：「三月春又至，林表鵑啼哀，孔雀東南飛，五里一徘徊。」我痴痴的望着那幾行糢糊的字迹，雖我感到幾分輕鬆，但我同時也意識到我失落了世界上最寶貴的東西，——你的感情深摯的心靈。我有的，只是令我厭棄的情慾生活了！

而那個女人，多少年來等待着的，是這樣日子的到來。她聞訊不待徵求我的同意，便搬了進來，從此，一切能引人想到你的東西，都被她收拾了起來，一個家，完全另換了一付樣子。而她到來後的第三天，白髮皤然的老園丁竟來向我辭職了，當我開發完了他的工錢，他蹣跚着走了出去，隔着窗子，我見他手撫着他栽培的石榴樹嘆息：

「我老了，我看不慣！」我的心在悸動，對於一顆負罪的心，他是一個嚴厲的裁判者。

微娜，流光似水，你離開我已經八年了，海天茫茫，我眞不知何處去探訊你的踪迹。但自離開你後，我一天天的更明白我是愛你的，這愛情是屬於心靈的，甚至於在和那個女人狂戀的日子，這愛情也並未完全死去，人，畢竟是有記憶的動物呵！

和她在一起的歲月，苦多樂少，生活在我只是成了拖。五年過去了，她漸漸看出，她自我處得來的，只是幸福的外殼，而絕非幸福的本質。她雖然爲了已經征服了我，攫得了我而感到幾分滿足，但這一杯淡水似的生活，使她感到乏味，她需要的是刺激，是熱狂。有一天她也終於走了，帶着無限的悔恨。情感上的幾次巨變，竟然使我的鬢邊生了白髮。在這灰色的日子中，我唯一的快樂只是想起了你同孩子。你也許又要斥責我說謊，你怎知道，每分每秒鐘聲的嘀嗒，在我都變成了世界最可愛的聲音「微娜！」呵，你離開我這麼久了，也這麼遠了。

生活在我唯一的意義只是等待。但我一想像到你的脚步當眞踏上了這靜靜的深巷，我的心便急遽的跳動，我眞不知如何來迎接你了。我也許會又喜又愧的用窗帘遮住我的面孔，忽而，又爲强烈的思念催促着，一下躍到了你的面前！我忐忑，我猶豫，如果使我心跳的日子終於來臨，我清楚的聽到了你的足音，呵，我的女神，我第一句要向你說些什麼才好呢？每念及此，我的心靈如細雨才過，斜虹隱現的天空，又是喜慰，又是憂傷。

我更有着一種惧怕，時間過得這麼久了，我思猜不出你如今的心情，你也許已經恕了我，忘了我？我希望你恨我，那倒比較好一些，因爲如果你恨我，我的影子仍能清晰的浮漾在你的心湖，也算是有了個歸宿。

我懷念你，我的手中常常執了你心愛的花朶，在夕陽影中，徘徊等待，昨夕我曾寫成一首詩，那完全是我的心情的寫眞，微娜呵，讀了它，你忍心不回來麼？

微娜，我摯愛的，
夕陽的金雨已洒遍山上，
我又折了一枝美麗的迷迭香，
(幾年來都是這樣。)
打開了窗子我在等待，
你和黃昏的霞影一同歸來。

希望有那末一天
你終於夢影似的歸來了，
園中的晚風會向你低語，
我依然愛你如昔，
雖然憂愁已洗淺了你黑色的鬢髮，
和比薔薇更紅的笑靨。

我似見你在暮色中緩緩而來，
不似昔日的步履輕盈，
疲憊如同一隻倦飛的黑蛾，
繞旋你暗色的衣裙，
你可發現我痴痴等待你？
揹着一只沉重的袋子，
滿裝着我青春的過失？

可憐的微娜呵，
你微笑吧，
接過我沉重的袋子，
寬恕了我過去的罪愆。
你看窗外漫山都是夕陽，
一切和你離去時沒有兩樣。

你看我不忘爲你折來一枝，
你最喜愛的鬱金香。

微娜，莫躊躇，
快點貼近我的身邊，
我擔心夜色對你太寒。
你看夕陽已經落山，
銀河裏，誰又推出白色的月船，
閉闔上你那朦朧的淚眼，
讓我們忘記了痛苦的回憶，
一同度過這蒼白的月夜，
這人間最可愛的一夕。
我再把這枝迷迭香，
插上你已經飛霜的鬢絲。

(上接第44頁)規定了劃一的項目，每個時代，不論在法制上有無什麼特殊事故和變遷，都要逐條像塡表式的敍述一番，那就無異於類書而距離史書的正規體裁很遠。不幸近代寫通史和專門史的人們却常常犯這樣的錯誤；作者側重重點去寫，這是本書精采出衆的主要原因之一。作者在敍言上徵求讀者對於這種寫法的意見，筆者謹於此提出拙見，以表贊成。

本書優點甚多，筆者不能盡舉，以上不過舉其重大和顯明的，餘下的，祇有留待讀者自已去細細研讀咀嚼了。

本書中的敍述，筆者認爲有幾處可以略加補充：

(一)作者論法家中斷的原因，極爲切實；不過漢武帝並不能眞正實行儒術。他實在是一個陽儒陰法的人物。漢朝的眞正崇信儒生，應當是元帝即位以後的事，這些話似乎可以提上一兩句。

(二)明太祖濫刑殺人，刊佈大誥初二三編，講到明代似乎不可省略。

(三)吏部的銓選制度始於隋，自唐起，歷代沿用不廢，這一部份似乎可以補充。講到官制，這些意見皆是枝節問題，無關宏旨；願藉此貢獻一得之愚，以備作者再版時的參考。

本書實爲近代研究中國歷史與法制史的人們必讀的書，筆者謹以至誠推薦本書於我自由中國人士之前。

書刊評介

中國法制史論略

牟潤孫

徐道鄰著　正中書局印行　一四二頁　四十二年十一月出版

本書共分十章，敍述自春秋戰國至淸末的中國法律制度。首有中國法制系統圖及敍言，末附歷代律令名稱考。全書約九萬言。

本書雖篇幅無多，而由於作者學識的豐富，選擇材料的得當，寫來極爲簡明扼要，絕不因爲它的分量少，減低它的價値。何況作者硏究每一問題甚爲精細，本書獨到之處甚多，非一般膚淺之作所可比擬。

作者對於我國文史之學本有深厚的素養，又對於羅馬法，作過極精湛的硏究，寫著本書極爲適宜。

本書之優點，最重要者，筆者以爲有下列三項：

一、見解正確：這從本書開首就可以見出。作者不從法字的結構形狀去討論法的起源，也不從「呂刑」「刑鼎」等等記載去講古代法制，這都是正確而明快的見解。作者說：「法家乃政治家而非法律家。這些法家的著作，其全部內容，無不是在說明如何取得國王的信任，如何把國家弄得安定富强，如何治國第一必須重用法律，而不是對一些實質的法律問題有若何深刻的檢討。他們是一羣政治家、法律哲學家，而不是法律家；至少他們的書，是講講權術的政治學，間或略帶一點法律哲學，而不是法律學。」從來講法律制度史的人喜歡把戰國的法家牽來一齊講，經過作者的分析，可以明白那都是些不必要的牽扯。作者論法家和儒家的分野，在禮和法的關係。他說：「儒家認爲治國之道，應當以禮敎爲主，而以法律爲輔，而法律的任務，祗是來輔助禮敎的。所以孔子說：『道之以政，齊之以刑，民免而無恥；道之以德，齊之以禮，有恥且格』。孟子說：『徒善不足以爲政，徒法不能以自行』。……就是這個道理。唐律說：『德禮爲政敎之本，刑罰爲政敎之用』。說得更爲淸楚。而法家則和此恰恰相反，他們認爲要治國最好莫過於用法律，用德禮是無用的。所以管子說：『法者天下之至道，』……韓非說：『治者用衆而舍寡，故不務德而務法，』……至於談到法律的實質，則兩家的理論，相去更爲遼遠。儒家認爲法之所以爲法，就是因爲它是德禮之輔……所以大戴禮說：『禮著禁於將然之前，法者禁於已然之後。』後來漢人說：『禮之所去，刑之所取，出禮則入刑。』宋人說：『刑爲禮之表。』這都是以禮敎說明法律的論調。而法家的理論，則認爲法律本身卽有其獨立的內在的價値，而不須要從別的價値方面來取得其存在的理由……所以韓非子說：『法者編著之圖籍，設之於官府，而布之於百姓者也。』管子說：『生法者君，守法者臣。』說得何等簡捷了當。我國法律自漢以後，始終在儒家禮敎法律控制之下。作者過去在唐律通論中曾有發揮過這個理論，在本書中，同樣揭出了他的看法，如上文所引者。作者把握着中國法律制度這個中心重點，可謂極端正確；作者能够平情近理的指出我國法律制度的特性和長處所在，而不一筆抹殺，其原因卽由於此。

二、分析淸楚：作者對於邏輯之學極有硏究，在本書中所有解釋名詞，分析問題之處，措辭用語都十分淸楚，十分恰當。作者講到晉律，引晉書刑法志所載張裴上律解表和杜預上律令注解奏，稱贊說：「這樣精密深刻的法律文字，卽是和同時羅馬幾位大師相比，也可以說是無愧色。」作者能指張杜二氏文字的精密，也正由於他自己文字的精密。如本書中論安崇緒之獄阿云之獄兩段文字，不就是析理細密，措辭謹嚴的好例嗎？又如本書所附歷代律令名稱考，根據歷史，分別『律』『令』『格』『式』，一一給以明確的界說，使人瞭然這些名詞的涵義與內容。作者說：「自商鞅相秦，改『法』爲『律』，律字遂有一定的涵義，而『律令』二字，自秦漢以後，常被連用。史記蕭相國世家：『收秦丞相御史律令圖書藏之』，賈誼傳：『諸律令所更定』，漢書宣帝記：『四年，詔，律令有可蠲除』等等，多至不可枚舉。至於二者如何區分，則似乎是有兩種說法。一種是說明後來的君主可以更改以前君主的法令的。史記杜周傳『前主所是，著爲律，後主所是，疏爲令』，這是後來學者經常引用的定義。但是這大概祗是當時一句流行的成語，對於律和令，並沒有作具體的區分，所以也不能說明任何『律』和『令』的內容和性質。如若我們細看漢朝『律』和『令』的內容，九章律外，有『越官律』，『朝律』等；令有『任子令』、『田令』、『戍卒令』、『水令』、『功令』……等，則裏面似乎隱約的有一種內容的分別。御覽六三八引杜預律序，『律以正罪名，令以存事制』，這一個近乎以刑法和行政法作分別的解釋，是區分『律』『令』的第二種，比較技術性的，也比較正確的說法。史漢中常見律令兩字連用，後人也常沿襲着用下來，誰也沒想到它們的內容和性質有什麼不同，經過作者的分析，使我們明白這兩個字是表示着不同性質的東西；推到『格』『式』也是這樣的不應當混爲一談。

三、編排適宜：著史最難的是材料的編排取捨，所謂「知其要刪」，決非一件容易事。作者在本書敍言中說：「至於敍述的體裁在各朝代中，擇取其最重要及最具代表性之事實述之。」關於材料的編排取捨，在本書中作者所表現的確乎能如所自期的。如第三章漢代述董仲舒的春秋折獄、第四章魏晉南北朝，述肉刑之議，第五章唐代，述唐律的內容，第七章宋代，述宋代兩件訟案，第九章明代，述唐明律之比較和廠衛的制度，這些都是每一個時期法制史上的重點，作者能把握着，加以敍述，可謂深得史法，這毫無疑問是値得稱讚和效法的。如果

(下轉第43頁)

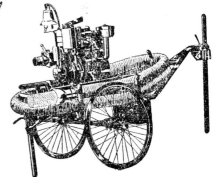

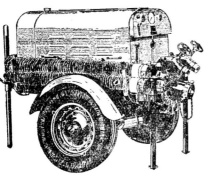

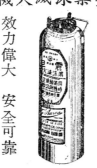

給讀者的報告

在本刊發行的歷史上，本期是很有紀念價值的一期。因爲本期不但是第十卷的卷首，同時也是總發行號數的第一百期，而發行之日又正值民國四十三年的元旦。爲了紀念這三重意義，我們特出了一個五十二頁的特大號。對本刊而言，這還是一件空前的創舉。

四十三年是一個不平常的年度，爲了迎接新的歲月的來臨，我們首先在社論裏，提出我們對「新年的願望」。我們的願望可以簡單扼要地用「民主、團結」四個字來表達。就自由世界來說，我們特別着重民主勿忘團結；對國內而言，我們强調團結勿忘民主。國際方面，我們希望太平洋公約能在本年內實現，這件工作有賴中日菲韓四國，乃至泰國等反共國家之通力合作，而美國更應致力其間，促其實現。未來一年是亞洲多事的一年，這個公約的締結是全球性戰略中至關重要的一環。實在說來，民主國家的安全實繫於彼此間堅强的團結，此之謂民主勿忘團結。國內方面，民主則是團結的要件，反共救國會議是未來一年內的一件大事，我們須團結各方面反共的力量，及早摧毀大陸上的共黨政權。然而談團結必先表現出民主的精神，否則便無法達成團結，我們說「團結勿忘民主」，卽是這個意義。另一篇爲新年而作的文字是朱伴耘先生的「新年話世局」，可與社論參合閱讀。本文鳥瞰當前世界大勢，分析吾人所處地位，從而對今後外交內政各方面提出了積極的期望。外交方面要爭取主動，促自由世界從防共而走向反共，及更進一步走向共同反共之一途。內政方面，則矚望實現民主與團結，惟如此而後始能形成反共的巨力。

胡適之先生以事冗久未爲讀者撰文，遠道聞及吳稚暉先生逝世的消息，悼念不已，因作「追念吳稚暉先生」一文，特別指出「實事求是，莫作調人」八字是吳稚暉先生立身之本，亦所以砠勉世人。

徐逸樵先生的「日本和平憲章和軍備的消長」，長逾二萬言，是一篇極有分量的力作。有材料，有卓見。本文不但使我們了解日本從解除軍備到重整軍備的種種變化，並可窺見其整軍的眞正意向。由於時勢轉移，日本地位日見提高，平步青雲，一日千里。自美國人對韓戰採取抽身主義以後，日本整軍更是勢在必行，於是日本更挾其舉足輕重的形勢，以此自重。日本現在正在準備修憲，爲整軍鋪路，然觀其「千呼萬喚始出來，猶抱琵琶半遮面」的神態，內心則尙難窺見。據種種跡象觀之，日本整軍規模不會甚大，其整軍之眞意，恐亦非爲眞正反共，殆欲假其居奇之勢以逞一已之私耳。吾人誠望此種推測之不確，因爲果爾不僅其他國家將蒙其禍，日本亦終必自食其果也。我們所以在社論中期勉日本的動機，實卽在此。看日本整軍，我們的心情應是「一則以喜，一則以惧」，然則我們自己能不自勉自惕，戒愼恐懼地團結合作向前努力嗎？

一切社會主義都是空想的，社會主義以改善生活的說詞，最易打動人心，實則「社會主義未能改善生活」。在駁斥社會主義的文字中，海耶克教授的「到奴役之路」最爲精闢，足以振聾發瞶。（本期以稿擠，未及連載。）本期王聿修先生的大文則簡單扼要，給人以淸楚的槪念。「東歐社會經濟現況」一文，原作與譯文俱佳，本文對東歐現況的分析，至爲精要。此外通訊欄的「印尼往何處去？」一文，態度亦極嚴正，均有助吾人對國際局勢的了解。「反共救國會議的面面觀」一文除綜合各方對此問題的見解外，亦提有積極的建議。至於文藝，我們則選了兩位名作家郭嗣汾、張秀亞兩先生的佳作，以饗新年的讀者。

本期我們雖然已經增加篇幅，但仍有甚多佳作，如殷海光先生的「政治組織與個人自由」，蔣勻田先生的「自由觀念的制度化」，邱昌渭先生的「實行民主政治才能達到經濟平等」，李祥麟先生的「基本人權溯源」，許冠三先生的「政府權威與公民自由」，劉世超先生的「思想家能做些什麼」，周祥光先生的「錫蘭的政黨與政治」，李經先生的「論文藝政策」，及張佛泉先生對「自由與文化」一書的書評等，均未能及時登出，謹向諸先生表示歉意。

自由中國　半月刊　第十卷第一期　總第一〇一號

中華民國四十三年一月一日出版

發行人兼主編　『自由中國編輯委員會』

編輯委員（以姓氏筆劃爲序）：

毛子水　申思聰　杭立武　金承藝　胡適　殷海光　夏道平　張佛泉　黃中　雷震　戴杜衡　聶華苓　瞿荊洲　羅鴻詔

出版者　自由中國社

社址：臺北市和平東路二段十八巷一號

電話：二　八　五　七　〇

航空版　香港時報社

經售者

臺灣　自由中國發行部　中國書報發行所

美國　紐約民氣日報社　舊金山少年中國晨報社　芝加哥中國出版公司

日本　東京僑豐企業公司

韓國　釜山草梁洞新泰行

馬尼剌　大中華日報社

印尼　耶嘉達天聲日報

越南　越南華僑文化事業公司

暹邏　曼谷攀多社十二號

緬甸　仰光振成書報店

印度　孟買梅亞號　加爾各答塔梅學校

北婆羅洲　西利亞坡青年書店

新加坡　中興日報社

檳榔嶼、吉打邦均有出售

印刷者　精華印書館

廠址：臺北市長沙街二段六〇號

電話：二　三　四　二　九號

本刊中華郵政登記認爲第一類新聞紙類　臺灣郵政管理局新聞紙類登記執照第二〇四號　臺灣郵政劃撥儲金帳戶第八一三九號

第十卷　第一期　內政部雜誌登記證內警臺誌字第一九號　臺灣省雜誌事業協會會員　五二

自由中國

FREE CHINA

第十卷 第二期

要目

中華民國四十三年一月十六日出版
社址：臺北市和平東路二段十八巷一號

社論

(一) 倖進之風不可長

考試院銓敍部最近舉辦公務人員儲備登記，根據該項辦法第一條所載：此種登記之目的，乃在「藉供收復大陸時各行政教育及公營事業機關任用」之需。又據該項辦法第十條載：「凡聲請之資歷經銓敍部覆核合於各項任用資格者，應准予登記，並分別核定其種類及官等，由考試院依其性質，開列名册分送行政院或其他有關各院，於收復大陸時分別任用，在未收復大陸前，各機關亦得遴用。」根據此兩項條文，我們可以很明白的了解，凡經過此次登記的人員，不僅可獲得被任用之機會，也可以取得屬於何級官等之資格。而銓敍部審查資格之根據，乃在聲請人所提出證件，此類證件包括畢業證書，任職任官之原始證件，以及學校校長、校友、原服務機關主官及較聲請人現職或原職高一階之同僚等所出具之證明文件。用一種不甚完全或不甚可靠與無法審定其眞僞之證件，另付臺幣二十元之登記費，即可換得一永久確定之官階，誰不樂於從事？於是前往聲請登記者，有似山陰道上，人湧如潮，臺視爲求取合格官階之終南捷徑。

爲供應收復大陸時之需要，將過去曾任公務員之人員加以分類登記，以便於時調用，這一個原則，我們絕無反對之理；事實上一旦反攻大陸，所需要之大量公務人員，政府亦確有事先準備之必要。但我們所不敢同意的，即是儲備登記與銓定資格混爲一事。憑不足據之證件遽授以確定之官階，已有濫授名器之嫌。其尤不可解者，正在立法院對考試院所提請審議之公務人員任用法三讀通過，即將付諸實施之際，而考試院銓敍部忽竟以此儲備登記辦法作爲先導在同一機關之中同一政策之下，對同一事件竟有此出入甚大之兩種不同辦法先後出現。論者都認定銓敍部目前所行儲備登記之舉，顯然是要在新訂之公務人員任用法未公佈實施前，開一方便之門；甚至疑其爲欲藉此收取一筆數字可觀之登記費。姑無論其是否確係如此之動機，然而我們亦想不出銓敍部將可提出何種理由反駁此種批評與揣測，以塞悠悠之口？

對於現任公務人員的資格銓定和升等，立法院通過之公務人員任用法中均已有詳細之規定。如該法第五條：「各機關現任人員在本法施行前任職而未具有前條任用資格者，由考試院以考試方法限期銓定其任用資格。」同法第十一條：「經銓敍機關敍定薦任或委任最高俸級後，任職滿三年以上，總考列一等以上者，取得升等任用之資格。……未經專科以上學校畢業之委任職人員升薦任職時，或雇員升委任職時，均須經升等考試。」這些條文已經很明白的規定了現任人員的資格銓敍與升等辦法，而其最主要的精神乃是着重於考試制度的實施，亦即是根據憲法第八十五條「公務人員任用資格，與專門職業與技術人員執業資格應經考試院考選銓定」之規定。在此我們姑不必研究考試的方法是否合理或在今天是否可行的問題，但考銓機關既自身已訂出這樣一個法律，則自應首先奉行，決不應出爾反爾，節外生枝，又訂立出一個辦法來推翻原來立法的精神。如果銓敍部是爲恐將來新法施行之時，各機關現任人員無法通過考試，乃不得不事先來此一辦法以資補救，則又何必不將公務人員任用法內尺度放寬，或者根本暫時不制訂此項法律？既自訂法律，又先開後門，這種表面上崇尙法治，骨子裏又自己破壞制度的作法，是中國政治以前不能做到制度化，永遠不能走上法治的軌道之最大原因，不料在今天高喊樹立制度講求法治的時候，銓敍部竟如此悍然爲之而不顧。

再說到非常時期，亦即未來反攻及收復大陸時期所需要之公務人員的任用。公務人員任用法第二十二條規定：「在非常時期內，因特殊需要，得對於一部份公教人員之任用，另以法律規定之。」銓敍部如果爲顧慮此項需要而欲預先辦理儲備登記，也並不是無法律根據，也儘可等候新任用法公佈實施之後，再根據此一母法制訂辦法，爲甚麼偏要如此性急的趕在新任用法公佈之前，來先訂一根本精神相違背的辦法，來辦理儲備登記？試問這不是故意開後門來破壞自訂的法律，又將作何解釋？而且所謂儲備登記，如果只爲供收復大陸時的需要，則儘可於任用時按其過去之學歷經歷分派職位，又何必一定先要予以銓定的資格？難道說今天這種輕率浮濫的辦法所銓定的資格，便是最可靠的任用標準嗎？主辦銓定資格工作的先生們，如果捫心自問，恐怕也不會敢於自信。

非常時期，必須破格用人，不能拘於常法，這在古今中外均不乏先例。以美國來說，從一八八三年的潘勒登法案 (Pendleton Act) 開始，即以樹立文官制度的雛型，嬗替至今，根據一九四七年的統計，聯邦政府行政部門，全體文職人員一百八十餘萬人中，屬於永久文官的計一百六十餘萬，約佔全體總數百分之九十强。但到了第二次大戰時，羅斯福總統成立了許多戰時機構，其新任用之人員，在一百萬人以上，這些人都在永久文官體系以外。等到戰事結束，有些戰時機構當然宣告結束，人員也就跟着裁撤，至於若干戰時新任人員仍留政府供職的，則根據其工作成績與能力，施以甄別或考試的辦法，便都取得了永久文官的資格，而無損於其優良傳統的文官制度之保持。這是一個最新最近的例子，無論我們今天來辦理公務人員之儲備登記，以及未來反攻復國之任用公務人員，均可做效辦理，也決無在未經任用之前，便先給以一定的官階資格之必要。綜觀今天銓敍部所訂的儲備登記辦法，居然便要在辦理儲備登記之中遽以官階相授，雖然其標榜之目的，在儲備未來收復大陸時任用之人才，而事實上乃是收得獎勵倖進的結果。

「政以賄成，官由倖進」，這是政治上造亂之階。我們中國數千年來歷史上治亂之迹，固斑斑可考，而從政者亦莫不引爲深戒，因之對於人才之甄拔與國家名器之授與，決不肯輕率從事。無論兩漢之徵辟薦擧，魏晉六朝之九品中正，隋唐以後之科擧取士，方法雖不同，其必須經過一種可以防止取巧倖進的手續則一。今天我們的銓敍部，只要憑幾張不實不盡的證書或證明書，繳納二十元的工本費，便可使聲請人獲得某一確定之官階，這比之滿淸末年買扎子，捐官爵的辦法幾乎並無二致。事之荒謬，眞所謂無有甚於此者。

最後，還有一點，我們必須提出來的，即是今天去聲請登記的若干人中，他們明知他們所提出來的證件，銓敍部都是無案可查，自然也無法審定其眞僞，於是相率請人代爲僞證，出具證明者，爲了人情，也未便拒此蓋章簽名之勞。在銓敍部方面，雖明知其證件不甚確實，就事實上也無法提出反證，於是也就只好准予照辦。這樣一來，彼此相賊，人懷欺僞，試問對於社會風氣的敗壞，將至於如何的程度？這又是否銓敍部制訂此項辦法時事先會所計及？

總之，爲供收復大陸時之需要，於此時來辦理公務人員的儲備登記，我們決不反對，但像目前銓敍部所訂的此種辦法，獎勵倖進，濫授官階，造成自毀制度和破壞社會風氣的惡果，則不能不認爲應該從速糾正。

社論

(二) 韓境反共義士必須如期釋放

按照韓國停戰協議成立之時所預先排定的日程表，凡屬前爲聯軍所拘留而今日由印度軍監管的、拒絕遣返共黨區域的戰俘，不論中籍韓籍，到一月二十三日那一天，都應該獲得釋放而恢復平民身份。這個日程表，曾經美國各級當局一再聲明斷然不容更改；直至最近聯軍統帥赫爾將軍答覆中立國遣返委員會的函件，亦仍然堅持此一立場。美國朝野上下，一致認爲反共戰俘之釋放問題已無須再行商談。在聯合國方面參加韓戰各國，對此也沒有一國曾經提出異議。並且，釋放戰俘的準備工作，亦已開始進行。看樣子，反共義士之必能如期釋放，已成定局，如此敲釘轉脚，似乎再也不會走樣的了。但是，我們却仍然不免懷有若干不安的心理。因爲，直到現在爲止，可能發生的障礙似乎尙未完全消除，而聯軍人員，也並沒有在事前作最適當的安排，以策萬全。

志願遣俘的原則，本爲美國前杜魯門總統所提出、所堅持。這原則，無寧說是一個打破國際慣例的新的創造。在過去，任何戰爭在結束之時，幾乎從未有過戰俘拒絕遣返原籍的情事發生。韓戰之所以能創一特例，就是因爲這個戰爭的性質與尋常的戰爭不同，被中韓共黨所裹脅的善良人民，對聯合國軍隊絲毫沒有敵愾之心，相反的，他們是把被俘當作了投奔自由的最佳機會。杜魯門總統爲了人道，爲了將來對侵略暴力集團作戰的方便，乃創造了這個志願遣俘的偉大原則，並爲此原則而不惜聽任和談之破裂。杜魯門總統的堅持，曾經博得了全世界崇尙自由人士的同聲贊美。

去春以來，鐵幕內部發生變亂，中韓共黨對韓戰無法撐持，乃在形式上勉强接受了志願遣俘的原則，使停戰得以達成。但事實上，中韓共黨仍然在進行種種陰謀，企圖把反共戰俘無限期的羈留下去，這樣才安排由中立國看管及進行解釋這一類的辦法，至使反共戰俘們直至今日仍不能恢復自由。這些辦法，本來就不妥當，但事已至此，我們也不準備多加批評。我們所關切的是，到了一月二十三日那一天，釋放的手續，總應該能夠順利完成，再不致遭逢周折。

我們當然相信美國態度，絕對不會再行動搖，但是，放在眼前的情勢，仍有幾點値得我們憂慮。據新聞報導，聯軍方面現已在戰俘被羈留的中立區以南佈置好了若干的接應站。到預定釋放的那一天，要戰俘們自行離開俘虜營，向接應站集中。我們知道，反共義士，人數雖在二萬以上，但是手無寸鐵，現在是由數千名印度武裝部隊監管。而印度的態度，至今模糊不清。擔任遣返會主席的齊雅瑪，過去已經聲明過印軍監俘的責任到一月二十二日而自然終結，但是後來却又說，釋放問題尙需從新決定。直到今天，我們尙不知印度究竟打的什麼主意。到了反共義士們集體脫營之時，印軍可能阻礙，也許因此而造成流血事件，也許義士們因此而無法脫走。萬一逢到這樣的事，聯軍究竟準備如何對付？

反共義士如期釋放，中韓共黨當然堅決反對。雖然所謂解釋工作，是因爲共方自己延誤，致未能如期完成，但他們却至今仍在要求把九十日的解釋日期補足。到釋放戰俘那一天，縱令印度軍不加有效的阻攔，中韓共黨究竟會玩出一些什麼花樣來，也是在不可知之數。當然，共方爲此而重啓戰端，大概是不會的，却可能以便衣武裝人員混進中立區，對釋放工作實行破壞。萬一逢到這樣的事，聯軍又將如何對付？

大韓民國政府，似乎已看到這種種的可能，而準備有所對付，但是聯軍當局，對大韓民國的準備，無寧說是採取反對的態度，深恐由此引起事端，貽人以口實。聯軍當局，始終抱持這麼一種『寧人負我，毋我負人』的忠厚態度。事情沒有變化，謝天謝地；萬一有了變化，我們實看不出聯軍已有了應變的腹案。

此次釋俘，千萬失敗不得。美國當局，對有關國家，已經提出鄭重的諸言與保證，以美國在自由世界所處的領導地位，此種諸言與保證，千萬玩忽不得。

美國對於反共義士們的生命安全，也應作更爲周密的考慮；如果美國對投奔自由的人們，竟無力予以保護，對鐵幕內億萬嚮往自由之心，將是一個最嚴重的打擊，他們將從此找不到一個寄託希望的處所。

所以我們願於此提出二點：第一點是在事前，美國政府應指令聯軍當局，作儘可能周密的萬全佈置，一方面與印度進行交涉，務使其不再偏袒共方，阻攔反共義士之離營；另一方面，更要密切注意共方的動態，稍有異動，均需妥爲防範，以最嚴密的監視，使之無法進行任何方式的詭計。第二點是：萬一不幸，臨到釋放之期而仍不免逢到阻礙，聯軍應具不惜任何代價以達成釋放的決心。

半月大事記

十二月廿三日（星期三）

立法院法制、內政兩委員會，審查通過行政院函請審議國大組織法第八條修正草案，將國大開議人數減爲三分之一以上。

中立國遣返會決定終止解釋工作。聯軍統帥赫爾宣佈，將利用一切便利，於一月廿三日以後運送反共義士赴臺。

美遠東空軍總部宣佈，中美空軍會舉行聯合演習。

十二月廿四日（星期四）

葉外長聲明，對美政府將奄美島交予日本事，表示遺憾。

奄美大島正式簽字交日，杜勒斯宣佈其他島嶼仍由聯合國繼續管理。

中立國遣返會拒絕對共黨延長解釋期間之要求。

法國議會經十三次投票後，選出參議員柯第爲總統。

艾森豪聲明支持杜勒斯言論，除非迅速成立歐洲防務，美將重新檢討對歐基本政策。

莫斯科宣佈，貝利亞已被處死。

十二月廿五日（星期五）

國大代表聯誼會舉行本年度年會。

越共兩師西侵寮國，泰境他出受威脅。

十二月廿六日（星期六）

雷德福、勞勃森聯袂訪臺，與中美將領分別舉行會報。

法軍放棄他曲。泰國北部九省宣佈戒嚴。

柏林四外長會議，俄要求延至一月廿五日舉行。

十二月廿七日（星期日）

美政府對越共侵寮，表示關切，寮使與美國務院磋商。

艾森豪宣佈撤退韓境美軍兩師。

十二月廿八日（星期一）

雷德福、勞勃森離臺飛菲。

遣返會中印、波、捷三國就解釋工作提出報告，諉過聯軍。

十二月廿九日（星期二）

司法院公佈大法官會議通過關於國大行使職權憲法條文之解釋。

瑞士、瑞典發表報告，謂解釋工作之未能完成，咎在共黨拖延。

泰邊三省續宣佈戒嚴。

十二月卅日（星期三）

行政院令省級公務人員待遇照中央辦法調整，自十一月份實施。

十二月卅日（星期二）

菲總統麥格塞塞宣誓就職。

杜勒斯警告中共，如侵越南，或再侵韓，美決予報復。

泰國政府聲明，越共如侵泰，泰決全力抵抗。

十二月卅一日（星期四）

立法院舉行本會期末次會議，三讀通過四十三年國營事業機關綜合預算案，並通過國際糖業協定。

中央社曼谷電：侵寮越共軍隊中已出現若干中共匪幹，擔任越共顧問工作。

巴基斯坦外長表示，美巴兩國正進行談判，由美援助擴大其兵工廠。

四十三年元旦（星期五）

蔣總統發表告全國軍民同胞書。

行政院新聞局正式成立。

法聯軍統帥納瓦瑞預料今夏戰勝越共。

美英法三國通知蘇俄，同意四外長會議延至一月廿五日舉行。

巴基斯坦總理否認與西方國家締盟。

元月二日（星期六）

葉外長就韓境印軍未經授權自行訊問反共戰俘一事，發表聲明，斥其違反協定。

韓境中立國遣返會致函聯共雙方，徵詢對如限釋放事表示意見。

元月三日（星期日）

杜勒斯令駐俄大使包倫通知俄政府稱，如蘇俄願意，美願與談判國際原子合作計劃。

雷德福將軍談話，警告世人對俄和平姿態必須戒備。

諾蘭要求杜勒斯，應不顧印度反對，軍援巴基斯坦。

元月四日（星期一）

聯軍統帥赫爾致函遣俘會主席齊瑪雅，重申聯合國立場，主一切反共戰俘應於一月廿三日無條件釋放，並充分準備協助彼等前往選定地點。

西方對俄提德國和平方案，主取消東德政權。

元月五日（星期二）

韓外長卞榮泰斥印度監俘軍擅自訊問戰俘，如再繼續進行，韓將採對付行動。

艾森豪廣播，列舉執政一年成績。

美決定不顧印度反對，軍援巴基斯坦。

元月六日（星期三）

美第八十三屆國會開幕。

元月七日（星期四）

艾森豪向國會提出國情咨文，表示繼續予我軍經援助。

聯總致函遣委會，拒絕延展釋放期限，重申必須如期釋放。

法總理獲國會信任，將代表法國出席四國會議。

元月八日（星期五）

勞勃森聲明，美國不承中共政策，並無任何改變。

元月九日（星期六）

總統頒佈命令，國民大會定二月十九日集會。

美第七艦隊在臺灣海峽舉行軍事演習，蔣總統應邀參觀。

泰勒將軍宣佈運送反共義士計劃。

立法院將監察院彈劾李宗仁案送國大秘書處，轉請國大第二次大會一併辦理。

『自由中國』的宗旨

第一、我們要向全國國民宣傳自由與民主的真實價值，並且要督促政府（各級的政府），切實改革政治經濟，努力建立自由民主的社會。

第二、我們要支持並督促政府用種種力量抵抗共產黨鐵幕之下剝奪一切自由的極權政治，不讓他擴張他的勢力範圍。

第三、我們要盡我們的努力，援助淪陷區域的同胞，幫助他們早日恢復自由。

第四、我們的最後目標是要使整個中華民國成爲自由的中國。

政治組織與個人自由

殷海光

一

許多人現在一提起『個人自由』，厭憎之情，溢於言表，甚至視之若洪水猛獸；彷彿許多大事之所以敗壞，就敗壞在講個人自由。這類事象之所以發生，一方面的原因，是他們以爲要將許多大事搞好，必須自政治組織着手。而從事政治組織，就不能講個人自由。大家講個人自由，就不能將個人『納入組織』；如果不能將個人『納入組織』，那末就不能產生『力量』。如果不能產生『力量』，那末就不能解決當前的大問題。所以，講政治組織，就不能講個人自由。簡單地說，他們以爲政治組織與個人自由二者是互不相容的。二者既不相容，勢非去掉一個不可。而政治組織，此時此日，又是如此之必要，所以只有捨個人自由而取政治組織。

然而，在另一方面，大體說來，祇要不是已經奴役成性的人，總是比較喜好自由的。一般人所自然喜好的自由，並非德式玄學家所說的抽象『理念』或『觀念』，也不是那些言不由衷的政治口號，而是每個人所能實實徵徵地感受到的那些基本人權，例如，言論自由，學術自由，行動自由，住居自由，建構自由 (freedom of institution)，等等。除了沒有嚐到戀愛甜蜜滋味的老太婆以外，嚐到戀愛甜蜜滋味的人沒有不喜歡戀愛的。同樣，除了訓練到家的硬性共產黨員和頭腦已經硬化的軍國民主義者以外，很少人不喜好這些種類底個人自由的。因此，克拉夫青科冒險犯難地『選擇了自由』。這些種類底個人自由是不可渡讓與剝奪的。這些種類底自由之不可渡讓與剝奪，與人底生命、名譽、與財產之不可渡讓與剝奪正同。人常追求生命、名譽、與財產。同樣，至少西歐的人，近三四百年來，正以相似的迫切心情，追求個人自由。

這樣看來，政治組織與個人自由都是很重要的東西。既然二者都很重要，似乎不可偏廢了。可是，現在有許多人認爲從事政治組織就必須取消個人自由。這樣一來，問題就發生了。問題既然發生，解決問題的最好途徑，還是通過討論和分析。除了通過討論和分析以外，採取任何其他的方法，充其量只能抹煞問題，或擱置問題，並不能解決問題。現在，問題底中心是，個人自由究竟是否與政治組織不相容；或者，從事政治組織究竟是否必須減縮個人自由到幾近消滅的地步。

二

政治組織底種類很多。然而，相對於我們現在討論底目標而言，可以粗略地分爲兩種。當然，如果選擇其他的分類標準，那末也許還可以分作許多種類。有一種政治組織，是依據洛克 (J. Locke) 這一路思想家底政治思想，在重商與重科學的環境裏，逐漸形成的政治黨派、團體、議會，等等。這一種政治組織，從頭到尾，是大家實現其政治意志的工具。在這種政治組織中，大家底法律地位是平等的。即使其中有居於領導地位的人物，他底領導地位是由經驗、識見、和毅力等等之表現以及在政治上的確實成就造成的；決不是藉强制力或强制力底派生物造成的。在這種政治組織中，沒有任何『冥冥之手』來暗中操縱把持，沒有任何專斷權威凌駕衆人頭上。於是，加入這種政治組織，人人覺得有自己底一份，空氣融和，生機揚溢。在這類場合，大家憑藉行動與經驗來求取最低限度的一致的結論；很少由少數人預先制定好結論讓大家遵行的；至於『奉行』由一個頭腦構造出來的『主義』或什麼『理想』，那更是沒有的事。

另一種政治組織，是依據列寧這一路底人之思想與作風，在專制暴政基礎深厚的環境裏形成的。這一種政治組織，一開頭就是『實現』什麼『主義』的工具。因此，加入這種政治組織中的人衆，便成爲工具底工具。工具沒有意志自由可言。工具底工具更沒有意志自由可言。在這種政治組織中，永遠是少數支配多數底行動，並左右多數底意見。除了始創者以外，這種政治組織底領導人物底領導地位之取得與維持，多靠陰謀篡奪，欺騙狡詐，以及暴力强制。在這類場合，結論或議決多由少數人事先作好，再由大家在形式上『通過』，或『一體奉行』。在這種政治組織中，『權威』即是『眞理』，『利害關係』決定一切。

在這種政治組織中所流行的語言，與在前一種政治組織中所流行的語言，雖然都是由人口裏說出來的，但是性質可大不相同。這種政治組織中所流行的語言，常爲一套特殊用法的語言。這套特殊用法的語言，在其最初的階段，因新奇動聽，尙有推動力；到了後來，時過境遷，人物全非，事實底表現和名詞口號底距離日益遙遠，於是昔日之動人聽聞者今反成陳腔濫調，毫無眞實內容。毫無眞實內容的陳腔濫調，自然不能使人發生感興。不能使人發生感興的語言，自然不復能發生推動力。面臨這一階段的政治權威者，如因創造枯竭而製不出新的『詩詞歌賦』，但又欲維繫其權威於搖搖之中，還必須舊調續彈。到了這一階段，其陳腔濫調，亦如其一塊爛招牌，便成象徵權力 (token power) 之一個方面。這一類底語言，不靠事實支持，全靠威嚴 (prestige) 支持：有了威嚴，它就是『眞』的；一朝威嚴墜失，便全是假的。昔日趙高說『鹿是馬』，算是這類語言之雛型。這一類底語言，雖已無眞實內容，但其續彈也，如能使昔時樂隊動梨園之思，亦未嘗不可多少維繫此一象徵權力。所以，這一類底語言，縱有人心知其非，或明知其被人歪用，但以其爲象徵權威之一面，所以這隻紙老虎絕對不許被人戳破。因爲，如果有人公開戳破，就是公然向他底權威挑戰。向他底權威挑戰者，是他底最大的敵人。對他底最大的敵人，他必使出混身解數，全力撲擊。所以，這類語言，在『求眞』的科學家看來，固屬語言之濫用 (abuse)，牛文不值；但既能在一定的空間與一定的時間暢行無阻，自有其市場需要。黑格爾云：『存在卽是眞理』，不可全以囈語視之也。

爲着易於了解起見，我們現在不妨舉個實例說明一下：『革命』、『馬列主義』，這些玩意在三十年前是有許多人相信的。如果當時沒有許多人相信，那末共產黨造不出這樣巨大的禍害勢力。可是，若干年來，共產黨人口裏講『革命』，講『馬列主義』，蘇俄和中國大陸人民身上所感受的則是無邊苦難，越『革』越沒有『命』。因此，蘇俄和中國大陸人民，一聽到『革命』、『馬列主義』這些詞兒，諒必頭痛腦脹，厭倦欲絕。可是，共產黨當年既然憑着『革命』和馬列主義起家，『革命』和馬列主義就成爲他們底權力之泉源與象徵。『革命』和『馬列主義』既然成爲他們底權力之泉源與象徵，於是將『革命』神聖化，並維持馬列主義之經典式的尊嚴，卽所以維護其權力之泉源與象徵。因此，卽使大家聽到『革命』和『馬列主義』頭痛腦脹，厭倦欲絕，共產黨還是絕對不許人批評。假若有人膽敢批評，便是犯了『思想錯誤』。『思想錯誤』，在極權地區，是一個十分嚴重的問題。至於反『革命』，則有殺身之禍。他們不僅不許人批評，並且運用其政治强制力，藉着教育方式强迫人學習，閱讀，甚至於背誦。德國納粹與意大利法西斯教條，也是不許批評，只許接受的。總而言之，在我們所居住的這個地球上，任何人發明的『主義』或『敎條』，如果嚴禁批評並强人接受，察其背後，都有這種『不可告人之隱』的。

三

依據以上的陳示，吾人可知，依洛克政治思想在重商和重科學的環境裏逐漸成長的政治組織，與依列寧思想和作風在專制暴政基礎深厚的環境裏揑成的政治組織，是各不相同的。二者不同到什麼程度呢？尤其是，對於個人自由發生怎樣的影響呢？我們還須作進一步的展視。

爲了敍述簡便起見，我們把依洛克政治思想在重商和重科學的環境裏逐漸成長的政治組織叫做『民主的政治組織』；我們把依列寧思想和作風在專制暴政基礎深厚的環境裏揑成的政治組織叫做『非民主的政治組織』。

首先，我們簡略分析非民主的政治組織。我們先從非民主的政治組織背後所本的觀念型模着手。請讀者別因此誤會我是一觀念論者。作者之所以先從非民主的政治組織背後所本的觀念型模着手，完全係爲便于敍述而已。現代非民主的政治組織，形色不一，來路各異，有共產黨，有法西斯，有納粹，還有這些東西底雜交品，或派生物。從形色和來路方面觀察，共產黨似乎極左而納粹極右，一個强調『階級至上』而另一個强調『種族優越』；可是，從民主思想者看來，他們全是一坵之貉。他們底這些不同的地方，祇能算是『小異』。小異，並無何根本重要 (essential) 之處。除了這些不足道的小異以外，他們還有『大同』之處。他們底『大同』之處，就是觀念型模相同。無論是共產黨或法西斯，都是一元論者，都是絕對論者，都是『通體相關論』者，都鄙棄名目論。至少在一種實踐的意義之下，一元論，絕對論，和通體相關論，是一種觀念型模底三個方面。這種觀念型模，如作爲一種玄學看，無所謂好亦無所謂壞，但是，一落入現實世界底政治層面，不是找共產黨附體，就是找法西斯附體，或是找二者底雜交品附體。這樣一來，未有不弄得天下大亂，民不聊生的。遑論保持個人自由！

因爲這一坵之『貉』底基本觀念型模是一元論的和絕對論的，所以一弄政治組織，天然要演變成泛政治主義 (pan-politicism)。泛政治主義者組織政黨，必定要辦到『黨外無黨，黨內無派』才罷手。因爲要辦到『黨外無黨』，所以這種政治組織無可避免地具有排他性。祗要在它底勢力圈以內，它一定要千方百計把與它異質的任何政治組織消滅得乾乾淨淨。當然如果它力有未逮，或一時爲情勢所格，它也可以與其他異質的政治組織和平相處。但是，這種和平相處，係策略性的，非目標性的。因此，它和其他異質的政治組織之和平相處，亦猶狼與羊在白天裏之和平相處。黨內有派，係黨外有黨之先聲。這種政治組織既然不許黨外有黨，當然不許黨內有派，同一種一元論和絕對論的觀念型模，應用於黨外要造成『黨外無黨』，應用於黨內自然要造成『黨內無派』。如果它能够造成『黨外無黨』和『黨內無派』的局面，那末就是在它底勢力圈以內造成了同質的 (homogeneous) 和青一色的局面。造成了這種局面，才算符合其一元論的和絕對論的觀念型模。近幾十年來，凡共產黨、法西斯、及其雜交品得勢的地區，其他政黨無不在種種罪名與手段之下由萎縮而趨於消滅，最低限度也要把他們削弱到名存而實亡的無足輕重的地位。弄到最後，凡共產黨、法西斯、及其雜交品掌握權力的地區，祗剩下這一種政治組織獨佔鰲頭。

以上是就形式方面來觀察非民主的政治組織之作風。我們還要從內容方面來觀察它底作風。依前所述，從事非民主的政治組織者，除了相信一元論和絕對論以外，還相信『通體相關論』。什麼是通體相關論呢？作者現在不必陳述哲學傳統中那些動聽的玄想，因爲那些玄想很少不是迷糊頭腦 (muddle headed) 底產品。作者現在祇說一句大家都能領會的話：所謂『通體相關』意卽『任何事物與另外任何事物都有關聯』。這種想法，一接觸實際政治底層面，便變成『社會上所有的人，以及事事物物，都與政治有關』。這就是『政治一元論』，或『唯政治主義』，亦即泛政治主義。世界這樣廣大，人生這樣複雜，祇要這樣在政治上一『唯』，就大糟而特糟了。

因爲非民主的政治組織者認爲『一切皆與政治有關』。如有一部份遺漏，那末便會影響到全局。於是，他們要想盡種種方法把『一切』都編組到政治行列裏來，即是，要把『一切』統統套入他們底政治體系中去。這樣一來，演變所及，勢非將整個社會機構或國家變成一部政治機器不可。在這樣的一部政治機器中，沒有一人可以自外於政治，沒有一種活動不是爲了政治。不用說大人們必須參加政治，就是心如白紙的小孩，也被教以各種政治名詞，心地被塗上紅紅綠綠。各種顏色各種集會結社是弄政治的，教育與學術也政治化。這樣一來每個人底職守，每個機構底功能，都搬離了本位。雞犬不寧，閭里騷然。而非民主的政治組織這樣發展下去，勢必將其侵蝕性和掠奪性發展到最高峯：在它底勢力圈內，假定還有與它異質的機構存在，那末，如果它能够明吞硬奪，它便一個一個地吞沒吃掉；如果不能如此，它便侵蝕滲透，直到完全歸於一而後已。顯然，這種政治組織者在從事這類妙不可言的勾當時，一定遭遇既存社會底反對或抵抗。爲了順利實現其目標，他們也非迅速以暴力消滅反對或抵抗不可。他們要能迅速以暴力消滅反對或抵抗，必須握有鎭壓權力 (coercive power)。到現在爲止，國家是握有鎭壓權力的最高機構。因此，他們不惜採用一切可能的手段取得國家底政權，並設法永久刦持之。所以，在有這種政治組織出現的地方，如有政治鬪爭發生，則常發展而爲軍事鬪爭。於是，這又構成非民主的政治組織之一大特色。

就常識說，政治是爲了人生，人生不是爲了政治。但是照這一路底辦法發展下去，勢非把手段變成目標不可：結果人生是爲了政治，而政治不是爲了人生。政治不爲人生，究竟又是爲的什麼呢？

依據以上的解析，我們可以知道，非民主的政治組織，簡直是全體主義的政治組織。在全體主義的政治組織之下，還談什麼個人自由？在全體主義的政治組織之下，個人猶如一有機體之細胞。一個細胞，有何自由之可言？所謂個人自由，如前所述，即個人底意志、言論、思想、行動、和建構諸權利之享有。但是，在一大政治機體中，這些項目，概由『組織』來『明令規定』。個人何權過問？這種非民主的政治組織，一與現代統治技術配合，個人意志無自申張；思想屬於『精神食糧』，可以計口配給；言論照『規定』發表；行動則需『集體化』；建構則依『計劃』而行。這麼一來，各人之以其諸人權爲實際內容的個人自由，統統被剝奪乾淨了。順着這種作風下去，做到極處，婚姻之事也必須聽憑『組織』安排。君不見！俄大使，接飛機，不識妻？這種妙事，與畜牲配種，奚何以異？爲搞政治而不作人，可乎？

所以，除非一個人因被訓練薰蒸到人性全無而認爲被人奴役就是正常生活；否則，如果他稍有人底尊嚴之自覺，如果他不百分之百地否定自由之價值，如果他稍覺人生一世除了作政治工具以外尙應有其自我的生活，那末他一被『納入』這種『組織』之中，一定像隻蜻蜓落進蛛蜘網裏，遍身不舒服。可憐的蚊蠅，紛紛落入蛛網。蚊蠅不見了，靜居網中的蜘蛛却養肥了。這就是現代極權組織之活生生的寫照！

我們在上面所說的，祇限於非民主的政治組織之通遍徵性 (general characteristics)，及其對於個人自由的影響。除此以外，非民主的政治組織可能有其特殊品種。同是一類種子，因氣候和土壤不同，可能產生各類形態。淮南之橘，淮北成枳。非民主的政治組織，落入某一環境與特殊的『歷史文化』之中，如受此二者之作用，可能產生一特殊品種。非民主的政治組織，如果落入宗法尙餘形骸的環境裏，且其民因富於『具體觀念』，素習於以人做的偶像爲中心，又適逢大崩潰與危疑震撼之秋，那末這種政治組織就可能變成一『表』面的工具。在此『表』背後，隱隱然還可能有一『裏』。此一『裏』全係少數人因利害相同結合而成的核心。此一核心之『裏』，對于此種組織之『表』，常居於絕對支配之優越地位。這種政治組織底『表』之曝露於日光底下者，爲政治機構，爲團體，爲主張，爲綱領，……。此等表現形式，在特定條件之下，常能炫惑一部份羣衆，或給彼等以希望，因此可進而吸納之。一部份羣衆之被吸納，自可產生于彼等實際有利的結果。顯然，少數人結合而成的核心之『裏』所打算者，常滿不是一部份羣衆所想的那回事，有時其間之距離常不可以道里計。至少，『表』與『裏』並不如一。但是，此『裏』非此『表』便缺乏營養，甚至無以存續。所以，此『裏』非緊緊抓住此『表』不可。於是，『裏』實而『表』空矣！

在非民主的政治組織之這一變種之下，個人有否自由呢？當然也沒有。在這一變種之下，可能有『恩賞』，但是無自由。恩賞與自由，在性質上，是大不相同的。恩賞可以賜予，也可以剝奪；個人自由既不能是賜予的，也不能橫遭剝奪。動物園裏的猴子表演得精采時，獸師常投以一隻香蕉。這是恩賞一類性質之事。但是，獸師願意打開籠子，讓猴子遙消於山林之間乎？

照從事這種政治組織者底心性看來，任何人一旦加入其組織，便是他們底『本錢』，亦如古代婢妾之加入某一家族者然。設婢妾欲自由離去，加入別族，則被視爲『不貞』，奇禍將加其身。這種政治組織者之視『脫離組織』而加入別種組織的個人多少類此。尙有個人自由可言乎？

民主的政治組織則不然。民主的民治組織背後所依據的觀念型模是多元論的，客觀相對論的，名目論的；民主的政治組織者又相信事物之『獨立變化原則 (principle of independent variation)』。因爲民主的政治組織者底基本觀念型模如此，加之又作用于重商與重 科學的環境，於是它底徵性和作風，以及對于個人自由的影響，與非民主的政治組織大不相同。

因爲民主的政治組織者相信多元論，於是接觸到實際政治層面時，自然承認政黨之多元的存在。因爲他們承認眞理是客觀而相對的，於是就不會產生一種念頭，以爲『眞理』只有一個，並且就在我手中。這樣，不寛容『異見』之事就不易發生。美國民主黨與共和黨相處很久了，我們沒有聽說民主黨有勢時要用不光明的方法消滅共和黨。反之亦然。民主的政治組織者，至少在政治的層面，不相信『什麼事以及任何人都與政治有關』。既然如此，『政治一元論』，『唯政治主義』，泛政治主義，這一類的『觀念形態』，在民主的政治組織之下，成不了空氣。因此，民主的政治組織沒有認爲『政治高於一切』，沒有將一切套入政治體系之中去。這麼一來，社會或國家不致成爲一部政治機器；小孩不致遭受政治災殃；教育和學術也不致政治化而可以獨立。於是，在這種政治組織之下，各人得以各遂其生，各種社會建構得以健全發展。所以，在這種政治組織之下，政治是手段，人生是目標：政治是爲了人生；人生並非爲政治。

民主的政治組織妨害個人自由嗎？不會的！依據以上的解析，我們可以知道，民主的政治組織不是全體主義的政治組織，而是一種最低限度的政治組織。這種政治組織所涉及的，有而且祇有各個人與政治目標直接相干的活動層面。其餘與政治目標沒有直接相干的活動層面，這種政治組織視爲獨立變化而概不涉及。大多數人利害相同，或目的相同之處，卽此『最低限度』所在之處。而在事實上，人數愈多，利害與目的相同之處愈少。例如，不願物價高漲，不願財產被奪佔，不願國外武裝力量入侵，係大多數人共同的最低願望。基於這類最低願望而形成的政治組織。先天地是一低限度的政治組織。在這種低限度的政治組織中，當然不會過問你底思想如何，信仰什麼，行動怎樣，是否從事黨派活動；當然更談不上拿出什麼積極的『主義』來向大家派銷，要大家『一體奉行』。

這樣看來，低限度的民主政治組織與大家底衝突少。這種政治組織所要實踐的，常爲大家最低限度同意之點。因而，它要求大家底同意之點付諸實踐時，至少就對內關係而言，根本用不到訴諸暴力。這種政治組織是一種『得人和』的政治組織。『得人和』的政治組織，當然擠不出排他性和侵蝕性這類性質。民主政治組織在其先天結構上是主張以協議方式解決政治問題的。因此，它反對以暴力克服異見。既然如此，它用不着鎮壓權力。我們從來沒有聽說現代西歐與美國由政爭發展而成兵爭之事。復次，對于民主的政治組織，任何個人可以自由加入，也可以自由退出。這眞正是做到了所謂『合則流，不合則去』。

照前面所陳示的種種看來，民主的政治組織不妨害個人自由——不僅是不妨害個人自由，而且保障個人自由，並進而使個人自由得到適當的發展。個人自由之於民主的政治組織，正猶魚之得水。

依據以上的一番解析，吾人可知，所謂『政治組織與個人自由不相容』之說，非常籠統。政治組織是否與個人自由不相容，端視所謂『政治組織』係那種政治組織而定。依據以上的解析，吾人可知，非民主的政治組織與個人自由不相容，而民主的政治組織與個人自由則不是不相容。既然有兩種情形，於是可知從事政治組織並非必定要取消個人自由不可。

四

我們把問題討究到這個地步，也許有人說，就算你在上面所作的解析是對的，所得到的結論也不錯，你充其量祇能證明『從事政治組織並非必定取消個人自由』這一命辭。然而，這樣的個人自由有什麼用呢？你還沒有證明民主的政治組織和個人自由能夠應付緊急事態，使大家渡過非常時期。如果民主的政治組織不足以應付緊急事態，個人自由有害於非常時期，那末採取民主以外的非常措施，犧牲若干個人自由，也是迫不得已之事。

『非常時期論』聆敎久矣！所謂『非常時期』，猶如患瘧疾者之發高燒與打擺子。人能夠終年在發高燒與打擺子的情況下維持其健康乎？如其不能，將何以長期抵抗一種內外交攻之症？詰難者承認犧牲個人自由，爲一項『迫不得已之事』，尙有救藥。因而，作者對此問題之論究，尙有進展之餘地。

我們常常聽到說，在非常時期，必須犧牲個人自由，才能換取團體自由。這種說法，乍聽起來，似乎有理；可是細心一想，却令人不無迷茫之感。所謂『團體自由』一詞中之『團體』，究何所指呢？是否卽爲『國家』？如係『國家』，那末所謂『國家自由』究屬何意？所謂『國家自由』是否意卽國家行動不受國際義務約束而可以橫衝直闖呢？如果所謂『國家自由』就是這個意謂，那末斯達林底蘇俄，希特勒底德國，和莫索里尼底意大利，不是夠『自由』了嗎？但其結果又何如？這個樣子的『國家自由』，有幾個『國家』提倡得起？如果所謂『國家自由』不是這個意義，那末又是什麼意義呢？假若所謂『團體自由』，並非意指『國家自由』，而係意指一個國家以內的『政治團體之自由』，那末該『政治團體之自由』又是什麼呢？是否意指該『政治團體』可以爲所欲爲呢？如果不是，又是什麼呢？……這樣追問下去，越問越令人糊塗。

所謂『非常時期必須犧牲個人自由』之說，意謂亦不夠明瞭：是必須犧牲個人底一切個人自由呢？還是必須犧牲個人底一部份個人自由？

如果所謂『非常時期必須犧牲個人自由』之說，意卽『非常時期』必須『犧牲個人底一切個人自由』，那末，這就完全等于說，在『非常時期』，個人之思想、言論、行動、居住、建構、等等，一切不可渡讓的基本人權，悉應剝除。這種論調，就是典型的共產黨、納粹、法西斯論調。這種論調，祇有把共黨理論權威斯達林從墳墓中請出來宣傳一番。恕作者不敢僭安。

如果所謂『非常時期必須犧牲個人自由』之說，意卽『非常時期』必須『犧牲個人底一部份個人自由』，那末這是『犧牲個人自由折扣論』。有折扣的買賣，總是好談一點的。那末，我們就要請問：這項買賣打幾折？這也就是說，所『犧牲』的『一部份』個人自由究竟是那一些呢？而且，究竟那一些『個人自由』有害於『應付緊急事態』以致必須予以『犧牲』呢？事關人權，不可籠籠統統，必須開一張淸單，明白列示。須知剝奪基本人權，其事之嚴重，至少不下於剝奪一人之財產。復次，『犧牲一部份個人自由』，是經過什麼程序呢？是經由不受一隻『冥冥之手』威脅的立法程序來決定的呢？還是經由專斷權力 (arbitrary power) 來決定的？在任何形式的集體中，只要有一個專斷權力存在，這個集體遲早會走上極權之路的。

至於所謂『民主的政治組織不足以應付緊急事態』因而必須『採取獨裁之類的非常措施』之說，如欲成立，論者必須證明一點：民主的政治組織從未有一次應付了緊急事態。

如果民主的政治組織從未有一次應付了緊急事態，那末地球上的民主國度應該早已滅絕，而只剩下實行獨裁極權的地區了。然而，事實並非如此，可證前面所擧的一點不爲眞。我們說到這裏，一定有人心裏不服。他們會說，在兩次世界大戰中，民主國家之所以打敗獨裁國家，是靠着他們財力雄厚，新發明的武器多。否則，像他們那樣意見紛歧，吵吵鬧鬧，不講求效率，不能『迅赴事機』，恐怕是『宋人之議未決，而金人已渡河』，民主國家早已敗亡了。

作者且先反問一聲：『同是在一個地球之上，一般說來，爲什麼民主國家比較富足，獨裁地區比較貧困？爲什麼民主國家因創造力大而新武器層出不窮？在一般情形之下，春天的草是綠的，秋天的草是黃的。就一般情形與一般情形對比，我們不能不說民主國家是『富强康樂』而且『民智發達』，獨裁極權國家則是『窮兵黷武』，而且『民智固蔽』。民主國家之所以如此，從一長遠過程來觀察，最顯著的原因是民主的政治組織不妨害個人自由。因爲民主的政治組織不妨害個人自由，所以個人底才智與能力得以盡量發揮。個人底才智與能力得以盡量發揮，欲其財富不增加，創造力不層出，不可得也。民主政治是人類底春天，獨裁極權政治是人類之肅殺的秋天！

許多並不反對民主政治的人，也厭惡民主政治之『意見紛歧，吵吵鬧鬧，不講求效率』，甚至羨艷獨裁地區之『意志齊一』，『集中力量』，並能『迅赴事機』。

這種常見的論調，包含着許多問題，我們必須分開討論。首先，我們必須問明：在民主國家，誰有資格禁止大家『吵吵鬧鬧』？誰能禁止大家懷抱紛歧的意見？如果把各人懷抱的意見取消了，如果大家停止『吵吵鬧鬧』，那末還有何民主之可言？在某些地區祇有武力會被尊重，沒有武力的人之意見從不被人重視，甚且根本禁止發表。可是，吾人必須明瞭，在民主國家，大家有那些意見之爲一被人重視的客觀事實，至少不亞於會經尊重武力的地方誰有若干槍枝之爲一被人重視的客觀事實。有人既可會經視武力高于一切，怎麼可以反而菲薄別人尊重大家底意見呢？尊重大家底意見，才是文明進步底跡象。

許多人底神經爲一特殊情勢所威脅，只知羨艷『意志齊一』與『力量集中』，而不察『意志』是怎樣『齊一』的，『力量』是如何『集中』的。不同的方法，常產生不同的結果。同樣的『齊一』與『集中』，藉民主方式而實現的與採取極權手段而揑成的，效果大不相同。

民主自由的程序，是讓大家充分交換意見，把『言語拿順』了，造成表裏如一的結果。這樣可以『齊一意志』。極權的方式，是藉着利誘、恐嚇、和權威的壓力揉成表面的整齊劃一。我們現在應該想想：那一種方式所形成的『意志齊一』才經得起考驗？才有眞實的內容？才能發揮最高的效率？當然，民主的方式看起來曲折些，緩慢些，而且有時太麻煩，有人覺得太不順心。你替一個折斷腿子的朋友醫治，要求痛快，只有拿起刀來把折斷的部分砍去。但是，他從此也就殘廢了。你不願他殘廢，只有耐着性子遵照正當的程序醫療下去。

在北洋時代，吳佩孚之流迷信『武力』。時至今日，在許多人之間，正流行着一種『力量迷』。他們彷彿以爲，有了『力量』卽有了一切，甚至以爲『力量卽是眞理』。而所謂『力量』，究竟是什麼樣的力量呢？則很少聽到有人論及。

我們可以承認，在比較短暫時間之內，用麻醉方式，和强制方法，是不難把一羣無可奈何之衆揑造而成一股『力量』的。但是，這樣揑造出來的『力量』，與用類似方法弄成的其他『力量』，在性質上是甚少差異的。依共產黨和法西斯底實例看來，這類性質的力量，雖然很是壯觀，却是一股愚昧的力量。愚昧的力量，做得出什麼好事？莫索里尼像演戲一樣，演出一股『力量』，其結果何如？那個毛澤東也搞出一股『力量』來了。他底『力量』對於人類社會何益之有？

至於『祇有實行獨裁之類的非常措施才能應付緊急事態』之說，恐怕根本是出於倒果爲因的一種錯覺。近數十年來，在最大多數的情形之下，總是獨裁者先製造了緊急事態，然後再利用緊急事態以加强並延續其獨裁的。我們從來沒有看見民主政府主動製造過緊急事態。在民主制度根深蒂固的國家，民主政府卽使被動地應付緊急事態，也沒有乘勢推翻民主制度而建立獨裁統治之事。這又是一個顯明的對照。如果獨裁的方式能夠應付緊急事態，那末能集合衆志衆力的民主政治爲什麼反而不能呢？如果眞不能，蘇俄爲何對美國戒懼如此之深？人家底政治組織健全嘛，能夠眞正『齊一意志』並『集中力量』嘛！

基於以上的解析，吾人可知，民主的政治組織不足以應付緊急事態之說不眞，而且民主的政治組織是一種比較健全的、堪能應付緊急事態的政治組織。民主的政治組織最大的特點之一，是不妨害個人自由。由此可證，卽使『時值非常』，也沒有理由取消個人自由。

作者說，卽使在非常時期也沒有理由取消個人自由這話，並不等于說個人在非常時期也應該享受如平時完全一樣的個人自由。毫無疑問，卽使最民主的國家，在非常時期對于個人自由也是要打點折扣的。不過，現在成問題的有像前面所提到過的兩點：一、誰來打折扣？專斷權力呢？還是眞正獨立的立法機構？二、打多少折扣？九五折呢？還是一折？在非常時期固然不可窺測炮彈，但是也不可享有言論自由嗎？

五

根據上面的解析，我們可以知道祇有非民主的政治組織才與個人自由衝突，民主的政治組織非但不取消個人自由，正所以保障並發展個人自由。復次，卽使時值非常，並非必須採取獨裁或極權辦法，民主的政治組織更能健全而有效地應付。因此，實行緊急措施以渡過非常時期，也不是取消個人自由之充足理由。有人看到此處，也許愁眉苦臉，涕泣而道：『你提倡個人自由，人人隨隨便便，高興怎樣便怎樣，國事怎麼搞得好？』目前對於個人自由發生這種誤會的人頗不算少。可是，如果他們知道個人自由就是個人應享的諸基本人權，那末他們將會發現他們底憂慮是多餘的。因而，這個問題是不能成立的。不過，他們在心理上旣有這個問題，我們不妨討論討論。這類底人之出此言論，動機是善良的，可惜思想上的毛病太大了。他們思想上的毛病，出在簡陋的二分法 (Dichotomy) 上。

幾十年前，歐風美雨東漸，青年男女們逐漸公開談戀愛，叛離包辦婚姻。許許多多家長，目睹此情此景，無不痛心疾首，認爲有越常軌，汚辱門第，因而强烈反對。於是，兒女們爲着自家底幸福，不知鬧了多少婚姻悲劇。他們繼續不斷奮鬭了幾十年，到今天戀愛自由才得到社會公認。戀愛之事，大體說來，總比包辦婚姻好。爲什麽遭遇到這麽大的阻力呢？原因當然複雜，其中之一，要歸咎于一種不通的思想方式。這種思想方式，就是簡陋的二分法。當時，東方的父母大都不識戀愛爲何事。他們從小到大，關于男女之事，只看到『父母之命，媒妁之言』那一套。祇有那一套是『名正言順』的。除此以外，祇有『踰東家之牆』，或『後花園中』了。『踰東家之牆』是『非禮』的。結果，在他們底一輩子，所見所聞，不是『父母之命』，便是『踰東家之牆』。除了這兩種可能以外，他們做夢也未曾想到在男女關係上還有像西洋談戀愛那樣的第三種可能。於是，在他們底知識世界裏，『父母之命』和『踰東家之牆』這兩者是共同窮盡而又互相排斥的兩個可能。旣然如此，兒女們底婚姻大事如不奉『父母之命』，當然是走『踰東家之牆』那條路。而那條路又是『非禮的』。所以，他們一聽見兒女談戀愛，在思想上立刻把這種行爲歸到『非禮』的那一類，馬上火上心頭，非嚴行禁止不可了。

同樣，東方人壓根兒不識自由爲何事。『一盤散沙』狀態不能算是自由，因爲沒有經過一番自覺作用。自古以來，除了『順帝之則』(借用口氣)以外，就是『揭竿而起』。『揭竿而起』是『大逆不道』。『順帝之則』與『揭竿而起』是共同窮盡與互相排斥的二個可能，再沒有第三種可能。今你旣不講『順帝之則』，而談自由，當然就是『揭竿而起』那一類。『揭竿而起』者『大逆不道』。所以，他們一聽到人講自由，心頭就老大不舒服。順着這一思想方式下來，於是許多人以爲講個人自由就是『散散漫漫』，『隨隨便便』，『高興怎樣便怎樣』。西歐與美國是注重個人自由的地方，未聞他們對個人自由是怎樣講的。如果個人自由是這樣講的，那末西歐何致有世界最高的文明？美國何致有今日的成績？

我們現在都很淸楚，『父母之命』與『踰東家之牆』二者固然互不相容，但並不共同窮盡。除此以外，還有一個可能，就是自由戀愛。旣然如此，我們從不遵『父母之命』，不能斷定一定就是『踰東家之牆』。同理，講自由，並不就是散漫、隨便、和高興怎樣便怎樣。

人類底進步往往是很慢的。爲了說服做父母的人，使他們相信『戀愛』並不就是『踰東家之牆』，年青人花了約半個世紀的時光。其難可想而知，如果要說服許多有權有勢的人，要他們承認個人自由並非散漫、隨便、高興怎樣便怎樣，似乎更難上加難。因爲，這不獨係由于心理慣性一時改不過來，而且更含藏着一種嚴重的利害衝突。

雖然，講個人自由，不就是散漫、隨便、和高興怎樣就怎樣；但是，眞夠資格講個人自由者，多富於懷疑態度，常有其獨立見解，堅持個人尊嚴，並且看重原則，不肯同流合汚，不願盲從附和。這種種特點，是有一類型底人所深惡痛絕的。這一類型底人，如過去西北土著軍人所例示者，表面樹立『組織』，在骨子裏全以個人爲中心。彼等除了權利以外，實際毫無原則。彼等常藉利欲加上一種因敗壞而失靈的擬似倫理原則 (pseudoethical principles) 來攝納毫無原則的親附之徒；藉符咒與止渴之梅來蒙迷不能自主的遠隔之衆。這樣一來，任何徒從必須完完全全放棄其人底尊嚴，放棄其自我抱負，放棄其原則，而對他們底一言一動，絕不懷疑，以至于『生死以之』，一味地聽其擺佈，供其利用。這那裏談得上是『組織』？這不過是『套上籠頭』以便其『驅策』而已。至少，政治組織是含容每個構成分子共同同意的原則之一結構。所以，認眞說來，政治組織是一種非人身的 (impersonal) 結構。因此，具有剛才所說特點的自由人，眞正的『組織』是可以願意接受的。如其不然，注重個人自由的西歐和美國應無任一政治組織存在了。然而，『驅策』他們却不能接受。個人中心主義者，爲了他們底『驅策』政策行得通，當然要採取一切可用的手段，向個人自由的堡壘進攻：拆毀了個人尊嚴、個人見解、個人原則這些藩籬，使每個人變成純生物學的個人，才好供其『驅策』。

我們在此有須分辨的地方。作者說『政治組織是一種非人身的結構』，這話並不蘊涵『政治組織不可以由個人領導』。在實際上，民主的政治組織常常由個人領導。但是，這種領導必須謹守兩條原則：第一、個人不高踞組織之上，而是居於組織之下，和別人一樣地遵守組織底種種規定。依此，他是組織底服務者；而他不能把組織化作滿足其私欲之工具。第二、個人必須遵循大家公定的組織之程序與目標。他不能自定程序與目標，『通過組織』，强制大家執行。如果合於這兩條原則，那末一個政治組織卽使由個人來領導，也算是『非人身的』。非人身的政治組織，當然不是個人中心主義的一種勾結了。假若違反上列兩條原則之任一條，那末任何政治組織遲早會墮落到個人中心主義的泥沼之中。二者分際之嚴，豈容絲毫豪混哉？

吾人必須明瞭，大家失去個人自由，正所以便利少數人爲所欲爲。希特勒之闖下大禍，是在他摧毀德國民主建構，拆散德國容克軍人骨幹，一手培植出的奴才走狗得勢，可以爲所欲爲之後幹的。艾森豪幹得出這樣的勾當嗎？假定馬林可夫當美國總統，他之所能作所能爲，不會比羅斯福更多。他要能在美國爲所欲爲，除非帶來俄國那套法寶：黨、主義、計劃經濟、奴工制度；指使切卡把美國自由的政治家殺光；大肆焚書坑儒；絕對統一新聞；…。吾人須知，各個人保有個人自由，正是少數人胡作妄爲最好的防止劑。北洋軍閥底部下和馬弁是沒有個人自由的。軍閥叫他們怎樣，他們就怎樣。『大帥叫我死，我就死』。軍閥叫他們殺人，他們就『執行命令』。張勳叫他們『洗城三天』，他們就洗城三天。官長叫他們汚辱民婦，他們就汚辱民婦。他們沒有原則(雖然也缺少知識)。他們並不在一個組織之中，他們是受驅策的一羣。有此受驅策之羣作工具，那些人當然可以爲所欲爲了。假若有人想指使美國兵幹這些勾當，恐怕要困難一點吧！北洋時代是拿『義氣』與『恩餉』來驅策人衆。現在時代進步了，『義氣』與『恩餉』大失作用了，毛澤東就搬出其『主義』，其『黨』，其『革命』，這套俄式法寶來驅策人衆。於是，他得以爲所欲爲，把大陸變成地獄。如果大家各人有其獨立的思想、見解、認識、抱負、原則，並意識到各人各有其人底尊嚴，且對於此等『非常人物』底一言一動富于懷疑精神，那末就不會像牛羣馬羣一樣，受人驅策了。所以，大家都保有個人自由，適足以預防少數人獨斷專行。

六

無疑，倡導個人自由最力者，爲自由主義者。許多人以爲自由主義者不能反共，只有軍國民型者才能反共，於是聯想到憑個人自由無以反共。這是一種錯誤觀念。這種錯誤觀念之所以發生，一部份係由近幾十年來幾個羣衆性的運動之分合激盪造成，一部份係由宣傳造成。而後者係由前者所派生。

近幾十年來，多少表現得積極反共的勢力是法西斯、納粹、和軍國民主義者。然而，這一類底勢力份子，在思想上是保守的，在心性上是狹隘的。這種思想和心性，剛好與自由主義者之進取的思想和通博的心性格格不入。他們常常覺得自由主義者底言論與作風大不合其脾胃，大不合其步調，而且常常攔脚絆手。因此，他們常常嫁禍於自由主義者，說自由主義者培養了共產主義。於是，他們一方面反共，另一方面又反自由主義。『法西斯認爲：共產主義是自由主義培養大的，而議會政治則使共產主義易於傳播。因此，法西斯轉而對付自由主義與民主政治。他們之對付此二者，甚至比對付共產主義還要暴烈些。』納粹和軍國民主義者對待自由主義的言論大抵類此。因爲法西斯、納粹、和軍國民主義者一方面反共，另一方面又反自由主義，於是形成一部份人一種印象，以爲自由主義與共產主義有某種關聯。於是，這一部份人以戒懼共產主義的心情戒懼自由主義，以憎惡共產主義的心情憎惡自由主義。其實，自由主義與共產主義，眞是冰炭不相投的。關于這點道理，稍緩我們就要在下面討論。

說來也夠奇怪的，還有許許多多反共者之反自由主義的思想和情緒，竟係來自共產主義者。至少，自列寧以來，共產主義者對自由主義之深惡痛絕，絲毫不下於法西斯。共產主義者之反自由主義的思想和情緒，近幾十年來，正隨着共產組織和宣傳向全世界擴張。結果，凡共產宣傳奏效之處，便或多或少瀰漫着反自由主義的思想和情緒。在東方世界，若干年來，從共產主義勢力底影響圈中掀起一股反共力量。這股反共力量，反共固屬可嘉；可是，他們在思想上和技術上都沒有獨立拿得出來的東西。在思想上他們只有一點上下古今中外表面的雜燴，而沒有走入任何成熟的深入的有效的思想路數之中。可是，他們所面臨的，却是前所未見的馬基維尼主義，唯物辯證論，這些最壞但却又易見功的歐洲產品。在技術上，這羣反共者確乎比曾在他們面前跌倒下來的人較高一等；可是，碰到集陰謀變亂技術之大成並熟於運用羣衆心理的新起集團，他們總感到應付吃力。在這種顯明的比照之下，在他們之中，至少有一部份熱心人士產生了一種自我衝突的想法：一方面反共，一方面又要向敵人學習。這麼一來，他們所反的往往是共產主義組織之形骸，而未及其基本思想，觀念型模，『組織』方式，行動作風，及其政治情緒。王陽明說：『攻山中之賊易，攻心中之賊難』。攻擊有形的敵人容易，攻擊無形的敵人難。假若那無形的敵人滲透到你裏面，佔有了你整個的心靈，那末，你要發現他，然後再忍痛驅除他，自己再換上另一種思想，這須要較血氣之勇高一層次的勇氣，也須要較運用智謀更深一層的修養。這是很難很難的工作。因此，許多人反共，但却沒有將共產主義的思想和情緒隨同共產組織之形骸連根拔去。於是，共產主義者所播散的反自由主義之思想和情緒，依然是楊花處處。

共產主義者據以反對自由主義的重要論證有二：一是反資本主義；二是反個人自由。如所週知，共產主義者是反對資本主義的。而從共產主義的角度看來，自由主義是資本主義底靈魂。尤其是自由主義的派生物放任主義，更對『資本主義的罪惡』應負大的責任。所以，為了反對資本主義，必須反對自由主義。然而，現在蘇俄實行的却是國家資本主義。國家資本主義，在『改善人民生活』方面，是否有了進步呢？從潛意識方面分析，歐洲共產主義者之反對『資本主義』，不過是有組織的窮人看見富人眼紅而已。馬克思其人者，雖著作累篇，不過是將這點『眼紅』之意加以貌似學術的裝璜罷了。至于共產主義者如列寧之流之所以反對個人自由，不過是為便利其獨裁極權政治之建立罷了。

從性質和作風方面觀察，自由主義者和共產主義者之間的差異，遠大於法西斯與共產主義者之間的差異。法西斯與共產黨之間的距離至多只有四十五度；而自由主義者與共產黨之間的距離，足足有一百八十度。實在，除了都有一個鼻子以外，我們很難發現自由主義者與共產黨之間，有何共同之點。為什麼如此呢？

法西斯與共產黨二者底起因和若干色彩固然不同，但是他們底思想型模，絕對精神，一黨至上論，不容異己，輕視人權，崇拜偶像，不容懷疑，泛政治主義，唯暴力是視，權威主義，投機主義，強烈的統治欲，以及『只問目標，不擇手段』諸種性質與作風，都是基本地相同的。既然如此，要一個共產黨員變成一個法西斯黨員，或者一個法西斯黨員變成一個共產黨員，祇須轉轉帳就行。一個共產黨員如果變成法西斯黨員，或一個法西斯黨員如果變成共產黨員，一定不會感到空氣陌生，執行起『任務』來一定『駕輕就熟』。作者說到這裏，也許有些人不明瞭：『依照你所說的，法西斯與共產黨這樣在基本上相同，他們應該友善了，為什麼反而常生死相鬪呢？』這裏的原因相當簡單：『一個籠裏放不下兩個叫雞公也！』

自由主義者則不然。自由主義者之與共產黨之截然相反，亦猶其與法西斯之截然相反。自由主義者不贊同一黨至上，不崇拜偶像，容忍異己，尊重人權，不崇尚暴力，不相信泛政治主義，反權威主義，富於懷疑態度，少統治欲，承認各種有益的力量之多元的存在，注重目的，也斟酌手段。總而言之，無論在性質或在作風上，自由主義者與二者基本地相反。既然如此，要一個自由主義者如羅素之流變成一個共產黨員，那末從思想習慣到行動作風，一定處處感到彆扭，時時感到如入異域。假若要一個自由主義者變成共產黨員，首先必須『洗腦』，然後再從頭學起。這在共產黨看來，未免太不『經濟』了，不如『清算』了事。

這樣看來，自由主義者之反共，乃是從表到裏都反共。自由主義者之反共，主要由于先天性的不相容。自由主義者與共產黨之先天性的不相容，亦如天使與魔鬼之先天性的不相容。自由主義者之反共是在思想基型和品質差異上就保了險的。既然如此，自由主義者不把反共職業化，也不為名利而反共。所以，祇有自由主義者之反共才眞實可靠。從祇有自由主義者之反共才眞實可靠，可以間接證明反共並非必須取消個人自由不可。

七

作者將『政治組織與個人自由』底問題分析到這裏，已經把若干論點闡釋了。也許有人說：『你分析了這麼久，總是「個人」、「個人」的。你為什麼不着重「國家」？』且慢！從倡導個人自由，推論不出『不着重國家』這一結論。美國人着重個人自由，你能說美國人不同時着重國家嗎？不過，我得提醒你一句：在大多數人能好好活下去的正常國家裏，個人自由和着重國家是能並行不悖的。我再加重語氣說一遍：有而且唯有在大多數人能够好好活下去的正常國家，個人自由和着重國家才能並行不悖。我再往前面說一句：有而且唯有在大多數人能够抬起頭做人的國家，談着重國家之事才不必出於勉強。如果一個國家到了一種地步，談個人自由和着重國家已經不甚融洽，那末這個國家底健康一定發生問題了。健康發生問題的國家，便會衍出這些悲慘的結果：人民寧願『與爾偕亡』；或者，統治機構必須以各種手段打擊個人自由，並且時常『大力宣傳』，要大家『愛國』。一個國家到了需要把『愛國』『愛國』掛在嘴邊，那一定是人民大衆底『愛國』發生了問題。大家覺得『國家』是一大負擔，是一大恐怖時，叫他們怎樣去『愛』啊！毛澤東底秧歌王朝之現狀，就是我現在所說的道理之典型的寫照。

我們將這問題討論到這個地步，勢必觸及對國家的兩點：第一種觀點不妨叫做實徵的觀點；另一種觀點，簡直難以名狀，姑且叫做玄學的觀點。實徵論的觀點將國家看作一個實際的法治聯合 (legal association)。西歐和美國人對於國家多採取這種觀點。玄學的觀點是把國家看作一種抽象的理念。一切獨裁極權者都深喜把國家看作這種高不可攀的非實際的形上學有元 (metaphysical entity)。這兩種不同的國家觀，先天地決定着個人在國家中處於何種地位。

如果從實徵的觀點出發，那末我們可以借用一些現代語言工具來敘述個人與國家之相對的關係。國家不是沒有份子的空類 (null class)，也不是只有一個份子的獨類 (unique class)，而是有份子的每一類。類，並非份子之單純的集合 (collection)。每一類具有一性質。因此，有了一堆個人不必即成國家，但無此一個一個的個人必不成為國家。每一份子分享此類底性質。依此，我們應須承認一個一個的個人即各別地爲國家之不可消革的眞實主體。各個人與個人之間的關係爲『個人交互的關係(inter-personal relations)』。由此可知國家又爲一關係叢 (a complex of relations)之領域 (Domain)。在此領域之中的關係爲『多項關係』。

依照上面的敍述，我們就不難替『愛國』之事下一定義。什麼叫做愛國呢？在一特有傳習的界域以內，一個一個的個人愛他自己而且又彼此相愛。這個定義，旣不落入孤立的自我主義，又無空玄的全體主義之弊。

我們再分析這個定義，便可發現，眞正談有實際內容的愛國，有而且惟有在民主國家。因爲，有而且惟有在民主國家，各人才能愛自己同時又能彼此相愛。在獨裁極權國家則休想。爲什麼呢？第一、在獨裁極權國家，各個人不能屬於他自己。他自己對於他自己絲毫沒有自主權。他無法按照他自己底意願來安排他自己底現在和將來。在獨裁極權者看來，他治下的人是一羣一羣的『人畜』，甚至於是一大塊有待使用的材料。這些人畜或材料底一切，在尙未出娘肚皮以前就已經被全能者『計劃』好了。在這種情形之下，個人如何能愛自己？第二、至於愛別人，在獨裁極權國家，簡直足以招殺身之禍。獨裁極權國家，爲了便于統治，對人民也行『分而治之(divide and rule)』的政策。獨裁極權者最忌人民團結在一起。人民團結在一起，照他們看來，就是未奉命擅自組織。未奉命擅自組織，一定包含莫大的危險性。如果大家彼此相愛，那末由此愛力天然容易結合在一起。他們旣然深忌大家結合在一起，於是禁止大家相愛。在事實上，一切獨裁極權地區，以或多或少的程度，把每個人與別個人分割孤立起來。他們運用種種技術，使得每個人對別人疑懼，使每個人不信任所有的人，使每個人養成『話到口邊留半句』的習慣。你不要以爲廣場上有那麼多人，其實每個人都是孤立的。你如果對許多人表示友愛，他們底耳目一定注意你，疑心你別有作用。在這樣的壓力及其所形成的氣氛之下，大家如何可能彼此相愛？在獨裁極權國家，每個人無法愛他自己，大家又不能彼此相愛，空中佈滿了恐怖氣氛，地上則蛇蝎橫行。像這個樣子，還要說『愛國』，縱然有人眞想去愛，他這顆愛國之心不知掛到那棵樹上哩！

如果我們不是唯心狂，如果我們不把國家神話化，而稍微有點脚踏實地的實徵態度，那末我們應須承認愛國必須具有實際經驗的基礎。我們拿美國和蘇俄對比起來，便可印證此理。美國人民，一般地可從國家組體那裏得到美滿的生活，得到光榮。在國家組體裏，一般美國人浸沉于種種選擇的可能之中。因而他們有足够的機會來發展其抱負。他們底意見受到尊重。他們不愁『有吏夜捉人』。他們底勤勞可以得到應得的酬報。斯土斯鄉，與他們底榮辱盛衰安危，無不息息相關。在這樣的情形之下，要談『愛國』，就有實際經驗的內容。因此，人人一提起國家來，感到渾身舒暢。在這樣的情形之下，如果有人阻止美國人愛國，簡直就等于阻止他們愛自己。所以，有國如美國者，用不着要人民常常把『愛國』詞句掛在口頭上。然而，蘇俄則大謬不然。幾十年來，史達林和馬林可夫之流，揑造了一個黨，竊據國家。國家完全遭敗壞而變成了『鎭壓的機構』。人民長年陷於恐怖災難之中。辛勞終歲，不能果腹。一切『勞動果實』，盡歸黨要享受。發表意見之自由，全被剝奪。人權毫無保障。在這樣的實情眞況之下，如果要俄國人『愛國』，那末不是等于要他們愛馬林可夫嗎？在這種情形之下『愛國』，正是馬林諾夫及其黨求之不得的政治資本：他們可以繼續利用大家底愛國心所產生的力量和果實作爲推動其私欲的燃料。因此，在這樣的現實之下提倡『愛國』，完全等于鼓勵俄人繼續供其驅策，而蘇俄人民所得者，不過空空玄玄的『愛國觀念』。這點『觀念』是怪可憐的：不過是長期生活中由交替反射而形成的一點心理習慣而已。但是，時移世變，惡魔臨頭，所謂『國家』，已成一黨之工具，內容全非；如猶以反應于昔日的心理習慣反應于今朝，豈有不受欺騙而遭利用之理！

如果任何起源及任何形式的專斷權力與現代統治技術結合，那末統治機構未有不成一取往古暴君而代之的巨靈 (Leviathan) 之理。置身於巨此巨靈口中之個人，其禍福凶吉無時不在風雨飄搖之中。因此，在這種境況之下，政治問題底眞正核心，端在如何搶救一個一個的個人。有而且惟有個人才能思能感，知榮知辱，知苦知樂，覺痛覺癢，覺饑覺餓。依此，任何形式的集體之努力應從『各個人彼此相愛出發』。因此，這種努力，分析到最後如能歸到落實處，應歸諸一個一個的個人。準此，對外戰爭，對內平亂，或謀求大家底福利，發展文教，如非空幻口號或別有目的，都應爲着一個一個的個人。爲了一個一個的個人，則『全體』自然寓於其中：離開活生生的個人而談玄不可及的全體之全體主義，當爲巨靈所歡迎。全體主義的哲學即是巨靈哲學。巨靈哲學，從無實際意義 (devoid of factual meaning)。

作者陳示到這裏，也許有些人不以爲然。他們會說：『個人底血液係來自祖先。個人底語言乃習自民族。個人底衣食住行都由社會所供給。那裏有一個一個的個人？旣然如此，離開全體，還談什麼個人！』這又是『通體相關論』、本質論等玄學在那裏作怪！形形色色的通體相關論，把任何東西與另外任何東西都講成一條籠統。任何東西說成『本質』相同。這種迷混的思想模態，使得知識永遠不能進步，行事永遠線條模糊，爲害東方人久矣！現在還有人在那裏講，把什麼東西都講成一個：以爲思構即實在，將一切界線都泯滅了，將一切差異都抹掉了，混混然揑成一團氣。作者數年來看到這類混沌文字，實不勝其憂傷。我們要對治這類混沌思想，必須拿出名目論(nominalism)。依名目論，一個名詞只有在特定範圍內才有意義可言。有關係的東西不必有相干 (relevance)。從一方面觀察，政治是『歷史文化』底產品。但是，這只能使我們說，政治與『歷史文化』有關係，而不能說有何相干。在政治只能言政治。更清楚地說，在政治層面（political level）祇能談政治層面內事。別的事也許有關係，但毫不相干。這些範限如不嚴守，將把鬍鬚和頭髮講成一個東西。設有玄學家入店請理髮師剃鬍。可巧此理髮師亦崇奉本質論的玄學。彼大動刀剪，削去該玄學家之髮。該玄學家怒而斥曰：『予僅命汝剃鬍，汝曷剃髮耶？』該理髮師應之曰：『無傷也，髮與鬚本質固同也！』談什麼問題都往『歷史文化』扯的人，就是這位理髮師底同志。在政治層面，如談民主，祇有從一個一個的個人出發。某甲競選議員失敗，就是他這一個人失敗，並不等于某乙失敗。

八

依據在上面所陳示的解析，我們所能得到的結論如下：民主的政治組織並不與個人自由衝突；不僅不衝突，而且其落實的旨趣，正所以保障個人自由，並進而發展個人自由。個人自由的生活，才是人類生活底健康方式。如果從事政治組織而演至與個人自由不相容，那末這種政治組織一定係非民主的政治組織。嚴格地說，非民主的政治組織不能看作組織：它是『組織』其名，『驅策』其實的。從驅策到奴役，其間之相去，不過一步而已。這個樣子的『政治組織』，如共黨所完備例示者，是把人類扯向黑暗深淵的繩索。一切自由民主的崇慕者，都應永遠棄絕它。

作者在上面所陳示的，不過是應說的語言千萬分之一而已。目前，西北利亞寒流肆虐，大地正為冰雪封凍。作者恍如雪地旅行，極目四顧，草衰葉落。惟見紙片如雪花亂飛，眩人眼目；山魅在雪地起舞，若不知下臨深淵。殘冬肅殺之氣，則令人縮瑟。幾乎所有的思想都遭凍結。這景象太可怕了，也太令人感到孤寂了。然而，如果大家尚保有一點潛在的生之意志，那末雪地裏遲早應能冒點新芽。而這新芽底催生與培育，正有待思想家底努力。眞的，在這個時代，沒有什麼比有正確思想的思想家更重要。如果作者斯文能在雪地裏發出輕微的迴聲，那末就是上帝對我說：『別失望，中國人底生命在苦難、抑壓、和顛沛之中滋長。』

附記：作者將諸基本人權用來定義個人自由，係因讀張佛泉教授最近論著而思及者。不敢掠美，理合聲明。

（上接第29頁）

然後提着皮包回來，他的頭髮已經禿了，沒有人比他更忠實而值得尊敬。母親和他的太太很好，常叫我去借個雞蛋。他下班以後，便在家裏修樹枝，有時將樹頂剪成尖的，有時剪成圓的。並且種了許多又紅又尖的小辣椒。秋天初冷時，他就和他的兒子將枯葉堆起來燒。薄薄淡黃的陽光下，枯乾的枝葉在火裏叫着縮起來。但漸漸他的孩子都不大笑了，原來那父親要和另一個女人結婚。

『漸漸他們種的花草都垂下來，門上的漆也好像落下來了，他們一直爭吵到房屋外面來。連我也恨他。可是他的衣服愈來愈舊，他看上去可憐些，也溫和些。』

他說：『也許他找到了他夢想的快樂。』

『是的，』她說：『我有時想他的太太和孩子們不是爭吵，是用錯了語言。他們說不出心裏的失望。二十多年來，他們一直夢想着已經有這份愛，二十多年過去了，他們失去了這份愛，他們已不知道怎麼去訴說他們需要愛。

『我們都恨他，和那個不認識的女人，有一天那女人來看母親，我們一同從樓梯上跑下去看——她十分樸素，好像也很善良。那時有些朋友想去調停，其中有一個還是法官，但沒有一個人敢裁判。

『有一天我們吃晚飯的時候，忽然聽到很多腳步聲跑進來。你在聽我說嗎？』

『我在聽的，親愛的。』

『我的話並不算是最多的，』她說：『那父親拿把槍跑進來，要存在我家，他怕他的孩子會拿槍打他。』

『不要說下去了，』他垂頭坐下道：『我結過婚了。』

政府權威與公民自由

許冠三

讀者在閱讀本文時，最好能參照本文作者前在本刊所發表之「我所了解的自由」和「關於集體自由與個體自由」兩文。——編者

破題

「關於集體自由與個體自由」一文發表後，不少友好來信，希望我能專寫一文，討論「國家自由與個人自由」的問題。其實，我自已也感到此一需要，那篇東西實在是言未盡意。

本文卽在申述我個人的一些未盡之意。不過，在命題一節上，我並未按照友好的來信去做，我改用了「政府權威與公民自由」爲題。我所以要改用這個題目，是基於下列的幾項理由：

第一、「國家自由」所代表的概念是不够明確的。因此，運用起來就不很方便。依照我在「關於集體自由與個體自由」一文中，給集體自由所下的界說來推論，「國家自由」的含義有兩層：一層是指一個國家的政府在行使其主權時不受其他國家的干涉或支配，這實在就是指國家主權的完整，我們通常又稱爲國家獨立；另一層是指，一個國家的政府約束其公民活動的活動。因爲國家是抽象的存在，國家的活動必得通過政府來見諸事實，所以國家的活動，實卽國家代表者，政府的活動，這也就是我們通常所說的政府的權力或權威。孫中山先生曾經說過，這是政府的「能」。因此，我們與其用那個抽象的「國家自由」，就不如用旣切貼而又實在的「政府權威」了。

第二、「個人自由」這個名詞有很重的語病，並且，極易引起人的誤解。事實證明，有很多人已經對它有了很深的誤解，並因誤解而起很深的仇恨，一見它就咬牙切齒，就要予以攻擊。在他們的心目中，「個人」與「自我」幾乎是一而二，二而一的同義字。「個人自由」與「個人主義」就無異是「自我自由」與「自我主義」。其實，「個人主義」(Individualism) 與「自我主義」(Egoism) 相去眞不知幾千萬里。我眞奇怪，當初的翻譯家爲什麼不把 “Individualism” 翻成「個體主義」。有一位教授曾說過一個笑話。他說：民主在中國不能大行其道，與共產主義能惑衆愚人，皆與譯名大有關係。因爲中國是個具有集體主義傳統的國家，中國人一向得通過家庭、家族、或國家去表現自我，最鄙視那些祇知有己不知有人的楊朱思想。中國人一向尊重大我，蔑視小我。一提「個人」必遭反對。而不幸民主思想的基石，卽在個體主義。個體主義旣被解作個人主義(或自我主義)，民主自然就吃不開了。而共產主義的譯名呢？旣淸脆，又響亮。知識份子固然歡迎，窮醋大也歡迎。政客、流氓、無賴則格外歡迎。有地位又有名望的人講共產是爲人，不是爲己，是利他不是利己，多冠冕堂皇呢？窮人呢？更求之不得。這雖然是個笑話，却發人猛省，雖一字之差，亦能貽害無窮。所以，我行文時，絕對避免再用「個人自由」或「個人主義」的字眼。

第三、本文的中心並不在於泛論有關國家自由與個人自由的一般性，而在於說明這兩者間相反相成的相對關係。而「政府權威與公民自由」一題顯然是較爲得體。因爲，在我們的傳統觀念中，國家與個人之間幾乎無相對關係可言。特別是把個人當做某個人或自我來解釋時，個人更毫無地位。因此，我們就不能弄淸它們之間的正當關係。而「政府」與「公民」就不同了。公民是新觀念，一提起公民，我們就會聯想到公民是國家的主人，當然也就是政府的主人了。如果我們不能把握到公民是主人，公民是主體的觀念，我們是無法討論這一問題的。同時，當「權威」與「自由」相提並論時，「自由」的意義也就分外鮮明，易於捉摸。

政府權威的由來

把握到公民是主人的觀念，我們就不難明白政府權威的由來及其意義了。政府權威是公民授予的，也是爲公民服務的。公民不會授予政府以反乎大多數公民福利的權威，濫用權威，以致反乎大多數公民意向的政府亦必不能存在。所以，在民主國家中，政府官員給人民寫信時，總是自稱爲「您的忠順的僕人」。可是，我們的老公文程式就不然，我們的公民請政府辦事的公文上，要寫着「仰乞恩准，實爲德便」。這兩種公文程式代表着兩種對立的政治哲學。一個是政府爲人民；一個是人民爲政府。照我們的老公文程式說，人民根本不算什麼，政府和官吏是高高在上的，要人民做什麼，人民就得做什麼。雖然，早在兩千多年前，我們的先賢已說過：「民爲貴，君爲輕，社稷次之」的話。不幸，二千多年來的實際政治一直是反乎此道而行。到了孫中山先生，這個觀念才有了改變。可是，西方民主國家早就肯定了「主權在民」與「民有、民治、民享」的觀念。政府的官員，一律自稱爲人民公僕。雖然，他們不免也會擺擺官架子；不過，從沒有人敢忘記公民是國家主人這回事。所以，政府的一切措

施必得以此爲前提，要以人民的福利爲依歸。

政府之所以要有權威，顯然是爲了替全國的公民辦事。政府之所以有權力干涉或約束公民的活動，特別禁止公民不得作某些活動，乃是因爲那些活動會影響到大多數公民的福利；政府所以要有權威保護、鼓勵或幫助公民做某些事，乃是因爲那些事將有利於大多數公民，再則，政府所以要直接主辦某些事業，乃是因爲㈠那些事業有利於大多數公民，㈡那些事業不是某一個公民或某些公民社團所能辦得了；或者，政府辦來較爲方便，較爲有效。如果政府的某種權威是用來害民的，那麼這種權威就一定要不得；公民就不會讓政府再有這種權威。

一句話，政府權威是建築在利民的基礎上的。基礎毀了，上層建築就不能存在。

不必恐懼政府權威的擴張

如此說來，只要在利民的前提下，政府不就可以無限制的要求擴大其權威嗎？就某一種意義來說，這是不錯的。這是近年來「福利政府」學說的主旨。這與十九世紀的「政府愈少管事愈好」的觀念是大相逕庭的。因此拘泥於這一觀念的人，是極力反對政府權威擴張的，對於政府在經濟事務上的行動，指責尤烈。不論是政府經營國有事業，還是加強私人企業的管理，均認爲是侵害公民自由。

事實究竟如何呢？是的，從外表上看有些既有的公民自由是被侵害了。不過，往深處看就不對了。西方民主國家的政府權威的擴張，大體上是在發展自由而不是摧毀自由。它們的目的是在㈠把有害之自由改變爲無害之自由，㈡把無價值之自由改變爲有價值之自由，㈢把價值較低之自由改變爲價值較高之自由，㈣把少量之自由變爲多量之自由，㈤把少數人享有之自由變爲多數人享有之自由。總括地說，它們一方面求質的提高，一方面求量的發展。它們雖未完全成功，大體上還是有成效的。

此外，它們是有計劃地犧牲一部份自由，去換取其他的必需價值，其中最顯著的便是安全和平等。因爲一個幸福的社會，不只需要自由，而且也需要平等和安全。沒有安全與平等的自由社會，是畸形的社會，不一定是幸福的社會。可能，其中的少數成員享有極多之自由；而多數成員反而享有極少的自由。沒有平等的自由，勢必造成社會的分裂；沒有安全的自由，勢必引起社會的混亂。然則，一個幸福的社會，必須建築在安定與和諧的基礎之上。唯有生活於安定而和諧之國家中的公民，才可能是幸福的公民。

誰來評判權威的得失

因此，我們應該注意的問題倒不是政府權威是否可以擴大；而是應該擴大到如何地步才爲適當。再進一步，我們該問，誰來判定政府權威之擴大是否得當？何處該增多？何處該削減？最後，我們要問，誰有力量能阻止政府權威的過份擴張？權威的運用失當？

一個國家政府權威的大小，是因時因地而異的，沒有人能發明一組函數來說明它。對於這個問題的解答，只可以從反面着手。那就是說，有些東西是政府權威絕對不可以侵犯的。這些東西我們可以稱之爲公民自由，有時稱之爲公民權利。也就是說，公民必須享有這些權利或自由，才可以判斷政府所擁有的權威是否適度；並能採取行動制止政府權威的擴張。

先看誰來判斷政府權威是否適度的問題。這當然不是政府當道說了就算的。如果，我們把這件事交給政府當局自己去判斷，即是希特勒、史大林也不會不承認他們所擁有的權威是過份的。也許，他們還會說不够呢！這必須訴諸民意，訴諸人民代表，以及輿論。公民如要運用此項裁判權，首先就得擁有言論自由。言論自由的範圍究竟如何呢？它本身又是一個需要討論的問題。不過，穩健點說，公民至少得擁有「討論公民自由範圍以及政府權威限制」的言論自由。因此，凡是足以直接表達公民意見的文化機構，如書報、雜誌、影劇、廣播等事業，都不得由政府包辦或操縱。也就是說，這些東西絕對不可「國有化」。不論是直接還是間接，都萬萬不可。這些工具一旦爲政府控制，政府的意見就是人民的意見了。恰恰相反，我們要的應該是：公民的意見就是政府的意見。不幸一旦多數人都要追隨政府的意見，則一切民主的體制，如憲法、開會、選擧便形同虛設了。所以蘇俄政府要辦什麼，人民就會擁護什麼；史大林要誰當選，人民就會選誰。

政府控制思想和言論的辦法甚多，當然不一定都像鐵幕國家那樣直接了當，一切皆由政府包辦。此外，政府尙可通過各式各樣的途徑，以達成其目的。比較落後的辦法是收賣或津貼民營文化事業，或者利用政府官職爲餌，此之謂利誘；不然就是用武力威脅，甚至採取暗殺手段，迫使民營文化事業從業員就範。稍爲進一步的辦法，是收賣民意代表，通過各種限制言論的法律，確立嚴厲的檢查制度。這些辦法當然不够澈底。最厲害的辦法，是根本不利用這些顯眼的方式控制言論，不是採取一種消滅眞正民意於無形的辦法。比如說，控制學校固然可以從審查教科書入手，亦可從檢定教師，甚至，還可以從檢定學生；組織學生入手。就外表上說，這些都是政府職權範圍內的事，並無侵略公民思想自由之處。而控制一家民營報紙時，可以從控制新聞紙的生產，分配或輸入處以從控制新聞從業員的工會入手；還可以從控制新聞來源入手；也可着手。我們不妨試想一下，如果一個國家的新聞紙的生產與分配完全控制在政府手中，報章雜誌還會有自由可言嗎？誰聽話，政府就配給誰新聞紙；誰不聽話，誰就別想買到新聞紙。既沒有新聞紙，報章雜誌如何出版呢？這樣一來，人民的意見自然會整齊劃一，而且完全符合政府的要求了。查封報館，逮捕主筆的醜事，也就永遠不會發生了。控制影劇，廣播的辦法，亦同樣可以從控制器村上入手，不必再要什麼檢查處。

因此，政府權威的擴張，絕對不得侵害言論自由。說得再妥貼一點，絕對不得侵害「討論公民自由範圍以及政府權威限制」的言論自由。公民必須享有這種自由才能判斷：權威之使用是否得當？權威之擴張是否適度？權威是否在爲公民服務？在這裏，我們所看到的，只是言論自由的消極意義。

此外，我還可以順帶地指出，文教事業必需品之生產與分配，是絕對不能由政府控制或包辦的。在國有化事業名單上，必須將此等事業勾消。據此類推，凡是足以妨害言論自由的國營事業，都得一筆勾消。

誰來糾正權威的弊端

公民只是掌握了評判政府得失的自由，還是不够的。政府權威發生了弊端時，誰來糾正呢？立法機構、司法機構均皆無能爲力時又怎麼辦呢？這當又不得不訴諸公民自己的力量了。公民應該有權力去阻止或糾正權威的濫用。因此，公民就得握有組織並改造政府的自由。一旦政府不好，濫用權威，不以利民爲目標，公民就可以換掉它，另外組織一個。在英國，公民認爲保守黨政府不好，就請工黨執政；工黨不好，他們就會請保守黨上臺。在美國，民主黨不行換共和黨，共和黨不行又換民主黨。這個取捨大權，完全掌握在公民手中。所以，政府是不敢隨便濫用權威或擴張權威的。權威的一舉一動，都在公民監視之下，也在公民控制之下。

公民究竟能否控制政府，那就得看公民是否握有政治上必要的自由，以及這些自由在實質上能發生的效果而定。在理論上說，從集會、結社、組黨、直到遊行示威、請願、選舉等自由，都得一應俱全，俾公民有足够的權能以取銷壞政府，組織好政府。

然而，政治自由的孤立存在是有名無實的，它必得與思想言論自由，經濟自由相依爲命，相互爲用。沒有經濟自由的政治自由是不完全的，有時幾乎是毫無意義的。經濟上的壓迫，每每使人喪失思想上的獨立與政治上的自主，至少，他不能表現其獨立自主，發揮其獨立自主的效果。人們常常爲了飯碗或較高的生活水準而犧牲其政治主見，去選舉他不願選舉的候選人，擁護他不願擁護的主張。這在任何國家中都是常見的事。共產極權之可怕可惡可恨處，並不只在於政治上的和思想言論上的控制，而最厲害的還是共產政府獨裁者扼住了全部人民的食道，誰聽話誰就有飯吃，有好飯吃；不然就半死不活，或者乾脆餓死。這是主要生產事業國有化的必然結果。國有化生產事業大大地擴張了政府權威，終於摧毁了一切人的自由。國有化運動一旦越過適當的限界，便是走向地獄的運動了。是以，政府在經濟事務上的權威絕對不可擴張到包辦或操縱的程度，必須給私人企業留下游刃有餘的空間。私人托辣斯已經罪惡萬端，國有托辣斯，或者說「托辣斯之托辣斯」，還能不罪惡滔天嗎？我曾經問過許許多多的民主社會主義者：「到了英國的所有大企業已經國有化後，全國的過半數公民都已成爲國營事業機構的僱員時，英國固有的政治、文化自由是不是還有意義可言呢？」他們似乎全沒有令人滿意或放心的答案。這是極爲明顯的事實，政治自由必須與經濟自由相互爲用。

公民如欲有權能糾正政府權威的弊端，就必得同時享有政治上與經濟上必需的自由。

一體兩面，相反相成

前面我曾說過，權威的擴張有時非但不侵害自由或摧毁自由，而是在調整自由，發展自由。那就是說，某種範圍內的權威擴張與運用，是有益無損的。不過，一旦越過此種限度，以致連思想言論都歸於國有時，權威就絕對是自由的死敵了。然而，反過來問一句，公民自由是否是權威的敵人呢？我想不是。公民雖然可以利用其自由評判權威的得失，糾正權威的弊端，而其本意並非在和權威爲難，置權威於死地。自由的恰當運用，在於授予政府以恰當的權威，好使權威完成其應當完成的任務。打個比方說，自由好像是權威的諍友而非敵人。自由所制裁之權威，乃是過份或失當之權威，並非恰如其份的權威。因爲全體公民的福利，多賴權威之維護、增進與發展，故自由對權威的限制亦不可過份，以致政府喪失其應具之功能。我們在研討政府權威與公民自由之關係時，固然得注意其相反之一面，可是亦不得忽略其相成之一面。自由與權威既相反亦相成。如自由無權威之管束，必流於放任，而國家必因此陷於無政府狀態；反之，權威如無自由之裁制，必趨於專斷，而人民必因此淪爲奴隸。

話說回來，我們千萬不能忘記，政府權威與公民自由乃是一體之兩面，二者均爲公民維護並發展其福利必需之工具。政府的權威本爲公民所授予，而權威的運用者——政府官員——亦爲公民所選舉。政府與公民本爲一家，公民要政府做什麼，政府就應該做什麼；(不能是政府要做什麼，人民就做什麼。)政府絕無理由做些公民不要做的事，或認爲不應該做的事。卽是專制時代的君主，亦必假托授命於天，或授命於神之名，才敢爲所欲爲。不然，亦必假借國家利益之名，始敢爲非作歹。

基於此一認識——政府權威與公民自由既相反又相成，我們就不難發現解決其中矛盾之途徑。緊要處亦卽根本處，乃是官民一體皆能服膺「民有民治民享」的理念。公民不以此爲念，則不知公民自由之眞價值，當然亦不知爲自由而爭，並善加運用。政府官員不以此爲念，勢不免於濫用權威，侵犯自由，而置公民幸福於不顧。

我們的問題，似乎還得從這裏着手。

美國的新軍事預算

鄒文海

艾森豪就任總統之際，會對美國的軍事預算作如下的批評：(一)缺乏遠見的領導；(二)三軍的聯繫及合作猶待努力；(三)軍事預算不能破壞經濟的平衡。這三項批評，也可以說是三項原則，在他第一年的預算案中沒有實現，除稍作緊縮的努力外，三軍依舊各持成見，未嘗有整個的計劃。第二年的預算，始就艾森豪總統的指示，一再編訂。現在草案已有成稿，其內容之重要，不但說明了美國此後的軍事政策，實亦指示了它的外交動向。

新預算所包涵的原則如下：

(一)此後軍事重心，放在原子武器的發展上面。祗有如此，方能防止新的世界戰爭，即使不能阻止戰爭，最少亦可使美國能在報復戰中採取主動。由於此種重點主義，預期到一九五八年，空軍預算可佔國防費用的半數。

(二)在新戰略中，陸軍的用處業已減少，預計到一九五八年現役陸軍可自一百五十萬降為一百萬，陸戰隊自二十六萬降至十九萬。同時，以軍援方式幫助各民主國家建軍，使有充分的自衛力量。

(三)海軍方面，世界中無能予美國以嚴重威脅者，故海軍擬自七十八萬減為六十二萬，而軍艦方面，戰鬥艦逾役者五十，驅逐艦三百五十。

(四)空軍雖為發展的重心，但至一九五五年，可編一百三十七隊，較杜羅門的計劃尚少六隊，可知空軍的發展，亦以增進性能為主。而空軍基地的建立，空軍武器的儲備，當然佔據了最大宗的空軍費用。

這個軍事預算能否在國會中順利通過？據一般人的猜測，前途困難雖多，而艾森豪總統總是可以達到目的。自杜勒斯公開反對麥加錫的外交政策以來，共和黨內部已稍有風波，是否全體共和黨議員能作後盾，固不可知。且共和黨在衆院中僅多四席，在參院中僅四十七席(一席中立)，較民主黨尚少一席，故麥加錫派的反對可能發生嚴重的影響。惟民主黨因艾森豪總統聲譽極佳，擬作全力支持，則預算案的通過，或者不很費事。艾森豪本人，則不問國會環境的順逆，預備以全力為此預算案奮鬪，必要時他將向全國公民呼籲，要求輿論向國會施壓力。從種種情形看來，這個預算是不容許有重大減削或變動的。

這個預算在今日國際環境中的意義如何？雷德福於透漏預算原則後會有說明。他認清蘇俄對世界和平的威脅是兩方面的，其一，它可能不顧一切的發動全面性戰爭，甚至乘人不備地作原子轟炸的偸襲；其二，它將繼續在各個可能的地區發動局部的戰爭，由附庸國出面作侵略性的行動。前一項威脅現在尚未發生，但無時無刻不存在着的。後一項威脅已蔓延於韓國越南以及其他不可盡指的地區。美國軍事上的責任，要終止這兩方面的威脅。但是美國的人力及物力，不可能統籌兼顧，所以必須把後面一種責任，交給其他民主國家，在美國軍援之下，完成各方面的區域安全制度，同時，美國本身的準備，必須表示它有抵抗侵略的決心，使民主國家不致有所誤會，更不致因此而氣餒。

以上是美國軍事新預算賴以決定的理論基礎。就此理論言，美國與其他民主國家分擔了防共的責任。為阻止新的大戰而擴大新武器的儲備，這是美國的義務。美國已知道將來戰爭的性質為如何，致勝之道又何在，艾森豪總統之所以願以最大決心貫澈新預算者，原因在此。他以過去主持世界大戰的經驗，深信他的認識是正確的，依我人淺見，也感覺他那一種信心是極有根據的。其餘的防共及反共的責任，美國雖在武器及經濟上盡力，而軍隊的編訓及局部戰爭任務的執行，其他民主國應該自已主持。所謂局部戰爭任務的執行，原係其他民主國家的自衛戰，民主國家當然應該責無旁貸的挺身而起的。惟審察實際環境，亦有不是武裝及經濟的酌量供應所可了事者。例如歐洲軍的建立，法國的猜忌心理必須去除，不然，歐洲軍的產生一定是困難多端的。而法國猜忌心理的去除，美國外交上的努力恐怕是不可少的。法國內有共產黨的挾制，兼之小黨林立，不易有強有力的內閣，則政策上的因循苟且，實為不可避免之事。何況人口衰落(指少壯的缺乏而言)，更會產生心理上的恐懼病，徒施壓力，恐怕祇會發生反感，未必就能使它與西德合作。

就亞洲而言，區域安全的計劃尚無曙光，分別援助各國，則各國的訓練方式既有不同，自難生守望相助之效，豈非事倍而功半？且現代的軍事，即使是局部性的，與社會經濟不能沒有關係，則亞洲國家間如何加強經濟合作？如何使非戰國家予戰爭國家以戰時物資的便利？如何使作戰國不致陷於軍事及經濟兩面交迫的苦境之中？其他如軍援的方式，如何使受援國的經濟不至失去平衡？與共產集團交惡或雖未交惡而時受威脅的國家，如何鼓舞其堅強的反共信心？凡此種種，有待於各方努力者尚多，而且都不是武器及軍援的供應所可以為力的。凡此種種，美國的領導及策劃還是不可少的。

我人深信：美國軍事新預算雖極合理，它必須補充的地方實在太多了。更基本的一點，蘇俄此後的動向如何？也是民主國家決策時重要的課題。蘇俄是否像過去一樣，在和平的姿態下發動各區域的局部戰爭？果爾，則美國的軍事計劃，豈非不能有效的阻遏蘇俄的陰謀？蘇俄對於所謂局部的戰爭，從過去的經驗來說，都是集中共產集團的全部力量來進行的。韓共及匪共，所以能長期與聯合國軍隊周旋，是因為蘇俄發動全面的外交來作牽制，而軍事物資的傾囊而來，也為不可否認的事實。它們以全體的力量求局面的成功，而民主國家反欲以局面的力量來對抗，豈非將自置於不利的地位？近代的戰爭雖已入於原子的時代，而共產集團之所採取者，到現在為止，還是採用較為舊式的武器。它們的所以如此，無非是棄其所短而用其所長，在不觸起全面戰爭的原則下以人力來壓倒不採用新武器的少數民主國家軍隊。故就目前的戰略言，民主國家很難有輝煌的成就，反之，像在越南的膠着狀態之下，殊有忽然瓦解的隱憂。

我們深信繼續維持或發動多方面的局部戰爭，當為蘇俄此後數年內的一貫政策，而不至有什麼劇變。蘇聯的世界政策，雖以奴役世界為終極目標，然隨時隨地利用環境，盡量的擴大其破壞範圍。它如估量在新武器方面不能佔有優勢，自不至貿然發動全面戰爭。故艾森豪總統以改進新武器為防止大戰的中心政策，當然是極其正確的。可是大戰的防止並不就是局部戰爭的終止，正因為大戰的被阻遏，局面戰爭反有增加的可能。一九一七年之後，共產政權尚未鞏固，而列寧猶不能忘情在德國施展陰謀，就是傾覆中華民國的毒計，也於此時開始佈置，可知共產黨是怎樣的熱心於破壞世界秩序。今日它自以為有了個不小的附庸集團了，難道到肯半途而止？

一般民主國家的政治家（邱吉爾亦包括在內），以為蘇俄因備戰之故，國內生活水準已普遍降落，故馬倫科夫不得不改變政策，由是放棄國外的征服主義以求得國內的繁榮。邱吉爾老人之一再主張四巨頭會議，此為最重要的理由。蘇俄人民生活艱苦，本為不可掩飾的事實，例如購買一公斤的麵包，一九二三年須工作兩點四十二分，一九五三年已增至四時三十分；一公斤的牛肉，一九二三年工作十一時二分，一九五三年增為十五時四十八分；一公斤的牛油，一九二三年工作三小時四十一分，一九五三年增為四小時；一公斤的糖，一九二三年工作三小時五十一分，一九五三年增為五小時三十五分。凡此數字，均證明蘇俄人民是如何含辛茹苦的為鋼鐵而生產。克魯許契夫 Khrushchev 承認蘇俄人民所得肉類營養，較沙皇時代為少。但是蘇俄人民的辛苦，是否可以壓迫共產黨改變路線？

共產黨的哲學以至共產黨的作風，都倡言蘇俄是人民的國家，蘇俄如有任何缺憾，那是人民沒有盡力，與政府無關。馬倫科夫們檢討他們戰爭的準備，覺得糧食的儲備是落後的，故發表上述數字，以為壓迫集體農場增產的張本。蘇俄糧食恐慌，而在多數附庸國家榨取糧食，這是事實。如此之不足，它就得把這個負擔放在蘇俄農民頭上了。還有一點可以提起注意者，蘇俄的集體農場在變質中，因為經理們頗有化公為私的舉動，致使私地與私產同時加多。二次大戰之後，雖有法律制裁此種現象，然而大規模的整肅，現在的大帽子就是必要的了。總之，我們相信蘇俄巨頭們最近的言論，與其說他們預備改變國際政策，不如說他們主張加重農民的負擔。它說明農村生產的落後，無非為加緊鞭策農民，而不是為對英國表示將作讓步！

蘇俄是不可能改變它的世界政策的，凡是與共產集團有過交涉的經驗者皆可知之。因為它對外政策的不變，因為它不敢亦不能在現階段發動全面戰爭，它主要的目標，自然還是注意在弱小國家的侵略。如是，則美國的新預算，似乎沒有針對蘇俄的侵略計劃。而這一方面的疏漏，惟有加强援外方案始可補充。但最近所透漏的報導，美國在援外款項方面也有減削，將自去年的六十億降為今年的四十億，則民主國家不但需要建軍，而且還得籌款，在這雙重壓力之下，民主國家防共及反共的實力，可能會降低下去的。當然，美國亦許在軍援的分配上作合理調整，有重點有計劃的按照需要撥付，或者反能增進的效能，在內容尚未公布之前，殊難單就數字的多寡來作論斷。我人願提起美國朝野人士注意者，即亞洲在防共政略上的重要性，已為不容爭辯的事實。亞洲問題的處理容或有極多的困難，例如援助巴基斯坦的計劃即受到印度的阻撓，而加强越南的自衛力量，亦與法國的觀點不無距離。雖然如此，這許多困難是可以克服的，而且世界的任何區域，其困難的程度亦復相同。因為困難而忽略這一地區的重要性，可以再度鑄成大錯。

從美國軍事的新預算案，我人更願民主國家當軸對發展本身力量作積極性的努力。兩次大戰之後，多數國家均處於疲敝的逆境，而少數新建的國家，又因沒有健全的社會組織及缺少政治經驗而陷入無所措手足的厄運。共黨侵略之所以到處橫行者，此為重要原因。但是建國復國的責任，究竟是自己的分內之事，決不能委諸他人。即以防共與反共的任務而言，既為了集體的安全，也是為了本國的和平，決非執行美國的政策，更非單純的為遭受侵略者仗義執言。故英印的苟安心理，實在是很不健全的。英印以為承認匪共並不是鼓勵匪共，祗是不否認一種已成的事實，此種誤謬的觀點，即是從苟安心理出發的。它們沒有認識在現階段之中，個別的蠶食即是蘇俄征服全世界野心的貫澈，它們沒有認識第二階段的局部戰爭的戰場亦許就是印度和巴基斯坦，它們更沒有想到救護韓國和越南以及協助自由中國是阻止蘇俄進入第二階段侵略的基本政策。因為這種種關係，它們乃放棄了自立立人的責任，以至更在外交上空發國際和談的濫調。而其餘的民主國家，亦以「沒有辦法」的自卑心理，坐待忽然有奇跡發生，由是把可以抓住的機會輕輕放過了，把可以發揮的力量任其消失了，把可以自力更生的途徑自己去塞住了。凡此種種，亦許是過去數年中民主國家之間有歧見以及民主國家沒有能充分表現其雄厚的力量之故。我人希望各國於認識新的事實之後，各自啓發其創造的智慧，以安定世界者安定自己，以建立自己者建立世界，則此後歲月，雖然依舊是艱苦的旅程，而精神振奮，行動活潑，必可呈峯廻路轉之象，而為世界和平大放光明矣。

印度通訊

錫蘭的政黨與政治

周祥光

錫蘭(Ceylon)原爲英國在東方的一塊殖民地，但自第二次世界大戰後，獲得了自治領地位，今日儼然亦獨立國家也。錫蘭形如芒果，全島面積約二萬五千四百八十一方英里，自南到北其長約二百七十英里，從東至西其濶亦不過一百四十英里，與印度祗是一水之隔。

錫蘭在印度古史上，名曰楞伽(Lanka)，今全國有人口六百二十餘萬，首府可倫坡(Colombo)爲東方之商業都會，計有人口四十萬。其他重要城市如多林伽摩里(Trincomalee)乃海軍基地，故都康堤(Kandy)會在第二次世界大戰時，爲東南亞盟軍總司令部所在地。

錫蘭爲一小島，且隣近印度，所以錫蘭過去的歷史，無不受着印度之影響，卽錫蘭的人民百分之九十二，係從印度遷徙過去的。此批印度人民到了錫蘭後，卽寄居該地繁衍起來，卽今日我們之所謂錫蘭人。其中百分之六爲馬來亞人，百分之二爲歐洲人。若以宗教區分，則錫蘭全國人口中之百分之六十二爲佛教徒，百分之二十二爲印度教徒，百分之十爲基督教徒，其餘百分之八爲回教徒。

錫蘭於西曆一五九七年間，被葡萄牙人佔領，至一六三八年間，荷蘭東印度公司會與葡人發生戰鬪，經二十年之相爭，荷人始將葡民逐出島外；於是，錫蘭又成爲荷蘭之東方殖民地矣。葡人佔領期間，會將天主敎傳入，當地土人入教者甚多。荷人統治時期，其成績可稱述者，則爲荷人將羅馬法傳入，今日錫蘭所用之民刑各法，依然仿照那時法律精神。

當西曆一七五八年間，法國勢力深入南印度，馬德拉斯(Madras)全省幾被法國所佔，而引起英國在印行政當局之不安，嗣乃有英法之戰，而荷蘭則與法聯合，荷並允許法國利用錫蘭爲海軍根據地，藉以攻擊在印之英軍。迄一七九五至一七九八年間，荷蘭在錫蘭之屬地被英軍攻佔。康堤王朝(Kandyan Empire)遂於一八一五年亡於英國之手，錫蘭才正式成爲英國殖民地，一直到一九四八年錫蘭宣佈爲自治領止，爲時達一百三十餘年。

英國初統治錫蘭時，財政方面都入不敷出，使英國當政人員費盡思索。迄一八一八年間，當時錫蘭總督伯爾尼斯爵士(Sir Edward Barnes)首先決定在山地區域栽種咖啡，同時修築四百多哩之公路，使島中各重要城市，得與首府可倫坡連接。由於咖啡之栽種以及茶葉與橡膠之出產，才使後來錫蘭政府之收支獲得平衡。

我們明白了錫蘭之過去情形，則我們才易淸楚錫蘭的政黨與政治的實況爲如何。

* * *

錫蘭爲一小島，故錫蘭的歷史，可以算是一部被外國統治或殖民的歷史，雖然，在第一次世界大戰時，錫蘭人民在民族領袖加摩羅沙彌(Ananda Coomaraswami)領導下，作起民族獨立運動，可是祗曇花一現而已。待第二次世界大戰發生時；錫蘭人民才發生民族獨立的思想與國家自由的意識，英國當局始在一九四七年頒佈沙爾佈雷憲法(Soulbury Constitution)，給予錫蘭以自治領地位。但此自治領地位之獲得，中間亦幾經滄桑，値得我們回視。

西曆一八一五年間，英國在錫蘭建立殖民地政府時，錫蘭總督下設有行政委員會，委員計六人，此行政委員可向總督建議行政上應興應革之事，但不能强制總督執行之。所以，在那時自無立法制度之產生，實爲一專制之統治。

到一八二九年間，英國派遣一皇家調查委員會，在柯爾波羅克爵士(Sir William Colebrook)率領下，到錫蘭調查施政實況。柯氏返英後，會作有報告，並經英國政府採納施行。其要點如下：

(一)除總督之行政委員會外，另設立法委員會，其委員人選，由總督指派，並以官方人物佔多數。

(二)蘭錫人民得有參加政府服務之權利。

(三)發展教育，使當地人民得有機會，升爲高級政府人員。

(四)取消强迫勞動制度。

嗣後英人雖對錫蘭人民畀以憲法權利，但微乎其微，且改革之處亦少，迄一九二八年間，乃有杜諸蒙委員會之派遣，以改革錫蘭的內政問題。該杜諸蒙委員會(Donoughmore Commission)建議英國政府在錫蘭殖民地政府方面應設立國務委員會，其中三個委員由總督指派外，其餘則由民選。這三個指派委員，爲政府中最重要之官員，二人負責財政與立法。另一人則爲司理全島行政事務(等於秘書長)。這個國務委員會實一別開生面的憲法機關，祂不但有立法權力，同時亦有行政權力。國務委員會下分設(一)農業；(二)交通與工礦；(三)教育；(四)衞生；(五)勞動；(六)工商；(七)地方自治等七個行政委員會，每一行政委員會之主席，相當於內閣中的一個部長。這七個行政委員會的主席連同上述總督所指派的三個委員(一管財政，一管立法，一爲行政秘書)組成部長會議，並以行政秘書爲部長會議之主席。而總督對於部長會議之任何建議，有權批准施行或否決。這便是從一九三一年起到一九四六年止的憲法基本意義之所在。

此種憲法雖難獲得錫蘭人民的同意，然亦無任何反抗運動之發生，雖在一九三一年間錫蘭人民要求修改憲法，但無何結果。當一九四二年間，英國克立潑斯調查團 (Cripps Mission) 到印度，討論印度政治問題時，錫蘭人民亦會要求英國考慮其國家地位。同時，錫蘭人民曾要求克立潑斯爵士 (Sir Cripps) 去錫蘭，但遭拒絕。惟英國政府却在一九四三年宣佈願賦予錫蘭以完全負責政府及高度自治地位。在一九四四年十二月二十二日英國派沙爾佈雷爵士 (Soulbury) 到錫蘭實地調查，以為實行錫蘭自治之準備。沙氏在錫達五月之久，至一九四五年四月九日始離錫返英，並作詳細報告呈送政府，今日錫蘭之新憲法即基於沙氏報告要點所製成者也。

錫蘭新憲係在一九四六年五月十五日正式公佈。依照該項新憲法，是採取兩院制的，上議院 (Senate) 設議員三十人，下議院 (House of Representatives) 設議員一百零一人，以議院中之多數黨組織內閣，並向下議院負責。可是總督却有權處理國防外交以及政府的大計，這是一部完全殖民地的憲法。總之錫蘭新憲徒有其名，兩院制度，不過形式，對於人民主權一點，未免忽略了。

後來內閣代表團及蒙巴頓到印度，與印度各政黨商討印巴分割，迨此計劃被印度國大黨於一九四七年五月正式接受後，英國政府才批准給予錫蘭以自治領地位。可是英國下議院通過錫蘭獨立法前兩天，英錫兩國在一九四七年十一月十一日却簽訂一項防衛協定，其中主要之點即英國完全負責錫蘭防務，如英國得在錫蘭島內建立陸海空軍基地，以及使用各種電訊設備等。

* * *

根據沙爾佈雷憲法 (Soulbury Constitution)，議會中之多數黨或多數組織體，得組織內閣，因此，錫蘭遂有聯合國民黨 (The United National Party) 的產生。該黨主要人員均係卸職之政府高級人員及國務委員等，由故沈娜耶伽 (Dr. D. S. Senanayake) 任領袖，沈氏即為錫蘭獲得自治領後之首任內閣總理。沈氏於今年騎馬墜地身故後，會由其子組閣，迄十月間因內閣發生不睦，亦已辭職。

聯合國民黨既然是全民的組織，自無階級之分，種族之別，但實際却不然，由於該黨之領導分子，多數為退職之舊政府人員，以及中等資產階級分子，因此，被黨中左翼分子罵為資本家與官僚之集團；同時，該黨出來組閣人士，完全是錫蘭人，但黨中大半黨員却是居留錫蘭之印度塔米爾人 (Tamils)，因此該黨在種族觀點上言之，却遭受旅錫之塔米爾人之反對。由於彼此猜忌、彼此排斥，聯合國民黨中之塔米爾人集團，在波娜姆巴羅 (Ponnambalam) 之領導下，與母黨分離，另組塔米爾國民大會黨 (Tamil Congress)，以爭取塔米爾人在錫蘭政治上的權利。惟兩黨之社會政策及施政方針，並無異處，蓋聯合國民黨乃錫蘭中產階級之政黨，而塔米爾國民大會黨乃塔米爾中等階級組成之政黨。當時錫蘭總理沈娜耶伽為團結各黨派起見，曾邀請波娜姆巴羅出任工業及漁業部長。惟旅居錫蘭之塔米爾人並不以波氏之參加內閣為滿足，蓋塔米爾國民大會黨在內閣中僅分得一席部長，究無益於塔米爾人之在錫蘭權利也。因為錫蘭的塔米爾人要求修改憲法，依照錫蘭北部屬於塔米爾人，南部屬於錫蘭人之實際狀況而為之。為了實現此一目的，錫蘭的一部份塔米爾人在基婆娜耶迦 (S. J. V. Chelvanayagam) 領導下有同盟黨 (Federal Party) 的組織。今日錫蘭下議院中塔米爾人佔有十席，四席屬塔米爾國民大會黨，二席屬同盟黨，四席為獨立人士。

此外在錫蘭政治上值得我們所注意的事情，就是南印度的人徙居到錫蘭的，他們絕大多數在茶園及橡膠園工作，對於錫蘭政治起了絕大的作用。因為錫蘭的經濟乃種植經濟，國家收入全靠在樹膠、茶、椰子等上面，因此，他們是國家財產唯一維持的人，亦因他們向外國賺了錢，換取米糧布匹，以維持錫蘭人民的生活。查錫蘭島上計有五十三萬三千九百英畝種植茶葉，五十七萬四千英畝種植橡膠，及一百二十三萬八千英畝種植椰子。其中大多數工人都是自南印度遷徙過去的塔米爾人，現在錫蘭人稱這一批人為印度塔米爾人 (Indian Tamils)。依照一九四九年錫蘭勞工專員公署之報告：「印度塔米爾人在錫蘭茶園工作者計有四十萬零一千四百二十八人，在橡膠園工作者約四萬三千九百六十二人，總之，在錫蘭全島茶園橡園工作的工人計有五十九萬五千八百五十六人，而其中印度人(包括塔米爾人以外之印度人在內)却佔四十五萬七千二百七十五人。」這四十多萬的印度工作人，自然在法理人情上講，應有其政治上的權利，可是在聯合國民黨執行時期內，所通過之法案，對於此批工作的印人，並無給予以政治上的權利。因此，乃有錫蘭印度國民大會黨 (Ceylon Indian Congress) 的組織。該黨旨在爭取印人遷徙錫蘭的便利，生活之改善，以及印人在錫蘭居住五人以上者，均享有公民的權利。

迨一九四八年錫蘭獲得自治領地位後，錫蘭政府公佈錫蘭公民法 (Ceylon Citizenship Act) 及印度與巴基斯坦人居留法。同時又須佈法令，凡外人享有選舉及被選舉權者必須取得錫蘭公民資格為先決條件。可是取得錫蘭公民資格又是非常艱難，依照公民法的規定：(一)在一九四六年一月前在錫蘭居住達十年以上者。(二)申請錫蘭公民資格申請書須在一九四九年八月底前為之。(三)須有相當的收入。(四)若已結婚者，則其妻及子女須常住於錫蘭者。在一九四九年八月前，印度人向錫蘭政府申請入籍者，達二十三萬七千宗(包括申請人家族在內約八十萬人)，可是因公事之稽延，批准者祇二千三百人耳。因此，錫蘭的印度國民大會黨乃發起不抵抗運動，印度駐錫蘭高級專員雖迭向錫蘭政府交涉，亦無結果可言。近因報紙所載：印錫兩國首相將在明年一月十五日會晤，商討解決印人在錫之公民權利。當然，錫蘭政府不願給予印人以錫蘭國籍，依照錫蘭所頒國籍法規定，不免有違背之處。我們站在第三者立場，自然同情印度人的遭遇，可是我們回看居住印度的僑胞約二萬多人，他們居留印境至少十年以上，假若依照印度新憲法的規定(國籍法尚未頒佈)，祇要連續居留達五年以上者，即可取得印籍，但我們僑胞能獲得印籍者，不到千分之一耳。縱使備文申請，等待一年半載，亦無下文。雖然，印度有法院，若行政當局不准給予印籍，可向法院申訴，但我們今日海外僑胞孤苦伶仃，尤其印度僑胞脫離了祖國政府的保護，誰敢向法院申訴，與行政當局吃官司呢？何況華僑向行政當局申請國籍，其權不在行政機關，尙須經過警局外僑登記處之考核，華僑既感居住尙成問題，安有膽魄和他們爭執。印度當局見錫蘭政府之不給印人以公民籍，不無惱怒，但若印人看見我們在印之處境，則不該對錫蘭政府怒恨了！

*　*　*

上述的三個政黨自然屬於右派，現在要談到錫蘭在獨立前之所謂三個左派政黨——錫蘭共產黨，楞伽人民黨 (Lanka Sama Samaj Party) 及布爾希維克列寧黨(Bolshevik Leninist Party)。雖然，他們的黨領袖及高級幹部出身於中產階級，可是他們的宣言與政策方面，總是以工人階級利益為出發點。他們表面上以直接行動對付政府為詞，但實際上一無表現，大概左派領袖均受過高等教育，具有英國紳士派的風度所致。例如錫蘭共黨領袖魏克羅摩辛博士 (Dr. S. A. Wickramasinghe)，昔負笈英倫，獲有醫學博士學位；楞伽人民黨領袖柏萊娜博士 (Dr. N. M. Perera)，係倫敦大學經濟學博士，曾任錫蘭大學講師職，而布爾希維克列寧黨領袖薛爾凡博士(Dr. Colvin de Silva)，則為有名的歷史學家及律師。

這三個左派政黨其所列政綱不外下列各點：

(一)反對英美集國的帝國主義策略。
(二)同情印度人在錫蘭的處境。
(三)促進與亞洲各國的民族情誼。
(四)反對錫蘭仍在大英自治領之範圍內。
(五)反對英錫之防衛協定。
(六)反對錫蘭的現行憲法，因該憲法祇給予錫蘭以有名無實的獨立地位。
(七)要求設立制憲會議，制訂眞正為人民所需求的憲法。
(八)提高工人生活水準。
(九)土地分配。
(十)鐵路公路收歸國有，及促進工會組織。

雖然這三個左派政黨的政綱大致相似，可是在錫蘭共產黨與布爾希維克列寧黨暨楞伽人民黨間，有着鴻溝之隔，因前者為史太林之集團，後者則追隨托洛斯基之組織，所以在，第二次世界大戰時，他們對大戰的態度就有不同。如楞伽人民黨斥世界大戰為帝國主義間的戰爭，而共產黨則在蘇俄參加二次大戰後，却擁護此一戰爭。

在一九四七年錫蘭舉行大選時，楞伽人民黨在下院中獲有十席，布爾希維克列寧黨五席，而錫共則有三席，所以在下院中左派人士獲得十八席。若以地區計之，則左派政黨獲勝地區在西南沿海一帶，自可倫坡到馬都羅 (Matara)。錫蘭印度國民大會黨的勢力，則在設有茶園之縣份，塔米爾國民大會黨在錫蘭北部，其餘各地則為聯合國民黨的勢力範圍。一九四七年錫蘭大選之結果，各政黨在下院之席次如下：

下議院計一百議席。

聯合國民黨	四十六席
楞伽人民黨	十席
布爾希維克列寧黨	五席
共產黨 (連同親共議員二人)	五席
錫蘭印度國民大會黨	七席
塔米爾國民大會黨	七席
獨立人士及指派議席	二十席

由此觀之，則反對黨在下院中，佔三十四席，假若他們能連同獨立人士等團聚一起，則可構成多數黨，而有權組織政府。不過，這種推測，祇是說說罷了，因為所指派之五位議員乃係英人，決無與反對黨聯合一起之事。

當一九五二年錫蘭大選前夕，楞伽人民黨與列寧黨聯合，組成娜婆楞伽人民黨(Nava Lanka S.S. Party)，而共產黨則與人民黨之少數份子組成聯合陣線。這兩個組合對於蘇俄態度各有不同，蓋娜婆楞伽人民黨斥蘇俄不忠於世界革命，所以牠反對蘇俄，而對中共却表示好感；聯合陣線則擁護蘇俄及中共到底。

此外尙有若干新黨組成，値得在此一述。如師梨楞伽自由黨 (Sri Lanka Freedom Party)，人民共和黨 (People's Republican Party)，佛教共和黨 (Buddhist Republican Party)，及工黨 (Labour Party) 等。自由黨極力提倡國家主義，保持固有文化，極得中等階級人士之擁護，故在一九五二年大選時，在下院中獲有九席。該黨領袖彭陀羅娜伽 (Bandaranaike) 曾任中央衞生部長，為人民所敬仰。故該黨雖剛組成，即在下院中獲有多數議席，非偶然也。

*　*　*

我們分析錫蘭各政黨之實況後，可以明白何以聯合國民黨在兩度大選中，俱獲勝利之原因：

(一)具有長期的政治活動歷史。
(二)黨中有具有相當才幹之人物。
(三)有充足的財政來源。
(四)擁有若干新聞紙。(錫蘭有日報七種，而聯合國民黨握有六種)
(五)獲得國中若干右派團體的支持。(如佛教團體，英國商人團體等)

錫蘭今日之政府係操在聯合國民

黨手中，所以，我們對於該黨之政綱及施政方針，有探討之必要。聯合國民黨對於本國方面的施政方針，是維持現有的社會經濟制度，而促進國家和平與民治實施。同時，要求錫蘭全體人民支持政府，以打擊左派政團。因左派信仰以革命方法，奪取政權，假若左派革命成功，不但民主政治被毀，個人自由被剝奪，自由企業亦告終止；而且，人民更無信教之自由。同時聯合國民黨政府更昭告人民，以普及教育，促進衞生及增進人民福利爲施政前提。

聯合國民黨對於英國所採取之態度，則認爲英國給予錫蘭以自治領地位，在目前的狀況下，可以算得滿足。並且他們自覺得錫蘭地小，經濟困難，又乏國防設備，在在需要一個大國去扶持牠。至於英國與錫蘭所訂防衞協定，聯合國民黨方面認此並不有損錫蘭獨立尊嚴，蓋此防衞協定不牴觸到憲法本身，祇是兩個自由國家的政府所簽訂的一種條約，假若某方對此協定提出異議，則此協定即可廢棄。今日錫蘭人士正準備英女皇伊利薩伯來錫之歡迎事宜。

至於左派政團如共產黨，楞伽人民黨等，他們對於執政黨的現行政策，自然持反對態度。他們的要求是提高工人生活水準，解決失業問題，工業收歸國有，給予貧農以田地等。而執政黨斥責錫蘭共產黨欲用武力以奪取政權，及施行集權主義各點，而他們並無任何反駁，默然承認矣。

左派政團認爲錫蘭留在大英帝國自治領中祇是一種假獨立。他們主張錫蘭應脫離大英聯邦並廢棄英錫防衞協定，召集制憲會議另制民主憲法。

中國與錫蘭之關係，我們可以推至公元第四世紀時，法顯和尚之留居該島爲始。我國史書上稱錫蘭爲獅獄國。惟自英併錫蘭後，兩國文化來往似乎斷絕，迄民國十八年間，故太虛法師派其弟子悲觀、宙廬、法周等組成錫蘭學法團到錫留學，研究小乘佛學。後來太虛法師又派光中、了參兩法師去錫隨金剛智和尚學習戒律，而錫蘭亦派兩位名僧到華在上海玉佛寺習大乘佛學。中錫文化關係於焉開始。至一九四七年間，錫蘭大學設立中國佛學講座，聘前武昌佛學院教務主任法舫法師擔任，越二年法舫圓寂，此席今仍虛懸。本來此席法舫之徒弟白慧可以擔任，可惜白慧法師在印爲時十年，研究梵文，但被中共甜言密語所誘，已於年前還俗，並返大陸，聞現擔任中共對外貿易部處長職。以一和尚，而升任處長，作者不但爲白慧惜，亦見中共之無人才也。今日錫蘭與中共簽訂貿易協定，此並非錫蘭之親共表現，乃錫蘭之橡膠售與中共，可得較多利潤，售與英美其利低也。

錫蘭今日雖成爲一獨立國家，實際上該國之國防經濟各方面，均不能使錫蘭成爲獨立之條件。不過錫蘭位居東西兩大洋間，所以，又是英國在東方的海軍根據地，在來日第三次大戰中，則在戰略政略上，錫蘭居於極重要之地位。國人近來討論南洋印度問題者多，而往往忽略錫蘭，作者以見聞所及，爰述此文，以實「自由中國」半月刊。

一九五三、十二、三、於印度德里大學。

行將揭幕的中國書院

（馬德里通訊）

警雷

艱苦籌備，時經一年有餘的中國書院，不久行將開幕了。遠在民國四十一年的夏天，西班牙舉行國際聖體大會，于斌總主教翩然從紐約趕來赴會，在赴巴羅塞納的途中，與同機的西外長雅達和先生，對中西復交問題交換意見，嗣後西國內閣在巴城臨時召集的國務會議中，通過對我恢復邦交。于斌總主教的國民外交工作至此獲得一大成就。而在巴城聖體大會中，我國人士所受之歡迎與同情，更為其他國家所不及。大會結束之後，主教與全體留西同學返西京，進而商討促進兩國文化交流之工作。始則會想先成立中西文化協會，然後來想到這件事最好留給使舘去作。於是乃決定籌設中國書院。于斌總主教當即非常贊同，認為成立中國書院不特可加強對西宣傳祖國文化，並且還能集中所有我國學生，增加學習聯絡之便利。這正是西班牙中國書院成立的動因。

坐言起行，于斌主教趁他還在馬德里小留的時期，想將中國書院先奠定基礎。他以為目前祖國國難方殷，財政困難，成立中國書院，難從祖國得到物質援助，於是他想到聯絡西班牙的朝野名流，來支持此一運動，隨即成立中國書院友好協會，除西班牙名流外，主教並想以中美聯誼會來協助此一運動。當時頗獲得西班牙朝野之支持，政府方面答應撥地助款，在野名流，則答應捐助。然而撥地助款開始建築，在西班牙現環境之下，絕不是二三年內可以完成的，為了及早使中國書院有着起見，遂進而謀求暫租房以應急。

主教走後，將事托給了二位同學，但是因為馬德里住所極缺，我們外國人又多不得其門而入，勞苦了一陣之後，因為課務事務關係就暫停了活動。這期間，西國國務院開會，教育部長將此問題提交國務院討論，國務院認為如組中國書院，則其他各國留學生皆援例要求組織各該國書院，則恐難於應付，不若師法美洲書院方式，建一遠東書院，收容遠東各國學生。教部無法堅持前議，遂改計建遠東書院，取名沙未爾書院（沙未爾是西班牙的一位名傳教士，曾在遠東各地傳教，後死於我國，經教宗策封為遠東教會的護守者）。

極為同情我們的教部長，仍然在為我們協助，告訴我國同學，儘先尋找住所，成立臨時書院。然終因各方面的困難無法克服，迄未實現。後來西外長訪臺期間，曾表示要成立遠東書院。舊話重提，於是我們就分別上書教外兩部長。在一個中國文物展覽的場合上，同學會長見到了西外長，當提出請求，大使也從旁說項。旋即接獲教部的覆信，着令會見大學司長。大學司長很客氣，又重申他的諸言，要我們迅速尋覓住所。

之後，大家托付了最熱心我國文化的一位西籍青年米奇先生 (Migin)，為此百般奔走，然而鐵鞋磨穿，跑遍了馬德里，竟沒有一所可容百人左右的住處出租，有之則是出賣，而非租賃，教部對我們只是說賃租，却沒有說收買。幾經米奇先生舌敝唇焦，雖然有兩處改賣作租，但是因為地方較小，所以也沒有成功。

這期間，同學們忽然靈機一動，想到了馬德里的建築司長，上書請見，慨蒙接納，談到住所問題，當即答允築八層樓屋，但最早於十二月或一九五四年一二月始能興建。於是更上書大學司長，一面提出預算，一面請求派遣專人負責，並呈上校章草案，這一切也都由那位西籍青年代纂。書上四日，大學司長當即覆書說：書院院長已經派定專人莫海達教授 (Mohedano)，預算及校章也一並轉交該氏云。於是我們便晉見新任院長，他出示校章草案，含笑指出，教部部長在接到校章之後一二日內，即披閱並予詳為改訂。

負責人既經派出，且探知係教部部長莫逆，同學們於是再度進見建築司長，問到新房地址，乃知在郊外，新任院長以為地居偏僻，有所不便，於是他又託人在馬德里本城內尋覓住所，幾經三月，所得結果山窮水盡，與前盡同。然而事有不期然而至者，美洲書院新居落成，舊舍傳將交還物主，於是同學們又力催新任院長設法賃到，後又知悉物主不賃，只有出之購買一途，這期間美洲文化社長（即美洲書院院長）又計劃在舊書院成立美洲教授專成班，叠經新院長交涉力爭，終由教部決定，轉讓給中國書院。該書院地址接近大學城，除地下外共十二層，單間可容百餘人，全部費用約需十萬美金強，皆由西教部代付，美洲書院已於十二月十一日開幕，預計全部完成遷移尚待一月，再加以裝璜粉飾，則另需時一月有餘，那末未來中國書院開幕日期當在二三月之間。于總主教以及中國同學的努力總算有了着落，今後宣揚祖國文化，既有中心，則將來中西文化交流將會較前更有進步呢！

附記：

年來中國同學(包括司鐸與學生)在此所作愛國工作，作者不願贅詞。不過關於在此同學之人數及所讀科目籍貫等則願有以報道，以更正四十二年八月份幼獅月刊所關「中國同學在西班牙」一文之錯誤：因于總主教之故，前後來西留讀同學五十三人。

㈠學科分配　除學成中途離西者九人，其間並無一博士外：①文哲八人（二人已榮獲博士、一人在作論文中），②社會三人，③政經、五人（一人已轉新專），④外交二人（一結業，非博士，幼獅誤，另一為法學準博士轉來，在作論文中，尚未卒業），⑤農學三人，⑥醫學四人，⑦化學二人（並無博士，幼獅誤）、工程二人，⑨音樂二人（一人轉教會哲學），⑩新聞專科三人（一人因故被迫離校），⑪軍事一人，⑫神學三人，⑬語言五人、⑭自修一人，⑮文化專科一人，如詳細分系則共二十系整。

㈡籍貫　連同離西者在內、①廣東十一人，②河北七人，③安徽十一人，④江蘇七人，⑤河南、江蘇、山西、山東，各三人，⑥浙江一人，⑦湖北、湖南各一人，⑧東北二人。

㈢原有學籍　中學畢業者不在內、①震旦大學十四人，②輔仁大學九人，③長大二人，④東吳大學一人（並無金大者），⑤華南（澳門）一人。

小襟人物

吳魯芹

這故事，穿過長褂的人，會更容易領略。雖然穿長褂人物的性格，不會失傳；長褂本身也許有一天會被人忘卻吧，因此我急於寫它下來。

一

昆明的藍天，藍得叫人發愁。

說它藍得無比底美麗，當然也對；但無比底美麗，不也叫人發愁麼？

北國平原，冬天一望無垠的積雪；閱兵臺前，整齊到無毫厘差池的步伐；一個沒有一絲皺紋，沒有一點雀斑，沒有半顆黑痣的臉；一張收方付方一文不差的決算書；或者統計圖表上令人樂觀的氣象，都完美到無可比擬。但同眼前的萬里晴空一樣，不多少叫人起一陣寂寞的感覺？這當然是病人的心理，我當時正是病人。而且還希望以昆明高地的陽光，烘散我在西蜀久住所染上的心境上的陰霾。

這一層矛盾的諷刺意味，會使我的新相識——小襟人物——笑不可仰。他說那就像他見到的南方人進四川館子，理直氣壯地請夥計少放辣子。這譬喻，其實已很夠明確，然而他似乎意猶未盡，他說他生平甚少羨慕名人，很難有「假如我變成某某」那種向上的情操，但是那一天，他說，他忽然希望自己是個名人，而鄰座叫少放辣子的少年，是愛掏出本子請名人題字的廿世紀的特產，那樣他就可毫不猶豫，奮筆直書：「所來何事？」

這一說，他忽然領悟到自己的一份病態心理了。「我早以爲是六根清淨的人物了，且說談何容易？連我偶爾也會有那麼一瞬，希望自己是名人。你說，有什麼辦法呢？一成名人，就可以提拔人，也可以欺負人，而能夠欺負人這種慾望，不比什麼誘惑都大麼？」

假如說「笑」是有助於健康的東西，那麼認識小襟人物應該是我養病期間天賜的良藥。最初他總是一星期來次把，漸漸每晚都來「報到」了。「你瞧，別人在議論我跑上司公館，越跑越勤，有厚望焉！他們那知道我是來找上司的外甥大老爺聊天的。這樣也好，有些沒出息的傢伙，對我要尊敬點。你別看不起這卅幾個大人的小衙門，就是一個小型政治舞臺。摩擦，排擠，樣樣俱全，比方我常來這裏，是你舅太爺請我常來陪陪你的，但是就有人說我的行情看漲。然而這也有用處，聽說從前有一個弱國的公使，一年難得見到駐在國外長一次，這原是常情，不足爲怪。偏偏本國的各種上司不諒解，以爲他努力不够，看樣子大有垮臺之勢，某天，千載一時的機會到了，他與該國外長約好商談一項公事，談了將近十分鐘，大概也是命不該絕，他興辭而出後，忽然靈機一動，並不立即眞的出去，他猶有「餘興」，在那座大厦裏，不借重於電梯，上上下下，逛了四十分鐘之久，他知道門口有人在等，那是他頗想借重的，他當然拒絕說明會談內容，但是一個多星期之後，老朋友寄來剪報，儼然長談五十分鐘的字樣，那是本國通訊社的訪員拍回去的專電，老朋友還說部長頗表嘉許，所以，虛虛實實，也頗有好處的。」

二

小襟人物，當然有他的姓氏，但我們相識不久，他的姓名便「埋沒」了，他說話時，愛在「我」字之後，加一文法上所謂同位語，總是「我——小襟人物」怎樣怎樣，經他這樣積日累月地不斷介紹，他的眞姓名，在我記憶中，淡到就像暴發戶與窮朋友狹路相逢，祇是似曾相識的程度。

「好在我並不是諱而不用，不過小襟更能代表我，若是諱而不用，以示尊貴，那就該死了。」

他於是說了一段在某縣直接稅分局作事時的經歷。他是考進去的一名錄士，考進去的並不尊貴，因爲，尊貴倒不用考，也不會當錄士了。當日的局長是位卅來歲的小伙子，名字叫周志强，小職員當然一律稱局長，但有二三所謂高級職員，爲表示關係不同，概稱强公，日子一久，新來的同事如小襟人物之流，不免錯估了芝蔴與菉豆之間的距離，以爲背後一定是直呼其名無疑。「你說，背後連名字都叫不得，那名字是喂狗的？」雖然事隔十多年，他談起來還悻悻然。就爲了這點錯覺，他吃了大虧。他剛到差不久，一位科長拿來紅封套一枚，命他寫一賀敬之類的紅籤，「是局座送總座生日禮用的」。這，小襟全懂。局座就是局長，總座就是總局局長；至於何以座字比長字更尊貴，他就另有解釋了，他想起館子裏內設雅座之座，心中暗自莞爾，「所謂雅座者，就是那些可以放下門帘的小房間，嚴格說來並不雅的。」可能局座正需要放下門帘擋住不可告人之雅呢？這使他頗心安了。

但是這心安的日子竟然很短，不出一個月，局座爲了一件小事，被上峯記了一個大過，這處分出乎常軌，於是强公祇有兼程晉省，查訪一番了，查訪的結果，小襟人物丟官——那個小於芝蔴的官兒，原來他賀敬的下款署名周强公謹拜，非禮四色，被人家誤記入「大約想謀個把差事」的分類賬上去了。總座據說還寬容，並未調卷，細數那一個分局長

「失禮」，關鍵在兩位幕僚，「一定要找個機會教訓他一次。」此局座大過之由來也。

於是小襟捲了鋪蓋。

「捲鋪蓋已非一次，做得頗爲出色當行了。」

但是從此以後，他對某公某老某翁之類的尊稱，就有仇人相見似地反感，一個人何以有了名字，別人要諱而不用，至於背後都不能直呼其名一點，尤使小襟氣憤。他說，「吾鄉有句俗語，叫做背後罵皇帝，那意思說得時髦一點，就頗近乎言論自由了。現在的時代，再壞也壞不到比有皇帝的局面更壞吧，偏偏背後都不能叫名字，而且還是那麼菉豆點點大的官兒。」

我說這並不怪菉豆官本身，應該怪他的左右，他們別的事如爭權奪利，莫不爭先恐後，唯獨在這方面，十分謙讓，自願跌入孫子輩，毫無怨尤，而且蔚爲風氣。但是有朝一日，閣下尊名失傳，其咎就不在別人，而在閣下自己了。比方說，卅年後，我若想替閣下作傳，很可能祇記得「我——小襟人物」，只有抄襲「門前有五柳樹」的辦法，閣下尊名不與焉。

「這辦法那裏行，你能說我的長褂有一小襟，因此人遂以小襟人物呼之。請問誰的長褂沒有小襟？沒有小襟，袖口磨破了，用什麼來補？大襟上有了香煙燒的洞，用什麼來補？而且你瞧，」說時他掀起大襟，「你瞧，這麼一剪，多就便！短一寸，短兩寸，都不顯。沒有它，怎成？沒有它，就成爲旗袍了。」

「你意思是女人裏沒有小襟人物？」

他大笑，「這祇是一個譬喻，不能一概而論的。且說，你說將來要爲我作傳，我倒是感興趣的——六根未淨的又一鐵證，世上沒有一個醜人，不喜歡照相的，而且還暗自盼望別人的藝術造詣，能彌補老天爺對他的不講交情。」

三

與小襟人物相處日久，愈覺得他像一篇趣味雋永的小品文，他一來，我那陋室，就滿室生春，我把這層感覺某一天告訴了他，他說他本身雖不快樂，能帶點樂趣給別人，總算是功德無量的事，就如某些女人，本身毫不足道，偏能叫動輒失戀的文人，寫出一兩首可誦的詩篇。比起那班會玩機器的大爺，對人類的貢獻要永久多了。

「玩機器的大爺」，是指工程處裏的一羣技術人員，小襟當然不是，在技術機構裏，事務人員，多少要受點氣，「因爲你不會玩機器」。這，小襟人物算認了，於是統稱那班人爲「玩機器的大爺」。但是，他說，有一天管錢的也對他擺起架子來了，小襟不免大怒，「你龜兒子玩的機器，算不得什麼，」他指着會計用的算盤，「這是咱門的國粹，在國粹一方面，我江某人含糊那一個？」

這並不完全是欺負人的口吻，我記得我一住下，舅父就會說過，若想在休養期間讀點線裝書，不愁沒有人指點。「我們處裏有位江先生，國學很有根底的。」舅父幼年原是寢饋於典籍中的人，他之改玩機器，據他說是當時風氣的壓迫，不學聲光化電，就要被目爲沒出息了。不管怎麼，他說一個人國學有根底，就同說一部機器有毛病一樣，大致是可以相信的。但是我第一次看見這位學有根底的先生，並未能肅然起敬，那次他是帶泥水匠來修理房子。他似乎並未聽請我表示求教之意，一直忙着和泥水匠稱兄道弟，講這，講那，最後，拿出兩支煙，「就算你們幫我江某人的忙，無論如何趕一趕。」說完，揚長而去了，我記得他穿的是件灰色長褂，個子很高。也許因爲過高，背略呈彎曲，也許是因爲別的。

後來有一回，我隨便提起第一次的印象，我說背略爲有點駝，大半是由於伏案讀書過勤吧。

他連忙打斷我的話。

「那你統統錯了。我的背略爲有點駝，是因爲廿年來，爲了吃飯，向人低頭的次數太多，但毛病又在低得還不够低，否則彎成近乎新式標點的問號，縱不發跡，也可充一下學者，表示此身就代表對事事懷疑的哲學上某種主義，貨眞價實。」

這一晚，小襟大約剛喝完兩盅酒，他臉上的紅光，把那襲灰色長褂，顯得更灰黯，我不記得他穿過別種顏色的長褂，他來時多半是黃昏時分，我住處的電燈，又微弱到足可丟現代物質文明的臉，看上去他穿的總是那件灰長褂，這當然是與事實不符的。「只要一看小襟，便知分曉了，」小襟人物說。

「有的已剪掉寸把，有的僅剩半壁江山，但也有如你老弟剛出學宮，還幸而停留在未碰釘子階段，完好如初的。」他順手掀開大襟，「請瞧，還沒碰過，但日子不會很長的。」

小襟人物這一天是從城裏替我買回幾張履歷表來的，爲了貪圖陽光，我已經接受他的勸告，不回四川了，「誤人子弟，又何必不就在附近誤，犯不上千里迢迢跑那麼遠，」小襟說。

我打開他拿來的紙包，取出一張履歷表，在姓名項下塡了三個大字：江宗武。

「貴庚？」

「老弟，你若是以爲這樣就可以寫傳記，那麼人事室主任飯碗打破，可以靠版稅過活了。這一類資料，是在宣付國史館時候用的，我聽說西洋有種寫傳記的方法，叫做創作的傳記，我不大懂它的涵義，大概是全憑作者興之所至吧。在我看來，好的傳記，應該是介乎人事主任式與創造式之間的東西。」

「那麼我們從人事主任式開始如何？」

「你剛問我貴庚，其實我的名字裏面，也大有文章的，何以吾家巷口燒餅店和我同年生的長子叫永發，我偏叫宗武，就很代表了家世，說得左道旁門一點，是很代表了「階級意識」的。吾家弟兄輩，都是先大父命名的。家兄不用說當然叫宗文，你瞧他老人家多野心勃勃，心中暗想三十年後這天下還有別人的份兒？後來舍弟出世，老人家覺得文壇鉅子亦不可不出在吾家，就給他一個名字叫宗軾，大約是步武蘇東坡的意思，幸而他老人家早歸道山，否則目睹凄涼晚景，不死也要氣死了。請瞧，文王不知怎麼染上風濕症，廿歲起就半身不遂。步武前賢的宗軾老弟，文章憎命，十多歲就嗚呼了，就剩我這塊廢料，倘在驕傲後世，然而距離他老人家命名時的預期，相去何止一萬八千里！假若他老人家知道我是小襟人物的性格，注定是小襟人物的命運，知道作小襟人物的可貴處，直截了當給我取名小襟，那多恰如其分。」

「我還得按表上的順序問，貴庚呢？」我說。

「一個人最靠得住的年齡，是他同算命看相的說的年齡；那關係錦繡前程，錯不得。一個人不大靠得住的年齡，是談戀愛時候的年齡；那也關係錦繡前程，非錯不可。老弟雖非相士，我的年齡，畢竟已超過參加抗戰或談戀愛的階段了，姑且破例說個眞的吧，比中華民國痴長八歲。」

四

江宗武當然是出身書香世家的人物。這一背景，據他說，實在是害多利少，他說，「書讀多了，有時要壞事的，尤其當你祗瀏覽而並無目的，趣味超過了黃金屋顏如玉之類的實際算盤，讀書多便成了絆脚石。你有所不爲，寧作長褂中之小襟了。若要作別的，你的火候，又沒有到三句兩謊，面不改色的境界，有什麼可說的呢？其命定矣！」

此外，還有一點經濟背景，阻撓了江宗武上進。書香門第和破落門第，到後來關係弄到等於一張紙的兩面，但是長褂兒脫不下來，即使動用小襟全部來補救，也還得保持長褂體面的完整。他不能降格以求，去學點手藝，弄一套薄技在身，也沒有足够川資去京城，住幾年得風氣之先的高等學府。他的性格，又生來不是振臂一呼的英雄，雖想到革命策源地去獻身，總遲遲下不了決心。最後，一動不如一靜，留在縣城裏師範學堂出人頭地了，說出人頭地，絕非過甚其辭，「因爲我文章的確比他們做的好。除此以外，我在學歷上一無光榮事蹟，就是一個光禿禿的師範畢業。是一種上不巴天，下不巴地的資格。下鄉種地有點可惜，立志做大官，又無濟於事，幸虧我小襟人物向無大志。」

其實，江宗武以小襟自況，是師範畢業後幾年的事，到中年說慣了「我——小襟人物」，就像他一出世就打定主意作小襟，那絕對不確。他廿歲以前，並未如此沒出息，至少作起文來，心雄萬夫，以天下興亡爲己任的，一直到「家兄舍弟」，相繼西歸，舊宅賣掉，償還喪葬的欠欵，他自已兩肩荷一口，移厝到三清宮改成的高小教席宿舍，也並沒有覺得世界完全黯淡。他在門上，曾自撰了一付對子：「無限江山，聊蔽風雨。」這驟看上去，是即景，三清宮位在半山，山下是一條大河，對面更是綠樹青山，一望無極。至於這道廟本身，年久失修，說它能聊蔽風雨，已是恭維之詞了，但是小襟——那時他還未自詡爲小襟——說，他的用意，是暫時在此躲躲雨，早遲要遠走高飛的。江山無限，年青的人還愁前頭無路麼？

但是，不久他就發現此種幼稚想法，是自家如意算盤，不出一年，他就嚐到棲遲下位的那份辛酸了。「你不是說吃粉筆灰是尸位素餐麼？但是發給你素餐劵的頭目，並不如此想。平常誑扯師道尊嚴，相安無事一朝，你冒犯他，他就想到他的權威，學問云云，負責云云，都是說來好聽的，第一你得聽頭目的話，我第一次捲舖蓋，就是冒犯了頭目，那又是同生日有關，那次是縣太爺五秩晉五，校長請我頌之以詩，反正是對一個壞事做盡的人，說他豐功碩德，薄海同欽，千萬不要死，免得壞事失傳，用一點典故堆砌起來就行。但頭目是官僚，他要核稿，而且還要改一兩句，當然就四不像了。像現在這樣年齡，就不致於動火了。好壞是他出名。那時，可沒有這般涵養，大鬧起來，結果他寧願送去一壽帳，放棄附庸風雅。好像此可讓，孰不可讓？校長還有什麼威權？當然學期終了，聘書不來了。」

「是不是這時你想起自已不過是長褂上一小襟，可以隨便剪掉的？」

「那還在以後。」

所謂以後，就是爲了混飯吃，向人低頭的流水賬。他常常懊悔當年沒有學一行手藝，要是作理髮匠，作泥水匠，就用不着把生存寄託在派令與委任狀之類的勞什子上面了。大約有五六年光景，他常常無緣無故就失業，講本領，不比誰差，講做事，不比誰不賣力，偏偏禍會從天外飛來，連一個夜夢不祥的徵兆都沒有，第二天一睜眼，免職的條子就在桌上。然而天無絕人之路，不出個把月，往往又是一張派令到手，換一處重作馮婦了。這社會實在很爲公平，能做事的人，不讓他閒得太久，因爲有事等着要做。但到了要緊縮開支，縮小編制的時候，就更爲公平。不能做事的人，當然是有來頭的人，而且裁了到那裏謀生，祗有犧牲反坐力最小的人。這五六年正是大時代將來的動盪歲月，在社會上多的是此起彼伏的人物，多的是此漲彼縮的機關。江宗武也就像浮萍，像車輪上的輕塵，不知所之地聽憑命運安排下一站的食宿之地，祗是漸漸發現離家鄉愈遠，年齡也愈大了。

據他自已說，發現自已是小襟人物，大概是將近而立之年，這且是由偸聽別人談話得來的，所以來歷似乎不很光明。那時他是某一個機關的科員，有一晚，他不知怎麼心血來潮，忽然想去辦公室寫兩封私信。一進門就注意到局長室燈火通明，走進兩步，又聽到主任秘書的沙喉嚨。下面是他們事關人事機密爭論的片斷，江宗武偸聽到的。

局長：你數一數看，誰都有來頭，都動不得，祗有犧牲他。

主秘：但是他一個人抵三個人用，裁掉了，誰做事？

局長：那也沒有辦法，總不能我局長讓他。老兄，那有把大襟剪下來補小襟的？

他知道什麼東西在等着他了，他走回宿舍，脚步竟然異常輕快，一到住處，他取出所有長褂，大約有五六件，一齊掛在牆上，那神色一定近乎欣賞古玩了。他先看看每件的大襟，再看看每件小襟，有的已經剪掉過了，但也有一兩件完整的，他拿了一把剪刀，隨意從這一件小襟上剪去一角，那一件小襟上剪掉兩寸，然後又若無其事地將一件一件摺好。

「從此我就立志做小襟了，那一晚，我幾乎有了哲理上的領悟，你瞧那一件小襟，不是乾乾淨淨的，顏色都沒有變，乾淨，純正！但是碰上運氣不佳，就得受淩遲之辱。這怪不了誰，它的部位生就了該挨剪刀，可是這一啓示，左右了我一生的行徑。我不敢也不屑有向上爬的志趣了。我決心作一個乾淨，純正的小襟人物，縱然有不可逃避的小襟的悲哀，總結賬的時候，一定有無債一身輕的感覺。」他得意地抓抓半禿的腦袋，「當然，也有人相信，人生這筆爛賬，永無結賬的一天。」

五

我並不每一回都聽得到小襟人物講往事。他常說回憶是老年人的事，寫新詩是少年人的事，而他正是中年。中年是創業的年代，再沒出息一點，也可寫點爲何讀書，如何做人的教訓文章，在青年人身上沾點自稱前輩的小便宜，低徊於無甚足觀的一筆混日子的流水賬，是衰老的憑證。

「但是有一件回憶起來會使人年青的事，你還隻字未提過，」我說。

他楞了半晌，但很快就想了遁詞。

「這一方面一事無成，也未始沒有好處。我有幾回，敢於拂袖而去，敢於冒犯頭目，罵他無知，就靠這一點無後顧之憂作資本，否則小襟人物要作不成了。沒有一個太太會甘心自己丈夫永遠埋沒在大襟下面的。」

此後不久，我們便分手了，我應聘到離昆明有一百公里的一個小縣城教書，小襟特地送我上火車，他打趣說，這一來跑上司公館次數減少，有人要說行情看跌了。接着不到兩個月，那一個工程機構也結束了，這次小襟例外沒有失業，似乎還升了官，調到上級機關作秘書去了。他還常寄信給我，大約就在這期間，他碰上了一位「知音」，不出幾個月，換了一個機關，頭銜是主任秘書，而且據說是肥缺。但是有一次他因公路過我住的縣城，還是那一件灰色長袍，看不出發跡的樣子。不久，我的親戚來信說，他聽到小襟瑯璫入獄了，而且與一大筆款子有關。我心中頗爲悽然，趕去看了他一回。「你懂得，總不能拿大襟剪來補小襟，局長跑了，他們讓他跑掉的。」

大約過了半年，小襟來信說，已經庭諭無罪釋放了，接着發了一頓牢騷，說就憑這幾個字，已够欺負人了，既然無辜，就該請走，並應深表歉意才對，不該板起臉來「諭」的。他又說，出獄之後，第一件苦惱，就是眼睛怕見陽光，而且身體虛弱，步履維艱，可見得不能把人在黑暗處，禁閉得過久，否則迎接自由與陽光，都會困難的。過了七八天，他又來了一封信，字跡潦草到不易辨認，說是在旅館裏病倒了，早知如此，應該賴在牢裏不出來了，那樣的話，兩餐一倒，不用發愁。但是世上那裏有請求收回釋放成命的事，現在是入地無門了。

小襟在文字語言裏，帶悲愴氣味的，還是初次。一二十年爲生活低頭的磨折，並未毀了他，他鑄成了一種逆來順受的哲學，他也有一套喜笑怒罵的本領，他一面以小襟自況，一面也不過於委屈自己，有時隨興之所之，偏不低頭，來一個拂袖而去。開來一碟五香豆，四兩白乾，可打發掉一個惱人的黃昏，抖掉一天八小時埋在案牘中的庸俗。可是牢獄中的陰濕晦暗，那啃噬人靈魂的寂寞，小襟對付不了，而且「人對人會殘酷到那種地步，」小襟在信上說，「你想像不到的。」這，無疑地，使小襟的精神解體。

我於是立即滙了一筆錢去，請他進醫院，如果可以行動，就搬來和我同住。過了十天，我收到醫院拍來江宗武病危的電報，等我趕去，已不及見他一面了。

我爲他立了一個墓碑。

那是民國三十三年間的事。

六

過了三年，我又到了雲南，某一天，我獨自跑到小襟的墓地，漫步在纍纍荒塚間，怎麼也找不到小襟人物的墓碑了。原先每座墓前，都有碑石的，這一天，但見蔓草荒塚，和遠山樹叢中縷縷炊煙。

問了附近的農家，才知道，一年多以前，某某長造別墅基石不够，下令就近將墓碑折去一部份，小襟人物的正巧也在內。

晚餐

張之萍

快要過年了，街上都是水灘。冬來初晴，火燒一般美麗的晚天，和開天時那一刹那清明奇怪的藍色，使街上忙着的車和人，都柔和下來。他抱着剛買的東西和她回來。一隻垂着耳朶的狗，在雪還沒融掉的路旁，東嗅西嗅，好像它也有些高興。

他走進房子裏，把燈開亮，房裏桌椅，立刻醒過來了一樣，他幫她取下手套說：『我沒想到你凍得這麼冷。』

忽然她問道：『你買了葱嗎？』

『不要叫，我不會忘記的。』

她漸漸暖和過來說：『你的房東還好嗎？』

『她很老了，要跟她大聲說話，她才聽得見。我碰見過兩個房東老太太，都還喜歡我。』

『爲什麼？』

『因爲我不大出去，別人也不大來找我，我收拾得乾淨，』他笑道：『我是個可以相信的人。』

他過去將米洗了，放在鍋裏。她在後面看着他很快的括掉鱗片，把魚剖開，他沒有做過魚，他想了一下，很有把握的把魚斬成三段，放在鍋裏，時而蓋上鍋蓋陪她。

『我們好像已經在家裏一樣，』他走過來問道：『爲什麼第一次碰見時，你答應我送你回去？』

她微笑着道：『我忘記了。』

『我今天下午，差一點都把事情做錯了，我一下班就趕快回來，同事都奇怪。我不知道和你在一起的時候，怎麼會這麼平靜快樂，你在我身邊，我才放心。房間裏的光線，立刻都溫暖明亮些。我現在才知道什麼是愛，我簡直想像不出我們曾經不認識。』

她在椅中，看着他走來走去覺得好笑。他停住道：『我每想到最美的時候，你就想別的，你從來不能專心的做一件事情。從此以後什麼要用力的工作，都讓我做，聽見了嗎？我有時想把你壓碎了，吃下去，我不知道怎麼來愛護你才好。我想兩年以後，我們可以有個小孩。』

鍋裏的水，不停的滾着響，已可聞到飯煮熟的味道。她有點餓了。他很快的去做菜。蘿蔔的紅色，都退在湯裏，剛炒好綠油油的菠菜在冒着熱的水汽，魚的尾巴從濃的醬汁裏翹起來。他也餓了，他們不停的吃飯，她覺得她一直在這兒，並且永遠會這樣。桌上的燈光向四面射去，遠處的角落，酣睡在一半陰影之中，他忽然站起來，她抬起頭問：『怎麼？』

『你一下也不願我走開是不是？』他反問道，他轉身回來放下手裏的梨子說：『我們一直都在一起。』

『我還沒告訴過你是不是？不知道從什麼時候起，我就在等着，在我還很小，紮着辮子的時候，在我和同伴一起洗衣服的時候，在我咬着牙忍受挫折的時候，遠在我沒看到你以前，我就知道，有這一天的。』她想着微笑道：『我眞高興，我是女孩。可是你不該買這些東西。』

他靜默了一會兒說：『不要又提到錢好不好？』

他們兩人都站着，漸漸她才眞相信，一個女孩可以和另一個人分一口飯，走到世界的盡頭。

他說下去道：『只要是我能力做得到的，我都要去做，使你幸福。』

『你猜我想要什麼？』她想了一下不知從那裏說起，忽然說道：『我希望沒有戰爭。』

他把她的頭像孩子一樣放在胸上說：『別發呆了。』

窗外入夜不動的河水，反映着港口四週的燈光，好像水的上下，都有城市。黑夜裏看不見船身，只看見一船大小的燈光，從黑而光滑的河面，默默的溜過去。

他們將碗碟收去洗，水從四面濺起來。也許有一種別人不知道的美和魔力，使許多平凡的人在一起過完一生。也許就是這種力量，使許多平凡的人，可哭也可笑。她告訴他說：『我以前做事的地方，一個書記有兩個太太常常拿掃帚打架，他便自己寫了張條子，回家貼在牆上，說是局長警告的手諭，以後她們誰也不吵了。不知道這是不是眞的。我每看見這書記拿頂帽子躦進辦公室便覺得好笑。』

『那個時候已經過去了。』他專心的削着梨子，鵝黃薄薄的梨皮，轉着彎從他的刀下落下來。

『可是我有個朋友，孩子剛出世他便走了。那時打仗，他的太太很辛苦，每天洗衣服來養孩子。』

『是嗎？』

她好久沒有看見他們了，她想不出他們現在怎麼樣了，她問道：『你說那丈夫有時會不會想到以前的太太和孩子？』

他把雪白的梨子切成兩半說：『誰知道!?』

她停了一下說道：『他的孩子會恨他的，也許他再看到自己的孩子時，孩子已經十幾歲了。』

『也許他會奇怪那便是自己的孩子，也許他只問孩子幾句話便完了。』

她正要繼續說時，忽然看着他問道：『怎麼你已經有白頭髮？』

『你問過我很多遍了，』他說：『朋友中不止我一人這樣，我們要想到許多事情，譬如前途。』

她吃完梨子說：『我告訴過你沒有，我認識一個人有七個孩子。』

他無可奈何，笑着搖頭道：『你告訴我的已經不少了。』

『不論括風還是下雨，他都是八點鐘去上班，

(下轉第14頁)

書刊評介

自由與文化

張佛泉

John Dewey, Freedom and Culture (G. P. Putnam's Sons, N. Y.)
吳俊升譯　正中書局，四十二年十月出版。

約翰杜威這本「自由與文化」雖然是在一九三九年出版的，吳俊升教授近來將它譯成中文，却仍是十分合乎需要的。杜威此書不僅是反左右兩種極權的，他並從正面指示出保衞自由文化的途徑。吳先生研究杜威學說，已經有二十好幾年的歷史。他所寫的「杜威教育學說」(La Doctrine pédagogique de John Dewey) 一書，係於一九三一年在巴黎出版。他了解杜威之透徹，和本書譯文之信實暢達，都用不着我們恭維。可是杜威的文字，凡是讀過他的著作的都曉得，是不很淺近，不太明快的(尤其若與羅素的相比)。讀這本書，我想，更會有許多人覺得困難，因為這位老先生在本書中以十分之九的篇幅用在提出並討論問題。他極謙虛，不肯多講他的回答。自然，能了解或能跟隨他所討論的問題，便已經能獲得極大的益處(也許最大益處實在這一部分)。但是，我想，人們既讀他這書，恐怕還是更希望能抓住杜威自己的回答。杜威本書的要點，吳先生在譯序裏已有很扼要的介紹。我現在更選一些我認為極關重要的論證，憑己意重加安排，引錄並申述在下面。希望這樣能給本書的某些讀者，或祇願知道本書大意的人們一些幫助。

杜威所提出的，都是自由文化所遭遇到的極端困難的問題。以美國而論吧，自獨立至二次大戰前夕，內部有經濟生活的重大變遷，外部又有法西斯、納粹和共產極權的挑戰。一般人都難免對于自由文化起了疑問(因為實際上確發生了困難)，甚至對它的信賴發生了動搖。杜威就在這時對於美國自由的傳統提出新的解釋，並為整個自由文化指示出一條新的大路。他對于自由文化始終抱着不可搖撼的信心。

他以為解決今日自由文化所發生的嚴重困難，說到最後，還祇有憑多數人自己的努力，而絕非憑經濟「定命主義」或人性(當作一種 general force)的開展可得解決。他指出此後衆人應努力的方向，在推廣科學民主的方法，使多數人能養成科學或民主的態度，一直擴展到生活的一切方面。

他認為科學對人類的眞正貢獻，並不在物質的成就，而在它的方法和態度。他說：『我們一直是把科學當做一組的結論來考慮的。科學却也是一種態度，具體表現在慣於應用某些觀察、思慮、和證驗的方法而不用其他種方法的一種意志之中。我們過去曾經忽視了科學的這一方面。……多數的科學研究者，將帶着憤怒來否認他們是由於他們對於科學的物質功用的重視而受鼓動的。假如他們用悠久的傳統所認可的詞語，他們便說他們為對於眞理的愛好所鼓動的。假如他們用聽起來雖欠冠冕堂皇，可是却具有同等意義的現代說法，他們便說他們是為一種有支配力的興趣所鼓動的，這興趣表現於研究、探求、和隨着已經發現的事實所指向的方向前進。他們尤其要說，這種興趣，排斥未經事實證明即下結論的興趣，不管這結論如何為個人所喜。簡括的說，事實上有一部份人(人數也許不很多)，對于科學研究有一種「不顧私利的」(disinterested) 興趣。這種興趣已經發展出一種具有特性的精神。顯著的特性便是：願意使信念懸而不決，在證據得到以前，能一直保持懷疑，願意跟著證據所指的方向走，而不一開始便立下個人所愛好的一個結論；能懸擬觀念，並用作有待證驗的假說，而不作為有待肯定的教條；並且(可能是最特別的一點)能把研究的新範圍和新問題，當為賞心樂事。』(吳譯一一一至一一二頁。原著一四五頁)

民主政治，說到最後，也正代表這樣一種態度。杜威在分析馬克思主義之後，接着說：『這一個最自誇具有科學基礎的學說，乃成為最有系統的違反科學方法每一原則的學說，這是一件具有諷刺性的事情。從這種矛盾中我們可以了解的，便是科學的方法和民主的方法之間有潛在的聯結，而將這種潛在性在立法和行政的技術方法實現出來，實屬需要。科學的本性，對于意見的紛歧，歡迎且過於容忍；它却堅持，探究功夫必須從觀察的事實舉出證據，以獲得大家同意的結論。並且就是在獲得了結論以後，還要使這結論隨時受進一步的新研究中所確定的，和公開事實的裁奪。我不願說任何現存的民主政治在決定政策時，對於科學方法已作完全的，或足够的運用。可是探討的自由，對於異見的容忍，交換意思的自由，以及將所發現的傳布於每一個人，把他當做最後的理智的消費者，這些都是包涵在民主的方法之中，正如包涵在科學方法之中的。當民主政治公開承認問題的存在，並承認需要把它們當做問題來探究並引以為榮時，它將使那些以拒絕承認不相容的意見而自誇的政治團體倒霉，這已是在科學方面相似的團體的命運。』(吳譯七七至七八頁，原著一〇一至一〇二頁。)

但是這種科學和民主的態度，多數的人們却未能在生活中各方面一齊養成。杜威說『在我們自己習慣的態度之中有一最大的實際的矛盾，便是我們在形成政治意見時用民主的方法，而對於其他問題形成信仰時則通用非民主的方法。』(吳譯九八頁，原著一二八頁)。他又說：『我們的習慣的態度，有一種內在的分裂：我們自稱在政治方面依賴討論與說服，而在道德與宗教的事情方面，或其他任何憑具有威權的個人或團體來裁決的事情方面，却有系統的依賴別種方法。』(吳譯九九頁，原著一二九頁)。大多數人還祗是憑習慣、憑宣傳、憑個人和階級的偏好來形成信念，就是社會的大不幸(閱吳譯一一四頁)。這種「文化的脫節」(cultural lag)，人生各面的發展的失調，便造成了今日由「科學前」、「民主前」的時代過渡至全面科學、全面民主時代的混亂和衝突。杜氏說得明白：『人類的根本的恆久的態度，爲傳統、習慣、制度所形成，這傳統等等生於還不會有民主主義的時代；實則在那時代內，民主的觀念和嚮向一經產生，必立被抑止的。這些根本態度的繼續存在，一方面解釋了對于民主主義的突然攻擊；它是向舊的情感和理智的習慣的倒退；如不是一種倒退，便是一向本有的却多少有些掩飾的若干態度的表現。這些態度的繼續存在，另一方面解釋了現有的問題的深廣的程度。』(吳譯一一三頁，原著一七三頁。並參閱吳譯三六至三七頁；原著四八至四九頁)。

杜威在本書中最大的貢獻，即在依文化各成分交互影響的觀點，發現了今日自由文化中最大的病根。而這病根並不在旁處，主要祗『在我們自己的態度和我們自己的制度之中』。(吳譯三七頁，原著四九頁。並閱吳譯一三四頁，原著一七五頁)。診斷既定，藥方乃隨手開出。解求自由文化所遭遇的困難，唯有從推廣科學和民主的精神、方法、和態度去作，使它能『很深很廣的融合於個人的品格之中』(吳譯一三二頁。原著一七一至一七二頁)。所以『文化有多少方面(政治的、經濟的、國際的、教育的、科學的、藝術的、宗教的)，民主主義的保衞戰，便有多少戰線。』(吳譯一三三頁，原著一七三頁。並閱吳譯一三四至三五頁，原著一七五頁)。這樣乃特別加重了科學家的責任，要他們負起『普及科學態度的社會責任。』(吳譯一一七頁，原著一五三頁)。同時更要求大多數人努力，採取科學的方法，養成科學的態度，『使成爲各個常人日常生活的一部份，』(吳譯一一六頁，原著一五一頁)。所以這條途徑也正『是把最大的責任放在人類的最大多數的身上。』(吳譯一〇〇頁，原著一二九頁。並參閱全書的收尾，吳譯一三四至三六頁，原著一七四至七六頁)

杜威在此於是更提出一個萬分重大的問題，那就是『科學能否對于人類所追求的目的之形成有所影響，抑或只能對於離科學而獨立形成的目的，增加實現的力量。這問題，〔亦即〕科學有沒有根本的道德的潛能的問題。』易言之，科學對於人生之目的而言，還祗是一種工具呢？還是它也可以從根本處能有助於更適當的目的與欲望的形成？這實等于問：科學將祗能供我們作好作歹的使用呢？還是亦可用它來變化我們自己的氣質呢？這樣的問題一經提出，便已是拿它當爲一個道德問題提出。『在歷史上主張科學缺乏道德性質的，是些神學家和他們的玄學同盟者』。他們這樣主張，乃在指向科學以外的來源以求道德之南針。但是我們現在如以科學的名義來作相似的主張，那便等於率直承認，人對於行爲的控制，『並無憑科學證實的信念加以抉擇的可能』，而祗有『聽任不明智的力量，爲了控制慾望而互相競爭與衝突』。除此再無他途。這樣，我們甚至可以說，整個的西方文明便祗有一步一步更走向毀滅的目標。(這個目標實恐已不在遠。如有原子大戰爆發的一天，那當是它的最後鐘點已到。)這眞是個絕大的問題。所以杜威先生很嚴肅地說到：『科學由於它的物質的工程的造詣，正在決定人類在個人間，以及在團體間，彼此的關係。如其科學不能發展一種道德的技術，來對於這些關係也加以決定，那麼現代文化的分裂便不免如此深刻，以致不僅民主主義，並且是所有的文明價值，均已註定必歸敗亡。一個文化允許科學毀滅了傳統的價值，却不信賴它的力量來創造新的價值，祗是一個自毀的文化。戰爭便是這內在分裂的原因，也正是這內在分裂的徵兆。』(以上所引各句，見吳譯一一八頁，原著一五三至五四頁)。

杜威同樣將民主當爲一道德問題。他指出『美國民主傳統的起源乃是屬於道德的，而不是屬於技術的，抽象的，狹隘的政治的，也不是物質的功利主義的。它是屬於道德的，因爲它根據一種信仰，相信人性有爲個人獲取自由的能力。隨着自由俱生的，還有對於他人的尊敬和注意，以及建築在黏着力而不在强制力之上的社會穩固性。』(吳譯一二四頁，原著一六二頁)。他所以將民主和自由當爲道德的問題，乃因他不祗拿民主和自由當爲控制政治權力的工具，並拿它當作可以回頭來形成個人自己之處世態度和品格的力量。自由亦不是從人之單純天賦稟性中，必然地機械地所演出。自由乃是從人性經過了文化繁複因子交互影響下所生出的信仰，人所自定的應求實現的理想。所以他說：『爲了要使我們和傑斐孫的主張相接觸，我們必須把「自然的」(natural)這個詞翻譯爲道德的(moral)。傑斐孫是受着當時的「自然神教」的影響的。在他的思想中，「自然」和一個仁意而睿智的造物主的計劃，從不遠離的。可是假如我們忘却和「自然」這個字相聯的各種特殊聯念，並代以有待實現的理想的目的和價值，——目的雖然是理想的，可是不存於雲端，却爲人類的需要中深刻而不可毀滅的因素所支持的，——那麼，傑斐孫的根本信念；在實質上還是沒有改變的。』(吳譯一二〇頁，原著一五六頁)。這樣杜威不僅重新解釋了美國開國時代的民主，他實在爲民主和科學開出一個更重更遠的任務。他要求人們以科學家的治學態度，以政治方面的治事態度，來形成每一人之生活每一面的態度。他不但提出以更徹底的科學與民主的方法解決科學及民主時代以後由於文化失調所產生的困難與災禍，他並指出，人們應將自己所發明的科學與民主掉轉頭來使它們改造人們自己的態度與品格。這在方法上，可比作一個鷂子大翻身，杜威在此實稱得起爲自由文化打開了一個全新的境界。在人們最惶惑而幾近絕望的階段，他教人信賴自己，信賴人終是自己的主人，終能憑自己的努力一步一步解決文化失調所生出的災難，而不會爲它所壓倒。他對于人性的潛能有意地用了「信仰」(faith) 一字(吳譯九五和九七頁。原著一一四和一一六頁)。這眞不愧爲一大信仰！

以上是我隨己意的一些介紹。眞是潦草已極。我特別希望讀者能在讀完本文之後，發生更大的興趣，再去讀吳俊升教授的譯本全文。他能將杜威這樣沉重的東西，譯成很可讀的中文，便可見他下了多大的功夫。這眞值得我們感謝。他在譯本所附錄的「杜威的知識論」(我雖沒有資格下一個負責的判斷)，我讀後覺得它是一篇很簡明很得要領的文字。

最後，我想順便提出一個翻譯名詞來討論討論。英文Bill of rights流行的譯法均作「人權法案」。(吳先生也用這個譯法，見四三頁。這當然不能算作吳先生的錯譯。) 據我個人的看法，這裏的 bill 一字，不能譯作「法案」。普通在議會裏稱新提出的法條的「草案」爲 bill，議會通過之後稱 act (至此方稱法案)，公佈之後正式稱法律。至於 Bill of Rights (特別當 bill 和 rights 都大寫的時候) 乃是有專指的。(這 Bill of Rights 有時亦稱 Declaration of Rights)。我們在這裏不談這個名詞在英國的起原。我們祇就其現在的意義和地位講，一國之 Bill of Rights 比一國的憲法 (應稱「構成法」) 還重要。照正確的形式它永應擺在憲法的首部(卽前一或二條)，如同美國各邦憲法的樣子。(美國聯邦憲法的 "Bill of Rights" 是後加的，當爲十項修正條文，附在憲法後面，這個形式並不是最對的)。一個現代民主國的形式(祇論其道理及邏輯性之先後，而不論其實際歷史與社會背景)，是自 Bill of Rights 起始，以制訂憲法正文，根據憲法再成立政府。有了議會纔有普通立法，纔有法條的「草案」。故此處之 bill 與憲法之前或首部之 Bill 已相去不知若干里。因爲這個道理，我在尙未寫完的「自由與人權」一書中，便將 Bill of Rights 譯爲「人權淸單」。這裏的 Bill 實是 List 之義。日本學者有譯爲「人權典章」的。我爲將這 Bill of Rights 的觀念通俗化，乃取 List 之義，而譯爲「人權淸單」。我認爲這是一個很要緊的問題。因爲從「人權法案」一個流行的譯詞，便完全反映出我們始終未懂得基本人權的意義和在一國整個「法制系統」(legal system) 中所佔的地位。

第十卷　第二期　內政部雜誌登記證內警臺誌字第一九號　臺灣省雜誌事業協會會員　八六　（每冊售臺幣四元）

給讀者的報告

最近考試院銓敘部舉辦公務人員儲備登記，車水馬龍，途爲之塞，曩昔冷落門庭，竟成山陰大道。默察其事，由來有因。蓋此法也，使人存僥倖之心，爭相作僞以求進。論者病之。本來辦理人才儲備，以供將來收復大陸時任用，原無不可，乃該辦法規定，經覆核合於任用資格者，便核定其種類及官等。而所提證件，儘足以使審核者無法審定其眞僞。是無異以廿元工本費，便可換得一永久之官階，無怪乎民之趨之若鶩也。尤有進者，考院送請立法院審議之公務人員任用法，業經三讀通過，不日付諸實施，乃逕自先此開方便之門，出爾反爾，自毀制度，豈崇尚法治之所應爲？對此種種惡果，吾人不得不呼籲當局從速糾正之。「政以賄成，官由倖進」是政治致亂之階，歷史可鑒，能不戒哉？

本期我們第二篇社論是針對「韓境反共義士必須如期釋放」而作。按韓國停戰協議之規定，中韓籍反共義士，至本月廿三日應予一體釋放。這是不容執異的。然而共黨狡詐多端，其對義士釋放工作，勢必百般阻擾，多方作梗。而印度的態度，迄今糢糊不清，亦可能袒共而釁事端。美國雖然十分堅決，堅持必須如期釋放，但應變的準備顯然不足，至時如生枝節，美國將何以應付？釋放義士一事，攸關甚大，必底於成，不容稍有疏忽，故吾人願再四警告美國，促其作萬全佈置，並具不惜以任何代價達成釋放之決心。

「政治組織與個人自由」二者在人類社會生活中原都是十分重要，不可偏廢的。然而現在許多人認爲從事政治組織就必須取消個人自由。一切全體主義者都是這樣主張的。在我們反共的今天，這一路的思想實有澄清的必要。作爲一個民主主義者，政治組織與個人自由不會不相容，而是相反相成的。組織而與自由不相容，必然是一個極權專制的組織。自納粹與共產主義興，組織之爲害於人類也，甚矣！是以哲人羅素有「自由與組織」之作，然是書乃從歷史的角度而探討問題，非對史學稍具素養者，不易窺其奧義。今殷海光先生以深入淺出的筆法，辨明此一「思想問題」，當有助於時下思想之澄清。至於許冠三先生的大作，也是討論同一問題的，雖然他所用的名詞有異，其文意簡賅，可與前文相呼應。

鄒文海先生的大文則分析「美國的新軍事預算」，並希望民主國家對本身力量作更積極性的努力。周祥光先生的「錫蘭的政黨與政治」，陳述詳明，可供研究現實政治者之參考。吳魯芹先生的「小襟人物」與其前作「雞尾酒會」，同其風格，雋永炙口。此外尚有不少佳作，本期仍未能登出，應向作者再致歉意。

自由中國 半月刊 第十卷第二期 總第一〇一號

中華民國四十三年一月十六日出版

發行人兼主編：『自由中國編輯委員會』

編輯委員（以姓氏筆劃爲序）：
毛子水　申思聰　杭立武　金承藝
胡適　殷海光　夏道平　張佛泉
黃中　雷震　戴杜衡　聶華苓
瞿荊洲　羅鴻詔

出版者：自由中國社
社址：臺北市和平東路二段十八巷一號
電話：二八五七〇

航空版：香港時報社

經售者：
臺灣：自由中國發行部
美國：中國書報發行所
紐約民氣日報社
舊金山少年中國晨報社
芝加哥中國出版公司
日本：東京僑豐企業公司
韓國：釜山草梁洞新泰行
馬尼剌：大中華日報社
印尼：椰嘉達天聲日報
越南：越南華僑文化事業公司
暹邏：曼谷攀多社十二號
緬甸：仰光振成書報店
印度：孟買梅亞號
加爾各答塔梅學校
北婆羅洲：西利亞坡青年書店
新加坡：中興日報社
檳榔嶼、吉打邦均有出售

印刷者：精華印書館
廠址：臺北市長沙街二段六〇號
電話：二三四二九號

本刊經中華郵政登記認爲第一類新聞紙類　臺灣郵政管理局新聞紙類登記執照第二〇四號　臺灣郵政劃撥儲金帳戶第八一三九號

自由中國

FREE CHINA

第十卷 第三期

要目

歡迎反共義士

中華民國四十三年二月一日出版
社址：臺北市和平東路二段十八巷一號

社論

（一）自由日談眞自由

一月二十三日，一萬四千二百零九名反共義士恢復自由，陸續前來自由中國。我們於此特致歡迎之忱。

自由中國定這一天爲「自由日」；臺灣各界並舉行盛大熱烈的慶祝會。這眞可說是自由世界意義重大的事件。從這一事件，我們可以看出自由中國人士對於自由之渴望與愛好。這是一個可喜的現象。不過，對於「自由」一詞的了解，許多人並不盡同，甚至有立意曲解的。本刊願乘此機一陳自由的眞正意義。

近數十年來，東西許多地區，在政治範圍中，常常發生一種奇特的現象，就是：拿好名詞作壞的用途。最大多數的人對於一個名詞的心理反應習慣，常爲聽見這一名詞而不自覺地聯想到原來所指的內容。久而久之，形成了一種刺激與反應聯鎖：以爲這一名詞一定意指原有的某一內容。於是，卽使這一名詞原來所指的內容已被「偸天換日」，大家猶習而不察。有些人甚至根本不熟悉他們所用名詞究竟意何所指，一味道聽塗說，隨聲附和。其實，一個名詞與其原來意指的內容之間並無必不可分的關聯。名詞之曲解者常抽去大家喜好的名詞原來意指之內容，悄悄換上不同的內容，甚至換上根本與之相反的內容。大家一見此名，猶以爲所指係原有內容，於是被騙而遭殃，鑽入預先設好的政治圈套以供其利用。例如，「民主」一詞本是大家喜好的，獨共黨對之深惡痛絕。共黨既不敢從正面反對民主，於是，在一方面捧出「民主」這一名詞，套取這個名詞原有的信譽，藉引大家上勾；而在另一方面則把「民主」與「人民專政」聯繫起來。這麼一來，三彎兩拐，輕輕巧巧，將「民主」一詞原來意指的眞實內容「揚棄」，而導出與民主剛好相反的極權獨裁。這是近代巧妙的理論魔術之一。「自由」一詞，亦未能免於這種危厄。吾人志在保衞自由，所以不可不辯析明白。

有一部分思辯哲學家將「自由」一詞解釋作「心靈自由」，或「內心自由」，等等。「自由」一詞作這樣解釋，便是將「自由」解釋成所謂「意志自由」一類的事情。這類「自由」之所指，實乃個人自主、自決、自律、等等事件。這一類的事件，實在是個人德行修養方面的事件。個人德行修養方面的事件，祇是關乎個人小天地份內的事件。而政治是服務大家的事。因此，二者各有其層次與領域，毫不相干。所以，一部分思辯哲學家所謂的「自由」，卽使確有所指，也與大家現在奮鬭以求的自由毫不相干。

另外有若干人把「自由」一詞解釋成「國家自由」。這種解釋，眞是令人惶惑莫名。所謂「國家自由」，究何所指？是否意指一個國家可以不受國際義務的約束？是否意指一個國家可以不守國際公法而我行我素？是否意指一個國家可以自外於聯合國？如果所謂「國家自由」意卽這些「自由」，那末蘇俄很夠資格享有「國家自由」了。但是，蘇俄的這種「國家自由」，正是它成爲自由世界衆矢之的之原因。這樣的「國家自由」，是否値得提倡，不待智者而後明。

吾人須知，一個國家所須企求者，係不侵犯他人，亦不被侵犯，而且能自主、自立、自己有所作爲。這種情形，就是國家「獨立」。「獨立」並不等於「自由」。張三並非李四。任何名詞祇有在一有限的範圍以內才有意義。這點界線如不嚴守，則張三就是李四，任何一個名詞可作任何另外的名詞用，勢必混沌一氣，天下大亂。所以孔子最注重「正名」。像把「自由」解釋成「國家自由」，可謂名詞之歪曲達於極點。

還有許多人發明了一種妙論。他們說：「人那裏有什麼自由？上有大氣之壓力，下有地心之吸力，何自由之可言？」這種妙論，實際就是從側面否定自由。這種論說，一方面固係建立於「比擬於不倫」之上；而在另一方面，察此種想法之由來，係來自將「決定」與「強制」二者混作一談。吾人必須明瞭，「強制」並非「決定」，「自由」亦非「偶然」；與「自由」對立的並非「決定」，而係「強制」；與「決定」對立的並非「自由」，而係「偶然」。「強制」是人爲的政治力量橫加於個人所造成的一種狀態。這與「大氣壓力」同「地心吸力」何干？「決定」則是自然因素所形成的條件。從自然科學的觀點看來，四時變化，以至於人底行爲，無不受因果法則之支配，或受函數關係所「決定」，世上並無「偶然」之事。雖然如此，我們不能因此說我們應該藉人爲的政治力量來「強制」大家。鐵幕人民，大陸陷胞，同樣「上有大氣之壓力，下有地心之吸力」，何以他們還是要選擇自由？這樣看來，我們不可拿政治範圍裏的「強制」來代替自然界裏的「決定」。

我們把問題分析到這裏，就可以看出，「自由」一詞之本格的意義，既非「心靈自由」，又非「國家自由」，而係個人自由。個人自由，一點也不含糊空泛，可以明明白白開列一張清單。就是諸基本人權，例如，人身、財產、言論、思想、學術、結社、居住、行路、這類一項一項可以數得出來的自由權利。吾人須知，這些基本人權，是作人的必須條件；因此不容剝奪。誰剝奪了這些基本人權；誰就是不要我們做人，因此誰就是每一個人的死敵。共黨赤魔剝奪了這些基本人權，所以共黨赤魔是每一個人的死敵。因此我們堅決反共。

這次一萬四千二百零九名義士之奔向自由，正是他們渴望個人自由之事實例證。義士說：「還我自由身」。這呼聲多麼清楚明白！如果說他們選擇「國家自由」，那末他們何不投奔鐵幕國家？鐵幕國家橫跨歐亞大陸，人口有八萬萬之多，享有民主國家所無的「國家自由」。在事實上，他們身陷大陸，人身、財產、言論、居住、諸基本人權悉遭赤魔剝奪，飽嘗失去個人自由的滋味，所以他們不惜冒險犯難，一心投向自由中國，渴望恢復其「自由身」。從義士們這一行動，吾人可知，所謂「國家自由」是空泛而無實際內容的名詞。同時，我們也可以想見四萬萬陷赤同胞眞正迫切需要的是什麽。還不是「還我自由身」嗎？

由上可知，反共之眞實的根據，不是那些無關大家痛癢的空泛政治口號。現在，依據一萬四千義士的意向之表現看來，有而且唯有個人自由才是反共最强有力的動機，有而且唯有個人自由才是反共最强有力的論證，有而且唯有個人自由才是反共眞正的出發點。既然個人自由是各個人之不可渡讓的基本人權，所以不可假借，不可當做裝璜，更不可視實際政治是否需要而定取捨。個人自由是一切自由力量的基礎。多一分個人自由，就是多一分反共力量。

四三、一、二三 自由日。

社論

(二) 教育和政俗

新近陳大齊先生發表一篇關於教育的言論（題爲「總體教育」，見新生報四十二年十二月二日的每日專欄），引申蔣總統在「民生主義育樂兩篇補述」裏所講及的各種教育計劃與設施的配合問題。他以爲欲教育收到預期的功效，配合眞是最重要的事情之一。不但通常所稱爲教育的各部門必須互相配合，即使是通常所視爲不屬於教育的各部門亦須與教育配合，才能使教育收穫預期的功效。「不屬於教育的事情，如社會的風氣，大衆的習尙，政治的措施，法律的制裁，」其直接目的固不在於教育，而影響所及，都足以左右人的思想與行爲，亦即都具有教育的作用。

從我們所知道的而言，陳先生這篇專論，可以說是蔣總統發表「民生主義育樂兩篇補述」以後關於教育的最有意義、有價値文章。因爲近來國中輿論界對於教育的言論，類多浮泛而不切實際，所以陳先生的意思是値得我們推闡的。

現在社會所期望於教育的，不外乎兩種事情：一是學生有實在的學問；二是學生有優良的品行。普通社會的批評教育，多偏重於學生的品行，而不注意於學生的學問；陳先生的例證，亦只顧到這一點。這是很自然的。我們現在推闡陳先生的意思，當然亦以學生的品行爲主要的論點。

陳先生講到政治風俗對於青年人教育的影響，有幾句很重要的話：「教育方面以不苟得爲教，而一般人却以能佔小便宜爲得計、爲有辦法；教育方面以養成守正不阿的人格爲理想，而在社會上能發展、能成功的却是八面玲瓏的人物。」這實在是驚心動魄、發人深省的話。非特做父母兄長的應當注意到這一點，即政府首領和社會賢達，亦應注意到這一點。爲簡單計，我們且就政府和教育的關係立論。

設使政府要以廉恥節義訓誡國民，而政府所擢用、所信任的都是不知道廉恥節義爲何物的人，則教育家雖耳提面命，家喻戶曉，恐怕亦沒有法子使受教的人信奉這四個字。因爲青年人的受教育多半是要求發達，求成功；若使普通社會所謂「發達」或「成功」的人都不由廉恥節義而來，甚至由於不廉、不恥、不節、不義而來，則青年學子對於以廉恥節義教的他人，非特沒有信仰心，並且要嗤爲不識時務。在這樣的環境下，教育家還有什麽方法施展他們的本事呢？

孔子曰，「君子之德，風也；小人之德，草也。草尙之風，必偃。」這裏所謂「君子」，是指政府裏面的人；所謂「小人」，就是指普通的平民。孔子的意思，是說政府是民所瞻視、民所則效的。當政的人做的是什麽，則民所欣慕的亦是什麽。這話雖然是兩千多年以前說的，但一直到現在，還有百分之九十九的眞實。這並沒什麽奇怪。我們現在雖然生活在民主國家裏面，但社會風氣的轉移，決不是幾年或幾十年的事情。民國的成立，才滿四十二年；憲法的施行，才過了六年。在這短短的六年或四十二年裏邊，就算有民主的教育，亦不能即行奏效。而況並沒有幾天得能實行民主教育呢！

我們如果相信孔子的話，我們如果要達成蔣總統所昭示的教育的目的和任務，則我們的政府中各級的首長，都應當從今日起，忍痛忍苦，實實在在的以身作則，使普通人民知道政府所眞心要提倡的是那一種的教育。例如，行政部門的長官擢用人才，於職務所需的學識以外，必以操守廉潔、律己嚴正、存心公忠、處事勤敏爲標準。沒有這些德性的，即有學識亦在所擯棄。至於寡廉、鮮恥、虧節、無義的人，雖屬至親密友，亦不可稍存姑息。這樣，則人民的視效自然會正，社會風氣自然會良好，學生在校既知所奮勉，出了校門亦使不至有同流合汚的危險了。

若使學生在校中熟聞某某部長在國外存有美金多少，某某廳長用錢怎樣闊綽，某某法官怎樣受賄枉法，某某司令怎樣以私怨捕人，——社會裏邊到處都有這樣的街談巷議，而政府褎如充耳，那麽，這些學生還有幾個能够聽從仁義道德的教誨呢！當然在輿論不健全的社會，教育者有辭闢謠言的責任。但是，我們的行政首長中，固有以廉潔著名的，亦有以公正得譽的。這些說好的似是名實相符的，難道那些說壞的就都毫無根據麽？是眞，是假，至少監察院有責

（下轉第9頁）

半月大事記

一月十日（星期日）

中國駐韓大使王東原表示，中國政府完全支持美軍當局所擬之自印度營接運反共義士至自由中國之計劃。

共黨提出延長對戰俘解釋要求，聯軍統帥部加以拒絕。

美宣佈計劃建造一部「原子碎裂機」，價值兩千萬美元。

一月十一日（星期一）

韓境聯軍統帥赫爾上將夫婦訪華。面告援助義士會代表，保證如期釋放反共義士。

法軍和越盟軍七營在寮國中部發生爭奪戰。

印度要求聯大在中立國遣俘委員會解散前召集會議討論韓國局勢。

美國務卿杜勒斯與俄駐美大使柴魯賓會談為原子能和平計劃的正式會談決定時間，地點，及議程。

一月十二日（星期二）

美國同意恢復韓國政治會議的初步談判。

遣俘委會中印度與波捷兩國聯合推翻了瑞典的建議案。

英外相艾登廣播，全德國的自由選舉乃是德國統一與歐洲和平的關鍵。

美總統艾森豪將美韓防衛條約向參院提出要求批准。

一月十三日（星期三）

美國務卿杜勒斯警告：要是北平政權在亞洲作任何新侵略行動，美國將「立刻」向共黨佔據的大陸攻擊。

中立國遣返委員會秘密研究印度所提解決戰俘問題的方案，即將戰俘分別交歸原執行拘留的雙方。

法軍已擊退對寮國中部堡壘仙諾發動攻擊的七營越盟軍。

一月十四日（星期四）

印度齊瑪雅中將通知盟國和共黨：印度監俘軍將於一月二十日將未遣回的戰俘交回原拘留的雙方。

美國遠東空軍司令魏蘭上將夫婦抵臺訪問。

美英法三國駐柏林司令和蘇俄代表進行的四國外長會議的會址談判已告中斷，未獲任何協議。

美國務卿杜勒斯稱，中共「兼併北韓為中國一有」的事實使目前並無和平統一韓國的希望。

一月十五日（星期五）

聯軍將接受印軍交還之戰俘，並如期予以釋放。

美陸軍參謀長李奇威，陸軍部長史蒂文茲在參院作證稱，如中共重新發動韓戰，美國將在韓境以外施行報復行動。

越共四萬人集中，將對法空軍基地奠邊府攻擊。

美國對印度所提召開特別聯大會議以辯論韓國局勢之建議，表示不能同意。

一月十六日（星期六）

美政府命令赫爾上將按照原定計劃處置戰俘。

韓總統李承晚提四月二十三日為韓國政治會議之新限期。其後韓國將採單獨行動。

四國外長會議的預備會議在柏林恢復開會。

法國新總統柯第就職。

一月十七日（星期日）

聯軍統率赫爾函齊瑪雅，拒絕其將戰俘交還聯軍繼續監管之建議，但準備為收容及處置進行部署，並如期釋放戰俘。

自由中國各界推派代表三人飛韓，迎接反共義士歸國。

美國高級政府官員舉行兩項會議，討論原子問題。

四國外長會議的預備會議已就地址問題獲致協議。

越南寶祿新內閣就職。

一月十八日（星期一）

行政院長陳誠邀請各黨派及無黨派人士，對召開救國會議問題廣泛交換意見。

聯軍對獲釋二萬二千名以上的中韓籍戰俘的運送計劃已全部決定。

法國駐越南三邦高級委員德日昂稱，法國準備給予越南完全獨立。

一月十九日（星期二）

印度監管軍宣佈：如期交還戰俘。聯軍統帥赫爾抵韓準備指揮接收戰俘事宜。

法軍在寮國中部挺進，距泰國邊境他曲僅六英里。

一月二十日（星期三）

印度監管軍將反共戰俘交還聯軍。

法軍在寮國收復他曲重鎮。

杜勒斯與俄駐美大使柴魯賓再會商原子共管問題。

一月二十一日（星期四）

一萬四千餘反共義士分乘登陸艇離韓來臺，航程中由美艦及戰鬥機護送。

美總統致國會預算咨文。

法軍登陸安南海岸，攻佔了綏和港。

『自由中國』的宗旨

第一、我們要向全國國民宣傳自由與民主的真實價值，並且要督促政府(各級的政府)，切實改革政治經濟，努力建立自由民主的社會。

第二、我們要支持並督促政府用種種力量抵抗共產黨鐵幕之下剝奪一切自由的極權政治，不讓他擴張他的勢力範圍。

第三、我們要盡我們的努力，援助淪陷區域的同胞，幫助他們早日恢復自由。

第四、我們的最後目標是要使整個中華民國成為自由的中國。

自由觀念的制度化與組織化

蔣勻田

自由觀念，伴意志而俱生，是先驗的存在；而不是經驗的產品。人從本能中，演化出自覺我的存在。認識了自覺我，卽顯現出我的自由意志。自由觀念，卽是自由意志的意識化；本不是外礫的東西。

不過人類的自由觀念，有時受物質條件的壓力，有時受社會習俗的制裁，停止了發展的動向；但其內在的自由傾向，依舊是存在的。因爲意志的我是主宰，主宰必然是自由的。在任何關係之中，不能汩沒其本質。教育的啓發，可以茁壯意志發展的機能；歷史的經驗，可以豐碩意志發展的內容；但對意志先驗的存在，都無所增。社會的禮俗可以修正意志表達的方式，政治的强力，可以窒息意志衝蕩的活力；但都不能根本摧殘意志的存在。

意志是超越向上的動力，具有定向的判斷力，所以又是價值的裁判官。因此人類意志，乃成爲導引社會前進的力量。可惜這種動力，每爲反動力所抑制。凡是反動力抑制着向上的動力時，就是社會文化矛盾的時候；甚至是人類歷史黑暗的時候。黑暗的時期，也是向上動力蘊育集結的時期，蘊育集結的動因，卽是自由意志。蘊育集結了足够的力量，必然產生很大的爆發，摧毀了反動的力量，推翻了舊有的秩序，而意志的向上力量，又得以澎湃嶄新的姿態，衝出舊的樊籠，而成爲鼎新進步的引力。此乃人類歷史所以不斷的有宗教革命、文藝復興、政治革命、和工業革命的演出。這些史事，已可證明自由意志的不可遏制，既不能久受奴化，亦不能久受物化，時常高蹲主位，駕馭自然關係，主宰文化趨向。

拉斯基教授的遺著「時代的矛盾」中有一段話，解釋列寧的自由觀念說：『列寧知道舊傳統崩潰了，是個好的機會，以創造新生產關係，使自由能有新的解釋。所謂新的自由觀念，應與大多數人民所淸晰渴慕的慾望聯爲一片，列寧以此種表演，贏得人民的擁護。如貴族或勝利的中產階級，皆會對自由有所解釋，列寧則認爲自由有效的意義，第一必須創造有利的條件，使出版自由，或憲政自由的理想目標，對於目不識丁之輩，能具備活潑與實在的價值。此一羣文盲，對憲政的原則，向無任何經驗，若假以經驗，可以使之漸習於憲政。因此俄人在軍中者，自由卽等於讓其回家，遠離殘殺的恐怖與戰壕的屈服之謂。鄕曲之俄人，自由乃掌有土地與免除地主的控制之謂。城市勞工的自由解釋，乃不受廠主的剝削之謂。無任何表演，能如列寧所表演者之深切的洽中一般人的經驗。』這段話所解釋的自由，完全屬於感官的物質慾望，與英國功利派的價值觀念，以個人感官的苦樂爲基礎，一樣的氣味，看不出什麼新的標準和新的意義。克恩斯 (Keynes) 先生認爲『馬克斯主義不過是邊沁主義的極端形像而已，因爲他們都是對於經濟條件，看得過分的重要。』所謂過分重視經濟條件，就是重視物質的價值。物質條件與感官快樂，當然易爲羣衆所瞭解；但生活的內容，不能僅等於物質享受與感官苦樂。假使以物質待遇的平等，轉爲自由的涵義，恐怕祇有在禽獸世界可作如是觀，人類世界的自由觀念，不應作如是解釋。

列寧表演成功的原因，是沙皇政權的腐敗，是俄人心靈深處的自由願望，被列寧利用了，絕不能看爲自由觀念的新解釋。在這一點上，我將無法同意拉氏的說法。

拉氏舉出上一段列寧對於自由觀念的了解，目的在證明同章中他所肯定一句話：『一旦政府的機構崩潰了，已非許諾言論或結社自由之政黨可贏得羣衆之擁護，許諾和平與麵包及供給土地於羣衆的政黨領袖，始可贏得羣衆之景從。』這句話目的在說明蘇俄雖無出版自由與結社自由，但有和平自由與土地自由。列寧巧用自由一詞，創造了許多新名詞，却並未創造了自由新涵義。拉氏這句話若限於一九一七年十月革命時的寫照，未始不可反映當時參加十月革命者多數的心理；但不能說這就是自由的新觀念。

列寧將自由與個人淸晰的慾望連成一片，祇是活用了英國經驗主義與功利主義的提示，以感官的苦樂，爲價值的基石，說不上什麼新自由觀念，我已經指出了。心理學家會經告訴我們說：慾望有兩類，一爲顯在慾，一爲潛在慾。顯在慾就是列寧所謂淸晰渴慕的慾望。顯在慾滿足之後，許多種潛在慾可能次第變爲顯在慾。士兵想離開戰場回到家鄕，這個階段士兵的顯在慾是鄕思，同時他們也有許多的潛在慾。回到家鄕以後，鄕思的顯在慾滿足了，繼之而起的必又有一種顯在慾。姑假定他們這種顯在慾爲回家結婚；於是共產黨可採用配給婚姻的辦法以滿足之。現在中國大陸上所行的配給士民太太的辦法，大概就是師法列寧將自由與慾望連成一片之道。但是慾望無窮，次第顯現，由婚姻自由而言論自由，而結社自由，而批評政府的自由，而反對共產主義的自由，都可能次第變成他們的顯在慾。到了多數人民的顯在慾要求批評政府與反對共產主義的階段，列寧的信徒們還能將自由與淸晰的慾望連成一片嗎？功利派的經濟學家則認爲爭取慾望的滿足，乃社會進步之所繫。我以爲爭取自由權利，尤爲社會進步之所繫。自由權利卽是自由意志的器用化(implementation)。而言論自由與結社自由，卽爲自由意志實踐化的第一步，所以爲實現其他一切自由的有效力量。沒有了這兩種自由，其他自由將無所依據。祇要回思一下自由發展史，卽可證明我這樣看法是有根據的。

列寧利用俄國人民在一九一七年十月革命時，忽略了言論自由與結社自由的重要性，遂藉口這兩種自由在人民經驗之外，而以組織的力量根本剝削其萌蘖的機會。換言之，即不許自由意志得以發展。蘇俄人民因失去了言論與結社的自由，所獲得的回家自由，分有地主土地的自由，享有麵包自由與免除廠主的剝削，亦遂不可確保。關閉於集中營裏的犯人常達千萬以上，遠比第一次大戰時俄國在東戰場上的兵員爲多，集中營裏當然會有當年在東戰場的士兵。關在集中營裏，還有回家的自由嗎？農民所分得地主的土地，在共產黨集體農場政策下，整個倂入集體農場中。蘇俄共產政府公然承認曾用最殘酷的手段，壓服了農民的反抗。人民享受土地私有的自由安在呢？所謂享有麵包的自由與免除廠主剝削的自由，遂亦名存而實亡。剝削制度存廢的標準，要看工人實際工資的大小，蘇俄工人今日的生活水準，能與美、英等資本主義國家相比嗎？最近蘇俄遣返的日本戰俘說，蘇俄工人的生活程度，低落到如畜牲一樣，其慘狀可知。昔日剝削者爲廠主，今日剝削者爲蘇俄政府，剝削者的身份雖異，而剝削之存在則一。農民不能反抗集體耕作，工人不能對政府有集體罷工的討價權，實際也說不上麵包享有的自由權了。不過農工勞動者，祇要帖服在共產政府的控制下，無論生活水準的高低，不會有失業的恐懼，這到是事實；但這絕不等於不虞匱乏的自由，更不等於免於恐怖的自由。所以無論列寧當時如何騙過了俄國人民，提出了什麼自由觀念的新解釋，而拉斯基教授竟據以謂：『假使不分淸希望與目前的實在，則對蘇俄自由問題的評論，不會公正或完善的。』意思是說蘇俄有經濟領域內自由的存在；但是根據我以上的分析，即在蘇俄的經濟領域內，亦實在無法證明有什麼自由。

拉氏於一九二五年刊行之「政治典範」，曾分自由爲三類：一爲人身自由，即思想、言論與信仰之自由；二爲政治自由，即結社自由與新聞自由；三爲經濟自由，即不虞失業與免除匱乏之自由。拉氏之結論曰：『一國之工業制度，以恐懼心爲基礎者，必不能發展人民創造之天才，更與自由之義兩不相容也。』拉氏復繼續闡明經濟之自由曰：『經濟自由之實現，以工業的民主爲前提。蓋有二義焉：一曰工業管理應立於公民所應享之權利系統之下；二曰工業管理應有共守之規則，而規則須出於公議，不出於强迫。此等規則，自以合於生產之需要爲第一義。』拉氏二十八年前之自由觀念，即强分爲三類；而對於經濟自由，則以免除恐懼與工廠民主管理爲歸宿。

然蘇俄有勞動集中營，以爲處罰工人之所。輕重工業，盡歸政府經營。對外貿易爲政府所獨佔。銀行事業，人民不許插足。人民雖可能有所儲蓄；而亦悚然於富農及資本家之罪名。蘇俄工業界，可謂完全爲恐懼心理所籠罩，尙何有自發、自動與自由之可言？

至於工廠管理，是否出之於民主？我還以拉氏遺著「時代矛盾」中之言證之：『雖然管理員及工頭掌管工廠紀律，……嚴懲不到工廠工作及遲到之工人，然蘇俄工人尙乏有效適應機器之技能，則無法否認。』又說：『過於集中工廠管理於工業領袖及管理員之手，一面宣稱依靠工人的社會創造力；而一面又以嚴刑峻法，以威脅工人不得逾越廠規，此乃顯著的矛盾。』又說：『所有蘇俄工業上之成就，乃指其數量而言，非指其性能而言，乃成於獨裁，非成於民主，乃出之於恐懼心理，非出之於工人的心願。』從以上所引拉氏的幾段話，就可以證明，蘇俄工廠管理絕對不是民主了。

根據以上的說明，我們可以瞭然蘇俄雖以提高勞工的人格爲號召；而勞工界不能免除恐怖生活如故，更遑論工廠管理權之參與了。與拉氏所定的經濟自由標準：一曰工業界免除恐懼心理；二曰工廠民主管理，完全相反，則蘇俄工業界之無自由，已可斷言。拉氏爲什麼在其遺著「時代的矛盾」中，一面既說蘇俄無言論自由，更無政治自由；乃一面又疏附列寧當年欺騙俄人之言，竟認今日蘇俄工業界尙有自由之存在，這眞使我大惑不解。

拉氏在政治典範中分自由爲三類，從言論自由、結社自由到經濟自由，這個順序甚爲重要。因爲自由觀念的制度化，雖可分立；而其契機，祇是一個自由意志。自由意志的外發，就是言論自由。自由觀念應用到生活的每一面，就有其一定的範圍與意義；也有其一定實現的方式。換句話說，一定要先有保障其實現的制度，就是所謂器用化。假使這種制度不存在，或名雖存在而實等於具文，則這種制度所欲保障的自由，必無法實現。如吾國憲法第三十二條規定：『國民大會代表在會議時所爲之言論及表決，對會外不負責任。』第三十三條規定：『國民大會代表，除現行犯外，在會期中非經國民大會許可，不得逮捕或拘禁。』第七十三條及第七十四條對於立法委員，有同樣條文，以保障其發言的安全。第一百零一條及一百零二條對於監察委員，亦有同樣的保障。其他各國憲法，亦莫不設有類似條文，以保護議員們的安全。這就是先設一種保障，使有言責的議員們，可以無所顧忌，暢所欲言，本諸良心之所安，事實之需要，民意之所在，以批評政府，以攻擊負重責握實權的政府領袖。這是民主政治的起碼條件。假使沒有這類的保障，則議員們之發言精神，必受頓挫，而失其議員之本分。假使政府的軍警機關，可以不遵憲法的規定，事前不得民意機關的同意，擅自逮捕議員，則議員何敢爲良心之主張，或接受民意之指導，以批評政府，以攻擊政府要人，以盡其爲民意代表之天職？此所謂雖名爲憲政；而憲法實等於具文。

言論自由對於民主政治之重要，不僅限於民意代表言論自由之保障，尤重有新聞的自由。拉氏在其「政治典範」中論新聞自由之言曰：『國中新聞供給方法，貴於誠直坦白。蓋國民之有所判決也，必先有可以判決之資料；資料正確，判決亦隨而正確。反是所以記事情之經過者，意存偏私，則判決亦不免於偏私。』又曰：『新聞來源之可恃與否，至爲重要。若傳播之者，先將事實顚倒，吾人判斷，何能折衷於至當。國民無可靠之新聞，則其民之自由，亦爲無源之水。』拉氏三十年前對於新聞自由之立論，祇注意於新聞之來源正確與否；而三十年後之今日，經過共產黨與納粹統制新聞來源的技倆洗禮後，更無新聞自由之可言。他們不採取新聞事前檢查的形式；而每天立出宣傳大綱，强逼新聞人員必遵照其宣傳大綱以報導新聞；同時用種種方法，打擊民營報紙，使其俯首聽命；不然，卽不許其存在。所有宣傳機關，盡入政府掌握，卽令國中充滿反對之情緒，亦無處宣洩。從業新聞者偶一不愼，未能嚴格遵守官定之宣傳綱要，或以一字之差錯，或有一則新聞之不檢，輒遭停刊之處罰。今日極權國家中，新聞不自由之意義，似非拉氏生息於英、美民主空氣中者所能了解矣。蒲萊斯氏的巨著「現代民主政治」一書，分析各國民主政治之情況，必有一章專論該國的新聞事業，就該國新聞事業的好壞，以明該國民主之程度。幼年讀其書時，不識蒲氏用意之深刻與重要。以二十年來爲民主政治奮鬪之經驗衡之，可以得一甚自然的結論：卽一國的報紙，其所報導的新聞大部雷同；而對於政府重要人物，不敢爲一字之批評者，這就是無新聞自由的確切證明。

新聞自由之重要，卽在其能表達言論自由之價值。不然，名爲有言論自由；而言論不能藉新聞紙以廣播，等於自由言論於斗室之中，不啻自由觀念，祇限於觀念自由。何能騰爲輿論，形成人民認識政治之指導乎？何能因政治認識之相同，產生同一方向的政治運動乎？更何能養成强有力的反對黨以監督政府，批評政府，隱然領導民意，使政府懍懍於政權之傾覆，必時時偵民意之向背，而不仰承在位者個人之好惡，以定政策之取捨乎？以民意定政策，才是責任政府，才是民主政治。無新聞自由之國家，則反對黨無揭發政府弊端之武器，無法大張反對黨之旗幟；其爲民意之前驅者，必日就萎縮，徒具反對黨之驅殼，終難形成强有力之組織，以貢獻於民主政治之建立。政府旣壟斷所有宣傳機構，乃自我宣傳，自我陶醉，有小善則誇張不休；雖大錯亦一字不提。人民慣聽甜蜜之諾言，無法科政府以責任，上官坐壅聞之蔽，民意失監督之能，遂養成官吏之失職與貪汚。故無新聞自由的國家，不特無法建立民主政治，卽欲求開明專政，亦不可得。

蘇俄共產集團旣窒息了言論自由，復不允許結社自由；然猶以爲未足，更進一步限制出版的自由，壟斷印刷事業，獨佔書籍推銷，完全杜塞了私人著作之印行，隔絕國外出版物之輸入。玆引證捷克首都查理大學的教授杜蘭斯基(Professor Juliu Dolansky) 向國民會議反復說明其方案之言如下：『我們要將無價值的文學書籍及各色假充的藝術作品，盡舉而焚毀之。……假使到處仍聞啾啾不休的請求，允許著者自費印刷其書籍者，我們必須使之明瞭，這種請求，就等於在人民民主與社會主義時代，請求建設私人工廠或資本主義企業，同樣的怙惡不悛。……蘇維埃的文化，不是已大放奇麗之花了嗎？在蘇俄國內，旣無私人印刷商，亦無私人書肆，更無販賣藝術者，這不是高明的準則與規模嗎？』捷克的宣傳部長柯佩基 (Vaclav Kopecky) 更繼而補充之如下：『印刷與分配書籍，應歸國家管理，亦應在國家指導下，注意到人民的文化需要，注意到高等敎育的利益。』又曰：『在私有印刷制度下，發行人眞實的目的，不計犧牲，以圖保其反動觀念的立場，敞開市場，以供外來宣傳品之流入，西方馳名傳記體裁的作品，尤爲充斥』。柯佩基氏在國民會議中爲統制印書事業法案辯護之結論曰：『偉大的蘇俄在史達林領導之下，已爲我們樹立光輝的榜樣，向統制路途邁進了。』我們從捷克的宣傳部長口中，很清晰的知道蘇俄如何統制印刷及出版事業，印刷與出版自由旣被剝奪，言論自由與新聞自由當然不會存在了。沒有言論自由與新聞自由的國家，不要說不許反對黨存在；就是在技術上更巧妙點，允許反對黨存在，則反對黨旣失去了反對的武器，也無法生存與發展，成爲在野的力量，爲人民的自由權利而辯護，使政府不得隨便侵蝕人民權利的範圍。任何國家，沒有足够强大的在野黨，如今日美國在野的民主黨以對共和黨政府，英國的工黨以對保守黨政府，我可斷言，其國的政治無法走上民主的坦途。人民的自由，亦必無有效的保障。尼文森氏的自由論中有這樣一段話：『自由如愛情，非時刻注意克服之，則不能爲我有；若一度勝利，卽以爲可安享其成，則自由常在喪失中。——自由之戰爭，永無終止，自由之戰場，永不安寧。』我以爲自由之戰爭，欲求勝利，必須出之於有組織的廣大羣衆；倘僅有少數個人，爲自由而戰，與强暴的警察政府抗衡，結果祇有以身殉道，絕無倖勝之理。所謂有組織的廣大羣衆，卽是强大反對黨的存在。英國有四百年的憲政史，美國亦有一二百年的憲政史，假使今日英國無强大的工黨，以在野的力量，處處監督政府，政府稍有所失，卽嚴厲的揭發與攻擊，誰也不敢保證保守黨在無人可與爭奪政權的心情下，不會走上一黨專政之路，而擅自侵犯人民的權利。假使今日美國無强大的民主黨，則艾森豪總統，雖然是個極開明的軍人，由共和黨提名當選爲總統，未必能尊重共和黨的政策。所以民主黨强大的力量，不但保證了政府不便侵犯人民的權利；而且制約了艾森豪總統不得不與共和黨決策的領袖們合作，以對抗民主黨的壓力。艾森豪氏競選時曾經說過：『彼願中途迎晤史達林，以解決國際緊張的局面。』與今日邱吉爾氏主張四强巨頭會議，意思是一樣的。這一點就可以窺出艾氏也是領袖慾極强的人物；但是今日艾氏所以不再積極主張高階層會議的理由，多半是受共和黨外交政策的影響。如諾蘭參議員卽主張先解放蘇俄的附庸，然後再開四巨頭會議。假使沒有强大的民主黨，共和黨反蘇的政策，尤其是執行該政策的步驟，未必卽能影響艾氏的態度。由此可知反對黨的重要了。反觀當年德國的納粹黨、和義國的法西斯黨、及蘇俄今日之共產黨，都因國中無强大的反對黨，由於一黨專政，而流爲個人獨裁。政治上危機，差之毫釐，卽謬以千里。人民的權益與自由，固無法保障，卽黨員的安全與榮譽，亦每因一人的喜怒而朝不保夕。我相信當年的托勞斯基與今日的貝里亞，接受被整肅的屈辱後，假令稍具人類向上的意志，一定會反悔過去贊助一黨專政之非，及側身個人奴役之恥；然爲時已晚，祗有飮恨以終了。

我之所以反覆說明反對黨之重要性者，意在說明人民的自由，必須有足够保障的力量；而這種自由保障的力量，不能有賴於外礫，而須人民自由意志，形成組織的力量，願爲自由而戰，能爲自由而犧牲，使反動力量無法襲擊，然後自由始有確切的保障。拉斯基教授在其「政治典範」論自由與平等一章中有言曰：『自由者吾人所自造，非他人所能賦予者也。國家者以國民之性質爲基礎，人民所欲所求，鍥而不舍，則國家自隨之而轉移。反是者人民於國事，漠不關心，或委心任運，雖有至良之法制，亦無法以制止政權之濫用。』又曰：『有心思有意志之國民，爲國家不可缺之分子。國家不敢不應民請者，必其國民之力足以強制國家，非順民意，無以立國。故曰人民之自由，出於其求自由之意志中。』自由之保持，旣賴於人民求自由之意志；而人類意志的外發，又是自由的原動力，何以人類歷史，自由常在喪失中，這可分爲兩方面研究之。

一方面是國家的形成，必有政府的組織。一旦政權掌握於少數人之手，一切國家軍政大計，皆由此少數人決定。而此少數人者，掌握政權旣久，乃漸與羣衆隔離，其所決定的政策，往往與人民利益衝突，乃變爲不負責任之政權。到這個階段，人民若無有效的反抗，握政權者，乃以其個人的所好，解釋爲社會全體的所好；而用其權力推行其所好於社會。有敢抗辯之者，則認爲破壞政府之威信，不惜以任何手段而制服之。執政者淫威旣立，遂可任意侵犯人民之權利。馴至近代警察國家，以極周密之特務組織，控制極迅捷之電訊機構，勢等爲虎添翼，使少數意志堅強的人民，反抗政府侵害自由之行動，幾不可能。德國之納粹政權，義大利之法西斯政權，若非民主國家以雷霆萬鈞的聯合力量，將之摧毀無遺，徒恃德義兩國人民的力量，恐至今仍無法以推翻之。今日蘇俄之共產政權，已有三十餘年的歷史，絕非蘇俄人民所能推翻，祗有待於民主自由聯合力量，以解放蘇俄人民於暴政之下。

一方面人類固然有超越的自由意志；但在現實境域內，也有生存慾與虛榮心。統制者利用名位，牢籠了一部份趨炎附勢之輩，以撲滅自由主義者之力量。同時政府又控制了經濟大權，使逆我之人無法生存。於是大多數委心任運之人，乃俯首帖耳，隨聲附和，造成社會一面倒之趨勢。政府更利用宣傳機構，指黑爲白，集非成是，使爲自由鬬爭之義士，變成大逆不道之妄徒。特務便衣，跟踪尾隨，雖至親好友，亦視同危險的火藥庫，不敢接近。至此乃使爲自由鬬爭之義士，完全與社會隔離。此足說明在極權專政之下，普通反對黨所以無法長成。僅憑散漫的個人行動，以保衞自由，故自由常在喪失之中。自由常在喪失中的原因，不是人民沒有自由意志，也不是人民沒有自由的經驗，原因是政府的組織日益龐大，侵入人民生活範圍，滲透社會團體，一切皆變成保衞政府黨政權的工具，而不是人民保衞自由的力量了。

余友張佛泉教授曾在自由中國第八第卷十期發表『自由之確鑿意義』一文，提出保障自由之方法如下：『講求自由與權利的國家，無不發明若干制度來維護並促進基本的自由。他們有視如至寶的「人權淸單」，有永矢咸遵的憲法，有代表民意的議會，有對人民負責的政府，有公正而尊嚴的法官，有傳統優美的陪審制度，有窮年矻矻的法學家，有英才濟濟的法學院，有無數以辯護爲業的律師，有成百的以促進自由爲職志的社團，有擧國終年囂騰的言論，有與當局旗鼓相當的反對黨，有用以更換政府決策人的普選；所有這些制度、組織、以及個人，交織發出作用，構成強大無比的力量，經常確保着古老的自由，並促新的必不可少的權利。』張教授這段話是以法與人、制度與組織並重，以爲保護自由的力量，可謂已透視了保護自由之道。茲將張教授的意見排列，倒轉連鎖上去，則可見張教授用心之深，與保護自由的眞契機所在了。假使能有更迭政府不畏強禦的選民，如非律賓此次大選，雖流血犧牲，亦不退縮，則自然會有旗鼓相當的反對黨，有了力足壓倒執政黨的在野黨，自然會有終年囂騰的言論，有了終年囂騰的言論，自然可以支持出千百促進自由的社團，有了這些基本有組織的力量，則律師、陪審官、法學家與法官始能嚴格的維護法律的尊嚴與公平，法律的尊嚴與公平能普遍貫澈，就是法治精神的建立，憲法的威權至此乃必然顯現，而爲全國所必然遵守。人民代表自然有力監督政府向人民負責，而人權淸單乃可一一實現。可見人民自由保障的契機，卽在人民自覺的起來，組成強大的在野黨。僅憑憲法所規定的人民權利，『徒法不足以自行』，則自由依舊會落空的。捷克的宣傳部長柯佩基對其國民會議說：『我們的憲法，明白保證精神創造的自由。我們願望我們的文藝家愈感覺自由愈好，愈有豐盛的創造愈好。但同樣的，對於創造的結果，我們亦得承認批評的自由與選擇的自由。我們不能解釋創造自由的意義爲不論作品的窳劣或反動，都讓其印行，我們認爲創造的自由，應有裨於我們的目的，人民民主的目的與社會主義的目的。』捷克的現行憲法本爲當時各黨合作製定的憲法，富有民主精神；然共產黨可以解釋保證自由之條文，以便於其限制自由的目的。假使捷克能有強大的反對黨，以終年騰囂的輿論，批評政府，則保障自由的條文，絕無法引爲限制自由之用。所以自由保障的契機，是有強大的在野反對黨；而不是任何完美的憲法。耳食之輩，祗知隨聲附和，批評憲法的條文，而不知反對黨的重要，設非別有用心，亦未免太幼稚了。

列寧深知這個道理，所以一九一七年十月革命成功之後，首先扼着人民的喉舌，不許共黨外任何黨存在。乃自爲解說曰：人民無憲政經驗，對於言論出版自由，並無興趣。他們的自由解釋，卽士兵要回家，農民要土地，工人要免除剝削。這種說法，未免太忽視自由觀念的非物質的動機。自由觀念的來源，是精神的，是超越的；但我不否認自由觀念，實現到人的現實生活方面，確是每個具體慾望的滿足；但個別慾望的滿足，不是自由觀念客觀的制度化，更不是保障自由力量的組織化。自由觀念不能由康德所謂主客普遍的存在，化爲客觀的存在，卽是不能從制度與組織上生根，一時自由之花，不旋踵卽將枯萎。我所謂的組織與羅素大著「自由與組織」所用的組織意義，完全兩樣。羅素所謂的組織，是機械的組織力量，所以與自由觀念相反。我所謂的組織，卽指人類主觀自由要求，在同情的情緒下，化爲普遍客觀存在的保障自由力量。有此客觀存在的組織力量，所以蘇俄農民前仆後繼的反對集體農場，其使領館人員，往往棄職求庇於民主國家。所以蘇俄人民同樣的有自由意志，有反暴力統制的本能。假使他們沒有這種能力，蘇俄歷史不會變成今日的共產黨時代了。可是有了共產黨的滅人性的控制，加以共黨組織的周密，及利用電氣化通訊網的迅捷，蘇俄今日的人民，實等於無法以達成自由的願望了。解放蘇俄人民的努力，恐須有待於國際的自由民主力量了。我前面曾經說過，自由的爭取，惟有出於人民本身的力量，勿待於外鑠。現在又說須待國際的自由民主力量，豈非是自相矛盾嗎？實則有其相關的淵源，也有其必然的趨勢，並非矛盾。

法國一七八九年的大革命，曾經普遍的影響了人類歷史。俄國一九一七年的大革命也曾經深刻的影響了人類歷史。須知政治思潮互相反應的作用甚大。其緣由是自由意志，乃主觀的普遍存在，所以在價值上有其定向，能收衆善相吸之效。惟識論分析緣由爲因緣，所緣緣，及增上緣。法國人民有向上的意志，是革命的因緣，路易十四的暴政是革命的所緣緣，受美國獨立的鼓勵是增上緣。法國名將兼政治家拉法葉特 (Lafayette) 曾參加美國獨立戰爭，足以說明美法兩國的政治解放，有其歷史淵源。俄國人民有向上的自由意志，是革命的因緣，尼古拉第二的暴虐是革命的所緣緣，而東戰場的失敗，及德國秘密送回列寧是革命的增上緣。由這兩段史實的證明，說明了雖有因緣與所緣緣，而缺乏增上緣，往往不能成功的道理。內在起了因緣，有了所緣緣，配上了外在的增上緣，這是同緣同止，絕不是互相矛盾。一國之內有憲法，也有反對黨，有代表民意機關，也有律師與法官，仍不能有自由的存在，不能說沒有自由的因緣與所緣緣，實則選民的自由意志，反對黨、輿論、社團、憲法、律師、法學家、法官、及人民權利清單，卽迭爲因緣，互爲所緣緣，若仍不能保證自由之存在，則惟有待援於外在的增上緣。反過來看，一國變成了共產黨政權，各國內都難免有共產黨的因緣，則共產黨成功的國家，也可爲促成有共產因緣國家共產化的增上緣。我們大陸上的變色，就是這個道理。所以民主國家應聯合起來，爲保障自由文化的增上緣。

（上接第3頁）

任去查一查！無論那一個國家都免不了貪污黷職的官吏，最要緊的是國家不應該不管。若使這些汚點長留在社會裏，則我們的教育家雖個個爲孔子，爲伯夷，爲文天祥，爲史可法，恐亦無補於國民的道德。

我們在這裏並沒有絲毫爲教育家辯護的意思。我們知道，我國的教育缺點很多。我們希望我們各級學校的校長和教員，非特要體會蔣總統改革教育的苦心，檢討自己學校的缺點，以求改進，並且要眞正負起百年樹人的責任，忠於國家，忠於職務，更忠於眞理。不可因社會的不良而灰心，更不可因個人的得失而苟合取容。社會有好意的批評，自可擇善而從。政府有不明智的干涉，亦不妨據理力爭。以我們的觀察，政府對於教育，極知注重。教育界若能平心靜氣的進言，不怕公理不伸。

除去「以身作則」的原理以外，我們還希望政府和社會對於教育，恒抱一種「必有事焉而勿忘」的態度。教育是要竭力去辦的；但教育是最難速成的東西。一個國家的物質建設，多多少少是有捷徑可循的；一個國家的教育，則沒有捷徑。捷徑是有的；規規矩矩、正正常常的去辦，便是捷徑。這個觀念，非特對教育有大利益，卽對國家亦有大利益。因國家局勢的關係，今日全國上下期望於教育的未免過急，所以我們敢進一解。若不明白這個道理，鹵莽滅裂的去趕，在教育本身固然沒有好處，國家亦且受到害處！

基本人權溯源

李祥麟

一

從什麼時候起，人發生了人之所以為「人」的自覺，自己意識到人必有一些與生俱來的固有的絕對不可讓的權利，是很難斷定的一個問題。這種自覺構成了自然人權（Natural Rights）的觀念，而此種觀念所根據的是發源於古代希臘的自然法（Law of Nature）思想。人不能離羣而孤立，必生存於集無數個人而成的社會，為了大多數個人的公共利益，個人的自由與幸福的追求，自不能漫無限制，為所欲為，所以一個「社會人」必受一定的拘束，但是不能以此為理由便強迫個人完全犧牲其個性，喪失其自主的人格，所以個人雖然以社會的存在為必要，仍要求保留一塊不可侵犯的最低限度的領域。如借社會契約說來解釋，當原始時代，孤立狀態下的個人，相約締結契約而成立社會時，他雖然放棄了以體力為主的許多權力，但仍保留下原始自由的一部份，而這一部份自由，國家必須予以保障，不得干涉與侵犯，因為這種權利是先國家而存在的。

近代初期，人感覺到現存制度的壓迫，感覺到現存制度對於個人的自覺，個性的發展，人格的尊嚴，是一種桎梏，於是對於現存制度和權威發生深惡痛絕之感而思有以改革或廢除之。然而當近代人反抗或破壞既存的制度或神學的教義時，以什麼作為改革或廢除的理論的根據呢？也就是以什麼理論作武器以對抗舊有的秩序呢？當時中世紀的遺風遺俗尚根深蒂固，宇宙的創造，社會的構成，法律的起源，除了神學的解釋以外，所知者不多，於是為了使自己的要求正當化，合理化，也只有訴諸自然法，或自然神法之一途，這是最捷便之徑。然而所謂自然法，內容是什麼呢？解釋與判斷的主體是人自身，是人的理性。所以自然人權的主張固然是對既存制度與權威的反抗，還有重要的一面，即一切制度與權威的存在價值應訴之於各個人自身的判斷。

自然人權思想的批評非本文目的，然祇因有此一念，西歐各國對舊秩序、舊制度、以及現存權威的反抗和破壞，勇氣大增，產生了轟轟烈烈數百年來爭自由的大決鬬，使自由主義的發展成為近代史的主流。根據自然人權的思想，就要求制定法律作為自然人權的保障，於是有一六四〇年及一六八八年的英國革命，而出現了「權利請願」（Petition of Right）和「權利法典」（Bill of Right），成為基本人權的最初典範。從此以後，自然人權不僅是一種道德的政治的信仰，而成為具體的各種權利的內容，和法律上的保障了。這種思想繼續發展，於是有美國非幾尼亞（Virginia）州的「權利法典」（Bill of Right）和法國革命時的「人權及公民權宣言」（Déclaration des droitsde l'homme et du citoyen）。值得注意的是，這兩個文件所表示的基本人權的意義，已超過英國上述文件所要求的範圍，它所主張的不僅是美國或法國一國國民的權利，而是人類普遍的權利，神所賦予的權利。這就是天賦人權法律化的起源。

二

關于人權保護的成文法以人民全體的自由為對象者，當以英國一二一五年的大憲章（Magna Carta）為嚆矢。大憲章所重視的人權以身體生命的保障為主，如要求生命身體的審判狀（Writ of Inguisition），國王不得拒絕（第三十六條），一切自由民（Free man），除依據合法裁判或國法外，不得隨意逮捕監禁，不得剝奪，或置諸法外，或放逐，不得根據任何方法予以毀傷。不根據上述手續，不得踏入自由民的土地，或遣軍隊於其地（第三十九條）。其中「除根據合法裁判與國法外」一句，就是以後「不經過合法手續，任何人的自由不得剝奪」的一般法律上原則的濫觴。也就是以後美國憲法修正第五條、第十四條不根據「合法手續」（due process of law）不得剝奪生命、自由、及財產規定的由來，在人權保護的觀點極為重要。

一六二六年英國議會迫查理一世（Charles I）所簽署的「權利請願」，是對斯圖亞特（Stuart）王朝專制君主要求原來國法上既得權利的回復和承認。因為英國已經有了大憲章、兩院的國會、和一套普通法(Common Law)，國王權利的限制，人民自由的保障，已有傳統的規模，而斯圖亞特王朝自蘇格蘭入英為王，對於此種傳統漠然置之，一意想造成絕對君主，故有「權利請願」之提出。權利請願重申大憲章保護人身自由之旨而提出同樣要求，即一切自由民除依據合法裁判及國法外，不得逮捕監禁。其所領及自由或自由的習慣亦不得剝奪。不得置諸法外，亦不得放逐(第三條)。任何人不問其有若干財產，不問其情形如何，非經法律上正當手續或予答辯之機會，不得驅之於所有地或租地以外，更不得捕縛、拘禁、甚至處死(第四條)。為了釋放被拘禁者，根據國王所發之人身保護狀（Writ of Habeas Corpus）法院應予以審判（第五條）。為了保障身體之自由，英人對人身保護狀極為重視，故於一六七九年制定人身保護法（Habeas Corpus Act of 1679），其後經過長期的司法解釋，逐漸擴張，至一八一六年又補訂一次，以迄於今日。此外，非依大憲章及國法之規定不受審判。任何犯罪除依法定審判手續及刑法外，不得適用其他方法處理(第七條)。權利請願所要求者以有關司法者為獨多，蓋斯圖亞特君主妄信王權神授說，驕恣專橫，草菅人命，故不得不要求司法保護，而保護的目標以人身爲主，因人身之自由爲一切自由之本。

一六八八年英人迎荷蘭奧蘭治 (Orange) 家之威廉爲王，稱維廉三世 (William III)。在威廉及其夫人瑪利(Mary)登極前，議會爲防止國王之專制，及保護人民的權利自由，通過一個權利宣言 (Declaration of Rights)，威廉三世加以修正而批准，是爲「權利法典」(Bill of Rights)。這個法典關於自由人權的規定，涉及立法司法行政多方面，已較權利請願止於司法的保護者爲擴大。重要的內容如下：不經議會承認，以王權隨意停止法律的效力，或廢除法律，或停止法律的執行，都是違法。爲宗教事件而設立法庭，是違法而且有害。不根據議會所定時期、地方、方法而徵收財稅，是違法。向國王請願是國民的權利，不得將請願人投獄或處罰。不經議會承認，國王不得徵集常備兵。議會議員的選舉必須自由。議會內言論自由，討論及議事手續，議會以外之法庭或任何地方，皆不得提出告訴或質問。不得徵收不當的保釋金，不得科以不當的罰金，不得加以殘忍的刑罰。一切陪審官皆應選舉而登錄，參與大叛逆罪之審判官必須是自由領的人。審判之前不得徵收罰金及沒收財產。爲了解除人民的痛苦，爲了修正及保持法律，議會應經常開會。

以上所舉各點，對於基本人權的保障十分重要，英國立法行政司法的大原則都有了雛型。權利法典無論內容與形式，都很完備，與大憲章、權利請願合稱爲英國憲法的三大法典，而人權基礎亦由此奠定。更值得注意的是英人於人身自由獲得之後，更進而要求議會至上，宗教自由，言論自由，法律尊嚴，請願自由，陪審制度，依法納稅等，不僅人權的保障更加鞏固，而人權的範圍也愈加擴大了。

英王威廉三世的治世，以荷人入英爲主，其興趣在外交與軍事，而對英國複雜的內政頗少興趣，故一切國事委之於議會與大臣，給英國議會政治與內閣制度發展的好機會。議會因恐威廉之後，王位落入信仰舊教的詹姆斯二世 (James II) 後人之手，故於一七〇〇年制定王位繼承法 (Act of Settlement)，申明舊教的信奉者不得爲英國國王，對於王位繼承作進一步的限制，同時對於人民的自由與權利再作進一步的確定，即「凡就英國王位之國王及女王，必須服從國法掌理國政，因英國法律係英國國民生來所保有的權利。……國王對於英國所確定的宗教、權利及自由的一切法律必須承認與遵守」(第四條)。此法通過之後，不僅選擇國王之權握於議會之手，同時更趁此機會重申凡爲英王者，必須尊重人民的權利與自由，必須服從國法。

三

一六二〇年，有名的美洲殖民之父 (Pilgrim fathers)，因不堪英國勵行國教(Anglican church)政策的壓迫，憧憬新大陸的自由，先逃荷蘭，後赴美洲。他們自稱是世上的旅人，輕視世俗，而衷心愛慕着上帝爲他們安排的城(伯希來書十一之十六)，乘風破浪出發了。在他們所乘的五月花 (Mayflower) 船上，締結了一個協約，稱「五月花協約」(Mayflower Compact)。這個協約分析起來有三點重要意義：第一、說明殖民的目的在保持基督的信仰和國王及祖國的名譽；第二、依契約的結合，成立政治團體，以達到上述目的及維持彼等之安全；第三、自己制定的法令應自動的服從。這個號稱爲美國憲法之母的協約，既不是近代意義的憲法，又不是人權宣言。但是就本協約的精神以及其締結的經過來看，實是世界最初的成文憲法，包含着基本人權宣言的思想在內。因爲他們訂此契約的動機在實現自主的個人以契約而成立團體的社會契約說，和政治上權力的根據在個人的同意。前述英國的人權思想是基於古來傳統的權利與自由而發，而近代意義的人權思想並非歷史上傳統的自由權觀念，而是由於各個人自以爲人生而自由的天賦人權思想而發的。這種思想首先在美國發現，而五月花協約實爲其嚆矢。自美洲大陸發現以後，歐洲人競向美洲殖民，英國在美洲所建立的最初殖民地便是非幾尼亞。本來歐洲人之殖民，以征服與領有使屬從於本國的利益爲主，英國之設立非幾尼亞殖民公司，而予以特許狀者目的亦在此。但是這一批美國建國之父的清教徒 (Puritans)，因爲他們深受加爾文主義(Calvinism)的影響，堅信只有神的意志是最高主權，打破舊教的一切限制和規律，否認教皇及其他一切權威，廓清英國國教，嚴格遵守個人信仰，以自己所信爲唯一的法則。他們在英國勵行國教的政策下，常受迫害與虐待，而反抗的精神始終非常旺盛。所以他們的赴美，非一般殖民者可比，却另有動機，即爲了保持宗教信仰的純粹性，他們想在新天地中實現自主的生活和保持自由的信仰，因此他們才締結了五月花協約，建設一個自治的政治團體。五月花協約對於基本人權的重要性意義在此。

美國獨立之前各州的憲法，幾乎都有保障人權的規定，即所謂人權宣言(Declaration of Rights)或人權法典 (Bill of Rights)，這種人權思想即以自然法爲其理論的根據。一七七六年六月十二日所成立的非幾尼亞憲法，關于人權的規定，十分詳盡。

非幾尼亞憲法的權利法典，開宗明義所宣佈的「人生而平等、自由、獨立。」(第一項)是近代基本人權的最初宣言，也是自然法上人類權利的宣言。因爲這種權利不是非幾尼亞人民所專有的，而是一切人類所共有的普遍的權利，任何協約或法律都不能剝奪，也不能以自己的意志讓與他人或被他人所强奪。這正是名副其實的基本人權。「一切權力以人民爲基礎，發自人民；官吏受人民的委託，是公僕，應對人民負責」。(第二項) 這是民主主義根本原則的宣示。民主主義何以主權在民，因爲人生來就有平等的、自由的、獨立的權利，而這種權利既不可侵奪又不可讓與，當然也決不會因爲集合多數人而成立社會或政府便使基本人權受到侵害。這些天賦的權利附着於任何個人之上，由個人而成立團體，由團體而成立國家，所以個人是出發點，政府的組織的原理是由下而上的。既然以基本人權爲基礎而組織政府，那末政府的權力當然發自人民。民主政治是基本人權的必然的歸結。反之，非民主政治無以保障基本人權。「政府是爲了保護人民的共同利益而設的」（第三項），如果人民發現政府的作風是反其道而行，或不能達其目的，人民就有改革、變更、或廢止政府的不可讓和不可侵犯的權利（同條）。也就是說，不能保證基本人權的政府，決無存在的可能。政府的任務積極的爲增進人民的最高幸福和安全，消極的在防止失政的危險（同條），不然的話，人民當然有改造政府的權利，而這種權利並不認爲是一種「反抗」或「革命」，因爲這是人民本來所有的當然的權利。非幾尼亞權利法典的後半，則有信仰自由，言論出版自由，陪審制度，裁判公正等保障，這是由英國憲法上傳統的個人權利及自由思想而生的各種制度的列舉。

一八七六年七月四日大陸會議所通過的美國的獨立宣言，內容大體可分兩大部份，第一部份闡明革命的根本思想和獨立運動的理論根據，第二部份列舉英國國王喬治三世 (George III) 的虐政以及必須獨立的原因。現在我們所注意的是第一部份。「我等相信以下所述爲自明的眞理，卽一切人生而平等，一切人由造物主賦與一定不可讓的權利，其中包含生命、自由及追求幸福的權利。政府的組織卽爲保證此等權利而設，故政府權力的正當根據在被治者的同意。任何形式的政府，如果破壞上述目的，人民有變更或廢止的權利。人民有以最有效的原則與方式創設新政府以保障人民的安全與幸福的權利。」這一段文字所表現的可以說是美國革命思想的精髓，也是獨立宣言的最重要部份。根據自然法或神法 (Divine Law) 的基本人權思想，政府須得到被治者同意的民主思想，以及對人民的生命、自由、及追求幸福不能予以保證的政府，人民有推翻之權的革命思想，躍然紙上。這些思想就是美國十三州人民不能忍受英國的暴政起而革命的根本理由。

本來獨立戰爭期間，各殖民地紛紛組織政府，在獨立宣言之前，非幾尼亞等三州已經成立了包括權利法典的憲法。其中就基本人權而言，實以非幾尼亞爲代表，到戰爭終了，十三個「自由的、主權的、獨立的」州 (States) 出現了，各州也都有了憲法，各州憲法都根據契約說思想由人民代表會議而產生，政府是人民自動結合而組織的，憲法就是成立國家的契約，各州憲法都分權利宣言和政治組織兩部份，所以基本人權的保障，大部份已由各州負擔，而當時制憲者過份重視人權的保護和極力防止聯邦政府權力過大。因此他們認爲聯邦政府不過是主權在民的有「限制的權力」機關，如果把保障人權的條欵放於聯邦憲法之內，不免有畫蛇添足之嫌，所以聯邦憲法最初並無「權利宣言」的規定。然而未幾要求人民權利的保障應明白規定於聯邦憲法之內的呼聲日趨强烈，於是才作爲最初的憲法修正案於憲法制定的翌年提出，至一七九一年末得到各州承認而公佈，這就是美國憲法中的人權宣言，已爲人所共知，玆不多贅。

四

一七八九年法國大革命暴發之後，所發表的「人權及公民權宣言」，簡稱人權宣言，是人所共知的驚天動地而泣鬼神的大事件。當時歐洲努力支配世界，而歐洲國家尤以法國文化爲最優越，所以人權宣言一出，立卽對整個世界發生無比的力量與衝動。這個宣言不僅成爲法國一七九一年憲法的前文，而其自身具有獨立存在的價值。法國革命期中，以及以後的時期，憲法雖屢經變更，憲法的主義也數度更易，獨人權宣言始終不變，直至今日，又被一九四六年的第四共和國憲法所引用。法國革命不僅是歐洲近代史的基點，也是世界史上劃時代之舉。人權宣言對於歐洲甚至世界的影響至深且鉅，無可諱言。東方諸國自歐風東漸以後，談天賦人權者，也總以法國的人權宣言爲始，儼然人權思想爲法國人的天才所產者。實則，以上所述，美國各州憲法中的權利法典，對法國人權宣言發生重大影響。此義自德儒格林乃克 (Jellinek) 提出之後，已成定論。但是法國的人權宣言縱然受了美國權利法典的影響，仍不失其天才的性格，仍有其獨特的思想內容。這原因一方面由於美法兩國國情不同，一方面由於此種宣言發生的背景相異。不同之點，最大者莫若宗教思想。美國的人權思想，淵源於一貫的淸教徒思想，卽爲了建立新教信仰的自由原則，是人權思想的濫觴，反之法國是舊教國，宗教改革以後，法國雖也發生了新教，但在極端的彈壓之下，不足以與舊教抗衡。人權宣言對於宗教並不表示熱情，其觸及宗教的地方只限於第十條後段而已，所以人權宣言完全是法國革命的產物，而法國革命的背景十分複雜，大體說，是受了啓蒙思想的浸潤，對舊制度 (Ancient Regime) 的反抗。以下分析人權宣言的內容及思想的來源。

人生而具有自由與平等的權利。社會的不平等除爲公共利益外，不得爲之（第一條）。一切政治結合的目的在維持人類天賦而不可讓的權利。此等權利，係指對自由、財產權、安全，以及壓制的反抗而言（第二條）。這兩條是人類自然法上權利的宣言，思想的來源可求之於盧騷的民約論，表現的方法與非幾尼亞的權利法典有大同小異之感。主權的根源本來存於國民，任何團體，任何個人，非發自人民的權威，不得行使（第三條），這是國民主權原則的宣示，亦爲民約論所極力主張者。自由的定義以不侵害他人爲界限（第四條）。這是超國家的天賦的自由，只要不侵害他人的人權不受任何限制。非法律所命的行爲，任何人不能强制。法律是人民總意的表現，一切公民或其代表有參與制定之權利。法

（下轉第26頁）

承認中共政府問題

費威克 C. G. Fenwick 原作

本文譯自美國國際公法季刊一九五三年十月份第四七卷第四期編者評論欄。作者費威克先生係美國名國際法學者，約翰霍布金斯大學哲學博士，曾任華盛頓學院、賓州布林漠學院教授，出席多次泛美國際會議，任顧問代表等職，現任美國國際公法季刊編輯人。費氏對國際法之著作與譯述甚豐，著有「美國中立法」「國際公法成案」「部份主權與殖民地自治問題」等書。本文從國際公法的觀點，討論目下美國仍在爭辯的承認中共問題，有極獨到的見解。茲特譯出，以饗讀者。——編者

對於可能承認中國事實上政府一問題，目下正反兩方面正在進行激烈的爭辯，而在這一爭辯中，法理上的因素似乎全輸給了政治上的考慮。就自每日報紙的社論來說吧，似乎談這個問題，國際公法上就沒有任何法則可以應用，好像這個問題完全就是政治利害的問題。說到政治利害的主張，一派强調有同中共政府來往的實際上需要，另一派則拒絕忽視中共政府援助及煽動北韓侵略戰爭的罪行。

很少國際法學者，不管他們是如何熱心維持法律的完整，願意說，自近年來經驗而觀，國際法上有關承認事實上政府的法則能算得上明晰與確切。雖然如此，國際法學者仍可以堅持國際法上對這個爭執還有它的傳統原則，因此，在討論本問題時，應將此等法律上的原則明顯地標出，誠為重要。

首先要注意的是，由於社論作家及專欄作家未能明確地將中國——一個國家——同中國的共產黨政府分開，因此大家討論這個問題時，常常混淆不清。普通常說的「美國不能容忍中共進入聯合國」，意思當然是美國不願意接受中國的共產黨政府來代表中國這個國家。中國以國家來說已經是聯合國會員國之一，因此根本不發生准許其加入聯合國與否的問題。問題却在於聯合國其他會員國是否同意一批自稱中國的「政府」加入聯合國。

一個政府對於該國領土大部份的統治是否穩固持久，同該政府是否願意接受及遵守國際公法，係國際法學者不斷於論著中加以標榜的兩個條件。這兩考驗中，第一個係所謂客觀的考驗，第二則屬於主觀的。有時候，承認一個政府似乎只要看它是否持久穩固就够了。至於接受國際公法的法律被認為是當然的事。蓋一個政府就是一個政府。光在這一個事實的大前提下，它就有遵守國際公法的義務。可是有的時候，新政府多多少少公開表示不願遵守國際公法若干特別法則，譬如蘇俄政府就不顧其對私人或公共的義務，而別的政府就可以根據這個理由拒絕承認它。美前國務卿休士一九二三年說得好：『一個政府之穩固與持久性固屬主要。但是有以為只要穩固持久便足那就不對了。請問，就是該政府能够穩固持久，而實行抵賴與充公的政策，這種持久又算什麼呢？』

以中共來說，一般都同意直到今日為止，該一事實上存在的政府沒有資格說得上遵守了國際公法。艾森豪威爾總統與杜勒斯國務卿曾屢次聲明美國不能容忍中共代表進入聯合國。其他政府立場稍有不同，他們指出在目前情況下，為了中國共產黨政府最近明目張膽地違反聯合國憲章，固不能認為它可以在聯合國中代表中國，不過中共的過失，過了相當時間後，或可予以忽視。因為第三方面政府迫於現實情勢，不得不同中共政府來往，否則又同誰來往？現在美國反對中共的情緒非常激昂，任何方面苟主張於相當時期內承認該政府並為這個目的加强努力之任何企圖，將產生以下後果，那就是美參院撥欵委員會曾經提出的威脅，就是該委員會將領導國會拒絕撥欵充供美國參加聯合國所需會費。應加注意的是，中共的過失遠過於一連串違反聯合國宣言中所奠立的人類基本權利，它簡直是公開地與國際社會挑釁。就它所帶給人類的犧牲痛苦及大批性命的損失而言，若果能有效應用紐倫堡審判的原則，中共的領袖根本應該遭受所應得的刑罰。一個政府犯了如此重大罪行，大可以認為不足信賴其能在其他國際行為遵守國際公法的法則。

除了遵守國際公法法則，這自然包括聯合國憲章在內，中國的共產黨政府是否就算得上穩固呢？很多人認為穩固是主要的考慮。不過一個政府，不管他是否共產黨政府，若係用暴動武力方法獲得政權，且係用壓制人民基本權利的辦法來維持政權，這種政府是否可以算得上穩固呢？一個政府實施威脅與恐佈的統治，是否它可以算得上符合哲佛遜總統一七九三年所稱「基於人民的願望，並由人民公開表示予以接受」的條件呢，一個公開明說要實行一黨專政的政府，在任何情況下，難道可以代表人民出來說話？他所作所為難道應該由人民來負責嗎？

一百年以前，對以上問題的答覆無疑是正面的。在十九世紀中葉，也很少人過問一個政府對其內部行政所採辦法，只要國內沒有發生對統治公開的反抗，及該政府在與其他國家關係上，能够遵守國際公法的法則。這個完全是它內政

（下轉第30頁）

統制經濟底種種危害

——海耶克著『到奴役之路』(The Road to Serfdom by F. A. Hayek) 之第七章

海耶克著
殷海光譯

一〇〇

『控制財富生產就是控制生命。』
——Hilaire Belloc

最大多數會將自身業務之實際的方面認眞考慮過的人，對於一行管制經濟便多少會走上獨裁路線這件事，是很少懷疑過的。我們大都知道，經濟體系是這樣複雜，而且各部門底活動又是相互關聯着的。如果我們要有意予以管制，勢必仰仗一羣專家。這麼一來，最後的責任和權力，必至落入一個總司令之手。這樣的一個總司令，如果要認眞執行其職權的話，他底行動一定會遭到民主程序之掣肘的。他爲了要行得通，必須消滅民主程序。演變所及，不是民主程序阻礙着管制經濟，便是管制經濟消滅了民主：在一長遠過程中，二者是不能並存的。凡此等等，顯然皆係實行中央管制計劃所造成的結果。中央管制計劃背後所依據的思想，至少在西方世界，並未得到普遍的承認。但是，西方許多人却又縱容中央管制計劃之施行：他們是吞食了有毒的果實，然而他們還不知道哩！若干年來，主張計劃經濟的人也會給我們一點安慰。他們說，官方管制「只」適用于經濟方面的事情，而不涉及別方面的事。琦斯 (Stuart Chase) 是一位最有名的計劃經濟者。他向我們保證，在實行計劃的社會中，「如果只限於在經濟方面從事計劃，而不在別的方面從事計劃，那末便可保持政治方面的民主。」他之所以作這種保證，是由于他有另一種想頭。他以爲，如果我們放棄我們生活中不甚重要的事情，或者放棄我們「應該」認爲不甚重要的事情，那末，我們便可在較有價值的事情上得到較大的自由。許多人因着這種理由，在一方面極其憎惡政治上的獨裁制度及獨裁思想；可是，在經濟範圍中，却常爲着獨裁者而喧鬧。(結果，大上其當。——譯者)

擁護經濟管制的說法，並非訴諸我們底理智，而係訴諸我們底求生本能。這類說法，常常吸引着一些最優秀的頭腦。假若計劃經濟眞的可因吾人犧牲較小的享受而獲致良好的生活與高尙的思想，那末誰能小看這種想頭呢？如果經濟生活所關涉者眞的只是我們生活中卑不足道的一面，那末我們自然要用一切方法來使我們自己免於注意到那些煩瑣的物質生活，讓一些經濟機構來管理好了。果能如此，我們底心靈便得以自由解放，來努力實現一些高尙的目標。

但是，不幸得很，許多人所相信的這種說法，竟是完全沒有根據的。這些人以爲控制我們經濟生活的權力只是控制着次等重要事物的權力。他們因爲抱持這種想法，於是對于威脅我們經濟自由的制度，也掉以輕心，漠漠然無動於衷。(譯者按：世有若干非知識論方面的唯心論者亦係如此。這一類的人，專門注意一些 Socio-Psychological accidents，甚至于一些 fantastic constructions。彼等以爲主觀思構的秩序即是或即應是甚至或必然是外在世界事物發演之秩序。依此，彼等以爲大家賴以正常生存的民主政治與自由經濟等制度爲卑不足道之「形而下的事物」，而不一思，設此「形而下的事物」不存，則所謂「形而上的事物」亦將忽焉而亡。(當然，我們不能說，有了形而下的事物即必有「形而上的事物」。在此，譯者只說沒有形而下的事物即不能有所謂「形而上的事物」。個中分寸，極其嚴格，不可絲毫踰越也。如其不然，譯者將成十九世紀的唯物論者。十九世紀的唯物論，如作爲一純哲學學說看，固粗鄙可笑，但無好壞之可言；然而，其所發生的實際心理效應，尤其透過經濟事物所發生的實際心理效應，爲當前世界大禍之一源。但是，與之相對立的唯心論，其所發生的心理效應，專門叫人高高玄玄，在雲端裏御風而行。結果，高處不勝寒，一跌下來便跌進地獄裏了。最壞的唯物論遂得乘之。世之嚴禁寡婦再嫁者，常等于鼓勵其多找外遇。這兩種「哲學」，不是叫人在雲端呵冷風，便是叫人跑進地獄受硫磺火燒。害莫大焉！今後吾人所需要的「哲學」，如其有之，其效應須是使人在平地上過日子的「哲學」。此點容有機會詳析之) 因若干唯心論者以爲思想的建構秩序即事物之發演秩序，且視政治經濟制度爲卑不足道的「形下事物」，於是，除提倡玄門以外，一任千萬人衆，此身水煮火燒，麻木而不自覺。今日欲反極權以救世界，有而且只有鼓舞，翻新，並充實自由主義。自由主義之精神(請注意：譯者所謂「精神」，其意謂與唯心論者所謂之「精神」不同。)，爲十七世紀至十九世紀初葉啓蒙時代之實徵精神。這種精神，指向知識領域，已促起其時之知識革進；指向政治領域，促起大家實實徵徵地爲人權與自由而奮鬪。(請注意：人權不是民權或「公民權」，二者大不相同，一字之差，切不可混爲一談也。至少，人權先于 (Prior to) 民權。一個人是否必須有民權，茲姑無論，但絕不可無人權。人而無人權，則根本活不下去，遑論其他？有而且只有救住了人權與自由這一層次，其他一切努力才實徵地可有着落處，人文價值才可有安頓處。))

如果我們以爲大多數人抱有純經濟的目標，而且這些目標與我們生活底其他目標無關，那末這種觀念是錯誤的。吾人須知，除了守財奴底病態心理以外，就一般人而論，並沒有與我們底生活之其他目標毫不相干的經濟目標。有理性的動物底行爲，其最後目標，從來不是爲經濟而經濟的。嚴格地說，在一般人底行爲中，並沒有「經濟的動機」，而只有經濟的因素。這些經濟的因素，決定我們爲些什麼目標而奮鬬。如果我們爲金錢而努力，這是因爲金錢能給我們最大的選擇機會來享受我們努力之果實。可是，在現代社會，由於我們有金錢收入，而大多數人底金錢收入又有限制，於是我們才感覺得到或多或少的貧困。在這種情形下，許多人憎恨金錢，說金錢是限制我們收入之符號。其實，這是一種誤解。這種誤解係出於倒果爲因。（東方則歷來更有一奇特現象：在一方面，有些人高談心性，對於金錢貨利亦若不足掛齒者；在另一方面，許多人則以不可告人之手段在陰暗中搞錢。一在雲端，一在地獄，很少正視金錢貨利問題而構成一正確觀念如英美經濟思想家之所爲者。一些道學先生把調子懸得高入九天之上，罔顧人衆實際生活之實際需要，於是一崩潰下來，若決江河，不可收拾，遂成金日之「金錢世界」。其他許許多多建構之崩潰，至少有一面係由同因所致。東方有些地方之所以糜爛至此，這類空談心性的道學先生，是要負一方面責任的。當然，從學術眼光或思想品質方面看，理想主義的唯心論，較之經濟的唯物論，其品質之高，實不可以道里計；但是，就效應或影響來看，在歷史的長遠演程中，二者之實際距離遠小於其理論距離：絕非如理想主義的唯心論者想象之二者落入現實之距離亦若其理論距離之遠。喀爾文之極權如配備現代統治技術，與斯達林之極權相較，二者所加于人衆切膚之痛，初不因前者標尙宗教理想後者標尙唯物史觀而有以異也。如謂理想主義的唯心論在現實中壞的影響與唯物論的有何不同？大體言之，前者之危害人類係陰柔性的，而後者係陽剛性的。當然，現代極權主義者如斯達林之流，深悉個中竅要，常將二者綜合而運用之：心靈與物質一齊利用，一齊統治，兩個極端「統一」結合，於是亘古未有之大亂臨頭焉。世之理想主義者，可不冷靜反省哉？——譯者。）

金錢是人類所發明的自由之最大工具之一。在現存社會裏，金錢爲窮人大開自由選擇之門。此一選擇範圍較之許多年代以前爲富人開啓的範圍爲大。許多社會主義者特別認爲，我們在「金錢上的動因」，已經大爲「非經濟的激力」所代替。果眞如此，而且我們考慮過金錢底眞正意義爲何，那末我們就比較了解金錢底作用何在。假若我們工作所得的一切酬報，並不以金錢償付，只以社會地位或特權之形式償付，或以超越他人之權力來償付，或以較佳之住宅及食物來償付，或以旅行機會或教育機會來償付，那末就意味着一點，即不復允許受酬者有選擇之自由，而且給予酬報者不僅能決定報酬之大小，又能決定了受酬者享受酬報時應取何種形式。（譯者按：直接或間接以蘇俄爲模範的一切極權地區係以各種不同的程度這樣辦的；或者說，以各種不同的程度這樣辦的一切地區係直接或間接以蘇俄爲模範的。這種辦法，叫做「包辦」。未有極權而不「包辦」者。但是，飢者易爲食，渴爲易爲飲。當人被逼至一種境地以致失去生活之一切資據而飢極渴極時，也就顧不了許多，只有接受這一套辦法，甚至唯恐求之不得了。多數不得不接受這一套辦法者，久而久之，形成了一種幾乎定型的生活方式：其中有許多「資深」者離開這一套辦法便無以爲生。於是乎「不作官，勿寧死」。這麼一來，這一套辦法，逐漸成爲統治紐帶之一種，或支持統治之一面。這套辦法一與統治結不解之緣，勢必逐漸擴大。擴大之結果，不是吞沒整個社會，便是斲喪整個社會之生機。於是，社會日漸喪失其獨立性，步步走向非倚賴統治機構不能生存之途。社會如此，遑論個人？個人之準備受酬者，只得呼之卽來，揮之卽去。人底尊嚴，豈不掃地以盡？沒有人底尊嚴之社會，與奴隸社會何異？人活在奴隸社會中，有何生之樂趣可言？在俄式極權暴政之下，必至衍產出這樣的結果。所以，今日反共制俄問題之眞正的核心，是反對極權暴政賴以存續的那一套把人變成奴隸的辦法。至於其他理由，多屬空話，無什相干。）

在有關經濟的事務中，我們應能自由決定什麼事物對於我們比較重要；什麼事物比較不重要。或者，我們也許可以說，在現存社會中，解決我們底經濟問題的，正是我們自己。但是，如果經濟事務受到管制，那末除非我們爲求達到一項特殊的經濟目標，否則必須處處受到管制。或者，當我們宣示我們底某項特殊經濟目標爲何時，如果我們必須使此項目標爲官方所贊同，那末我們底經濟行爲便是處處受到官方控制了。

這樣看來，由計劃經濟所引起的問題，不僅僅是我們能否以我們所選擇的方法來滿足我們認爲多少有些重要性的需求之問題而已。計劃經濟還引起別的許許多多問題。其中之一是，在從事選擇時，決定何者對于我們比較重要，以及何者對于我們比較不重要的人，是否就是我們自己，或者竟是執行計劃者。吾人必須明瞭，一切經濟活動如悉由官方管制，則所管制者不僅爲我們生活中一部分卑不足道的事物，而且還管制着我們藉以達到我們底目標之一切方法。任何人，只要控制着我們藉以達到我們底目標之一切方法，也就足以決定拿什麼東西來滿足我們，決定不拿什麼東來滿足我們。任何人一旦控制着我們藉以達到目標的方法，那末不獨可決定我們應該達到什麼目標，甚至可更進而決定什麼價值高尙，什麼價值低劣了。不獨此也，他可以進而決定大家應該信仰什麼，以至於應該怎樣努力。（譯者按：俄式極權統治就是這麼辦的。這種統治已經藉着控制住一切基本生存工具——「下層建築」，來翻造人底靈魂，並出產「眞理」。培根說：「知識卽權力」。斯達林等應須說：「權力卽知識」。有了權力，卽有了一切。有了權力，可以製造一切。

有了權力，無知識可以變成有知識，凡夫立刻可成神聖，當然可替大家決定生活方式，是非標準，以至于人生目的。這就是「欲與天公共比高」。極權統治者不獨要奪盡人間的一切權力，而且要僭取上帝底權力。何其狂妄至此——。這類人物一天不息，天下大亂一日不止。）

若干年來，計劃經濟者亦嘗應允吾人享受若干經濟自由。但彼等所謂應允我們享受若干經濟自由，其意義恰好是說，我們必須放棄自行解決經濟問題之權，並由彼等代吾人作種種選擇。因爲，在現代社會組織與結構之下，我們一舉一動，幾乎都有賴乎他人所供給的工具。計劃經濟一行，則吾人之生活勢非全部遭受統治不止。在計劃經濟之下，吾人從原始需要到我們與親朋的關係，從吾人工作之性質到空閒時間之利用，幾乎很難找出一事不受計劃者之「有意識的」控制。（這就連蜂蟻都不如了。吾人活着還有什麼意味？——譯者）

吾人須知，主持計劃經濟者，卽使不直接控制吾人之消費，也不見得不能全部控制住吾人之私生活。計劃的社會大概在某種程度以內採取配給制和相似的辦法。可是，主持計劃經濟者對吾人私生活之控制並不一定限於這些辦法。如果消費者不過只是在名義上得以自由消費其收入的話，那末便是在實際上受官方控制。無疑，在實行計劃經濟的社會中，官方具有控制一切消費之權力。

在自由競爭的社會中，我們底選擇自由係基于一項事實之上，卽是，如一人拒絕滿足吾人之希望，則吾人可轉而求諸他人。可是，如吾人面臨一獨佔者，則吾人惟有任其擺佈。時至今日，管制全部經濟體系的官方，實乃吾人所可思議之最有權力的經濟獨佔者。（譯者按：在事實上，此種獨佔者所造成之桎梏與災害，並不因其藉標榜「經濟平等」或「社會正義」起家而稍減。恰恰相反，因此種獨佔者握有全能且無與之抗者，其所造成的桎梏與災害之普遍與深入，遠非私人獨佔者所可比擬。極權暴政與經濟統治者，互相表裏之現代災害也。可不懼哉！）卽令吾人或不需懼怕官方濫用此一權力亦如私人獨佔者之所爲，且官方之目標或非强奪最高限度的財政所得，官方依然有全權決定吾人需在何種條件之下拿出些什麼。握有獨佔權的官方，不僅能決定我們可以得到什麼用品和接受何種服務，並且可以決定得到多少。不僅此也，官方還可以決定將這些東西分配給不同的地區，和不同的團體；而且，如果官方高興的話，還可以分配給不同的人：它高興給誰就給誰，高興給他多少就給他多少。

吾人須知，從控制生產和物價所產生的權力往往是沒有限制的。在自由競爭的社會中，我們購買一物時所需付之價格，係基于其他相關的東西之數量而定。且價格之高下，從不依任何人之意志而決定。復次，如吾人發現一物之價格太高，吾人卽得自由找別的地方去買。吾人此類選擇設遇阻礙，那末並非由于有人不予同意，而係因在別處價錢也係如此所致。在管制經濟下，若官方有權監視個人追求的經濟目標，則一定會利用其權力以助私人達到某些目標，並阻止私人達到別的目標。在這種經濟體制之下，我們不能依自已底看法來決定我們應喜歡什麼，或不應喜歡什麼，以便決定我們應該得到什麼；而是別人代我們作這些決定。既然官方有權阻撓任何人規避其所强制加諸大家的規定，於是它可以控制住我們底消費。其控制之有效程度，亦若其直接規定吾人必須如何花去我們底收入然。（譯者按：這就是百分之一百的經濟的父權主義（economic paternalism）。在歷史的過去，政治的父權主義（Political Paternalism）盛行。到了現代，二者緊密結合於俄式極權統治體系以內。於是，受其統治者，雖億萬人亦不能動彈矣！世人欲免此浩劫，須及早淸醒預防。若待其勢已成，天羅地網撒下，便萬劫不復矣！）

當然，卽使在社會最好的部分，我們要自作決定與選擇還是會受到種種限制的。在這個社會中，很少人有充分的選擇行業之自由。但是，問題之重點並不在此。問題之重點，在我們是否能主動地自作選擇。我們不能絕對束縛於別人替我們選擇的行業之上。我們應該保有改行之自由。我們應須可以犧牲當前的利益來達到這個目標。如果我們無論作何努力都無以改變這些情況，那是最令人無可忍受的事情。（在特殊遭際之下的人，多失去此種自由。此固可悲，但如忘記或竟不知人應有此種自由，一若生而盲目者不知太陽之美，則尤爲可悲。——譯者）

一個政府可以做許多事情使大家消息靈通，讓大家具有選擇行業方面足够的知識，並且令大家因此容易找到從事其願意選擇的行業之機會。但是，吾人必須明瞭，政府此類行爲雖能增加個人從事某項事業之機會，但往往與現在普遍贊同的和實行的「計劃經濟」剛好相反。雖然，最大多數的計劃經濟者允諾我們，在新的計劃社會裏，將會小心翼翼地保持個人擇業之自由，甚至增加這種自由；但是，他們所作的諾言常比他們所能兌現的事實爲多。（在若干政治範圍中，尤其如此。甚且有專門出產「諾言」以作政治資本者。此固已司空見慣，不足爲奇。頗足爲奇者，爲出產諾言成爲習慣，而聽信諾言亦成爲習慣。當然，人窮至極時，卽持假鈔，亦聊起象徵作用：望梅可以止渴也，悲夫！——譯者）如果他們要從事計劃，那末他們必須控制住各門商業及行業之關卡，控制住酬報之條件，或者二者都予控制。幾乎在一切已知的計劃經濟實例中，此類控制是必須首先實施的方案。如果此類管制係普遍由一單一的官方機構執行，那末我們就不必胡思亂想，以爲官方所允諾的「自由選擇行業」之說會兌現。在計劃經濟成熟的社會，「選擇行業之自由」勢必消滅無餘。在計劃經濟之下，大家所能希望的唯一「選擇」，就是一任政府包辦「選擇」。（亦如由其包辦選擧然——譯者）政府從事「選擇」時，他們認爲在客觀上需要那種人，就派遣那些人去。（毛澤東之流就是依據這一原則來調配大陸青年的。結果，被其調配之人，都變得「身不由主」。身不由主者，就是自己底生命不屬於自己底了。人生之可悲，孰甚於此？——譯者）

在計劃經濟之下，即使主持計劃的官方之行動限制到規定雇用條件，並且藉此試行管制行業人員之數目，結果也好不了多少。若事先規定酬報數量，則此種辦法之足以有效限制許多人之從事某些行業，幾無異於把許多人從某些行業中排斥出來。因爲，這兩種辦法所產生的實際結果相差無幾。假如官方又規定全部酬報之種類，並且選擇僱員時還要舉行考試，則求職者希求得到職業之欲望，幾乎不在考慮之列。（問題只看你要不要活了。所以，在這種情況之下，人被折磨得志氣全消。如果一個社會底人志氣全消，則生力從何而來呢？生力無從而來，又怎會有大的作爲呢？從反面看去，有而且唯有在一個自由社會裏，個人才有選擇之自由。個人有選擇之自由，才能保持其志節。個人保持了志節，才會放射出各自的光芒和力量。所以，有而且唯有自由的社會才能產生眞正的力量。有了眞正的力量的社會，才可能有大的作爲。所以，有而且唯有自由的社會才可能有大的作爲。——譯者）俗語說，人上一百，種種色色。有的人不喜歡做刻板的瑣事，而喜歡做一些無定時的工作。這樣的人，也許樂天安命，襟懷豁達。他只希望得到一點點收入，或不定期的收入就滿足了。顯然得很，這種人是無害於人的。但在計劃社會之中，他便無法生存下去。在計劃社會中，一切力求標準化，劃一化，和簡單化。這樣一來，個人置身其中，一舉一動都得受規定，被控制。這眞是無所逃於天地之間了。執行計劃的官方爲要把這種巨大的工作易於管理，必須將各個人之個別差異歸約到幾種簡單的範疇以內，而且這幾種範疇又是易於互相改換的。（例如，駕駛汽車者可以改換爲駕駛坦克車。反之亦然。——譯者）至於各個人之間精微的個性差異與能力差異，官方必須有意予以忽略。因不有意予以忽略，則計劃礙難行通。

雖然，實行計劃者有時宣言實行計劃之目標是使人不復只成爲一種工具；但是，在事實上，個人在計劃社會中必至成爲工具，且其成爲一種純粹的工具之程度，爲前所未有者。因爲，在計劃之中無法顧及個人之好惡。而個人之好惡，在人之所以爲人方面，只要其無損於他人，又是如此之重要。在計劃社會中，個人常被官方用來爲一些空空洞洞的口號而獻身，例如，「社會福利」，或「社羣之善」，等等。（無論如何，這些玩意兒都是近代的「大謊言」。這類好聽的謊言，至少在東方世界，不知騙苦了多少天眞的好人，害得他們肝腦塗地，暴骨原野，搞得天翻地覆，禍亂相尋，結果却便宜了嗾使他們「爲理想而犧牲」的少數「先知」們，築成了權力的寶座，萬人却更遭奴辱。這一條路，無以名之，姑名之曰，「好人作亂」之路。至少在東方世界，如果再走這條「好人作亂」之路，那末將會應驗聖經上所說的「沒有一塊磚頭砌在一塊磚頭上」。——譯者）

許多人在經濟問題上常抱種種如願的想法。其中有一種如願的想法，以爲我們現在忍受貧困於一時，將來則可發揮社會「潛在的富力」。照我們看來，這種說法是不足信的。這種說法是永遠無法印證其眞假的。自有社會主義以來，社會主義者曾用各種不同的說法來宣傳「發展潛在富力」。顯然，這種說法是假的。其爲假也，與百年前固無以異。自有社會主義以來，沒有任何主張「發展潛在富力」的人弄出一個可行的經濟計劃來增進生產，並藉此使歐洲免於他們所謂的「貧困」，遑論整個世界？所謂「發展潛在富力」之說，倡之者或不誠實，或不知其究爲何意。然而，這一虛妄的希望却把大家驅上計劃經濟之路。（可不戒哉？法西斯主義者與共產主義者有一共同之特色，即鼓勵人犧牲「現在」以爲「將來」。而彼輩所謂之「將來」，又從無一定之界說，頗類街頭彩票鋪之市招「明日開彩」。彼等所謂之「明日」，並非大年初一，而係無窮無盡之歲月。嘗見有跑狗者，置一假兔於狗前，以電動之。假兔奔馳不已，眞狗則窮追不已。操縱者則因之博利焉。今之「未來主義」之於羣衆，與假兔之於眞狗，奚何以異哉？——譯者）

然而，計劃經濟運動依然利用這一虛妄的信仰而發展。計劃主義者以爲計劃經濟，較之自由經濟，確能產生更大的生產力。可是，這種說法，近年以來，不斷爲大多數研究此類問題的學人所駁斥。時至今日，即使採取社會主義眼光的許多學者，如果已經認眞研究過中央管制計劃問題，他們就會承認，計劃經濟之效率如能與自由競爭的經濟制度相等，則感心滿意足。這類經濟學者之所以主張計劃經濟，不復因計劃經濟有較爲優越的生產能力，而係因他們以爲在計劃經濟之下財富可以得到公平合理的分配。認眞說來，此種說法，是主張計劃經濟之唯一有力的論證。無可否認，如果我們想要依照某些預先規定好了的標準來分配財富，如果我們意要決定何人可得何種酬報，那末我們確乎必須將整個經濟體系加以計劃與管制。但是，吾人須知，問題之所在，仍在我們的實現某些人所標尙之「社會正義」的理想時所須償付之代價，是否爲製造更多的不安和更多的壓迫。（凡社會發生激劇而巨大的人爲變動，從中獲利者總是少數野心人物及其親近的附隨之衆；而最大多數的人，無論在變動之前夜或變動漩渦之中，悉淪爲犧牲品，其慘痛必數倍於昔，至少從未有蒙其利者。東方世界數十年來之變亂可證此言爲眞。劫後餘生，何不三思之耶？——譯者）

有許多人對於「以集體方式來滿足大家底需要」之事抱有熱望。社會主義者則用此種熱望爲極權政治鋪路。（千眞萬確——譯者）吾人須知，如以集體方式來滿足大家底需要，我們就只能在指定的時間和預先規定好了的方式以內來滿足需要。（這與來亨雞用膳有何不同？——譯者）自然，這種熱望，有一部分是被用來作政治教育方式的。（一針見血之語——譯者）

有人常說，如無經濟自由，則所謂政治自由便無意義。這話確實是眞的。可是，這話之爲眞，其意義與計劃主義者用此語時之意義幾乎完全相反。在社會生活中，經濟自由乃任何其他自由之必要條件。然而，經濟自由只能在某些條件之下解放個人，並且讓個人有選擇生活方式之自由。我們既然保有經濟自由及選擇的權利，當然同時負有種種責任，並且無可避免地要冒些風險。這是不在話下的。

譯者附誌：本章有所刪節。

西歐通訊

馬林可夫政權的內政

龍平甫

一　前言

一九五三年三月初史大林的死是現代世界史上的一件大事。他的死結束了一個殘暴無人道的史大林時代，爲蘇俄集團內被奴役的人民帶來解放的希望；而自由世界中相當重要的一部份輿論則認爲史大林的死帶來和平的希望，冷戰或可中止。這些希望所表現的是六月在捷克及東德的反共革命，在自由世界則是談判呼聲的加强，團結發生威脅，美國的解放政策甫經宣佈便有退回到圍堵政策的可能。

在這種情形下，我們應對蘇俄現政權的內政外交加以分析；作者想在本篇將馬林可夫的內政作初步的研究。馬林可夫所繼承的政權是一九一七年布爾雪維克革命所建立的政權，自那時起蘇俄卽以世界革命爲號召，爲其「使命」。此種企圖失敗後，於是自一九二八年起實行五年計劃，企圖「在一國之內建立社會主義」。五年計劃與農業集體化的實施雖在名義上是建設所謂社會主義，實際上是擴軍的戰爭準備；軍需工業（卽所謂重工業）和民用工業（卽所謂輕工業）的比例竟爲七比三。第二次世界大戰結束後，史大林利用有利的國際局勢，儘量發展蘇俄帝國主義，於是發生冷戰與軍備競賽。史大林在最初認爲軍備競賽可以和提高人民生活水準同時進行，但是此種空想在一九四九年已證明不能實現。史大林在一九五二年已承認在軍需工業與民用工業之間應有所選擇，但因對外政策不得不犧牲民用工業，而趨重於「生產工具的生產」（卽軍需工業）。史大林以其個人的威望可以强迫執行這個政策，但其結果有導致世界大戰的可能。

史大林一死，馬林可夫不能不修正史大林的政策，至少在短時期之內。因爲他面臨着下列的危機：㈠內部政爭；㈡農牧業的嚴重危機；㈢消費物資極端貧乏；㈣蘇俄境內非俄羅斯民族的離心運動；㈤附庸國人民的叛亂；㈥自由世界實力的增强。由於對內與對外的需要，蘇俄政權必須緩和國際局勢。蘇俄當局固然承認在冷戰中失敗，但同時認爲停止軍備競爭，可以使資本主義世界發生經濟危機[註一]，使西方國家的團結發生困難；同時繼續發動落後地區的殖民地革命運動，以動搖西方國家的地位。因此它認爲冷戰的緩和或中止對它是有利的，相反的如果冷戰强化，馬林可夫便不能發展民用工業，因而使人民離心而有跨台的危險。

二　整肅內部，鞏固政權

獨裁國家的最大的先天病根便是政權的接替問題。史大林帝國自然不能例外。馬林可夫雖然順利的獲得政權，但他仍得走史大林的老路：淸除同僚。整肅事件中最重要的是新政權第二號頭目貝利亞的被捕，因此貝利亞的親信及朋友或被逮捕，或被免職。除作者在「貝利亞被捕後的蘇俄內政與外交」文中所說的以外[註二]，蘇俄官方所發表的被整肅的尚有如下諸人：㈠俄羅斯聯邦（R. S. F. S. R.）總理 Tchernousov 免職，由 Pouzonov 繼任；其副總理 Bessonov，Zouieva，ProkofievP，roferansov 也被免職，此外並任命十個新部長；㈡莫爾達維亞（Moldavia）三副總理被免職，新任命十個部長（其中內政部長爲 Mordorets）；㈢阿美尼亞總理及副總理被免職；㈣被免職的各邦內政部長計有：亞塞爾拜然的 Emelianov（由 Bouchov 繼任），立陶宛的 Kondakov（繼任者不明）；白俄羅斯的 Baskokov（由 Detchko 繼任）；吉爾吉斯（Kirghizie）內長（繼任者不明）；喀薩克斯坦內長 V. Goubine[註三]（繼任者不明）。被整肅的人實際當不止此數，祇是報紙沒有發表而已。

經過兩月的沉默，中間穿插着貝利亞逃出鐵幕的謠言。然貝利亞案終於水落石出。奉令辦理貝案的檢查長魯登科（Roman Rudenko）自然不會比當年的維辛斯基落後，「塔斯社」於十二月十六日公佈魯登科的起訴書，說貝利亞「陰謀背叛黨國，奪取政權」。起訴書內容與七月十日「眞理報」攻擊貝利亞的內容相同[註四]，祇加上一點：「貝利亞自一九一九年起卽背叛蘇俄政府爲英國情報機關控制下的阿塞爾拜然反革命團體作情報工作」。十二月二十日「眞理報」更說「貝利亞保護美國間諜」。此外起訴書更公佈兩點新事實：㈠六月二十六日俄共中央主席團議決免除貝利亞的職務（貝利亞可能在此日被捕的）；㈡貝利亞還有六名「同謀犯」：㈠美爾庫諾夫（Vsevolod Merkoulov）（前公安部長，近來曾任監察部長）；㈡德堪諾佐夫（喬治亞內政部長）；㈢喀布略夫（V. G. Kaboulov）（前喬治亞內政人民委員會副主任委員，蘇俄內政部長）；㈣果戈里茲（Serge Goglidze）（前喬治亞內政人民委員會副主任委員）；㈤墨希克（烏克蘭內政部長）；㈥伏洛濟米爾斯基（Vlodzimirski）前蘇俄內政部調查司長）[註五]。

十二月二十四日莫斯科公報：最高法院於十二月十八日至二十三日舉行特別審判，由康涅夫元帥主席，將貝利亞及其「同犯」六人判死刑，並在十二月二十三日執行[註六]。

由貝利亞案件我們可以得到下列的結論：㈠馬林可夫完全接受了史大林的衣缽，如果希望蘇俄政權會演變得更人道更開明些，祇是夢想而已；㈡馬林可夫以地面軍總司令康涅夫主席審判貝利亞，是證明他藉軍隊之力打倒貝系特務，此後馬林可夫與軍隊將有鬬爭；㈢東德革命是貝利亞跨台原因之一。因爲被處決的美爾庫諾夫自一九五〇年起在東德佈置特務勢力，並將其控制權交給柴士(W. Zaisser)；東德事變發生後，柴士束手無策。馬林可夫可能利用此次失敗將貝系特務一網打盡；㈣蘇俄境內俄羅斯民族與其他民族關係相當緊張，這次被處決或整肅的以在喬治亞工作的人爲最多。

三　挽救農牧業危機

貝利亞案件暴露了蘇俄農牧業危機的嚴重，馬林可夫以責任轉嫁給他，以平民怨。我們知道：實行五個五年計劃的蘇俄，在今日仍以農業爲主。在兩億人口中有一億二千五百萬農業人口。史大林爲消滅農民獨立性格，實行集體農場制。至一九四九——五〇年間，庫魯失車夫（Nikita Krouchtchev）更進一步企圖實施「農業城」制，他將集體農場合併不到十萬個（註七）。共產主義的農牧業政策在本質上卽阻碍農牧業的發展，而偏重發展工業的結果，使農牧業危機更趨嚴重。八月初馬林可夫在最高蘇維埃會議對農業危機公開承認。他說「廣大的區域中農業被忽視」，集體農場私人財產征稅辦法錯誤，集體農場當局誇大生產統計等等。因此他提出一些臨時補救辦法。

馬林可夫演說發表一月之後，九月七日俄共中央執行委員會核准克里姆林宮第三號頭目庫魯失車夫的關於農牧業危機及其補救辦法的報告。這個富有自我批評性的報告到九月十四日纔發表。該報告認爲「農業生產不足以應人民的需要」，因此「在未來二三年中應極力設法發展農業經濟。改善人民糧

第一表　蘇俄家畜數量官方統計（單位：百萬頭）（註九）

年度	牛（包括乳牛）	乳牛	猪	羊	馬
一九一六	五八·四	二八·八	二三·九	九六·三	三八·二
一九二八	六六·八	三三·二	二七·七	一一四·六	三六·一
一九四一	五四·五	二七·八	二七·五	九一·六	二一·〇
一九五三	五六·六	二四·三	二八·五	一〇九·九	一四·三

食供應，提高農民生活水準」。黨方嚴厲指責集體農場及國營農場生產食糧與原料的不足，更公開承認畜牧業也發生嚴重危機（註八）。蘇俄畜牧業的危機可由庫魯失車夫所公佈的數字看出：（見第一表）

由前表可知：㈠今日蘇俄家畜數量除猪羊略有增外，其餘均較一九一六年（換言之，帝俄末期）的產量爲低。如果當時農畜產品維持一億四千萬人口的生存尙使人民不滿發生革命，則今日以更少的家畜維持兩億以上的人口生活；蘇俄人民生活之苦可以想見；㈡今日蘇俄家畜數量，較一九二八年卽「新經濟政策」(NEP) 結束五年計劃實行之初的量數相差尤大。這充分證明史大林農業政策的失敗。

關於農業方面，庫魯失車夫公佈左列數字：

第二表　蘇俄主要農作物官方統計（單位：百萬噸，係以生物產量(Biological Yield) 爲估計標準（註十）。

種類＼年度	一九四〇	一九五〇	一九五一	一九五二	一九五三
穀類作物	一一八·八	一二四·五	一二一·五	一三〇	一〇〇·〇
棉花	二·七	三·七	三·九五	—	五·九五
甜菜	二一·〇	二三·五	二七·五	—	三九·五

蘇俄當局估計農作物生產量相當誇大，它以「生物的正常收穫」(Biological Standing Crop) 爲估計標準，所得大於實際收穫量。因此我們引用這個數字得特別審愼，若干作物產量的增加祇是擴大耕地面積的結果，單位面積的產量仍是很低。蔬菜、馬鈴薯及芻料的產量不能滿足需要，而芻料的不足更足以防碍畜牧業的發展。

據庫魯失車夫說，畜牧業衰落，農業不振的原因爲：㈠各方全力發展重工業；㈡農村經濟管理的嚴重疏忽，尤其是忽視「農人重視物質利益」的原則；㈢農場任務分配失調；㈣農業組織官僚化；㈤政府定價收購與征稅辦法錯誤；㈥農業機器與曳引機站（MTS 以下簡稱農業機器站）缺乏合格幹部；㈦農業機器未能充分利用，庫魯失車夫更承認蘇俄

農業幹部教育水準低落：「蘇俄受過大中學教育的農業幹部共有三十五萬人，其中祇有一萬八千五百人在農場工作，五萬人在農業機器站工作。九萬四千人集體農場主任中祇有二千四百人獲得高等教育文憑，四千二百人出身中等學校。」至於農業機器站人員的教育水準可以參考庫魯失車夫所供給的統計數字。

第三表　蘇俄農業機器站教育水準（註十一）

人員類別＼教育程度	大學教育（%）	中學教育（%）	小學教育（%）
主任	二三·六	四七·〇	三〇·〇
總工程師	一四·八	二〇·八	六四·四
工場主任	一·三	八·八	八九·九

對於農牧業這種「不可容忍的落後」（庫魯失車夫語），馬林可夫不能不想法糾正以維持政權。因此先決定：㈠減少集體農場農人私產稅百分之四十三；㈡減少農人向國家繳糧量；㈢增加畜產征購價格；㈣協助農業機器站，供給人員及器材。據蘇俄政府說上述辦法追加預算一百三十億盧布。馬林可夫認爲「這些辦法能在將來給人民帶來充裕的糧食與爲消費工業生產足够的原料。」後來俄共中央執行委員會根據庫魯失車夫的報告，採取下列決定：㈠對牧人減稅，貸欵，並減少國家征收量，禁止集體農場侵犯牧人私有財產；㈡對農人方面也減少國家征收量，便利集體農場的交易；㈢發展中亞及遠東穀物生產，促進棉花等商品作物的生產；㈣提高農業技術，改善農業機器站，提高農業幹部教育水準（至明年——一九五四——每一機器站長要有一張大學教育文憑！），同時在一年之內要派十萬專家(？)到農業機器站去工作；㈤派遣最優秀共產黨幹部到農村去工作，加强農村黨務，農業機器站設副站長一人，負責政治問題。

總之，上面一些辦法是：㈠在經濟上對農民及牧人作種種讓步；㈡在政治上則加强農村控制。因此蘇俄政府一方面要求增產，一方面要求幹部「到

農村去」。關於增產方面除在農業方面有很大的增產計劃（見第二表，是否行得通非常有問題）外，並計劃在一九五四年家畜數量應增加到下列數字：牛六五、九〇〇、〇〇〇頭（其中乳牛二九、二〇〇、〇〇〇頭，約應增加五百萬頭）；羊一四四、四〇〇、〇〇〇頭；豬三四、五〇〇、〇〇〇頭；牛奶產量增加一倍以上。其實這是野心太大的增產計劃，實現的希望很小。關於這一點，負責挽救農業危機的庫魯失車夫，本賴底克多夫（Ivan Benediktov），科茲洛夫（Alexis Kozlov），與科爾涅慈（Leonid Korniets）（註十二）心中是很明白的，因此早已準備把失敗的責任推給別人。十二月四日「眞理報」發表庫魯失車夫在莫斯科召開的農村報紙主任大會上的演說詞，他將農業政策方面的各項決定執行太緩慢的責任推到農業部，各級黨部，各報紙（不盡宣傳責任，連莫斯科「文學報」（Literatournaia Gazeta）也被指責爲不盡宣傳責任！），同時「眞理報」也嚴厲指責農業部長本賴底克多夫。在畜牧業方面的情況一樣不樂觀。十一月十七日「眞理報」發表科茲洛夫的論文，他說國營農場的情形「令人不安」，增產計劃未能如期實現，命令已公佈兩月，但國營農場對肉類及牛奶的供應量僅及計劃的百分之六七十。他最後說：「國營農場還沒有成功爲社會主義經濟與高度產量的模範，其中不少農場的農牧業產量很低，人們尙容許大批的不生產的開支，而生產成本却是很高」（註十三）。

蘇俄農牧業危機已達到很嚴重的階段，這種危機充分證明共產政權農牧業政策的失敗。使負責者不能不公開承認「重視農民物質利益」對於農牧業的重要。換言之，對私有財產制予以重大的讓步，並計劃明年將有一半的家畜由人民私有。其實蘇俄政權所提出的一些辦法都是消極的，治標的，如不將不合人性的政策根本改變，農牧業的危機是不會消除的。

四 改善民生，安息民怨

史大林時代所流傳的蘇俄物產富裕、民生舒適的神話，現在竟被蘇俄當局自己打破了！它公開承認人民生活水準低落，物資奇缺。馬林可夫提出這樣的目標並非出於自願，而是人民自史大林死後發出強大的改善生活的願望。這種願望形成自下而上的強大壓力，使馬林可夫不能輕視。關於蘇俄民生用品缺乏的情形，馬林可夫在八月初的演說詞中承認：「消費物資品質惡劣，消費者往往願意購買外國貨品，……爲了購買若干日用品，消費者常常要到另外一個城市去購買。」此外他更承認若干工業區發生房荒，缺乏學校與托兒所。爲改善人民生活，他允許在二三年內給消費者以更多的肉、魚、奶油、糖、衣着、及各種日用品，並改善其品質與分配情況。他在演說詞中會十幾次提到要「在二三年內」達到這種情形。

馬林可夫向人民開出這張支票，是要國內貿易部長米高陽去兌現的。十月廿五日「眞理報」發表十月十七日米高陽的報告。米高陽對蘇俄消費物資生產提出一個很樂觀的數字：有如左表（註十四）。

第四表　蘇俄消費物資生產官方數字

種類	單位	一九四〇年	一九五〇年	一九五三年	一九五五年（計劃）
棉織品	百萬公尺	三、八八五	三、八一五	四、九三五	五、三〇〇
毛織品	百萬公尺	一二〇	一六七	—	二〇〇
鞋	百萬雙	二〇五	二〇五	—	二四二
糖	千噸	二、一五〇	二、五一五	三、〇三五	三、六〇〇
奶油	千噸	二〇七	三三五	三六〇	四〇〇
植物油	千噸	七二四	七七五	八四五	一、〇七七
肉	千噸	一、一八四	一、三六七	一、六三三	一、八六五

這個表的統計數字是很有問題的。我們可由庫魯失車夫的畜牧業數字作反證：㊀乳牛數量由一九四一年的二千七百八十萬頭減到一九五三年的二千四百三十萬頭，則奶油斷沒有在同時期增加的理由；㊁庫魯失車夫說西伯利亞在一九一三年產奶油七萬五千噸，但在今日僅產六萬五千噸，其他區域的情形應該類似；㊂依米高陽的報告，肉產品由一九四〇年至一九五二年增加百分之三十，但依庫魯失車夫的報告，則一九四一年至一九五三年家畜數量：牛（連乳牛在內）增加百分之四，豬百分之四，羊百分之九（同時我們得保留對庫魯失車夫數字誇大的懷疑），因此米高陽對肉產品的數字也是誇大的；㊃本年七月份蘇俄由國外輸入大量奶油，共約三萬噸，其中丹麥一萬噸，荷蘭一萬六千噸，澳洲五千噸，新西蘭二千噸。此外更向澳洲，新西蘭談判購買肉類，向阿根廷交換肉食，向冰島買魚。反之在第二次世界大戰前，蘇俄向國外輸出大量奶油（當然是饑餓輸出），一九三七——三八年度即向英國輸出奶油四萬噸（註十五），因此我們可以證明米高陽對於奶油產量是誇大的報告，更由此可以推論其他數字也是靠不住的。

米高陽宣傳了一番生產成績之後，承認蘇俄民生物資的嚴重恐慌：㊀馬鈴、蔬菜、奶油等物資的缺乏；㊁輕工業物資產量不足，品質惡劣，因此俄人愛好舶來品；㊂商業組織不能實行合理化的物資分配。民生物資恐慌的情形雖如此，米高陽仍認爲「輕重工業同時發展是可能的」。他同時允許：「㊀到一九五六年蘇俄工業可爲消費者供應大量的眞空除塵機、電氣冰箱、無線電收音機、無線電傳眞器（TV）、自行車和手錶（註十六）；㊁在「三年之內」完成「偉大的計劃」，增加肉類生產，如將肉類增產至二百五十萬噸等；㊂開設大量的飯店，公共食堂及商店，以應人民的需要。在米高陽報告中最値得重視的是：「資本主義商業並不是完全値得鄙視的，其中若干方法値得硏究，由於競爭吸引顧客的困難，資本主義國家想出許多對於商業組織非常有用的辦法」。米高陽要求工業機關利用廣告宣傳招徠顧客，商店應使陳設美術化。換言之，米高陽承認共產政權工商業政策的失敗，而不得不承認自由經濟的優點。

由於蘇俄政權突然發現改善民生的重要，於是近來各報不斷的宣傳如何改善民生，並空前揭發一些物資缺乏的情形，莫斯科「文學報」也闢出專欄評論貨物。蘇俄政府甚至將克里姆林宮對面的一所辦公大樓（原爲商店）改裝爲大百貨店。十一月七日的十月革命紀念口號五十七條中祇有十四條是關於對外方面的，四十三條是關於提高生活水準，增加消費生產，改良貨物品質的。

米高陽能否在二三年之內完成計劃，實現他的諾言，是非常成問題的。但是我們應注意：㈠蘇俄不能同時發展重工業（軍需工業）與輕工業（民用工業），如果不停止冷戰，便不能發展輕工業。㈡米高陽所允許的一些無線電收音機、無線電傳眞器、冰箱、眞空除塵機、汽車之類，祇不過是蘇俄上層階級少數人所能享受的，即使製造一些，一般平民是沒有福分的。而平民所最需要的却是一些更廉價、品質更好的、大量的日用必需品。十一月十七日「眞理報」刊載讀者投書說，在偌大的一座列寧格勒城買不到一付眼鏡；十二月一日「眞理報」更發表一件「難以相信的荒唐而眞實的事實」：在烏拉爾山區鋼鐵工業城市失維德羅夫斯克（Sverdlorsk）（人口六十萬），買不到鐵床、家俱、厨房用品，甚至連木製品也買不到（註十七）。蘇俄當局連人民的最基本的日用品尚不能供給，尚大言製造那些在西方市場已經飽合的冰箱、無線電收音機、無線電傳眞器之類，實是自欺欺人之談。㈢由於本國的需要及爲安撫東德人民，蘇俄不得不由國外輸入物資以應急需，因此使貿易入超嚴重，陸續以戰略物資（如鎂、鉑、鎢）及黃金白銀輸出彌補。近來西歐黃金跌價，這是一個主要原因。蘇俄政府固然控制一大筆黃金，但是不能長久下去。㈣彌補民用物資匱乏的另一辦法，便是發展對外貿易（註十八）。但是這個辦法也有很大的困難。據聯合國歐洲經濟委員會研究蘇俄集團與西歐貿易問題，證實一九五二年西歐對蘇俄集團輸出減少百分之七，同時東方集團對西歐輸出減少百分之五，東西貿易僅及戰前的四分之一強（參閱第五表）。其衰落原因爲：㈠蘇俄集團物資售價太高；㈡一九五二年東方集團對西歐各國欠欵甚多，西方各國因此不願增加輸出。所以米高陽要發展對外貿易也是很困難的（註十九）。

第五表　蘇俄集團對西歐貿易量比較表

（指數—一九五〇年＝一〇〇）

年度	對西歐輸出	由西歐輸入
一九三八	三〇五	二〇四
一九四九	一一一	一〇三
一九五〇	一〇〇	一〇〇
一九五一	八九	九八
一九五二	八五	九一

事實上蘇俄的民用工業及對外貿易在現行政治經濟制度之下，是沒有前途的。如果要滿足民生需要，必須根本改變現行政策，允許私人自由企業，自由競爭。然而這是蘇俄政權所不能作到的。因爲隨着經濟自由而來的是人民要求政治自由的聲浪，而有推翻極權政治的可能。如果在現情形下的蘇俄官僚經濟制度能滿足人民一部份的需要，則更能增強人民對消費物資的胃口，使蘇俄政府難於應付，結果祇有加強宣傳「資本主義包圍」的神話，恢復（如果冷戰一度中止）或加強冷戰，以限制人民對消費物資的慾望，勒緊他們的肚帶耳；今日馬林可夫政權要人民給它「兩三年」的「緩刑時期」，然而它不會在「兩三年」內造成奇蹟，祇有再走史大林的老路，與西方冷戰，轉移人民視線。然而人民能再受騙嗎？

一九五三年除夕草竣於巴黎

註一：在戰後曾因預言資本主義國家不會發生經濟恐慌而失寵已久的瓦爾加（Eugène Varga），最近在「眞理報」發表論文「帝國主義經濟與政治基本問題」，承認「過去錯誤」，並預言資本主義已在新的經濟危機的前夕（一九五三年十月二日合衆社莫斯科電。）瓦爾加此說是藉此「自我批評」以結束其「寂寞生活」乎？抑爲挽救共產集團嚴重經濟危機的一種宣傳乎？

註二：見「自由中國」第九卷第六期第二十一頁。

註三：見（Le Monde）一九五三年九月一日 André Pierre 著 D, importants changements ministériels ont eu lieu dans les républiques soviétiques 及同報同年十月一日。Goubine, 在「自由中國」第九卷第六期誤排爲 Goulaine。

註四：魯登科說審判貝利亞援用一九三四年十二月一日法律，這種緊急治罪法規定：㈠審訊不得超過十日；㈡在開審前一日始將起訴內容通知被告；㈢秘密開庭；㈣加於貝利亞的罪狀依刑法第五八一條處死刑；㈤判決立即執行，被告不能上訴。

註五：見（Le Monde）一九五三年十二月十八日；貝利亞案件在喬治亞發生很大的波動（同報同年九月二十四日）：六名「同謀犯」中有三名在喬治亞任職過。馬林可夫淸除貝利亞可謂大俄羅斯族主義的勝利，也是軍隊對貝系特務的勝利。審貝利亞的八名法官有一名叫 Moskalenko 的，是莫斯科軍區司令。

註六：見一九五三年十二月二十五日世界報 Le Monde

註七：見法國內閣總理官署秘書處資料局編印之 Chroniques Etrangères：「蘇聯」（U.R.S.S.）第一三五期（一九五三年十月三十日），及「時代」（Time）第六十二卷第二十二期。

註八：見 Le Monde 一九五三年九月十五日。

註九：見 Le Monde 一九五三年九月二十三日。

註十：見 Economist 第五七四三期 Soviet Economy After Stalin。

註十一：見 Chroniques Etrangères：「蘇聯」，第一三五期第八頁。

註十二：九月十四日公報蘇俄政府局部改組：㈠貿易部分爲國內貿易部（米高陽任部長）；國外貿易部（加巴洛夫 Ivan Kabanov 任部長）；㈡輕工業糧食部分爲日用品生產部（高西根 Alexis Kosyguine 任部長）及糧食工業部（左托夫 Vassili Zotov 任部長）；㈢農業部分爲農業部（本賴底克多夫任部長），國營農場部（科兹洛夫任部長）及倉儲部（科爾涅慈任部長）。

註十三：見 Le Monde 一九五三年十二月二十——二十一日。

註十四：見 Economist 第五七四二期 Soviet Economy After Stalin。

註十五：見 Le Monde 一九五三年九月十三日。

註十六：俄人手錶非常缺乏，第二次大戰末期蘇軍所到之處所作的第一件便是搶掠手錶。

註十七：見 Le Monde 一九五三年十二月十二日 André Pierre 譯。

註十八：一九五三年八月三日蘇俄政府宣佈與冰島成立一年易貨協定，八月五日宣佈與阿根廷成立易貨協定，亦以一年爲期。

註十九：見 Economist 第五七三八期。

馬來通訊

馬來亞華僑教育之厄運

余東

如果將馬來亞聯邦與新加坡殖民地合併計算起來，華僑人數遠超過當地土著的馬來人。分別而論，聯邦華僑人數略少於該區馬來人，而新加坡華僑在當地各民族人口中，則佔壓倒多數。因此當地政府每有不利華僑之措施，輒先在聯邦內以雷厲風行之手段推動，繼而以略有不同之方式，逐漸推行至新加坡，以期阻力之減少，而能順利貫徹其原來主張。馬來亞當局早自第二次世界大戰後，即認定華僑教育之蓬勃氣象，爲一可慮之隱憂；他們存着一種固執的見解，以爲華校之存在及繼續不斷之擴展，對於融合各民族爲一調協之新型國家，構成一實際嚴重之威脅。惟華僑學校分佈之廣，與學生人數之衆，勢力殊不可侮，輕舉妄動有打草驚蛇之顧慮。於是乃以偸天換日的巧妙手段，在繼續允許華校存在名義下，逐步減少華文鐘點，增加英文及巫文鐘點，終其極，變質後之華校與當地學校不分軒輊。聯邦一九五二年之新教育法令與最近新加坡立法會議所通過之教育法令，二者辦法雖不盡同，但其消滅華文教育之用心，初無二致也。

現在讓我們對聯邦的新教育法令之施行概況，先作一鳥瞰。在一九五一年聯邦政府公布拜恩氏巫文教育報告書，因爲該報告書中建議消滅方言學校，而引起華僑社會之不滿。於是各華人有力團體，如總商會、馬華公會、教師公會等，均曾向欽差大臣提呈備忘錄，表示抗議。但當局竟置若罔聞，毫不理會。在一九五二年八月立法會議教育遴選委員會報告書內容洩露出來，竟是拜恩氏巫文教育報告書的變相。華人團體羣情激憤，再接再厲地加以反對。可是不幸得很，一九五二年十一月廿一日立法會對於華人所極力反對的教育法案，竟全體一致通過；同時並爲加緊控制華校起見，於立法會議中通過華校新薪金津貼制度法案。這所謂新教育法案就是國民教育法案，規定於聯邦內普設兩種國民學校；一種以英語爲教學媒介；一種以巫文爲教學媒介。華僑子女在國民學校讀書，得循其家長之請求，每日讀華文半小時。此種不收學費或收費甚輕之國民學校一旦普遍設立後，將使大部依賴學費收入得以維持之華校面臨學生日見減少之嚴重問題，而終歸於自然淘汰之列。一九五三年四月十九日全馬董教代表及馬華公會代表，再度集合於吉隆坡中華大會堂，對於已被通過之教育法案，仍一致議決反對在案，由主席陳禎祿爵士致函欽差大臣表明意見。迨一九五三年七月二日陳爵士得欽差大臣之覆函。此覆函中，已明白表示將使華校慢慢絕跡，雖然他還說：「吾人從未建議華文語言與文化，不應在馬來亞予以維護及予以適當之地位。」此處之語言與文化所含之意義只不過是指華人所操之方言及其習俗不受干涉而已。華僑學校却將逐漸隨國民學校之擴張而日趨式微，以致於最後完全絕跡。現在華僑社會對此迫切之危機，已驚心怵目，力爭中國人要讀中國書，認識中國字。華僑反對之聲，雖仍不絕，但當局既定政策如磐石之固，絕不受到絲毫撼動。所幸普行國民教育需要大量師資及基金，欲其立刻實施，殊無可能。聯邦教育當局於最近宣稱：爲國民教育而徵收之商業註冊費已收到五百萬元云。國民學校師資亦在積極訓練中。支持國民教育基金之商業註冊費，絕大部份爲華僑所擔負，無異用華人之資財推行以摧殘華僑教育爲目的之國民教育。在當局尚未能大興土木建築國民學校以前，可能將原有甚多之英文學校改爲國民學校。據教育部一發言人稱：一九五四年在雪州完成第一間國民學校。此外，聯邦政府計劃在最近將來設立更多之國民學校。當新學校完成時，可容納一百萬適齡之兒童。此輩學生於完成其小學教育後，最少有百分之二十有機會再求深造。是國民教育之實施，爲期當不遙遠，彼時華校感受遭遇窘迫將至尖銳程度。同時拘束華校活動之新薪津制實行以來，已有約百分七十五之華校接受。何以華校自己會飛蛾投火，這也有不得已的苦衷，並非是此種新薪津制具有何種魔力，如號稱保障教師位置，增加學校津貼，減低學生學費等，實因近來膠錫價格慘跌，市面已不繁榮，華僑學校經費短絀，捉襟見肘，已爲一般現象。當局適於此時提出新薪津制辦法，華僑社會中經過長時期唇槍舌劍之爭辯，多謂華校經濟方面，已處於焦頭爛額之狀態中，雖飲酖止渴亦所不惜，以求苟延殘喘。遂紛紛接受，惟恐落後有見遺之憾。但一接受後，則宛如加上桔桎一般，喪失聘請與辭退教師自主權，加授巫文，並有增加英文鐘點之趨勢。一九五三年十二月二日發表之一九五三年聯邦政府報告中，指出英語在華校受到普遍之歡迎，現時計有一、一六八名英文教師在華校執教，苟英文教師數目能有更多之供給，而爲華校所吸收，華校之英文會話能力，較所期待者尙差，此時改善之法，惟有增加現在時間表內之相對尙少之英文授課鐘點。似此當局已意圖使華校之英文程度，接近英校之水準，而無形中華文之程度將益形低落。不但此也，當局復欲使華校學生不存有中國意識。關於此點已採取有效之措施，如接受新薪津制之華校已被指令明年度採用聯營出版有限公司發行之星馬華校小學課本。此公司爲前華校總視學官吳毓騰所發動組織，主編由莊澤宣擔任，已出版者，計有小學一年級至四年級之「國語」「公民」「自然」「衛生」等四科。此種課本爲依照星馬政府頒佈之華校課程標準所編纂。其中「國語」課本，儘量減少中國意識，文辭不美，字句生硬，字彙亦嫌太少，深為華僑社會所不滿。但是接受新薪津制之華校一定要採用此種課本，而不能有所規避。作繭自縛的華校，此時再無申辯之餘地，只有俯首聽命了。

聯邦之華校已處於風雨飄搖之中，新加坡華校又何能例外？原來新加坡華校也有一個共同的危機，就是每一華校都鬧着經濟困難，賴以維持學校的，只靠學費收入及熱心僑教人士的樂捐。比較固定的經濟來源，祇有當地政府自一九四八年實施的津貼。據調查受政府津貼之華校約佔四分之一；以學生人數計算，則約佔百分之五十强。政府雖於一九五一年起增加一倍的津貼金，但為數無多，仍始終未能減輕華校的經濟困難。

年來新加坡華校要求津貼金的呼籲；頻傳不絕，本年六月即有新加坡華校教師總會發動一一二個華校教師，聯合要求政府增加華校津貼金，予以英校的同等待遇。新加坡教育局對於此項要求，曾復函表示同情教師之處境。直到十月廿日立法會議中總督列誥爵士於致詞中，提出新加坡新教育政策，以為一般方言學校（主要是華文學校）如能同意政府實施兩國語文學校的政策，政府當即增加津貼金，以提高優良教師的待遇。繼稱必須遵守政府的教育法令，即接受共同的學校課程和採用已經審定的課本。新加坡以首先提議創辦南洋大學而煊赫一時的僑領陳六使便對坡督所宣佈之教育方針，尤其對華文教育之新政策，首先率直表示歡迎，並稱過去一般人頗疑當地政府對華文教育漠不關心，或存有逐漸消滅吾僑文化之意圖，現在坡督既有如此之宣佈，足以澄清一般人此種之疑慮，事實上，使華校學生能學貫中西，於吾僑當中，早已人同此心，心同此理。蓋英文為世界最通行之語文，而在各族雜居之本埠，通曉英文者，處處均感便利。現坡督既宣佈願於華校中，造就學貫中西人材，此種政策，當可獲得吾僑普遍之贊同也。陳六使歡迎與擁護之不暇的新教育政策，在華僑社會心目中並不以為然，當有星華中學教師會於公開致陳六使書中，發表相反之見解，並要求以後發言，應以審慎態度出之。列誥總督於十二月八日向立法會議提出一項華校實施兩國語文教育及增加津貼金的白皮書，揭示政府以在華校實施兩國語文教育制度為交換增加津貼金的條件；即所有課程須給學生以同等效能的中英文的學識，並以造就本殖民地的優秀公民為目標。政府的態度是要使華校作出重大的讓步與犧牲，可是所預備出的代價並不高，因為政府所擬定華校新津貼增加率是微不足道。依現行中的政府津貼金額，在華校經費來源中佔的地位，原不過全部收入百分之十五至百分之廿五。如依擬定之新增加率計算，最多能佔全部收入之百分之三十或最多百分之五十而已，以與英校比較仍是小巫見大巫。在另一方面，政府給予此項新津貼金之決定，將以華校的一般效率及對實施兩國語文教育之合作程度為準。就前者說，不外校舍、設備、行政、教師資格及教學能力等項之檢考；後者則為政府所特別重視的學校課程及所採用之教科書。為達後一目的，政府擬定的辦法是這樣；華校教授英文及其他以英語為教學媒介的課目，其時間分配如下：小學最少佔三分之一，初中最少佔一半，高中佔三分之二；又高級小學之算術以及中學之教學及科學諸科目，應以英語教學為宜。關於教科書，政府已指出小學低年級已由聯營公司準備好國語、公民、自然及衛生等四種，以供採用。此項白皮書公佈後，新加坡教育人士大都認為華校將從此變質，問題至為嚴重。因為實施兩國語文教育，於華僑小學實行，困難重重，因小學應以用語教育為主。假使同時實施兩國語文教育，幼年學童之脆弱智力，殊難負擔此兩種語文教育之重課，所學必致不能消化，實施此種教育之結果必注定失敗。不過那時英文在華校已取得至少與華文相等的地位，到發現困難時，為遷就新教育政策及事實上之需要，當不惜減少華文鐘點與放低華文程度，以配合逐漸提高英文水準之步驟。此時政府將不遭遇强烈反對，而達到其華校英文化之實。在此種華僑人士疑懼心理中，新加坡立法會議於十二月十五日通過增加華校津貼且實施兩國語文教育。代理教育司麥里蘭氏於會議中致辭稱：自總督在上次預算演講，提及兩國語文教育及增加津貼後，華僑友人，殊表興趣，而今日政府與華校之關係已較一二年以前大為親善，如有增加此良意之步驟，當被歡迎，此計劃即代表此種步驟之一。此政策並非政府所强令，而係由華人社會代表所建議者，如學校不喜歡此計劃，儘可不必加入，雖則政府希望彼等參加，如阻止彼等者，係對中國文化上有所恐懼，則本人願重申總督已聲明之言，即政府既無心亦無意摧殘中國文化，或消滅在華校中教授華文云云。代理教育司以明白的語調指出英文分量在華校至少要提高與華文相等，並使幼年學生不存有中國意識。因為新加坡華僑佔當地全人口百分之八十以上，與聯邦情形不同，所以不能把聯邦的國民教育法案照原樣搬來應用，於是因地制宜地來一套兩國語文教育政策，這在表面上對此地華校已相當寬容，不然像在聯邦的國民學校中，華籍學生想學中文，也只以每日半小時為限。不過新加坡華校在接受新教育政策後，華文與英文同等重要的局面，能維持幾久，也是不可預料的事。聯邦華校接受新薪津制之殷鑑不遠，新加坡當局以華校增加津貼為餌，使華校上鈎，以達其配合政治發展之新教育政策之實施。新加坡華校在此嚴重關頭將何去何從，應當審慎權衡利害當機立斷了。

四十二年十二月十八日

編者按：關於馬來華教危機的報導文字，本刊先接到兩篇。除此文外，另一篇是唐堂先生的大文。兩篇內容大致相同。因收到唐先生大文時，本文業已排印，故爾割愛，應向唐先生致歉。

我對副總統選舉的意見

董時進

儆寰先生：久未通訊，甚念。近聞國代將如期召開，選舉正副總統，這是必經的手續。將來總統是誰，那是不成問題的；副位誰屬，則殊難逆料。鄙意此次選舉，副的比正的關係更大，因為正的原已等於確定，關鍵全在副的身上，對於在大陸及僑居海外者之人心，甚至對於友邦態度，都有極大影響。得一位適當人物，則各地人心將振奮起來，對於反攻復國的希望將恢復起來。否則大家都會灰心絕望，等到下幾輩子再說了。這一人物，主要的是必須有精神的號召力量，因為這是目前臺灣最缺少的；又必須能夠在現時臺灣所有力量之外增加新力量。以此之故，若僅在現有的僚屬中隨便找一個備位，則此一重要位置將等於白費矣。

要得適當人選，則選舉辦法大可不必抄襲美國方式，一定要黨派提名，或自動競選等。中國的習俗人情與美國大不相同，要拘泥那一套形式，反而不三不四，而且找不到好人。如像過去一定要找人出來陪襯着競選總統，做做假樣子，實在大可不必。這不是說，不可以競選。只要符合規定資格，誰都可以堂堂正正地出來競選。要競選，就要是眞的，拿出氣魄來大膽地競爭，須不怕攻擊其他競選人。若只擺樣子，反而覺得可笑，此次最好避免。

在中國目前辦選舉，我以為還是只好用推選的方式，大家認定某人最適當，推薦他出來，然後再由國民大會選舉之。使他不就也得就，如果大家誠懇地敦促，料想也沒有不就之理。子牙諸葛那種隱士，也還離海出山，何況在目前這樣危難時期，大家要一個人出來負責領導，解救幾萬萬人民，而竟死也不肯出來，除非是凉血動物了。

在另一方面，却也難免有一種人，一心一意在一己虛榮上着想，不照照鏡子，看看自己是否能擔當挽回刼運的責任，倒覬覦高位。然這樣的人倒是千萬要阻止他上臺的。

身邊無憲法，也記不清選舉辦法是如何規定的，這不過是在原則上提供一點愚見而已，不知可否在貴刊上作為通訊刊登。總希望能將此種意思傳播出去而已。

專此順頌

著祺

弟 董時進上 四十二年十月三日。

編者按：董時進先生的信，本社早於去年十月間便已收到，因董先生對副總統選舉的意見，顯有所指，本刊為保持客觀的立場，故將該函擱置未登。最近「自由人」上連續刊出左舜生、伍憲子、楊力行等先生的大文，對副總統人選明白表示意見，董時進先生復來信促本刊登出前函，謹遵其囑，補行刊登於右。

四十三年一月二十日。

從文藝的應用性談文藝政策

李　經

基本諸元的分析

文藝藉情感的共鳴而施展它的說服力。剝奪了作品激動情感的能力也就是剝奪了它的文藝價值。本文的目的既在嘗試根據文學上的幾種基本現象討論作品的應用性，因之，情感的本質，作品激動情感的程序兩問題勢必成為本文初步分析的對象。

首先讓我們看情感。所謂情感也就是心智的痛苦，快樂，衝動。我們有某種情感，因為我們的希望受到挫折或獲得滿足。受挫折，我們悲哀；獲得滿足，我們快樂。而我們的希望的內容則為某種「行為標準」(norm) 或價值觀念所左右。譬如說，我們相信「善人應有善報，惡人應有惡報」，同時，我們又相信某甲是善人，那麼，我們勢必希望某甲有善報，萬一某甲遭逢惡報，我們的希望遭受打擊；而某甲的遭遇所引起的情感勢必屬於痛苦的一型。「行為標準」或價值觀念支配希望的內容，而希望的滿足與否則支配情感的內容。

文藝作品綜合實際生活經驗中的種種，使他們成為一個具有感召力的綜合體。經過了這個綜合過程，文藝不再等於生活，而具備了它自己存在的法則和規律。但是文藝作品引起情感的程序和實際生活經驗引起情感的程序並沒有本質上的差異。為了獲得某種特定的情感反應，為了使讀者有所愛有所憎，作品必須建立起一個不容含混的「行為標準」或「價值觀念」。作品所包含的「行為標準」也就是流行報章雜誌上所謂作品所宣示的「眞理」「思想」「哲學」。只有在這「標準」或「思想」已經被明確地建立起來，有機地綜合入作品所代表的具體經驗中，而又被讀者所接受時，作品才能從心所欲地操縱讀者的情緒。在作品裏，「思想」或「標準」是創造某種預期的情感的工具。反過來說，作品非但暗示某一「思想」，而且有力地通經情感經驗宣傳這一「思想」，進而影響讀者的情緒狀態，人生態度，左右社會的輿情。

文藝與政治

這些「思想」或「標準」也就是文藝與政治的銜接點。政治家對於這些關係「國計民生」，社會安定，文化進展的「標準」「思想」自然不能不視若無睹。他們往往不得不負起文藝批評的任務，從文藝的實際影響來抨擊他們否認的「思想」，鼓勵另一些符合于他們主觀態度的「思想」。在有高度組織的政治社會裏，更有「文藝政策」的出現。筆者無意非難「文藝政策」的存在這一事實。因為：①任何有組織的社會裏，都有文藝政策的存在，只不過執行的機關有所不同而已。有些社會裏宗教機關執行這一政策，有些社會裏由學術團體負起這份責任，有些社會裏政府直接干涉文藝作品的產生。②文藝政策存在這一事實可喜地反映出社會對於文藝的重視。社會普遍地意識到文藝感召力的强大時，才會進一步地希望以某一「政策」來影響創作的途徑。可是當政治家負起批評的責任時，幾種不十分健康的情勢往往隨之產生：

㈠政治家的着眼點在文藝的應用性，因之往往過份重視「思想」，以「思想」的價值來衡量文藝的價值，忽視「思想」在文藝作品中僅為創造情感的工具。認「思想」為「作品」，卽是否認理性論辯與情緒感染兩種說服方式基本上的差異，也就是否認文藝的存在。這一趨勢之足以促使整個創作水準的低落幾乎是可「不言自喻」「不辯自明」的。

㈡排他性底强調「思想」重要性，容易引起一種敵視態度。「為生活而藝術」强調文學的應用性，「為藝術而藝術」强調文學的創造性；前者着眼於若干應用上所引起的實際問題，後者着眼於創作過程中可能發生的諸種困難，二者互相補足地增加了關于文藝的知識，本質上不應有所矛盾。譬如說，「某人是中國人」，及「某人是教授」二命題，前者的敍詞說明某人國籍，後者的敍詞說明某人的職業；二敍詞雖有一相同的主詞，但其間非但沒有矛盾，而且更充分地闡述了主詞，增加了關于主詞的知識。若干作家固執地拒絕承認「思想」與感召力間的密切關係，捨棄了若干值得嘗試的題材與表現方式，常常不是對「生活」有所嫌厭，而是對排他性地强調某種主觀「生活」起反感。

㈢偏執文學的應用性，企圖以文藝為宣傳某一切身政治目標的工具，往往誘致作品「思想」或「價值標準」的膚淺化，簡陋化。上文提及「標準」是文藝作品存在的基本現象之一，凡是作品必然地要宣傳某些「標準」，問題不在「標準」的有無，而在「標準」是從人生全面價值割裂開的呢，還是在人性中具有深厚的基礎的。可謂「八股化」「公式化」的作品，其失敗往往不一定在於題材或表現方式的「差不多」，而引人厭倦；這些作品大半失敗于作品中的人物動作，情緒狀態引不起讀者强有力的愛憎。作品所提示的「標準」或「思想」的粗糙簡陋顯然是召致「愛憎不明」的基本原因之一。簡陋化與簡單化不同。簡單化是淘汰繁冗，使幾個重點更為顯著明白，簡陋化則是「買櫝還珠」，去其精華，留其糟粕。安諾德 (Matthew Arnold) 論托爾斯泰時，會經大大地惋惜托氏晚年因思想的簡陋化，機械化而失去創造力。

人的文學

以當前中國新文學為例：中國歷史現階段的任務是如何爭取「反共抗俄」勝利的果實。當前的文藝政策應以配合文藝和「反共抗俄」這一歷史任務為前提似乎是無可置疑的。但是，我們必須注意到「反」「抗」都是消極的形容詞。我們底讀者一定都在期待我們回答一個較為基本的問題——那就是這些「反」「抗」和人生全面價值究竟有怎樣的聯繫。如果我們承認①從多方面去激發人性中最基本的力量，從多方面去激發人內心的創造力比單方面地挑逗消極性的衝動更有助於「反共抗俄」這一緊急任務；②多數作家（以人性的尊嚴為他們創作的基準的作家），參加文藝的陣營比少數作家更能增加文藝界蓬勃的生氣；③有「感召力」的作品比沒有「感召力」的作品更能收到宣傳的效果；那麼，我們勢非向人性最基本處尋求作品的「基準」不可。我們可以謳歌，可以咀咒，但我們的謳歌咀咒必須有它人性上的深厚的基礎。我們的文藝作品應該不是案頭的瓶供，而是一棵在人性的肥沃，深厚的土壤裏結了根的橡樹。如果作品的「思想」「基準」能夠被延展到足以包容人生的全面價值，我們的文藝非但擁有一個有利於優秀作品產生的條件，非但可以擔負起當前的歷史任務，而且也將成為我們新的文化傳統最有力的因子之一。過去四五十年間，從推翻滿清，打倒軍閥，抗日，戡亂到最近的反共抗俄，我們政治上的宣傳似乎始終側重於「推翻」「打倒」「抗」「戡」「反」等等消極的舉措，這些消極舉措背後所隱藏着的積極意義反相對地被隱晦起來。我們的文藝政策追隨這一政治趨向遂也充滿了消極的色彩。

文藝批評家的責任在指出某種有利於創作的情況，文藝政策則在幫助建立某一情況。兩者都不過是一種姿態，形勢；如果沒有傑出的作品來具體化這一能勢，縱使這一能勢，儀容萬千，亦不過是一種態勢而已。可喜的是過去四十年間，「人的文學」，以人性的尊嚴為它的「基準」的文學，在中國已經產生了數量質量都頗為可觀的作品。他們至少已經給人的文學這一傳統劃出一個清楚的輪廓。隨便舉幾個例子：沈從文以浪漫的細緻的表現手法，謳歌人類原始的力的奔放；將人性在被未在文明所銷蝕以前的粗樸，呈現在讀者的面前，震撼了古中國的心靈。馮玉的十四行詩集採用西洋詩中最謹嚴的格律與德國表現派的素樸，用哲人的沉思渲染了生的莊嚴的痛苦。沙汀充滿鄉土氣味的淘金記則以寫實主義者犀利的目光捕捉人性的黑暗面，無情地揭穿了以「階級」劃分人類的虛偽和愚蠢。他們的題材與技巧是如此的不同，但是他們的成就則是同樣的卓越。他們的成就也更顯示了作者以前提及的「生活的豐富性」「作品的多樣性」二個現象。我們惋惜這三位作家陷身大陸，但是作為一個文藝工作者，我們對作品的興趣應更濃于對作者個人的興趣。共產黨徒在大陸正血腥地摧殘人的尊嚴，人的文學。在這一片自由的土地上，我們該有勇氣接受四十年來人的文學的成就，該有勇氣嘗試建立一個真正有力的，豐富的人的文學的傳統。

（上接第12頁）

律的保護與處罰一切平等（第五、六條）。這是法治國家原則的宣佈，也是近代國家最重要原則之一的法律之前人人平等的原則。任何人除依法律規定，不得追訴、逮捕、或監禁。任何人如非適用犯罪以前所制定公布之法律認為違法，不得處罰。任何人在宣告有罪以前，應推定無罪，有監禁之必要時，嚴禁一切暴力方法（第七條——第九條）。關于基本人權的司法保護，本以英美法為最發達，此處所規定者，係受英美的影響，止於原則的規定而已。任何人在無害於法律所定的公共秩序的範圍內，有發表意見之自由，宗教意見亦同（第十條）。人權宣言關於宗教的規定只此一條，而此條並非專指宗教而言，而是一般意見發表的自由，其所以採取此種方式者，因革命當時舊教勢力甚盛，教士出身的議員極願保持舊教的優越，一般信奉自由平等原則的議員則主張信教絕對自由，雙方爭論的結果才產生這一條輕描淡寫的規定。但關于意見自由，第十一條另有規定，即思想及意見的自由交換，是人類最貴重的權利之一，可見第十條確係指宗教而言。此外則為言論、著作、出版自由之宣佈（第十一條）。公共權力係為保護人民的權利與自由而設，此種權力只能為一切人之利益行使（第十二條）。人權宣言及以此為基礎的一七九一年憲法，雖强調人民主權原則，仍承認君主的存在，不過此種公共權力係受人民之委託，此點係針對君權神授說而言者。君主以外的國家機關，權力的來源亦同樣解釋，此種權利祇能為保障與實現人民的自由與權利而行使，不然人民便有追究其責任的權利（第十五條）。這是民主主義責任政治的當然歸結。

五

基本人權的思想與內容，其淵源已如上述。近代各國憲法，幾乎把人權條款視為天經地義，即由此傳統而來。英美法三國擁護人權的歷史背景各有不同，英國是基於自古以來一脈相承的權利與自由思想。所以近代初期的歷史，歐洲各國無不向絕對主義發展，獨英國不然，絕對主義始終無從建立，而議會的權力在此時期反而取得優越的地位，即因有此自由傳統之故。英國的人權既然有傳統的自由作基礎，所以十分鞏固，今日亦然。美國的人權要求基於清教徒渴望信教自由的熱情而發，目標純，環境好，是粗線條的，故能勇往直前，水到渠成，奠定基本人權的鞏固基礎，今日亦然。法國基本人權的發展，條件最惡劣，它是基於合理主義的批評精神而發，是細線條的，既無英國那樣的傳統，又無美國那樣環境，全靠一些頭腦優秀的學者、思想家、藝術家對自由的愛慕與國民的努力才完成的。人權宣言發表以後，自由思想與復古思想的鬥爭的歷史可以證明他們追求人權工作的艱鉅。今日法國思想的複雜與政局之不安，也許這也是原因之一。但是三國在爭取人權保障的過程中有一個共同之點，就是十七世紀的英國，十八世紀的美法二國，都經過一番革命流血的大悲劇才達到目的。又經過全體國民繼續不斷的注意監督，繼續不斷的努力爭取，所以這三國的人權保障並非止於睡在紙上的條文而已。

感覺的糊塗

徐訏

你說過去我燦爛的生命祇充你寂寞生活的點綴，
如今我痴傻的愛情也難飾你光明的前途；
在糊塗的日子中你千遍萬遍告我酒不醉人人自醉，
到豁然開朗的時辰我還不信冬不枯樹樹自枯。

要說長長的歲月裏我辜負了的青春都可以復回，
那麼我一定要同你說我悠悠的相思並不痛苦，
即使是一隻你豢養的小鳥離開你你也要流淚，
那何況你我在艱難的時代顚波的日子中曾經共度。

諸凡一切情人所應該懺悔的我都已深深地懺悔，
諸凡一切情人所應該傾訴的我也已從頭一一傾訴，
你難道要我把落了的花瓣重新做蕚上的蓓蕾，
掩飾那寒冷的北國漫漫的秋冬狂風暴雪的飛舞。

風風雨雨顚波曲折的際遇難計逝去青春裏的嬌美，
在快活熱鬧生活中如何耗去悠長的時日你也無從清楚；
那陽光的如蜜春風的如酒不過是你自己青春的光輝，
那麼桃紅柳綠給你不同的氣氛就該相信是你感覺的糊塗。

殘更

徐訏

風停，雨歇，
黯淡的天空，
霧奔雲馳，
任孤星閃爍。

路窗已黑，
綠葉陰掩處，
灰暗的玻璃，
閃着雨滴。

戲散宴輟，
路燈如豆，
囂囂的街頭，
一時靜寂。

看來人已去，
去人已歸，
大好天地間，
唯我竚立。

望高山遠水，
念少年胸懷，
烟塵起處，
負天涯飄泊。

如今心如止水，
雖身寄異地，
任星喚月召，
亦無意遊歷。

奈醉後小睡，
仍夢同萬里，
魂依舊人，
此情殷殷未滅。

問今夕何夕，
露溫衣襟，
風掠頭髮，
殘更可親如昔。

伊凡

歐陽賓

在我郊居的時候——

有一天，我去作一次飯後的散步，沿着一條兩邊長着青草的柏油路走去。往常，我總是走到一處拐角時就停住步，踏上一塊土墩，向四周瞭望一會，然後循着原來的路子回家。然而這一次，我好像心裏有些蹩扯的問題在盤旋着，我不到解答。所以便決定往前走。

距離那個拐角不遠的地方，有一條小徑，我過去早就注意到了，幾次都想爬上去看看，但又沒有上去，因爲我覺得，要是這一條路祇通到那幾家住戶爲止，而不再有其他的路可以通出去的話，裏面的人就會覺得奇怪，他們還會問你是去找誰的。到那時，隨你怎麼回答，總是煞風景的事。

可是這天，我終於走上了那條路，以一種閒散的緩慢步伐走上去。在那裏，有一家獨立房子，門口是一方平地，砌着一個圓形的石壇。等我剛剛站住脚步，抬起頭來打量這座房子時，一條狗被我驚動了，牠猜猜地狂吠起來，兩條前腿往前伸動着，做出逐客的姿態來。我趨近點仔細看看，那條狗是被拴着的，每當牠往前突竄一下，那條頸上的皮圈，就會緊緊地拖住牠。

牠是一條可愛的棕白色花狗，中型身村，有一張大嘴和兩隻下垂的大耳朶，身上的毛緊緊地貼住身子，尾巴翹着像一把鐮刀。

正當我在注視着這條狗的時候，我聽到一個男人的聲音：「你找那一個？」

我聞聲抬起頭來，見一個濃眉大眼的外國人站在那裏，他看上去像個重量級拳擊家，把兩隻手按在涼臺上，等待我的回答。

「我在這一帶散步，彎進來看看的。」

他點點頭，給我以不帶善意的一瞥，從一扇門內隱沒了。

那條狗，發覺我的來意並無不善，吠聲漸漸低沉了，稀疏了，到了最後，牠索性在自己的木籠門口坐下，但還不放棄對我的監視。

我走近一點，想用一種善意的友誼去打動牠，我提起我的手來，去撫摸牠的頭毛，但不到我接觸到牠時，牠突然跳起來，憤怒地叫了一聲，露出牠的牙牀，來表示牠的抗拒。

「不要這樣吧！」我對牠搖搖頭。

但當我第二次再嘗試時，牠又旺的一聲叫了起來。這時，我忽然轉身一看，那個外國人已經站在我的身邊了。他用一種不滿的神色望着我，兇狠得似乎要用手上的粗棍子教訓我一般。

「先生，」他以粗厲的嗓子叫道：「牠會咬你的！」

「我不怕，我養過狗的，牠們都對我很親暱。」我說。

「你知道，牠現在正瘋着。」他恐嚇我說。

我再仔細看了看那條狗，對他說道：「牠不像是條瘋狗，我祇要看看牠的眼睛和尾巴就知道了。」

「可是你總是小心一點的好，我眞不願你被牠咬上一口。」

我們有好一會，都注意着那條狗。我看見牠總是畏畏縮縮，不時提防着牠的主人的棍子，猶如牠對此曾有過許多次經驗教訓一樣。這件事，使我對這條花狗產生了一種同情心。

「我在養狗的時候，牠們都是很自由的，牠們可以到外面去玩，去選擇牠們所喜愛的。」我說。

「不行，我不許牠出去，牠出去會闖禍，會到時不歸家，甚至就在新的地方住下了。」

「那是因爲你拴住牠的緣故。」

「我拴住牠完全是因爲牠要溜走。」

「因爲你要拴住牠，所以牠才會溜走。」

「你知道，」他說：「不拴住是不行的，我打算以這個方法來讓牠適應。」

這條狗伏下來，靜靜地望着我們，微微地動着牠的耳朶，一如牠在聆聽我們的談話一樣。

「這不是一條沒有感情的狗，牠的祖先都是很優秀的。在我這裏，牠的生活很好。相信要比外面任何一家都豐富些。試想，在這樣的條件之下，牠還有什麼理由不被拴着呢？」

他說完，想拿那條棍子去弄牠的毛，以表示他們之間的親善情形。然而我看見那條狗突然站起來，逃進木籠去，歇斯底里地咿嗚着。這使得他怫然不悅，並且帶着一旦被人看出破綻來時的羞慚，重重地敲了幾下木籠，想要使得牠跑出來。然而這隻狗，一直就不肯出來。

我想他原來是想在我面前表現一番親善姿態的，而現在卻弄得有些僵了。這樣，他就解嘲地說：「我的狗很怕生人。在平時，牠總是跳到我的身上來，騎上我的肩，靈巧得不得了。」

「這也許都是事實，不過，這條鐵鏈看起來總不大調和。」我說。

「不！不！不！」他連連否認着：「這祇不過是在形式上受點約束，而實際上，牠完全是自得其樂的。一到豐盛的牛肉飯下肚，牠就舔舔牠的油嘴，咿哩嗚嚕地唱歌，甚至跳起舞來，到了那時，這條鐵索正是好伴奏。」他在說這些話時，使得他自己也爲之動容，笑起來。

我也笑起來，回答說：「這樣說起來，你倒是個馴獸師了。」

「不，」他忽然變得正經說：「馴獸師都是不人道的行爲，他們總是使獸類去記憶吃到皮鞭時的痛苦，因此他們手上從不敢把皮鞭放下——你以爲他們是一種手勢嗎？」

這時，這隻狗從木籠門上探出頭來，遲疑地望望牠的主人。

「來吧，伊凡，我們來握一次手吧！」他說。

這隻狗懶懶地舉起牠的前腿來，同他去握手，但我看見牠全然沒有什麼表情。

「看吧，」他說：「這是一種自動自發的精神。我從來也沒有教牠這樣做過，更從來沒有任何懲罰加到牠身上去過。這種工作，絕對不是一個馴獸師可能做到的。」

我很不滿意他對我的這種公然的欺騙，但我却不能不承認他有這種權利。

「在我這裏，」他接下去說：「牠永遠用不着顧慮缺少什麼，至於自由，却充分而不汎濫。」

「眞妙！」我說：「你是專家一類的人物。」

「不，不對，專家也不能包括這些的，祇是我很難爲我自已按個名稱。」

「現在，好吧，」我對他說：「我想走了。」

「好的，以後有空的話，請過來談談狗吧！」

「伊凡！」我對那狗說：「再見吧！」

牠用一種惜別的眼光望着我，搖着牠的尾巴，想走近來，但却被鎖鏈拉住了。牠戀戀地目送着我，直到我沒入一簇灌木叢的背後。

以後，我長久都沒有到那邊去散步，而天氣却漸漸熱了起來，行走在太陽下使人感到灼熱。

有一天，我又到那邊去散步，而這一次，我就很自然地想到伊凡，要去看看牠。我一走進園子，伊凡就旺地一聲叫起來，但當我行近時，牠却搖起牠的尾巴來，跳躍着，用前腿來抓我的衣服。我伸出手來摸了摸牠的鬚毛，將身子蹲下來。

「你還認識我嗎？伊凡。」

牠歡樂地跳着，張大着嘴，裝着來咬我的手。像這樣的情形，最足以說明牠是如何地需要別人的關懷了。

伊凡住的地方，現在已經被太陽正晒了，雖然牠有一個木屋，然而這裏面的蒸烤情形，一定要比晒在陽光下更可怕些。在牠的飼器中，還殘賸下一些不會吃完的麵包皮，但却沒有牠主人所說的牛肉和蛋類的形跡。

我按住牠，撫牠的毛。而這一下，使我發覺牠身上爬着許多狗蠅，在牠的耳朵裏，長滿了狗蝨，正在吮吸着牠的血。

「哦！」我想：「這是怎麼的一個諾言呵！」

我忽然要去開解牠的鎖鏈，但過後又遲疑着，因爲我這樣做了以後，會遭到牠的主人的反對的。

不久，一陣汽車輪子的滾動聲傳過來，一架汽車衝了進來，伊凡的主人從車中走出來。

「你好！」我說。

「你好——又來看伊凡了嗎？」

「是的。我可以帶牠出去玩玩嗎？」

「不行！外面滿街都是瘋狗，牠定會被傳染上的。」他阻撓說。

他走到伊凡的面前，我們談論起來。

「天這麼熱，要是不設法給牠遷個陰涼的地方，這個長夏就要叫伊凡受苦了。」我同情地說。

「我的計劃是要給牠弄個很好的宿舍，不僅僅是換個陰涼地方就了事。在那裏，我要爲牠弄盞電燈，有一張氈，還有我自已設計的飼器。」他解釋着。

「你的想法很好，不過目前牠也要過得舒服一點才好。」

「事情很簡單，等我一有暇，一兩天就可以把牠的住處完成的。」

伊凡在見到牠主人以後，就沒有我剛到時的那一股興緻了，牠現在已經垂下了牠的尾巴，躲縮縮地靠到牆上去了。

「要是牠能夠說話，」牠的主人說：「我相信牠會告訴你牠的幸福生活，以及牠對這種欵待的深刻印象。」

我並沒有表示意見，因爲我忽然想起伊凡身上的狗蠅和蝨子。

忽然，我從衣袋裏掏到了一包吃殘的牛肉乾，我把它打開來，但還不會有什麼行動之前，牠的主人已經阻撓着了，他說：「不要拿不潔的食物去餵牠，我是一向都注意到牠的衞生的。」

他的話幾乎要把我觸怒，因爲我在一進來時，曾經親眼看到在牠吃殘的食物上，麕集了不少的蒼蠅，有的在吮吸，有的在盤旋。即使他在說着這幾句話時，也還有一兩隻蒼蠅逗留在牆上，不會因我們的騷擾而飛走。

我把牛肉乾收起來。他滿意地向我笑笑，說：「好多人都喜歡養狗，但是不懂新法。」

我感到沒趣，因爲無論怎樣，我是無法去干與他的，他有處理自已的狗的充分自由。

我不聲不響地退了出來。

以後，我每次走過那地方，都牽掛起苦難的伊凡來。祗要我覺得牠的主子不在那裏，我就會隔着一個樹叢叫着伊凡的名字，同時，我就聽見牠瘋狂地叫着，把鐵鏈掙得鋃鋃作響。

然而這種關注，祗能徒然激起它的無效的嚮往。最後，忽然有一天，當我訪問了伊凡回來，俯頭走在回家的路上時，我忽然聽見有鐵鏈拖在地上的聲音，我回過頭去，赫然看見伊凡已經掙斷了牠的鐵鏈，向我奔來。

「伊凡！」我禁不住叫起來。

牠奔跑着走到我的面前，回過頭去望了一望，然後跳到我的身上來。

我忽然遲疑起來，因爲我將被牠的主人視爲一個盜狗的嫌疑犯，到了那時，我將會難以申辯。可是，要把伊凡再送回到牠的老地方去，或者去報告這種消息，自思又沒有這種可能，因爲無論採取那一個途徑，都會使我害怕，乃至後悔。想來想去，我決定帶着伊凡走。

「來吧，伊凡，跟我跑吧！」

於是，我們兩個一口氣就跑到了家裏。

現在，伊凡一直是我家裏的一員，鐵鏈早已取去，並且再過些日子，牠的原來的主人，也逼得默認現成的事實了。

反共義士李煥先生來信

親愛的編輯先生：

我作夢也沒有想到今天能和您通信。的確，我太興奮了！我實在無法拿我這枝笨拙的筆寫出我今天的高興。

編輯先生：您的忠實讀者的名子叫「李煥」，家在大陸西安市，今年二十二歲，初中一年肄業。父親早故，母親是共匪佔據了西安後的八個月就被迫跳井溺斃。讀者是一九五一年三月被迫參加韓戰的。……為了掙脫共匪魔掌，我們曾冒了生命的危險，用了不屈不撓的精神，終於在朱毛陰險惡毒的監視下，擺脫了牠們的裏脅，投奔到聯軍的懷抱。

我們在聯軍的戰俘營裏，待了三年有餘，嘗盡了人間無盡的辛酸，忍受了人所不能忍受的痛苦。可是終於忍耐成功了，重護自由了，更達到我們投奔聯軍的目的，——回到臺灣的願望了。

敬愛的編輯先生：讀者自從到了聯軍戰俘營，就一直愛上咱們為爭取思想、生活、創作……自由的「自由中國」刊物。它對我的幫助實在太大了，尤其貴刊的文筆簡練，內容充實，眞合乎讀者的胃口，深入人心。我可以說，「自由中國」對我的思想發生了很大的啓示，已成了我的第二生命！

編輯先生：現在煥再給您講點事實。我把咱們的「自由中國」刊物，已經從第六卷第三期至第八卷第六期裝訂成一本，同時裝幀得十分雅緻，我已將它由韓國帶到祖國來了。這是讀者愛護「自由中國」刊物的事實，實在不是空談。

好啦，別的不多談了，最後煥還要乞求編輯先生答應我三件事：

（一）我很高興我們能很快的親切的會晤一面。

（二）由於煥在韓臨行時，留給在韓朋友和同學的在臺通信處，都寫的是咱貴社編輯室轉李煥（臺北市自由中國編輯室轉李煥）。現在如果有信來貴社，煩編輯先生收留轉煥。

（三）讀者想寫一篇「共匪在大陸的暴行」，想請編輯先生給煥删改一下。

就是以上三件事，編輯先生，您能不能答應你的忠實讀者呢？好，就此住筆，下次再大大的談吧！

（煥在戰俘營的番號是：第一聯隊，警備中隊，李煥。）

敬祝

撰祺

你底忠實讀者　李　煥上

一九五四・一・二二於韓國自由城

李煥先生：

一連三天我們去基隆歡迎你們，今天從基隆回來，接到你從「自由城」寄來的航信。你是這樣地愛護「自由中國」，使我們深感榮幸。你所囑咐的幾件事情，我們一定遵辦。並且，我們希望你能同意，將你寫的「共匪在大陸的暴行」在「自由中國」上發表。你何須如此客氣？——還在信上引用了「乞求」的字樣。我們相信：每一個人都會因能為你們服務，而感到驕傲。

這一期，我們在封面上印上幾個紅字，以表歡迎你們的衷忱。並將以「自由中國」三百份分贈大湖、下湖、楊梅三義士營，以後且將按期贈送，以供義士們閱讀。

請你告訴我們，你現在住在那個義士營？我們很熱望與你有晤談的機會。敬祝

健康

編者　四十三年元月廿七日

（上接第13頁）

管轄權問題，別的國家不必過問。但是時過境遷，今日情形已大不相同。我們從經驗中獲悉，今日一個小小而組織嚴密的少數團體利用殘暴辦法，較之一世紀以前能夠更有效地統治大多數人民，並且在表面上，能做得好像得到了人民普遍的擁護。在這種情形下，人民的默認根本不能表示說這個政府便能穩固持久。同時，也可以這麼說，這類政府簽訂的條約最多不過代表其官員私人之協議，對其自以為能夠代表的國家並沒有拘束性。我們不能期望這種政府能以信守原則來履行諸言。同時繼承他們的政府也沒有理由要履行他們所承擔的義務。

自韓國休戰以來這個時期，自嚴格的法律立場來說，我們對中國共產黨政府的結論如何？這個政府為了援助及煽動北韓的侵略，造成了無數悲慘的死亡同財產上損失，已極嚴重地違反了國際公法，在目下自然不能夠加以承認，理由是中共不能符合承認的主觀條件——遵守國際公法。其次，該政府採一黨專政制度，剝奪人民表達意志的自由，蓋此種表達是人民唯一能夠表示其願望的方法，因此它又不符合承認的客觀條件，那就是「基於人民的願望，並由人民公開表示接受該政府」。一個政府經人民的默認必須人民有相當程度表達意志的自由，而無需恐懼殘暴的報復。在最近將來的情勢下，國際社會的其他份子根據上述兩個理由中任何一個拒絕承認中國的共產黨，是否得計，屬另外一回事。不過光以利害來考慮這個問題而不顧國際公法的法則，好像國際公法同這個問題風馬牛不相關，則為非常不幸。近年來，根據承認傳統原則原應遭受譴責唾棄的政府，若干也得到了他國承認的事實，當然可以做為因利害關係而作承認決定的理由。但是，就是以此為理由，也應該坦白說明這種讓步就是讓步，那麼至少法律還可以維持它相當程度的權威。

——完——

CAT
服務東方的
民航空運隊
"THE ORIENT'S OWN" CAT CIVIL AIR TRANSPORT
客運
貨運
包機
台北營業處：青島西路七號．電話：二二三四〇

第十卷　第三期　內政部雜誌登記證內警臺誌字第三八一號　臺灣省雜誌事業協會會員　一一八　(每册售臺幣四元)

給讀者的報告

一月廿三日是一萬四千二百零九名反共義士重獲自由的日子，這個日子將爲人類爭取自由的歷史留下新的一頁。這些反共義士，冒九死一生，歷千辛萬苦，經過三年以上歲月的苦鬪，終於獲得了他們久久渴望的自由。這個事實不但可以說明大陸人心的向背，而且將使赤色魔王們爲之震驚。當自由日的自由鐘聲敲響時，人們將眞實地認識到自由的力量：凡一切欲與自由爲敵的人，均將在自由的鐘聲裏倒下。現在義士們已在美軍護送下，安全地踏上自由祖國的土地。這幾天來，全自由中國的人民爲着歡迎義士而歡欣欲狂，整個寶島也爲人們心裏流出的感情所震動了。基隆海邊，臺北街頭，多少人在歡呼，多少人在流淚。人們對義士的敬仰與慰問，已經不是文字與語言所能表達的。同樣地，我們也不知道怎樣說出我們心裏所要說的話語，於是我們只能在本期封面上寫上「歡迎反共義士」幾個紅字，以表我們心情的萬一。反共義士現在已恢復了平民身份，我們所最關切的是對義士今後生活的安排，希望負責當局能根據他們的自由意志，給以適當的工作與報國的途逕。自然，在這一方面，我們每一個人也都有協助他們解決困難的義務。

由於這次反共義士的歸國，使我們觸及許多的感喟，我們感慨於過去有很多人之誤解自由。因此我們願乘此機會，在社論(一)裏再釋自由一詞之眞義。並非我們在這裏咬文嚼字，而是因爲這一詞的解釋，所關至大。由於我們對自由觀念的不同，我們所採反共的方法也將大有差異。我們如能從自由日，而得認識眞自由，也才可以無愧對於歸國的反共義士。

其次我們另有一篇社論，闡釋教育和政俗兩者關係之重大。蓋政治風氣之良否，直接影響到青年的心理。我們今日如不能對政治方面的壞風氣切實改革，僅僅希望學校造就好學生，那等於緣木求魚。希望政府當局不要忽視了政風對教育的影響，而天天把責任推在教育者的身上。

本期我們要特別介紹的是蔣勻田先生與李祥麟先生的兩篇大文。蔣勻田先生的「自由觀念的制度化與組織化」一文，在說明自由觀念是先驗的存在，非政治的强力所能摧殘。此義可以從反共義士的行動而獲得事實的證明。蔣勻田先生指出民主政治的基本，在如何使件意志而俱生的自由觀念能具現於政治制度與組織之中。而自由保障的契機，必須有强大的反對黨，不是僅靠任何完美的憲法所能達成的。至李祥麟先生的大文則係探溯人權思想之源流，乃是從政治史與政治思想史方面來討論的。兩文實可參合閱讀。蓋自由即人權，諸自由即諸人權也。蔣李二先生的大文均積壓甚久，以稿擠之故，本期方克登出，於此再表歉意。

「承認中共政府問題」一文是蔣廷黻先生在美請人翻譯後寄來，蔣先生並一再囑爲向讀者推薦此文，因其確有獨到之見解。我們於此亦應向蔣先生致謝。

殷海光先生翻譯的「到奴役之路」，亦因稿擠，停刊甚久，本期才登出其第七章：「統制經濟底種種危害」。凡迷信計劃經濟的人應該一讀此文。

在通訊方面，「馬林可夫政權的內政」一文，是敍述史達林內政的失敗，與馬林可夫上臺後力圖補救的種種，並籲請民主國家不要失掉這個良機。馬來亞的華僑教育，其危機一天比一天嚴重，本期馬來通訊對此敍述甚詳，希望主管當局注意挽救。

此外，李經先生的文藝理論也是一篇難得的文字，在我們目前的文藝界是很需要這一類文字的。徐訏先生這是第一次爲本刊寫稿，我們希望他能不斷惠文，以饗「自由中國」的讀者。

自由中國 半月刊 第十卷第三期 總第一〇二號

中華民國四十三年二月一日出版

發行人兼主編：『自由中國編輯委員會』

出版者：自由中國社
社址：臺北市和平東路二段十八巷一號
電話：二八五七〇

航空版：香港時報社

經售者：
臺灣：自由中國發行部、中國書報發行所
美國：紐約民氣日報社、舊金山少年中國晨報社、芝加哥中國出版公司
日本：東京僑豐企業公司
韓國：釜山草梁洞新泰行
馬尼剌：大中華日報社
印尼：椰嘉達天聲日報
越南：越南華僑文化事業公司
暹邏：曼谷攀多社十二號
緬甸：仰光振成書報店
印度：孟買梅亞號、加爾各答塔梅學校
新加坡：西利亞坡青年書店
北婆羅洲：中興日報社
檳榔嶼、吉打邦均有出售

印刷者：精華印書館
廠址：臺北市長沙街二段六〇號
電話：二三四二九號

本刊經中華郵政登記認為第一類新聞紙類　臺灣郵政管理局新聞紙類登記執照第五九七號　臺灣郵政劃撥儲金帳戶第八一三九號

自由中國

FREE CHINA

第十卷 第四期

要目

社論

行憲六年

中華民國四十三年二月十六日出版
社址：臺北市和平東路二段十八巷一號

社論

行憲六年

中華民國憲法係於民國三十六年元旦公佈，同年十二月二十五日實施，到現在爲止，行憲工作恰好是屆滿六年了。（若就實施憲法準備工作之日算起，應該是第七年了。）現在又要召開第二次國民大會，選舉總統和副總統，我們於此時際來檢討行憲六年之經過得失，對於憲政前途，當非無益之舉。

首先來檢討行憲工作之成就的一方面。

在憲法制定之初，共黨已發動叛變，禍國殃民；待憲法頒佈後正開始實施準備工作之時，共黨更擴大變亂，到處竄擾，可是我們的行憲準備工作，仍舊按照既定程序，次第實施，固未嘗因這些外在原因而稍受挫折。尤其是最難辦理之選舉工作，絕未因共黨之騷擾而稍微停頓，只不過有若干地方，因共黨之盤據而無法實行耳。

由於行憲準備工作，按步實施，故終能於三十七年三月二十九日召開行憲國民大會，選舉總統和副總統。立法院亦能按照『憲法實施之準備程序』，於國民大會閉會後之第七日，即同年五月八日集會，並選出行政院長以組成行憲後之新政府。而行憲監察院復能於同年六月五日由總統召開，行使職權，並選出司法院院長副院長和大法官，以成立行憲後之司法院；選出考試院院長副院長和考試委員，以成立行憲後之考試院。

我們一面要戡亂，一面要行憲，其艱苦與困難當可想而知。政府遷臺之後，我們一面要實行保衛臺灣，一面要作復興之準備，雖在雙重肩負之下，對於行憲工作，仍未嘗一日中斷。一面要行憲，一面要策劃反攻，其艱難的程度，當較一面要戡亂一面要行憲尤有過之。不特此也，我們還更進一步，在臺灣省實行了地方自治，設置省縣市議會，選舉縣市長。

『臺灣省各縣市實施地方自治綱要』法規，雖非按照憲法規定程序，經由該省人民代表大會而產生，但臺灣之實行地方自治，對於民主政治總算跨進了一大步，何況我們正在國步艱難的時期之中。天下的事必須有個開頭，然後纔能一步一步的往前走去。故大體言之，對於這部憲法——中華民國憲法，除了要做蘇俄附庸的共黨而外，全國上下都是一致遵守奉行的，儘管各人遵奉的心境，或許有些不同。

然則，我們對於過去六年的行憲工作就算很滿意了麼？我們想沒有人願作肯定的答復的。在行憲過程之中，有若干地方是可以做得到而在事實上並沒有去做；也有若干地方是未會想法去做；也有若干地方是違背了憲法或憲法精神的。茲將我們的意見分述如左：

第一、民意機關的選舉，除監察委員選舉差強人意外，國大代表和立法委員的選舉，有若干處所眞是辦得再糟也沒有了。在這個階段中，我們省縣政治的弱點完全暴露了。過去的政府如果稍稍注意地方政治，而地方政府如果稍微做了一點有關人民教養的工作，這次選舉決不會糟到如此地步。

其次，國民黨在地方上之工作，大都是虛有其表，過去之所謂『訓政』，等於完全失敗。國民黨內部派系鬬爭之實象，與夫黨政當局之磨擦衝突，至此更是暴露無遺，而且幾乎是全國各省縣的普遍現象。國民黨之中樞對所屬黨部，而各級黨部對所屬黨員竟至失去了領導的能力。有人說這次的選舉連民元的還不如。我們倒不是這樣的看法。惟選舉之辦得不好，乃是毋庸諱言的事實。選舉爲行憲之基礎工作，根基不固，上層建築自易發生毛病的。今後政府要在平時注意地方自治工作，各級選舉纔可日趨完善，進而行憲工作纔能一天一天的有進步。

第二、行憲首次國民大會開得最糟。在開會之前，爲代表退讓問題，提名或簽署當選者應該何人出席問題，已鬧得不成樣子，而出席會議之代表復爲議事規則，爭辯不休，其結果則通過了左列一條議事規則：

『國民大會開會時，得聽取政府施政報告，檢討國是，並得提出質詢或建議。』

這一條顯然是與憲法第二十七條的精神不符的。憲法第二十七條賦予國民大會以選舉罷免總統副總統及修改憲法等大權，而國民大會本身卻要平添些無實際效力的建議權，這是自貶其身價。茲就這一條議事規則不妥之處分析如左：

我們首先要問：國民大會聽取施政報告與檢討國是的目的何在？權力機關是不能做些沒有結果的工作的。聽了施政報告即令可以提出一大堆的質詢，請問：政府答覆而不能滿意的時候，又有甚麼辦法來作進一步的追究責任？國民大會與立法院的權力是不同的。立法院之聽取施政報告與提出質詢，乃是根據行政院對立法負責一事演繹而來。立法院聽取了施政報告而不能滿意的時候，可行使憲法第五十七條第二欵之職權，而國民大會則無此項職權，故聽了報告等於不聽，提出質詢等於未提。

其次，國大代表根據了議事規則所謂建議，對國防、外交、國民經濟等等事項，竟提了數達八百以上的議案，害得秘書處印了提案原文十七册（有關憲法修正案另有一册），嗣經大會一一討論而附以決議，不是送請政府參考，就是送請政府採擇施行。權力機關之決議，其效力對政府僅止於參考和採擇，豈不悲哉！

所謂『建議』云者，乃是向政府建議耳，毫無拘束政府的力量。在現行制度上，國民大會是何等崇高的機關，有選舉總統副總統之權，有修改憲法之權，在原則上有行使創制和複決之權，今竟把自己降低到和從前國民參政會一樣，對政府只是提出毫無拘束力之建議，豈不是降低了自己的身價麼？

現在又要舉行第二次大會了，希望國民大會代表先生，要珍重自己的地位，不要重演過去那一套滑稽的事情。要憑着自己的良知，盡其『代表』的責任。如果不是共匪興兵作亂，我們應該舉行第二『屆』國民大會，西望大陸同胞，我們的心情應該是沉痛的。

第三、立法院組織法規定：立法院會議，只須立法委員總額五分之一出席，卽可開會；除憲法別有規定外，有出席委員過半數之同意，卽可議決。立法院組織法這一規定，對於別的會議且不管他，對於憲法第五十七條第二第三兩欵之立法精神，顯有違背的。如果立法院會議只以全體立委五分之一出席卽可開會，那末對於討論覆議案時的議事資格，必須予以提高，纔能符合制憲之原意，那是絕無疑問的。

憲法第五十七條第二第三兩欵，係規定行政院對立法院負責的辦法，也可以說是這部憲法精華之所在，不容忽視或曲解的。如以全體立委五分之一出席，卽可討論覆議案件，進而決定覆議案件，不僅這一條規定變爲毫無意義可言，還可影響政局的安定。就是一方面可使負責之規定變爲有名無實，另一方面則使行政院陷於不安的境地。兩者都不是立法的原意。

第四、大法官過去所作的解釋，有許多是很值得稱讚的，惟解釋監察院關於所掌事項得向立法院提出法律案，實已超過了解釋的範圍，而是制造憲法了。大法官的任務只能解釋憲法，不能制造憲法的。而且這一條解釋是違反了本憲法的精神。

這部憲法對於政府的組織是採用了變相的內閣制，也可以說是總統制與內閣制的折衷制，而與孫中山先生遺敎所示大有出入，這是任何人也不能加以否認的。監察院無提案權，非制憲時之漏列，我們不能根據憲法前言『依據孫中山先生創立中華民國之遺敎』及憲法第七十一條關係院院長爲理由來擴充解釋而認爲監察院有提案權的。須知憲法第五十七條爲本憲法精神之所在，這一條的規定，五院不是相互平等的。卽關係院院長一辭也不能就認爲是包括了監察院在內，因行政院長與考試院長兩者都可以以關係院院長概括之。總之大法官的解釋，最忌採取『擴充解釋』，因爲這樣便隨時可以制造憲法了。

再從實際言之：考試院掌理考試、任用、銓敍、考績、級俸、陞遷、保障、褒獎、撫卹、退休、養老諸事項，有積極的政務須要執行，而監察院的重要工作則是彈劾與糾擧，是消極的監督工作，沒有提案權毫不妨碍其工作。

第五、過去行政院與立法院的連繫不够密切。依本憲法的精神，立法院無論何種會議，行政院均須有人列席其間，在全體會議的時候，院長、部長、政務次長、參事、主管司科長，均應經常列席；在小組會議的時候，各主管部之參事和主管司科長均應經常列席，不僅是以備諮詢，也可以完成其負責之道。這樣，不僅可把行政院的政策和工作使每一立法委員均能明瞭，用不着事後再來補救，而立法院會議也可開得起勁些，立法委員也許更爲熱心些，不致像現在這樣，開會時人數既寥落，委員又無精打彩似的。這一點關係憲政之推進極爲重要，希望今後行政院方面注意及之。

第六、對於保護憲法所定人民各種自由權，尚有若干地方未能切實去做。中華民國政府統治的區域是有自由的，由於這次一萬四千多名義士之來歸，當可證明。不過有若干地方尚未切實做到，須待我們今後努力的。我們今日處於非常時期，誰也不會要求享有各民主國家人民所享的一樣的自由，但是，我們在不妨碍反共抗俄而又能力可及的範圍內，一定要努力去保障人民各種自由權。以言身體自由權，有人無辜被繫於獄至數月或經年始准保釋。這一點今後要設法補救。就是主管機關在逮捕之前要充分斟酌，旣捕之後要趕快結案，務使獄中少一些無辜被拘之人。

其次，無罪宣判卽須自動釋放，再不要經過交保手續。須知民國三十三年國民政府頒布的『保護人民身體自由辦法』到今天還一樣是有效的，我們應該切實奉行。

第七、行憲六年之中，我們最感遺憾的一件事，就是未能出現一個有力的反對黨。這一件事，平心而論，現在的執政黨與所謂友黨均應負責。民主政治是要靠政黨來運用的，因此有人着重此點說：『民主政治就是政黨政治』。蓋民主政治不僅需要一個有力的在朝黨，也需要一個有力的在野黨，然後互相監視，互相砥礪，政治始有進步。僅就政黨之活動而言，先進的民主國家之政黨有一定的活動範圍，不論執政黨與在野黨均須共同遵守，我們的各黨各派理應效法它們，互相約束。我們的在野黨已經盡了職責嗎？至於民主政治需要有一個有力的反對黨的其他理由，本刊發表的文章已經很多，此處不擬加以重述，希望熱心民主政治的人們，今後要朝着這個方向去努力。因爲這是保障民主政治最有效的途徑。

以上僅擧出行憲六年未能做到的犖犖大者言之，我們想當然不止這些。人類的行爲總是有錯誤的，何況我們是在學走民主政治初步的人，錯誤與缺點自不能免。美國有一百五十年之民主傳統，前總統杜魯門先生聽到人家批評他女兒唱歌唱得不好的時候，馬上就寫信去罵人家，要打人家的鼻子，可見實行民主是一件十分艱難的工作。我們這部憲法現在僅僅六年的時間，又在極端動蕩而艱苦的環境下推行，這些缺點之出現是事所常有的，我們只希望能够隨時糾正罷了。卽就這部憲法本身而論，若作理論上的追求也怕還有些不完不備的地方，但是有法總勝於無法，守法總好過違法。我們希望國人珍視這部憲法，大家努力遵守，然後國家的政治才可走上軌道，卽憲法本身的眞正缺點也才會瞭然表現於人民心目之中。惟有盡心竭力去奉行憲法的人們才配當國民的代表，做國民的公僕，也惟有誠意遵守憲法精神的人們才配談修改憲法。

半月大事記

一月二十二日（星期五）
西方三外長抵西柏林。
在越南綏和登陸的法軍，繼續向北推進。

一月二十三日（星期六）
聯合國統帥部宣佈：已獲自由的二萬二千反共戰俘成爲平民。
自由中國舉行自由日紀念會慶祝反共戰俘重獲自由。
一百四十五位傷患反共義士分乘美軍運輸機自韓返國。

一月二十四日（星期日）
西方三外長舉行四外長會議前的第三次初步會議。

一月二十五日（星期一）
第一批反共義士四千七百一十八人抵基隆港。
美英法蘇四國外長會議在西柏林開始，法外長皮杜爾要求蘇俄支持美總統原子能合作計劃。

一月二十六日（星期二）
四外長會議中美國務卿杜勒斯拒絕蘇俄所提舉行包括中共在內的「五强」世界和平會議。
第二批四千五百十五位反共義士由基隆登岸。

一月二十七日（星期三）
美陸軍部長史蒂文茲偕美駐韓大使布瑞格夫婦訪華。
第三批反共義士歸國。
四外長會議中英法支持美立場，强調儘速解決德奧問題之重要，反對俄國所提的所謂五强會議。

一月二十八日（星期四）
行政院院會通過反共救國會議籌備委員會組織規程。

『自由中國』的宗旨

第一、我們要向全國國民宣傳自由與民主的真實價值，並且要督促政府(各級的政府)，切實改革政治經濟，努力建立自由民主的社會。

第二、我們要支持並督促政府用種種力量抵抗共產黨鐵幕之下剝奪一切自由的極權政治，不讓他擴張他的勢力範圍。

第三、我們要盡我們的努力，援助淪陷區域的同胞，幫助他們早日恢復自由。

第四、我們的最後目標是要使整個中華民國成爲自由的中國。

一月二十九日（星期五）
司法院公佈大法官會議通過解釋文一件：第二屆立法委員及監督委員未能依法選出集會與召集以前，應仍由第一屆立法委員監察委員，繼續行使其職權。
外國記者團十七人訪華。
四外長會議中西方三外長拒絕俄國裁軍建議。

一月三十日（星期六）
美陸長史蒂文茲，遠東聯合國統帥抵馬尼拉，將舉行高階層會議。
四外長會議中西方正式提出行使自由選舉以統一德國之建議。

一月三十一日（星期日）
中華民國政府與聯合國統帥部共同要求仍被韓境印軍監管部隊拘禁的十七名中韓反共戰俘。
聯大秘書長哈瑪紹正式宣佈，印度所提舉行聯大特別會建議，未獲充分支持，決定不舉行。

二月一日（星期一）
韓國海岸外於一月二十二日美機一架受共黨飛機攻擊，共機一架被擊落。
美陸長史蒂文茲及聯軍統帥赫爾在菲與麥格塞塞舉行高階層會議。

二月三日（星期三）
蘇俄已準備在共黨控制下的全德選舉計劃，即將在四外長會議中提出。

二月四日（星期四）
我國防部頒佈四十三年度國軍克難運動推行綱要。

二月五日（星期五）
聯軍統帥赫爾與韓總統李承晚在鎮海舉行重要會談。
西方三國同意拒絕莫洛托夫在四外長會議中所提以共黨「控制式的選舉」以統一德國的建議。

二月六日（星期六）
越共三路進攻鑾巴拉邦，法軍準備焦土迎戰。

二月七日（星期日）
俄國拒絕西方的全德自由選舉後，東德五城市人民作示威遊行。
美國已開始實施援助法越反共軍隊的緊急計劃。

二月八日（星期一）
反共義士開始接受爲期三月的就業輔導教育。
四外長舉行第一次秘密會議。
法國防部長抵越南。

二月九日（星期二）
立法院第十三會期第一次會議開始，行政院長陳誠作施政報告。
四外長秘密會議決定，暫時擱置德國問題，開始討論奧國問題。

政治民主才能經濟平等

邱昌渭

政治民主與經濟平等是晚近最時髦的名詞。一種人的看法，是把政治民主與經濟平等當作兩件截然不同的東西，可以各別的尋求途徑，以達到其目的。一種人則認經濟平等，比政治民主更為重要。因為貧窮是社會上的亂源。人民沒有飯吃，沒有衣穿，一定會鋌而走險，政治便不能趨於安定。所以經濟平等，必先於政治民主。如沒有經濟的平等，政治的民主就會落空。

著者相信，沒有人否認貧窮是社會的亂源。這是人人熟知的歷史事實，不必辭費。現在著者要提出討論的問題是：㈠經濟平等是甚麽？㈡沒有政治民主，能不能實現經濟平等？

一

二千三百餘年前，亞里斯多得在所著「政治學」中，就討論到社會上沒有公道(Justice)，就會產生不平等的現象，甚至會發生革命。他指出不平等包括地位、榮譽、及財產。他並且說，在寡頭政治下，比在民主政治下，容易發生革命。所以他認為：擴大政治同意的範圍，是避免革命最好的保障。

過去二千餘年來，西方的政治思想家，其學說主張，雖各有不同，但其探討治理，總沒有超越亞里斯多得所追求的鵠的。

到十九世紀中葉，確切一點；一八四八年馬克斯發表共產黨宣言，乃肯定人類社會，從原始時代起，就有階級——有產階級與無產階級——的鬪爭。歷史上的革命，是階級的革命——無產階級推翻有產階級的革命。

把社會分為兩個壁壘：一個是有產的，一個是無產的。遠在希臘時候，修昔的底斯 (Thucydides) 與柏拉圖就已說過。馬克斯根據這一觀點，構成階級鬪爭的理論。由鬪爭產生革命，最後是無產階級勝利。馬克斯認為：經濟力量，決定歷史的行程。每一歷史時代，其生產與交易的方式，形成社會組織的形態。只有從人民的經濟關係中，才能了解一個時代的政治與文化歷史，也才能了解人類全部的歷史。

上面這段話，是說明在馬克斯以前，一般哲學家認為：人是政治的——或社會的——動物。而人的行為，係受政治社會力量的支配。馬克斯則認定：人是經濟的動物。經濟的力量，支配政治與社會。

在認識上，把經濟平等居首要，政治民主次之，即犯了馬克斯教條的錯誤。這種觀點，無異承認經濟決定論。而把政治的與社會的力量，隨經濟力量轉移；恍如水上的浮萍，隨着波流飄忽。

對民主政治具有深切信念的人，認貧富不均，只是社會中不平等現象的一種。造成社會中不平等的現象，其最重要的原因，是機會的不平等。

社會中各個份子，不能享有平等機會，以合理發展其本能與慾望，終必招致社會的禍亂。作買賣、辦工廠，是致富的途徑。但如機會不平等，凡甲可以經營或製造的貨物，而乙不能經營或製造，即或能經營或製造，而已得政府的特許，或憑藉某種的力量，可以壟斷市場，獨享厚利，使甲無法與之競爭，甚至倒閉歇業。這是社會中極尋常的現象，用不着多加解釋。

機會不平等，是多方面的。不僅經濟的不平等，更重要的是社會地位與權力的不平等。參加考試、謀事、與升官，關係知識份子的前途，影響各人地位的高低，與權力的大小。如不予以平等機會，以滿足其向上的慾望，則懷才不遇。馴良的份子，則抱恨終身。强悍的份子，則製造事端，以謀發洩。「不平則鳴」，是中國的古話，也是國家禍亂的原因。

美國是種族複雜的國家。由於人民皮膚顏色不同，社會上發生歧視的現象，少數民族不能享受機會的平等。在美國南部，即令富有的黑人子弟，亦不能與白種人的子弟同一學校。凡旅館飯店、公共電車、及戲院，白種人與黑人不相雜處。美國的黑人——和有色種人，不能得到同等的工作機會。杜魯門在職時，主張成立聯邦公正就業實施委員會 (Fair Employment Practice Commission)，賦予强制權力，以謀實現社會上機會的平等。因遭南部議員反對，杜氏主張未得實施，現仍成為美國兩大政黨的政爭問題。歐洲國家的殖民地方，所要求的是民族平等與民族革命。人們都只注意：馬克斯是主張無產階級革命的；但忽視了他是猶太人，是歷史上最被歧視的民族。他所受社會的虐待，與精神上感覺的痛苦，遠過於經濟的壓迫。他所標榜的是無產階級專政，但他所追求的是社會平等 (Social Equality)。後來列寧實行了馬克斯的主張，使蘇俄的無產階級專了政。資產階級被推翻了，但人民仍不能得到經濟的平等。舊的剝削階級是消滅了，但新的剝削階級又起而代之。因為在沒有機會平等的社會中，單就經濟現象，而解決經濟問題，是不可能的事情。等於孟子說「緣木求魚」，是一樣的不可能。

歷史上的革命，屬於政治社會的原因居多。著者並不否認經濟因素的重要性。但經濟的剝削，是由於政治不修明，與社會無公道所造成。不過在策略上，革命者提出經濟的口號，使革命運動與一般人民眼前的切身利害發生直接關係，以容易得到人民的附和與擁護。是以雅典的索羅革命，高喊取消欠債的口號。羅馬革拉古是劃分公地。馬克斯是打倒工奴制度。希特勒是消滅利潤奴隸。但列寧提出的口號，除麵包和土地而外，還要求和平。美國革命則以「生命、自由、與追求幸福」相號召。法國革命則以『自由、平等、與博愛』相號召。美法兩國革命所追求的是人生道德價值的實現。是人權，而不是物慾。

二

經濟平等，一方面是經濟問題，又一方面則是政治問題。政治上許多基本問題是經濟的因素，只有政治力量才能解決。例如生產問題，在性質上，是經濟問題。但增加生產的目的，爲消費歟？爲增加資本歟？抑爲準備戰爭歟？這是重大的政治問題。只有政府最高的政治權力機關才能決定。根據決定的政策，由甚麼機關去執行？執行的機關由何產生？與享有多大的權力？對甚麼機關負責任。這些又是政治問題。又如關稅問題，是屬於經濟範圍。在美國有高關稅與低關稅兩大派，形成共和民主兩大政黨政爭的重要問題。即以聯邦關稅委員會的委員人選而論，共和民主兩黨也各居半數。美國現行的關稅互惠政策，對於出入口貨物的種類，與稅率的高低，其決定一半基於國內生產消耗的情形，一半則基於與同盟國家的外交政策而定。一九五三年關稅互惠條約延長一年，則純係政治的因素。經濟問題，不能從經濟的本身獲得解決，他與政治有不可分離的關係。不錯，從經濟的觀點立論，有經濟的思想、經濟的政策、或經濟的主張。但若講到經濟制度，那就變爲政治問題了。脫離政治制度，便沒有經濟制度。有之，則是白紙上寫黑字的圖案。馬克斯黨徒雖然認經濟萬能，但仍須利用革命手段，奪取政權，成立共產的政治制度之後，才能實現共產的經濟制度。

政治不民主，決不能實現經濟平等。蘇俄的歷史告訴我們，舊的資本階級雖被推倒，但新的統治階級——共產黨員——即起而代之。其殘暴不仁，較舊的貴族地主爲尤甚。人民日在饑餓死亡線上掙扎，而統治階級則予取予奪恣意揮霍。今夏東柏林的饑餓示威，只不過是若干事件中的一件而已。其他類此情形，則因鐵幕重重，自由世界無從知悉。法西斯統治下的意大利人民，與納粹統治下的德意志人民，其經濟生活，雖然較共產政權下的蘇俄人民，略勝一籌，但與蘇俄人民有一共同的遭遇。就是他們不能與三百萬法西斯黨員和三百萬納粹黨黨員享受經濟的平等。希特勒的奴工營 (Slave Labor Camp) 與集中營，可與蘇俄的相輝映。第二次世界大戰將結束時，艾森豪威爾元帥在德國阿都魯府 (Ohrdruf)，親眼看見「可恐怖的營地」(Horror Camp)——集中營。其中棄置赤身露體的死屍，計三、二〇〇具，臭不堪聞。據布萊得雷將軍在其自述中稱，艾氏見狀，面如土色，巴頓將軍作嘔而退；布萊得雷將軍胸中作惡，不能發言。嗣後在巴淸瓦爾特 (Buchenwald)、歐那 (Erla)、伯爾森 (Belsen)、達橋 (Dachau) 等地方，復目睹同樣的慘狀。在這樣的政權下，人民怎能享受經濟的平等。

過去中西歷史上，不乏開明專制的君主，爲民興利除弊。中國孟子所講的『五畝之宅、樹之以桑』，『省刑罰，薄稅斂』，以及漢董仲舒所講的限田，王莽所行的「王田」等，都是趨向經濟平等的好辦法。但是實施的情形如何無從考證。『人存政舉，人亡政息』，不旋踵而即作廢。因爲這只是少數在上者的好意——「仁」政。當這些人在位的時候，握有政治權力，一紙命令，便可通行全國，如有違背，治之以罪。如王莽所說「惑衆者投諸四裔，以禦魑魅」。但這些「仁」政沒有在人民中生根。當時並沒有想出方法，使人民的代表參加，把這些「仁」政變爲法律，所以「人亡政息」。繼任的君主，亦得以一紙命令，盡反其道而行之，而人民無可如何。英國人比我們聰明，一千二百餘年前，英國人民不堪約翰王的虐政，起而反抗。他們要求約翰王規定憲章，並承認『無代表，不納稅』的原則，以此樹立近代議會政治的起點。其後幾經演變，而成爲今日世界上大多數國家所效法的民主政治制度。西方人民，認爲這是政治上有用的法寶比任何武器爲好。

英美兩國是民主國家的最好證例。本世紀來，英美兩國幾次參加戰爭，兩國亦經過嚴重的經濟恐慌，但均能安然度過危難。兩國人民的經濟生活，不斷在改善中。社會財富，日趨均等——至少向均等的途程邁進。英國勞工黨執政時，所行的社會福利政策與國營工業，保守黨執政後，只能修正，或改變其一部份，但不能根本推翻。美國羅斯福的新政，與杜魯門的公道政治，對於社會安全的措施，現在艾森豪威爾更從事擴大其範圍。這些都是達到經濟平等的措施，經過議會通過的民主程序，非執政者少數人的意見所能改變。說服議會的大多數，以獲得其通過，固是不容易的事，但經其通過後，付之實施，民受其益，而欲取消，更是不容易的事。所以人民在民主制度下，其經濟生活比較容易獲得安定與安全的保障。

民主政治，是一種崇高的理想。同時又是一種方法——比較簡單，比較持久，比較容易補救，與比較和平的方法。誠然，這不是最好的方法。但捨此而外，在目前，沒有比他更好的方法。民主方法最重要的有二：一是人民有意見的自由，能批評政府的措施。二是人民能自由選舉其統治者。例如蘇俄，雖然有百分之九十以上的選民參加選舉，蘇俄憲法對於人民的基本權利，雖然規定得十分詳細，但與西方民主國家比較，蘇俄只具備民主的形式，而不具備民主的實質，所以不能謂之爲民主國家。只有『誰決定誰爲統治者』，而不受威脅與壓迫，才是民主的實質。蘇俄人民沒有言論自由，與選舉自由。所有的言論與選舉，完全由共產黨操縱指使。這樣的言論與選舉，只是形式。只是人民受政府的威脅而採取的行爲，不是眞正民意的表現。一旦統治階級喪失其政治權力，則一切的措施，必被人民推翻無遺。

(下轉第20頁)

現代自由經濟國家貨幣政策之檢討

劉國增

所謂貨幣政策者，乃利用貨幣供給需求功用，遏止通貨膨脹 (Inflation)，或解除通貨緊縮 (Deflation) 現象的方法。此種方法在第二次大戰前曾使用之。大戰後不數年大多數國家又復採用，惟戰後所採用之貨幣政策與戰前略有不同，除普通採用之變更貼現率 (Discount Rates) 辦法，及公開市場活動 Open Market Operation 辦法外，尙有更新頴更複雜的辦法，以應付此新經濟現象。此種新辦法因時因地各不相同，實行時所採用之技術，又必須合適，又必須與國家預算等政策相配合，方能有效，此爲一般經濟學者所公認者也。在分析大戰以來各國貨幣政策時，我們必先注意研究者，則爲自一九四〇年起至一九四九年止，各國因何對於貨幣政策不甚注意？而近幾年來又因何特別注意？其原動力何在？以後再考察各國實行貨幣政策時所使用之技術爲何？所發生之效果如何？戰後實行貨幣政策最重要國家爲美國、英國、法國、比利時、荷蘭、西德等，各國因經濟環境不同，故實行貨幣政策時所採用之各種技術亦各個不同。惟天下事一致而百慮，同歸而殊途，其穩定經濟之目的則無二致。

一

自一九三〇年起至一九三九年止各國均在經濟不景氣中，不得不採取低利率政策以鼓勵生產。及大戰爆發，大多數國家更不得不再減低利率以應戰時經濟需要。蓋在戰時軍費開支浩繁，實行直接統制，徵收各種重稅，均有絕對必要。此時實行限制貨幣政策或鼓勵貨幣政策 (Monetary restraints or incentives) 是無何效果的。不但戰時不注重貨幣政策，戰後數年間亦復如此。蓋在戰時各種建設多被破壞，戰後重建工廠住宅在在需欵，同時又恐怕戰後不景氣來臨，故不得不繼續採取低利率政策以便利建設、鼓勵生產。況在戰後各國人民因在戰時消費減少，均握有餘資。此時實行新貨幣政策，限制新貨幣增加，而舊日餘存尙未用盡，仍可隨時作祟，因之此種限制是無用處的。尤有進者，在戰時政府勸導人民購買低利公債，此時竟提高政府債券利息，使人民蒙受以前投資公債損失，於情於理亦說不過去。再由一九三〇年至一九三九年不景氣期間所得之經驗，我們知道變更利率是否能左右儲蓄投資亦是疑問。就戰後來說，即謂貨幣政策可以影響投資，而其所發生之影響亦是普遍的性質 (general in charactor)，而不是個別的性質 (selective iu charactor)。貨幣政策可使貨幣需求普遍的擴大或縮小。但各國在大戰之後，所有建設均發生歪曲 (distorsion) 現象，有的需要擴大，有的又需要縮小。應付各別特種需要，在實行貨幣政策時所使用之技術未十分進步以前，勢須顧慮周到也。至近年來之所以又重新注重貨幣政策者，蓋因經濟環境變更，爲應付新的經濟環境不得不採用新的貨幣政策。近年來各國經濟情形與戰後初期不同，大多數國家戰時通貨膨脹現象業已消除，由事實驗證明，實行貨幣政策可以吸收社會游資，尤其是對於社會過剩流動資產 (excessive liquid assets) 吸收之力更大。益以近年來戰後不景氣恐懼心理業已消失，大多數國家均已復原，政府預算爲適應物價高漲，業已增加，政府公債在財政上所佔之地位已不像數年前那樣重要，所有經濟政策收穫已日漸減少，因之不得不重新採取貨幣政策以補其他政策之不足。　年來實行貨幣政策時所使用之各種技術業已改進，不但可以左右一般信用，並可對於各種信用分別訂定利率，並可規定其他信用費用 (cost of credit)，以減少貨幣需求。爲穩定經濟計，大多數國家實行各種直接統制，同時又採用貨幣政策，規定一般信用、個別信用處理辦法，以補直接統制之不足。及乎韓戰爆發，通貨膨脹之風復熾，益以美援有日漸減少之虞，因之歐洲各國不得不採緊急措施，厲行貨幣政策，減少貨幣需求，平衡國際收支。同時美國亦因國人爭購消費物資，致物價上漲生活指數增高，亦不得不採取溫和貨幣政策，以遏止通貨膨脹，此貨幣政策之所以日漸重要也。茲分別檢討如下。

二

先就實行貨幣政策時所使用之各種技術來講：貨幣政策活動之範圍殊難爲確切之規定。普通說起來，現代各重要自由經濟國家貨幣政策之任務則爲：規定貨幣的數量、規定貨物勞役支付之手段，以及如何吸收游資或凍結游資、如何統制現有貨幣流動速度 (The velocity of circulation of money)，以免助長通貨膨脹。

就規定貨幣數量來說：一方面須統制貨幣供給量，一方面須限制貨幣需求量。貨幣需求量之所以增加者，一則由於物價上漲，一則由於生產增加。各國貨幣政策之效用，則爲一方面能制止物價高漲，一方面又不阻碍生產之發展。在經濟進步國家，銀行信用 (credit) 佔貨幣供給之一大部份。因之實行貨幣政策時必先管制銀行信用。就貨幣政策狹義來講，即爲管制銀行信用。惟各國交易之手段，除銀行信用外，尙有定期存欵、儲蓄存欵、短期長期政府債券等流用資產 (liquid assets) 可以利用。蓋流動資產可以隨時變成現金也。公司或個人所持有之流動資產之是否變成其他資產或變成現金，端視其他資產之現在利率或將來利率之高低以爲轉移。換言之，利率高時則變成其他資產的數目大，否則小。此時貨幣政策，除管制銀行信用外，又須規定流動資產利率。流動資產之最重要者，則為政府債券，故貨幣政策必須與政府債券政策相配合，方能有效。不但此也，國家預算政策之運用，國外貿易之擴展，均可使國家貨幣數量增加，因之貨幣政策又必與國家預算政策貿易政策相配合，方克有濟。惟在現在階段貨幣政策居主動地位，其他政策則居被動地位，此其特色也。茲將管制銀行信用各種技術略加分析如後：

(甲)提高貼現率辦法。為防止銀行信用不正當擴大，大多數國家均採用提高貼現率辦法。貼現率提高後，銀行信用費用 (cost of credit) 增加，勢必提高貸款利息，貸款利息提高後，銀行信用之需求自然減少。故防止銀行信用不正當擴大，提高貼現率乃中央銀行惟一之武器。至其所發生效力之大小則各不相同。在通貨膨脹程度較大國家，人民恐將來物資缺乏，物價高漲，乃相率向銀行借款，搶購物資，所付信用費用多少在所不計。況各國商業銀行存有戰時低利債券甚多，此項流動資產利率較之中央銀行貼現率為低，故出售此項流動資產較之向中央銀行重貼現更為合適。將政府低利債券變成現金，貸與公司或一般人民，其利息亦必低。低利息為助長通貨膨脹主要原因，故此時提高貼現率並無大的效果。欲使貼現率發生效力，非將政府短期債券利率提高不可。而提高政府債券利率，又使國庫負擔太重，殊不值得。又在通貨膨脹程度較小國家，人民對於政府貨幣政策未失信心，不甚積極購買物資，同時政府短期債券利率又較高。因之商業銀行想要擴大信用，必須以債券等流動資產向中央銀行重貼現 (rediscount)。此時中央銀行一提高貼現率，即可使信用費用增加，信用費用增加後，信用需求即因之減少，故其所發之效果較大。由各國一般經濟情形觀察：即當信用需求不受信用費用影響時，提高貼現率亦是有益處的。蓋據大多數國家習慣，中央銀行貼現率一提高，無論商業銀行是否向中央銀行貼現，其信用費用亦必因之提高，銀行放款所得之利潤既優厚，其存款之利息亦必提高。銀行利息提高後，所有准貨幣流動資產 (near-money assets)，即易變成現金存放銀行，使銀行收支平衡，便利資金周轉，不無裨益。

(乙)從事公開市場活動辦法 (open market operation)。所謂公開市場活動辦法者，從狹義解釋來講，即中央銀行在市場上買賣政府債券之謂。在戰後通貨膨脹期間，中央銀行為收縮通貨計，向商業銀行或一般人民出賣政府債券，將他們的存款轉移到中央銀行，以免游資作祟，助長通貨膨脹。但商業銀行或一般人民購買政府公債係屬自由意思，並非强迫性質，如為引導銀行或人民大量購買政府債券計，特別提高政府債券利率，則國庫損失太大，故各國多不採用。但當國外資金流入、或國際貿易好轉，社會流動資金較多之時，此項債券即易出售矣。像西德那些國家，中央銀行持有政府債券不多，即不易從事公開市場活動。就理論方面來講：固可增發新公債以從事公開市場活動。但就事實方面觀察：當市場資金缺乏，社會上需要銀行信用孔急之時，如中央銀行對於商業銀行不加以壓力使之購買政府公債，恐此項目的不能達到。

(丙)規定存款準備金辦法 (deposits reserve requirement)。各國中央銀行為防止商業銀行信用不正當擴大起見，乃規定存款準備金辦法。按此項辦法：商業銀行須將其存款一部份，免費送存中央銀行，使之與銀行信用隔離 (Sterilize)。實行此種辦法時，如銀行信用尚未劃一，則必須對於各銀行之準備金額分別規定，各不相同。尤其是在一個大的國家，商業銀行分散全國各地，業務採地方分權制時為然。此種措施在緊縮商業銀行信用，以免通貨膨脹。實行時應注意銀行利潤問題。凡不收益之資產 (non-earning assets)，不加準備金限制。對各種專業放款銀行準備金額，應分別規定，高低不等。換言之，對於某種放款應緊縮時，即提高此種放款銀行準備金額以限制之。由此可知準備金辦法，既簡單明瞭，又可自由決定某種信用應當縮減，不受一般規定之限制。有此國家商業銀行，存有大量政府債券，可以隨時變成現金用作超額準備金 (excess reserves)，以擴大信用。在此種情形之下，可使準備金辦法發生較小作用。又在大多數國家，依照商業銀行慣例持有各種資產，往往按一定比例數分配。他們所存有之政府之長期短期債券，不使低於存款某種比例數。在此種情形之下，略微提高準備金額，即可使銀行不將債券變成現金，用作超額準備金，擴大信用。如以上習慣不存在，政府債券用作準備金已超過慣例水準時，則須另想進一步辦法以處理之。如商業銀行為逃避存款準備金額限制計，將政府低利短期債券賣出以擴大信用時，此時對待辦法，即為提高此項債券利率，鼓勵商業銀行繼續保有該項債券。如銀行放款獲利較多，此種辦法仍無效時，則必須用强迫辦法使之就範。例如規定商業銀行準備金中，政府短期債券必須佔若干成數。又或許將此短期債券變為長期債券，又或許在此種短期債券到期時再換發新短期債券。

實行以上各種辦法時，或經過立法程序，或由金融當局以命令行之，則視各國之習慣而定。如商業銀行為增加額外準備 (extra reserves) 計，將長期政府債券賣出，當此時也，如中央銀行不維持債券價格，則債券價格必低落，商業銀行必受資金損失。此種損失可抵銷放款利益，即使放款利息較高，亦無補也。況銀行不能斷定此項高利率放款時間可以繼續延長，同時又不敢斷定將來一定可以低價將債券買回。如高利放款期間甚短，債券不能以低價買回，則將受雙層資金損失。即使此項資金損失不大，銀行可以忍受，但因人民購買債券後現款減少，存款亦必減少，對於商業銀行亦不利也。如商業銀行為增加存款出賣債券以操縱信用，此時中央銀行可退出市場，不維持債券價格任其低落。同時再增加商業銀行存款準備金額，並强迫商業銀行必須備有若干債劵準備金，且不許將債劵轉讓他人。又或實行其他直接貨幣統制辦法。茲將各項直接統制，略加檢討如下。

三

各國商業銀行爲逃避高度存欵準備金額限制計，除出賣政府短期債劵，換取現金擴大信用外，又可利用中央銀行重貼現辦法，以大量票據辦理重貼現，以達到上項目的。此時各國中央銀行對於商業銀行的重貼現額與放欵總額，如無嚴明比例規定，而存欵準備金又僅佔放欵總額之一部份，則不正當信用之擴大，將不堪設想。

各國中央銀行爲防止此種弊端起見，規定下列各項辦法：(一)特別提高貼現率，直至可以發生阻止貼現作用時 (Prohibitive heights) 爲止。(二)對於貼現票據嚴加挑剔。(三)規定各商業銀行貼現總數最高額。(四)規定各國商業銀行放欵最高額。(五)規定每個借欵者借欵最高額。以上各種限制，各國中央銀行可以命令行之。惟對於銀行業過事干涉，有時不甚合適且亦行不通。故當工商業成本增加之時，上項規定宜時時修正以應需要。蓋貨幣政策之功用，在手續簡單，且富有自由精神，與政府當局直接干涉者不同，如實行時超過適當限制，即易遭輿論攻擊矣。

各國實行貨幣政時所使用之各種技術，其目的在影響信用費用，左右貨幣利用 (the availability of credit)，但各種經濟情形不同，有的需要擴大，有的需要縮小，故統制貨幣時須採用選擇辦法 (selectiveness)。所謂選擇辦法者，卽對於不同的經濟角落，採取不同的處理辦法。換言之卽對於貨幣之供給，採取不同的統制方法。例如以不同的貼現率對付不同的票據。爲打擊某種進口或由某處來的進口起見，對於此項進口滙票與以懲罰貼現率 (penalty discount rates)。換言之卽與以較高貼現率。又如實行貼現最高額等直接統制時，同時亦可有某某等例外規定。又中央銀行可以限令商業銀行所有放欵須先得其同意，或放欵超過某種數量時須先得其同意，使之不能自由行動。又有只准商業銀行貸欵與新投資事業，而此種新投資事業必須足以減低進口增加出口者。

與前項各種規定相反者，則爲公開市場存欵準備金等間接簡單辦法。此等辦法具有普遍性質，殊難爲個別選擇的規定。使用此項辦法時，可用勸告方法，使商業銀行感覺對於社會所負之責任重大，不敢任意擴大信用，以免引起通貨膨脹。如商業銀行感覺信用供不應求時，可遵從中央銀行意旨，指定優先貸欵戶 (priorities) 優先貸欵。但商業銀行均有其特別主顧，亦許堅決主張提高信用費用後，將所有存欵爲他們的主顧平均分配。在此種情形之下，各國政府可經過立法程序，規定信用費用，令商業銀行放欵給重要經濟部門。此項辦法最好劃一。如此種劃一辦法照顧不周時，則用津貼等貨幣政策以外辦法處理之。或由中央銀行予以特別資助以補普通劃一辦法之不足。

此外又有一種個別信用限制辦法，與以上所述者略有不同。此種限制之起因，係因經濟情況變化，社會上一般需求集中於某某等物資，因之該項物資供不應求，特別漲價。爲改正此種不正常現象起見，乃由中央銀行規定購買該項物資銀行信用特別條欵以限制之。例如美國近年來建築房屋信用，經久消費品信用 (durable consumer goods credit) 供不應求，乃由聯邦準備制度理事會特別規定該項信用期限、數額、費用等限制辦法，以減少需求。其所以如此規定者，蓋因此項信用佔國民經濟最重要之一環，不得不特別限制，以免影響整個經濟。

四

如僅統制新貨幣供給量，同時對於社會上積存之剩餘貨幣 (surplus of balances of money) 不過問，則此種統制是無意義的。蓋此項剩餘貨幣爲通貨膨脹之潛勢力，必須消滅之。至消滅之方法則爲：(一)任物價高漲；(二)發展進口使之盈餘，以吸收游資；(三)用增加稅率等方法，使政府預算盈餘；(四)宣佈過剩貨幣之一部份無價值(worthless)；(五)用强制辦法，使剩餘的貨幣不發生作用；(六)鼓勵生產俟生產增加後，卽可與貨幣數量平衡；(七)將銀行存欵一部份暫時封存凍結，俟生產增加後再解凍；(八)發行債劵，使人民自由購買以減少通貨流通。欲使暫時封存存欵成功，必須政府有控制能力，同時中央銀行必須於生產恢復原狀時，卽將此項存欵解凍使之流通。又須將新貨幣供給量減至最小限度。否則收回通貨，雖可使通貨膨脹潛勢力暫時匿跡，但終必出現，其結果物價高漲，入超特別增加。

除剩餘貨幣可以助長通貨膨脹外，社會上的過剩流動資產亦可發生同樣流弊。商業銀行如持有大量流動資產時，他們的信用卽不容易統制，前已言之矣。至普通人民持有過剩流動資產，則可以入口盈餘 (unpart surplures) 及課以資金稅等方法處理之。或任物價高漲以吸收之。又或勸導人民繼續保持該項資產以待生產增加。當政府不能以强制方法限制債劵轉讓時，則惟有使用提高債劵利率方法以引誘之，使之不出售債劵。提高債劵利率辦法：如將短期債劵變爲長期債劵是也。長期債劵利息較高，既可吸收定期存欵、儲蓄存欵，又可減少短期債劵流動性。如政府債劵價格任其漲落不與維持時，則出售短期債劵者，難保不受資金損失。但有些國家當發行特種債劵時，卽保證維持債劵價格，使人民不受資金損失，此時政府卽受拘束矣。

卽使貨幣數量、流動資產數量、與國民所得之關係已恢復常態，同時管制新貨幣供給量已盡最大能事，但如貨幣流通速度太快，同時並動用准貨幣資產 (near money assets)，此時貨幣需要必增加。貨幣政策很難阻止貨幣流通速度之增加。而貨幣流通速度之所以增加者，蓋因人民對將來貨幣價值信心已進入低潮，貨幣政策已不甚健全也。如貨幣政策健全，人民對於貨幣有信心，認爲使用時無何危險，同時亦不將准貨幣資產變成貨幣，此時即使該項資產過剩，或一時認爲稍多亦無妨害。

五

商業銀行出售流動資產擴大信用所引起之通貨膨脹，中央銀行可設法限制之，前已言之矣。至中央政府預算之缺欠，一大部份向中央銀行告借，一小部份向商業銀行告借。告借之結果，則社會上貨幣數量必增加，此時所引起之通貨膨脹則超出中央銀行統制範圍之外了。中央銀行雖可在很窄範圍內限制政府貸欵，但無權過問中央政府預算。有些國家所有中央銀行資產以法律規定不准任意動用，此種規定對於政府財政預算多少發生限制作用。如此種規定仍不發生作用時，則惟有訴諸習慣。如按歷史習慣，中央銀行爲國家財富最後存儲機關，所負責任重大，不可隨便破懷該行規定，此時亦許發生限制作用。

有些經濟先進國家，因國外盈餘增加國內貨幣供應額。此時我們應當注意檢討此項國外盈餘係何人投資而產生的，如係私人投資，其信用來源由於銀行信用擴大之成分較多，社會儲蓄之成分較少時，則須增加貨幣供應額，否則無須增加。但無論如何，貨幣供給量增加時，銀行之流動資產必隨之減少，其減少之程度與增加之數必相符合。如出口盈餘由於政府贈與或借貸，或由於外滙之累積時，則其來源又爲國家預算矣。政府增加稅收或發行公債向人民儲蓄部份借貸，以所得之欵項資助外國政府，此時亦不發生貨幣供給量增加問題。如中央銀行負有資助國外盈餘之義務時，則必須增加貨幣供給量，方可達到任務。中央銀行爲應付出超，增加貨幣供給量所引起之通貨膨脹，可用普通貨幣政策遏止之。例如依照慣例，如外滙數量超過一定限度，或國外信用餘額超過一定數目時，中央銀行可拒絕供給本國貨幣，以免通貨膨脹。由實際情形觀察，僅有極少數國家通貨膨脹由於出超，而大數國的通貨膨脹，則由於財政措施失當，貨幣政策不過補財政政策之不足而已。

六

戰後大多數國家面臨之課題：即爲如何使貨幣穩定，經濟開發互相調和，不相衝突。換言之，即使二者同時並進。爲達到此種目的，必須政府財政當局與中央銀行通力合作，方可生效，此其一。第二個課題：則爲在戰時各國政府發行債券太多，同時民間存有其他流動資產亦甚夥。此項債券及流動資產爲擴大銀行信用，助長通貨膨脹之原動力。如何維持債信，如何穩定幣值，則又需要財政部之公債政策與中央銀行之貨幣政策互相配合，方克有濟，此其二。有很多國家的中央銀行，在戰時存有大部份政府債券，此項債券在戰爭停止時，即變成現金流通市面。同時一般工商業及一般人民手中持有大量流動資金 (liquid funds)，因之在這些國家實行貨幣政策時，不易發生大的效力。爲應付此項困難問題起見，乃多採用直接統制 (direct controls) 辦法，使此項流動資金不抬高物價，助長通貨膨脹。又有時用其他辦法吸收該項資金以免作祟。又有些國家採用改革幣制 (currency reforms) 辦法，使流動資金價值減低。同時設法使政府預算盈餘，國家收入增加，亦可遏止通貨膨脹。

在義大利法蘭西那些國家，因民間信用擴大，政府預算支絀，致引起通貨膨脹，乃使用現金準備及債券補助準備金辦法，限制商業銀行信用。同時又將準備金之一部份送繳財政部，又可減少中央銀行對於政府財政之負擔，因之存欵準備金又有雙層作用。又有些國家在第二次大戰停止後，政府在戰時所發行之債券，一大部由商業銀行或一般人民持有，中央銀行所保存者僅一小部份。此時之課題，則爲如何使此項大量債券不變成現金 (monetization)，以免通貨膨脹。爲達到此項目的起見，有很多的國家用統制物價，統制投資 (investment controls) 辦法，使出賣債券所得之現金不易用出，以打擊之。又有些國家將商業銀行所持有之短期債券之一部份予以凍結 (frozen)，以免變成現金擴大信用。就一般情形觀察：大多數國家均注意維持短期債券市場利率，僅有少數國家維持長期債券市場利率以增加貨幣之供給量。就瑞典言：向來對長期債券市場採取釘住政策 (pegged policy)，換言之，即維持長期債券價格不低於票面價格。直至最近始採取任憑長期債券市場自由漲落政策。及乎韓戰爆發，很多國家輿論均反對恢復原料分配、物價統制等直接統制。各國中央銀行乃採取積極貨幣政策，以應付此特殊經濟環境。蓋重整軍備無須總動員，益以重整軍備需要長久時間，此時採取直接統制不如採取貨幣政策較爲合適。

有很多的國家，規定現金準備及債券準備，須佔全部存欵一定比例數，以限制信用之供給需求，而補貼稅率規定之不足。又有些國家規定政府債券爲法定準備金，佔準備金之第一位，名之爲標準準備金 (standard reserve requirement)。又有些國家以政府債券作爲特別附加準備金者 (special additional reserve requirement)。在這些國家以債券作爲準備金之目的及作用各不相同，即在同一國家，其效用經過相當時期，亦或變更。有些國家以債券作爲準備金之目的，在阻止商業銀行將債券賣與中央銀行，換取現金擴大信用。戰後數年間比利時義大利法蘭西瑞典等國規定準備金之目的即在此。又有些國家爲彌補政府財政赤字，使銀行吸收該項債券，因之其目的又與前不同矣。至菲律賓以債券作爲準備金之目的，則爲節省現欵，發展國內投資。印度以債券作爲準備之目的，則又爲增加準備時一種緩衝 (cushion) 辦法。又在墨西哥有所謂第二準備金制度者 (a system of secondary requirement)，其目的在左右商業銀行分類貸欵、集體貸欵 (kinds as well as aggregate of the bank lending)。按此種制度，如某種貸欵中央銀行認爲有鼓勵必要時，除政府債券外，所有其他證券認爲可以充作準備金者，均可用作第二準備金。又有很多國家規定各個商業銀行之準備金各不相同，所謂差別準備金 (differential reserve requirements) 者是也。按此種差別準備金規定，商業銀行存欵增加時須有大量準備金；但同時又允許商業銀行在送繳準備金之初，可大量變更其現金準備資產準備數額。澳大利中央銀行爲便利商業銀行變更準備金數額計，設有特別賬戶 (special account)，卽其例也。其他國家如法蘭西、義大利、墨西哥等國亦均有此種規定。

以上各種準備金數額限制，係一般規定，對於一般商業銀行均適用之。但有很少數國家，爲便利個別商業銀行貸欵一般平民起見，特准減低準備金以鼓勵之。在英國又有一種特別辦法，與各國準備金規定均不相同：卽財政部每週按各商業銀行存欵數目，決定其負擔財政部存欵收據 (treasury deposits receipts: D. T. R.) 數額。換言之，卽將一部份存欵暫時撥交財政部，以彌補政府財政赤字。此項財政部存欵收據類似短期庫券，但不准在市場出售，亦不准轉讓他人 (nonegotiable nontransferable)，此其特色也。在法國不但規定商業銀行存欵準備金數額，以免信用擴大，並且規定每個商業銀行商業票據貼現最高額。除以上各種數量統制 (quantitative controls) 外，各國尙有採用性質統制 (qualitative controls) 者。美國近年來規定經久消費品信用限制辦法，卽屬性質統制。墨西哥按商業銀行分類放欵性質，規定第二準備金數額，卽屬數量統制兼性質統制也。

在法蘭西及荷蘭等國，又規定商業銀行各種不同性質放欵數額。每筆放欵超過規定限度時，須先得中央銀行同意。此種辦法在理論上雖可限制放欵數額，但在實行時，各種放欵性質複雜，究應各規定若干數額，中央銀行決定時頗感困難。故荷法兩國終仍採用數量統制。又在加拿大有一種新規定：卽限定每個商業銀行必須持有一定數額政府長期債券，以免利用政府市價釘住價格 (pegged rate)，隨時賣出以擴大信用。

除以上各種統制辦法外，各國中央銀行尙有最後一種辦法：卽以道德力量勸導 Moral suasion 是也。此種辦法富有歷史習慣性，在各國所發生之效力各不相同。其中發生效用最大者，則爲英美兩國。在加拿大政府 金融當局與 商業銀行 訂立協約，規定商業銀行保持定額政府債券，此項協約卽由於勸導而成立的。

由以上各國貨幣政策情形觀察，其成功之程度各不相同，以現金準備債券準備爲例：在歐美多數國家行之，均已達到目的；但在澳大利雖中央銀行立有特別賬戶專門處理，但終不能遏止通貨膨脹。又如關於性質統制，荷法兩國雖曾使用，結果並未達到理想目的，而英美兩國用之則成績斐然。其所以如此者，則由於各國經濟情況不同，歷史習慣各異，民族的性格亦復彼此不同，貨幣政策適於此者未必適於彼，要在因地制宜，因勢利導，未可膠柱鼓瑟也。

本文參考書刊：

一、Comparative Economic System: Loacks and Hoot

二、The British Banking Mechanism: W. Manning Dacey

三、The Treasury-Central Bank Relation in Foreign Countries: Board of Governors of The Federal Reserve System

四、American Economic Review: May, 1953

五、Central Banking M.H. De Rock

六、Staff Papper International Monetary Fund, April 1953

七、American Monetary Policy E.A. Goldenwiser

紀念哲學大師康德

鄭壽麟

本文提綱：荀廷根工作團，石塔文哈根教授——康德生平事略——康德學說舉隅——康德學社與康德友社——附原文譯文對照表

一八〇四年二月十二日，德國大哲學家康德卒於其故鄉叩尼希士貝兒克，今茲適屆一百五十週年矣。叩城位於東普魯士，與波蘭接壤，自一九四五年已被蘇俄吞併。康德在生時講學達四十年之叩城大學，全燬於戰火，有一部份愛好自由人士，在西德之荀廷根市，組成一學術團體，命名曰「荀廷根工作團」，專門研究故鄉文物，發行書刊。其以康德爲題材者，已出版兩書，一爲石塔文哈根教授所著之「康德與叩尼希士貝兒克」（一九四九），一爲塞勒教授所著之「音馬努埃耳康德」（一九五二），此兩書係大戰後有關康德之最新資料，亦即本文大部份之所根據也。荀廷根工作團自一九五一年起又發行「叩尼希士貝兒克阿耳貝兒士士大學年報」，今（一九五四）年爲第四卷，已準備紀念文多篇，以尚未目睹，未敢妄加論列。

康德之一生，最好宜分作少年，中年，老年三個階段。自出生至家庭教師終止時（一歲至三二歲）概括爲少年，初任講師至任教授中間（三二至六三歲）爲中年，自此以後直至逝世（六三至八十歲）爲老年。此三階段，各有其特點。少年時代接受母氏淸教徒式之教育，養成一虔誠之子弟。中年時廣交遊，富創作，係康德最活潑時期，亦可稱爲黃金時代。老年則生活嚴肅而規律化。總括言之：虔誠，活潑，嚴肅，實足以代表康德生平之三個階段。

石塔文哈根教授之新作，曾發掘俄國之資料，爲前人所未有，於是對於康德生平之敍述，不啻創造革命性之報導。據此則舊日之康德傳記，頗有修改之必要，尤以中年階段爲然。蓋前人大都注目於嚴肅之老年康德並以之代表康德整個生平。而石塔文哈根教授則發揚中年康德爲一活潑而善交際之學者也。余乘此紀念康德逝世一百五十週年之際，亦曾以「中年康德」爲題，特將石塔文哈根之發見，以介紹於我東方人士。茲就其一般之生平，學說一隅，及近年康德友社之事略，予以簡述而已。

康德名音馬努埃耳（義爲：神偕我），一七二四年四月二十二日生於叩尼希士貝兒克。叩城爲東普魯士之首邑，普魯士歷代國王，均於此擧行加冕盛典，又係商業繁榮之都市。當年不啻爲擔任東歐與西歐文化商業交通之轉口地。人文薈萃，風氣開通而帶淳樸，此對於康德之留戀鄉邦，誠不無意義。

康德父業鞍匠，性行正直，母尤虔誠。世界偉大人物，受慈母薰陶者至夥，康德少時亦非例外，其後常言：「我將永遠不忘我母，伊實首先栽培善之種子於我內心。伊啓迪我之心懷，以接納自然之印象。伊促醒並擴充我之種種概念。伊之教訓對我一生，有永恆裨益之影響。」

康德八歲至十六歲（一七三二——四〇）肄業叩城之弗里德里希學校，時著名之神學教授舒耳次任該校校長。舒耳次與康德父母相友善，其受託教導少年康德，自屬意中之事。康德卒業之後，即入叩城大學，時適值弗里德里希大王登基之年（一七四〇）。康德初習神學，蓋從其父母與舒耳次教授之願也。但爲時不久，興趣便傾向於哲學、數學與物理學。從此奠定畢生功業之基礎。導其走上哲學途徑者，厥爲少年講師克努成，康德晚年對之猶念念不忘也。克努成實爲一多才多藝之人物，曾草擬死亡儲金辦法，亦曾設計一種計算機之製造。在大學講壇上，則曾授數學、物理、天文諸科，惟其主要科，則始終爲哲學。至於使數學與哲學發生密切聯繫，而以牛頓學說爲依歸，尤爲克努成講學之特色。使康德瞭解牛頓思想者，實克努成之力也。克努成居恆閉戶深思，不問世事，亦未嘗離去叩城；惜以勤勞過度，於升任副教授後不數年便與世長辭矣。

康德以一七四六年完成大學課業，同年遭逢父喪，經濟一度陷於窘境。嗣任家庭教師，歷九年之久，以是得結識若干友朋。是時並專研物理問題，其最重要之論文，爲一七五五年發表之「天之一般自然史與理論」，康德於此解釋世界與行星軌道之由來。四十年後，法國學者拉普拉士亦證實此理論之正確。

一七五五年康德提出拉丁文論文二篇，先後取得博士學位及講師資格，開始於大學哲學系授課。惟其前程進展，殊欠順利。甫翌年，即值七年戰爭（一七五六——六三）爆發，人事暫告凍結，致康德無法升進。一七五八年，俄軍佔領東普魯士及叩城，是年哲學教授雖有出缺，康德之師舒耳次及大學校長均曾爲之向新政權盡力，但結果爲年齡較長之同事所得。七年戰爭以後，東普魯士國土重光，詩學教授因有他就，柏林教育部乃徵詢康德是否願承其缺，康德以非專長，不願遷就，當即表示辭謝。而康德著述之貢獻，已使政府加以注意，故一七六六年，畀以王家圖書館館員之職，年俸僅得六十二元耳。越四年（一七七〇），數學教授郎克漢生逝世，康德始由弗里德里希大王任命爲教授，其多年心願，於此始克達成。

康德任講師凡十五年，任教授凡二十六年，其講師時期至教授初段，可稱爲康德在生活上之黃金時代，而三大評判及其他重要著述，則併在教授之中後

期。

康德初任講師，年方少壯，精神飽滿，儀表端飭，而善交際，咖啡館、酒店、戲院、莫不有其踪跡，人亦樂與週旋。在交際場合，能使整個局面活潑有生氣，人喻之爲樂隊指揮。其衆友之中，有貴胄，有文武官員，有商人，有學生，有名門閨秀，興會所至，則與一二友好，作遠足郊遊，往往宿於良朋之家，歷一週或數日始返，習以爲常。故有一時期，摯友哈曼與波羅尤士奇見康德之終日忙碌，深恐不能完成工作而引以爲憂也。

康德素嗜美酒佳肴，至老不衰，蓋所以謀席間之歡暢。其友希培耳嘗戲言康德將著「烹飪術之評判」，緣是故耳。每午膳，必需三數友人爲伴，飲酒縱談，恆連續數小時而不覺日之將暮，則以獨食對從事哲學思想者甚無益也。

康德好學深思，畢生以探求眞理爲職志。故跡近虛飾之事，均感厭惡，對各種銜頭亦然。升任教授之後，例須每七學期輪值院長，每六學年又須擔任校長，瑣事繁多，皆非康德衷心所欲，故晚年每遇輪及，往往由他人兼代，雖犧牲實利，亦在所不惜。此外對一「禮」字，則極其重視，事不合於禮，縱使貴如君王，亦不肯俯首遷就。當石托耳貝兒克伯爵路過叩城時，渴望識荆，乃由出版商尼可洛威烏士邀請宴會，康德以伯爵不以禮先訪，拒不往。嗣伯爵亟往訪晃，事乃圓滿解決。又叩城舉行女王路易加冕典禮，康德亦辭未參加，以禮帖之遞送，過於草率故耳。但在另一方面，康德對朋友，對學生，無不情至義盡，即屬細節，凡足以有助於人者，常不惜屈己以直人。康德曾赴某軍官之邀宴，適一青年少尉，不愼將杯中紅酒撞翻，淋汚桌布，康德慮其受官長之責，乃以指沾酒，將席間所談軍事情況，一一畫於桌布之上，意在使主人注目於己之所爲也。

康德學說，氣勢浩蕩，儼若學海，波濤壯濶，不易領會。其主要巨著「純粹理性之評判」便佔有八百餘頁之篇幅，世人嘆爲深奧難讀。越二年，康德乃有「序論」之作，冀充爲巨著鋪路之具。當其未作一鳴驚人之前，實經十一載之潛修工夫。蓋自一七七〇年康德就任教授儀式時，循例提出一篇「論知覺界與悟性界之形式及原則」之文以後，似寂默無聞。淺陋之輩，且編造嘲譃之詞。結果事出意外，一七八一年「純粹理性之評判」問世，頓使過去之狐疑者，啞然失色。是書內容，以研討人類認識能力，亦卽認識之可能性爲主旨。昔人對於所謂「認識」，主要有兩派學說，互相對壘，一爲獨斷論者，以當然有認識爲前提；一爲懷疑論者，適反其說，否定有認識之可能。因康德之努力，遂使哲學得與精密科學等量齊觀。康德之方法，自人類認識之元素出發。康德首先區分判斷爲兩種。其一係具分析概念說明意義之性質，名曰分析判斷；其二能綜合兩個不同之概念，而具擴充意義之性質，名曰綜合判斷。吾人通常之所謂認識，祇能由於綜合判斷組成。惟事實上並非每一綜合判斷便已是認識，蓋在認識當中，不祇有經驗所供應之元素發生作用，而且經驗以前旣有之元素，亦發生作用；是項元素方使認識確立其必然性與普遍效力也。是項元素，名曰先驗的，而經驗元素則名爲後驗的。認識而無先驗元素者可謂無有，是故認識必由先驗的綜合判斷導源而來。假令有認識，則問題隨之發生，卽認識如何可能，或先驗的綜合判斷如何可能是也。此卽評判哲學或純粹理性評判之基本問題，同時亦屬形而上學之基本問題。蓋先驗的綜合判斷實有形而上學之性質也。純粹理性之評判，於是並爲形而上學確立權限焉。

康德在其主要著作「純粹理性之評判」一書中，說明由於三大效用組以造成人類之認識能力。三大效用組者，直觀形式，悟性概念（卽範疇）與理性觀念是也。直觀形式卽空間與時間。範疇則與亞里士多德之思想相符合，其數凡十二；依照量、質、關係及式樣而分爲四類，其個別名稱爲：單數，多數，總數；是，非，界；實質，因果，交互作用；可能性，實在性，必然性。至所謂理性觀念則爲靈魂、世界與神；此三者實造成人類認識系統之極峯也。

康德第二種及第三種之評判傑作爲一七八八年出版之「實用理性之評判」，及一七九〇年刊行之「賞鑑力之評判」。前者爲道德哲學之系統，其基礎卽著名之「無上命令」，是卽康德所定之道德規律，其文曰：「汝當如是行爲，使汝意志之規範隨時可充一般立法之原則。」至於「賞鑑力之評判」，則可稱爲評判哲學系統之結局，其所探討者，厥爲感情或審美意識之基礎，特就審美與目的論之觀點以硏究自然之合宜問題。此兩項之顯示，一存於優美概念與崇高概念之中，一存於秩序概念之中。

康德旣年逾六旬，猶勤著述，如「實用理性之評判」，「賞鑑力之評判」，「禮義形而上學」（一七九七）等巨著，以及若干篇幅較少之書暨零篇論文，皆屬老年階段之精神產品。然其最高理想，係在運用理性之先驗的元素以創造一包羅萬象之超絕哲學。惜以年事已高，精力不繼，而不得樂觀厥成，是誠大憾事也。一七九八年，康德永告擱筆，停止寫作，一切留待後人整理。其七九華誕（一八〇三），尙在生之聚餐友人，齊往祝賀；八十大慶之愉快，則不復能親嘗之矣。一八〇四年流逝。最後之言，僅「善哉」一詞而已。發喪之日，全市鳴鐘誌哀，伴送之輩，不可計數，直至大教堂爲止，堂中燃巨燭數百，氣象莊嚴隆重。遺骸卜葬於大教寺之大學塋，友好於墓上設康德亭，題康德名言曰：

「滿佈星宿之天覆我頭上，
道德之規律居我心中。」

迨康德二百齡冥壽之日（一九二四），後世爲之植碑，以誌永思。

康德卒世之後，自認或公認爲承襲衣缽者頗不乏人，菲希特，謝林，黑格耳，黑兒巴兒特，叔本華等，其尤著焉者。百年之後（一九〇四），更有外與格兒教授創立「康德學社」，以發揚康學爲務；極盛時擁有會員二千餘人，惜於一九三三年宣告停頓。戰後荀廷根大學教授哈兒特曼有意復興是社，旋以亡故而事遂寢。此外則康德在生之日，經常有一班餐友，嗣後自然而然成立「康德友社」，相傳迄今而未稍衰。戰後已由叩城西遷至荀廷根，延續其舊有之傳統。每歲値康德誕生之日，便會同聚餐，並以豆粒暗夾於糕餅之中，選出每一年度之社長，稱爲「豆王」。本文前述之石塔文哈根教授，即一九四七——四八年度康德友社之「豆王」也。

有四百年歷史之古老叩城大學，閎偉莊嚴之大教堂，在二次大戰中，悉燬於兵火，化爲灰燼，殃及哲學大師之枯骨。而今叩城且被刼奪，連德文名義亦不復存在，舉凡康德鄰居以及同胞市民之子孫後裔，悉皆被逐，遠離鄉井廬舍，德意志之有心人士，遭此大變，其不悲憤塡胸而徒喚奈何者幾希？緬懷大哲之生於斯，作於斯，歿於斯，對故鄉之地與人，熱愛不舍，又不禁油然起敬矣！昔梁任公論康德「非德國人，而係世界之人；非十八世紀之人，而係百世之人」，東洋則有所謂「四聖祀典」，以康德與釋迦、孔子、蘇格拉底並重，推崇備至，有若此者。

附原文譯文對照表。

本文所引用之人名地名以及術語，其原文爲如何，諒必爲專門之讀者所願知，因列此表，以利檢查。

Allgemeingueltigkeit 普遍效力。
Analytisches Urteil 分析判斷。
Anschauungsformen 直觀形式。
a posteriori 後驗的。
apriori 先驗的。
Borowski 波羅先士其，曾任教會參贊，爲康德早期門生，隨侍康德最久，所作康德傳記稿，經康德親自校閱修改。
Collegium Fridericianum 弗里德里希學校。
Der kategorische Imperativ 無上命令：Handle so, dass die Maxime deines Willens jederzeit zugleich als Prinzip einer allgemeinen Gesetzgebung gelten koenne.
Dogmatiker 獨斷論者。
Erkenntnis 認識。
Fichte 菲希特(一七六二——一八一四)
Friedrich der Grosse 即弗里德里希二世，世稱弗里德里希大王(一七一二——八六)
Funktionsgruppe 效用組。
Gesellschaft der Freunde Kants 康德友社。
Goettingen 荀廷根。
Der Goettinger Arbeitskreis 荀廷根工作團。
Hamann 哈曼，康德之友，有文名。
Nikolai Hartmann 哈兒特曼，荀廷根哲學教授。
Hegel 黑格耳(一七七〇——一八三一)
Herbart 黑兒巴兒特(一七七六——一八四一)
Hippel 希培耳，康德之友，曾任叩城市長。
Jahrbuch der Albertus-Universitaet zu Koenigsberg/Pr. 普魯士叩尼希士貝兒克阿耳貝兒土士大學年報。
Immanuel Kant 音馬努埃耳康德。
Kantgesellschaft 康德學社。
Kategorie 範疇。
Kategorischer Imperativ 見 der kategorische Imperativ.
Martin Knutzen 克努成（一七一三——五一）。叩城大學講師，後升副教授，首先指導康德習哲學者。
Koenigsberg 叩尼希士貝兒，克簡稱叩城。
Kritik der reinen Vernunft 純粹理性之評判。
Kritik der praktischen Vernunft 實用理性之評判。
Kritik der Urteilskraft 賞鑑力之評判。
Langhansen 郎克漢生，叩城大學數學教授，一七七〇年逝世，遺缺由康德遞補。
Laplace 拉普拉士（一七四九——一八二七）法國天文數學家。
Metaphysik der Sitten 禮義形而上學。
Nicolovius 尼可洛威烏士，叩城出版商。
Notwendigkeit 必然性。
Prolegomena zu einer jeden kuenftigen Metaphysik, die als Wissenschaft wird auftreten koennen 可充學術之未來形而上學序論，簡稱序論。
Schelling 謝林(一七七五——一八五四)
Schopenhauer 叔本華(一七八八——一八六〇)
Franz Albert Schultz 舒耳次。
Goetz v. Selle 塞勒，原叩城大學教授，後遷荀廷根。
Skeptiker 懷疑論者。
Kurt Stavenhagen 石塔文哈根，原叩城大學教授，後遷荀廷根。
Stolberg 石托耳貝兒克。
Synthetisches Urteil 綜合判斷。
Synthetisches Urteil apriori 先驗的綜合判斷。
Transcendentalphilosophie 超絕哲學。
Teleologie 目的論。
Hans Vaihinger 外興格兒。
Vernunftidee 理性觀念。
Verstandesbegriff 悟性概念。
Zweckmaessigkeit 合宜。

從賀年信看日本

余蒼白

一、小序

新年一月二日起，東京朝日新聞逐天登載了日本人送給吉田首相的十一封賀年信。那些信是「穩健的」工人、學生、青年、小學生、貧苦人、農民、公務員和教員寫的。他們所寫的好像全是些個人的生活環境和希望，而所代表的却是千千萬萬同類們最眞實的呼聲。他們所寫的好像全是些大人先生們視爲渺不足道的小事，而所反映的却是日本最根本最深刻的問題。在這裏，我預備把其中代表的幾封譯出來，同時把其中不易被人注意的處所註出來，作爲關心日本政治社會者的參考。

我認爲覘人之國家猶如覘人之家庭。要知道一個家庭的眞實，如果只看房屋的構造，客房的陳設，主人主婦的風彩和談吐，旁人也許會稱讚你有禮貌，懂風度，識大體，然而眞相是不容易摸到的。可是如果往廚房，便所，米櫃，鷄舍，內房去探探望望，和小孩傭人之類去談談說說，禮貌顯然是欠缺的，挨駡也會有份的，眞相可是會有些摸到的。我所以介紹那些賀年信，用意原也不過如此而已。因之我可以唐突地說一句，那些渺不足道的「小事」的價値，對於欲知日本的眞實的人們，也許決不會遜於名記者或名評論家關於日本事情的大作的。

對於那些賀年信，吉田首相曾經有一封綜合的回信，登在朝日新聞十三日的朝刊上。他反復說明謀國的苦衷，希望他們忍耐些，體諒些；詞意是很懇切的。因爲無關本題的主旨，恕我沒有把他譯出來。

二、「揹子」佐佐木花子的信 (花子現年三十四，住茨城縣北相馬郡)

「揹子」的日語是 Katsugiyasan，請不要和四川的「揹子」混同。這裏所謂「揹子」的歷史，據作者多年的見聞，應該追溯到日本敗降的跟後。日本在敗降後至少一年內，都市糧食奇缺；都市的住民，幾無分貧富老少，揹衣類或其他日用品赴農村易食者踵相接，農民之揹糧食以易取都市住民的日用品者也極衆。在那時，一般人稱前許多人爲「趕買的」（日本話叫「買出」＝kaidashi），後許多人爲「揹子」。其時，交流的場面之大，火車，電車，車站和主要交通路線幾全成爲他們的天下。這樣無政府的城鄉交流的大場面，其後固因生活的逐漸安定而逐漸縮小了，可是由鄉流城的單流——揹子階級的巨流，則通戰後八年間，始終未曾大減。原因是，日本人的主食米一直到現在還是半配給制；主食米的配給糧最多只够十天之用（一日三餐計），其餘非靠黑市米不可。日本人吃飯的習慣好像比中國人深，而街上又無黑市米可購的店（當然出於禁止），勢不能不乞靈於農村，於是農民(以農婦爲主)之揹黑市米以應都市住民之需，乃成爲不足主食米唯一的來源。這來源究竟有多大規模呢？試想想：如東京者，人口已逾六百萬，而每日平均所需的黑市米至少要有配給額的等數，則揹子階級巨流之足以驚人,就不難想像。可是事實上，上自首相下至警察都在吃黑市米，而對於黑市米的恩人——「揹子」，則拿捕又極嚴；在每個黑市米的大進口站，往往一拿則百十人成擒，「白米」堆積如山，而號哭之聲大作。這是怎樣矛盾而又滑稽的現象！「揹子」究竟是那些人做的呢？他們的人數可能有多少呢？他們素樸的心境究竟是如何呢？且看這位「女揹子」的說訴。

「總理大臣吉田先生！

送這封信的我、是一手養活着以一個小學四年生爲老大的四男一女的女揹子。滿身是骯髒的，身份是被人鄙視的，可是除掉這樣過活以外，是不知道如何纔能謀生的一個女人。

由於季娣颱風而引起大水淹沒了六個鄉村，那是昭和廿四年的事。在那三年前，夫死在東京的警察病院了。他，雖然是一個服務了十二年的下級警官，可是國家的撫䘏費却是少得可憐的。在那時，顯在捧了遺骨回家的我的前面，是被流失了的房子和號饑待哺的乳兒。然而墓地還是淹在水底下，我只好把遺骨和乳兒放在土堆的上面了。這樣的情景還不允許我挨過死者應有的「七日」，我又只好踏上泥濘的道路,加入揹子們的羣中去了。

這樣的揹子生活過了四年了。現在呢？我已經在東京找到了百多戶的老主顧了。身份雖然是揹子，可是我們還是有同業組織的。我們千葉茨城二縣同業的總數大概有三千，名稱叫做「常成行商組合」，這裏面，女的占了百分之九十。戰死者的寡婦，貧苦的農婦，貧窮的小姐和其餘一些同病相憐的人們合在一塊，一路互訴着生活的苦楚，一路來往於上東京的大道，這是我們唯一的安慰。

現在我所住的地方是農忙期作爲臨時公共煮飯用的棚房的一角，是化一年二百圓的租金租來的。我們母子六個人，用上下八條爛薄被舖在拼成的硬板上，身體靠得緊緊的，這樣在渡過每晚冷風砭肌的寒夜，請你老人家想想看！

除掉已經上學了的四個孩子，還有五歲的一個。當我揹着大筐出門的時候,不能不把他丟在後面了。他,跟在後面緊緊地追來，追到搭車的地方，我是不能不以比看到鬼還更怕的心情,把他一脚跌在後面,上車就走了。

我現在的家，總算托了你老先生的福，每月有了五千圓的「生活保護費」(註二)。我自已呢？每月靠了二十五天揹大筐的生活，也得到了八千圓的收入。對於這個八千圓，我的感激眞是沁入骨髓的！

我們的三餐是每天一升半米，二束麵條，鹽和醬油，此外便只是菜葉了。我到現在不知起過了多次全家自殺的念頭。可是一想到亡夫的遺言——「只有兒女是可靠的」，我便只好忍住了。

一天只有二百圓，最多只有三百圓罷！我常常這樣地幻想：如果這個筐子可以大一倍的話，不是……，可是當局是決不見許的，而且據說這是已經太大了些呵！

老主顧們當然會常常感到米的接不上氣的。他們知道我的一貧如洗的情形，常常會送些舊衣服和糖果之類給我的兒女的。我把這些溫暖的人情說給你老人家聽，那是爲得人情究竟是人情呵！

我在除夕將近的某一天，又在上野蹤到了警察局的取締。三升米被扣了，再罰我五天不許上火車。被扣的損失是七百圓，加上那五天不能做揹子，在那十天的中間，不能不把孩子們的一天三餐縮成一天二餐了。

東京的黑市米也是要上你們大臣先生們的宴會的吧！政治這一個難得明白的東西在我是不懂的，可是眼前在耷捕我們的警官們的家庭，不是也在請求我們揹米給他嗎？我想請求你的沒有別的！希望把這個世界變成不揹米也行的光明世界，同時希把這個筐子變成多放些蔬菜之類也行的東西(註二)，只是這一點而已。

三、「基地小朋友」天野征子的信（南都留郡中野村山中小學六年生，十三歲）

「基地」就是美國在日本的軍事基地，「基地小朋友」就是生活在軍事基地中的小孩們。關於這種小朋友，日本人稱爲「基地之子」，幾乎成爲日本新語之一了。美國在日本的基地共計七三三處，據一九五一年三月末日本財政部的估計，美國在日本不化錢而使用的財產，就當時的情形和價值言，就等於五三七二億日圓(註三)。現在使用地點雖略有變更，而總值只會有增而無減。基地對於反對者視爲「日本殖民地化」的主要因素之一；請願，反對，遊行，打架，結隊坐地死不肯走的事件舉不勝舉。其中規模最大和相持最久的，當爲去年內灘，妙義，若狹灣等地的鬪爭。基地所以成爲反對者的鬪爭目標，除掉所謂「反殖民地」的理由，還有「爲保衞女子的貞操」，「爲保衞小朋友和青年學生的教養」，「爲保衞住民的生活權」等。關於基地的爭吵，實際運動且不說，專著，論文，文藝作品之多，郎已指不勝指，而「基地之子」便成習見習聞之語。基地之反映於日人心境者究竟如何呢？看這位天野征子小朋友質樸的說訴，也許可以知道其眞實的一面。

「吉田先生！

新年到了，恭賀新喜！

我們的村子是在富士山下山中湖(註四)的旁邊。風景是很美麗的，我們都以此爲光榮和自誇了。

可是現在呢？這個村子裏變得囂擾極了。校內用功的時候，戰車轔轔地駛着，飛機和大砲聲隆隆地響着，眞是無法靜下來讀書。每天一到了傍晚，美國的士兵先生們就結隊成羣到山中湖來了。

我們回家以後當然是要幫家務和溫書本的，可是家的近旁開着許多飲酒的店子，晚上鬧着留聲機和其他騷音，讀書那會讀得進呢？

在我出門買東西的路上，常常會看到美國人和女子一氣玩，看了眞是不順眼。美國人裏面也有帶着笑容進校門，來和我們一氣玩跳繩的，看那時的樣子，好像他們都是些好人，可是看到了另外的士兵白天在路上調戲女子的樣子，那眞討厭之極了。

晚上和阿姊因事出門，也常常會看到酒醺醺的美國人。我們很快地躲開了，可是胸中終是時常抨抨在跳着。

山中湖一帶是演習地，兵隊是很多的。前一個月上演習地拾彈殼的人們，有的不小心，被實彈爆發炸死了。

我又看到美國人和黑人兵打過架了，美國人被打得滿面都是血，大聲地吵鬧着。

學校是有課外作業的，回家是非做不可的，住在山中湖邊的我們眞是無法靜下來。我們常常討論着：這樣下去究竟怎麼好呢？

靠你首相的大力，想個方法使我們的小學校更清靜一點好嗎？那就是不要讓士兵們和女人携手往來於村中和關了村中的啤酒店！

今年如果演習得更兇了，兵隊的數目也增加得更多了，那我們眞會不得了囉！

首相先生！爲學校，替山中村想個辦法，使我們得到些更和平的生活！這是我懇切的希望。」

四、「工讀生」菊池信昌的信（早稻田大學第一法學部學生）

「工讀生」當然是兼工帶讀的學生，戰後非常之多。只要課外時間允許，只要是他們能够吃得消的工作，便無分晝夜去幹；競爭之烈，堪稱戰後又一世相。日本戰後生活甚高，家長的收入絕不足以應家庭的開支，因之主婦和較大的女兒做「內職」（包做小工廠的零細工），做 nikoyon（無漢文，不易譯，意義是做不定期的苦工，每天收入，除稅金外，大約二五〇圓），較大的入學的兒子做「短工」以補學雜費之不足，便成極普遍的現象。這種「短工」日本人稱爲 Arubeito 當然是德語 Arbeit 一字的輸入品了。作者手頭一時無統計，其人數之衆，在平時（開學期），只就東京估計，當無慮五萬人，寒暑假期更可不必說。日本戰後大學之多駭人聽聞。據美濃部亮吉載在本年一月號「世界」上的統計，日本前年的大學共計五五一校，僅次於美國的一八六五校，佔世界第二位。戰後校數所以驟增和人數所以驟多，固亦淵源於美式學制和美化教育，可是有人說，戰後日本發展範圍縮小了，學店便成出路之一，也不失爲大學多和大學生驟多之原因。信如是也，是亦日本「苦悶的象徵」之一騐？這些說來太多了，且看看這位工讀生的說訴！

「這是我的備忘錄的一部分。關於一個窮學生所想和所求的是些什麽，請從這裏面去汲取一些吧！許拉馬希的「獨語錄」中有一個副題叫做「一份新年的禮物」(註五)，我也就將這一部分備忘錄附上一個副題叫做「送給首相的一份禮物」。

晨曦的光線穿過了枯枝，正是我拖着疲憊的脚從「夜警」的任務回到寮的時候(註六)。皮鞋的聲音還沉滯在腦中，同行正在用冷水洗面，我是不能不睡了。刻在便所牆上的那些「反對破防法」(註七)的字還是在那裏，腦子一下子就緊張起來了。那不是一年以上了嗎？誰都不想去抹掉牠！黑暗得很！唯其是黑暗，纔需要光明，唯其是不自由，纔需要自求，這正是我們要追求的所以。只是夢在自由地舞着。

喔！受涼了。睡在沒有火種的空空洞洞的屋中的凄涼味！冷好像只是窮人感受到的東西。耗子在地板縫中竄動着……去摸垃圾桶去了。什麽也不會有的，沒有逐牠的勇氣。牠，和我們一樣，是爲得活囉。房子的一角分成二層，住的是四個人。在一小塊上放上被，枕頭旁邊擺着小書桌，書本堆得滿滿的，這就是我們住宅的全部。可是儘是這光景，這寮可已住上六百個學生了，一到每年的四月，居然還有十倍以上的希望者擁進來。要而言之，一個月一百二十圓的房租確是迷人的東西。深深地盼望有更多的學生寮！

寮的膳費是每餐十三圓，味噌湯二元，小菜是從鹽漬菜的五圓到烤魚的十五圓。便宜究竟便宜的，滿足當然談不上。然而我是要用一天三百圓的 Arbeit 來，應付包括學雜費等在內的人呵，這就是我要一面做夜警而一面又要找白天的工作的道理。

電柱上貼着「徵求輸血學生」的條子(註八)，女學生們在前面站住了。眼前是嶄新的校舍，白色的色彩多眩目！我們的生活那末慘，只有校舍天天好起來。雖然找不着出路而只要回家便不愁生活的那些舒活的伙子們說我們是「遊學」的學生，可是和他們一比，我想只有勞動纔會使人眞正知道學問的價值，眞正認識社會的眞相。只有這一點纔是我們實在的驕傲。

病中的A君來賀年信了，說要到後年纔能回東京。如果不那末過份的硬幹，不是早一點可能醫好了嗎……爲學生造個把病院好不好呢？老實說，過份硬幹也好，失於調養也好，漸漸衰弱下去的當不止我們的身體而已，美麗的祖國還不是……

「廣島」的電影看過了，我們日本是受到原子炸彈洗禮的唯一的國家。這個印象又一次深深地刻入腦中。看那軍援的預算，保安隊每一人的所得額只有十五萬，那是決不會照過去那樣募集得到的。徵兵大概要變成現實問題了。拿筆桿的人是不願意改拿槍桿的。

正月的街滿漂亮，行樂的人讓他們享樂吧！可是失樂者還是擠在中間呵！這樣的情景政府應該不會不知道的。知道了，還是老不去理它。藍保(註九)的詩中有一行：「大家都好的日子快些到就好了，到了就好了。」

五、助教桶谷繁雄的信

（東京工大助教、理學博士、四十三歲）

「吉田首相大人(註十)。

我和令郎健一君是中學時代同桌的同學，可是雖然是這樣的後輩寫的信，還是希望你傾耳聽一聽。

首先要說到的是木村這一位大臣(註十一)。在這個人的談話中，有過保安廳也不能不考慮到有研究特殊兵器乃至原子兵器的必要的話。不必說，這位大臣原是一位有名的吹牛大王，如果照他那樣說，保安廳成立了研究所，同時開始研究原子兵器的話，我可以明明白白地說一句斷定的話，那一個有能力的日本原子學者都不會幫忙的。原子兵器云云還說得大些了，縱使說得小一些——縱使說是普通的兵器，我也可以對你說，有點成就的科學者或工學者也是決不會向着保安廳的龐大的預算前面去搖尾巴的。

對於你大人用了那麽大力的保安廳，科學者爲什麽爲那樣冷淡呢？一般的輿論爲什麽會那樣不支持呢？這是值得好好一想的。爽直地說一句，我到和所謂「前進的」學者們有些不同的地方，是相信軍備應該重整的一個人，可是話得說回來，對於你所說的那樣重整軍備的行徑，那是絕對反對的。原因是無待渺小如我者說明的，那些民主主義進行得蠻好的瑞士瑞典的國家，還不是有着很大的軍備嗎？那是因爲這一個世界，到現在，說起來還是可悲得很囉，像畢士麥一流的「力量就是正義」的想法還是存在着；一個沒有什麽軍備的國家，不管她的要求是怎樣正當，而一蹴到強國的一推就摔倒了的現實，到現在還是多着哩！因爲是這樣，如果此後得到了幸福的日本國民的總意眞正希望了的話，堂堂然地重整軍備那是應該的。可是在現在，任何前提且不去假定它，總之說，像你那樣唯恐不及地先造出許多既成事實的那一種作風，那是我要絕對反對的。現在你這一位大人，一面在秘密中搞空軍和其他，而一面却又發明了「無戰力的軍隊」那一套滑稽突梯的表現，那是完全在欺騙國民，那是完全和過去的軍部一樣，一面儘管在滿洲華北玩弄既成事實的手法，而一面硬要國際聯盟承認那些既成的事實，完全是一樣的。過去軍部的野心早已完全完蛋了，你大人的重整軍備之不會跟着完蛋，那又誰能保證呢？像重整軍備問題那樣不通理的東西是沒有了的。硬拖了鳩山自由派那一幕醜惡的賣買，還不是不通而硬去通的醜惡的表現嗎？

你大人也許會這樣說：國際情勢是極複雜的，像你那樣書生之見是無價值的。可是要知道，正是因爲情勢極複雜，那纔需要尊重國民的倫理感覺去應付。國民大衆固然是比較反美的，可是反美了而就認爲蘇俄是個理想的國家，那就未必會有這種想法過。戰敗這一個冷酷的教訓確實已經把國民鍛鍊過一度了，他們現在的倫理感覺是再也不允許被侮辱了呵！如果全國人民不至於愁饑餓了，病了也會有人看護了，職業也會合於各人的志願了，學問藝術也會被重視了……。如果這一些有了相當進展了，那末國民全體自然會發生應該守護這個可愛的國家的感情的。即使就科學者說吧，如果到了月底不愁無足够的薪水了，不嘆無足够的研究費了，從而油然發生爲人類的知識積蓄應有所供獻之感了，那也會欣然燃起愛護國家的念頭的。

應該和國民站在一邊，這是新年希望於你大人的徵意！」

六、煤礦工人花山敎雄的信（福岡嘉穗郡五十二歲）

日本的煤炭生產已成爲基幹產業中危機最大的部門。主要的原因是：㈠戰時靠了統制和補償的庇護，經營流於散漫和腐化，於是種下了不起之症的禍根；㈡戰後靠了鉅額復興融資的庇護，經營又一度流於散漫和腐化，於是痼疾更陷於深刻。這些原因的隨伴現象是什麽呢？必然是生產不振和價格飛漲，於是外國煤跟着年來海上運賃的大跌而大量湧入。據統計，日本煤的生產費比起生產費最高的比利時煤還高些，居世界第一，同時日本外煤輸入量又年年有增加——一九五一年爲二六〇萬噸，五二年倍之，爲四三〇萬噸，五三年的數字，作者手頭無統計，想不至少於五二年（參考去年出版的讀賣年鑑二七二頁）。今年日本政府已決定推行緊縮的金融政策和重點主義的產業政策。這些政策一執行（事實已在執行中），中小企業必然會大量被淘汰，新舊財閥資本的大企業必然會殘酷地執行合理化。根據種種業已顯現了的徵兆，煤礦工人和其他工人，必然要大量失業或半失業，生活增加更大的困難。這裏所載的只是一個穩健的煤礦工人的說訴而已。且看看他所說的情形！

「新年到了，恭喜恭喜！

除掉照相漫畫以外沒有拜見你過，現在突然寫這信給你，似乎不免有些唐突吧。對於這封信，希望把它看做一個選民送給一個被選者的一些道喜話就是了。

我住的地方是在筑豐煤礦的圓坡上，地名叫做二瀨町的……這樣說，在你原是搞不清的。可是知道嗎？令婿麻生太賀吉是生在離這裏不遠的地方。當然囉，麻生先生和本地人見面親暱的機會，原也只是要競選的時候而已。

我是在這個二瀨煤礦繼續做工做到三十六年的一個工人。從昭和二十三年起，也做過了四千人以上的一個工會的會長。這個名稱對你也許是個聽了不舒服的東西吧。煤礦婦人協會也是我做那個會長的時候開始的。那些且不去嚕囌它吧，且聽一聽一個煤礦工人的聲音！

要說的話太多了，不知道從那裏說起纔行。首相先生有沒有進過煤礦的坑道呢？在黑洞洞的坑道裏，只留兩隻眼睛骨落落動的黑漆的面孔上不斷地淌着汗，默默無言地工作着，蒸籠似的坑內是絕對不許吸煙的，一做就是八小時。勞動的種類原也是不少，可是勞動條件比煤礦工人更壞的恐怕再也沒有的了。

說到工資吧，擁有家族四人而工作年資上五六年的也不過一萬三千多圓而已。工作是吃重的，自然需要足够的營養，那只好靠高利貸來補充了。退班的時候，鱗次櫛比的煤礦工人住宅的嘈擾聲是沒法睡覺的。「煤礦的滋味嘗够了」成爲掛在嘴邊的老話。這些是足以左右日本經濟的動向的基本產業的樣相。

礦山上缺手斷脚東探西望的負傷工人是很多的，公司當然不會永久去體卹他們的。我們是時常以你爲話頭的。就是說，如果對於基本產業能多想些方法，那末不淘汰工人也行的；如果對於失業工人能多想些辦法，那末個人或全家自殺的慘事也許可以減少些的。啊！究竟要到幾時纔會看到爲手脚不具者而建造起來的國家的施設呢？究竟要到幾時纔會見到礦夫可以安心工作的日子呢？

請把我們的存在稍微放在你的腦子的小角落上吧！同時認爲如果民意是民主政治的本色的話，那末對於重整軍備也好，改訂憲法也好，問明民意毋寧也是當然的。可是仔細看你的做品，說一句老實話吧，還不是只在繼繼於首相的交椅吧！

所說的儘是些不入耳的話。借用北九州的土話，你的「度量」究竟有多大呢？就我所知道的範圍說，有沒有原敬那樣大呢？那就值得我敬佩了。可是這一些原是多餘的恭維話罷了。末了，你如果有機會來看看這個煤礦的話，那到很想和你握一握手囉！」

一九五四．一．十六、於東京

（註一）生活保護費是日本政府對於貧民生活的一種補助費，對象約一八〇萬人，受其惠者，連家族在內，當無慮八〇〇萬人。這項保護費，據本月十七日各報所發表的行將提出於國會的下年度預算，共計二八二億圓，較本年度略有增加（原案本係減少，經各方面極力反對，乃調整）。可是事實上，下年度有資格領取此項費用的人必然增加，因之得一家族實質上的受惠必然減少。

（註二）現在揹子們的竹筐大約正面寬一六吋，側面二吋，深二〇吋，垂直形。這是法定的最高尺度。這種筐，盛蔬菜入城，無稅，然而筐子太小，獲利過少，得不足以償旅費及時間之失。盛米入城，便成黑市。那位女揹子所以懇求放寬尺度，以便改盛不至於被沒收的蔬菜，冀稍獲厚利，道理就在此。然而她已經說過，在現狀下，那種小奢望是決不見許於當局的。

（註三）見日本大藏省（財政部）一九五一年關於「土地徵用」的報告第三章第二節。

（註四）山中湖爲富士山下「富士五湖」之一，天氣好時，富士山倒映於湖中，風景甚佳，爲遊人嚮往之地。

（註五）許拉馬希（F. E. D. Schleimacher 一七六八——一八三四，德國大哲人，一八〇〇年著「獨語錄」（Monologen）。

（註六）「夜警」是年青人補助警察巡夜的職務，志願制，有津貼。「寮」就是寄宿舍。

（註七）「破防法」是「破壞活動防止法」之略，前年七月開始實行。這法的基本目的在於制限並取締所謂「軌外」的團體活動。在提出國會的前後，反對運動極爲猛烈，流血事件不勝枚擧，因此而入獄、失業、失學者甚多。

（註八）日本購血的公私血庫頗多，售血以補充生活之需者尤多。血蝨的無恥之徒，往往巧立名目，蒙蔽社會，以廉價搾取窮人和窮學生的血以自肥。報上屢有發表。

（註九）藍保（J. A. Rimbaud. 一八五四—一八九一）法國天才詩人。

（註十）原文本是「殿」。殿是日本明治維新前封建的尊稱，現在習用之，因乏適當譯語，勉強以「大人」充之。其實，現在寫信者已很少用「殿」（除封信上外），桶谷繁雄寫「吉田首相殿」云云，似有諷刺之意。

（註十一）木村卽木村篤太郎，現任保安廳長官。

提議徵召胡適之先生為中華民國副總統

許思澄

『偶添幾莖白髮，心情頗近中年；作了過河卒子，只有拚命向前！』

在中華民國史上，不少驚險悲涼的場面。然而最使我感動的一次，却是蔣介石先生將中華民國憲法草案鞠躬呈獻於國民大會主席胡適之先生案前的那一幕。有一位對蔣先生一向不太信任的朋友說：『哼，這是我第一次看見他對人鞠躬！』我不禁脫口而出的答道：『祢錯了！』一班人對蔣先生認為是一位稱孤道寡、剛愎自雄的人物，加之以他的部下也居然以舞蹈山呼的一套加强這種侮蔑，更使人誤會了他。據我看，當他說他是三民主義的信徒時，他是誠意的。他朝於斯，夕於斯，不顧危難，不辭辛苦，被嫌疑，任仇怨，直到今天，這一輩子所夢想的就是到頭來能還政於民。不管他是否作得成功，他的的確確是以「鞠躬盡瘁，死而後已」的諸葛亮自居，而且在盡心盡意的作諸葛亮。今日他對胡適之先生鞠躬，並不曾有絲毫個人榮辱的觀念在心，他只是以胡先生為中國國民的象徵，將這馬上打來的江山，必恭必敬的還給主人。這是蔣先生可敬處，也是我認為國民黨和共產黨大大不同處。如果國民黨不能走這脚棋，就比共產黨高明不到那兒去了。「周公恐懼流言日，王莽謙恭下士時」；周公和王莽的區別也就只在這一點點。』

不幸，民國三十五六年之變正是共產黨禍國陰謀日亟的時候，諸葛亮直到今天竟仍不能卸肩，這不僅是國家的不幸，也是諸葛亮的不幸。

現在又臨到再一次的抉擇關頭了。蔣先生的諸葛亮既仍不得不暫時當下去，總統之屬蔣先生，自無疑義，然而副總統呢？我們當然不至於再選李宗仁，也不願再選另一個李宗仁，我們似乎當作一番較慎重的考慮了。

過去聲名狼藉的人物根本就不必提起，免得攪起陳糞缸來臭播海內外。以資望、能力、道德、操守、針對目前情勢，眞够得上資格出任副總統的，平心而論，只有兩個人：胡適之和陳辭修。

陳辭修先生有魄力，有擔當，而且是軍人，在反攻復國的大業上是少不了他的，然而正因此，他不應當任這揖讓雍容的副總統。我是個歷史學生，深深覺得每一個人生在這世上，各有他的一番任務。在歷史上對一個人的估價，事業的成就遠重於其頭銜的尊卑。如果將來陳辭修在中華民國史上將名垂不朽，主要將是因為他會統百萬王帥，收京破虜，而不是因為他當了一任虛有其名的副總統。而且他春秋正富，如果有意當總統，則在功成之後，正正堂堂打起自己的旗號競選總統，誰不敬之，愛之，投他一票？華盛頓，艾森豪之典型俱在，有厚望焉。反之，胡先生畢生以民主鬪士自居，當此『中年』，適值風雲際會，中華民國是否能從此自武力改換政權一變而為選舉改換政權，在此微妙關頭決定，時機稍縱即逝。也正因此，我們不能容許胡先生瞻前顧後，為個人安樂而逃避此歷史的任務。

為一新海內外耳目，我正式提議徵召胡適之先生為中華民國副總統。

中華民國四十三年元月二十四日
於西雅圖華盛頓大學

(上接第22頁)

歡迎適之先生的返國，是歡迎適之先生特立獨行不顧人之是非，先國人而為民主科學奮鬪的偉大精神。適之先生歷年支持反共政府及反共力量，當此國家遭逢空前憂患的時候，回溯以前失敗之處，是政治上缺乏高瞻遠矚特立獨行的大政治家。現在反攻復國和將來復興建國，必須有高瞻遠矚特立獨行的大政治家，適之先生返國出席國民大會，將來是否參加政治，我個人沒有意見，祇以一個讀適之先生著述二十餘年的人，（當然這種人不知有若干萬。）私願適之先生以其素養，以其抱負，從精神上來領導我國的新文化和新社會，並願適之先生本其支持反共政府反共力量的一貫精神，在此時有系統地指出建設新國家新社會的明確途徑，設計並指導我們的國家排除憂患，走上健全而眞實的民主科學的新階段。

代郵

反共義士李煥先生大鑒：

前有寄來本社之先生函件一件，已送「反共義士就業輔導處」，請為轉交。另本社贈送上期本刊三百份，一併交由輔導處轉為分贈各村義士閱讀矣。

自由中國社敬啓　四十三年二月十二日

響應選舉胡適之先生爲副總統

朱伴耘

儆寰先生道鑒：

關於胡適之先生是否應出來競選副總統一節，如果我有投票權，我一定向胡先生投神聖的一票，許多不願胡先生出山的主要原因不外：①胡先生以學者從政，會防害他學術上的成就；②胡先生的政見能否於現環境下表達出來，很成問題；③就貴刊言，以胡先生會爲發行人的緣故，似有避嫌不便代其競選。後學的看法不是這樣。第一，在臺灣今日的情形下，此次大選如欲一新世人耳目，尤其給美國人看看我們是怎樣朝自由民主的方向邁進，胡先生是不是最理想的副總統？第二，就胡先生個人言，如他之出山能促使美國深信加强援臺反攻是唯一對華的決策，從而解救中華民族的生命，那麼中華民族的存亡與他個人學術上的成就，二者孰重？當抗日戰爭國家危難之時，胡先生願意出任駐美大使，今日國難更甚於昔日，果然海外及臺灣人士深知胡先生出山對大局之補益而願熱烈支持，胡先生又何嘗能推却重任？第三，臺灣今日正在反攻前作大團結之努力，胡先生的實際參政是否會較其他爲人唾棄者據此一席來分贓，更有助於團結的實現？第四，胡先生如能負責一部分政務，國外及大陸觀望而赴臺者必益衆，這種事實之能提高臺灣國際地位會遠較一切爲大。此時此境，就我個人看，是國家需要胡先生的時候，也是他不能辭其勞的時候。

胡先生之必需出來理由如上，同時爲他出來活動競選，這就是自由中國政治趨向的試金石。他可能由一黨操縱而落選，也可能由各黨支持而選出。是再演六年前以金鈔買選票的醜劇呢？還是大家在以國家利益爲重的前提下選賢與能呢？這是給大陸海外的一面民主鏡子，機關報以外的一切輿論要爲他活動。

胡先生果能選出，分總統一臂之勞，那嗎青年有爲的人當更有爲國出力的機會，政府多有敬佩胡先生主張的人工作，政府的質自會逐漸好轉。昔日大陸之敗，決策者固有問題，中級幹部之愚頑無能也負主要責任。個人爲一小黨員，早在民國三十四年即指出國家的黯淡前途，果不幸而言中。僅就本黨言，黨內有派，有團，又有支派。你爲某公的人，我爲某老的人。奴才政治下焉有不敗之理？政府中如有新人，新制度，以輿論及法律作人事及制度之監督，使之習慣化，政府聲威自會蒸蒸日上。能使根本改革與枝節改進，同時並行，也未始不是兩全其美的辦法。

這些想法不過是個人的意見及看法，也許又是書生之見。至就貴刊言，胡先生果爲賢，又何避嫌之有？

順祝

撰安

後學　朱伴耘上

四三、二、一日於美國西雅圖

(上接第6頁)

在民主國家中，人民有言論自由，能自由發表意見，提出主張與批評政府設施；能自由組織團體，參加競選。人民無分職業貧富，與社會地位，凡齡年合格的，均有投票權，且能自由投舉其願意的人。過去的時候，選舉被資本家操縱。凡被選爲議員的人，多屬資本階級份子，或資本家夾袋中人物。但由於選舉權普及，言論與集會結社的自由，如英美兩國，政權已由過去的資本家與地主階級，而轉移於普通人民與勞工農民手中。英國——其他民主國家亦然——勞工黨已一再執政。今日美國的勞工農民，具有左右選舉的力量。所以民主國家的政治思想家們認普及人民選舉權，與允許人民言論自由，是實現平等的先決條件。選舉權普及，凡成年的男女，都能參加選舉。則無論貧富，無論有產與無產，均享有平等的政治權力。每人只有一票，按票數多少分勝負，每票的價值是相等的。

經選民自由選舉而產生的議會，是平等的議會。無論議員們在社會上的地位如何，但一入議會，都是議員。他們代表人民，而不代表階級。代表社會中各種不同的利益，而不代表某一種利益。並且選舉權愈普及，其所代表的利益亦愈普及。議員享有同等的發言權，同等的表決權，與同等的待遇。任何議案——政治、軍事、經濟、社會、外交、文化等，經過同一的討論與表決程序。在大會場中，議員的言論，對外是不負責任的。議會的議長，也是議員一份子，由議員選舉產生。他不是長官，而只是會議時的主席。議會中沒有階級的區別，並且定期改選，等於中國古時三年考成的意義一樣，使選民得有機會表示意見，如認爲不滿意，則另舉他人。西方民主國家完成這樣一個巧妙、簡單、民主與平等的代表制度，並且還演繹出一套平等的議事行爲，是若干年奮鬪——有時還流血——的結果。

議會是社會的縮影。各團體的利益，與各階級的意見，由議員用議案的方式，提出公開討論、爭辯、與妥協。然後由大多數通過，成爲法律。經過如此程序，而產生的結果，才與人民利益相適合，才有實現平等的可能。這種民主程序，誠然是麻煩與遲緩。但與採用其他任何捷徑相比較，其效力爲普遍，宏大與持久。

政治民主，是實現經濟平等唯一可能的途徑。苟離開政治民主而講經濟平等，其結果是經濟的不平等。這不是著者武斷，這是歷史事實。

我不贊成選胡適先生做副總統

朱啓葆

以選舉總統副總統爲其主要任務的這次國民大會，本月十九日就要開幕了。關於總統選舉，只是投　手續的完成，無問題地將是蔣總統當選連任。關於副總統人選，近月來海內外報紙雜誌，諸多揣測或建議。在建議中，明示或暗示選舉胡適先生的，已屢見不鮮。對於這個問題，如果讓我表示意見的話，就是：

我不贊成選舉胡適做副總統！理由如下：

第一個理由，也是最重要的一個理由：我們確信，眞實的民主社會，要保有多方面的相對性的權威，不容許政治的權威成爲絕對的。胡適先生在我國學術教育界是有其權威的。他的民主思想，自由主義，是所有意志向上的國人一致皈依的。如果讓他繼續保持這個權威而不加以損害，對於我們國家走上民主，總是有益的。倘使這次眞的把他推上副總統座位，我很躭心，他的權威還能繼續保持而不在政治權威之下消失得一乾二淨。這樣，不僅糟蹋了他個人，而且也無益於國家；不僅無益於國家，而且是國家一大損失，如果我們理想中的國家前途，是民主自由的話。

第二、副總統在我國憲法上是毫無權責的。胡適先生當選了副總統，情勢上不能有所作爲，法律上也不許有所作爲。尸位素餐的事體，又何貴乎要找胡適先生呢？有人說：胡先生當選副總統以後，可以做尼克遜代表艾森豪的事例，代表蔣總統訪問各國，爲國家爭取國際的同情與諒解，更進而提高國家的地位。這個理想是美好的。可是我們再一進步想想，這個理想是基於一個不恰切的比擬。比擬既不恰切，來自這個比擬的理想自然也屬虛幻。這裏面，我們應該想到的地方很多，其中有一點是最明顯而且可以寫出來的，就是上面所說的，我國副總統在法律上毫無權責，既不參與實際行政，也不參與制定政策。僅憑一個人本身的聲譽訪問各國，又能發生甚麼作用呢？

第三、爲蔣總統保留一個錚友，對蔣總統有益，對國家也有益。一個握有政治大權的國家元首，除掉政治制度應該給他的權力以制衡作用以外，最重要的，他自己還要或多或少保有幾個朋友——錚友。在獨裁政治的國家，其元首只有他的敵人和他的部屬，是沒有所謂朋友的。我們應該相信蔣總統不是獨裁政治的信仰者，但由於他在政治上繼續保持了二十多年崇高的地位和權威，兼之黨國元老相繼云亡，到今天，有資格做他的朋友——敢於以朋友自居，而又是蔣總統心目中的朋友者——實已不多。胡適先生對蔣總統之主持國政，一向是衷心支持的，同時他常常以「做國家錚臣，做政府錚友」勉人自勉。而蔣總統對他，也一直以朋友之道待之。他們這種關係的繼續，對於蔣總統以及我們的國家，都有益處。如果一旦把胡先生拖上總統的副座，由朋友關係變到職位關係，則胡先生對於國家大事，政治問題，反不如以錚友的地位，能夠盡其道義上的言責。而且做了副總統之後，也不能站在政府之外來講話，輿論界也少了一個有力的領導者。我們試想，這是國家前途之福嗎？

我不贊成選舉胡適做副總統。大要的理由如上，願我國人體認現實，莫做夢，莫幻想，平心靜氣地商榷商榷。

歡迎胡適之先生返國

龍運鈞

報載胡適之先生將返國出席國民大會，並載適之先生的談話，說他未來的臺北之行，沒有任何的政治意義，主要目的是表明他對自由中國反共政府及反共力量的支持，這是他一貫所奉行的。並稱：他不能參加政治的惟一理由，是健康問題，他除了年事已高外，十五年來一直患着心臟病。

我與適之先生無一面之緣，可是看到他的名字，却有親切之感。適之先生返國，將來是否參加政治，因爲我對政治是門外漢，不能有所置論。但二十多年來讀適之先生的文章，對這樣一位讀其書而不見其人的學者，却願藉此文一說我讀適之先生文章的經過和歡迎其返國的感想。

回憶我十四五歲讀初中的時候，國文課本上選了適之先生的「新生活」「文學改良芻議」「建設的文學革命論」等篇，當時對八不主義中所列擧的「不用典故」、「不無病呻吟」，不大感到興趣；因爲那樣的一個少年，既不會無病呻吟，作文時也沒有多少典故可搬出來。而且那兩篇文章又是那麼長，一個初中學生要從頭讀到尾是那麼喫力。教國文的是一位崇拜吳汝綸林琴南的先生，對適之先生持反對的態度，說這些長文章不講了，你們自已看看吧。我們便樂得不去讀。倒是那篇短短的「新生活」，却引起我很大的興趣；那篇文章說新生活就是有意義的生活，對每件事要問個爲什麼，這是適之先生實驗哲學的精神，那時雖不懂其中深義，但讀起來文字輕鬆流利，明豁大方，作文時就自然而然模仿起那種筆調來，贏得較高的作文分數。

後來讀梁任公、朱經農諸先生批評適之先生的文章，更使我對適之先生的著作發生興趣。在十七歲時，我買了亞東出版的「胡適文存」一二三集，差不多每篇文章都看，有些看得懂，有些看不大懂，書上有適之先生的題簽，那時心想再印上適之先生的照片多好！我雖然把全書都看完了，其中有許多還看過好幾遍，因爲年紀輕，沒有能夠將書中的思想融滙貫通起來，只從中間認識一些顏元李塨的治學方法，好人政府的概念，民主科學的零星知識，實驗主義的大體輪廓。這許多寶藏，在一個十七歲的普通少年頭腦中，大概是無法將其綜合爲一完整體系的。

再後年紀漸大，在學校中忙於讀政治經濟法律那些較專門的書，「胡適文存」不能常常翻閱，可是以前看過的那些，仍時常在腦海中徘徊，歷久而不能去。及至離開學校之後，有時在軍隊中，有時在機關裏，簿書鞅掌，成爲俗吏，同學術幾乎絕緣。但因積習難忘，有時仍看看時人著述；在當代許多學者中，比較還是喜歡適之先生和梁任公先生。梁先生雖離開我們已久，但他「不惜以今日之我，撲殺昨日之我。」那種永遠求進步的精神，實爲私心所嚮往。他的筆調，早年時是那麼熱情洋溢，激發人志氣，晚年由絢爛趨於平淡，又是那麼親切實在，引人入勝，仍富吸引力。梁先生的思想，永不固步自封，追求時代，趕上時代，是一位孜孜不倦、不自是、不自矜的學者。

適之先生却是時代的開創者，走在時代前面，領導時代。他的文學革命，創造新的文體；大氣磅礴，而又不是劍拔弩張。條理明豁，清新平實，最便於說理叙事，使任何人都能懂。（文章能使人看懂是不容易的事，現在有許多人的大作教你越看越糊塗。）因爲當時桐城派的古文，拘守義法，氣息奄奄，精神全失，不足以作爲闡揚民主科學的利器。民主時代，是「引車賣漿者流」都應過問政治的；已死的古文當然無法負起介紹新知識的任務，所以要打倒它，要用另一種新文體來替代它。正像韓退之打倒六朝駢文，倡用古文；不是駢文不美麗不是文藝，而是駢文不便說理，不足以作爲尊孔攘佛的利器，所以韓退之要打倒它，另創一種明白顯豁的文體，使它能夠將需要表達的意思說清楚。駢文改爲古文，和宋明理學清代樸學的發達，不能說沒有關係。到了二十世紀，已經不是韓退之的時代，所要表達的思想、闡揚的學說，完全不同於韓退之所要做的，韓退之所創的古文，到這時候完全不能負擔文字所應負擔的任務了。因之，適之先生起來推翻它。

韓退之在我國學術史上有其偉大處，其偉大不在他自鳴得意的「闢道」，也不在他的文章；而是他在「伯夷頌」中，用以自況的「特立獨行……不顧人之是非」的卓絕精神。韓退之所闢的道並不深刻，但經他那麼大刀闊斧，氣盛聲宏，大張撻伐；將雄覇文壇數百年的駢文妖孽打倒了，思想纔能開放，藉文字以表達的學術纔有了新的生機。以韓退之比適之先生，或非適之先生所願；而適之先生在學術上多方面的成就，亦非韓退之所能比。但適之先生揭起文學革命的大旗，將垂死的古文一脚踢開，創造適應時代需要的新文體，從而開創民主科學的新時代，其高瞻遠矚、特立獨行、不顧人之是非的偉大精神，實有與韓退之相通處。即單就此種精神論，近代我國學人，已無有足以與適之先生比倫者，就是梁任公先生也沒有此種精神。

（下轉第19頁）

在寒冷的絕崖上

司馬桑敦

在第七天的拂曉時分，崖下追擊砲的轟擊，突然停止了。雖然搜索的槍聲仍然一排一排的向山上不規則的掃射着，但從火力的密度上判斷，這比較前幾個晚上已是疏落的多了。顯然的，山下的人在這些天中間，尚未摸得清楚山上人的位置，他們一連幾個整夜所努力的，祇是一種威力的攻擊，爲的是害怕山上人，趁着黑夜，大隊的衝下來。

就在山下的攻擊火力稀疏的時候，那位守住山頭陣地的連長，從塹壕裏向上移動了一下身軀。藉着微明的天色，他第一眼便發現山腰中那些弟兄們的屍體，已被一夜的大雪遮蓋了。他的腦中遲鈍的攪動了一下，他品不出他現在所感覺到的滋味。他祇是開始意識到山下火力的減低，也許爲了下雪。同一刹那，他發現他自己也正是被埋在深深的雪被裏面；整夜的警戒，把他的精神給僵化了，他除却集中精力執拗地抵禦他的敵人以外，喪失了對於一切注意的能力。他現在的腦海中，空洞的不存一物。他在昨天尚爲他那三十七名戰死的弟兄，流下傷感的幾滴熱淚，但現在什麼也不想了。作戰到了這種地步，已經把激動和緊張的情緒消耗盡了；他現在祇剩下一個麻木的肉軀，他單純的感覺着：他還活着，他要挨下去！祇此而已。

一排輕機槍的彈流，從他的頭上高空掠過，馬上他發覺在左前方有人回射了一槍。一種潛能的作用，使他的精神跟着槍聲振奮了一下。他仔細的向前張望了一眼，發覺守衛左前方山隙的那個年輕的獨立兵，尚在活着。那個兵同樣的也埋在雪裏，只是那頂兎子皮的棉軍帽，尚可隱約的看出是在輕輕的蠕動着。他想起了那個兵，孩子一般的臉龐，和那經常痴笑着的嘴巴，這引起了他一絲溫暖的傷感。這種傷感是交織着許多複雜的思想的。他輕輕的嘆了一口氣。他的思維開始溶解了。他計算起現在山上殘存的人數了，他想：他的隊伍祇有六個人了。這連一個完整的班都不足數，已經沒有什麼打勁兒了。於是，他又想起了隊伍中還有不能作戰的女人，和那位可憐的日本媽媽和她的孩子；接着，他又在腦海中浮現出兩位中途參裏進來的沈團附夫婦，和他的老同學，那一位始終未能赴了任的盧委員。想到此，一種責任感的疚痛，更濃積了他剛纔那種傷感，他覺得他不能讓這些人犧牲在這山上，他們和他本人不同，他們是無此必要的，他覺得假若他們死在這裏，他們是無辜的。他未來得及更深深去想爲什麼他們是無辜的，他的思維又迅速的遊移到他身後的山洞裏去了。他的神經像猛然間被擊了一下似的，他想起了一件事。他回過頭來，向山洞裏輕輕的喊了兩聲：

「靜芝，靜芝！」

裏面沒有回答。他心想：昨夜她哭了半夜，怎麼現在沒有聲息了？也許是睡過去了。就在這同一瞬間，他忽然又意識到她也許是死了。死，這個思想勾起了他悲戚的回憶，他從靜芝，聯想到她的姐姐靜嫺，那是他的前妻，一想到靜嫺，他的內心便湧上來無限的酸楚。他覺得這兩個女人安排在他的生活裏，是一種命運的故意捉弄。

「眞的，靜嫺那個壞女人，爲什麼她偏偏不碰上這個倒霉的場面？」他暗自嘮叨着。他一想到她，他就後悔爲什麼他這樣傻氣，竟這樣痴想了十四年？於是，他又憶起十四年前她的美麗的身影了。

他想到：「她本來就壞，她是妖邪的……」

他腦海中溫習起他們定情時她瘋狂的笑聲，她誘人的深深的眼睛，她豐滿的肉體；於是，他的思想又浮現出他們間許多荒唐的行徑。

「她比我大五歲，她懂的多，她壞，是她勾引我的！」

他繼續想到：「就爲了她壞，她妖邪，她迷惑了我。我在關裏蕩了十四年，我沒有一天忘過她，我跟着部隊打回東北家鄉也就是爲了她……

「壞蛋！她扔了我了。她跟別人姘去了。就因爲她壞，她等不得我了。……」

一顆尖叫着的彈流驚醒了他。

「這時候，我想這些幹屁？」他猛的踩了一下脚，他發覺脚已麻木了一夜，失掉了感覺。

山下又一排槍射過來。他跟着槍聲遠矚到東方已漸呈白色。山下的圍攻部隊在遠處冒起了炊煙，一股寒冷的感覺，使他想到他的肚子餓了。食糧的憂鬱，又刺激了他的心。快有半個月了，他們失掉了正常飲食的補充。他摸摸口袋裏尚餘有一個饅頭和一塊粘糕。他心想：靜芝是不會死的這樣快的，他現在應該和她分享這僅餘的口糧的。於是他匍伏着慢慢的離開了塹壕。凍硬了的身軀，使他的動作，顯得非常蠢笨，他很費力的擠進了那個窄小的洞口。

他看到靜芝裹在一張軍毯裏面，閉着眼睛微弱的呼吸着。他輕鬆的吁了一口氣，一種獲得釋然後的熱情，使他爬向她的身邊偸偸的吻了她一下。他的氷冷的嘴唇弄醒了她。她剛一發現他，便滾轉身子抱緊了他。

「清明！」她喊着他的名字：「我們是不是還活着？」

「當然活着！」

「一整晚，我聽的都是他們的砲聲，沒有你一點聲響，我想，我們不能再見了……」說着她像孩子似的啜泣起來。

「靜芝！」他安慰的喊着她：「我們要忍耐一些時間，假若這期間，能够解圍，我們也許可以不死！」

說着，他掙脫開她的擁抱，伸手打開那架使用乾電的軍用收音機，扭轉到瀋陽和錦州電臺，都沒有反應。他心中立刻比說話時沉重了許多。祇有北平電臺，正在播出清晨音樂，他在心中駡了一句。爲了節用電池，他失望的閉了開關。

「清明，」靜芝又用手圍住了他的脖子：「若不爲了我，我想，你不會陷在這裏的，是我拖累了你！」

「不要說這種話，靜芝！這是應該的事！若不是你可憐我，若不是你替你姐姐可憐我，一切的事情，都要不同了。……」

他要多說下去，但他梗住了。他祇是接連的吻着她那乾癟的嘴唇。他捧着她的臉，他端相着她那兩顆大眸子，那雖經這些天的饑餓有些失去了神色，但仍是不滅它的魅力。而且疲困的慵懶，越法增加了它的嫵媚。他由這嫵媚又想起她的姐姐靜嫻。

「假若你是靜嫻」過了一會他說道：「假若靜嫻在此，碰上這個倒霉的場面，我够多稱心！我恨透了她！」

「她若在此，她就是愛你的了。她愛你，你就不會這樣想！」

「……」他想：眞的靜嫻愛他，他怎麼會恨她？於是他又想起靜嫻那個誘人的笑了，他想到她那身白皮膚，他爲她痴想了多麼久？他從十八歲離開她，那是九一八的砲火把他轟走了的，他現在三十二歲了，眞的，想了這些年的女人，只要她不變心，他怎麼會恨她？

他滾過身軀扳住靜芝的腰，他把她連人帶軍毯緊緊的摟在懷裏，這樣可以使他們更溫暖些，並且，他自然的在這個動作中，對他這個小情人更多加些愛憐，他越叵恨那個丟了他的靜嫻，越覺得靜芝的可愛了。

「眞的，靜芝，你愛我什麼？這末一個沒有出息的連長，在關裏混了十四年才熬到的連長……」

「你又說這些了！清明！」她用一個嬌嗔的淚臉打斷了他的問語。

「慚愧！我眞慚愧！靜芝！」他把臉埋在她胸前的毯子裏。他自己覺得眼中有淚了：「一個軍人，奔跑了十四年，既保不住自己的老婆，又保不住自己的家鄉，臨到最後，竟還連累了你……」

「別說了！清明！」她又嗚咽起來了。她用手溫柔的摸着他那尚未復暖的脖子和耳朵。她用盈滿淚水的眼睛，凝視了一會他骯髒的臉龐，這些天瘦削的失去了過去的精悍。她突然發現他黑臉膛中滑稽的白眼圈，她不由的喫喫的笑了。

「你看，清明！你活像個傻子！」

「我本來是傻子。我的小東西——你知道我做了十四年的傻子。」說到此，他自己也勾起一種自譏的傷楚！

他又補充說道：「我若不是傻子，我不會在這時候，弄到這種地步，你看這麼大的戰場，這麼多的隊伍中，有多少個像我？……」

「我偏偏喜歡你這傻子！」她又緊摟住他的脖子。

「喜歡傻子的，必定也是傻子。」他又瘋狂的吻着，啃着她淌滿淚水的臉。淚水是鹹的，但他的頭腦與奮的有些暈昏。外面，一連數排槍聲掠過去，他們都未理會。他的手突然觸碰到她腰上一塊硬東西。

「這是什麼？」他問。

「半塊粘糕！」

「你昨晚沒喫完它？」他這纔又想起他的饑餓了。

「我怕往後更沒有東西喫了，同時，我也喫不下……」

他從口袋裏掏出那個饅頭。他告訴她這是從戰死的弟兄身上搜出來的。他勸她喫下，因爲這較比那塊凍硬了的粘糕總算可口一些的。而他却從她那裏索來半塊粘糕喫了。他盤算着：懷中另一塊粘糕，應該送給左前方山隙的那個孩子兵的，他惦記他快兩天沒有喫過東西了。他又想：無論如何今晚得搜索一下那些戰死弟兄的腰包了，否則，喫的東西便要無以爲繼。

他安慰了靜芝一番，剛要爬出洞口，他看見沈團附和他那位姘婦尹小姐從塹壕爬了上來。他從尹小姐裸露出來的兩隻骯髒手上，看見許多顆黃橙橙的黃金戒指。馬上，一種厭惡的，同時也是憐憫的情緒，在他腦海中盤旋了一下。他想：若不是途中他們苦苦要隨他這個連撤退，他們是可以安全的到達他們的目的，他們何苦也來到此地，受這番苦楚？他莫可奈何的嘆息了一聲。他覺得，他們纔是眞正的累贅。

因爲洞內面積不大。沈團附先讓尹小姐擠進了洞口，他自己祇好半截身子留在外面，僅把頭部伸進了來。

「張連長、你怎麼搞的？」沈團附一開口便向清明露出責難的語氣：「你是東北人，怎麼連東北的地理形勢都搞不清楚？你曉得不曉得，你已把我們帶進絕境來了？」

「這一帶我本來不熟，我不是這縣人！」清明和婉的回答着。他心裏有老大的不痛快，他心說：你沒有權力來問我這些，但是他忍下了。

「你不熟，爲什麼往這裏來？」

「我是帶我的連往這裏來的，並未要你們來，你們是爲了你們自身的安全，要求來的！」

「安全？這地帶安全嗎？」沈團附大聲的嚷了起來：「你曉得不？我昨天，前天，一連兩個晝夜，居然在後山上摸不出退路，我們有好幾個弟兄都死在後山上了，你這叫什麼安全？這簡直叫送死！」

清明瞪着發怒的沈團附，老半天沒有言語。他不想爲此事爭辯。他自知他和沈團附的心願決不會相同的。他是決心要與鄉土共存亡的，他離別了家鄉十四年了。他歸來了，再不想離開的。他寧肯死在家鄉的這塊土上，他也不再打算流浪了。但是，沈團附他有他的家鄉，他與此土沒有感情，沒有留戀；又何況他擁有的財物與女人的收穫，使他不肯做如此愚蠢的打算。

「我當上這山時，」清明接着說道：「沒有考慮退，我祇想利用這優越地形，給敵人以較多的損害，你會知道，這七天中，他們死的比我們要多的多罷！」

他最後的語聲，和婉的近乎一種商量，這已不是一個軍人據理爭辯的態度。

「怎麼？你根本沒有考慮退？」坐在清明身旁的尹小姐喫驚的重複了一句，她緊跟着尖銳的哭了起來。

「格老子！」沈團附動了心，他使用了他們家鄉罵人的話：「格老子，抗戰八年，從來未遇見過你這種混蛋的軍人！」

「你這是什麼意思？沈團附！」清明的聲音，仍然帶着溫婉質問的語氣，微弱的使人幾乎難得聽出，但是，他的內衷却已激怒萬分了。

「我罵你渾蛋！」

清明沉靜的未發一言，但却迅速的扳開手中衝鋒槍的槍機，他瞄準了沈團附，他把他的上半截身子逼出洞口，他們二人一同跳進塹壕。這時，山下的彈流密集的向山上掠來，打得山腰的雪和土紛紛落了下來。洞中兩個女人，都驚恐的悲泣着。

在塹壕裏，清明低聲的但嚴厲的向着沈團附：

「你打算怎樣？」

「既無退路，我們祇好投降！」

「我若不投降呢？」

「那麼我和我女人單獨去！」

「你是不是要打死我再去投降？」

「那又何必呢？爲什麼我要這麼幹呢？」沈團附擺擺手勢，表示了他光明磊落的樣子。

「那麼，我要繳你的槍！」

「隨便好了。」

清明機警的把沈團附腰中的手槍，摸了出來。隨着把瞄對沈團附的槍口收了下來。他想：你們有家鄉的人，你們回去罷，我是死也不離開這塊土的了。

「最好，」然後他瞪着沈團附的臉，和婉的說：「最好，你們從山背面下去。你們也不必認眞的告訴他們我的位置。不過……反正，我既下不去，他們也難得上來的……隨你的便罷！」

說完，他携着沈團附的手槍，背上了他的衝鋒槍，在沈團附的面前，又爬出了塹壕。他登落了許多的雪和石頭，惹得下面射過來一排密集的槍火。他循着山石之間的空隙，向左前方爬去。他這時已把沈團附那副討厭的面孔忘得乾乾淨淨。他緊張的注視着地形，他口中叨咕着：「那孩子快餓死了！」

在山溝的轉灣的樹叢下面，他碰上了他的朋友盧委員。盧委員正伏在那裏從一件掛滿血跡的軍大衣裏搜尋東西，嘴裏不斷的嚼着。他的面色很難看，滿腮的鬍鬚使他失掉了漂亮的臉子，這比較他在長春的政界活躍於樽俎之間的風采，幾乎判若兩人。他想這個境遇太屈委他了。就僅這一瞬間，他回想起他和他這位小同鄉又是老同學的老朋友，雖是同時一齊逃向抗戰的後方的，但在現實的成就上，他遠不如他的朋友了。於是馬上，他又記起那年老盧從延安回來時，豐度翩翩的樣子，他那時是以社會賢達身份發表了許多對於抗戰政府不利的演說，他曾自鳴得意他是進步的份子。但是，不知爲了什麼關係，在勝利了以後，他又做了政府的官。他弄到很多的錢，在京滬後方購置了一些產業。局勢一壞，他搶先把他美麗的太太空運到後方去了……想到這些，淸明的心中雖然感到一些不舒服的妬意，但是當他考慮到現在他是依棲着他而需求着他的保護的時候，他又有些歉意了。

他爬過去，告訴盧委員，沈團附夫婦有下去投降的意思。因爲盧委員和沈團附夫婦同樣都是撤退途中參裏在他這連裏的，他現在不想以部隊長身份對他們有什麼節制。

「你認爲他的想法對嗎？」盧委員反問。

「對，不對，都無所謂！仗打到這種地步，人是應該各有打算的，特別是沈團附，人家有人家的家鄉，而且千里迢迢到東北來，弄到手裏個把些錢，又有一房東北老婆，在這種情形下，我想不必强他做什麼犧牲！」

「你這種態度是開明的！」盧委員說：「那麼你自己呢？」

「我不做別的打算了，我不再想離開家鄉了！」

「這個我是知道的，我問你現在打算怎樣？」

「若打不下去的話，我寧願死在這裏！」

「這又何必呢！老張！你總是把事情看的太刻板。」

「……」他看着盧委員的臉，半天未說什麼。他回憶着同學時代的盧委員是比他聰明的，在後方十四年來他確也比他混得有出息的多。他對盧委員自然的存有一種自卑的意識，他不想向他發什麼議論。

「老張！」盧委員尋思了半刻，又接着說道：「你總會知道瀋陽和錦州都不保了。北平也很難有所做爲。整個的北方，我看大勢已去。以你這區區不足一排之衆，想從游擊裏面，創什麼局面，這是很難想像的！」

「……」淸明未說話。他覺得盧委員說的大都是對的。但是，他有一個軍人的對於家鄉愛着的淳樸觀念，使他不甘於接受這個事實。他想：日本鬼子來的時候，大家雖然跑了，但回來後並未對家鄉帶來什麼好處；現在八路來了，難道大家又都跑了，跑來跑去，還不是那一套？他執拗的認爲：若能活，就活在家鄉，若死，也死在家鄉。

「你想想看，你爲了什麼？」盧委員又繼續說下去：「你說沈團附有了老婆，難道你那個靜芝，你就不往心裏去嗎？而且，你還弄來那個受傷的宮本太太和她的孩子，你打算怎樣？難道你想要這些無力的婦孺和你一道成仁嗎？老張！」

「……」淸明還是未發一言。提起靜芝，他心裏爲之深深的震顫了一下，他早就覺得不管怎樣下場，他都是很難對得住她的愛情的，但是，想起那對日本母和子，他的鬬志却突然獲得了鼓勵。

他覺得做爲一個應該爲家鄉而戰的軍人，宮本太太正好給予他一個堅强的啓示。他想：她爲了保護她那不滿兩歲的兒子回到她的祖國和她亡夫的家園去，他雖遭受了一切人所不能忍受的慘遇和侮辱，但她對她希望的追求，却毫無動搖。他想起她向他述說她從吉東山地往遼河平原進發途中她的遭遇：她先遭受了掠奪，她爲流民所凌辱，她淪落爲流乞，她又做了匪軍的營妓。到最後她因腿上負傷，被匪軍扔棄在途上，奄奄待斃。就在這時，他救了她。他又想起她向他所提出的單純的要求：她要他把她打死，但請求把她的兒子留下寄養，她祇希望她的兒子有一天可以回到她的家鄉，仍然得以恢復她丈夫的姓氏，僅此，她就覺得無愧於她的祖國和愛她的丈夫了。……

「一個弱女子，付得出這種犧牲，我張淸明，一個做軍人的，爲什麼要聽這些洩氣的話？……」

他在心中激勵着他自己。他的感情衝動着。他迅速的改換了一種毅然的神色。打量着站在面前的盧委員。

「你仔細的想想看，你爲了誰？你在後方十四年，大不了還是區區一名連長，你死了，值得？」盧委員仍計劃說服他，反覆的强調着他的見解。

「爲了誰？值得？你總是計算着這些！」他心中的話，未說得出來。但另外一股憎惡的力量，却幫助他憶起他這位朋友以前許多卑鄙的行徑：他記得他們在北平的學生運動中，老盧是以奸細身份出現的，老盧之摸上了政治的階梯，是打基礎在幾個寃枉同學的身上的。他又想起老盧在黃河游擊區和敵人勾結的嫌疑，他又懷疑到他後來跑到南京鬼混了一段時間的勾當。到後來，爲什麼他又突然成了社會賢達了？想到此，他激起了一股厭惡妬恨的怒火。

「老盧！」他終於堅定的開了口：「我不願聽你這些！什麼叫値得？我爲了誰？我爲了這塊土，我就爲我自己！我把沈團附的意思告訴你，要看你打算怎樣？你說，你乾脆說：打算怎樣罷？」

盧委員對於淸明倔强的態度，起初喫了一驚。旋而在臉上做了一個鎭定的表情：

「我打算怎樣？在目前我是聽你的！老張！不過，情形太惡化的時候，我以爲我應向你建議：要考慮考慮沈團附的意思——」

「那麼，你主張下去投降？」

「投降不投降不必說得如此嚴重，至少這是一個轉機！老張，人要追求轉機的，所謂識時務者……」

「若我不追求這個轉機時，你呢？」

「祇要你不認爲不可，我想我不必在此死呆下去！」

「好！」淸明毅然的：「那麼你和沈團附一道下去好了！」

一種孤獨悲憤的情緒，浸滿了他的心底。他抬起身子，離開盧委員，沿着山石的背面，大踏步的向在前方繼續前進。他心中自語：要你們這些當官的是沒有用的，我還是去看看那個孩子兵要緊。在途中，他又在腦海中縈迴着盧委員「追求轉機」那句話。他想到這句話，更增高了適才那股憎惡的念頭。他深知盧委員之能成了政府要員，有了什麼委員的頭銜，還不是懂得了這套追求轉機的哲學所致？他狠狠的駡了一句：國家都壞在你們這些懂得追求轉機的壞蛋手裏！

轉過了那塊大山石，他突然想起，爲什麼他不繳了他的械呢？但是他馬上又想到，老盧總不會在這種場合再出什麼「辟漏」的罷？於是，他虛無的放過了他。他轉低了身勢，鑽進一叢掛滿了雪片的山樹後面，他坐在坡上向下面滑下去。

進入山隙，他首先看到的就是那個孩子骯髒的身體，佝僂在一塊石壁的背面，他招呼了一聲，孩子抬頭迎給他一個笑臉，那個笑臉已經餓的有些歪扭了，但是，那個笑的親切却一如往昔。

「連長！二姐好嗎？」孩子首先發問。他指的是靜芝。他在給淸明做勤務兵的時候，淸明讓他這樣稱呼靜芝的。

「阿富！」淸明輕喊了一聲，孩子的問話和孩子羸弱的樣子，使他內心痛楚的已經熱淚橫流，他把孩子連人帶槍摟在懷裏。孩子帽子上的雪，氷痛了他的臉，他纔把他放開。他告訴他靜芝很好，他從腰中掏出那塊粘糕遞給了孩子。這回，孩子的笑臉上一面淌着淚水，一面使用着軟弱的嘴巴，饕餮的嚐着那塊凍硬了的粘糕。

兩人對視着，不交一言。清明用一種酸楚的心情，看着孩子的那幅可憐相。

「阿富！」等待孩子把糕喫進去了一半，清明拍着孩子的肩膀：「你想不想回家？」

「連長問這話，幹麼？」

「我想讓你回家，你可以和你的同鄉一道下去！你的同鄉，那個沈團附……」

「下去他們不打死我們？」

「對投降的，也許不會。」

「你呢？連長！」

「我，死也不下去了。」

「連長！」孩子細聲的叫了起來：「你要扔了我！」他敏感的哭了起來。

「小混蛋！你不要吵！」他又把他摟在懷裏。他和婉的開導他說：「我是此地人，我是應該死在這裏的，至於你，孩子！你有你的家鄉，你應該回去的！」

「不，連長！」阿富固執着：「我從當兵那天起，我就沒有了家，連長！你到那裏，我到那裏，你若不當兵回家，我就跟你回家，你家就是我家！」

孩子的話語，慌促的緊張着，他顯然像怕失落了什麼似的。

「若是死呢？死，我也和你死在一起，從緬甸來到東北，我打那一次仗，不是都這樣說過？」

清明的淚流如注，他被孩子的眞情感動的無言可對。良久才鎭定了他的悲楚。他用手拭乾了孩子的淚臉。他從彈袋裏又補給了他五連子彈。

「好！阿富，你是我的好兄弟，我不能把你和沈團附一樣看待。我晚間再送乾糧給你！」

他順着來路，往上爬去。他腦中猶在響着孩子的話語。他自覺精神充滿了悲憤。他費了很長的時間，攀上剛纔經過的山石時，他回頭看到阿富向他擺動着腦袋，表示對他的「加油」，他心理頓時由那些悲憤的情緒中輕鬆了一大半。就在這時，他突然聽到山脚有一排輕脆的槍聲，緊接着女人尖銳的哭叫聲，隱約尚且聽到幾個人在大聲的吆喝着。他忙了一會兒，一時判斷不出是什麼情況，他繼續循着來路往回走去。在樹叢下面，他又碰見盧委員仍然蹲伏在那裏。他對清明投過來一個惶惑不安的臉色。

「你聽到山脚下的槍聲沒有？」盧委員第一句問。

「剛才他們夫婦由山背面下去的！他們說：你不准他們由前面下去！」

「聽到了。」

「我想，沈團附完了。」

「你怎麼知道？」

「那麼，他們爲什麼要放槍？」清明問。

「還不是因爲沈團附那些黃金。在前線，黃金固可買命，但也可以送命的。聽聲音他的老婆好像未被幹掉！」

清明聞言，默然良久。他未表示什麼，又從盧委員身前錯過，跳進可通山洞的那條塹壕。他心裏潛滋着一種自得的思想，他想：「老盧！你不必再噭噭的主張投降了罷？」

走出十步遠以後，他覺得他應去看看宮本母子。他還返回來。他走到盧委員的面前，他想着盧委員猜測沈團附可能被殺的話語，把他剛纔對盧委員的憎惡感給沖淡了。他想畢竟他的聰明會使他在危急關頭有正確的抉擇的。他想，他應相信會和他作戰到最後的。他雖沒對他說什麼，他自覺着在面色上給了他一個親切的安慰。

他向木然的盧委員點點頭，開始向山上爬去。這帶地形比較向後，是最安全的。但因無法監視山下敵人的活動，他把宮本母子送在這上面。他回想起在他送那個媽媽和孩子剛上山的時候，媽媽的腿已經不中用了。他曾喫力的把她拖拉上來。他當時並曾想過：她這次上去不知究在什麼時候下來呢？

他在山窪的亂草堆中發現了她們母子。宮本太太的面白如紙，她顯然不能支持久了。她的孩子也很羸弱的睡在她的懷裏。她看見了他，第一句話便說：

「連長！孩子給你罷！我不中用了。」

「不要急，宮本太太！你要堅强些！我們很快就要解圍的！」

他一面安慰着她，一面檢查了一下幾天前他留給她的乾糧背囊，他發現裏面尙餘有四塊粘糕和一些破碎的饅頭渣滓。他心中盤算着至少他應分出兩塊帶給靜芝，等以後再補充給她。

「爲什麼你喫的這末少？」他問。

「我不中用了。我留給孩子喫，我活不了，我祗求他活！」

他的心被嚴重的打擊了一下。他的手開始抖顫起來？他原封的放下了那個背囊。

「堅強些！爲了你的孩子！我們很快就要下去的！」

他在歸程，遭遇了山下一排密集的彈流。他等於滾着下得山來。

在他又經過盧委員的時候，他愼重的告訴他：「今晚你要當心些！沈團附他們可能出賣了我們的位置，他們說不定要集中砲火來轟我們！」

隨後，他又補說道：「宮本母子還好。她們的地點很安全，乾糧還夠用，必要時，請你就近照看她們一些！」

他回到山洞，靜芝向他哭訴着沈團附夫婦硬把她身上的棉大衣剝去。據他們自稱的理由：爲的是怕在滾山時，穿少了衣服，容易受傷。清明氣忿的未發一言。她經常祗會用沉默表示他一切的情感。他用軍毯再裹好了靜芝的腿和脚，他輕輕的拍了下她的臉巴，安慰的說道：「這些人，終會有他的報應的！」

他扭開收音機，北平早晨最後的報告；興城和葫蘆島的守軍，已經撤回關裏。他再度失望的閉上了開關。

這天的過午，山下的砲轟又激烈起來。一直打了一夜，毫無間停。平均每一分鐘十五發，這麼方圓不出半里的山角幾乎快夷爲平地了。清明擁着靜芝伏在洞中，洞中震落的塵土，差不多掩埋了他們，他們不敢睜眼，也不敢有任何行動。

在晚間的無線電廣播中，他聽不出一點關乎東北戰局有希望的消息。他另從瀋陽匪方的報導裏，却知道了他的上司，那些抗日戰爭中的民族英雄，都已先後成了敵俘。他一夜之間，泣不成眠，內心如碎。山下砲火的熾烈，使他不能執行去搜索食品的工作。靜芝因飢餓而啼，哭到最後，衰弱的昏睡過去。在萬感交集之中，他突然意識到一個問題：他是整個東北戰場上唯一的沒有放下武器的國軍隊伍了。他想起阿富那個堅强的孩子，和山腰中尙未判明存亡的那幾位弟兄，他也想到盧委員，他覺得他並不孤獨。他特別想到他們是這戰場上最後的、唯一的一支隊伍的時候，他又興奮的流下淚來。他心想：我張清明老老實實的幹了十四年，對國家毫無建樹，而自己確也毫無出息，但在生死存亡的最後關頭，特別是以家鄉人身份在家鄉的戰場上，猶能落得個戰鬪到最後的一個的收場，總算是對得起一切了。

他想把這個思想告訴愛他的靜芝，但因靜芝昏睡未醒，他未敢驚動她，他祗好單獨的興奮着度到天明。

第二天清晨，砲聲又停止了。他首先去巡視右方的陣地。他發現了三個弟兄已經戰死。另外兩個工事已經沒有人了。他想這兩人也許逃跑了，也許滾落山下被打死了。他想：跑就跑了罷。他現在的心境，非常冷漠，他已不再希望有什麼結果，他祗求能夠支持。能支持多久便支持多久。一分一秒的支持下去，一直支持到完成了他做一個保衞家鄉軍人的最後的紀錄爲止。但是有一種情緒，却在他的心中滋長：他失却了來時那樣興奮。他總覺得發現兵跑了比發現兵的戰死還要悲哀。他非常洩氣。他有一種被人愚弄了的難堪。

他從已死的弟兄身上祇找到一塊粘糕和不到三十粒的炒豆子。他饑不擇食的先喫下了十粒。一股異常香穪的味道，刺激得他的頭腦發暈，他自知他餓的太兇了。突然他想到他尚須把這僅有的食糧分送給靜芝和阿富一些，於是，他把豆子和粘糕放進口袋裏。這時太陽已經高懸頭上了，爲了避免被敵人發現目標，他開始往回慢慢的移動着。突然一排密集的機槍掃射在他頭上的山坡，他急忙的匍伏下去。停了一刻鐘，彈流的方向，轉移了目標，他想支起身子，他發覺他已很無力了。他勉强的向前爬行着，他覺得眼睛被雪光反射的不時放射着金色的星光。他支撑起身子，却又伏下。

突然山下開始使用擴音喇叭吶喊招降了。

「山上注意！投降不要命，繳槍不要命！」

「張淸明注意！解放軍寬大政策，投降不要命！」

「張淸明！張淸明注意！」

他心想：不用說這是沈團附或者他那個女人把他的名字告訴了敵人。他後悔不該把他們放下山去。他趁着山下槍火稀疏的時候，他加力的往回路的塹壕方向爬。他在路上又從戰死的弟兄身旁拾取了幾連衝鋒槍彈，他一心一意在計劃：如何精彩的完成他這唯一的最後的戰役。他跳進塹壕後，精神感到振奮了許多。他在距離洞口右前方十碼遠的山隙間，往下打量了一下，他發現有三個敵兵在那裏蹲伏着，他們好像未注意及他們頭上的危險。他興奮的向着山隙順直了他的衝鋒槍，他一邊心中叨咕着：「我有兩天未還手了，儘是挨你們打。」

他勾引了槍機，一連子彈打下去了。他淸楚的看見那三個敵兵向山下翻滾着。他會心的笑了起來。未出一刻鐘，下面激烈的反應來了。迫擊砲和重機集中射向他這個方向。他把身子蹲伏下來，向洞口方向緊急的爬行。砲彈把山石炸裂了，沉重的打擊在他的身上，他喫力的從圯堆下來的石土中掙脫出身子，拼命的向前爬着。在接近洞口的附近，他開始發覺他的左腿下部發麻，一股氷冷的感覺，侵襲着他的上半身，他低頭仔細檢查結果。知道他已中了破片。他慌忙的把裹腿撕開，自已包紮一下。他現在的努力，祇在求它少流血而已。當他想要爬出塹壕，再回洞裏的時候，他總覺得下半身已非常失靈了。

經過一段漫長的行動，他終於回進洞中。他發現靜芝圍着軍毯坐在那裏。她的面色越發失掉了生氣。當她發現他已受傷了的時候，她失聲的哭了起來。不知爲了什麼，他突然對於她的哭泣感到了一種厭煩。他想：哭有什麼用？女人祇是會哭！然而，當他發現她的淚眼中充滿了對他關切的痛楚時，他又後悔了。他想：他不應該對她有任何不好。他鎭定的向她笑着，告訴她不關緊要，他吻了她一下。他從懷中掏出那塊粘糕遞給了她。他並且向她撒謊說：

「我已經喫了一塊，你自己喫罷！」但他心中盤算着：祇好把其餘的二十來粒豆子送給那個孩子了。他接着躺下身子去扭開收音機，北平臺無有任何音響。他內心沉重的閉上了開關。他回身把頭放在靜芝的腿上，他仰視着她艱難的嚙嚼着凍硬的粘糕的樣子，一種愛憐的情感引起了他的悲慟，他也不自覺的熱淚盈眶。

「不該愛我！靜芝！」他說。

「又提這個了！」她說。

「你沒有這個命運，你不應如此！」

「但是，我們確是如此，而且命運已經如此！」

她放下那塊咬不動的粘糕，她低身抱着他的頭嘶啞的哭了起來。她想縱聲的哭，但是，她無力，她提不起氣來。

山下的砲聲，突然停止，擴音喇叭改換了口氣：

「山上注意！打死張淸明，將功贖罪！」

「打死張淸明，陣前起義！」

「打死張淸明！」

他聽到這個聲音，心中暗自好笑。他想：「誰他媽的來打死我？誰來陣前起義？這羣低能的隊伍，竟連他們敵人的眞實力量都判斷不淸，還談什麼作戰？眞的，他想到此，就深深的懷疑，爲什麼東北戰場會輸給了這些低能的東西？

山下的喊聲繼續着。他好幾次摸着口袋中的豆子想再爬出山洞去看看那個孩子，都爲腿上的傷痛所制止。他忍着腿上的傷痛，不對靜芝說明，他不打算在這種場合再傷她的心，他期待着在他習慣於這傷痛時；再爬行出去。

挨到天色昏沉的時候，他們在洞內聽到塹壕裏有人爬動的音響。這時山下的喊聲仍然繼續着，攻擊的火力比較的疎落了。淸明很迅速的在靜芝的身旁伏下身子，把槍瞄準洞口。同時，他想：這音響若不是阿富和盧委員，那祇有是敵人了。少頃，爬上來的却是盧委員，他的頭上帶着包紮的布帶，顯然的他也負了傷；他的眼睛充滿了惶惑。他的行動像似要盜竊什麼東西。他在光明處，看不淸黑暗的洞內，他手攣着手槍，口中却顫抖的輕喊着：

「老張！老張！」

就在這同時，山下招降的吶喊仍然繼續着：「打死張淸明，立功起義！」一種恐怖的敏感，襲擊了淸明。他馬上察覺了盧委員的來意，緊張的應着盧委員的呼聲：

「什麼事？老盧！」

應着聲，盧委員向洞內射了一槍，靜芝輕微的叫了一聲，順着洞壁倒了下來。他的第二槍和淸明的回擊是同時的，但是誰都未打中誰。盧委員迅速的滾進塹壕裏去。

淸明喪失了追擊的能力。等到相持了半刻之後，他回頭照顧靜芝之時，她已被血水染遍了前胸。她微弱的呼吸着，仍是剛才那幅淚臉，她張開着眼睛，向他示意：她已不中用了。他抱住了她，放聲大哭……。

整個夜晚，他伏在靜芝的身邊，他用手摟着她的身子，他靜靜地聽着她的呼吸，由緊促，而緩慢，而停止。她的血沾滿了他的兩臂和全胸，暗黑處他看不見這些，也不顧慮這些，他一直流着淚，吻着她的臉，她的臉漸漸變成氷冷，他把他的臉和她氷冷的臉靠在一起。他不斷的，可說一直的，呼喚着她的名字，他喉音喊啞了。他想了許多事情。當然，他也想到靜嫺，一想到靜嫺，他更其悲淒。他覺得比起她的姐姐，他太對不起靜芝了。他心中勾起無限無數對不起她的事情，甚至下午他曾在心中討厭過她的哭泣，他都後悔。

最後，他祇在想：他要捉着盧委員，他必須爲她報仇的。這一夜山下的砲火，也一直的陪伴着他，集中在山洞的前後。午夜後，他由無電廣播中聽到國軍防守天津的消息。他想：整個東北的戰局，祇有他一個人來負擔了。至少，他想：打死盧委員這一任務，他一定要完成的。

第二天早晨，他用軍毯從頭到脚把靜芝包了起來。他把她放在洞穴中央，在毯子上面做一個死別的吻。最後，他喫下了靜芝未喫完的那塊粘糕，他忍着腿上的傷痛，冒着砲火爬滾着下了塹壕。他的打算：他現在首先要躲開山洞這個目標，第二、他要和阿富那個孩子會合一起。他爬在塹壕邊緣上向左前方山隙探望，已經看不見孩子的影子，他想：可能是餓倒了。於是，他繼續艱難的向左方爬着。喫力的經過一個鐘頭的時間之後，他已汗流如注，他好容易到達了盧委員前日蹲伏的叢樹背面，他心中猶想：

假若他在此遇見了姓盧的，總要是他這最後戰役最值得的一場戰鬪了。可是，盧委員早已逃匿無踪。他發現那裏放了些血染的衣服，其中，有一個背囊是他給宮本太太裝乾糧的，他立刻明白盧委員刼奪了那一對母子的食糧。他越發增加了對盧委員的鄙夷。他心切的要知道阿富的情況，他繼續向前爬去，途中，他昏厥過去好幾次。在接近中午時分，他終於到達了那塊山石，他支撑着爬上了山石，他淸楚的俯瞰到那個孩子守望着的山隙，但是那面山壁已炸裂了。山道上散落着許多石塊和圮土，他隱約看到那個孩子的小身軀蹤在碎石下面。他悲哀的斷定：那孩子也完了。他最後一點溫暖的企望也粉碎了。他頹然滑下山石，依靠山石坐在那裏，他抱着那支衝鋒槍幫助支撑着他的身子，一直到天色黃昏。

山下繼續零散的向上射擊着，但是喊聲却中止了。他心想：盧委員那個壞蛋也許下去了，果眞如此，他將永遠捉不到他了。他失望的嘆息了一聲。

偶然在槍聲疎斷的中間，他聽到遙遠的有孩子的哭聲，他忽然又想起宮本母子也許尙在生存着。於是，他在夜色尙未蒼茫時，他拖着沉重的身子，又開始了另一行程。不知昏過去多少次，也不知滑跌了多少次，他在最黑暗的時分，用着一種類乎獸類的聽覺循着微弱的而且時斷時續的孩子的哭聲前進着。最後，他終於爬上了那個高處山窪。

他爬到她們跟前，發覺母子尙都生存，祇是媽媽已經奄奄待斃了。

「宮本太太！」黑暗中他看不淸她的面孔，他喊着。

答覆的是一聲微弱的呻吟。

「乾糧讓他拿去了，是嗎？」

仍是那個呻吟的聲音。但是他的喊聲，却叫醒了小生命的反應。孩子又哭了起來。那哭聲是淒楚的，令人不忍聽聞，饑餓的失掉了聲的底力。他對於這哭聲雖然有些刺耳，惹起他一種不安的煩燥，但是，他却也感受着一種另外的安慰。因爲從昨夜到現在，他總算在現實中又復碰上了生的氣息。靜芝和阿富兩顆生命的終結，事實上把他已深深帶進死亡裏去了。他現在的精神狀態，正好介乎生存與死亡的兩者之間。

他在孩子的虛弱哭聲中，在黑暗中摸索着，採取了一個躺下的姿勢，他的槍口和視線都很合度的取着朝向敵人的方面。他心想：他已不能再在那險峻的崖口截擊來敵了。他僅有最後這個陣地和他們決戰了，雖然他深深知道果眞決戰到此地，他的勝算決不會多。

夜深下去，寒冷沁人發抖。孩子不哭了，連那位媽媽的呻吟也像聽不淸楚了。他的腿傷開始劇烈的作痛，痛沁入他的心房，擾着他的神經不得安寧。而他也僅是藉着痛維持着他的神志，否則，他幾乎不敢斷定他會在什麼時候昏厥過去。

東方剛露微白，他首先發覺宮本太太已經死去了。她的懷中猶擁着僅有氣息的孩子，孩子的身上釘着一張白色的紙條，大概上面寫着兒子的姓氏和身世，顯然的，這是那位母親神志尙淸的時侯，企圖她的兒子最終能够獲救的一種安排。但是，現在他已不能轉動，他祇能看着那張白紙在迎着晨風掀動着，偶而也能聽到那個未死的孩子微弱的咿唔的聲音。

他心想：「孩子！你太無辜了。」

於是他又想起阿富那個孩子，他抬起頭用糢糊的眼睛望望下面那個山壁，他彷彿看到那孩子的帽子擱在一堆石礫的外面，突然他想到阿富也許祇是受傷了，尙未有死，他後悔爲什麼他昨天未能一直下去看看。他想：他應該去救他，但他祇是如此想而已，他未能動。他又記起懷中尙餘二十粒豆子，他未能送給他喫，他深深後悔，他想那孩子最後是餓死的，不是被打死的。他又想……

太陽照耀着雪地，閃着光，刺激着他的視線，他閉上眼睛，但他仍是想着：應該監視山壁下的來路。他是如何的希望能在他的眼下發現幾個送死的敵人啊？他熱切的渴望着，若是那些人的前面就是盧委員，那他會如何滿足的打完這滿槽子的衝鋒子彈？但是，他的眼睛閉上了。

這一天，沒有激烈的槍聲。山下的人，等待機會要尋找個安全的隘口爬上來。

夜色又深了。雪花零星的飄落着。山下僅有幾聲槍聲，穿破山上寒冷的寂寞。他一直再未閉眼，但他的心臟仍然活潑的跳着，他的腦中，仍是一陣淸楚一陣昏迷的想着，反來覆去的想着，想着許多問題。雪一點一點加深起來，寒冷浸透了他受傷的腿，浸透了他的腰，漸漸的浸透了他饑餓的全身。他的口袋中雖然尙餘有二十粒豆子，但是，他未曾喫，他已喪失了能力去喫。他在腦海中，想着靜芝，有時也想起靜嫺，想來想去，他把她兩人混不淸楚了。到最後，他又祇後悔未能和靜芝歸在一起。他想：假若他能回到洞中，他一定把他自己和靜芝之用毛毯裹在一起，那樣他們可以溫暖些，他把臉貼在她的臉上，這樣他們永遠的……

忽然他又像似聽到那個媽媽懷中的孩子微弱的咿唔聲音，他睜不開眼睛，他亦無能轉動，他祇是在腦中想：叫罷！能叫叫罷！祇要有生命，你就叫罷！至於我，我不能幫助你了，我無能爲力了，我辜負了你媽媽的期待，我也辜負了靜芝和阿富，我辜負了全連的弟兄，我遺憾終生，但是，我祇做了一樁事：我保衞這塊土地，我在我的家鄉，是唯一的，最後的……。

敵友之間

燕歸來

走到輪渡的前艙，靠着欄杆坐下來。太陽乾渴地咂吸着你的汗。清涼的海風輕輕地撲，給你全身薄薄的勻勻的撲上一層爽身粉。船開了，你抬起頭望着那起伏的海波出神。

海，像是一個貪婪的、殘酷的大口。九龍是它的上唇，尖沙咀是它的上牙，香港是它的下唇，沿海那排不算很齊整的高樓，是它的一排下牙。這張貪婪的大口，永遠不停地嚼動，口涎永遠那麼豐富，多少人的血汗骨肉被它嚼食了、消化了，做了它自己的養料；這張殘酷的大口，永遠不停地嚼動，多少人在它的牙縫裏喪失了生機，多少人在它無盡的口涎裏葬送了性命。這是一個無情的大口，它咀嚼你，它消化你，可是，從地圖上看，它是屬於自由世界的，你於是不願意說它是你的敵人，而它也不像是你的敵人，因為它還沒有把你吐出去，吐到紅色的大陸上去。

低下頭，我望着那起伏的口涎發呆。

突然，前面一個男子站起來了，我本能地欠起身，以為船已經靠了碼頭，客人們該匆匆下船了。定神一看，上下兩排大牙，一前一後，都還遠遠的。——船，還行駛在海中央。連忙回到原位，坐下來，仔細觀察前面的那個人，看他到底在做什麼。

那是一個外國人，三十多歲的樣子，褐色頭髮，白襯衫，朱黃色短褲，咖啡色涼鞋。背着一架照像機。個子高高的，肩膀相當寬，背相當直，像是能擔負相當繁重的工作，而不會被工作壓垮，頗具精力充沛西洋人的典型。

他向海上張望，我只能看清他的側影：褐色的眉毛相當濃，眼睛很普通，嘴唇和一般西洋人一樣薄。除了鼻尖顯得臃腫之外，不知漫畫家還能不能抓到其他的特點。

他普通的眼睛忽然不普通了：眼球向前突，眼皮厚厚地向下包，嘴角也劃出笑意，像是前面有一件奇寶，被他銳利的眼光掃到了。

我也把目光移向海面。

這張大口，確實是貪婪的。它愛嚼二十世紀的海產：那巨大華麗的總統號，那中型的盛京輪，那兩頭尖尖的小白遊艇，像隻剛出鍋的水餃，……也愛吃那古老的漁船，深褐色的舊木船，掛着塊補了灰布的淡褐色布帆，像隻炸脆了的，一咬就碎的點心。

那外國人慌忙抽出照像機，專注地撥動着距離測量器。我想，他也許是希望照一張就在前面的新式客輪和古老漁船的合影——嗯，不，錯了，你看，他只把機子貼緊了胸部，一動也不動地站在那裏。「那麼，」我又想了，「他也許是只想照張古老的中國漁船？」可是，一隻飄了過去了，另一隻又划了過來，他卻都沒有下手，我不覺呆呆地看着他的臉，想在那上面窺到一絲奧秘。

「哈！」他終於拍了一張，非常得意地張開口，露出牙齒，呵一口氣——我只能這樣說。因為，你如果說他在笑，那你似乎太覺得他高興了，而他露出的高興好像還不如輕蔑更多；你如果說他在歎氣，歎氣又往往蘊含憐惜，而在他的表情裏又毫無憐惜的痕跡。

我想尋找那引起他露出這複雜表情的東西，我的視線又移向海面。

一隻破舊的漁船，像在和那個外國人交談似的面對着他。這漁船，和他剛才放過的許多隻，大體上相似，只是淺褐色的帆上，補了更多的布塊，只是帆不是整塊的而是破碎的，海風吹來，帆像繩上晾着的一排衣服似的，前後左右飄擺，而船尾上晾着的那排真正的衣服，又像是一條條的碎布，或貧苦人家廚房裏用髒了的抹布。清涼的海風吹在破帆上，清涼的變成了淒涼的，美麗的大浪花濺在船板上，美麗的變成了殘酷的。

我不能斷定那外國人的國籍，因為我還沒有聽見他說一句話。不過，如果你想知道對方是你真正的朋友還是敵人，我建議你最好先不同他交談，只靜靜地觀察他好了。當對方不知道旁邊有人在注意他的時候，他的表情是自然的，流露是純真的，他的內心也是自動浮現的；如果你去很正式地和他交談，他不會把內心隱飾起來，參照對方的身份、口味，說出對方聽來入耳的話？不會把真實的舉止收歛一下，做出對方所欣賞的態度？

從那外國人的面貌，舉止和配帶的名貴照像機上看，似乎是自由世界的一份子，因此我不願意說他是我的敵人。可是，只有敵人才不但不同情對方的苦難，而且譏笑對方的貧窮。不同意我的說法嗎？或者，你以為我所遇見的只不過是一個偶然事件嗎？

這次不是夏天，而是冬天。我獨自往尖沙咀走去，風不算刺骨，但也足夠加重我不算嚴重的感冒的了。頭脹得很，於是我走得很慢，慢到能讓我抓住四周一些極細膩的鏡頭。

半島酒店右側，站着一個窮孩子，也許是一個失去了父母的小難民。頭髮像是被火燒過，剛剛撲滅的，又黃又乾，而且殘敗不齊。臉上沒有一點血色，雖然不算太瘦削，可也絕沒有一般孩子那種胖呵呵的憨態，絕不逗人喜愛，只讓人看了心裏怪悽慘的。眼皮有些腫，不知是馬路上太冷，沒有睡好，還是昨天又想媽媽，哭了一夜。鼻子下面淌着兩行鼻涕，已經流到嘴邊了，也沒有趕緊吸回去，只隨它流下那片乾乾的上唇。上身穿得很少，外面是深藍的，從破洞看過去，裏面是黑色的，太破爛了，因此我不能分清他到底穿的是一件破夾衣，還是兩件破單衣。褲子大概是單的，因爲破洞後面是塊發青的肉。

這孩子退在一邊，畏畏縮縮的。他對面站着一個人，也握着一架照像機，也在對距離。常把下巴抬起來，眼睛往上看，短短地吐一口氣，或把足尖翹一下，聳聳肩。他的衣服和面貌，我已經記不很清楚了，不過他是有紳士風度的，這點我怎麼能忘記？

給窮孩子照像，本來也許是好奇，也許是同情，我們不一定要把它想成含有侮辱性。不過，那位有紳士風度的外國人在對準了距離之後，急步走到孩子面前，微笑着，要他把那蓬頭垢面稍偏一偏，要他露出一個微笑，很勉强，酸酸的。然後又把那孩子的小右手，從他屁股後面捉出來，把小手掌彎成一個元寶形，擺在前面，做出一副伸手乞憐的樣子。於是那個外國人露出一個滿意的微笑，回到原來的地方，高高興興地拍了一張，和那怪樣子的孩子擺擺手，踏着大步走進半島酒店。

我是怎樣走到尖沙咀碼頭，怎樣過的海，又怎樣上的公共汽車，自己是完全不知道的。我只記得，那個外國人和那窮孩子給我演了幾幕想像中的戲。

那外國人演一位大國官員，窮孩子——在想像中，他當然能隨時長大或縮小——演一個落後國家的代表，當他們一同去開國際自由平等大會時，大國代表很有紳士風度，兩隻手尖插在褲袋裏，足尖常常翹一下，翹的時候，正好和他抬着的下巴和高視的目光平行。他和那落後國家的代表握手，互相點頭微笑，看起來很友善，不過一隻手是緊緊的，軟軟的，另一隻是鬆鬆的，硬邦邦的。

他們坐下來一同開會。這時，大國代表開始發言，大家像學生上課似的傾耳恭聽。掌聲把這篇漂亮的講詞結束，自由平等的字眼已用過十餘次。然後小國代表發言了，開始的時候，也很漂亮，也够强硬，忽然這代表的禮服被脫掉了，裏面露出來的衣服，和那窮孩子的一模一樣，顯得那麼窮困，那麼弱小。有紳士風度的代表露出一個絕對優勢的微笑。這位還沒有說完話的代表，立刻把講詞縮短，草草結束，退在一邊，沉默了。

這齣戲演過之後接着是另一幕短劇。那位外國人演一個和他自己相似的角色，這窮孩子仍演一個代表。他們的學識相似，能力相似，只是一個是白臉，另一個是黃臉。他們坐在一起談合作。

他們談了數小時，共用午餐，第二天又談了數小時……一個星期過去了，一個月過去了，合作的目的和原則已重複過好幾遍，而雙方的意見都總像在捉迷藏似的，互不碰頭。那黃臉的代表很不耐，很憤慨——雖然沒有十分表現出來——但那白臉代表總不願簽協約，直到他看到對方露出一個酸酸的微笑，直到他使對方的手伸出來，向他乞憐……直到他自己的優越感已完全得到了滿足。

而對着極權大敵，自由世界各國都是朋友。他們反對共產黨，大概不是因爲那些人加入了共產黨，而是認爲他們不僅在理論上和眞理是違背的，而且認爲他們沒有人性，沒有理性，沒有德性，不把人和人之間的關係看做是平等的，總歡喜把自己抬高一層，懷着化裝過的優越感，强迫老百姓向他低頭，向他伸手乞憐。

有一天，兩大壁壘的鬪爭會進入慘烈階段的，那時候，我要和很多的人並肩作戰。他們都是我的朋友，朋友，朋友。其中，有純潔明智的青年，有德高望重的長者，有白臉的，也有黃臉的；其中，有獨裁作風的政客，有腐化的官僚，也有嘲笑貧窮的「高等人」，有白臉的，也有黃臉的。他們都是我的朋友，朋友，朋友。

有一天，兩大壁壘的鬪爭會進入慘烈階段的。那時候，我們要殺死很多敵人。你如果問我爲什麼要殺他們，我只好說，因爲他們是共產黨。因爲一萬個共產黨人中間，也許有九千九百九十九顆心是烏黑的，但也還有一顆是潔白的。這顆心恰巧在無意間被我發現了。

三年前的事了。

火車在河邊上奔馳，太陽像烈火似的，把小小的車廂燒成一個蒸籠。我倒在右邊的上舖上，和其他三個人一樣，都熱得癱瘓了，無力地貼在舖位上，像蒸爛了，黏在蒸籠上的四塊軟糕。

車輪滾動的聲音永遠那麼規律，也許對別人能起催眠作用，但對於我——逃在途中的反抗者——只能加響我內心劇烈的鬪爭曲，只能加速我的心臟跳動。

沒有人的聲音。除了車輪的轉動聲外，都像是睡去了，或被蒸死了。

我閉上眼睛，默想着一切不能說出來的事情。隱隱約約的，忽然聽見有人在歎氣。前兩聲好像還比較平和，但後來都充滿了同情和急燥，好像他深愛的人遭到了很不幸的事，而他又無力挽救似的。

暫時擱下心裏的默想和計劃，擦擦汗，坐起來，想看看到底是誰遇見了困難。

房裏一切都是平靜的，我下舖那人正在打鼾，對面上舖那位先生張開嘴，閉着眼睛流口涎。只有對面下舖的那個穿灰制服的年青人，獨自坐在舖位上，兩隻眼睛呆呆地釘着窗外，歎着氣，喃喃地囈着我所聽不清的字眼。

我擦擦汗，好奇地翻身跳下來，走近他靠着的窗子。

他呆呆地看着窗外，好像並沒有發現有人站在他身邊。

我也向窗外張望。河水是平凡的河水，草地是平凡的草地，吸引你的，是那一羣貧困的人的悲苦工作。

一羣只穿着短褲的苦力在拖着一隻褐色的大木船。有的是在沙灘上，有的半隻腿浸在河水裏。像患着急性腹痛的傳染症似的，每個人都深深地彎着腰，痛苦地、一聲聲地哼着。

太陽狠極了，如果說它在蒸我們，遠不如說它在烤那羣苦力更逼眞。他們混身黝黑，發着汗的油光，像被烤焦了，或者剛從滾滾的油鍋裏煎出來：：如果不是那一根粗繩在繫着他們，如果不是家裏的妻女在喊餓，我簡直怕他們會失去拼命往前拖的勇氣，會昏倒在泥沙裏。

我不忍再看下去了，爬回我的上鋪，擦擦額上的大汗珠，心跳得更厲害了。心裏默默地許願：如果有一天我從海外回來，我一定不能讓老百姓這樣窮困，民船用汽船拖——不，民船都是汽船，不能讓老百姓活受太陽的酷刑……。

低下頭去看那年青人，他還在注視那羣苦力。沒有歎氣了，可是臉上的表情却和最悲慘的窮人一樣痛苦，却在和烈日下的苦力流着一樣多的汗——他的心裏難道也在說，我將來一定不能讓老百姓這樣窮困，活受太陽的酷刑？

躺在臥鋪上，我默默地想，他和共產黨走在一起，也許是不忍見老百姓受官僚和貧困的壓迫，投入了自稱爲人民服務的政團；他和共產黨走在一起，也許最初並不是同情他們的主義或做法，只是不滿迫害百姓的一羣專橫的人，結果被扣上紅帽子，走頭無路，終於被逼入共產陣營。不過無論如何，他是在共黨陣營裏了，我不能說他是我的朋友……

運智從深陷的回憶裏跳出來，發現自己早已離開大陸，投入了這張大口。在百忙的反共工作中，有時我仍會想起他——他，那極權陣營裏的一個爪牙。他，自然是我的敵人。如果有一天，需要我用利刀殺死他的時候，我有運智上的堅定立場，我可以凶狠地刺入他的心臟，不過如果你問我爲什麼殺他，我只能說——我只能含着淚說：因爲他是共產黨；——對着那顆挖出來的赤心，我怎麼能說：因爲他是我的敵人呢？

—完—

第十卷　第四期　內政部雜誌登記證內警臺誌字第三八一號　臺灣省雜誌事業協會會員　一五〇

給讀者的報告

本月十九日——即本期發行後的第三日，第二次國民大會即將正式集會，選舉正副總統。本來，第一屆國大代表任期已經屆滿，然因當前國難方殷，大陸陷匪，勢無法重新舉辦選舉，故只得延長第一屆代表之任期，再度集會，繼續執行職權。這原是非常時期的非常辦法。亦可見本屆國大代表受國民所託之重。然則國大代表將應如何愼重行使其職權，以符全國國民——包括掙扎於鐵幕內共黨暴政下的同胞——殷切之望。茲值國大集會之際，我們願乘此時機，檢討「行憲六年」來之經過得失，在本期社論中，我們一一指出成功與失敗的各點，失敗的地方我們要設法糾正，成功的我們要繼續發揚。我們這部憲法雖不是一部十全十美的憲法，但却是我們的國家經過多少痛苦與奮鬪而制訂的。我們衷心的期望：全國上下都能珍視這部憲法，大家合力奉行，然後我們的國家才能走上軌道。我們深信：惟有盡心竭力去奉行憲法的人才配當國民的代表，惟有遵守憲法精神的人才配談修改憲法！

政治民主與經濟平等，過去有些人把它視為兩件截然不同的東西，而一般社會主義者更視經濟平等比政治民主為重要。這種看法常給人以一種錯覺，而造成社會的災害。本期邱昌渭先生特對此加以剖析，說明經濟平等一詞之眞正含義，及其與民主政治之關聯。從而指出政治民主是實現經濟平等惟一可能的途徑。斯誠眞知灼見也。

經濟現象，複雜萬端，而貨幣因素，乃其重要的一端。是以現代國家常假貨幣政策，以穩定其經濟。劉國增先生為文檢討各國貨幣政策。所謂「他山之石，可以攻錯。」根據先進國家所採貨幣政策的經驗，當可有助吾人對貨幣問題之處理也。

本月十二日是已故哲學大師康德逝世一百五十周年紀念，我們特刊出鄭壽麟先生的大文，介紹康德的生平及其學說，以示我們對這位曠代學人的懷念。

新年剛過，在新年的歡忭之中，人們更易流露出眞性情，語云「見微知著」，余蒼白先生從賀年信中窺出日本人的心性，亦是從另一角度來了解日本的妙法。

這一次的國民大會由於出席人數關係，修改憲法的職權勢已無法行使，故其主要任務當在選舉正副總統。總統一職由於衆望所歸，非蔣先生莫屬，殆已事成定論。故選舉主要是在副總統。關於副總統選舉問題，近來曾引起文化界熱烈討論，這一期我們收到三篇文章，有的主張選舉胡適之先生，有的表示反對。本刊對於這個問題不擬表示意見，只就三篇來論，一併照原文登出，以供國人關心這問題者的參考。至龍運鈞先生的大文乃是對行將返國的胡適之先生，表示歡迎之忱。

本期文藝兩篇，一篇是司馬桑敦先生的小說「在寒冷的絕崖上」，一篇是燕歸來先生的散文「敵友之間」，這兩位作家作品的風格是讀者們所熟知的，當已無庸介紹了。

本刊售價		
地區	幣別	每冊價目
臺灣	臺幣	4.00
香港	港幣	1.00
日本	日圓	100.00
美國	美金	.20
菲律賓	呂宋幣	.50
馬來亞	叻幣	.50
暹羅	暹幣	4.00
越南	越幣	8.00
印尼	印尼盾	6.00

自由中國 半月刊 第十卷第四期 總第一〇三號

中華民國四十三年二月十六日出版

發行人兼主編　『自由中國編輯委員會』

出版者　自由中國社
社址：臺北市和平東路二段十八巷一號
電話：二八五七〇

航空版
香港辦事處　香港時報社　香港高士打道六四號
菲律賓辦事處　岷里拉怡干洛街五〇二號三樓　3rd Floor, 502 Elcano St. Manila, Philippines

經售者
臺灣　自由中國發行部
美國　中國書報發行所
紐約民氣日報社
舊金山少年中國晨報社
芝加哥中國出版公司
日本　東京僑豐企業公司
韓國　釜山草梁洞新泰行
馬尼剌　大中華日報社
印尼　椰嘉達天聲日報
棉蘭繁華圖書公司
越南　西貢中原文化印刷公司
越南華僑文化事業公司
暹羅　曼谷攀多社十二號
緬甸　仰光振成書報店
印度　孟買梅亞號
加爾各答塔梅學校
澳洲　雪梨瑞田公司
北婆羅洲　西利亞坡青年書店
新加坡　檳榔嶼、吉打邦均有出售

印刷者　精華印書館
廠址：臺北市長沙街二段六〇號
電話：二三四二九號

本刊經中華郵政登記認為第一類新聞紙類　臺灣郵政管理局新聞紙類登記執照第五九七號　臺灣郵政劃撥儲金帳戶第八一三九號

自由中國

FREE CHINA

第十卷 第五期

要目

中華民國四十三年三月一日出版
社址：臺北市和平東路二段十八巷一號

半月大記事

二月十日（星期三）

美總統艾森豪宣佈，美決避免捲入越戰。

韓總統李承晚發表談話，表示韓國決把握時機，重行作戰。並呼籲美國以援日同等軍援供應韓國。

二月十一日（星期四）

美第七艦隊司令蒲賴德結束訪華日程，飛返防地。

美國外業務署遠東司司長穆懿爾博士離臺飛日，行前盛讚中美官員合作無間。

四外長會議開二次秘密會議，討論遠東問題。

義大利聯合內閣組成，新總理西爾巴就職。

二月十二日（星期五）

泰國海軍訪問團自東京飛抵臺北。

韓總統李承晚建議派韓軍赴越，協助法軍抗共。聯軍統帥赫爾將軍表示此舉有利。

四外長會議第三次秘密會議，西方拒絕召開蘇俄建議之所謂「五國會議」。

二月十三日（星期六）

葉外長在立院答覆質詢稱，四外長會議任何決定，如未獲中國政府同意，對我決無拘束效力。

韓國東南亞訪問團一行抵臺。

奧政府堅決拒絕蘇俄外長莫洛托夫所提延期撤退蘇俄駐奧佔領軍之要求。

美參院共和黨領袖諾蘭籲請亞洲國家相互支援。

漢城消息：李承晚總統會請菲總統麥格塞塞召開亞洲反共會議。

美國務院表示，韓國援越建議，聯總在考慮中。

二月十四日（星期日）

國民黨中央委員會舉行臨時會議，提名總統、副總統候選人。

我空軍突襲上海，散發傳單三千萬份。

法軍傘兵一營，降落越共攻寮勁旅之後方。法國防部長布立溫前往鑾巴拉邦。

韓總統李承晚重申統一全韓之決心，並警告美軍撤退將使韓境聯軍瓦解。

西方國家獲得蘇俄同意，定十八日簽字對奧和約。

二月十五日（星期一）

國民黨中央委員會臨時會議，一致票選該黨總裁蔣中正為總統候選人。

越共偷渡湄公河，企圖進犯鑾巴拉邦。布立溫往訪寮國國王。

二月十六日（星期二）

國民黨中央委員會臨時大會提名陳誠為該黨副總統候選人。即日閉幕，並發表大會宣言。

西方國家一致拒絕蘇俄所提對奧和約修改草案。奧國要求恢復自由主權。

法國向蘇俄提出四點安全計劃，保證不受德國再度侵略之威脅。

美國外業務署長史塔生訪晤李承晚總統，商討重建韓國問題。

二月十七日（星期三）

美總統艾森豪咨文國會要求放寬原子控制，允許盟邦分享原子情報，並鼓勵私人投資發展和平用途。

艾森豪向參院外委會保證，美如派軍赴越，必先與國會磋商。

印度加城暴動，死傷逾百人。

二月十八日（星期四）

美國外業務署署長史塔生抵臺訪問。

印軍所拘中韓反共義士十八名移交聯軍。

四外長會議同意在日內瓦召開遠東會議，並邀中共與南北韓參加。

美國務卿杜勒斯表示，西方國家將繼續保衛柏林。

胡適之先生返臺出席國民大會。

二月十九日（星期五）

第一屆第二次國民大會舉行開幕典禮。

葉外長發表聲明，斥四外長召開日內瓦會議之建議為違背聯合國憲章，我政府將不承認其決定。

四外長會議結束，杜勒斯返華府，指責蘇俄未來動向。

美官員向國會保證，邀中共出席日內瓦會議，不致導致承認中共政權。

史塔生離臺飛越。

二月廿日（星期六）

國大開首次預備會，主席團選舉法仍舊。

印度監俘軍開始離韓返印。

美英法三國對柏林會議發表公報，責蘇俄不放鬆對德控制。

土耳其與巴基斯坦宣佈，將訂防衛條約。

二月廿一日（星期日）

韓境中立國遣返會正式解散，末批印軍將於廿六日離開非軍事區。

二月廿二日（星期一）

國軍舉行軍帖演習，總統親臨校閱。

美國務卿杜勒斯邀晤兩黨領袖，解釋美國仍持不承認中共之一貫立場。

美國外業務署署長史塔生在韓表示，美將繼續軍援越南。

巴基斯坦總理[illegible]理正式宣佈，向美要求軍援。

「自由中國」的宗旨

第一、我們要向全國國民宣傳自由與民主的真實價值，並且要督促政府（各級的政府），切實改革政治經濟，努力建立自由民主的社會。

第二、我們要支持並督促政府用種種力量抵抗共產黨鐵幕之下剝奪一切自由的極權政治，不讓他擴張他的勢力範圍。

第三、我們要盡我們的努力，援助淪陷區域的同胞，幫助他們早日恢復自由。

第四、我們的最後目標是要使整個中華民國成為自由的中國。

社論

行憲與守法

最近國民大會業經開幕了，一千五百多個代表濟濟一堂，來行使國民的主權，中國的憲法又跨進了一大步。雖然外面的形勢極其險惡，內部的處境諸多困難，但是政府已以遵守憲法、實行民主的決心，排除萬難，如期召開大會以改選總統副總統，我代表諸公亦必能選出賢能以爲全國的公僕，而副海內外同胞殷切的期望，可斷言者。中國民主政治的前途可於此奠其基，由此而着着進展，以達於理想的境地嗎？我們站在國民的立場，雖懷着熱烈的期望，但不敢作膚淺的樂觀。蓋今日民治的基礎才是開始興建，離開鞏固的地位還遠得很，必須羣策羣力使社會上有良好的政治風氣，然後民治乃能立於不敗之地，今天的急務卽在此風氣之養成。

民主的形式如選舉之類，在表面上比較容易做效，（其實，選舉要辦得眞正合於民主的精神也不是很容易的。）民主風氣的培養則非一朝一夕所能奏效。杜威教授說：「有些人不斷的表示效忠於民主主義，而實際每日所思所行却與所表示的道德要求不相符合。」（自由與文化，吳譯本三七頁）美國的民主傳統已有百餘年，都還有口稱效忠而實際不符者，我們的民主並沒有傳統，四十年來實際施行民主亦爲日無多，則言行不符的人，比之美國當然更多了。嚴格而論，我們每一個人對於民主的修養都是不够的。如果要中國的民主政治今後日有進展，大家都要作深切的反省，自己的所思所行有沒有不符合民治的地方呢。比方思想自由是憲法列有專條的，故統制思想，不許他人持着與自己相反的意見，是違反民主的。但是我國人士口頭上雖說思想要有自由，而又認爲全體國民須有整齊劃一的思想，始能表現偉大力量的正復不少，其甚者則以反對意見爲反動，而欲加以排斥剿滅。請大家嘗試反省一下，看到反對意見時自己心中作何種想法，是否深惡痛絕，認爲在「可誅可殺」之列呢。

上面跟着杜威教授的說法，談到「道德的要求」，自未免陳義太高，我們還是舍道德而談法律吧。耶令納克（Jellinek）說過：「法律是最低限度的道德。」美國的公民都是守法的，故杜威氏以道德的要求爲言。我們中國的傳統却往往將「禮」與「法」相對立，如謂「禮禁於未然之前，法施於既然之後」便是。其實這與禮對立的法只是刑罰，並不是今日的法律（立法院通過，由總統公布的法律），法律乃是禁於未然之前的。因此觀念之混淆，國人對於法律素不重視，有許多位居顯要的人們，根本沒有守法的習慣，自己的行動往往違法，却時時提倡道德來教訓他人。如果他們知道法律是最低限度的道德，不能守法的人根本不配來提倡道德，則他們的態度也必有所改變吧。一般地說：中國人多視法爲控制人民的工具，並不以爲人人必須遵守的最低道德。故法律與命令的分別，大家亦視爲無關緊要，一紙命令往往使憲法等於具文，法律廢而不用。在如此觀念的支配下，居高位者認法律爲拘束其部屬及人民的，他們自己自然之不受法律拘束當然不在話下；而一般官吏與人民，對於法律，則以利用和逃避爲能事。當法律有利於己的時候，自然盡量利用，如果不利於己，則多方設法以逃避，其目標只在乎不受控制罷了。卽如律師與法官，他們的職務應該在法中去想法的，也往往跑到法外去想法，大多數人都只問利害之所在，根本沒有守法的念頭。其結果，一方則法令多如牛毛（因爲控制失效，又思改變法令）；他方則守法者必然吃虧，違法犯法者多獲厚利。如此的法律還有什麼權威？須知民主是自己管理自己，其所憑藉以爲管理之具者卽是法律（行政首長的「命令」是不能超出法律範圍以外的）。法律一失權威，民治必然失敗，故欲求我國民治之成功，必須從樹立法律權威始！

爲建立民治的基礎而講到道德的要求，則人人負着平等的責任；若論行法與守法，則官吏重於平民，而地位越高則責任越大。官吏憑藉其權力，要利用法令固然便利得多，要逃避法令更屬易事，而居高位者則自頒法令而又可隨時擱置之。平民如不守法，往往刑罰隨之，求利而反受其害，故法令還有拘束其行動的效力。官吏的行動雖則違法，但是儘可始終逍遙法外，沒有刑罰加之於其身，故藐視法律乃能成爲風氣。我們要樹立法律的權威，必然要求官吏之嚴格的守法，如果最低限度的道德還是不能實踐，怎能爲善良的公僕，而受國民的信託呢？法律之重要莫過於預算，初期力爭民主的人們，只要預算審查權在握便認爲已全獲勝利了。今日先進的民主國家，凡預算項目所沒有的決不會動用分文，已成政治上的常識。返觀我們中國，則行政院之編製預算以及立法院的審查，均或可與先進民主國家較量一下；但是預算內沒有的機構又儘可長期設立，而且花錢也不在少數，這是怎麼一回事？預算已沒有項目，則錢從何來，決算又何從審定？這可以說是守法嗎？在如此的情形下，想來培養良好的政風，恐不止於緣木求魚吧。

行憲已經六年，今日正是我們反省的時期，惟能知過改非，今後民治纔有進步。守法爲行憲之最低限度的要求，必須這一點能確實做到，然後才能高談仁義道德。其實大家普遍能守法，則道德水準自然就能提高了。

拿出抗日的決心和勇氣來反共！

董時進

　九一八事變以後，全國民氣激昂，然而一些過分穩健分子却認爲和日本斷乎打不得。若干國際通之專家且列擧中日兩國各種有關軍事之統計數字，如飛機大炮及運輸車輛等，以證明中國落後距離何等遙遠。同時日人亦竭力宣稱中國是怎樣一個無組織的和落後的國家，以期在心理上壓服中國人。一面則得寸進尺，逐漸吞併了東三省，更進而侵佔熱河，威脅平津，嚇得大家越來越膽小，主張不戰而放棄平津，甚至華北各省，作退守長江以南，甚至雲貴邊區的打算。當時（大約是民國二十二年，記不確實了）我曾在天津大公報發表一篇論文，以「就利用『無組織』和『非現代』來與日本一拼」爲題，主張卽使只有大刀毛瑟作武器，只有騾車和馬驢供運輸，也必須拼死抵抗，而且認爲有了堅强的決心與勇氣，未必不能戰勝日本。該文發表後，各地報刊紛紛轉載，獲得不少的同情和擁護。而同時亦遭到若干人之鬬斥，以爲是不顧實際，不負責任的高調。大公報雖然給我發表了，而該報主筆張季鸞卽大不以我爲然，曾有信給我，責我感情用事，說我不明瞭實際情形，而他任職報館，洞悉一切，決不能與我苟同云云。想不到後來抵抗的結果，不僅使日本無條件投降了，而且收復了不戰而斷送的東北四省，和已經喪失了幾十年的臺灣，姑無論勝利是如何得到的，然而假使當時只以「度德量力」，「知己知彼」爲藉口，懦怯到底，不拿出不顧一切的冒險精神，奮起抵抗，能有那樣的結局嗎？

　現在很多人對於反攻大陸的心理，恰好與當時對於抵抗日本的心理相同。翻開地圖一看，大陸中國比兩個巴掌還大，而臺灣呢，或許比一個么手指頭還小。談到人數的衆寡呢，假使以形像的方式來作比較，代表大陸的起碼要用城隍廟裏的四大金剛的尺度，而臺灣恐怕只能是一個小孩手中的洋囡囡。無怪領導世人反共的美國人也生怕國軍上了大陸不但有被殲滅的危險，而且要把美國拖下泥坑。所以他們的打算，至多是憑海保守臺灣，把它做一個「不沉的軍艦」。至於一般逃出大陸的人們，雖然思家心切，可是除了盼望世界大戰發生造成機會外，亦只得望洋興嘆。外强中乾的共黨政權，明知自己是坐在火藥庫上，却正好誇張聲勢，虛聲恫嚇，反而覺得它的地位安如磐石，於是大講其五年計劃，生產建設，以期加强力量後，再來「解放」臺灣，「解放」朝鮮，「解放」整個亞洲和世界。

　這種怯懦心理造成的主要原因，是由於一般觀察者、評論者、特別是外國記者和過路客們只看見有形的事物，却看不見深藏着的中國人心。他們忽略了一個極重要之點，他們誤把臺灣和中國大陸當兩個國家看待了。如其這是兩個國家，那麼，芝麻大的臺灣，當然不能和鵝卵石大的中國大陸一決雌雄。這是三歲孩兒也明白的，還用得着多說嗎？然而它們並非兩個國家，乃是一個國家的兩部份。臺灣反攻大陸，決不是以一個小國去侵略一個大國，乃是繼續來結束的內戰，也可說是削平一個過分擴大了的匪患。兩處的人民同樣是中國人，具一顆同樣的心。在臺灣的人民希望把共黨政權打倒了好回家，在大陸的人民更急盼把共產黨打倒了好活命。明瞭了這些情形，我們就不會被那些軍備和兵力等的比較數字所駭倒，也不會因爲衆寡和大小的懸殊而自餒。因爲這些因素絕對不是決定勝負的。自來推翻暴政都是以少勝衆以劣勝强。卽以近數十年來我們所親眼見到的歷史事實而論，革命黨怎麼能推翻滿淸？蔡鍔怎能是袁世凱的敵手？北伐軍怎能摧毀那許多北洋軍閥？延安的殘餘隊伍怎能把國民政府趕走出大陸？無一個不是以小制大，以少勝衆。何況現在臺灣還有五六十萬大軍，有飛機、大炮、坦克、軍艦。它和以前的革命隊伍比較起來，比任何一個都强大，而現在的共黨政權却比以前任何一個更遭人民痛恨。精神和心理的條件絕對是於我們有利的，爲什麼還畏首畏尾呢？

　我們不要忘記過去共產黨的勝利，主要的乃是一個基於人心的勝利，而不是由於軍事和物質條件的優越。因爲當時多數人心都厭惡國府，誤認爲共產黨可以建立一個比較良好的政府，所以一般人民都有形無形地折國府的臺，同時軍隊也是整個軍整個師的向共產黨投降。所以結果國軍敗了，共產黨勝了。有一些人以爲過去共軍以較劣的裝備和較少的人數還戰勝了國軍，現在形勢顚倒，國軍更非敵手。這完全是錯誤的。因爲自共產黨政權建立以後，人們很快就發覺他們上當了，他們的幻想早已破滅了。假使當初國府沒有遷出海外，能退守大陸一隅，於民國卅九年發動反攻，我相信一定可以以破竹之勢，規復已經淪陷的江山，迅速將共產黨政權摧毀。可惜隔了海峽，重登大陸比較困難。同時大家一心等候着世界大戰爆發，希望坐享現成，以故至今不曾發動反攻。如今大戰的徵象業已消失殆盡，我們的兵隊年齡日老，歲月不待，決不能再袖手坐等了。有些人說：等到臺灣建設好了再反攻，那純是自欺欺人之談，作建設，難道共產黨不建設？小小臺灣建設起來强大呢，還是大陸建設起來强大呢？再等下去，只好老死海外了！

　中國人一向有一種不健康的心理，總以爲外國人對於中國的事體比中國人知道得更淸楚，因而我們的思想和輿論也一味盲從外國人。不拘一個外國記者或過路客說了一句，臺灣沒有反攻大陸的力量，我們就認定那是金科玉律，他們說共黨政權站穩了，我們就認定它是一座泰山。實則連中國語言文字也不懂的外國記者和過路客根本無了解中國人和中國情形的可能。我們切不可以讓他們來把我們引入歧途，必須由我們去引導他們，使他們多了解並正確了解中國的眞情實況。我們也不必存倚賴心，自己的事體首先要自己負起責任來。反攻必須我們自己發動，反攻是否爲世界大戰的開始，我們不必去預測，但是我們決不能等世界大戰來發動我們的反攻。卽使反攻是冒險，是賭博，也太值得去賭博一下。以一粒芝麻大的臺灣去賺一個包子大的大陸，還不是一個很便宜的賭博嗎？不要憂慮我們的軍隊太少，大陸上有的是我們的補充隊伍，不要怕武器和糧餉不能接濟，大陸上的軍火和糧倉都是我們的。總之一切事情，登上了大陸定有辦法，也必需上了大陸才有辦法，死守在臺灣是永世沒有前途的。我們現在最需要的並不是更多的武器和軍隊，我們曾經有一個時候擁有極充實的武器和軍隊而竟遭到了悲慘的失敗。我們最需要的是決心與勇氣，有了決心與勇氣我們就可以克敵制勝，越戰越強。沒有那種決心與勇氣，縱有再多的兵力、武器和糧餉，也不過徒資敵人的利用。一粒小松子可以發芽生長，突出叢林，覆壓它週圍的荊棘蔓草，成爲一棵百尺高的大樹，它的根網可以伸入堅硬的岩層，鑽過並分裂鐵樣堅固的岩石。爲什麼一粒小種子有這樣強大的力量？就是因爲它有活力，也卽是有決心與勇氣。一棵百尺高的大樹一旦失去了活力，菌蕈蟲鼠全來侵襲，不久就腐爛分解化爲塵土。爲什麼？因爲徒具強大的形體，沒有活力，是保護不了自己的。所以決心與勇氣最重要，有了決心與勇氣去從事弔民伐罪、除暴安良的工作，沒有不能戰勝的道理。

古語說：置諸死地而後生。現在大家已經到了死地了，惟一的生路只有不顧一切地反撲過去。事到如今，大家只有下一個決心，做人要回到大陸上去做，做鬼也要回到大陸上去做。卽使是死，與其困死於海島之上，何若英勇的死於祖國的疆場之上？人生必有一死，困死海外，則輕於鴻毛，戰死大陸，則重於泰山。大陸上被屠殺的人數已經不知多少倍於臺灣的總人數了，我們還能貪生怕死嗎？誰知道這反攻大陸一舉，不是歷史上空前偉大的舉動呢？誰知道將來的發展是如何呢？這也許是中國四十餘年混亂局面的最後結束，從此國家進入太平，永享富強康樂。這也許是世界大戰的前奏，是消滅全世界共禍的第一着。這也許是世界大局的空前大轉變，從此達到天下一家，世界大同。猛勇的壯士們！有大志的青年們！赤色中國的內部危機四伏，整個蘇俄帝國也搖搖欲墜，只待你們去搭一把力，就可以把它們連根推翻。千載難逢的機會，歷史上無比的光榮，都擺在你們的面前，爲什麼還不趕緊拿出決心與勇氣去贏得呢？

(上接第9頁)

平等的要求之下所激起的極權運動，卻又要重新剝奪人民在反專制的民主革命中所爭取到的政治文化自由。近百餘年來，民主一直都處在驚濤駭浪之中，隨時有覆舟的危險。但民主的危機雖多表現在經濟方面，問題的癥結則顯然深藏在近代文明精神之中。我們不能想像平等祇是一個經濟問題，正如我們無從相信平等祇是一個法律問題一樣。事實上，經濟不平等與政治不自由都非孤立的存在，而是彼此影響着的；不過某一方面表現得特別顯著而已。經濟過度的不平等，政治文化固然不會有充份的自由；政治文化太不自由了；則經濟平等也祇能是一句騙人的空話。如果我們不願意像唯物史觀者那樣短視，從純經濟的觀點上去解釋近代史的曲線發展，那麼我們便不能不承認民主的危機實是由於它的內在精神的不健全所致。所謂民主精神的不健全，意思就是說自由與平等這兩大理想未能在民主體系中求得協調。最初我們過份注重了自由，稍後則矯枉過正而過份強調了平等。我們根本不瞭解，犧牲了自由的平等或犧牲了平等的自由同樣是沒有民主意義可言的。因此，歷來的社會主義思想家從摩爾(Sir Thomas Moore) 以至馬克思，固然都是從經濟平等的觀點上批判傳統的民主體制；而十九世紀以降的民主理論家從吐克威爾 (De Tocqueville) 到哈耶克(Hayek) 也祇是站在政治文化自由的立場上反對社會主義的。這種蔽於一曲而闇於大理的作法使得雙方各走極端；而自由與平等在民主系統中的調和與發展亦竟因之受到了阻礙。

然則自由與平等到底該取得怎樣一種平衡呢？我自己一時還不能有具體的答案。不過可以說的是：這二者必須是有機的配合與融滙，而無從作機械的加或減。自由所根據的乃是人的不同的，也就是個人性的那一面；而平等則建築在人的相同的，也就是社會性的基礎之上。而近代民主卻正是要在社會與個人之間覓取一種最恰到好處的協調。難道這還不足以說明自由與平等兩大理想是似相反而實相成的嗎？白恩斯 (Burns) 在他的 Political Ideals 中說得最好：「作爲一種觀念，民主不是一個相同人的社會，而是一個平等人的社會，意思是說每一個人都是全體中完整而不可代替的一部份。因爲雖然每一個人的貢獻在價值上並不平等，但每一個有貢獻的人卻都同樣是共同生活所由產生的泉源。」因之，從民主的角度上看，不僅眞正的自由包括了平等的原則，眞正的平等也同樣涵攝了自由的意義。所以陶奈 (Tawney) 教授在他的 Equality 的名著裏，對於平等的討論獲得下面一段精彩的結論：「人類的天賦才能原有很深刻的區別，而文明社會的特徵則是首在消滅淵源於社會組織本身，而非淵源於個人差異的種種不平等；蓋個人的差異乃是社會能力的泉源，如果社會的不平等實際上得以儘量減少，個人的差異且將更易於成熟並獲得表現。」這也就是說，平等理想的實現倒使得自由力量的發揮更爲可能哩！

因之，祇要自由與平等獲得了眞正的協調，不僅平等會有質的躍進，自由同樣也會跟着向前跨進一步。而個體與羣體，自由與組織……等等糾結，當然也就迎双而解。至於我們這個時代所最糾纏不清的所謂資本主義與社會主義的矛盾則更是沒有存在的餘地了！

(完)

平等概念的檢討

余英時

在民主思想所涵攝的許多概念之中，平等可以說是被人誤解得最多，涵義最不清晰的一個。尤其是在中國，這一概念在開始傳佈過來時便沒有得到介紹者與接受者的嚴肅考慮；到了今天，其流弊所及，我們已經看得很清楚：極權主義在中國的得勢，從某一方面說，也未嘗不是人們誤解平等的眞義的結果。但是人們似乎並不能因爲錯誤所招致的後果而對錯誤的本身加以反省，因之，平等概念的眞正涵義究竟何如，至今依然不會獲得根本的澄清。我這篇短論便企圖從平等思想的本源處，對這一概念作初步的分析。

平等一辭並非中國思想史上所固有的，最初使用這個名詞的乃是佛家；佛家所說的萬法平等與我們近代所瞭解的平等，其涵義完全不同。我們近代所通常使用的平等一辭乃是英文 Equality 的譯名。在西方，平等思想淵源極早，紀元前五世紀希臘悲劇詩人優利庇底斯 (Euripedes) 已有「人的自然律是平等」(Man's Law of Nature is Equality) 的詩句。其後柏拉圖與亞里士多德二氏雖不贊成平等的原則，但他們的著作中討論平等的地方則依然很多。我們頗不難由此窺見平等這一概念在西方思想史上的重要性。大家都知道，西方最早提倡平等理論的是禁慾主義的斯多伊克派 (Stoics)；斯多伊克派認爲人是生而平等的，因爲人具有一種與一切其他動物不同的特性：人是有理性的。人類這一基本的相同點掩蓋了他們之間的一切差異。這便是斯多伊克的平等理論所賴以建立的根本依據。羅馬哲人西塞羅 (Cicero) 也根據「正義的理性」(Right Reason) 的永恆法則，肯定人與人之間的平等；至於社會上的種種不平等的事實，在西塞羅看來，則都是人爲的——是由錯誤、壞習慣、以及虛妄的見解等造成的。這種建築在理性基礎之上的平等觀，和我們早期的儒家思想頗有相似之處。儒家說人人皆可以爲堯舜，孟子更强調「惻隱之心，人皆有之」，「羞惡之心，人皆有之」，其意義也都在指出人在某種獨特的內在條件上是平等的。

但無論這些思想家的平等理想如何崇高，它畢竟還是理想，不是現實。平等理想的實際表現最初是在羅馬時代。斯多伊克派的思想影響了羅馬的法律學者，於是平等的理想開始走進了法律的範疇。平等原則爲什麼會首先和法律發生聯繫呢？這顯然是與西方哲學中的自然律 (Law of Nature) 以及公道 (Justice) 等觀念分不開的。根據這種觀念而順理成章的推論下去，羅馬的法律學者就很容易相信世界上確存在着一套法律原則，在這種法律原則之下，一切人都是平等的。正當平等的光輝射入羅馬法律學者的心靈深處的時候，西方社會上又興起了另一種新的平等理想，那便是基督教的平等觀。基督教告訴我們：全人類都是一個父親的兒女，因之他們彼此之間自然也就是平等的。基督教的平等發揮到了極致便是博愛 (Fraternity)，或如子夏所說的「四海之內，皆兄弟也」(Brotherhood of Mankind)。但是這種平等只是精神上的，社會的不平等並不因此而全被否定：在上帝面前，奴隸和主人可以是平等的弟兄；可是回到現實中來，奴隸依然是奴隸。

歐洲中古時代的社會狀況簡直是對於古代的平等理想的一種極尖銳的諷刺。封建的社會體制固然是不平等高度表現，而教會之內的森嚴的教階制度 (hierarchy) 也顯然違反了基督教原始的平等精神。在此漫長而黑暗的歷史進程中，平等理想未會能獲得新的進展；直到文藝復興、宗教革命以後，我們才看到古代平等觀念的復活與發揚。宗教革命是一種反抗權威的運動，同時也是反抗特權與不平等的運動。它强調個人的理性與良知，因之，自然便回到了古代的人在內在理性上都是平等的舊原則上去了。自此以降，倡導平等理論者遂代有其人，而大抵都相信人是生而平等的說法。霍布斯 (Thomas Hobbes) 在其名著 Leviathan 的第十三章中曾認爲人在體力與腦力兩方面都是很平等的，縱使有差異存乎其間也是微末不足道。所以人類的自然平等並不是一種權利，而毋寧是一種事實。洛克 (John Locke) 的平等觀便比霍布斯激進得多；他一方面肯定人在自然狀態中的自由與平等，另一方面却根據這種自然的平等更進一步地要求人類在社會上的平等，他在 Two Treatises of Civil Government 一書中曾說：「如上所述，人既是生而自由，平等，與獨立的，那麽如果不經過他自己的同意，任何人的這種境界也不能被剝奪，而隸屬於另一政治的權力之下。」法哲盧梭 (Rousseau) 雖然在其社約論 (Social Contract) 中開宗明義便說：「人是生而自由的，但他却到處都在鎖鏈之中。」然而盧梭所最爲尊崇的，據羅素的分析，並不是自由，而是平等。(見羅素 History of Western Philosophy 的十九章) 爲了保持平等的存在，他甚至不惜犧牲自由。在他另一篇著名的論文——「論不平等的起源」(Discourse on the Origin of Inequality) 中，盧梭復强調人類在自然狀態中是平等的；而社會上所存在的種種不平等則是文明進步的結果。他說得很有趣：「人性本來是善的，是制度使人變壞了。」

平等的理想，經過近代民主思想家這一番發揮，終於普遍地在人們的心頭激起了「人是生而平等的」意識。當然，促成近代平等觀念的興起的，並不止於思想家在理論上的努力；宗教革命與民族國家的凝成都曾在事實上助長了平等觀念的發展。民族國家的凝成首先離不開法律制度的支持，於是統一的國家性的法律遂得逐漸代替混亂的封建法律。這樣，人民一天一天地變成了國王面前的平等屬民；而同時，也日益取得了法律面前的平等身份。羅馬時代的法律平等的觀念終於再度成爲人類的崇高的理想。到了美、法革命時代，平等已被人們看作是天賦人權的一種；美國的獨立宣言與法國的人權宣言都曾明白的宣佈了這一點。可是奇怪得很，儘管平等的理想曾經爲人們所珍貴，但從近代史的全程上着眼，最初對人類具有最大的號召力的却不是平等，而是自由。法國革命中的三個口號——自由，平等，博愛——決不會出於一種偶然的排列，而實說明了一種一定的次序。分開來看，平等的確也是近代人所追求的重要目標之一；然而當我們把平等的概念配合到民主理想的全景中去觀察的時候，特別是在自由的概念對照之下，它顯然是被我們過份忽視了。這一忽視最初似乎並不嚴重，但逐漸的，到了十九世紀中葉以後，它却藉着經濟平等的要求而爆發爲一種最嚴重的時代問題——一個至今還沒有獲得圓滿解決的問題。

布萊士 (Lord Bryce) 在其名著「近代民主」(Modern Democracies) 中曾說：「平等的概念乃是產生民主理論的最主要因素，而民主制度所犯的錯誤，也一半由於人們對此一觀念的誤解而起。」是的，我們的確一直在誤解着平等。並且，我們對平等的誤解還不止一端，而是多方面的。因之，如果我們要認清它的盧山眞面目，首先便不能不從反面功夫做起，把蒙在平等眞義上面的誤解的外衣一層層地剝去。這樣，剝析到最後，我們自然便會接觸到問題的核心了。

還是讓我們從問題本源處開始我們的分析吧！今天我們一提到平等兩個字，我們的腦海中本能地便浮起了「人是生而平等」的這句名言。人究竟是不是生而平等的呢？這問題不能就這樣讓傳統的信仰給我們決定，我們還得通過自己的理性來思考一番。「人是生而平等的」，這句話本身的涵義便很含混；這裏所謂的平等是指着什麼而言的呢？是智力的平等嗎？是體力的平等嗎？是性格的一致嗎？我想，對於這些問題，無論我們怎樣愛好平等，也無法作肯定的答案的。人類在未進入文明社會以前的自然狀態究竟如何，我們並不能知道得很清楚。近代思想家如霍布斯、盧梭之流，把自然狀態描繪成一幅自由而平等的樂園，其實完全是出於臆想。因之，他們所强調的自然平等也顯然缺乏堅强的根據。早在十七世紀時，費爾默 (Sir Robert Filmer) 已認爲人類最初並不是平等相處的；根據他在當時的人類學的研究，他得出結論說：「人類社會像其他動物一樣，是自然的，可是也是自然不平等的」。及至達爾文的進化論出，强調同類中份子的先天差異的事實，自然平等的說法更顯得立足不牢，搖搖欲墜了。如果我們一定要說人是生而平等的，那麼我們便祗有回到斯多伊克派的平等原則上去：在理性面前的平等；或者如西塞羅所說的，人都有分辨善惡是非的能力，因之也就是平等的。然而我們試作更深一層的推想，卽使人類這一點自然平等獲得了肯定，它又能否成爲我們要求社會平等的充份的理由呢？這其間顯然不存在任何邏輯關係。所以分析到最後，我們殊不難看出：「人是生而平等的」這句名言雖足以、而且也確曾激發我們的革命熱情，鼓舞我們的追求平等理想的意志，但在理性的面前它却是經不起考驗的。而事實上我竟發現，我們通常所謂「人是生而平等的」，其本意實在是說：人在社會上應該是平等的。美國獨立宣言開宗明義便說：「全人類都是生而平等的，他們具有天賦不可奪的權利。」法國人權宣言也同樣宣稱道：「在權利上，人是生而自由並且平等的。」一七九三年的法國憲法復肯定「所有人都是生而平等的，並且在法律面前也是平等的。」的信念。因此古代法律 (Ancient Law) 的著者梅茵 (Sir Henry Maine) 才明白地指出：當羅馬法律者說：「是平等的」時，他們的眞正意思也確是說：「人是平等的」。但近代民法學者所謂的「凡人都是平等的」，其眞意却是說：「凡人應該是平等的」。

對於自然平等的分析很自然的使我們的討論進入了社會平等的範疇。但平等的概念一旦運用到社會上來，問題的性質也就更加複雜化了。關於人在社會上應該是平等的一點，我相信在原則上今天已經沒有人會加以反對。然而人們究當求取怎樣一種社會的平等呢？這裏却發生了深刻的分歧。在未涉及這些分歧之前，有一個基本的觀念我們必須弄清楚，那就是平等並不必然是屬於民主的範疇之內的。我們對於平等概念的瞭解通常總是通過近代民主的觀點的。誠然，平等在近代確是民主的基本概念之一，但我們並不能忘記，平等的理想與實際都有其獨特的古遠起源，英人湯姆生 (David Thomson) 在一九四九年所寫的一本「平等」(Equality) 中便曾告訴我們：「人類平等理想……在起源上是與天賦人權及自然律的觀念分不開的，是人與自然及上帝的一般哲學中固有的一部份。……作爲一個可行的理想，遠在我們今日所瞭解的民主理想尙未出現之前，平等便早已存在於歐洲文明之中了。」同時，黎奇 (D. G. Ritchie) 在他的「天賦人權」(Natural Rights) 裏復給我們揭發了一項重要的史實：「平等的理想是古代社會不平等的遺傳；它是一個貴族思想——這個貴族制度或階級，在某些方面，爲了某些目的，相互承認彼此的平等，而同時他們比國內其餘的人或其餘的人類爲優越。平等概念是從特權的概念中生長出來的。」從古代起源上說，平等理想的獨立性是比較容易獲得我們的承認的；然而在近代平等與民主之間的複雜關係却使我們感到相當的困惑。據我個人的瞭解，平等在近代所發生的歧義遠較古代爲多。我們如果認眞的加以分析，則近代的平等理論至少應該分爲兩大系統：一是民主體系中的平等思想，一是非民主體系中的平等觀念。現在讓我試着分別地加以討論。

為了使問題清晰起見，第一步我們且從非民主體系中的平等觀念說起。因為祗有把一個觀念所派生的種種歧義淸除之後，我們才能像撥雲霧而見靑天一樣地看清 此觀念的本質。近代非民主那一系列的平等思想我們可以稱之為絕對的、機械的平等觀。它有時表現為平等主義的平等，有時則表現為「均平」(Levelling) 的平等；但無論它穿着什麼外衣出現，它的絕對而機械的特質却並不因之而消失。所謂絕對而機械的平等，意思就是說，平等是一種超越一切其他理想的絕對價值；而同時，它又是否定一切人與人之間的差異(自然的與社會的)，並用同一的整齊劃一的方式來對待一切不同的個體的。這樣一種平等的理想在近代歷史上曾激起了一系列的著名的革命運動，如十七世紀中葉英國的均平主義者(Levellers)，十八世紀末法國的巴貝甫主義者(Babeuvists，即 Babeuf 所領導的革命派)，以及一部份社會主義者皆是。這些運動發生的時間，空間，以及歷史背景雖然各異，但其間却存在着一種最根本相同的地方，那就是它們都是以「經濟平等」為基本的理論根據的。因此湯姆生告訴我們：「平等主義已廣泛地與經濟平等的要求相關聯着，而經濟平等的要求又接着與共產主義和社會主義的運動聯繫起來。」在這裏，經濟平等即使不是平等之全，至少也被看作是一切其他平等的基礎。離開了經濟平等便沒有眞平等以至眞自由可言，已經成為一種很流行的觀念。而經濟平等這一概念的本身却又不會獲得人們的嚴肅考慮，因之，它的涵義也顯得非常含混。儘管各種經濟平等的理論之間也存在着分歧，可是它們的最終極的理想却是一致的：消滅人們在財富上的差異。毫無問題，這是一種絕對的平等。這種平等理論基本上假定了一種社會觀，那就是經濟是社會的最眞實的基礎。

關於這一點，近來批評唯物史觀者已說得很多，不必費詞。這裏讓我們對此機械而絕對的平等理論的本身加以分析，看它是否可以成立。前面我已指出，人並不是生而平等的，反之，倒毋寧是生而不平等的。在自然的不平等的基礎之上要求物質的(主要亦是自然的)絕對平等根本便是一種自相矛盾。實際上，我們也很難想像有一種絕對的物質平等的存在；孟子在反對許行的經濟平等主義時曾說過幾句很有意義的話，他說：「夫物之不齊，物之情也，或相倍蓰，或相什佰，或相千萬，子比而同之是亂天下也！」平等顯然是對許多個體說的，而個體則必然是各異的，也就是具有使其成為個體的個性。同時，這種具有獨立性的個體又是不斷發展的。試想在這種情形之下，許多不同的個體怎麼會自然地變成絕對的平等或完全的相同呢？如果自然的發展不能獲致絕對的平等，那麼剩下來的便祗有採取强制的方式一條路了。但是誰來執行這種强制呢？基督教抬出了上帝，上帝超越人類而高高在上，因之，可以齊萬物，使一切不平等皆化為烏有。這種絕對平等在宗教上雖可以說得通，而且也無甚害處，可是到了現實社會上却發生了嚴重的問題。近代的均平主義者並不相信有上帝，更無意將社會的不平等交給上帝去發落。他們要訴諸社會的方法。在社會上許多個體之間誰配取上帝的地位而代之呢？這問題一直困惑着他們；使得他們的崇高理想失去了空間的憑藉。這一派人便是被馬克思、恩格斯譏為烏托邦社會主義者的。絕對而機械的平等理論在這裏實已達到了它的自我否定。可是這套理論並不會因為進了死巷而毅然回頭，反之，它的精神在一種新形態之下復有了更進一步的發展，那便是極權的共產主義。

共產主義者看清了烏托邦主義者的缺點所在，於是他們從現存社會的不平等的階級關係中找出了一種解決之道。他們已不像烏托邦主義那樣死心眼地把人與人之間的平等看作是絕對的，不能絲毫改變的了。他們認為第一步先得將現存的不平等的階級關係顚倒過來，讓無產階級(通過共產黨)成為社會上的最高的主宰力量；其他的人則都在這一人世的上帝面前成為絕對平等的屬民，這與過去人民在王權面前的隸屬的平等在性質上正無殊異。『如西方的君權神授說與中國的帝王受命於天說(天子)都是借超越人世的上帝的權威以凌駕於人民之上的，由此可見他們對於平等的原則仍抱着幾分尊重的態度，這顯然比今天的極權主義者還要高出一籌。』他們稱此為歷史的辯證的發展法則。這種歷史法則是否正確，我們且不去理會；值得注意的是，這樣一來，此一平等理論的本身却隨之破產了。

首先我們知道，階級關係的顚倒，其不平等的狀態依然一樣。復次，把社會上一部份人提高到絕對統治的地位，無論是根據什麼理論，都是對於平等原則的根本否定。儘管共產黨人仍高懸着無階級的平等社會的旗幟，然而在現實社會中他們則已斷然地邁向更嚴厲的不平等之路，並公開宣佈放棄平等主義的原則了。蘇俄於一度實驗絕對平等失敗之後，其社會不平等的程度竟超過了資本主義的國家。因之，蘇俄人民不僅失去了自由，而同時也失去了平等；如果我們一定要說蘇俄社會中還存在着平等，這種平等最多也不過是奴隸在主人面前的平等而已。民主理論家培恩 (Tom Paine) 在其「人權」(Rights of Man) 的名著中早就看到了這種平等主義的危險，他及時地警告我們說：「我們曾聽到人們把「人權」稱之為「均平」的制度。但是眞正用得上「均平」這個字的唯一制度乃是世襲的君主專制。」可是在當時誰會相信這種錯誤的平等觀竟會導致新專制主義(極權主義)的產生呢？到了我們這個時代，絕對而機械的平等主義便不再為民主主義者所稱道了，人們開始瞭解：「若不把平等推展到絕對平等或一致的程度時，它仍不失為一個積極而可行的政治理想。……絕對而抽象的平等，如果能夠實現，甚或太認眞地求其實現的話，都會像絕對自由一樣的，將陷文化和文明於毀滅。」(湯姆生：Equality)

我已說了不少關於近代非民主系列的平等的理

論與實際的話；現在讓我們反過來對民主體系中的平等觀念加以檢討。近代民主的平等理想，遠承羅馬以降的正統理論而來的，其中心觀念祇有一點：法律面前人人平等。近代民主理論最初肯定了人具有某些與生俱來的自然權利；在這些權利上，全人類完全是平等的。法律的功能便在於保障這種天賦的人權。所以，歸根結底，近代的法律平等實際上和古羅馬時代的觀念已迥然有別；它實已涵攝了天賦人權的思想在內。可是正如「人是生而平等的」觀念一樣，天賦人權的說法同樣是虛妄的。歷史已告訴我們：人權並不是天賦的，而是人們自己奮鬪得來的。人權需要靠法律的保障，而法律的本身却又不是一種具體的存在，而是一種抽象的原則；不是一種積極的行動，而是一種消極的規範。因之，它就不能保障每一個人必然可以獲得同樣的權利，那就是說，它並不能眞正保障人們在權利上的平等。擧例言之，在近代人權觀念中，財產曾經是最重要的內容之一。但法律則祇能維護人們既得的私有財產不受侵犯，却無從使每一個人都得到財產。這樣，所謂在法律面前人人平等，實質上便很少意義可言了。我說這話，意思當然不是像共產黨人那樣，認爲法律平等是資產階級的護身符。反之，法律平等確是近代一連串的民主革命的輝煌成就之一；我的主要意思祇是說，僅僅是法律平等並不足以盡民主的平等精神的充份發揮。孔子在兩千多年前曾說過一段很深刻的話，這段話很可以用來批判近代法律平等的根本缺點。論語爲政篇有云：「道之以政，齊之以刑，民免而無恥；道之以德，齊之以禮，有恥且格。」這裏所謂「齊之以刑」便正是法律平等的中國古義。我們儘可以不同意孔子「道之以德，齊之以禮」的理論，也不妨把「德」和「禮」的內容加以現代化；然而我們却不能不承認，孔子的看法在比較上要深入得多，也根本得多。近代法律平等的確是不根本，不實際，同時也是不充份的。

也許有人會說，平等不能同時作多端的發展，它必須從法律範疇中逐漸向其他方面移植。從近代歷史的趨勢上看，這種說法似乎也不無根據。但如果我們肯進一層加以推究，則平等精神最初出現在法律方面實是歷史的偶然，而非必然。平等既和自由一樣同是民主的基本精神之一，照理它也應該在一開始時便光輝四射，照遍人間的。因之，它之所以偏促於一隅，顯然不能不使人懷疑到近代平等的根本精神有値得我們予以重新考慮的地方。關於近代平等的缺點，我在上面的反覆討論中已無形的指點了出來。我們最初是忽視了平等在整個民主理想中所應有的地位；由於這一忽視，終於產生了兩種相反的後果；一是前面所說的那種機械而絕對的平等主義的平等；另一則是剛剛分析過的那種法律面前人人平等的狹隘的平等觀念。這二者恰恰一是過之，一是不及。但我們不能忘記，這兩種極端相反的平等却都導源於同一原因：平等精神在民主體系中沒有得到適當的安排，因之，也就未能和其他的民主概念，尤其是自由獲致協調。美國民主理論家瓊斯 (Bryn-Jones) 在其一九四五年所寫的「Toward a Democratic New Order」一書中說道：「即使作爲一種理想，平等也被人們看作是爭辯較多的問題，當然它的實現是更難了。以平等爲一種有效的理想的說法，事實上不能不有若干保留。人們通常都認爲平等與自由之間存在着一種主要矛盾。而人們對有一點意見尤其一致；那就是說，根據某種解釋，或許祇有在『法律面前的平等』的意義上，平等才是民主信仰中所固有的一部份。」瓊斯這一番話不僅可以佐證我在上面關於近代民主系統中的平等觀念的分析，並且還指示了平等與自由相衝突的思想在近代是如何的普遍。因之，我們必須進而解開這兩大民主的基本概念之間的糾結，而後我們對平等的眞義始能有更眞切的認識；而同時，也可以對於民主理想在近代史上所表現的曲折的發展歷程有一比較會通的瞭解。

自由與平等的關係究竟怎樣呢？這裏我們得從頭檢討一番。首先我們都承認，自由與平等同是屬於民主範疇之內時，因而也都不是絕對的價値。當然，這並不是說，沒有絕對的自由與平等；但絕對的自由與平等却不是民主的；不但不是民主的，而且還是反民主的。我們前面已分析過，絕對的平等乃是近代極權主義的一部份根源，最後還必然會發展到否定平等原則的境地。同樣地，絕對的自由也是促使近代資本主義畸形發展的根本因素之一，而終於削減了整個社會的自由的總量，使自由的光輝日趨黯淡。因之，自由與平等如果成爲絕對的事體時，這二者確是相衝突的，對立的。不僅此也，絕對的自由與平等和民主的自由與平等之間也是永遠矛盾的。瓊斯說得好：「自由與平等是不是相互排斥與矛盾的，顯然得由人們對這兩個名詞的解釋來決定。我們已指出，自由與平等的概念的任何正確解釋，不但遠非衝突的，而且是相互補充的。」湯姆生也說：「不獨自由可以爲平等之補充，同時任何一種形態的平等也都可以爲每一種其他形式的平等之補充。祇有物質平等而沒有對精神平等的尊重便會走入專制的陷阱。」又說：「那種要犧牲政治自由或政治平等才能獲致的經濟平等，並不是在民主範疇內所能獲致的；而那種要否定社會平等與政治平等的經濟自由，在民主社會中也需要重新考慮並予以限制。」這話對於近代文明眞可以說是一針見血之論。自由與平等之所以一向被我們看作是兩個相互衝突，不可得兼的理想，主要還是因爲我們在觀念上把它們絕對化了。如果我們透過民主的角度去理解它們，則這二者必然會是協調的。何以故呢？我們若要從正面答覆這個問題無疑要費很長的話，而且還不易爲人們所瞭解。但是從反面看，理由却極其簡單、實際、而又淸晰；那就是自由如果失去了平等的限制與平衡，便會走上絕對的自由主義之路；反之，平等如果失去了自由的限制與平衡，也同樣會走上絕對的平等主義之路，近代歷史的發展實已證明了這一點。大家都知道，早期經濟上的無限制的自由放任主義使得剛剛從身份不平等中解放出來的西方封建社會，復走向新的財富不平等的資本主義社會中去。而後期社會主義者在經濟

（下轉第5頁）

機關首長應該澄清的幾個觀念

湯絢章

我們知道行政機關之有無效率，胥視牠的組織是否健全和機關首長的領導才能如何而定。其中尤以後者更爲重要，因爲機關首長是組織的精神與力量發源所在，猶之一部機器的引擎，如果引擎發生了故障，機器的其他部份再良好也無法運轉了。

下列幾個問題常常是機關首長被詬病的主因，茲一一分析如次：

一、官僚可以勝任機關首長嗎？

「官僚」(Bureaucrat) 一詞的原始意義，並不是太壞的。但我們這裏所說的官僚，是就一般人意念中的所謂官僚，這種官僚，是在宦海中浮沉的人物，他們學無專長，但又似乎無所不通。他們最講究的是辦事手續，無主見，不負責。靠推推拖拖的辦法來應付諸般政務，而他們自己又確信這是「通達政務」。至於行政才幹與專門學識可不必顧及。由於這種信念，所以自己感覺無所不能無所不通。最奇怪的竟然相習成風成爲社會衡人的標準了。

其實政務官不獨要眞正的通達政務而且要主持政令擔負責任。也就是主持機關領導辦事。按照現代政務官或機關首長的職責可列舉如左：

1.決定行政方針：因爲首長是本機關的首腦，自然要決定一切大計，此不僅爲首長的職責，亦是首長的權力。

2.發佈行政命令：指揮行政是機關首長的職責，故一般行政命令皆由首長頒發。

3.調整組織機構：大規模行政機關的單位部門，由於情勢變遷常常須要調整，以免職權上發生衝突或重複，這種調整有時需要經過立法程序，但調整方案，多由原機關擬定。

4.制訂處務規程：一般立法機關所訂的法規祗限於原則部份，至於職責分配與辦事程序仍須由首長來決定。

5.管理行政經費：此包括概算的編造，預算的流用及支出的監督。

6.任免行政人員：一般行政機關首長的用人權，雖受文官制度的限制，可是所有人員全由首長依法任免。

7.監督公務進行：爲求每一個人員各盡厥職，以及每一件公務適當進行，有賴於首長監督。

8.增進外界之聯繫：行政機關祗有在融洽的社會關係之下乃可順利進行公務。一個機關對外界之聯繫也有賴於首長的活動。

由此可知首長的一切措施非僅以控制政治立場而已，且必須有行政的才幹與專門的學識。法國政府在第一次大戰時所聘任的資政——當時的大行政學家及大企業家——費埃氏 (Henri Foyal) 會極力闡明此種理論。(註一) 他有鑒於法國先後在普法戰爭及第一次大戰之先後受挫，推究其因素之一是行政效率太差。而行政效率太差之主因，則爲當時的法國政府官員缺乏行政才幹。所以他大聲疾呼行政之重要。他認爲行政是普遍分佈社會各行業各階層的，其理論的要義是：「任何的企業組織，政府機關亦然，每個人員皆應具備相當的行政才幹，所謂行政才幹的含義是計劃、組織、指導及協調等能力。唯各個人所具備的行政才幹不等，按照職位的重要性比例而加增。即職位愈高者，所應具備之行政才幹成份愈多，反之遞減。」費埃氏爲此特就高級政府機關首長應賦有之成份製表如次：

職位	行政才幹（計劃組織指揮協調等能力）	管理技能（會計保管等商業知識）	專門學識
部會長官	五〇%	四〇%	一〇%
閣院首腦	六〇%	三二%	八%

上列表格的比例數字，即費埃本人亦承認非絕對正確，但可說明一點，機關首長並非專靠通才可以勝任。我想這是值得注意硏討的。

二、機關首長直接統率的人數沒有限度嗎？

由於時代文明進步的緣故，政府的行政範圍日漸擴展。此不僅使行政機關增多，而且多數行政機關本身規模亦不知擴大幾多倍。因而機關首長所直接統轄的人員與單位亦較前大爲增加了。最顯著的實例如美國在近廿年內，聯邦政府範圍不知擴大若干，一九四九年二月美國政府行政部門組織硏究委員會 (The Commission on Organization of the Executive Branch of the Government) 送致國會的報告(註二)中，即特別强調此點。據稱「一九二七年度，總統直轄的行政部門及單位達一百以上，迄一九四九年尙有六十五個之多。總統根本不可能對於這樣多的機關施以充分的監督和協調，就是每一個機關每週須要一小時督導的話，共總也要六十五個小時。總統被牠佔去這樣多的時間如何還能處理國家大計呢？這是不可能的事。如不加以調整改組則總統將疲於奔命了。」此不獨美國總統犯有這種毛病，一般大規模的行政機關首長也是如此，他們顧此失彼，不僅貽誤公務，甚至僨事禍國，可以見得這個問題的嚴重性了。

行政學上有「監督的幅度」原則 (Span of Control)。其意義就是說人類的精神和注意力有限度。任何機關首長直轄的單位或人員數額，應有一定的限制。關於此層一九三七年羅斯福總統成立的總統行政管理委員會 (President's Committee on Administrative Management) 報告(註三)中，曾作非常透澈的說明。

「無人能管理協調及監督上面的獨立單位，尤其是有此單位機構如果職責不淸的話，愈使總統無法指揮監督，故應有所限制才是。猶如吾人彈琴之手僅能操縱幾個琴鍵一般。譬如說軍隊的編制，每一個軍官祗能直接指揮三個單位，在企業組織中每一部門經理祇能管轄五個或六個單位，在政府的機關中，首長的直屬單位則不得超過十個至十二個。」

在一般行政機關，首長直轄的人員或單位在三個至十五個之間不易確定。因為機關性質不同，因人，因事，因環境亦有區別。譬如說打字室主任所監督的打字員的數額，即與理化實驗室主任所統轄人數不同，前者以工作刻板劃一，所統轄人員數額無妨較大，後者性質複雜難以監督，人數宜少。就人的因素來說，某一首長熟習業務或能力特強者，當比業務生疏或能力平庸者，可以統率較多的人員或較多的單位。首長與人員的知識水準亦有關係，凡教育程度高者員額可以遞減。以環境設備言，則辦公地點集中或聯絡方便者，首長所指導監督人數可以遞減。

如上所述首長直轄的員額雖各個不同，但皆有一最大的限度。過此限度，則必僨事。因為機關範圍擴大了，單位增多了，首長與其隸屬人員間的距離延長，則聯繫溝通自必困難加增。另一方面，首長公務則以機關擴大而繁重，更無法協調監督，結果組織鬆懈之病徵將次第出現，如職權衝突，機構重複，政令不能貫澈，意志難以集中等等皆是。因此，首長直接統率員額應有一定限度。

三、統一指揮是絕對的原則嗎？

在軍事上統一指揮的原則是必要的，就是一般行政機關或工商團體，統一指揮也屬必要。

按統一指揮的意義，是每一人員在職權上祇對一個首長負責，接受他一個人的命令與指示。使各級人員可以循着機關的體制依次順序指揮監督。其最大優點是職責分明，有條不紊，和功過各有所歸，且可收步驟劃一政令貫澈之效。

就今日一般行政機關而言，所謂金科玉律的統一指揮，往往成為一般行政人員，對於非直隸首長或非上級機關的函咨，不表同意的口實，就是以遵重體制系統為理由拒絕了事。統一指揮確是行政方面應遵守的原則，但這個原則不是絕對的。

因為處於今日的工業社會；凡事日新月異。人人必須分工，事事要專門化。行政機關的技術人員，固然在進行工作時，要接受專家們的指示，就是普通行政人員，也常有涉及深奧的專門問題非請教各種專家不可。一般行政機關既不能破壞統一指揮原則，又不得不顧全事實需要，違背了統一指揮的原則。於是美國科學管理學家泰萊氏(T. W. Taylor)(註四)索性創導雙重監督行政人員理論，這個理論頗受技術專家們的擁護支持。可是雙重監督制常發生職責混淆，步驟紊亂等毛病。因為人與人之間見解不必一致。首長與專家的指示，及體制上首長與職能上首長的指示常有對立矛盾可能。因而使人有左右為難，不知所從之苦。

上述的毛病在一般行政機關是不易避免的。補救之道是這樣：如某一人員接受兩個或兩個以上相互矛盾的指示的話，他自己如取得某一方面諒解最好；萬一無法取得諒解而又十分對立的話，他還是以體制上首長的命令為依歸。換句話說，如果是在正常的情況下，一般行政人員不必受統一指揮原則的拘束，可以同時接受專家們的指示，職能上首長指示及體制上首長指示；但如若專家們的指示或職能上首長指示與體制上首長指示有紛歧，而且體制上首長堅持己見的話，則應無疑問地遵從後者的指示。可知統一指揮的原則是相對的，而不是一個絕對的定律。

四、權責能夠完全相稱嗎？

一個機關首長既然被規定某些職責以完成某些任務，自應給他足夠的權力乃可發揮他的才智。那就是說，他應該有相稱的行政權、經濟權及人事權等制度上分配的權限。他如果再能有效地行使上述各項權限，並且使他的工作人員能夠和衷共濟努力的話，那麼，這個首長應該可以完成他的任務。否則對於這個機關首長的考績，似不能確加評定的。

其實每一個機關首長的權限在先天的受了下列的限制：

1.法規條文的限制　2.預算程序的限制

3.人員任免的限制

此外首長不能決定工資待遇，不能自由更動人員，經費支出不能更動項目等等皆是機關首長所受到限制。茲舉一個實例來說明：

「某一城市的警察局消防總隊長職責，是主持督導全市區消防公務。工欲善其事，必先利其器，當然要配賦他一些新穎良好的消防車輛才行。因此消防總隊長，可以有權決定購置何種性能，以及數目若干的消防車輛。可是負責購置的機構是警察局總務科。照常理來說，牠祇能按照消防總隊的決定而購置，可是事實並不如此。牠往往不僅為消防總隊服務，而且進一步可以種種理由實際上限制了消防總隊長的權力。」

類此限制機關首長權限的實例甚多，一言以蔽之，機關首長的職責與權限，是不大能夠相稱的。可是有些機關首長由於權力慾常常要求非分的權限。尤其是在擔負某一重大任務時候，他就藉此企圖攫有更大的權限，如果他不能達到目的，則怨訴他的權責不稱，這不是本篇討論的範圍。

實際說來，權責相稱原則，應該如此地解釋，並非如一般機關首長心目中權限應與職責平齊，而是首長的職責不要逾越權限。這樣解釋此原則較易於實施。在二次大戰時初期，美國海軍部頒致大西洋艦隊一個命令可作為權責相稱原則的最好例證，其原文的譯意是「儘你所能的去幹」！(Do what you can with what you have!) 美國大西洋艦隊之所以能完成卓越任務，這或者，今日在反共復國的大前提之下，需要興革的事項當然很多，當務之急，如建立制度加強組織皆是。而徒法不足以自行，所以人選的因素非常重要。其實有關行政的觀念，更比人選因素重要的多。上述的幾個問題不過是一般模糊不清的觀念最顯著者，茲希望由於本文的發表，引起大家對於這個問題作進一步的研討。

註一 Henri Foyal: Indnstrial and General Administration pp 10-12

註二 A Report to Congress by the Commission on Organiztion of the Executive Branch of the Government Feb. 1949. pp 35-36

註三 Administrative Management in the Government of the United States, 1937. pp 33-34

註四 A. W. Macmahon: the Administration of Federal Relief. p 266.

印度共產黨的前途

共黨會奪取印度嗎？印共的領袖是些什麼樣的人物？印共如何擴展？牠的前途如何？這是目前亞洲的一個大問題。本文作者布列斯（Chester Bowless）爲前美駐印大使，對印度問題有非常深刻的研究。他在這裏將給我們一些極有權威的答案。——譯者

Chester Bowless 作
焦木 譯

當我抵達加爾加答大學準備演講時，我看到四五百學生正在孟加里引頸高喊，如醉如狂，最後一句有「布列斯」三字。

「你們在喊什麼？」我向其中一個好像啦啦隊的領隊，正舞動拳頭指揮節拍的學生詢問。他答道：「我們向鼓吹戰爭的美國大使說：『回老家去吧！布列斯！』他正企圖拖我們加入英美帝國主義的陣營。」

我走進校內，看見有學生數千，教職員二十餘人和大學校長——在印度，大學校長通常擁有副總長的官銜。

副總長向我表示歡迎後，似覺惴惴不安，說他不能允許共黨所領導的學生參加聽講，因爲他們顯然想專事搗亂。我却向他解釋，認爲不管他們對我的意見贊成與否，他們有權來聽我的演講；經過了一番商酌後，才允許他們參加。當他們進來時，來勢汹汹，手中揮舞貼在大木棍上的反美旗幟，予人以將有惡兆之感。

我向擁擠不堪的聽衆說了四十分鐘有關美國歷史的三個時期；第一時期，從傑弗遜和林肯爭取完全的政治民主起，到爭取婦女選舉權及繼續不斷反對種族歧視；第二時期，自傑克遜至羅斯福兩代，我們對爭取廣汎的經濟平等之努力；第三時期，從舊的孤立，經過了威爾遜到聯合國，我們走向國際的合作。

當我說完坐下後，共黨份子仍默不作聲，但其餘的聽衆却鼓掌喝彩，非常熱烈。

我於是轉向大會主席——加爾加答大學的歷史教授——說，我準備接受聽衆提出問題。他也深懼會因此引起暴亂，但我爲大多數聽衆的熱烈贊成所激動，堅持舉行。

共黨份子迅即開始行動。有一個學生手執一旗突然站起來，提出了一個問題，當我尚未開口回答之前，他却咆哮怒號，擅自來作答，他以爲一個「美國帝國主義者」總會是那樣答的。

起初，我沉着忍待，直至他息怒；但繼之另一個學生又提出了一個新問題，又再度擅自來作答。最後，我才決定不如利用一個擴音器，放大聲音，湊上熱鬧，比較妥當。

我推翻了他們的問題，應用他們的技巧，很容易獲得了其餘聽衆的支持。當他們提出問我，爲什麼不准中共加入聯合國時，我就反問他們，爲什麼蘇聯否決日本，尼泊爾和錫蘭參加，何況這些國都是印度的友邦，於是我立刻繼之提出我自己的不客氣的解答。

雖則共黨份子搗亂了二小時以上，我仍能發覺一種堅定的，近於事實的，合情而合理的解答，始終爲大多數學生所贊同。後來，終至使聽衆的相互辯論引起了街頭上的衝突。這是我和戰鬪的共產主義發生第一次的遭遇戰，也是說明印度共產黨的一種絲絲入扣的寫照。

印度有五萬至十萬的共黨，其中大多數都是年青的，而且大部分都不是貧窮的不識字的農民，都是意志消沉而受過教育的城市居民。

有許多印共份子，都是小康的年青人，他們在普遍的貧困環境中感到不安，心有所悟，抱存一種希望，去拯救周圍的窮人。另一部分共黨份子，是來自中等或下等家庭，他們深感職業前途的渺茫，將共產主義描成一個完全平等，大家有職業的理想社會。更有許多分子是少女，她們是想擺脫兩性上的傳統限制。印度共產黨的女黨員，較其他黨派占較高的比率。

當我目睹印共在行動時的情形後，我認爲牠的主要的特點，不外是在加爾加答的那次糾紛中所活現出來的那些仇恨、狂信和紀律而已。

史達林有一次曾說過：「要想戰勝一個敵人，如果不千方百計恨他刺骨，是沒有可能的。」這正是印度共黨所學來的一套，不管他們反對「華爾街的希特拉式走狗」，或爲對「法西斯帝印度富豪」，目的都是相同。他們的公開的目的，是要幫助「窮困的農民……要求生存」。直接爲人間最悲慘的事提出要求，無疑地是一項有力的武器。

因此，狂信就隨之產生。由於古老的文化與宗教的制度近來日見廢弛，濡緩的民主改革時生阻碍，共產主義遂似具有一項偉大的目的，滲透於一種空虛的，待援的生活之中。牠是一種純粹的意識形態，目的是在解答每個問題。牠要求絕對的供獻，犧牲和秘密。牠推翻了嚴格的族籍家庭限制的觀念，代之以一種完全嶄新的生活方式；而這種嶄新的生活方式，也同樣需要嚴格的忠誠，抱存清晰的日常目的，認清準備予以消滅的現成敵人。

西方的民主思想，早已傳入印度的各大學中，大大地損害了舊的觀念。代之而興的，他們提出了非常複雜的個人主義的思想，提出了個人隨心所欲、任意胡爲的權利。

許多年青的印度人，一旦突然脫離了族籍與家

庭的限制，在這種嶄新的個人主義環境中，反而只有感到不足憑恃，前途渺茫，以及永無止境的決定，因爲他們已失去了現成的指標。因此，他們遂成爲共黨的目的物，一旦他們受共產主義所惑，也就難以解脫。

共產主義，也像新印度的許多別的事情一樣，來自英國。在二十世紀初葉，幾個英國共黨被派去組織一個印度共產黨。他們都是具有一般歐洲馬克思主義者的觀念，認爲城市工廠工人是革命的中堅份子，譏笑甘地的農民組織。

他們在組織工會方面，發展非常迅速，迫使英帝國政府於一九二九年不得不予以逮捕，舉行米魯德叛國陰謀審判，遷延甚久。至於全印共產黨的眞正的誕生，却是當這幾個領袖被囚於獄中的那幾年中，共同計劃來促成的。

嗣後，共產主義運動就幾乎一直走着迂迴曲折的路。

在四十年代中葉，莫斯科命令各地共黨建立「統一戰線」，印度共黨也奉命聯合大會黨，但仍繼續反對甘地，因爲共黨稱他爲「反動」。

納拉英 (Jayaprakash Narayan) 在美國於不景氣時期加入共黨，但當他返印度後，發覺黨成爲莫斯科的附庸，忽視印度的實際情況，於是就放棄了共產主義的信仰，和甘地聯合，組織大會社會主義黨。當共黨在一九三七年表示和社會主義黨聯合一致時，他卽予以接受，誤認他可以使共黨擺脫蘇維埃的統治。

但事情恰恰相反，共黨反而秘密滲入他的組織中，奪去了印度南部的社會主義黨的大部分，在共黨被逐出之前，予社會主義黨以重大的損害。

後來到了第二次世界大戰，共黨的陰謀，已使他們和大會黨及社會主義黨的領袖之間，掘成一條無法彌補的鴻溝。

在一九三九和一九四〇年之間，共黨稱大戰爲「帝國主義戰爭」，反對印度國會支持美國對納粹作戰的提議，縱獲得獨立，亦不顧及。到了德國侵略蘇俄爆發，同一共黨立卽突然狂熱地要求對英國予以全面的無條件的支持，一夜之間，戰爭成爲一種「人民戰爭」。

正當全國民主領袖在總督的監獄中，說明他們唯有成爲自由印度的國民才反對德國和日本時，不料共黨却轉向和英國合作，獲得了總督的喝彩。英國爲了加强作戰效力，予共黨以一個政黨的合法地位，致使共黨遂得以奪取了全印勞動組合大會和全印學生聯盟，使黨員由六千突增至五萬人。

休戰後，大會黨領袖從獄中釋出，立卽驅逐共黨份子，從事爭取工人工作。有一個時期，共黨曾走下坡。但爲時不久，蘇俄的政策轉向冷戰的攻勢，有關戰鬪行動的新命令開始到達印度及南亞洲各國。一九四八年，所謂「溫和的」共黨領袖查西 (P.G. Joshi) 被黜，和布勞德之被美共開除，如出一轍。

一部分印度共黨份子，曾早已鼓動採取直接行動，在民主主義的基礎未穩固之前，來摧殘年青的印度共和國。印度共黨在一次正式會議中採取了這一新「路線」，譴責查西爲「右傾主義」，在新領袖拉那定夫 (Ranadive) 的主持下，對查西展開廣汎的兇惡的鬪爭。依照共黨的一套作風，查西作了長達一小時的自我檢討，承認他的「改良主義」的錯誤。

隨着印共的戰術上這一轉變，同時在緬甸、印尼、菲律濱、馬來亞和越南，共黨的變亂，也勢如燎原，這些地方的共黨變亂，大都常爲戰時反日游擊領袖所鼓動領導。

在印度，激烈的罷工、怠工、暴動和游擊戰爭，都發生於共黨勢力的中心地區，如孟加拉，馬哈薩希的拉與旁遮普的一部分，中塔米拉得，馬拉巴和安德拉。

拉那定夫的共黨的計劃綱領，是集中於煽動城市的「無產階級」；這一戰略，被他的反對者描寫成爲「城市中實行硝酸彈」時期。年青的共黨份子，被命携帶硝酸彈向警察局或羣衆擁擠之區投擲，企圖製造暴亂。

尼赫魯曾經宣稱，他已經搜獲了共黨的指示，那些指示「包括公開鼓動暗殺、暴動和破壞行動」。他在數省已宣布禁止共黨的活動。無數煽動份子被拘，許多共黨的陰謀，一經發覺，卽遭破獲。

共黨由於採取過激的極端行動，在這一時期，失去了他們從前奪來的勞動組合達半數之多；許多覺悟的知識份子脫離了黨，或因批評拉那定夫而遭受開除。至一九四九年末，共黨的組織，除了說泰林漢語之北馬得拉斯和南海得拉巴——卽所稱安德拉區域外，到處都垮了。

於是，一種新的共黨領導應運而起，採取了一項新的戰略，在建立久遠的基礎方面亦獲得了成功。安德拉的共黨認爲，如其採取那以工廠工人爲基礎，在「城市中實行硝酸彈」方法，不如採用毛澤東的「鄉村中使用手槍」的戰略。安德拉的共黨認爲，正如中國的共產黨賴土地革命而奪取政權，在印度，鄉村的農民必須成爲革命的基礎。

「耕者有其田」，變成安德拉共黨的口號，印度共黨第一次發覺自己有了羣衆。他們首先在海得拉巴說泰漢林語的區域，實行他們的新戰術，這正合於列寧所說應從 何處發動革命的指示：舊秩序的「最弱的一環」。

如果說印度的土地所有權到處都是非常不平等，當以海得拉巴邦爲最甚。舊統治者本人尊稱爲尼柴(君主之意)，擁有約五百萬英畝土地，幾等於美國的新澤西一省之大，在這廣大土地上數逾百萬窮苦的農奴，每年代他賺進數百萬金元。其他富有的地主，各擁有數十萬英畝土地不等。一個約逾一千家的封建組織，幾乎控制了海得拉巴的全部富源。農民過着非人的生活，一生負債到死，大部分的收獲完全繳了地租。

一九四八年，正當尼柴——一個囘教徒——極力想建立獨立邦，脫離印度共和國，而大多數人民

——印度教徒——反對他的時候，共黨就在這個經濟政治上含有爆炸性的最弱的地方，發動了工作。

武裝的年青共黨知識分子，集隊進佔一千個以上村莊。他們召集無地的農民，宣佈以後不必向地主繳納地租，不必償還一切借債，將富人的土地分配給無地的家庭，農民必須堅決反對重建舊秩序。

尼柴治下的地主和官吏，不及逃走者，全遭暗殺。到了這個時候，印度軍隊遂進入邦境，尼柴才同意海得拉巴邦成爲印度聯邦的一部分，印軍遂開赴泰林加拉對共黨作戰。結果，印政府也強迫尼柴將他的土地大部分分配給舊日的租戶。

「武裝暴動，只有採用游擊戰術，才能繼續維持。」共黨的通告現在這樣說。鄉村的農民，奉命對每一接受新分的土地的人，一一予以殺害，且「須非常秘密地掩護黨的領袖和游擊隊」。雖則採取一切有效的取締辦法，但零星的游擊戰爭依然繼續，一直到兩年後共黨本身改變了他們的計劃，才見停止。

這種革命的騷動的教訓，具有深遠的意義。「你眞的明瞭游擊戰爭的意義嗎？」一位印度軍官問我。「我能夠明瞭法國在越南爲什麼不能戰勝。我們甚至連在海得拉巴這一地區也不能獲得完全的勝利，可是我們都是印度人，並不是白種人呀。」

海得拉巴的共黨，巧妙地運用毛澤東所述的游擊戰術：游擊隊似魚，鄉村的農民似海；魚一旦得水，自可任意遨游，迅速生長。

他們更進一步依照毛氏的策略，專在鄉村打游擊，放棄了城市的工作，但這一策略立即遭受中央領導當局的譴責，因爲中央領導當局是不承認毛氏爲一先知者。一九四九年六月在黨的機關報上發表了一封信說道：「印度共產黨已經接受了馬克思，恩格斯，列寧和史達林爲馬克思主義的權威的先驅。除他們之外，並未發見新的馬克思主義的先驅。」

過了七個月後，至一九五〇年一月二十七日，在國際情報局機關雜誌「爲永久和平，爲人民民主而戰」上，突然對毛氏改變了態度，贊揚中共的勝利，指示亞洲的共黨應遵循毛氏所採取的路線。

印度共黨立刻翻了一個筋斗轉變過來，奉命惟謹，指責拉那定夫爲「托洛茨基——狄托分子」，罵他爲「左傾盲動主義者」。一九五〇年六月八日，國際情報局令拉那定夫辭職，至七月十九日，黨中央宣布海得拉巴的勞氏(Rajeshwar)爲印共的新的總書記。在發表的政策方面說：「只有中國所採取的路線……是擺在印度人民面前的唯一正確的路線。」

在海得拉巴的游擊鬪爭，直至事實證明新印度政府確已具有足以戰勝游擊隊的力量時，才行放棄。在一九五一年中，共黨曾一再改變戰術。由於全國和各邦的選舉將屆，共黨的政策也採取了「暫時的和平方法」。

甚至連這種政策，也是獲得莫斯科的一致支持。列寧曾說過：「當你們尚無法瓦解資產階級議會和各式反動機構之前，就必須滲入他們的內部工作。」因而在一九五一年，正當大選前夕，印共採取了一種「立憲主義」的路線，目的是在「向落後的民衆證明，爲什麼議會必須要予以解散」。

一個印度的政黨之受外國的命令行事這一奇妙的故事，完全清楚地表示出印度共黨是仰承克里姆林宮的鼻息，亦步亦趨。他們不僅接受莫斯科的命令，而且依賴蘇俄和中共給予各種實際的援助。

在全國的共黨書攤上和普通書店中，我曾經看到大批蘇聯出版的廉價書刊，專供訓練知識份子成爲一個共產黨員之用。「我們所閱讀有關養成黨員的書藉，沒有一本是印度人所寫，或在印度出版。」一個脫黨的共黨學生有一次這樣對我說。

馬克思，恩格斯，列寧，高爾基，其他我從未聽到過的蘇俄作家，少數英共分子——所有這些人寫的著作，大量採用，尤甚是列寧的著作更多，可是並未見到印共的重要著作。

「盡量在印度購買共黨的書刊，終可破壞蘇俄的預算。」這是反共分子間一句日常所說的滑稽話。但這是事實，並不是滑稽。莫斯科不僅利用這類書刊，達成宣傳的目的，而且用以補助印度共黨的經費。這類書刊都由蘇俄和中共免費供給，售出所得欵項，直接撥歸印共的財庫。這使黨的經費有了一項最大的來源。

一九五二年，印度政府設法切斷這項財源，遂禁止全印國營機構出售這類蘇俄補貼的書刊，在這些機構中包括數千鐵路站上的書報攤。可是私人的書報攤却受法律保護，無法干涉。

莫斯科也是訓練印共的未來領袖的中心。許多前途有望的年青印度過激分子，大批送入莫斯科的列寧學院，回來時都已變成虔誠的共產黨徒。但是獨裁的氣息却令一部分敏感的印度共黨發生嫌惡，因爲他們面對現實，已看穿了西洋鏡；另一部分人則因莫斯科所指導的黨的路線動搖不定，而感到淆惑，逐漸覺悟。

倘若不是共黨在中國獲得空前的勝利，印度的共產主義恐怕依然無法立足。未來的發展如何，將視許多因素而定，其中最重要的一個因素，是全印共黨分子的日常鬪爭工作。

我依據脫黨的共黨分子的意見，並根據我個人所作深刻的研究和觀察，對於印共如何進行日常鬪爭工作一點，已能獲得整個的印象。

一九五二年，印共選擇巴提阿拉及東旁遮普邦爲集中力量組織黨的一個區域。這一地區，從前由各王子統治，並無民主鬪爭的傳統，法律和秩序都未建立鞏固。

共黨首先集中注意力於塞克族方面，他們的社會曾遭受印巴分劃鬪爭所破壞，他們的窮困依然有增無已。共黨遂支持塞克族的一個猛烈的反回族組織——阿克里塔爾，要求建立一個說旁遮普語言的獨立邦。

「共黨選擇塞克族控制的鄉村——克薩卡爾爲他們的根據地。」一個政府方面的人士告訴我：「共黨代表允許當地人民，一旦共黨當權上臺，不僅人民可以佔有自己耕種的土地，而且物價必隨之降落，以前用以購買一件短襖的錢，將來可以買兩件。」最熱狂的分子是一般失業的青年，他們都因失業過久，無所事事，心理上感到苦痛。黨的工作給予他們在鄉村中一項嶄新的重要任務。

「當一個鄉村中有五十人繳過了一年一個阿拉(合美金二分)的黨費後，共黨即向社會耆宿和領袖們接觸，總是大多數被爭取過來。」那個政府方面人士接上說。於是召集一個大會，來自新德里及其他要區的共黨分子發表演說，大會中遂決定拒繳地租給地主。

「共黨的組織家了解，這一種行動必招來鎮壓，但他希望發生鎮壓。因爲鎮壓會使政府的聲譽低落，製造英雄好漢，自願身入囹圄，爲農民的利益而忍受苦痛。」我的朋友有過上述的觀察。這種情形，在印度是格外可靠，在印度會有數千領袖爲向英國爭取獨立，而身受刑罰過。

一遇有拘捕事件發生，其他共黨組織家們遂發動爭取被捕者的釋放運動。在獄中，共黨的領袖們立即建立學習會之類東西，以教育非黨犯件。

共黨在全印的實際工作，是團結所有反對現社會的分子。在克薩卡爾附近，住有一批人被稱爲「犯罪族」，他們的職業，數世紀來都是從事於盜竊或其他違法勾當。因此，當克薩卡爾村的共黨組織家發現「犯罪族」目前對政府的不滿，是在於政府取締製造私酒一事時，他立即向他們提出許諾，說如果他們推翻了政府，共黨一定准許他們盡量製造私酒。

文化活動，是共黨的另一項武器。共黨的「人民戲院」是由流動的演員組成，他們所唱的不外是利用舊的民謠形式，裝進新的革命內容，穿插蘇俄和中國的革命事蹟，從一個鄉村到另一個鄉村，流動表演，獲得了鉅大的效果。

在那些頑固不化的，族籍觀念特別牢不可破的地區，共黨就盡量設法掃除一切阻碍。他們挨戶訪問，向各戶討飲水。而農民常常對他們說：「我不能給你水。我是頑固不化的。」共黨組織家就向農民解釋：「在共黨看來，從不知有所謂頑固不化一回事，你是我的同志。」

自然有許多頑固不化而籍族觀念薄弱的人，願意接受共黨的誘惑，認爲這是目前共黨的法術所造成必不可避免的結果。共黨爲着打破印度教義對於這一正統集團的根深蒂固的影響，遂拿出馬克思主義的看家本領：「宗教對於人民是一種痲醉劑。」

共黨在對付工廠工人時，也應用了同樣的技巧。在各城鎮中，所有黨員縱出身於富有家庭，也一律穿起非熟練工人所常穿的茶褐色短褲和襯衣。遇天氣炎熱時，共黨的組織家們都赤足步行，走到各工廠去，滿面塵埃；遇下雨時，他們亦都不帶傘，冒雨而行。

他們向雇主辦交涉，另有一套策略，這種策略在勞工史上是罕見的。他們對製造廠主說：「如果你繼續承認我們，和我們談判，准許我們爲合法的交涉對象，那我們就可以允許在以後兩年內不要求提高工資。」

另外還有一種策略，就是政治罷工，特別誇大幾項政治要求。更有在其他情形下，如大會黨的工會要求將每日工資從四個盧比增爲五個盧比，共黨的工會立刻就要求增爲十個或甚至十一個盧比。共黨組織家了解，雇主決不會答應要求，由此遂可達到破壞罷工的目的；共黨之提出這種過份要求，表示自己好像是唯一爲工人謀利益的黨。

從事組織這些工會和到鄉村去工作的共黨分子，大部分是由大學的學生與年青教授中挑選出來的。共黨的一種有力而投人所好的刊物——「十字街頭與閃電戰」，曾獲得廣大的讀者；所有的黨員一律須負推銷書刊之責。組織讀書會之類團體，專爲對共產主義感到興趣的人而設。此外，青年知識分子都一律參加黨的外圍團體，如全印學生聯盟，全印和平大會，進步作家協會，中印友好協會，印蘇文化協會等。

共黨在他們所領導的學生團體中，也對窮苦的學生舉辦非常有效的「救濟工作」，如供給價格高昂的教科書，爭取學費的減低等等。對於意志消沉而薪津微薄的教職員，由於他們希望提高聲望，爭取更多的聽課的學生，共黨遂在親共的各種會議中給予他們以表現身手的機會。

訪問印度及其他亞洲國家的西方人士，往往對大多數反共學生之仍舊承認自己爲馬克思主義者一事，感到大惑不解。「印度是一個馬克思主義者的國家。」一個直言無諱的親美學生，在托里凡特魯姆告訴我說。

他向我解釋，印度的大多數知識分子的背景，都是馬克思主義者。他說的很有把握：「這恰是因爲馬克思並不是上一世紀唯一偉大的經濟思想家，却只是最先分析經濟發展過程的人，他的理論，對於一個急需積蓄資本的國家是很適用的。可是，不幸列寧剽竊了那些理論的一部分，予以曲解，添上軍隊和革命運動於那些理論的背後，由此目前全世界就爲共黨所侵害而遭殃。」

在如此衆多的知識分子中，對於馬克思主義抱存這種見解，自然很容易誤信共黨的言論，成爲共黨的同路人，最後終必加入了共黨。

不管在中國發生的事情如何，目前緊要的問題，是印度會不會如共黨所估計，將步武中國的後塵。擺在印度共產主義前面的一種客觀現象，表示黨本身具備巨大的潛在力，但在力量總和的另一端，其他值得考慮的問題，當然也佔着很大的比重。

直到目前爲止，全世界的共黨，只有在兩個條件之下而獲得成功，奪取了政權：一個是利用紅軍去侵略或去作侵略的威嚇，如發生於東歐的情形；另一個是憑革命領導者的天才，能及時了解武裝暴動社會中已告成熟，如列寧之在俄國，毛澤東之在中國，而狄托之在南斯拉夫，在某種程度上也屬於這一類。依照我的意見，目前這些條件在印度都不存在。

印共忙於在國境地區組織黨的團體，由此或可建立一條捷徑，從中共偷運武器金錢入境；中共地下份子也時常進出於國境地區，但蘇俄或中共的紅軍想從北方來佔奪印度，似乎是不可能的事。西藏的道路，對於大規模的侵略進軍，幾乎是走不通的；而且在目前，受過嚴格訓練的印度軍隊，似具有足夠力量以抵抗來自這一方面的任何侵略。

如果中共通過緬甸侵入東南亞，這一形勢就會大大地改觀。一支中共軍隊一旦出現於緬甸或越南，必予泰國以重大的壓力，使整個印尼和馬來亞造成混亂與恐怖，中共的軍力對印度綿長的東部國境會造成嚴重的威脅。，

目前有沒有印度列寧或印度毛澤東存在呢？沒有人敢說；一定沒有。但以目前出現於羣衆眼前的印共份子而言，似乎尚未能確實把握印度社會變動的重心。直到目前，印度的共黨仍繼續和英國合作，反對獨立運動。

我們更可斷言，共黨在亞洲的進展，直到目前，除中共以外，都未達到他們的目的。在戰後數年中，先有菲律賓，繼有印度、巴基斯坦、緬甸、錫蘭和印尼，終至脫離西方的統治而獲得了他們的自由解放，悲觀人士的估計，事實上變成了杞憂。目前，這六個國家依然保持自由，事實證明他們對付各個國內的共黨，較之亞洲兩個殘存的主要殖民强國——法國和英國之在越南和馬來亞——對付共黨，更有成績，更有決定性。

可是，過份的樂觀也是沒有根據的。在未來的歲月中，蘇俄也許改善他的戰術。蘇俄甚至也許學習美國的一套方法，更有效地應用這套方法以達到共黨自己的目的。

舉例說，如果共黨不邀請更多非共印度青年到蘇俄去，「參觀我們在過去三十年中的一切成就」，那我才覺得奇怪。如果蘇俄政治局不竊取我們的四點計劃中的某些辦法，充作新的馬倫可夫戰略的一部分，那才更覺奇怪呢！

但是，如果印度及其他亞洲國家的共黨，從原來效忠於莫斯科轉而傾向於北京，我相信他們的前途必更有望，危險性更大。毛氏的領導似不會格格不入，也許較有伸縮性，予各地共黨有較大的自己決定權，發出的指示也許更適合於亞洲的情況。

我懷疑毛氏也許已經開始準備提出他的要求。在北京，他已經組織一個機構，名為「亞洲太平洋地區和平聯絡委員會」。

這個委員會可能會變成一個媒介機構，他希望通過這個機構去實行他對亞洲各地共黨的控制。印共的一小部分黨員顯然願意有此一轉變，但在一九五三年秋間，印共的大多數黨員似仍以莫斯科馬首是瞻。可是，蘇俄自史達林逝世後，由於內部的緊張和動盪，毛氏的相對的地位顯然逐漸提高，毛澤東主義在亞洲共黨間之取得領導地位，在我看來，確有很大的可能。

在史達林主義失勢的地區，這一較强固的力量會不會成功，將成為我們這個時代的最嚴重的問題。其最後的決定，當不在於共黨實際上所完成的工作如何，而是視印度及其他亞洲的數百萬青年在將來的成就如何。

一天晚上，在拉格普爾，一個受過美國教育的印度青年工程師誠懇地對我說：「你知道我是恨共產主義的，而且熱切地希望印度不僅仍保持一個民主的國家，更希望她日益强盛而成為一個自由的國家。」

「但是，」他以沉着的態度繼續說：「我只有二十七歲。我有一位太太和兩個小孩子。我的未來尚有三十年或更長的黃金時代，我不願成為受苦受難者，在共黨的籬下偷生過活。所以我要留意共黨會不會逐漸强大。如果有一天，事實證明他們將可獲得勝利，那我一定去參加共黨，這不是由於我喜歡獨裁而不喜歡民主主義，只是因為除此以外將無他途可循。」

當他再接下去說時，面現喜色：「如果共產主義出現於印度，也許是另一種不同的共產主義，較為寬大，不甚殘酷，含有甘地的某些觀念。在這裏所形成的一種新的共產主義，也許最後會改善蘇俄和中共的那些殘酷的辦法，誰敢說不會呢？」

但是我已經看到無數其他印度青年，正從事於建立大水壩的工作，並在鄉村和田間，正在建設新的電力，分配新的灌溉水源，控制廣大的瘴氣地區，介紹新種子，開設新學校。正是這些青年之不畏難危，獻身社會，使自由世界寄予希望。

總而言之，印度已有她自己的偉大的革命家如甘地，他所遺留下的傳統，是不易為人所遺忘的。甘地不但指出一條從事革命的新途徑，而且指出一條對付共黨的奇特的新途徑。

當他看到文件，證明旁遮普的共黨的暴行時，他就說：「我了解，我很了解他們的破壞活動。但是你們要記住：我們不單能靠實際上對他們鬪爭而戰勝他們，更要靠具有建設性的方法，重視個人間相親相愛的力量，——他們完全不顧這種力量。靠為眞正的自由而奮鬪，靠為上帝而服務，去戰勝他們。要準備奮鬪，如我之奮鬪一樣。」

我相信，一個自由民主的印度之最大的前途，是寄望於今日大多數印度人民，步着甘地從前所奮鬪過的途徑，「準備去奮鬪」。

香港通訊

中共「民族政策」之剖視

沈秉文

中共玩弄「政治藝術」底一貫手段是，動輒以「綱領」、「計劃」、「政策」等官冕堂皇的文件，作爲其掩飾各項極權統治的幌子。其通過僞「政協」底形式所制定的所謂「民族政策」，卽爲其玩弄「政治藝術」的大幌子之一。蓋中共深知我國少數民族共有五十餘個單位之多，擁有人口四千餘萬之衆，情形複雜，統治不易，能否加以征服、改造、利用，實爲其極權政治的一大考驗。故四年來，曾在僞中央及居有少數民族之若干大行政區和省區設置「民族事務委員會」，調用大量人力，盡其一切可能，推行此一政策。

最近，以此一政策之執行已發生嚴重之偏差，中共正在檢查和檢討；且對於此一政策之內容究竟如何？目的何在？執行的手段如何？一般的效果怎樣？以及此一政策的基本思想如何？各地報章雜誌似尙鮮完整之分析、研究、或報導；爲此，筆者特就中共所發表之資料及所知之一般情況，作一有系統而扼要的剖述。

中共的「民族政策」及其目的

中共「民族政策」的基本內容，照中共簡括的自述，爲：「鞏固祖國的統一和各民族的團結，共同建設偉大祖國的大家庭，在統一的祖國大家庭內，保障各民族在一切權利方面平等，實行民族區域自治，在祖國的共同事業的發展中，與祖國的建設密切配合，逐漸發展各民族的政治、經濟和文化，消滅歷史上遺留下來的各民族間的事實上的不平等，幫助落後的民族，提高到先進民族的行列，共同過渡到社會主義的社會。」(見四十二年十月十日人民日報社論)

從此一政策的文字表面粗看，照例是官冕堂皇；但若加以仔細推敲，便不難窺破其目的所在。所謂「鞏固各民族的團結」，全係一種飾詞；蓋中共實際上所爲者，正要打破各民族之間、甚至民族之內的已有的團結，而予以分割孤立，各個擊破，加以控制。中共的所謂團結，並不是要各民族之間平等的橫的團結，而是要各民族向中共作縱的團結。此種團結實質卽是臣服，是「靠攏」。所謂「鞏固祖國的統一」，纔眞正是中共的總的目的。此種統一的意義，極爲明顯：乃在征服少數民族，赤化少數民族，俾使因傳統上較爲保守、勇敢而易於反抗中共的力量，轉而爲中共特務侵略政權的一大資本。

所謂「發展各民族的政治、經濟和文化」，從這四年來的種種迹象看，不僅祇是一種表面的口惠，且反以此作了征服少數民族過程中的一種主要的手段。而且在征服以後就要求少數民族「與祖國的建設密切配合」。質言之：卽要驅使少數民族一律跟着中共走，中共喊「和平」，大家就得跟着喊和平；中共要戰爭，大家就得跟着參軍打仗；中共說要進入「社會主義」，大家就得跟着進入「社會主義」；中共要「一面倒」，大家就得跟着「一面倒」；……總之：一切都得密切配合中共的行動。蓋「建設」兩字，照中共習慣的解釋固然包括一切；而密切配合四個字從中共的政治現實上來觀察，更是含義廣深。

至於談到「平等」兩字，綜觀中共四年來「民族政策」執行的結果，不僅無若何事跡可尋，且實實在在使用了較異於一般的方法進行了一連串的迫害。而政策中所說的「消滅……不平等」，又祇是說「消滅事實上的不平等」，實深堪玩味。

尤其，中共在執行此一政策時，除强調愛國主義的口號外，更一再强調「國際主義」的口號。國際主義，乃爲中共向蘇「一面倒」的較爲響亮的名詞。因此，中共之民族政策，實爲一欺人曚世之大幌子，其眞正的目的，乃在征服少數民族，鞏固其極權統治，進而使之共同臣服於蘇俄，澈底向蘇俄歸化。

中共執行「民族政策」底手段

那末中共怎樣在推行他的民族政策呢？根據其四年來種種與此有關的措施加以歸納，主要可綜述爲下列各節：

一、調虎離山之計。中共在一般地區，決不允許地方含有領導作用的人物存在。卽無善不施，有惡不爲的仁人君子，亦必以「善覇」之名提付公審，加以殺害。惟獨對少數民族地區，以情形特殊，深恐激起變亂，不敢採用同樣方法，乃施用調虎離山之計。所謂調虎離山之計，乃是將各少數民族的領袖人物盡量「請」到北平，除其中一部份人給予「政協代表」或「人民代表」一類的虛銜外；並成立佛教、回教等若干宗教團體，予其中另一部份人以所屬團體的「副主任委員」(按：中共之人民團體中，副主任委員一席之特別多者，用意卽在籠絡此等類似之人物）或「委員」等職，使其長期居留北平，表面上極爲「優待」，實際上則予以監視，使其不能自由行動，剷除其在少數民族中或地方上的實際領導作用，俾消滅其領導少數民族的反抗力量。此一計謀的運用，似已獲得成功。

二、各個擊破之計。製造社會矛盾而操縱利用之，或予以各個擊破，爲中共的「革命」策略之一。全面踞有大陸以後，似行之甚力。對少數民族而言，尤爲一大法門。所謂製造矛盾或各個擊破者，在使少數民族不得因外侮相同而團結抗禦，並盡力分化其已有之團結關係而予以孤立統治之。其最具體之方法，卽爲「民族區域自治」，中共爲此，曾由僞政務院訂頒過一個「中華人民共和國民族區域自治實施綱要。」此種「區域自治」，表面似極爲「民主」而動聽，實際上則相當巧妙而惡毒。如蒙、藏、回等族，原爲少數民族中之多數民族，過去，蒙古、西藏或西北、西南若干省之地方政府，民間領袖、或宗教組織等等，皆能憑藉其政治力量、宗教信仰、或血統關係等等號召，團結、或影響其域外之同民族，爲維護其民族本身之利益而有權採取一致之態度。但現在中共的「民族政策」，是將各少數民族一一分割，成立各個相當於省級、專署級、縣級、鄉級之「民族自治區」。不僅少數民族與少數民族間從此不能合作互助，卽同一民族之內，亦被分割爲甚多彼此不相關連的區域單位，從而予以各個擊破，各個征服而宰治之。現在這種「自治區」的單位，照中共的統計，業已成立了全國的百分之九十左右，謂已「基本上完成」。

三、政治的滲透和掌握。中共在實行「民族區域自治」以後，卽展開其政治滲透的手段。此種手段，大致可分爲三個步驟：㈠在初期，中共派遣了一些基本的民族幹部，以「協助自治」爲名，進入各「自治區」，擔任各「自治區人民政府」的「副主席」、「副縣長」及秘書、科長、主任一類的職務，掌握了「自治區」的實際政權，而以當地少數民族中的傀儡人物擔任名義上的「主席」、「縣長」等一類主管官，作爲自治的象徵。此一時期，大致一切政治措施，類多順從原有習慣，爲中共高級民族幹部對各該區域內少數民族的所謂「摸底」（卽瞭解其全部情況之意）與學習時期。㈡隨後，中共中央及各大行政區和省級的「民族學院」或「民族幹部學校」趕緊訓練了大批民族幹部，盡量源源地派到各「自治區」充任各級「政府」及各種機構的主管官或副主管官。其中有少數是高級的，屬於政策性的幹部，大多掌握了少數民族區中的黨務及政治領導權；大部則爲事務性的中級幹部，爲少數民族區中推行行政、經濟、教育、文化、宣傳、農牧等等的中堅幹部。到此一時期（約在一九五一年到一九五二年之間），中共的政治力量已基本上向各少數民族區域滲透，亦基本上掌握了此種區域的全部統治權，乃從而開始其各方面對少數民族的改造工作。㈢但在此以前，中共所派出的民族幹部皆係漢人，既自覺君臨少數民族的形跡太明顯，實有違自治之名；而此等幹部對改造少數民族的工作，都因語言、習慣、感情、作風等等的因素，而格格不入。乃在一九五二年下半年以後，在少數民族中的所謂積極份子和知識青年中挑選一部份，予以訓練，隨卽派充爲各該自治區內的中下級幹部，藉此得以掩飾其自治的幌子，亦藉此得以利用此等土著幹部進一步去改造其本民族的「政治思想」。中共爲此，曾由僞政務院制訂過一個「培養民族幹部試行方案」，作有計劃的佈置。目前爲了提高這些幹部的所謂政策水準，正在分批輪番調訓中。此一工作，似爲中共推行「民族政策」的重心所在。

四、經濟的壟斷控制。但少數民族有少數民族的生活習慣、生產形式、和社會經濟結構，僅憑政治的滲透和掌握是不够的。尤其共產黨人的理論向視經濟爲人類活動乃至歷史演變的重心，因此，中共乃在各少數民族「自治區」中實施了一整套經濟上的壟斷和控制的工作。此一工作，主要的可分述爲下列幾方面：㈠「自治區」以情形特殊，尚未一律進行土改；但已利用收購的方式集中一部份土地，連同公地建立「地方國營」性之農場或牧場，爲壟斷農牧生產的大托辣斯。㈡建立農牧生產互助組或生產合作社，將農牧民生產納入組織的控制。㈢壟斷農牧生產之種籽、肥料、工具以控制農牧民之生產。㈣普遍設立供銷合作社，壟斷少數民族之生活資料，並控制商業利潤。㈤設立大規模之各種國營公司，以控制產自其他各地的生活必需品向少數民族套取農牧產品或當地其他特產品。此種結果，使少數民族的生活、生產、乃至商業行爲，盡入中共的掌握，聽受中共的支配。

五、文化教育的改造。隨着政治的滲透掌握和經濟的壟斷控制，同時並對少數民族推行文化教育的改造工作。此一工作，在中共認爲是征服少數民族工作中的最基本的也是長期性的一環。大致可分爲下列幾方面：㈠最基本的是兒童教育。中共盡量在各自治區中增設小學，實施適齡兒童强迫教育。課本的內容，與一般地區的無異，旨在自幼給予文化思想的灌注，爲其「定型」（中共語）。並以教授漢族語文（中共稱之爲「民族統一語文」）爲主，而以本族語文爲輔，對下一代作根本上的改造，可謂用心良苦。㈡其次爲推行民衆教育，到處設置民衆夜校或婦女識字班，用所謂「速成識字法」（中共曾自詡爲一大發明，但並無效果。）教少數民族學習漢字，並從而宣傳、傳播其赤化思想。㈢用定期的及突擊的各種宣傳，如壁報、黑板報、漫畫、戲劇、電影、幻燈、乃至改編其本民族的歌舞等，盡力向其誇示蘇俄及中共的偉大成就及社會主義的遠景，使其接受共黨思想，從而達成其赤化改造之目的。中共的這種改造，有一個重心，就是先在打破少數民族的所謂狹隘的民族主義思想，易之以愛國（應作爲愛中共）主義的思想，然後再進一步使其擴大爲國際主義的思想。

中共執行「民族政策」的後果

中共執行其民族政策的結果，顯然有其成功的地方，也有其失敗的地方。

成功的地方，概括起來有下列各點：

一、中共以調虎離山之計，將各少數民族的有力的領袖人物騙到北平予以優待的軟禁，並盡量給予動聽的虛名，而子上似乎很好看，顯得甚爲尊重少數民族，的確擒賊擒王的減少了少數民族的反抗意識和反抗力量，爲其征服少數民族工作的進展，掃除了不少障礙。

二、「民族區域自治」的陰謀，表面上亦似甚尊重少數民族的政治權益，而且相當民主，至於其他直覺上的迫害，文化水準較低的少數民族一時不易察覺。且分區自治的結果，至少已將人口較多、反抗力量較强的蒙、藏、回、獞等族分化，在形式上(非心理上的)似乎已達到了征服的目的。

三、在政治上，特別是在幹部問題上，問題是比較的多；不過，大小政權機構業已全部控制，少數民族的原有組織業被瓦解，人員業經訓練，政策已初步推行，在中共的目的上講，應該說是成功的。

四、在經濟上，雖然土改工作到目前還不敢一律實行(照筆者推測，中共最近已提出一新的農業政策，將消滅個體農民，實行集體生產，而少數民族區倘未土改者，乃可能免去土改階段而直接轉向集體生產)，惟中共對少數民族區的經濟上的壟斷和控制，似乎較其他各方面的成功爲顯著。蓋少數民族一向習於閉關自守，內外物資交流不廣，生活水準較低，中共看準此一弱點，雖一面控制其生活及生產，並剝削其利益，但此種控制和剝削，大多是從物資交流的方式上進行的，不易爲少數民族察覺，故易於達成其目的。

五、在文化教育上，因係長期性的工作，一時還看不出有什麼成功，也看不出有什麼失敗。

總括地說，前述這些成功的地方，部份由於其陰謀手段的巧妙，部份有賴少數民族弱點的利用，大部份當然由於整個政治壓力的施展。

至於說到其失敗的地方，似乎若干方面相當嚴重，茲分述如下：

一、「大漢族主義」思想的盛行，引起了少數民族的「狹隘民族主義」思想，恰恰違反了中共欲消滅少數民族本位民族思想的目的。一如前述：因中共實際統治各自治區的高級幹部和中堅幹部極大多數是漢人，此等幹部既原以君臨天下的姿態去統治少數民族，復以勝利而自滿，功臣觀念和享樂思想的勃興，官僚主義的養成，再加上種族優越感，乃在在都發生了所謂「大漢族主義」思想及其作風。此種作風所具體表現的，據十月十日的「人民日報」社論所說，在歧視少數民族，侮蔑少數民族，甚至故意虐待少數民族。如：盲目干涉宗教信仰、風俗習慣和語言文字；强迫回民吃猪肉；盲目干涉生產習慣；盲目干涉婚姻；在已土改地區故意給少數民族少分田、分壞田、甚至不分田(按甚多少數民族區內皆居有漢人)；至於在收稅、征糧、儲蓄、推銷貨物、打防疫針、收兌金銀飾物、及在各項突擊性運動中(如清潔衞生運動，抗美援朝運動……等等)因施用强迫命令手段而任意扣押吊打少數民族者，較一般地區之個別偏差行爲，尤爲普遍而嚴重。中共承認此一現象，即爲大漢族主義思想作祟所致。此一現象的結果，主要的即激起了所謂狹隘的民族主義思想。爲中共的一大失敗。

二、民族幹部中之漢族幹部與少數民族土著幹部已普遍醞成傾軋。醞成傾軋的主因，在漢族幹部太專斷弄權，凡事實行包辦代替，侵犯少數民族幹部的職權，侮辱少數民族幹部的人格，乃至予以排擠等等所致。此種傾軋，在在已阻礙了中共征服少數民族各項工作之進展。

三、由於中共漢族幹部的迫害及受兩種民族幹部傾軋的影響，不僅已激起了少數民族的所謂狹隘的民族意識，且已激起了種族仇恨，此種種族仇恨心理目前所具體表現的，據中共底檢討中承認，顯然已普遍引起少數民族的消極抵抗。

上述三點，都是中共最近在一次所謂「民族政策執行情況總檢查」中所發現而公開提出檢討的。中共對此種嚴重不利的結果，顯然極爲恐慌，謂爲大吃一驚！(見人民日報社論)

由此以觀，中共執行其「民族政策」的結果，在表面上雖已初步奏效，實際上則反已造成種族仇恨。此種仇恨，在目前固然是反共的，直接打擊着中共的征服計劃，而且可能成爲中共將來土崩瓦解時的一大因素；但也可能在大陸光復以後，仍遺留種族間的裂痕和成見，因此值得注意。

中共民族思想與民族政策之重心

最後，擬對中共民族思想與民族政策之重心，作一探討，以爲本文之結束。

嚴格地講：共產黨人的理論和心目中，對本民族並無民族思想，而只有以打破民族界限、奉蘇俄爲中心的民族思想。此種思想，係以國際主義爲其外衣，以「打破狹隘的民族主義」爲其口號，以「一面倒」爲其具體行動。雖然，他們會常常高喊民族解放的口號，但此不過爲煽動世界貧弱民族暴亂的一種手段，爲發動世界赤化革命的一種策略的運用；一俟其民族籠入鐵幕，即不允許再有本民族的民族意識存在，故就無須民族政策。但中共則情形特殊，在其盤踞區內，有五十餘個不同的民族及其四千餘萬的人口，爲鞏固其特務政權，固必須征服此種少數民族以實現其統一；爲向蘇俄澈底一面倒，尤須征服此種少數民族，以共同歸化於以蘇俄爲中心的大民族；爲了有計劃、有藉口的實行其征服工作，乃不能不有一個民族政策。因此，我們可以獲得一個結論：即中共的民族思想，爲非本民族的民族思想，而係以蘇俄爲中心的民族思想。中共的民族政策，爲非團結各民族在國家之內的民族政策，而係征服各民族使之共同臣服於蘇俄的民族政策。所以中共的民族政策是一個侵略的賣國的民族政策。

曼谷通訊

華僑與泰國經濟

莊心在

一、華僑在泰國的經濟潛力

旅泰華僑人口估計當在三百六十萬以上。依最近泰國經濟院發表的全國人口普查總數一千九百五十萬而言，幾佔六分之一。華僑不但人口衆多，而且在泰國經濟上實佔重要的地位。在泰國經營膠園與錫礦者幾全為華僑；商業方面，華僑斡旋於消費者與供應者之間，更居重要之地位；大規模的外國銀行與商行，亦必有華僑為其買辦。輕工業方面，火礱、火鋸、製糖、織布、火柴、製冰、肥皂、魚露等業，亦多為華僑所經營。金融方面，商業銀行、民信局、餉當、保險公司，亦以華僑經營者居多數；金行則全部為華僑經營。為經濟主力軍之勞工，也是大部份為華僑所擔任。更有進者，華僑在泰國農村中的足跡，無遠不屆，無僻不入，或經營小雜貨商店，或為行商收買農產。在農村附近水陸交通便利的地方，幾乎無處沒有華僑開設的輾米廠與穀倉或雜貨店等商號，往往兼營貸欵，儼然成為農村間的金融機關，掌握農村經濟的週轉中心。

一九四六年間，泰國當二次大戰以後，力求恢復，而歐美日本人原在泰國的經濟事業，還未恢復舊觀，那時期的外人在泰國的投資，幾全數為華僑所獨佔，據統計大抵可分類如次：

投資類別	數額（銖）
一般商業	一六、五〇〇、〇〇〇
火礱商業	五、〇〇〇、〇〇〇
印刷商業	四、〇〇〇、〇〇〇
保險商業	四、〇〇〇、〇〇〇
滙兌商業	二、〇〇〇、〇〇〇
織布商業	二、〇〇〇、〇〇〇
釀酒商業	一、二〇〇、〇〇〇
海運商業	一、二〇〇、〇〇〇
植物油類商業	一、〇〇〇、〇〇〇
合計	三六、九〇〇、〇〇〇

一九四七年華僑投資額增至一〇〇、二五〇、〇〇〇銖，仍居第一位。一九四八年華僑投資為七三、五〇〇、〇〇〇銖，佔是年外人在泰投資總額八九五、〇〇〇、〇〇〇銖中，百分之八二·二一。一九四九年在泰外資總額為四五六、二二〇、〇〇〇銖，就中華僑投資四一四、一七〇、〇〇〇銖，仍居首位，佔全體投資額百分之九〇·七八。

二、造成華僑經濟地位的原因

華僑之所以能在泰國經濟上握有重要的潛力，究其原因無非三端。

第一、是由於歷史上的積聚。中暹關係遠溯至一二八二年間，元代時即有華工移殖來暹。自後鄉親彼此携帶，與時俱增，至清代時已在暹羅經濟上居最重要的地位。華僑來暹較其他歐美日人既早且衆，對暹羅經濟史的發展貢獻特多，宜其在泰國經濟上具有先天的優越條件。

第二、華僑克苦耐勞，善於經營，而且態度謙和、誠厚，絕無侵略野心，政治企圖。故自移殖來暹，自能與當地人民和諧相處。更因各種技能上的傳授，如農耕上的分秧法，植物種子改良法，家庭工藝上的竹篾編織法，和製陶瓷法等。進而發生文化的交流，如三國志演義的流播，及雕塑漆繪等，備受暹人的歡迎。因此，商工業各方面乃有充分發展的餘地。

第三、中暹兩國人民既同屬東方黃種民族，大多信奉佛教，更因彼此國家政府間向無矛盾衝突，故歷來友善有如兄弟，彼此和睦相處，不若其他國家與暹羅間的關係，或迭經戰爭，或以不平等條約桎梏，在暹人腦海中留下不愉快的印象，致遭歧視。

三、近年來遭遇的危機

唯自一九三二年暹羅政變以後，國家主義的思想熾盛一時，泰國當局以「在外僑手中奪囘經濟權益」為施政的標榜，運用政治的經濟的力量以扶植泰人經營各種事業，凡所法令措施，直接無不以扶植泰人經營經濟事業為號召，間接則遭受到嚴重打擊者厥惟華僑，二十年來擇其尤要者，擄舉如次：

一、保留職業——泰國自一九三

四年頒行了保留職業法案，實施以來，迭加推廣，使華僑工人減少了很多謀生之路。邇年來更規定若干經濟事業只准泰人承辦經營，或規定泰人有種種優先權，並且扶助泰人經營商業，諸如當局有權將外僑的商店，轉交給予泰人經營，一般外僑承辦的官商工業，契約期滿，將改交於泰人等等，更使華僑經濟處於窘迫之境。

二、國營公營機構——泰國為壟斷經濟事業，先後設立大規模之國營公營（官商合辦）的商業集團，自一九三八年泰米公司成立，首開先河，迄今如金融業、糖業、膠業、漁業、木材業、航業，凡較有利可圖較大規模的經濟事業，都先後由府政主持下的經濟機構經營，甚至如牛乳等日常用品，亦由政府指定公營商業機構獨擅其利，使華僑商業活動的範圍日以狹隘。

三、府商業公司與合作社——泰國為建立全國性的商業網，於一九三八年創設了全國性的府商業公司，計劃在商業上控制全國之商品市場，消費生產出口入口均歸其統籌經辦，加上全國各地信用合作社的普遍設立，上述華僑在各鄉村經營的火礱及雜貨店等，附帶辦理的貸欵業務，就因以漸趨式微。

四、其他經濟上的法令措施——他如近年來政府所迭經公佈之法令措施，如增加外僑身份證印花稅所得稅，新國稅法，輸出入統制條例，外滙申請條例，扶植泰人經營及劃定外僑商業區等等，政府管制的方式日加嚴密，泰人與外僑之間的差別愈形軒輊，負擔日重，利潤日薄，華僑在泰國經濟的地位，也因以愈見偪促。

除了泰國政府所採行的唯國主義經濟政策以外，再加上歐、美、日本，且有大規模組織，科學化管理，雄厚的資金，政府力量的支持後盾，各種優厚條件的經濟力量沓至紛陳的注入泰國，以與華僑經濟事業相競爭。處此兩種力量內外夾攻之下，華僑在泰國的經濟力量，不免有漸見淘汰之勢。

四、不易動搖的基礎

華僑在泰國的經濟前途，遭遇着空前未有的絕大危機，已是無可諱言的事實，但是華僑在泰國幾百年來的良好表現以及艱苦締建的基礎，終不能不爲泰國朝野所重視。

這裏可以引泰國實業部長柏城差然中將於去年十月二十日爲擬訂協助泰人經營國家實業計劃，對記者發表的一段談話來作證，他曾坦率指出：

「實業的發展，並不是完全靠資本與計劃，最重要的，還在於人力，應該具有刻苦耐勞的精神，例如外僑(意指華僑)在泰國的實業所以能飛黃騰達，完全由於外僑的努力生產，刻苦勤勞的精神，不斷地創造，由小型工業變爲輕工業，再由輕工業擴大爲重工業，這一點是值得我們佩服學習的。」

在泰華僑，由於這種基本的精神力量，所締建的經濟基礎實在也不是朝夕間可以一紙法令條文轉變過來的。泰國務院長鑾披汶元帥於去年十一月初一次國務會議中，爲於檢討現行奪回商業權的若干措施執行的效果，他承認，有許多地方尚未十分適當，致成績未能達成預期效果，如「前次所採用之强硬性的保留職業，與排斥外僑商人的手法，只能引致外僑反感，徒然造成政府展開奪回商業權益工作時之阻撓，」因此，院長認爲「唯有改採柔緩的和滲透性的方式，才是泰人從外僑手裏奪回經濟權柄的最妥當途徑。」這些談話，都足以反映華僑在泰經濟關係及前途的消息。

最近泰國當局決定了發展國內工商事業的計劃，原則上還是需要鼓勵外僑投資經營，不過作比例的限制而已。這就是說明了，發展泰國經濟在目前階段，不能不獲取在泰華僑的充分合作。

五、華僑經濟的前途

但是華僑經濟前途，不能因是而鬆懈警惕，孤軍奮鬪的微弱力量，落伍窳陋的經營方式，投機取巧的冒險作風，假使不能夠澈底改革過來，華僑在泰經濟基礎，必然將配合不上時代的進展，而漸歸渙散泯淪。

今後的華僑經濟事業前途必然是更艱苦險巇，而且必須遵循下列的四種途徑，才足在內外夾攻中生存發展。

第一、是需要外交上的運用，使祖國政府的力量與華僑經濟力量相配合，以達保護培育的希望。當前泰國是以國家的力量來辦理各項經濟事業，而歐美、日本各國也都以國家的力量支持着在泰的經濟事業發展，如使華僑再像從前那樣的一條扁擔、兩只空手來創造事業，打開世界，在目前環境下已絕不可能。

第二、是需要大規模的集體組織。目前資本主義的商業經營方式，必然是以大吃小，以多勝少，以久滅暫，爲針對這種情況，已往華僑個別的小規模經營方式，已不合時宜，而需要結合成集體的大規模的現代商業組織，互助合作，方足以言商戰競存，而不致於遭各個擊破。

第三、是需要現代科學化的經營方式。已往華僑之所以能在泰國經濟社會上立足發展，只要克勤克儉，日有積聚，便足以起家。今後的經濟社會，分工日益精微，規模日益龐大，已不容許這樣簡單成事。且在政府的管制之下，一切帳目單據出入手續，也不像過去那樣只憑一二人省吃儉用，胼手胝足可以了事。因此科學化時代化的經營方式必然爲今後從事各項經濟事業所必需。

第四、是需要遠大合理的經營方針。在走上軌道的經濟社會中，展開經濟角逐，必然不能像已往那樣忽此忽彼取巧投機於一時，而需要以遠大眼光作長時期的有計劃籌慮，例如廣告的展開，經濟信用的樹立，國內外各地聯絡網的佈置，這些都不是已往華僑經濟所堪語及者，假使今後不在這上面力求改革，則華僑經濟，必不能決勝於久遠。

華僑經濟在泰國，正面臨着存亡絕續的危機。我們珍惜這千百年來先僑艱辛締造的基礎，但不能以爲既有的成就爲可憑恃，唯有以迎頭趕上的精神，把握時機的作法，才足以挽救危機，謀求發展。

六、泰國需要華僑合作

最後我人還該進一步多多提醒泰國朝野明達之士：華僑在泰國經濟的發展上，始終是重要而且有利的原力。姑不論已往在泰國經濟開發史上，華僑曾建立了莫大的功績，爲不容抹煞的事實；卽使在今後的泰國經濟發展上，華僑的資力人力，還是最有利的因素。華僑在泰國的種種經濟活動，純粹只憑藉着他們的資本和智慧勞力來博取合理合法的利潤，而且他們之所得是取諸泰國，用諸泰國，其中大部份貢獻於泰國國家收益、社會、慈善、文化事業。無論對泰國的國家安全和社會繁榮上，華僑都只有貢獻，毫無損耗。華僑在泰國只希望共享安居樂業，捉進繁榮，絕無其他的企圖。泰國朝野正該充分和華僑合作以共同發展經濟，而無需稍存顧慮。

不幸過去常會看到若干對華僑的誣衊論調，有時幾乎把一切造成不良事態的罪戾，都歸咎於華僑。究其實，誰也知道，除掉爲了政治上的誘飾作用或譁衆媚俗的標榜以外，全屬違心之言。大多數洞明事理的泰人，誰也會感覺到華僑勤勉誠厚，易於相處合作，而視同弟兄，不加嫉忌。

這些方面，我人正該盡力增進泰國的瞭解，也希望泰國當局以遠大眼光摒除消極的嫉忌心理，積極加强和華僑合作，充分運用華僑財力、智力、體力於發展泰國經濟的公平合理的坦途，則華僑與泰國的經濟關係，將一本既往的光輝成就，更形密切，而雙方共蒙其利，同沾其益，不禁馨香以禱。

西歐通訊

西德總理阿德諾

安　道

一九五一年五月間，一個春光明媚的日子，一位年逾花甲的老人，來到法國佔領軍總部 Schloss Ernich，剛一下車，就有幾個聯軍人員迎上前來，這位老人頻頻點頭，含笑與前來的人一一握手，刹那間，一幅紅黃黑三色的國旗迎風而上，直升到旗杆的盡頭，與聯軍英美法三佔領國的國旗並駕在空中迎風飄揚，同時軍樂隊奏起了 Deutschland, Deutschland über alles（德國至上）的國歌。這位老人很嚴肅的立着，一時頗為感動，幾年來他沒有見過自己的國旗，能與聯軍的國旗在一齊迎風飛舞，幾年來他沒有聽過有人奏起自己的國歌。他是來參加歐洲聯防預備會議的，這位老人就是西德總理阿德諾——這位被譽為一九五三年的巨人。

一九五三年成功的政治家頗不乏人，美國的艾森豪威爾總統，西班牙的佛郎哥將軍，都是在政治與外交上以成功見稱的人物。但最成功的一個要算阿德諾了。一九四五年納粹德國崩潰，到現在還不過八九個年頭，但在阿德諾的運籌帷幄之中，西德又登上了强國之林，它現在是歐洲大陸上第二個强國。它的敵人現在對它眞是談虎色變；它的戰勝者，現在對它頻送秋波，想與它重新和好如初；因為它在未來的抗共反蘇戰爭中，是不可缺少的一隻勁旅。歐洲沒有它，是不能防守的。

一八七六年正月五日阿德諾生在科倫市一個中級官宦家內，當時的世界，雖不能說是一窪平靜的湖水，却遠不似現在的多事之秋。他先就讀于福利堡與慕尼黑，後卒業于波恩大學。他是讀法律的，一九〇四年任職科倫市地方法院陪審官，同年與 Emma Méyr 小姐結婚。一九〇六年考取科倫市最高法院律師頭銜，復于是年被擢陞科倫市副市長，一九一七年應選為科倫市正市長，直到一九三三年才被納粹政府逼迫辭職。

這位青年市長，性格堅强，有一種不屈不撓的精神，凡他認為是對的，一定要堅持到底。一九一八年他不顧市參會的反對，力排衆議，以二千五百萬馬克把環城堡壘變為環城公園，修了一座運動場，建立科倫市大學，這座大學到現在還是德國第三號著名的學府。以後他又以一億五千二百萬馬克修築科市國際食堂和展覽會場，這兩個地方到現在還是科倫市的命脈中心地點。這位年青的市長，有着堅毅的主張，因為他不肯向納粹低頭，而成了納粹的敵人。所以在一九三三年，他就被逼辭職了。但是他對科倫市的成績，還是人人稱道，有口皆碑的。

他的前妻於一九一六年逝世。三年後他又二次結婚，共有子女七人，其中一人，二年前已經晉陞為天主教的神父。阿德諾生在一個天主教的家庭裏，所以他也是一位虔誠的天主教徒。他自從被逼辭去科倫市長後，就田園賦歸，在來因河畔 Rhöndorf 建立了一個新居，以種花養雞自娛。但是納粹政府却不放鬆他，因為他的主張與納粹黨互相鑿枘。所以在一九三四年和一九四四年曾兩度被捕入獄。一九四五年納粹政府崩潰以後，因美軍方的邀請，阿德諾遂又再度出山，復任科倫市長。科倫市在英國佔領區，他的政策與唯利是圖的英國人頗多不利，所以他的戰後科倫市長未及一年，又被英國人逼迫去職，從此以後，他為拯救德國人民，遂專心從事政治，很能得到西德人民的擁護。

一九四六年二月五日，他應選為來因河區基督教民主黨領袖，同年復陞為英軍佔領區該黨領袖。一九四八年九月一日西德國會參議院，阿德諾榮膺主席之職，他力主組織西德臨時政府，好能爭取聯軍的援助。

一九四九年四百〇二位國會參議員，選舉西德聯邦首任總理，阿德諾在第一次投票時竟以一票之盈，登上了西德聯邦政府總理之寶座。阿德諾在當時聲望還遠不如舒馬赫爾 Kurt Schumacher，根據當時的統計，西德才有百分之八的人民擁護阿德諾，而擁護舒馬赫爾的人民却有百分之二十四，現在擁護阿德諾的西德民衆，已到了百分之五十四强。

幾年來，西德在阿德諾的領導之下，眞是蒸蒸日上，一日千里，連他的反對黨也莫不驚嘆他的政治與外交的成功。他的政策是很顯明的，把德國由戰敗狀態與佔領軍的恥辱中解救出來，使德國與其他的列强一律享受平等待遇，他決不承認奧得河與納斯河線，他在行就職宣誓禮時說：我們從不休息，從不鬆懈，直到整個德國在和平與自由中統一。

一九四九年解除造船禁令，一九五〇年解除對德國的經濟統制，任其向外通商發展，近幾年來，德國貨物復又暢銷于世界各大市場。歐洲幾無一個國家能與它相抗衡。一九四八年，全國生產量只有三百億馬克，但到了一九五二年，全國生產量就達到了一千二百五十億馬克。馬克的價值頗為穩定，很得人民的信心。西德的經濟是很穩定的，沒有通貨膨脹的現象。一九四八年郵滙儲蓄金，才只十六億馬克，一九五二年就達到了七十億馬克。幾年來歐洲各國的費用都超出預算，唯有西德在此例外。

一九五〇年三月間邱吉爾宣稱：歐洲缺了德國，便沒有辦法防守。這話在韓戰爆發之後，更得到了美國對德國的估價與重視。

一九五一年春，西德設外交部，阿德諾兼任外交部長職。同年四月十八日與歐洲其他國家成立鋼鐵煤礦協定，與法意荷比盧森堡享有同樣權利，現在佔領軍幾乎完全喪失了佔領軍

（下轉第31頁）

七星寮（上）

王敬義

這世界還是一個需要改造的世界，愛不能包容一切，仇恨還是行爲的動機。這還是一個缺陷的世界；有不甘心庸俗生活的勇士，還請撒下愛的種子吧！

一

以前的七星寮是一座兩層樓，半圓形的建設物，繞着一個荷花池，池中遍植淡黃色的睡蓮。

散立在荷花池前前後後，有七株亞力山大椰子樹，排列成一個勺形，像天上北斗七星；不知從甚麼時候開始的，不知被那位聯想力豐富的人喚出的，這座樓，它有了七星寮這個美麗的名字。

七星寮外是一片樹叢，秋天來時，有很涼爽的風，濃綠不減，樹聲亂如潮聲。

而在夜裏，如果有皎潔的月光，七星寮外的樹叢裏，是一個醉人的天地。有人在吹笛子；有人在低誦李清照的詞；有人背倚着樹身回憶着童年，母親溫暖的手；也有人讓淚水淌滿面頰，因爲這太美麗的夜色。如果有螢火蟲，還是會有人將它捉去裝燈的，儘管它光發中的光，不再象徵驕傲，象徵美麗，而是象徵着遲暮的凄涼。

管理這座樓的，却是一個醜婦人。

十五年前與丈夫離了婚，她單獨住在宿舍盡頭一個小房中。她終年披着長髮，沒有人來探望她，也不見她去探望任何人。傳說這座樓是她哥哥的產物，哥哥死了，便將它傳給她。

她所收宿費非常低，伙食也完全由宿生們自理。但她只收女學生。

她自己煮飯，有一個小鍋，一個小炭爐子。學生們時常可從她窗戶中嗅到烹調美味的氣息。

她的房間，佈置簡單。一張鋪得很乾淨的床，一張書桌，兩把椅子。洗面盆放在桌下。在她房中找不到任何照片，風景畫片。但在她的書桌左角上，站着一面精緻的鏡子，每當她在椅子上坐下，俯身向前，在書桌上記寫一些賬目時，那鏡子便映出她醜惡的臉——濃黑的眉，沉滯的黃色眼珠，長鼻子下是一張極濶的口。她的腮部凹下，兩片嘴唇便不自然的噘出。

而那極精緻的鏡子，也極清楚的反映出，在她的前額上，七顆黝黑的疤痕，排列成北斗七星的形狀。

二

一天，一輛舊福特小驕車，載來一位陌生客。

下女阿玉，領她去醜婦人的房間，女學生們看到了，都感到驚奇。「老醜婆會有一個訪客？」她們都說那是一個難以置信的奇跡。

但是，老醜婆打開房門，迎進來客。

房門關上，女學生都聚到門前，耳朵貼在牆上聽。

老醜婆走出來，將她們驅走。

「您這裏住了這許多學生？」她再關上房門時，那來客問道。

「不，學校還沒有開學；開學後還要多！」她在床上坐下，面上浮着勉强的微笑。她說：「我接到您的來信，但是我還是不太明白。」

「是這樣，」那來客，先嘆氣，兩隻專橫的三角眼，向四周溜轉，她說：「我有一個女兒，就是麗兒。」

「這個我知道。您來信裏說過。」

「我的女兒，我管不好她。」她用手撫摩她薄絨外套的錦繡邊，她染着蔻丹的指甲，閃閃發光。「她在談戀愛，」她說。

「這個我也清楚。」

「她年齡這樣小，正是求學時候，却在談戀愛，想結婚，而且對象又是一個窮小子，所以，當她考取大學，要開始住校生活時，我希望您能幫助我，對她嚴加管束。」

「我願盡我的力量。但是，我只是一個房東，學生們是房客，我的力量有限。」老醜婆說，走過去，打開一面窗子。夕陽的光鋪滿她的床。

「我知道，我知道，」陽光將窗框的方格子映在那婦人的臉上，滿面脂粉蓋不住一條條皺紋，她繼續說：「但是，可不可以，請您，如果我授權給您，檢查我女兒來往的信件，尤其是一個叫林林的窮光蛋，他的來信，更要扣留。」

「林林？」老醜婆重複着這兩個字。

「是的，樹林的林，兩個字一樣。那是一個古怪的名字。」

「一個古怪的名字。」

桌上，一杯茶在陽光中冒着熱氣；窗外，遠方，一縷淡藍的烟昇得很高。

「您扣留他的信，我會知道怎樣感激您。」

「但是，我沒有權力扣留住宿學生的來信。」聲音冷冷的。

「是我拜託您的，也不可以嗎？」她端起茶杯，飲了一口；將茶杯放囘桌上，杯中的茶葉上下旋轉。

「作父母的也沒有權力干涉子女的通信自由。」

「您幫我忙，將來我會報答您。我一定要阻止他們通信，否則，那窮光蛋很快便會騙走我的女兒。」

「窮並不是罪惡。您爲甚麼一定要干涉他們呢？」

「不，不，您不知道，那林林，家世不明，傳說他的父母都是瘋子。您想，我會讓女兒陷入這種人的手中？您一定要幫助我，幫助我。」

老醜婆沉默着；窗外，紫色天空中已有早出的白星。那婦人，看了看錶，急忙站起身，她說：「天已很遲，我要走了。那件事就拜託您，以後，您要捐款，寫封信給我，我一定幫忙。麗兒的宿費，我放在這裏。」

那婦人走了。老醜婆坐在窗前，太陽已經沉落，天空飄浮着一簇一簇明艷的小朵紅雲，像一塊塊精工雕琢的珊瑚。「林林，我還棄了的兒子，會是他？」她喃喃低語。

她仍坐在窗前；夜來了，有美麗的星星綴上她的髮。

× × ×

她坐着，忘記了晚餐的時間。

有手指扣門。

「進來！」她說。

走進一個秀美的瘦影子，髮披在肩上。兩個大眼睛亮得像早晨湖面流動的陽光。

「我是金麗兒。」

「妳母親來過了。」

「有事情告訴我？」

「沒有。」

那瘦影子又悄悄的走了，門輕輕關上。

「林林，林林，十五年，我忘記了你，忘記了你……」她說。

三

月從蒲葵樹後昇起，在碎石路上映滿零亂的樹影。從七星寮直跳出去，便是大學校舍。一條碎石路，接連着這二個門。路旁栽着長列有扇形葉子如女人頭髮的蒲葵樹。不遠處大學的門燈，像二隻眼睛，瞪在樹梢，瞪在樹葉底下。

步聲近了。

樹影從衣紅蒼白的面頰上閃過，還有她髮的影子。她穿着綠色樹葉圖案的外衣，綠色的裙子，一雙絲絨軟鞋包緊她的脚；當她踮起足尖時，便輕巧的像一個樹的精靈，在月光下舞蹈的精靈。

她走到七星寮門口，邁進門口，便被擁了出來。在她眼前瞬着一對歛意的眼睛，一剎那間更激射出興奮的光芒。

「瑩子！」她喚她。

「我正要去找妳呢！」那個叫瑩子的女孩子說：「這麼遲還沒有來，以爲妳明天回來呢！」

「九點半到的學校，願意走一段路，但我知道妳在等我。走着，走着，竟又在那顆非洲橡樹下坐了一會兒——還有螢火蟲飛呢！明天我陪妳去捉！——從樹葉間看月亮，月亮眞美麗啊！這樣，等我再想起妳，踮着足尖跑回來，就遲了。好瑩子，生氣了？」

「誰生妳的氣，進去再談吧！」她們手拉手跑了進去。

「要到老醜婆處去報告一聲吧！」衣紅站住了，宿舍房間窗子中射出來的光，映着她白淨的小臉。

「我已經替妳報告過了，」瑩子說。

「瑩子，妳的頭髮好香，一定是剛洗過的。也好柔軟啊！比這秋天的月夜還溫柔呢！」

瑩子抖了抖她的手臂，笑着跑上樓。

「紅，妳回來了！」樓梯轉灣處，一個大臉的女孩子攔住她們。「紅，妳好嗎？」那女孩子將右手的鏡子，改到左手中，用右手握勞衣紅的手。「紅，妳的行李呢？」她問。

「行李在學校，沒有拿走，再見！」衣紅忙忙拉着瑩子上樓。「她眞古怪，手中總拿着一面鏡子，」衣紅說。

「今年她與我們住一個房間呢！」

「眞的？她叫甚麼名字？」

瑩子用厭惡的口吻說：「李湖！」

× × ×

「瑩子，」上床後，衣紅喚着睡在她足後床上的汪瑩。

「妳還不睡？」瑩子關懷的問。

「睡不着！」她俯起身。「瑩子，這床是妳替我鋪的，被服是妳找人洗的，房間是妳登記的，妳對我太好了，瑩子！」

瑩子笑了。她喜歡笑，笑聲與歌聲一樣響亮。

「喂！」衣紅若有所憶的。「妳說李湖與我們住同房，我沒有來時，就你們兩人住在一起？那多可怕！」

「不，還有麗兒，一個新生，長的很可愛，我將妳介紹給她了，她本也要等妳，但現在怕已睡着了。」

衣紅向對面看，只見床上，黑黝黝的，睡着一個小女孩，發出均勻的鼻息聲。

衣紅又仰臥在床上，說：「明天瑪麗來？她有信給妳吧！瑩子，妳聽，是誰在上樓梯？」

房門推開，李湖走了進來，她手中的鏡子在黑暗中晃動，有微弱的光。她踱到窗前，探出身去，側轉身，面向着天空，在鏡中端詳着自己。

× × ×

七星寮有一個可容一百人進餐的膳廳。膳廳有兩列光亮的窗子，兩列雖沒有白色檯布却潔淨異常的方桌。

晚飯時候，女孩子們由兩個門走進來。餐桌上貼有房間的號碼，女孩子走進來，找到自己的座位，便安靜的坐下。菜已經擺在桌上。

鈴聲響了。整齊的，有着光澤柔軟黑髮的頭顱，便微微往前探伸；潔白的頸項，線條美麗的露在燈光下。黑髮是這樣細而柔，潔白的頸項是這樣光潤，怕只有達文西的筆才能將這太精緻的美描繪。

一個輕微的聲音，膳廳的門打開。燈光下，瑪麗的紅色衣裙像一堆火。全膳廳的注意力立刻向她集中。瑩子穿一身湖紫色的袍子，衣紅挽着她的臂。

「我們遲了！」瑪麗說。她驕傲的微笑。

「人們在看我們，快些坐下吧！」瑩子說，眼望着鞋尖。

「我們的桌子在左角上，我看見李湖了。」

她們往飯廳左角走去；無數張頭追隨着她們，無數張嘴議論着她們。

衣紅身旁是一個清秀的女孩子。她有一雙大得出奇的眼睛，睫毛極長，柔軟的向上曲着。她起始有一些驚惶，但當她們都坐下，她便自在多了。

「妳是麗兒吧？」衣紅禮貌的問。

「是，」她點頭。她的臉浮上了淡微的紅暈。

「我是勞衣紅。」

「我知道。」她說着標準的國語。「汪瑩告訴我的。」

「妳今天出去這樣早？」瑩子說：「我醒時已找不到妳！」

「我送我媽媽上火車。」

衣紅看着她，感到非常喜愛她。「妳讀那一系？」她問。

「西語系，」小女孩子說。

四

大學開學。早晨，鐘聲飄過來，飄進每一扇窗子。房間中，梳頭，穿鞋，找鋼筆，吵成一片。但很快的，房間中又恢復安靜。女孩子們，三三兩兩，手拉着手，走出宿舍。那一條碎石路上，儘多彩色衣衫的倩影。嬉笑聲遠了，上課鐘響了，七星寮爲死靜所統治。房間的門都關着；窗子都打開，歡迎早晨的陽光。池塘中，睡蓮寂寞的顧盼着自己幽雅的倒影。

這時，出現了管理宿舍的醜婦人。

她踏出房門，輕輕咳嗽。那七顆椰子樹在空中嗶着，像在爭論一些她永難明瞭的事情。她沿着走廊走下去。陽光將走廊支柱的圓弧，投了長列整齊的倒影在地下。她走過這些美麗的半圓形的倒影，走下石階，她灰布的長袍子拖掃着石階。

來到宿舍大門口，悄悄的將大門掩上，又吃力的橫好木門，離開門，她全身浴着陽光。她忽然小聲的喚：「阿玉！阿玉！」

沒有回答。

「買菜去了！」她自對自說。

她開朗的笑了，顯示出黃褐色的牙齒。是溫暖的陽光給了她長久失去了的青春？她變得輕盈，走的那樣快，像一小朵灰色的雲。她走上樓去。

她推開一個房門，探進頭去；推開第二個房門，再探進頭去。有時，她走進房間，轉一圈，再走出來。

她走過一個又一個房間，小心打開房門，用力關上。走到這一層樓的最後一個房間。她走了進去。走到書桌旁。拉出一個抽斗，她失望的搖頭。

她拉出另一個抽斗，立刻高舉起一個淡藍色的信封。「是它！」她舒解的吁嘆，急忙用乾枯瘦小如鳥爪的手伸到信封中去。她拿出一張照片，一張男孩子的照片，有開朗的前額，線條優美的唇。

「他是我的林林，他像他的父親！」她眼中噙滿淚。

她將照片反轉，那上面寫着秀挺的鋼筆字：

「給麗兒存念。　　妳永遠的愛人林林。」

她再將照片浸醉的端詳着，「左眉上有一顆痣，一定是紅痣，我清清楚楚記得！」她說着以上的話時，天真得像一個孩子。「林林已經這樣大了，他一定不認識我了。」自語着，流着淚，忽然，像被一根燒紅了的針刺着般的跳了起來，當她往門口望時，李湖站在那裏，手中握着生了銹的銅鏡。

「李湖！」她驚慌的說：「妳沒有去上課？」

李湖仍舊站在那裏，舉起手中的鏡子。醜婦人全身顫抖。

李湖凝視着她，逼近她。「妳偷開別人的抽斗，偷讀別人的信件，賊！」

「李湖！李湖！」她制止她。

「我告發妳，妳現在手中還握着別人的信；我不許妳走出這個房間，她們很快便會回來。」

「李湖！李湖！」她制止着她，但顯然聲音中懇求的成份多於威嚇。「李湖，不要胡鬧，我一向對妳很好！」

「妳一向對我很好！哼！」李湖大聲的說。「妳對我好！上一次爸爸錢寄來晚幾天，妳差一些將我驅逐出去，走廊上集滿人，看我，笑我。這件事，我永遠也忘不了。」

「不管妳怎樣想，不許妳再大聲喊！」

「作賊才怕人喊！」

「我不許妳住！我明天便趕妳搬走，這周圍只有我這裏有房子租！」

「今天我就揭穿妳的醜事，同學會燒死妳呢！」她激動的說。

「燒死！」她瘋狂的抓住李湖的臂膀，搖撼她。「燒死！燒死！妳說甚麼？妳說甚麼？」李湖手中的鏡子被她搖落，跌在地上，玻璃碎了一角。李湖彎下身去拾鏡子。

她拾起鏡子，按在胸上，悄悄流淚，喃喃的說：「只有你懂得我，懂我的心！（人們只認識美麗的外貌！）現在你跌傷了，你是爲我受傷的啊！鏡子，人們爲甚麼要欺負我們呢？」她像忘記身旁的醜婦人，竟將臂伸平，放在桌上，將臉放在臂上，痛聲的哭了。

醜婦人匆匆將捏成一團的信封塞進抽斗。

她走到門口，回過頭說：「妳揭發吧！看會有人信妳的話！她們不說妳神經錯亂才怪呢！」她掩上門。

李湖仍伏在桌上哭，她握着鏡子的右手臂，在桌下搖擺。

五

大學的鐘聲悠長而響亮，但在那婦人房中，却是沉悶的，悲哀的。

房門由裏面鎖了，窗子緊閉，深綠色牛毛布的窗帘拉攏，還有門帘。

她踡在床上，蓋着毛氈，額上佈滿汗珠。她睜大眼睛，沉醉在回憶中。

房間中有深夜的黑暗；只有那牛毛布，細微的縫隙，迸射着小星的光，訴說着白天的美麗。

將臉埋在枕頭中，「過去了！過去了！」她說，含糊的說，斷續的說。

她掀開毛氈，走下床，由床底下拖出一隻褪色的小皮箱。小皮箱打開了，散發濃重的樟腦氣味。

她抓出一個很厚的信封。黑暗中，她沉滯的眼睛激發與奮的光。她臉上有着可怕的猙獰神氣。

燃亮一盞小煤油燈，房間的四壁搖動着大的不成形的影子——那被撕碎了的黑暗。

煤油燈光下，書桌上，一張一張，盡是男子的照片。七張，都是同一個人。他騎在馬上；倚着路旁的欄杆；他笑對陽光，在無際大海上，划一隻小船。

醜婦人貪婪的凝視着它們，枯乾的手撫摸它們，一若她可觸摸的會是躍跳着脉搏的，曾經屬於她的肉體。

「是他遺棄了我，是他！」她突然發怒，但憤怒的目光立刻又變得溫和。用手撫摸着它們，她說：「永遠過去了！」

她細心的將它們裝進信封，吹熄了煤油燈。關好小箱子，疲倦的躺到床上，「我是全然孤獨的一個人！」她說：「林的父親已經死了，現在，我多麼需要林伴在我身旁，伴我渡過老年的日子。不，現在，只要我能見到林一面便會滿足了。但是，我犯過多大的罪！……」

她睡着了。

她看見紅紅的火直衝到天上，高高的牆壁倒下去……樹倒下去，火瘋狂的吞噬着一切。火在窗戶中顯示它的大口，在驚慌的人們臉上撲動牠的翅膀，在樹木與牆壁倒下去時唱出牠恐怖的歌。火，是一隻巨鳥，牠飛！牠飛！牠有太美麗的羽毛，太雄壯的歌喉。

一個被火追逐的人，像一頭被獵人追逐的野鹿，從窗中躍出，重重跌倒在水泥地上。他的尖叫聲飄在天空，遙遠的天邊，連續傳來回音。

「他是我哥哥，吝嗇、頑固！」她緊張的說，聲音中有燃燒着的火的憤怒；她在囈語。

「是我燒死他的！」她肯定的說。

……法庭。燈光逼她不敢仰視。

「時間？」一個威嚴的聲音問。

「十年，或者九年前。」她回答。恍惚身旁有人低聲說：「最後的裁判！最後的裁判！」

「謀殺？」那威嚴的聲音又問。

「謀殺。我在他房門外，樓梯上，倒了花生油，菜油，點了火，他逃不出去。」

「動機？」

「他將一個酒瓶擲在我額上。看我額上的疤痕。」嘲笑聲包圍了她。她冷靜的昂着頭。

頓了頓她又說：

「我是他妹妹，一個被丈夫遺棄的孤獨鬼。我要一點錢，他一分錢都吝嗇；他喝酒，喝最好的酒。他只有錢喝酒。我燒死他，我要錢！錢！」

這時，四周一片同情聲，那些聲音都說：「錢！錢！」

「人就爲錢嗎？荒誕！」她想。

「死刑！」忽然那威嚴的聲音說，四周的聲音都靜下去。「放火謀殺，亦要被火燒死！」

她想喊，但有手揑緊她的喉嚨。

她醒了，用手揉眼睛。

爬起身，她走到門口，將門拉開一條縫。「太陽都有一些斜了，」她瞇着眼睛說。

「阿玉！」她試着大聲喚着。

「宿舍的大門還鎖着！」她搖了搖頭。

她謹慎的走到一扇窗前，往裏面看，面上立刻有輕鬆的表情。「她們在睡午覺！」她說。「阿玉，阿玉！」她看沒有人答應，便悄悄退進房去，關緊了門。

黑暗將她吞去，留下她眼中兩星悽怨的光。

六

阿玉同四個與她年齡相似的女孩子一同去買菜；每人挽着一個大菜籃子，這羣十五六歲的姑娘，在早晨和煦的陽光下，嘻笑打鬧，像是飛舞花間的褐黃色的蛾子，雖沒有蝴蝶的彩色翅膀，但也盡量自我陶醉地表現了青春，也感覺到生命是美麗的，也充分的享受了生活。

大學開學第一天，她們起身早；從菜市場回來，籃中裝着豬油，洋葱、鴨蛋、蠶、阿玉的籃中還有十斤豬肉，所以特別重。日常食用素菜，是學生與農人講好價錢，整車運到宿舍來。

走近大學，大學的紅色大樓，在陽光中無比的壯麗，她們都出神地看着。

「大學多安靜，沒有一點聲音！」阿玉感嘆的說。

「要是我們上大學，還不吵翻天！」一個剪着短髮，雙頰紅紅的女孩子，這樣說。幾個人就都仰起頭大笑。

「所以妳永遠也進不了大學！」

「妳進的了？別只長了嘴說別人。妳媽都快將妳嫁出去給人家作小了。」

「我給人家做小，妳想嫁大學生嗎？」

「不許吵了！」阿玉說。

她們沿着一條溝渠走，溝渠的水很清。五個人排成一行，渠水流着她們的倒影，天上的雲也映在水中，還有成羣飛過的禾花雀。她們走着，大學遺在她們身後，前面，是七星寮緊閉着的大門。

「誰關的門？」

「爲甚麼關門？」

「不許我們進去，沒有人點爐子，看她們吃甚麼？」

她們走到門前，停在門前，仰視着門。

「開門！」

「開門啊！」

她們用手拍門，用肩撞門，用腳踢門。門關得緊緊的。「開門，開門，開門！」她們用力拍門，圍繞宿舍的樹叢，似乎也被她們的喚聲激起興趣，響應的嘩着。它們搖動着樹枝，將棲息在樹枝間的雲驅跑。

她們敲不開門，抱膝坐在地上，坐成一個半圓形。

但這時，門緩緩的開了。

「妳們敲門敲久了快進來吧！」開門的是李湖，李湖說。她眼睛有些紅腫，被陽光刺激着，瞇成一條縫。

「李湖，妳哭了？妳眼睛這樣紅！」阿玉說。

這羣買菜的女孩子都站起來。李湖搖頭。

「李湖，妳沒有哭，但妳爲甚麼關門？」

「這門不是我關的，是，……」

「不是妳，還有誰？別人都去上學，妳爲什麼不去！」

「我有些頭痛，我時常頭痛！」

「關門偷東西！」不知是那一個說的。

「李湖偷東西！」

「偷不到東西，李湖哭了！」

找到戲謔的對象，她們一人一句大聲說下去；李湖的窘態，又使她們勝利的笑起來。

「不許妳們亂講！」阿玉看到李湖氣憤流淚，阻止着她們。

「李湖，妳的鏡子呢？」

李湖將鏡了藏到身後去。

那短頭髮的女孩子跑到李湖身後，立刻像發現一個大秘密般的喊。「鏡子破了！」

「偷東西時不小心，跌破了！」

「偷東西的手發抖，跌破了！」

「李湖的鏡子破了！」

「李湖偷東西！」

李湖驀地轉過身，嗚泣着跑了。在她身後昇起的，是響亮的哄笑，還有阿玉的聲音，「妳們不可以這樣！」但另一個聲音回答：「我們可以這樣！李湖是賊，她不否認，她一定偷了東西！」

大學的鐘聲響了，悠長而響亮！

七

衣紅與瑩子回到房間時，瑪麗坐在床上。麗兒對着打開的抽屜，捏着一團信紙出神。李湖伏在窗臺上，陽光傾瀉在她的髮上。

「開學典禮總是那一套，眞沒有意思！」瑩子對瑪麗說。

「麗兒，爲甚麼不高興？」衣紅在她身旁坐下。麗兒愁戚的望着她。

「麗兒被偷了東西！」瑪麗說。

「眞的！」衣紅驚訝的問。

麗兒沉默的點頭。

「我從學校回來，打開抽屜，便看見信封揉成一團。我不知道別人爲甚麼翻我抽屜。」

「我先回來的，」瑪麗大聲的說：「李湖一個人在房中。她沒有參加開學典禮，我敢說。」

「是誰的來信，有重要事情嗎？」衣紅問她。

麗兒搖頭。她說：「但是一張照片不見了。」

「暫時忘記這件事好嗎？」衣紅懇摯的說。她同意的將信封放回抽屜。

「不，我要去報告醜婆，」瑪麗說：「光天化日之下，開別人抽屜，看別人的信！我要調查。」

這時，有腳步聲。

一個黑姑娘進來，喘着氣。她跑到瑪麗身旁，小聲但急促的說話，眼睛瞪着李湖的背影。

「眞的？」瑪麗不等她說完，便站起身來。

「當然，她們親口告訴我的。」她加重着語氣。

「衣紅，」瑪麗怒不可遏的說：「我們這房間有賊，這賊便是李湖！不是我侮辱她。阿玉她們買菜回來，宿舍大門關着，後來李湖就來開門。她們說李湖的鏡子都跌碎了，因爲她們打門急，李湖慌了。不是嗎？阿張！」她看黑姑娘。

那個叫阿張的黑姑娘得到鼓勵，就說：「她們還說，李湖自己也承認偷東西的。」

李湖回轉身，瞪視着瑪麗與阿張，一言不發。阿張向瑪麗身旁移動。

李湖說：「我是人，我有我人的尊嚴，如果妳們侮辱了我人的尊嚴，那麼報復將會使妳們顫抖！」

「妳不必恐嚇，妳這個……」瑪麗說。

「這個甚麼？」李湖走近她：「賊，是不是？」

「她們說宿舍中只有妳一人，大門緊閉！」阿張說。

「老醜婆呢？」衣紅忽然插嘴。瑩子忙拉她手臂。「都是同學怎可以憑空斷定別人是賊？贓物又在何處？」

瑪麗惱怒的沉默着。衣紅繼續說：

「當面喚一個同學是賊，是一個怎樣的侮辱！」

「她本來是！」瑪麗火山般爆發了！「她是！她是！」

李湖又變得平靜，由瑪麗身旁走出門外。

「我要去報告！」瑪麗在她身後力竭的嘶喊。

「瑪麗！瑪麗！」是阿張膽怯的哀求聲。

「妳在罵別人嗎？妳怕了？」是瑪麗瘋狂的，受傷野獸般的咆哮。

八

李湖蒙了不白之冤，在七星寮中更變成侮辱的對象。孤獨的去學校，孤獨的回來。缺了一角的鏡子，是她的伴侶。

她只有見到衣紅與麗兒時，才會露出微笑，但似乎也怕她們發見，所以總是迅速的走過去。

在開學後一週的時間中，衣紅與麗兒已變成知心的朋友。人就是這種古怪的動物，人的感情更古怪；有時，一個微笑，一個凝視，一聲嘆氣，一句話，會使兩顆心緊緊的擁抱，千百人的千萬句語言也分不開。

一天晚上，麗兒感到煩惱，想出去走走。衣紅放下洗面盆。「麗兒，到那裏坐一會兒嗎？」她說。

「池塘邊？或者到宿舍外的樹叢裏；現在天涼了，不會有太多人吧！」

她們走出七星寮。

七星寮外，一片寂靜，一片黑暗，樹叢都在黑暗中蠕動，相互的傳遞着來客的消息。天空有雲，將星星遮去；草叢裏死盡了晚死的螢火蟲，樹椏枝上也再沒有哀鳴的蟬。她們的步聲響得很遠，好似被閒欲的樹聲携帶遠去；黑暗中，她們的眼睛有着柔和的光輝，面頰有着朦朧的美麗。

她們走着，風掠過她們的髮鬟，雲後的星星不時探出頭來窺視，她們走着，樹木的清香撲面，還有更濃厚的草香；她們走着，微潮的樹葉撫摸她們的頸項，柔軟的枝條眷戀她們的褶衣。

「在這裏坐下吧！」衣紅說。

「紅，」麗兒在對面石上坐下，一時像找不到恰當的話，便說：「這兩塊石頭太好了，否則坐在草地上，會着涼的。」

「這石頭是我與瑩子搬來的，我們喜歡坐在這顆樹下。這顆樹，它與我們談話呢！」

「是的，有時候樹、花、草、雲，都會說話。妳痛苦時，它們安慰妳。……」

「麗兒，妳不知道，我自幼失去母親，父親續娶了三次。父親續娶的太太又都沒有爲他生孩子。」微風將她的頭髮抹在她臉上，她若有所感的說。

「我也與妳一樣孤單！我生下來，哥哥便死了。媽說我不吉祥，對我冷酷。我們住在鄉下。後來，爸爸對媽不好了，她簡直是虐待我了。唉！」

不遠處，有鳥被話聲驚醒，似又被嘆息聲所感動，在巢中輕撲着翅膀。從密密樹葉叢中，可見公路上汽車馳過，在樹幹上投下旋轉的光影。

「紅，我可以問妳，問妳戀愛過嗎？」片刻後，麗兒走到衣紅的身旁坐下。她們坐在一塊石上，感到溫暖，能聽到彼此的心跳。

「我戀愛過，」衣紅撫弄着麗兒的手，自對自說：「我曾愛一個小我三歲的男孩。他愛我，用他的生命，他的前途愛我。但是，我離開了他。他是一個詩人。」

「爲甚麼呢？」

「爲了他。我父親反對，說如果我與他結婚，便與我脫離父女關係。父親頭髮白了，我不忍心再打擊他。此外，小鹿(我喚他小鹿的)，他年青，有前途。如果因爲自私，我與他結婚，他勢必爲經濟問題愁，那他會再寫不出美麗的詩句了。我走了，他在四處找我。但他不會找到我的。……我決定不結婚了，爲他保留一份愛情，爲自己保留一份回憶。」

「妳眞不結婚？」

「我畢業後要去作修女的，這世界上仍有太多人需要我們。」衣紅說，手被麗兒用力握着，她看到她眼中的惶惑。

麗兒說：「妳再沒有遇到第二個男孩子？」

「我遇到很多；但有了小鹿的愛情，那些男孩子們表現的便俗不可耐了。」

麗兒哭了，將臉埋在衣紅肩上。她端詳着她的髮。

麗兒抬起頭，用孕滿淚水的眼睛對着她。她說：「妳總記得一星期前，我抽屜中的信被偸的事？遺失的是我愛人的照片。紅，妳瞭解我吧！他沒有進過學校，完全是自修，在父親工廠作事。父親喜歡他，但知道我們倆很好，便厭惡他了。父親說年青人一切沒有基礎，就談愛情，不會有出息。反對最激烈的還是父親。媽早就決定叫我與她的一個乾姊妹的兒子訂婚。我不同意，那公子哥兒比豬還愚蠢！媽看我與窮職員好，（他在工廠作練習生），氣得跺腳。我冷靜的說我願意吃苦，我要自己決定自己的事。媽要父親辭去他。」淚水淌下她的面頰，在唇邊閃灼。

「爲甚麼呢？」麗兒嗚咽着。「他們要辭掉他，叫他失業。有人嘲笑他，說他愛我，因爲我是廠長的女兒。但是，我們倆人都够堅强，我們忍受了這一切。」

又是一陣風過，簌簌樹聲也在悲嘆；枯葉自樹梢飄下，在草根旁找到它們最後的歸宿。

麗兒仍舊激動的說：「我奮鬪了。來到這裏，是我奮鬪的結果。但我沒有勝利。他們答應只要我去讀大學，便保留他的職位；或者，是他走。分離了，我們的悲哀是深沉的。」

「妳先讀幾年書也好！」衣紅說。

「不，妳太純潔了！」麗兒氣憤的說：「他們是卑鄙的。他們希望我讀了大學，眼界高了，會看不起他。當我大學畢業，他來向我求婚，他們會譏諷他不長眼睛，竟敢向一個大學畢業的女孩子求婚！」

「現在情形會好些？」

「他每天來信，愁死了。他相信我，但我寄回去的信，他收不到。我眞不知怎樣辦了！爲甚麼我要來，而不與他私奔？」

「私奔？」

這時，樹聲亂成一片；樹梢的黑雲，向四外散去；一顆，兩顆冷星，俯視着大地。

「紅！」好久好久，麗兒喚道。

「麗兒，人總會找出條路來的。但妳不更應先冷靜的用妳的思想嗎？任性去作，後果是不堪想像的。你們有力量生存下去？」

「妳說的對。可是，我想，愛能包容一切。我能吃苦，他更能吃苦。眞活不下去，我們便死。兩個人死在一起。」麗兒說時，眼睛睜得很大，神情堅決。

「生活的目的在於創造。愛情是偉大的，偉大的愛情往往會鼓勵人作出更偉大的事情。你們年齡都小，那能够隨便去死！死不痛苦，但死是懦弱。」

「不，妳不清楚，我心中煩。這世界多亂！人怎樣活下去呢！又爲甚麼活下去？……」

衣紅輕輕喚她：「夜露已濕了我們的衣服，下弦月已在黝黑林海上昇起，我們回去吧！」

他們緊緊的挽着，又走進密密的樹叢；樹葉都綴滿水珠。下弦月昇起的夜，是一個薄明的夜；樹的枝幹像一條條手臂，相互的握着，蟠曲着；禾雀花的枝籐垂下來，在風中搖曳。

九

星期日，陰沉天。衣紅望彌撒回來，看見麗兒伏在床上。坐在她身旁，將臉貼在她耳邊，「麗兒！爲甚麼又哭？幾天來妳瘦了很多！」

麗兒搖頭。「我眼睛都腫了，不願意看見妳。」她忽然抑起面孔，泣着說：「林要來看我，妳知道吧！」衣紅點點頭。

「眞的，」麗兒坐起身，腫紅的眼睛對着她：「我只要見他一面。他來了會失去職位。他自幼無父母，舅舅將他養大。他再失去這職位，他舅舅會打死他的，他舅舅是個酒鬼。媽知道林來，定會追踪而來，逼我回去，將我關起來，我們便永世不能見面了。那時我會瘋的！（我們家中才不怕多一個瘋子呢！）

「爸爸根本不關心我，他會喜歡我嫁一個公子哥兒，或還能利用利用。」她的眼睛中有不定的神祕的光。

「麗兒，不許再說了，這樣會愁出病來的。林甚麼時候來？」

「半個月以後。這半個月，叫我不要給他信。時候到了他跑出來。星期六夜車來，星期日夜車回去。」

「那麼妳現在更應該安心等待啊！」

「是的。」歇了片刻，麗兒又悲愁的說：「媽一定會知道他來：林住在工廠裏，廠裏都是媽的走狗，他們監視着他。」

窗外的天仍是那樣陰沉，却不見有雨點飄下。衣紅掩上窗子。

「麗兒，妳願意有一個信仰嗎？有一個信仰時，妳會感到平靜的。」衣紅說：「在安靜的教堂裏，在黃昏微弱的光下，跪在妳信的天父前，妳將得到寧靜，靈魂的寧靜。這時，教堂外，如果有疾馳而過的車聲，妳會感到它們對妳是陌生的，遙遠的。妳願意在這方面努力一下嗎？」衣紅拉起她的雙手。

麗兒眺望着窗外的天。雲越積越厚，越壓越低，那些高舉的樹枝都扭曲了，似不勝負荷了。

「我很小便失去母親，但當我第一次在天主前跪下，我像是回到了母親的懷抱。那時，我哭了。」

「但現在去培養一個宗教感情，不太遲嗎？」

「妳想世界上會有太遲的事情嗎？」

「不，一切都太遲了，當我想到林，媽媽，爸爸，我的心中又亂成一團。」徨惑的表情又回到她臉上。

窗外細雨飄下了，像一些小蟲在飛。

「麗兒，我只希望妳這兩天能靜下來。宗教情操是要慢慢培養的，我不勉强妳。……我們去吃早餐好嗎？那麼快擦一下臉，穿上雨衣，妳不是也喜歡在微雨中行走？我們將走過細雨中的樹林，樹林在細雨中有絕美的豐采；走經細雨中的小渠，渠面一片煙。」

窗外的雨忽然下得大了。

十

雨下了五天。雨停，雲沒有散，空氣是爽朗的。麗兒似已靜下來，每天忙着功課；衣紅伴着她。

那天夜裏，雲散淨，天空有星。窗子敞開，麗兒坐在窗前，膝上是莎士比亞的十四行集。她這對中國宋詞有很大熱情的女孩子，現在集中興趣在莎士比亞詩集上了。

「紅，」她偏過頭喚衣紅。衣紅在畫一幅聖母像。

「有事嗎？」她問，握着筆看她。

「今夜我高興極了，妳看滿天星，多亮！紅，我讀幾行詩給妳聽好嗎？」衣紅放下畫筆，在靠窗的床上坐下。

“Since brass, nor stone, nor earth, nor boundless sea,
But sad mortality o'er-sways their power,
How with this rage shall beauty hold a plea,
Whose action is no stronger than a flower?”

「你看他說得多透澈，人生眞不過如此，甚麼美貌終還不是化爲塵土。」

衣紅微笑說：「妳誦了半天，我也不明白。我聽不懂英文詩啊！那能比妳西語系高材生。」

「我譯不好，不過大意是說：既然鑄碑用的銅、大理石，成者大地與無際的海洋，都敵不過死亡的威力；面對着死的憤怒，美人兒又怎能爲自己辯護呢？她的力量不比一朵花更大！」

「妳引起我憶念小鹿，他寫詩，最愛寫十四行。有一首，我很喜愛，背給妳聽：

『在酸枝木椅上坐着我的女皇，
夕陽浴着她的髮，她的衣裳；
她手中握着金碧輝煌的銅鏡，

她大而黑的眼睛，亮澈又瑩清；

× × ×

她柔長的睫毛不時映動，
若欲解決那一個古老的疑問：
輝煌銅鏡照過幾多美麗笑容，
幾多笑容織成一個悠長的夢？

× × ×

她纖巧的肩上披着橘黃色的毛巾，
點點水珠，窈窕而又晶瑩，
她細心的女友熟練的捲她的髮，
陣陣髮香飄來似六月的槐花。

× × ×

銅鏡上的脂粉皆將剝落，
純潔的心靈是開不敗的花朵。』」

衣紅背誦完了，閉上眼睛。「純潔的心靈是開不敗的花朵！」麗兒低聲唸着。「紅，」她小聲喚。

衣紅張開眼，想笑，但淚水流下了。

「睡吧！」麗兒爲她收拾畫具。

× × ×

瑩子走進來。「都睡了？」她說，脫去鞋子。

「她們睡得早，」瑪麗說。

瑩子躺在床上，只聽瑪麗說：「男孩子如同野狗，看見肉骨頭就想搶，想吃，而我們就是肉骨頭，但我們應有本領誘來很多野狗，讓他們搶，又誰都搶不到口。瑩子，妳只接近一個男孩子，很快便會被啣在口中。瑩子，我的理論高明不？」

「瑪麗，男孩子眞比野狗更蠢，更自私！」是阿張的聲音。「瑪麗，男孩子一見到妳，眞是搶着跪到妳面前。」

「男孩子，哼！」她驕傲的笑着。

「那些一年級的學生，可笑，他們也對妳吹口哨呢！」

「阿張，那天誰要用汽車送我？」

「陳非楚。他父親是甚麼總長呢！」

一個任情的誇耀，另一個任情的諂媚。瑩子睡着了，李湖睜大着眼睛，感慨低語：「人有一個外表便够了，這是怎樣一個世界！有愛情的殉道者，便也有愛情的高利貸者。我則是被這世界犧牲的人！」

× × ×

夜半，麗兒醒了。「純潔的心靈是開不敗的花朵，」她低聲默誦。

關於風蕭蕭的電影

徐訏

在天風月刊上，太乙女士曾經寫了一篇以看電影作欣賞文藝作品的諷刺小品，我覺得這好像也諷刺到電影的廣告；電影的廣告喜歡在電影上加一個「文藝」的帽子，好像愛好文藝的人，看看電影就可以代替讀書了。實則電影卽使取材于一部創作，也祇是取一個故事的輪廓吧了，而這故事要適合電影，不但爲電影技術的方便要改動，爲生意的打算也要改動，那麼故事以外的東西，則更是談不到了。

電影也許也是一種藝術，但裏面需要文藝的特質實在很少，文藝的氣氛電影是無法容納的。因此往往第一流的文藝作品反而製成了一無可取的電影，而不成器的作品倒反而可改爲很好的電影。祇要把托爾斯泰的愛娜·卡列妮娜，狄根斯的塊肉餘生記……等書，同那些書所改製的電影比較比較，就可以知道這些電影掛着作者的書名，是多麼沒有意義了。也許電影的功勞在使文藝通俗化，可是通俗的偏又不是文藝，而祇是文藝裏一個故事或一些場面吧了。

文藝與電影根本的區別是在意向，文藝的作者總是想在庸俗的故事中發現永恆的題材，而電影則似乎總要把文藝裏永恆的題材改爲庸俗的故事。至于文藝作品裏的人物，則作者的創造與導演的創造是很難相同的。如果導演與演員多有點修養，或者還會對原作有點感受，否則那更是畫虎不成反類狗，還不如索興畫狗比較像些了。

因此，文藝作品之改爲電影，上好的是等于一個畫家的畫被攝成照片複製在明信片上，那裏雖沒有原作的精神，但還不失爲原作的影子；下流者則正如割一個人身上的肉來炒肉絲了，偏偏還要在這盤炒肉絲上標明是誰的肉絲而要人來認識原作。

記得郁達夫先生曾經說過，一個文人到了賣自己的日記與信札是可憐的。我想一個人到了賣自己身上的肉被人去炒肉絲，其可憐一定是更甚了罷。

但是，我賣風蕭蕭的電影攝製權，雖也是爲生活，但也並不是賣給人切碎了去炒絲肉的。

那是在上海，同我接洽的人是中電的廠長徐蘇靈先生，以中電的人力物力，當然不會祇想宰割風蕭蕭去炒肉絲而已。而且他還對我保證將如何如何的認眞去攝製的。

但賣了以後，有人告訴我買這個攝製權的人不是中電，是周克先生，他因爲認眞，所以遲遲沒有開拍。以後時局激變，關于風蕭蕭的消息也就沒有了。

到香港以後，許多人同我談到想把風蕭蕭攝製電影的事，我總告訴他們同周克去接洽。于是屠光啓先生出現了，他告訴我他老闆同周克的關係，而且他已去接洽過，現在是想同我來談談了。

但是屠光啓先生雖是很客氣的說話，但是一談到正題，眞使我吃驚了，他對于文藝的體會與了解，竟不如一個小學生！當時他拿出一個幾百字風蕭蕭的故事大綱，叫我貢獻意見，我看了眞是啼笑皆非，覺得實在無話可談。事後我就寫了一封信給他，請他好好請人寫個劇本。他回信還是很誠懇，說他要自己動筆來寫，寫好了再給我看，我當時自然沒有話說，心想等劇本拿來了再說吧。

可是，我始終沒有看到劇本，而屠光啓倒約我

「麗兒，」一個陌生的聲音，聲音雖陌生，但充滿關懷的溫情。

麗兒揉眼睛，用手臂撐起身；偏過頭去，立刻張大了嘴。她枕旁坐着一個婦人，髮披在肩上，在對她微笑。

「是我，麗兒！」

麗兒强作鎭靜，找衣紅的床，衣紅在酣睡。

「麗兒，妳還是躺下，這樣坐很吃力的！」那婦人又說。

「但是，您有甚麼事？」

「事？有一些，」那婦人若有所憶，昂起頭，望着窗子。「都是長久以前的事了！」她嘆氣。

麗兒心中想：「她前額有七個疤痕，同學們都怕她，她究竟找我作甚麼呢？」

麗兒在思想，那婦人却沒有看她，或者根本忘記了她。那婦人說：「他也應該這樣大了。」緩緩的，如同抑起頭遺忘在回憶中一般，她又俯下頭去注視麗兒，她說：「不要怕我，你只當我是妳的嫲姆，妳心愛的姑姑。妳怕我？麗兒！妳認識一個叫林的男孩子，並且　們彼此相愛？」

「是的，我認識林。」

「他是福建人吧！左眉上有一顆紅痣？」

「妳怎麼知道？」麗兒立刻神情緊張的。「他是福建人，但妳問這些作甚麼？妳是我媽派來的？」

她冷笑了。「是我對妳的關懷驅使我來的。」她又像是自對自說話了。「我一生在痛苦中渡過。我也享受過幸福的滋味，但只有一剎那。以後，被痛苦折磨着，我作了很多壞事。我不會活得長久，我願意在死前作一件好事。……知道一些關於林的消息妳願意告訴我嗎？」

「妳要知道他的消息？但妳是他的甚麼人？林是沒有親人的。他只有一個舅舅，是一個酒鬼。但妳爲甚麼要問林？又怎麼知道我認識林？」

「我是他的親人，這世界上唯一的親人！」那婦人說，她眼中孕滿了母性的淚。

瑪兒被這母性的淚感動了，將頭伏在婦人的膝上說：「林，林就要來了！」麗兒傾訴了她心中的痛苦。然後，睡着了。那婦人小心的將她的頭移在枕上，用手撫她的額；站起身，走出房去。

「我要幫助他們，盡我一切的力量幫助他們；在未來，如果我有幸福，便寄託在他們的身上。」她說。

第二天早晨，天亮了，樹影在窗上搖，麗兒張開眼，憶及夜間發生的事，恍如一夢。她便迅速的穿好衣服，跑下樓去。跑到醜婦人門前時，放輕了脚步。那婦人的房門緊閉着，房中沒有任何聲音；將耳朶貼在門上聽了一會兒，又躡着足尖走向自己的房間去。(未完)

去看他開拍了。那天，我同幾個朋友同去，我想他一定順便會給我一本劇本看看的，但是屠光啓祇是殷勤招待，拉我拍照，最後他說這祇是過場戲，隨便試兩個鏡頭，等劇本寫好，正式開拍的時候再請我們去看。但這次以後，我就一直沒有被約過，也沒有看到劇本。

到底是什麼時候正式開拍的，我沒有知道，雖然不久我倒聽見風蕭蕭已經拍好了。後來我從風蕭蕭的演員地方知道，屠光啓根本沒有劇本，祇是翻翻風蕭蕭的書，採取幾個場面而已；也有人告訴我屠光啓祇是用風蕭蕭裏的人名，把故事湊成一個三角戀愛的故事而已。後來也偶然在路上同屠光啓見面，他總是客氣地告訴我風蕭蕭已經拍好，要請我去看試片，如我認爲要補充的話，他可以補攝；可是我知道這是一種敷衍，而他也從來沒有請我去看試片過。

根據屠光啓先生第一次給我看的幾百字的大綱，我知道他第一是模糊了風蕭蕭的時代與背景，風蕭蕭是以孤島時代的上海爲背景，這背景是現實的，離開了抗戰的孤島時代，就不會有這樣上海背景的；第二是他删節了海倫這個人物，我想凡是讀過風蕭蕭的人都會了解，她是故事中非常重要的角色，通過她，才有梅瀛子白蘋及第一人稱之種種矛盾與激盪，而這些人的個性與變化，也都是過通海倫而顯露的。

不用說，風蕭蕭的主題不是戀愛，裏面也沒有三角的糾紛。人與人間道德觀念的衝突，大我與小我的矛盾，情感與理智的激盪，理想與事實的分歧，一個大時代搖動了每個人的傳統習慣與修養，在各種場合上根據自已的性格透露他的人性與國民性—好勝，自私，成見，武斷，與勇敢，沉毅，機智顧到大節，以及這些性格在友誼、愛情與愛國的情感之中，在英雄主義與合作精神上起伏，在他所能給與所可取的兩方面升降；並且，在生活變化中，這些人所經歷的得意與失意，成功與失敗，是如何處處在影響了他的性格的變化與成長。如果說風蕭蕭有什麼成功的地方，實際上也祇是這些，而這些，取消了海倫，就會什麼都沒有了。至于說，要用許多浪漫想像的故事與色彩濃麗的場面來表現這些，則也許正是風蕭蕭的弱點。而這些弱點也正是依附着所要表現的而存在，抽去了所要表現的，則自然就變成了一個空洞的故事了。可惜屠光啓先生始終不了解風蕭蕭所表現的內容，而祇想標襲這些場面而已。

周克先生曾經請屠光啓不要用風蕭蕭這個名字，把裏面的人物也用別個名字，聽他抄取風蕭蕭的場面去拍攝，但是屠光啓不肯。他要用風蕭蕭的名字，無非是想標明這碟三角牌醬油所炒的肉絲是從風蕭蕭割下去的而已。不過我相信，電影的觀衆，如果讀過風蕭蕭的，馬上會發現他是怎麼回事。沒有讀過風蕭蕭的，倘肯因此去讀風蕭蕭，也一定會發現這個電影與原書根本是沒有發生關係的。世上正多同名同姓的人，你不會把現在叫做杜子美的人同以前的詩人杜甫混淆，那麼你是無須認眞要叫杜子美的人都變成詩人的。

自從風蕭蕭攝製電影的消息傳出了以後，一直不斷的有熟友與讀者問我，我未能一一詳細回答，寫這篇小文的意思，祇是報告一點過程，與我同風蕭蕭電影的關係而已。

這關係，如果你想知道，祇要割你身上的肉，加上鹹菜醬油炒碟肉絲來嘗嘗，你就會知道這碟炒肉絲裏並沒有「你」在裏面了。

讀者投書

沉痛的呼籲

李心田

編輯先生：

我不曉得別地僑胞，對於孔祥熙、宋子文、和孫科這三個人的觀感怎樣。印尼僑胞呢，可以分開兩方面說：親共的對他們三人很喜歡——至少是內心喜歡，因爲沒有他們三人，中共一定不會席捲大陸；至於反共的呢，不用說是持相反的態度了。

反共的僑胞，爲什麼痛恨他們三人？痛恨他們××無能，痛恨他們看見自由中國在危險時期，便要逃往美國享福，痛恨他們看見自由中國將要復興，又要跑回來，準備再發揮他們××的本領。

四年來，反共的僑胞，不會因爲軍事失利，喪失大陸，退處臺灣而擔心。所擔心的祇是今後的國民政府，會不會懲前毖後，發憤有爲？他們覺得什麼聯合國席位，什麼美援不美援，都是次要問題，主要的是自已站立或不能站立得起來。祇要我們自己下決心要復興，一定沒有任何人或事，可以阻擋我們！

一年復一年，一月復一月，雖然大陸尚未有寸土光復，但印尼僑胞們都已經很歡喜，因爲看見自由中國進步很多了，這是僑胞們必勝信念的根據。

正欣慰間，不料晴天霹靂，說那批害羣之馬，又將捲土重來。孔、宋、孫三個人中，祇要有一個踏入國門，便可怕極了。現在聽說回來的更有孔孫兩個，而且，不特回來而已，還要競選副總統。這對於愛國僑胞，眞是一種空前無可比擬的嚴重打擊。

僑胞們眞不明白：他們那副見害則避見利則趨的××嘴臉，難道還未赤裸裸地顯露個十分透澈嗎？爲什麼還讓他們跑進我們的陣營來？難道看容忍他們比復國大業還要緊嗎？

前天，這裏有一班赤徒，因爲聽到孫孔返國的消息，立即張筵慶祝，酒醉的竟有十餘人，這眞是「使親者痛而仇者快！」

二月十五日在耶嘉達（印尼首都）出版的自由報（反共最烈，聲望最隆，爲現居臺灣的謝佐禹先生所創辦的日報）以「關於副總統候選人——國民黨切勿提名孔祥熙」爲題，發表社論，中有一段稱：

「總之，這次中國國民黨提名的副總統候選人，必須以確能輔佐蔣總統而又洽輿情者爲最理想。我們遠居海外，客觀觀察，目前最理想的人選，似爲陳誠。最不堪設想的人選，則爲孔祥熙。孔氏如仍有野心，蔣總統及國民黨中委員會諸公又竟提名他競選，則自由中國這幾年來改革進步的佳譽將立刻減色，而千百萬海外華僑亦將因此對自由中國感覺很大的失望和悲觀。丁此國家非興即亡的危局，我們殷望蔣總統領導下的自由中國能旋轉乾坤，收復大陸，奠定國家復興之基。所以關於副總統的候選人，我們固不願說非提名陳誠不可，但我們却願掬誠向蔣總統及國民黨中央委員會諸公進一言：切勿提名孔祥熙！」

其實，不必說什麼副總統不副總統，祇要他雙脚踏入臺灣，便足以起可怕的作用，產生悲慘的後果了。

請國內的同胞們——尤其是負責政府高層的人們，不要以爲筆者言之過火，祇要他們三人中有一人踏入國門，海外同情自由中國者的人心便會失掉一半。

讀者 李心田上

四三、二、十六。於印尼

心田先生：

兩函均敬悉。總統副總統候選人，國民黨業已正式提名，想印尼方面，亦已見報。至大函所稱三人回國一事，過去報紙有此登載，然未必即係事實。

——編者

（上接第22頁）

的權利，已成了防衞西德的軍隊了。

自由世界對于納粹尚有餘悸，所以對德國的復興，不免仍存疑懼。阿德諾爲改變一般人對德國的印象，曾于一九五三年僕僕于倫敦華盛頓道上，他這次的訪問很是成功。從遠方帶來了英美人對德國的重視與同情，更曾南下造訪羅馬教皇。

去年九月的大選，他竟以壓倒的優勢，又第二次被選爲西德總理。他的勝利是西歐的勝利，因爲他是主張歐洲聯軍的。他向反對他的社會黨說：孤立主義，會早日促使德國變成爲蘇俄的附庸國。百慕達會議與最近的柏林四外長會議，事前都徵得了阿德諾的同意。阿氏雖是戰敗國的領袖，但其在內政與外交上，對於其他强國，總是不抗不卑，站穩立場。他眞是深得西方政治的三昧，而摸清了英法美蘇的心理的人，他不認識什麼是「磕頭外交」，所以他才獲得了現在的成功。他常說投降的是德國軍隊，並不是德國人民。

阿德諾的難題還是很多。薩爾問題，德國統一問題，都會縈繞在他的心頭。他今年已七十有八歲了，還能有幾年活着呢？但是他却說過：「在他死以前，他願見德國和平統一，這樣死後，他才能瞑目呢！」但願天從人願。不止德國，我們希望全世界也要早日見到和平！四三、一、二七於西歐

第十卷　第五期　內政部雜誌登記證內警臺誌字第三八一號　臺灣省雜誌事業協會會員　一八二　（每冊售臺幣四元）

給讀者的報告

第一屆第二次國民大會現在正在開會。上一期我們曾就大會開幕之際，寫過一篇「行憲六年」的社論，以檢討六年行憲的得失，並指出今後應該努力的方向。這一期我們再就前文未及之處，提出「行憲與守法」的問題，加以論列。民主政治首重法治，法治也者，即在法律之前，人人平等，無論其富貴貧賤。而所謂法律乃指憲法規定下之法律，不能以任何藉口與命令而增損之。是以，人民固然要守法，而政府尤其要守法。在這些方面，我們顯然還未能養成良好的政治風氣，有待於今後的改進。守法是最低的道德，必須全國上下，認眞守法，才能走上民主政治的常軌。不重法治，而徒唱「仁義道德」，是徒勞而無功的。

反共抗俄是一個偉大的時代使命，任何人都不能逃避這個時代的使命。雖然，目前大陸仍在共黨的盤据之下，國內外的局勢仍然十分艱險，然我們有理由確信共黨暴政之終必滅亡。十數年前我們抵抗日本帝國主義的時候，其局勢也是萬分艱危的，然而我們終於獲得了勝利，因為我有誓死的決心與一往直前的勇氣。今日我們反共抗俄的形勢，與抗日時期比較，其艱鉅之程度，實有過之而無不及，因之我們更要拿出決心與勇氣來。唯有如此，我們才能贏得這場聖戰，拯救我們國家的危亡。董時進先生大聲疾呼地說：「拿出抗日的決心與勇氣來反共」，誠足以振人心而勵士氣。

自由與平等同為人類追求之目標。自由一詞爭訟固多，而平等一義誤解尤甚。自社會主義興，平等一詞大走紅運，輾轉引喻，盡失本義。或謂平等重於自由，或謂自由不容於平等。爭訟不休，貽禍至巨。余英時先生今為文檢討平等概念，力闢各種謬說，有澄清思想之功。

機關首長的領導才能是決定行政效率的主要因素之一。在我們今天勵精圖治的時候，行政上必須講究效率。凡為行政機關的首長，在這方面的責任是很重大的。過去一般機關首長常有許多錯誤的觀念。這些觀念如果不予澄清，終是行政上的重大障碍，使一切行政的改革無由達成。湯絢章先生特為文以闡明之。

儘管尼赫魯在國際間無微不至的逢迎共黨，然而共產黨是不講「溫情」的，絕未因此而放鬆其對印度的滲透與侵略。印度原是一個千瘡百孔的國家，頗適宜共黨細菌之繁殖。現在共黨在印度的勢力正與日俱增，遊行暴動之事，報章時有傳聞。本期所登的一篇譯文，對印度共黨的現狀與前途，分析至為詳明，且有獨到之見解。原文作者布列斯先生(Chester Bowless)是美國前任駐印大使，從本文中不但可以窺知布氏的學識卓越，且可見其對問題研究之態度。比之我國一般的外交官，尸位素餐，養尊處優，徒以周旋雞尾酒會為能事，相去直不可以道里計！

本期通訊三篇。一篇剖析中共的「民族政策」。一篇報導泰國華僑的情況。最後一篇則是介紹西德總理阿德諾。在阿氏領導之下，戰敗之餘的德國，不數年間，而國勢蒸蒸日上，產業已恢復戰前水準，實可供吾人之借鑑也。

「七星寮」一文是靑年作家王敬義先生的力作，將分兩期載完。至徐訏先生的「關於風蕭蕭的電影」，一面可以說明文藝與電影之分野，一面亦顯示我國電影界編導態度之不够嚴肅也。

自由中國　半月刊　第十卷第五期　總第一〇四號

中華民國四十三年三月一日出版

發行人　兼主編　『自由中國編輯委員會』

出版者　自由中國社

社址：臺北市和平東路二段十八巷一號

電話：二八五七〇

航空版

香港辦事處　香港時報社　香港高士打道六四號

菲律賓辦事處　岷里拉怡干洛街五〇二號三樓　3rd Floor, 502 Elcano St. Manila, Philippines

經售者

臺灣　美國　日本　韓國　馬尼剌　印尼　越南　暹羅　緬甸　印度　澳洲　北婆羅洲　新加坡

自由中國發行部　中國書報發行所　紐約民氣日報社　舊金山少年中國晨報社　芝加哥中國出版公司　東京僑豐企業公司　釜山草梁洞新泰行　大中華日報社　椰嘉達天聲日報　棉蘭繁華圖書公司　西貢中原文化印刷公司　越南華僑文化事業公司　曼谷攀多社十二號　仰光振成書報店　孟買梅亞號　加爾各答塔梅學校　雪梨瑪田公司　西利亞坡青年書店　檳榔嶼、吉打邦均有出售

印刷者　精華印書館

廠址：臺北市長沙街二段六〇號

電話：二三四二一九號

本刊經中華郵政登記認為第一類新聞紙類　臺灣郵政管理局新聞紙類登記執照第五九七號　臺灣郵政劃撥儲金帳戶第八一三九號

自由中國

FREE CHINA

第十卷 第六期

目要

中華民國四十三年三月十六日出版

社址：臺北市和平東路二段十八巷一號

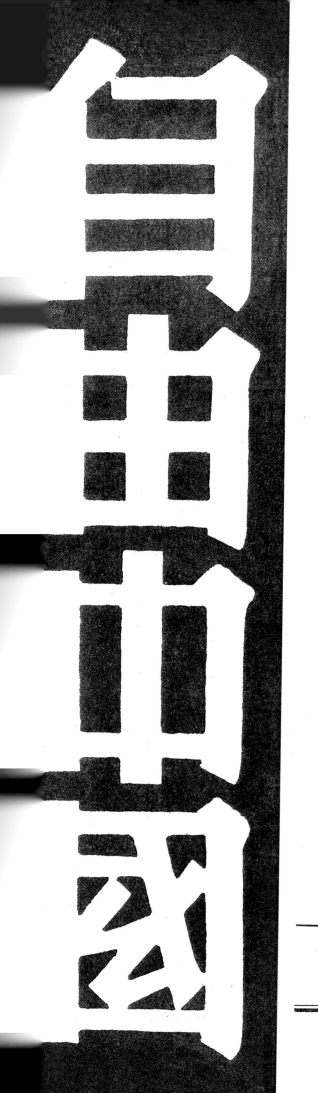

半月大事記

二月二十三日　(星期二)

美參院共和黨領袖諾蘭警告稱：未來的日內瓦會議，決不許變成導致中共進入聯合國的慕尼黑會議。

菲律賓兩萬政府軍對未依限接受招降之「人民解放軍」發動新攻勢。

美遠東統率赫爾及美駐日大使艾理生自華盛頓返抵日本。

二月二十四日　(星期三)

國民大會第二次會議主席團選出。

美國務卿杜勒斯向國會保證，「無論如何絕不承認中共」。

法軍攻佔距河內不及十一哩的共軍重要據點八塔。共軍自鑾巴拉邦外圍退却後，該城威脅已告解除。

二月二十五日　(星期四)

埃及政變：納吉布總統對革命委員會議決辭職，該會並譴責納吉布要求獨裁權力；該會並任命有力份子納塞中校爲總理及革命委員會主席。納吉布被軟禁。

美總統艾森豪宣佈，軍援巴基斯坦。

敘利亞發生軍事政變，反對薛沙克里政權。

二月二十六日　(星期五)

行政院長陳誠對立法質詢提出總答覆。

美兩艘驅逐艦正式移交我國。

敘利亞總統薛沙克里在軍事政變中，辭去職務，逃亡國外。衆院議長古茲巴里宣佈暫攝總統職務。

埃及政變後的新政權宣佈對外政策不變。

二月二十七日　(星期六)

埃及納吉布復總統位，納塞中校留任總理。

美國正式邀請參加韓戰的十四盟國參加日內瓦會議。

敘利亞政變軍隊揚言將向首都進攻。

二月二十八日　(星期日)

國民大會主席團通過全部日程。

敘利亞前總統艾塔西復任總統，內戰危機已消除。

三月一日　(星期一)

國民大會舉行首次會議。

第十屆泛美會議在加拉斯加先舉行非正式會議。本屆會議以共產主義及咖啡問題爲主。

印總理尼赫魯拒絕美總統艾森豪所提軍援印度的建議。

韓境美第八軍團宣佈，又有韓軍兩師成立。

美原子能委員會宣佈，美正在太平洋舉行一連串原子爆炸試驗。

三月二日　(星期二)

波多黎各暴徒四名在美衆院開槍擊傷議員五人。暴徒當場被捕。

保衛紅河三角洲之法軍獲得增援，以防阻共軍侵奪該地。

英下院通過英國和平時期數目最大的國防預算。

三月三日　(星期三)

國民大會通過議事規則，資格審查、提案審查、紀律三委員會組織章程及全部議程表。

韓友好訪問團長崔德新稱，越南三邦原則上同意韓國所擬亞洲反共聯盟計劃。

泰國與印尼簽訂友好條約。

三月四日　(星期四)

陳誠行政院長對國民大會報告施政。

越共向河內以西六英里的仙河突擊，河內實行緊急戒備。

三月五日　(星期五)

外交部長葉公超列席立法院會議，重申我對日內瓦會議之立場。

美海軍部宣佈，將以海軍巡邏艇十艘移交我國。

越共潛入河內近郊機場，炸毀停駐地面飛機。法軍已加强安全措施，保護美國駐越南的地勤人員。

三月六日　(星期六)

國民大會聲明，反對日內瓦會議。

法越聯軍在安南河岸攻取重要港口涌球。

美總統艾森豪批准繼續援助丹麥、挪威和英國。

三月七日　(星期日)

日本三大保守黨派已對政府新草擬的國防法案獲協議。

加拿大總理勞倫特訪漢城。

三月八日　(星期一)

日美共同防禦協定簽字。

越共襲擊海防機場，破壞多架美國所供給的飛機。

『自由中國』的宗旨

第一、我們要向全國國民宣傳自由與民主的真實價值，並且要督促政府(各級的政府)，切實改革政治經濟，努力建立自由民主的社會。

第二、我們要支持並督促政府用種種力量抵抗共產黨鐵幕之下剝奪一切自由的極權政治，不讓他擴張他的勢力範圍。

第三、我們要盡我們的努力，援助淪陷區域的同胞，幫助他們早日恢復自由。

第四、我們的最後目標是要使整個中華民國成爲自由的中國。

社論

行憲與民主

此次國民大會集會，主要任務，是依照憲法所規定的程序，選舉總統與副總統。所以，選舉程序是否嚴格符合於憲法條文的規定，此一問題，曾經各方面詳細研討，並且也有了大體能令人滿意的結果。大家把憲法看得如此認眞，一字一句都不肯放鬆，這是一個好現象。但，與選舉相關尚有另一件事，大家却把它忽略了；而那另一件事，在我們看來，是比前一問題更爲重要，且更具有實質的意義。

現在正式投票的日期已經迫近，大家看看，是不是至今還缺少了什麼東西？這一點點東西的缺少，大家想想是不是會使我們的選舉，變得在性質上與先進民主國的選舉有所不同？明言之，我們的選舉，竟沒有競選這一個節目。截至今日，祇有國民黨正式提出了它的總統副總統候選人，其它黨派的提名，直至今日，尙是但聞樓梯響，不見人下來。現在的情形，竟是急得非去拉人來競選不可，甚至臨渴掘井，急得非要連夜修改　總統副總統選舉法不可。縱使如此，而被拉的人，還是在謙遜不遑。這當然也可以說，國民黨所提出的候選人，已是衆望所歸，同時國民黨的代表，佔了百分之九十左右，其餘的人，縱令參加，亦無當選的可能，所以不如退避。故主要原因，實在是我們沒有強有力的在野黨之存在，以致「競」選徒存空名。值得我們研討的嚴重問題是：爲什麼我們行憲六年，還不能具備民主政治的這一個必要條件？

憲法的存在，並不一定就是民主政治之實行。這第一要看是怎樣的一部憲法，第二要看憲法中構成民主政治之精髓的那些條欵，是否能切實施行。一部憲法，無論爲成文憲法或不成文憲法，它本身可以是民主的，也可以是不民主的，或不一定是民主的。這個關鍵，不在於元首的產生手續。如英國元首至今還是世襲而非民選，但英國的憲法，仍不失爲民主的憲法。這個關鍵，不在於政府的組織方式。如美國行總統制，法國行內閣制，而美國與法國的憲法，都是民主的憲法。這個關鍵，甚至也不在於議會之是否存在以及其權力之大小；沒有反對黨派，卽連議會也可能成爲一個無實質的空名。重要的是，憲法條文，是否對人民的基本權利，作了充分的保障。一部民主的憲法，它必然包含保障人權的條欵，而且通常是把它放在最顯著的地位；它是先羅列各種基本人權，然後再進而規定政府的組織。對人權的保障，事實上卽是對政府權力的限制；而政府權力必須接受一種限制，實爲民主政治基本精神之所在。不然的話，無論政府是否由民選產生，它仍然可以流於專擅。

民主憲法中的人權條欵，最基本的是身體自由，失去身體自由，一切人權便無所依據，這已是無待我們申論的了。至人權條欵之與政治問題具有最密切關係者，莫過於言論出版自由與集會結社自由兩項。憲法雖未必明文規定，人民可以自由組織政黨，政黨顯然爲集會結社之一種。政黨如能自由的組織，並且可以自由的發表其政見，在野黨派就一定能夠獲得其正常的發展，縱不必在短期間內卽能取代執政黨的地位，無論如何，總可使執政黨有所警惕，而不敢在施政上稍有疏怠。

爲什麼在言論出版與集會結社的自由獲得充分保障的情形下，在野黨派必然能夠發展？主要原因約有二端：第一是，各種政治問題，往往在原則上以至技術上，都有爭執，如果聽任人民作自由選擇，就沒有集中到一個方面去的可能；人民的支持一經分散，在野黨派就可以把在政見上不同於執政黨的人們集合起來形成一個力量。第二是，在野黨派處於不負實際責任的地位，所以它在宣傳上往往佔得優勢，而執政黨事事要管，難免有所失誤，因而授人以可乘之機。因這些關係，先進民主國家的執政黨，差不多從來就不能在議會中安安穩穩的掌握絕對多數；在重要的選舉上，也從來不能安安穩穩的操必勝之券。而民主政治的基本精神，卽依存於此種政黨的自由競爭，以及人民的自由抉擇上面。

我國的憲法，它本身無疑是一部民主的憲法。不管其它條文是否盡如理想，它是包含了人權條欵的。憲法第二章，卽標題爲『人民之權利義務』，在這一章中的十八條條文，實祇有二條半說到人民義務，其餘都是屬於權利的部分，所有基本人權，一一列舉，無所遺漏，而言論出版及集會結社之自由，都有專條規定。一部憲法，祇要有這些條文存在，其它一切疏漏或甚至不妥之處，都祇是一些較小的問題。

憲法當然最好能百分之百的實施。但，這是困難的，甚至可以說，沒有一個國家曾經眞正的做到。美國的憲法，算是一部全世界有數的剛性憲法，且有具備莫大權力的最高法院督促其實施；但美國的實際政治，仍有若干處所，與憲法的文字相左，祇好作一些非常牽强的解釋來補救。但美國政治之一項最重要的特徵是，對人民基本權利的保障，政府始終信守不渝。美國人民，常常爲了一些小小的『侵犯』，以政府爲被告。邀請律師，進行訴訟，而法院也常常判決政府敗訴，甚至從而指認政府的法令爲違憲。最高法院對憲法有所解釋，也多數是由此類訟案所引起。幾乎可以說，人權條欵已成了衡量政府行動是否違憲的一個準繩。祇要不妨礙人權條欵，其它處所走一點樣是可以允許的；如果涉及人權，那就一絲一毫也不能含糊。

我們認爲爲保衞我們這一部民主憲法，主要就應該爭取憲法第二章所列舉的各種自由權利之充分實現，其它處所，倒是可以不必過於苛求；尤其是在今天這種特殊情勢之下，我們更無法過於苛求。祇要這二章能夠充分實現，其它一切都是枝節；如果這第二章不能充分實現，則縱令在一切枝節上盡力推行，對我們政治的革新，也不會有太多補益。

（下轉第32頁）

從「到奴役之路」說起

——在「自由中國社」歡迎茶會上講詞

民國四十三年三月五日
於裝甲兵軍官俱樂部

胡　適

我很高興，剛剛過了一年，我又有機會回來同「自由中國」的許多朋友見面。我以為今天只邀請一、二十位朋友，可以隨便談談。可是今天這個場合，很不方便說話；不是說我說話有什麼不方便，我是覺得來賓多、地方小，大家太不舒服：所以我不願意多說話。

順便我要先報告一句話。今天上午美國舊金山有電報來打聽我。他們聽到：因為我於二月二十三日在紐約時報上發表了一些話，就在臺灣被軟禁起來了，行動不自由了。我當時就回一個電報說：還有二十分鐘，我就要到陳院長那邊吃飯去，下午還要到在裝甲兵軍官俱樂部舉行的自由中國社茶會上發表演說。我借這個機會報告各位，胡適並沒有被拘禁，行動還是很自由。

二月二十二日，紐約時報的新聞記者同我談話時，我曾對他說：「我所知道的，在臺灣的言論自由，遠超過許多人所想像的。」我還舉了個例子。他們大概是因為篇幅的關係，沒有登出來。我舉的例子是說：比方我們「自由中國」最近七八期中連續登載殷海光先生翻譯的西方奧國經濟學者海耶克(F. A. Hayek)（原係奧國經濟學者，後來住在英國，現在美國支加哥大學任教。）所著的「到奴役之路」(The Road to Serfdom)。我舉這個例子，可以表示在臺灣有很多的言論自由。因為這種事例，平常我們是不大注意的。這部書出版於一九四四年，到現在已出了十版，可說是主張自由主義的一部名著，也可說是新的主張個人自由主義的名著。這本名著的用意，就是根本反對一切計劃經濟，反對一切社會主義。一切計劃經濟都是與自由不兩立的，都是反自由的。因為社會主義的基本原則是計劃經濟，所以儘管自由主義運動者多少年來以為：社會主義當然是將來必經之路，而海耶克先生却以一個大經濟學家的地位出來說：一切社會主義都是反自由的。現在臺灣的經濟，大部份都是國營的經濟，從理論與事實上來說，像海耶克這種理論，可以說是很不中聽的。但不僅「自由中國」在最近七、八期中繼續登載海耶克名著的譯文，另外我又看到最近一期「中國文摘」中，轉載了「中國經濟」第三十九期的一篇文章——高叔康先生所撰的「資本主義的前途」。這一篇文章中也提到海耶克及另外一位經濟學家方米塞斯(Von Mises)。這都是反對計劃經濟，都是反對社會主義的。「自由中國」，我不用替它登廣告了；我記得高叔康先生在這篇文章裏以為我們現在「對於資本主義應該有個重新的估價，作為將來經濟制度應走什麼方向的一面鏡子；這應該是我們當前在精神上、認識上最重大的急務。」最後，他在結論中說：「我以為資本主義不但不會崩潰，而且還有光明燦爛的前途。」

這些議論都可以表示自由中國有一班政治的、經濟的思想家們，大家都在那裏從基本上，從理論上，從哲學上，對現在國家經濟政策作一個根本的批評，以便對症下藥。我認為這是一個很好的現象。

我今天帶來了一點材料，就是在兩年前，我在外國時，有一位朋友寫給我一封討論這些問題的長信。（這位朋友是公務員；為了不願意替他闖禍，所以把他信上的名字挖掉了。）他這封信對於這個問題有很基本的討論，和海耶克、方米塞斯、殷海光、高叔康諸先生的意思差不多完全一樣。因為這封信很長，我只能摘要報告。他首先說：「現在最大的問題：大家以為左傾是當今世界的潮流，社會主義是現時代的趨向。這兩句話害了我們許多人。大家聽到這個很時髦的話，都以為左傾是當今的一種潮流，社會主義是將來必然的趨勢。」他就駁這兩句話，不承認社會主義是現時代的趨向。他說：「中國士大夫階級中，很有人認為社會主義是今日世界大勢所趨；其中許多人受了費邊社會主義的影響，還有一部份人是拉斯基的學生。但是最重要的還是在政府任職的許多官吏，他們認為中國經濟的發展只有依賴政府，靠政府直接經營的工業礦業以及其他的企業。從前持這種主張最力的，莫過於翁文灝和錢昌照；他們所辦的資源委員會，在過去二十年之中，把持了中國的工業礦業，對於私有企業（大都是民國初年所創辦的私有企業）蠶食鯨吞，或則被其窒息而死。他們兩位（翁文灝、錢昌照）終於靠攏，反美而羨慕蘇俄，也許與他們的思想是有關係的。」我唸這封信的意思，就是表示我們中國在國內的學者、在國外的學者，在幾年前已有慢慢轉變過來的意思了。他又說：「我們不相信共產主義的人，現在了解社會主義只是一種不徹底的共產主義。牠的成功的希望，還遠不如共產主義為大。」在這幾年來，老牌的社會主義國家如澳洲、紐西蘭等，都相繼的拋棄了社會主義。兩年前英國的勞工黨自選舉失敗後，也離開了社會主義。當時紐約時報的社論說：「現在實行社會主義的國家，只剩下了瑞典和挪威兩個國家了。」所以我們可以說，現在拋棄社會主義而歸向資本主義的趨勢是一個很普遍的趨勢。

不過我個人也有一個懺悔。現在我的「胡適文存」第一到第四集都已在臺灣印出來了，是由臺灣臺北遠東圖書公司給我印的。「胡適文存」第三集的開頭載有一篇文章，題目是「我們對於西洋近代文明的態度」。那篇文章是我在民國十五年的一篇講演錄。我那年到歐洲，民國十六年到美國，也常拿這個話講演；以後並且用英文重寫出來印在一部頗有名的著作「人類往何處去」(Whither Mankind)裏，成為其中的一篇。我方才曾提到那位我在外國時寫信給我的中國朋友在信中指出來的許多中國士大夫階級對於社會主義的看法。在二十七年前，我所說的話也是這樣的。那時候我與這位朋友所講的那些人有同樣的錯誤。現在我引述一句。在民國十五年六月的講辭中，我說：「十八世紀的新宗教信條是自由、平等、博愛。十九世紀中葉以後的新宗教信條是社會主義。」當時講了許多話申述這個主張。現在想起，應該有個公開懺悔。不過我今天對諸位懺悔的，是我在那時與許多知識份子所同犯的錯誤；在當時，一班知識份子總以爲社會主義這個潮流當然是將來的一個趨勢。我自己現在引述自己的證據來作懺悔。諸位如果願意看我當初錯誤的見解，可以翻閱「胡適文存」第三集第一篇，題目是「我們對於西洋近代文明的態度」。

爲什麼這班人變了呢？爲什麼在臺灣的許多朋友，如殷海光先生、高叔康先生變了呢？爲什麼我那位朋友寫幾千字的長信給在國外的我，表示我們應該反悔，變了呢？爲什麼今天我也表示反悔，變了呢？我這裏應當聲明一句：我這個變不是今天變的。我在海耶克的書以前好幾年已經變了。諸位看過在「自由中國」的創刊號有張起鈞先生翻譯我的一篇文章：「民主與極權的衝突」，但是沒有記上年月。其實那是一九四一年七月我在美國密歇根大學講演的文章，原題目是 Conflict of Ideologies（「思想的鬭爭」或「思想的衝突」）。這裏面有一句話：「一切的所謂社會徹底改革的主張，必然的要領導到政治的獨裁。」下面引一句列寧的話：「革命是最獨裁的東西」。實在，要徹底的改革社會制度，徹底的改革社會經濟，沒有別的方法，祇有獨裁——所謂『一朝權在手，便把令來行』——才可以做到。這是一九四一年七月我在美國密歇根大學的講演的意思。那時候我就指出民主和極權的不同，我就已經變了。爲什麼大家都變了呢？這個不能不感謝近三十多年當中，歐洲的可以說極左派和極右派兩個大運動的表演；他們的失敗，給我們一個最好的教訓。極右派是希特勒、墨索里尼，德國的納粹與意大利的法西斯；德意兩國的失敗是大家所明見的。極左派是俄國三十七年前的布爾雪維克革命；蘇俄自己當然以爲是成功的，但是我們以社會、歷史、經濟的眼光看，不能不認爲這是一個大的失敗。這都是社會主義，極左的、與極右的社會主義，拿國家極大的權力來爲社會主義作實驗；而兩種實驗的結果都走到非用奴役、集中營，非用政治犯、强迫勞工，非用極端的獨裁，沒有方法維持他的政權。因爲這個三十多年的政治、經濟的大實驗，極左的、極右的大實驗的失敗，給我們一個教訓，我們才明白就是方才我這位朋友在信中所指出的：「社會主義也不過是共產主義的一個方面；它的成功的程度，還遠不如共產主義那麼大。」這話怎麼講呢？就是，如要社會主義成功，非得獨裁不可，非用極端獨裁、極端專制不可，結果一定要走上，如海耶克所說的，「奴役之路」。

胡適之先生在歡迎會中致詞

今天我要講的不過如此。我們在臺灣看到「自由中國」、「中國經濟」，大家都不約而同的討論到一個基本問題，就是，一切計劃經濟，一切社會主義，是不是與自由衝突的？在外國，如在美國，現在有好幾個雜誌，最著名的如「自由人」(Freeman)雜誌，裏面的作家中有許多都是當初做過共產黨的，做過社會主義信徒的，現在回過頭來提倡個人主義、自由主義的經濟制度。這種在思想上根本的改變，我們不能不歸功於三十七年來世界上這幾個大的社會主義實驗的失敗，使我們引起覺悟——包括我個人，在今天這樣的大會裏當衆懺悔。我方才講，這是好現象。我希望政府的領袖，甚至於主持我們國營事業、公營事業的領袖，聽了這些話，翻一翻「自由中國」、「中國經濟」、「中國文摘」等，也不要生氣，應該自己反省反省，考慮考慮，是不是這些人的話，像我胡適之當衆懺悔的話，值得大家仔細一想的？大家不妨再提倡公開討論：我們走的還是到自由之路，還是到奴役之路？這是一個很重要的問題。今天我們這個門已經開了；我們值得去想想。這樣，我相信自由中國的這種自由思想，自由言論，是很有價值的。這對於我們國家前途是有大利益的。不但是在現在臺灣的情況下如此；就是將來回到大陸上，我們也應該想想，是不是一切經濟都要靠政府的一般官吏替我們計劃？還是靠我們老百姓人人自己勤儉起家？

什麼叫做資本主義？資本主義不過是「勤儉起家」而已。我國的先哲孟子說：老百姓的勤苦工作是要「仰足以事父母，俯足以畜妻子，樂歲終身飽，凶年免於死亡。」老百姓的辛勤終歲，祇是希望在年成好時能吃得飽，年成不好時可以不至於餓死。這怎能算是過份的要求？但這個要求可以說是資本主義的起點。我們再看美國立國到今天，是以什麼爲根據的？他們所根據的「聖經」是佛蘭克林自傳，——一部資本主義的聖經。這裏邊所述說的，一個是「勤」，一個是「儉」。「勤儉爲起家之本。」老百姓辛苦血汗的所得，若說他們沒有所有權是講不通的。從這一個作起點，使人人自己能自食其力；「帝力何有於我哉！」這是資本主義的哲學，個人主義、自由主義的哲學。這是天經地義，顚撲不破的。由這一點想，我們還是應由幾個人來替全國五萬萬人來計劃呢？還是由五萬萬人靠兩隻手、一個頭腦自己建設一個自由經濟呢？這是我們現在應該討論的。我覺得這一條路開得對；值得我今天向大家懺悔。大家都應該懺悔。我們應該自己「洗腦」；被別人「洗腦」是不行的。我以爲我們要自己「洗腦」才有用，所以我今天當衆「洗腦」給大家看。

憲法與行憲

邱昌渭

我在哥倫比亞大學研究院當學生的時候，我的老師洛基斯[註一]講授憲法學時，一再引證美國政治思想家潘威廉[註二]的名言：『政府像時鐘一樣，隨人造作的動作而移轉。政府是人爲的，隨人而推動，但也由人毀滅。所以與其說人靠政府，不如說政府靠人。』

潘威廉這幾句話，已成爲政治學的至理了。他比我國所說的『有治人，無治法』，更加深刻。我國一般的說法是，治法與治人具有同等的重要性。但潘威廉更進一步，他說：治法固然重要；但治人比治法更重要。這與我國大儒黃梨洲在明夷待訪錄中原法篇所說：『有治法，而後有治人』，亦不完全相同。

從歷史看去，只有國家亡於人，而沒有國家亡於法。美國的憲法，並不是一部盡善盡美的憲法。美國聯邦行政、立法、與司法三部門，彼此間職權的爭執，自華盛頓時卽已開始。到現在——一九五四年，美國參議院還提出憲法修正案，限制總統的外交權，掀起近二十年來美國朝野最激烈的爭論。但美國並未因政府行政、立法、與司法三部門相互間職權的衝突，而阻礙政治的安定與社會的進步。反過來，德國瑋瑪憲法是近代最完密最進步的傑作，但仍不能保障德意志共和國的覆滅。南美洲國家的憲法，幾乎完全與美國憲法一致，而革命流血，政變時起，國家停滯在『落後』的境地中。美國憲法的種子，不能使南美洲國家產生同樣的果實。

一

憲政的成敗，不係於憲法條文的規定完密與否，而係於根據憲法行使權力的機關如何去『行』，而最關重要的，則是代表人民的議會。人們都以爲議會是議立法律的機關，而不是行法的機關，與『行』字不發生關係。這實在是膚淺的看法。在憲政國家中，凡依憲法而行使職權的機關，如立法、行政、與司法三部門，都是行憲的機關。在中國還加上監察院、考試院、與國民大會。

這些機關，無論所賦有的權力如何，但在行的過程中，有一共同點，就是必取決於會議。民主政治，本來就是會議政治——以議爲政之治。所以，會議的議事行爲，關係憲法的成敗，較之行政官吏的行政行爲尤爲重要。

議會是監督政府的機關，他的議事行爲特別重要。法國學者比亞[註三]說：『議會典例(包括議事規程與習慣)對於國家政治行爲的影響，常較憲法所發生者爲大。』一七八九年法國國民會議開會時，議員對於議長權威，完全不顧。旁聽席上的人，可以隨意喝彩與叫囂。對於議案討論，毫無一定的程序。此種混亂情形，爲促成法國大革命重要原因之一，已爲政治學者所公認。他如南美國家，其議會議員的立法行爲與議會規程，紛亂無序。使人民對代議政治無所留戀。我所以說，憲法中的『行』字，須從議會樹立楷模起始。歷史事實已一再證明行政機關的越軌行爲，是由于議會本身不健全，因而失去其控制的能力。

會議規程是憲法的細則。有的政治學者又稱之爲憲法的子法 (By Law)。沒有子法去充實母法，則母法——憲法——猶如人身，只有軀殼骨幹，而沒有血肉滋潤，生命就會死亡。中山先生了解他的重要性。他提倡民權主義，但爲求主義獲得實現，必先使抽象的民權理論，陶冶於國民生活習慣中，使成爲各人行爲的規律。所以，他著『民權初步』，就是會議規程，以爲實現民權主義的入手步驟。不幸得很！三十年來，我們高喊民權主義，都是些原理原則方面的大道理，而昧於開步走的民權初步。以我個人所參加的會議而論，包括最高的民意機關在內，沒有一次是合乎民權初步的規定。中山先生這部書——民權主義的行爲學，也是最被我們忽視的書。

二

憲政的國家，必然是代議制。如何使議會中產生一大多數派，以貫澈立法意志，是代議政治成功的基本條件。政黨就是適應這要求而產生的。

最理想的是，一個國家只有兩個大黨，如英美兩國，民主政治的基礎才易臻鞏固。歐洲大陸國家如法國、意大利、是多黨政治。年年鬧倒閣的風潮。德意志與法國第三共和就是這樣毀滅的。

兩黨制或多黨制，不是憲法的產物。他是選舉法製造出來的。是『行』的方法不同的必然現象。英美兩國的選舉法是大多數單選區制。在此制度下，只有兩個政黨才能形成爲有力的對峙形勢。第三黨雖一時興起，終必流於不足數之列。第一次世界大戰後，英國三黨——保守、勞工、與自由——並峙。但由于大多數單選區制行使的結果，使自由黨受淘汰。其中保守的份子則投入保守黨，激進的份子則改隸勞工黨。現在自由黨在英國議會中只有議員六名。

英美的大多數單選區選舉制度，迫使社會中各種份子由分而合，化零爲整，由多數黨派而融滙於兩個大黨。英美人民有一基本的認識，就是民主政治不是人人各別作主的政治，而是人人基於異中相同的利益與主張，循合法的途徑，形成强有力的大多數人作主的政治，以統治國家。如不能形成爲大多數，也是强有力的少數黨，隨時有起而代之的力量。只有在大多數單選區的選舉制度下才能產生這種現象。

與英美選舉制極端相反的是大陸國家的比例選舉制。本文目的不在討論選舉制度。我只指出比例選舉制，驅使社會化整爲零；各種份子只有立『異』，而不求『同』；趨於極端，而抹煞容忍與妥協；助長政治上的離心的力量；與加深社會中由合而分的離析現象。

具體言之，以極簡單的無記名單記法選舉爲例。假使有一會議，其會員人數爲一千人。選舉理事五〇人。用無記名單記法投票，則每一會員只能在選票上圈投一人，以得票比較多數的當選。事實上，凡得二十票的人，其當選必無疑義。這樣的選舉法，必產生下列的結果：㈠一千位會員必分裂爲二十堆，造成會員先天由合而分的形勢。㈡養成會員只有小團體的利害觀念。因爲團體——或派系——的人數愈小，則必流於私人情感的利害結合，而易忘却大我的共同利害。派系愈小，其門戶成見亦愈易尖銳化。卽令有大團體存在，亦必分成若干小派系以自固，使大團體徒爲形式。只有小團體才有力量，才爲博取利益的實體。㈢每一理事只代表一千人中的二十人左右的會員，至多亦不過十餘會員。是每一理事，只代表一小堆的會員。在全體會員中，每一理事所代表的道德力量微弱，則其意見不能喚起多數會員的尊重與信仰，除非少數有特殊社會地位的理事。但這少數人所得到的重視，決不是二十票的道德力量加諸其身的結果。㈣理事會缺乏明確而固定的大多數派的支持，因而不敢放手做去，不易有成績的表現。㈤一個組織只有一堆一堆的少數個體，卽不能融合而樹立大多數派統治的觀念。民主政治的責任制，將永不能產生。並且社會亦將永遠停滯在支離破碎的道途上。

有人必說：比例選舉法是民主的。因爲各團體當選的人數，能與所投票數成正比例。這要看民主的界說如何。一種選舉制度，其行使的目的，不在使議會中產生一明確的大多數派，而在保障與鼓勵小堆子的發達，使議會內黨派林立，離合無常，形成散沙，缺乏固定的大多數派，致使國家終年在動盪震撼中。歐洲大陸的國家，就是這樣的現象。英美大多數的政治學者們認爲這不是民主，而是造成無政府現象的選舉制度。所以，英美人民寧捨棄導致無政府的民主比例選舉制，而採用使政治趨於安定的大多數單選區選舉法。

三

讓我再舉一個例子。民主國家憲法對於議會主席職，均有規定：有的稱會長，有的稱議長。無論名稱爲何，其地位與性質，受英美兩國議會議長的行爲與判例、積累而成的習慣所影響。這一部議會習慣法，憲法的子法，以議長在主席位上的行爲佔主要成份。但其存在與關係憲政的得失，往往爲我們所忽視。

民主國家的主席制與共產國家的主席團制，從地位與性質論，有天淵的區別。

在民主議會中，各黨派的議員對立爭辯。主席是以司法官的地位，主持會議進行，維持會場秩序。議員們的爭辯，猶如在法庭打官司，須要法官維持秩序。所以英國議員於當選爲議長後，卽不參加所屬政黨的活動；不參加辯論；非可否同數，不參加表決。但這些都是屬於形式方面，很容易仿效。最重要的是，以英國議會爲例，議長的裁決，在議會內具有與法律同等的效力。英國——美國一樣——議會議長對于承認議員發言的權力是絕對的，議員不能抗議，更不能申訴。如抗議，必受議長的申誡，如申訴，卽等於革命，必難得到議員們的同情與支持。英國有一位議長說：『議會的主席，像羅馬敎皇一樣，是永遠沒有錯誤的。』其權威與地位可想而知。這是由于英國議長的地位超然，所以才享有這樣大的權威。在政黨爭論激烈的場合中，不能在自己羣中建立超然權威的象徵——主席，以糾正自己羣的議事行爲，終必招致外力的侵入。此象一呈，憲政卽壽終正寢。英國議會能在自己羣中，建立像羅馬敎皇樣的主席權威，提高了議會的尊嚴，在國民心目中，也樹立了對議會的信仰。英國憲政的成功，這是最重要的原因。

美國的衆議院議長一半是司法官，一半是多數黨領袖之一。現在衆議院多數黨領袖是韓勒格，議長馬丁只是多數黨一位巨頭而已。當其主席大會時，他必表現出司法官的尊威。美國參議院的多數黨領袖是諾蘭。副總統尼克遜雖兼參議院主席，但他只在幕後活動。他雖具有影響力量，但不能在參議院中代表多數黨說話。其他民主國家議會的主席，大都仿效美國國會的主席制。就是中山先生的『民權初步，』也是『取材』於『西國議學之書。』

民主國家議會有一共同原則，就是主席是司法官。政治領導的中心，不在主席台上，而在大會場中。各政黨的領袖領導各該黨議員，以平等的地位，在大會場中拆衝辯論。

但蘇俄的主席團制就不同了。把大會領導的中心，由大會場中，轉到主席台上，主席台失去尊嚴的司法地位，而變爲純粹的政治操縱場所。大會場喪失其重要性，，主席台亦喪失其司法官的權威。對於每一個議案，主席團都是當事人。台上是領導者，台下是接收領導的羣衆。在蘇俄，台上的主席團決定會議的一切；台下的羣衆，則演說擁護，應聲通過。民主議會中多數派與少數派的分野，是基於提案自由、辯論自由、與表決自由而產生。在蘇俄，主席台不是權威的象徵，而是權力的發動機。

主席團制，只能行使於紀律似鐵一般的共產黨國家。因爲只有共產黨鐵腕，才能控制會議的一切。若民主國家仿而效之，其困難必較民主議會流行的制度爲甚。在民主議會中，議員們必集中力量，以競選主席團主席，而視其他委員會爲無足輕重。其未當選爲主席團主席的議員，必發生莫大的反感。加以主席團主席如係無記名單記選舉法選出，則

（下轉第10頁）

制憲與行憲

蔣勻田

英國大憲章是王室與貴族兩力協調的契約，在王室與貴族兩力相衡的時候，大憲章始能維持於不墜。克倫威爾革命的前夕，王室的勢力復熾之時，大憲章早成具文。其後英國憲政史上最有名的權利法案，又是新興的中產階級與保守的貴族勢力比衡的結果。

法國大革命是社會舊秩序的崩潰，一開始便是平民挺身而出，向王室、貴族和教會攻擊。所以法國第一共和憲法，便是當時法國各種思潮與力量的反映。

美國的憲法也是兩種力量在那裏支持，一派主張維持各邦權力，以傑弗生為其首；一派則主張增強聯邦政府權力，以哈米爾敦為其首。此兩種力量，相激相盪，使美國的憲法威權，日益彰著。一部美國憲法判例，很可以反映出這兩種力量的盛衰。

以上所舉的三國史例，不足以概括世界民主國家的憲政史；但我可斷言，任何國家的憲法，若不是兩種以上平衡力量在那裏支持，則其憲法必然多少是個具文。根據憲法所設立的機關，亦往往成為執政者保持政權的工具；而不是力行憲政的工具。憲政的工具是法制與制度，制度可以因人而異，則制度不是實現憲法的工具；不是範圍個人野心的規矩；而是實現個人野心的工具了。到了國家的重心，建築在個人身上，所謂「人存政舉，人亡政息」，則一治一亂的局面，必勢所難免。復興土耳其的凱穆爾總統，深知此理，到了晚年，力謀培植一個反對黨，以為土耳其民主憲政的平衡支柱。土耳其今日能以選舉更迭政權，是土耳其憲法的威權已行，民主制度已在土耳其生根了。這是東方憲政史上值得大書特書的一件大事。

去年非律賓大選，反對黨的力量，能夠聯合起來，以對抗季里諾所領導的在朝黨，這已經是政治上高明的佈置。在選舉的時候，更有美國以過去對非律賓的關係，雖內受季里諾反對，外受蘇俄指責：說美國干涉非律賓選舉；而美國仍派多人到各選區觀察選舉，使麥格賽賽所領導的選民，在流血喪身的堅強奮鬭下，獲得勝利。這次勝利，可能對非律賓的政黨政治，深植根基。這也是東方憲政史上值得大書特書的事件。

中國自清末立憲運動以來，其間不是沒有對立的力量；但是這種力量，始終脫不了個人工具的型態；而不是衷心為憲政奮鬭。四十二年來，不少護憲護法的運動，但是後來護法的力量成功了，對其所護之法，亦棄之如敝帚，而毫無顧惜。所以四十多年來的戰亂，祇是力量的互相消滅，破壞了國計民生，與我前面所說的支持憲法的平衡力量，完全不相干，不能混為一談。

全國共同維持的憲法，必是國內各造的意思，同時被穿織於憲法條文之中。是以舉世民主國家，無全國皆如理想的憲法。若各造可以保持彼此平行的力量，彼此始有共守之憲法。假若一造力量削弱或消滅，則反映其意見的條文，必非他造所願守，而變成具文。假若祇有一方獨霸，則其憲法必廢，而無人遵守之矣。

現在中華民國的憲法，當其草案審議階段，實有三種以上力量，爭欲以其所見，穿織於條文之中。這部憲法，假使不受俄帝陰伏侵略的野心，暗助毛澤東以兵力叛亂，在中共勢力拘於西北一隅，尚需憲法以保障其地方性的政權時，則可能為一時政爭共守的軌跡，亦未可知。中共當時要立憲的目的，不在憲政本身，而在欲借憲法條文，保護共產黨可以合法存在，保護其割據式的地方政權。他們此種用心，當時憲草審議會的人，無不知之。他們當時最注意之點，即為省自治法一章。他們堅決要求省有涉外財政權，省有涉外經濟權，及省有獨立司法權。關於前兩種意見，經憲草執筆人張君勱先生再三勸解，始終不願放棄。至於省司法權獨立的主張，則引美國的先例以佐其說，羅隆基氏曾為此問題，在民盟總部與中共代表協商憲草議席上，大事爭吵。其後羅氏即不再參加兩方協商憲草的會議。而張君勱先生始終不願放棄以憲法範圍野心家的希望，每晚仍與周恩來、董必武等會商，以終其執筆的工作。中共代表最後願意接受張先生的勸告，放棄以上三種要求，當時我們曾引以為慶；然以今日之形勢衡之，或蘇俄援助叛亂之計已定，而借憲法為保障之企圖，乃不關重要，亦未可知。回首往事，不禁鈎起萬分沉重的心情。

當時我們對於憲草的注意點：一為基本人權的保障；一為議會政黨政治的實現。青年黨的意見，與我們大致相同。普選之外，再加上職業選舉，可說是青年黨的意見。

我們非不重視省縣自治，不過我們的視線，與中共完全相反。他們重在地方政權，而我們則重在人民真正自治。自治基礎：一為人民普遍受過公民教育，能不受任何勢力支配，公正認真的選舉人才；一為人民生產能力發達，負擔租稅能力提高，地方能有獨立的預算，以發展地方事業。這些條件不具備，徒有自治之名，人民不會享受自治之益，反易為割據者所魚肉。基於這些原因，我們一方面不贊成省有涉外經濟權、財政權及司法獨立權；一方面也不同意以縣為自治單位，而置省於承轉的地位之說。因為縣的面積太小，從財政經濟兩方面看，都不能成個獨立單位，財政經濟不成單位，絕無法編成獨立預算。預算仰賴上級政府，何法以言自治。憲法中所反映我們對地方自治的規定，與現在所修言的地方自治，自選舉方法至地方自治政府的組織，都完全兩樣。此係我們行憲的弱點，但非憲法上的重點。憲法上的重點，厥在完善議會制度的建立。

制憲時的國民黨雖允放棄五五憲草，但對五權憲法的結構，則絕不放棄。制憲時的苦思，乃在容納議會制度的精神，於五權分立結構之中。

議會制度，卽多黨政治，不但是我們當時調和國共之間的方法，也是我們和青年黨必爭的意見。同時中山先生主張議會政治的遺教，亦數見不鮮。所以國民黨對於議會制度，亦有其可循之立場。所以當議定制憲原則時，規定立法委員爲直接民選，監察委員由各省議會選舉，從選舉的方式看，隱然是美國的上下兩院。

旣以立法院爲直接民選的議會，而規定行政院向立法院負責，則政府與議會的對立關係，乃定於行政院與立法院之間。國民大會則專司選舉總統副總統與修憲的重責。這樣性質的國民大會，幾等於美國的選舉團。不過選舉之義，總以普遍爲上，所以當時有以各級地方議會與中央議會合組國民大會之說。其立說之意義有三：一以選舉愈普遍，愈不易爲武力及金錢所操縱；一以選舉機構若與被選者並存，每足以威脅被選者獨立行使合法職權之精神；一以中央政府，不應有兩個直接民選的機構，而使行政部門有一婦兩姑之難。後以再經協商，各方乃同意放棄成議，而有今日之國民大會。

吾人之意，憲法乃政府與人民共立的契約。人民得根據憲法的保障，以防政府侵犯其權益。所以有民選之代表，常伺於政府之側，以代表人民，監督政府。祇要議會能盡監督之責，使政府行爲，消極方面不至危害人民，積極方面可以爲人民謀利，卽爲民主政治之實現。

政府能遵守憲法係一事，人民的代表，能善用憲法所付予的權力，又係一事。行憲六年，憲法之不能全部實行，固與時間有關，固與戰局有關，同時與政府及民意機構兩方面人事更有關。

議會政治，卽政黨政治的別名。議會政治的運用，必在議會中的政黨有兩個以上；而其議席的分配，有上下相等的數目。各以政策指導議會內的黨員，一方面擁護政府政策；一方面批評政府政策。在旗鼓相當的陣容前，各黨內部才能趨於團結。內部團結一致，各爲政策而鳴，不執個人意見，然後議會內領袖制 (Floor leader) 始能建立。議會領袖所發之言論，乃代表該黨議員之衆意；而非出自個人的風頭主義，自易爲政府當局所重視。此議會領袖之重要者一。議會領袖旣爲各黨議員所推選，其人必善於詞令，富於學識，深於修養，望重於社會，故其發言自不同於凡響。此議會領袖之重要者二。各黨旣本政策以發言，是其發言之先，已有定論，由一二領袖人物，爲之宣揚敷陳，已足闡發盡致，不必發言盈庭，各逞其才，使政府首長，浪費時間，層層答覆。此議會領袖之重要者三。具備以上的條件，斯爲近善的議會。

我們現在的立法院，共有五百餘位委員；而民主社會黨與青年黨的立法委員，合共不滿四十人。餘皆爲國民黨的立法委員。則少數黨不能形成足够的反對力量，已不言而喩。因爲議會中無足够的反對黨力量，所以國民黨本身，不免有派系之爭。因爲少數黨的力量微弱，所以也不能逼使國民黨產生議會領袖。旣有派系，則其所爭，往往不緣於政策之互異；而出於個人之成見。以個人之成見爲主，則去議會政治之眞諦遠矣。

以上所擧立法院中之缺點，雖足影響議會政治之運用，然猶可假以時日，徐圖克服。至立法院委員，除臺灣一省外，皆大陸選民所選出。委員不能時時回到選區，徵詢選民的意見，而爲其提出法案或質詢政府政策之根據，自然減輕其發言的分量，此乃無法補救之困難。

美國議員，每日可能接到其選民的函札，在百件以上，根據選民的意見，所提的議案，有選民在後支持與督促，必須設法使其選區公意，貫澈於法案之中。同時違背其選民意向之法案，除非甘願落選，亦絕不敢提出。所以議員在選民意見的指導下，絕不能以己意好惡，任意提案；也絕不能受有力者之背後指使，任意撤回其提案。晚近以電力傳眞的技術發達，議員無時不可與其選區接觸，三十年前，有人認爲議會可以流爲壟斷之顧慮，已完全不復存在。然今日中國大陸，旣淪於共黨手中，則立法院多數委員，無法與其選民通聲氣，勢有必然。是美國議會所有之優點，絕非今日立法院所可想望，此乃吾人行憲以來最大之阻力與遺憾。

雖然有此無可補救的遺憾，然立法院對於憲法五十七條所付予的職權，猶能善爲運用，作到相當的成就。假使立委背後，能有民意的支持，則其成就必更大，可以預斷。譬如耕者有其田法案實行之結果，因地政員工所本之手册與施行細則微有出入，而施行細則又與耕者有其田的條例微有出入，致政策實行結果與原計劃稍有偏差。立法委員視察結果，得有臺灣民意的支持，向行政院的主管部提出質詢，並提出具體的糾正方案，終獲行政院的接受，而得到補正。由此可以看出有民意支持的質詢權，對於政府是個很大的制衡力量。重視議會政治的人，對於這一點成就不能不津津引爲快慰。

從行政院的立場看，明知立法院的多數，係政府黨的黨員，政府黨的黨員對於政府的政策，祇應當支持，不應當批評與質詢。又明知多數立法委員已失選民意見的依據，同時議會領袖制既未建立；縱使公忠體國，慷慨陳辭，既非選民之意見，又非院中多數的代表，當然係個人意見的成分居多；而行政院長及各部會首長，常能賡續一週的時間，靜聆立委先生的批評與質詢，已屬難能。各首長的答覆，誠難免有不中肯之嫌，然面對問題，正正堂堂，掬實答覆，亦屬數見不鮮。陳辭修院長每公開承認缺點，接受批評，尤足鼓勵立法委員之質詢。

行政院每於接受立法院質詢之後，內部輒自行檢討，勉求有所改正，雖事實之表現無多，而尊重民意機關之意味確濃。此種良好習慣，倘能繼續發展下去，則責任政府的觀念，必可確立於將來。在政黨政治條件未備之前，若竟以西方責任政府之義，以科我政府，則未免失之於奢望矣。

民主政治之精義，即在議會根據民意，以監督政府。使政府必先偵民意之向背，以定政策之取舍，而逼上責任政府的道路。吾人今日民主政治實踐之困難，固在少數黨力量之微弱；固在立法委員多數與其選民隔絕；而民間無健全的輿論，亦為最大的原因。民間所以無健全輿論的原因，則以新聞報紙及廣播事業，完全操於一黨之手所致。新聞報紙完全為一黨宣傳，因使自由中國境內之民意，無法自由宣洩，以指導實際政治。此種缺點，在憲法中尋不出補救之路。在人類不易改變佔有慾的假定下，無法盼望國民黨放棄其已得的事業。祇有希望社會人士，羣起發展民間的言論出版事業，先開臺灣民意宣洩之道路，配合現有的民意機關，策勵微弱的少數政黨，形成一種聯合力量，隱然可以指導政府的政策，猶之美國十八世紀中產階級之興起，以為民主的柱石，自可於憲法權威之外，加速中國民主政治的進步。

行憲六年，正值行憲的中華民國政府大敗撤退之餘，行憲的成績固屬了了，然憲法中最重要的部份，如行政院對立法院的關係，仍能正常發展下去，自應引為中國民主政治之曙光，惟支持憲法的反對黨力量，仍未形成，揆諸各國往史，終非憲政前途樂觀之道。然以大敵未除，法統不能中易；而憲法政府，又為國際所重視，因此內外形勢，使中華民國憲法的權威，仍能日益彰著，衷心幸慰，無以加之。倘能因內外形勢的煎逼，養成行憲的習慣，使憲政生根於四千年不墜的文化中，斯成吾族的大幸。

一九五四、三、八於臺北

（上接第7頁）

當選者均係少數票，其代表力量極為微薄，更不足以喚起議員們之重視。如在蘇聯，主席團能運用民主集中的方法，造成上下呼應的現象，而且史達林本人，亦往往係主席團之一。但在民主國家，主席團變了質，台上與台下形成對立的形勢，因而產生呼應不靈的現象。蓋意識觀念不同的國家，其議員行為的表現也就不同了。換句話說：在蘇俄，主席團是權力的發動機；但在民主國家，則變為無力的發動機。民主國家的政黨，在本質上已够散漫，再加以行使化整為零的無記名單記投票法，主席團不僅失其理想上的效用，且亦增加政黨內部離心的趨勢。

英美國家了解議會構成的性質，乃從民主理論中建立制度，尊主席為超然的司法權威象徵，以改變議員對主席職的觀念。這樣，主席的責任，便不是民主與非民主的問題，而是公正無私與是否徇情枉法的問題了。誰聽說過某某是民主的司法官？只有民主的法律，而沒有民主的司法官。其次將蘇俄式的主席團職權，分屬於主席台下的程序委員會與其他委員會，而以程序委員會為領導的中心。美國衆議院的程序委員會幾操有絕對的權力，以決定議案應否提付大會討論，與在大會中如何討論。各委員會人數，雖按政黨席數分配，但由大會大多數票選舉。委員會的數目多，則各黨議員爭奪的目標分散。政黨提名時，對於人事的分配，較之集中於主席團，亦易權衡重輕。假使各政黨提名的人選公允，使議員各得其所，紛爭當能減少，同時在議會中建立起超然主席的權威。倘能行之日久，習慣自然養成。英美國家的憲政基礎，就是由這些優良傳統而臻鞏固的。

註一　Professor Lindsay Rogers.
註二　William Penn.
註三　Eugene Pierre.

吳國楨事件發展中的平議

朱啓葆

二月廿六日立法院院長張道藩第一次以立法委員的身份在院會中向行政院行使其質詢權，對於尚挂着政務委員頭銜的吳國楨在國外的言論提出質詢（詳見二月廿七日臺北各報），接着吳國楨又於廿七日在國外有所申辯（詳見廿七日芝加哥合衆社電及廿八日紐約中央社電），本月四日張道藩又招待中外記者對於吳案加以補充的陳述，同時對於吳國楨有更嚴厲的抨擊。這件事在我寫這篇文字的時候（三月八日）尚在發展中。現在就我所看到的材料，從民主憲政的觀點出發，一述觀感。

一、關於吳國楨方面者

①吳國楨原爲行政院政務委員兼任臺灣省政府主席。他在辭去省府主席以前，請假辭職之事，屢有所聞。其內幕如何，我們未能詳細知道，但據若干傳說：不免或多或少有屬於政見之爭。卽照張院長招待記者所說的，吳國楨曾反對耕者有其田政策，對於這個政策提出反對，卽令是不對的，也不能不說是政事之見。因政見歧異而以去就爭，一般地說，爲政治家應有的風度。吳國楨終於辭掉了省府主席，這正是「不合則去」，應無所謂「失意」。但是他辭去了省主席，而還挂着政務委員的頭銜，未免拖泥帶水。這種拖泥帶水，或許不是他的本意（他曾經五次請辭政委之職而迄未獲准），但他不待辭去所有的官職而以現任政務委員的身份，在國難方殷之時，以個人健康的理由携家帶眷，到外國去生活，有政治責任心的人，不應當出此。

②吳國楨以現任政委的身份，對於現政府的政策，不能說不負責任。政府「不民主」、「過於專權」、吳國楨有權有責在政府以內說話力爭。力爭不獲，不妨一而五次而六次七次的辭職，至獲准去職爲止，然後再將所力爭者公告於國人之前以見志，這才不失其爲磊磊落落。但是他沒有這樣做。相反地、他以現任政委的身份，到國外去指摘政府。這是他最不能見諒於國人的地方。無怪乎「狂妄」、「反動」、「民主政客」、以及「非法」、「亂紀」這一類的責罵，都集中在他的身上了。

③吳國楨二月七日及十六日指摘政府的話，尙係空空洞洞的詞句，如「不民主」、「過於專權」、以及「若干人士竟認爲與共產主義作戰必須採用共產主義的方法」等等。這些原屬空洞的詞句，現在一經張院長的質詢，吳國楨已申言要舉出事實以支持之。果如此，我們倒是歡迎的。但我們要强調一點，卽吳氏如要舉出事實，最好是回國來向立法院公開作證，如同一九五一年五月間聯軍統帥麥克阿瑟將軍被罷黜後向美國國會作證一樣，正正堂堂地說出政見之爭何在，並確確鑿鑿地指出我們政府有那些不民主的事實，有那些過於專權的地方，有那些人認爲對共產主義作戰必須採用共產主義的方法……。這樣一來，卽不說其效果之如何有利於政治民主，就憑這個作證的本身，也可使我國政治向民主前途跨進一大步。我們該還記得，當時麥克阿瑟在其國會作證時所引起的「杜（杜魯門）麥大論戰」，是如何顯得民主國家的氣派吧！我們對吳國楨作如此希望，希望其回國作證，正可覘驗吳國楨的政治道德及其道德的勇氣。說到這裏，我要附帶向「自由中國」這個刊物致敬意。它是在政府統治下之臺灣境內爭取言論自由，在臺灣境內發表批評政府的言論。這種從不稍餒的勇氣是從事民主運動者的楷模。

二、關於張道藩方面者

立法院院長張道藩在院會中提出質詢案，這是他任院長職以來的第一次。據他自己說，他爲想提出這個質詢，曾費三天三夜的考慮，同時他在提出這個質詢以前，還徵詢過大會的認可，可見他對這件事的審愼。但是我們仍有不得不爲張院長深致惋惜者，有下列幾點：

①立法院院長以其立法委員的身份，是可以行使立法委員所享有的質詢權的，這在憲法上無問題。對於一個現任政務委員的言行，立法委員有權提出質詢，應該提出質詢，這也是無問題的。可是我們還應該知道，良好的憲政，不能僅靠憲法條文的實施，有時還要靠在憲法規定之外而不違憲的前提下，養成良好的憲政傳統。例如美國一九四七年以前的聯邦憲法，對於總統連任與否並無限制。但自華盛頓、傑斐遜兩總統均不主張連任三次以後，卽造成總統不連任三次之良好傳統。此一不成文的憲政傳統，直至第二次世界大戰時被維斯福總統打破。後來美國人深怕此種傳統一經破壞，會影響民主政治的實質，於是於一九四七年由參衆兩院修改憲法，將「總統任期以滿足兩任爲限」規定於憲法條文之中。此可見良好的憲政傳統對於憲政之重要。我國現値憲政實行的初期，良好的憲政傳統之養成，更爲必要。立法院院長在院會中保持其超然的主席地位，不去行使一般立法委員所可行使的職權，是我們應該養成的良好傳統之一。英國下議院的議員，一經當選爲議院議長以後，卽不參加其原屬政黨的一切黨務活動（實際卽脫離其政黨黨籍），而在議院中保持超然獨立的地位。美國衆議院的議長及參議院的臨時主席，雖各爲各該院的議員，於法在院會中均有發言權，但實際上因黨中已有議院領袖及其他顯要議員主持討論、辯論或質詢，而議長或臨時主席亦不多發言。英美議會中這種傳統，是値得我們取法

的。張院長在行使這第一次質詢權時，事前那麼審慎，或也有顧及此。但他終於在權衡輕重之間，輕其所應重，忽視了良好憲政傳統之養成，放棄了他應該超然獨立的地位，實在是一件可惜的事件。我們如此說，其着眼點完全是在憲政傳統方面，並不是說吳案之不應質詢。其實，吳案如不被張院長質詢，其他立法委員也大可提出。而且其他立法委員提出其效力並不比院長提出為小。

②張院長的質詢，其內容是由立法院新聞室發佈，刊載於報章的。其文字當與張院長當時所說的話沒有兩樣。我們細讀這篇文字，又不得不為張院長惋惜。不得不為一個作為民主國家的立法院院長惋惜。為甚麼呢？我想，凡是懂得「民主不僅是指政治制度，同時也包括生活方式，更重要的還包括心理狀態。」的人，讀到張院長這篇質詢詞，有一定感覺到一股非民主的氣氛，揚溢在字裏行間。尤其是被張院長使用的「危害國家」、「反動」等字眼，實在有點刺目。就我們所習知的，在民主國家中，對政府的批評、指摘、乃至於攻擊，不僅是常有的事，而且是必有的事。但民主的政府從未以「反動」的帽子，加在批評者，指摘者或攻擊者的頭上，至於人民代表機關的主席，更不會罵他們為「反動」。而且政府並不等於國家。批評政府的言論——也止於言論更說不上是「危害國家」。動不動給人帶上帽子，是共產黨型的政治作風，民主的政治技術，壓根兒沒有這一套。說到這裏，我要順便介紹最近的(二月二十日)臺北中華日報第六版及第七版刊登的張佛泉和蔣勻田兩先生的文章，尤其是張文中「我們必須肅清布爾什維克思想毒素」及蔣文中「意的牢結」那兩段，值得大家細心一讀。這是我們今天從事反共鬥爭時有益於思想健康的箴言。於此，我要奉勸民主的信仰者要特別注意民主的心理狀態之養成。

③張院長在三月四日的記者招待會上所說的那些話，如「私自濫發鈔票」、「私自拋空糧食」、「包庇貪污」、「營私舞弊」、「勾結奸商」、「謀取暴利」、以及吳任上海市市長時，「臨陣脫逃」、「上海市銀行的欵項是否有一部份落入吳國楨的荷包？」等等，一方面涉及刑事問題，一方面也是涉及我政府的聲譽。涉及刑事問題者，不是可以隨隨便便講講，而是要對簿公庭的。涉及政府聲譽者，就是說吳國楨任上海市市長時是如此如此，政府還臺以後為甚麼又要用這樣的人做臺省主席？吳在臺省主席任內既又如此如此，政府為什麼又讓他辭職了事，並且又讓他出國去自由自在（臺省出入境不都是要經過審查核准發給出入境證的嗎？），等到他在國外發表批評政府的言論時，才去追究他那些劣跡呢？張院長這一番話，為的是要揭露吳國楨的劣跡，但同時也使國人對政府有一個很壞的印像，即使國人認為政府用人，違法亂紀者沒有關係，營私舞弊者沒有關係，有貪污嫌疑或包庇貪污者沒有關係，只要你恭恭順順；如果你要批評政府，發表於政府不利的言論，對不起，那就要查辦你過去的劣跡，以懲罰你的不恭不順了。國人如果對政府有這樣一個壞印像，豈不是大損我政府的聲譽嗎？張院長在指摘吳國楨「破壞中華民國政府的聲譽」的時候，不知道也想到這一方面沒有？

三、關於其他方面者

①前面我曾說到希望吳國楨為此事回國作證，並且說，這個希望正可覘驗吳國楨的政治道德及其道德的勇氣，現在想在這裏再補充一點。記得在英國工黨政府的時候（確實日期已忘記），保守黨的顯要人物艾登到美國，美國記者問他某一個問題（甚麼問題恕我也想不起了！），他的答覆是說，這是我國的內政問題，我將回國去講話，在美國我不願發表意見。（大意如此，見當時的臺北報紙）。反觀我國的政界，在國內謇謇諤諤轟轟烈烈作政見之爭者，似乎沒有；但一出國門，帶着現任官職在外國批評政府，攻擊政府者已屢見不鮮，這究竟是只關某些個人的政治道德問題呢？還是我們的現實政治使然呢？照我想，兩方面的原因都有。至於那一個原因較大，那一個較小，是值得我們思索、反省、和糾正的。

②「牆有茨不可掃也」、「家醜不可外揚」、「不要當衆洗滌裹脚布」，這一套掩飾的想法，不適用於民主政治。民主政治最重要的條件是公開。是非公開、善惡公開、功過公開。吳國楨在外指摘政府的言論，遠在二月七日及十六日，美國有名的報紙且據以發表社論，但我們在臺灣的人，天天看報紙，却要等到二月廿七日由於張院長的質詢才知道這回事。如果我們早一點知道，輿論界對於吳國楨的批評想已熱烈一時，用不着等到張院長這樣大聲疾呼，才引起官方刊物的同聲響應了。新聞封鎖政策之不智，於此又可想見一般。

「勿為親者所痛，仇者所快」，這句話是應該記取的。但是我們應該知道，這句話是警戒我們不要做那些為親者痛、仇者快的事，而不是要我們掩飾那些已做的事之真象。共產黨是我們的敵人，他要利用我們的弱點，擴大對我不利的宣傳，這是他的慣技，誰也不會不知道。正因為如此，我們更不要掩飾我們的弱點以便於弱點的擴大或加深。消滅毒菌的辦法，莫善於將毒菌置之於光天化日之下以殺其發酵。

我們現行的新聞管制和給予言論自由的尺度，除關於軍事秘密者外，其目的是想做到家醜不外揚，但其實際結果，則是家醜無不外揚，而已揚的家醜，仍不許家人知道！其目的是想「不為親者所痛、仇者所快」，但其實際結果，則是使親者更痛，仇者更快！因此，我在這裏要鄭重地向政府提出一個建議，建議對於新聞政策及給予言論自由的尺度，重新加以明智的考慮。

民國四十三年三月八日於臺北

美國政治學的發展趨勢

羅孟浩

一　引論

雖然在亞里士多德的意識上，認爲政治學是可以包括全部社會科學在內，然而在大陸學派中是不承認有所謂「政治學」的，政治學乃英美派學者所創導的科學。在德奧學者中，如哲靈尼克 (Georg Jellinek) 及卡爾遜 (Hans Kelsen) 輩，雖然有「國家學」的倡導，常被視爲與政治學相當，但國家學所研究的重心却與英美的政治學大有出入；在法國學術界不用政治學的單數稱謂，却有「諸政治學」(political sciences) 的多數用語，不過，法國學者中所稱的「諸政治學」實與「公法學」(public law) 同其涵義，而與英美的政治學異其實質。從而可知，政治學乃爲英美所樂道的科學，而美國近年來對於政治學的發展和繁衍，更足令人注意。

何以見得在美國政治學特別發展呢？這是可以種種數字來記實的。據美國政治學社的調查所得，美國全國專科以上學校，大都是課授政治學的，擔任講授政治學的人已約達五千人。據美國教育局統計所示，自一九三五年至一九四八年的十三年中，十個著名大學如哈佛、芝加哥、哥倫比亞、加利福尼亞、普林斯敦、衣阿華、威斯康辛、耶魯、史旦福及濱夕法尼亞等，曾頒給九百三十五個政治學及國際關係博士學位。而在一九四八至一九四九學年及一九四九至一九五〇學年中，每年有七千學子得到政治學的學位。又據美國政治學社調查所得，一九五〇年六月間各大學授予的政治學學士學位凡六,三六四位，授予政治學碩士學位凡七一〇位，授予政治學博士學位計二二七位。而美國教育局的統計，則又還有國際關係學士學位九八一位、碩士學位二七九位、博士學位二十五位；行政學學士學位二七三位、碩士學位一九〇位、博士學位十四位。由此種種數字所示，可見政治學在美國的驚人發展了。

說來未免令人有些驚奇。政治學在美國這樣蓬勃發展中，却有人提出政治學本身的根本問題，就是「政治學的目的是什麼」。這一問題是怎樣引起的呢？這應該首先說個明白。

當第二次世界大戰結束不久的期間，美國政治學社執行委員會決定對於各學校的政治學教授法作一深切的調查研究，因而特別設立一個「教授法改進委員會」，以專負調查研究之責。爲工作上的便利起見，該會乃邀請美國教育局合作。旋卽會同向二八六個曾頒給政治學位的大學發出十五頁問題，函請答復。這些問題是包括下列各項：一般情形、入門課程、研究方式、主要課程、政治學教授法及其與高等學校社會科學教育的關係、各種社會科學課程與政治學的聯繫、畢業生學位指導暨專業訓練。受函請解答問題的二八六個大學中提出答復的有二五二個，已達到百分之八八．一的反應。該委員會接獲這些答復之後，認爲還有作更進一步的調查研究之必要，於是復向一一二個大學致送「徵詢函件」，徵求這些收件人對於政治學的研究範圍、目的、及方法，發表意見。各方具復的意見有的爲簡短的表示，有的是長篇論文，這些資料對於委員會的研究都是極有價值的。一九五〇年之初，卡爾尼幾基金會 (Carnegie Foundation) 指撥經費給該委員會，以便該委員會資助其會員到全國各大學作實際訪問，而期取得新近發展的新資料。這些由親自訪問得來的直接的新資料是尤爲可貴的。

委員會根據上述各方面得來的資料和意見，乃草具一種極有價值的報告書。報告書中所論列的問題爲下列各項：公民教育、國際關係、行政人員訓練、政治系主要課程、各種社會科學與政治學的聯繫、大學與高等學校的關係、畢業生研究指導及研究方法等。這一研究本爲美國政治學社社員的需要而計議的，但等到報告製定之後，該社認爲這一報告對於社會各方面如社會學者、大學行政人員、及與公民教育暨公共政策有關的人員都大有關係，因而將這一研究報告交由紐約威廉史朗出版社 (William Sloane Associates Inc.) 於一九五一刊行，公之同好。這一研究本以探索政治學的教授法爲主，但一談到教授法，則牽連到「爲何而敎」及「敎些什麼」的問題，也就是必然先論究「政治學的目的」的問題；所以這一報告公開刊行時，乃以「政治學的目的」爲書名。

按美國政治學社是成立於一九〇六年，迄今已有四十八年的歷史。擁有社員四千人，大多數都是從事於政治學的教授事業。該社對於政治學各種問題的研究，早已具有斐然的成績。而這一問題的研究，發端於一九四六年，迨一九五〇年復作直接的調查訪問，以證實各方的意見，可見這一研究是經過長久的時期然後審愼製定報告的。當日主持「教授法改進委員會」者乃爲密芝根大學教授杜爾 (Harold M. Dorr)，美國教育局代表何來 (Claude E. Hawley)，俄亥俄州立大學教授赫姆斯 (E. Allen Helms)、威孟德大學教授牛克斯特 (Andrew E. Nuquist)、洪德學院教授溫德羅伯 (Ruth G. Weintraub)、美阿美大學教授懷特 (Howard White)、威孟德教堂主席戴莫克 (Marshall E. Dimock)，這些都是學術上的人物，他們悉心擘劃的研究結果，是值得重視的。茲篇之作，卽根據這種研究報告的資料，以探究美國學者研究政治學的趨勢。

二　美國政治學發展概觀

據納布拉斯加大學政治學教授藍開史德 (Lane W. Lancaster) 在他爲應聯合國教育科學文化組織之約而寫的「美國地方自治」的論文中說，在南北戰爭(一八六一——一八六五)之前，美國各大學及各學院中都沒有把政治學脫離它的本源科學，如歷史、政治經濟及「道德哲學」等，僅在這些科學的講授中，偶然談及政治及政府等問題。政治學之成爲一個獨立研究的科學，實始於一八八〇年柏哲士 (John W. Burgess) 之進入哥倫比亞大學而有「政治學系」之設，及一八八八年「政治學季刊」創刊的時候。在南北戰爭後以迄一九〇〇年期間，雖有幾許關於政治方面的著作，如一八七八年吳爾西 (Theodore Dwight Woolsey) 所著的「政治學」、柯來於一八八〇年所寫的「憲法通論」、威爾遜於一八八九年所撰的「國家論」、邊克羅夫德 (George Bancroft) 於一八八五年所作的「美國憲法制定史」、何爾史德於一八七六——一八九二年所纂的「美國憲法政治史」、一八九〇年柏哲士所著的「政治學與比較憲法」等，但這些著述，大體上都是採用德國學派的治學方法，卽以法學的眼光用分析派的方法以論究政治方面的問題，所以藍開史德教授認爲這些著作都是古典派的論著。

藍開史德教授的這篇論文，並不是刊載於「政治學的目的」一書裏，而是彙刊於聯合國教育科學文化組織所發行的「現代政治學」之中，這本「現代政治學」是彙集各國學者關於政治學的研究意見之四十八篇論文而成，所以它小標題卽標明「關於政治學的研究及教授方法的調查」，可見這一論集可與「政治學的目的」一書成爲姊妹典籍。所以筆者乃以藍教授的說法來表明美國初期政治學者對於政治學的研究作風。

美國初期政治學者研究政治的方法，跟着社會的演變和時代的進展而發生種種變化。美國政治學社會於一九一四年、一九二三年及一九三〇年三度舉行關於政治研究的調查，主持一九二三年調查工作的馬利姆 (Charles E. Merriam) 在他所寫的「政治研究委員會進程報告」中說：截至一九二三年止，美國關於政治學的發展可以分爲四個時期。第一時期，卽直至一八五〇年底，是着重於演繹的研究，也卽是偏重於法學派的分析研究。第二時期爲由一八五〇年至一九〇〇年，主要方法是採用歷史的和比較的研究法。第三時期爲自一九〇〇年起，是採用觀察、調查及測驗的方法。第四時期的特色，則爲對於政治的研究採心理研究的方法。馬利姆一再强調，政治學和其他社會科學一樣，是時常需要修改其研究方法的。

總括言之，美國初期政治學者對於政治學的研究是採用德國學派法學者的分析研究，偏重於抽象的演繹。這種傾向於抽象演繹的治學方法，多流於不着邊際的空談，而於實際政治距離甚遠。從實際觀點說，美國以企業的突飛猛進因而產生科學管理一門科學，企業界因爲運用了科學管理的原則，更促進了企業的高度效率。但在政治學方面則斤斤於國家論、主權論那些抽象的高談，於實際政治毫無裨補。在這種場合之下，引起美國政治學者的轉變研究目標，卽須由抽象的演繹的舊窠臼，轉向實際運用的新方面，如古德諾 (Goodnow) 卽首先採取這一作風。古氏是將政治學和行政學 (Administration) 分開，而其大部份精神則致力於行政學的研究。行政學是厭惡空論的或法學的概念主義，而注意於政務處理進程的問題，卽要在政務處理程序中講求政治工作的實際效果，易言之，行政學是要「提起政治措施如何實現的各種問題，並導引學者去研究各種事務應該如何去完成，而不斤斤於爲什麼應該去完成的問題。」這種治學方向的轉變，影響於美國政治學的發展至鉅；馬利姆所謂美國第三期政治學的研究法是着重於觀察、調查及測驗的方法，卽係指此而言。但這一學風過份發揚的結果，又未免走離了理論的追求，而斤斤於支離破碎的行政管理的技術研究，又爲深思遠慮的學者所不滿，於是近年來又有進一步的發展，卽有許多學者擺脫了技術性的鑽研，對於各國政治制度的研究，要在各國文化層裏去探索，因爲政治制度乃爲一國文化的一面表現，不於文化淵源中去探討政治制度的根源，則對於這一政治制度的研究只是皮毛的接觸，是不能得入其核心的。這一學風的傾向，卽與馬利姆所說的心理研究的方法相當。

以上是就美國政治學研究的發展，作一簡約的敘述，以求得理解美國學者對於政治研究趨勢的一個概念。更就美國政治學者研究政治學的目標言之，約有三個：第一爲對於一般學生授予政治學識，俾一般學生於行使公民權利時，得有正規的理解和正當的運用其公權，這就是美國政治學社「教授法改進委員會」報告書中所討論「公民教育目標」的問題。第二是因爲第一、二次世界大戰之後，美國已由孤立的保守的地位，一躍而肩擔國際政治的任務，於是美國政治學者中對於國際關係的研究，眞有風起雲湧般的現象，因而報告中關於「國際關係教學」的目的問題，也特別重視，由是乃有專章的討論。第三是美國近年來行政學特別發展，而行政學的研究目標在訓練種種行政人員，以擔任政府各種行政責任，於是報告書中特有專章以論列「行政人員教育」的問題。以下特就上述三端，分別加以論述。

三　公民政治教育的目標

報告書「公民教育目標」一章中開頭便說：公民訓練爲美國政治學主要目標之一。尤其當此民主政治和經濟制度與反動勢力摶鬭的考驗時期，政治學者所負的責任較之以往任何時代為重；因為民主政治遭遇到嚴重的考驗，必須使所有全國公民對於民主政治都有深切的瞭解，由瞭解而篤信，由篤信而擁護，然後民主政治才能安如泰山；而這種教育公民使能瞭然理解民主政治眞諦的工作，政治學者實責無旁貸。固然，以往的政治學者對於這一重任，也並沒有委卸，不過，過去的訓練情形有許多人不能滿意：例如一九一六年美國政治學社的教授法委員會即會提醒其會員說：「在大學中，政治學對於訓練公民的責任是和訓練專門人員是一樣的。各大學在實施這一訓練時，時常是只囿於國家起源、法律性質及主權等的種種理論，究實言之，即只注意於抽象的觀念和原理，凡此都於實際政務運用極少關係，……此即足以顯示政治學在某些方面對於人類社會太局限於理論的探討，向太少注意政治的實際面目。……於是遂有這麼一種擬議，即擬將政治學的工作予以擴張，使以政治制度的實際工作研究，充實政治理論及抽象的討論。」同時該會的研究報告中證實：「現有事實顯示各學院和各大學已有一種明顯的傾向；即由偏重憲法史與政府組織的學風轉而注意實際政治運用的研究。」曾主持一九三〇年美國政治學社調查研究的李德 (Thomas H. Reed) 在研究公民政治教育的結果後也說：「美國各學院各大學對於予青年男女實際參加政治的訓練功夫做得太少，換言之，即未能使他們能善用其在民主政府下的種種權利。」這些說話，不但顯示對於公民政治教育的不滿，亦可見政治學者對於政治學態度的轉變。

美國政治學者大都已經認識民主政治愈遭厄難的時候，則政治學者愈須盡其訓練公民的責任，惟有政治學者善盡其政治訓練的責任，把人民訓練成為好公民，然後民主政治才有深厚的根基。惟所應考慮者，即所謂「好公民」者其實質的涵義究竟如何呢？必須把這一意義確定了，然後公民政治教育才有確切不移的目標。康乃爾大學教授羅斯德 (Clinton L. Rossiter) 於一九五〇年十一月份社會教育雜誌第十四期中發表了一篇「善良民主公民的特性」論文，列舉了好公民應具備的條件凡十九項：「㈠信仰人們的機會平等。㈡珍視、尊重及維護美國憲法所保障的基本人權及特權。㈢尊重並維護法律及依法成立的機關。㈣理解並採納下列民主原則以為考慮其自己的行為及他人的動機和行為，並為品評其自己的行為及他人行為的準據：每一個人都有為人的尊嚴與價值，並應以人道待之；政府乃以被治者的同意而存在；在以各種不同的社會和經濟之集團而構成的大國家中，互讓容忍的精神是十分必要的；因為人民的智慧足以自己管理自己，所以他們無需乎用檢查制度以資保護。㈤深知人民終必自治較優於被治。㈥當公共福祉與個人利益相較而必須有所抉擇時，必以公共福利為上。㈦自知有傳統不絕的自治經驗，並有責任及特權去實行自治。㈧能善用其投票權。㈨擔當公民責任並以最大努力以履行之。㈩稔知社會活動的技巧，並能與他人合作以圓滿達成這些活動。(十一)能意識到在民主政治中依憲法所規定的手續，多數派有決定一切的權利。(十二)對於目前各種社會、經濟及政治問題或糾紛應盡提供意見的責任。(十三)曉得教育與民主的相需關係。(十四)尊重財產權利、履行契約義務，並遵守有關財產使用的法規。(十五)維護公平交易行為與勞資間的公平關係。(十六)應盡善運用天然資源的責任。(十七)在必要時由政府補助及管制的自由競爭經濟制度應負維持及改進之責。(十八)明瞭為政治及社會原因而採取之其他經濟制度之如何運用。(十九)對於為阻止戰爭的誓約努力應能理解、贊許並擁護之，但必須隨時準備保衛國家以反對專制及侵略。」這是羅氏在社會教育雜誌上所列示之好公民的十九要義。報告書中更攝取這些要義，簡約具述好公民的特性為具有美國政府實際活動的知識，瞭解支配美國政府之政治和憲法的理論，具有對美國歷史的好感，深願尊重美國的民主政治，並有互讓和解的眞誠和意識。而華爾克教授 (Robert A. Walker) 在一九四八年二月份美國政治學評論所撰的「公民教育與大學」一文中，則謂「智慧的公民應具有四個基本要素：即具有自知及表現的能力，能知如何運用思想，瞭解我們政治和社會的傳統，並能實行道德準則。」波蒙學院教授維格 (Prof. John Vieg of Pomon College) 對於公民教育曾作親自調查訪問，最後乃向「教授法改進委員會」提出報告說：「所謂好公民乃謂其人能積極圖謀及眞誠關切人類幸福，能極力反對政治上社會上經濟上一切不公平的法制，尊重人性尊嚴，服膺民主政治，並篤信人類能由智慧合作的行為以彼此相處及解決一切問題。」綜上所述，可見所謂好公民者並不是簡單的命意，既須具各種法制的知識，也須具有政治的警覺，更須能本乎道德的準則，以篤行民主政治的義理。好公民的眞諦是這樣，那麼，公民政治教育自應準此意義以確立其目標。報告書中說到，政治學者談及公民教育自難免有着重政治 教育的意義，但委員會則覺得政治學者也並沒有偏狹短視的作風，而能充分理解文化關聯的重要，並知在整個文化體系中，政治不過是居於一部份而已。政治學者之所以有此認識，實以近年來政治學已經擴展了其研究領域，尤其近年來政治學傾向於偏重文化方面的研究。在整個文化的訓練中，政治學者不過只能鼓勵學生淬厲奮發以為一個好公民。使一般學生獲得各種法制的知識，認識民主政治的價值，能正當行使憲法所賦予的權利，能善盡其所應盡的義務，更應養成有運用思想的能力，負責批評的勇氣。這些任務固非政治學者所能獨力完成，而有賴於全國高等學校四萬八千九百個課授社會科學之教師們的共同努力，但政治學者在政治思想的啓發與領導，却負有極重要的責任。

四　國際關係研究的發展

卡爾 (E.H. Carr) 於一九三九年在他所著的「二十年來的危機」一書中

說：「國際關係學還是很幼稚的」，這話是說得很爲合理。固然在一九〇〇年威斯康辛大學在新設的經濟、政治、歷史學院中已有「現代政治」課程的開設，以研究世界政治；同時也有少數大學的政治系中開設國際法和外交史的課程，但國際政治成爲大學中獨立學術的研究，實始於第一次世界大戰之際。蓋自一九一四年發生大戰後，各大學中增設了許多有關戰爭的科學，如在歷史系中增設了現代史，政治系中則增設了世界政治、國際政治或國際關係功課。戰後數年間，國際關係的研究日益發展，尤其自一九二五年孟恩教授 (Prof. Parker T. Moon) 發表「國際關係書目提要」，及布爾 (Raymond Leslie Buell) 發表「國際關係論」後，益感興奮。另一方面則因一般民衆及學生之注意世界和平及國際聯盟，導演至「國際組織」課程的開設，更因此而引發政治學亦傾向於世界組織研究的發展。總之，關於國際關係的研究實始於第一次世界大戰之際，嗣是以還，逐漸發展，而所開課程，則名稱並不一致。據吳賴德 (Quincy Wright) 一九二六年的研究報告，在一百二十五個學院及大學中，有三分之一都是講授國際關係概論的。而「世界和平基金會」於一九三〇——一九三一年的研究報告，在四百六十五個學院及大學中，有二百六十四個是開國際關係課程，二百三十四個是開國際法課程，七十五個是開國際組織課程；而在一九三〇年中則更多注意於「列强政治」的研究，這種研究至第二次世界大戰時以迄戰爭結束後而益爲興盛。總之，國際關係這門學問已成爲極流行的一種科學研究，有幾個大學 (如 Georgetown University, Princeton University, the University of Virginia) 已設有獨立的學院，以專門研究國際關係問題；有幾個大學 (如 the Universities of Denver, Southern California, and Maryland) 則設有國際關係學系；有些大學 (如 George Washington, University of Washington, Yale) 則於政治系中設有國際關係課程；而且在各大學中的歷史系或經濟系中，也有專門研究有關國際問題的課程，可見這一門科學研究的廣泛了。

就研究國際關係的目的說，卡克 (Grayson Kirk) 在一九四七年所著的「國際關係研究」中說國際關係研究的目的有五：㈠分析影響世界主要國家外交政策的種種勢力；㈡檢討各國彼此所用以相處的方法，及爲此目的而所運用的手段；㈢評論各國間當前經濟、政治及法律關係及其所表現的趨勢；㈣研究各國間處理衝突的方法；㈤研究支配各國間相互交際的法律及道德原則；總括言之，則國際關係一課的研究重心乃爲研究各國間的關係及影響這些關係的各種勢力，這是卡克氏的說法。一九五〇年七月由布魯金斯大學國際研究組主持在維基尼亞州沙羅次維爾市 (Charlottesville) 舉行的國際關係教學法會議中，對於國際關係課程的目的，討論至爲熱烈，結果認爲其目的有七：㈠增加學生關於國際關係各種原則和各種理論的知識暨國際重要問題的認識。㈡增強學生交換國際關係問題意見的能力，即使學生能運用及表現各種資料，能分析他人意見，也即是使學生能對國際關係問題作更準確的思考。㈢增進學生的智力，即使學生能運用其知識以理解學問上的各種關係，綜合法則、原則和理論的運用、評論及裁量的要義。㈣擴展學生的興趣範圍，即鼓勵學生去發展更廣泛更圓滿的意趣，並加强其對於世界各種問題的關切。㈤改善學生的態度和價值，即在國際關係的教學上應趨向於提高民主政治的精神、公共福利的意識，以改善學生的態度。㈥提高學生的鑑賞及感覺能力，因爲學生對於國際關係問題獲得理解之後，自應更發展對於這些問題複雜性和交互作用的鑑賞及感覺能力。㈦使各學生的意見一致並增進合作精神，誠以國際關係的研究須用集體討論的方式，在這一方式的研究下必能獲共同的見解，因而促進共同工作的合作精神。總括言之，則國際關係課程的目的，在使學生能具備有廣濶的文化基礎，此一文化基礎的訓練，使學生能理解構成國際關係的各種因素和各種勢力。

「教授法改進委員會」說到政治學因國際關係的研究而獲得了更豐富的內容。實則不但這一點值得注意，而尤其值得玩味者，則由於國際關係的研究而導引出美國考試制度的改變作風，更由考試風格的改變，而引起美國學風的改變，政治學自然也包括在其中，這且待分別說來。

自然，研究國際關係的學生固有種種出路，但其主要的前程仍然是在外交方面。而外交方面的用人，則係採考試取士的方式。本來美國的考試制度與英國不同。英國考試制度，不論考取那一類的人員，都是以考驗普通知識爲重，而不重視其人的專門智能。英國人認爲凡是具有高等通才的人，則在他考取錄用之後，關於業務上的專門智能，可根據其所具有的高等通才，自然而然便會懂得。美國的考試則反是，要考驗專門智能，所以往日的教育也就偏重於專業訓練，如佐治城大學的外交學院的課程就頗偏重於專業的準備知識，而華盛頓大學則更爲學生具備將來插足國務院、外交機構及國際機構所需要的智能。但近年來外交方面的考試已改變方針，不以專業智能爲重，而以高等普通教育 (liberal education) 爲目標。因爲這一轉變，所以外交官的考試就益發困難，據統計所示，自一九三二至一九四七的十五年間，參加外交官考試者計一萬一千七百四十四人，而取錄者不過八百八十三人，即只佔總數的百分之七點五。一九五〇年國務院對於有志於外交事業的學生特別提出勸告說：學習外交的人「……最應注意者乃爲求得優良的普通教育。在校求學時代應集中精力追求將來智慧發展之深厚的教育基礎，同時應謹防以往技術的或職業的專門訓練之過度發展，以免有碍於求得瞭解現代世界重要問題中時代思潮及社會勢力的學習。」所以學習外交的人，在校時應力求高度的知識，以樹立深厚的普通教育基礎，「特別的智能絕不足以替代深厚的知慧教育」，僅能視爲一種補助的條件罷了。正因爲國務院關於外交官錄用的標準轉向於普通高等教育，於是關於國際關係的課程乃爲二類，即爲「必修科與選修科」。在沙羅次維爾市舉行的國際關係教學會議中，經多次討論，乃一致認爲下列課程乃爲基本教育及專門訓練所不能缺者：國際政治、國際法及國際組織、國際經濟、政治哲學、美國及歐洲外交史、美國外交政策，政治經濟及文化地理、語文教育、國際社會心理學及國際交通，至於孰爲必修，孰爲選修，則意見頗不一致。而各大學所設的選修科目，亦至爲紛歧，如行政學、政治理論、人類學、人類生態學（human ecology）、教育學、社會學、心理學、事務管理、經濟學、統計學、財政學、商學、運輸學、氣候學、地理學、地質學、比較政府、近代史、新聞學等課程，均有開設，以備學生選修。從而可知，國際關係已不是簡單的學問，必須在廣博高深的科學領域中予以培植。

總右所述，足徵國際關係的研究爲近年來美國政治學中的一大發展，這一發展的趨勢將日見壯大，幾有脫離政治學的領域而獨樹一幟的氣概。因爲國際關係的研究的發展而引起美國考試制度的轉變，更由此而改變美國的學風，這一趨勢尤值得我們注意。

五　行政人員的政治教育

據芝加哥「國際市經理協會」刊行的一九五〇年之「市政年鑑」所載，美國政府任用的全部人員，計達六、二〇四、〇〇〇人；其中聯邦政府的文官計一、〇四七、〇〇〇人，佔百分之三三，公立學校教職員一、六五九、〇〇〇人，佔百分之二六·七，州政府人員七三一、〇〇〇人，佔百分之一一·八，市政府人員一、〇八二、〇〇〇人，佔百分之一七·四，縣政府及其他機關人員六八五、〇〇〇人佔百分之一一。這六百二十萬四千的公教人員中，教育人員的培植，當非政治學者之所能全負其責，但除教育人員外之四百五十四萬五千人的作育，却是以往政治學者曾盡最大的責任，而來日的行政人員的栽培，實爲當今政治學者責無旁貸。在一般人看來，行政人員的政治教育，似乎是無關宏旨的事，這種看法實是錯誤。因爲整個國家政務的推行，即放在這些人員的肩膀上，是則訓練這些人員使成爲有正確的政治認識、有蓬勃的朝氣、有艱苦的毅力、有清廉的操守、有熟練的技術、以成爲一個有爲有守有能的政治基幹，這當然不是可以等閒視之的。正因爲這是政治學者所應盡一種神聖任務，所以「教學法改進委員會」對於這一問題特加研究，曾向各大學各學院徵詢這種政治教育的意見，而曾提出答復者有八十九個單位。

在美國的政治學者中，因爲受企業界科學管理的影響，於是在政治學上發展成一種行政學，各大學政治系中，對於行政學的課授是非常風行，且在各大學中有特別設置獨立的行政學院的，如南加利福尼亞的行政學院及密芝根大學的行政學院是；至於設立行政系的，則更所常見了；可見行政學在美國已成爲政治學上的一個重要支流。這種政治學上的新發展已引起多方面的重視。行政學的重心是以討論行政組織、人事管理、財務管理、物料管理及行政程序的合理化爲主，以求得政務處理的高度效率，其訓練對象則爲一般行政人員，所以在美國所謂公務人員的政治教育，即以對行政人員施以行政學的實際訓練爲要務，這種實際技術的訓練可以說是對以往政治學偏重國家論抽象研究的一種轉變，是一種新的政治教育的作風。但在英國人看來，行政學之不能成爲一種科學的。如曾久爲英國公務員的葛利格爵士（Sir James Grigg），即說他不相信在大學制度或理論上有所謂行政學的課程，所謂行政無非管理人的事務而已，而這一管理人的智能是不能在大學中傳授的，只能於實際工作中求之。這種說法雖也不無美國人同情，但美國大多數政治學者則毫無懷疑地篤信，在大學中對有志爲行政人員的學生予以行政學的講授，是可以增進他將來的工作效能，可以減少他在工作上的錯誤，使行政工作效率增加，有利於國家政務的推進。在美國政治學者中已不再考慮行政學之應否課授，而所斤斤計議者乃爲對於行政人員的政治教育是應注意於專業訓練主義，抑應傾向於普通教育的問題。就目前各大學的行政人員政治教育的作風說，是有四種不同的傾向：如敍拉古市大學（Syracus University）的馬克斯維爾學院（Maxwell School）及南加利福尼亞大學的行政學院，對於高級行政人員的教育是注重於專業的技術訓練；在哈佛的利道爾學院（the Littauer School at Harvard）是着重於廣博的普通教育，加利福尼亞大學則注意於政府活動新技術的研究；而一般辦法則於政治系中加以一般的政治教育。所以就大體說來，美國各大學對於公務人員的政治教育是傾向於專業化的技術訓練。

這種偏重於專業訓練的作風，固然可以栽培出所謂一般行政人員，但這樣教育出身的行政人員，只能擔當某一部份的事務處理，而缺乏氣度恢宏、足智多謀，以擔當任重道遠的艱鉅事業，於是許多政治學者都不滿這種作風。如福列史德爾（James Forrestal）在其所寫的「公務管理」中就說：「……大學對於有志爲政府服務的學生應訓練其靈敏思想、清晳明白的表現能力，而且最重要的乃爲能運用理解及研究的方法，而不株守教條，以處理人類各種問題，這些問題即常爲政府中的主要問題，」這就是說行政人員的教育應植基於廣博深厚的普通高等教育，而不必斤斤於雕蟲小技般的專業訓練。史頓（Donald C. Stone）在其所寫的「高級管理人員」中也說：行政事務應由「富有整個人類知識及洞悉人類各方關係的慧根之人」擔當之，因爲行政事務的處理需要運用廣博的學識，才能應付裕如。前總統杜魯門於普林斯頓大學二百年大學教育與公務會議中說：「如果我們國家的政策被繼續下去，則必須賴學驗宏富、深思遠慮、英明果斷的官員以執行之，但現在却極少具有這樣能處理國家大事的人。政府已自大學中錄用許多專門人才——如地質學者、物理學者、法學家、經濟學者，及其他專門人才，但極少得到學問淹博而善於管理的人員。我們所需要的乃爲能調配各種專家以從事各種工作，並對於善良的方案能具有理想及實現能力的人，具有這種教育的行政人員及政治領袖，實在太少了。大學對於學生應發展其明察整個社會問題及以整個觀點以明決社會問題的能力，並具有對於各種重大問題獨有高見的能力。各大學應該研究政府的種種需要，並鼓勵男女學生以特有的志趣和才能，配合政府的需要以爲國家服務。」這是杜魯門在任總統期間希望各大學對於行政人員的教育要以淹博深厚爲主的表示。總上所述，足徵各方對於行政人員的政治教育，已不以專業的技術訓練爲滿足，而亟圖有所改變。「教授法改進委員會」諦審各方所提意見後，乃於報告書下一結論稱：如果於高深普通教育或專業技術訓練兩者之中，必須有所抉擇時，則委員會是贊同前者的主張。這一結論正足以表示美國政治學者關於行政人員的政治教育，已在趨於轉變了。

六　政治學的重心問題

美國政治學者對於政治學的研究是朝着上述三方面發展，而研究的風氣是頗偏向於實際問題的探討，且爲了學生將來的出路起見，又頗注意於職業所需的訓練，於是課程的編配上遂亦多爲實用所需而設計，美國學者說：有許多課程簡直是「麵包牛油」的課程。據孟羅教授 (Prof. Munro) 在一九三〇年的研究，在各大學所開有關政治學的課程，幾達五十種之多，可見其繁雜了。這種作風本來是對往昔抽象派的國家論者的一種轉變，但其陷於支漫的局面，自爲深思遠慮的學者所不滿。於是，政治學的中心是什麼？又爲學者所考慮。「教授法改進委員會」曾以這一問題向各大學教授徵詢意見，而具答復者有四十一個大學和學院。該會根據這些意見，於報告書中特列「政治學的重心」一章，專門論列這一問題。我們探究這些學者的意見，則對於政治學在美國的將來發展趨勢，可以思過半矣。

爲篇幅所限，沒有方法可以把這四十一個大學教授的意見一一評列，只得作一種綜合的具述。這些意見當然是相當複雜的，但總括起來，得具陳如次：

有許多教授是主張政治學應以政治理論爲中心的。如納布拉斯加大學教授錫爾 (Norman Hill) 即簡單明瞭地指出：「在我的意見，應該是以理論爲重心」。杜克大學 (Duke University) 教授威爾遜 (Robert R. Wilson) 說：「在我看來政治理論應爲政治學確切的中心」。濱夕法尼亞大學教授柏爾美 (Norman D. Palmer) 謂：「政治理論應爲確切的中心」。田納西大學教授葛利恩 (Lee S. Greene) 云：「我們强調政治學一切論題應把握着政治理論」。俄列崗大學教授溫葛德 (E. S. Wengert) 則與威爾遜的說法一樣，故曰：「政治理論應爲政治學確切的中心」。他如肯塔啟大學教授范登寶 (Amry Vandenbosch)、霍布金斯大學教授史衛爾 (Carl B. Swisher) 等人，都是抱着這麼一種意見；這些意見可以說是傾向於純理論的。

但也有不少的學者是認爲政治學的重心應該是理論而兼及實際的。如波士頓大學教授哈維 (Lashley G. Harvey) 說：「政治學的中心是理論及美國和外國近代民主法制的實際」。馬利蘭大學教授雷氏 (Joseph M. Ray) 則謂：「我認爲政治學確切的中心應爲政治理論、憲法、行政學及政黨」。得克薩斯大學教授維克斯 (O. Douglas Weeks) 認爲：「政治學的中心或應由政治理論、比較政府、政府的組織體制及特別程序、實際政治及憲法」。辛辛那堤大學教授維禮 (S. Gale Lowrie) 則肯定：「我們工作的確切中心是美國政府，但不以分析現制爲限，而應以此爲討論政治制度之原理及哲學的基礎，及這些原理哲學在美國法制下之適合性和妥善性。」印第亞那大學教授赫爾 (Ford P. Hall) 也說：「大體言之，我們認爲政治學的眞正確切中心是包括政治理論、公法及國際關係。」美國基督教大學教授佛慈柏德禮克 (Dean Paul J. Fitzpatrick) 則簡單的說：「在我們的意見，政治學確切的中心爲政治思想和政府。」南加利福尼亞大學教授安德生 (Totton J. Anderson) 云：「政治學的中心似乎應集中現在社會演進中的政府哲學、體制、組織和職權。」抱着這種觀念的學者很多，不復一一列擧了。

更有比較少數的學者，則認爲政治學的重心應以實際爲主。如得克薩斯基督教大學教授西班 (Augst. O. Spain) 所謂：「政治學確切的中心似應包括美國中央政府、美國州政府及地方政府、歐洲及其他外國比較政府、立法論、行政學、美國憲法、國際法、暨國際組織、以及實際政治。」這些都是實用的科學。新罕布什爾大學教授亞歷山大 (Norman Alexander) 簡單地說：「政治學的確切中心殆爲美國政府」。布魯克林學院教授杜威 (A. Gordon Dewey) 說：「政治學的中心課程將爲一年的課程以討論普通政治學及比較政府，而尤其注意於美國政府」。抱持這種見解的人，大都以政府論爲政治學的中心，他們認爲政府論即爲政治學的實質，所以美國各大學多以美國政府爲政治學的入門科學，而著述方面，美國政府這一類的典籍，眞可以說是汗牛充棟，而寫政治學論者反爲少見。甚至有人認爲美國政治學社的名稱不應用 American "Political Science" Association，而應用 American "Government" Association，如波蒙學院教授維格 (John A. Viey) 即其一人，由此一端，可見美國學者之重視政府論了。

總右以觀，可見美國學者對於政治學重心的意見，大都是認爲以政治理論爲重，這是對於近年過份偏重實際研究的一種反感表示。但他們也以爲政治理論亦不能傾向於國家論那般的抽象空談，仍應與實際政治相扣合，簡言之，理論要有實際的內容，實際要根據理論的原則。在課程方面，切忌「包羅萬象，而中空無物」的課程。美國政治學將來的前程，大概是朝着這種趨勢而發展的。

西歐通訊

柏林會議

龍平甫

（一）何以要召開柏林會議

美英法蘇四國外交部長於本年一月二十五日至二月十八日在柏林舉行會議，這是一九四八年四外長對德問題會議決裂後的第一次會議。在這幾年中，世界局勢發生很大的變化，因此全世界人士對於這個富有歷史性的集會非常注意，因爲它的成敗對於今後世界局勢都會發生深遠的影響。

柏林四外長會議的召開完全是由於西方的主動。西方召開四外長會議的動機可以分析如下：㊀探明馬林可夫政權的所謂「新外觀」(New Look)是否屬實。自去年三月史大林死後，馬林可夫在外交方面表現不少的和平運用，同時高唱和緩國際局勢，宣稱「一切國際問題可以用談判來解決」。這種和平運用在西方輿論界發生很大的作用，有些人認爲這是蘇俄外交的「新外觀」，因此主張和莫斯科談判解決國際爭端。㊁在馬林可夫政權未鞏固前，和蘇俄談判較爲有利。有一派人士認爲蘇俄在史大林死後因繼承及派系爭權而衰弱，西方應乘新政權立足未穩時和它談，可以獲得較有利的效果。這種理論更由貝利亞事件（派系爭權）及東德革命（蘇俄帝國瓦解的危機）獲得有力的支持。因此認爲不可錯過很容易逝去的良機，及早和蘇俄談判。㊂巨頭會議的幽靈作祟。西方一部分輿論認爲召開東西巨頭會議，可以對緊張的國際局勢發生弛緩的作用。去年五月十一日邱吉爾的和平演說，使一些人對巨頭會議可以創造奇蹟的夢想，又復活起來。深謀遠慮的政治家對巨頭會議固不存奢望，甚至認爲在西方防禦力未充實前召開四外長會議，也是沒有結果的，但是爲了滿足輿論不能不召開一次四外長會議，以試求解決歐洲問題，即使一無成就，也可打破一般人的幻想。㊃歐洲軍與德國統一問題。歐洲聯防軍條約簽字快滿兩年了，歐洲軍本是由法國政府發起組織的，而且成立此軍的條約已由西德荷蘭比利時國會批准，但是法國國會對於批准條約提出若干條件。其最重要的條件便是要求西方三强就德國統一問題再和蘇俄談判一次，如談判失敗，方允許西德重建軍備。爲了決定歐洲軍條約的命運，西方三强主張先召開四外長會議，談判德國統一問題。事實上德國一日不統一，歐洲一日存在着戰爭的危機，爲了歐洲的和平，應及早在民主和平之內實現德國的統一。因此，德國統一問題便是這次柏林會議的主題。

（二）蘇俄最初拒絕談判德國問題

西方三强希望對德國統一問題及早獲得一個結論，而蘇俄則一直拖延，不願接受開會的提議。其主要原因便是藉此拖延歐洲軍的成立，甚至使它流產。關於德國問題，美英法三國會好幾次給蘇俄照會，蘇俄的回答則是撇開正題不談，大談一些不相干的事，如召開所謂「五外長」會，希望因此引起西方的拒絕而使會議流產，或因中共問題使西方內部發生矛盾。

東西兩方照會的往來可摘要敘述如下：㊀一九五三年七月十五日三外長在華盛頓會議結束後，向蘇俄照會提議召開四外長會議，解決德國問題，同時談判對奧和約的締結。㊁八月四日蘇俄答覆要求擴大議事程序，讓中共出席。對德國問題則主張東西德當局成立中央德意志政府，談判並締結和約，然後進行選擧。蘇俄的辦法違反民主自由的原則，與西方提出的方案相反。八月十六日蘇俄再度照會西方，內容與前一照會大致相同。㊂九月二日西方三强向蘇俄建議於十月十五日在瑞士盧加洛 (Lugano) 開會，議程限於德國問題。㊃九月二十八日蘇俄接受四國會議解決德國問題的建議，但要求另開一會議，由中共參加，以解決其他國際問題，對於在盧加洛開會一事則不答覆。㊄十月十八日西方三强向蘇俄建議在十一月九日開會於盧加洛，不接受蘇俄所提出的開會先決條件。㊅十一月三日蘇俄答覆堅持中共參加外長會議，於是盧加洛會議流產。

蘇俄拒絕討論德國問題，引起西方輿論的不良反響，於是莫洛托夫在十一月十三日突然擧行記者招待會，企圖糾正蘇俄態度在西方輿論界所發生的惡劣影響。西方三强雖以蘇俄堅持其開會的先決條件，認爲會議已無召開的可能，但並不願因蘇俄的態度而關閉德國問題談判之門。十一月十六日致蘇俄的照會便是根據此意旨而撰寫的。

事實上，四外長會議到此時已算沒有召開的可能。但是兩個重要因素使蘇俄不得不接受西方召開會議的條件：第一、蘇俄當局爲了爭取自由世界一部份輿論的同情，不能拒絕討論德國問題；第二、邱吉爾提議召開三巨頭會議。

幾個月以來，邱吉爾在對德問題及西方對共產集團關係的看法，已發生相當的變化。去年十月八日邱吉爾在 Margate 保守黨年會宣稱歐洲軍如未經批准，則西德應加入北大西洋公約組織，及至十一月三日蘇俄拒絕討論德國問題後，邱吉爾遂發動三巨頭會議，討論蘇俄拒絕出席後的國際形勢，杜勒斯也說：「德國問題既不能以四國會議解決，則三國會議對德國問題採取決定是必要的」。

百慕達會議宣佈召開後，巴黎國會反對歐洲軍的議員（以前戴高樂派爲主）始則主張不參加，繼則要求國會辯論歐洲軍問題。十一月十八日起國會開始辯論，至二十五日辯論至嚴重階段，政府黨意見分歧，極右的前戴高樂派及擁護歐洲軍的人民共和黨各不相讓，陷入僵局：多數不能獲得一個共同接受的議案以結束辯論。二十五日內閣總理蘭尼爾以獨立派議員加萊（Garet）起草的議案提出信任投票案，主張繼續政府的對外政策。法國行將選擧總統，各政黨不敢引起閣潮，因此信任案的通過是不成問題的。在這種情形下，蘇俄突於二十六日晚間宣佈放棄先決條件接受四國會議的召開。其用意當然是爲了阻止法國政府因信任投票對德國整軍問題獲得較大的行動自由權。蘇俄此擧使法國國會信任投票變質，使百慕達會議對德國整軍不能有所決定。二十七日蘭尼爾在投票前講演，提到蘇俄的照會，但是沒有提及歐洲軍，反對的人說「有了蘇俄的照會，可以讓蘭尼爾到百慕達去」。於是信任案由二百七十五票對二百四十四票通過。政府勝利了，但是勝利不是絕對的。

百慕達會議對西德的整軍問題並沒有作任何決定，因爲美英認爲當時的法國政府是「看家」政府，會議的唯一決定是答覆蘇俄的照會，接受以柏林爲四國會議地址，同時主張在本年一月四日召開會議。據漢堡鏡報（Der Spiegel）於十二月九日所載消息：西德阿德勞總理在百慕達會議之前向美國駐德高級專員柯南特（James B. Conant）建議柏林不宜於開會，會址以在中立地點爲宜，開會日期應在二月末或三月初，因阿德勞希望德國國會在此時以前修改「基本法」（即西德臨時憲法），使西德在建軍上有立法的根據，他同時主張在開會前應討論議事程序，以求確定四國會議以德國問題爲中心。而對德國問題的解決，他主張應根據下列兩原則：㈠全德自由選擧，㈡成立全德中央政府。阿德勞反對在柏林開會是很可瞭解的，因爲蘇俄不斷地要復活波茨坦協定，而波茨坦協定則是阿德勞的「惡夢」。不過百慕達會議並沒有採納阿德勞的建議，其主要原因恐怕是爲了節省時間，因爲艾森豪希望在三月十五日以前獲知歐洲軍的命運。而且蘇俄是不願參加四國會議的，它正可利用議程及地址問題，節外生枝，使會議不能召開，一九五一年四外長代表在巴黎所擧行的無結果的議事程序，便是一個先例會議（註二）。

由於蘇俄的要求，西方三强接受在一月二十五日開會。但是柏林由四國佔領，會址應在何區，又發生了很大的爭議。西方有充分理由要在前盟國管制委員會擧行，否則在四區輪流，蘇俄則以安全爲藉口，要求在東柏林擧行，以增强其地位，但西方國家並未忘記韓戰中開城談判的教訓，自然不能接受。四國會議籌備代表經過五十六小時的談判，決定在東西柏林輪流開會，因此四國會議在形式與內容上成爲「東西會議」。

（三）代表團的陣容與策略

西方與蘇俄對四外長會議在事前都有充分的準備。美英法的專家在過去幾個月中在巴黎會商，對會議有充分的佈署，對於可能討論的問題有充分的研究。

由於會議的重要，美英法蘇出席會議的代表團也是人數衆多而充實，包括不少的重要人員及專家。現在不妨列擧一些重要的代表團人員：

㈠美國：除國務卿杜勒斯外，有負責歐洲事務的助理國務卿麥謙(Livingston Merchant)，國務院顧問小麥克阿瑟(Douglas MacArthur)，負責公共事務的助理國務卿賈德爾(Carl Cardle)，國防部次長賴斯(Frank Nash)，駐蘇大使包倫(Charles Bohlem)，駐德大使衛高專柯南特。

㈡英國：除艾登外，尙有外交部政務次長納丁（Nutting），常務次長羅貝玆（Sir Frank Roberts），駐莫斯科大使海德(Sir William Hayter)，駐德大使衛高專賀披米賴爾（Sir Frederick Hoyer-Millar）。

㈢法國：除外交部長畢道外，有外交部秘書長巴洛底（Parodi），政治司司長杜賴爾（De la Tournelle），歐洲司司長賽都（Seydoux），亞洲司司長茄（Jacques Roux），會議司司長布魯斯特拉（Broustra），外交部法律顧問葛羅士(Gros)教授，駐蘇大使若克斯（Joxe），駐德大使衛高專法郞稜阿彭塞（François-Poncet）。

㈣蘇俄除莫洛托夫外，尙有副外長葛羅米柯（Andrei A. Gromyko），駐英大使馬立克（Jacob A. Malik），駐法大使維努格拉多夫（Serge A. Vinogradov），駐美大使柴魯賓(Georgi N. Zaroubin)（以上爲正式外交官），駐奧大使伊里車夫（Ivan I. Ilytchev），駐東德大使塞米奧諾夫（Semeonov），蘇俄外交部外交團委員普希金（Georgi M. Poushkin），索波勒夫（Arkay A. Sobolev）（以上爲蘇俄各附庸國的事實上的統治者），蘇俄外交部亞洲司長費德林（Nicolas T. Fedorenko）及其他（負有大權的官僚）。

蘇俄出動了這樣一大批要員，當然是由於德國問題的棘手。若單談德國問題會使莫洛托夫詞窮理屈的，因爲邏輯的講，德國問題的解決應由自由選擧開始，然後成立中央德意志政府，談判並簽訂和約。然而這樣一來，德國的蘇俄佔領區無形中將重獲自由加入西方世界。在蘇俄帝國發生危機的今日，東德的喪失對馬林可夫的政權將發生嚴重的影響。然而德國問題的不能解決，會有利於巴黎和波恩條約的批准，使西德正式加入西方集團，這也是蘇俄要避免的。因此蘇俄的策略便是避免正題，提出一些不相干的問題（如所謂「五强」會議），及大而無當的問題（如消除國際緊張局勢，普遍裁軍等），希望因此避免負擔會議失敗的責任，同時可以騙欺輿論。此外蘇俄希望以越南的停戰來和法國交換歐洲聯防軍的放棄。大體而論，蘇俄的弱點在歐洲，而在遠東却有充分運用的自由。反之西方的王牌在歐洲，而在遠東却有美英對中共政策上的分歧，及法國一部份輿論對越南戰事的厭倦，而表現出若干蘇俄可以進攻的弱點。

蘇俄既不能拿出正當的論據和西方談判，自然要在宣傳上大下工夫，莫洛托夫在會議中的冗長講演可說完全是宣傳。在每次會後，蘇俄代表團發言人伊里車夫將莫洛托夫的演說加以「潤色」，而莫斯科的「眞理報」更將莫洛托夫的言論與提案大加條改，使不知底細的外國讀者及祇能讀官報的鐵幕內人民會「發現」會議失敗的責任不在蘇俄而在西方。

爲了避免蘇俄的宣傳與運用，西方三外長也得採取一些應付的辦法：㊀維持統一陣線，以免爲蘇俄各個擊破，三外長在每次會議之前。對於在會議中應採取的策略都有研究。每晨小麥克阿瑟、羅貝茲及馬熱理 (Margerie)(法)聚會研究當日的議題。中午三外長會餐，視各國輿論向背及政府的處境，以分配三外長在下次會議中的任務及發言的內容。㊁由於柏林會議以德國問題爲主，所以要讓法國擔任主要角色，讓畢道爲西方事實上的發言人。所以這次會議幾乎成爲以畢道與莫洛托夫爲主角的舌戰。西方採取這種策略當由於下列考慮：(甲)增强法國的地位，並補償法國在百慕達會議所遭受的損失。(乙)提高畢道的聲望，以有利於未來法國國會對歐洲聯防軍的批准。㊂因法國的要求，美國也沒有拒絕和蘇俄討論亞洲某些特殊問題，但是法國外交部長在會前已表示不能以越南的休戰交換歐洲聯防軍的放棄，因爲西方所得者小而所失者大。

(四) 會議經過

柏林四外長會議會期二十五日，前後會議時間共九十一小時二十分鐘，共開會二十七次，其中小型會議六次，大會二十一次。兩種會議都不讓新聞記者旁觀，不過大會之後發表會議紀錄，而小型會議每國祇有四人參加，會後不發表紀錄或公報。

一月二十五日午後美英法蘇四國外長在柏林美軍佔領區波茨坦街(Potsdamerstrasse) 盟國管制委員會舊址開會，由杜勒斯主席，旋由畢道及艾登發言，說明西方對會議的立場。接着莫洛托夫發表四十五分鐘的冗長演說，重彈蘇俄對德問題的老調。他在結束演說詞時突然提出議事程序，這樣一來使杜勒斯變更原定計劃，在第二次會議中就莫洛托夫對美國的攻擊一一答辯。杜勒斯最後說，蘇俄所提出的議事程序雖與西方的相反，但是爲了推動工作，西方不願爲此事多所爭執，於是接受了莫洛托夫的議案。

本來西方預定提出的議事程序是：㊀德國問題；㊁對奧和約問題；㊂歐洲安全問題；㊃其他。現在莫洛托夫搶先一着，提出如下的議事程序：㊀召開「五强」會議以求緩和國際局勢；㊁德國問題及歐洲安全問題；㊂對奧和約問題。柏林會議便依這樣的議事程序進行。

(一)議程第一項：前後共開會八次，其中六次是小型會議(註二)。開始莫洛托夫主張在本年五六月開召「五强」會議，以求緩和國際局勢。他的用意不外是：㊀提高中共的地位；㊁引起英法與美國的摩擦；㊂企圖誘致法國以越南的休戰交換歐洲軍的放棄。由於莫洛托夫不斷的要求中共參加國際會議，並提出一些所謂方案，使杜勒斯不得不承認「莫洛托夫善於變戲法，由他的帽子中不斷的跳出兎子來：高麗和平，越南休戰，停止軍備競爭，禁止原子武器，解決一切國際爭端。莫洛托夫聲稱若邀周恩來參加會議，上述一切都可實現。但是周恩來是什麼人？他是以幾百萬人的死亡而獲得政權，同時以幾百萬人的餓斃而備戰的中共政權之代表，西方在道義上不能接受此人參加會議」。畢道則說「中共參加會議的眞正場所是在亞洲，如高麗問題及越南問題，但是這些問題應依次合理的解決。」他更指出：㊀召開五外長會議無法律根據；㊁普遍裁軍應在聯合國範圍內從事談判；㊂東西貿易的萎縮是共產集團的過失；㊃法國要求中共對某些特殊問題先有善意的表現。

由於全體會議不能解決議程第一項，遂移交小型會議處理。結果同意中共出席有限的會議：高麗會議及越南會議。由於美國的堅持，使蘇俄不能不在公報中承認：「中共參加此項會議不能涉及其外交的承認」。換言之，中共不能以此作任何事實上的或法律上的承認的依據。美國的國際法學家也一致承認這祇是對中共交戰地位的承認。四月二十六日的日內瓦會議並不是「五外長」會議，因爲參加的限於韓戰及越戰的交戰者，沒有中立國參加。蘇俄宣傳日內瓦會議的召開是它的「外交勝利」，是失敗後的解嘲，其實它已全部依了美法的條件。

(二)議程第二項：自一月二十九日起開始談判德國問題及歐洲安全問題。前後共開會十一次(註三)。最初艾登以三外長名義提出「自由統一德國方案」。此方案分下列步驟：㊀全德自由選舉；㊁根據選舉結果召集國會；㊂制定憲法，籌備和約談判；㊃通過憲法，組織負責談判的德國中央政府；㊄簽訂並實施和約。艾登在解釋方案時，强調德國的分裂使歐洲分裂並永恆不安，成爲未來戰禍的因素。爲了和平得統一德國，統一後的德國有權自由接受德意志聯邦的國際義務及東德政權所承擔而與聯合國憲章不衝突的義務。莫洛托夫對艾登的方案沒有方法可以指責，祇得承認它在憲法上有充分的根據。然而代表蘇俄政權的莫洛托夫始終不敢接受自由選舉的原則。

於是二月一日莫洛托夫提出開會以來的第四提案，要求四外長代表在三月之內擬訂對德和約，在六月之內召開和會。他的方案是：㊀統一德國；㊁在條約簽訂一年之內，撤退佔領軍(註四)；㊂所有「民主」政黨與組織享有行動自由；㊃禁止「反民主與和平」的組織；㊄統一的德國中立化；㊅東西德國所簽訂的條約對於統一的德國無拘束力；㊆取消戰後債務，限制軍備。至於如何「統一德國」，莫洛托夫在後來提出的方案說明：㊀由東西德國會組織臨時政府，在相當時期內東西德政府仍舊維持存在；㊁臨時政府負責全德選舉；㊂全德臨時政府應使：(甲)德國中立；(乙)保障「民主政團」的自由活動，禁止「法西斯」及「軍國主義」團體；(丙)發展東西德經濟貿易文化關係。這個方案除局部外與一九五二年三月十日蘇俄對德問題的照會完全相同。它要求停止「反民主和平」的團體在統一的德國活動，是企圖使全部德國爲共產黨及同路人的天下。這一點在東德政權向四外長送的備忘錄說得很明白：要求立即禁止「軍國主義」與「法西斯」團體並清除波恩政府的「納粹」官員。蘇俄方案目的在：㈠積極的：赤化全德；㈡消極的：維持東西德的分裂，同時防止西德參加西方防禦體系。無怪乎杜勒斯說：「莫洛托夫假和平之名企圖將蘇俄的統治擴展到萊茵河」。這種方案自然是西方所不能接受的。至於艾登計劃，西方作了許多修改，希望蘇俄接受，但爲莫洛托夫拒絕。德國統一問題的談判遂完全失敗。

至於歐洲安全問題理應由西方提出，因爲現在及將來威脅和平的是蘇俄帝國主義。然而莫洛托夫竟提出所謂「五十年歐洲集體安全條約計劃」。但若仔細研究其內容，蘇俄想藉集體安全的美名毀滅北大西洋公約組織及行將正式成立的歐洲聯防組織；並利用歐洲門羅主義的口號，將美國自歐洲排除，進而赤化全歐洲。杜勒斯答覆說：「美國來歐洲，是由於歐洲國家恐懼侵略而邀請的」。畢道駁斥莫洛托夫說：「歐洲洲人對美國有傳統的友誼與信心」。他一再追問莫洛托夫：「北大西洋公約是否和這個方案衝突」？莫洛托夫始終不答。莫洛托夫這個詭計使歐洲的中立主義者相當震驚，報紙中也有不少一針見血的評論。例如每日電訊報說：「這是一個企圖將鐵幕由易北河擴展到萊茵河的計劃」。紐約時報指出：「莫洛托夫邀請西方自殺」。對莫洛托夫的所謂安全計劃，畢道作了頗爲中肯的答辯。他提出法國的歐洲安全概念及對德國的安全辦法。即歐洲安全的實現應先從解決德奧問題着手。而現在要設法成立的歐洲軍便是限制德國軍事行動的自由，同時遏德國侵略時互相協助。總之，莫洛托夫以安全計劃引誘西歐各國上鈎。但是鐵幕以外稍有頭腦的人決不會再上當的。如果有人要問莫洛托夫的話是否可信？祇舉一例便够了：一九三九年十月蘇俄聲明不干涉波羅的海三國的內政，但在幾個月之後即公然將三國吞併。當日和納粹狼狽爲奸的蘇俄外交負責人今天竟大談其歐洲安全問題，實在是非常滑稽的。

(三)議程第三項：對奧和約問題。自二月十二日起共開會六次(註五)。對奧和約在一九四九年已全部完成，但是有五條由蘇俄堅持它所擬的條文，沒有被西方接受(註六)，於是對和約迄未簽訂。這次莫洛托夫於原有條文之外，又提出三點要求奧國及西方接受：㈠奧地利不得參加任何軍事同盟；㈡奧國不能在境內建立外國軍事基地及任用外國軍事教官與技術人員；㈢除維也納城外，其他地點佔領軍在對德和約未簽訂前不予撤退，以防止新的「合併」(Anschluss)。西方爲了使對奧和約及早簽訂，一再退讓，全部照俄國的文詞接受多年不決的五條，並要求莫洛托夫在二月十八日簽訂對奧和約。然而莫洛托夫強詞奪理的說：「歧見仍未完全消除」。奧國外交部長費格爾(Figl)也允許奧國中立，但聲明條文不能更改。後來莫洛托夫提議在一九五五年研討駐奧佔領軍撤退問題(第三十三條)，這仍是變相的長期佔領，西方自然不能接受。後來與外長又提議在一九五五年六月卅日以前撤退佔領軍，也未得蘇俄同意。對奧和約談判因蘇俄不願撤兵而完全失敗。

(五) 結論

柏林會議的成就及對今後世界局勢的影響如何？這是一個難以解答的問題。但是我們不妨作下列的評論與推測：

(一)柏林會議的唯一成就是決定日內瓦會議的召開。未來的日內瓦會議既不是「五外長」會議，也不是解決亞洲一般問題的會議。關於高麗問題不過是變相的政治會議，關於越南問題也是交戰的雙方參加。越南問題如此處理，總較法國單獨和中共及越盟談判爲佳。因爲法國可以在日內瓦和對方談判，同時避免涉及最棘手的外交承認問題。但是中共與越盟是否有誠意，要待事實證明。即使將來眞的談判休戰，恐怕要表演第二個板門店。此外有人會問：是否會發生一個遠東的慕尼黑？在今日的情形下，這種可能性非常小，但須得提防，尤其是要防止蘇俄與中共得寸進尺，打入國際組織去。更要防備蘇俄利用越南的假休戰，來誘法國反對歐洲軍的成立。

(二)這次柏林會議拆穿了蘇俄政權「新外觀」的西洋鏡，消除了許多人的幻想。遠在百慕達會議時，法國外交部長分析蘇俄的政局，認爲蘇俄因經濟的原因使內部組織衰弱，因而在對外方面趨於溫和，蘇俄宣傳原子彈製造的成績當與企圖緩和西方壓力有關。其結論謂：「緊張的局面是否眞正鬆弛，抑爲掩蔽持久僵硬的外表」？邱吉爾則相信蘇俄政權已有其「新外觀」。艾森豪則不以爲然，他認爲莫斯科的老目標(資本主義世界的毀滅)仍未放棄。因而主張仔細研究以求證明蘇俄的「新外觀」是一件新時裝，抑爲舊衣翻新並爲同一人所着？現在柏林會議則證明所謂蘇俄「新外觀」祇是舊衣略經粉刷，經不起風吹雨打的。這次蘇俄眞面目的揭穿恐怕是會議的最大成就。凡是紅軍所佔領的地方，蘇俄決不願撤退，這足以表明蘇俄並未放棄其帝國主義野心，也可說是蘇俄政權對自由的恐懼。然而蘇俄軍事佔領愈久，則被奴役的人民反抗意志愈强。連溫和的奧國人民也憤怒了，最近發動反蘇示威，報紙以發表訃告的形式發表談判失敗的消息，奧內政部次長也公開斥責蘇俄的行徑等於納粹。

(三)歐洲軍問題：因柏林會議的失敗而使歐洲軍在法國國會批准的機會加强。法國所提出的幾個先決條件，如㈠薩爾問題；㈡英國與歐洲軍聯繫問題；㈢英美在歐洲大陸駐軍問題，行將獲得解決之道。不過有些反對歐洲軍的人，又提出越南的休戰是

(下轉第33頁)

香港通訊

剖解中共「經建公債」

丁匡華

中共政權最近宣佈發行鉅額公債了，美其名曰「一九五四年國家經濟建設公債」，發行總額爲六萬億人民幣，規定于今年一月即開始發行，並限定今年三月底止，必須完成認購任務。人民幣雖不値錢，六萬億發行總額，仍約相當於美金二億二千萬元，港幣一十三億元，爲數不爲不鉅，以目前大陸上的一般國民經濟情況而言，無論如何是難以忍受如此巨大負擔的。雖然中共大肆宣傳，說年來大陸上的工人、農民、店員、公務人員、以及私營工商業者，經過了「土改」及所謂若干公私企業的合理調整之後，生活已大加改善，已有餘力購買公債，這完全是昧着良心所作的欺騙宣傳而已。

中共一手遮天的「作法」

中共此次發行所謂「經建公債」，完全是一手遮天的「作法」，在中共僞政務院宣佈發行「一九五四年國家經濟建設公債」的辦法裏規定：㈠發行公債總額爲「人民幣」六萬億元，面額分一萬元、二萬元、五萬元、十萬元、五十萬元五種，自一九五四年一月開始發行，十月一日起計息。㈡年息四厘。自一九五五年起，每年九月三十日付息一次。㈢公債本金分八年還清，自一九五五年起每年九月三十日抽籤還本一次，第一、二次各抽還總額百分之五，第三、四次各抽還總額百分之十，第五、六次各抽還總額百分之十五，第七、八次各抽還總額百分之二十；㈣由僞中央人民銀行及其所屬機構辦理發行及還本付息事宜。

這是中國歷史上最大的一筆公債，也是中共政權成立以來繼一九五〇年的「勝利折實公債」，一九五一年的「捐獻援朝機砲」，及一九五二年的「五反」後的第四次大搜刮，總額以「人民銀行」的美金牌價折算，約合二億五千八百萬美元。中共對該項公債的分配，預定在城市推銷僞幣四萬二千億元，其中工人、店員、中共機關團體幹部及文化教育工作人員分配一萬億元，私營工商業（包括股東及資方代理人）公私合營企業的私方，及其他城市居民分配三萬二千億，在農村推銷一萬八千億，並規定推銷辦法如下：

㈠在城市：採取由人民「自願」和一次認購的方法，限本年三月底前認購完成；對于機關、企業團體、學校的職工，和部隊幹部由所屬單位在薪津內分期扣繳，對于私營和公私合營工商業（包括私資股東和資方代理人），採一次繳清或分期繳納方式，至於城市其他居民，均採一次繳清辦法。

㈡在農村：一般農民推銷「公債」以採取定額分配與「自願」認購相結合的方法爲原則，按農民經濟情況分配「合理」數字，然後由農民「自願」認購，限期亦以本年三月底爲止，而繳款可分二次或三次。

其次，周恩來所發出的指示中，公債發行數額的分配，城市佔四萬二千億元，農村佔一萬八千億元。在城市的四萬二千億元中，除了一萬億元由工人、店員、政府機關，部隊幹部以及文化教育工作人員共同攤派外，其餘的三萬二千億元——超過公債總額的半數——便都落在私營工商業（包括股方及資方代理人），及公私合營企業的私方和其他城市居民的身上了。（所謂「其他城市居民」，除了上列的各式各種人外，只好指那些靠銀行存欵，房地產租金及股票利息爲活的人，但這種人現在在大陸上已經是鳳毛麟角了。因之那二萬二千億實際上都落在私營工商業者及公私合營企業中的私方身上。）

中共爲了銷債工作的「勝利超額完成」，已由中共中央指示各級僞政府在發行以前和發行過程中，重視宣傳、教育工作，利用各種機會場合，如各級「人民代表大會」、工商聯、同業組織及各種座談會，結合「國家過渡時期總路線」的教育及「折實公債」的經驗，反覆由人民說明經建「公債」的政治和經濟意義，同時並令各地組織「公債推銷委員會」，由當地「政府」指定專人會同財政、銀行、工商農業等部門及各附共黨派人民團體與各界人士共同負責推行。

中共發行公債的作用

中共政權僭竊中國大陸，至今不過四年，在這四十八個月內，幾乎無時無刻不在向人民索搾財物的恐怖氣氛中，方法五花八門，手段應有盡有。直接的有「支前」折實公債，飛機子彈捐獻，支援「抗美援朝」，愛國儲蓄……以及藉所謂「民主評議」而強迫增加各種稅額等，對全國人民實施廣泛的搜刮政策。間接的更僕難數，農村中分田鬬覇果實，連埋葬地下的死人殉葬物也發掘殆盡，概以農會與合作社名義，囊括而去；都市城鎮的「三反」「五反」運動，則專門對全國工商業者作強暴脅迫的刼財行爲，凶燄且蔓延海外華僑。可是這些直接間接的勒索人民財物之舉，表面上還有所藉詞，在報上詐騙宣傳，爲世人共聞共知。

表面上看來，中共這次發行所謂「經建公債」的目的，顯是彌補赤字、收縮通貨，獎勵儲蓄，但實際均非其然，試加分析：

以彌補赤字言：本年度中共雖然沒有「五反」可以造成財政上的盈餘，雖然因爲災荒的關係，農業稅的收入一定減少，但國營和公營事業的利潤與稅欵却可能增加，而且因爲朝鮮戰事已停，軍事支出降低，未必會出現可觀的財政赤字。況且在二百三十三萬四千九百九十一億元——約等於一百億美元——的總支出中，六萬億元只略等于百分之二點四而已。假如爲彌補這點赤字，中共儘可以隨便巧立一個名目，向某一部份特定階層勒索即可，用不着如此驚天動地，還冒着不達預定限額的危險。

次言收縮通貨，中共的貨幣制度是「超管理制」，根本用不着所謂準備金，擺在準備金庫裏的不是黃金或外滙，而是壹把血淋淋的殺頭刀：人民幣是以死亡的威嚇來流通和維持的。四年以來，無可諱言的，中共幣值是相當穩定的。中間只會貶值一次；但目前中共假如願意提高，也有可能。當然拋出六萬億的「不得當作貨幣流通，不得向國家銀行及公私合營銀行抵押」的公債，自然而然地有其收縮通貨，調節頭寸的效用，但那只是附帶產生的，不是中共的目的之所在。

再言獎勵儲蓄，共產政權不容許人民有所儲蓄，恰好相反，「公債」的發行正是想把人民手中所殘留的或開始累積的資金，搜括而去，並且還將繼續搜括。

然則它的作用在那裏呢？據筆者的觀察，這次中共的所謂「經建公債」，實際與「經濟建設」絲毫不相干，乃完全是準備戰爭費用的一種軍事共產手段。如果它們眞有從事於和平的經濟建設的意念，則在韓戰停止經年之後，又有蘇俄所訂立的經濟援助協定，何致急不暇擇地竭澤而漁，幹此形同刦掠的勾當呢？可見它們正在瘋狂的備戰，將來不是韓戰復起，即是越戰擴大。蘇俄對中共戰時的援助，只是限於武器彈藥，平時所能給中共的物力應援，即依其自定價格，由中共以各種農產品供給抵償之。蘇俄在經濟力量上，自顧不暇，絕對不能對中共予以財力之助的。因此中共除狠心向中國人民作不管死活的搜刮掠奪而外，別無辦法。它們只好先顧自己的生存，以期苟延歲月，免於崩潰，民命却非其所惜了。

國內旣已民窮財盡，十室十空，這樣鉅額的公債，縱使用炮烙之刑，也不容易攤銷於大陸人民，逼得額定現金的。它們自然亦知道這種困難，所以特別對華中華南的通海大都市積極派銷，如廣州市即派至六千億之多，從這裏我們可以看出共黨這次所發行的公債買主，大部份是以海外華僑爲對象。它們根據近幾年來在國內搜括的經驗，認爲向海外華僑索詐一兩億美元，並非不可能之事，問題只是如何進行而已。

政治性的「經建公債」

這次「公債」的發行，其性質與其說是「財政的」，無寧說是「政治的」，它還是階級鬪爭手段的一種；與所謂「經濟建設」無關。而且根本不是名符其實的所謂「公債」。所謂「債」，無論公私，都包含着兩種意義；第一、必須是自願的。你向人家借錢，只能商得對方的信任同意，不能强迫。一般國家發行公債，平常只能出之以勸導，戰時或者加上道義的激勵，輿論的褒貶，却不能出之以政府强迫的方式。第二、則是必須償還，不然就不必謂之「債」。

今天中共發行所謂「經建公債」，實是一手遮天的作法，在大陸共區內，完全是「一面倒」的無所謂自由，更無所謂自願，以此次「公債」來說中共早已把攤派的百分比分配得清清楚楚了，城市多少，農村多少，私營工商業又多少。何況，這次「公債」是爲了協助完成「五年計劃」的第二年計劃的，有誰敢破壞五年「計劃」？中共可以從你身上剝出兩層皮來，但你決沒有兩個頭，殺了一個還可以長出另一個。而且，假如你自己不願認講或認購不足額，你的廠裏或店裏的工人同志或店員同志也會替你超額認購，村幹或農會主席；民兵隊長之類也會讓你起帶頭作用。總之，依照中共的說法，這是經濟情勢基本好轉後所產生的「果實」，現在政府慷慨地讓你來「分享」，——因爲有利息——你假如拒絕分享，那你就太不識抬舉，你就大可不必活下去了。

其次中共肯償還嗎？表面上似乎要沽名釣譽的，一九五〇年發行的「勝利折實公債」，就已在抽籤還本的途中，信用也還不錯。但我們不要忘記，這只是中共「五年計劃」的第二年，此後還有三個「年」。假如中共政權可以存在下去的話，一個「計劃」之後還一定會另來一個。每一個「計劃」的每一個「年」，都需要人民來「支援國家的經濟建設」，換句話說，中共政權存在一天，「公債」就會按時而來；一次還在抽籤還本，另一次却在開始發行，而且每一次的數字都只有比前一次的大，直至把人民的膏血吮吸淨盡而後已。還有，以「勝利折實公債」抽籤還本付息的經過來說，又有多少眞正把錢拿到手？才一到抽籤之期，便有人出來組織座談會一類的東西，由共幹或被指使者起所謂帶頭作用，把中籤發還的本息充作對某些建設事業的投資；一部份中籤者取欵之際，總是經由「辦事人員」說服而轉作「愛國儲蓄」；種種花樣，不勝狠毒，因此所謂償還，實際就是囊括，毫無理由可言。

「經建公債」的後果

一九五〇年的「勝利折實公債」，一九五一年的支前捐獻等等，……所受的教訓實在太大，本來在中共區內祇要命令一下，人民絕不敢違反，其對象自然着重在海外僑胞方面，然而僑胞的心裏是雪亮的，現在美國三潘市的僑領業已發表聲明，決不再受共黨之騙，購買它們一分一厘的公債券，更不蹈過去滙欵到大陸救濟僑眷的覆轍了。這對中共實是當頭一棒。

香港一地據內幕傳出，包括直接之「勸銷」，及僑眷勒索之搜括，對此「公債」之負擔，將超過一億港元。中共對于「勸銷」和勒索手段非常毒辣，倘港地在大陸有聯號之僑商或寄居大陸之僑眷，而不認繳，則將該聯號予以封閉充公，並加以「反動家屬」以爲要挾，因此靠攏商人難免自食惡果，然而海外僑胞反響甚微，大都對中共暴政已有深刻印象，決予置諸不理，相信中共「括籠」勢必毫無所獲。

友情的悵惘

郭湘章

十年前，在流亡的征途上，我和貢三邂逅而相識。

貢三性沉靜，好冥想，蒼白瘦削的臉龐，短小羸弱的身軀，充分含蓄着一付落落寡合的氣質。我們在旅途上，交談的時候少，相對無言的時候多。雖然，我喜歡他那偶然一發的偏激論調，和他那旁徵博引的淵博學識。我們從柏拉圖的理想國談到老聃的小國寡民，從摩爾的烏托邦談到陶潛的桃花源，從四行以至元素，從唯心以至唯物；宇宙萬千，眞是無所不談。在無聊的旅程中，他給我的思想以很多的啓示。

深思善感的貢三，沿途每睹造物之大，神工之偉，即有天地蜉蝣、滄海一粟的感觸。一路上的景物，竟無一不成爲他感懷的對象。若非旅程終有一天結束，在貢三抑鬱氣氛的感應下，我們很可能連袂遁世，到那深山僻谷裏，與比邱爲伍，與天地同流了。

× × ×

抗戰時的大後方，人心是振奮的，民族的意識是濃厚的，但却也有許多不令我們滿意的現實，我和貢三到達了錦江環抱的蓉城，立刻都感覺到這種祥戾雜揉的氛圍。那時我的母校燕大已在蓉城復校，我便以舊生的身份註了冊，以便結束我大學最後一年的學程。貢三則也在我校借讀；他主修的是哲學。我們被分配在一間寢室裏，他睡的是上舖，我睡的是下舖；所以又得朝夕與共，輾側相聞。

我們的宿舍是借用蓉城古老的文廟，那已經是幾百年的建築了。駁落了皮的紅牆，參天漫日的古柏，三座半月形的拱橋，和巍峩莊嚴的大成正殿，處處都顯得古老寂寥，使人不由發起思古的幽情。貢三不喜活動，他除了上課睡覺，多半是呆在配殿後面的綠陰庭園，沉溺於冥思遐想，常常坐到深夜方歸。有時他靜極思動，到了假日，也和我出去走走。於是，柏木森幽的丞相祠堂，冷清寂靜的百花潭，水光旖旎的望江樓，十里飄香的桂湖，和蓉城附近的許多名勝，我們都去過了；但那些地方遊人如鯽，往來如梭，像旅途中我們兩人所歷目的片月黃昏，孤鴻明滅的岑寂景色，是再也看不到的，愛好幽靜的貢三，自然對此了無情趣。有一次傍晚，我們從一個頹塌的城垣缺口走出去，過橋沿着錦江對岸漫步而行，忽然發現一片竹林，在綠陰深處，有一個丈把見方的空地，不知是有人故意安放的，還是天然就有的，幾塊平滑的板石，像星羅一樣的擺在那裏。走累了，坐在石上小憇，除了蟲語水音，四周眞是闃若雲烟，使人不由有遠離塵世之感。貢三喜愛這個所在，每次來都要徘徊良久；有時坐在石上，從密集的竹葉隙縫中仰視天外，有時站在江邊，靠在一棵大竹上，望那滾滾東流的江水出神。常是月上竹梢的時分，纔興意闌珊地歸去。

× × ×

那時，每個青年學生都受着左傾浪潮的激盪，在思想上面臨抉擇的歧途。學校裏的壁報大都操縱在左派學生的手裏，他們披露的文字，是那樣的武斷，那樣的幼稚；然而却有那樣多的人隨聲附和，實在使人百思莫解。有一次，我校某教授自美歸國，在紀念週上，他報告美國民主情形，說它已接近了民主的崇高理想。在他進行講演中，臺下即有若干左派學生報以噓噓。第二天，全校到處都出現了新的壁報，對某教授大肆攻擊，而且他們給民主列了一個公式：無產階級專政＝多數人專政＝民主政治

這種愚昧邪辟的言論，實在使人無可忍耐，於是我便聯合了幾個和我有同感的同學，也連夜趕寫了一張壁報，題名爲「中流」。我們的意思是說，我們既不左傾，也不右傾，既不替在野黨說話，也不無理攻擊在朝的政府；我們的立場是公正的。第二天早晨貼出去之後，還不到一個鐘頭，便被人給撕毀了。當天下午一張題名爲「星火」的壁報跟着出現了；它罵我們是「布爾喬亞走狗」，「法西斯妖孽」，「反民主份子」，「人民的公敵」，……而且他們說，中立主義就是「機會主義」，「騎牆主義」……。他們說一件事只能或是或非，決不能既是又非，他們認爲我們必另有不良的動機，同學們不可不愼予提防；眞是駡得我們狗血噴頭，淋漓盡致！從此，我們便捲入了這個筆戰的漩渦；我們決心支持正義，維護眞理，爲自由，爲民主而奮鬪到底；雖然我們既窮且忙，又沒有後臺老闆，但我們仍勉力應戰，不甘示弱。

在我執筆寫論戰文章時，理論方面我原想討教貢三，因爲由他過去的談吐，他早已成爲我心目中的思想家了。可是，他告訴我的是什麼呢？他說：世界上還沒有其他史觀體系完整的程度可以和唯物史觀相比擬。我原知他的思想傾向偏激，但在他沉默的思考中，竟又有了這樣一個結論，他的思想軌道已在向更偏激的荒漠伸展，那裏除了海市蜃樓一般的美好幻景之外，顯然是探險家的絕境，亡命徒的斷崖；然而，貢三却正在準備服膺那個荒謬的理論。

× × ×

那一年，日軍瘋狂撲攻黔桂，獨山失守後，當時的情勢眞是岌岌可危；後方的人心爲之浮動了。於是，左派勢力更見抬頭；他們乘機抨擊政府的抗戰不力，歌揚共軍敵後遊擊的成就，加以現實又確

有許多使人失望的地方，他們的說法竟也迷惑了不少的人心。我當時很憂慮萬一局勢惡化，我們這些人該怎麼辦？武裝起來打遊擊，還是靜待命運的擺佈？一天晚上，我到配殿後面找貢三，想跟他談談，希望從他那裏得到一些智慧的啓示。可是，他一反平常的冷漠，很激動地向我說：

「你慌甚麼？即使昆明、重慶甚至成都都被敵人佔領了，我們也不會完的，也許這正是我們一個新生的機會！」多麼怪誕的言論，我簡直茫然莫解。他接着告訴我，馬克斯在普揤戰爭開始後，一直在煽動和英俄也同時宣戰，他明知普魯士無力和三強作戰，結果必致國破家亡，但他希望藉着這個戰爭來推翻當時的普魯士政府，好進行無產階級的第二號革命。原來我的思想家已完全成爲一個馬克斯的信徒了。我知道再談也無益，便離開他，走到拱橋憑欄站立；正殿的陰森，古柏的搖曳，在那殘燈明滅的無月之夕，我不禁爲祖國的前途，人類的命運，分外感到悲忿和惕懼！

敵軍撤退後，貢三不是失望，而是抑鬱。我想他一定和馬克斯一樣，由於普魯士政府不獨未和英俄宣戰，而且和挪威也停戰媾和，而感到非常尷尬！

貢三變了，他逐漸和左派學生有了交往，在左派壁報上也開始發表文章，而且態度非常激烈，因而我們這碩果僅存的中立派壁報遭遇了一個幾難與頡頏的勁敵。從此，我和貢三雖仍同床，然却異夢；除了私人寒暖的關懷，思想的距離却越來越遠。竹林還是我們連袂常去的地方，但總是欲言又休，沉默終場。

× × ×

一次，貢三患急性盲腸炎，我護送他到醫院，替他辦理開刀手續，整整兩個星期，我差不多是衣不解帶地在一旁服侍他。同是天涯淪落人，只有這一點點友情還能保持着人間的一絲溫暖。使我奇怪的是，他的左派「同志」竟無一人來看過他；他好像垂死的傷兵一般，被其他戰友所遺棄；也好像野蠻民族對於不能通過「優生」考試的嬰兒一般，把他丟在曠野江邊，任聽豺狼鱷魚來吞噬。在我這天眞的心目中，以爲此番貢三病癒後，或許對這種冷酷的現實，有所覺悟。可是，他出院後給左派壁報所寫的第一篇文章便是「打倒溫情主義」，雖然不是很露骨的針對我而發，但只要不是白痴，一定會懂得他寫這篇東西的動機。我遺憾的倒不是我的情意白費，而是對這種否定人性的作風感覺惶懼。

爲珍惜我和貢三之間的友情，我想應該跟他痛痛快快地談一談。一天我約他到竹林去，以極誠摯的語調向他說：

「貢三，我們思想上已有距離，是不可否認的事實了。但我想我們最好還是盡量多讀些書，少談政治，因爲我們似乎越來越過份相信自己的主觀，而失掉了客觀的容忍。」

他冷笑了一下：「什麼叫主觀？我覺得你犯了一個大毛病，就是不肯用思想。」

「那麼我也想反詰你，我覺得你平日思索的工夫作得很够，但可惜一本書都未能卒讀，結果主觀上犯了一個大毛病，就是『思而不學』，所以缺乏客觀事實來印證你的思維結果，和馬克斯的杜撰眞理如出一轍。像這樣，你注定要鑽牛犄角，否則只有盲目信從人家的學說。」

我原以爲嚴格的批判是道義之交的可貴處，初未料想到他竟因此和我大事齟齬，終至忿然先行離去，從此似乎便一筆勾消了我們過去的那點情誼。

× × ×

勝利後，我和他無言地分離了，我因爲工作的關係，東播西遷，飄忽無定，許多學友都因而契濶無聞，但我所最關懷的還是貢三。那是三十六年的秋天，我無意中在大剛報上看到貢三的一篇專論。開頭幾句話迄今猶縈繞在我的腦海，文云：「戰爭曾經壓得我們喘不過氣來，而今內戰又繼敵人未竟之摧殘，來斲喪我們僅餘的一點元氣，澈底毀壞我民族的命脈，這個萬惡滔天的始作俑者是誰？……」後文便把一切過錯都推到政府身上，當時貢三是否已加入共黨，我不敢確言，但從文字上看已是一個十足的共產黨員了。

大陸沉淪後，潛逃來臺的同學中，有人談到貢三，說他住在上海，依然默默無聞。大陸的一切現狀，是否會給他思想上以任何新的啓示或教訓，對於貢三這人，我眞是莫測高深；但願他有所覺悟，幡然改悔，雖然現在也許太晚了。

× × ×

貢三和我之間已遙遠了，但他陰沉的臉色，敏銳的語鋒，我却永遠也不能忘懷。回首前塵往事，歷歷如在眼前，悵惘之情，只有傅玄的詩纔可以寫照。

昔君與我兮形影潛結，今君與我兮雲飛雨絕；
昔君與我兮音響相和，今君與我兮落葉去柯；
昔君與我兮金石無虧，今君與我兮星滅光離。

（昔思君）

（上接第30頁）

「有人沒有跑出來嗎？」有人問。

「老醜婆呢？」

「她沒有跑出來？」

「火是由她房裏燒出來的！」

「去救她！去救她！」

警笛聲由遠而近，救火車來了。消防員黃亮的鋼盔，閃閃發光。

水龍頭找到水源，水便噴射上去。

瑪麗在悲嘆。火只使她感到一些驚奇。她在惋惜她美麗的夜禮服。

阿張，距瑪麗不遠，坐在搶救出來的皮箱上。張大了嘴，她倦極了，想睡覺。

火小了，樹葉子被水龍頭的水，冲洗得銀亮。

十七

七星寮重建了。以前是用木材建起的，現在改用了鋼骨水泥。大學收買了七星寮的地畝。價款沒有人收，便捐給慈善機關。

那醜婦人，在距七星寮三百碼的地方，有一座青石墳墓。當舊學生陪一個新來者，走經這座墳墓，她會滔滔不斷的訴說，這墳墓中睡着的是怎樣一個古怪的婦人，被丈夫遺棄了，燒死酗酒病的哥哥，又怎樣釘好門，在一天夜裏，放火燒死了自己。

在那婦人的墳墓旁，又可見到一個精緻的白色墳墓，埋葬着麗兒與她的愛人林林。同學們同情麗兒，集資建築了那座墳墓。在每一個最早或者黃昏，都會有一雙友誼的手，獻一束純潔的白花，在他們墓前。

七星寮外的樹聲亂成一片；明媚的藍天上有小朵的白雲；大地躺在陽光下，懶洋洋的。（完）

七星寮（下）

王敬義

十一

兩天後的一個中午，管理七星寮的婦人，提着小皮箱出去了。神情緊張，像有一些重大的事情發生了。她出去的時候，女學生們在睡午覺；阿玉爲她叫來一輛出租汽車，知道她是往火車站去。但究竟搭火車往那裏去呢？阿玉便茫然了。這消息在七星寮中散佈開來，每個女孩子心中都孕着一個謎。

知道這謎底的只有麗兒。在行前，那婦人曾將一封信放在麗兒枕下。下面是那封信：

「麗兒：我走了，快的話兩三天便囘來，事情不順利，或要逗留一個時期。妳安心等待着，我會帶好消息囘來的；或會帶着林一起囘來呢！

妳是一個好女孩子，坦白，眞摯，也只有在妳這樣善良的女孩子前，我才有勇氣打開我骯髒的胸懷。麗兒，妳必得原諒我。妳抽屜中失去的照片，是我拿去的，沒有得到妳的許可，偸偸拿去的。妳知道在妳來前，妳的母親曾來訪我，當她提及林林這名字時，這名字便像一個鐘舌，將我囘憶的鐘敲響，它的顫聲，震動我數天不能安靜。我懷疑着，希冀着，自疚着……。我不敢相信，一直到看了照片，一直到那夜聽了妳的談話。

林林，是我的兒子。林，這名字，是有歷史性的。我名字最後一個字是木，林的父親，他的名字最後一個字，也是木。林，這個名字，象徵着我們的結合。

但是，林的父親在林五、六歲時遺棄了我。受了大打擊，精神恍惚，我不能看着林長成了，我走出了。後來，我找到我的哥哥，發生一些事情，那些痛苦，懊恨的混亂情緒，使我的心，終年像一鍋滾水，滾沸着。當我恢復了心情的平靜，我便像一隻土撥鼠般藏起來，不願見任何人。但我想念着林，另一方面又抵抗着不去想他——我是一個有罪的人，不配作母親的，那時我這樣想。長久的內心鬬爭後，對林，我的思念更深沉了；終於，這名字在妳母親口中吐出，一種從未經歷過的渴望漫過了我，征服了我——我要見林。

再來談談往事：我與林父親相愛，我全家都反對。我的大哥，反對的尤其厲害。林的父親遺棄我時，我們全家都嘲諷我；同情我的只有一個，便是林現有的舅舅的太太——林的舅母，她收留了林。據我所知，她很早便死了，否則林還不會這樣苦。

至於林現有的舅舅，卽我的弟弟，與我哥哥一樣，都患着嚴重的酗酒症，他們喝酒，永遠喝不够，醉了，便失去人性，自私，狠毒，話是命令，順從或者反對命令，受到的是相同的毒打，他們用鞋子，用皮帶，有時更會將酒瓶子擲過來。林現在忍受的，都是我曾忍受的，好像我們母子都不應該來到這世界上似的！

但從妳談話中，我得到很大安慰。我知道林有志氣，肯努力。

現在，我走了，我要去找妳的父母，找林的舅舅理諭去了。這世界不許我們活下去我們就偏要活下去！（林不會想到他的母親還活在這世界上，他舅舅，那見到酒忘記一切的人，不會對林提起我的；雖知道我沒有死，但也與我斷絕消息很久。）

我要去見我的林，我唯一的親人。我將盡我能力使他快樂，也將說服妳的父母 。（妳快不要再說「死」這個字吧！小小年齡，多少事等待你們去作，便想到死！）

我不知道林會不會喜歡有我這樣一個母親 。（妳也不喜歡我吧！）但這不重要，在我，只要能再見林一面就滿足了。

我在這世界上本再無所留戀。不過，我想上帝或不會再給我這樣一個大的幸福了——允許我見到林？

寫這封信給妳，我兩夜沒有睡覺。雖然疲倦，心情却寧靜。孩子，妳先原諒我吧！

等我帶好消息囘來啊！

夏木。」

麗兒讀完信，深深的受了感動。雙手將信緊緊的按在胸前，她躺在床上，望着房頂。「等待，！只有等待！」她說。

窗外，雲又在聚集。

「但是，她會是林的母親？」

在床上輾轉着，她的思想是片段的，混亂的，那一根思索的線索斷了，她再不能將它們穿成一串了。

聽見脚步聲，以爲是衣紅囘來，將信塞到衣袋中，她去門前迎接。進來的是李湖。

「李湖！」麗兒忽然握住她的手，用力的握着。

「妳？……」李湖有些迷惑的說。

「李湖，妳好，她們都壞，除去紅，就只有妳最好了！」

麗兒說：「李湖，妳原諒我嗎？」

十二

衣紅從學校囘來，立刻感覺出麗兒反常的興奮心情。但她不知道甚麼刺激着她。

「好嗎？麗兒！」她關心的問她。

「我好。」麗兒仰起她緋紅的面頰。

衣紅不再問她。她們像往常一樣坐在一起看書，偶而相顧的笑一笑；夜來了，她們就臂挽着臂到膳廳去。膳廳中，一件小事可以使她大聲的笑。笑的時候，淚水便流出來。

衣紅竟感到輕微的懼怕，又問她：「妳好嗎？」

「我很好，很興奮。」

她們走出膳廳，急暴的雨降下；在秋天，這樣急暴的雨是罕見的，但這天夜裏，顯然天與人都是同樣的反常。急暴的雨聲，使人們惶惑，預感。

急暴的雨打在厚密的樹葉上，便發出雄壯的大瀑布聲。七星寮中的燈亮了，燈光中，急暴的雨水，一條一條閃着亮，濛濛水氣又由地面昇起：這燈光，這亮雨，這煙一般的水氣，使人聯想到一個巨大焰火的燃放。

房中，瑪麗躺在床上，哼着爵士樂，對着手指上小鑽戒出神。她想：「這是第五個戒指了吧！」她笑了。「不應該留一個紀念嗎？船划過水面還留下水痕，儘管是那麼淡，那麼短暫。當然，人離開了也應有一個紀念品；感情是另外一件事，我根本沒有喜歡過他，他又何嘗眞愛我？旣是在一起，便樂得大家高興，分離了也不必悲傷，悲傷才是笨伯。」

她起身斟水，走經李湖的床旁。李湖專心的讀狄更斯的雙城記。她不禁哼了一聲，心中想：「我是西語系三年級的高材生，還讀不懂雙城記，妳就會懂？裝樣子給誰看？」她端着茶杯，走回自己的床。看見衣紅與麗兒肩並肩親熱地談着，她感到嫉妒，並且感到短時間的孤獨。

門上有手指輕扣，雖是輕扣，却是非常的急促。

「誰？進來好了，扣甚麼門！」瑪麗不耐煩的說。門打開了，進來的是阿玉。瑪麗厭憎的看了她一眼。「有甚麼事！妳找誰？」她問。

「我找金麗兒，外面有人找她。找她很久了，全身都淋濕了。」

「我就是，」麗兒跑過去握住阿玉的手。「誰找我？」她急不可待的問。

「一個男孩子，不肯說姓名，只說找妳：他現在門口！」

「眞的！」麗兒呼吸急促。她說：「紅，……他來了，林來了！」衣紅將激動的她擁在懷裏。

「靜一些，麗兒！麗兒！」

「紅，我走了啊！李湖，再見！」

她飛一般跑出去了。她綠色的雨衣的影子消失在房門外轉角處，隨着傳來急促的下樓梯聲。

衣紅關上房門，走到窗前，努力往窗外看，但她甚麼也看不見，除去一條條閃亮的雨；甚麼也聽不見，除去急暴的雨聲！除去急暴的雨聲！

十三

麗兒一夜沒有囘來。暴雨繼續到夜半，漸漸變小，天亮時完全停了。路上，牆旁，一個個大水窪。天空是灰藍色的，太陽還沒有昇起，是早晨六點鐘的時候，一夜未睡的衣紅披着毛衣跪在窗前，爲麗兒的安全虔誠的禱告。李湖也醒得早，在床上不安的翻身；瑩子坐在衣紅身旁。

瑪麗與阿張睡到大學鐘聲響了才起床。瑪麗今天特別興奮，約好阿張課後搭車到城裏郵局去。她情人中的一個，沒有忘情，在外國寄了一大包衣物給她，包括一件鑲着碎鑽石的紫色夜禮服。她揚言穿那件夜禮服參加舞會，定可以再征服十二個有野心的男孩子。

太陽昇得高了，這裏，那裏，水窪閃着鑽石般的光。女孩子又都去上課，房中，衣紅出神的坐在窗前。將頭俯在手臂上，慢慢的，睡着了。

開門聲將她驚醒。李湖說：「妳就再睡一會兒！累了不要去上課吧！麗兒沒有囘來？」

衣紅搖頭，她說：「我睡了一會兒，精神好多了，我要上課去，妳等麗兒！」

「妳走吧！」

衣紅走在路上，路旁的水窪映出她的影像。空氣清新，風散播着樹木的香氣，天空有小朶明媚的雲。但一切都不能使她感到興趣。她沮喪着面孔上完一堂課，又踏着鐘聲，踏着樹影，向宿舍走去。

走進宿舍，宿舍中冷清清的；走進房間，房間中淒寂寂的。李湖在床上酣睡，衣紅實在倦了，幻景起伏在她眼前。

她看見，從一望無際的碧綠麥田裏，走出農村的少女。她的身姿窈窕，她的衣裳飄舞，她緩緩行走着像天上的仙女。於是，麥田旁的花不見了，溪水不見了，這漠漠神秘的世界乃爲她所統治。一切都寂靜，只有她飄香的衣衫響着天上的音樂。

她是復活的女神——這農村的少女。她想。

她看見，冬天來了，樹木都禿萎，落紅滿地，溪水乾涸，天上飛過饑餓的麻雀羣。

她看見自己坐在叢叢荒塚之間。

她用力睜開眼，房間還是這樣大，淒冷而且寂寞，李湖酣睡在床上，她床前桌上的墨水瓶壓着一張白紙，那紙在微風中揚起，似在對她招手。

她走過去，認出麗兒的筆跡。

「衣紅，我囘來，妳已去上課；李湖睡着了；我不等妳們了，也不能等妳們。我見到林，昨夜我們找了一家小店，一直談到天亮，却不感到疲倦。

不再寫了，林今夜囘去，但盼沒有引起風波。可是有一個壞消息：今晨與林去吃早餐，在店門口遇見我母親的乾姊妹——媽要我嫁給她的兒子的那位。她對我笑，用鬼祟的眼睛打量我，我裝作不認識她；但盼沒有意外發生。

天上眞有主嗎？我將一切放在天主的手中了。

麗兒　即日晨」

衣紅推醒了李湖。

「麗兒來過了，這裏是她的信！」

「眞的？那太對不起妳了，我睡得太酣了。」

「不，妳倦了，應該睡；……只是，我怕，妳沒有見到她，便再也見不到她了。」衣紅忽然消沉的說。

「甚麼？」李湖激動的抓住衣紅的手臂：「妳說甚麼？」她問。

「我？」衣紅彷彿從夢中醒來，「我？我說了甚麼？不，那不可能，那不可能的；我們就會再見到麗兒！」她臉上淌着晶瑩的淚。

十四

衣紅早晨看見麗兒的留條，下午睡了很久。夜來了，她又坐在窗前等待麗兒的歸來。窗外是變幻莫測的天，一陣冷雨，一陣深秋的冷風；雲被吹散，星星露出來，接着就又是滿天陰雲，飄不完煙霧般的細雨；但麗兒終沒有歸來，那綠色雨衣的影子再不會出現在房間中，並且掛滿水珠，在燈光下閃鑠！

於是，又是一天的早晨。

李湖下樓洗臉，不久滿臉肥皂的跑囘房間，她背後跟着一個婦人，那婦人，頭髮蓬鬆，兩個三角形的眼睛，訴說着專横。她一進來便拍拂她雨衣上的雨水。

「衣紅，這位婦人找妳！」李湖說，表情惶惑的。

「我是麗兒的母親，麗兒現在醫院，她在昏迷中喚着妳的名字。妳快穿衣服好嗎？汽車在外面等着。」那婦人說完。走到門口，又轉過頭來催促衣紅。她面孔上憤恨的神氣始終多於悲哀。

衣紅走出宿舍大門，眼前陰灰的天空便壓了下來；那細密的雨疾勁的打在她臉上，那秋天的風吹起她的髮。地上是泥濘的，她更將脚踏到水窪中去。有樹聲，有悽泣的樹聲。

李湖在宿舍門口，喚她小心自己，瑩子伴在她身旁，她直視着前面，那輛汽車，像一座灰色的石墓。但她現在已無所畏懼；她有的只是沉痛。她邁進汽車的門，瑩子也坐進去，靠在她身旁。

汽車移動了，將細雨中的七星寮遺在後面。

汽車馳上公路，那公路似乎無盡的長。……

兩旁的樹倒下去，一條一條雨水流在車窗上。……

×　×　×

同樣的，一條一條雨水流在窗上……那是前一天夜裏……

「媽，您答應我吧！」麗兒哀求着她的母親。

「我是為了妳的幸福。」

「媽，將來我會很幸福的。如果您一定要分開我們，我只有死在您面前了。」麗兒跪在她母親膝前，泣着說：「您答應我吧！」她又抓緊母親的手，那手是冰冷的。

「我不能讓妳嫁給一個窮光蛋！窮光蛋！我不想看我的女兒挨凍，餓肚子！」

「媽！媽！不要說吧！林在隔壁，他會聽見的！」

「就要他聽見！麗兒，」她忽然口氣緩和些的說：「媽不是不關心妳，媽只有妳一個女兒；誰不願意生活舒適？李家太太來過好多次了，她的孩子就要出洋，妳不要出洋嗎？唉！這種話，媽已不知與妳說過多少次了！妳就是不聽！」

「不，媽，我願意挨凍，吃苦，您不懂我！」

「我不懂妳？哼！妳是被那姓林的迷昏了腦子！」她大聲說：「妳愛他，妳知道他清楚，妳懂他！無父無母，我就是讓妳死，也不會讓妳嫁給一個身世不清的壞蛋！」

風將一扇窗子推開，細雨灑在桌上。

麗兒驀地躍起，她說：「媽，林有母親，這裏是一封信，您看！是林的母親寫給我的！」

她母親氣憤的將信搶到手中，打開信紙。

麗兒的視線停在母親的臉上，一分鐘，一分鐘，她覺得桌上照耀着她的燈光，逐漸淡去，逐漸朦朧，而四周的牆壁向她崩擁，床，桌子，椅子，衣服架，靠過來，壓過來，母親的臉又從信紙上昇起，變大，變大，猙獰的眼睛，冷酷的笑聲，旅館的牆壁都起了回音；麗兒顫抖着，癱瘓着，她跪下，頭俯在母親膝上，「媽！媽！」她絕望呼喚。

「嫁給他！嫁給他！」是她母親可怕的聲音。「酗酒病的舅舅！神經病的母親！有罪的人！酗酒病！神經病！罪！罪！他就是那醜婆的兒子！他——就是那醜婆的兒子！就是他，要娶我的女兒！我將女兒嫁給他！我瘋了！我瘋了！」

「媽！媽！」麗兒泣戀着。

「我立刻就叫他滾！」

「不，媽！您不能這樣侮辱人！」麗兒站起身，美麗的大眼睛充滿憤怒，她，堅決，冷靜，像一塊鋼。

「妳反對我？敢反對我？！」

「我始終都沒有服從妳。」

「我就是不許你們在一起，永遠也不許你們在一起。」

「那妳也不必想我會嫁給那條豬！」

「我關起妳來！」

「我現在死在妳面前！」

「妳恐嚇我嗎？」那婦人笑了，她喊：「張七！」

門閉時走進一個警探。

「你將她送到隔壁房去，」她說：「好好看管。還有那男的，告訴他明晨還不走，就將他押到警察局，告他誘拐罪。王德在嗎？」

「在，他在隔壁房。」那警探答。

「那麼帶她走吧！我也要回去了。」她披上外衣。

一條條雨水，流在窗上，流！流！

× × ×

兩旁的樹木倒下去，一條一條雨水流在窗上……

衣紅沉默的注視着前面，面頰蒼白。她遠離麗兒的母親坐着；瑩子則不時以仇恨的目光注視着她，那婦人躲避着她的視線。

汽車停了，停在一座白色的建築物前。一扇扇窗子都像是含淚哀怨的眼睛。

她們走進醫院，走過長長的甬道，一個又一個白色的門。衣紅眼前晃動着數不清的白影子，她感到眩暈，「瑩子，」她喚她。

瑩子扶住她。她站住；眼中白色人影少下去，於是，一個又一個白衫的護士，走過她面前。

「這裏便是！」一個護士輕輕打開門。門打開了，那嵌着「一〇三」紅字的門，往後退下去。

她跪在床前，將一隻軟弱的手放在唇上。

「我來了，麗兒！」她輕聲的說。

「紅，我……我要看你。」

她站起身，俯視着麗兒。她的臉這樣接近麗兒的，以至，當麗兒微微睜開眼睛時，她可以看見她眼中感激的光。麗兒張嘴還想說話，但她眼中的光驟淡下去，眼睛閉上，手也變得沉重了。將麗兒的手放平在床上，再跪在床前，用右手點在自己額上，胸前：「因父及子及聖靈之名：……。」她禱告着，便緩緩站起身。走到窗前，推開窗，讓窗外的雨飄打在她臉上，混合了她面頰上的淚水。

等待！等待！時間馳過去！不留痕跡。

命運操縱在別人手中，自己只選擇了死，麗兒就這樣死了；還有林，也將創造的生命力換取了那永恒的黑暗，那被詩人讚美的安適的睡眠——死。

死，不錯，它是偉大的，尤其是為了愛情，但也是愚蠢的：愛的結合是新生命的延續；死是一切的結果，這果實，無論如何芬芳，在一千張嘴中是一千種滋味。

那麼，還是讓永生的睿智的人類作最後的裁判吧！

× × ×

當天下午，衣紅接到麗兒的絕筆信；那是一封淚跡模糊的信：

「衣紅，我哭了，哭得這樣傷心，我的手握不住筆，我的淚滴在信紙上，我換了一張又一張信紙，但是淚水還是將這張信紙滴濕，模糊了紙上的字跡，妳能看得懂嗎？

忘記我吧！紅，妳知道在我死前的刹那，掛意的就只有妳嗎？林在我身旁，隔着檯燈，他晶亮的淚眼對着我。（他不要寫信，除去我，這世界上，他再沒有親人。他不承認他有母親，我告訴他他確有一個母親——就是管理宿舍的婦人，這是一個妳不知道的秘密——他回答我的是一個苦笑。他說他的母親早死了。）但是，紅，我還有妳，還掛念妳。

衣紅，這許多事，叫我由何說起。我與林都像是犯了天大的罪，我們就只有去死！妳沒有見到那場面，否則，妳會替我哀哭的。

我的母親與林同一輛火車來的——而林竟不知道！她住在乾姊妹家中，今天下午找到我們這裏來！她一進門便指着林的臉辱罵他誘拐我，說已報告了警察局，要提他歸案。（她的神通真大，竟藉了她乾姊妹的力量，喚來兩個便衣警察。）

她對我兇狠的嘴臉，好像我是她的仇人。

我與她談判到夜間八點鐘，她罵，她嚷，我沒有屈服。她吵得倦了，便走了，說明晨帶我回家。林則是必須天亮前離開，要不然，便拘捕他。

晚飯是茶房端進來的，我們將碗、盤子都擲在牆上，擲得粉碎。一個警探走進來，告訴我們，說林可以出去，但是只許他一個人出去，出去後便不許再走進來。

我與林擁抱，熱烈的吻了。那警探看着，有些感動了。我們想說服他，門外，另一個警探將他喚出去。

他出去後，林便從枕下取出兩瓶安眠藥，這是早預備的。我對他微笑點頭，他就又將它們放回。

門口的警探不時進來看望，他在防備我們。現在已是夜深十二點，他們在門外怕已睡着。待我寫完這封信，我們就搬桌子堵住門，安靜的去死。我將擁抱着林，林將擁抱着我；我們都是孤單的，哭泣着來到這世界上，能擁抱着，微笑着離開這世界，也是一個可驕傲的勝利呢！（雖然我們是如此可憐的戰敗了。）

想一想相聚的日子這樣短，永遠的別離這樣快，我又能說些甚麽？紅，我不能再寫下去，只有停筆了！紅，忘記我吧！

妳送我的一個小銀十字架，現在掛在我胸前。

麗兒絕筆。

希望那好心的警探王德會將這信送到妳手中，又及。」

衣紅暈倒了。

十五

麗兒死後的第二天早晨，醜婦人回到七星寮。從那裏回來，沒有人知道。但她變得更醜了，這是每一個人第一眼便可以說出來的印象。

天還是陰沉沉的，她的面上比陰沉的天更使人愁悶。她下了汽車，急匆匆的走回自己的房間；她很長的頭髮在背後糾結着。

她走進房，關緊門，沒有再出來。但在傍晚時，她從門縫中探出頭，眼睛紅腫，沙啞着喉嚨喚阿玉。阿玉來了。她叫阿玉拿來廿個釘子，一把鎚子。

膳廳中，女孩子們議論紛紛：「這老鬼婆要釘子、鎚子，是不是要將她自己釘在房中，永遠不出來了？」笑聲響遍了膳廳，瑪麗更是笑得響亮。

宿舍房間中，李湖、瑩子伴着衣紅。燈光寂寞的照着。衣紅病了，咽泣、嘆氣。她們坐在她床旁，焦慮的握着她的手。

悲哀在沉默中流，一顆淚悄然滾下。

風，時有意時無意的搖撼着窗子。

「妳們看窗外天都紅了，樹上開遍了活潑的火的花朵！」衣紅忽然坐起身說。

她們隨她的手指望去，窗外黑暗一片深沉。

但此時衣紅又躺下了，她說：「我看見美麗的火勇敢的燃燒，椰子樹在火中掙扎，它們的葉子，蝙蝠般飛着。」

用自己的額貼在衣紅額上，瑩子說：「熱度這樣高！」

「我們去請醫生」，李湖說。

她們推開門，樓下的嬉笑聲飄進來。衣紅要水喝。

十六

醫生爲衣紅打過針，她便安靜的睡了。

是午夜的時候，衣紅聽見有人尖聲大喊：「着火了！着火了！」她立刻驚醒，揉眼睛，房中人全在酣睡。「夢！我又作夢，眞討厭！」她說。

她又閉上眼。不久，她聽見嘈雜的話聲，急匆匆的步聲，有人在喊，這次是很多人在喊：「着火了！着火了！」喊聲越來越高，慌張中充滿了懼怕。

「瑩子！」她喚醒距她最近的瑩子。

「嗯，」瑩子應着。「有什麽事？」她爬起身，慵懶的。

「妳聽見什麽聲音？」

瑩子傾聽。

「着火了？」瑩子驚訝的說。「我出去看看。」

她去拉門，門自動打開了。門外沒有人。但嘈雜的人聲，步聲立刻如潮水般湧進。她嗅到一陣刺鼻的煙味。

「着火了！着火了！」不假思索的，她大聲喊起來。

樓上，宿舍房間的門很多打開，頭探出來。這時，「着火了！着火了！」的驚惶的喊聲已響遍了七星寮，還有膽怯的哭泣聲。

樓上女孩子開始蓬頭垢面的跑下樓去，與樓下的人潮會聚。火是從宿舍盡頭管理宿舍婦人的房間中燒出來的；一看見飛舞的火花，女孩子們都嚇呆了。有些赤着脚便跑出去。跑到外面，夜很涼，膽大的女孩子就又跑回房間搬東西。有的，想到樓上的同學，便像一頭瘋狂的野獸般狂叫了幾聲。這時，從樓上跑下來的女孩子，乃與搶搬東西的女孩子們相撞激。跑下樓來的女孩子，見到這情景，有的，就又回轉身跑到樓上去；於是，這些跑上樓去搬東西的就又與下樓逃命的擁擠在一起了。從那單座小房中燒出來的火，現在，已蔓延到雙層的宿舍建築上，發出響亮的劈聲，像是元旦日點燃的炮竹。火光也更明亮了；那濃黑的煙直衝到天上去。那些女學生此刻是這樣慌亂的擠着，吵着，罵着，火光將她們的臉映成美麗的金紅色，像是西天的晚霞。窗中已有火冒出來了。

但是，誰都忘記了起火的小房中的醜婦人。

× × ×

夜深，那婦人從床上爬起身。

她鎖了門，用五個釘子將門釘緊，將門帘放下，用按釘按緊在門上。

她走過去關窗將窗框釘在窗檻上，也用按釘按住窗帘。作完這些，她已經很倦，就用手帕拭着汗水；望着桌上輕微躍跳的煤油燈的火燄。

她嘆息了一聲，從桌下拿出煤油瓶子。將煤油傾倒在門前，窗前，又潑了一些在窗帘上。然後，她將剩餘的煤油完全倒在桌上。她拿去煤油燈的玻璃罩子，將煤油燈放平了，火便興奮的燃燒起來。從桌上燒到窗前，從窗前燒到門前，她躺在床上。

「爲什麽我們這一代的罪，要由我們後一代償還？林死了，麗兒死了！是我的罪，是林的父親的罪……但是林，我終將看見你了。這火！這火與我是多麽熟悉！這火會帶我去見你的。林，你一定也已見到你的父親，我也要去見他，我們還有賬要算！」她沉醉的說着，火已經燒到她的床旁；她伸出手，火撲上她的床，她往床裏面躲。火更近的逼她，燃着她睡衣的袖子，她的髮。她用盡力量喊：

「着火了！着火了！」

她喊了兩聲。火已包圍她，越過她；火燒穿牆，燒到宿舍的兩層樓上去。

× × ×

服裝不整，面容悲戚的女孩子們，在七星寮外，聚成一堆，驚愕的睜大了眼睛，看火在燒。

火勢兇猛，半座宿舍陷在火海中，整座宿舍的窗子都冒出濃黑的煙。大學的鐘聲響個不停，報告着火警，但救火車還沒有來。

樹叢中眠鳥驚醒，拍打着翅膀，在天上旋轉。火勢更兇猛時，一段房子倒塌下去，濃黑的煙更高的昇起。火光中，濃煙中，女孩子們看見掙扎中的椰子樹，擺動着大葉子；那些大葉子，像一隻隻大黑蝙蝠，時上時下飛着；但慢慢便都垂下來，焦了。椰子樹也痛苦的彎了腰，倒了下去。

「火眞偉大！」衣紅身旁的一個女孩讚嘆的說。

「妳欣賞？看妳明天穿什麽？吃什麽？又住在哪裏？」另一個說。

瑩子伴在衣紅身旁。衣紅對她會心的微笑。火將衣紅的面孔烤紅，艷麗奪目，她說：「火應該燃起；舊的消失了；新的，在灰燼上建造。」

仍舊握着鏡子的李湖，被這壯麗的火激動了。藉着火光，她在鏡子中端詳着自己。「我的靈魂在燃燒！我的靈魂在歌唱！火！火！」她大聲的笑。

(下轉第26頁)

書刊評介

美國政治制度

新世紀出版社印行　一九五三年出版

王聿修 丁大維 合譯

殷海光

這是一本關于美國政治制度的大著 Magruder's American Government 之漢譯。本書原文，迄一九五三年爲止，出版凡三十六次之多，其受人歡迎之甚，可以概見。一看本書的規模之宏大，便可知其內容豐富。譯筆非常暢達明順。凡願意了解美國政治制度而又無原文可讀者，除了這個譯本以外，似乎再沒有可讀的本子了。我們且看它底內容之一般：

全書計分九篇，共四十一章，附錄四則。從美國政治制度的發展，到立法權，行政部門，行政機構，司法部，政治權利與政治實際，州政府，地方政府以及社會的進步，無不一一論列。附錄『美國獨立宣言』及『美國信條』，則饒有政治思想上的價值。

就評者而論，最喜其中處處蘊涵的民主、自由思想。茲試擇數端，俾讀者想見一般。

第一章底小標題說『自由的果實：和平、公道、安全』。『美國的傳統：「我們認爲這是極明顯的眞理：一切人都是生而平等的；造物賦予人類以若干不可剝奪的權利；例如生命、自由、與追求幸福。……」美國人的祖先依照這些勇敢的原則，建立了北美合衆國。這種對於個人主義、自由、與平等的信念，產生了美國，並使它成爲世界上最偉大的國家。這種信念，就是美國的傳統。』

在這裏，我們可以看出，一個國家實際的發展，與她所採取的政治思想是有相當關聯的。不過，原作者雖然採取了『傳統』的字樣，讀者可別以爲美國眞的整塊繼承了歐洲祖先底文化傳統。恰恰相反，來到美國的人，是有條件地反對歐洲底那一套，才來到新大陸的。原作者在這裏所用『傳統』，係取其最廣泛與最低限度的意義，即指美國自弗基谷開國以來由生活逐漸形成的一個樣法而已。當然，假定一切條件不變，這個樣法還會繼續成長下去的。

淸教徒們，對歐洲現狀不滿的人們，棄絕了舊大陸那些不合理的文化負擔，來到新大陸這塊乾淨土地，在政治方面，主要依照洛克之以個人爲重的政治思想，逐漸形造了一個國家。如今，『美國成爲一個偉大的國家和偉大的民族。』『這是『因爲美國人實現了美國獨立宣言的精神。』『獨立宣言的精神』主要地就是洛克底政治思想。

美國擺開了舊大陸上那些不合理的歷史負擔，按照自己實際的需要而自由發展以來，一個嶄新的美國文化在逐漸形成與發展之中。以之視古舊衰老的西歐，美國充滿了新的生命活力，科學的進步，技術的發展，日日蒸蒸而上之。新實徵論與實用論合流，一個新的經驗哲學正在以日新月異的速度在建造之中。國家底各種建構，也在『苟日新，又日新』的情形之下不斷發展。時至今日，自由世界防赤反共的領導責任，遂因衰老的西歐負擔不起而落到美國肩上了。

這是一個偉大的示範！這個偉大的示範告訴我們：沒有那些不合理的文化負擔而自由建國可以得到如何美好的果實。在美國的事實表現足以說明，沒有陳舊不合理的整塊歷史擔負的人們，才能不受觀念痼疾之束縛，而作切合人生需要的發展，因而建立了一個地上『生活水準最高的國家』。美國只出了杜威，出不了黑格爾。祗有那過去空虛，現在沒有成就，對於將來也看不出切實端倪的人們，才會空談『歷史文化』。就大量現象觀察，人底觀念叢是人生於種種情境中的產果。世上那有獨立的觀念世界 (independent world ofi deas)。個人可有靈魂；個人無靈魂即死。在一定條件之下，一羣人可有共同採信的觀念；但也可以沒有。那以一羣人有一共同『精神』正如一個人有靈魂的說法，乃係 I pathetic fallacy。基於這一謬誤之上的一切說法，豈有不隨之而謬誤之理？要救大家，必須從這一浪費的路途中停止下來。死巷子是走不通的，儘管你個人戀念它裏面的幽靈。

關于『愛國與國防』，該書說得好：『一九四〇年英軍在鄧克爾克 (Dunkirk) 被德軍包圍，許多人以爲英國必然完了。但是由於英國人的愛國精神以及對獨裁者的憎恨，使倔強的英國人民羣起援救。他們勇敢地駕駛小艇，橫渡海峽的風浪，冒着德國機羣轟炸的危險，甚至穿過火海，這就是由於一種愛國精神。』這是多麼動人底場面！又說：『愛國精神可由愛國的教師，報紙編輯，新聞廣播評述員，電影監製人，和政府的宣傳所引起；但一個政府必須使一切人民都有平等的機會——一個民有、民享、民治的政府——方可有根深蒂固的愛國精神。美國的政府就是這樣的，它的「建立是根據自由、平等、公正、和人道的原則。爲了這些原則，美國的愛國人士曾經犧牲他們底生命與財產。」所以，愛我們的國家，維護我們的憲法，服從我們的法律，尊敬我們的國旗，和防衛我們的國家免受任何敵人的侵犯，乃是我們的權利，也是我們的義務。

關于愛國底道理，在此說得頗爲淸楚。從都裏所說的，我們可以想出一點，卽是，有而且唯有民主國家底人民談愛國才有實際經驗的內容。因爲，有而且唯有民主國家才是由一個一個的個人構成的全部人民底國家。在這樣的國家裏，一個一個的個人底生命不受到威脅；任何人有說話的自由，而且發表的意見作數；謀生與求幸福不受到任何黨性政治的限制。……總之，在民主國家，愛國與愛已是一致的，至少在大體上是一致的。所以，在民主國家，談愛國可不至於打折扣，也不至出於勉强。在極權地區如蘇俄者，祇有一個人有言論自由，人民被規定了說一樣的話，信奉一樣的『主義』，……一切的一切都得照着那一個在地上的天父上帝底旨意而行。國家是該天父上帝權力意志發洩的工具，任何個人都沒有份。置身於這樣的一個現實，要談『愛國』，祇有『奉命辦理』了。所以，要大家愛國，只有實行眞民主。

『論自由與權力』這一項說：『美國是由愛好自由與珍重自由甚於一切財富的人們所建立的。爲了自由，他們可以犧牲生命、財產、和神聖的榮譽。亨利培屈克鼓舞那些來美洲殖民的人說：「給我自由或死亡！」傑佛遜說過：「上帝給我們生命，同時也給了我們自由。」富蘭克林（Benjamin Franklin）曾寫道：「那些爲求些許暫時的安全，便放棄基本自由的人們，是不配享有自由與安全的。」爲美國和爲個人求得自由的願望，是引導美國革命領袖們的基本力量，並且這些目標一直是美國人的鵠的。現在我們反對共產黨在全世界的侵略，爲的是要使「我們自己和我們的後代享有自由的幸福。」』又說：『行使個人自由必須兼顧到別人的自由。政府的權力也須有限制。假如一個政府願意怎樣便怎樣，那麼個人自由就完全沒有了。蘇俄及其附庸國用兇殘手段壓制個人自由，因爲他們怕人民叛變。……現時在蘇俄，人民所想的，所說的，所寫的必須是政府所「喜歡的」。』在民主國家、政府是人民底工具；在極權地區，人民是政府底工具。這是民主與極權底顯著區別！

第二十三章論政黨與政治，提到政黨的重要：『美國憲法中並沒有政黨的規定；但人民的政治見解不同，需要一種組織來聯合相同的見解，將其變成政府的行動。在極權統治的國家內，根本不許可有不同的意見存在。所以也不容許有反對統治者的政黨。人民表達意志的唯一方法，只有革命。在民主國家內政黨代替革命；人民改革政府的方法，不是用槍彈而是用選舉票。』這是民主與極權底又一分別。究竟那一種好？

近幾年來，宣揚或介紹民主的書籍一天比一天多。這眞是一個可喜的現象。假以時日，持之以恒，當可滙成民主思想洪流。不過，就評者所知，這類書籍，多是小冊子，甚至於有急就章。有像這本書底分量的，就評者所知，祇有這一本。不僅如此。這本書原著係一九五三年出版的，原書八百多頁。而王聿修和丁大維二位先生於當年就譯出。譯本正文就達七百八十三頁之多。其浩瀚可以想見！譯事之勤奮若此，堪與日本譯人比擬。非對于民主抱有大極熱忱者，曷克臻此！評者以爲從出版角度亦可窺見盛衰。如果出版物盡是些淺淺薄薄的八股敎令，或是陳舊不堪的愚民之則，而謂能孕育出新『精神』，開出新局面，創旋乾轉坤的偉業，何異痴人說夢！今此書以如此巨大的氣魄與讀者見面，希望是從扭轉出版界底澆薄市儈與公式化的風氣而開創新風氣之一象徵。

（上接第3頁社論）

我國行憲六年，按理說，民主建設的基本規模，應該已經樹立起來，爲什麼直到今日，還沒有一個有力的在野黨派，以致總統副總統的選舉，執政黨要找一位陪選者都如此困難？這才是值得我們反省的一個重大問題。我們對於神聖的憲法，無寧說是取其糟粕而捨其精華。我們直到今日，一切出版物之創刊與社會團體之結合，都要登記聲請並經有關當局准許。登記是可以的，但這應該祇是爲了如果刊物團體的言論行動有觸犯刑法情事，便於追究責任，在未有觸犯刑法情事發生時，政府應無不准之理。我們僅舉此一事，似已可充分說明在野黨派所以未能發展的原因。

我們相信，政府是想向民主改革方面邁進的。譬如，本文能在本刊刊出而與讀者諸君相見，就是一個證據。但我們總感覺改革的步子，未免緩慢。爲政三年有成，而我們却已把六年的時間蹉跎過去了；我們希望再過個六年以後，應該呈現出一種全新的氣象。

讀者投書

從幾部中國影片談起

薩滿

十卷五期的「自由中國」上，登載了一篇徐訏先生發牢騷的文章。因爲他的大作風蕭蕭，如他自己所說本是他身上的肉，被「對于文藝的體會與了解竟不如一個小學生」的屠光啓，「加上鹹菜醬油」炒了肉絲。因此他不甘心被「烹調」的疾呼了一下。他的文章使我想起另一部影片，它怕不是炒活人肉絲，而是煑死人骨頭，它就是「翠翠」。奇怪的是：這樣一部荒誕不經的影片，居然會受到觀衆的歡迎，而居然有所謂的明星者流，藉這部影片成名。

誰都知道翠翠是沈從文小說「邊城」中的人物。「邊城」是一部中篇小說，文筆淸麗，結構謹嚴，可以說是純精神的結晶，藝術上成功的創作，也就是這部小說，奠定了沈從文在文壇上的地位。「翠翠」這部電影，便是從「邊城」中偸下來的。沈從文寫文章澈夜不眠，養成流鼻血的毛病；如果他看了「翠翠」這部影片，我想他一定會氣得吐血的。不幸他淪落在大陸，看不見他心血的結晶品被人宰割，我只有嘆服那些在光天化日之下煑死人骨頭的人了！

徐訏說屠光啓拍「風蕭蕭」電影，「根本沒有劇本，祇是翻翻風蕭蕭的書」，「翠翠」這部影片，何嘗不是如此。沈從文的「邊城」是一曲田園詩篇，「翠翠」却是將交際花穿上村姑的衣服，將舞場中的三角戀愛搬到小河邊上來演。譬如「翠翠」中翠翠，這個在祖父膝下長大的怕羞的女孩子，竟膽敢獨划小船，到對岸去會情人。我又只有爲都市小姐們臉紅了！（當然「翠翠」的導演，不會臉紅。）我想凡是讀過「邊城」的人，一定不會同意沈從文是那樣的幽默吧！

不僅僅是一部「翠翠」，一部「風蕭蕭」，中國的電影界，就是這樣可笑！

模仿、抄襲、炒活人肉絲、煑死人骨頭，如斯如斯而已！誰能說中國的電影在進步？

進步了！學會了在電影中唱英文歌，說 Happy Birthday，攝海灘上游泳的鏡頭（其實是很不必出醜的），最近的一部甚麽「春天不是讀書天」的影片，更有演技精湛的明星們的舞蹈，這眞是越來越進步，越西化，越「原子時代」化了。但是，導演先生們就眞不會臉紅？如果將抗戰勝利後拍攝的「一江春水向東流」，「哀樂中年」等影片再度獻映一次的話？

目前這個時代還不是昇平世界，需要那些低級的笑謔與情節來麻醉人們的感官。這是一個偉大的時代，我們要求嚴肅的生活、有意義的生活。我們要工作、要創作！因此，中國的電影界的環境不够理想，但我們可以在已有的小塊土地上培養起新鮮的花朶。（大家總還記得一部叫「單車竊賊」的意大利的影片吧！）中國的電影需要學習外國影片中的導演與攝影技巧；學習是應該鼓勵的，但學習的結果應該是幾部中國的「無比偉大」(So Big)，「安徒生傳」（這部影片能够使人變得年靑），但絕不應該是「春天不是讀書天」！

從事電影工作的人要重視自己的工作是一種嚴肅的藝術工作。一部好的影片（如居里夫人傳）感人的力量不遜於文學、繪畫、雕刻上任何偉大的創作。要知道捧明星，搞戀愛，不惜用「自殺」的新聞來造成影片受到注意的時代，應該是已經過去的了。我們要求從事於電影工作的人，不論他是導演、明星、攝影人員，都抱有一腔爲藝術而犧牲的熱血，認爲本身的工作不僅是供人們飯後的消遣，而是對生命的追尋、生活的啓示有大貢獻的，那樣，我們才能在不久的將來，用我們貧窮的環境，學習來的技巧，加上我們的心血與努力，開墾出一片燦爛的園地。

電影內容的改革運動，早就應該展開了！吸引觀衆固然是一個問題，但是最近在臺灣放映的美國影片「無比偉大」(So Big)，沒有甚麽堂皇的佈景、華麗的服裝、美妙的歌舞，觀衆不也是擁擠得很，逼得戲院掛出「客滿」的牌子？觀衆的水準在日漸提高，聰明的導演們，不要再以觀衆的口味，作爲藉口吧！活人肉絲固然還可以炒，死人骨頭也儘可以煑，但時間是無情的，你們還是願意製造時間的垃圾，還是更願意建造時間的金字塔呢？

（上接第22頁）

一個先決條件，最近已由法國政府否認。社會主義國際已通過議案擁護歐洲軍，這是一件好消息，打鐵趁熱，法國政府應及早將歐洲軍條約提出國會。最近消息似已表明法國政府已有此決心。總之，美國一般的輿論認爲柏林會議是否爲西方的成功，要看歐洲軍條約是否爲法國國會所批准。這是非常正確的。

（註一）一九五一年四外長代表在巴黎開會三月半之久，共開會七十四次，竟不能建立一議事程序。

（註二）第三次（一月二十七日）；（第四次（一月二十八日）；第十三次（秘密，以下同）（二月十一日）；第十六次（二月十一日）；第十七次（二月十二日）；第二十一次（二月十五日）；第二十四次（二月十七日）；第二十六次（二月十八日）。

（註三）第五次（一月廿九日）；第六次（一月三十日）；第七次（二月一日）；第八次（二月二日）；第九次（二月三日）；第十次（二月四日）；第十一次（二月五日）；第十二次（二月六日）；第十四次（二月九日）；第十五次（二月十日）；第二十二次（二月十五日）。

（註四）莫洛托夫後來又提議「在選擧之前除留少數軍隊外，撤退佔領軍，但遇各國佔領區『安全』受威脅時得重新佔領」。西方認爲這是變相的長期佔領，同時東德有「人民警察」，而西德無防禦，因而拒絕。

（註五）第十八次（二月十二日）；第十九次（二月十三日）；第二十次（二月十四日）；第二十三次（二月十六日）；第二十五次（二月十七日）；第二十七次（二月十八日）。

（註六）和約草案第十六條（難民問題）；第二十七條（關於防止德國重建軍備辦法）；第四十一條（關於聯合國在奧資產）；第四十八條（關於奧國外債）；第四十八條附條（奧國戰後債務問題）。

三月一日脫稿於巴黎

第十卷　第六期　內政部雜誌登記證內警臺誌字第三八一號　臺灣省雜誌事業協會會員

（每册售臺幣四元）

給讀者的報告

本期我們編輯方面有一個顯著的特點，就是這期的文章，大體以憲政問題爲討論的中心。除「行憲與民主」的社論外，有邱昌渭先生的「憲法與行憲」，與蔣勻田先生的「制憲與行憲」。邱昌渭先生是國內研究美國憲法問題之權威，蔣勻田先生是民社黨領袖之一，曾實際參與制憲工作；故本刊特請兩先生執筆。邱文主要在探討歐美民主先進國家關於憲法及行憲之理論與實際，從而提供吾人行憲之參考。本文重在指出議會開會爲行憲成敗之關鍵，而議會議長應爲議會之司法官，須保持獨立超然之立場。此點尤值得吾人效法。至於蔣文則溯及六年前制憲之經過，並指出今後行憲的方向，强調培養有力的反對黨之重要。兩文見解透闢，文字極爲生動。在社論中，吾人更進一步指出，切實實行人權條欵，爲行憲之基本。惟有切實保障言論出版自由，與集會結社自由，然後才能促致反對黨之形成，眞正走上民主政治的常軌。茲値國民大會開會期間，我們特別刊出這些討論憲政問題的文字，當是有其意義的。

胡適之先生此次遠道回國，參加國民大會。本月五日本社假裝甲兵軍官俱樂部舉行茶會，表示歡迎之忱，並藉此使與文化界人士聚敍。胡先生郎席發表了一篇演講，從海耶克教授所著的「到奴役之路」一書說到經濟上我們今後應走的方向，指出過去知識分子迷信社會主義與計劃經濟之錯誤，當爲對國家經濟政策的「對症之藥」。這篇演講承劉明煒、楊欣泉、蕭仲泉三先生速記，經整理後在本期發表。

吳國楨事件是當前國人注目的大事件。朱啓葆先生的文章是在吳國楨致國民大會的信尚未發表的時候寫的，所以他只就吳國楨及張院長兩人間的言論述評，並對政府陳述意見。從民主憲政的觀點看，朱先生的話是頗爲平實公允的。現在吳國楨致國大的信已經發表了，同時張院長又準備向行政院提出書面質詢（全文見本月十一日新生報），事情發展到今天，我們爲國家的前途實感到萬分的不幸，不過我們要特別提出一點，請政府及輿論界注意：郎法律問題與政治問題要分開。關於法律方面者，吳國楨如果有觸犯刑法的罪行，應由代表國家的法院檢察官調査證據，提起公訴，使其在法律之前受到應得的懲罰，而不應僅以罵罵了事。至於政治方面，吳國楨信內所說的那些話，如有多少是對的，儘管只有十分之一甚或百分之一是對的，我政府亦當不以人廢言，而要切實反省糾正。古訓有云：「君子聞過則喜」。我們希望政府當局要有這種精神。此外，我們與論界尤應以國家利益爲重，而抱就事論事的態度。吳國楨以現任政府官員的身份，在國外濫發言論，固應嚴予筆伐；但另一方面，我們亦有責任督促政府切實改革。吾人如能因此一事件而促致政治之進步，則未始非國家之福也。

此外，羅孟浩先生的大文，在說明「美國政治學發展之趨勢」，以及殷海光先生評介的「美國政治制度」，凡治政治學與從事政治的人都應該閱讀的。

西歐通訊：「柏林會議」一文，報導不久以前在柏林召開的四外長會議。作者龍平甫先生不但對會議內幕與經過情形，敍述甚詳，而且對當前國際局勢，有全面透闢之分析。可供關心時局者之參考。

本期因稿擠之故，尙有甚多佳作，如羅鴻詔先生的「個體主義與全體主義」，殷海光先生的「獨裁怕自由」，張敬原先生的「論行政院與立法院的關係」，以及劉世超先生的「思想家能做些什麼？」等篇，均未能於本期刊出，應向作者致歉。

自由中國 半月刊 第十卷第六期 總第一〇五號

中華民國四十三年三月十六日出版

發行人 兼主編 『自由中國編輯委員會』

出版者 自由中國社
社址：臺北市和平東路二段十八巷一號
電話：二八五七〇

航空版
香港辦事處 香港時報社 香港高士打道六四號
菲律賓辦事處 岷里拉怡干洛街五〇二號三樓 3rd Floor, 502 Elcano St. Manila, Philippines

經售者
臺灣 美國 日本 韓國 馬尼剌 印尼 越南 暹羅 緬甸 印度 澳洲 北婆羅洲 新加坡
自由中國發行部
中國書報發行所
紐約民氣日報社
舊金山少年中國晨報社
芝加哥中國出版公司
東京僑豐企業公司
釜山草梁洞新泰行
大中華日報社
椰嘉達天聲日報
棉蘭新中華日報館
西貢中原文化印刷公司
越南華僑文化事業公司
曼谷攀多社十二號
仰光振成書報店
孟買梅亞號
加爾各答塔梅學校
雪梨瑞田公司
西利亞坡青年書店
檳榔嶼、吉打邦均有出售

印刷者 精華印書館
廠址：臺北市長沙街二段六〇號
電話：二三四二九號

本刊經中華郵政登記認爲第一類新聞紙類　臺灣郵政管理局新聞紙類登記執照第五九七號　臺灣郵政劃撥儲金帳戶第八一三九號

自由中國

FREE CHINA

第十卷　第七期

要目

中華民國四十三年四月一日出版

社址：臺北市和平東路二段十八巷一號

半月大事記

三月九日（星期二）

立法院通過懲治走私條例施行期限延長三個月，並三讀通過度量衡法。

本省臺中市發生瓦斯爆炸，受傷者百餘人。

美國財政部報告，去年美國售出價值十一億六千餘萬元的黃金給外國。

三月十日（星期三）

國民大會票決罷免副總統李宗仁，國民大會主席團通知李宗仁，即日起解除副總統職務。

國大主席團決議，不受理吳國楨來函。

美總統艾森豪稱。除非國會宣戰，美國將不直接涉入越南戰爭。

三月十一日（星期日）

美原子能委員會稱，美國最近在馬紹爾羣島的原子試驗中，有二十八個美國人和二三六名土著受到「一些放射性」影響。

國民大會通過動員戡亂時期臨時條款繼續適用。

義大利總理薛爾巴內閣所提之改革方案，已獲議會批准。

三月十二日（星期五）

立法院通過總統副總統選舉罷免法補充條文。

監察院修正通過監察委員互選院長副院長辦法。

法越談判中越南堅持完全脫離法國。

法國參謀總長受命赴華盛頓，要求長期的高度美援。

三月十三日（星期六）

現任美太平洋區陸軍司令奧丹尼中將被任命為越棉寮美國軍援顧問團團長。

比利時參院通過歐洲防禦組織公約。

三月十四日（星期日）

法軍攻佔歸仁港。越共未抵抗即撤退。

法越談判中法國已承認越南「完全獨立」，越南提出於獨立後與法國的聯繫計劃。

泛美會議通過美國所提的反共建議。

三月十五日（星期一）

國民大會臨時動議，要求向菲律賓強硬交涉菲化法案。

越共猛攻奠邊府，法國已派出傘兵增援。

「自由中國的宗旨」

第一、我們要向全國國民宣傳自由與民主的真實價值，並且要督促政府（各級的政府），切實改革政治經濟，努力建立自由民主的社會。

第二、我們要支持並督促政府用種種力量抵抗共產黨鐵幕之下剝奪一切自由的極權政治，不讓他擴張他的勢力範圍。

第三、我們要盡我們的努力，援助淪陷區域的同胞，幫助他們早日恢復自由。

第四、我們的最後目標是要使整個中華民國成為自由的中國。

三月十六日（星期二）

韓國外交部長稱。韓國會建議舉行一個由政府及人民，代表兩個階層的會議，以籌組亞洲國家間的反共聯盟。

日本漁船船員二十四名在比其尼環狀珊瑚礁島一帶受美國氫彈爆炸所灼傷。

美參院原子能委員會主席柯爾說，美國已有氫彈而且能投擲於世界任何地方。

三月十七日（星期三）

國民大會公告中華民國第二任總統候選人名單。

總統命令撤免吳國楨行政院政務委員一職，並查究其在臺灣省政府主席任內違法瀆職情事。

美國防部稱，現正為武裝部隊購置十八種的電導飛彈。

三月十八日（星期四）

越共砲轟奠邊府，五日內共死傷一萬餘人。

又有八艘從太平洋區歸來的日漁船被發現曾受到比其尼島氫彈試驗的放射線的感染。

美駐聯合國首席代表洛奇說，美國將不惜用否決權以阻止中共進入聯合國。

三月十九日（星期五）

首批美空軍電導飛彈一中隊，即運抵西德。

西德上議院批准憲法修正案，作為參加歐洲防禦組織的合法基礎。

三月二十日（星期六）

國民大會舉行選舉大會，總統候選人未獲當選票數。

英對二十四個使用英鎊國家解除外滙管制。

美總統艾森豪與其外交及軍事首長商談越南局勢。

三月二十一日（星期日）

美海軍軍令部次長卜瑞斯電訪華。

美國會人士稱。麥帥可能出任美駐遠東特使。

三月二十二日（星期一）

國民大會選舉結果，蔣中正膺選連任中華民國第二任大總統。

美國已考慮以更多飛機，援助越南法軍。

英國已同意以空軍及陸軍參加歐洲防禦組織。

三月二十三日（星期二）

第二任副總統選舉候選人未獲法定票數。

奠邊府法軍出擊與外圍一據點已取得聯絡。

社論

(一) 敬以諍言慶祝蔣總統當選連任

這次國民大會選舉總統，蔣介石先生在兩位候選人的競選中，於第二次投票時依法當選，連任中華民國第二任總統。蔣先生在當選前，已為絕大多數的人民所屬望，當選後當為全國人民所一致支持。反共大業的完成、復國大計的設施、這一代苦難的解除、後一代幸福的召致，我們都寄望在今後六年蔣總統的任期內。

中華民國四十三個年度的歷史，有一大半是與蔣先生個人的歷史分不開的。北伐之役，把一個軍閥割據的中國統一起來，抗日戰爭，把一個次殖民地的中國昇到第一等國家的地位。這是中華民國歷史中最光榮的篇頁，同時也是蔣先生個人歷史中最光榮的事功。現在擺在蔣總統肩上的，是另一個更艱鉅的歷史任務。這一任務，簡言之，是反共復國。詳言之，

是要以自由對奴役；

是要以民主對極權；

是要以憲政對黨治。

這一任務如在蔣總統今後一任內充分而確實地完成，則中華民國歷史中的蔣總統，將等於美國史中的華盛頓再加上哲斐生。我們本着這個願望，把我們千慮中所自信的一得，貢獻出來，敬以慶祝蔣總統這一次的當選連任。

我們所要說的「自信的一得」，是就憲政這一觀點來講。我們認定，憲政的實行，一方面要靠一部憲法，更重要的一方面，要靠行憲當局對於憲政的認識和誠意。尤其在憲政實行的初期，更是如此。

中華民國憲法是民國三十六年十二月施行的，到現在不過短短六年。而且在這六年當中，差不多有一半的時間我政府是在轉徙流離、危疑震撼當中。自三十九年三月蔣總統復行視事以後，局面才安定下來。軍事、經濟、乃至政治，才有些革新和進步。但這些革新和進步，自我們看來，對於統治權之鞏固則有餘，對於憲政之確立則不足。在反共復國的過程中，鞏固政權是我們應具備的消極條件，但確立憲政更是我們應有的積極要求。因此，我們特別希望蔣總統在今後六年的任期內，於上述有餘與不足之間，加以沉思熟慮，以求平衡。下面我們將從憲政的觀點，面對現實，就其最關重要者提出兩項建議：一關於憲法的遵行，一關於憲政根基的培養。

前面我們說過，行憲初期，要靠行憲當局對於憲政的認識和誠意。這裏，在提到兩項建議以前，我們還要特別强調的是，僅憑主觀的認識和誠意，是不够的。認識和誠意必須體現在制度的建立。建立制度，一方面是使權責分明，職守各有其分；因而政務推行不致因個人一時的愛惡喜怒而越出正軌。一方面是使後繼者有規可隨，不致「人存政舉，人亡政息」。遵照憲法在行政上建立制度，從而尊重這個制度，維護這個制度，不許有點破壞，這是行憲初期的第一等大事。這件事如果做不到，僅憑個人主觀的誠意和虔誠的誓言，究不是憲政有效的保障。所以我們特別希望蔣總統在今後這個任期內，無論如何，在行政上要把合乎憲政的制度建立起來。在這個希望下，我們再進而分陳兩項其他的建議如下：

一、關於憲法的遵行者

①行政方面——憲法第五十三條規定，「行政院為國家最高行政機關」，第五十七條又規定了行政院對立法院負責的一些條款。這兩條是我國憲法最重要的地方，也可說是憲法精神之所在。行政院既為國家最高行政機關，而又向立法院負其責任，則權責必須相稱。總統是國家元首，在憲法第三十五條至第四十三條之規定下，有其對內對外的崇高地位和職權。至於行政範圍以內的事，行政院自可依法定的權力來處理，無須事事向總統請示，而總統亦不應輕易干預。尤其重要的，總統不能接受越級請示，或自動越級指示，以致影響行政權法定的行使程序。這一點是我國憲法與美國總統制的憲法最重要的區別。美國的行政權，照憲法規定（第二條第一項第一款），屬於總統一人。內閣（在美國憲法中，沒有「內閣」這個名詞。我們這裏所指的，是美國行政部門各部的總稱）只是代表總統執行政務，其閣員只可說是總統的助手。我國行政院照上述憲法第五十三條及五十七之規定，其地位與美國的內閣是迥然不同的。如果我國總統與行政院的實際關係，變到了美國總統與其內閣的關係一樣，那就顯然與我國憲法的精神不符。

六年的行憲，實情怎樣呢？我們只就三十九年以後來看，這一點憲法精神，確實沒有充分體現出來。而相反的事例，我們似可不必縷舉。所以我們在這裏的第一個建議，是今後要尊重行政院經憲法所賦予的最高行政權！

②司法方面——現代的憲法，無不以保障人民的各項自由權利為其首要部份。人民自由權利的保障，要靠執法者的獨立精神，嚴格地遵守「罪刑法定主義」，而不受政治權力的影響，否則所謂人民自由權利的保障，雖有憲法規定，也會落空，至少是六打折扣。關於司法方面種種問題，我們這裏不擬詳論。現在所要講的只是下列兩點。

（甲）軍法只能適用於現役軍人——任何罪犯，凡非現役軍人的身份，都應適用普通刑法審判。這裏沒有什麼多的理論可講，只是法治國家所應遵行的軌範。刑法上對於任何罪犯，都有其課刑的規定，用不着特別法來補充。「治亂世用重典」的說法，是違反法治精神的。

（乙）總統沒有加刑權——憲法第四十條規定，「總統依法行使大赦、特赦、減刑及復權之權。」這一條自然適用於普通刑事犯及軍法罪犯。國家元首享有這一項特權，是表示對於國家元首的特別尊崇。在三權分立的美國是如此（美國憲法第二條第二項第一款），在五權分立的我國也如此。總統享有這項權力，是他的殊榮，但他不能把這項權力相反地來運用。即是說，總統有赦減罪刑的權力，但不能因而解釋為有加重罪刑的權力。因為赦減罪刑是總統代表國家在人道立場上給某些人的恩典，加重罪刑，則破壞了憲法給予人民自由權利的保障。如果把赦減罪刑的權力，一轉而為加重罪刑的權力，顯然是違憲的。總統對於普通刑事犯沒有加刑權，對於軍法罪犯，也同樣沒有加刑權。這一點我們要請蔣總統今後特別注意到。我們所以要提出這一點的，並非所謂「煦煦以為仁」，僅就少數人的生命着想。而是迫切希望軍法官也和普通法官一樣，以得保持其獨立尊嚴，更進而使司法部門從各方面走上更合理合法的境界。

二、關於憲政根基之培養者

①教育方面——教育是國家的百年大計，其目的是培養後一代健全的公民。同時，我們的國家現正遵循一部民主的憲法，走向真實的民主的前途。因此，教育的內容以及教育行政，都要合乎民主憲政的精神。這裏我們強調兩點：

（甲）發展個性、維持個人人格的尊嚴及思想上求真求實的精神——我們確信，真實的民主國家，不專靠政府方面保有一個民主的形式，也要靠全國公民都習於民主的生活方式。民主生活方式之養成，有賴於教育方面者，為發展個性，維持個人人格的尊嚴，以及思想方面求真求實的精神。如果相反地，把教育來齊一天下之不齊，把教育來製造政治工具，以及只許聽不許想的教條主義的教育，都是與民主生活的培養不相容的。現在我們學校所採用的公民教科書，其內容雖與培養民主國的公民這一宗旨沒有太違背的地方，但在學校生活中，尤其是中學方面，加於學生的實際訓練，其方向實有力加矯正之必要。

（乙）維持教育行政的統一完整，不許有外來的干擾，不應於正規的教育體制以外濫設訓練機構——這一層本可包括在我們上面所說的「建立制度」那一段內。但我們仍特別提出來講講的，是鑒於它的重要性太大。學校是求知識的地方。培根說，「知識即是力量」。這句話是說明知識的重要。如果把這句話倒

過來說，「權力即是知識」，那就天下大亂了。要消滅「權力即是知識」這個觀念和現象，就要尊重教育學術的獨立與尊嚴，並維護教育行政的完整。

②政治方面——凡是一個人民眾多的大國，民主政治的運用，要靠政黨，而且要靠兩個以上勢力相當的政黨。這是現代人的常識。「黨外無黨」，是布爾什維克、法西斯蒂、和納粹黨人的觀念，根本不容於民主政治。我們現在的行憲，法制方面，已經是條件具備，但在實際運用上，終不免形似而實非。其原因，就是由於政黨條件的不充分具備。這種情形，從這次總統選舉中更可明顯看出。這次總統選舉，起先除國民黨提出候選人以外，民青兩個少數黨均不擬參加競選。選舉而沒有競選的人，似乎不像樣。於是無黨派的莫德惠先生被簽署題名。簽署的人有許多是國民黨員，其中有國民黨中央黨部的秘書長張其昀先生。國民黨已有本黨的候選人，而其中樞的秘書長，竟題名黨外人士候選，這是出乎政治常識以外的事情。但從這件事可以看出，政黨條件如不充分具備，很難將民主憲政納入常軌。

培植有力的反對黨，這個建議，很早已有人向國民黨當局提出過，並不是最近的新鮮話題。我們本着就事論事的立場，認為這個很早就有的建議，是值得蔣總統靜心考慮的。在今天的臺灣，這個建議之能否實現，或許不太關重要，只要政府尊重憲法，尊重言論自由。但從收復大陸重新建國着想，這件事是必要的，至少至少在今天應有一種心理上的準備。

歷史告訴我們，民主政治的形成與發展，多數的國家是由人民流血鬪爭得來的。但也有少數國家，是由賢明的當政者，順從人民的意旨，樹立起民主憲政的制度，培養起民主憲政的根基，因而鞏固了民主憲政的國體。我國已有了一部民主的憲法，如果在今後蔣總統第二任期內，我政府更能切實遵行憲法，把制度建立起來，同時致力於民主憲政根基的培養，則流血革命的慘劇，當不再現於中華民國，這樣、才真是「永垂無疆之休」！

我們相信，蔣總統是一位忠誠的愛國者，對國事有高度的責任心，對於個人的歷史榮譽，也有其高度的自負心。因而我們敢於以非常之功期望於他；而這種期望，對於蔣總統當非奢望，只須他審度客觀情勢的要求，在沉思熟慮下之一轉念。我們知道，蔣總統是敬佩王陽明先生的言行而常讀其遺著的。「山近月遠覺月小，便道此山大於月。」陽明先生這兩句詩，指出了主觀直覺的危險，而一切事理當求證於客觀。我們希望蔣總統在考慮國家大計的時候，常當以此詩句自警，常常以此詩句啓發，個人德業和國家福利，當可賴以更加增進。我們在此為中華民國祝福，為蔣總統祝福！

社論

（二）

爲菲化案敬告菲國政府

菲律賓國會最近正在討論二十九種以上之菲化案。此等菲化案涉及之事業與職業，包括零售商、勞工、米、麥、麵粉、菸葉、醫藥、木業、化學用品、椰乾出口等業。範圍之廣，幾至無所不包。自本案在菲律賓國會提出以來，旅菲華僑羣情惶懼，達於極點。本月十六日國民大會爲此會通過臨時動議一項，要求我國政府迅飭駐菲大使館提出交涉。菲化案的對象原指一切旅菲外僑，然旅菲外僑實以華僑人數爲最多，佔全額的百分之九十以上，是以與菲化案關係最密切的當係一般華僑；同時我國旅菲僑民大多數都從事上述行業，故此等菲化案如經菲國國會完成立法程序，付諸實施以後，則我旅菲二十萬華僑大部份均將面臨生活之絕境。吾人站在中華民國國民的立場，對此重大之事件，痛切相關，有不能已於言者，願爲菲律賓政府陳之。

據電訊報導，菲律賓國會提出此等菲化案之公開的理由，乃在確保菲人商業權益，原非有意排華。任何一個國家的政府有保護其本國人民合法權益的義務，這是天經地義，非他國人士所能置喙的。然而我們須要辨明的是，華僑在菲之從事商業是否非法，或危害了菲人商業利益，以至非限制其活動甚至剝奪其謀生之權利不可。菲化案提案人菲衆議員描卯會指責外僑「完全支配」零售業、並「獨佔」菲國勞工。這種指責，顯然缺乏事實的根據，試以一九五三年菲國調查統計局所發佈的全菲零售商及投資數字，當可證明。據該項統計所示：一九四八年菲國全國一二八、九八四家零售商中，非人有一一三、八六六家，佔總數百分之八十八，華僑僅有一二、〇八七家，不及總數的百分之十。以資本額而論，全非零售商投資總額爲菲幣四二七、二一八、四八三元，其中菲商一七〇、五三六、四〇六元，佔百分之六十三·三，華僑一一八、一三〇、三八三元，佔百分之二十七·七。自一九四八年以後，這種趨勢，並無變更。且一般城市發給華僑的零售商執照，且有直線下降之勢（以上統計見二月廿二日馬尼拉大中華日報社論）。由此看來，「完全支配」、「獨佔」等說詞，其不攻自破也明矣。窺之歷史，華僑對菲律賓經濟之開發，實有不可抹煞的貢獻，華僑在海外向常胼手胝足，習於勤勞，縱小有資蓄，亦皆血汗所得。此種精神乃人類之美德，菲國人民不特不應嫉視此種美德，更應鼓勵其發展。若謂在諸多事業方面菲人不足與華僑言競爭，非至以法律禁止華僑涉入不可，則吾人認爲這種說法，毋寧是對菲國人民的一種汚辱。況且自由競爭的原則乃是當前大多數民主國家所遵奉的原則。這種人人盡其勞力與才智的自由競爭，不但可提高菲國國民刻苦耐勞的德性，且足以促進菲國經濟的發展與繁榮。明智的菲國人士當能知道與華僑合作，乃是兩得其利的途徑。

考菲化案之由來，實非始自今日。前此，菲國政府已有若干菲化的立法，如共用事業、交通事業、礦業、漁業、農業等，均不准華僑以合法手段，參與競爭。又如自一九四六年菜市菲化後，於是我華僑只有在菜市以外開設肉鋪；伐木業菲化後，華僑乃退而轉營鋸木廠；漁業菲化後，華僑只能改營漁業加工。凡此種種歧視的待遇，我華僑仍然隱忍負重，遵奉菲國之法律。因此，華僑在菲的生路已經是够狹窄的了。現在更要制定這廿九種以上的菲化案，則華僑僅有的生存空間，勢將爲之全部堵塞。是以菲國國會目前討論的菲化案，實已構成了危及華僑生存的威脅。人類生而平等是民主自由的基本精神，人之以勞力而換取生活亦是最低的基本人權。我們固無權要求菲國政府予華僑以與菲國人民相等的政治、經濟、各方面的權利，但我們却有權要求菲國政府予華僑以聯合國憲章所維護的基本人權。菲律賓是東南亞洲一個新興有爲的國家，在民主政治方面有驚人的成就，尤其這次麥格塞塞總統當選的事實，常爲我人所稱頌，當不致漠視一個民主國家所應尊奉的原則。

我們深知菲國國會議員絕大多數都是開明公正的人士，然或不免有極少數的仍懷有排華思想，這種狹隘的民族主義的意識，可能是菲化案的心理動機。時至今日，這種狹隘的民族主義思想早應予以揚棄。超過了國家獨立自主的範圍，而過分强調民族主義，其結果必至危害世界和平與正義。納粹德國之迫害猶太人的往事，當可爲前車之鑒。況且菲律賓人民多數都信奉天主教，當熟稔基督誨人「愛隣居和愛自己一樣」之明訓。就中國與菲律賓唇齒相關的地位而言，中國是菲律賓的隣居；就華僑在菲律賓境內的人數比例而言，華僑是菲國人民中的少數。作爲一個民主國家，而不知尊重少數人的基本權益，將是一件十分不幸之事。

菲國國會之究否通過菲化案，是菲國的內政問題，我們無權干涉。然根據國際間公認的正義標準，任何國家應有予境內外僑以適當保護的義務。我們願以友邦的立場，促請菲國政府給予華僑以合理公正的待遇。

吾人就事論事，菲化案之不當，有如上述。卽退而從現實的利害觀之，菲國國會之欲制訂菲化案，亦殊屬不智之舉。現在民主國家面臨的共同大敵是共產主義。以菲國的現勢言，虎克黨之內亂未彌，共產國際之覬覦方殷，勢必須內安社會，外結盟國，始足以抵禦其侵略。然而菲化案之制訂是扼殺廿萬華僑之生機。鋌而走險，社會動亂將由是而作，豈非授共黨以可乘之機？而另一方面，此種不友好的行徑必爲中國人民所不諒，實足以削弱自由世界的團結力量。菲化案的目的無非希望從華僑手中，强奪其經濟利益，然結果則是利未見而害先著。爲小失大，禍且踵至。此不僅非菲國人民之所願，抑且爲中國人民之所不忍睹也。權之利害得失，菲政府當局豈能愚不見此？

最後，我們希望我國政府對於此一事件應循正當外交途徑，與菲政府交涉，以爲華僑之支援。而我旅菲華僑處此緊急關頭，惶急之情，勢所難免；然仍應沉着應付，以合理的行動支持我們合理的要求，俾喚起菲國人民與輿論的同情。我們相信菲國國會與政府當局必能作明智的抉擇。

中國古代政治思想史的一個看法

胡 適

我很感覺到不安。在大陸上的時候，我也常常替找我演講的機關、團體增加許多麻煩；不是打碎破璃窗，便是擠破桌椅。所以後來差不多二三十年當中，我總避免演講。像在北平，我從來沒有公開演講過；只有過一次，也損壞了人家的椅窗。在上海有一次在八仙橋青年會大禮堂公開演講，結果也增加他們不少損害。所以以後我只要能够避免公開演講，就儘量避免。今天在臺灣大學因爲預先約定是幾個學會邀約的學術演講，相信不會太擁擠。但今天的情形——主席沈先生已向各位道歉，——我覺得很不安。我希望今天不會講得太長，而使諸位感覺得太不舒服。

那天臺灣大學三個學會問我講什麽題目；當時我就說講「中國古代政治思想史的一個看法」，而報紙上把下面「的一個看法」丢掉了。如果要我講「中國古代政治思想史」，這個範圍似嫌太大，所以我今天還只能講「中國古代政治思想史的一個看法」。

今年是我的母校哥倫比亞大學創立二百週年紀念。他們在去年準備時，就決定要舉行二百週年紀念的典禮。典禮節目中的一部份，有十三個講演。這十三個講演廣播到全美洲；同時將廣播錄音送到全世界，凡是有哥倫比亞大學畢業生的地方都要廣播。所以這十三個廣播演講，在去年十一二月間就已錄音；全部總題目叫做「人類求知的權利」。這裏邊又分作好幾個部份：第一部份（第一至第四個演講）是講「人類對於人的見解」；第二部份（第五至第八個演講）是講「人類對於政治社會的見解」；第三部份（第九至第十三個演講）是講「近代自由制度的演變」。他們要我擔任第六個演講，也就是第五至第八個演講「人類對於政治社會的見解」中的一部份。我擔任的題目是「亞洲古代威權與自由的衝突」。所謂亞洲古代，當然要把巴比倫、波斯、印度古代同中國古代都包括在內。但限定每個演講只有二十五分鐘錄音。這樣大的題目，只限定二十五分鐘的演講，使我得到一個很大的經驗與教訓。因爲這個題目，要從亞洲西部到東部，講好幾百年甚至一二千年古代亞洲的政治思想史，講起來是很費時的。因此我先把這些國家約略地研究了一下；但研究結果，認爲限定二十五分鐘時間，無論如何是不够的。我覺得限定廿五分鐘時間的演講，只能限於中國；同時對於這些亞洲西部古代國家關於政治宗教社會哲學等方面的文獻甚少；所以最後我自己只選擇了中國古代，並且對於「中國古代政治思想史」這個題目又不能不加以限制。同時我因爲這是一個很難得很重要的機會，所以把中國古代政治思想的幾種觀念——威權與自由衝突的觀念——特別提出四點（也可說是四件大事）來講。結果就成爲二十五分鐘的演講。那四件大事呢？

第一，是無政府的抗議，以老子爲代表。這是對於太多的政府，太多的忌諱，太多的管理，太多的統治的一種抗議。這種中國古代的政治思想，能在世界上佔有一個很獨立的、比較有創見的地位。這一次强迫我化了四十多天時間，來預備一個二十五分鐘的演講；經我仔細地加以研究，感到中國政治思想在世界上有一個最大的、最有創見的貢獻，恐怕就是我們的第一位政治思想家——老子——的主張無政府主義。他對政府抗議，認爲政府應該學「天道」。「天道」是什麽呢？「天道」就是無爲而無不爲。這可說是一個很重要的觀念。他認爲用不着政府；如其有政府，最好是無爲，放任，不干涉。這是一種無政府主義的政治理想：有政府等於沒有政府；如果非要有政府不可，就是無爲而治。所以第一件大事，就是中國政治思想史上第一個放大炮的——老子——的無政府主義。他的哲學學說，可說是無政府的抗議。

第二件大事，是孔子、孟子一班人提倡的一種自由主義的教育哲學。孔子與孟子首先揭櫫這種運動。後世所謂「道家」（其實中國古代並沒有「道家」的名詞；此是後話，不在此論列）也可以說是這個自由主義運動的一部分。後來的莊子、楊朱，都是承襲這種學說的。這種所謂個人主義自由主義的教育哲學和個人主義的起來，是由於他們把個人看得特別重，認爲個人有個人的尊嚴。論語中的「不降其志，不辱其身」，就是這個道理。個人主義自由主義的教育哲學，教育人參加政治，參加社會；這種人要有一種人格的尊嚴，要自己感覺到自己有一種使命，不能隨便忽略他自己。這個個人主義自由主義的教育哲學，是第二件値得我們紀念的大事。

第三件大事，可算是中國古代極權政治的起來，也就是集體主義（極權主義）的起來。在這個期間，墨子「上同」的思想，（這個「上」字，平常是用高尙的「尙」字，其實是上下的「上」字。）就是下面一切要上同，所謂「上同而不下比者」，——就是一種極權主義。以現在的新名詞說，就叫「民主集權」。墨子的這種理論，影響到紀元前四世紀出來了一個怪人——商鞅。他在西方的秦國，實行這種「極權政治」；後來商鞅被清算死了，但這種極權制度還是存在，而且在一百年之內，把當時所謂天下居然打平，用武力來統一中國，建立所謂「秦帝國」。帝國成立以後，極權制度仍繼續存在，焚書坑儒，毁滅文獻，禁止私家教育。這就是第三件大事。所謂極權主義的哲學思想：極權國家不但起來了，而且是大成功。

第四件大事是：這個極權國家的打倒，無爲政治的試行。秦王政統一天下之後，稱他自己爲秦始皇，以後他的兒子爲二世，孫子爲三世，以至於十世百世千世萬世無窮世。殊不知非特沒有到萬世千世百世，所謂「秦帝國」，只到了二世就完了。這一個以最可怕的武力打成功的極權國家，不到十五年就倒下去了。第一個「秦帝國」沒有安定，第二個帝國的漢朝却安定了。什麼力量使他安定的呢？在我個人的看法，就要回到我說的第一件大事。我以爲這是那個無政府主義、無爲的政治哲學思想來使他安定的。秦始皇的帝國只有十五年；漢朝的帝國有四百二十年：爲什麼那個帝國站不住而這個帝國能安定呢？最大的原因，就是漢朝的開國領袖能運用幾百年以前老子的無爲的政治哲學。漢朝頭上七十年工夫，就是採用了這種無爲而治的哲學。秦是以有爲極權而亡；而漢朝以有意的、自覺的實行無爲政治，大漢帝國居然能安定四百二十年之久。不但安定了四百二十年，可說二千年來到現在。今天我們自己稱「漢人」，這個「漢」字就是漢朝統治四百二十年後留給我們的。在漢朝以前，只稱齊人、楚人、衞人，沒有「中國人」這個名詞。漢朝的四百二十年，可說是規定了以後二千多年政治的規模，就是無爲而治這個觀念。這可說是兩千多年前祖先留下來的無窮恩惠。這個大帝國，沒有軍備，沒有治安警察，也沒有特務，租稅很輕。（講到這裏，使我想起我在小時，曾從安徽南部經過浙江到上海。到了杭州，第一天才看到警察；以前走了七天七夜並沒有看到一個警察或士兵，路上一樣很太平。）所以第四件大事，可說是打倒極權帝國而建立一個比較安定的國家；拿以前提倡了而沒有實行的無爲而治的政治哲學，來安定四百二十年大漢帝國，安定幾千年來中國的政治。

現在我就這四點來姑妄言之，諸位姑妄聽之。

第一件大事是老子的無爲主義。最近幾十年來，我的許多朋友，從梁任公先生到錢穆、顧頡剛、馮友蘭諸先生，都說老子這個人恐怕靠不住，老子這部書也恐怕靠不住。他們主張要把老子這部書挪後二三百年。關於這個問題，我也發表過一篇文章，批評這幾位先生考定老子年代的方法。我指出他們提出來的證據都站不住。（現在臺灣版胡適文存第四集第二篇，就是討論考證老子這個人的年代，和老子這本書的年代的。）但這二三十年來中國學者的提倡，居然影響到外國學者。外國學者也在對老子年代發生懷疑。你看西洋最近出版的幾種書，差不多老子的名字都不提了。在我個人的看法，這個問題很複雜；如果將來有機會，可再和各位詳細的討論。今天簡單的說，我覺得老子這個人的年代和老子這本書的年代，照現在的材料與根據來說，還是不必更動。老子這個人恐怕要比孔子大二三十歲；他是孔子的先生。所謂「孔子問禮於老聃」是大家所不否認的；同時在禮記曾子問中有明白的記載。那時孔子做老子的學徒。在我那篇很長的文章「說儒」裏，老子是「儒」，孔子也是「儒」。「儒」的職業是替人家主持喪禮葬禮祭禮的。有人認爲「儒」是到孔子時才有的，這是錯誤的觀念。我爲了一個「儒」字，寫了五萬多字的文章；我的看法，凡是「儒」，根據檀弓裏所說，就是替人家主持婚喪祭祀的贊禮的。現在大家似乎都看不起這種贊禮。其實你要是看看基督教和回教，如基督教的牧師，回教的阿洪，他們也是替人家主持婚喪祭祀的。在古代二千五百年時，「儒」也是一種職業。在禮記曾子問中都講到孔子的大弟子和孔子的老師都是替人家「相」喪的。禮記曾子問中記：孔子自說有一天跟隨着老子替人家主持喪禮，出喪到半路上，遇到日蝕；老子就發命令，要大家把棺材停在路旁，等到日蝕過去後再往前抬。下面老子又解釋爲什麼送喪時遇到日蝕應該等到太陽恢復後再往前抬。各位先生想一想：送喪碰到日蝕，這是很少見的事；而孔子跟着老子爲人家主持喪禮，在路上遇見日食，也是一件很少見的事，記載的人把這話記載下來，我相信這是不至於會假的。從前閻百詩考據老子到周去問禮到底是那一年，就是根據這段史實來斷定的。同時檀弓並不是一本侮蔑孔子的書；這是一本儒家的書。孔子的學生如曾子等，都是替人家送喪的。替人家送喪是當時的一種吃飯工具，是一種正當的職業。至於老子這部書，約有五千字左右，裏邊有四五個眞正有創造的基本思想；後來也沒有人能有這樣透闢的觀念。這部只有五千字左右的書，在我個人看起來，從文字上來看，我們也沒有理由把他放得太晚。在思想上他的好幾個觀念，可說是影響了孔子。譬如老子說「無爲」，孔子受其影響甚大。如論語中的「無爲而治者，其舜也歟！」，「爲政以德，譬如北辰，居其所而衆星拱之！」這些話都是受了老子「無爲而治」的影響的。還有孔子說，我話說得太多，我要「無言」。這也是老子的思想。孔子說，「天何言哉？四時行焉；百物生焉：天何言哉？」這就是自然主義的哲學。我們考證一部書的眞假，從一個人的著作中考據另一個人，並不是我一個人的辦法。譬如希臘古代在哲學方面有許多著作，後來的人考據那幾部著作是眞的，那幾部著作是假的，用什麼標準呢？文字當然是一種標準；但是重要的，就是如果要辨別柏拉圖著作的眞僞，須看柏拉圖的學生亞利斯多德是否曾經引過他老師的話，或者看亞利斯多德是否會提到柏拉圖某一部書裏的話。這是考據的一種方法。我們再看孔子說的「以德報怨」。這完全是根據老子所說的「報怨以德」。諸如此類的話多得很；如「以能問於不能，以多問於寡，有若無，實若虛，犯而不校。」等都可以說是老子的基本觀念；尤其「犯而不校」，就是老子提倡的一個很基本的觀念，所謂「不爭主義」，亦即是「不抵抗主義。」（我就是犯了這個毛病：說不考據，現在又談考據了。不過我現在說這些話，只是替老子伸伸寃而已。）

老子的主張，所謂無政府的抗議，是中國政治思想史上第一件大事。他的抗議很多。大家總以爲老子是一位拱起手來不說話的好好先生，絕對不像個革命黨、無政府黨。我們不能太污衊他。你只要看他的書，就知道老子不是好好先生。他在那裏抗議，對於當時的政治和社會抗議。他說：「民之饑，以其上食稅之多，是以饑。民之難治，以其上之有爲，是以難治。民之輕死，以其求生之厚，是以輕死。」「民不畏死，奈何以死懼之。」「天下多忌諱，而民彌貧。民多利器，國家滋昏。人多伎巧，奇物滋起。法令滋彰，盜賊多有。」這就是提倡無政府主義的老祖宗對於當時政治和社會管制太多、統制太多、政府太多的一個抗議。所以大家不要以爲老子是一位什麼事都不管的好好先生，太上老君；他是一位對於政治和社會不滿而要提出抗議的革命黨。而且他僅僅抗議還不够；他還提出一種政治基本哲學。就是說，在世界政治思想史上，自由中國在二千五百年以前產生了一種放任主義的政治哲學，無爲而治的政治哲學，不干涉主義的政治哲學。在西方恐怕因爲直接間接的受了中國這種政治思想的影響，到了十八世紀才有不干涉政治思想哲學的起來。近代的民主政治，最初的一炮都是對於政府的一個抗議：不要政府，要把政府的力量減輕到最低，最好做到無爲而治。我想全世界人士不會否認：在全世界的政治思想史上，中國提出無爲而治的思想、不干涉主義、這個政治哲學，比任何一個國家要早二千三百年。這是很重要的一件大事。老子說：我們不要自己靠自己的聰明；我們要學學天，學學大自然。「自然」這兩個字怎樣解釋呢？「然」是如此，「自然」就是自己如此。天地間的萬物，都不是人造出來的，也不是由玉皇大帝造一個男再造一個女的，而都是無爲，都是自己如此。一切的花，不管紅黃藍白各種顏色的花，決不是一個萬能的上帝塗上了各種顏色才這樣的，都是自己如此。也就是老子的所謂「天道」，孔子所謂「天何言哉？四時行焉，百物生焉，天何言哉」？「天道」就是無爲，無爲而無不爲。老子說：「故聖人云：我無爲而民自化；我好靜而民自正；我無事而民自富；我無欲而民自樸。」這就是無爲的政治。而老子最有名的一句話，就是「太上，下知有之。」就是說：最高的政府，使下面的人僅僅知道這個政府。另外一個本子把這句話多加了一個字，作「太上下不知有之」。就是說：上面有個政府，下面的人民還不知道有政府的存在。下面又說，「其次，親之譽之；其次，畏之；其次，侮之。」就是，比較次一等的政府，人民親近他，稱譽他；第三等政府，人民畏懼他；第四等政府，人民看不起他。所以第一句「太上，下知有之」六個字是很了不得的，是人類政治思想史上最早有這個觀念。這種政治思想，比世界上任何一個有思想文化的民族都還要早；同時，由這個觀念而影響到我們後來的思想。所以我們中國在政治思想上捨不得把老子這部書抹煞掉，我們歷史上第一個政治思想家，就是提倡無政府主義、不干涉主義的老子。同時，我頗疑心十八世紀的歐洲哲學家已經有老子的書的拉丁文翻譯本；因爲那時他們似乎已經受到老子學說的影響。

第二件大事是孔子以下的自由思想，個人主義。孔子與老子不同。孔子是教育家，而老子反對文化，認爲五音、五色、五味的文化是太複雜了，最好連車船等機器都不用，文字也不必要。這種反文化的觀念，在歐洲十八世紀時的盧梭，十九世紀時的托爾斯泰也會提出；而老子的反文化觀念要比任何世界上有文化的民族爲早。老子不但反文化，而且反教育，認爲文明是代表人民的墮落。而孔子恰恰相反。他是一個教育家，歷史家。雖然做老子的學生，受無爲思想的影響，孔子在政治思想上的成就比較平凡，並沒有什麼創造的見解。但是孔子是一個了不得的教育家。他提出的教育哲學可以說是民主自由的教育哲學，將人看作是平等的。論語中有「性相近也，習相遠也，唯上智與下愚不移。」就是說，除了絕頂聰明與絕頂笨的人沒有法教育以外，其他都是平等的，可教育的能力一樣。孔子提出四個字，可以說是中國的民主主義教育哲學，就是：「有教無類。」「類」是種類，是階級。若是看了墨子講的「類」和荀子講的「類」然後再來解釋孔子的「有教無類」，可以知道此處的「類」就是種類，就是階級。有了教育就沒有種類，就沒有階級。後世的考試制度，可以說是根據這種教育哲學爲背景的。

孔子的教育哲學是「有教無類」，但他的教育「教」什麼呢？孔子提出一個很重要的字，就是「仁」字。孔子的着重「仁」字，可以說前無古人後無來者。這是了不得的地方。這個「仁」就是人的人格，人的人性，人的尊嚴。孔子說：「修己以敬。」孔子的學生問「這就够了嗎？」孔子又說：「修己以安人。」孔子的學生又問「這就够了嗎？」孔子又說：「修己以安百姓。」這句話就是說教育並不是要你去做和尙，去打坐唸經那一套。「修己」是做教育自己的工作；但是還有一個社會目標，就是「安人」。「安人」是給人類以和平、快樂。這一個教育觀念是新的。教育並不是爲自己，不是爲使自己成爲菩薩、羅漢、神仙。修己是爲了教育自己，爲的社會目標。所以後來儒家的書大學裏的「格物、致知、誠意、正心、修身」，是修身的工作；而後面的「齊家、治國、平天下」，都是社會的目標。所以孔子時代的這種「修己以安人」「修己以安百姓」的觀念就是將教育個人與社會貫連起來。教育的目標不是爲自己自私自利，不是爲升官發財，而是爲「安人」、「安百姓」，爲齊家、治國、平天下。因爲有這個使命，就感覺到「人」，受教育的「人」，尤其是士大夫階級，格外有一種尊嚴。人本來有人的尊嚴，到了做到自己感覺有「修己以安人」「修己以安百姓」的使命時，就格外感覺到有一種責任。所以論語中說，「志士仁人，無求生以害仁，有殺身以成仁。」就是說，遇必要時，寧可殺身以完成人格。這就是論語中的「不降其志，不辱其身」。孔子的大弟子曾子說：「士不可以不弘毅，任重而道遠。仁以爲己任，不亦重乎！死而後已，不亦遠乎！」就是說受教育的人要有大氣魄，要有毅力。爲什麼呢？因爲「任重而道遠」。「任」就是擔子。把「仁」拿來做擔子，擔子自然很重；到死才算是完了，這個路程還不遠嗎？這一個觀念，是我們所謂有孔孟學派的精神的：就是將個人人格看得很重，要自己挑起擔子來，「修己以安人」，「修己以安百姓」。孟子常說「自任以天下之重。」曾子說「仁以爲己任。」以整個人類視爲我們的擔子，這是兩千五百年以來的一個了不得的傳統。後來宋朝范仲淹也說，「先天下之憂而憂，後天下之樂而樂。」這就是因爲「修己以安人」而感覺到「任重而道遠」的緣故。明末顧亭林以爲：「天下興亡，匹夫有責」，也是這個道理。

所以自由民主的教育哲學產生了健全的個人主義。個人主義就是將自己看作一個有擔子的人，不要忘了自己有使命，有責任。不但孔子如此，孟子也講得很清楚：「富貴不能淫，貧賤不能移，威武不能屈：此之謂大丈夫。」就是說大丈夫的人格要自己感覺到自己有「修己以安人」的使命。再講到楊、朱、莊子所提倡的個人主義，也不過是個人人格的尊嚴。莊子主要的是說，「舉世譽之而不加勸；舉世非之而不加沮。」這就是最健全的個人主義。老子、莊子都是如此。到了漢朝才有人勉强將他們跟孔、孟分了家，稱爲道家。秦以前的古書中都沒有「道家」這個名字。（那一位先生能在先秦古書裏找到「道家」這個名字的，我願意罰錢。）所以韓非子在秦末年時說，「天下顯學二，儒墨而已。」他只講到儒、墨，沒有提及道家。楊朱的學說也是個人主義。這個個人主義的趨勢是一個了不得的趨勢；以健全的民主自由教育哲學作基礎，要做到「不降其志，不辱其身」；提倡人格，要挑得起人類的擔子，挑得起天下的擔子。寧可「殺身以成仁」，不可「求生以害仁」。這個健全的個人主義，是第二個重要的運動。

第三件大事發生在紀元前五世紀以後，在孔子以後，自四世紀起到三世紀時，正是戰國時代。原來春秋時代有一個大國——晉。晉國文化很高，但在西曆紀元前四〇三年即被權臣分裂爲韓、趙、魏三國。這一年歷史家算作戰國的第一年。那時南方的楚也很强大。因爲晉國三分，亦便沒有可畏的强鄰了。當時的秦孝公是一個英主，用了一個大政治家商鞅。兩人合作而造成了一個極權國家。不過極權主義的思想原則遠在商鞅之前就已發生；在墨子的上同篇中已有這個思想。關於中國古代思想的三個大老——老子、孔子、墨子，我在中國哲學史上卷，提倡百家平等；認爲他們受了委屈，爲被壓迫了幾千年的學派打抱不平。現在想想，未免矯枉過正。當時認爲墨家是反儒家的；儒家是守舊的右派，而墨家是革新的左派。但這幾十年來，——三十五年來的時間很長，頭髮也白了幾根，當然思想也有點進步，——我看墨子的運動是替民間的宗教辯護，認爲鬼是有的，神是有的。這種替民間宗教辯護的思想，在當時我認爲頗傾向於左；但現在看他，可以算是一個極右的右派——反動派。尤其是講宗教政治的部份，所說的話是右派的話。在政治思想上，祗要看他的「上同篇」。上同篇中說，「古者民始生未有政長之時，蓋其語人異義。是以一人則一義，二人則二義，十人則十義。其人茲衆，其所謂義者亦茲衆。是以人是其義以非人之義，故交相非也。……天下之亂，若禽獸然。」義就是對的；一個人認爲自己是對的，十個人認爲他們各是對的，結果互相吵起來而「交相非也」。拿我的「義」打人家的「義」，結果天下大亂而「若禽獸然」。有了政府時，政府中上面是天子，有三公，諸侯——鄉長，里長，政府成立了。然後由天子發佈命令給天下百姓，說你們凡是聽見好的或不好的事都要報告到上面來，這是民主集權制。上同篇中說，「夫明乎天下之所以亂者生以無政長，是故選天下之賢可者立以爲天子。天子立，以其力爲未足，又選擇天下之賢可者置立之以爲三公。……政長既已具，天子發政於天下之百姓，言曰，聞善而不善（王引之讀「而」爲「與」），皆以告其上。上之所是，必皆是之；所非，必皆非之。……上同而不下比者，此上之所賞而下之所譽也。……」祗要上面說是對的，下面的人都要承認是對的：這就是「上同」，「上同而不下比」。「里長發政里之百姓，言曰，聞善而不善，必以告其鄉長。鄉長之所是，必皆是之；鄉長之所非，必皆非之。……鄉長唯能壹同鄉之義，是以鄉治也。……鄉長發政鄉之百姓，言曰，聞善而不善者，必以告國君。國君之所是，必皆是之；國君之所非，必皆非之。……國君唯能壹同國之義，是以國治也。……」天子的功用就是能夠壹同天下之義。但是這還不够；天子上面還有上帝。所以「國君發政國之百姓，言曰，聞善而不善，必以告天子。天子之所是，皆是之；天子之所非，皆非之。……天子唯能壹同天下之義，是以天下治也。……天下之百姓，皆上同於天子，而不上同於天，則災猶未去也。……」這才算是眞正的上同。但是怎樣才能達到上同呢？拿現代的名詞講，就是用「特務制度」，也就是要組織起來。這樣才能够收到在數千里外有人做好事壞事，他的妻子鄰人都不知道，而天子已經知道。上同篇中有一段說，「古者聖王唯能審以尙同以爲政長，是故上下情通。（依畢王諸家校。）上有隱事遺利，下得而利之；下有蓄怨積害，上得而除之。是以數千萬里之外，有爲善者，其室人未偏知，鄉里未偏聞，天子得而賞之。數千萬里之外，有爲不善者，其室人未偏知，鄉人未偏聞，天子得而罰之。是以舉天下之人皆恐懼振動，惕慄不敢爲淫暴，曰，『天子之視聽也神！』」就是說天子的看與聽都是神。然後又說，「非神也，夫唯能使人之耳目助己視聽，使人之（脣）吻助己言談，使人之心思助己思慮，使人之股肱助己動作。助之視聽者衆，則其德音之所撫循者博矣；助之思慮者衆，則其舉事速成矣。故古者聖人之所以濟事成功垂名於後世者，無他故異物焉，曰唯能以上同爲政者也。」這就是一種最高的民主集權制度。這種思想眞正講起來也可以說是一種神權政治，也是極權政治的一種哲學。所以我們從政治方面講，老子是站在左派，而墨子是站在極右派。不過後來墨子並沒有機會實行他的政治哲學。

秦孝公的西方國家本來是一個貧苦的國家，但是經過商君變法，提倡

「農」、「戰」，這是一種政治上，經濟上，軍事制度上的大改革，大革新。這個革新有兩大原則：一是提倡「農」，生產糧食；一是提倡「戰」。有許多古代的哲學，古代的書籍，因爲離開我們太久遠了，我們對它的看法有時看不大懂。在三十五年前我寫中國哲學史大綱時，就很不注意商君書和韓非子的書。這種書因爲在那時候，沒有能看得懂，覺得有許多東西好像靠不住。等到這幾十年來，世界上有幾個大的極權政府，有幾個已經倒了，有的還沒有倒。因爲這個緣故，我們再回頭看墨子商君的書，懂了。這是經過三十多年的變化而生的轉移。舉例來說：譬如關於「戰」，關於極權政治，在商君書第十七章裏有一節：「聖人之爲國也，一賞，一刑，一敎。一賞則民無敵；一刑則令行；一敎則下聽。」這個「一賞，一刑，一敎」，眞正是極權的國家主義。最重要的是一敎。一敎之義，就是無論什麼學問，無論什麼行爲，都比不了富貴；而富貴的得來，並不靠你的知識，也不靠你的行爲，也不是因爲名譽；靠什麼呢？靠戰爭。「所謂一敎者，博聞辯慧，信廉禮樂，修行羣黨，任譽淸濁，不可以富貴。……富貴之門，要存戰而已矣。」能夠作戰的才能賤富貴之門；因爲這個緣故，父兄、子弟、朋友、婚姻的談話中最重要的事是戰爭。「彼能戰者，踐富貴之門。……是父兄昆弟知識婚姻合同者，皆曰，務之所加，存戰而已矣。故當壯者務於戰，老弱者務於守。死者不悔，生者務勸。此……所謂一敎也。」「民之欲富貴也，共闔棺而後出。而富貴之門必出於兵。是故民聞戰而相賀也。起居飲食所歌謠者，戰也。……聖人治國也，審一而已矣。」像這樣使人認爲戰爭是可賀的，在家中在外面所唱的歌都是戰爭；這樣才能做到使百姓聽到戰爭的名字，看到戰爭，有如餓狼看見了肉。這樣老百姓才可以用了。「民之見戰也，如餓狼之見肉，則民用矣。凡戰者，民之所惡也。能使民樂戰者，王。」這些書籍，我們在當時看不懂；到了最近幾十年來，回頭看一看史記、商君書，才都懂了。那時的改革政治是怎樣呢？就是將人民組織起來，分爲什伍的組織，要彼此相糾發。史記商君列傳：「令民爲什伍，而相收司（相糾發）連坐。（一家有罪而九家連舉發。若不糾舉，則十家連坐。）不告姦者腰斬。告姦者，與斬敵首同賞。匿姦者與降敵同罰。……有軍功者，各以率受上爵。……大小僇力本業耕織；致粟帛多者，復其身。事末利及怠而貧者，擧以爲收孥。」這是西方的秦建設了一個警察國家，一個極權的國家，而且成績特別好。在不到一百年之內，居然用武力統一了當時的所謂天下。始皇二十六年統一天下；過了八年後又發生了問題。就是當時還有許多人保留了言論自由。於是「三十四年丞相李斯議曰，「……古者天下散亂，莫之能一，是以諸侯並作，語皆道古以害今，飾虛言以亂實。人善其私學，以非上之所建立。」就是百姓以批評來反對政府所建立的政策。接着又說，「今皇帝並有天下，別黑白而定一尊，私學而（乃）相與非法敎。人聞令下，則各以其所學議之。入則心非，出則巷議。夸主以爲名，異取以爲高，率羣下以造謗。如此弗禁，則主勢降乎上，黨羽成乎下。禁之便。」主張還是禁止言論自由爲對。於是就具體建議：「臣請史官非秦紀皆燒之；非博士官所職，天下敢有藏詩書百家語者，悉詣守尉雜燒之。」將書燒了以後，如果還有人敢批評政府的就殺頭。「有敢偶語詩書，棄市。」「吏見知不擧者與同罪。」「所不去者，醫藥卜筮種樹之書。……」這是秦始皇三十四年的大燒書。

總而言之，第三件大事就是秦朝創立一個很可怕的極權國家，而且大成功，用武力統一了全中國，建立了統一的帝國。

第四件大事就是極權國家的打倒，與無爲政治的試行。漢高祖是百姓出身，項燕項羽與張耳一班人都是貴族。漢高祖是一個地地道道的百姓，知道民間的疾苦，所以當他率領的革命軍到達咸陽時，就召集父老開大會，將所有秦代所定的法律都去掉，祇留約法三章。其實祇有兩章：「殺人者死；傷人及盜抵罪。」漢朝的幾個大領袖都能繼續漢高祖的這種政策。當時的曹參是戰功最高的，比韓信的戰功還高。漢高祖將項羽打倒後，立私生子做齊王，派曹參去做相國。曹參當時就說：我是軍人，而齊國的文化程度最高，經濟程度也高。情形很複雜，我幹不了；還是請一班讀書人去吧！於是大家告訴他，山東有一個人叫蓋公，可以請他指導。於是曹參就去請敎蓋公。蓋公說：我相信老子的哲學。要治理齊國很容易；祇要「無爲」就可以治好齊國。於是曹參就實行「無爲之治」。在齊國做了九年宰相，實行無爲的結果，齊國大治，政治成績爲全國第一。所以在蕭何死後，朝廷又請曹參回到中央政府做宰相。曹參到了中央任丞相以後，也還是喝酒不管國事。當時的惠帝就遣曹參的兒子去問曹參。曹參打了兒子一頓。及曹參上朝，惠帝向他說，你爲什麼打你的兒子？是我叫他問的。曹參便脫帽謝罪，向惠帝說，「陛下比高皇帝何如？」惠帝說，「我那可以比高皇帝！」參又問，「陛下看我比蕭何那個能幹？」惠帝說，「君似乎不及蕭何。」參曰，「陛下說得是。既然陛下比不上高祖，我比不上蕭何，我們謹守他們的成規，無爲而治豈不好？」惠帝就說「很好」。不但如此，以後呂后鬧了一個小政變，結果一班大臣請高祖的一個小兒子代王恒來做皇帝，這就是漢文帝。文帝的太太竇后是一個了不得的皇后。文帝死後，景帝登位，竇后是皇太后。景帝死後，武帝登位，竇后是太皇太后。前後三度，當權四十五年。竇太后最相信老子的哲學，他命令劉家竇家全家大小都以老子的書作必修敎科書。所以漢朝在這四十五年中實行無爲而治的政治。對外方面，北對匈奴，南對南越，都是避免戰爭。對內是減輕租稅，減輕刑罰；廢止肉刑，廢止什伍連坐罪；租稅減輕至三十分之一，這是從古以來沒有的，以後也沒有的。人民經過戰國時代的多少戰爭，又經過楚漢的革命戰爭，在漢高祖以後，七十年的無爲政治使人民得了休息的機會。無爲而治的政治使老百姓覺得統一的帝國有好處而沒有害處。爲什麼有好處呢？這樣大的一個帝國，沒有戰事，沒有常備軍隊，沒有警察，租稅又輕：這自然使老百姓第一次覺得這個政策是值得維持、值得保存的。

由於漢朝這七十年的有意實行的無爲而治，才造成了四百年的漢帝國，才留下無爲而治的規模，使我們中國兩千多年來的政治思想，政治制度，政治行爲都受了這「無爲而治」的恩典。這是值得我們想想的。這是我對於中國古代政治思想的一個看法。

今天因爲廣播公司控制得不嚴格，所以超過了時間，要向諸位道歉。

附註：本稿係胡適博士在臺灣大學講演，由劉明煒楊欣泉二先生速記。

獨裁怕自由

殷海光

一

二月二十五日，報載杜勒斯向美國衆院作證，證詞中說道：『美國在和蘇俄一切談判中，有着一項重大優勢，是卽我們所欲求得的東西，也就是世界多數人民所欲求得的東西。當蘇俄每次公開而確定地拒絕任何一項建議時，世界上的多數人民都憤憤不平，蘇俄的身價也隨而下降。』又說：『就德國統一來說，事情也是相同。莫洛托夫不得不明白表示，蘇俄計劃維持他對德奧的軍事控制。蘇俄已明白表示，蘇俄領袖對自由發生基本的恐懼。俄人對統一德國不感興趣，除非他能控制選擧的機構。』又說：『杜勒斯相信「蘇俄領袖已把他們自己趕入窮巷。不安的情況是如此巨大。因此他們不敢給予人民更大的自由，生怕這會對他們不利。但如果他們不以自由給予人民，則不安情勢將繼續高漲。」』

這一番話多麼富於警惕性！多麼富於啓示性！這一番話告訴我們：獨裁極權者對于自由的恐懼是怎樣敏感，又是怎樣深刻！

二

從政治的觀點看來，在一切種類底自由之中，有而且唯有個人自由才是基本的自由。這種基本的自由，卽是諸基本人權。然而，一切形態的獨裁極權者對于這種自由却最惱恨，因而打擊之也不遺餘力。爲什麼呢？理由非常顯著：個人自由最實徵，最過硬，最需要兌現，而且最難曲解。個人自由，對于一個一個的個人，老太婆、主婦、厨師、畫家、文人、商人、農夫、工人，都有實實徵徵的好處。所以，個人自由底意義與價値，不是什麼『明天開奬』，更不是『犧牲這一代以爲下一代』，而是對於一個一個的活人有好處。

個人自由，是每一個常人底自然權利。上帝生人一張口，自然要說話，因而享有言論自由。上帝生人一個肚子，要吃飯，因而享有謀生的自由。上帝生人一雙腿，要走路，因而享有行動的自由。……這些基本自由，是固有的，任何特殊人物既不能『授與』又不可奪取。如果有人意圖授與或奪取，那都是『逆天行事』。任何特殊組織不可拿任何藉口剝奪了大衆這些基本自由。誰剝奪了，誰就是防礙大家好好作人，甚至于不要大家活命。防礙大家好好作人，甚至于不要大家活命，豈不是大家底公敵嗎？赤色惡魔如此，所以我們反共。古往今來，一切形形色色的獨裁極權暴政如此，所以自由思想者反對一切形形色色的獨裁極權暴政。

這些基本自由，是一切政治組織所不可動搖的基本條件。這些基本自由，是人之所以爲人的最後防線。這道防線如遭突破，那末人就成了一羣一羣的人畜。因此，如果突破這些基本自由來『搞政治』，那末所『搞』的『政治』，不復是『人的政治』，而是『人畜政治』。如果因搞政治而剝奪大家底基本人權，把人變成人畜，那就是捨本逐末，就如殺雞求卵。這個樣子的政治，對于人生有什麼意義與價値？君不見！極權地蘇俄區，那件事不是以看待畜牲者看待人？所以，我們如果要『搞』『人的政治』，那末，任何名義的政治組織，必須首先肯定諸基本自由之不可侵犯性，都要以諸基本自由作原始出發點向前延伸。隨便那一個弄政治的人，不可在自已底政治組織行不通，不能發生，甚至于不能維持而山窮水盡時，回頭過來向每個人底基本自由上打注意，勒令大家放棄他們生命底寶貴部分，作你底政治資本，如果你這樣做，那末就好像一個商人經商失敗了，眼看着一個一個小販底包袱出神，想從他們底包袱裏找回旣失的資本。這樣一來，你至少不是一名正當商人了。

然而，不幸得很，我們這個時代底一切獨裁極權統治者，如馬毛之流，都不願做正當商人。毫無例外地，他們一提到『個人自由』，無不深惡痛絕。爲什麼呢？因爲：每個人享有基本自由，有了人底尊嚴時，他們便礙手礙脚，不便隨意操縱擺佈，不便像猪羣牛羣那樣容易驅策了。一種方式，便於少數人而不便於大家；另一種方式，便於大家而不便於少數人。如二者不可得兼，少數人如係以自身底權利爲基本前題，而且可巧又掌握全能，那末，他們會怎樣抉擇呢？毫無問題，他們一定摒棄便於大家的那一種而選擇有利於己的那一種。羅素說：『我們從歷史上觀察，政治上的寡頭們對他們自身底利益着想者多；而對社會底利益着想者少。如果我們在這一方面拿道德責難他們，那是太愚蠢了。』西歐人民經三四百年與專制及教權奮鬭，在世界人類中，他們得以最先享受經過自覺階段的個人自由。到了二十世紀初葉，列寧要實行獨裁極權。但是，個人自由構成獨裁極權統治之障礙。聰明而狡狠的列寧看準了這一點，他深知非澈底消滅個人自由不能建立專政。於是，他運用種種恐怖手段和陰謀暴力，竭力打擊俄國底自由人士，並進而消滅他們。現在，蘇俄是沒有『自由分子』了，非常之『靑一色』了。自列寧以後，數十年來，許許多多要建立並鞏固獨裁極權暴政的組織，都相率效行。

三

獨裁極權統治者剝奪了大家底基本自由，連言論自由也不剩。彼等對於言論自由底限制之緊與夫壓制之嚴，不下於集會及結社之自由。這又是什麼原因呢？

獨裁極權統治，係一全面的統治。這種統治與過去專制統治不同的地方，係除以暴力為基礎以外，更益之以史無其匹的『謊言體系』。所謂慌言體系，為各種各色的主義、宣傳、教育、等等構成；而整個的氣氛則為理想主義的(idealistic)。理想主義以及唯心玄學，正如唯物玄學，同為人類思想史上最大的迷妄 (illusion)。廣義說來，謊言體系是不能藉經驗的事實來直接或間接印證，但意圖因他人被騙以獲利而創構的語言網。這樣的語言體系之創構，大率利用人衆之渴望、惶惑、無知、與恐怖之情相互交織所致。謊言體系之建立，為現代諸極權統治藉以興起之一大資本，這一資本又轉而成為極權統治維繫之不可或缺的手段。實行極權統治，必須面面俱到。一有漏洞，立刻破綻百出。所以，極權統治者絕對不許人揭穿其謊言體系。

維持獨裁極權暴政底必要條件為建立無上威嚴。為了建立無上威嚴，統治者必須表示其一切係百無一誤。統治者為了表示其一切係百無一誤，於是必須戴上這具謊言構成的紗面。即使七月天氣，汗流如注，彼等亦不肯盛裝稍卸。然而，不幸得很，那些不能與經驗事實對照的謊言體系，如毛澤東之流所製造者，無一經得起稍有頭腦者之追問、推敲、窮究、或駁議。如許言論自由，當衆指穿，則威嚴盡失。所以，在各形各色的獨裁極權地區，無不嚴禁言論自由。獨裁極權者之恐懼言論自由，亦若身患肺病者之懼怕風寒。暮春三月，江南草長，春風和煦，羣鶯亂飛。彼一人兮，獨坐深宮，畏見天日。何耶？弱質天成也！不同於衆也！

獨裁極權者限制或消滅言論自由之方法甚多：有直接的，有間接的；有硬性的，有輭性的；有法律形式的，有法律形式以外的。酸、甜、苦、辣，味味俱全。而還有一種根本手段，為一般人所不及察覺者，為在思想言論範圍中，樹立中心權威。所謂中心權威，包括中心權威人物，及中心權威教條。在極權地區如蘇俄之類者，任何被統治者，對於中心權威人物，只有如敬鬼神之『自由』，只有歌頌之『自由』，沒有以常人視之的自由，更沒有以言論反對之的自由。因為，常人有失誤 (fallible)，這種中心權威人物永無失誤，他們比柏拉圖所說的『形式 (form)』還要完美。任何被統治者，對于官定中心權威教條，只有『無條件信仰之自由』，沒有懷疑之自由，更沒有作反對的批評之自由。

這種地區以內，有時在表形上似乎不無言論自由。許多人『發言』，好像頗為熱烈。有些淺識的觀察者遂以為這種地區有眞正的言論自由。其實，一察究竟，這樣的『自由』不過是自由之『表演』而已。這樣可憐的『自由』，與獄囚之被允准在牢裏打圈子無甚分別。獄囚既可被允准在牢裏打圈子，便可不被允准在牢裏打圈子。在這樣的『發言』場合，無論表現得怎樣熱烈，所談的充其量祇是枝節上技術性的問題，凡涉及根本前題的任何疑問一概不許提出。同時，沒有任何一個被統治者可以碰碰列寧、斯達林、馬林可夫而不冒莫測之禍的。在這類地方，如有辯論發生，只要有人引用『列寧說……』，或者說『根據馬列主義……』，大家就如碰到眞理底準繩，便俯首無言，便鴉雀無聲，或『一致贊同』。這還有什麼可說的！這還有何言論自由之可言！這是以權威主義為骨幹，以『言論自由』為外衣的政治把戲而已。極權主義原是權威主義底一種。任何形色的極權統治都需要一種權威主義作它底『精神骨幹』：新的也好，舊的也好；『階級』形式的也行，民族形式的也行：那種方便就利用那種。對於極權類型底人物而言，除了權利以外，一切都無所謂，一切都可作權宜之計。

吾人須知，在貨眞價實的民主國家，是沒有這一套的。在民主國家，沒有任何一人可自立于衆人之上，沒有任何人能自外于公意的批評，也沒有任何一種人造的『主義』只許信奉不許駁難。民主之所以為民主，就是在這些事體上不許有一個例外。假若不幸出現了例外，而且有個組織來維護這個例外，那末一切打擊自由民主的建制均可假此權威性的例外之名而行。這麼一來，民主政治遲早要『辦理結束』的。試想在美國，如果有人提出『艾森豪總統說……』時，大家便如至宇宙盡頭，如面玉皇大帝，那末美國所有的議員祗好每天度其週末了。而以美國科學技術之發達，不出十年，美國底民主政治會成為歷史陳蹟。那時，中學教科書上只輕描淡寫地說：『艾森豪元首光榮地結束了自華盛頓以來的平民亂政。』

四

獨裁極權者對於自由既然敵視如此之深，因而他們限制甚或消滅自由的方法之嚴酷與澈底，亦為亘古所未有。凡獨裁極權主義者必為全體主義者。全體主義者用來消滅自由的方法也是全體主義的。弗頓新 (Fulton J. Sheen) 說：『從基本上觀察，共產主義是一套完整的人生哲學，是一個統一的世界觀。共產制度與人間一切別的制度不同。其不同處，在於它不僅管制着大家底衣、食、住、行、用、等生活節目，而且也管制着人底內心生活。共產主義有一種理論，也有一種實際。共產制度不僅要代替國家與政府；而且還要代替教會，代人底良心作判斷。』這種統治一經形成，眞是天羅地網，插翅難飛，連你底心靈都遭禁錮！

極權主義的『理論』，是前述謊言體系之重要的經緯。羅素說：『極權主義的理論是一回事，它底實際則是另一回事。在實際方面，極權主義是一羣人利用某些方法奪取權力機構，尤其是掌握軍隊與警察，然後藉着各種方法高度控制他人，來鞏固其既得地位，從而獲致自己底利益。然而，極權主義的理論則完全不同：它底教條是民族利益，或階級利益。這些利益是超越個人之上的。極權主義的理論說社會是一個有機體。我們在考慮它時，不能肢解成許多部分。而且所謂善與惡，與其說是屬於某一部分的，不如說是屬於全體的。……這種說法是不通的。其所以不通，是將社會比擬為一個人身。這可謂比擬於不倫。吾人應當明瞭，政府對于個人並非有感有情的。當政治性的羣體受到損害時，感受到痛苦者乃組成羣體的分子，並不是整個羣體。寡頭政治的理論是一種利用聯想錯誤的欺騙。』有些人對於『歷史文化』的說法，正出於與此同屬一種的思想型模。這類玄扯『歷史文化』的人，常津津妄議『主張科學』係『淺薄的理智主義』。彼等所謂之『深厚』者，究爲何乎？曰：連自己都說不清楚，想不清楚，既不能印證，又不能否證的一大堆文字戲法（verbal legerdemain）而已。黑格爾、斐希特、與馬克思之流，實爲一個窰裏燒出的磚。彼等之各形各色的徒從，直接或間接，無一不是極權主義建設之小工。言念及此，不禁令人浩歎！

從上述極權主義的『理論』及實際之前題出發，已經有或可能有些什麼展演呢？羅素說的最確切：

『科學技術增加了組織的重要性，所以政府對于個人生活的干擾範圍加大。這樣一來，自然而然的結果：是科學的寡頭政治比科學出現以前任何時代的寡頭政治要具更多的權力。時至今日，有這樣一種趨勢，即是，組織併合組織，組織底勢力擴張，一直到最後完全被政府吞沒爲止。』

又說：『寡頭政治主要地係依據于教條之上。寡頭們藉着各種科學技術來宣傳教條，控制公意。他們又藉着控制教育來封鎖青年底頭腦；藉着控制印刷來消滅任何反對的言論。所有的廣播和電影全屬國營，藉此以固蔽大家底耳目。他們更利用科學的偵查技術，以及科學的特務制度，將每個被治者底生活納入鐵的軌範之中。歷史上的暴君尼羅王曾竭力建立一個偵探制度以偵伺叛黨；可是，他終於遭叛黨擊敗。如果他能用現代化的特務制度來保護他自己，那末一定可終其天年。』

又說：『我們可以想象得到，生理學和心理學底進步，將使政府對個人心理底控制力大爲增加。在獨裁國度裏，將來對于兒童從幼小開始，就利用吃進去的東西，注射進去的針藥，以及聽進去的訓詞之聯合的作用，產生一種新的性格。具有這種新性格者，會以政府當局底意志爲意志，以政府當局底思想爲思想。這麼一來，對政府任何不利的批評，壓根兒不會發生。於是，縱然全體已經陷入悲劇的深淵，他們也以爲是在極樂的天國裏。』

這種光景，何等可怕！

從最近數十年的事象之演變觀察，凡向着獨裁極權道路走的地區，終必趨歸於一黨制度（one-party system）。這一個黨騎在萬人頭上。黨底頭目又騎在這個黨底頭上。所以，這個黨底頭目騎在萬人頭上。斯達林、馬林可夫、以及毛澤東之流，就是過的這種非常生活。他們是萬人生活資源底控制者，是萬人禍福安危底主宰者，又是萬人心理活動底總指揮。君不見！大陸人，被迫『學習毛澤東思想！』被迫『恭讀』『毛澤東言論！』

在一黨制度之下的另一重要特徵，便是『訓練主義（disciplinarianism）』盛行。現代的獨裁極權人物如斯達林之流者，無一不視『訓練』爲萬能，因而當作高出一切之上的要政來全力推行。訓練之事，並非在一切意義之下爲可以放棄之事。例如，技術訓練，在現代複雜生活及戰爭場合，實爲不可少的一面。民主國家進行訓練的項目至多。但是，在極權統治之下，所謂的『訓練』，其重要的用意並不在此。在極權統治下的『訓練』，其主要的着眼點，在使人絕對『效忠』政權，尤其是站在上面的那一座神。從這一基本前題出發，極權的訓練在改造人底頭腦，心理狀態，以至于生活習慣，與夫禀性氣質。結果，在極權的訓練之下，久而久之，如蘇俄等地所表現者，人人滿腦袋裝的盡是口號，標語，八股教令，條例規章；個個弄得手强脚壯，耳朵長大，但大腦退化；於是，只會聽叫子聲音而動作。『訓練』進展到了這一地步，大概就算『功行圓滿』了吧！功行圓滿固屬功行圓滿，然而人也就從高等動物退化到低等動物了。從這一個角度來看，我們可以用一句話來概括極權暴政：極權暴政者，把人變成低等動物之『政治』也。所以，極權暴政行之一久的地區，未有不民智固蔽的。

五

基于以上的陳示，我們可知，現代獨裁極權暴政所引起的問題，最後分析起來，還不是什麼這個政權對那個政權衝突的問題，也不一定是這個政治組織與那個政治組織衝突的問題，而是它與每一想做個起碼的人之人爲敵的問題。這現代極權統治者對每一個想保有基本自由的人都過不去。這實在是自古以來最大的人爲災禍。此禍一日不除，全世界底好人一日不得活命。

從前面所陳示的看來，現代獨裁極權者所用于防制自由的心機和氣力眞不算小了。近幾十年來的事實顯示，獨裁極權者在內部用以防制自由所費的心機和氣力，至少不下于他們所用以對外的。他們爲什麼這樣恐懼自由呢？原因再簡單也沒有：

有自由便無獨裁。

自由與獨裁是勢不兩立的。一個世界不能同時這一半自由而那一半被奴役。今日世界底整個情勢，可以拿一個比喻來說明：一個正人君子碰着搶劫的。這個搶劫的緊扼住正人君子底咽喉。他不能放手。他一放手，正人君子翻起身來，什麼都完了。在我們居住的這個地球上，任何角落裏，祇要有獨裁極權者與自由民主者對峙，無論是明的還是暗的，都是這種光景。誠如杜勒斯所說，『蘇俄領袖已把他們自己趕入窮巷』。在事實上，今日所有的獨裁極權者都是如此，毛澤東爲尤然。他們回不過頭來。他們必須牛角尖鑽到底。所以，他們『對自由發生基本的恐懼』，『因此他們不敢給予人民更大的自由，生怕這會對他們不利。』

這一實際情形之對峙，眞是再明顯也沒有了：凡獨裁極權者都怕自由；凡怕自由者都是獨裁極權者。共產赤魔，集古今獨裁極權底『理論』與實際之大成。在獨裁極權陣營中，它是一個大巫。這個大巫，對於一切小巫是看不上眼的。它最害怕的是自由。所以，有而且祇有自由是滅共倒俄之最合邏輯的大資本。一個人不能在白天作天使而又在黑夜作魔鬼。既要反奴役又要從事桎梏是怪彆扭的事。爲善與作惡不能同時並進。脚踏兩隻船無法得到穩定，也無法得到眞實的力量。明乎此理，自由中國底志士們，在選擇他們滅共倒俄底正途上，還用得着徘徊於兩端嗎？

論行政院與立法院之關係

張敬原

一、憲法與法律的聯結

憲法上關於政府組織，不需要明文規定所採取的是什麼制度，但是除了英國以外，任何一國的憲法，從條文上都可以明顯的看出，她是什麼制度。至於中國憲法，究竟是總統制，或者是內閣制，又或是二者的折衷制或混合制？憲法上既不易明白看出，專家和學者的意見，更是人言言殊。(註一)大體上說，憲法規定的中央政府，是總統制和內閣制的混合體，而且是總統制成份較少，內閣制成份較多。

中國憲法，既是內閣制成份較多，行政院與立法院的關係，自然是這個制度裏最重要的一環。憲法第五十七條除了規定行政院「對立法院負責」，和行政院向立法院報告施政，以及立法委員得提出質詢以外，主要有下列兩欵：

一、「立法院對於行政院重要政策不贊同時，得以決議移請行政院變更之。行政院對立法院之決議，得經總統之核可，移請立法院覆議。覆議時如經出席立法委員三分之二維持原決議，行政院院長應卽接受該決議或辭職。

二、「行政院對於立法院決議之法律案、預算案、條約案，如認為有窒碍難行時，得經總統之核可，於該決議案送達行政院十日內，移請立法院覆議。覆議時如經出席立法委員三分之二維持原案，行政院院長應卽接受該決議或辭職。」

以上兩項規定，是討論行政院和立法院關係的主要節目，這節目，學者專家已經討論的很多。這裏不想就這制度本身，批評得失，而僅就這制度的程序問題，提出一點，來稍加討論。因為程序問題，關係却非常重要的！

上面兩種覆議案，都訂明「如經出席立法委員三分之二維持原決議（或原案）」，行政院院長應卽接受或辭職。縱然我們的學者專家，各人的看法不同，這規定是相當內閣制的信任或者不信任投票的制度。因之關於表決人數的多少，不僅關係程序，實則更關係這個制度的成敗，以及關係政局能否安定。所以這一點是不能忽略的！不過我們所看到的討論這問題的論文和專著，大都是注意到「立法委員三分之二」，却把「出席」二字忽略了，雖然也有的注意到「出席立法委員」，但是把出席人數和委員總額，也似乎未加區別。(註二)專就憲法條文來看，出席人數和委員總數，似乎無大出入，如果拿立法院組織法對照來看，這出入就很大了！當然，我們不是說，這些論著未曾注意到這一點，而是由於討論的主旨不同，或者無庸區別。

立法院組織法（四十一年十一月修正）第五條規定：「立法院會議，須有立法委員總額五分之一出席，始得開會。」按立法委員法定總額是七七三人，五分之一是一五五人，按選出總額七六〇人計算，五分之一是一五二人，事實上立法院會議，不會每次都只有五分之一的委員出席，從立法院的紀錄上看，在臺委員五四五人，五分四以上出席的情況，可能是很多的。但既有這最少數額的限制，達到這個數額，就是合法的決議。如果對行政院移請覆議的案件，也僅有五分之一法定人數出席，出席委員三分之二維持原案的決議，按法定總額五分之一的三分之二，只要有一〇四人就可以成立了！相反的如果有五十二人以上反對原案，也就可以把原案推翻了。立法委員的法定名額是七七三人。總額的三分之二，計有五一六人。但是出席名額，從現行辦法最低限度說，三分之二則僅有一〇四人。這樣只有一〇四人，或者五十二人就可以成立或推翻一個對行政院的不信任案。縱使事實上不會如此，然而法律上有這種可能的規定，總是不甚合理。從各國的不信任投票的制度上看，也是不甚合理。

二、不信任投票制度概觀

內閣制是以內閣負擔國家實際的政治責任，而這責任的負擔，要以獲得議會的信任為主要條件。衆所周知，英國是內閣制的發祥地，從一七四三年起，這個制度，在英國已經有二百一十年的歷史，英國內閣制的建立，就是由於在這一年，留下了內閣如失去了衆議院的信任，要全體辭職的重要習慣。所謂不信任，只是對內閣提出的法案，不予通過，內閣就必須引咎辭職，不必再有不信任投票的形式。其後這個習慣，續有變更，否決內閣提出的法案，通過內閣反對的法案，以及通過不信任案，都是不信任的表示，也都是迫使內閣辭職的手段。其間比較重要的變更：一是一八六七年狄斯雷利（Disreali）內閣，在改選中失敗，不待國會重集，再召打擊，卽行辭職。一是一九〇五年貝爾佛（Balfour）內閣，在衆院以四票少數失敗，貝氏未辭職亦未解散國會，經國會默認。以後內閣提案被否決，是否辭職？要看法案的重要性如何而定。內閣如認為被否決的法案，無關重要，可以不必辭職。這時候議會要迫使內閣辭職，就需要明顯的表示不信任，實行不信任投票了。不過從近八九十年的歷史來看，英國內閣，幾乎全是改選後執政黨因失去議會的多數而去職，很少是在議會中因不信任案失敗而去職。從一八六七年到現在，八十六年間，英國內閣，計更易二十三次，（一九三五年至一九四五年保守黨執政十年，三易首腦，以三次計。）有廿一次係改選失敗，最近如工黨和保守黨的下台上台，都是在改選中失敗的，而不是在議會中失敗的。所以不信任投票在英國是很少使用，然而內閣要獲得議會的信任，至少還要控制議會過半數的議席。如工黨在一九四五年佔六二五席中的三九四席，保首黨在一九五一年佔三二一席，都是過半數以上，否則內閣是無法存在的。過半數比較五分之一的三分之二，或五分之一的三分之一，自然是超過多多的！

法國和日本，都是在第二次世界大戰以後，改訂新憲法的國家，也都是實行內閣制，採用不信任投票制的國家。日本新憲法，是一九四七年五月三日實施的（公布後六個月），到今天，六年之間，凡五易內閣。法國新憲法（第四共和憲法）是一九四六年十月廿七日實施，但從第二次大戰終止以後，除了戴高樂領導的臨時政府時期不計外，從一九四六年一月起，到今天八年之間，已更易內閣十六次。這兩個國家，都是把不信任投票，使用得非常頻繁。然而這兩國的憲法，關於不信任投票的限制，還是相當嚴格。

法國第四共和憲法，（第四九條第五〇條）規定信任案由內閣提出，不信任案由國民議會（衆議院）提出，否決信任案或通過不信任案，都要得到全院議員絕對多數的（總額過半數以上）記名投票表決始為有效。一九五三年五月廿一日第十五屆的梅葉內閣，在衆院總額六二四票中，以二四四票對反對者三二八票而失敗。同年十一月廿七日蘭尼爾內閣，於總額六二六票中，以二七五票對二四四票，贊成與反對，均未達總額過半數而勉强維持。可見這絕對多數的限制，多少還有一些效果。

日本新憲法第六十九條規定：「內閣因衆議院通過不信任決議案，或否決信任決議案時，倘十日內不解散衆議院，即須總辭職。」這規定比較簡單，至於議會出席人數，和有效決議的人數，是由憲法作一般性的規定。日本新憲法第五十六條：「兩議院非各有全體議員三分之一以上出席，不能議事，並為議決。兩議院之議事，除本憲法有特別規定外，由出席議員過半數決定之。」關於信任案或不信任案的決議，憲法上未有特別規定，法律上不能作牴觸憲法的規定，自然是三分之一以上的出席，和過半數表決。一九五三年三月十四日，衆議院通過對吉田內閣的不信任案，在衆院總額四六六票中，反對者以二二九票對二一八票獲勝。反對票雖然沒有達到總額的過半數，但已經超過三分之一以上了。這三分之一以上，比較起五分一以上，差別還是很大的。

三、同意與覆議

從前面所舉的幾個例子看，我們覺得立法院組織法，五分之一出席的法定人數，未免規定得太寬。記得胡適之先生，對這個規定，曾在立法院大加贊揚，就立法院一般的會議來說，法定人數越少，集會越容易，五分一的限制，不失為一種進步的辦法。但在憲法上既有特別規定的關係重要的會議，對於集會的出席人數，似乎也應該有特別的規定，才比較妥當。（註三）

或謂現在立法院的一切會議：院會、各委員會、各委員會的聯席會，統統都是五分之一的法定出席人數。同意權的行使，也不例外，行政院移請覆議的案件，自無須有規定，這雖然這也有片面的理由。但同意權與覆議案，二者究竟有無區別？還應該稍加探討。

憲法第五十五條第一項：「行政院院長由總統提名，經立法院同意任命之。」第一〇四條關於審計長的任用，也有相同的規定。按總統制的國家，如美國，總統任命國務員或其他重要官吏，也要徵得參議院的同意。在內閣制的國家，如法國，須總統徵詢議會的意見，並得議會的信任，始得任命內閣總理。日本則完全由國會兩院提名決定（法國憲法第四十五條，日本憲法第六十七條）。這樣看，同意（consent）自然是與信任（confidence）不同的，不過中國憲法又規定「行政院……對立法院負責」。那末這種同意，是否包含有信任的性質？這一點，各方的意見殊不一致，這裏不便作肯定的答案，但就憲法上對於立法院同意之方式，未加限制，足見與覆議案的重量不同。立法院組織法（第十條）規定「行使同意權之辦法，由立法院定之。」立法院議事規則（四十二年一月修正）規定，對行政院院長之同意「應由全院委員會審查後提出院會投票」。又「審查時，如認為必要，得由本院咨請總統通知所提人，提出施政意見。」（同上規則第五十八第五十九兩條）可見同意行政院長人選，並非以施政意見為必要條件，自然是就才德和資望上的衡量，而不完全是以政策上的信任為前提。這或者因為中國憲法，不是單純的內閣制，並顧及中國國情之故。

那麼憲法第五十七條關於覆議案的規定，是否包含有信任與不信任的性質在內？這應該分開來說。本條規定的兩種覆議案，一是立法院通過的行政院所反對的法案，（第三款）這自然是不信任行政院的政策。一是立法院移請行政院變更重要政策，（第二款）本項規定，學者有兩種絕對相反的看法，一種看法認為是對立法院否決案件的覆議，是限制了立法院的權力；一種看法認為是立法院對國家重要政策的審議權，並有的認為是一種行政監督權。如果按後一種看法，立法院既移請行政院變更政策，自然也就是不信任的表示了。

同意案與覆議案，二者既有區別，同意案的集會人數，應不應該有別於一般集會，這裏不想作具體的建議。覆議案關係到政局能否安定？應該慎重處理，會議的出席人數，應該限制較嚴。拋開學理，專就常情來說：同意是一種和諧的事；覆議則是一種爭執。和諧的事，不必多加限制；爭執的事，則是越慎重越好。

四、修正法規的建議

中國憲法修改的程序，相當繁難，目前實不可能。而且不究制度的利弊，單在程序方面看，憲法上關於行政院移請立法院覆議的案件，出席委員三

（下轉第33頁）

土耳其和凱末爾

鄧逸先譯

去年十月「時代」週刊登載土耳其一文，敍述凱末爾生平的作爲，及其對土耳其的貢獻。筆者偶閱該文，感觸良多。回溯百年以來，中土兩國命途同舛，可是今天土耳其已經走上了民主政治的正路，而我們則內亂外患交迫，終至赤禍猖獗，民命倒懸，國脈如縷。凱末爾挾其霸才，掃除舊勢力舊傳統，使土國建設爲一新國家。對於凱氏某些性格，我們固不必效法；而個人英雄主義的思想，今天尤其不必闡揚；然其改革國家的法則，則值得我們學習。這就是筆者介紹此文的動機。

——譯者

一八五三年，帝俄沙皇尼古拉一世 (Nicholas I) 在蓄意南侵的前夕，曾經說過，「土耳其是歐洲的病夫」。恰好一百年以後，現任美國駐土大使麥基 (George McGhee)，在旅行途中眺望土國小亞境內原野 (Anatolia) 之時，頗有所思的說：「土國人民使其幹勁，從事工作，此情此景，喚醒我好似置身一九一九年的塔克薩斯州 (Texas) 一樣。」

上面所引兩人的話，各有見地。在一百年之中，昔日的歐洲病夫已變成爲中東的壯漢。今天的土耳其是安定、強盛、民主、進步、繁榮，而其抗拒俄國的意志，也最爲堅定。就地理位置來看，土國是北大西洋公約國 (NATO) 南端的據點，美國的噴射機，從此間基地出發，只需半小時即可飛達俄國巴庫油區。再以土軍在韓境作戰來評斷，其表現最是勇敢，而贏得貔貅隊之稱。另一方面，土國勵精圖治，利用美元與技術援助的後果，使其個人平均收益，每年增加百分之七，全國生產總值則增加百分之十。三年以前（一九五〇年），土國無小麥出口，可是現在小麥的出口，已躍居世界第四位；同時曳引機增產九倍，農田面積推廣四分之一，水運哩程延展一倍，港口吞吐量增加兩倍半，棉花生產量增多了三倍。

然則爲何土耳其的改革，能够達到今日的成就呢？這應該歸功於凱末爾 (Kemal Ataturk)。凱氏爲土耳其奮鬥了十五年（一九二三——三八），創造出奇蹟。凱氏秉性苛酷，沉鬱，無情，嗜飲而暴食。他因爲缺乏感情而又無愛，對人對事也不誠信，所以他曾經絞殺過密友；他雖然公佈人權法案 (Bill of Rights)，可是他又經常漠視這個法案。所以如果從這些方面來評斷，凱氏爲人殊値不得推崇，但是他的這些不當，都能說是爲的一個目標，那就是拯救土耳其。因爲這番忠耿之心，使他在未死之前，已博得「土國人民之父」(Ataturk, Father of All the Turks) 的稱號。

一八八一年，凱末爾出生於帝國時代土屬薩洛尼卡 (Salonika 今希臘境) 地方。父親是阿爾巴尼亞人 (Albanian)，母親是馬其頓人 (Macedonian)。凱氏幼年時，即顯露出反叛性格。他母親勸他獻身回敎，但他却去從軍。廿二歲時，已身爲上尉，因爲背叛土皇，幾遭殺身；廿七歲時，參加土耳其青年黨 (Young Turks) 叛變，但不久又叛黨。陸軍當局，對他深表懼惡，將他調來調去，然而都不能動搖他的意志，也不能克制他。他作戰甚爲得力，當第一次大戰中，一九一五年，他在加里波的 (Gallipoli) 擊敗英軍，在高加索阻制俄軍；一九一八年，他在阿剌伯挫敗敵軍，同年又因遊蕩失檢，以致酒醉而戲謔土國盟友德國興登堡元帥，引爲笑談。凱氏似此轉戰各方，所以到戰爭結束之時，已變成土國唯一不敗的將領，那時他還只有三十八歲。也就正當遭受戰敗之後，土國顯露出土崩瓦解的現象。過去帝國時代的光榮，已經完全煙消雲散，一二九九年征服維也納的威風，已陳史蹟，曾經橫跨歐亞非三洲的大帝國，也宣告壽終正寢。同時英國陸軍却佔領君士坦丁堡 (Constantinople)，其海軍巡弋博茲普斯 (Bosporus) 海面；意法希三國却暗中計議着瓜分土國。一度顯赫的土耳其帝國，縮小到僅剩小亞一片瘠土，土皇權力也局限於國都一隅，而尤其駭人聽聞的，更有列强們倡議美國託管土國之說。

面臨這副殘局，凱末爾返朝請求效勞，但是土皇却拒絕了，而且更爲了討好戰勝國家，反而逐放凱氏到小亞的桑生 (Samsun) 去。豈料這個逐放反而促成凱氏的崛起。凱氏抵達桑生後，召集會議，宣佈「要發動從列强魔爪中解救土皇的運動」。處此危機四伏中的土皇，反而電令凱氏「停止一切行動」，可是凱氏覆稱，「我決意留在小亞，一直等到國家贏得獨立」。事態演變到此地步，土耳其就分裂爲兩個政府了。

戰場的協約國固然偏護土皇一面，可是他們貪婪的慾望，却反而幫助了凱末爾。當土皇偕其宰相親赴凡爾賽議和之時，法國老虎首相克里蒙梭 (Clemenceau) 提出賽弗條約 (Treaty of Sèvres)，分割土國爲六區，希臘人隨繼進軍，因而激怒了凱氏，奮起疾呼：「土國同胞，你們願意屈服於昔日之奴希臘人之下嗎？」遂即糾合農民，退伍軍人，罪犯以及愛國志士，組織民軍。兩年之後，在安哥拉近郊誓師西征，並且逐退希臘人。凱氏這次英武行動的結果，贏得洛桑條約 (Treaty of Lausanne)，英國海軍最後也終於撤離博茲普斯海面，而軍人出身的凱末爾也就變成了土耳其的領袖。

再度統一後的土耳其，全部領土總計是二十九萬六千方哩，除去僅擁有九千方哩歐洲東南一隅以外，重心轉置到小亞。凱氏這時很得意的說，「我們現在才是土耳其的眞正主人」。他開始旅行各地，發表演說，呼籲「保留你們原有的，但要吸收西方所有而能發展我們民族的東西。科學和新思潮應予自由傳播。如不奉此力行，外人會吞噬我們的。」爲了實現西方化，他深知必須實行民主，因爲「只有實行民主，國家才能自由。」然而他又知道當時土國不夠實行民主的條件，尙要他專政一時，作爲過渡。所以一九二三年十月廿九日，凱氏就任總統，兼任大元帥、首相、黨魁以及國會議長，集政軍黨大權於一身。

凱氏執政不久，首先趕走土皇，然後逐放回教教主，宣稱國家不再受宗教的覊絆。爲了打破傳統觀念，他勒令限期取締土式帽子（一種無邊而附縫子的氈帽，常爲紅色），改戴有邊的禮帽。相繼而來的改革，是遷徙國都於安哥拉 (Ankara)，將舊國都君士坦丁堡改名爲伊斯坦堡 (Istanbul)。他主張解放婦女，敦勸婦女脫戴面紗，而大多數的婦女又都遵從了。此外，他又廢止回教法律，採用瑞士民法，意大利法西斯執政前刑法及德國商法，另行制訂新法律。

最富有意義的，是凱氏改革文字。土國原有繁難的阿剌伯文，馴致文盲不易掃除，外人更難了解它。凱氏深深體會此中弊端；首先就敎美國學者杜威，再邀請語言學家，按照拉丁文原則，創訂二十九個字母，革新文字。如果遇到新字而不能從舊字中推演改訂的，就另造新字，譬如新土文中「汽車」及「咖啡」兩字，就是從西方文字中脫胎而制定的。爲了改革文字，凱氏向國會議員講解，又親訪農村，教授目不識丁的農民，如何執筆習字。似此教導了五年，凱氏改以法令方式，命令公務員在三個月內一定要學會新文字，否則逾期卽須去職。他又重返伊斯坦堡，邀請各界名流，親在舊日皇宮內講解新文字達兩小時之久，講後縱飮狂舞，歡娛達旦，這是一九二八年的事。而這一年，也是土耳其新文化的誕生。

此外，凱氏又削去回教士 (Mullah) 掌理法律教育婚姻的權利；改淸眞寺爲倉廪；廢除回回曆，改行公曆；又改變回教徒習俗，星期日休假，而星期五不再休息。他又實行普選；改用十進位度量衡制；下令人民改以姓氏冠於名前；舉辦土國有史以來的人口普查；禁止一夫多妻制，規定一夫一妻制方才合法。

凱氏當晚年時，認爲民衆已經醒悟，決定鬆弛個人的獨裁。所以他召回土國駐法大使，令其組織反對黨，又令自己的親妹也參加該黨。新黨命名爲自由共和黨 (Liberal Republican Party)，因爲起初表現太馴服，以至凱氏要求他們應該顯示積極，可是等到新黨黨人日益倔強之時，凱氏又取消這個新黨，同時聲言：「讓人民專務農耕，經營商業，由我再來治理十年或者十五年。」然而這次凱氏並未達到願望。因爲他從幼年起，各地奔波，狂嫖濫飮，摧毀了體質，而終於在一九三八年不治逝世。不過他的去世，也正恰逢其時，因爲土耳其人經過他的領導，到這時已經可以站得穩了。

凱氏死後，伊諾魯 (Ismet Inonu) 繼任總統。伊氏也是軍人出身，爲凱氏一手所栽培，所以他依然奉行凱氏的政策，繼續專政，因而引起民怨。凱伊兩氏所屬隸的人民共和黨 (Republican People's Party)，雖然在一九四六年，利用卑劣手段，使伊氏重獲選舉，但是正因爲如此，促使新的反抗力量逐漸滙成。到一九五〇年，大多數的選民（有百分之八十八）迫使伊氏去位，而伊氏却也平靜而未滋事的下了臺，另外選出拜雅 (Celal Bayar) 爲新總統。拜氏是一位幹練的銀行家，曾任凱氏閣員達五年之久，且曾一度出任凱氏麾下的首相。拜氏這番和平獲得總統職位，以中東各國先例來比，的確值得讚揚。

凱末爾在位時，奉行國家社會主義理論，欲使土耳其工業化，但是無大成績。自從拜氏組成新政府後，卽取消繁複管制企業的法令，傾向自由企業的精神，鼓勵外資。可是另一方面，土國現時又隱現出違背凱氏政策的暗潮，那就是許多人士憂懼回教士勢力的復活，因爲百分之九十八的土國人民仍是回教徒。凱氏固然曾經削弱了回教的勢力，然而却不能改變人民對於宗教的信仰。

總而言之，今日的土耳其距離凱末爾的理想還很遙遠。譬如百分之八十的人民仍然居住在鄉村簡陋小屋之中，半數的人民，仍然未能獲得小學教育，貨幣價値並不穩定，農產品價格高漲，許多農田仍未能施用化學肥料而妥加利用。不過雖然這些都是事實，但是土耳其的國魂已奠，國家已入安定局面，而最重要的是整個國家已經選擇了正確的方向，向前邁進。

何必庸人自擾？

許思澄

儆寰先生：

手教敬悉。事忙，不能草成文章。今對吳國楨事件，條列若干觀察，以備國人參考。

一、吳國楨初來美時表現並不壞，一班輿論對其所言亦頗重視，其所發言論頗能爲自由中國爭取友情。

二、最近吳氏對政府之攻擊，美國人一般並未加以注意。及張道藩氏加以攻擊後，乃成新聞。再加臺灣大張旗鼓的撻伐一番，吳氏乃更爲人所注意。就臺灣的政治作戰戰略上言，此番舉措實在很不聰明。如果從頭安靜處之，對自由中國的損失要小得多。如果今後能少加吹打，則雖已有不必要之損失，尙能局部化之。最上當的是繼續吹打下去，適將爲共匪製造挑撥離間的機會。爲親者痛，仇者快。

三、國內一般人，以爲吳國楨在美一攻擊政府，就會對自由中國不利，這是錯誤的。因爲：第一、一個眞正民主的國家才能有人發言攻擊。自由中國有中國人敢發言批評政府，就是自由民主的鐵證。第二、在美國這種民主國家，個個人都能發言。因此，所發的言論如果正確，人家會相信；如果發言不正確，對方駁斥一番固可；甚至不駁斥，由於事實具在，其攻擊效果極微。第三、吳氏初來時之所以發言有力，是因爲他過去有過具體的成績，而且是站在反共的自由中國政府立場上說話的。一班人對自由中國有莫大的敬意與期望，故重視之。一旦吳氏宣佈不打算回臺灣了，馬上失去了立場，其言論也就立刻疲軟無力了。換句話說，吳氏初來時人是以抗共英雄目之的，當然强而有力。一旦宣稱不回臺灣，則從抗共英雄一落而爲『逃兵』，其對自由中國政府的攻擊，如果政府能處理得當，其效果則可以說是近於零。

四、美國人是很實在的。他們知道打倒中共是要上大陸去眞刀眞鎗幹的，在美國空喊並打不倒中共。所以如果臺灣、港、澳或其他各地有人以爲到美國來就可以贏得友邦支持，這夢可以醒了。李宗仁的前車還不可鑒嗎？

五、民主制度一方面是少數服從多數，但另一方面却必然保障少數者的基本人權。只有少數者有絕對的安全保障，才眞正有民主制度，否則民主是空話。一個中國人在自由中國有機會批評政府，自不願託庇外人。如果製造成一種空氣，只有人在香港、澳門才能暢所欲言，則不但是一種亡國心理，而且是一種亡國趨向。當此國大重開，新總統就任，正是蓬蓬勃勃，復國收京的好日子。大家的精力當集中在打倒中共，復國建國的事上，愈少浪費精力、口舌，在互相抵消上愈好。

六、不要只保留一個胡適之作『諍友』。在民主制度下任何人都可以是『諍友』，也應當是『諍友』。待到必須保留『一個』胡適之作『諍友』，則胡適之的『諍友』的日期也有限了。何況適之先生是連保險單都買不到的人了？一笑。即頌

撰安！

弟 思澄上

中華民國四十三年三月十六日晨四時不寐草此

本刊啓事

本刊各欄所載文字，一經刊用，其版權便爲本刊所有。近查有若干刊物，轉載本刊文字，既未徵得本刊同意，亦未註明出處；殊違出版道德，而損本刊權益。本刊雖不拒絕轉載，但以事先徵得本刊同意者爲限。特此聲明。

本刊編輯部啓

毛澤東生死之謎

東京通訊・三月二十日

鍾靈

遠東政治軍事中心的東京，傳播着許多有關毛澤東的推測，這個中共第一號頭子究竟怎樣了？是生還是死？傳說不一。毛澤東自去年十二月二十四日出席過中共中央政治局會議後，一直到現在從未出席過任何會議，也沒有在任何公開場合露過面。去年十二月廿四日是他的六十一歲生日，北平沒有大排「壽筵」，平平靜靜的渡過，雖然在海外的中共報紙照例地刊登了一些「祝辭」。今年元旦中共中央政府的聯合團拜式中，中共高級人員都會到場，獨毛澤東不見踪影。外交使節呈遞國書，一向是由毛澤東接受的，毛在去年十二月中會接受蘇俄駐中共大使尤金 (P. F. Yudin) 的到任國書和芬蘭駐中共公使的國書，但是今年元月二十八日匈牙利駐中共大使佐貝克 (Andras Szobek) 的國書却由「副主席」朱德代爲接受。一月廿一日列寧逝世三十週年紀念，朱德在蘇俄共產黨機關報眞理報 (Pravda) 發表紀念論文，照中共今年特別强調學習「列寧主義」這一點來看，像這樣重要性的紀念文字是應該由毛澤東來寫的。但是並沒有。列寧逝世三十周年那天北平會舉行紀念集會，所有赤色王朝的顯要都到會，但是毛澤東却未露面。最令人大惑不解的是二月六日至十日在北平舉行的中共「第七屆第四次中央全會」中劉少奇宣佈「毛澤東同志因在休假期間」不能出席全會。於是從這一連串的反常事實來看，引起了許多觀測。有的觀察家認爲毛澤東赴莫斯科商討中俄關係，有的推測毛澤東已被整肅，有的說毛隱避西山別墅，「竹幕之窗」的香港傳來的消息說毛澤東病重。

我們現在就對這幾種推測加以分析判斷。

赴蘇耶？

毛澤東前年會到莫斯科去爲史達林拜壽，携帶着大批隨員，差不多中共高級人員都跟着毛澤東一齊到莫斯科。現在中共「高級顯要」都在北平，如果說毛澤東隻身赴莫，單槍赴會，似乎不可能，於情於理都說不過去。況且毛澤東自去年十二月廿四日後一直未曾露面，到現在已經三個月，一直呆在莫斯科商談，有什麼難以決定的事，三個月還談不完？所以這種毛到莫斯科開會的觀測是不可靠的。

被整肅耶？

這一觀測，似乎沒有事實根據。就毛澤東在中共的歷史背景聲望和實權來看，毛澤東不可能被他的部下整肅，同時也找不出他被整肅的理由，他既沒有狄托主義的傾向，也沒有做「外國帝國主義」的代理人，更沒有犯什麼「左傾或右傾幼稚病」；所以毛被整肅是沒有根據的推斷。

避居西山耶？

這一觀測是根據本年二月六日至十日中共在北平舉行第七屆第四次中央全會，毛澤東在「休假期間沒有出席全會」，而劉少奇受「毛澤東同志的委託」作了「中共中央政治局向第七屆第四次中央全會的報告」，並通過了「關於增強黨的團結的決議」。劉少奇這篇報告和全會通過的「增強黨的團結的決議」，暗示着中共慘酷的大清黨將要來臨。劉的報告和全會的決議中會說：「……中國的革命事業還沒有最後完成，在國內人民的敵人還沒有完全消滅，在國外還存在着帝國主義的包圍。現在中國正處在社會主義革命即社會主義改造的階段，……把我國建設成爲一個偉大的社會主義國家，這是一個比反對帝國主義、封建主義和官僚資本主義的革命更深刻更廣泛的革命，包含着極複雜極尖銳的鬪爭。在這場鬪爭中，一方面，外國帝國主義決不會袖手旁觀；另一方面，國內那些已經被打倒的階級決不會甘心於自己的死亡，那些將被消滅的階級也決不會沒有反抗，他們中的堅決反革命分子必然要和外國帝國主義互相勾結起來，利用每一個機會來破壞我們黨和人民的事業，企圖使中國革命事業歸於失敗，使反動統治在中國復辟。帝國主義者和反革命分子破壞我們的最重要方法之一就是首先破壞我們黨的團結，並在我們黨內尋找他們的代理人。我們黨內產生過陳獨秀、張國燾，蘇俄黨內產生過貝利亞，……敵人不但一定要在我們黨內尋找他們的代理人，而且曾經找到過，在今後也還可能找到某些不穩定的、不忠實的、以至別有企圖的分子，作爲他們的代理人。」「關於增強黨的團結的決議」中說：「對於那種有意地破壞黨的團結，而與黨對抗，堅持不改正錯誤，甚至在黨內進行宗派活動、分裂活動、和其他危害活動的分子，黨就必須在黨內進行無情的鬪爭，給以嚴格的制裁，直至必要時將他們驅逐出黨。……」從劉少奇的清黨演說和「中共中央全會」的決議中，部分研究中共問題的觀察家推斷毛澤東故意隱避西山別墅，想不捲入清黨的鬪爭，而保持他在中共中的超派系立場，以維持他「中國共產主義之父」(Father of Chinese Communism)的地位。這個推測似是而非。以毛澤東在中共的地位，決不可能保持超然立場，而讓中共內部彼此傾軋，鬧得昏天黑地，而不加以過問。況且根據劉少奇的報告，這次「關於增強黨的團結的決議」，還是毛澤東在去年十二月二十四日中央政治局會議提出的，所以說，毛爲避免捲入未來清黨鬪爭漩渦而避居西山一節，是決不可能的。退一萬步講，毛眞的爲了要在清黨中保持超然立場，也不致於從去年十二月底就避起，這未免把毛澤東估計得過於「小心翼翼」，過於「愼重了」！同時未來的清黨鬥爭，也不是一天兩天，一月兩月就可以結束的，那麼，毛澤東避到幾時才算休呢？所以，毛避居西山以觀中共大清黨之說是不近情理的。

病重耶？

「竹幕之窗」的香港傳到東京的消息認爲毛澤東患病，並且病勢相當嚴重。過去幾年會有許多次報導毛澤東生病的消息，說他生嚴重的心臟病或肺病。這次觀測毛澤東生病，並不像以前是反共人士茶餘飯後、心中生恨、造出的如意謠言，而是確確實實有許多可信的象跡，而有它的眞實性的。毛自去年十二月二十四日後就沒有參加會議，也沒有在公開場合露過面是眞的。毛澤東未出席二月在北平召開的重要的「中共七屆四次全會」也是眞的。他的身體過分肥胖，也是眞的。現在我們就從他的健康情形來推斷毛澤東生死之謎。

一九三四年毛澤東在江西組織的「蘇維埃紅區」，經中央軍的五次圍剿，加以突破，毛潰敗流竄，經過胡南、廣西、貴州、雲南、西康、四川和青海，歷時一年到達陝北。在這所謂的「兩萬五千里長征」中，晝伏夜行，餐風宿露，中共的領導人物的健康都被摧毀了，毛澤東，也不例外。從毛到達陝西時的照片觀察，雖身高五尺六吋，但體重却不過一百二三十磅，當時的樣子，眞所謂面黃肌瘦，皮不包骨。但自中共佔據大陸後，從中共的報章雜誌刊載的毛澤東照片來看，則是腦滿腸肥，草綠色的諾大列寧裝好像都包不下他那臃腫的身軀，據人推斷他只少也有兩百五十磅，可以和蘇俄的馬林可夫媲美。然而從他的表情來看，却是頹喪不堪，無精打采，現出一種「外強中乾」的樣兒。

毛澤東的嗜好是「多方面的」，煙、酒、女人，無所不好。毛視香煙如命，一支接一支的抽，可以稱爲（Chain smoker）。毛在「長征」時期煙不離手，如果在草原深山「斷糧」，則將樹葉一捲，點起就吸，在延安期間，許多國內外記者報導他一天需要香煙六十支，在辦公室，在觀劇，在散步時都是口銜香煙，猛吸不已。毛對於飲食，素稱考究，自中共在北平建立「政府」後，毛澤東的歡宴是有名的考究的，山珍海味，無不俱全。毛的酒量也特別大，每飲必乾，雖已至耳順之年，喝起酒來，却不讓人。至於毛對於女人，自髮妻楊開慧而至藍蘋前後共六房夫人，這是人人皆知的事實。

毛在「長征」時身體早就大受損傷，再加以煙、酒、女人這些「多方面」的嗜好，所以斷定他的身體不會健康。從他最近幾年體重增加一百多磅來看，更是不正常的現象。根據醫學專家的判斷，毛澤東可能生下面所說的疾病。

㈠瘤症（cancer）。㈡心臟病。㈢血壓過高，血管硬化，突患中風。

據最近英美醫學專家研究，抽煙過多與瘤症有不解之緣，毛似有可能因吸煙過多而患瘤症。不久以前美國國際新聞社（INS）從倫敦發出一項報導，說根據倫敦情報文摘（Intelligence Digest）的情報，毛澤東患瘤症，經蘇俄派醫學專家診斷，實行手術後，經過情形良好。但是這個報導並未說明係何種瘤症。據專家的意見，瘤有兩種：一爲肝瘤，一爲胃瘤。肝瘤雖經手術也是不治之疾；如係胃瘤，實行手術後，無多大關係，而可全治。毛澤東如係患肝瘤，恐怕早已歸西天；如係患胃瘤，經過手術後應該早已全癒，毛三個月未「到府視事」「處理要公」，實有點令人不解？如果毛果眞患瘤症，生死早已決定，所以患瘤症的推測，似乎不可能。

毛身體肥胖過分，從他那臃腫的體軀來看，非常可能患心臟病，如果患心臟病的話，腎臟方面也必有病。但是這種病如發現尙早，安靜的躺在床上，還可以活命相當時期。

至於毛因血壓過高，血管硬化，突患中風，也是非常可能的。這種病主要是飮食過分講究，營養太好。據醫學專家的研究，一個人由粗餐淡飯，突然山珍海味，最容易患高血壓症，而會突然中風的。毛澤東可能患中風，而半身不遂，臥在病床，陷入昏迷狀態，不省人事。一般人在五十歲以下得中風病，經醫治後，還可以活上十年，但像毛澤東六十多歲的人，經細心醫治，雖可苟延一時，但也不會過久。

根據最近北平「人民日報」（三月五日）社論高唱確立「集體領導制」（collective leadership），劉少奇在「中共七屆第四次中全會」上的清黨演說，我們有事實相信毛澤東非常可能病重，並且非常危篤，而少全癒的希望。中全會的召開，是爲加强黨的控制，剷除懷疑份子，以減少毛澤東可能死後，共黨內爭權奪利的鬥爭！至於毛一旦死去，劉少奇繼毛的可能性最大，也可能由代表「黨政軍」的劉少奇、周恩來和朱德來「集體領導」。毛果因重病不治而逝，今後中共政局的發展是値得中共問題專家硏究的。

毛澤東生死之謎何時揭曉？

關於毛澤東生死之謎，今後一定還有許多推測，但是斷定他的生死，還要等待些時日。五月一日是勞動節，中共對這個節日的重視，不下於它十月一日的「國慶日」。照例每年五一，毛澤東是要出現在北平天安門檢閱臺的。如果他出現在天安門上，對毛澤東的病重或死亡的一切推測將「煙消雲散」；如果他還是避不露面，那麼事實就可以有正確的說明了。請國人拭目以待吧！

東德六月抗暴事件之回顧（上）

鄭壽麟

一、新的史實

一九五三年，在東德發生六月抗暴事件以後，西德國會下院，便成立一項議決案，宣佈六月十七日爲一合法的公衆紀念日，並定名爲「德意志統一日」。

東西柏林交界線上，有一座堂皇的希臘羅馬式的建築物，叫做白蘭登堡門。門的西邊，在英軍佔領區裏，是一條寬平大道，名叫沙兒洛滕堡大道，現在改稱「六月十七日路」了。

白蘭登堡門位於蘇軍佔領區的西界，門上經常插着血腥的紅旗，在一九四八年九月九日，當柏林被蘇軍封鎖的時候，有幾個勇敢的東柏林人，爬上白蘭登堡門將紅旗扯下，當中却有一位青年，輕輕的把性命犧牲掉了。

如今在一九五三年六月十七日午刻，又有兩位東柏林的勞工英雄，爬上那門。其中有一位自述經過道：『我不知道究竟是怎麼一回事，只曉得我是下了決心，要上去，把那支旗子取下來，我們動作必須迅速，免得回程被封鎖了。於是我們沿梯而上，躲到後面，避開槍擊。快捷奔到旗桿，拉下旗，可是拿開就困難了。下邊有人喊：「快下來，太危險啦！」我們趕緊離開射擊標的，跑下來。羣衆歡迎我們，有似瘋狂。大家拍掌叫吼，我們得和衆人握手。這樣的崇拜勝利者，我在任何運動場都還沒有見過呢。』（『……』是採錄直接參加抗暴事件者或現場目擊者自述的話，以下仿此。）

隔了一刻鐘光景，還是要把紅旗完全扯下來。

『我們躲到建築物的西面，慢慢爬上去。下面忽有人喊：「小心，那班壞蛋在旅館前安着機關槍啦！」那塊紅布是堅實的麻布，我們把它剪下，約莫費去半分鐘。我的伴友拿着旗在門的西沿上走，然後把它摔下，衆人高興得狂叫起來，我却喜歡得汗流夾背了。』

有人點火要燒那面紅旗，可是旗被雨淋濕了，燃不起來，只得把它撕成小塊。蘇俄人和人民警察只是袖手旁觀，他們大概是沒有奉到命令，所以不知如何是好。忽然又有一個東柏林的工人動了腦筋，要將柏林的熊徽旗子懸掛上去，馬上有人出錢，也有人獻出汽車，以供奔走之用，也有人提出一九四八年的慘案作爲警告。時間已過午正，蘇軍司令懸示戒嚴，進入非常狀態，禁止人民集會，多處大街上已開開槍聲。某伴友第三次登上白蘭登堡門，小心爬到旗桿邊，將熊旗縛妥。起初四面寂靜，當將旗扯起時，羣衆歡呼如雷，槍彈聲響亦隨着掠空而過。某伴友自己口述：『我第三次在白蘭登堡門上面，子彈從我身邊飛過去，打中了木頭，也打穿了旗子，我只扯到一半高，便不得不退下。在下面我受歡迎，這使我永不忘記，我被人羣抬在肩上，花朵朝我擲來，我被擁抱，我被親吻！』

白蘭登堡門東邊那條大街，即上面講過的沙兒洛滕堡大道向東方的延長，就是極有名氣的菩提蔭大道。這大道的東端有一片曠地，舊日叫做同樂園，戰後改稱馬克思恩格斯廣場。這時廣場成爲焚燬共產黨宣傳品和紅旗的地方。憤激的羣衆，當然在拍手叫好。但所有的黑、紅、金黃的三色旗，則是保護得好好的。一個約莫二百人的隊伍，向着白蘭登堡門走去，有幾名工人，當中還夾着一個女郎，攀登門樓掛上兩面黑、紅、金黃的旗幟。東邊又開槍亂射，西邊却適時伸過兩支綑紮的長杆，工人們不敢怠慢，攀着長杆溜到安全地帶。後來有人民警察或蘇俄士兵把旗取下了。但還有人膽敢表演一次，據一個目擊者報告說：『時間將近傍晚，街上的人們因着戒嚴令而逐漸跑空了。一小隊的示威者，正要離開蘇區，有兩名男子和一個十七歲左右穿着青年裝而臉色蒼白的女孩，雖然受了警告，但還帶着旗子，爬上門樓。那女孩驕傲的將旗作半圓形搖擺幾下，這時子彈亂飛過來，男子們隨即臥倒，女孩却還將旗搖了一下，然後擲開，大家安然下來。隨後還有什麼，我就看不到了，只聽見機關槍掃射之聲，人民警察將白蘭登門把守住了。』

那些旗子有什麼意義呢？爲何值得人們不顧犧牲性命那麼痛恨和那麼愛惜呢？原來紅旗是代表暴

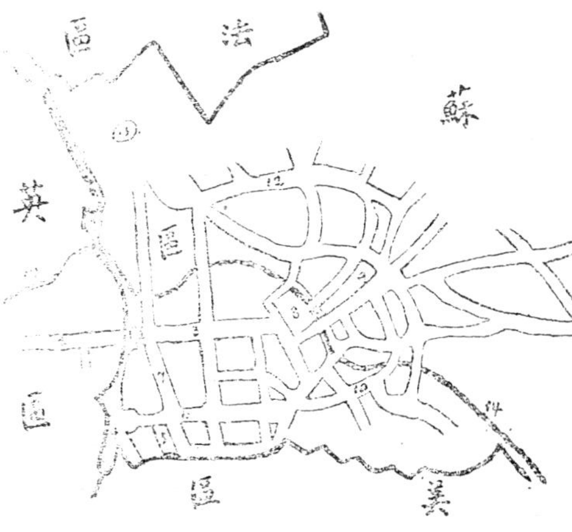

柏林市中心略圖

1 白蘭登堡門
2 沙兒洛滕堡大道
3 菩提蔭大道
4 坡次丹姆廣場
5 東德政府大厦
6 萊普齊希路
7 威廉路
8 馬克思恩格斯廣場
9 亞力山大廣場
10 瓦耳路
11 史太林大道
12 皮克路
13 烏耳普里希特運動場
14 石普雷河

力，代表東德傀儡政權，代表欺詐和壓迫。熊徽是柏林原有的老旗，「柏林」的字音，便近似「小熊」的意義。黑、紅、金黃三色旗是德意志聯邦共和國經由波恩憲法所制定的國旗。熊旗和三色旗都是自由的象徵。東德抗暴最大目的，便是人類爭取自由的自然趨向，對於旗幟之愛恨，亦是一種附帶的人性必有的表現。

二、時代眞戲

地方：蘇軍佔領下的東柏林和東部德國的一百五十餘城市鄉鎮。

時間：一九五三年六月十六、十七（星期二、三）兩日在東柏林，六月十七在整個東德。

天氣：六月十六日東柏林天氣悶熱，夜間狂風暴雨，雷電交作，翌日各地多雨，並未阻礙抗暴事件之進行。

人物：在一邊是東德無數的工人和民衆。

RIAS＝Rundfunk im Amerikanischen Sektor（美軍佔領區廣播電臺），是整個東德人民最喜歡收聽的廣播電臺。

在另一邊是東德當權的黨政軍各組織，文獻中時時慣用一大串簡稱，每使初讀者無法捉摸。我所以在此理出一個頭緒，以便利同道：

DDR＝Deutsche Demokratische Republik（德意志民主共和國），是一九四九年完全受蘇俄導演而成立的東德國家組織。

SED＝Sozialistische Einheitspartei Deutschlands（德國社會主義統一黨），原是共產黨和社會民主黨合併而成。實際就是完全受蘇俄控制的東德共產黨，握有東德的政權。

ZK＝Zentral-Komitee（中央會議），東德共產黨的最高決策機構。

FDJ＝Freie Deutsche Jugend（自由德意志青年團），實際是共產黨的青年團。外表容易認出，因爲男女都穿著所謂青年裝。

Vopo＝Volkspolizei（人民警察），即SED所豢養的武力。

FDGB＝Freier Deutscher Gewerkschafts-Bund（自由德意志工會聯合），即共產黨控制下的工會組織。

BGL＝Betriebs-Gewerkschafts-Leitung（職工同業指導）。

HO＝Handels-Organisation（商業組織），是東德政府經營的商店。

Gesellschaft fuer deutsch-sowjetische Freund-Schaft（德蘇友好協會）。

Wilhelm Pieck（皮克），所謂德意志民主共和國「總統」。

Otto Grotewohl（格羅特滿耳），東德「國務總理」。

Walter Ulbricht（烏耳普里希特），社會主義統一黨秘書長。

以上三個巨頭，各有異狀，烏耳普里希特有山羊一般的鬍子，格羅特滿耳和皮克都戴眼鏡。而三人當中，最少有一個是大肚子，所以民衆編出口號：「尖鬍子，大肚皮和眼鏡，都不合人民的心境。」

Rau（勞），東德副總理。

Otto Nuschke（奴什克），代理總理。

Selbmann（塞耳普曼），東德鑄造工業部長。

Walther（瓦耳特兒），東德政府女秘書。

Taegliche Rundschau（每日觀察），是蘇俄在東柏林的官報。

Neues Deutschland（新德意志），是SED的機關報。

Berliner Zeitung（東柏林日報）。

Tribuene（講壇），東柏林工會報紙。

東柏林以外的各都市，各有各的黨報，比較著名的如：哈勒市的 Freiheit（自由），格啦的 Volkswacht（人民守望），萊普齊希的 Leipziger Volkszeitung（萊普齊希人民報）。

凡人們或廣播或報章所講的一切共黨八股而不符合自然的話，西德人士喻之爲Partei-Chinesisch（黨的中國話），中國語文，蒙此「榮譽」，豈不寃哉？

我們對於這時代眞戲的地方、時間、人物稍微有了印象之後，再來看這眞戲是怎樣一幕一幕的演出。

直到一九五三年五月二十八日爲止，東德的中央會議和政府，部長會議各方面都在醞釀提高工作標準，最少百分之十，預期從六月一日起實施。

六月十二日，在柏林的史太林大道上，有一班屬C南組的建築工人正在做工。到中午，建築領班喊他們聽念一篇文書，大意說：「在各處建築現場，經過了熱烈辯論商討之後，同志們宣告把他們的標準平均提高一成，追溯自六月一日起計算。」

這事突然而來，不等於減低工資嗎？「是誰主張的？」二百五十名工人齊聲叫問，並且大家不願繼續工作，假如這提高標準不撤消的話，事後有一位建築工人報告說：『約莫十四時三十分的光景，有十五個黨員，同時是屬於FDGB和BGL的，他們很巧妙的分散在我們中間，他們所講的，還是那套老調：「你們要看遠些！你們多做工，就會多生產，然後纔會改善生活。提高標準不會有什麼損失，將來可由廉價物品撈回來啦！」——一個工人說：「這種屁話我們已經聽了五個年頭啦，但是我們越來越不夠吃了。」另一人說：「你們的肚够脹啦，但看看我們是什麼樣子。你們不會拿着一塊四毛四回家，你們拿一千二百塊馬克呢！」』

六月十五日禮拜一，史太林大道的建築工人，情緒更爲激烈。大道上有一批工人是屬於所謂四十組。他們決議向政府請願收回成命，恢復舊標準，並推派兩個代表，携文逕交國務總理格羅特滿耳和黨秘書長烏耳普里希特。當場又聲明，如果在標準問題上得不到一個滿意的調整，大家不恢復工作。這個放下工作或怠工，馬上在整條史太林大道上傳開了。可是時間適逢散工，亦就沒有釀成什麼事故。

六月十六日，禮拜二，大清早，建築工人們看到「講壇」報又登載提高工作標準的消息，勢如火上燒油，越發不可收拾。當一個職工同業指導員向建築工人宣讀那篇消息時，四十組的工人尤其憤慨，等建築工會一個代表在八時半來了，大家給他很難看的臉色。一問到他，他却用黨的老教條來搪塞：「先要多做工，然後改善生活。」大家聽了，甚不高興，於是亂鬨鬨的討論一大陣，起初還是照先一天的辦法，派遣兩個代表去見格羅特滿耳或烏耳普里希特，後來主張不如大家一齊去。

有一個親身參加的人自述：『一位同伴上前說：「我給你們建議，誰和我們一同行動的，站到右邊；誰不同一行動的站到左邊。」於是整羣的人，全站到右邊。我須得承認：當時我止不住熱淚盈眶，我看，那不光是空言而已，乃是言語變成行動了。』

四十組裏頭，有木匠和畫匠，即刻做成一塊粗糙的牌子。然後隊伍取道史太林大道，朝着力希滕貝兒克方向行進。同時呂德兒士多兒弗路有一間學校方在建築中，那工程處的工人亦正在罷工，並向鄰近的各工程處招呼同志參加。

C南組工程處的工人在當天早上，亦無心做工，直到九時還沒有人知道如何是好。可是一下子工夫，猶疑便消逝了。因爲四十組的同業，漸漸來近了。前鋒是兩名建築工人抬着一面龐大的藍色牌子，上面寫着：「我們要求降回標準。」那牌的背面雖然用白色粗畫塗抹過，却還可認出那些字體「爲響應五月一日紀念，四十組志願提高標準百分之十。」於是C南組一聲不響，加入行列。有一工人自言自語：「我們終於站在一起，這不是很好嗎？我們全體本應這樣站在一起啊！」

此時已成功三百人左右的隊伍，在史太林大道上行進。路人好奇的站着看熱鬧，幾個小孩跟着在側邊跑，由士特林廣場「新德意志」報館和熱汽廠的外面，正在工作的工人，看到隊伍經過，馬上摔掉鐵桶和工具，使隊伍又加强一百名。隊伍當中，有人編成帶韻的短句和口號：「同志們來加入啊，我們要做自由人啊！」史太林大道各工程處逐漸走空了，示威行列膨脹到八百人。G南組的工人，還在架上觀望，行列暫停下來，一個新的口號嚷出：「G南組，呸！」在工場的工會職員，多方設法阻止工人們離開工地，可是經過十分鐘的辯論之後，大家不理會那職員而奔入行列。其他如F南組，E北組等，都毫不遲疑的加入了。在走過了史太林大道及附近所有的建築工程處，工作都停止了，示威行列這時增加到兩千人了。

隊伍又回到原來的出發地點，折入瓦耳路，這裏有FDGB(工聯)的總機構。走路的人看到光景，始初甚覺奇怪，以爲這又是什麼宣傳，何以沒有見過公告呢？自從二十年來，這塊地方，就沒有出現過什麼大批人馬遊行，什麼「民衆反抗」，除非是命令的或受上面導演的，不過，很快大家亦就明白眞象，於是由懷疑轉變而成興奮，大家高聲歡呼。

示威行列到達亞力山大廣場之前，發生第一件武劇：一個黨官和一個人民警察，想攔阻隊伍，結果都被打了。在華沙咖啡館門前，有人要對準隊伍攝影，亦被工人干涉，將底片繳出銷毀，這時倒有一位人民警官幫助工人勸導那照像的人。

人們走過HO商店時，又改換口號：「我們不要HO，我們不是奴隸！——我們不要人民軍，我們要奶油。」過FDGB的時候，大家大喊：「打倒括吃稅捐的傢伙們！」那所大廈緊閉着門，沒有一個委員敢出來見工人，於是工人更加氣憤。

『沒有人出見，但我們亦沒有人試行侵入。假使我們把門打破，那麼政府必定很高興，以爲有理由可以向示威者肆行横暴了。後來我覺得那是一套聰明而有紀律的罷工，我們的行列還沒有領導人。只聽一人喊聲：「現在我們向政府前進！」大家同聲贊成，我亦跟着喊：「我們要去就不必走最近的路，我們須得把國立歌劇院的工人拉着同走。」大家又表示贊成。』

在別的街上，如席克勒兒路和林登路的許多建築工場亦湊成了六百工人的示威行列，通過同樂園，菩提蔭大道等街道而來到政府前。

國立歌劇院建築工場的工人毫不猶豫，一見到示威行列都是他們的同業，即刻擱下工作，把頑固的職工同業指導員打了一頓，亦加入遊行。

各隊路經蘇聯大使館：『大家鴉雀無聲的走過去，顯示着鄙棄，後來我認爲這又是一件最聰明的舉動，否則蘇俄人早就可以下毒手了。』

行列走到威廉路要折入政府區的時候，正好是中午十二點，一路上示威者都沒有遇到什麼阻力。這時忽然駛來一輛紅車，停在衆人面前，擋住去路。車裏兩個黨官，爬上車篷，一個喊道：「同志們，不要胡鬧，莫朝西跑，那邊準把你們槍殺，要避免無謂的流血，我們不妨到馬克思恩格斯廣場商量商量。」羣衆的答復只是冷笑，兩人被拉下車篷，隊伍繼續到進。

威廉路和萊普齊希路交叉的一角上，有一大堆灰色的房屋，那便是當年戈林命令建築作爲航空部的，如今卻收容整個蘇軍佔領區的政府，所以這堆房子就叫做「政府大廈」或「各部大廈」。示威前鋒剛看得到大門口站崗的人民警察往屋裏退縮，鐵柵門亦就放下了。大廈前面的空地站滿了建築工人和示威者，有人大聲叫喊：「呸！懦夫！你們這班豬狗！」樓上窗口有些人面，有人認出內中有勞副總理和塞耳普曼部長底下又朝上喊：「下來啊，我們再談！」有些窗子關上了，底下又唱口號：「我們的人民代表在那裏？在地窖裏，呸！」「廢除標準！」「我們要見格羅特滿耳和烏耳普里希特！」「下來啊！」大厦墻壁的回聲，震耳欲聾。

『我們走累了，許多人還是赤脚或只穿木屐，大半的建築工人漸漸坐下來，我們要讓黨官們知道我們儘有時間。』

樓上吊下一隻收音機，高離地面三公尺，幾個窗子裏面，還有人在照像。由大厦裏走出兩個黨官，夾着一個婦人。一個黨官大聲介紹「女秘書瓦耳特兒講話。」可是大家設法聽淸楚。於是有人站上脚踏車大喊：「烏耳普里希特的女秘書要講話啦！」有人答道：「不，不，我們不要聽他的女秘書，我們要那尖鬍子親自出來！」在衆聲擾攘當中，那女人亦無法講話。不久之後，有人從大厦裏搬出一張桌子，擺在屋前的十公尺的地方。一個官員上桌，要講話，大家看到不是工人，哄然大鬧，把前面站着的人，震得耳朵都痛起來。於是一個年輕的建築工人跳上桌子，用幽默的口吻介紹塞耳普曼部長要同大家談話，大家看見是一個工人伙伴站在上面，暫時安靜一下。不過當塞耳普曼開口剛說「同志們！」的時候，大家又口吹哨子，鼓噪一陣：「我們不是你的同志！」——「我也是工人啊。……」「大家聽了這話，哈哈大笑道：「你早都忘掉啦。……你不是工人，你簡直是工人的奸賊！」於是塞耳普曼向兩邊伸出手來：「確是工人，你們看看我的手啊！」

「漢子，你的手可眞肥嫩啊！」隨着又是笑聲，怪叫聲，戲謔聲。在這情形之下，塞耳普曼究竟說話沒有，委實無法聽到。後來只聽見吆喝：「滾開！下去！叫烏耳普里希特，或格羅特滿耳來！」『跟着上桌的一個黨官，自稱哈費曼教授，滿口都是「黨的中國話」。我們都不相信，大家亂聲鼓噪，亦把他轟走了。』

又是一個女人穿着藍花衫被扶上桌子。「我們不是要接受婦女慰勞，乃是要見格羅特滿耳或烏耳普里希特！站在這兒的不只是建築工人，乃是整個柏林，全體人民！」

這時只管鬧鬧嚷嚷，眞是羣龍無首。

十分鐘後，一個穿白色工作服的建築工人跳上桌子說：「同伴們，在納粹時代，我在集中營裏坐了五年，現在我不怕在這夥小子手裏再坐個十年，爲着自由！」大衆歡呼，表示答復。他接着申述工人們的要求：廢除標準，降低HO的物價，示威說話的人免受處罰。

還有一個二十歲左右的穿着FDJ制服的金髮女郎出現了。大家起初還是加以鄙視。『她安祥的微笑，脫去青年裝的夾克，擲向人羣裏去。許多人拍掌叫好。她喊了：「當心！我們裏面有奸細滲進啦。一路上我就聽見兩個黨棍說：這個修路的女青年團員，我們等回子須得抓起來。」大衆頓起啐聲，各向身邊探索，是否有可疑的人。耳語了一陣，突然被發見了幾個奸人，被推開趕走了。』

塞耳普曼還要工人們推派代表去商量。但是大衆同答說：「他們一去就回不來啦！」這個當兒，有一個背石頭的工人，露出晒黑的上身，年紀是五十模樣，面色黃瘦，跨上桌子，把部長掀在一邊，衆人屏息以待。他說話了：「同伴們！這裏的問題，不是什麼標準和物價，而是有更重大的呢。這裏站着不是史太林大道的建築工人，而是柏林市和整個東區。」他對塞耳普曼說：「你看，這是人民革命啊！」又對羣衆講：「政府應該認錯而謀補救。我們要求自由的秘密的選舉！」

『到現在纔算把大家心坑中說不出的苦悶傾吐出來了。大家頓覺鬆了一口氣，呼聲不絕。』

『工人們我推你，你撞我，彼此拍拍肩膀，「現在纔對題啦！」官僚們在上邊，多數關上窗子，裝做不愛聽的模樣，有幾個還站住，以威嚇鄙薄的態度望着我們，似乎認我們作人類的泡沫。我們當中亦有許多人舉起拳頭對他們表示恐嚇。』

在沒有人上桌子說話的時候，大家不免感到空虛，不曉得要做什麼纔好。一個二十五歲的機器匠，本是沉靜而沒有在羣衆面前說過話的人，覺得非常難過，不得已勉强上桌說：「同伴們，我們再等半個鐘頭，假使格羅特滿耳或烏耳普里希特仍然不在而沒法接受我們的要求，我們就遊行柏林的工人區，號召全體同業明天實行總罷工。」

『驟聽之下，大家還有點莫明其妙。不過隔了幾秒鐘，大家回味過來，就有很多齊聲贊成。大家在紛紛研究總罷工的題目。有好些年輕一輩的，簡直還不明白總罷工是什麼呢。』

半小時後，還沒有什麼朕兆，民衆決定向政府奮鬥。於是大呼口號：「打倒政府！」「還我自由！」「尖鬍子，大肚皮和眼鏡，都不是人民的意志！」

一面又高唱「弟兄們，向着太陽，向着自由：……」的歌。史太林大道的標語牌在前開路，工人長蛇陣跟在後頭，通過弗里德里希路，再朝着莪啦尼恩堡門走。

路上行人和工人彼此鼓勵着。史太林大道的打油詩又添了新的內容：「柏林人來吧，加入我們哪，我們不願做奴隸，我們要自由，要權利，要麵包，否則我們打死那班禿頭。」在皮克路的鐵路局門前，有一輛人民警察的廣播車來干涉行列，示威者要把它掀翻，可是不成功，便用鎚棒把玻璃窗和擴音器打爛了。

示威行列越加擴大，情緒愈加激昂。SED的文化協會所屬的一輛黃色廣播車又在迎面來了，隨即被包圍，裏面的六個人亦被攆出來。工人們就利用這車來到處播送總罷工的信號。『我們從許多熱淚汪汪的人面前跑過，他們哭了，眞是樂極而哭了。一個婦人且以爲我們已經推翻了政府呢。』

播音筒發出的口號，越來越富有政治色彩。大家認爲發言者不合衆意的時候，簡直不客氣的被拉出來，讓別人去講，直到找着一個最適當的人爲止。後來爲避免話多意雜起見，只得以宣告總罷工爲限。這時的行列已達到萬人以上了。

走到亞力山大廣場警察局的門口，大衆要求警察共同行動：「你們如果是人民的子弟，就該加入我們！」

行列前鋒剛離開亞力山大廣場，就聽到播音車發出警號：「同伴們，快回來，他們抓去我們兩個人了！」羣衆立刻掉轉頭，向警局大叫：「快放回抓去的人，不然我們就搗毀你們的巢穴。我們也不怕什麼八層樓房啊！」被捕的釋放了，他們受到一陣熱烈的歡迎，行列亦就繼續前進。回到史太林大道，有些黨官掛出紅旗，表示效忠於他們的政府。『我們要求把旗子收回，可是無效。我們亦沒有損傷那些窗戶。一切都相當有紀律有條理。』

到了十七時，示威行列逐漸解散，播音車交還原主，工人們各自歸家。

在這中間有兩名工人和一個職員，組成一個小小的代表團跑到西柏林，找RIAS說明要罷工的意思，並草擬四項要求，請電臺替他們提出：

一、下次發放工資，應依照舊標準計算；

二、立即降低生活費用；

三、實行自由選擧，秘密投票；

四、不得處分罷工與說話的人；

RIAS在十六時三十分已經第一次報告過有關示威行動的消息。到十九時三十分報告消息時就對當天事件經過，作了更詳盡的申述，並滿足代表團的請求。

另一方面，又藉着喊聲、耳語、電話、傳眞、紙條等等，使罷工口號迅速傳揚出去。這些消息，在十六的傍晚、夜間，和十七的拂曉，已經傳遍整個蘇俄的佔領區了。

柏林過了狂風暴雨雷電晦冥的一夜。到次日，更有壓軸戲陸續在演出。因爲好戲太多，地場太寬，令到旁觀的人，亦有點兒目不暇給，即使事後來縷述的人，更有一支禿筆窮於應付之勢。只得選擇比較精彩的情節，略爲敍出罷了。

大淸早，街道都擠滿了罷工的工人，好多廠裏已經選妥了人馬，草擬了方案，組織了罷工委員會。自行車隊由一廠飛跑到另一廠：「我們已經開動啦，你們呢？」雖然天在下雨，各廣場各街道都是人山人海。有些地方，分區的界標給拆除了，宣傳標語給撕毀了，弗郎克府大道「德蘇友好協會」的匾呀，漫畫呀，全被搗得粉碎。監獄地方，羣衆要求釋放政治犯。SED和FDJ派出大批勸導員和宣傳員，想挽回工人們，但是徒勞而無功。

柏林遠近四郊的鄉鎭，亦聞風而起。由特雷普陀出來的公路上，有兩縱隊在大雨中行進。路的右邊是工人，左邊是蘇俄的裝甲車，運輸車載着部隊，還有吉普車，都開往同一方向：柏林。

亨尼希士鎭距離柏林市中心有二十七公里，亦組成兩大縱隊。頭一縱隊六千人是屬於煉鋼廠的，幾公里後面，亦有六千人，是屬於建築業聯合會的。好些婦女脚都跑痛了，索性脫去破爛鞋子，光着脚走，行列前面抬着一塊木板，是木箱板子釘成的，上面用粉筆寫着幾個大字：「廢除標準！我們要整個德意志選擧和自由！」隊伍一開進柏林西區，給居民極大的興奮，所有的交通燈，全開放綠色：亨尼希士鎭的來人，可自由通過！工人區的住戶，爭先拿出煙、糖果、送糧食和熱咖啡。上學的兒童，家庭主婦，商店員工伙計，工人福利社，齊來表示同情。

九時以前，已經看到蘇軍的戰車開進柏林東區的街道。五輛裝甲搜索車在亞力山大廣場入羣中橫衝直撞。民衆幸而及時閃避，還沒有釀成禍事。政府區也來了八輛裝甲車。

東柏林各處大街上，都聽到高呼一連串的口號：「烏耳普里希特、皮克、格羅特滿耳——我們够受了。」「打倒HO！我們不是奴隸！」「我們不是猴子，我們不要武器！」「我們要求自由選擧！」新的示威行列，不斷通過史太林大道，向亞力山大廣場推進。一隊有五千工人，前頭高擧着牌子，上寫：「我們要求全柏林全德國實行自由秘密選擧！」半公里後面的一隊，最少是兩萬人，羣衆多拿着黑、紅、金黃三色旗的，大家喊着要求統一的柏林，統一的德意志。

所有側街小巷，亦滿是各行業的工人隊伍，滲入大街上的大隊。菩提蔭大道上羣衆高唱：「我們恨透了，那怕下雨呢。」八點半鐘以後，大車運來人民警察，把政府大厦前面的空地，牢牢把守。由大厦裏面，亦跑出一些駐防的人民警察來加强防衞。示威廉路上，更用了五十名不過十至十四歲的青年團員來助威。大隊工人來到，因爲後頭看不見前頭，於是隊伍的前幾排，被後面一擠，自然向警察捱攏過去。警察便用木棒，橡皮棍痛打示威者，有幾個被扣上手鐐逮捕去了。在這場合，最勇猛的是進步廠的女裁縫工，她們用雨傘還擊。其他的示威者，略退幾步，在瓦礫堆裏揀起石頭，朝着人民警察和政府大厦轟石頭塊子像冰雹一般，實行反攻。於是羣衆沒法走近大厦的門口。

一隊人馬自亞力山大廣場開向石皮特耳市場，途中遇到一個FDJ指導員，想向羣衆說詞，被叱罵而扔到石普雷河裏去了。

談到人民警察，起初似乎不關痛癢。他們看到示威羣衆，只是讓開，有些還客氣的點點頭，有些只作苦臉。一個工人見到一個警察正在對示威者瞪眼，便說：「我們爲你們勞動也够久了，現在你們該完蛋了！」

特雷普陀的人民警察學校，老早就宣佈戒嚴，因爲消息不通，大家亦不曉得是怎麼一囘事。校長狄克耳少將有一次報告說：「西方的戰爭販子已滲透德意志民主共和國來從事破壞。人民警察的任務，便是防止這種企圖……。」最後他的結束句，總是：「朋友們，有朝一日，我們站在密西西比江邊！」於是每人發一支卡賓槍，三十發子彈，班長發自動手槍，夜間穿着全副武裝睡眠。(未完)

幸運的石頭

——記一個流傳在浙江民間的故事

郭衣洞

楔子

我在富戶莊的東郊發現一個古墓，古墓前面有一統石碑，在石碑底下，壓着一頭石頭雕刻的龐大烏龜。

這烏龜昂然的仰着頭，伸着脖子，樣子非常雄壯，雖然因爲年代久遠，風吹雨打，有些地方都剝落了，可是仍不減少它當年的氣派，並且似乎更顯得堅强可畏！

我想爬上它的脊背看一看石碑上刻的是什麽字，藉此查考一下墳墓裏長眠的究竟是什麽人，可是它實在是太龐大了，我費掉九牛二虎之力，竟沒有爬上去。我正要放棄這個念頭的時候，斜刺裏，忽然幽靈似的閃出一個黑影，把我着實嚇了一跳，等到稍微定住神，才看清是一位手握着鋤頭的莊稼老漢。

「剛才怎麽沒有看見你？」我抱怨。

「我在墓上拉屎呢。」他陪笑道。

「幾乎嚇死我了。」

「你的膽子也太小，」他說：「我看你打算研究這石頭？」

「我打算研究這石碑！」

「讓我告訴你這故事，」老漢搶着說：「這石頭眞是幸運的石頭，不過說來話長了……」

他沒有聽清我的話，似乎也不想聽清我的話，我開了幾次口，都被他用更高的聲音壓住。我只好呆在那裏，聽他敘述。

一

這故事發生在十七世紀的二十年代。

杭州貢院的大廳上，夜色沉沉，時間已過四鼓，主考官早困的抬不起頭，他推開椅子，告訴侍候他的人上鎖，這是鄉試閱卷重地，絕不准許任何外人闖進。然後，他站了起來，長長的打一個呵欠。

這個呵欠打的太久，以致他忘記了他站的是什麽地方，寬大的袍袖摔到燈臺上，紅燭隨着傾翻，剎那間，一份卷子着火了，他大吃一驚，急忙用袍袖去拂，不料袍袖帶動的空氣反而助長火焰，他雙手撲上去，肉幾乎燙焦，火才算被撲滅，可是這一份卷子已化爲灰燼，只剩下枯焦的一小塊紙角。

「眞糟糕！」

他嘆一口氣，滿刻着皺紋的臉上泛着懊喪。

「這該怎麽辦？」他自言自語道：「可憐一個秀才，三年寒窗，百里投考，却因我一不小心，把卷子燒了，這完全是我的過失啊！如果是一篇好文章，我豈不就誤他的前途？冥冥中的鬼神有知，豈不責罰於我？叫我怎麽能安心呢？」

他靠在太師椅上，陷入沉思，這個主考官是正式科第出身，他深深知道應試人的辛酸，高尚的道德鞭策着他，他必需想出補救的辦法來釋放自己。

可是他有什麽辦法呢，不知道文章好不好，更不知道卷子的作者是誰。

那枯焦的紙角躍入眼簾，他用手抓起來，揑弄着，心裏很亂，忽然他覺得這塊紙角怎麽這樣硬呢？撕開一看，上面寫着一行大寫的字：「柒肆貳。」

「啊！」他頓有所悟：「這不是密封卷的號碼嗎？好了，姓名一查就知道了。」

他拈着自己的長鬚：「寧可使一個人僥倖，不可使一個人含寃，況且，一個參加鄉試的秀才，總不致於一竅不通！就是這樣——中他一名不前不後的舉人吧！」

於是，他打開簿子，在「第五十三名」底下，用硃筆塡上這個號碼。

二

兩個月後的伏糊莊。

劉考爹在他那全村唯一的瓦房裏，踱來踱去。他的寶貝兒子昌平愁眉苦臉的縮在屋角，他的忠心老僕在院子裏屛聲靜氣的站着，一切顯得緊張而嚴重。

劉老爹是伏糊莊最大的財主，他花一年一百擔穀子的代價，從遠方請一位家庭教師來教他的獨生兒子讀書，爲的是將來求個一官半職，來頂門壯戶。

可惜的是，一個人的聰明才智，並不和他的財產成正比例，昌平已經讀了一年，僅只一本三字經，他還沒有讀會。劉老爹憤怒的把教師趕走，重新請一位，這一位仍然沒有法子醫治昌平的遲鈍腦筋，一年後，劉老爹再一次的下話驅逐。第三位是一個剛中秀才的年輕人，他兢兢業業的耳提面命，細詳的解釋，耐心的開導，一年過去，他沒有等到劉老爹開口，就自己收拾鋪蓋。臨走時，他望着劉家那座瓦房嘆氣道：

「我能把白癡教成聖人，可是我却沒有辦法教劉家兒子認識一個字！」

最後一位教師被介紹來的時候，他已完全了解三位前任失敗的原因，於是，他選了一篇舊作時文：「學而時習之賦，」像酷吏對付囚犯似的，用戒尺逼着他的學生倣照着一筆一劃的描繪，昌平一把鼻涕一把淚的照做了。他不知道字的讀音，更不知道字的意義，他只知道比葫蘆畫瓢。毅力是成功之母，兩年工夫，他竟能夠不臨原文而一口氣把全篇描繪下來，並且不缺一點一撇。

劉老爹大喜之下，就叫他去考秀才，家庭教師提出反對，他準知道僅憑一篇這樣劃出來的文章，決沒有希望。可是劉老爹親眼看見他的兒子能在白紙上寫出黑字，甚至能一連寫好幾張，當然是必中無疑，這個家庭教師只好硬着頭皮，帶上他那位死也不肯去的學生前往參加。

想不到，試場上產生奇蹟，題目發下，赫然是「學而時習之賦」，天啊，這幾個字在昌平眼中是再熟習也沒有的了，辛苦得到報酬，滿天的愁雲消散，他立刻把墨磨好，振筆直書。——嚴格的說，他是振筆直劃。

一放榜，昌平高中第十九名秀才，劉老爹激動的痛哭了一場，立刻送給教師十兩紋銀，然後領着兒子拜祖墳，宴客，唱戲，足足鬧了一個多月。劉老爹雄心勃勃，馬上叫他的兒子到省城考舉人。

昌平有自知之明，這囘更是死也不肯去了，打了一頓，罵了一頓，結果還是由家庭教師和老僕人硬生生的押解到杭州。家庭教師爲了避免學生落榜後吃沒趣，一到了杭州，他就捲起行李溜之乎。所以，考試之後，就只剩下老僕人獨個兒押解着他的小主人回家。

放榜前夕，劉老爹心如火焚，把兒子叫到跟前盤問。

「你考的有沒有把握？」

昌平不做聲。

「什麼題目？」

昌平哭喪着臉。

「你作的文章好不好？」

「還是那一篇，爹，」昌平鼓起勇氣說。是的，還是那一篇，「學而時習之賦」，至於出的是什麼題目，他不知道，因爲那個題目和他所熟習的唯一的題目太不相像了。

「那麼，你中個屁！」

「不知道。」

一個耳光打到昌平臉上，他蹲在牆角抽噎起來，他恨他的父親，他不是情願去的呀。

「你就會寫那一篇文章嗎？」劉老爹氣的鬍子亂翹。

「老師只教那一篇。」昌平哭着說。

「什麼老師，」劉老爹大怒道：「我給他那麼高的待遇，他竟不肯多教一篇，沒有天良的東西，我要是碰見他，準打斷他的腿！……」

劉老爺一發脾氣，家裏就陰氣森森，兒子是氣也不出，連老伴兒——他的妻子，也只有唸佛的份兒，敢說話的只有他們的忠心老僕，不過今天他看見劉老爹臉色都氣青了，也不敢開口。

門外一陣馬蹄聲，把這片緊張而嚴重的氣氛劃破，一個尖銳的喊叫傳進來：

「恭報劉大老爺公子昌平老爺魁名高中第五十三名舉人，皇恩浩蕩，叩頭領賞！」

劉老爹最初是一怔，可是剎那間他判斷淸楚決不是做夢，就一把抓住他兒子的領口。

「快去，」他喘着氣：「快去換衣服見客，你現在是發解的鄉紳，將來國家的命官，有身份的人了，要端點架子，不能再隨便了呀，快去！快去！」

昌平用袖子抹去眼淚，嗞着牙跑開。

「孩子的娘，」劉老爹慌了手脚：「別唸佛了好不好？傾刻妳就鳳冠霞帔，看妳那付樣子，哭什麼？再高興也得有個體統呀，兒子中舉人就快活成這個樣子，中了進士，豈不快活死？快把床頭那個匣子拿來，裏頭有一串錢，還要開賞呢。我得去前面照應……看我穿的，土老兒似的，我去年做的那件新馬掛呢，叫我先去換，先去換……」

說着，劉老爹一邁步，就一個觔斗栽倒在院子裏，鼻子和額角迸出鮮血，原來他興奮的忘了脚下的門限。老僕人慌忙跑來扶起，他便一面哎喲一面拐到廂房找馬掛去了。

三

接着是，劉老爹叫他的兒子上北京考進士，這一趟應考最不簡單，昌平賭咒也不肯再去受活罪，他寧可跳井，因爲他到如今仍是只會那一篇文章。

劉老爹不答應，老爹有老爹的想法，他想：只要走上路線，找到主子，兒子雖然飯桶，（現在，劉老爹有點明白。）也有的是官做，如果走不上路線，找不到主子，即令再有學問，也是白費，這次進京，說不定會交上什麼好運。年輕人怎麼懂得這個奧秘呢，於是被老爹用棍子狠狠的揍了一頓，昌平只好哭哭啼啼，由老僕人領着，像奔喪似的倉慌就道。

「我把昌平交給你了，」臨行時，劉老爹吩咐老僕人：「你要管教他，不聽話，就給我打……」

到了北京，昌平雖然不哭了，可是心情却像石頭一樣的沉重，老僕人在西山找到一座淸靜的廟宇，叫他的小主人讀書，昌平讀什麼書呢，他根本不認識字，他只有天天默寫他的「學而時習之賦。」

快考試的時候，老僕人催促昌平進城報名，他不肯，老僕人不得不代他去報。考試這一天，老僕人天不亮就把他喚醒，逼着他洗臉，逼着他吃點心，逼着他携着筆墨。

路上，昌平更是慢慢的動作，三步當作五步，他一忽兒喊脚痛；一忽兒喊頭有點暈，想吐；一忽兒又要拉屎。老僕人又氣又恨，用盡了方法，才把他彀弄到試院，却不料一聲炮響，大門緊閉，蓋着皇帝玉璽的黃封條交叉的貼在門縫當中，十多名威風凜凜的羽林軍在那裏守衛。

「完了，只差一步！」老僕人暗暗叫苦，將來怎麼向老主人報命呢，他瞥見昌平臉上露出得意的微笑，想起他剛才故意拖延的情形，不由的燃起一股怒火。

「你眞不要臉，」他狠狠的推昌平，幾乎把昌平推個嘴啃地：「叫你早起，你偏不早起。叫你快走，你偏不快走。老太爺叫我領你來北京趕考，整整住了三年，花了這麼多銀子，你對得起爹娘嗎？叫我怎麼交代……」

昌平裂開嘴哭起來。堂堂一個舉人受僕人的汚辱，還沒有聽說過，他很想揍老僕人一頓，怎奈又不是對手，他心裏雖然因爲試院閉門而高興非凡，但他却不是一個沒有廉恥的人，所以他禁不住哭了，而且跺着脚哭，在哭號中含糊的咒駡：「老不死的。」

一個四十多歲的壯年人從巷尾轉出來，青灰布衫，幾根稀疏的鬍子，團團的臉上泛着紅光。

「哭什麼？」他向老僕人打招呼：「有什麼傷心事嗎？」

老僕人和昌平同時一驚，昌平想把怨氣出在這管閒事人的身上，可是老僕人先開口了。

「老爺，」老僕人說道：「你看，我家這位少爺，是浙江的舉子，學問很好，只是運氣太壞，今天從鄉下趕來，只差一步，試院却閉門了。我們少爺想起父母的恩命，想起報國無門，想起十年寒窗的艱苦，不由的傷心落淚，我正在勸他呢。」

壯年人同情的點點頭。

「我成全他，」他掏出一張名片，問昌平：「你叫什麼名字？」

「劉昌平。老爺！」老僕人代管。

壯年人寫在名片上，「好了！」他說：「你馬上拿去見大主考！」

老僕人雙手接過名片，看見上面印着「魏忠賢」三個字，他正想探詢一下他是幹什麼的，壯年人已揚長而去了。老僕人心裏奇怪，這個人似乎有點來歷，於是，他遲疑的去向附近店裏打聽。

「我的天，九千歲私訪！」那店主看了名片，雙脚直跳，喊道：「你的運氣來了，不要說進考場，就是當宰相，也有你的。你竟不知道九千歲的大名，眞是鄉下人！」

這一喜非同小可，老僕人立刻叫昌平拿着名片去叫門，昌平不敢，氣得老僕人要揍他，他才咕咕噥噥，探頭探腦的挨上去。

老僕人遠遠站定，忽聽一聲吆喝，小主人陷進羽林軍的重圍。他捏了一把汗，可是眨眼工夫，羽林軍們像發了羊癇瘋似的，又四散跳開，蓋着皇帝玉璽的封條撕掉了，一個大官——後來，老僕人才知道這就是大主考禮部尙書，率領着七八個小官踉踉蹌蹌擠出來，作揖打恭的把小主人迎了進去。老僕人癡癡的望着，幾乎疑心是一場夢。

四

三場考罷，該評閱試卷了，禮部尙書却瞪了眼睛。

「這，」他作難道：「這卷字怎麼能取呢，文不對題，三篇都是『學而時習之賦』，而且，字又寫的不像字。」

「不取好了。」副主考官說。

「那怎麼能行，」尙書咳嗽着，摸着他的雪白鬍子，「這是乾爸爸親筆交下的，文公，你得想個辦法。」

副主考官思索着。

「有了，」尙書把頭仰起：「文公，你替他做一篇吧。我們就中他第十六名進士，不朝前，也不靠後，於公於私，都顧及了。」

喜訊由探馬報到西山，老僕人和昌平一點也不感到意外，朝服朝靴，早已準備妥當，於是擇了一個黃道吉日，穿載起來，去叩見老師——禮部尙書，再由禮部尙書帶着他的這位得意門生去叩見九千歲。

「他的文章怎麼樣？」魏忠賢正倚在侍妾懷裏，啜着人參湯。

「太好了，」尙書欠起半個屁股：「乾爸爸交下的人還有錯嗎？這位師弟一手魏筆，蒼勁有力，行文簡潔，字字珠玉，擲地有金石聲，眞是難得，中他第十六名進士，實在委屈的很呢。」

魏忠賢微笑道：「我的老眼還不算昏花！」

「乾爸爸洪福！」

「我問你，」魏忠賢轉向昌平：「你是想按照着規矩，候缺放知縣呢，還是叫我提拔你呢。」

昌平張着嘴，結巴不出來一句話。

魏忠賢看他那付呆頭呆腦的模樣，有點不愉快。可是，自命不凡的當權人物，沒有一個不喜歡碌碌庸才的，魏忠賢當然不能例外，於是他決定了他的計劃：「好吧，我保薦你當一名六品御史，聽見沒有？六品御史。」

「只叫你做一件事情，就是——專門在皇帝那裏彈劾我，」魏忠賢朝着尙書：「孩兒，」四十多歲的人把六十多歲的人叫孩兒，太監把大臣叫孩兒，連昌平的臉都紅了，可是叫的人和被叫的人，却用這一叫來表示他們的親切和得意，「孩兒，」魏忠賢說：「我現在權太重了，那般失意政客，像左光斗，楊璉，不知道埋頭苦幹，只知道亂發牢騷，皇帝雖然殺了他們，却難保沒有人再造我的謠，說我蒙蔽朝庭，所以我打算叫昌平這個孩子，隔個三月兩月，就彈劾我一本，奏章由你代作，拿來我過目，你要專找些不關痛癢的地方彈劾，要體諒我的苦心，知道嗎？」

「知道，乾爸爸！」尙書恍然大悟。

五

一個月後，皇帝根據魏忠賢的保薦，發表昌平爲六品御史。

不久，昌平彈劾魏忠賢的奏章上去了，奏章上指責魏忠賢所蓄的獵狗，在脫繮後竟咬傷了一個樵夫的小腿，雖然沒有流血，褲子却被咬破了。這本冒犯寵臣的舉動觸怒了以大家長自居的皇帝。他悻悻的把奏章擲下，吩咐立刻將昌平處斬，文武百官們一個個臉如白紙，金鑾殿上肅靜的像一座墳墓。在這緊要關頭，魏忠賢却出一般人意料之外的挺身而出，爲昌平求情，他說：如果殺了昌平，言路豈不阻塞？誰還爲國家出力呢？於是，皇帝開恩赦免，並且准他官復原職。

這件事馬上震動全國——說實際點，僅是震動那些官吏，和那些打算或正在升官發財的大人先生。有些人稱讚九千歲的民主風度，有些人稱讚劉昌平的忠心耿耿，致於皇帝，他在宮殿裏也非常飄飄然，因為這一件事已足够證明魏忠賢權傾中外的說法是一句假話。

八個年頭過去了，在民間，這是一個漫長而可怕的過程，飢饉，盜賊，官吏貪污壓榨，人們同死亡掙扎，不過在昌平方面，他却隨着劾章份數的增加，一帆風順的直升到都御史。歡樂，喜笑，十萬火急的家報，在哀鴻遍野的道途上奔駛，伏糊庄劉大人家，雖然劉老爹和老僕人已先後去世，但仍是瀲夜歌舞。

然而，好景不常，一個晴天霹靂，皇帝死了，朝庭上的大殺戮開始。魏忠賢以一個生理上有缺陷的賤役，二十年來，藉着權勢，在心理上取得補償，他不但殘害了千萬忠義之士，而且嚴重的破壞了國本，吏治、人心、制度、風氣，道德標準，都靡爛的不可收拾。所以新皇帝一旦登極，就下令逮捕，他在監獄裏自殺了，他的乾兒子們——那些高官厚祿的大人先生，一個個也都綁赴刑場，被砍下頭顱。

在皇宮的御書房，新皇帝親自翻閱過去彈刻魏忠賢的奏章，他發現以都御史劉昌平的劾章為最多，別的大臣，像左光斗，楊璉，劾章頂多只一本兩本，（新皇帝似乎不知道：那是因為他們只奏上一本便被處死，根本沒有法子奏第二本，）獨有都御史劉昌平的劾章，竟有六十一件，雖然詞句很和緩，但是在那全國人對魏忠賢都側目而視的時候，感人也够深了。

第二天早朝，新皇帝首先召見昌平，現在的昌平已是五十多歲的人了，臉上的縐紋雖然很少，身體却胖了起來，尤其是那個大肚子，凸出的程度幾乎把他堆成一個三角形，因為他是魏忠賢保薦的緣故，所以這次忽被召見，立刻就淌出一身冷汗，滿朝大臣用鱷魚一樣的眼睛盯着他，他更驚恐了，勉強強爬上台階，心都要跳出腔子。

「你叫劉昌平嗎？」新皇帝問。

「是，萬歲！」他把頭礁到地上，鏗然有聲。

「你很好，劉昌平，」新皇帝看見下面跪着一團肉，有點好笑，然而對他那種虔敬惶悚的樣子，却感到滿意：「你劾奏魏忠賢的本章朕都看過了，難得你中流砥柱，盡忠國家。朕現在升你為吏都尚書，把全國吏治交給你，你要為朕分憂，替國家選拔人才。」

「是，萬歲！」昌平努力的礁頭。

「下去！」

「謝萬歲！」

昌平爬下臺階，冷汗把衣服完全滲透，摸一下冒着血絲的額頭，還隱隱作痛，他快活的眞想躺在地下打滾，不過他倒底是一位有高深修養的大人物，所以他立刻忍住，並且照舊的露出一臉誠惶誠恐。

六

得意的人，光陰過的總是飛快，升了吏部尙書的昌平，把人間的幸福豪華都享受盡了，所以時間更顯得像一道閃光，轉眼十七年——孩子長成大人，青年已白髮蒼蒼，王朝由昌盛而面臨敗亡，社會上的動亂從潛伏而爆發……然而這一切，昌平都不覺得，他只覺得他的官升尙書，彷彿在昨天。

李自成的軍隊終於開始了猛攻北京，皇宮已空空如也，皇帝親自敲鐘召集百官，那些平日慷慨激昂必恭必敬的大人先生，這時却都各奔前程，沒有一個人再來理會這位失勢的主子了。

大人先生們往那裏去了呢？當他們的皇帝在煤山上吊死的時候，他們正聚集在吏部尙書府——昌平的家裏商討大計，一個個臉上嚴肅的表着情。

「總而言之，」兵部尙書作結論道：「識時務者為俊傑，中國改朝換代的事情太多了，朕君無道，才失其鹿，自然有德者居之，我看還是迎降。」

「必須正名，」戶部尙書說：「三代以下，不但君擇臣、臣也擇君，我們是修正我們為國為民的路線，擇明主而事之，和那些貪生怕死，沒有一點人格骨氣的小人不同。」

工部尙書昏愣道：「大哉、斯言、深得我心……」

突然一個插人撞進來，「老大人們！」他氣色敗壞的叫道：「不好了，闖賊要打進城了，守兵們跑的精光……」

「什麼闖賊？」刑部尙書喝道：「胡說！——各位老大人！事不宜遲，迎接御駕要緊，這個功勞不小哩！」

於是一窩蜂擁出尙書府，街上滿是散兵游勇和流亡的難民，他們坐不成轎子了，只好跌跌撞撞的步行跑着，直撲彰儀門。遠遠的，李自成的騎兵旌旗隨風飄搖，還好，來的不算晚，他們看準了地勢，就立刻搶上吊橋跪下。昌平拼命的往前擠，希望能早給新主子一個印象，可是他年紀太大了，費盡了吃奶力氣，也沒有擠過那些年輕的同僚，他只得委委屈屈的跪在橋的邊緣。這時橋上已黑壓壓的跪成一片，由為首的刑部尙書高聲傳話：

「僞明文武百官，恭迎李王爺御駕，願王爺萬歲！」

李自成的騎兵隊停在橋頭，一個軍官拉住繮繩。

「你們幹什麼？」那軍官問。

「僞明各部尙書大臣來接御駕！」刑部尙書用頭礁地。

「咦！」那軍官顯然的是個土豹子，對於礁頭這件事納罕道：「這又是幹什麼？」

「大人，」刑部尙書頭礁的更凶：「我們代表京師三百萬居民，恭迎聖駕！」

「你們的皇帝呢？」

「這——」

軍官礫礫的狂笑了。

「你們這些人類渣汁，」他罵道：「明朝都亡到你們這些渣汁的手裏，如今又要來腐蝕我們了。弟兄們，不要理會他們的巧言花語，衝！」

排山倒海一樣，騎兵衝上吊橋，刑部尙書首先一聲慘叫，腦漿迸裂。萬馬奔騰，鐵蹄從大人先生們的身上踏過，想不到李自成的軍隊竟這樣的殘酷和這樣的野蠻，砸頭的效力竟不管用了，他們哭着，號着，乞求着，在橋上打滾，互相擁抱，聲嘶力竭的討饒，悽厲的喊叫，震動四野……這是一個可怖的屠殺，無情的屠殺，沒有一個倖免，不到頓飯工夫，騎兵過盡，橋上只剩下了一片厚厚的肉漿。

唯有昌平沒有被踏死，他看情形不對，爬起來就跑，却被一匹暴怒的馬蹄踢到屁股上，他幌了幌，身子失去了重心，就一個觔斗栽下吊橋，河水是既深又涼，他掙扎着，呼喊救命，可是在這天翻地覆的時候，誰來救他呢，這條御河又不因爲他是尚書而馬上乾涸，於是漸漸的，他的胸膛痛苦的將要爆炸，他正要打算後悔當初不應該描繪「學而時學之賦」來求功名的時候，一口水嚥下去，鼻子裏一股鑽心辣痛，眼睛一黑，就永辭了這形形色色的世界。

尾聲

莊稼老漢把故事說到這裏。

「以後呢？」我問。

「自從清朝入關，滿州皇帝爲了懷柔咱們中國人，所以把死節的大臣，都加封諡，這位尚書大人的屍首後來被打撈起來，看他一身朝服，不是殉國是什麼呢？於是封他爲『文正』，我們這裏的唸書人都叫他『劉文正公』，這個墳墓就是他老人家的。而我們伏糊庄，也改爲『富戶莊』，爲的是紀念他這個偉大人物，同時，你知道嗎？在咱們中國，做官和發財是分不開的呀！

我默默的低下頭。

「哦！」我忽然想起：「可是，你講了半天，和這塊石塊幸運不幸運，有什麼關係呢？」

「看你，」莊稼老漢怪我腦筋太笨：「一個石頭被雕刻成烏龜，難道不幸運嗎？」

「我不懂。」

「要知道，這烏龜尊貴的很呢，因爲它駝的是一個尊貴的石碑！」

「石碑有什麼尊貴呢？」

「因爲上面寫着：『劉文正公，諱昌平，少有大志，異於羣兒，及長……』」

「好了，」我說：「不要背了，我直起鷄皮疙瘩！」

「明白了吧！」

我仍是不明白，但我不得不裝着明白，因爲，假使我稍微向他一有表示，這位莊稼老漢可能再給我講上半天，那我怎麼能受得了呢!?

書刊評介

如此結局

薩滿

這本書只有卅六頁，是一位久住中國的外國記者摩沙寫的。在外國人中摩沙先生是很了解中國共產黨的一個人。他懂我們中國人，好的或者壞的，而他更懂得共產黨不會長久存在，因爲他們是那樣違反中國的國民天性。

這故事是以一個年僅十二歲的孩子，在匪黨的立功大會上領獎開始的。他的功是告發他的父母偷聽美國之音。不要驚異於一個十二歲的孩子背叛他的父母，今日大陸上，正有千千萬萬良善的兒童，受毒化教育，失去兒童純眞美麗的心靈，正作着匪黨的工具，而這確是一個不容忽視的嚴重問題。

作者用倒述筆法，先述說一個老實人的不幸生活。這個老實人名叫李陶士，因爲父親的破產，無法赴美留學，於大學畢業後，作了政府的僱員，領着可憐的薪水，過着平凡的日子。看着他大學的同學，美國回來，領着美金的薪水，過着神仙般悠閒的生活。但這老實人，也有他的驕傲：他有一個美麗的太太，太太在懷孕，他快作父親了，而他那位留學美國的同學，王摩文，雖然銀行中存欵日見增多，却始終沒有一個孩子。也許是貧苦人家的百事哀吧！將作母親的陶士太太總是鬱鬱不樂！

老實人李陶士甚麽都沒有，沒有洋房、汽車、電冰箱，但他有一顆熱愛祖國的心，那是王摩文缺少的。將作父親的陶士，終日夢想着他的孩子，將會成爲偉大的人物。他的妻終於生產了，如他祈盼的是一個男孩子。但他的朋友王摩文，却於數日前飛赴印度，他失去對他眩耀的機會了，這個可憐的爸爸！

他確是一個可憐的爸爸。他的妻因生育失血過多，臨死時痛苦的對他懺悔，她所生的孩子原是摩文種下的孽種。她是受騙了。她死了，陶士受了空前的大打擊，這老實人不知所措了。那時，他才知悉摩文去印度的原因。

當要求報復的心使他再沉默起來時，他將孩子寄存在託兒所，並且登報說他的幼兒急病死亡。外國通訊社記者，他的朋友摩文，從印度回來，恰巧在託兒所中領回陶士之妻的孩子，也即是他自己的私生子。摩文的妻愛他如同己出，而摩文幸福的家庭也再沒有缺陷，但這世界對老實的陶士却是無比的殘酷。

日本投降，政府復員，摩文以記者的身份很快跑回上海，這又使陶士氣憤。日本的投降並不代表眞正的和平的來臨，人們很快便瞭解這可怕的事實；曾經任過情報部作戰科科長的陶士，知道蘇聯正用替身戰術，利用中共來征服中國。一個更激烈的戰火蔓延在[illegible]待建設的中國大陸上。陶士的新任務是使外國記者瞭解中共的眞相。這裏，作者描寫了一個可怕的人物，史米諾夫。史米諾夫是個酒桶形的矮胖傢伙。他的職業是記者，實際是狠毒的克里姆林宮的特務。這個矮胖的蘇聯人，經常發笑，他煽動仇美運動，導演匪方的假和平攻勢，千萬個年青人的熱情被他利用，多少國際間高明人士也被假和平的煙霧弄迷了視線。

他想利用陶士，藉陶士的地位與力量，作更多危害中國的事情。但陶士不爲利誘，冷靜的表明他忠於國家的立場。

在中國局勢動盪期間，陶士曾邂逅一位女郎，是他手下的屬員。他被她的美貌陶醉，也開始將全部的感情交給她。豈知這美貌的女郎，也是一名匪諜，在偷盜情報之餘，並蹂躪一片感情的聖潔土地。在上海撤退時，他方知道。

陶文隨政府撤退，摩文已賣身給史米諾夫了。他自以爲作的聰明，也曾享受過一個時期的安樂。但隨着整個大陸的淪陷，不久韓戰爆發，臺灣變成最堅固的反共堡壘，雖經過學習，改造，他還是不能取得中共的信任。他開始爲自己處境的安全憂愁了。

他的私生子已經十二歲，在數夜偵察後便報告匪黨他的父母有叛國行爲。這樣，摩文夫婦便死在十二歲孩子的手中。在反攻基地臺灣的陶士，一天正看着無線電打字機在收錄新聞，被這條新聞吸引，他怔住了。

賣身投靠的下場，就是這樣，不僅僅一個摩文，千百個摩文正在戰慄着，顫抖着，倒下去。曾經夢想榮華富貴的，曾經幻想平靜快樂生活的，現在都得到相反的報酬——不是死，是比死更可懼的黑暗的深淵。

這本小書沒有甚麼反共的口號，但整個的故事籠罩在濃厚的反共氣氛中。它告訴我們，在今日人心向背的大陸，共匪在用怎樣卑鄙的手段，造成家庭與社會的不安，延續他的統治。它告訴我們只有沒有人性，沒有良知的「人」，才會在共匪統治下感到安全，否則，即使甘心賣身投靠如摩文者，結局也逃不了一死。它還告訴我們俄帝怎樣在奴役着中國人民，俄帝的爪牙如史米諾夫者，他的權力千百倍大於紅朝新貴，共匪盤據下的中國大陸是否獨立、自由，想像可知了。

作者還技巧的借摩文的口中說出共匪的宣傳技巧，那是師承希特勒的。他說：「一件事情如果一天又一天地在你耳邊聒噪，你不相信，也會使你相信，這是很奇怪的。我們都知道俄國參戰是在日本屈膝的時候，對日戰爭的勝利，實與俄國無關；但天天有人對你說，打敗日本是俄國獨力造成的，你也會相信是眞的。洗腦訓練可以使黑的變爲白，或是任何共產黨所需要的顏色。」

這樣聯想到韓戰爆發時共匪們喧囂的「南韓進攻北韓」及「美國使用細菌彈」的問題時，我們就會感到共匪的愚蠢與滑稽了——但會有多少人執迷不悟的相信過！

你也許不喜歡政治理論，但你不妨看看這本人情味很濃的小書；你也許不喜歡反共八股的小說，但你不妨看看這篇不誇張的故事；你也許不喜歡看翻譯作品，但這篇翻譯確實明白，流暢。這就是我爲什麼介紹這本書的原因。

讀者投書

讀胡朱兩先生文有感

鄭崇儒

編輯委員諸先生道席：

今天讀到貴刊第十卷第六期胡適先生：「從『到奴役之路』說起」和朱啓葆先生：「吳國楨事件發展中的平議」這兩篇文章，深深受着感動。

曾經在大陸受過共匪威脅的人們，都有一種感想，國家和社會制度應該是爲人民而有的，好比房子是爲人而蓋的。一座住上幾百家的房子，如果沒有得到全體住居裏面的人們的同意，少數人只憑着自己的見解，硬要把舊房子拆除重新改建他自己以爲理想的大厦，凡不贊同他的意見，便是反動，便要提打縛繫，甚或屠殺，這當然不是合理的事情。爲什麼同是一國國民，同是圓顱方趾，同樣有生存的權利，同樣在一個共同傳統的社會制度裏過生活的人，而少數自命爲先知先覺的人士，便可以不經大多數人們的同意，只須根據他個人或極少數人一時的見解或理想，就可以進行暴力的革命，而凡反對這些革命的人，或消極的不表贊同的人，便是反動，反革命。我不明白這些自命先知先覺的人們，是不是已經得到上帝授予的特權。（孫中山先生在清末，原先並不想革命，只看他上給李鴻章的信就知道了。等到了清廷實在無可救藥，才不得已而採取實際的行動，這如馬丁路德原先並不想革命，最後終給羅馬教皇迫反了一樣。又如蔣先生領導北伐抗戰，都是出於不得已之情。這纔是「順天應人」。）

我記得王船山先生讀通鑑論漢光武帝一篇裏，曾說過這樣的話：

「苟欲爲治之君，樂其臣之敢言者有矣。而敢言之士不數進，非徒上無能容之也。言出而君怒，怒旋踵而可息矣。左右大臣，得居間而解之。藉其終不釋，乃以直臣而觸暴君，貶竄誅死而義可以自安，且自伸也。惟上之怒有已時，而在旁之怨不息，乘間進毁，且翹小過以敗人名節，則身與名俱裂，逮及子孫族黨交遊，而皆受其禍，則雖有骨鯁之臣，亦遲回而恡於一言。故能容敢言者非難，而能安敢言者爲難也。」

自昔談爲政的急務，都知道注重審察羣情，羣情所甚欲者，政府行之，羣情所甚惡者，政府去之，好惡與人民同，與社會同，就是好政府。所以專制的皇帝如朱元璋，也還知道亟亟於廣開言路。

這幾年來，自由中國的進步，是有目共覩的事實。可是還有多少的事情，政府始終是無法知道的。我舉個例說罷：耕者有其田的辦法實施後，有些地方佃戶的負擔反較以前爲重。主要由於有些地區水租過高、戶稅加重、繳糧運費過高、或耕地等則高估等原因。而報章雜誌却只見歌頌自由中國土改的成功。

企業公營，管理費用超出民營甚多，多數賠累，生產效率並不見提高，有些雜誌對於這一點還能根據自由的觀點予以批評，而政府能切實了解其中情弊有幾？

政府和新聞界派人到鄉村調査土改實情的，往往所接觸的農人，多數都是經地方政府預先約好的人們。下情的不能上達，今日臺灣並不比當年在大陸時好過幾多。再經過這一回吳國楨的事件，今後深恐政府「聞善之路」要永絕了。何期而有朱先生的言論，又怎能不感動？

我不明白，爲什麼一個吳國楨，他究竟有什麼三頭六臂？怎樣了不起的人物，值得這樣的對付，還要大學教授，中學校長，各校學生，各級民意機構，立法院，司法機關總動員去反對。吳國楨指摘自由中國沒有言論自由，這不是明明白白授給他一個有力的證據嗎？

「天下之事，自與天下共之，智者資其謀，勇者資其斷，藝者資其材」，「萬物並育而不相害」，所以晉陵尉楊相如上書唐玄宗說：

「法貴簡而能禁，刑貴輕而必行，小過不察，則無煩苛；大罪不漏，則止奸慝。」

我的愚想，如果當初政府對此事件，愼重處理，又何至鬧到今天的田地。寫至此，我想起當年聞一多李公樸的一幕。大陸很多附匪的學者，原先都是反對共匪的，但由於一些喜歡對政府表示小忠小信的人們，對於他們一再挑剔，甚或至於用種種壓迫的手段，結果卒使這些文人都走上反對政府的道路，轉而影響大多數青年的思想？

吳國楨不足論，我深怕因吳國楨而今後下情更不能上達，故不辭冒昧寫了這封信。

敬祝

撰安！

鄭崇儒謹上　三月十七日於臺中

（上接第15頁）

分之二多數的限制，總算非常愼重。但是憲法的規定和法律的規定，聯結起來，問題就不很單純了。

行憲六年，立法院對行政院院長人選，已經行使同意權六次。除了民國三十八年五月卅一日，對居正的提名，以一票之缺，未獲通過而外；其餘五次，都是通過的。至於院與院的覆議案，由於立法委員和行政院的當局者，公忠體國，相忍爲謀，六年之間，雖在國家多事、大局動盪的時候，幸爾未會有過，也幸爾保持了中央政局的穩定，實在值得稱道。但是我們的憲法既然規定了這個制度，爲了避免一旦發生時，增加紛擾，還有加以注意和預先設法防止的必要。

從憲法的條文上看，對於院與院的覆議案，和人選的同意案，是前者重於後者的。但是立法院組織法和立法院議事規則，關於同意權的行使，都有專條和專章（規則第十章）的規定，關於覆議案，除了立法院院內的覆議以外，則隻字未提。雖然同意權隨時可以行使，院與院的覆議案，則不會常有，或者由於憲法已有詳細規定，不必再加補充？但就前面的說明看來，總是不很圓滿的。因此這裏特提出下面的建議：

一、關於立法院組織法的修正，在第五條「立法院會議須有立法委員總額五分之一出席，始得開會。」下面，加入「但依憲法第五十七條第二第三兩欵對行政院移請覆議案之會議，應有立法委員總額過半數出席，始得開會。」

二、關於立法院議事規則的修正，在第八章表決，或第九章覆議，這兩章任何一章內，就立法院使用的表決方法中，加入一條，「依憲法第五十七條第二第三兩欵對行政院移請覆議案之表決，應用無記名投票方法。」

對於憲法上種種規定，有很多人認爲不盡合適，也有不少的人認爲不必過於求全責備，無論如何，在憲法沒有修正以前，爲了培養國人尊重憲法的習慣，每個人還應該竭誠的遵守奉行。所以，這裏僅就立法院組織法和立法院議事規則的修正，提出一點意見，藉供參考。

附註：㈠薩孟武先生著「政治學新論」第一九九——二〇〇頁，謂中國憲法爲內閣制。謝瀛洲先生著「中華民國憲法論」增訂本第一四五頁，謂「既非內閣制，亦非總統制」。羅孟浩先生著「中國憲法的體論體系」上冊第二〇頁。下冊第三二——三三頁，謂爲「內閣制與總統制的折衷制」。曾繁康先生於「憲政論壇」第一期，發表「爲中華民國憲法進一解」，謂爲「完整的總統制」。此外尚有不少紛歧的觀點，不備舉。

㈡比較重要的論著，如薩氏前著第一四五頁，謝氏前著第一四六頁，「自由中國」二卷八期張慶禎先生「立法院能控制行政院麼」？及曾氏前著。

㈢雷震先生於「自由中國」九卷五期，發表「民意機關議事資格之比較的研究」一篇長文，關於立法院部份，對現在立法院會議法定出席人數，規定過低一點，曾作廣泛的檢討和具體的建議，實爲注意民意機關的「代表性」和避免草率決議的少見的有力的論述。本文討論範圍甚狹，關心此一問題者，請參閱雷氏原著。

第十卷　第七期　內政部雜誌登記證內警臺誌字第三八一號　臺灣省雜誌事業協會會員　二五〇

給讀者的報告

第一屆第二次國民大會於三月廿二日、廿四日，依法分別選出蔣介石先生、陳誠先生爲中華民國第二屆總統、副總統。這是我們國家的一件大事。過去蔣先生之膺選連任，乃全國人民衆望所歸。過去蔣先生曾領導國家，贏得北伐與抗戰的勝利；現在落在蔣先生肩頭的則是一項更艱鉅的反攻復國的使命。這項使命的完成，將完全寄望於今後六年蔣總統任期內的作爲。反攻復國的工作，是要以自由對奴役，以民主對極權，以憲政對黨治；因此我們認爲在未來蔣總統六年任期內，最重要的任務應當是，切實遵行憲法，培養憲政基礎；俾樹立建國之規模，確保反攻之勝利。蔣總統於國大閉幕時發表演說，曾闡述民主自由之義。此點至關重要。蓋民主自由不特爲吾人反共之目的，抑且爲反共唯一有效之手段。民主自由之含義乃確鑿不易者。誠如蔣先生所言，民主必須守法。法律之前人人平等，乃民主之精義。惟必須自上至下，自政府至人民，一體遵奉法律，才是眞正的民主政治。這正是我們在社論(一)裏，强調力行憲政的道理。茲値蔣先生當選連任之際，我們爲國家慶得人，願披心瀝膽，以諍言爲蔣先生祝，亦爲國家祝也。

本期第二篇社論是：「爲菲化案敬告菲國政府」。我們從各方面爲菲國考慮，覺得菲化案是很不智的舉措。菲國政府果眞實行菲化案，則廿萬華僑固將頓失生機，但最後食其惡果的將仍是菲國本身。明智的菲國當局，當能作最善的抉擇。

「中國古代政治思想史的一個看法」是胡適之先生在臺大發表的學術演講。這個演講的內容是適之先生爲美國哥倫比亞大學二百周年紀念的演講節目而準備的。因爲這篇演詞有學術價値，報紙雖已登載，但甚簡略，故我們將速記稿件，詳加校正後，在本期發表，以供讀者閱讀。

「獨裁怕自由」一文在闡明極權與民主間的基本差異。殷海光先生因杜勒斯的一席話而引起寫作本文的靈感，指出獨裁與自由之不兩立的本質，從而勉人在反共的方法上有所抉擇。張敬原先生的大文則討論在憲法規定下，我國「行政院與立法院之關係」。制衡作用是民主政治制度的主要精神，行政立法兩院必須充分行使憲法所賦的權力，以善盡民主之職能。張先生從此觀點，指出立法院覆議案，表決人數規定過低一點之確有流弊，並據以提出補救的意見。殷張二先生的大文收到甚早，俱以稿擠，遲至本期發表，甚歉。

本期譯文介紹凱末爾其人，凱氏始以革命手段治理土國，最後終使土耳其走上民主的正路，是値得我們借鏡的。

「何必庸人自擾？」這篇通訊是對吳國楨事件的一種看法。作者許思澄先生遊學美國，其卓越的識見是讀者們所深知的。東京通訊則分析最近盛傳的「毛澤東生死之謎」，也是一篇引人入勝的文字。

「東德六月暴動回顧」記述甚詳。在自由對抗極權之運動中這是一件大事，値得我們知道當時的實況。本文可當作一篇寫實文藝讀之。另郭衣洞先生的文藝一篇，風雅炙口，別具一格。以上兩文，亦以稿擠擱置甚久，應再致歉意。

本刊售價		
地　區	幣　別	每冊價目
臺　灣	臺　幣	4.00
香　港	港　幣	1.00
日　本	日　圓	100.00
美　國	美　金	.20
菲律賓	呂宋幣	.50
馬來亞	叻　幣	.50
暹　羅	暹　幣	4.00
越　南	越　幣	8.00
印　尼	印尼盾	6.00

自由中國　半月刊　第十卷第七期　總第一〇六號

中華民國四十三年四月一日出版

發行人兼編主：『自由中國編輯委員會』

出版者：自由中國社

社址：臺北市和平東路二段十八巷一號

電話：二八五七〇

航空版

香港辦事處：香港時報社　香港高士打道六四號

菲律賓辦事處：岷里拉怡干洛街五〇二第三樓　3rd Floor, 502 Elcano St. Manila, Philippines

經售者

臺灣：自由中國發行部、中國書報發行所

美國：紐約民氣日報社、舊金山少年中國晨報社、芝加哥中國出版公司

日本：東京僑豐企業公司

韓國：釜山草梁洞新泰行

馬尼剌：大中華日報社

印尼：椰嘉達天聲日報、棉蘭新中華報

越南：西貢中原文化印刷公司、越南華僑文化事業公司

暹羅：曼谷攀多社十二號

緬甸：仰光振成書報店

印度：孟買梅亞號、加爾各答塔梅學校

澳洲：雪梨瑞田公司

北婆羅洲：西利亞坡青年書店

新加坡：檳榔嶼、吉打邦均有出售

印刷處：精華印書館　廠址：臺北市長沙街二段六〇號　電話：二三四二九號

本刊經中華郵政登記認爲第一類新聞紙類　臺灣郵政管理局新聞紙類登記執照第五九七號　臺灣郵政劃撥儲金帳戶第八一三九號

自由中國

FREE CHINA

第十卷 第八期

要目

中華民國四十三年四月十六日出版

社址:臺北市和平東路二段十八巷一號

半月大事記

三月二十四日（星期三）

陳誠當選第二任副總統。

美法兩國商談派遣美國技術顧問赴越南協助練軍。

美總統艾森豪讚譽保衞越南奠邊府的法越軍隊。

三月二十五日（星期四）

第一屆國民大會第二次會議閉幕。

法參謀總長艾倫繼續與美國防部高級官員會商。

埃及宣佈全國進入緊急狀態。納吉布與納塞間的裂痕日益加深。

越共猛烈攻擊奠邊府與外圍一據點的交通線。法軍飛機全部出動轟炸共軍集結點。

菲副總統兼外長加西亞反對劇烈菲化政策。

三月二十六日（星期五）

西方盟國批准西德憲法修正案，使整軍成爲合法。

美衆院撥款委員會再撥十億六千一百萬元以製造更好的氫彈及原子彈。

埃及總統納吉布釋放政治犯，並與以前被取締的政黨領袖會商，以便設立文人政府。

三月二十七日（星期六）

美國防部宣佈，立即增派飛機援助越南。

美國外業務署長史塔生抵英倫，商討對共黨國家禁運問題。

三月二十八日（星期日）

美空軍部次長劉易士來臺訪問。

埃及軍政府決定保持納吉布宣佈要解散的革命委員會。「反對選舉」的羣衆舉行示威。陸軍軍官發動靜坐怠勤，以反對文治政府恢復的決定。

法帝安元帥指責歐洲軍公約呼籲法國另尋他策。

三月二十九日（星期一）

美參院外委會主席魏理和助理國務卿勞勃森聲明，在日內瓦會議中決不對共黨姑息。

埃及內閣與革命委員會聯席會議，撤銷納吉布本月二十五日宣佈的一切決定。罷工，示威已蔓延全埃及。

三月三十日（星期二）

美國務卿發表外交政策演說，絕不在日內瓦會議中對中共作任何讓步，並要求盟國採取聯合行動，對抗東南亞境內的共黨威脅。

『自由中國』的宗旨

第一、我們要向全國國民宣傳自由與民主的真實價值，並且要督促政府(各級的政府)，切實改革政治經濟，努力建立自由民主的社會。

第二、我們要支持並督促政府用種種力量抵抗共產黨鐵幕之下剝奪一切自由的極權政治，不讓他擴張他的勢力範圍。

第三、我們要盡我們的努力，援助淪陷區域的同胞，幫助他們早日恢復自由。

第四、我們的最後目標是要使整個中華民國成爲自由的中國。

美國在太平洋上的第二次熱核子爆炸已於本月二十六日完成。

行政院通過中央政府總預算案。

三月三十一日（星期三）

美英法三國發表聯合公報，同意縮小對俄禁運範圍，對中共及韓共的貿易限制不變。

越共對奠邊府，發動第二次大規模攻擊。

英、義、印、紐、菲各國使節紛訪杜勒斯，欲知杜氏外交演說中所謂「聯合行動」的意義。

四月一日（星期四）

蘇俄建議設立「歐洲安全體系」，並願參加北大西洋公約組織，美國已予拒絕。

越共仍猛攻奠邊府，法越守軍屹立不動，已擊斃越共達二千人。

法內閣因帝安元帥反對歐洲軍公約並不聽命令，已免去其一切軍職。

四月二日（星期五）

立法院通過引渡法。

反共義士代表飛日訪問。

奠邊府防線被越共突破一處。

巴基斯坦與土耳其友好條約在喀拉蚩正式簽字。

四月三日（星期六）

越共軍夜攻奠邊府，法守軍司令官卡斯特里下令死守。

我駐美大使顧維鈞警告自由國家勿犧牲正義對中共姑息。

四月四日（星期日）

中國大陸救災會舉行第四屆年會。

奠邊府守軍擊退越共攻勢。法方派傘兵一批增援。

美副總統演說，讚揚美國新防衞的政策。

四月五日（星期一）

一萬四千餘名反共義士，宣誓從軍報國。

美第五航空隊司令安德森抵臺。

四月六日（星期二）

美總統艾森豪發表演說，促自由國家合作抵抗共黨侵略。

美國要求英、法、澳、紐發表共同宣言，警告中共，如干預越南，可能引起全面戰爭。

越共軍以二萬人力南下增援，圍攻奠邊府。

四月七日（星期三）

美國家安全委員會通過廣泛政策，決定不惜以任何代價阻止東南亞落入共黨之手。

美與六個盟國洽商共黨對東南亞威脅問題。

越共渡過湄公河向莫拉巴莫進攻，紅河三角洲亦有激烈戰爭發生。

社論

（一）

我們對於字體簡化的意見

在過去一個半月當中，字體簡化問題，在報紙雜誌上爭論得很熱烈，立法院也爲這件事辯論了好幾天。我們除對那些無聊的漫罵，深致惋惜以外，對於贊成者和反對者的意見，都同樣尊重地加以考慮過。我們的結論是：

一、字體簡化是大衆的要求，是有其必要的。

二、已經通行的簡體字，應取得與楷書同樣的地位，學生作業簿和試卷上寫這一類的簡體字，不應吃槓子；教科書和習字本上（尤其是小學的），應該儘早盡量採用這一類的簡體字。

三、尚未通行或形式紛歧的簡體字，應使之標準化。

四、標準化以及新制簡體字（包括部首簡化），均應由教育部主辦，並陸續通令採用；立法院不必過問，也不應過問。

字體簡化是大衆的要求，這句話不是憑空說的。民間及商業上有許多通用的簡體字，公文書中有許多通用的簡體字，軍中文書也有許多通用的簡體字，這都證明字體簡化的要求，是來自大衆，是普遍的，決不是一個人或少數人異想天開的玩意兒。大衆爲什麼要簡化字體呢？理由很淺顯，就是因爲文字是表達思想情緒的工具。工具的本身，在不妨碍其功用的條件下，越簡單越好；簡單就便於使用。使用文字，是思想情緒表達的手段或過程，手段或過程越省時間越好；簡化字體，可以節省寫作的時間。這番道理，再平常再簡單不過了。反對者却有人把這個問題看得那麼嚴重，說是毀壞傳統文化、說是危害國家命脈，這種說法，不是沾染了時代病之一種（給人帶大帽的時代病），就是不懂得文化、國家、與人民的關係。文化是要適應時代要求的，國家是爲人民而存在的。字體簡化呢？事實具在，是大衆的要求！

有些簡體字，已經通行，識字的人也個個都認識而且常常寫的，如「体」、「当」、「过」、「办」……等等，爲什麼不能與楷書享同等的地位呢？學校教師們，自己寫作時常寫簡體字，但在學生作業簿或試卷中遇到簡體字就打紅槓子；堂堂的公文書可以用簡體字，而教科書却不許有簡體字排入。這有什麼道理可說呢？如果以爲學生認字寫字，當以六書爲正宗，簡體字是不本於六書的，所以不應讓學生學習。要知道，學生認字寫字，是當作一種工具來學習的，在校學生並不是每個人都想攢牛角尖做文字學專家！

字體簡化的趨勢，是大衆的要求，不是任何勢力阻擋得住的。但是近年來臺灣民間所使用的簡體字，確實有點紛歧混淆的毛病，如以「才」代「歲」之類。反對字體簡化的人，有的從字體演變中舉出由簡而繁的例子，證明字體的演變不是由繁而簡的，如燃燒的「燃」字，原來只是「然」字，後來因爲「然」字另有其他意義，於是就在它的左邊加上一個「火」字，成爲燃燒的「燃」。這種事例，雖然不只一二，但不是代表字體演變的一般趨勢，而是說明爲避免字義混淆，不得已才有這種由簡而繁的演變。我們不應以此事例來反對字體簡化，但我們在推行字體簡化運動中，紛歧與混淆的毛病，也必須注意到。所以簡體字的標準化是必要的。

我們所說的「標準化」，第一步，也是最重要的一步，是把已經通用的一些簡體字，由教育部公佈出來，使牠們享有與楷書同等的地位，不僅讓學生可以寫，教科書上也應盡量採用。例如現在小學教科書中有二十一畫的「鐵」和「竈」字，應該換以通行的十三畫的「鉄」字及七畫的「灶」字，二十四的「蠶」字，應該換以通行的十畫的「蚕」字。這個第一步的工作是馬上就可以做的，教育部不應該遲疑。第二步，調查搜集不很通行的簡體字以及一義而有兩形以上的簡體字，加以整理研究，就其較爲合理的來推廣使用，讓大衆慢慢地公認了，再來正式公佈。第三步工作，就是簡化部首，創作新的簡字。

簡體字標準化以及創作新的簡體字，應由、也只有由教育部來主辦，並通令採用。教育部是國家教育機關，它可以延聘熱心字體簡化的學者組織一個經常機構來做這項工作（查現已設立簡體字研究委員會），並經常出版刊物作研究的工具，同時用以推廣簡體字的使用。至於立法院對這件事，不必也不應過問。其理由已有人充分說出。這裏我們只想說一句：要想國家走上法治前途，立法權必須謹愼地運用。這個道理，立法院本身，也有許多立法委員想到。所以在前幾天的辯論中，不贊成以法律制定文字的，也大有人在。現在所謂「文字制定程序法」一案，正交付審查，我們希望該案經過審查而打消。立法委員中之文字學專家及對此事有興趣者，儘可以個人名義在報紙雜誌上發表宏論，以供教育部簡化字體的參考。

我們的具體意見，已如上述。最後我們要補充一點：

字體簡化這件事，不是一個新的問題。遠在民國二十四年，教育部曾經着手推行這項工作。當時教育部聘請專家數人詳細研究，並擬定三百幾十個簡體字，公佈採用（並經國民黨中央政治會議通過）。商務印書館且已製造銅模，準備印書。後來中全會討論時，蔡孑民、吳稚暉諸先生都很贊成這件事。吳先生且曾諷刺地說：「今天的字體，雖孔夫子在世，也不會認識的。難道現在就不能再簡化嗎？」但因戴季陶先生以不出席全會表示堅決反對，此項工作卒歸停頓。這次羅家倫先生發動這件事，不過舊事重提而已，反對者大可不必視之爲罪魁禍首，贊成者亦不必尊之爲先覺或導師。如此，則在爭辯中當可免除那些有失風度的氣氛。字體簡化是大衆的要求，固步自封的保守觀念，是我們一向反對的。就事論事，我們贊成字體簡化！

社論

(二) 日內瓦會議的展望

柏林會議明明說是談判德奧問題，但德奧問題毫無成就，結果却引出一個日內瓦會議來，所談的却是韓國和越南的問題了。共產黨人會變戲法，輕輕便便即將西方移到東方來，其偷天換日的手段眞多哩。即就日內瓦會議而論，本來照美國歷次的聲明，要先對韓戰的政治會議談判完結以後才來和共黨談其他遠東區問題的，而這次的日內瓦會議却是將韓國與越南問題同時談判，並沒有先後之分了(照柏林會議的公報，沒有說到誰先誰後)。這已是一個轉變，但這還不算，這兩個月來自由世界各國的報章雜誌，一談到日內瓦會議多半是討論越南問題，似乎反把韓國問題居於次要的樣子。這一轉變確屬不小，但是論者都覺得極其自然。是不是共黨轉移世人視線之成功呢？

現在日內瓦會議行將召開了。如果將這一會議看作韓戰政治會議之擴大(且看參加國家的名單，則這一解釋是極有根據的)，則其為注定失敗，自無疑問。比方以美韓為主體，美國的要求是實現一個統一、獨立、自由的韓國，中共部隊全部撤退；南韓則只要求中共部隊之撤退，他便可以揮軍北進，完成統一。如此的要求共黨能够答應嗎？經過兩年多的談判經驗，大家都知道這一次是不會出現奇蹟的。如果這要求不能達到，則無論南韓決不肯妥協，即美國亦沒有讓步的迹象。杜勒斯已認定北韓已成為中共之一省，要在外交壇坫上吐出其侵略的成果。這在共產黨人看來，是不可理解的事。如此兩方僵持，則會議除了失敗以外還有別途嗎？據報章傳聞美政府已答覆南韓，會議以九十天為限，逾此則兩國同時自動退出，那麼美國的態度也不過忍耐談判以希冀萬一的成功罷了。

韓戰政治會議雖然是注定失敗的，但其後果並不嚴重，依然是武裝對峙的僵持，故引不起論壇的重視。越南則不然，內情已極複雜，後果亦至嚴重，所以世界人士之關心咸集於此。假使越南失陷，則自日本以至緬甸皆呈動搖，其最壞的結果可使美國的防線退至夏威夷，而澳洲與紐西蘭成為突出的陣地，果若此，則美國不但這幾年的努力擲之虛耗，連國家本身都岌岌可危了。故自艾其遜國務卿以來屢次提出嚴重的警告，其態度是明朗的，一貫的。美國的人民已知有如此的危險，即使為越南而戰也已有心理的準備了。但是法國的態度則顯然不同。如果法國對越南和英國對希臘一樣，自己抽身而去，請美國去保衞越南，大概美國是可以接受的，但它並不如此做。不然則將越南問題提出聯合國，由聯合國去公論其是非，縱使不能獲得類似南韓的抵抗，它自己也已有一個交代了，但它又始終沒有提出來。這兩條路它都不走，於是只有妥協謀和之一途。法國有一批人以為中共提出的要求只是擴展貿易，外交承認，及參加聯合國。故在日內瓦，欲為英國聯合起來要求美國支付此代價。以為如果美國允諾，則中共必能停止援助胡志明，法國便能依舊支配越南了。這種如意算盤，識者都認為是不明智的，但在法國則頗有勢力，其內情之複雜自可概見。可是今天要美國付出如此的代價去換取中共不援助胡志明的諾言，一看杜勒斯國務卿的聲明，已經是毫無希望的了。美國有一批觀察家以為：法國與美國對越南問題的意見如此相左，可能因此而使蘭尼內閣倒臺，左傾內閣出現，反對歐洲軍；而強度中立化；其最後的結果可能使美國撤退歐洲的駐軍，或則不理法國而重整德國的軍備；而法國內部則將因此陷入於流血的革命云。(見新聞週刊)這些黯淡的前途會不會果如論者所推測，我們暫時不管它，只就日內瓦會議而論，對越南問題也和韓國問題一樣，是注定失敗的。現在中共業經提出三條件，如果一個都不能到手，它是不肯罷休的；但看美國的態度則外交承認與加入聯合國，是絕對拒絕的，貿易方面亦仍主禁運戰略物資，其擴展也是很有限的。兩方已是背道而馳，法國又不能獨行其是，怎能够談判成功呢？

這次會議失敗以後，越南局勢的演變如何，共黨將有何種舉動，美國又將如何應付，這正是我們今日的問題。共黨雖不致發動全面的戰爭，但在局部戰爭中決不會完全作退却的行動，他們明知美國不會派地面部隊增援，則消耗法國兵力以爭取最後的勝利，不是唯一可能的途徑嗎？這幾天奠邊府的戰事雖然沉寂，而湄公河已經渡過，更加擴展其面的佔領了。他們的工作雖有緩急之不同，其目標則決不會改變。美國政府的態度雖然堅强，但要積極參加越戰必須先得國會的贊同，尤其是還有法國橫梗於其間，不得法國的同意則雖有計劃亦難開展，要法國的同意又並非易事，最後會不會走到「忍痛的再估價」(Agonizing Reappraisal)去呢？

我們以為對抗共黨的鬬爭是長期的，必有長期的政策而後能達到勝利的目標，只因美國對亞洲向來沒有長期的政策，故此次對越南戰事之逆轉及法國態度之游移，朝野皆呈露焦急之狀。蔣總統今日呼籲美國，藉結合全體東亞反共國家於一個「類似北大西洋公約」的聯盟之中，以使其「聯合行動」政策得以堅實有力(蔣總統七日對美國國際新聞社記者訪問所發表的談話)。這是一針見血的明見。如此的聯盟便是一長期政策，儘足以阻止共黨的擴展而有餘。我們在一九四〇年九月就曾呼籲「迅速締結太平洋公約」了(「自由中國」三卷五期)，其時中共尚未公然參加韓戰，不但華府當局認定中共不會侵略，即前方的麥帥亦復如此，故國際間沒有反響。現在經過了三年多的教訓，大家都知道共黨的目標唯在赤化全世界了，還不趕快把東亞國家組織起來，以作長期抵抗嗎？傳聞美國的設計者亦已有此擬議，現在已是寇深禍急的時候，何不迅速實行以收實效呢？

從柏林會議展望日內瓦會議

朱伴耘

一　注定失敗的柏林會議

企圖結束冷戰的柏林會議，自一月廿五日開幕之日起，經過三週又半的爭辯及不斷的「否」與「拒絕」後，終於在二月十八日彼此不歡而散。留下唯一的尾巴，便是同意大家於四月廿六日在日內瓦再舉行一次包括中共在內解決遠東問題的會議。

這次會議的重要以及預期必趨失敗，遠在開會之前，彼此都心照不宣。所謂重要，因為這是冷戰拖延至今，人人希望可由此會議將人類前途轉危為安，自不必詳細說明；所謂預期其必趨失敗，這一點由於各人的看法不同，自有分析的必要。

我說這個會議開始就注定了失敗的命運，因為所謂四强也者，這次是勉强的聚集，是想解決七年來從來無法以外交途徑而獲解決的問題——德國的統一及奧國的獨立。並不是國際間有一新的問題發生，需要此四外長聚首來尋求解決。這種勉强性，就蘇俄言，是馬林可夫和平攻勢後，不得不有一個段落。和平攻勢的目的本在離間美法，及瓦解北大西洋公約組織，及阻止歐洲聯軍的成立。這一陰謀能否實現，在法國對越南局勢厭倦，對武裝後的德國表示憂慮，舉國正為應否批准歐洲聯軍條約而舉棋不定之時，是最好利用的時機。西方有此表示要會商一番，蘇俄當不願失此機會。至於西方願向蘇俄提出會商的建議，就美國言，無疑的是百慕達會議中為了加强本身團結，而對英法的建議予以採納。美國很明白其西歐主要盟邦的英法在維持現況的局勢下，有與蘇俄會談求一妥協之道的決心，與其讓英法各自為政與蘇俄協商，不如本身也參加以表示內部的統一，同時藉此機會讓英法能早日明白蘇俄的態度，更形堅定西方抗蘇的立場。這種受英法的影響而與蘇俄會商，如以去歲四月十六日艾氏宣佈必須蘇俄先有和平事實的表現，再舉行高層會議商討結束冷戰的政綱，作衡量美國當前措施的標準，自然是美國退讓了一步。這種退讓，當可看作美國力求內部團結的苦心。從美國的邀請以至蘇俄的接受邀請而舉行此所謂四强會議，美蘇兩大主角雙方各有所會商以外的目的，以及雙方各自堅守的立場，這樣勉强促成的聚會那有不失敗的道理。

除了會議的勉强性外，最基本而注定此會議必遭失敗的原因，是現行的局勢已先天使任何會商均無法打破此僵局。目下的僵局是蘇俄已造成了擴張的事實，而西方為了打破此現實所作的準備工作，自北大西洋公約組織至西歐聯軍業已逐步推進。打破或維持此一既成事實所依賴的，或者是一場血戰，或者是一方的力量很明顯的大於對方，使對方自動屈膝。目前美國固力作準備使蘇俄慄於壓力的强大，而自動縮小其勢力範圍，而蘇俄也並不後人欲以實力迫使西方承認其勢力範圍。如今雙方均不相信對方有足以獲勝的力量，而雙方又各未放棄其施諸對方的基本策略，在這種情況下，如何可能從會商中找出解決的途徑？無怪乎會議之初，杜勒斯就懷疑蘇俄的誠意，莫洛托夫又何嘗不明白西方無出妥協代價的誠意？這個會議自然是一事無成。

二　會議給世人的啓示

這個雙方以「否」及「拒絕」而結束的會議，雖未給世人帶來具體的結果，但從「否」與「拒絕」之間，却暴露出冷戰中兩大主角的英蘇，及擬以調人自居的英法的各自堅守的立場。若將這個立場細加分析，那末就可推論今後各國外交政策的推進。

美國於開會之初，即宣佈此一會議主要任務是討論德奧問題。美國心目中的德國，是先行自由選舉，然後由此自由選舉產生的德國政府，決定其外交的途徑。這是假定統一的德國，必會成為反共的一員所持的立場。奧國如和約簽訂獲得獨立，蘇軍能自附庸國撤退，西歐不僅減輕軍事的威脅，同時附庸國也更多自我解放的機會。換句話說，美國能使西歐不僅能守，抑且能攻。至於北大西洋公約組織及西歐聯軍更不容蘇俄過問。在蘇俄方面，這次所表示的態度，可謂强硬之至。談德奧問題的解決，則要依她的條件，先行成立東西德臨時政府，提高東德的地位。至於對奧和約允許奧國獨立，斷然予以拒絕，縱然在宣傳戰上居於不利的地位，以實際利害關係所在，也不得不暴露出其統治者的面目。至於對整個歐洲安全問題，更拿出了蘇俄似的歐洲門羅主義，要將美國勢力一脚踢開，以歐洲的保護者自居，要全歐洲在蘇俄的控制下享受安全的保障。從美蘇雙方的立場看，美國對外政策的重心，是以武裝西德為骨幹的强大西歐，以便能對蘇可攻可守。假定蘇俄能在西歐讓步，也許可讓蘇俄在亞洲的既成事實繼續存在。而從四强會議後反映出來的蘇俄，不僅無在歐洲方面有絲毫退讓之意，且進一步表示有獨霸歐洲的企圖。從這兩個極端相反立場的比較，如謂此次會議是雙方力量及決心的測驗的話，我們可以說美國固準備有數，而蘇俄也成竹在胸，以一方的力量壓迫另一方而求得一個不戰而獲解決的道路，目下已非其時。

至於着重現實而擬以停人自居的英法，要他們脫離美國將本身及西歐安全交付蘇俄之手，這是他們所不敢為的。同樣的，與美國同採强硬地對蘇態度，而迫使蘇俄先行下手，也非他們所願。他們的想法；是想將蘇俄的力量引導在亞洲，換句話說，他們盼以承認蘇俄在亞洲的旣成事實，來交換蘇俄勢力一部自東歐的撤回。所以這不僅是由於討論德奧問題的外長會議，也秘密討論到亞洲問題，而且也是討論主題上一事無成，又拖上一條四月廿六日在日內瓦又舉行一次包括中共在內的遠東會議的尾巴的主要因素。我們根據上列的分析，可得到一個判斷，就是美蘇雙方彼此都知道無法在會議上以談判方式來解決冷戰問題，美蘇兩主角都無會談的興趣，這個會議全是以調停人自居的英法而竭力促成的，美國爲了團結盟邦表示內部意見的一致而出馬，蘇俄也以爲此是破壞西方團結延擱歐洲建軍的好機會而欣然應邀。這個失敗了的會議，給世人的總暗示，是國際局勢已步入了外弛內緊的新階段！

三　誰是勝利者

美蘇在柏林一場舌戰的結果，究竟誰佔了上風呢？美國說，蘇俄强硬的態度，無限期延長德國的分裂，奧國的佔領，並一再要瓦解北大西洋公約組織，而以歐洲的保護者自居，不僅暴露蘇俄的野心，增加鐵幕後人民的反感，而西歐會更因此而加强以抵抗蘇方的擴張。這種解釋，自可自我陶醉一番。如我們就會議的失敗的結果加以分析，美國是否是勝利者，能否絕對達到團結西歐的目的，尤其早使法國批准歐洲聯軍計劃很成問題。事實上會議舉行之初，美國卽作了對自己所定原則作了讓步，艾氏不一再要蘇俄有和平的事實表現才舉行會商嗎？艾氏宣佈的原則將近二年，試問蘇俄和平誠意的事實表現何在？待原則上決定與蘇方談判後，不僅議程上由討論德奧問題，變爲五强會議問題也包括在內，會議的日期及地址這種細節，也無一不向蘇俄低頭。這些退讓在西方看來，也許無關宏旨，但就鐵幕後人們看來，也許更顯示出蘇俄的强大。不是交手的第一回合便佔下風嗎？

再論到會議的結果，美國所力主討論的德奧問題，是一無進展，而美國不願討論而爲蘇俄提出的五强會議，反而變相的有了結果。這能說不是美國在這次會議中的大失敗嗎？縱然西方三外長一致宣稱與中共會商並不構成外交上的承認，蘇俄今日所着重的何嘗是西方對中共承認或不承認的法律上的問題，老實講，蘇俄的用心就要使西方不能不對中共的現實權威予以承認。換句話說，要討論世界問題，尤其是亞洲和平問題，能不要蘇俄的盟邦——中共——惠然光臨嗎？儘管美國一再聲明不承認中共，但出席日內瓦會議的共方代表，與一九五〇年出席聯合國的中共代表的身份是大不相同的。在世人的眼光中看來，一九五〇年冬的中共代表，似乎爲一被告，被召來向世人答辨自己的行爲，而四月廿六日的日內瓦會議，中共代表是被請來解決問題的。就這一點意義講，能說不是共方一大勝利嗎？美國所主持的正義向强權低了頭，又怎能說不是一大失敗？不儘此也，板門店上美國對構成討論韓國和平解決會議分子力爭之點，如蘇俄之出席應佔在侵略者一邊，已由日內瓦會議的形式一筆鈎銷——蘇俄也是邀請國之一。美國領導的西方，這種虎頭蛇尾的行徑，能鼓勵東方反蘇的勇氣嗎？

再論及美國所作的這種讓步，能否收團結英法的效果呢？英國早已承認中共，今後只會更望能與中共交好達到全面通商的目的因不必論，使法國焦頭爛額的越南問題，又何嘗不盼中共大發善心而得一個面子上過得去的結果？中共這一張王牌抓在蘇俄手中，假令英法想有所得的話，能不給蘇俄一點代價嗎？假定交易成功，無疑的這筆代價就是美國的損失。美國之所以同意日內瓦會議，實際上也就是西方並不精誠團結的反證。日內瓦會議如有結果，美國可能與英法，尤其是法國，更距離遠一點。美國不能在緊要關頭堅定立場，是令人非常婉惜的，同時也可看出美國在東方反蘇，其積極程度是微乎其微的。

四　美國對日內瓦會議的態度

自從柏林會議公報帶上一條四强同意，於四月二十六日在日內瓦邀中共出席討論遠東問題的尾巴消息公佈後，一部國會議員都表示驚異。公報刋出的第二日（二月十日），上院外交委員會卽要國務院保證不得對中共採綏撫政策。若干議員對於應由板門店軍事當局談判的會議，而進入日內瓦高層外交當局的談判頗爲不解。該委會共和黨要員史密斯參議員，卽向記者稱他要告知杜勒斯：妥協政策的危險。他預卜共方會以韓國的統一來交換西方對中共的承認，及給予聯合國的席次。參議員福格森謂與中共談判是一個估計中的危險。會談如無法獲致和平，又給蘇俄一個宣傳的機會，認爲美國是阻碍遠東和平的禍首。韓福瑞上議員更直接了當的說：美國同意此一日內瓦會議的協定是一種錯誤。他要杜氏給一個明確的答案，此舉是否爲承認中共的初步。素來同情國府的諾蘭先生，更是表示失望。杜氏此舉，不僅共和黨中表示不滿，民主黨議員也不全然同意。結果，杜氏除了向上院外交委員會兩黨議員予以解釋外，並予二月二十四日晚向全國播講參加柏林會議的經過，並提到爲什麼他同意邀請中共出席日內瓦會議。他說美國並不視中共爲貴賓，而是使其能在世界論壇之前予以說明。若謂此舉含有承認中共之意，是毫無根據的。他說他不完全拼棄蘇俄事實上需要亞洲和平的觀念。美國希望如此，且姑待其成就，同時美國也得加强警戒。美國不應僅以恐懼在會議桌上會被人陰謀制勝，而拒絕以和平的方式尋求其所需要的結果。此外他並一再强調美國無承認中共之意，並竭力反對其進入聯合國。

從議員們關心美國在日內瓦會議的處境看，無疑地多數人認爲是棋錯一着，如過大地說美國又挫敗了一次也無不可。因爲美國赴會目的是爲解決德奧問題，結果蘇俄否定一番也就算了，美國本聲明不討論中共問題的，如今却不得不同意邀中共參加日內瓦會議，當然是一種失敗。但從杜勒斯的解釋言，隱約之間，美國是爲了團結英法，而不得不接受日內瓦會議的決定，法國如無此會議來討論越南問題，現內閣能拖延多久都很成問題。至於希望法議會批准歐洲聯軍計劃，更是緣木求魚了。同樣的，英國如就遠東問題也追隨美國，保守黨政府的前途如何也難逆料。英國商人正盼望與中共作大規模的通商哩！是以從美國決定參加此日內瓦會議的動向言，她受英法的壓力居多，自動決定的成分很少。說美國有承認中共之意，更是不公正的。因在目前美國現行的輿論情況下，任何人是不會有此等愚笨計劃的，更何況僅次於總統大選的國會選舉十一月又將到來。不過從美國現行策略看來，她如此遷就英法，對東方是否有更積極的政策，以及是否會積極援臺反攻，是值得我們研究的。

五　日內瓦會議的展望及對臺灣的影響

日內瓦會議能產生解決遠東問題的結果嗎？這個會議名義，雖是四强爲主人，請中共及其他各國出席，實際上中共同蘇俄是主人，英法是中間人，而美國是迫於中間人的情面而不得不到的客人。是以這個會議能否產生解決遠東問題的結果，可以分三方面來看。先就中國人看，英法是希望有結果的，因爲有結果對她們是有利的。法國對越南問題有個面子上過得去的解決，她就鬆了一口大氣。我們不見報紙上法作戰部長在河內所提出對中共的代價嗎？越南問題能解決，法國願予以承認，而助其進入聯合國。至於英國，不成問題的解決了她們的商務問題，香港及馬來亞，唐寧街也不會再日日躭憂。次就中共及蘇俄言，就看她們目下政略上是否需要一個結果，如在亞洲需要一時的安定，她們手中是握有交易的利器，可能毫無所失地就有了一個結果。對美國言，她是不能希望其有結果的。杜勒斯之所以允諾與中共在日內瓦會談，可能是將其決定建築於談判不會有結果的希望上。他以爲這次談判，也不過同柏林會議一樣毫無結果。他說「他不完全拼棄蘇俄事實上需要亞洲和平的觀念」，其骨子裏的內容，就是以爲此次會議，又是一種空空辯論而已。因爲在美國沒有具體對華政策的今天，遠東會議是不能產生解決問題的結果的。假定有任何結果產生，目下美國對中國所推行的「拖」的政策——既不積極援國府反攻，又無意放棄臺灣，既恨中共入骨，又不敢明明目張膽採斷然行動——就會完全崩潰。其在亞洲反共國家中的聲威，將一掃而光，更不待言。何以我說遠東會議如有結果，會對美國有如此的打擊呢？不錯，從美國官方及輿論態度看來，美國不承認中共是有決心的，但如韓國及越南問題有了解決，在維護和平口號的壓力下，美國有方法及決心阻止中共入聯合國嗎？除非美國自聯合國撤退，否則中共進了聯合國，美國又不給以法律上的承認，試問美國如何能再推行對中國問題「拖」的政策？在一紙國際文書上，關於雙方應遵守的條約義務，杜勒斯周恩來都簽了字，即使美國不願與之交換使節，美國能事實上不承認這個政府的存在嗎？美國能一方面要這個政府遵守條約義務，又說這個政府不是代表全中國的政府嗎？美國爲使自己不陷於尷尬的地位，自然只有希望此會議成爲一場辯論會而已。而達到這個願望的目個，最好是共方提出英法也不能同意的條件，如此則一切責任可以歸諸共方，自己也滿足了盟邦的慾望，才是一舉兩得。否則未來日內瓦會議，如有任何決定——譬如美國要中共不要援助越盟，中共予以同意，中共也提出美國不得援助臺灣攻擊大陸，在世人萬目睽睽之下，美國能拒絕嗎？——美國如拒絕，又給共方以戰爭販子的口實，在亞洲大肆宣傳。同意嗎？美國能繼續推行現在對中國「拖」的政策嗎？根據這個分析，我們可以這樣推論，美國之所以同意日內瓦會議，不是假定這個會議決無成就，便是美國已有對中國現行「拖」的政策有改變的意圖。很明顯的目下共產世界，又抓住了主動，蘇俄及中共如在日內瓦會議中，稍有「交易」的誠意，就得迫使美國不得不修正現行的對中國拖的政策。

不錯，根據杜勒斯在柏林會議關於中共的談話，以及其二月二十四日向全世界關於柏林會議的報告，美國當前之不承認中共是可信的，同樣的，如將韓戰後美國對中共不得援助越盟的警告，與夫越盟兵進老撾都城時，議員們一再抗議政府不得捲入越戰漩渦，而政府人員也一再保證美國決不出兵，僅派技術人員前往協助的談話予以比照，當可反應出美國所謂積極保衞東南亞的決心，也頗有限度。她盼望以空洞的威脅使共方不再動手，物質的援助使法國不中途撤退，仍維持此僵局，已是很大的成功了。從這一點看，要想美國對整個遠東作積極的決定——援臺反攻，目下是無此可能的。

是以未來的日內瓦會議，不論美國官方如何說法，在亞洲人眼光看來，當然是共產世界的一大勝利，是美國對亞洲强權作事實上的承認，牠之有無結果，在美國今天無積極目標的情況下，完全操緒北京與莫斯科之手。如目下中共蘇俄的目標，是以政治方式逐步席捲東南亞，同時減低美國在亞洲的地位，提出亞洲是亞洲人的亞洲的口號，更進一步加深英美法在亞洲的歧見，美國是無法阻止法國自越南縮手的。如此，這個會議自然就有個結果。照我的看法，有結果是對蘇俄領導的共產世界有益的。因爲蘇俄在歐洲無所失而在亞洲有所得，目前的利益是西方對亞洲共產世界的事實上的承認，將來的利益是亞洲人對美國政策認清，以後減少對美國的希望，以便共產世界作政治上的征服。除非蘇俄打算對美國對東方政策消極到什麼程度作進一步的測探，她可能提出許多美國甚至英法也難以接受的要求，而使會議陷入僵局，一事無成。至這個會議對臺灣的影響言，有結果自不必論，即令一時無結果，會議的召開，所謂解決遠東問題而與代表中國的臺灣無關，我們精神上的打擊，已可想見。同時美國之同意召開此會議，也反應出目下談不上有助臺灣反攻的跡象！

六　今年是決定年嗎？

從柏林會議到不日召開的日內瓦會議，我們很清楚地看出國際形勢的趨勢，及美國的立場。柏林會議的失敗，如以力的觀點來看，今日的世局，就是雙方都勢均力敵，沒有任何一方力量之强，在目下足以壓服對方在會議席上屈膝。今後雙方都在作力的擴張與增强，世局的總清算，不是蘇方力量之强足以迫使美方承認其勢範圍，或美方力量之强足以使蘇方將其勢力縮回其本土，就是出諸戰爭之一途。柏林會議的失敗，使我們深信戰爭解決的機會大於談判解決的機會。至於何時能打起來，從美國聯合參謀長雷德福上將對美國戰略新看法所發表的意見看，他一方面認為戰事隨時可以發生，同時此等緊張局面也可繼續至十年或二十年之久，美國的軍事準備要在不妨害經濟生活的前提下，既要能及時應變又要能作長期警戒。這就表明美國本身也在等待蘇俄的第一彈。為了對蘇的總決戰，凡是積極的佈置都未放鬆。除了一再將就法國，力促歐洲聯軍的成立外，甚至與印度正式反目，予巴基斯坦以軍援，而加强中東的陣容。至於在亞洲目下僅求防禦，很明顯的是在等待日本的武裝。如今美日也有了軍事同盟，所需的就是時間問題了。她理想中的政策，自是將中共的中國交與日本去對付。目下只要共方無立即以軍事行動席捲東南亞之意，美國對東方只會以緩和的方法拖延時間而不會積極有所作為。我們因對美國積極的地方表示欣慰，消極的地方表示失望，在美國決策者看來，這是他們不得不有的佈署。她不知何日打起來，打起來時她要同西歐携手擊潰主敵，她不能將本身力量捲入東方戰場。這三個前提便形成了美國今日外交實施的骨幹。

我們對着今日的局面，等待局勢的變化已不是最好的政策了。美國之同意出席日內瓦會議，無疑地是我們精神上一個很大的打擊；第一點，她已無形中將北京政府作為解決國際問題的對手，僅管她口頭宣傳不承認中共，實際上她否定了臺灣是代表全中國可以解決國際問題的地位。第二點，她既以北京政府為解決國際問題的對手，這表示她除會議破裂北京政府先行動手外，她無意援臺反攻，相反的，如會議有所成就，她可能自動或被英法加印等壓迫採對國府利益相反的措施。因為照美國的利益看來，她能使臺灣不陷於共方之手，已盡了她道義上的責任。積極的解放政策，不過是一年前的口號而已。我們如幻想美國今日的反共反蘇是為鐵幕內的人而反，那當然是天眞到底的想法，除了國際環境不允許我們久待以外，自身的環境是否能久守臺灣，也值得當局考慮。擺在目前的選擇，是將自己命運交與他人，還是將成敗禍福由自己掌握作自我的決定？假定我們有所動作的話，當然以現在尙有代表全中國的地位在而行動最為名正言順，不然臺灣反成為中國人民共和國的侵略者了！我們希望國大及救國會議開完後，即把握時機作存亡的最後決鬭，否則僅在臺灣高叫不承認國際會議中有關中國的協定，是不為他人所重視的。我們僅可希望日內瓦會議會造成對我們更有利的國際環境，但是我們千萬不得不有最後的打算，將自己的命運抓到自己的手中！

四十三年三月於美國西雅圖

勘誤

本刊第十卷第七期所載胡適之先生演講稿「中國古代政治思想史的一個看法」，文內若干處排印有誤，茲列表勘正如下：

頁碼	卷碼	行數	原句	勘誤
7	二二三	下第四行	在禮記曾子問中	應作「在禮記檀弓曾子問中」
7	二二三	下第十行	閻百詩考據老子到周去問禮	「老子」應作「孔子」
7	二二三	下第十二行	都是替人送喪的。替人送喪是當時。。	「送喪」均應作「相喪」
8	二二四	上第廿三行	僅僅知道這個政府	應作「僅僅知道有個政府而已」
9	二二五	下第廿一行	這樣才能够收到	「收到」應作「做到」
10	二二六	下第六行	項燕項羽與張耳一班人都是貴族	「項燕」應作「項梁」

思想家能做些什麼？

劉世超

一

變亂與痛苦的時代常能激發人的思想，同時這樣的時代也最需要偉大思想家的出現。在長久的承平時期裏，或者說變化較少的時期裏，人們享有一套從祖先輩繼承來的知識，這些所謂的知識自然不無錯誤，也不乏荒誕的迷信，然而經過祖先輩長期的修正以後也頗能應付那些承平時期的簡單變化。人們的行爲接受祖先們敎訓的指導亦居然能獲得滿意的結果，常可達到預期的目的。人們用那些知識來了解和預測他們所注意的一些簡單和規則的現象也竟常左右逢源無往不利。久之，這些人們養成一種愉快的錯覺，以爲「天下事皆導循一定理則，而這些理則已盡爲人們知道了。」這種心安理得舒服自滿的心理狀態眞是令人羨慕。然而承平時期的人們一旦轉入不規則的動亂時代，他們愉快的錯覺就會立刻粉碎。新的事實與他們一向所想象的相牴觸，他們在思想上受了相當刺激以後，再把他們過去堅信不疑的許多信仰仔細加以檢查與比較，亦會發現有許多互相矛盾的地方。他們開始想不通，開始困惑了。這時他們的行爲不知何所適從，他們集體的失去信心，心裏的痛苦一如需求宗教而又失去了上帝的人。在一個動亂時代裏，人們因爲困惑失去信心而感受的痛苦有時或且甚於肉體上直接受到的苦痛，這種精神上的痛苦實爲造成一個苦悶時代的主要原因。因此，一個動亂的苦悶時代需要思想家出來爲大家消除那些思想上的矛盾，解除人們精神上的痛苦。事實上，這種消除矛盾的工作還有更積極的作用，就是當人們在把思想上的矛盾加以消除的時候，他們的知識總會多多少少地得到一些修正。人們既有了更正確的知識，並根據這些更正確的知識來行事，便可以避免許多錯誤和不必要的災害了。

以上所說的承平時期與動亂時期實在只能有一個程度的差別，沒有什麽是絕對的承平時期、或絕對的動亂時期。因此以上所說的關於人們從承平時期轉入變亂時期所遭那種思想上的變化，只是一個比較極端的假設的描述。然而這個描述對於我們現在所遭逢的時代却是非常適合的。現在距十九世紀不及百年，當人類歷史走到十九世紀時，人類似乎在思想、事功各方面都有相當成就，這時人類自覺很有辦法，因而一種樂觀自滿的心情到處瀰漫着。可是從那個可羨的時期到現在已經有一個極根本的變動發生了。這個變動的內容很複雜，不易準確說明。然而，我們可以說這個變動在形式上主要就是今天在世界上影響着每一角落每一個人的共產主義運動，在這個變動中，人類的思想也跟着引起了大的混亂。新的學說與舊的學說根本牴觸，新的事實爲舊的理論所不能包容。好像人類那些根深蒂固的思想，如道德倫理觀念，自然和社會現象的學說都一起發生了動搖。因此，這個變動影響所及的地方引起人們普遍的困惑不解。

事實上，一個有理性的人，其每一行動皆依藉其以往深信的原則，其行動如果有錯，這得多少歸咎於他所信仰的那些學說與理論。當釘子碰得多了，他不得不仔細地將他從前的信仰加以檢查，這就將他引入深思。我們發現今天世界上眞有許多人沉浸於苦思中，想給當代的問題找一些解答。而且這些人的努力亦已產生了很多效果。但是，喜歡從事思想的人既增多起來，我們馬上又要注意另一個問題：思想工作倒底是個什麼工作。它的任務是什麼，它能完成些什麼？思想總不是天馬行空的亂想罷。我們那些親愛的、喜歡思想的朋友們，如果不顧他們的努力成爲徒勞無功或事倍功半，總應把上面的問題加以解答。再者，我們所謂思想工作並不是說專屬於什麼以思想爲職業的思想家，而是說凡眞心辦事或作學問的人都得多多少少作一番思想工作。於是上述問題就普遍的與許多人有關。因此筆者願就這些問題來作一番討論。

思想工作是些什麼？它能成就些什麼？這在對人類知識之性質有不同了解的人，其回答也是很不相同的。在昔日一些極端的理性論者看來，思維即是一切，他們以爲沒有眞理不是由人的思想得到的。殆經驗論興，又知純靠思維，如無經驗爲基礎，則積極知識是得不到的。近幾十年來，邏輯學的進步使人對經驗知識與非經驗知識的區別有更明確的認識。使人對『理性』一詞也認識得更清楚。相形之下，昔日所謂的一些理性論者倒好像不大明白理性是什麼。在大陸理性論最盛行的時候，數學這門純思維的學問就有一極嚴重的缺點：任一支數學的證明，沒有從頭至尾是完備的。他們的推論有時要靠畫圖幫忙，有時要靠直覺幫忙，他們把純推論的活動與人的一些經驗和直覺羼合在一起，以爲這種混合體是出於人理性的產品，人們藉此可以得到最確定的知識。把上述認爲是理性產品的混合物作有系統的表示的乃爲康德。然而這個混合物無論對經驗知識或非經驗知識的進展皆屬有害。近代物理學，如不衝破這個易給人錯覺的學說的障礙，便無由產生。今天由於邏輯學的進步，人們是把上述的混亂給澄清了。人們在更清楚地知道了經驗知識與非經驗知識的性質以後，再把兩者合起來用以研究人類知識的性質，其結果遠較昔日爲豐富。這就是今天所謂邏輯經驗論者的工作。其研究的結果在本文的討論中是始終用到的。

二

倒底那些是思想家的工作，這不易回答。因爲，思想家的工作與其他人的工作本不易淸楚劃分。由於思想工作是一種心靈的活動，許多人便容易把一切心靈活動，譬如一種境界的欣賞，一種情感的滿足，都算作思想家的工作。然而作者以爲，把一些沒有認知意義的心靈活動，或單獨的一種體驗算作思想家工作的範圍，那是很不妥的。還有一些被認爲屬思想家的工作在經過分析以後，發現不過是些觀念的遊戲，甚至於語言文字的遊戲，無助人類知識的增進，這類觀念的活動，如勉强算作思想家的工作亦似乎不妥。然而有一個工作我們可說確屬於思想家範圍之內的，就是前面已提到的，消除思想的矛盾。消除思想的矛盾是怎麼回事呢？古希臘人會盛行一種辯論術，名曰辯證法(dialego)。此字的含義是進行談話，進行論戰。這種辯論術的方法和目的是藉助於揭露對方議論的矛盾並克服這些矛盾來求得眞理。古代一些哲學家認爲思維中的矛盾之揭破乃是發現眞理最好的方法。我們在此要討論的消除矛盾的工作卽是古希臘辯證法中所指的這種。殆後唯物辯證法出現，把這種辯證思維方式推廣到自然界現象中去，認爲自然界是永恆變化着的，而自然界的發展乃是自然界中各種矛盾互相克服的結果。這種說法很易使矛盾一辭發生混淆。事實上前後所謂的兩種矛盾是不同的。希臘辯論家所要揭露的矛盾乃是語句間的邏輯矛盾。至於唯物辯證論者所謂的矛盾是自然界中一種對立或衝突，而不是邏輯矛盾。譬如辯證論者認爲生與死是對立的，認爲此乃人生現象所固有之矛盾。實則這種對立從邏輯觀點看並非矛盾，因爲一個人彼時生而此時死又何矛盾之有呢？自然界本身只是在那裏冥冥的變化着。凡是出現的都是可能的，那裏有什麼矛盾發生？所謂邏輯矛盾只存在於兩個判斷表式之間，只有當人們對自然現象作不同判斷而這些判斷又有錯誤時，我們才可以在這些判斷間找出矛盾。這種區別在本文的討論中很重要，所以在此特別提出。

人對事物所下判斷可分二類：一類是關於個別情形的，一類是關於普遍情形的。關于個別的情形，我們可以見到一種簡單的兩個互相矛盾的判斷的例子：「某物在某時某地是如此」，和「某物在此時此地不是如此」。在此例中，後一語句恰是前一語句的的否定。人們一見便知二者中至少有一個是假的。因爲，在人類用以講述事物的情形的謂辭中不會有一個謂辭可用以肯定一件事物的情形，同時又可用以否定之。如果這樣作，這樣的謂辭既不能肯定什麼又不能否定什麼，對人的知識的求得是無用處的。但是，關於普遍的情形，矛盾的發現就不這樣簡單了。當兩個命題中有一個是關於普遍情形而另一個是關於個別情形時，卽使二者間存有矛盾，人們一眼也看不出來。人們必得耐心地從那個關於普遍情形的命題出發，求其所含各種不同的邏輯結果(legical consequences)。如果發現這些演繹所得的邏輯結果中有一個是語句「S」，而那個關於個別情形的語句恰是「非S」，我們才能斷定這兩個判斷表式間存在着矛盾。遇到這種矛盾的情形，我們或將那個關於個別情形的判斷「非S」取消，或將那個關於普遍情形的判斷加以修改限制，使其內容減少不再含有邏輯結果「S」，這樣我們便消除了一個矛盾。當我們遇到兩個判斷都是關於普遍情形的時候，我們應去盡量找出此二判斷所含的各個邏輯結果。如發現一者的邏輯結果中有語句「S」，而另一者的有「非S」，我們便斷定此二判斷間存有矛盾。這時我們或將其中一個判斷或兩個判斷都加以修改或限制，使他們的邏輯結果中不再有「S」與「非S」同時出現。這也就把一個既存的矛盾取消了。所謂消除矛盾的工作主要不過是一種邏輯的演繹工作而已。

而我們要緊的事，是要知道這種消除矛盾的工作對人類的求知有何意義。就今天邏輯經驗論者對人類知識性質所研究的結果來說，這種消除矛盾的工作就非常重要。在我們生活中有用的經驗知識大多是關於普遍情形的判斷，而不是關於個別情形的判斷。因爲唯有前一種判斷才能爲我們預測未來以及解說普遍的現象之依據。然而，這類關於普遍情形的判斷我們是怎麼得到的呢？有些人回答說，毫無例外的，這些判斷都是人從一些已見的情形加以推廣(generalize)而得到的。那麼這樣的判斷所包的內容固然一部份包括(cover)已知的事實而另一部份却是猜的。休謨(Hume)對這個問題的回答在基本上和上述的一樣。但後繼的康德(Kant)却一反此說，他認爲人類有一種關於普遍情形的判斷，其性質是很特殊的。這一種判斷不是猜的，亦不靠經驗的驗證，而是出諸人理性的創造，一定眞確。譬如歐幾里得幾何中的那些公理便是。然而就今天邏輯經驗論者研究的結果來看，康德所認爲的這種一定眞確的普遍判斷並不成立。因爲，就康德所擧的例子來說，那些判斷本身的意義就不明確。譬如歐幾里得幾何的那些公理有沒有經驗的意義呢？這便是人所不能明言的。對今天的數學家來說，那些公理是沒有經驗意義的。公理中的基本觀念如點線面等都被當作無定義元素。如問何謂「直線」的「直」呢？他們只能回答說「直」者直也。那麼歐氏幾何的公理便成了沒有經驗意義的約定。由這一套約定，人們推出一套定理，人們稱之爲歐氏幾何學，但人們亦可另換一套約定，而推出另一套定理，人們便可稱之爲非歐幾何學。像這樣的幾何學對現實世界是毫無所說的。在康德以及從前的若干哲學家心目中，幾何學當然是有經驗意義的，因爲他們要用幾何學來造房子。然而幾何學要想有經驗意義，必得使幾何中的本基觀念有經驗的定義。譬如說，直線這概念一定得表示人所能感到的什麼。古時的哲學家並沒有注意到要給幾何的概念下一明確的經驗定義。這個問題是邏輯經驗論者才開始特別注意的。然而，當吾人對歐氏幾何中的點線面等基本概念下了明確的經驗定義以後，那些公理固是對經驗事實有所肯定了，然而這些公理的眞確與否也就要靠其能否與事實符合才能決定。像幾何公理那樣普遍的判斷自然不能靠事實一一加以驗證。那麼那些公理就不免有猜的成份。而且今天發現的事實告訴我們，歐氏幾何公理所作的猜測竟錯了。在歐氏幾何中有一個定理說三角形三內角的和等於二直角。但今天人發現在三角形很大時其三內角和並不等於二直角。類似的論證亦適用於康德慣於舉的例，因果律。邏輯經驗論者的結論是說，康德所謂的普遍必然先驗判斷，只存在於邏輯眞理，或約定的眞理，而在普遍的經驗判斷上並不成立。於是人們又只有回到休謨的老說法：凡關於經驗的普遍判斷只能有一部份是包括已見的事實，而另一部份却是猜的。這種判斷我們無法完全加以證實，但如果它們有錯，我們却可靠經驗去察覺，這就是今日科學家對科學定律所持的謙遜態度。這與昔日康德輩認爲歐氏幾何公理，牛頓力學定律都是出諸人類理性的永恒眞理的那種態度，眞是迥然不同了。

人類對事物所作的普遍判斷其性質既如上述，則這些判斷之恆難免於誤失是顯而易見的，因爲凡被人猜測的部份並無確實的保證。因此，人們如何去察覺這些誤失，從而修正這些判斷，就成爲重要的事了。如前面已經講過的，我們檢查一個普遍判斷有無失誤的方法就是我們首先用邏輯的演繹程序盡量求出它所蘊含的邏輯結果。如果發現這些結果中有與個別事物之判斷相矛盾的，而且那個關於個別事物的判斷又被經驗證明是正確的，則我們便知道那個被檢查的普遍判斷有了錯誤的地方。因此，我們必得將這判斷加以修正，將其蘊含的那個錯誤去掉。這從邏輯方面看是消除了一個矛盾，而從人類的知識方面看，這是人們粗糙的判斷得藉此減少一些錯誤。類似的，當人們發現兩個關於普遍情形之判斷間存有矛盾時，他們消除這矛盾在知識上所具的意義也是如此。但在此我們可以看出，作一次消除矛盾的工作固然能將人所作判斷的錯誤減少一些，但却不能保證將這些判斷的錯誤完全去掉。

從命辭蘊涵之假定方面着想，人所作的許多判斷差不多都是彼此有關聯的。這也就是說，某些成雙的判斷所說的範圍都有其共同的部份。因此這些判斷間都可能有矛盾存在。那麼消除矛盾的工作實在是一個牽連很廣的工作，可說要及於人類全部的知識範圍。我們消除的矛盾愈多，則我們所作的判斷的錯誤愈少，直到最後一切矛盾都看不見了，我們的知識便顯得構成一個全部貫通的系統。

這時，許多人便以爲人類一切眞理都包括在這個系統之內了。實在這只是由於過份重視貫通性而產生的一個錯覺。在哲學史上有一派講眞理的理論就認爲眞理基於其貫通性。在德國有解釋康德學說而以 Cohen 爲代表的超越邏輯學派即以爲，一個判斷如能鑲在所有眞確判斷中而無矛盾發生便是客觀眞確的 (objektive-gultig) 否則便是主觀的，現象的。這種說法實在是把貫通性與眞理的關係估計得太密切了。照我們前面的了解，消除矛盾的工作只能減少一些判斷與判斷之間的錯誤，却不必然能消除這些判斷的一切錯誤。

在以上的討論中，我們似乎在不明言中已經假定思想家的工作並不參與新事實的發現，思想家只去處理一堆已知的判斷表式。可是，一般人常要求思想家除了消除矛盾的工作而外還應參加另一重要工作，就是理論體系的建造。我們前面已談到，人所作的判斷包括一部份已知事實又包括一部份猜測。當人們發現一個判斷有錯誤而要加以修正時主要是修正其猜測部份。一個判斷儘管可以遭到無數次的修正，然而這判斷因爲有一部份事實爲其基礎，它的內容無論怎樣消滅都不會變爲零。因此這個判斷總有其存留的價值。在古時理論家對待一判斷的辦法更妙。當一個判斷的內容有與新的事實牴觸時，他們並不說這個判斷有錯誤，而說這新的事實是例外，並說這例外乃由某種特殊原因所引起。如果這陳述例外的判斷又遇到例外該怎麼辦呢？他們又會說這例外的例外乃是由另外的特殊原因所引起。這樣下去，只要我們讓這些理論家有發明新原因之名字的權利，任一個判斷都是永遠不會失敗的。那麼歷史上曾被人作過的判斷應可以永遠保存下來了。但事實並不是如此。因爲，當一個包含一些判斷的理論建立以後，建立者固然千方百計去維持它的原樣子，譬如遇到這理論所不能包容的事實，便說這是由特殊原因所引起的例外，而只將這理論作些許修正，使這理論得以保持不墜，但有時一個理論可能慢慢遇到的例外大量增加，這理論需加以修正的部份也隨之大量增加，使人不勝其煩。甚至，人們在技術上要陳述和利用這套理論都成爲不可能的事了。這時人們便只有把這理論全部更動而代以全新的理論。

任一個理論總包括一些最基本的判斷。所謂基本判斷就是在一個討論範圍中牽涉最廣的判斷，譬如物理學中的運動定律便是。照前面所講的，一個基本判斷因爲不免遇到例外，他的後面總會附屬一串陳述這些例外的判斷。那麼一個理論就是由一組基本判斷和許多串陳述例外的判斷所組成的。當人們要更換一個理論時，主要是去更動那些基本判斷，然而由於基本判斷的更動，那些附屬的陳述例外的判斷自然也會隨着一起更動了。因此更換一個理論實在需要將這理論中所有的判斷一起換掉。在更換那些判斷的過程中，人們不免提出一些粗糙而有失誤的新判斷。新的判斷中亦不免有互相牴觸的地方。於是如何去發現這些矛盾處並從而修正這些判斷要大費一番工夫。直到這些判斷不再產生矛盾時，我們便說一個貫通的新理論已經建造成功了。

在更換一個理論時，有幾件事似乎值得注意：一個新理論——也就是一組新的判斷——仍是一些由已知事實所作的推廣。他們包括一部份已知事實和一部份猜測。新的理論所包括的事實至少仍應與舊理論所包括的一樣，可以多但不能少。譬如一個舊天文系統說某年某月某日會日蝕一次，則新的天文系統仍應包括這個事實，如果新的系統所包括的事實反較舊有者爲少，那它的價值就要大大減低了。一個新理論與一個舊理論最主要的區別是他們所具基本判斷的不同。講述同類事物而能有不同的基本判斷，這是因爲不同理論對同類事物之解釋或記述作了不同的組織與安排。譬如亞里斯多得與牛頓都講物理學。在亞氏的物理學中，一個被人不斷推着的東西才會繼續行動，這被認爲是最正常的現象，而一個拋出的東西，離開了人手的推動仍能繼續運動却是例外。這被認爲由特殊原因所引起。但在牛頓的物理學中，一個已動之物體自己會斷續保持運動，被認爲是正常的。如果這物體竟慢慢靜止下來，倒是例外，必另有原因。亞氏與牛頓的物理學同樣講述拋射體的現象，（亞氏物理學中所包括的已知事實在基本上比加利略時代所知道的並少不了多少。亞氏物理學能維持千年之久當然不是毫無價值的。）只是亞氏與牛頓所提出的基本判斷不同，也就是對一堆事物的組織與安排不同。因而亞氏物理學繁雜；而牛頓者簡明。簡明的理論不僅便於陳述和利用，並且使人易於作進一步的研究。那麼在一個理論中如何提出較好的基本判斷就是思想家最有意義的工作了。至於就理論的猜測部份來說，新舊兩個體系的優劣就很難確定。一個新理論所猜測的是否一定比舊理論正確呢？這是誰也不敢保證的。這只有待未來事實的證明，那些猜錯了的理論將受自然淘汰，而被人忘却，猜得對的理論將被保存下來。這恐怕就是人類各種理論演變的歷史了。

我們雖說造理論體系亦是思想家的工作，但這話得有相當限制。在重造理論體系時，重新安排已知事實之判斷，提出新的基本判斷，並用消除矛盾的方法來修正新系統。這自然都是思想家的本份工作，然而新理論常要包括新知的事實，因此造理論的人總要知道這些新事實。雖然不必要他自己直接去知道，他總應由書報傳說等來源間接的知道。那麼在造一個理論時實驗家以及其他搜集實際資料的人亦是不可少的。再者，要如何安排已知事實才能使理論簡單化，這至少需要造理論的人對已知事實作一番廣泛和澈底的檢閱，從而對這些事實間的重大關係有所認識。然而認識這些事實間的關係，已經屬於經驗知識的範圍了。因此，建造理論的思想家，並不是純粹作玄思默想的人。這點值得我們注意。

我們已經提出思想家的兩項重要工作，並就其功用及限制加以討論。思想家的工作當然不限於此，然而我們却可以說這兩項是最重要的了。因爲這兩項工作是對於人的求知最有關的。我們如用以上討論所得結果去檢查一些已有的思想體系的得失，亦會得到些重要的結論。馬克斯的理論體系是今天具有實際影響最大的理論體系，也是引起這一個時代思想之混亂最主要的因子之一，那麼我們就把它爲例來作一番考察罷。

馬克斯的理論是一個講述人類整個歷史演變的理論。它的特色是以經濟因素爲主來說明人的行爲。馬克斯認爲一切人類歷史的羣體現象在基本上皆由人的經濟動機和經濟環境所決定。這自然是一個極粗糙的推廣。不過馬克斯所强調的這點確屬很重要而且爲以前講說人類行爲的理論所忽略，因此他的學說之出現竟使社會科學中許多理論體系起了革命性的變動。然而馬克斯理論的缺點是失之過於粗糙，遺漏的重要事實甚多。他所猜測的也就有更多的錯誤。大家都知道在馬克斯的學說中蘊含着一個判斷，就是無產階級革命將最先發生於工業先進的國家。然而事實已證明這個判斷是錯了。這個判斷在馬克斯的學說中所佔地位是極其重要的，只要這麼一個判斷發生錯誤就足够動搖馬克斯的整個理論體系了。這是馬克斯理論猜錯的部份的重要例子。其餘的例子亦無庸多舉。

我們前面已經提到，一個理論所作的猜測是否眞確，這在理論上我們絕對無法預先知道。然而在經驗上我們却還可以找到一些線索，幫助我們去判斷一個理論所猜測的是否有較大的正確性。我們從經驗上知道，這個世界多多少少有些規律性和連續性。我們所以敢於從已知事實去作衆多猜測，就是因爲相信這個世界有這類規律和連續的性質。舉例言之，當醫院的護士小姐給一個病人劃一份從某月某日到某月某日的體溫表時，她只是根據每天給病人所作的幾次溫度測量。她把測過的體溫度數用一些孤立的點表示出來，然後用一條曲線將這些孤立的點連接起來，便說這支曲線表示病人在某一時期的體溫全部情形。她並且預測病人以後的體溫情形亦有與這段期間類似的方向。護士小姐所劃的這支體溫曲線雖然包括了少數已知的事實，但有其餘部份皆係出于猜測，她所以敢做這樣猜測正是因爲她於無意之間相信世界的連續性和規律性：病人在某時某刻量過體溫是多少度，則病人在這時刻稍前或後的時間裏其體溫亦不會相差太遠。那麼一支連接已知點的曲線可以大概說明病人全部期間的體溫情形了。

上述的例子正可用以比喻一個科學理論造成經過的實際情況。在一個理論中有些判斷似乎毫無猜的成份，因爲它可由較爲基本的判斷加以解釋。但一個理論總有些最基本的判斷，不能再有什麼解釋。這些最基本的判斷的得來就只能比作護士小姐所劃的體溫曲線了。在一支體溫曲線的情形，我們可以看出，如果這曲線所依藉的已知點愈多，則這曲線所猜測的便錯誤愈少。同樣如果一個理論所依藉的資料愈豐富細密，這理論所猜測的也便愈少錯誤。我們現在可以說出馬克斯理論所猜測的何以有嚴重錯誤的原因了。馬克斯理論自命爲解說整個人類歷史現象的理論，那麼他所斷述的或猜測的部份包括極廣，因而他所依藉的資料亦應極其廣濶而周詳。然而他作這些斷述或猜測所依藉的事實却極貧乏。許多自古熟知的事實他都充耳不聞，視而不見：不把它們包括在他的理論之內作爲猜測的依藉。馬克斯好比一個懶惰的護士小姐，她只給病人每天量一次體溫，並根據這貧乏的資料劃了一個體溫表，便說這個體溫表代表病人全部的體溫情形了。

馬克斯理論確遺漏了很多重要事實。我們現在既從事檢查這個理論，這些遺漏的地方就應指點出來。馬克斯所忽略的一個重要事實是理想因素對人行爲的重大影響。馬克斯主義者亦承認有理想因素的存在，並承認這種因素不能歸約而爲經濟動機，但他們却以爲這種因素的影響與經濟因素比起來是微不足道的，在整個歷史的行程中不能發生決定性的作用。因此他們堅持階級鬬爭的主張。然而事實與他們的想象並不符合。我們且看一看一個典型共產黨徒列寧，就可明白了。第一我們可以看出列寧等人的行爲不是出於經濟動機。因爲他以及其同伴的才能要想謀利是很容易的，用不着去組織和推動什麼無產階級的革命。他們就是想把自己所得利益傳之子孫亦是很可能的，因爲當列寧從事革命的事候，俄國實行無產階級革命的條件遠不如其他工業先進國家的條件有利，而到現在這些工業先進國家中的利益享有者已經把他們的利益保存下來了。難道在俄國情況下的列寧反不可能嗎？列寧之從事革命實在是出於他所懷抱的理想目標。如果人的經濟動機和物質的經濟環境眞的可以完全決定人類歷史的演變，則俄國是不會在一九〇七年發生那麼一次革命的，即使那時有革命發生其性質也會大不相同。我們可以說，俄國所以發生那次引起世界歷史巨變的革命，主要是受了一些領袖人物之人爲的推動。而這些領袖人物的行爲又是受了他們理想的影響。那麼理想因素是很能左右歷史演變的行程了。我們固然不能說，一個領袖可以憑着他的理想領導羣衆走上他所希望的任何道路，但我們可退一步說，他至少可以教導羣衆行一種開明的自私，譬如讓過份利得的人分一部錢出來，讓大家都能享受洋房汽車的好生活(如美國現在的情形)。歷史既受這麼一類人爲因素的影響，人類歷史自然不會恰像經濟決定論者所預測的那樣進行，至少不必定引致暴力的階級革命。然而馬克斯忽略了這類重要的事實，他的學說自不免失於粗糙，他的猜測亦易發生錯誤了。

我們固然不能要求一個理論包括一切事實，而且這種要求也是不需要的。因爲每一個理論都有其本份的範圍，一個講圍棋的理論用不着包括第二次世界大戰的事實。但我們却要求一個理論包括一切與它相干的重要事實。至於什麼事實才是與一個理論相干的呢？這要靠思想家來辨認。近代思想家已發現一些爲馬克斯理論所忽略的重要相干事實了。現在再列舉幾件在下面：我們常聽說「性」對人的行爲有決定性的影響，又聽說人的許多行爲是受潛意識支配的。對這類事實，許多生活經驗豐富的人都非常清楚。然而很少人想到這類事實與馬克斯的經濟決定論和他所因襲的十九世紀理性論的心理學相牴觸。使我們有機會想到這類事實與馬克斯的理論密切相干的是佛洛依德。佛洛依德把性與潛意識的作用應用到人文現象的研究上去，使馬克斯的學說在根本上遭受動搖。有些人把佛洛依德看作與達爾文、愛因斯坦同樣偉大的人物，是不無理由的。自然佛洛依德的學說或不免過分而有與事實出入的地方，但他那學說的眞實性已經很驚人了。一個講述人類行爲的理論總不應把他所提出的重要因素漏掉。

還有一類非經濟因素也是與人的行爲有密切關係的，例如人性中的虛榮心、爭勝心以及權力慾。這類因素之支配人的行爲乃是自古已知的事實，而馬克斯却偏偏把他們從他的理論中漏掉。羅素在「布爾雪維克主義之理論與實踐」一書中特別提到，這種遺漏在理論上所引起的惡果是非常嚴重的。輓近人們漸注意到人的宗教情感與人行爲關係之密切。在此所謂宗教情感是指人因爲感到個人自身之脆弱渺小，對莊嚴壯麗事物之崇拜，而欲求一絕對權威，對它服從並求其庇護，以求內心之平安寧靜的心理。湯恩比曾言共產黨運動類似宗教運動，可惜這話中的重要意義在中國思想界久未引起注意，至對日抗戰將結束時，共產黨的運動在大陸洶湧澎湃，世人震驚。一位著名的研究歷史的教授復言共產黨運動之引人入勝，端在其給與人宗教情感的滿足。這時討論時事的人方開始正視宗教因素之重要性。按諸史實，人的宗教情感之影響歷史的進程是很有力量的。宗教情感實在是人性中的一部份，解說人文現象的學說當然不能加以忽略。但馬克斯却把宗教看爲資本家麻醉貧民的工具，那自然是不顧事實的解說了。

馬克斯理論所忽略的重要事實並不只此，不過在此不及備述，以上所舉幾例不過指其比較重大者論。而且也許還有許多習知的事實本是與馬克斯的理論有重要關係的，不過這種關係却至今尚未被人發現。要發現這種關係實在需要做一番麻煩的思想工夫。具體言之，一個理論所蘊含的邏輯結果中如有說及某事實的，這事實便是與該理論相干；否則便是不相干。那麼要知道一個事實命辭是否與一個理論相干，需要我們作一番邏輯推論，也就是要作一番思想工夫。當一個相干的事實與一理論牴觸時，這理論是需要加以修正的，當一個事實是與這理論中的基本判斷牴觸時，這理論就需要發生澈底的變動。這樣的事實，我們說它對這理論具有重要的意義，因爲它的出現與否可能影響到這理論根本存廢的問題。檢查一個理論的得失或重新建造一個理論都需要找出對這理論具有重要意義的事實。如何尋找對一理論具有重要意義的事實正是思想家的本格工作之一。在我們檢查馬克斯的理論時這種工作當然不能缺少。

以上我們已就馬克斯學說遺漏重要的相干事實這方面加以批評。我們又從前面的討論可以知道，一個理論既遺漏許多相干事實，它的判斷之錯誤是在所難免的。然而馬克斯的學說常能使人對它有一種眞實感，許多讀了或聽了這個學說的人都非常相信它。其原因何在，我們在此需加以說明。一個學說，如果它所包含的判斷自身間沒有矛盾，換言之它構成一個自身貫通的系統，我們便會覺它所說的條條是道，容易相信它是眞確的。一個杜撰得很好的小說便具有這種特點。然而從我們前面的討論可以知道，一個理論的自身貫通只是一個正確理論的必要條件，而不是充分條件，馬克斯的理論在自身之貫通性這方面是做得相當好的，因而它能使人覺得它眞確。但實際經我們指出，這理論與許多在它系統之外的正確判斷相牴觸，也就是與許多事實不符，那麼它遠不能算作一個眞確的理論。

再者，當馬克斯學說遇到與事實有牴觸時，他的信徒都會引經據典的對這些矛盾加以辯護。這是曾與共產黨徒辯論過的人都會有的經驗。如果任何相干事件在一個理論中都能找到解釋，這理論就會被人覺得有高度的貫通性，人們因而覺得它是眞確的。但我們在此應注意共產黨徒所作的解釋與我們在一般科學中所碰到的解釋並不相同。在科學中，當我們遇到一些事實與某一基本判斷牴觸時，我們爲了解釋這些例外的情形，唯有將原來的基本判斷加以限制和修正，使那些事實的出現不再成爲例外的。在我們作這樣的解釋工作過程中，我們將一個理論的基本部份加以修正，使我們的知識又進了一步。那麼這種解釋工作是很有價值的。但是那些共產黨人所作的解釋並不是這種。他們理論中的一些基本命題是不肯動一動的，因爲那些基本命題的『絕對正確』是支持他革命熱情的原動力。譬如當他們要解釋列寧一類有偉大理想之人物的行爲時，他們絕不肯將經濟決定論的信念稍加動搖。因此他們所作的解釋常只是些權宜方便，一種對旁人的暫時敷衍搪塞；如果把他們所作的解釋再堅持的推論下去，仍是會與他們的基本命題發生牴觸的。因此，共產黨人所作的一些解釋雖常能取信於衆多不肯用思想的人，但這對於他們理論上困難的解除並沒有眞正的幫助。

我們已提及馬克斯學說之不能成爲完備的理論是因爲他所斷述的太多——他要爲人類行爲的整個歷史下斷語——而他作這些斷語所依藉的事實又太簡略。馬克斯何以要遺漏許多重要的相干事實呢？這是因爲他懷有一種武斷的價值觀念。他認爲只有物質的利益最重要，也最應支配人的行爲，其餘爲人們重視的事物，他或者認爲可以取消，或者認爲應該取消。譬如爲我們所重視的一些基本人權就被馬克斯認爲是布爾喬亞壞意識下的產物，被他痛加詆毀。雖然人類爲了爭取這些基本人權曾在歷史上寫下重要的一頁，而馬克斯却不願意把這些算作影響歷史演變的重要因素。他的信徒一旦有權在手，還要設立特殊的制度來將它們消滅。我們如果想給馬克斯的理論作一個公道的評價，似乎可以這樣說：它只是一個關於一羣特別重視物質利益的人的學說，而不能成爲一個關於整個人類一般行爲的學說。在一個特殊的時代或特殊的地域，或者會有這種完全重視物質利益的社會存在，那麼這個社會的變遷確會多多少少符合馬克斯理論的斷語。見了這種例子的人也眞可能認爲馬克斯的判斷很眞確了。但我們應注意，少數的特例實在不能保證馬克斯的理論當用來解說或預測人類整個歷史現象時仍會是眞確的。

四

我們把馬克斯的理論作過如上一番考察後，知道它雖有優於一些傳統理論的地方，但如當作一個說明人類整個歷史現象的理論，却是漏洞百出。共產黨徒用它來作爲人類行爲的指導已經引出大的災害了。但不幸在今天世界上一個確屬比它富于煽動力的理論體系也許沒有出現，這或者是使得當代人在心理上感到惶恐的一個原因。那麼今天思想家的責任是要建立一個自身貫通，包括更廣的，說明人類行爲整個歷史的大理論體系。筆者認爲這個大的理論體系的建立至少須包括那些被馬克斯所漏掉的事實。我們又知道馬克斯的理論所以遺漏許多事實是因爲他太武斷的重視一種特殊的價值。那麼想爲這個大理論體系之建立努力的人，總應事先對價值判斷的性質作一客觀的研究。筆者曾在本刊寫過一篇「價值判斷與民主民治」，就是欲在這方面作一些討論。筆者以爲，當人們對價值的性質有了確當的認識以後，就會覺得馬克斯那樣武斷地重視物質利益，而否定其他事物的價值是一種嚴重的偏見。馬克斯因爲否定一些事物的價值，他不僅要忽略這些事物，並且連斷述這些事物的理論也一齊加以排斥。例如民主制度的理論是陳述一些與個人價值有關的事實的理論。馬克斯因爲輕視個人的價值，也便擯棄民主的理論。共產黨人稱民主的理論爲「布爾喬亞的理論」，這是一個很不好的稱謂。因爲在共產黨徒的心目中，凡是布爾喬亞的都是根本要不得的。然而當人們對各種價值有了允當的認識以後，會覺得民主的理論以及其他被共產黨人咒駡的「布爾亞爾的理論」都各有其存留的理由，如果它們所陳述的事實是眞確的，我們更應積極加以利用，應把它們當作部份的理論，融合在我們的大理論體系之中。

那麼我們所希望的新的大理論體系是包括這麼多題材，要融合衆多新的與舊的局部理論，如何靠揭露這些局部理論間的矛盾，發現他們的錯誤，從而修正它們，使這新的體系能成爲一個全部貫通的大體系，這是思想家的責任。如何按排這些材料，如何選擇基本命題，使造成的理論體系能簡單適用，這也是思想家的責任。但在此我們可以看出這個龐大理論的建造工作不是由少數人可以完成的，這要靠許多部門的分工合作。然而各部門的工作結果如何才能互相對照比較呢？這首先需要各部門有一共同能了解的語言系統。今天的邏輯經驗論者正從事一個科學統一運動，而製造一個各學科共同應用的語言系統就是他們的主要目標。這工作對我們所希冀的大理論體系的建造是有重要意義的。其次我們可以看到這個理論體系的建立還要靠許多搜集實際資料的工作者的合作。譬如當思想家發現兩個局部理論有矛盾時，他由此只知道這二者中至有一個理論有錯誤。至於是那一個有錯，或二者都有錯，這得靠衆多實驗家歷史家從搜集的實際資料中加以驗證才能知道。然而這類工作是很費手續和時間的，思想家要配合着這些人工作的結果才能進行他的本位工作。那麼我們所希望的大理論體系是不能一蹴而幾的，從前有些思想家常忽略這些搜集實際資料工作的重要性。而全憑一己的玄想作決定。他們的理論體系建立起來倒是眞快，但不旋踵間又告傾覆了。我們知道許多喜歡思想的朋友都想爲我們希望的這個新的說明人類行爲的大理論系作一些努力。本文以上的討論是想指出他們在這工作中能佔什麼樣的位置，能做些什麼，能成就些什麼。以及那些成就的限度何如，筆者希望這個討論能對他們有些許幫助。

——完

迷妄的平等

海耶克著
殷海光譯

上帝給予人的最佳機會被人錯過了。因爲，許多人渴念平等。這麼一來，自由便失掉了。

——阿克頓爵士

譯者的話

我們千萬不要以爲這話是阿克頓(Acton)過火之言。阿克頓是英國博學淹識的大史家，飽經世變。吾人須知，失去了自由的平等，便是毫無價值的奴隸與奴隸之間的平等。這樣的平等，靜坐可得，何勞流血爭取？

社會主義者用以鼓動人心的基本意理，就是實現經濟平等。但是，不幸得很，就近數十年的許多事例觀察，藉『革命流血』手段而實行社會主義的結果，反而招致了較原有經濟制度下更大的不平等。在原有社會中，因有獨立於政治的純經濟活動，所以原有經濟制度常較富於彈性。既常較富於彈性，個人改善其經濟生活之可能性遠較在社會主義之下爲大。在美國，以及在中國清末民初之際，赤手致富者比比皆是。而社會主義一旦普遍實行，由官方統治經濟，則經濟就倒過來變成政治之被動數。蘇俄等地區所表現者，社會主義的經濟之僵固無情，遠非西歐及美國人士所能想像。在這類地區，貧者從生到死永遠赤貧。如不靠政治關係，赤手絕無致富之理。

這樣實行社會主義稍久，一定產生若干層級的政治性的經濟貴族。千千萬萬平民，則一輩子淪爲可愛的『國家』之奴工、奴農。任何時候，這可愛的『國家』基于政治的理由而停止配給，則奴工、奴農就得停止呼吸。在這樣的『國家』，經濟上的不平等，是基于政治的考慮和需要而嚴格制度化了的。

多少年來，由于共黨過分强調經濟因素之重要，形成經濟至上的社會心理。許多贊成政治民主的人爲這種社會心理所懾，於是提出『政治民主』和『經濟平等』兩個口號。這種說法，乍看起來，似乎有理，因而頗能動聽。但是，稍一分析，便可看出這種說法底毛病。這種說法，從情感的原因觀察，是想作調人；從思想方面觀察，是由於思力未能劈入此問題之裏。

『政治民主』和『經濟平等』二者之相對地位有三：一、『政治民主』高于『經濟平等』；二、『經濟平等』高于『政治民主』；三、『政治民主』與『經濟平等』平列，卽等量齊觀。『政治民主』與『經濟平等』二者底這三種相對地位之不同所產生的結果，重大地影響甚至於決定着大家底現實生活。如果我們視『政治民主』高於『經濟平等』，那末所形成的社會便是一個自由民主的社會。如果我們視『政治民主』與『經濟平等』同等重要，那末所形成的社會也許就是英國工黨式的社會。如果我們視『經濟平等』高于『政治民主』，那末社會便走向『奴役之路』。而照許多經濟學家底解析，將『政治民主』與『經濟平等』同等看待的辦法，如英國工黨底措施所例示者，祇是從『自由社會』走向『奴役之路』的一個過路走廊而已。所以，剩下來的可能，不是『自由社會』，便是到『奴役之路』。我們究竟應該怎樣抉擇呢？

我們要解答這個問題，首先就得確定：是人來要求『經濟平等』呢？還是猪來要求？如果是猪來要求『經濟平等』，那末就根本不發生要否實現『政治民主』的問題。美國猪營養豐富，宿舍淸潔，照料週到，『經濟』可謂『平等』矣！所以未聞猪羣暴動以要求實現『政治民主』之事。如果是人要求『經濟平等』，那末必須首先自覺要求改善生活乃係基本人權之行使。在極權地區如蘇俄者，統治機構配給你好多你就吃好多，你是不被允許有要求改善生活之權利的。否則就說你藉端要挾，請你進集中營。因爲，這類行爲，照統治者看來，是對他權威之挑戰。這是絕對不能容忍的事。蘇俄極權地區，卽使有所謂『經濟平等』，也是喂猪式的『經濟平等』。而在自由民主的邦國，如有工人要求改善生活之事，資方常謀與之商談協調。從來沒有聽說要求改善生活就是藉端要挾。這就是因爲自由民主的邦國不否認改善生活爲每一個人之始基的人權。這樣實現的『經濟平等』，是人的經濟平等。兩相比較起來，俄式之不從人權出發而談的『經濟平等』，與自由式之從人權出發來談的『經濟平等』，二者況味之別，結果之差，豈可以道理而計？

這樣分析起來，可知如果我們自認爲是一個人而且要求實現『經濟平等』，那末必須從人權出發以謀其實現。如果從人權之肯定以謀其實現，那末就是已經預先假定『政治民主』先於『經濟平等』了。因爲，有而且祇有在『政治民主』中人權才得到明確的承認和切實的保障。在『政治民主』先於『經濟平等』的這一大前題之下，要求實現『經濟平等』既被看作基本人權之一項，謂之爲『經濟人權』可也。

以上所說的是一邏輯結構。當然，在經濟特別發生問題的情形之下，我們不妨特別重視經濟人權。但是，無論怎樣重視，我們都不能忘記，經濟人權係人權之一次類(Sub-class)。它無論怎樣重要，絕對不能高出一般人權之上。這道關隘如不死守，那末，就算我們有口可憐飯吃，也就一齊走向『奴役之路』了。

從上面所說的看來，可知對於『政治民主』

與『經濟平等』底相對地位之這一番解析是何等重要。但是，西歐許多人士，由於享受慣了人權亦如享受慣了空氣而不復警覺人權之不可須臾與離，於是，一聽到馬克斯之徒高嚷麵包問題，便丟下祖宗奮鬭數百年所得到的人權保障而不顧，一齊忘乎其形，爭着搶麵包，險些兒作了馬克斯主義者底俘虜。至于東方人衆呢？自盤古開天地以來，從來沒有人權之自覺。這些人，於貧困之餘，一聽到共產赤魔『解決吃飯問題』之煽動，便以爲天國降臨人間，趨之唯恐不及。結果，都被關入地獄，大上其當。所以，我們要提醒世人，在任何情形之下，不要忘記了人權。失去了人權，一切都會落空的。

許多主張社會主義而却又不反對民主的人，一聽到有人强烈地反對社會主義，不由得心裏老大不舒服。他們在直覺上就想不通：社會主義提倡大家有飯吃，這並沒有錯，你們爲何要拚命反對？這不是『資本主義』的思想在作怪嗎？

這些人之所以有這種誤解，照譯者分析起來，是由于沒有把『社會主義』一詞底兩種意義分辨淸楚。時至今日，『社會主義』一詞已經演變出兩種不同的意義。一是『作爲改善大家經濟生活的社會主義』；另一是『作爲統治手段的社會主義』。這兩種意義的『社會主義』之性質與歸趨是大不相同的。在第一種意義之下的『社會主義』係社會主義之理想的一面。社會主義底這一面，是在千千萬萬人心中盪漾的。既然如此，我們說社會主義根本要不得，他們如何不心頭火起？然而，他們却不明瞭，在許多實際情形中，社會主義之改善大家經濟生活的理想尙未實現時，已經被用作基本的統治手段了。有眼光而又愛人者見到這一危險趨勢，怎能不起而大聲疾呼，說，『這條路太危險，小心上當』！

也許有人問：『我們可不可以保留作爲改善大家經濟生活的社會主義這一理想原則，而排斥作爲統治之基本手段的社會主義？』對於這個問題之解答，祇能求之於經驗，不能求之於觀念的遊戲，更不能求之於名詞的玩弄。近百餘年來，許多强有力而又標尙社會主義的人，把社會主義之實現，與政權爭奪，尤其以暴力爭奪之事，緊密地聯繫起來。於是，演變所及，所謂『作爲改善大家經濟生活的社會主義』，就變成『作爲改善少數人經濟生活的社會主義』了。這裏所謂的『少數人』，意指奪得政權的任何人，或任何政治組體，或任何階層。這麼一來，對于多數人而言，社會主義，就不折不扣地變成『基本的統治手段』。這個樣子的『社會主義』，難道還不應該澈底反對嗎？

假若有人再進一步追問：『如果不經由所謂「革命」，或暴力奪取政權等等手段，而經由民主程序，實行計劃經濟，和平走向社會主義之理想的一面，那末，會不會演變到這種不幸的結果呢？』海耶克教授在本書中所進行的解析，一部份就是爲了答覆這個問題的。依照他底解析，計劃經濟就是經濟的獨裁。經濟的獨裁與民主政治，在內部結構和實際的發展上，是不相容的。經濟獨裁底結果，一定是挖空民主底實際內容。這種制度之消滅民主，與暴力革命之消滅民主，雖有緩急之分，可是，結果很少不同。

吾人當知，侈言『根本改革』有關衆人之事，常招莫測之禍：繼所謂『根本改革』而起者，常爲更較慘酷之獨裁極權的統治。急切求變，便是自造地獄。

一

我們最常見的反對自由競爭的論調之一，是說自由競爭係在一種『盲目狀態』之下進行。無論這種批評對或不對，就古代的人而言，這種『盲目狀態』乃神聖不可侵犯的正義之一屬性。雖然，自由競爭與社會正義二者共同之處不多，但二者都是值得讚美的。因爲，無論是自由競爭也好，或是社會正義也好，其建制也，並非預先爲了對於誰何人等有利，亦非預先爲了不利於誰何人等。在自由競爭制度之下，我們簡直無法確知誰會獲利，誰會遭受損失。在自由競爭制度之下，酬報與罰欵，並不依照誰認爲某人底工作是否與他人有好處而定，而係依照各人底能力和幸運而定。在吾人定立法治建構時，既然不能確知誰會因此條文而獲利，誰會因此條文而蒙受損失，這麼一來，就可造成機會之均等。自由競爭正需機會均等的。因爲，在自由競爭制度之下，機會和幸運，在決定各人底運氣時，其重要往往不下於各人底技巧和遠見。

我們假設有這兩種制度：其一是每人依照某種絕對的和普遍的利益標準來各取所值；而另一是各個人所應得的一份一部份係由偶然的機會所致。然而，我們現在所面臨的抉擇，並非在這兩種制度之中任選其一；而是在下列兩種制度之中任選其一：在一種制度之下，少數人底意志可以決定誰獲得什麼；在另一種制度之下，每個人能夠獲得什麼，至少有一部份係憑其能力和企圖心，而有一部份則由於不可預見的機會所致。後者便是自由競爭制度。在自由競爭的制度下，私有財產和遺產常具有影響作用，因而，在競爭場合，各人所有的機會並不完全均等。可是，只要各人先天的差異存在，機會之不均等可以逐漸設法減少。在這個世界上，許許多多人總是自以爲他們底看法正確。如果沒有任何人能夠拿他底看法强使人同，那末，消除機會不均等之事遲早總是可能實現的。在消除機會不平等時，消除之方式，必須不是爲着任何個人打算的，而須是超乎人身的。（譯者按：依蘇俄這一典型來觀察，在現代的一黨制度 One-party system 下，舊式的不平等固可消除，依政治考慮而形成的新式的不平等則取而代之。而新式的不平等之令人難以忍受之程度，較舊有者大千百萬倍。因爲，舊式不平等之造成往往需經過漫長之歲月。在此漫長之歲月中，經濟制度往往混雜有若干風俗習慣之成分。風俗習慣，除對極少數頭腦優秀的人以外，對最大多數人恒能收安之若素之實效。一人制度與起後，隨之俱來者，常爲以『擁護』爲專門職業的新式政治貴族。這種新式政治貴族，當然因着酬報的理由也就成爲新式經濟貴族。踏在此一人與此新式貴族脚下的，便是千萬被治人畜。這千萬被治人畜，在經濟上，倒也可以得到奴隸與奴隸之間的『平等』。此奴隸與奴隸之間的『平等』，係彼等『努力革命』換來的賓貴『果實』！）

在自由競爭的社會，無庸諱言，窮人發展的機會，遠較富人爲少。然而，即使如此，窮人在自由社會中，比之在不同型類的社會中那些獲致較大物質享受者遠爲自由。（例如，蘇俄工程師不及美國小工自由。——譯者）在自由競爭的社會中，窮人致富之機會確較承繼遺產者致富之機會爲少。雖然如此，在這種社會中，窮人畢竟有致富的可能。自由競爭制度係建立於想獲致財富的人身上，而非建立於權勢之上。（譯者按：這一點重要之至。因爲，在以政治目標來支配經濟發展的地區，有權有勢斯有財有富，無權無勢斯無財無富。因此，在這類地區，一人如不循權勢之路，則無論如何克勤克儉，亦必不能致富，甚至無隔宿之糧，過度着寄蜉蝣於天地的無根生涯。）同時，在自由社會，沒有人能阻止誰發財致富。今日有許多人不知失去自由之滋味爲何，因此，也就常常忽略一項事實，即是，在西方自由國家，一個收入不豐且又技術欠佳的工人，其得以自由處理其生活之自由，較之收入遠爲豐厚的蘇俄經理爲大。在自由競爭的社會裏，這個工人如要改變行業，或遷地居住，或表示何種意見，或以何種方式消磨其閒暇，凡此等等，都沒有太大的限制與障礙。他個人人身之安全和自由沒有危險，沒有任何人藉着暴力來强制他做些什麼。（譯者按：做一個人最起碼須要這些自由，否則至多不過等于動物園裏的猴子。）

二

如果因私有財產而獲致的收入廢止了，各種不同的人收入上的差異依然保持原狀，那末大多數社會主義者所抱持的社會正義理想便可實現。然而，這些人却忘記一項事實，即，將一切私有財產轉變爲政府財產時，政府底行動在實際上便決定着大家一切其他的收入。這麼一來，我們就是將『生活權利』交給政府了。

我們如果以爲政府底權力不過就是我們所授予的那些權力，那末便大錯而特錯，我們必須明白，政府底權力乃係新產生出來的權力。而這種權力，在一自由競爭的社會，是任何人所不會掌握的。吾人需知，祇要財產爲各個人分別享有，則誰都不能具有決定的力量來決定某人該收入多少，決定誰底社會地位該如何。在自由社會，一個僱主，除非肯出比任何人較多的價錢，否則沒有人願意跟着他幹一輩子。（但是，在現代極權統治之下，政府是唯一的僱主。於是，你只有兩條道路可走：跟着他幹一輩子；或者，死亡。——譯者）

我們這一代有許許多多人竟忘記了私有財產制度係保障個人自由之最重要的制度。這種制度，不僅保障了有財產者底個人自由，而且也保障着窮人底個人自由。之所以如此，因爲，生產資具分別爲許多人所保有，而且各人獨立從事生產，沒有誰能完全支配誰，於是各個人得以自行決定謀生之道。窮人也可以生息於這些空隙之間。（譯者按：海耶克教授之所言，實關聯乎人生底根本問題。財產私有，不僅個人生活之所資，且爲保障人格、氣節、志趣、興味、情操底必須條件。陶淵明之所以能賦『歸去來』辭，之所以能不爲『五斗米折腰』，因他尙有『將蕪』之『田園』。今世非全無陶淵明，但幾無將蕪之田園，於是，不得不在拗逆志趣與夫大打拆扣之條件下苟延殘生。在這樣的一個社會，高調『精神文化』，雖至地老天荒，亦必無人理睬。那些不懂得怎樣思考現代問題的玄談『心性』者流，可以少息矣！）反之，如果所有的生產資具都歸一人控制，那末，無論此君在名義上是否代表整個『社會』或係一大獨裁者，只要他操有這種權力，便可以對吾人施行全面的控制。（這眞是經驗之談——譯者）

自昔至今，少數極端份子，或宗教信仰者，雖家無恒產，可是，其志同道合者如富有資財，能照顧彼等，則彼等所享有的自由，常較他們只在名義上係社會財富之所有者爲大。這類事實，無人可以置疑。（譯者按：蘇俄之類的極權地區，工人只是財富在名義上的所有者。馬林可夫及高級黨要爲財富在實際上的所有者。結果，盡義務的是工人；享權利的是馬林可夫及高級黨要。）在自由社會，一個百萬富翁，即使是我們底鄰居或僱主，他對我們底支配力，一定遠較那握有政府鎭壓權力的人爲小，遠較那能詳細規定我們生活與工作細節的人爲小。吾人須知，一個財富比較發生力量的世界，較之一個握有權力的人能獲得財富的世界，畢竟要好得多。（譯者按：這眞是眞知灼見。謀致財富，固難免詐欺與投機取巧之事，但是，大致說來，究竟要憑眞實本領，才智，與毅力。洛克非勒，卡尼基，和福特之財，除共黨以外，無人能說係『不義之財』。然而，在能藉政治權力而取得財富的地區，權力者常可拿財富作爲政治誘餌。這麼一來，不特耗竭社會財力，且政治圈子裏所誘聚的，很少不是趨餌之蝦的。於是，反淘汰作用發生，社會被拖緊向下沉淪，以至於不可救藥。）

伊斯脫曼（Max Eastman）是一位卓越的老共產主義者。他重新發現了這類事實。這眞是可悲的。不過，同時也令人歡欣鼓舞。他說：『照我現在看來，這似乎是一件顯而易見的事——雖然，我得到這項結論，已屬太遲——私有財產制度乃給人帶來有限的自由與平等之一主要制度。馬克斯希望藉着消滅私有財產而無限獲致自由與平等。眞够奇怪的，馬克斯是看出這個問題的第一個人。他首先告訴我們，叫我們往後看。他說，私有資本制度之演進以及與之俱來的自由市場曾經是我們一切民主式的自由之先決條件。可是，他却從來不向前看。如果他所說的不差，那末，設若廢除了自由市場，則這些自由便會一齊消失。』

三

有些贊成計劃經濟的人說，我們並沒有何種理由要計劃者來替我們決定個人底收入。計劃者在決定各種不同的人究竟應該分得國家歲入之多少時，會遭遇到社會性的和政治性的種種困難。面對這種種顯而易見的事實，卽令是最頑固的計劃者，在行使其權力來處理這類問題時，也必感到棘手，以致躊躇不前。所以，認識個中困難的人，也許無寧祇將計劃之事行之於生產方面，祇期藉計劃生產來實現『工業之合理的組織』；而將分配收入之事儘可能地委諸社會力量。雖然，欲管制工業而不影響分配乃不可能之事，而且沒有計劃者願意將分配之事完全委諸自由市場；可是，儘管如此，他們也許只看到分配符合公平原則時，消除了極端不公平之事，他們却不知道，這麼一來，在社會內部會造成特殊人物的。

我們已經稔知，一切經濟現象係彼此密切關聯着的。既然如此，計劃者極其不易將計劃之事剛好做得適可而止。自由市場底功能一旦因計劃而受到某種程度以上的阻障，計劃者爲了其計劃行得通，便不得不擴大其統治範圍，一直到無所不包爲止。

在一個受管制的計劃社會之中，一旦大家普遍認識個人底地位不是被制度底力量所決定，同時又非由許多人自由競爭所致，而是由實行管制的官方精心刻意謀劃所造成，那末，一般人對于他們在社會所處地位的態度必至隨之而變。這麼一來，社會上一定常常發生不平等的事。這些不平等的事，在身受者看來，是不公正的。於是，失望之事，遂與日俱增。在這樣的社會，善良的人，常得無妄之災。(譯者按：在受管制的地區如蘇俄者，這類結果之發生，眞可謂『事有必至，理有固然』。因爲，在這類空間，『效忠 (offer servitude)』權力之泉源爲人生第一要務，猶如『德意志高於一切』然。這樣一來，無心無肝而有效有忠者，則常爬到大家肩上。所以，在共產赤魔統治之下，大學未曾卒業者當大學校長，高級中學課程沒有讀完者向大學教授作『哲學』訓話。凡此等等，不能視作怪事。因爲，行一黨一人制度的任何地區，都可能發生這類現象。權力卽是一切，遑論知識？)

無疑，在人類社會中，不平等之事在所難免。如果不平等之事係出于社會因素所致，而非出于人爲的計劃，則對于個人尊嚴打擊尙小。在一自由競爭社會，如任一公司對一個人不再僱用或不能給他較佳的職務，這對他並非輕視，亦不冒犯其尊嚴。同時，在自由社會中，有比在中央管制制度裏較佳之方法來防制失業之厄。失業之事，如在一計劃的社會中發生，則遠較在自由社會中所發生者情況惡劣。吾人須知，在一計劃的社會中，個人所能決定者並非他是否需要某一特殊職務，而係他對于任何職業是否配合得上，並且他怎樣才有用。(亦如一零件是否配得上一部機器然——譯者) 他在社會中的地位怎樣，全由別人來決定。(人生至此地步，辛酸極矣！——譯者)

當任何人對可以打擊他的苦難低頭時，有時甚至欲向苦難低頭，亦不可得。因此類苦難乃官方造成者。此類苦難，如果我們不能遠離它，則其爲害也勢必靡有止境。如果我們被束縛於一地，並且屈從高高在上者之意志，則其爲害亦靡有止境。如果大家意識到大家之苦難係出于人爲精心刻意策劃所致，則不滿之情，勢必與日俱增。(譯者按：類似蘇俄的地區之苦難，十之八九皆非必要，而係出于握權者人爲的策劃所致。然而，人衆卽或不滿，亦莫可如何。因爲，在現代統治技術之下，人衆不滿之情，只似地下水，不能滙合成爲江河。) 吾人必須明瞭，如果經濟問題或社會問題之解決全靠行使鎭壓權力，則所謂經濟問題和社會問題，無一而非政治問題。(這眞是一針見血之論。極權地區之以蘇俄爲典型者，內部如有問題，歸根究底祇有一個問題，卽是政治問題：擧凡教育問題，文化問題，思想問題，土地問題，宗教問題，無一不被看作政治問題，因而無一不以政治爲基本着眼點而解決之。這就是泛政治主義。泛政治主義是了解極權統治的一鎖鑰。——譯者)

四

在俄國蘇維埃統治初期，俄國人之間流傳這個笑柄：『誰來管？誰被管？』我相信這個有名的成語是列寧自己介紹到俄國來的。當時的俄國人藉着這個笑柄來總括所謂『社會主義的社會』裏的一般問題：誰替誰計劃？誰指導並且支配誰？誰規定一般人底生活方式？誰應該負擔什麼責任？這些問題，在蘇俄，成爲祇能由最高權力單獨解決的中心問題。近來，有位美國習政治的學生，把列寧所用的這一成語擴大說，一切從事計劃的政府所面對的問題就是：『誰得到什麼，何時得到，並且怎樣得到』。一切政府都可能影響不同的人民之相對地位。在任何制度之下，我們底生活很少不受政府行動之影響的。不過從事計劃的政府爲尤甚。

在統制經濟之下，承擔起統制經濟事項的政府，有一項最關切要的問題，卽是必須運用其權力來實現公平分配的理想。但是，他怎樣運用這種權力？他依據什麼原則來運用？對于因此而可能引起的重要問題，他能否切實解答？是否有一價值標準能使有思想的人贊同？他所定價值標準是否能證明社會新階層制度合理？並且是否可能滿足公平分配之要求？

照社會主義者看來，祇有一條普遍原則，祇有一條簡單的規律，可以確定地解答所有的這些問題，卽是：平等，一切個人在所有由人爲管制而形成的那些條件上完全而且絕對平等。這條原則，是否能够付諸實行，這一問題我們且不討論。我們現在所要表明的是，如果大家都認爲這條原則是可以接受的，那末便對『公平分配』這一模糊觀念可以得到一個清楚明白的意義，而且從事計劃者也可以得到一個確定的指導原則。但是，一般人却並不認爲這種機械式的平等是要得的。自古至今，凡以實現完全的平等爲目標的社會主義運動，從未得到實質的支持。

我們所有的公平標準，是從我們已知的自由競爭範圍內衍生出來的。一旦自由競爭制度消滅了，這些標準便立即隨之而消失。我們所謂的公平價格，公平的工資，或爲習俗的價格與工資，或爲大家依據過去經驗而希望得到的酬報。如果沒有獨佔式的剝削存在，這樣的價格或工資也會存在的。

從事計劃的官方，必須決定何者爲公平價格，何者爲公正的工資。如果計劃者決定少數建築師或製錶工人爲必需者，而他可以僱到願得較低酬報者，那末較低工資即爲『公正』的工資。在決定不同的工作之相對的重要性時，計劃者又得決定不同集體與個人之相對的重要性。他如不顧只把人當做工具，那末他就得考慮這些後果，並且有意來平衡不同的結果之重要性。這麼一來，計劃之事便無可避免地直接控制着各種各色的人之生活狀況。計劃的方式又會影響到各個人之相對地位。其影響到各個人之相對地位，無異于其影響各個不同的職業團體之間的相對地位。

五

祗要社會主義一天在一個有限的和同質的團體中發生激動作用，上述困難還不致引起公開的衝突。祗有當社會主義的政策在實際上要求得到許多不同質的團體來支持，而這些不同質的團體又佔人口中的大多數時，上述困難才會表面化。顯然，如果要計劃經濟成功，必須大家對于許多措施底基本價值有一個共同的看法。可是，無論如何，限制我們處理物質生活之自由，會直接觸及我們心靈自由的。社會主義者，是社會主義者所製造出來的野蠻後裔之文明的祖先。（妙語驚人！——譯者）社會主義者一貫地希望拿教育的方法來製造大家底價值判斷，使大家有共同一致的價值觀，以解決實施計劃經濟時因各人底價值判斷不同而引起的困難。但是，這樣一來，教育就不成其爲教育了。知識不能創造倫理價值。知識不能導致各個人對於道德價值採取相同的看法。道德價值之釐訂，乃所以安排社會關係。但是，在計劃經濟之下，如欲證明某一計劃措施合理，吾人所需依據者，並非一理性的論說，而係社會主義者所規定的教條。社會主義者明白，要他們底『理想』行得通，必須大家普遍接受一個共同的世界觀（Welt-anschauung），接受一組確定的價值觀念。這個單一的世界觀和價值觀念可以支持一個羣衆運動。在羣衆運動中，社會主義者創造了許許多多說教底工具。納粹和法西斯曾經有效地利用過這些工具。（譯者按：在這些事上，唯心主義者，泛道德主義者 Pan-moralicists，又顯得與泛唯物的社會主義者同其『意識型模』：都要人接受其『世界觀』，都提倡『空大哲學』，都盛行『思想之走私』，都從一個單一的觀點看事事物物，都要製造羣衆心理，都是全體主義的，也都可以歷史主義爲經。就思想底型模來說，唯心主義與唯物主義同出一神之源。就思想底建造來說，至少在近代，唯心主義是師傅，唯物主義是徒弟。就思想底實踐來說，唯心主義是陰影，唯物主義是形具。喀爾文之流，果生當今之世，誰能擔保他不走上列寧之路？唯心主義和唯物主義是最易泛濫的兩股洪水。欲從思想上挽救世界，必須請大禹治水。今日的大禹，就是新實徵論，或哲學解析。關于這方面的問題，事涉專門，容有機會詳論。）

在德國和意大利，納粹和法西斯並沒有什麼太多的新發明。在德意兩國，納粹和法西斯所採用的瀰漫個人全部生活的新政治運動，是社會主義者老早介紹過了的玩意。他們想組織一個囊括個人一切活動的黨。這個黨要指導個人對于一切事物的看法，並且喜歡把一切問題看成黨底世界觀問題。凡此等等，社會主義者俱首先予以實踐。一個奧地利底社會主義作家，提到奧地利底社會主義運動時，很驕傲地說：『奧地利社會主義運動底特徵，就是爲工人和僱傭底每一方面之活動都創造了特殊的組織。』（這就是全體主義的統治之雛型——譯者）

雖然，奧國社會主義者在這方面比別處的社會主義者走得遠，可是，在別的地方，情況也並不見得相差太遠。許多地方的社會主義者，把人從最小的年齡起就納入其政治組織。這樣，他們長大了以後，就變成了好的『普洛階級』。社會主義者首先堅持黨員必須與一般人不同，他們認爲黨員必須穿制服。社會主義者組織黨底『細胞』，並且永遠監視私人生活，於是產生了極權政黨底原基型式(Prototype)。

社會主義運動是直接爲了某一特殊集團之利益而掀起的，並且是想把此集團之利益提得比其他的集團高。可是，在朝社會主義趨進的歷程中，如果每個人都逐漸明白，他底收入和地位是被政府底鎮壓機構所決定的；而且，如果他成了那能控制政府機構的政治組織之一員，他也能保持他底地位，甚至改善他底地位，那末，社會主義運動發展到了這一步，就變質了。（譯者按：近數十年來幾個『革命運動』亦莫不如此。這些『革命運動』，在其初期，係以改變大家不滿之政治現狀爲號召。可是，等到現狀改變，『革命』成功，獲得『革命果實』以後，所謂『革命』遂成維繫盲人幻覺的符咒，尤成鞏固並增進少數人底權利之資具。在此少數人圈子以內『革命』者，佔盡一切便宜；否則，就吃盡一切苦頭，『革命』而發展到了這個地步，於是治理機構也，邦國也，階層也，民族也，組織也，悉

（下轉第29頁）

蘇俄窺視下的地中海

羅馬通訊

方及

大家都知道地中海內的英屬直布羅陀，却很少有人理會蘇聯的直布羅陀。那卽是久已被人遺忘了的位於巴爾幹半島西南端的阿爾巴尼亞。它雖只有二萬八千方公里的面積和一百多萬人口，是一個最落後的地區。但因地跨亞得利亞海和地中海之間，又有發羅那（Valona）等良港，形勢頗爲重要，對一個沒有出海口的蘇俄，久已成爲垂涎的對象。遠在沙皇時代，俄羅斯人卽有一句口號：「向發羅那前進」！現在這一個斯拉夫主義者的夢想可謂已見諸實現了。地中海東岸上的阿爾巴尼亞已成爲蘇俄的殖民地，和伊比利亞半島南端的英屬直布羅陀有同等的價值。所以我們稱它爲俄屬直布羅陀。

從二次大戰糊里糊塗結束之後，這一塊地區卽轉入俄人之手。十年來，阿爾巴尼亞一直在同一的首相治理之下，從未發生過政潮，所有的反對勢力都在靜默中被淸除。這些均說明他如何繼承了蘇俄的一套傳統的手法。而蘇俄還善自遮掩世人的耳目，暗中却完全掌握了阿爾巴尼亞。這個地中海上東去蘇彝士運河、南去非洲、西去西班牙、北去的里雅斯得港均處於同等距離的小共和國，已成爲紅色的殖民地。

去年七月間，希臘、土爾其和南斯拉夫成立巴爾幹同盟時，曾聯合聲明：一個獨立自由的阿爾巴尼亞，對巴爾幹半島的和平是不可或缺的條件。但是，這件聲明何時可以發生效力，頗難逆料。而我們看得到的則是蘇俄已插足其間，要想叫他走開却是一件非常困難的事。

當一九四四年希特拉的軍隊撤退時，阿爾巴尼亞的山中走出來一位游擊隊首領，他進入地拉那（Tirana）京城，組成一個政府，自任首相。二年以後他便把政府內所有的非共產員淸除出去。到一九四七年有廿四人受到審判，其中十六人被判死刑。

這位首相名叫安維何家（Enver Hodgia），是一個臨近希臘邊境的貧寒家庭出身，當他在巴黎讀書的時候和共產黨取得聯絡，返回本國後，曾靜默潛伏一個時期。他於一九四一年建立了阿爾巴尼共產黨，被任命爲書記，一直到戰後再升爲首相。

安維何家的政府也曾經過了一段困難時期。但因他能看風駛船，始得化險爲夷。內部的反抗勢力都經剷平。所餘小部反動勢力轉入山區，已不足威脅。如此，共產主義便整個地控制了這小小的國家。

一九四八年的正月，安維何家曾在一本名叫「阿爾巴尼亞——南斯拉夫」的雜誌的創刊詞上寫道：「每一個阿爾巴尼亞人，無論老少，都知道狄托元帥，因爲他代表着英勇的南斯拉夫民族。每一個人都敬愛他……因爲作戰時他曾援助了我們，和平時仍在援助我們。我們將不辭任何犧牲來維護我們彼此間的友誼。」但是五個月後，狄托叛變了，急得安維何家立刻提出嚴正的抗議，指責狄托曾「野蠻地、不合法地、專橫地干涉過阿爾巴尼亞的內政」。所有一千五百名南斯拉夫駐阿的代表團人員登時被逐出境，並馬上向莫斯科致電感謝史太林賢明的領導，從此共產主義在阿國又向一個新的方向發展。

蘇俄的軍事代表團立卽接替了狄托的人員，由那時起，阿爾巴尼亞始正式成爲蘇聯的附庸國。所謂代表團是由一位少將和五十名職員組成，他便着手組訓七萬餘人的阿國軍隊。他們的武器相當落後，可是他們的使命却非常重大，這七萬人的武力將鎭壓一切可能發生的反抗。

阿爾巴尼亞的法律亦經過修改，異常嚴厲，十四歲的孩子可以判受死刑。十二歲的孩子可以被判「顚覆國家」、「妨害經濟」、「妨害國家財產」等罪名。「煽動戰爭者」應處二十五年徒刑。刑法第八十三條更載明「反對蘇聯者以顚覆國家論罪」。這也看出誰是他們的祖國。

蘇俄的專家顧問，漸漸增加爲五千餘人，他們逐步控制了各軍事基地，並特聲明對着希臘科孚（Corfu）海峽的薩斯諾島（Saseno）爲軍事重地，港內有潛艇、雷達、砲臺等設備，儼然成爲蘇俄海軍基地。所有其他重要事業，如鐵路、鑛廠、港口、工廠、銀行、電臺等，均爲蘇俄「專家和技術人員」所主持。近年來以兩萬多阿爾巴尼亞勞工的血汗，「在蘇俄的恩施下」完成了四段鐵路。發羅納和都拉索（Durazzo）等港口均經重新修築，石油鑛也擴大開採，阿爾巴尼亞已完全變爲蘇俄的軍事基地。

可是，安維何家和他的太太兒子住在地拉那郊外的別墅，却寂靜無聲，從不出現公共場合，也不參與國家大事，這一切都有蘇俄人代他去作，也就因此他還能安然地當他的首相，不然腦袋就要搬家了。一九四八年八月間，阿爾巴尼亞共產黨書記賈格瓦(Jakova)由莫斯科返回，史大林允許對阿國輸給蘇俄的物資，付以超過從前南斯拉夫所付的三倍價值，並承諾以半價供給阿國所需要的東西。但這些諾言僅止於一紙條文，並未實踐，相反，却只見蘇俄的船隻每月平均五艘或六艘來將阿爾巴尼亞的輸出品羊毛、皮革、橄欖油、菸草等一船船載往蘇聯。阿爾巴尼亞處於反第三國際的南斯拉夫和反共的希臘之間，環境非常微妙，又爲蘇俄擔任地中海要衝，更值得我人注意。（下轉第33頁）

印尼通訊

左右夾縫中的印尼

林剛

這幾天，印尼政府召開駐外使節會議。其主要議題，為研究美國與巴基斯坦締訂軍事同盟。

自印尼現在的立場言，對於美巴協定是不歡迎的。今以此為駐外使節會議的重要議題，可見其警惕程度之高。在左右夾縫中的印尼，一直在標榜「中立自主的外交政策」。他們過去目覩近鄰的菲列濱，對美親善，已惴惴不安，自菲總統麥賽賽就職宣佈所謂亞洲乃亞洲人的亞洲政策，正引為欣慰。不意此時巴基斯坦不特對美親善而已，而且進一步與美締訂軍事同盟，怎能不使印尼關心呢？

印尼與美國的關係，本來是相當良好的，印尼之取得獨立，得力美國不少。不過印尼人民，因為幾百年來備受荷蘭人壓迫，荷蘭人執政時代，一切行事都以膚色為前提，所以印尼人民對白種人大多抱怨恨心理。美國人在印尼宣傳工作，做得不見良好。美國人沒有向印尼人說明美國人和荷蘭人並不相同。反之他們以為印尼人笨到像小孩子般，稍稍給些糖餌，便能引之入彀。其實印尼人的警覺力很高，美國人的糖餌，不特不能收到預期的效果，反而引起印尼人的反感。於是共產黨人乘機而入，推波助瀾。弄到現在，一般人的感覺：以為美國一舉一動，都是含有惡意的。沒有一張報紙，敢於說一句美國的好話。印尼文報中祇有一張泗水日報，有時敢說句大膽的公道話。其他各報，多以為美國是帝國主義者，或則以為美國是右傾的。右傾的人，便是不夠前進。所以都不敢對美國作一言半語的好評。我們真不明白，何以美國有本領製造氫彈，為什麼沒有本領向印尼人解釋親美絕不是不夠前進!?

美副總統尼克遜最近來遊印尼，以平民化的姿態，周旋於朝野之間，獲有相當成就。但是他最後一着是失敗了。他邀請日惹蘇丹前往美國。日惹蘇丹為古日惹王國的傳統國王，日本人來印尼時封為日惹侯。其人智勇深沉，為印尼第一等人材，在革命時期，與現總統蘇加諾、副總統哈達鼎足而三，建功甚偉。革命成功後，曾出任國防部長，厥後辭職，當時星洲報界均批評謂此乃彼與蘇加諾總統政治意見差異的結果。彼自下野後，即息影王宮，尼克遜副總統，不知是否仰慕其雄才大略，向他遞下請柬，累得謠諑紛乘。結果他迅速發表聲明，表示無接受請柬意圖，一段小小風波，纔告寧息。

一般人對於這件事情，都認為等於美國前任駐印尼大使柯克蘭，強迫印尼簽署軍事安全條約，以至累得負責的蘇巴佐外長，因而倒臺，是同樣的失策。

自然我們不能否認尼克遜副總統東方之行，在大體言是成功的，尤其是美區軍事聯盟之促進，其對自由世界言，厥功最大。

天下沒有不黑的烏鴉！可是印尼內閣副總理旺蘇（大印尼黨），最近竟公開說「印共不是共產主義者」。若干年前，有人說「中共是土地改革者，不是共產主義者」。現在共產黨的西洋鏡，應該已拆穿了，不料時至今日，還有人要拾這牙穢。

印尼共產黨的手段，相當高明。他們有本領滲入印尼最大政黨——馬斯友美黨 Masjumi（回教黨，為印尼右翼政黨），弄得該黨黨要間，互相鬧意見，聲譽日墜。最近又拉攏印尼第二大黨——國民黨 P.N.I. 以排擠馬斯友美黨。國馬兩黨，本來是極要好的，現在勢成水火，不共戴天。美國作家 Robert C. Bone 最近在遠東觀察雜誌著文稱：「印共地位之強固，以現在為最」。這在美國說是新聞，但在這裏，早已是有目共覩的事實。原因是國馬兩黨鷸蚌相爭，使印共坐收漁人之利。這裏頗有人以印尼馬斯友美黨比中國國民黨，而以印尼國民黨，比中國民主同盟。但是中共本為當時中國第二大黨，民盟向之依附，猶有可說，若印尼國民黨，在國會中較馬斯友美黨僅遜一席，何苦為打倒馬黨之故，而甘與印共合流？這實是親痛仇快之舉。

貝利亞被清算的消息，傳至印尼，印共立即致電莫斯科，擁護馬林可夫。由這來看，怎可以說印共不是共產主義者呢？——嚴格的說，也許印共不是真的共產主義者，但他們確是莫斯科的代理人。這一點正是印尼內閣副總理旺蘇所着意而代為掩蔽的。

現在印尼內閣乃以印尼國民黨及大印尼黨為骨幹，而助以若干小政黨之內閣，其主要排斥之對象乃為馬斯友美黨及印尼社會黨。政府黨和反對黨兩方在國會票數，不相上下，印共並未入閣，標榜中立，但其在國會有十六票，如其投向政府方面，則政府勝利，反之如其投反對票，則政府可以倒臺。這是印共對印尼國民黨及大印尼黨的一張王牌。

上述美作家 Bone 又指說：「印共接受中共駐印尼大使館的贊助」，印共其實他們之為兩位一體、狼狽為奸早已不在話下。許多人說：中共駐印尼「大使館」，為什麼整年論月無聲無息呢？實則他們做什麼事情，都是在後門幹的。印共推崇毛澤東的程度，甚為露骨，如不是得到中共的幫忙，怎會有這種表現？

如果有人向國內報導說；中共在印尼勢力薄弱，那是說謊的。自然，有眷屬在大陸的僑胞們，大多數都痛恨中共暴政。但，願為中共效死的人們，也實在不少。特別是在印尼生長的華僑，即所謂僑生，矢忠中共的更多。在這一點言，中國國民黨駐印尼黨部的工作者們，從未有爭取過他們——不特沒有爭取過，連爭取的企圖也沒有過——真是失職之至。

印尼駐外使節會議之結果如何？現在當然很難窺測，相信將來的官報，也一定是措辭冠冕堂皇，不着邊際者。我們以為印尼人警覺力極強，執政者也極有朝氣。但是共黨勢力之方興未艾，誠足使人隱憂。盟國方面正宜努力爭取印尼人民之友誼，加強團結的力量。這方面，美區聯盟如果運用得好，對自由世界將有很大的貢獻。

四三年三月十日于印尼椰城

東德六月抗暴事件之回顧（下）

鄭壽麟

史太林大道建築工人的示威行列走過三個人民警察面前時，『我們喊：「來吧！」他們却動也不動。又一人喊：「我們是工人，你們是工人子弟，今天我們該是平等啦。」他們還是不動。「可是你們將要看淸，如果我們不爲你們工作，你們那能過這樣的生活？」「我們旣穿上這制服，又有什麼辦法？」警察阿甲說話了，阿乙亦接着說：「你們或比我們好過呢！」——「來啊，加入我們吧！」工人們又對他們叫着。阿丙一直還沒有開口，突然脫去制服上褂，擲在地下，說：「我等候這一日子已够久了！」大家拍掌，擁抱他。其他兩名亦經說服了，我們於是把他們隱藏在行列中間。隊伍開行，在人民警察的制服上踐踏過去。』

在比特兒費耳特地方有各廠工人一萬五千，遊行時遇到三車裝載警察，想封鎖街道。車輛被掀翻，五十名人民警察馬上解除革帶，把武器打得稀爛，羣衆剝去警察制服，讓他們走路。

史太林大道上在弗魯赫特路附近佈置了五排藍制服的人民警察封鎖線。

『人民警察在示威行列排山倒海而來的時候，奉到命令，把手槍和橡皮棒都準備好。我淸楚的看見他們彎着臂把武器掩在背後。

史太林大道上房屋的窗戶和陽臺都堆滿了人，向着罷工者示威者歡呼響應，並向人民警察擲下空瓶和別的東西。許多居民把他們的收音機擺在窗口，讓行進的工人們可以聽到RIAS的報告和號召。行列的前鋒橫隊男女工人手鉤手的來到人民警察封鎖線之前，約莫還有二十公尺，橫隊就採取戲臺佈幕的樣式，向左右兩邊分開，讓帶着木棒、木板、圓杉之類當作武器的工人，向着警察衝鋒突破。那些人民警察要避免受傷，只得四處亂跑。於是上千上萬的示威者和罷工者以勝利的神氣繼續前進。

兩三分鐘以後，人民警察由各側街招來了救兵，同時無數的蘇俄裝甲車，機械化部隊，亦取道史太林大道往亞力山大廣場去。兵士都有準備野戰的全副武裝，戰車的洞門全都關閉着。這些縱隊把已經突破的示威者衝散。人民警察就乘這機會四面八方的亂抓起人來，並且用皮鞭亂打，不管是男的女的老的少的。

許多被捕的人，我亦是其中之一，都被拋到載貨車上，有如煤包一般。很多人在被拋的時候受了重傷。我在被捕之前已經遭木棍打中右額，以致鮮血淋漓，登時倒地。在我旁邊有一婦人，以瞳躺在人行道上，已經毫無抵抗力量，可是還有三四個人民警察，把她毒打多時。』

至於蘇俄的軍隊，對於事態眞象，可說全不明瞭，所以他們之間，態度亦大有區別。

啦特諾 地方的人說：『俄兵只瞪着眼 沒有動靜。』

哈勒市目擊者說：『俄國人安靜的看着示威行動，同幾個居民有笑有說。他們的表情，似乎對人民的勇氣感到愉快。——無論官兵對罷工工人和示威行列都非常和氣。紅軍的官長對走過身邊的工人們，拍拍肩膀、背、臂，以示慰藉。我認爲哈勒的軍政府直到下午還不曉得對人民的抗暴運動，要採取什麼對策。因此令到部隊整天有良好的態度。』

示威者一再說明，抗暴行動不是對付俄國人，而是對付SED。蘇俄人佔據工廠，亦聲明軍隊目的，只在保護工廠，防備美國人和法西斯的侵襲。在萊普齊希的那格馬廠經過交涉之後，軍隊亦乖乖的撤退了。

東柏林民衆看到運輸車載着蘇俄步兵，都用怪叫和拳頭表示抗議。三輛車停在白蘭登堡門前。一個市民和俄國人攀談起來：『你們俄國人究竟要我們做什麼？我們和你們同樣是工人，我們不過是爲着我們的權利而示威啊。」一個俄國人答道：「我們是奉命來的，我們亦不明白有什麼事故，只有人告訴我們，這裏有西方的煽動者。』

裝甲部隊當時在東區的確搜索過「美國的坦克車」。

『我試和一個俄國軍官交談，他問：「這裏出了什麼事？」答：「這是示威，是罷工啊！」——「什麼人示威？」「柏林的工人，我們要求改換一個政府！」——「工人爲什麼不滿？」我就告訴他提高工作標準和降低生活水準的事情。「完全同俄國一樣啊。」——這時他漸漸親暱了。他說：「我們聽說有煽動，這裏有沒有敵人？」「你聽了這些人們！你相信那是煽動者嗎？那全是不滿的工人們。你自己亦會明白：凡是最不滿的地方，人民的革命亦就最利害。」——他又問：「你們受壓迫嗎？」「好說！假如一個人公開的表示意見，就得判監二十五年呢！」——這時另有一個軍官在察看我們，走過來把他帶走，走前他還說出一句：「我們不知道那些，我們只有奉命行事。」』

柏林市內的示威行列到達政府大厦之後，沒有一定目標，於是到處遊街。一路上凡有與黨政有關的標語、符號、宣傳牌、畫像、旗幟等等，都惹起民衆的憤怒，被搬到坡次丹姆廣場當衆焚燬。齊姆美兒路和弗里德里希路轉彎地方的分界標被搗成粉碎，萊普齊希路上的人民警察營房亦被縱火，HO商店的玻窗被投石，政府各部的招牌被坭水匠用刀鑿爛了。消防隊雖然用水槍向示威者噴射，但沒有人害怕，因爲大家淋了雨，身上還是透濕呢。

坡次丹姆廣場上人山人海，人民警察的邊界檢查站亦着了火。一個報販亭子由物主黨同檢出政治性的報刊，付諸一炬。石特雷塞曼路眞不成個樣子了：滿街是碎玻璃、旗布條、字紙堆、破廣告牌。一隊示威者衝進哥倫布大厦，裏面躲着八個人民警官，看見羣衆，只得降服。示威者在歡騰之下，把制服，擋案，器具全都由窗口摔出，又把槍支和人員交給西柏林警察保管。有些傢具亦分配給住西區的難民們。

菩提蔭大街亦到處是人羣。各行業的工人，有泥水匠、木匠、機器匠、各拿各的工具。商店住宅盡都關起大門，只是窗口擠滿看熱鬧的人。四處都在燒燬宣傳品，四處都在冒煙。一家蘇俄書店，亦難倖免。

警察局的鐵栅門關得緊緊的，站崗的人民警察被繳械了，武器被毁了。在弗萊阿兒欣橋頭，人們認出代理總理奴什克坐在汽車裏，於是把他打到邊界上，遇到西柏林警察，纔加以解救。

播音車到處在傳達蘇俄軍事長官的命令：「自十三時起進入非常狀態。禁止三人以上的集會。犯者治以軍法。」

可是四下的武劇，一時沒法停止，似乎還沒有人理會那戒嚴令。人民警察無情的向人民開槍亂打，機關槍亦跟着掃射，彈下如雨。最值得欽佩的紅十字會救護人員，在槍林彈雨中間，穿出穿進的救死扶傷。不多一囘，便救出百多個傷者，運到西柏林，有八個人傷重而死在醫院裏。慘哉！

到了廿一時，在戒嚴之下，人民不准出街行走。夜幕在不自然的寂靜中漸漸下垂。是的，這寂靜是悽愴的，不時還有子彈的急驟響聲掠過東柏林的天空。可是，人民徒手爭取自由而不得不屈服於大軍的淫威之下，這一日子是過去了。

像十七日的熱烈偉大的場面，除了東柏林以外，還在一百五十處大大小小的東德城市鄉鎮同時展開。德雷士登、萊普齊希、哈勒、耶那、馬克德堡還有許多許多別的地方，都有抗暴示威行動，打開監獄，釋放政治犯。各地有各地的記載。東德工業重心本來在中部德意志的褐炭產區。這裏包括滿耳芬，比特兒費耳特、哈勒、石可褒、美兒塞堡、洛伊那等市鎮，亦成了抗暴的重心點。這裏的人民運動，因有原有的工會傳統，很快的就有了良好的組織。如果不是受佔領軍脅迫的話，政府無疑的準可以垮臺了。

當日比特兒費耳特市和四郊各大廠礦工人，都集中到靑年廣場示威。罷工委員會主席利用播音車勸告民衆，勿有强暴行動，並且宣佈示威者的政治要求，逐條都受到熱烈擁護。突然之間，有幾個工人在大會的外沿被人民警察抓去了。於是罷工委員會決定佔領全市。不久，所有黨政機關如市政府、警察局、黨部、都落於示威者手裏。市長亦被關起來了，被捕的人都被釋放了。羣衆一看到他們受過虐待的慘象，怒火冲天，把官吏拿來捶打洩憤。其間罷工委員會却開了一次緊急會議，決定次一步驟：卽是將工人們的要求電告柏林。於是一小隊示威者，在一個穿號鞾機器匠衣服的人領導之下，去找郵電局。局長原不讓進拍電室，可是沒法阻擋，只好發出電報，問到誰來付欵。答復是：「國家！」十五時三十分拍出的兩通電文是這樣的：

「致柏林潘口所謂德意志民主政府。

我們比特兒費耳特區的勞工向你們要求：

一、由於選擧手法取得政權的所謂德意志民主政府應卽下臺；
二、由進步的勞工組織臨時政府；
三、容許西德各民主大黨參加；
四、在四個月內擧行自由、秘密、直接選擧；
五、釋放一切政治犯；
六、立卽廢除分區界限，撤同人民警察；
七、立卽安定社會生活標準；
八、立卽解散所謂人民軍；
九、不得對任何罷工者採取報復。」

「致蘇俄高級委員沈約諾夫先生，

崇敬的高級委員先生：

我們比特兒費耳特區的勞工們請求你立刻廢止柏林的戒嚴和對付工人的一切處置，使我們能信服你確是一個勞工政府的代表，和平與民族了解的朋友。特此候安。

比特兒費耳特罷工委員會」

發電的人，預期着必有回電，可是過了十分十五分鐘，雙方證實收到電報。但是除了蘇俄的裝甲師以外，並沒有別的答復了。

當蘇俄軍隊尚未到達之前，比特兒費耳特的行政權實際掌握於罷工委員會之手，一切都井井有條，各行政機關和官員照常工作。全市所有SED的宣傳物，都由消防隊清除掉。爲着未來的幾天，亦準備好了一些工作。並且要號召在六月廿二日實行整個東區總罷工。此外還嚴格限定要絕對遵守蘇方的命令，所以在佔領部隊開到的時候，亦和平相處，並無困難的把政權接收了，仍然交給SED。

三、幕前幕後

上面已將東德人民抗暴的事蹟，抄錄了許多。當然還有很多地方有不少可以令人感慨悲歌的壯烈行動。因篇幅過長，不得不割愛從略了。現在再來補敍一點時代眞戲幕前幕後的光景。

這樣偉大場面的眞戲，決不是一朝一夕所能釀成，這是稍具常識的人都可以判斷的。它的遠因一言以蔽之，就是：「父老苦秦苛法久矣」。原來東部德意志這塊十萬方公里近似長方形的土地上，生存着一千七百多萬人民，在戰前是農產剩餘的地方，而且環繞着褐炭產區，都是些化學工業、機械工業、紡織工業的中心。德國這部份地區，自從戰後完全處在陰影籠罩之下。同時隔鄰的西德聯邦共和國，已經把崩潰後苦難的歲月送終了，經濟力量康復了，並造成種種新興的奇蹟。而蘇區裏的大小城市鄉村農莊在一九五三年比較八年前並沒有好得多少，人們在外表看到的宏偉漂亮建築物，那是屬於傀儡政府和僞造的統一黨之所有。至於人民生活，那更慘了，一個熟練技工要購買日用必需品，須得比西德的同業多出三倍的工資，而且東西兩方貨色品質的好壞，還不在計算之內呢。不僅僅是生活水準上的懸殊，最大的毛病還是人們遭遇到的一切不自由。人們勞力所得，完全被苛政剝奪光了。至於一切政治設施和訓練，都不是人民所願望的。自一九四五年夏天起，蘇軍佔領區內，滿街盡是政治標語，共黨巨頭的巨幅畫像，宣傳牌和布聯。他若報章、刊物、廣播、會場講話，全是些黨官們歌功頌德遠離事實的謊言（有人稱之為：「黨的中國話」）。這些作風，不但是師法納粹政權的故智，還要青出於藍，以至毫無止境。所以一九五〇——五一年去東區視察的人，認為饑餓貧窮倒還在其次，因為糧食供應確是在逐漸改善，至於那精神威脅，委實是太可怕了。無論是小學女教員，或是極小極小的官員、職員，都得被加入一個政治的民衆組織。於是一個好好的人，被變成全無靈性的黨的機械了。一九五二年的暑天，SED開第二次全黨大會，烏耳普里希特宣佈一連串的「消滅大資本家和大地主的抗力。……增加社會主義的資產。……加强民主的人民力量，組織武裝鬪爭力量」等等，又來一次騷擾，從那時起，人民不堪苛政壓迫的，寧肯拾棄祖傳的田園廬舍，集體的逃往西德。就在史魔身死之後，人民雖然一時幻想着有一時的喘息，可是事實證明那確是一種幻想而已。一九五三年初夏便醞釀出那個致命傷的經濟要求：五月二十八日，共黨政府終於正式宣佈提高標準百分之十，它的意義是什麼？舉例來說：在建築工業方面，一個泥水匠就要損失工資的百分之三十，一個木匠甚至要損失百分之四十二，因為以前超過舊標準多做的工，工人可得到相當的獎金。以前一個建築工人每天賺到二十至二十四個東德馬克的話，現在只得到十三至十六東德馬克了。這可說是抗暴事件的近因。接着便演出了上面所敘過的場面偉大的眞戲。

當抗暴事件壯烈的進行的時候，蘇俄的軍事當局，當然不肯放鬆。除了各地宣佈戒嚴之外，東柏林的俄軍司令狄白羅瓦坐着裝甲車到政府大厦親自督戰，對人民警察呵叱「幹啊！」又用右手勒頸作斫頭威嚇之勢。於是各地方的人民，傷亡枕藉，事後統計有死亡犧牲的城鎮凡二十五處。單萊普齊希一地，據一個目擊的婦女說，一次火葬便收拾骨灰六十八缸之多。共產政權對示威者的報復，並不審問青紅皂白，捕到即殺，眞是殘忍萬分，慘無人道。並且慘殺了好些毫不相干的平民，例如一個素日姓名不見經典的西柏林失業者哥特林克，在六月十八日被蘇軍槍斃，事後共黨輿論又誣以帝國主義特務的罪名，於是聲名大顯。美英法三強在柏林的駐軍，亦為這些無辜受戮的人民提出抗議。六月廿三日，西德政府首要，又在西柏林為死者開會追悼。聯邦總理阿德惱埃兒當場還發出這樣的誓言：「我向德意志全民發誓：我們決不罷休，直到蘇區的一千八百萬人恢復自由的生活，直到全部德國在和平與自由中重歸統一。」

古今中外沒有一國沒有秦檜。東德多年處於蘇俄暴力淫威之下，更免不了有許多秦檜型的人物。當其一千七百萬民衆齊心抗暴的時候，所謂人民的官吏則掛起紅旗以表忠順：惟恐受了人民的牽累，並把一切罪惡推到美國人頭上。人民警察又無情的毒打人民，槍殺人民。還有一些蘇俄控制的報館，亦在替暴力宣揚而誣蔑民意。現在只略略選擇幾條不太令人作嘔的消息，介紹一番：

一九五三、六、十九「東柏林日報」載：路透的煽動，其動機是害怕和平，可是打垮了。他的恐佈份子大部被捕了，他的機關受到不小的打擊。所有規矩的愛好和平的柏林人，靠着蘇軍的協助，必將路透和他的夥伴所煽起的戰爭火焰撲滅了。

一九五三、六、廿三「每日觀察」報載：當蘇俄士兵將西柏林煽動者和值八文錢小子的搗鬼技倆打垮的時候，柏林大多數人民的意見是：「幸好他們來了！」

一九五三、七、廿八「新德意志」報：搗亂者所計劃並宣傳的總罷工沒有實現，因為大多數的工人不願參加。共和國中僅僅有工人的百分之五參加了罷工。

四、篇後贅言

尙書泰誓有云：「撫我則後，虐我則讎」，何況東德人民，日處敵人暴政統治之下。在一個民智發達的國家，抗暴事件眞是「人同此心，心同此理」，所謂「不約而同」的。在嚴格控制下的通訊設備竟能在短短數小時內，將消息傳遍一百五十個城鎮，使千萬民衆聞知。工人團體，雖然赤手空拳，却使蘇軍參謀本部不得不採取大規模的軍事行動，計動員了三師精銳部隊，還有大部份的衛戍軍和正在演習的部隊。僅僅萊普齊希一市及其近郊便使用了裝甲車二七五輛。這個數字，等於當日隆美耳用在埃耳阿拉門的戰略坦克車戰中的二倍呢。從此以後，蘇俄的每個士兵，都要明白他們並不像政工人員所宣傳的安居在兄弟之邦，而是在有潛力的敵國了。

至於德國的共產黨呢，經過六月抗暴事件之後，聲譽已是掃地。在九月六日西德國會下院普選的機會，縱然是過去共黨重鎮的工業區，亦普遍喪失了三分之二的選票。所以不管東德傀儡們怎樣的呌喊西方戰爭販子在煽動，「一夫作難而七廟隳」的日子總會有的。

抗暴事件發生以後，我亦收到西德朋友寄來政府機構刊行的「六月抗暴運動」，「難民洪流注入柏林孤島」等書。原想寫一篇報導，後來看到臺港兩地的報刊，已有不少文章而作罷。最近又承雷儆寰先生寄示，一九五三年九月份西柏林出版的第六〇和六一期，「月報」內中有佔五十二頁的長篇忠實報導，要我摘譯。我鑑於自由和極權的奮鬪，是一項艱巨工作，西方的事件，與我們遠東亦是息息相關。我們很有理由，對東德的抗暴，加以瞭解，加以聲援。所以我不惜打破不寫應時文章，不寫限題文章的習慣，而完成這篇蕪雜的拙作。

目前四強外長會議正在柏林進行，我非政治家，不必推測它的演變，不過與匪類談判，諒必無甚好結果。尤其一種日趨沒落的民族，自己家務還搞不清，憑什麼資格冒充好漢去主宰人家的事？德國事情終久必得由德國人自己去解決啊。

（四三、二、三春節作）

錯誤的抉擇（上）

郭良蕙

一

參加了魏廉軍曹的婚禮歸來，在酒吧裏痛飲了幾杯，約翰・羅吉上尉便歪倒在臥床上，閉起了眼睛。强烈的威士忌刺激得胃部熱辣辣的，他感到頭很沉重，喉嚨也發乾。雖有從長窗透進的陣陣輕風，也調劑不了室內燠熱的空氣。不久，他的內衣被汗水浸溼了，他不得不跳下床來，脫去軍服。他想就此去喝杯冰水，然後再淋一淋浴；然而他却懶得挪動身體，最後他不得不頹然坐下，抓抓頭皮；接着長吁一聲，又倒在床上。

不知思想跟隨着紊亂的心情沉迷地遊蕩了多久，「篤篤」的敲門聲才使他轉爲淸醒；他原想張開口，發出話聲，但他却失去了指揮的力量，只好在心裏喊了聲「進來」。

「快吃晚飯了，約翰。」一個爽朗的聲音隨着推門而響了。

雖然仍閉着眼睛，他也能分辨出進來的是占姆・史密司中尉。

「哈囉，占姆，」他轉過身來，用力伸了個舒暢的懶腰。

「怎麼回事？是不是到夢裏去和裘廸甜蜜了？」

「少瞎扯，」聽到占姆的話，他的心黯然起來。裘廸雖說是他的太太，但也絕不會達到夢中相會的甜蜜程度。他躍身而起，走至掛在窗邊的那面鏡子前面，用手搓揉着發膩的臉。遠遠地，他望見一個穿着白底紅花衣裙的金髮女郎姍姍而過，那一定是誰的新由國內遣送來的眷屬；他不禁凝凝注視着那個漸行漸遠的綽約身影；由她，他聯想到裘廸。裘廸對他毫無感情可言，否則她絕不會寄來這樣的信：

「親愛的，非常感謝你的美意，說實話我也很願意立刻和你歡聚。然而東方對我確是太陌生了，雖然你過去一再仔細地講述，我仍對那片土地具有疑惑。聽說那裏的生活幾乎比我們落後一個世紀，原諒我，親愛的，我不能去嘗試那種苦，況且我也不能離開這熟悉美好的環境以及朋友們。假若你眞心願意我們相聚，那麼還是你找一個調回來的機會吧！別把這句話看得太認眞，我知道你不會如此的。你愛東方，你深深愛着東方，東方的生活，東方的女人，找她們去消遣吧！親愛的，你放心，我絕沒有一句忌妬的話。……」

「我認識她，」不知何時占姆也走至窗前了，他帶着羨慕的口吻這樣說：「那個小妖婦是屬於勞倫斯中尉的，幸運的傢伙！」

「閉嘴吧，單身漢。」約翰恢復了常態：「在你的眼裏，凡是有一個外貌漂亮的太太就算幸運。還不容易嗎？去找一個。」

「機會在哪裏？」占姆聳了聳肩；「除了那些黃皮膚的女人。」

「有什麼兩樣？今天的婚禮你也參加了，魏廉軍曹的新娘不是很可愛嗎？」

「倒底國籍不同。」

「美國原是一個由各種民族混合組成的國家。」

「但是有色人種的懸殊地位，你不是不知道的。」

「我知道，」占姆的話引起了約翰的感嘆：「時代不斷地在變遷，一年有異於一年，不久後，我相信白人便會抹去對有色人種的歧視感覺了。」

「到那時我再去找一個黃皮膚的女人作太太也不遲。」占姆笑着將話題告一段落。「一塊到飯廳去吧。」

「你先去好了。我不餓，準備犧牲了這頓晚餐。我還要洗個澡。」

「也好，」占姆拉開了門，臨走時忽然想起：「記住今天是週末，安排好什麼節目沒有？」

「沒有，」約翰望着那張一團稚氣的快樂面孔，沉鬱地搖了搖頭。

「該不是要躲在房裏給裘廸寫情書吧？」發現了他的臉色，占姆也就停止了開玩笑：「問你，上一批來臺的眷屬裏，爲什麼沒有裘廸？」

約翰將臉調向窗外：

「她丟不下她的工作。」

「她的公司自然需要她，她那麼活躍，又那麼誘人——」約翰的默然神情使占姆意識到自己的言詞不當以後，便不再繼續講下去了。他似曾聽見過同事們談及約翰和裘廸並不愉快的結合。裘廸是典型的美國女郎，愛活動，愛修飾；雖已結了婚，對男人仍具有蠱惑性。假若不是因着約翰在韓戰爆發後，又開始了軍旅生涯，他們的婚姻可能早已趨成破裂的局勢了。

「今晚有舞會參不參加？」占姆走過去拍了拍約翰的肩膀，還沒有等他回答，便將大姆指翹向鼻端：「我可以代你約舞伴，很够水準的中國妞。」

約翰拿起來沐浴的用具，敷衍了一句：

「等等再說吧。」

二

縱然四處都裝置着電扇，大廳裏仍然悶熱異常；濃烈的香水味混合着汗氣，使擁擠在舞池中的那些跟隨着快華爾滋而旋轉的男女們的感覺更加昏眩了。圍着舞池四周的座位上也聚滿了來賓，約翰和占姆連同兩位小姐被擠在靠窗的角落裏。占姆的舞興很濃，每當音樂響時，更擁着他的舞伴滑進池內。爲了禮貌起見，約姆也選了兩曲敷衍過占姆爲他約來的小姐；其餘的時間，他總默默地握住面前的酒杯。偶而他也向舞池裏張望幾眼，但他並沒有達到尋找占姆的願望，爲的是釵光鬢影的人浪迷亂了他的眼睛。忽然在舞池邊緣上，他望見了魏廉軍曹，臉上閃耀着興奮的光輝，緊擁着他那被銀色禮服裏起嬌小身軀的新娘；他想向他們招招手，但是沒有用；刹時間，人浪又吞食了他們。

「幸福的一對。」在這種感想中，他暢飲了一口。這一對種族不同的新婚夫婦的勇毅精神，確實使他羨佩；男的懷着百折不撓的果敢再三要求長官的許可，女的違叛了古老的家庭，打破了封建觀念。愛的威力終於使他們努力地達到了結合的願望。

「勇敢的人能够支配環境，懦弱的人只能受環境支配。」他暗暗嘆息一聲，抽出了一隻煙。

當他拿起打火機時，不禁又向舞池裏張望了一眼，魏廉和他的新娘又隱約地出現了。東方的女人生性是柔順的，他們很適合作一個賢良的主婦；娶一個中國太太，除了環境上所遭受的阻擾和壓迫以外，對本身來說，確實是幸福的。

點燃了煙，他隨意將打火機扔在桌上，緊隨着他的動作，一件柔軟的東西從桌上挪動下來。

「呵，對不起，」他發現了那是他女伴的手臂，受到了打火機的碰擊。

她給了他一個溫和的笑，搖了搖頭表示着並不介意。然後她充滿了好奇用英語問道：

「你會說中國話？」

「很少一點。」他淡然地笑了。

「你講得很好，」她讚美他了一句：「是來這裏以後學會的？」

「不，」他彈了彈煙灰，似乎不願提起：「過去在中國大陸學的。」

「呵，」她的圓眼睛裏閃射出光芒：「你到過中國大陸？什麼地方？你喜歡那裏嗎？」

「上海和青島，在我的印象裏都是非常可愛的城市，尤其是青島，我曾經在那裏逗留過八個月零十二天。」講到這一切，不能忘懷的往事阻塞住了他的腔喉，鬱悶的情緒頓然充滿了他的內心。

她依然注視着他，用她那東方女人具有的細小而嫵媚的圓眼睛。他知道她又將提出問題了，帶着逃避性，他急忙尋索出一句不相干的言語：

「妳的英語講得很流利，發音也很正確。」

「謝謝你的誇獎。」

「能告訴我是怎樣學會的嗎？」

「多半是一個美國朋友教我的，」她隨着低垂下了包含有無數言語的眼睛：「但他已經調回國去了。」

不幸的女孩子。他正以憐憫的目光慰撫着她時，她又抬起了頭，很快地眼睛裏的憂鬱已消散了。這是對的，假若一個人的生活裏發生了不幸的巨浪，必該去勇敢地克服它，使自己不致被它淹沒。這才是有價值的人生。

他正要往下探問她，音樂停止了，占姆和他的女伴返回坐位。

「好熱，好熱，」照顧女伴坐下之後，占姆急忙掏出手帕，擦了擦汗，然後將面前的那杯冰水一飲而盡：「我再去叫些冷飲，妳要什麼？甜蜜的。」

「冰淇淋好了。」占姆的女伴不停地揮動着檀香扇。

「你們呢？」

「酒。」

「你喝得太多了，」占姆的女伴好心地對他說。

這種關切溫柔的聲音是如此的熟悉，似乎並不是第一次聽見；聲音越去越遠了，記憶拉閉了門扉，在迎迓他的思想，他却竭力地躲避過去。

「謝謝你，」他向她投以深沉的目光：「我已經習慣這樣豪飲了，從我進入軍隊以來。」

「很多美國人都樂於此道，酒是有害身體的。」

「但是我們要靠它來振作精神，調劑情緒。」

「在我看來，」占姆的女伴接過話：「即令沒有酒和煙，你們的精力也會很充沛。」

約翰點了點頭：

「有的人是這樣，譬如他——」

隨着他的指示，她們都扭轉過頭去；遠遠的望見占姆．史密司隨同兩個高個子同事向這邊走來。身後還跟踪着一個托着杯盤的侍者。

「哈囉，」約翰向他們舉手招呼着。

見到了陌生人來臨，兩位小姐的態度立刻變得很矜持。

「找不到舞伴的人在忌妬我們了，」占姆紅紅的臉上展開了天眞的笑：「他們要請小姐們跳舞。」

兩個高個子彎下了恭請的腰，占姆低下了頭熱情地擁着他的女伴：「爲我答應他們吧，甜蜜的。」

坐位上僅賸下他們兩個人了。約翰傾倒着他的酒，占姆暢飲着他的可口可樂。

「怎麼樣？那個妞。」

「很好。」約翰淡淡地囘答。

「跳完舞，我不囘去了。」占姆帶着神秘的表情：「假若你願意，和我一道來，簡單得很，十塊美金。」

「她們是——？」

「舞女。」

「你和你的女伴認識得很久了吧？她很不錯，看樣子你們相當熟。」

「認識有半年的時間了，這還不是逢場作戲，我爲了玩，她，」占姆聳了聳肩：「她爲了錢，和這種女人還能談真感情嗎？」

「那也不盡然，」約翰一口否認了：「在汚濁的生活裏仍然有純潔的靈魂。」

「我好像聽說，你曾經有過一個中國妞。別瞞我。」

「好奇嗎？」

「有什麼值得好奇？男人是離不開女人的，就像魚不能缺少水一樣，尤其是美國男人。」占姆說：「但是我是指愛情而言。」

「有什麼愛情？」約翰苦笑了一下：「有愛情不是早就結婚了嗎？」

「結婚？」占姆笑着搖搖頭：「我始終認爲和一個有色人結婚是最荒謬的冒險。」

「原因是我們承受了太深的傳統觀念影響 和環境的支配，」約翰又斟滿了一杯酒：「做一個衆人眼裏的叛徒是需要大量勇氣的。」

「我們越說越遠了，」占姆將話題拉轉囘來：「你過去的那個妞呢？長得漂不漂亮？」

約翰沈吟了一下，然後望了望舞池：

「說實話，倒有些像魏廉的新娘。」

「有趣！」占姆拍着桌子笑了：「我們看東方人總是相像的，黑頭髮，扁鼻子。正如同他們從黃髮，藍眼睛裏不容易分辨我們一樣。」

約翰沉默了，他不能斷定占姆的話是否正確。他暗暗地摸了摸衣袋裏的皮夾，如在若干年前，他一定會掏出那張已經有些褪色的照片出來證實一下；然而現在却不同了。個性的轉移使他在行動上有些近乎中年人的遲緩和忍耐；雖然內心已經過了矛盾或與奮等思想的考驗，表面上他仍然維持着平靜如初的狀態。

一支音樂終止後，緊接着奏起了另一曲。如此的枯坐着使占姆深感無聊，不覺地他又向約翰提出要求：

「不要保守 秘密了吧，講一講你的 羅曼斯，給我聽聽。」

約翰握着酒杯，低下頭去，微微皺起眉頭：

「抱歉得很，我沒有那麼好的記憶，很久以前的事，早已被我遺忘了。」當他抬起頭時，目光觸到占姆那張失望的臉上，於是又安慰似地補充着說：「確實沒有什麼好講的，就如同你和你的女伴交往的情形一樣。」

三

已經是夜半了。從舞會裏歸來後，約翰．羅吉失却了睡意。躺在床上，紛亂的思維糾擾得他煩燥異常。他後悔不該隨占姆．史密司去渡周末了，否則在情緒上他不會受到這麽嚴重的影響。感覺中，房裏的空氣越來越閉塞，彷彿已容納不下了他；他決定放棄了追尋夢境的企圖，將煙裝入睡衣的口袋中，拉開室門，通過了寂然無聲的通過，向外面走去。

受着黑暗圍襲的園地，更顯得空濶了；潮溼的空氣有着無比的清新，他深深地擴張着肺葉，沿着平滑的路徑慢慢地踱往向前，是偶然的一瞥，使他發現了已斜移過去的月亮；他仰起頭，開始注視着夜空。

幾顆閃爍的星斗，一堆堆深濃的浮雲，看樣子明天又將有難耐的燠熱。亞熱帶島上的夏季是令人難以煎熬的，假若是中國大陸仍未被赤化，他們被派的地方將不會在這裏了；可能是上海，也可能是他曾經逗留過一段不算短的時期的青島。

前面就是游泳池，他跨大脚步走過去，停立在水池的邊緣上。沒有風，水面很平靜，裏面清晰地反映着兩盞光線幽黯的路燈和星斗的遠影。對於水，他一向是偏愛的。在他的家鄉有一條小溪，幼年的快樂多半建築在溪水上，他也崇慕着海洋，因此第二次世界大戰爆發以後，他便成爲海軍陸戰隊的一員。勝利到了，對軍旅生涯尚未感到厭膩的約翰．羅吉，並沒有退伍，不久，他被派到在幻想中古老而特奇的東方；在上海駐留了短短的幾天，然後便調往青島。

游泳池的水光漸漸在他的幻覺中濶大了，他彷彿正站立在寂靜的岸邊，眼前是一片沉息於夜色裏的海水；身後，是一座座巍然聳立的建築，從裏面透出了隱隱的音樂；涼風迎面拂來了，帶着一陣海的氣息。這是暮春的傍晚，他初踏上青島的印象。時間是一九四六年。

在那時，廿三歲的約翰．羅吉，無論在年齡或是經驗上，都該算是一個天眞的大孩子；從他那棕色的眼睛裏還尋找不出憂鬱；嘴角上經常掛着滿足的笑意；講起話來，爽朗的聲音和詼諧的表情足能使打呃的人清醒。因此那般年長且世故的同事對他的印象不外乎：一個乳氣未退的毛孩子。

盡管被人稱作乳氣未退的毛孩子，但生活經驗到底會使人改變的。進入了軍隊以後，約翰逐漸蛻去原有的稚氣；他竭力模仿那些老練角色的擧止。很快地，他便沾染上煙酒的嗜好，並且在談吐中也經常夾上幾個粗魯的字眼。年齡的影響下，對於女人也求之於夢寢了。到達這幽淸的海濱城市以後，最初，懷鄉的思緒使他時常獨自徘徊於岸邊；說不出是什麽原因，東方的情調竟在他那一向樂觀的心理上塗抹一層淡淡的哀鬱。遙遠的隔離增濃了對故鄉的一切記憶，他思念着他的雙親，他的兄妹，以及那些曾在一起喜樂過的親友們。

約翰不是那種能在工作餘暇中靜躺着以無線電或小說解悶的人，活動的性格使他時時刻刻不願靜止。因此爲自己，他安排下不同的節目，將時間消磨在這陌生的城市裏。夏季漸漸到來了，假日他多半去到滙泉浴場，隨着海濤悠然起浮，或是接受日光的沐浴。在夏季，氣候涼爽的青島成爲國內避暑勝地，滙泉浴場各處都散佈着來自各方的逍閒人士，海灘上綴滿了色彩繽紛的女人倩影。對於那些東方小姐，約翰自嘆言語不通；至於對一些外籍女郎呢，靦腆的態度不曾給他前去交談的勇氣；在嬌言巧笑的聲浪裏，他惟有在一旁默然欣賞，來排除寂寞了。

黃昏，他常漫步於海濱公園；有時也和三兩朋友遊蕩於潔淨的馬路上。偶而一個姿態動人的少女從身邊走過了，幾個人會同時調轉頭來，吹聲尖銳的長口哨作爲遇艷的讚美。

曾經有一個雨天，他望見一個披着紅雨衣的女郎，失足滑了一下，提包被跌落到地上。他很快地走過去，好心地替她拾起；然而所換得的只是厭惡的一瞥。從此，他種下了這樣的印象：「東方的女人都是欠缺禮貌，而且是不懂風情的。」

經常採取同樣消遣方式，終於感到乏膩了。在寂寞單調的心情迫擠下，約翰無法拒絕比他年長十歲有餘的同事鮑勃．魏斯曼不斷的慫恿，開始走進異國的歡樂場中尋找刺激。

四

「你喝得太多了。」

「這代表我今晚的興奮。」

「有什麼值得興奮的？」

「這是我到東方以後第一次遇見了會講英語，而且肯和我交談的女性。」他莊重地問：「我能直接稱呼妳的名字嗎？」

「爲什麼不能？」

「請再告許我一遍。」

「如絲．李。」她微微地挑起唇角。

「如絲，呵，以玫瑰來代表妳確實很合適。」他情不自禁地握起她的手，但她擺脫了：「原來是一朶帶刺的玫瑰，但是我不怕。有跳舞的興緻嗎？如絲。」

在這充滿了濃烈脂粉和煙酒混合氣息的ＡＢＣ舞廳裏，樂隊正奏出斯持勞斯的「酒，女人與歌」的音樂；美人和醇酒的享受下，約翰．羅吉確已沉醉了。

緊緊擁抱着如絲嬌小的軀體，異性的刺激使他的血液加速地循環起來；他不覺閉上了眼睛，低側下臉，輕吻着她的黑髮。他第一次感到東方女人的可愛，在他目光裏，如絲是够得上稱爲美麗的；他不再介意那東方式的細圓的眼睛和矮小的鼻樑，因爲到達中國以後，他已漸漸習慣於這些黃種人的特徵了。

她不過是一個舞女，但他並沒有因此而蔑視她。當他進入了舞廳之後，深悉此間的鮑勃便爲他介紹了一切；巡視着那些媚眼橫飛的花枝招展舞孃，最後他注意到了她，穿着高貴的黑紗旗袍，衣襟上點綴兩朶玫瑰；說不出是什麽理由，他立刻對她那張淡施脂粉的橢圓面孔以及玲瓏的體態發生了好感。於是決定選擇了她。

音樂一曲曲地接連下去，經過了一段時間，如絲離開了他，另去周旋其他的顧客了。他拒絕了舞女大班慇懃地另作推薦，只是懷着飄然的感覺坐在那裏；一面欣賞場內的情調，一面暢飲威士忌。

「怎麽樣？這比在馬路上散步够刺激吧？」鮑勃在旁邊開起玩笑。

「還用問？」他抬起頭，目光不斷地跟隨着如絲的芳踪。

「對那個妞有更進一步的胃口嗎？」

「——？」僅經過刹那的疑惑，約翰便恍悟了；他躲避開鮑勃的視線，臉上透露出紅紅的羞意。對於女人，他是缺乏經驗的。

「沒有什麼了不起，」鮑勃擺出一副老於此道的模樣：「很多舞孃都操着副業，美鈔的力量是偉大的，哈哈。」

約翰沒有響，他只暗暗地盤算着有一個情婦也不錯，起碼可以調劑枯燥的軍營生活。

「讓我教給你，孩子，」揣摸到他的心理後，同伴又熱心地說：「假若你那個妞有興趣，你可以乘機請她到外面蹓躂，或者去消夜去，然後問她的地址伴送她回家。像她們這種女人的住處多半可以大開方便之門，如果她沒有嚴加拒絕，你儘管跟進去消魂一陣。但是孩子，不要受她的騙，被她敲去一筆竹槓。五塊錢，頂多十塊的代價就够了。」

鮑勃將意見供獻完畢，便挑選着自己認爲滿意的舞孃逍遙去了。新的鼓勵使約翰的心裏開始不安起來，在渴望中夾雜着畏懼。遠遠地他望見如絲在舞池中恍動的身影，立刻感到一陣猥褻的羞愧；然而那黑色的身影確實有着無限的誘力。無論如何，總該去試一試，否則讓鮑勃知道他對女人毫無勇氣時，又是取笑的材料。

如絲再度被喚來後，他便依照着計劃一步步進行了。

「時間眞快，」他故意低下頭，注視着錶，藉此避免自己的緊張神態被對方發覺到：「我的胃需要裝進一些食物了，妳是否也有同樣的感覺？」

「謝謝你，我不餓。」她又細心地說：「可以喊侍者弄一點什麼來吃，這裏有三明治——」

「沒有興趣，」他鼓起勇氣：「我倒很願意嚐試一下中國風味，直到現在才找到嚮導了。妳不會拒絕陪我同往吧？如絲。」

「但是，」她猶豫了一下：「這裏——」

他興奮地站了起來：

「沒問題，由我來負責妳的一切損失。」

五

從同慶樓出來，已是午夜了。

「對於中國飯食感覺如何？」

「妙極了，」約翰連聲以讚美作爲回答。事實上他吃得很少，是酒剝了他的胃口，並且還在惦掛着以後的進行是否順利，因此更失去了品嚐的興緻。但爲了要博得如絲的欣喜，他有意不斷地誇張着：「有生以來，嚐到這麼鮮美的食品我還是第一次，我很欣賞那些裝在碗裏一個個的，叫麼？呵，對了，叫餛飩。我希望下次再有飽餐一頓的機會，妳願意陪我嗎？親愛的如絲。」

他用手輕輕摟在她的腰際，預防着她要拒絕；但是沒有。這使他增加了不少勇氣。

「願意兜兜風嗎？」他將她小心地扶上了吉普車。

「還是送我回去吧，我有些乏累了。」她歪着頭，倦懶地依靠在座位上，像一朵將要垂萎的花朵，更引起人的憐愛。

「也好，」他快樂地服從了她看樣子很順利地便會達到了目的：「給我指示方向。」

汽車迅速地駛過每一條寂靜的街衢，最後停留在信號山路的一幢樓房前面。

「呵，可愛得很。」並約翰向矮牆裏的花圃發出讚嘆，且幫助她用鑰匙打開了大門：「能不能允許我進來停留一會？」

他在畏懼着將遭受到拒絕，聲音響了。

「如果你願意，我自然該表示歡迎。」

跟隨在如絲身後，他的心興奮得幾乎跳出了胸膛；一切都是如此順利，他不覺在暗暗地感謝鮑勃給他的建議。他相信不久以後，她便是他的了。獲得了她之後，他一定要贈送她更多的代價，如鮑勃所講的十元美鈔似乎太少了。對金錢，他看得很淡，他一向生長在富裕的環境裏，雖然進入了軍隊，隨時他仍可以向家裏索討所需。作父母的對兒子是慷慨的，在這種情形下，自然沒有使他注重吝嗇的機會了。

他緊隨着她由側門走上樓梯，深深地呼吸着她遺留在身後的幽香。

「請將脚步放輕，免得驚擾了隣人。」

她扭轉頭，低聲囑咐他，一股由口腔裏透出的溫熱氣息撲向他的面孔，他下意識地嚥了一口液沫。他眞想立刻將她緊緊摟在懷裏，瘋狂地吸吮着她的嘴唇；然而他沒有敢那樣做。

一盞光線微弱的電燈懸在窄狹的樓梯口上，他竭力放輕了脚步，像竊賊一樣地通過了短短的樓廊，被她讓進一間窄狹的住室裏。

這間房牆壁粉飾着淡藍色，幾樣簡單的傢俱，呈顯得異常寂寞和冷落，角落裏搖着一隻煤油燈，以及一些烹煮的器皿。這那裏像女人的秀閣？由這間房，他想起了他母親的華麗臥室。他默然地送給她一個憐憫的目光，從這樣簡陋的起居，便可以想像得到她的經濟情況。他一定要幫助她，當順利地達到了需求以後。

他被讓坐在房中唯一的舊沙發上，沙發臨向長窗，由於樓房座落在這條地勢較高的沿山馬路上，從長窗可以眺望到遠遠近近的景色；這個房間並不是一無可取的。

她脫去高跟鞋，走進床旁的那塊幕幔裏，迅速地更換上一件藍布旗袍。從她身上，他才發現樸素的風度更甚於濃妝。

「要不要點咖啡？」

他自然未加拒絕，多捱一點時間也好。趁她忙碌時，他在苦苦地思索着如何做出求歡的表示。

「妳的房間很安適。」他蓄意地找話說。

「謝謝你。」

他又無言可發了。

「這眞是一個可愛的都市。」他的目光由房內轉向窗外。

「我也有同樣的感覺。」她這樣回答：「對這個都市我並不熟悉，因爲我是一個初來者。」

「以前你在那裏呢？」他好奇了。

「上海。」

「呵，上海，我曾停留過幾天，那也是一個可愛的都市。」他又向她：「妳在那裏做什麼？」

她淡淡地笑了笑：

「我還能做什麼？除了陪人跳舞。」

「但是，妳爲什麼到這裏來呢？請恕我唐突地發問。」

她沉默了刹那，思慮着應該對他作如何的回答。自然她不能將在上海舞廳中謀生不易，趁着將要來臨的夏季，到此淘金的計劃告訴他。

「來這裏消夏不是很好嗎？」

「我眞驚奇你的智慧，妳會講相當多的英語。」

「我對英文有所偏愛，現在每天我還到一個補習學校去學一個鐘點的會話。」

「是這樣嗎？」他興奮地說：「以後不要再到補習學校去了，假若妳接受，在會話方面，我願意効勞。」

她對他笑了笑，沒有作可否的回答。

咖啡煮好了，他們在飲咖啡的過程中，有一句沒一句地交談着；她表現得很靜默；他却因着慾念的迫擠，內心急滯不安。

「時間很遲了。」最後，她望了望床邊櫃臺上的小鬧鐘，竭力忍住了疲憊的哈欠。

「兩點鐘。」他也注視了一下手錶，一顆心開始激烈地搏動起來，面孔也隨着微微紅漲了。如何向她啓口呢？在她保持緘默以前，這時他後悔沒有仔細向鮑勃，魏斯曼討教一番。

「剛才經過的道路都記得嗎？」

在她發問的時候，他忽然站了起來，一把將她擁在懷裏，他開始感到蕩漾的昏眩了；迷亂中，他喘息着尋索她的嘴唇：

「不要驅除我，親愛的，答應我。」

首先一陣意外的驚嚇襲來，當她望見他的目光時，恐懼的情緒佔據了她的心頭，她拿出全身的力量，努力以爭扎躲閃開他的獵求。

「放開手！」

她的嚴厲話聲驅走了他的慾望，當理智恢復時，他望見她直直地站 立在一旁，眼睛裏閃射出冷淡而高貴的光芒。

他惶惑了，卑慚地垂下了頭。

「我很抱歉使你如此失望，但是，我不是你所想像的那種女人，原諒我。」她向他伸出了手。

六

「怎麼樣？孩子。第二天早晨，在盥洗間裏，鮑勃拍着約翰的肩膀：「昨夜進行得順利嗎？」

「唔。」約翰冷冷地應了一聲，繼續用面巾沾着冷水撫揉着因睡眠不足而感到腫脹的眼睛。

「破費了多少錢？」

「一個也沒有破費，」在鮑勃愕然注視他的時候，又補上了一句：「她不是你所想像的那種女人。」

「有什麼希奇！」鮑勃怔了一下，然後拍了拍胸膛：「想找女人還不容易，晚上我陪你去逛平康里，漂亮的貨色有的是，日本女人，白種女人都有，隨你挑選。」

以上的話對約翰並沒有產生什麼引誘力，他搖着頭，淡然地拒絕了。

黃昏，他獨自離開了軍營，在一家花店裏，選購一束嬌艷的玫瑰，連同那封費了整日時間反覆地思考下，所完成的短短信件，按照着昨晚經過的道路，他又來至信號山路的那幢樓房前面。

敲門以前，他足足站立在那裏猶豫了幾分鐘，最後才遲怯地舉起了手。爲他開門的是一個戴着眼鏡的中年男人，雖然他對他完全陌生，但根據昨晚如絲對他的閒談，他斷定那可能是樓下的房客之一。

「很對不起，打擾了你，」他具有禮貌地慢慢向對方解說：「我是來拜訪樓上那位如絲．李小姐的。」

「請進。」對方作了簡單的答覆後，他不能不爲不少數的中國人諳通英語而驚奇了；最初他還爲着他的言語不能被對方瞭解而擔心呢。

「謝謝你，但是，」他不安地握着那束玫瑰，面孔上表現出誠摯的請求：「能否請你將這束花和這封信轉交給她？因爲——我立刻還有其他的——」

「當然可以。」對方沒有等他將找出的理由講完，便慨然允諾了。

如釋重負似地，他感到異常輕鬆。他找到了昨晚曾和如絲同來的同慶樓，依然選擇了昨晚的那張座位上。他的來臨引起其他顧客的好奇，各處的目光全集向這方來，但他並不自覺；如今佔據了他思想的唯一影像便是如絲，他在不斷地思慮着那封短箋是不是有摒去昨晚給她遺留下的惡劣印象的功效。（未完）

更正

本刊第十卷第七期所載翻譯「土耳其和凱末爾」一文，譯者鄭逸先，經誤植爲鄧逸先，特此更正，並向鄭先生致歉。

(上接第19頁)

淪爲此一小圈子掩飾與運用之工具。此勢一成，整個社會只有睜着眼 睛任其損 耗下去，而莫可救藥。）

六

社會主義的理論和社會主義的戰術，卽使不爲馬克斯底獨斷論所支配，也是在每一部分係從一項觀念出發。這項觀念就是，把社會分成兩個階層。這兩個階層底利益互相衝突。這兩個階層卽資本家和產業工人。社會主義之建立，有賴於舊式的中產階層之迅速沒落。但是，社會主義者却全然忽視新的中產階層之興起。這裏所說的中產階層，意指不計其數的書記、打字員、敎員、和小文官、等等。在某一時期，這一階層的分子往往做工人運動底領袖。但是，當着他們一天一天地明白他們底地位墜落到不及產業工人時，則社會主義革命的理想對之不復具有支配力。固然，中產階層分子在不喜歡資本主義制度時，並且希望依照他們底公平觀念來分配財富時，他們可以說都是社會主義者。可是，他們這些觀念與舊式社會主義黨派底種種設施中所表現的觀念畢竟大不相同。

老式社會主義者用來獲得一個職業集團支持的種種手段，並不能用來獲得所有集團之支持。這樣一來，必定發生許多彼此抗爭的社會主義運動。這些運動企求獲得那些地位被降低了的人之支持。我們常常聽到人說法西斯和國家社會主義都是一種中產階層底社會制度。這話也不無道理。近代產業工人運動產生了工人貴族。於是，許多利益遭受損害的人起來反對工人貴族。法西斯運動遂得乘機而起。

舊式社會主義者總以爲他們底黨是將來普遍的社會主義運動之矛頭。他們不知道，他們多用一次社會主義的方法，窮苦人衆便對他們多失望一次。(譯者按：在許多所謂『社會主義的國家』，贊成『實行社會主義』者，主要係居於統治地位的官吏及衞士。而大多數窮人，久而久之，則厭棄這個『主義』。這是什麼原因呢？因爲，這類國家多採『政權第一』主義。既然如此，一切好處自然多歸居於統治地位的分子享有。被治者只能分得殘粒。這一對照，是社會主義底一大諷刺。）工人運動中比較得到利益的部份，與其說是屬于被剝削的階層，無寧說是屬于新的剝削階層。(至理！——譯者)

由於中下階層分子之怨望社會主義，法西斯和國家社會主義遂因獲 得大部 份的支 持者而 得到力量。

附記：本章有所删節。

讀『盲戀』

周棄子

一

「盲戀」是徐訏先生去年春季完成的一篇創作。在香港「今日世界」連載完畢後，現在，又有了臺灣第一版的單行本。也許是由於一種「此一時也」的偏愛，我把這本書細讀了至少有五遍。每讀一遍，都會激盪我的思潮，造成多種情緒上的困擾。

作者是一位最會說故事的人。由於他眞摯的情感；卓越的天才；加上高度熟練的寫作技巧；使得他的每一個故事（每一本書）都是那麼動人。對於「盲戀」，這裏不打算寫書評，沒有簡括書中情節的必要。不過有一點須得先提出的：這本書共計二十二節，全部用的第一人稱。中間二十節的「我」，名叫陸夢放。而最初最末兩節，却被寫成以「徐訏」爲「我」的「小引」和「尾語」。固然這可以解釋爲技巧的運用，但似乎又不盡然。作者所以採取如此寫法，也許另有主要的用意。在「小引」和「尾語」中，「徐訏」說：

「他的故事也眞的感動了我，我沒有當他小說讀，……許多問題我也曾爲他試作解答。」

「我知道我的整理與删補是很不合理想的。」

「在我局外人從文章來看，總覺得微翠自殺的原因不够清楚。」

這些話很值得玩味。依我此時的想法，所謂那「許多問題」，本來是不容易「解答」的，我們只可以試作討論。說文藝是指導人生的，固然是一種崇高的希望，但我總不能不懷疑於它的可能。我覺得，毋寧接受厨川白村「苦悶象徵」的觀點。我也是相信「文以載道」的，但却反對那種「道不在玆乎？」的主觀與成見。「盲戀」的作者，說不定也有類似如此的心情。因此，所謂「不合理想」，「不够清楚」等等的謙詞；可能含有一些感慨，一些諷刺。

二

作者對於「徐訏」所曾經試作解答的許多問題，並沒有個別列擧出來，我們也無法確定它們的名稱和數目。但我們可以給它們一個總名，這就是愛情的問題。把人生當作一個平面來看，愛情只佔這平面的一部份。但我相信人生並非平面，它是有層次的。而眞正的愛情，無疑的是佔着很高的人生層次。爲什麼愛情要加上眞正兩個字呢？因爲愛情這個東西，也就像自由一樣：「天下幾多罪惡，假汝之名以行。」我借用羅蘭夫人這兩句名言，決非敢對於一般「講戀愛」的朋友稍存不敬。我的意思只是說，愛情的眞面目是最難認識的。所謂許多問題，也就發生在這裏。

男女兩性間的慕悅與追求，本是生物界的自然現象。但這不足以解釋人類的愛情。人，之所以異於一般生物者，就是對於異性追求的目的，除了生物性的本能滿足以外，在理想方面，還有一個超越現實境界的存在。這也卽是通常所謂精神與肉體的說法。由於種種表面上的因素，這兩者之間，常常顯現出紛歧與矛盾。按說，紛歧是可以糾正的；矛盾是可以調和的。退一步講，卽令糾正與調和是太困難，最後總應該能從取與捨之間，求得理論上事實上的解答和解決。於是有人說：愛是奉獻而非佔有；是施捨而非獲得。相反地，又有人說：天下多美婦人；天涯何處無芳草？說這兩種話的人，儘管都止於無可奈何的偏見，但其用心良苦都是值得原諒的。可惜的是，這一份良苦的用心，竟缺乏實踐的可能。且看陸夢放的自白罷：

「祇有在我寫這篇東西的時候，我才完全了解所謂上帝的意旨。假如上帝是不存在的，人類也天賦了一種我與他的意識，精神與肉體的矛盾與紛歧中的課題。而這課題也就是人類的命運。能捨我而就他，捨肉體而就精神是一種解脫，這正是佛教所教我們做的，但是除了佛以外是沒有人做到過。也有人努力於捨他而就我，捨精神而就肉體，但是偏也不容易做到，這因爲人類的傳統與文化不能再回復禽獸的簡單的生活，這所以最自私暴虐的魔王也一定有一種人爲的學說理論以解釋他自己的行爲。像我們這種常人，則永遠在自私與利他，精神與肉體的矛盾中扮演着悲劇。」

這一段文字太沉痛了！但我並不能完全滿意所謂上帝意旨人類命運的說法。我想，愛情上的肉體與精神，並不是兩個重量相等的東西。單純的「就肉體」，並不太困難。如果感受到就肉體也不容易的痛苦，那這「肉體」必定是「精神」的反射。此中障礙，如傳統文化等等，不過是我前面所說的「種種表面上的因素」而已。至於「精神」，卽所謂「超越現實境界的存在」，它是既非僅僅肉體而又不離肉體。就愛情而論，它的超越是永恒的。我不是佛，我願意相信佛所「做到過」的，可能是比愛情更高的層次；但我更敢斷定，佛也做不到「捨肉體就精神」的「愛情」。

三

在見面談談的人中間，近來常聽到一些對於「盲戀」的評論。他們持有一種頗爲普遍的見解，以爲作者不應該那麼重視一個人的形體上的美。他們爲陸夢放抱不平；爲盧微翠惋惜；乃至於對李世髮也不勝厭恨。照他們理想的寫法；世髮應該是一個祇知道薰衣傅粉的「小白臉」，根本不值得微翠去愛。微翠復明之後，儘管看得見夢放是如此奇醜，她不惟不討厭他，反而比盲目的時候更加愛他。要這樣寫，才能表示愛情的偉大。

我無意於揣測作者是否願意接受這一種見解。

我只想簡單地提出我個人由這本書所得到的一點領會。我覺得，在微翠復明之前，他們三個人之間的關係，只能算作一種巧妙的錯綜，而並非就是愛。必得微翠決心自殺而且果然身死，纔使我們認識了眞正的愛情。

夢放奇醜，微翠目盲。開始都抱着先天的自卑感。雙方接近而互相吸引，以至於結婚。仍然是源於男女相慕悅的需要，雙方的自卑感恰也互相抵消。「在我的生命下，我從未想到過戀愛，……像我這樣醜怪的容貌，我知道決沒有女性會對我有好感的。」這是夢放原來的想法，結果居然得到了微翠，那麼美。雖然是盲目，但與自己的醜怪對比起來，還能不知足麼？

微翠想，像我這瞎子，「我不識字，我沒有學問。」居然有人肯同我結婚，這能不是幸福麼？「戀愛，也許是想像的堆積。」她雖沒有視覺，但何礙於她的想像呢？作者甚至於强調的提示我們：「說戀愛是盲目的，無寧說盲目才配有眞正的戀愛！」

世髮呢，可能早年曾經對微翠有過好感，但爲什麼沒有決定愛她呢？顧影自憐，一表堂堂的美男子，要跟一個盲目女子談愛，是否值得呢？到最後他却對「徐訏」說早愛着她而自己却下意識總當着是妹妹，這也無非是一種不自覺的遁詞。本來，「人類的解說都是一種情感的掩護」啊！柏拉圖以爲「愛神常在追求之中。」並未追求，云何爲愛？

到微翠復明之後，情形就不同了。她們三個人立即成爲一種「相互的超越。」這情形是非常可怕的，這是一場不見刀槍的戰爭。可憐的微翠，就死在這戰場上！

四

她的墓碑上刻着的字，最後一句是：「她的靈魂永遠閃耀着不可企及的愛情。」對了；「不可企及的」正是我所說的「超越現實境界的存在。」

唐君毅先生所著「中國文化之精神價值」第十一章第八節，曾說到中國人不能眞正了解西洋悲劇的美。其本意在把中西文學作一個比較，這不在本題範圍之內。但有幾句說到悲劇的何以常要「終極於死」：

「則以人死而後人之生存意志，與一切罪惡之根，乃皆無所依。物質之身體死於人之前，然後其心靈精神之價值，昭露於人之上。黑格爾論……『不得其死』之死，爲偉大人物所必須。……死者，人之銷毀其物質身體……以使其人格之精神價值，凸呈人前之唯一道路也。」

最悲慘的死是自殺。付出寶貴的生命，換來「弱者的行爲」的批評。傅東華譯「業障」裏的白拉基醫生說：

「在某種情境下，應該容許一個人取去自己的生命。」

這總算是對於以自殺來終止生之痛苦的一種辯護，但我覺得自殺的意義不見得僅止乎此。我曾經有一個譬喩，自殺有些像爆竹的燃放。當爆竹燃放時，是本身內涵的火藥毀滅了自己的形體。也就在這毀滅的同時，創造出了光；熱；力。這一譬喩，似乎可幫助了解爲什麼作者要使微翠自殺。這是一種解脫和上昇，而不是殘忍和墜落。同時也使人知道：眞正的愛情在本質上是悲劇的；唯有而且必須從悲劇本質看纔能認識眞正的愛情。

寫到此處，來了一位熟朋友，他也是「盲戀」的讀者。他把這幾張原稿看了一遍，然後他問我：

「你的意思是，只有生而盲目的人，纔會以那『想像的堆積』爲愛。一旦恢復視覺，想像破滅，就必須以死來顯示他的人格。那麼，世間上多少正在戀愛中的男女，他們並非生而盲目，那算不算得是愛呢？進一步說，假定每一個眞正的愛情，都必然與悲劇同在，也就是說，必得要有人自殺，被殺，分離，出走；那又多麼可怕呢？人生眞就是如此的嗎？『盲戀』作者是如此看法的嗎？」

對於這位朋友的話，我作如下的答復：

「我的意思，自己也不太容易說得清楚，或許就算是如你所歸納的，亦無不可。至於你所問的幾點。誠然，世間上隨時都有人在那裏造愛，享愛。他們亦並非盲目的人，但我想他們可能是『盲心』。心的無知正等於目的無視，都是一種殘廢，不過一在肉體一在精神而已。這，同樣地無妨於他們的想像的堆積。

至於說眞正的愛情，都必然與悲劇同在：我倒堅持是如此的。但這種「同在」，事實上並非每一個人都能遭遇。一個人一生，可以發生多次的多種的「男女關係」，却未必一定有機會碰上一次眞正的愛情。芸芸衆生，大都「捨精神就肉體」而已。假如眞有機會遭遇上這一「同在」，那有什麼可怕？毋寧說是有福了。

我不敢說這就是『盲戀』作者的看法，姑妄言之而已，我本來說過不打算寫書評。」

五

「盲戀」單行本扉頁上，作者有一篇親筆製版的題詞。於列舉許多江湖乞食的情景後，他說：

「這些都是行乞的事，也就是我現在的生活。向你們唱人間的悲歌或我心底的歌曲。求善男信女的一點捨施，謀在擁擠的英雄高僧間，得卑微的生存與呼吸。」

這些話，很顯然的有感而發。作者早負盛名，擁有大量讀者。由於他的作品多半以愛情爲主題，多少年來，早就有一些有意或無意的「輿論」；說他是「兒女情多，風雲氣少。」在這個一切的一切都要「貫徹時代的使命」的年頭，作者的心情，恐怕是很孤獨的。其實這種情形，也是由來久矣。古時的「以天下爲己任」的人，早就非薄「吟風弄月」，而今的英雄高僧則鄙視「談情說愛」。這本是一脈相承的。

我懷疑文藝能「指導」人生，却相信它對人生理想的追求能有所「顯示」。凡足以達成這種顯示任務的，無不可取爲題材，不必一定要是水滸而非紅樓夢。凡屬一種理想境界，應該是眞，美，善的。問題在於眞美善的定義不容易下。請再聽夢放說罷：

「對於眞美善各種不同的理解是人間的糾紛，但是發於愛的總比較是對的。」

——「盲戀」單行本發行後四十日寫——

書刊評介

中西文化交通小史

方　豪

記得前年(四十一年)十二月中，我把寫成的中西交通史第一冊稿子，送到中華文化出版事業委員會去的時候，十二月六日的報上已有劉伯驥先生著「中西文化之交通史」將在正中書局出版的廣告。有人還勸我把原稿取回，索性等劉著出版後再付印。他的意思總以爲劉著必有可以補助我的地方。後經電詢正中書局，知已在香港排版，約一月後卽可出書，但我沒有再等，結果我的中西交通史前三冊相繼在去年一月、六月、十月出版後，纔在臺北看到劉氏的書，書名並沒有預告時那個「之」字，却加了一個「小」字，現在這部書已列入正中文庫第二輯。

任何人看到一本和自己研究興趣相同的新書出版，總是很高興的，同時也一定會比別人更用心去讀。我對於這本書，便是渴望很久，而在到手後，又以極大的期望去讀的。然而我的失望恐怕也比別人來得大。

根據作者民國四十年九月的自序，知作者「棲遲海外，幾十餘年」；而那篇序文便是作於舊金山的。對中國書籍、中國材料來講，在國外或遠不如在國內；但以中西交通史這一類的書來說，需用外國材料和外國參考書極多，有機會能在外國完成，實亦可以說是幸事；更何況作者在海外的十多年，正當中國抗日戰爭之際，我們當年流離於西南的人，卽連中國書籍也很感貧乏。作者身處美國，這正是近數十年來很注意研究漢學的國家，藏書至爲豐富，對歐洲的漢學先進國，頗有後來居上之勢，且不若英、德、法等國的慘遭兵燹。所以就本書撰寫的環境來說，實爲戰時許多國內學者所不及。

本書第一章緒言。第二章「西方對中國之認識及六朝間交通往來」，第一節「西方學者對中國之認識」。但就在這第一節的第一頁和第二頁，(原書十一頁和十二頁)在相距短短的九行中作者竟把第一世紀末，僑寓埃及的一個希臘無名氏所作的一部書，一會兒作爲人名，一會兒 (隔兩行) 作爲書名，一會兒(隔六行)又作爲人名；這位希臘商人約在公元八十年至八十九年之間，航行於紅海、波斯灣、印度的東西岸之間，明明是第一世紀末年的事，作者却稱之爲「於紀元第一世紀之初，曾歷印度洋而得之地理智識所撰」。可謂誤上加誤。

原書十二頁第六行說：「是書爲希臘商人披里浦斯原註(Maris Erythraci Periplus)於紀元第一世紀之初，曾歷印度洋而得之地理智識所撰。」這明明是把披里浦斯作爲那位希臘商人的名字，作者不知披里浦斯的原文 Periplus，並不是人名，而是一個拉丁字，意思是「航海周遊」，所以上海土山灣印書館一九二四年出版貝廸榮(Petillon)編的「辣丁中華字典」，譯爲「浮海遊歷」。一九五二年日本東京「研究社辭書部」發行田中秀央編羅和辭典譯爲「周航」和「沿岸往復航海」。(原文如此)所以作者所引的是一部拉丁文的書名，應該譯爲「愛利脫利亞海周航記」。

作者在第十一頁第十行，也把披里浦斯作爲人名。他說：「西方人對中國稱呼之來由，約可分爲兩種……㈡或爲「秦」之一字所譯音者，披里浦斯(Periplus) 稱爲 This 或 Thin……」。以書名爲人名，這樣的錯誤，出之於留居美國十餘年的作者，如何能得到國人的原宥？又如何能不貽笑國際？

其實，就在同一頁(十一頁)末行，同一本書，不僅有拉丁原名，還有英文譯名，原書說：「紅海之披里浦斯 (The Periplus of Erythraean Sea) 一書關於中國之記載……」。作者在這前兩行，和後六行，都把披里浦斯作爲人名。這裏雖把它作爲書名，然而作者仍不把 Periplus 一字譯出，而只譯其音，在美國，有多少種拉丁英文字典？在沒有讀過拉丁文的人，這也不過是一舉手之勞，然而作者不肯做。

最可怪的是在書末所舉參考用書中，明明列有張星烺先生的「中西交通史料滙篇」，而在張書第一冊「古代中國與歐洲之交通」，㈠「兩漢時代」，第十七節便是「愛利脫利亞海周航紀記東方事情」。張氏不但已把 Periplus 譯出爲「周航紀」，且已說明原作者「姓名失傳」，而劉氏仍一再誤爲人名；在譯爲書名時，又只知譯 Periplus 的讀音，而不知譯爲「周航紀」。況且 Mare Erythraeum 所指包括波斯灣、印度洋在內，所以張氏譯音爲「愛利脫利亞海」是很對的，劉氏譯爲「紅海」，也不恰當。

二十二頁註二，曾將「愛利脫利亞海周航紀」的拉丁原名和英文譯名並列，那是 Wilfred H. Schoff 的英譯本，作者應該參考過這本書，因爲那裏還註有頁數，但是作者何以先引英文書名，而稱之爲書(十一頁)，隔了六行(十二頁)，又引拉丁原書名，而以之作爲人名？這都是不可思議的錯誤！

本書各節遺漏甚多，卽所引原書材料，亦多脫落，所以作者雖列開大批參考書目，但是否眞正親手翻閱，這是很使人懷疑的。

第四章「西方文化對中國之影響」，第一節「天文」，曾舉不少星占術的書，並曾提出「都利聿斯經」，鄭樵通志著錄。但通志卷二八八藝文略尙著錄有七種。其不見於宋史或新唐書的，計有「徐氏續聿斯歌」一卷、「聿斯鈔略旨」一卷、「羅濱斯聿斯大衍書」一卷。劉氏曾參考通志，何以舉彼而漏此？此外如宋紹興「秘書省續編四庫闕書目」卷二曆算類有「都利聿斯經歌」一卷；又直齋書錄解題卷十二有「聿斯歌一卷」；宋史藝文志天文類著錄「都利聿斯經」「聿斯四門經」「聿斯歌」各一卷；五行類有「聿斯四門經」

「聿斯經訣」「聿斯都利經」各一卷，又「聿斯隱經」三卷；曆算類有「閣子明注安修睦都利聿斯歌訣」「聿斯隱經」「聿斯抄利要旨各一卷」，也一概不提。

我到此，纔知本書是有其時代範圍的。因為本書的書名只是「中西文化交通小史」，並沒有某一時代的字樣，後因看到作者講論印度天文的東傳，不引宋史，纔覺奇怪，一翻「參考用書」，則只見有唐書、新唐書、五代史、新五代史，而沒有宋以後正史；又掉頭讀作者「自序」，纔知作者所注意的是「中古時代東西文化之交流」，但何以不在書名上加上「中古時代」四字呢？

以宋史為中國近代史的開端，這是很多學者的主張，但以中西交通史而言，唐宋絕不能劃屬於兩時代。

同章第四節「醫藥」，引隋書所記傳入中國的西方醫籍，只錄六種，但隋書卷三四經籍志三所著錄的，至少有七種。劉氏所漏的是「龍樹菩薩養性方」一卷。

第五章第二節「景教」，所錄敦煌發現景教典籍，只有「移鼠迷詩訶經」「一神論」「三威蒙度讚」和「尊經」等四種。但「尊經」實祇是「三威蒙度讚」的三部分之一。如強把「尊經」作為一種獨立的經，則「一神論」亦有三部分，即「喻第二」「一天論第一」「世尊布施論第三」。劉氏既對「一神論」不作如此分法，所以對「三威蒙度讚」，亦應作同樣看法。還有已往大家都知道的敦煌寫本「志玄安樂經」，也被遺漏了！民國三十二年二月及十一月，日本小島靖君在已故李盛鐸氏的遺物中，又發現「大秦景教大聖通真歸法讚」和「大秦景教宣元至本經」。「宣元至本經」，已往已有傳抄本，但誤落「至」字，所以中外學人一直稱為「宣元本經」。劉氏書中當然更沒有提到這兩種景教經典。

劉氏說：「光緒庚子年間(紀元一九〇〇年)，甘肅敦煌石室發現景教典籍數種。」這個年代也是錯的。因為敦煌卷子的發現是在庚子前一年(一八九九)。斯坦因(Sir Aurel Stein)的賄買寫本是在光緒三十三年(一九〇七)，伯希和 (Paul Pelliot) 發現第一部景教經典，即三威蒙度讚，更在後一年，即光緒三十四年(一九〇八)。

第六章第二節「造紙術」，對於中國發明造紙的年代，仍採舊說，謂：「中國自漢蔡倫於紀元一〇五年發明造紙後」，實則我國在蔡倫前早有以敝絮加工而成的紙，時在西漢晚年。漢書卷九七下趙皇后傳，稱這種紙為「赫蹏」。又民國三十一年秋，中央研究院在額濟納河沿岸 Bayan Bogdo 山南，Tsakhortei 烽燧下，掘獲漢代紙團，經審定為植物纖維所作；紙團又在前中瑞考察團發現永元十年(九八)木簡之下，可知紙的年代必在永元十年前後；假若此紙埋入地下是在永元十年，那就比蔡倫造成的紙早七年，可見蔡倫之前，中國實已有紙。

本書一八八頁，第六章註二，更有一奇怪名詞曰：「耶穌舊約」，凡對基督教，或西洋史，或世界文學，稍有常識的人，都知道，耶穌以前的聖經是「舊約」，耶穌以後的聖經是「新約」，所以稱「耶穌新約」則可，稱「耶穌舊約」則萬萬不可。

(上接第20頁)

我們回過頭來，再巡視一下地中海內美國第六艦隊的實力，更可明瞭美蘇在地中海對壘的情形。大家都知道第六艦隊實力非常雄厚，但詳細的情形則很少有人明白，美國方面一向也不願公開這件祕密。最近有一位英國記者獲得特別准許，參觀了整個艦隊，真象始大白於世人。他在報導中特別強調「由塞浦路斯島至直布羅陀橫陳着一條『原子艦隊』威脅着蘇俄的南翼」。美國所有最強大的艦隊從沒有像第六艦隊僅集中在這樣一個區域的：比如載重四萬五千噸的「珊瑚海」號(Coral Sea)及「羅斯福」號等航空母艦，有一百三十架可以投擲原子彈的飛機。艦隊司令是加塞蒂中將 (John H. Cassady)。他是一位老海軍飛行員，他曾這樣聲明過：「如果戰事一旦爆發，第六艦和所有的一百餘隻戰艦立刻可以直搗蘇俄，我們的飛機一次可以將五噸炸彈投擲到一千二百三十二公里的半徑之外，再返回基地。你展開地圖可以看出，由地中海內任何基地所包括的一千二百公里半徑以內的蘇俄城市。可以裝載巨型原子彈的飛機，靠了航空母艦的活動基地，可以駛近半徑最短的地方，這『空中艦隊』力量的偉大將是不可想像的。還有一點長處，那就是可以隨時突擊，使敵人防不勝防，這意思是說，敵人如欲迴避『空中艦隊』的襲擊，應當在極廣闊的地面設防，並時時地警戒，此外還要揣測本艦隊的動向。這一切為我們是非常有利的，所以我們的突擊將是最容易而且最有效的。」

不過據可靠的消息，地中海內也時常出現蘇俄潛艇，這確是一件最傷腦筋的事。對於這點，前美國海軍部長，現任大西洋公約組織的地中海區域司令芬特列上將 (William M. Fechteler) 曾經簡潔的答復過：「根據我的理解，我們不該過分地危懼蘇俄的潛艇，對於它們的一切和應付它們的方法，我們都知道得清清楚楚。」

據那位英國記者報導，第六艦隊約有一百多個船隻，兩艘或三艘巨型航空母艦，六艘或八艘驅逐艦，十六艘或十八艘巡洋艦，一隊油船和其他各種運輸供應船隻多艘。這些船隻經常行駛於美國的大西洋岸及地中海之間，大約每四個月即整個循環一周，而以同等數量和效能的其他船隻接替。這種循迴調動的理由，一則是因為有的船隻經過相當時期，須回到原來的船塢去檢查或修理；再則更重要的是欲每一隻船都有機會來熟悉地中海內的工作情形。因為第六艦隊經常不斷地訪問着地中海內的每一個港口，美國的海軍人員時常作着各種表演、地面射擊、防空射擊、施放魚雷等等無一不包括在內。另一方面和蒙巴頓上將所指揮的英國艦隊保持着密切的聯絡。如此看來，西方自由世界在海洋方面的安全確有相當的把握，決不是蘇俄所可比擬，但是在歐洲大陸方面則不可同日而語，這也就是白宮最感煩惱的一件事。

四三、三、十六日於羅馬

第十卷　第八期　內政部雜誌登記證內警臺誌字第三八一號　臺灣省雜誌事業協會會員　二八四

給讀者的報告

最近一個多月來，報章雜誌對字體簡化問題，爭辯至爲熱烈。一些反對簡體字的立法委員爲此並在立院中提出「文字制定程序法」，於是這個爭論又被帶進了立法院。此一法案現在交付審查之中，如何決定尙未分曉。因此我們願乘此時機，說明「我們對字體簡化的意見」。我們認爲字體簡化是大衆的要求，也是時代進步的必然趨勢。這趨勢絕不是少數人的好惡所能遏止的。我們懷疑那些極力反對簡體字的人們，當他們作文寫信的時候不會使用過簡體字？制定簡體字的工作應交給專家們去作，這是教育部分內的事，立法院大可不必過問。本來大家對問題的提出討論與爭辯，原是一個好現象。可是這次簡體字的爭論中，我們發現一些人流於感情用事的漫駡，完全超越了就事論事的態度。這是我們所不取的。這些人之所以如此感情用事，據說是爲了要保衛傳統文化，其動機誠可博人同情，然其抱殘守缺的行徑則又無寧是可憫的。最近我們接到不少讀者來信，垂詢我們對此問題的意見。現在從本期社論(一)裏，讀者們當可明白我們所持的態度了。

日內瓦會議卽將於本月廿六日召開，民主國家與共產集團間免不了又有一番熱鬧的冷戰。日內瓦會議是從柏林會議來的，柏林會議對德奧問題的討論毫無結果，日內瓦會議也註定是要失敗的。共產集團希望藉此能偷偷摸摸地把中共帶進聯合國，而美政府則在民意敦促之下已明白表示拒絕。日內瓦會議之值得注意的是，盟國之間步驟之能否一致。目前越南戰局正日益危急，而杜勒斯聯合行動的呼籲，英法反應却甚冷漠。禍及燃眉而不自覺醒，正是共黨求之不得的。我們認爲，今日國際問題其危機不在於共黨之可怕，而實在於盟國之不自振作。因此我們本期有兩篇文字均係論及當前時局。一爲社論(二)「日內瓦會議的展望」，一是朱伴耘先生的「從柏林會議展望日內瓦會議」。兩文均針對世界局勢，對民主國家提供了積極的建議。

知識是人類解決一切問題的有效工具。然而人有時却又愚昧得可憫，常捨正確的知識而就荒誕的迷信。於是災害便從這裏產生。現在，我們面臨着這個變亂而痛苦的時代，更迫切地需要正確運用我們的思想與知識，否則便不能解除時代的災厄。然則在這樣的艱鉅的工作之中，思想家佔着什麼位置？他們能做些什麼？成就些什麼？劉世超先生在他的大文中對這些問題都一一提供了解答。

「迷妄的平等」一文是殷海光先生所譯的「到奴役之路」一書之第七章。譯者在正文前加有一段很長的引言，皆係警世之語，並有助讀者對本文的了解。

本期通訊，其一剖解地中海的當前形勢；其一分析印尼的政局。俱有透闢的見解。

郭良蕙先生的「錯誤的抉擇」是一篇中篇小說。頗類賽珍珠 Hidden Flower 的風格，本文因稿擠積壓甚久，遲遲發表，應向作者致歉。

周棄子先生的詩名是不必介紹的。他的詩，雖承受古代的形式與技巧，而意境却常是現代的。「讀盲戀」一文立論也許太偏激。但從此亦可見詩人的憂鬱。

本刊售價		
地　區	幣　別	每册價目
臺　灣	臺　幣	4.00
香　港	港　幣	1.00
日　本	日　圓	100.00
美　國	美　金	.20
菲律賓	呂宋幣	.50
馬來亞	叻　幣	.50
暹　羅	暹　幣	4.00
越　南	越　幣	8.00
印　尼	印尼盾	6.00

自由中國 半月刊 總第一〇七號 第十卷第八期

中華民國四十三年四月十六日出版

發行人兼主編：『自由中國編輯委員會』

出版者：自由中國社
社址：臺北市和平東路二段十八巷一號
電話：二八五七〇

航空版
香港辦事處：香港時報社　香港高士打道六四號
菲律賓辦事處：岷里拉怡干洛街五〇二第三樓　3rd Floor, 502 Elcano St. Manila, Philippines

經售者
臺灣：自由中國發行部
美國：中國書報發行所、紐約民氣日報社、舊金山少年中國晨報社、芝加哥中國出版公司
日本：東京草梁洞業公司
韓國：釜山草梁洞新泰行
馬尼剌：大中華日報社
印尼：椰嘉達天聲日報、棉蘭新中華報
越南：西貢中原文化印刷公司、越南華僑文化事業公司
暹羅：曼谷攀多社十二號
緬甸：仰光振成書報店
印度：孟買亞號、加爾各答塔梅學校
澳洲：雪梨瑞田公司
北婆羅洲：西利亞坡青年書店
新加坡：檳榔嶼、吉打邦均有出售

印刷處：精華印書館
廠址：臺北市長沙街二段六〇號
電話：二三四二九

本刊經中華郵政登記認爲第一類新聞紙類　臺灣郵政管理局新聞紙類登記執照第五九七號　臺灣郵政劃撥儲金帳戶第八一三九號

自由中國

FREE CHINA

第十卷 第九期

要目

中華民國四十三年五月一日出版

社址：臺北市和平東路二段十八巷一號

半月大事記

四月七日（星期三）

美國已要求越、棉、寮三國參加擬議中之聯合行動，保證東南亞不受中共侵略之聯合聲明。

美總統艾森豪已下令大量增加原子武器的生產，其中包括氫彈。

法軍增援傘兵已空降奠邊府。

四月九日（星期五）

高棉王錫哈諾已下令全國總動員以抵抗越共的侵略。

四月十日（星期六）

美國務卿杜勒斯飛歐，就日內瓦會議問題與英法兩國舉行會談。

越南王保大飛巴黎談判獨立問題，臨行前任命一戰時內閣。

日本自由黨領袖正式同意於和改進黨合併組織新保守黨以前，先行解散自由黨。

四月十一日（星期日）

一萬三千餘名反共義士，正式入營，參加國軍戰鬥行列。

越共四度猛烈進攻奠邊府，受重創後被擊退。

四月十二日（星期一）

美國務卿杜勒斯與英外相艾登會談，對「聯合行動」事仍有歧見。

美第五航空隊司令安德遜稱，如臺、日、菲遭遇空襲，美空軍可於三日內完成動員，前往增援。

日本首相吉田向國會保證，日本不介入越戰。

四月十三日（星期二）

行政院長陳誠向立法院報告下年度施政計劃。

美國務卿杜勒斯與英外相艾登聯合聲明，英美決與其他八國建立集體防禦同盟。

法機以重型毀滅彈切斷越共通向奠邊府的主要補給線。

高棉王正式向聯合國控訴越盟侵略。

四月十四日（星期三）

美國務卿杜勒斯飛巴黎與法外長皮杜爾會談遠東局勢。

澳洲衆議院通過肅清俄國在澳間諜法案。

四月十五日（星期四）

杜勒斯與皮杜爾發表聲明，法對十國遠東安全計劃表示同意。

奧丹尼抵西貢，擔任美駐越軍援顧問團長。

四月十六日（星期五）

美總統艾森豪向西歐六國保證，西方國家安全一日受威脅，美軍即留駐歐洲。

法空軍部長克利斯琴稱，越共上月間在奠邊府擊中法機五十四架。

越共已抽調數以萬計的新軍至奠邊府外圍。

南斯拉夫與土耳其已初步決定成立軍事同盟。

四月十七日（星期六）

香港德臣西報稱，中共兵員實際已爲越共的一部份，在越南參加戰爭。

高棉王錫哈諾解散內閣。

『自由中國的宗旨』

第一、我們要向全國國民宣傳自由與民主的真實價值，並且要督促政府（各級的政府），切實改革政治經濟，努力建立自由民主的社會。

第二、我們要支持並督促政府用種種力量抵抗共產黨鐵幕之下剝奪一切自由的極權政治，不讓他擴張他的勢力範圍。

第三、我們要盡我們的努力，援助淪陷區域的同胞，幫助他們早日恢復自由。

第四、我們的最後目標是要使整個中華民國成為自由的中國。

法國宣佈守奠邊府的卡斯特里上校，升爲准將。

四月十八日（星期日）

臺灣省六縣市選舉縣市長及省議員。

埃及納瑟中校接受總理職，組織內閣。

四月十九日（星期一）

葉公超外長稱，任何解決越戰方式，如陷我旅越華僑於鐵幕之後，必爲我政府堅決反對。

美駐聯合國首席代表洛奇列舉十項理由反對中共進入聯合國。

韓國正式宣佈，參加日內瓦會議。

四月二十日（星期二）

杜勒斯於飛巴黎前，主持一個包括十個代表的會議，以討論越南局勢，及成立東南亞聯盟問題。

法守軍在奠邊府建圓形防線，直經不及一哩。

四月二十一日（星期三）

美國務卿警告共黨應遵守協議，不容使日內瓦會議有所變質。

美機提運法國傘兵赴越，協助抵抗越共對奠邊府的攻擊。

四月二十二日（星期四）

美國務院聲明，日內瓦會議如不能解決韓、越問題，自由國家將聯合抵抗中共攻擊。

美法三國外長在巴黎進行會談。

印度不許運載法軍赴越之美空軍通過印度。

社論

（一）更多的民主與更多的自由

前一些時候，蔣總統對國民大會主席團發表談話，說起了政府今後將給予人民以更多的自由與更多的民主。此後不久，行政院陳院長已在一項施政報告中提出了精簡主義的原則。這兩件事，表面上顯得並無直接聯繫，但如作較深一層的觀察，則我們不難發現，『精簡』二字，實正好是更多自由更多民主之最恰當的註腳。

通常個人自由活動的範圍之大小，與政府執掌的範圍之大小，總是成反比的。政府多一分執掌，個人就勢必非少一分自由不可。這是事實而非理論，不管怎麼的解釋與辯難，都不能把這個事實改變。我們並不主張個人自由應該無限制擴大而政府執掌應該無限制縮小，這樣將使人羣陷於無政府的混亂狀態。可是今日世界所面臨的，卻是另一個相反極端的威脅：那就是政府執掌之無限擴大與個人自由之無限制縮小。共產極權國家的情形已不用說，即連代表的民主國家，如美國，如英國，半世紀以來，也有向這方面發展的趨勢。我們中國當然不能例外。我們認為政治學應該能夠解答個人自由與政府執掌之間的界線如何劃定的基本問題。也許，因為客觀環境與客觀需要在變化，政治學無法替此一基本問題找尋出一些行之百世而不變、放諸四海而皆準的原則來。但至低限度，也應該考察一下當前的現實是出了怎樣的毛病，必須朝着那一個方向來予以補救。

歐洲的政治思想，重視法律制度，比較的忽略應該貫穿於整個法律制度之間的精神上的領導原則。在歐洲，民主政治的理論異常發達。但這樣產生出來的民主制度，仍然祇是一個格架，對此格架，仍然可以安放許多不同的內容。所以，如英國工黨，就可以在舊有的法律制度下進行其高度的管制。在政治思想上充分發揮了自由精神的，是美國，不是歐洲。美國有哲弗遜的傳統，有佩恩的傳統。哲弗遜警告政府不要把人民當做全不懂事的小孩子看待；要讓人民自由發展，政府就該處處儘少干涉。佩恩認政府為『必要的惡』，竭力主張限制其權力的行使。這種傳統支配了美國人心，事實上已成了美國精神的基礎。所以，在美國的政治史上，經過傑克遜，經過林肯，經過羅斯福，政府執掌雖也曾一再擴大，但到底仍有其限度，而且每次擴大以後，總仍然要退回來一點。今天美國共和黨的施政原則，正就是羅斯福路線的糾正。

我國的專制政體，行之數千年，民主思想極不發達，但是政治的精神原則，多少受黃老思想的影響，從來就不主苛擾。（胡適之先生最近曾指出：連儒家在政治哲學上都是師承老子。）所以，雖然是專制政體，個人自由至少在某些生活方面，倒未必常常受到過多的干擾。我們的問題是，我們雖多少保有一些自由精神的傳統，卻畢竟由於政治格架之太不健全，此一傳統也就很容易被蔑視而毀棄。近二十年來，世界潮流的激盪以及我們自身的特殊遭遇，就會使我們的政府漸漸走上擴大執掌的道路。

當然，政府執掌之每一次擴大，都有其理由。有時候，這些理由也確實令人無法爭辯，但有時候，卻難免是基於一種錯誤的認識，或甚至僅為達到另一目的的藉口而已。管制的範圍，常常會傾向於無限制發展一個『必要』會引出另一個『必要』；暫時的權宜辦法會成為經久的定制。這樣的趨向，如非意識的予以遏制，它是不會自動糾正過來的。

近來流行的一些觀念，更增加了事態的嚴重性。人們說『萬能政府』，人們說『管教養衞』，人們說『政治乃是管理衆人之事』。僅就字面來看，我們對這些說法，似乎也不便吹毛求疵。祇是，這些說法所造成的一種氣氛，卻在鼓勵政府無事不管，無事不問，好像政府執掌必須深入於人民生活的每一角落，才算盡了政治的能事。

政府果眞萬能，則人民的能力就無須發揮也無從發揮。管教養衞果眞面面做到，人民就全都成了三歲未滿的乳嬰。

我們似乎應在此作一些較具體的說明。管教養衞四字中的那個『養』字，曾經引出了這麼一個觀念，政府應該負起解決所有人民生活的責任來。但事實上，政府本身就是靠從人民取得的稅收來維持的，它又如何能夠養活全體人民呢？唯一的辦法是，人民的經濟生活全盤由政府來安排。這就引出了計劃經濟的觀念。我們在今天，衣食住行等活動，尚能保持相當自由，但如打算有所創業，就幾乎沒有一件事非經過『申請』或『登記』之類的手續不可；換言之，我們已經無法未經政府同意而自動的做一件事，連擺一個地攤，開一個香煙舖亦非例外。在計劃經濟的籠罩下，不僅個人創發宣告死亡，甚至個人的一切謀生之道都被一一阻塞，於是就眞個非依靠政府來『養』活不可了。試看，公務人員的待遇已經如此微薄，卻仍然有這麼許多人向這條路上奔走爭競；一年又一年，有多少不必要的人員被『分發』到已經擁塞不堪的各機關裏去。這就是『養』的成績。

我們之所以以『養』為例，目的是在說明個人自由的範圍，實不僅限於言論思想信仰之類。它不是僅僅為一些知識分子所愛好的奢侈品，與一些為溫飽而掙扎的大衆無關。事實上，它正與每一個人最現實的生活密切聯繫着。個人自由的保障，同時也就是生存的保障。

我們很欣幸政府當局現在已提出了精簡的原則。我們畢竟領受了幾年來的經驗教訓，亟謀有所改變。但我們認為對精簡二字，仍須要作一個更明朗的解釋，才能使一般人的觀念漸趨澄清。精簡誠然不是無為，不是無保留的放任，但它確實應被理解為儘少管事的意思。而且，這不僅是一個手續上或行政技術上的問題，而是一個基本方針的問題。這個基本方針，在我們看來，應該是：有充分理由不得不管才管，可以管，可以不管，總不如不管。

社論

(二) 競選活動應有這樣不合理的限制嗎？

——不應以節約的理由來限制競選活動

臺灣的地方自治施行以來，已經整整三年了，由縣市長及省市議員以至鄉鎭長、里長、村長均已實行選舉了。臺省人民前幾年對於自治特別熱心，故其投票率之高，競選活動之熱烈與嚴肅，據我們的觀察，均較過去大陸各地的選舉爲優。今年是各縣市長及省議員改選的時期，經過了三年，增加了經驗，理應有相當的進步，但是一般的觀察則熱烈的程度業經減少，投票率普遍降低，活動不够積極，現出死氣沉沉的樣子，這是由擴展轉爲收歛呢？還是因控制而至窒息呢？我們理應檢討一下。

輿論界不滿的事實是：競選人員太少，中途放棄競選者太多。現在第一期各縣市的選舉業經過去，姑不具論。第二期十三縣市中，高雄、臺北、南投、臺中四縣均只有一個候選人，毫無競爭，其當選是既定的。這是否衆望所歸，使競選者望而却步呢？放棄競選者原因甚多，我們沒有一一調查，自難概論。據報載有兩位現任縣長因未被國民黨提名，其一則宣布脫黨也要競選，其二則竟提出不脫黨競選的條件，向政府討價還價云（四月二十日中央日報）。故因提名失敗而放棄競選者，據推測也怕不在少數。査國民黨提名制度規定：凡未被提名而自行競選者，均應開除黨籍，卽國民黨內不許有兩人競選。國民黨是執政黨，其力量又特大，在野的民青兩黨聯合起來尙不及其十一，而無黨無派能靠個人力量以對抗執政黨提出的候選人者也只有少數，競選人太少的理由卽在乎此。投票率之低，民衆熱情之降落，競選人太少，實爲其原因之一，而競選人之少則因反對黨之無力。這一趨勢並不是民主前途的好現象，我們惟望有力的反對黨之出現，以彌補此缺憾。

其次人民對選舉興趣低落之原因，尤在競選活動之嚴厲的限制，而今次嘉義市長選舉表現得最爲鮮明。其一候選人賴淵平，因爲在選舉事務所未正式公告候選人名單之前，先行利用開會作競選活動，選舉監督乃根據選舉取締辦法第六條第一項之規定，取消其候選人資格。但賴氏仍不放棄競選活動，當四月十一日經過投票的結果，他竟獲得最高票數。在選民總數六二、五六一人中，參加投票者一九、五四一人，僅佔百分之三八．三。其票數分配則爲何茂取六〇八三票，當選爲市長，林振榮五八五一票，張英哲四六五六票，其餘約七千張選票都是圈選賴淵平的。（四月十七日香港時報）

今僅就此事而論，賴氏明知選票無效而不肯放棄競選活動，其用意當然是對選舉監督的抗議，使大家知道，若非他的候選人資格被取消，他的選票只有比現在更多，他的當選是沒有問題的。所謂第六條第一項之規定是：「候選人在候選人名單公告後始得作競選活動。」如此的規定是否合理？「競選活動」包含的範圍至廣，何以必須在名單公告後方能開始？選舉監督能取消候選人資格，其權力是否過太？候選人資格之取消是否應歸法院處理？凡此都是值得檢討的問題，但是我們現在無暇詳論，只就政府對於選舉的取締而一論之。

政府年來對於選舉的口號是：節約與守法。其所謂「法」便是「臺灣省妨害選舉取締辦法」，其第五條至第八條的規定，都是着眼於「節約」的，去年我們已經評論過了。我們以爲『競選活動是人民實行民主之重大行爲，如此嚴厲的限制如有必要，亦應由立法機關通過。那「辦法」竟由行政院核准，省政府公佈，實在說不過去。這就是在法律以外限制人民之自由了。』（自由中國八卷二期）時間經過一年，那「辦法」雖有小小的修改，但其限制之嚴厲並沒有少減，且是政府所頒佈，而不是立法機關通過的。民主國家的人民所以應該而且能够「守法」，因爲法律是立法機關通過的，卽是人民自己訂定的，故服從法律卽是服從自己，依然不失其爲自由。現在「辦法」中自第五條第九條所列舉的各項，若有其一，便可由選舉監督取消其候選人資格，豈不是人民的自由太少，選舉監督的自由太多了嗎？何以直至今天，如此重要的法規仍不由立法機關通過，不使它成爲法律呢？

至於「節約」更應辯明。那「辦法」自第五條以至第八條的規定，都是先進民主國家所不限制的，今均以節約之故而限制之。故問題之所在實爲選舉與節約的關係，那麼選舉應不應節約呢？論者謂今日自由中國之處境以反攻復國爲中心，故所有財力均應集中於此，其他費用一切須節約，選舉又何能例外？此論對政府的財政而言，固然是顚撲不破的眞理，但對於個人的消費已不能完全適用，對於選舉尤不適合。在今日的經濟制度下，個人消費之節約與否只是道德問題而不是法律問題，卽使某一個人不節約，政府也不能當他是犯法來處罰。至於民主國家的選舉乃是決定政權誰屬的行動，卽以選票之多寡代替武力的勝負，卽使選舉有些糜費，但比起武力鬪爭來總是節約得多了。我們今天的目標在乎奠立民主的基礎，要以選票多寡來決定何人執政，避免在戰場上動刀動槍，塗炭生靈。如以戰爭的犧牲與損失之大與區區選舉費用相較，則選舉不但是和平的，而且也是『最節約』的方法。所以如從根本着眼，則選舉費用之多少乃是次要的問題。今以講求節約之故而限制候選人的活動，竟使擁有多數選票者橫遭壓抑，豈不是輕重倒置嗎？故「臺灣省妨害選舉取締辦法」，就其形式而言，並不是立法機關通過的法律，就其內容而言，也有一部份是不當的限制，且易滋生流弊。因此我們重申去年的建議：『希望這「辦法」從速取消，以貫澈民主的精神，而提高人民選舉的興趣。』

個體主義與全體主義

羅鴻詔

一

個人與社會的關係是西歐熱烈爭論的問題，晚近幾乎三百年間，大思想家多半參與此一論戰，而形形色色的思想（關於社會政治的思想）也無不與此有關，但是直到今天還沒有獲得一致的結論。我現在以個體主義與全體主義的對立爲題，這兩個名辭，都是含義多歧的，但是我們却只以社會組織爲限。今先從其各種意義說起，以限定我們討論的範圍。

個體主義有種種意思。在知識論上的爭辯，就外界而論，有人以爲唯有個體，即一個一個的具體的東西，才是最實在的，普遍的概念只是名詞，並不是實在的，這或許可說是個體主義；就內界而論，只有我個人能够經驗到的才是實在的，其極端可以不承認他心之存在，這是獨我論 (Solipsism)，也可以說是個體主義。但是這些都是知識論的問題，與我們現在無涉。中國人平常聽到個人主義或個體主義往往與利己主義 (egoism) 相聯想，却須稍爲辯別一下。利己主義是只顧個人私利而不顧全體公益的；個體主義 (individualism) 並不如此，像康德的人格主義，不但個人私利不應顧慮，而且凡以快樂或利害爲動機的行爲，他都以爲沒有道德價值，但是如此的主張依然是不折不扣的個體主義。惟經濟上的自由放任主義却是主張應該放任個人去謀私利，聽其各自競爭，其結果必有利於他人，且有利於全體，如此的個體主義確實與利己主義極其接近，所以招人誤解亦不無理由。同時由個人與社會的對立，推演而爲個體主義與社會主義相對抗，社會主義雖派別繁多，但經濟應由政府管制則是其共同的主張，於是與之對抗的個體主義似乎就是自由放任主義了。我們現在不是討論經濟問題，乃是檢討社會的組織，故經濟上的什麼主義都和我們不相干。他方全體主義也有種種名稱，如 totalism, universalism, collectivism 等等，其意義也並不確定，蓋「全體」一辭並沒有明白確定的意義故也。如一塊石頭——無機物——是一全體，一匹馬——有機體——也是一全體，對於一棵一棵的樹木而言森林是一種全體，蜂、蟻的社會又是一種全體——這些「全體」要釐淸其意義已是很不容易的，而且各派的主張又還有許多差異之處，故全體主義是甚麽，更難下槪括的斷語。

我們現在不能把各方的主張詳加檢討，只能指定我們所要討論的問題，即是社會之組織應該着重個人呢？還是應該着重全體呢？今日具體的組織，完密的社會莫如國家，個人與社會的對立實即是個人與國家的對立。我們可以說，個人是目的，國家只是其生活方便的條件嗎？抑或國家是神聖的目的，個人只是其手段呢？簡單一句話說，社會的組織應該如何才是完善的，而合於我們的理想呢？

二

最極端的個體主義是原子論的，物體是原子之集合，社會也就是個人之集合，物體之最後的單位是原子，社會之最後的單位也就是個人。本來藉自然界以說明社會現象是根深蒂固的心理作用，近代物理學及化學的原子論大爲發展，故以原子論來說明社會的組織，也就應運而興。可是以個人爲原子，社會則爲僅僅多數個人的集合，嚴格而論，說不通的地方很多，只能以之爲譬喩，不能翕合而無間。個人之於社會是最後的而且不可分割的單位，希臘人的原子是莫破，近代初期也以爲原子是不可分割的，但是現在的科學已證明原子可以分裂了。各種原子是異質的，化學上有九十幾種質的不同，也不是任意可以結合，而個人與個人則只有程度的差別，並不能說他們有質的相異，而且其結合的可能性也很大。

最重要的是個人精神的事實與原子大不相同。原子各自有其品質，是自足的，不受其他原子的影響，也不受結合體的影響，而有所變化。原子的品質固可以影響結合，結合體的品質也和各個原子不同，但每一原子本身都有完滿具足的自性，不因結合而變更。依此類推，則個人在參加社會之前，已有確定的性格，不受其父母，長輩，敎師等的感化而變更，所謂時代潮流，民族意識都不能影響他，豈是事實的眞相嗎？信如所言，則人與人間只有言行的接觸，沒有精神的融會，「敎」只是知識之授與，「學」只是知識之取得，這種敎育上的定命論，人的氣質不因敎育而變化，不是敎育家所極力反對的嗎？社會對於個人不能參與其精神世界的建造，則人羣的任務也只有功利的目的，爲因果機械的定律所支配了。如此的個人主義實際上是從來沒有人主張過的，惟古代 Heracles 以及 Donar 等神話的人物，欲以獨力征服世界，或許可看作它的象徵吧。

與個體主義正相反的全體主義，則以社會有機體說爲最著。柏拉圖已以國家比之個人，個人有欲望、勇氣、理性，國家則有勞工、軍人、哲學家，各各可以相當云。霍布士在他所著的「利維坦」的序文上，將個人與國家之相似說得更加詳細，至十九世紀中葉以後，社會有機體說已有多數人信從，大有壓倒一切之概。其實這也只是一個比喩，如謂「使天下大勢如身之使臂，臂之使指」，只表示一種緊密的意思。如果僅僅當作比喩，則只要領會其眞意之所在，不必再加深究。然若作嚴格的主張，則社會有機體說也和原子論的社會說一樣，畢竟是難於成立的。

如果社會是一有機體，個人是細胞，則各種團體，如家族、工廠、教會等等便是內臟或肢體了。其實有機的個體(個人)是看得見，摸得着的存在，而社會或國家並不是如此的「東西」。有機體中的細胞是沒有獨自的生命的，他一死掉則其中的細胞也全部隨之而死。但是國家滅亡了，個人並不一定隨之而死，(社會則只有解體，不能說滅亡) 即使一個人離羣而獨居，只要物質豐富的地方，也怕能夠生存得相當長久，飄流荒島的魯濱孫雖是小說家的想像，亦自有其知識的根據。一個國家可分裂為兩個或幾個，幾個國家也可合併為一個，人體則斷不能有如此的分裂或合併，唯低級動物才有分體生殖的現象。就此義而言，以國家為有機體乃是很低級的。人類社會有政治上的革命，其他動物的社會則似乎沒有發見過，有機的個體更是絕對沒有的。心臟和肝臟聯合起來，對大腦爭奪領導地位，可以想像嗎？總之如此的有機體說，是全體主義的極端，也是從來沒有人主張過的。

由此可見，極端的個體主義和極端的全體主義，都是站不住的理論，事實上也沒有人曾作如此的主張，我們為要闡明個人與社會的關係，要知悉它倆對立的眞相，特地表露其極端的姿態，以顯出問題之所在罷了。其實這是社會觀的問題。由上面的討論可知，社會已不是原子的結合體，也不是自然的有機體了。那麼社會究竟是甚麼？我們以為乃是倫理的組織體。不論甚麼社會都必有其組織的原則，共守的規約，共信的教訓，所有政教、典章、法律、制度、風俗等等便是組織的骨幹。如果一些組織原則都沒有，則根本不能成立任何社會。謀社會之改造者，其目標所在就是這些原則之變更，如法國革命的口號、自由、平等、博愛不是社會組織之最高原則嗎？夫然則個體主義與全體主義之對立，乃是其所信奉的倫理原則之不同而已。

三

全體的範圍如何，歷史上家族部落等等都曾經是與個人對立的全體，今日的世界似乎可擴充到全人類去，即以人類社會為全體。但是如果社會是倫理的組織體，則全人類的社會在今天只可說正在形成中，不能說它業經成立。因為在文明社會中，組織原則雖可以勉强說有相同的，但評判行為的標準依然有各自的差別，具體的組織體如聯合國之類，雖極鬆懈的組織仍有難以持久的樣子。故事實上主張全體主義的思想家，大多數只限於國家而不及於全世界。同時個體主義的主張者亦復如是，所謂個人與社會的爭論也不外是個人對國家的關係罷了。近代的國家組織日臻完密，如果着重組織的整體，則主張全體主義，如果着重組織體的分子，則主張個體主義，現在先將兩方的主張作概括的敍述。

個體主義自以人權保障為首要，個體的生命是宇宙間獨一不二的事實，無可替代的，故對於個人生命的保護也就是社會之首要的任務。由此引而申之，則非法院不得逮捕人民之法律保障，乃至法治精神等等對於統治者權力之限制；以及財產之保障，使人民辛勤所得的生活物資不致驟被剝奪，無非所以保護個人生命的條件。其次則國家任務越少越好。國家只是「不可避免的惡」，政府是只能禁人為非，不能引人向善的，故其極端成為無政府主義。洪波爾(W. von Humboldt) 說，「人間共同生活的最高理想，在我看，是各人於其中只由自己而發展，只為自己而發展的共同生活」。信如所言，恐怕只要社會而不要政府了。如果還要政府，還要法律以統治，則法律也只是共同生活的最小規制之總括概念，即是說，法律沒有絲毫的積極性，只有消極的制限而已。國家只是看更人(守夜者)，對內是消極的「無為而治」，對外則須盡其守護之責。所有三權分立，地方分權等等理論無不着眼於限制政府濫用權力，都是不要它有為的。其最高目標之所指則為人的潛能之充分發展，所謂自我實現，人格完成等等都不外乎此義。人的能力之保持者不在社會而在個人乃是明白不過的事實，不論知識、道德、勇力、技藝等等雖因人而不同，却為各個人所保有，要求其發展進步，必須使多數個人的潛存能力盡量擴充而後可。康德以為不論對自己或他人都必須當作目的，不應當作手段(工具)，以及個人是人格而不是物件。他這種人格主義說者以為個體主義的最高峯，由此推而演之似可以社會為手段。故人格尊重，人的潛能之充分發展，不獨是各派個體主義的一致主張，即全體主義者也有贊同的。如維也納的施龐 (Spann) 是極力鼓吹全體主義的，但他却以為「原則上個人必有其內的價值，其獨自的生活，及其道德的自由。」其理由是只有如此，社會的精神生活才有不斷的更新；人格若無適當的展開，則全體本身亦非至衰滅不止。

全體主義則以超個人 的利益——公益——為依據，自可與個體主義相頡頏。一般地說，全體的公益應優先於個人的私益，是可以成立的。且看，有許多事業非個人的力量所能舉辦，必待國家才可完成的，如大規模的水利工程以及救濟失業等等，近代以來這類事業越來越多，即知識與技術之研究機關亦多由國家興辦，國家的權力乃日益擴大而增强。至於和他國長期競爭或戰爭，縱使各個人無一不受損失，仍須極力忍受以期勝利之獲得，其為超過人的利益更無疑問。個體主義以國家為「不可避免的惡」，而不許其有積極的任務，於戰爭或可以說得通，像充分就業，發揚文化等等任務，則並不是消極的，而又非國家莫辦，又有何方法去說明呢？十九世紀末葉各國政府已開始實施經濟上的干涉政策，二十世紀以後國家的任務日益加强，左右兩方的極權政治對於人民的日常行事無所不用其干涉，固不待論，即美國聯邦政府的權力只有增而無已，英國的經濟統制也越來越嚴密，全世界的大勢都趨向於全體主義，於是國家不但是「必要的善」，甚至是至高無上的神聖體了。

近代的個體主義從文藝復興期開始，至美國獨立，法國革命而達到最高潮；同時西歐各國的國家組織亦日臻嚴密而完備，事實上這個巨靈（Leviathan）大有吞噬一切之概。克魯泡特金對於近代國家之破壞中世紀時的各種團體（如guild之類）已甚不同情，但是這種趨勢只有繼長增高，直到今天還沒有止步，且看教會、家族、地區等等團體在國家之前都是荏弱無力的分子，只有個人尚可依法律保障而與國家對立。第一次大戰後共產黨崛起於俄國，第二次大戰後更加擴張，竟統治全世界三分之一的人口。在蘇俄國內，所有宗教、道德、藝術、科學及其他各種團體，已無不受政府嚴密控制，即「個人這個小島」（用達林語）也被國家逐次進攻，生活資源已全部仰賴政府，經濟上不許有獨自的打算，甚至心中的思想都要受政府控制，不得胡思亂想，於是個人只好作為一個機件以配搭上「國家機器」了（毛澤東屢以國家機器為言，很可玩味）。國家已是機器，則其任務只在物質之生產，並不是甚麼巨靈；個人已是機件，其價值也只在為生產的工具，如果不能生產便可棄之如敝屣（餓死、殺掉）。故生命毫無保障，財產儘可任意與奪，人格毫無價值可言，人的潛能也只是可供搾取的勞力罷了。於是個人與國家縱使還是對立的兩端，但兩方都不足置重，唯有共產黨員才是特別的個人（超人）。共黨的巨頭是工程師，照他們的意匠把國家造成一套機器，其幹部便是管理機器的工人。他們天天所盡心竭力者，無非乎民之控制而已。這種人控制人的社會組織是否合乎倫理原則呢？

四

個人出生而參加社會。就出生而論，直接是其父母所生是明白不過的，即使尋其究竟，也只能說他是天地所生或上帝所造，無論其為親生或天生，總之不是社會所生的；但一經出生則必參加某一社會，也同樣是明白不過的，眞正過孤獨生活的實屬絕無。幼兒非有父母或他人之保護養育必不能久存，成年以後則要僅僅維持生命，縱使獨自營生也還是可以的。但是參加社會的個人比起獨自營生來，生活得更豐富，更舒適，更方便，離開社會則一切均覺得不便也是必然的結果。就存在而論，成年的個人是自足的單位，而不論甚麼社會都必以個人為條件，不是自足的。故殘殺為古來的大戒，即以國家名義去殺害犯罪者的個人生命，理論上尙有可商，流刑或放逐即是不認犯罪者為社會之一員，以取消其生活上的方便，似更為合理。近代的基本人權之保障即是據此而立論，如果並沒有明白確定的犯罪而隨時可以喪失其生命，則個人參加社會之原來目的已不存在，如此的社會組織是不應該有的。

就物質生活而論，居今日分工細密的社會，個人之依賴社會，越來越甚，農業還可由少數人獨立經營，工業則個人竟不能完成一種產品，而且規模越大則獲利越多（姑不論其最高限度），於是組織便成萬能，而個人乃日見其渺小。因分工之故而有生產，分配，交易等等經濟問題，社會主義運動之勃然而興已是大家耳熟能詳之事。我們現在的問題却是私益與公益的問題，它倆有和諧也有衝突，向來有很多人討論過。但是所謂公益亦有二義：是大多數人的利益還是社會（國家）本身的利益。今專就物質的利益而論，則消費物質的只是個人，抽象的國家本身絕不會消費物質，必須有一部分的個人去代表國家，才有消費物質的事件發生。故關於物質的消費並沒有個人與國家的對抗，則個體主義與全體主義的爭論在這裏不會出現。國家本身的物質利益除軍備外似乎是一無所有，今日的國家內並沒有私人的軍隊，所以也沒有公私之爭的問題。總括地說，物質上所謂公益只是大多數個人的利益，所以嚴格而論，在物質上全體主義是不能成立的。

輓近社會主義的主張，雖然是在物質上主張全體的利益，究其實際也不外是多數個人的利益，至於主張由政府支配物質之生產與分配，則其目標所在明白是提高多數個人之生活水準，即所謂社會福利。我們由社會組織的倫理原則觀之，社會主義在消極方面要消滅「不勞而獲」，積極方面則期望「博施濟衆」。其所以能鼓舞一世之人，而湧起革命的高潮，其理由即在乎此。我們據這種倫理原則去接受社會主義，而那些共產黨的革命家却是殺人放火的殘暴之徒，「決不施行仁政」的，則社會主義之不能由暴力革命而實現，還不是明如觀火嗎？

社會主義，表面上就物質利益而立論，骨子裏却是根據倫理的原則，可見全體主義必須在精神生活上而後可以成立。個人生下來只蘊蓄着精神能力，並沒有一些內容。所有性格、知識、情操等等內容都是取自社會的（物質則取諸自然）。首先學會的便是語言，由語言而獲得種種精神的內容，父兄師長之敎，均在無形中施其感化。前輩的行動固然處處可使後輩效法，即交涉的對手亦可互相影響。總之，親密的人們，言行之接觸愈多，則所取亦愈多，則影響亦愈大。故在昔日家風及區域的風俗實為個人性格成立之重要因素。若遠遊各地，則接觸的人們越多。至於認識了文字能够讀書，則可以尙友古人，可與不相識的今人交涉，不受時空之限制了。總而言之，個人在精神上並不是自足的，其內容無一不取自社會，大多數的人們對社會都是有取而無與的，這不是為社會所造成嗎？唯有有獨創的個人，就其獨創的部分而言，才是有所貢獻於社會，才可說是「與」。故我們的精神生活始終為他人所創造，所喚醒，所陶冶，決沒有孤立的。凡有文化史的社會都有其整個的精神的財產（譬如這樣說），各人在其中各取其自己的一份，以發展其潛能而構成其人格，沒有社會則無所取材，雖有天才也是不能發展的。如果允許用比喻，則我們實天天涵泳於文化社會之中，如魚游於江湖一樣。這麼一來，全體爲重而個人爲輕之論也就很容易使人信服了。故主張全體主義的幾乎無一不從精神生活立論者，而立足於文化史的全體主義，自有其不可搖撼的地方。

但是個人之出生已不由於社會(國家)，則個人的使命是否可於社會盡之呢？這裏自有議論的餘地。比方基督教的教義，以爲個人都是上帝所造，其行爲皆應對上帝負責，其得救與否端賴各個人自己的行爲，與家族、國家等等社會都沒有關係。且個人最後目標在乎到天國去參加基督徒的共同體(社會)，這才是各個人的眞正使命，對地上社會的任務是次要的，只要眞正使命所允許的任務才可去盡力。由此可知以國家名義要求個人犧牲一切的主張，並不是基督教所能贊同的。中國的儒家則只有天道而無天國，而天道與人道又極相類似，他們也沒有近代的國家觀念。然若以人君爲國家的代表，則人君應以仁民愛物的天心爲心，其行爲應對天負責，是很明白的，即其他每一個人及其行爲亦應如此。故國家是一切的主張也怕不能博得儒家的贊同。

我們對於天國或天道不必贊成或反對，既已認定全體主義必依據精神生活，依據文化史，則要判定其價値亦必須站在文化史的立場。只有民族的國家才有共同的文化史，故與個人對立的國家也只限於民族國家，自不消多說。文化是綿延不斷的，每一個人都負有繼往開來之責，即是對於過去及將來都要負責，其不應完全受某一時期的國家之束縛彰彰明甚。國家的任務在乎保護文化以及供給其發展的條件。如抵抗他國的侵略，使文化不受外來的干涉而阻碍其生機，歪曲其發展，即是消極的保護；又如文物(圖書、儀器、金石、藝術品等等)之保存及搜集，研究機關之設立等等，即是積極的供給條件。這些都是國家對於文化能盡而且應盡的責任。至於文化之發展，國家雖可以確定其方向，限制其範圍，但是不論方向與範圍，個人都可以衝破它而自行其是，如果成功而又獲得大衆的承認，那便是創作。其實一切價値均依個人而存，故文化亦必賴個人而體現，唯有具體的個人才有無限的潛能(個性是無盡藏的寶庫)，故只有個人始能創造文化。國家如有創作的事實，也只是那些在職官吏的創作，抽象的國家是不會創作的。最近所謂集體創作也只是幾個人，幾十個人罷了。若謂文化是民族的集體創作，則其意義乃指文化史而言，並不是與個人對立的集體了。創作已屬於個人，則社會的組織能使多數個人有創作的機會，整個社會的文化才有進步，如此的組織才是好的。像蘇俄一樣，一切以史大林的好惡爲標準，即是只許史大林個人有所創作，或則政治局的委員們可以創作，其他億萬民衆都沒有創作機會的國家，其結果將只見文化之枯萎與窒息而已。

五

我們現在可以回顧最初提出的問題，即是，個人與國家孰爲目的，孰爲手段呢？個人是國家之必不可缺的單位，如果所有的個人都滅亡了，則國家也就自然消滅了，故個人似乎是目的。但是目的是不能毀滅的，國家據法律以處死犯罪的個人，是否毀滅目的呢？現在爲避免繁複的議論起見，將罪在不赦的個人不看做目的，但是健全而有力的人格則必爲目的無疑。其實國家力量的來源之最大而且充分者即在這些人格，只有有勇氣爲自己的人格而奮鬬的人們，才有充分的愛國情操，或在國家尊嚴受損害時來積極參加戰鬬。那些徒供驅策的人們，自己的人格都不愛了，怎能够去愛抽象的國家呢？達林在「新蘇維埃帝國」中說，今天蘇俄人們有兩種態度，「一方面是人民大衆反國家經濟和國家財産的態度，另一方面是一套管束人與人間，男與女間的關係的道德觀念」。即是說，他們對國家的經濟財產的行爲雖可說是不道德的，而個人對個人的關係依然是合乎道德的。在極權政治下國家是獨裁者個人的，故不論官吏與人民都用盡計謀去欺曚獨裁者，去破壞國家，那裏還有愛國的念頭？

人格已是目的，則國家是否手段？我們以爲目的與手段不能嚴格劃分，照儒家仁民愛物的思想，則僅僅的物質都不應完全視爲手段，何況個人一切生活所依托的國家？無政府主義者以及各種各色的世界大同主義者，都以爲國家是理應消滅，而且將來也必歸於消滅的，然此僅指某種形式的國家而言，並不是說所有的社會，所有的倫理的組織體都要消滅。羣居是人類的天性，有人類則必有社會，故社會性實宿具於人性之中，人格已是目的，社會又何以不是目的呢？如果有多數人格者集於一地，難道他們不要組成社會嗎？晚近謀社會改造的人們，心中有一套理想目的，而强社會以從己，是否誤認社會爲手段呢？像史大林之流的獨裁者一樣，其眼中的國家只是一副機器，當然只是手段，但個人也是一樣被看做手段，其目的已另有所在，或可自圓其說。我們既已認定人格爲目的，若以國家爲手段，則要求個人犧牲一己以保衞國家，不是爲手段而毀滅目的嗎？一般地說，以物質爲手段而以人爲目的，是大抵可以成立的，但是國家並不是物質，乃是倫理的組織體。這組織體雖然是抽象的，但一切人格者都必在其中培育而成。假使全由人格者所組成的社會，即其中的個人無一不有高尚的道德的，固然合乎我們的最高理想，不能不認爲目的了。退一步講，能够培育多數人格者的社會，其爲目的必不遜於其中之分子，無論如何也怕不能貶斥之爲手段。那麼有悠久文化的國家，會有多數偉大人格出現者，還不應認爲目的嗎？

或許有人反問道，照你說，國家與個人雙方都是目的，那麼，這倫理的組織體應該着重那一方呢？我們的答覆却很簡單。我們已認定國家爲組織體，則除了個人以外唯有組織的規章了（這規章，在昔日的中國便是禮，在今日則是法律與道德）。但是規章是跟着時代而變更的，只要當時大多數的個人同意，便會革掉舊的而改取新的，故組織體當然仍以個人爲主要。近代以來國家主權在乎人民之說，歷時愈久而愈固，即極權國家亦無不以人民的利益爲標榜者，所謂人民不是指具體的個人嗎？照我們的說法，則主權在民者，即是組織體應以個人爲主要罷了。

臺灣大學現行招生辦法之商榷

李濟

一、引言

臺灣大學現行的招生辦法是傅故校長斯年改訂的，從開始起，即由現校長錢思亮先生(他是那時的教務長)執行。傅校長去世後，錢先生繼任，沿用這一辦法，到現在未加任何重要的改動；這一決定的動機，可以說並不是要作一次「蕭規曹隨」的樣子給人看，因爲傅校長所改訂的辦法本是在錢先生作教務長任內的事，當然是他所贊同的，也就不必因爲繼任了校長，再過「創造」的癮了。

此法已經施行了五年，實際的效用與改訂時所懸的理想，是否相符咧？這似乎是值得考驗的一件工作。臺灣大學的校務會議在四十一學年度第三次的會議裏，通過了組織一個「招生辦法研究委員會」，目的爲研究現行的招生辦法是否有應加改進之處。本人被推參加此項研究，故對此事，曾作若干不同角度的考慮。委員會的研究報告，已經送到錢校長了。這是一件社會上感到甚大興趣的問題，因此商得了錢校長的同意，把研究的經過與若干重要資料以及個人所得的感想在此寫出來。

二、問題的重點

考試制度爲現代文明國家所公認並且稱讚的一項中國發明。這一制度創設的目標，是很淸楚的：拔取眞才。若要完全達到這一理想，一個必須完成的基本條件就是盡量地發揮公平精神。但是，中國是一個重視「人情」的社會，所以這一制度的實施，最難的第一關爲如何調和人情。傅故校長在治理臺大的初期，於招考新生時的「避絕人情」可以說作得淋漓盡致。凡是知道臺大最近歷史的人，對於這一點，都表示絕對的佩服。這並不是說，社會上沒有不負責的流言；作者個人遇着這些對於眞實情形隔膜的人，總要擧幾個實例說給他們聽。我說：「我親自知道，擧傅孟眞先生的交情在二十年以上並且極要好的朋友，至少有四位的兒子，或女兒，考臺大沒考取；他的這些朋友，據我所知道的，沒有半句怨言，只是責備他們的兒女沒考好。」關於避絕人情的理論與方法，傅先生在卅九年的新生報說得很詳細，所有知道他的人，大概都願意替他保證，他的文中所說的不但句句都是眞話，並且句句都作到了(這篇文章已收入傅孟眞先生集，第六冊四六七頁至四七六頁)。「避絕人情」的風氣一開，繼任的負責人也就可以不費氣力地把它繼續下去了。

不過這只是公平考試制度之起碼條件；固然行之不易，但對於公平精神的貢獻，也只限於「不妨礙」的這一方面；並沒有什麽積極的作用。積極的貢獻，應在考試的科目，命題，成績的評判以及選拔的標準。這些方面，不像「避絕人情」那樣簡單，必須以研究的態度，多方考慮，再加抉擇。

談到此地，我們就不能不一說，所謂大學敎育的目標了。這個很大的，極複雜的題目，雖可以引起無窮的辯論。在這兒，我們姑且從傅故校長斯年所說的「大學的任務」講起。他說：「大學的任務有三項，一是敎育的，二是學術的，三是事業建設的，三者有不可分性。」(臺灣大學校刊，第三十七期)。他在中國學校制度之批評一文裏，也說過：「大學是以學術爲本位的。」(大陸雜誌，一卷，第十一期)關於大學的任務，無論其應包括多少項目，若把「推進學術」當着它的基本任務，大概不會引起很大的異議吧！若以通常習用的名詞說明大學的性質，它應該是屬於智育的機構。一般認爲與智育同等重要的，德育與體育，應該是國民敎育與中學敎育的基本課程以及訓練的中心目標，在大學裏應該只是溫習性質。這是根據人類身心發展程序所推定的敎育綱目的幾條基本原則，凡是現代文明國家，差不多都接受了。故大學的性質是智育的，責任爲推進知識；因此大學之錄取學生即應以考生是否有接受，參加以及推進現代學術之能力爲標準。

人生不齊，不以外貌爲限；智力的差異，也與體高身重一樣，在每一個社區裏，每一組羣衆內，分佈的曲線的最高點與最低點有甚大的距程。現代學術所需要的智力，不是人人生下來就帶有的，故以智育爲目標的大學，招考學生可以說有一個近乎絕對性的標準：即考生是否有作學術工作的能力；故考試的科目，成績的評判以及去取的標準。都應該在這一個範圍內討論。

三、幾件重要的資料及其可能的解釋

臺大招生辦法研究委員會成立後，所決定的第一項工作爲尋找學生們在校的成績與錄取時所得成績是否有若干連繫。這一決定有好幾層含意：假如學生在校的成績與錄取時所得的成績很親切地符合，這不但是考試制度甚爲公平的一種證據，同時也是所選的考試科目可以作衡量智力一種尺度的證據。要是不相符咧，就要大費商量了，而考試的方法可能就有偏執的毛病，至少是不合實情。

至於如何斷定兩種成績的連繫——相符，不相符，或部份的相符——就要靠統計的理論了。我們選擇的統計方法有兩種：一爲分組求兩種成績之相關係數；又一爲分別比較各組之平均分數。所選的組別，爲(甲)自卅八年至四十一年四次招考成績列在最前百分之二十的學生爲一組(下文又稱爲優先組)；(乙)

同期，錄取成績列在最後的百分之二十爲一組(下文又稱爲落後組)；(丙)入學後轉院系的學生爲一組(下文又稱爲轉系組)；(丁)外國文學系學生英文成績之比較(下文又稱爲外文組)。

甲、乙兩組所測驗的爲現行招考辦法一般的效率，看所測的結果，大致是否合乎公平的原則；(丙)組可以測驗學生的興趣與智力發展之關係。外文系爲文學之熱門，五年來，年年興旺，國文系與之相比，不但是黯然無色，簡直成了臺大的冷門之一；這雖是爲公衆所惋惜的現狀，但是，假如有人徵詢每一位作父親的現代公民，爲他的將入大學的兒女打算，他是否熱誠地贊助他的兒女選中國文學系？這種社會調查的結果如何，是很難預言的。委員會雖無法進行這一類的調查，却頗想研究外國文學系的學生是否都有學外國文學的志願，及其入學的英文成績，故連帶構成了(丁)組的調查。

這一調查工作，雖耗費了不少的時間與氣力（一位助教及四位工讀生一個半月的時間），所得的結論，只是幾個簡單的數目字。現在先討論比較容易瞭解的材料。

卅八年度考入臺大的學生，除醫學院外，都於四十二年畢業；他們在校的成績，連醫學院在內，都有四年的紀錄。卅九年度入學的，爲現在的四年級生，已經有了三年在校成績的紀錄；四十年度入學的爲現在的三年級生，有兩年在校成績的紀錄；四十一年度的爲現在的二年級生，有一年在校成績的紀錄。各次錄取的新生，照理論說，最前百分之二十與最後百分之二十，實際人數也應該各各相等；因爲每年總有不報到以及退學的學生，所以在校有成績的實數就有兩不相等的情形，不過相差的數目沒有超過十人以上的。第一表所列爲自卅八年度至四十一年度每次錄取學生中的優先與落後兩組，在校成績與入學成績之比較：

表一　卅八年度至四十一年度臺大錄取學生優先落後兩組入學成績與在校成績之比較

統計項目		卅八年度	卅九年度	四十年度	四十一年度	四年總平均
入學考試名列最前百分之二十的一組：優先組	統計人數	一四五	一六三	一七四	一八五	一六六·五
	錄取所得分數的組平均	六八·五	五六·六	六四·七	六六·五	六四·〇八
	在校所得分數的組平均	七七·一	七五·八	七六·八	七六·六	七六·五八
入學考試名列最後百分之二十的一組：落後組	統計人數	一四〇	一五四	一八四	一八〇	一六四·五
	錄取所得分數的組平均	四七·五	三九·三	四九·九	四九·五	四六·六
	在校所得分數的組平均	七三·五	七二·三	七一·七	七三·五	七二·五

兩組兩項成績之比較					
錄取成績兩組組平均的相差點	二一·〇	一七·三	一四·八	一七·〇	一七·五三
在校成績兩組組平均的相差點	四·六	三·五	五·一	三·一	四·〇八

表一的比較提供了一件重要的證明；所證明的是：就全部的成績說，凡是入學考試，名在前百分之二十的一組，在校的成績也是比較好的；入校考試列在最後的百分之二十的一組，在校的成績也是比較落後的，平均分數總趕不上入校考試的優先組。這一情形，就上表看，是不變的；不但是每組如此，以在校的成績說，無論是四年的平均三年的平均，兩年的平均，或只是一年，結果都是一樣。

這一證件更說明了，自卅八年度以來，臺灣大學所施行的考試制度，大體是公平的。這是避絕人情以外，一件最實質的客觀的證據；由此我們還可以認明，名落孫山的考生，只能怨自己沒把書讀好，不必幻想其他不相干的理由了。表一另外可以注意的一點事實，爲在校成績兩組組平均的相差點（四年總平均，四·〇八）比錄取成績兩組組平均的相差點(四年總平均一七·五三)不及四分之一。這一數字，無論我們採取何種解釋，從教育的立場說，代表一種可喜的現象。兩組在校成績距程縮短的主要原因，可能是由於臺大教育的感化力，對於落後的學生較大；也可說成績落後的學生，入學後工作比較努力。

以上是就全部成績說，分組比較，平均地說。但並不是說，所有的學生，沒有例外地，個個在校的成績都反映錄取時的名次。假如有此一事，這現象就近乎不自然了。相關係數的計算，理論上是由每一對個別的關係位置，累積起來，故算出的係數可以更密切地表達兩組的連繫。表二爲各組入校成績與在校成績之係數：

表二　(甲)(乙)(丙)(丁)四組入學成績與在校成績之相關係數

相關係數	卅八年度	卅九年度	四十年度	四十一年度
優先組入學成績比在校成績	〇·四〇	負　〇·二六	〇·四四	〇·四一
落後組入學成績比在校成績	〇·〇八	〇·〇二	〇·二〇	〇·一七
轉系組入學成績比在校成績	〇·六四	〇·一四	〇·三一	〇·三五
外文組英文入學成績比在校成績	負　〇·一五	〇·一一	〇·三二	〇·四〇

現在先就卅八年的各組討論，這幾組在校的成績，都根據四年的總平均計算，分量較重。這一年的優先組入學成績與在校成績的係數爲·四〇，落後組入學成績與在校成績的係數爲·〇八；兩係數相比，就統計的意義說，優先組在校成績反映入學的成績，切近的程度遠超過落後的一組。若與前一表(表一)

並看，就可發現，兩組在校成績相差點的減少，大半由於落後組進步較快，小半由於在前一組努力不够。進步較快的當然就不反映入考時的落後成績了。四十年與四十一年兩年度的，優先與落後兩組各相關係數所表示的，近似卅八年度，優先組係數尤爲切近；落後組這兩年在校的成績，就係數論，似乎與入學成績有若干相隨的趨勢；這兩年落後組入學與在校成績的係數加强，原因可能是由於入學成績提高了：表一所列，四十年度落後組入校考試的組平均爲四九·九，四十一年度的組平均爲四九·五，較之卅八年度的組平均四七·五，要高出兩點以上；而在校成績，這兩年落後組的組平均與卅八年度的相比，相差只有一點上下（參閱表二）。故入學的成績比卅八年度的提高，而在校的成績進步並不比卅八年度的更快，實爲這兩年的係數與卅八年度的比略爲加强的主因。

卅九年度招考的數學題目，把考生大半都難倒了，錄取的學生中，不論前列後列數學的分數，好多只得了一個蛋；因此優先落後兩組的組平均都是歷次最低的(參閱表二)。但是這一年考取的學生在校的成績，與其他三年比較，並無大的懸殊；雖說是優先組組平均在校的紀錄也是歷年最低的數字，不過實際的差別，比任何其他的一年沒有超過兩點以上。這一年考取的學生在校的數學成績可惜未經考察；這確實是值得研究的一個問題。至於在校成績與入學考試成績的相關係數，在優先組是負性的，在其他各組也都是各年最低的——這一結果是否由於數學入學考試題目過難的緣故，倒不能說得過份地肯定。但是卅九年度招考錄取的標準與在校成績所表現的不一樣是應該注意的事實。這一年考試的數學題目顯然不能用着作衡量考生們數學程度；這一宗考卷評閱的結果會影響到全部成績的評定也很淸楚。表二所列轉系與外文兩組各年度的係數，較優先落後兩組參差得又是一個樣子。除卅九年度外，轉系組的係數，最高與最低相差亦在·三〇以上；最高的係數是卅八年度的一百卅個轉系學生在校四年成績的總平均與入學考試成績的係數：高到·六四；這一數字表示一種極密切的關係，存在於兩種成績之間。臺灣大學對於轉院系的學生，限制似乎甚嚴；上項係數是否嚴格限制的結果，尚不能斷定；因爲其他年度的係數，降落甚低，同時轉系的限制並沒放寬。究竟轉院系的限制宜嚴宜寬，從一種敎育制度論，實應詳加考慮愼重執行的。這一組的係數具有與前兩組不同的含意，錄取的成績包括優先落後以及二者之間的各組成分在內。以卅八年度一組的係數爲例，在校成績既反映入學成績如此地密切，就等於說，錄取成績優的在校的成績也優，成績劣的在校也劣，成績中等的在校也中等了。這又似乎與前面所說的落後一組的學生入校後工作比較努力的話有些抵觸。這一點自然應該顧慮到的；但這抵觸只在表面。轉系組的學生，很顯然地，包括中間百分之六十的學生一個甚大的數目；中間組（卽錄取成績在優先組與落後組二者之間的百分之六十）學生成績的游移性是比較大的；把這一組成績與優先落後兩組的學生混在一起計算，也就必然地把全部成績中性化了。

統論四個年度全部轉系組的係數及其參差的情形，可能是由於學生們對於自己的興趣發生了搖動，對於自己的前途有些徬徨不安；這些徬徨與搖動，並不因轉系就卽時安定了。一個轉系的學生因轉系而發現了自己安身立命的處所固是很多；但是一錯再錯的，或者說興趣一變再變的也不是沒有。轉系的結果如何，大概是隨個人的秉賦而異，因此所表現的成績也就時時不同了。要之，學生要求轉系，從許多方面看學校應該予以同情考慮的；這一點下文將再討論。

外文系入學的英文成績與在校成績的比較，在卅八年度的一組，關係是負性的；但是自卅九年度到四十一年度，正面的係數一直上陞。這一組的係數，入學成績的資料以英文一門爲限。外文系的全名雖爲外國文學系，絕大多數的學生卽志在英文；照說他們的英文程度應該比別系的高了。這一組入學考試的英文分數及在校成績的總平均如表三。

表三　外文組入學英文成績與在校成績比較

成績／年度	卅八年度	卅九年度	四十年度	四十一年度
入學英文成績的組平均	五四·三	五六·七	五七·三	六二·八
在校成績的組平均	七五·〇	七三·五	七四·〇	七五·〇

表三與表一排比着看，可以得到兩項結論：

㈠外文組入學考試的英文成績，除卅九年度一次外，均不及優先組全部平均的成績，但比落後組的較高。

㈡外文組在校成績的總平均趕不上優先組全部成績的總平均，但比落後組的較高。

以上兩條結論具有表裏兩重意義。表面的意義爲外文組的英文成績有時也有優良的表現：譬如，在卅九年度入學考試成績表內，外文組英文的平均分數（五六·七）超過了優先組入學考試成績的總平均（五六·六）。但這只是表面的話，而且只有這一次，超過的分數也只有〇·一分；這與數學系的學生把數學偶爾考得好些，是一樣的道理。所可惜的是外文組這一表現，並沒表現得十分明確。進一步看，實際分析這些成績代表的意義，拿英文一門的成績與全部成績比，是不相侔的，因爲相比的單位性質不一致，在統計的理論上，是不允許的。廣泛地說，外文組的英文成績平均，應該比任何其他組英文成績的平均高；假如他們的英文成績總平均，比優先組全部成績的總平均還低，優先組的英文成績的組均，要是抽出來與外文組比，可能也要優勝些。在此我不願說得太肯定；進一步的統計工作，將可證明這一可能是否存在。但是，我們至少可以推斷，英文組的英文分數並沒表現什麼特別成績出來。

四、意見的統計及分析

委員會的第二件工作，爲徵詢臺大的教員及學生對現行招生辦法的意見。答復此項徵詢的教員有一百〇五人；塡復調查表的學生有九百四十八人。教員中認現行招生辦法不必改變者十八人，認應全部改變者二人，其餘八十五人都贊成部份地改變現行招生辦法。至於如何改變，意見却甚爲分歧：例如，提議文學院不必考數學者有九人，贊成醫學院應加試生物學者八人，主張三民主義應與國文合併考試者五人，認爲英文考試題目太淺者廿六人：這些都是建議部份改變現行招生辦法的意見；眞是見仁見智，各有各的看法。委員會討論所有不同的意見，得到的結論，最緊要的，爲下列兩條：

（壹）委員會的大多數同意，學生選擇院系，可分兩次辦理：招考時以院爲單位報名；選系手續留在入學後辦。這一決議的根據，爲下列的幾項事實。（甲）九百四十八名學生，在塡覆委員會送出之調查表內，有三分之一以上的人數要求學校印出各院系之介紹和課程內容，以便學生入學時參考。（乙）照同表內所塡的答案統計，學生選擇院系之最後決定未依照自己興趣者，佔百分之二十以上的百分數。（丙）對於現肄業之學課，感覺不符合自己興趣者在百分之四十以上，情形嚴重的已大感苦惱，較輕者亦只勉強隨班聽講。（甲）項的要求，委員會承認甚爲合理，並且知道學校正在辦這一件事。（乙）（丙）兩項自然更應該糾正，若是將轉院系的規則放寬，是否可以完全減除這些青年的煩惱咧？這雖是可以建議的一種辦法，但案情似乎並不如此簡單，解決的方法也不會如此地容易。委員會的意見是，（丙）種情形的發生，由於最初選擇院系的不自由，只能算一部份的原因，因爲我們根據學生所塡的表格，作過下列幾項統計：

（子）入學時自己選擇院系的七百二十二人裏，入校後：

①對所選的系仍覺符合自己興趣者，有四百四十九人，佔原數百分之六二·一八。

②對所選院系感覺勉强，不合興趣，或苦惱者，有二百二十六人，佔原數百分之三一·三〇。

③對此問答復不清楚或未答復者四十七人，佔原數百分之六·五一。

（丑）根據家長，朋友或他人之意見選擇院系的二百二十六人，入校後：

①對於所選院系感覺符合自己興趣者，有四十一人，佔原數百分之一八·一四。

②對所選院系感覺勉强，不合興趣或苦惱者，一百四十一人，佔原數百分之六二·三九。

③對此問答復不清楚或無答復者四十四人，佔原數百分之一九·四七。

以上分析證明，根據自己興趣選擇院系的學生入學後固然大多數有滿意的表示，但發現自己錯誤的也近於三分之一了；根據家長或朋友的意見而作決定的學生入學後感覺圓滿的不及五分之一，失望的成分大大地增高，近於全數的三分之二。答復不明或不答此一問題的，在（子）項爲其全數百之六·五一，（丑）項約全數五分之一。不答復這一問題的學生們，似乎並非對此一問題全無意見；可能他們都是徬徨歧途滿懷煩悶意向不定的青年。所以統論起來，臺灣大學的學生，若依上列統計爲準（把答復不清楚及未答復的不計算外），準確知道他們自己的志向所在的，每一百人中，僅有五十七個，其餘的四十三人，不是勉强從事，卽覺不合興趣，甚至對於所學大感苦惱。所以發生此種情形的近因與遠因當然不只一事；自己的興趣改變或者環境的改變都可能構成重要的原因。在這些可能的以及其他的類似因素裏，爲家人强迫而選擇不合自己興趣的學業，最容易產生煩惱也是最需要糾正的。

委員會因此向校務會議提議將選系的手續延展到入學以後辦理，此事如能實施；不但可以給新生多點自由選擇的機會，同時也可以使他們發現自己眞正的興趣所在，避免盲從的惡習。有些教授，因爲必修課程排列的困難，並不十分贊成這一意見；這自然是有很實際的理由的。不過要是從學生求知的興趣着想，若能在選擇系別以前，有若干時間親身體驗各學科的眞實內容，對於學科因不感興趣而發生的煩惱當可大大地減少。專憑這一點說，這一意見也是值得採納的。

（貳）委員會向校務會議提議，按照大多數教授的書面意見（百分之六三·八）各系收納新生的容量，應有一最高限制。限制的數目，以各系自訂爲原則。

這一決定，只是把若干存在的情形明朗化而已，事實上工醫兩學院早已有此限制；而沒加限制的法學院的經濟系與文學院的外文系已漸漸地感覺有此需要了。

名額限制是由兩種不同的觀點提出來的建議，但可以由三種不同的觀點提出來討論。由於設備不够及教員請不到而發生的學生名額限制爲醫學院與工學院不能不採取這一辦法的基本理由，以上的情形若有所改變，限制的程度也就可以跟着改變。這是比較單純的容易了解的情形。假如教學設備及實驗室無法擴充，教員無法增加，無論什麼力量强迫這兩院取消原有的限制，也是不能生效的；好像你不能硬派一個只有五千綻子設備的紡紗廠每日紡一萬綻子的紗一樣的道理。

由另一個觀點發生出來的「限制」建議，所根據的事實要比上一例複雜一點，比較容易起爭辯些。大家知道，學校各系，冷熱不均。有些熱門，熱得有點過火，從教育的眼光以及社會一般的趨勢說，應該加些糾正。不過所謂「教育眼光」以及「社會趨勢」大半都具有時代性的，並不代表任何不變的道理。

所以要商討這一類的問題，還是應該根據一種比較有永恒價值的標準來說。我在此處想選擇作討論的一組材料，為中國文學系與外國文學系五年來招考成績的比較，及其社會的背景與學校是否應該糾正，及能否糾正。這五年（自卅八年至四十二年）兩系報名及錄取的學生如下表（表四）：

表四　中國文學系與外國文學系五年投考人數與錄取人數比較表

系別 \ 年度		卅八年度	卅九年度	四十年度	四十一年度	四十二年度
(甲)中國文學系	①報名人數	一二六	一七一	二一〇	一六七	一三八
	②錄取人數	一九	一一	九	一一	一四
	②①兩項百分比	一五·〇八	六·四三	四·二八	六·五九	一〇·二四
(乙)外國文學系	①報名人數	二二六	三八九	六一五	七三八	七六三
	②錄取人數	八二	一二〇	一一三	八二	一四九
	②①兩項百分比	三六·二八	三〇·八五	一八·六三	一一·一三	一九·五三
(甲1)中文系與外文系報名(乙1)人數之比例		一·八	二·三	二·九	四·四	五·五
(甲2)中文系與外文系錄取(乙2)人數之比例		四·三	一〇·九	一三·六	七·四	一〇·七

表四所列自卅八年至四十二年兩系的報名學生，就人數說呈獻兩種基本不同的趨勢。中文系的投考人數五年中最少與最多的相差不及一倍；外文系的相差在三倍以上。若逐年比較，外文系是年年增加；中文系從三十八年到四十年是每年增加，自四十年到四十二年又下降來了。再看錄取與報名人數的比例，中文系五年的平均，為每一百個報名的有八·五七人考試及格，外文系五年的平均，為每一百個報考的人數有二一·二八人及格。臺大五年來招考考試規則，取密封制度；閱卷人不但不知考生的姓名，也不注意考生的系別，所以上項的錄取比例，强有力地證明了投考外文系考生的素質遠在投考國文系考生的素質以上。

外文系與中文系錄取人數之相差距離，逐年增加，已引起了社會上很大的注意；有不少的人（包括若干臺大的教授）覺得這現象有點反常，是中國文化的一種嚴重的威脅，有亟加糾正的需要。應該如何糾正呢？似乎尚沒有一種具體的方案出現。

假如這一現象是必須糾正的，對於這現象存在的前因，我們就應該分析清楚。很顯然地，這現象同股票市場上股票的價格一樣，只是社會一般潮流的反映，一種指數。要是外文系的畢業生踏入社會裏，謀事的機會，上進的機會，能得的薪水及享受的待遇，總是比中文系的畢業生高出數倍；中文系永遠也不會像外文系那樣繁榮的——可以視為一種定例。

不過這並不是外國文學的價值，在市場上比中國文學的價值高到數倍以上——絕對地不是。市場上所付的高價，只是外國語言通曉的能力而已——尤其是英美的語言。北朝時代的父兄們，所引以為榮的是子弟們能說鮮卑話，彈琵琶，並不是他們會了什麼鮮卑文學（！），或胡人的音樂。

若是大學的課程裏，能把外國語言與外國文學分開訓練；把外國文學系發展成一種名符其實的文學系，包括歐洲各大學文學系的基本課程以及眞正的文學欣賞與寫讀能力之修養，而把通曉外國語一般的能力當一種單獨的工具功課訓練：我可以拭目看到：外國文學系的標準愈高，報名的學生必愈少；外國文學系的畢業生愈是文學家，市場上肯付的代價亦必愈低。到那時，外國文學系，自報名的人數這一方面看，大概不會壓得中國文學系出不了氣吧！

作者個人絕對地贊成，凡是一個中國的大學生，連中國文學系的在內，都應該通曉一種外國語言的。這是作現代學術的必備的工具；至少每一個大學生應該學得能讀能說的程度，即讀外國書讀得自己懂，說外國話說得別人懂。但這並不是什麼文學。假若這就是文學，豈不是每一個會讀書會說話的人都是文學家了嗎？

臺灣大學現在的問題是入外國文學系的學生雖是一天天的增多，學生們一班的外文閱讀的能力似乎並沒增加。如何調整這一局勢是最值得研究的一個問題。我個人的看法，認為這一偏執的現象，不是單從限制學生的人數所能改正的。入外文系的學生大半是求出路，解決生活問題；眞正有文學興趣的只佔一個極少的數目。故問題的根本解決全靠認清在這一系內所追求的不同的目標。

社會上對於臺灣大學的冷門是最不表同情的，好像是每一系必須有若干學生，方有存留的價值。完全從買賣的眼光去看，這自然是很有力量的一種說法。不過這一說法至少有兩個漏洞。第一、系的冷熱，是有時代性的。朱騮先先生常對我說，民國十八年十九年的時候，廣東中山大學招考，投考者大多數都報名文法院，理工與醫差不多沒有好學生光顧。他費了很大的氣力，才算把這風氣扭轉過來。院的行情尚有此種歷史與變遷，系別的估價，更不用說了。

第二、有些學科沒有上等的智力，就沒有進去的份；勉强進去了，也要不歡而散的。例如哲學與數學，豈不是基本又基本的學問，但是眞正把它們當着職業學的，無論是在東方或在西方，永遠也不會很多，常常隔着數年方有一兩個好學生。所以要每系年年都有學生，實在是由於一種誤會，即忽略了現代學術的基本性質。委員會談到各系限制人數的問題時，根本沒有從這一個角度着想。因為國立臺灣大學究竟是自由中國的一個學術機構，不是專為訓練職業人才而設的。

字體簡化勢在必行

張延康

當氫彈的試驗已經成功，證明他的威力比廣島原子彈大二千倍的今天，而我們還在簡體字問題上展開咬文嚼字的大論戰，眞令人欲哭無淚！當今之世，競爭太激烈，不求進步，無以生存於世界。因此，我衷心贊成和擁護貴刊對字體簡化的主張（見自由中國十卷八期，社論）。

爲什麼反對字體簡化？百思不得其解！主要的理由不外是爲了保存中國傳統的文化。然而，保存中國傳統文化與簡體字有什麼相背的關係呢？用簡體字同樣能表達思想和情緒，便同樣可以闡揚中國文化。簡體字同樣是中國字。至於怕簡體字失去中國字的原形，那末我們恢復甲骨文好吧！恢復更早的結繩以記事辦法好吧！其實如果不是文字學專家，芸芸衆生誰去管它原形不原形呢？只要知道是個字，代表一定的意義，文字的責任已經盡了。

中國字筆劃太多，既難記，又難寫。我們看小學一二年級六七歲的小學生，天天陷於正體字的地獄中——「鐵」、「釀」、「竈」、「體」、「鬱」——小小的心靈，眞是受了莫大的摧殘。先生要教好多遍，學生要寫好多遍，才算認識了這個字，可是一轉眼又忘記了，因爲的確太複雜太困難了。這是一位老師的經驗談。我每次在小學一二年級的教科書上看見那一大堆的方塊，不禁痛恨我們前一輩的人物，和前代的教育當局，沒有把文字簡化，已經使我們這一輩人吃了大虧。現在的中年人老年人已經知道應用簡體字或草字，多少可以補救時間與精神的浪費，然而仍然不爲下一代着想，仍然強制兒童在那一大堆複雜的方塊字地獄中打滾，這是何等殘酷的事！請救救下一代吧！

再看一般大中學生，他們已經記得一些簡體字了，可是作文時，考試時，應寫那一種呢？用簡體，楷書的陰魂不散，時來糾纏：「不要用簡字，考不及格呀」。用楷書，筆劃太多，記不清楚，寫錯了反而不如用簡體。每到考試時總是提心吊膽，左右爲難。既然有了簡體字，何不讓其合法使用呢？

以上這些情形，自小學六歲起，到大學二十二歲止的就學階段，沒有一個青年不爲文字所苦惱，試問是否值得同情？是否是一個值得考慮的大問題？

我國學生費在學習文字上的時間，比西洋國家的學生，小學約多一年，中學大學約多半年，平均一個大學生要多一年半。日本的情形最初也是如此，以後逐漸簡化，廢除漢字，比中國學生所浪費的時間減少了一半。現在我們把小學教科書裏面的字，難易比較一下就知道了。試看 [cat] 與「貓」、[rat] 與「鼠」、[pig] 與「猪」、[cock] 與「公鷄」或「雄鷄」、[cap] 與「帽」或「帽子」，孰難孰易？再看日本字也比中國的簡單，按照次序寫來：「ネコ」、「ネズミ」、「ブタ」、「ニハトリ」、「ボウシ」，不過如此而已。固然日本除了假名以外，還要寫漢字，但日本從一千八百個漢字，已經減少到七百個，而這七百個字只許在十六劃以下，所以貓、鼠、鷄等漢字當然廢掉了，至於ブタ（日本用「豚」字），和「帽」字則在十六劃以內，是否廢掉不得而知，但無論如何，日本比中國簡單的多了。再看德文：kater, ratte, eber, huhn, kappe 仍然比中文的貓、鼠、猪、鷄、帽簡單。再看法文：chat,rat, porc, coq, toque 五字，比中文更簡單了。筆劃少，就容易記，也容易寫。我看見他們的小學生，每天上課三四小時，快樂活潑，老師教的，都能勝任愉快；而中國的小學生，天天被這一大堆筆劃的方塊字糾纏得頭昏腦脹，愁眉苦臉，老師教的，甚難全部領略或記得，有的家長竟不得不請家庭教師補習了。這是中國教育的失敗，而失敗的原因一半歸因於文字太難。這種文字對兒童的健康大有妨碍。中學生費於學習文字的時間太多，而大學生仍然要學習文字，學習文字！文字是一種表達思想和感情的工具，本身不是目的，把這些精力與時間轉移在專門知識的研究上，中國也許早已走上科學發達、產業興隆、文化燦爛之境了。每一個讀到大學的國民比西洋文明國家的人多浪費一年半的時間，眞是何等駭人聽聞的事！有十萬大學生便浪費十五萬年的時間，要我們這個民族和人家並駕齊驅或迎頭趕上，不在文字上力求簡化，簡直就不可能了。爲了要維持中國文字的原形（事實上無原形可言），所付的代價未免太大了！

以上所舉的各國文字難易的比較，也許有人覺得我所選的儘是中國的難字和外國的易字，相反的例子也有的。不錯，相反的例是有的，不過爲數極少。尤其是三四年級以前的小學課本，他們避免用長字極容易達到目的，而我們則不容易達到目的。例如「遊戲」、「體操」等，初進小校就應該知道的。可是我們無法避免。而且我所舉的還是以外國單字和中國的單字比較，已經有難易之差。此外還有一些外國單字，我們非用兩個字或三個字或四個字來表現不可，那就更加驚人了。例如蘋菓、鉛筆、蒼蠅、打火機、脚踏車、圖書館、公共汽車、電氣冰箱等。他們寫一個或記一個單字所用的精力與時間，比我們要記或寫那麼一大堆筆劃和單字，相去何只千里！也許有人要說，外國的名詞有性的差別，而表現雄性和雌性往往是兩個字，可是中國文字要表示性別，同樣要加上另外一些字，如男、女、公、母、雄、雌、牡、牝、也相當麻煩，且使少年人不容易弄清楚。因爲他們的文字容易，像美國幼稚園的學生一進門就學寫字和認字，一到小學，一年級就練習作文，到小學畢業時，文句非常通順，無文不能作，無信不能寫，無書不能讀了。美制的小學畢業等於中國初中二年級學生，而他們的成就竟如此可觀，並不是中國人愚蠢，而是中國字太難。我們的幼稚園不能多敎兒童寫字或認字，至多是阿拉伯數字和極少數的二三劃的單字。幼稚園之所以不多敎字也有道理，因爲敎字須和句聯起來才有效用，可是敎一個句必遇到很難的字。「一同來」還勉强可以，「來體操」就要命了。所以敎了也不會記得。中國小學生到三年級才開始作文，所以和美國孩子比，就無怪瞠乎其後了。可見以上的統計是十分可靠的。

這樣比較以後，也許有人以爲「外國的什麼都好，月亮比中國的圓」，斥爲崇洋思想。全然不是，中國人當然愛中國文字。然而在生存競爭如此激烈的世界，已迫使我們不能不作比較，然後才知道我們求進步的速度如何，我們吸收知識的能力如何？現在發現文字的阻力太大，便不容易追及人家。無論自然科學，無論人文科學，我們很少有偉大的著作問世，擁有人口如此衆多的我國，從沒有獲得過諾貝爾獎金，其中原因雖有多端，而人生幾何，文字所浪費的時間太多了。而且我堅決相信，我們有能力改進和簡化中國文字，可以發揮和西洋文字同樣功效，只看我們是否認識其必要和是否有決心了！

我相信語言文字的產生是人類羣居生活中自然生長的，是無數倉頡製造出來的，是大衆的產物，並無一定的規律可尋。爲什麼有這個字？爲什麼不應該有那個字？是不必要過問和追究的。許愼雖然作過這種工作，整理既有的文字予以規律化，把文字分爲象形、指事、會意、形聲、轉注、假借六類，但是這種分類的界限並不精確。六書中除象形外，其餘都很難確定其範圍。有些字固易歸類，有些字則歸於那一類都無不可。即以象形而言，亦只有從原始的字形才能看出，中國文字自甲骨而篆而隸而楷，中間不知簡化改變了多少，比如篆書中的山字水字是象形的，可是正楷字的山水又象什麼呢？科學最注重的是「界限」，這種界限不清的分類，自不能目之爲絕對的文字規律。許愼說文解字的貢獻是對古字的認識、古文的解讀大有幫助，並不在他對中國文字所下的分類和規律。我們爲什麼要把六書抬出來以反對文字簡化呢？反對簡體字的人硬說六書是科學的，簡體字不科學，我們眞不知道科學一詞究應作何解釋？我們的文字既然是我民族生活的產物，那末從文字上來研究我國文化的變遷誠然有其價值，但這是屬於專家的工作，不能把賣豆腐的、炸油條的，都拉來維持字體的原形，他們爲了多賣豆腐和油條以求生存，沒有那樣的閒情逸緻一筆不苟的記豆腐賬或油條賬。反對字體簡化的文字學家，我希望他們寫一部「新說文解字」，上承許愼的大著下迄民國四十三年字體簡化爲止，把這近兩千年的文字變化整理一下，這是保存中國文字的最好的途徑，請不要把這個大袍袱放在全體國民身上吧！

大家要認識一個擺在眼前的現實，就是當人們一旦發現一個簡字或草字，無不欣然接受。簡體字雖然不許在課堂上敎，然而不脛而走，極爲普遍，這是證明簡體字是大衆的一致要求。凡是會寫字的人，誰能夠堅持一筆不苟的寫楷書？這也足以證明中國字筆劃太多太難，不得不另外找出路才出現了黑市字。我們要消滅黑市，納黑市於正軌，敎育當局應該認識這種普遍的要求，順應潮流，決心予以簡化。幸而敎育部已經成立簡體字研究委員會，希望他們從速發表其結果，通令實行。不過研究而無結果，有結果而不實行，也是官廳的常習，懇切希望這回不再如此。這種工作習慣上屬於敎育部的職權，立法院不必過問。文字之爲物是不斷的生長與變遷的，恰似一江春水向東流，並無一定的「程序」可言，是一種經常的工作。簡體字研究委員會應該是經常的機關。因此，我希望敎育部不必研究太久，因爲這種工作不會有完成的一天，有了一分成就，就實行一分，逐漸推進逐漸簡化，永不停止。最初制定一個統一的簡字表通令採用，然後再繼續搜集，繼續制定，一有結果再行公佈。以後即使每年公佈十個字八個字，造福於國民大衆也是很大的。

聯合國憲章明白規定中文是世界公用的文字之一，這一點值得注意。我們把它簡化以後，不僅可以減少中國文化發展的阻力，使我們求知的速度增高，而且外國人易於學習和接受，自然就便於世界公用，中國文化的傳播也比較容易了。當代是爭取速度、爭取效率的時代，時間已不允許我們優哉遊哉寫二三十劃才完成一個字了。在這種意義上，我對所有贊成簡字運動的發言人都表示無限的敬意。

為目的可以不擇手段嗎？

夏道平摘譯

中華民國已有了一部民主的憲法，我們的當政者，也不斷地宣稱我們是民主國家。現在實際情形怎樣，在此暫不研究；但我們總得相信，我們是走向民主的。換言之，民主是我們反共復國的目的。說到目的，自然會聯想到手段。筆者最近讀到一本一九五一年初版一九五二年再版的 T. V. Smith 和 Edward C. Lindeman 合著的 The Democratic Way of Life 一書，就中有 Lindeman 所寫的一篇 The Means Must be consonant with the Ends。其內容可發吾人深省。茲將其要點譯述出來，以供我們當局及關心國事者一讀。——譯者

東方的或俄式的「民主」與西方民主的區別，是現代問題中常被討論到的一個題目。東方的或俄式的「民主」，是基於一個簡單的論斷，卽：任何舉動，只要其目的是在滿足全民的需要或為全民謀福利的，那就是民主的。只要保證追求這個目的，此外不附任何條件。也卽是說，任何事體，不管誰來作，也不管用甚麼方法來作，只要是為人民作的，也就是民主的。這就是俄式政權的辯護者得以把獨裁視作民主的理由。蘇俄正在世人之前提出一個新牌的民主。在這種所謂「民主」政權之下，目的與手段是分離的，而且是以個人的自由作代價，去換取一個空洞的諾言——物質生活安定。

權力主義者已慣於使用民主政治中的一些好聽的名詞，同時給這些名詞以新的解釋，使大家覺得這是現代意義的民主。於是把西方的民主看作舊式的，而東方的或俄式的新牌民主才是二十世紀的民主。這是大家所熟知的叫做偷天換日的宣傳詭計。於是極權主義者的宣傳家就得以此拉攏服膺民主主義的人士，而誘導他們走到極權主義的信仰上去。

不管手段如何，只要目的是民主的，則任何舉動都是民主的。這是以目的來維護手段。也就是我們所常聽說的為目的不擇手段。為目的不擇手段的主張，正是一個忠實的民主主義者所不應有的。民主主義者不容許犯這種錯誤；犯了這種錯誤，就不是民主主義者。這一層就是本文所要申論的。但在說到這一層以前，對於上述的那種偷天換日的宣傳詭計，還要補充幾句話。

上述的那種巫術似的宣傳詭計，曾經欺騙了若干聰明的人把獨裁視同民主。使用這種詭計的人以及被這種詭計利用的人，其個人道德均因之墮落。有些人士過去是想以正當手段達成他理想中的目的的，但一旦接受了為目的可不擇手段的說法，卽走入邪惡的途徑。仁慈的人們一想到犧牲於共產主義的生命之多，就不寒而慄，其實共產主義的可怕，並不止此。尤可怕的，是與共產主義運動以俱來的人類道德墮落之旣廣且深。只要是共產黨活動過的地方，卽有人相信為目的可以不擇手段。這種汚染，是很難消褪的。也就是在這方面，共產主義與法西斯、納粹以及其他各種形式的極權主義是合流的，他們所信奉的是同一哲學，卽：目的正當，任何手段也是正當的 (Ends justify the Means)。所以，就這一點來看，共產黨與那些非民主的反共勢力，其本質是一樣。

「目的正當，任何手段也是正當的」，這種說法，不僅是不道德的，也是不科學的。如果把這個問題拿去請教心理學家，請他對於一個相反的假定——好的目的不能以不好的手段達成，提供一個科學的解釋，他會以生物行為方面的實驗知識，給你確定的回答：「生物是依其行為而形成的」；或者說「一個人的性格，是定型於其行為，而不是定型於其志願。」同一問題，如果拿去請教精神病的醫生，他也必定回答：「行為與其理想中的價值不相適應的時候，其結果就是一個分裂的人格；經常地人格分裂，其結果就成為精神病患者。」

行為決定性格，從科學的觀點看，誰也不能逃出這個定律。「說謊的人，經常使用陰謀的人，可以藉謊言與陰謀創造較好的世界」，這是一個如何不合理不合科學的觀念啊！同樣地，「危害自由的人，可以因而維護自由」，也是荒謬的說法。「目的先於手段而存在」，愛慕遜 (Emerson) 這樣說，科學也這樣說。如認為人道與自由是可愛的，是我們追求的目的，我們的行為就要合乎人道和自由。追求民主政治的人們，必須訓練自己使用民主的方法。

不幸地，在一切民主的訓練中，這是最難教，最難行的。手段與目的一致，這個原則每每由於各種誘惑使得人們不能遵守。在運動中，目的在贏得分數；在訴訟中，辯護的目的在幫助委託人；在政治中，目的在求本黨的勝利。在這些以及其他許許多多的活動中，我們常常專注於目的的達成，而忽視了手段的選擇。

在教育過程中，如果學生們變成了只顧目的不擇手段的人 (End-gainers)，教育家有很大的罪過。學校當局繼續用考試的辦法去考學生，因而使學生認為

求學的目的是在於通過考試，獲得學分。這是可嗟歎的。尤其可悲歎的，有些教師們甚至故意用些奇詭的難題考學生，使他們較難於達到通過考試及獲得學分的目的。在這種情形下，難怪學生多習於弄詭計以達目的。只顧目的的學生們，每把達到目的的手段看作不得已，在過程中他們覺得是在吃苦而不是在享受。這樣一來，教育過程變成了導人於邪惡的途徑，最後學習本身被視為一種必需的「惡」(A Necessary "evil")，而學人的地位也就日趨低落了。

因為目的與手段是不可分的。要教導學生不犯嚴重的錯誤，就要使他們深深了解這一點。拉薩爾 (Ferdinand Lasalle) 曾經寫過：

「不要給我目的而不告以手段，
目的與手段是交織得不可分的。
因而，這方面變了，那方面也要變，
不同的途徑引你走到可見的不同的終點。」

要使生活過得有興趣，有生機，我們不能把精力過分集中於一時的某些目的上。因為只顧目的，則目的一到達成的時候，也就失其「引人入勝」之處。我們應當利用所有的經驗致力於一個永恒眞實的目的，這個目的即生活方面的生機。要生活方面有生機，必須在追求理想中的目的時，手段也要合乎理想。也即是說手段必須與目的一致。

歷史好像包括着不斷的循環運動。有的時候大家重視目的，有的時候又重視手段。現在，我們似乎處在馬基亞佛利時代 (Machiavellian Period)。在這個時代中，權力的鬪爭使得統治者把手段與目的分離，並用欺騙的說詞為其手段辯護。不幸的是，這種欺騙竟也侵襲到現代的自由主義者。晚近有些原屬自由主義的人們，似乎也相信以極權對付極權，是贏得勝利的方法。他們所常常叫喊的口號，是「以火打火」，而沒有想到如果眞是如此，雙方都成了焦土。眞正的自由主義者，要永久忠實於目的與手段的恒等式。否則，在生活方面就不是有生機的自由人了。作為一個自由人，就要為人道的目的從事於人道方法的研究。這種研究是無止境的，而且要重視研究的本身，而不過於重視結局。事實上，不能滿意於結局，正是自由主義者的特徵。

天下沒有完全合乎理想的事物。手段與目的一致，不過是說使手段盡量地符合目的而已。「使手段盡量符合目的」，是民主主義者的格言，從科學與道德的觀點來看，尊重這個格言，避免「至善主義」的危險，這是最主要的。想尋求盡善盡美的方法來達到每一個正當的目的，是不可能的。如果相信這是可能的，那就等於相信地球是特為我們人類生息於其上而創造的。這種信念是無法證實的。因此，我們不得不相信，我們人類所生活的這個行星給我們的安全是有限的。我們人類是個不完善的有機體，我們得努力去適應環境。我們主要的適應方式，就是「試驗與錯誤」(Trial and Error)。只要我們在任何適應當中，盡量減少錯誤的成分，就算是做到了手段與目的的協調。在這限度內，我們可能有某一定量的自由。我們不能常常自由自在地採取直徑走向自由之路，因為在我們所生活的世界當中，有許多來自他方的反動力。戰爭就是一個例子。

政潮起伏的意大利

方 及

意大利政局近況

一九五四年給意大利政局帶來了一連串的不安，三個月以來一直在組閣倒閣聲中打轉，而處於無政府狀態之下。到二月二十六日上院通過舍爾巴政府之信任案，洶湧的意國政潮骨子裏雖不見得到澈底的解決，表面上總算暫時告一段落。

自由中國對意大利的情形，一般地都模糊不清，我想一般人是頗願知道反共鬪爭中的意大利政情的。原來大家雖都處於反共的自由世界，却都各自東西，地理上心理上都顯得相當的遙遠。又因爲美國領導自由世界以對付蘇俄的奴役世界，大家不約而同地將注意力集中於美蘇兩國，却不知道自由和極權到處都在激戰，而這意大利的一角尤有更明顯的對照。要知道意大利除了黨派林立以外最嚴重的問題就是共產黨的猖獗，幾乎是鐵幕以外任何國家所不能比擬的。共產黨在意大利是合法的政黨，享有一切自由和權利，它擁有二百五十萬黨員，這是自由世界最強大的布爾雪維克組織；在全意大利它形成九十七個省黨部及三百八十七個縣黨部，它控制了大小七百個工會之類的組織，有一萬一千個「細胞」滲透在各個工廠，其中一半是集中在各種國營事業中。意共本年的支出預算是十億意幣（約合一百五十萬美金），實際的數目恐怕還要超出二倍以上。此外他們又利用報紙和標語，報攤上牆壁上隨時可以看到和鐵幕內一樣氣味的字句，工人們大多拿着一張共黨報紙在細讀，似在尋找一點新的福音。共黨機關更公然地懸掛着蘇俄的鐮刀斧頭的標幟，使我們這些飽嘗鐵幕滋味的過來人，觸目驚心，不知自己是否又陷入了鐵幕。

除了共黨猖獗之外，意大利還有一個特點，那就是親共的社會黨的存在；現代的歐洲有社會黨並不稀奇，甚至有人相信社會主義是醫治共產主義的對症良藥，解決現代社會問題的唯一法門，在英法比德等國都有社會黨，其立場容或有異，而大體上是反共或者至少是非共的。意大利社會黨則不然，它完全和共產黨一鼻孔出氣，除了名稱以外，其他作風思想一點分別也沒有，而且彼此非常合作，二者均受莫斯科指揮，這當然更增長了意共的聲勢，也就更加重了意國政治的危機。

尤奇怪的是第二次戰後，一切法西斯和保皇勢力均已被消滅，或趨沒落，唯獨在意大利却偏偏地又復興起來。新法西斯的激烈作風和戰前墨索里尼時代，一模一樣，自以爲唯有他們才是眞正反共，一味地高唱「國家至上」，於是美援和歐洲聯防，對他們便是有損國家的尊嚴與獨立，並非難一切西方的民主制度。至於保皇黨僅就名目來說，已覺得封建腐敗不堪，實際上，他們就是代表一部份貴族階級的保守勢力，雖然並不太反對民主，但對社會問題，尤其對農業土地改革問題，他們完全站在反對的立場，僅爲少數人的利益而不顧一般農工大衆的實際問題；無疑這是一種落伍的思想。以上這兩種勢力號稱反共，表面上也非常激烈，但却不能與民主力量合作，結果是適得其反，除了供給左派勢力以反對的口實，還牽制了眞欲反共的民主力量，在這種情勢之下，共產勢力自然更形坐大。

處在左右爲難的中間派基督民主黨，自由黨，共和黨，社會民主黨爲保持這一株意大利民主幼苗，其責任的嚴重更是無以復加了，但是，不幸的很，中間派各政黨又不能合作反共，擁有實力最大的基督民主黨之內，還要分成左右不同的傾向，終日左乎右乎不知所從，這樣的反共力量實在已可憐到極點，這不是危言聳聽，稍明意國政情的人，當知吾言之不虛。

二次戰後的意大利被民主國家從極權統治中解救出來，大家都希望它從此走上民主之路。現年八十高齡的天主教神父司徒佐(Don Sturzo)當時所組織的天主教人民黨，經過改造成爲現在的基督民主黨(Democracia Christiana 簡稱 DC.)得到大部份人民的支持，負起了這領導民主的責任。到一九四八年舉行正式大選，該黨黨魁賈斯伯里(De Gasperi)獲得一千三百萬票的絕對多數出而組閣，大體上安全度過了五個年頭，到去年（一九五三）六月七日第二次大選，基督民主黨(以下簡稱「基民」)竟失去三百餘萬選票，其中二百萬爲保皇黨及新法西斯黨所搶得，一百五十萬爲共產勢力奪去，因之基民失去了把握絕對多數的能力，當時一直連續的新閣難產，最後始由貝拉(Pella)以「技術人才」相號召而組成了「臨時內閣」。這臨時內閣果然不出所料，於五個月後被推翻，隨之又繼以一九五四年初一連串更可怕的政潮。

意共猖獗的原因

爲什麼意大利共產主義會如此猖狂？這是誰的過錯？是誰給與了它生長發育的機會？按時間來說，意共的發達是在賈斯伯里執政的一段期間的事實，他自然很難逃避責任，輿論也對他無情地攻擊，從一九四八年四月十八日選舉獲勝，賈斯伯里享有一切必需的方法可以阻止共產主義在意境蔓延，議會和政府都在他手裏，爲何沒有將共產黨列爲非法，而禁絕其一切活動？如果無膽量作此一步，爲何竟連其他較緩和的步驟也不敢實行？比如意共對鐵幕國家的貿易，爲何不予以禁絕或收爲國營，以堵塞其大部份的經濟來源？爲何意共在全國所佔有的前法西斯遺產，二千餘座建築物政府不敢收歸公有？爲何意共所藏大批槍械武器，政府也竟視之無睹？爲何坐視意共任意作其主義的藝術電影等宣傳而無動於中？爲何不嚴懲一切私通意共的工商業者？這一連串的問題，都是應在貝氏執政期間予以處置的，但事實不然，因此人都說貝氏只爲了「民主」的美名以及其他無堅決主張的友黨所牽連，以致落得如此下場，現在再要反共更是難上加難了。

然而貝斯伯里個人和他的朋友只覺得一肚子怨枉，他曾數度聲明：「戰後羅斯福邱吉爾時代的親蘇氣氛，演成了國際間不可避免的共同錯誤，意大利自然亦難例外，在最初一段臨時行政及制定憲法期間都有共產黨人參加，待後實行選舉，共產黨更取得議會的法律基礎，因而意共便有了生根的機會。如此的事實硬要歸罪於某人某黨，是極不公平的說法。」貝氏又曾表示，去年六月大選失敗，邱吉爾先生五月間的和平建議使他吃虧最甚，原已鬆懈不堪的民氣，聽了邱氏的論調，更不可支，於是反對大西洋公約，反對歐洲聯防的親共的意大利社會黨所宣傳的桃色和平就騙去不少的選票。不過，貝氏又說：「經過伯慕達和柏林會議，蘇俄的猙獰面目已表露無遺，邱吉爾的和平論調不會再有多少迷人的力量了。」

政潮的近因

意大利的內政是埋伏着許多危機的，有許多極其嚴重的社會問題需要解決，各政黨鈎心鬪角更是難於應付。貝拉初上臺不久即遇到的港問題，全國一致注意的港的變動，於是內部的不安倒稍爲停止了一下，使貝拉有時間去應付的港問題，又因保皇黨及新法西斯黨都是激烈主張收回的港的，貝拉堅持的態度，一時也取得了他們的支持，等到的港問題喧嚷一陣之後，不了了之，大家再又回頭注意內政，問題便又叢生起來，比如改革官僚腐化習氣，釋放獄犯的聖誕大赦問題，最急迫的挽救經濟失業危機，以及土地改革等問題。在去年聖誕節前，議會勉强通過了一條法律，准予全國二萬多名普通獄犯恢復自由，其中大多數爲前法西斯或左傾份子，所以這次表決是左右各極端派共同合作下的產物。但是最嚴重的還是一般的社會經濟問題，於是執政的基督民主黨內部都在尋求適當的解決辦法，紛紛討論，有的人主張「向左轉」，有的人却主張「向右轉」，一時黨內意見頗有分裂的危險，不過最後還是歸結到不偏不依的中間路線，不向右轉，也不向左轉，而却要實行「社會新政」，「革新局面」；因此要求貝拉改組政府以配合新的局勢，因爲基民的實力份子早已覺得貝拉漸漸右傾，特別有接近保皇黨的跡象。於是年終的假期裏貝拉仍在忙碌着改組，可是貝拉不改則已，一改竟將他的農業部長換掉，而以其同黨傾向保皇黨的阿地修(Aldisio)代之。貝拉自以爲仍將遵行黨的土地改革計劃，這種人事更換只是爲了拉弄保皇黨使他在議會有更廣大的基礎，容易放手作事。然而基民黨內久已不可按捺的內訌，便因此而爆發，羣起而攻之，以爲貝拉將放棄土地改革政策，而去遷就持反對意見的保皇黨，因爲土地改革數年來已是基民拿手的傑作，最能取得農民的擁護，而堵塞了共產黨人之口，這政策如遭放棄，將有非常不良的後果。貝拉受不了這種非難，遂於本年一月五日向艾諾第總統提出內閣總辭，意大利最嚴重的政治危機便由此開始。

政潮的剖析

這次政治危機的由來，不是因爲反對黨的攻擊，而是爲了執政黨內部的不和所致，這頗耐人尋味，因爲明顯的基民在國會不佔絕對多數，如將自家的內閣推倒，勢難再獨黨組閣，那末這次「人爲的倒閣」究竟是爲了什麼呢？有人揣測基民仍將試探獨黨組閣，希望臨時會取得其他民主小黨的支持而通過，否則他們將要求總統解散國會，重新舉行大選，以打破此各黨彼此要挾的僵持局面，而重新決定絕對多數的領導權。爲明白這一點，我們將上下議院各政黨的席位比較一下即可瞭如指掌。

上議院基民佔一百十一席，自由黨共和黨及社會民主黨(以下簡稱社民)共佔十席，無黨派者十五席，(其中五席是完全支持基民的)，共產黨佔四十九席，社會黨二十八席，左傾獨立派佔十席，保皇黨十五席，新法西斯黨九席，合共二四七席，絕對多數爲一百二十四票，再以中間左右三派勢力的分庭相爭，左派的共產黨，社會黨及其同路人合共不過八十七席，勢力相當可觀，但距絕對多數尚遠，只是成事不足而倒亂則有餘，決不會組成左派政府。右派保皇黨與新法西斯合共才二十四票，更不消說。可是左右兩派都是反對中間派的，合起來恰巧等於基民的票數(一百一十一)，這就構成了很大的威脅。所以基民如欲組閣只有三條路可走：第一、邀中間各小黨共同參加，則可得一百二十六票的多數。第二、假如保皇黨棄權，純粹基民政府亦可以一百一十六票對一百一十一票而通過。第三、假如中間三小黨能無條件支持，基民亦可單獨組閣。那末問題的焦點不在於基民和左派之爭，因爲雙方都沒有合作的可能和需要；也不在於基民與新法西斯之爭，因爲後者尚沒有相當的影響力量。實在問題却在於基民和三小黨或者基民與保皇黨之間。如果基民能贏得他們的好感或合作，那就是說如果三小黨能無償地恩賜一票，或者保皇黨肯慷慨地拋棄他神聖的反對票，則其他反對力量均不會發生效力，基民也就等於絕對多數黨了。但是在如此的情形下，保皇黨和三小黨如果不是傻瓜，自然便會明白自己的身價行市看長，決不會忽略這神聖的一票，因而共產黨和新法西斯黨頗覺冷落，而保皇黨或三小黨倒成了寶貝，爲基民所必須追求的對象，他們自然更覺奇貨可居，而隨時抬高市價了。

在下院也有同樣的情形，基民佔

二百六十席，無黨派者五席，共產黨佔一百四十三席，社會黨佔七十五席，保皇黨佔三十九席，新法西斯黨二十九席，社民十九席，自由黨十四席，共和黨五席，獨立保皇黨一席，總共五百九十席，絕對多數爲二百九十六席。組閣的基本力量，仍只有基民勝任，但又湊巧不夠絕對多數，其可能解決的辦法如下：一、基民得保皇黨支持，可湊足三〇四票之超半數。二、基民得中間三小黨支持，可得三〇三票。三、基民得共和自由二黨支持，保皇黨棄權，亦可以二八四對二六六通過。四、基民得自由黨支持，保皇黨棄權，結果可以二七九對二七一而通過。從上面的假設中我們可得到一個美妙的結論：共產、社會、法西斯三個無賴黨，沒人願意睬理他們，雖然他們自稱沒有他們參加的政府將不會長久，但是在仍有其他路徑可循之前，他們依舊是冷門，不會被邀參加政府的，自由黨與共和黨之立場雖較可取，然力量却嫌太單薄了一點，兩黨的十九張票加上基民二六五票之和仍不足二九六之絕對多數，故最後依舊得取決於保皇黨或社會民主黨的態度。如果基民不能由此取得諒解，即無法打破僵局，因此基民獨立組閣在如此情形下，僅是一種無望的試探，在其組閣失敗之後，只有解散國會，實行重選。但是根據最後的事實，基民並未走此絕路，而是和社民爲主的三個中間小黨成立民主聯合政府，始解決了此次危險的政潮。

原來保皇黨雖嫌陳舊，但並非眞正的極權主義者，他們對歐洲聯防不大熱心，對土地改革有牢不可破的保守成見，對的港問題過份堅持意國立場，此外對別的問題和中間民主派並無太大的出入，所以還有被爭取的價值，因之他們也就有「居奇」的想法，以期達到他們的目的。至論共和黨力量最小而却始終是基民的朋友。自由黨歷來對基民也有好感，但這兩黨從沒有過「居奇」的意思，實際是他們沒有「居奇」的資本。剩下中間的社會民主黨是中間最偏左而又佔有相當資本的政黨，他們原是由左派的社會黨內脫出，而成爲左派的右傾者或中間的左傾者。其主張立場雖仍不脫社會主義色彩，然却反對共產主義而接近基督民主黨，也曾參加過基民的內閣，他們主張不親蘇也不親美，對歐洲聯防有些冷淡，對社會福利倒相當熱心，惟一的顧慮是怕他們入閣之後，再要挾政府請親共的社會黨進來，如此則等於引狼入室，不能不加小心。基民再嘗試獨黨組閣失敗之後，權衡輕重，還是捨棄頑固不化的保皇黨，而和中間開明的三小黨聯合組閣。

政潮的經過

先是本年一月五日貝拉的內閣總辭，一時滿城風雨，各政黨互相責駡，提出他們解決政潮的辦法與主張。右派黨人聲言維持國家尊嚴（反對意軍屬於歐洲聯防指揮），領土完整（收回的港），不參加東西兩世界之爭，使意大利走向和平康莊之途，此外他們最强調反共，却不惜與共產黨同聲反對西方，更與共產黨人夾攻中間民主勢力。實際這批號稱反共的法西斯餘孽除了助長共黨勢燄之外，實無其他意義；如眞反共爲何又要反對反共的人？因而他們只願壟斷反共的幌子，暗地裏仍企圖奪取政權。共產黨及其同路人則奢言代表勞工大衆，一慣地在民主的外衣下奉行他們主子「解放世界」的使命。基民强調民主勢力的大團結，以應付極權勢力的夾攻而領導意國人民走向民主自由之途。自由黨和共和黨雖擁護民主，但自揣力薄，沒有應付潮流的決定實力，於是只存觀望態度。社會民主黨擁有不大不小的實力，主張權利和責任要平等，國家的事大家同有權利和責任。各政黨如此爭鬧不休，老總統連日與各黨魁權商解決的辦法，然而一時頗難找出頭緒，危機愈來愈覺嚴重，輿論則促請各政黨以國家前途爲重，要各民主勢力忍讓負重，速爲合作以結束政潮。最後老總統艾諾第（Einaudi）仍請貝拉復出組閣，但是他却婉辭了。於是基民現任內政部長范發尼（Fanfani）受託組閣，大家才喘了一口氣，希望這位身材短小而年青有爲的教授擔起這副沉重的擔子。

范發尼今年四十五歲，是一位聰明的社會經濟學教授，戰後從政，爲賈斯伯里所賞識，先後曾任勞工農業內政等部長，都有良好的表現，被稱爲佛羅倫薩的權謀家，是基民的開明進步份子。終於他組成了清一色的基民內閣，所有的部長大都和他一樣的年青，於正月十九日宣誓就職，隨即召開內閣會議，商討施政綱領，指定各副部長人選，到二十六日正式向下院呈報，提出行政計劃要求信任通過。范發尼原擬靠了這篇壯麗充實的政綱，再靠了他每一位精明幹練的部長的執行能力，使反對黨無懈可擊，而通過他的內閣。在其政綱中對共產黨及法西斯都加以無情的攻擊，因之他的報告曾數度爲左右派的駡聲所中斷，但他的聲調愈來愈堅定而激昂，對共產黨人一點也沒有示弱，他强調與西方合作，支持大西洋公約，促進歐洲聯防公約，要求公平合理地解決的港問題，如此以保障歐洲人民間的和平，最後他籲請各政黨合作，以達成意大利內外的安全。當晚在下院報告完畢又赴上院報告同一政綱，其經過情形也大致相同。第二天下院各政黨即推選發言人，開始演講辯論范氏所提政綱，其間口槍舌箭，有像潑婦駡街，頑童作戲，好不熱鬧。其主角多爲左右兩極端黨人充任，有時對駡，有向中間開炮。眞正的政綱並沒有怎樣討論，只有基民勉强支持門面。自由共和二黨觀望。保皇黨與社民則各粉飾其「居奇」的地位，始終反對基民一黨專政，因而未到正式表決，范發尼內閣的命運已經注定失敗，到三十日，范氏親赴下院答辯，然後投票表決，范氏僅得其本黨及共和黨支持，自由黨棄權，其他各黨包括保皇黨及社民在內均投反對票，結果以二六〇（基民數人臨時缺席）對三〇三票，十二票棄權，而垮下臺來。范氏內閣僅十二日京兆，當晚向總統提出辭呈，意大利從去年六月七日大選後第五任內閣又告流產，危機更形嚴重。

范發尼赴下院答辯之前，雖已明知此去凶多吉少，但他一點也沒有畏縮，把他的政綱針對着各種詰難一一答覆，這或者又不脫教授學者的本色，但左右各政黨早已對他恨之入骨，此番見他形將垮臺，更是落井下石，攻擊不遺餘力，用出了各種難以入耳的字眼，范氏剛走入會場，共黨議員即喊他爲「法西斯」！但中間基民議員遂答以：「馬林可夫」！范氏答辯詞中也極盡苛刻之能事，聲言必須消滅一切代表外國的極權勢力，一位共產黨議員起立請范氏講解自由一字的定義。范發尼不慌不忙地答道：「我看到有人要戕害自由，我便故意地把門向他們關閉了！」中間派議員遂以熱烈的掌聲，范發尼除嚴詞攻擊法西斯和共產黨外，又將共黨的尾巴社會黨盡情奚落了一番。他說：「乃尼 Nenni 先生的社會黨沒有獨立的人格，與陶亞蒂 Togliatti 的共產黨形成一種不光明的苟合，自從他們私合之後，實際上意大利社會黨早已失去他的存在。」范氏對社民和保皇黨則頗客氣。另外對撒拉格 Saragat 的社會民主黨特別致意謂：「諸位既不贊成乃尼的社會黨的作風而擁護民主，大家就應聯合起來以抵制反民主的極權勢力。」雖然如此，社民及保皇黨最後仍投了反對票，自由黨也棄權，他們所反對的就是范發尼政府的過於清一色，范發尼眼看非失敗不可了，他只好英勇地選擇痛快的光榮的失敗。

舍爾巴組閣成功

范發尼失敗之後，基民一黨專政之希望已經幻滅，當即傳出消息說基民表示同意中間四黨（基民、自由、共和、社民、）聯合組閣，但是合作的條件仍甚複雜，尙須多方折衝，今年八十高齡的總統艾諾第又是一陣忙碌，召見各黨魁徵詢意見。於是大家又都追溯到去年六月七日大選的結果上，各黨均說六月七日爲他們是有利的證明，要求參加政府，因爲去年的大選任何政黨均未獲得絕對多數，所以事實上已不可能一黨組閣，七個月內五次倒閣即是這事實的說明。情形雖然如此迫切，却又急操不得，固然多數的人仍是反共的，但怎樣合作反共？以及誰來領導却成問題。一般的推測都以賈斯伯里及舍爾巴二人呼聲最高，直到二月十日才決定由舍爾巴出任內閣總理，而賈斯伯里仍任基民秘書長，以維持黨內的團結。

舍爾巴 (Scelba) 新內閣總理是西西里人，今年五十三歲，曾任郵電部長，那時還是沒沒無聞，後來經賈斯伯里發現了他的天才，被任爲內政部長。戰後的意大利一切都是青黃不接，社會治安更顯得脆弱，舍爾巴當時即以全副精力先整頓了全國警察系統，許多人都說：「如果我是一名共產黨員，在那個時期我一定立刻參加革命。」可惜到後來共產黨才明白了這一點，但是舍爾巴已有力量和他們搏鬥了。他一直到去年大選失敗之後才退出內政部，交由范發尼繼任。現在他又出任更高的職位，共產黨和新法西斯一見情勢不妙，極力反對，稱舍氏爲「劊子手」，共產黨立即發動罷工風潮，在西西里和米蘭市製造出血案，來證明舍爾巴是劊子手，不過這些已不能阻止舍氏組閣的成功，因爲他已和中間派四黨合作，把握了議會的多數，反對黨就難以得手了。

社會民主黨到此時，果眞獲得了「居奇」的報酬，被延入閣。當初四黨合作的困難，一則是各黨理想主張之不齊，再則是部會首長的分配，所幸這些在眼前都算獲得相當的解決，舍氏內閣能否維持長久，就看這些條件能維持多久而定。過去社民對於共產黨及社會黨總是若即若離，並無堅決反共的姿態，而現在分得幾席部長之後，倒表現得非常積極，所以理想上的距離已經相當接近。對於部會的分配，原是僧多粥少，但因舍爾巴肯于多添了幾個「不管部」，問題也就解決了。他的內閣閣員總共是六十名，包括二十一個部長(五個不管部)，三十七個次長，兩位高級局長，成爲歷來最龐大的內閣。就中舍氏自兼內政部長，基民黨員畢巧尼 Piccioni 任外交部長，社民黨魁撒拉加 Saragat 爲副總理及不管部長，其黨員分掌財政、建設、勞工三部；自由黨黨魁德加樂 De Caro 任不管部長並負責政府與議會間之聯繫，其黨分主教育及工商兩部；共和黨爲表現淸高，不要官位，只願從旁協助。故此次二十一部中，社民及自由黨佔去七部，其餘三分之二均爲基民主管，分配的比例相當的理想。其間値得一提的是新增了一個康樂部，專管電影、運動、遊覽等事，因爲這些對於國家之收入及社會道德頗有影響；還有一個前設的「整頓官僚部」，現仍繼續存在。

舍爾巴帶了這班人馬，制定了政綱，於二月十八日向上院呈報(因上次范發尼先向下院呈報，按習慣此次應先向上院呈報，二院輪流佔先)，其內容和范發尼政綱無大出入，其口才似不如范氏，其演詞會數度爲反對之聲浪打斷，顯得更不精彩。不過他會有力地强調保衞自由民主，消滅極權，提倡社會福利，整頓風化，維持法紀尊嚴，原因是去年一件殺人案，現在漸漸地被揭露出來，被殺的是一位小姐 Montesi 地點是在海邊，嫌疑犯是憲兵總司令的朋友，走私運毒的鉅富 Montagna，其間又牽涉到外交部長的公子和其他要人，弄得滿城風雨，無數的爛汚都扯了出來，使政府大爲難堪，所以舍氏才强調整頓風化，維持法紀尊嚴，現在憲兵司令已自動辭職，案子仍未判明，好戲還在後邊。

當晚舍氏在上院報告完畢之後，又赴下院報告，他才講了沒有幾句，共產黨議員便叫嘯起來，不願聽他的政綱，而要求答覆日前在米蘭市罷工時一名工人死亡的責任問題，「劊子手！」的喊聲不絕於耳，議長聲嘶力竭請大家鎭靜，並謂到討論政綱時，大家都有發言的自由，現在應該讓總理先生有發言的自由，但是共黨議員仍在喧嚷要求制裁屠殺工人的兇手，同時將議會大門敞開，請舍爾巴出去。舍氏原先是站着，聽了這話反倒故意坐下來。共黨議員又宣稱：如果舍氏再繼續發表政綱，他們將集體離開會場，於是就在陶亞蒂領導之下，共黨議員便忿然全體退出。社會黨議員却仍留在席上坐立不安，不知如何是好。之後議場平靜下來，才又繼續開會，舍爾巴勉强把政綱讀完。

二月二十三日，上院開始討論政綱，左右各反對黨仍極力攻擊，但有中間聯合陣線協力保衞政府，已不像前此范發尼政府之危殆，而且又加了社民的堅決支持，政綱將獲多數通過已無疑問，但因只有極少限度的多數在表決之前，中間派下令各所屬黨員必須屆時出席，二十六日舍氏赴上院答辯之後，舉行信任投票，僅以一二三對一一〇(二票棄權)之十三票之多數通過。至三月二日下院才開始辯論，十日表決，又僅以三〇〇對二八三(一票棄權)之十七票的多數通過。總之共產黨千方百計要阻止的舍爾巴內閣終於成立了，它的壽命的長短，完全要看中間四黨合作的程度以爲定，至少這最初的表現尙稱滿意，但是基礎的鞏固是談不到的，微妙的十餘票的多數是不太可靠了，終究要走上法國內閣的命運。

舍爾巴要承認毛澤東？

最後值得一提的是舍氏在下院答辯時，竟然涉及了承認中共的問題，原來意大利的小工商業苦無市場，因之以反共起家的舍爾巴總理提到挽救意國商業之厄運時，曾向議院表示：「在日內瓦會議之後，如果情形許可盟國(指美國)也同意的話，將考慮承認北京政權，以發展商業利益。」這一面表現出歐洲反共人士的天眞，一面又表現出自由中國外交方面的虛弱，我們在意大利還設有大使館，而意國政府竟視之無睹。

意大利政潮可說只是暫且告一段落。然而共產黨合法存在一天，意國民主的危機卽存在一天，意國政潮就不會根本解決。此外中間各政黨，尤其是基督民主黨爲保全民主制度，不惜委屈求全，堅持奮鬪，可見實行民主之不易，但還希望他們更堅決更澈底一點。

意大利情形雖不如德國問題的重大，但也是美蘇兩國非常注意的對象。美國駐意大使魯斯夫人，已是美國有數的外交家，既賢淑又能幹，又是天主教徒，和這個根本帶幾分女性的意大利民族很處得來。聖誕節假期中她正返國度假，一聽到意國發生政潮，立刻首途返意，密切注意政局的變動。同樣蘇俄方面於貝利亞死後，也換來新的大使保各毛洛夫 Bogomolov 加强意共的鬪爭，雙方注意的對象特別集中在歐洲聯防公約的批准一點上。繼荷蘭比利時之後，意國政府也在大力推動此公約的批准，惟意政府却表示在的港問題未獲解決之前似難期望歐洲和平，不過根據政府在國會的力量是有把握獲得批准的。

三月二十日、羅馬

(上接第24頁)

(二)臺灣國民政府爲自由中國之政府，國民政府之軍隊在緬境者，係居留在未定界區域，且其軍隊爲唯一反共軍隊，於緬有利而無損，我們不能贊成驅逐中國軍隊自中緬未定界中出來。

(三)中國民社黨已與國民黨青年黨及無黨派人士切實合作，促進中國政府走向民主社會主義之途，請外人毋庸多慮。

同時張君勱先生亦致函印度民社黨領袖尼蘿茵氏說明亞洲社會黨大會應以亞洲整個前程利益爲目標，不宜偏於某一國家之前途與利益，更須簽訂「反共憲章」以爭取自由民主。中國民社黨就從此拒絕參加亞洲社會黨大會矣。雖然，我們自由中國仍被國際上一部份人士所輕視，但事在人爲，祇要我們自己充實起來，實施民主，與自由世界聯系一起，不怕將來沒有作爲。今日臺灣當局既然準備召開反共救國會議，號召海內外賢豪志士，共商大計，盼能切實以行，而新國際視聽，勿以粉刷門面而作杯酒言歡之用。何況今日世界政治舞臺上，一邊是美國所領導之民主集團；一邊是蘇俄所領導的共產集團，正在作着你死我活的生存鬪爭。這就是說：不是共產集團的集權制度毀滅，便是我們走向滅亡。吾人可不自警惕乎？

觀乎印度民社黨首次掌理省政，而想及政黨制度之可貴，作者有所望乎臺灣當局爲之者亦在此乎？

民四十三年三月廿四日述於
印度德里大學

印度民社黨首次掌理省政

周祥光

民社黨史的回顧

印度人民社會黨 The Praja Socialist Party 係由印度農工人民黨及印度社會黨因其宗旨相同，政綱相似，所合併而成者。印度農工人民黨於一九五一年夏間成立，該黨主席為郭立巴蘭尼教授 J. B. Kripalani。郭原係印度國民大會黨 Indian National Congress 之主席（一九四八—五〇），因憤國大黨內部施政不民主而脫黨，故農工人民黨份子，大部係國大黨之急進民主份子。郭氏本人在國大黨中具有三十年之奮鬥歷史。當甘地翁在一九一七年於印度北部，靠近尼泊爾邊境的一個張波楞村，開始領導印度人民從事眞理奮鬪的救國運動時，郭氏便是當年甘地身旁七個幹部中的一個。郭氏可算當時那個救國團體的傳令員，亦是甘地的侍從副官。他在白天隨侍甘翁，而在晚間則對其同志及人民，講述世界大勢，鼓勵人民的救國勇氣。郭夫人蘇吉多女士，畢業於德里大學歷史系，曾任印度教大學憲法教授，現任印度中央人民院(卽下院)議員。該黨的主旨，欲以和平的方法，去建立一種自由民主及無階級的社會。

印度社會黨的開始組織遠在一九三四年間，當時國民大會黨中的青年急進份子，如尼蘿茵 J.P. Narain 等因不滿國大黨之守舊政策，而組織社會黨。惟當日黨的組織形式，却包容於國大黨內，名為印度國民大會社會主義黨。迄一九四七年英國還政於印，國大黨正式執政以後，在主要的政策上，無法共同合作，國民大會內的社會主義人士便於一九四八年三月間，在西印度的娜西克縣 Nasik 舉行全國代表大會，正式通過脫離國民大會黨母體，成立印度社會黨。他們所揭櫫的主張，對內要使印度成為一個民主社會主義的國家，對外要聯合世界各國社會主義者，共同奮鬪，使世界成為一個民主社會主義的世界。該黨成立以來，為時雖暫，但勢力却已深入社會各階層，除黨員約有十六萬人外，尙有全印鐵道員工聯盟及全印郵電員工聯盟二百餘萬人，亦操在民社黨領袖尼蘿茵氏手中。故在前年印度舉行普選，若以總票數比例計，社會黨應居第二位，可惜選擧技術稍差，以致在中央人民院中所佔議席降為第三位。

查印度國會人民院中，計有四百九十七議席。印度社會黨獲取十二席，農工人民黨十席，為了反抗國大黨及印共，該兩黨在人民院中彼此合作團結，則院外聯系，自屬必然。這就是今日印度人民社會黨誕生的遠因。經兩黨之彼此商討，遂於一九五二年秋間兩黨正式宣告合併，改名為印度人民社會黨。該黨之全國執行委員會主席推由原農工人民黨主席郭立巴蘭尼教授擔任，而書記長及副書記長兩職，則由原印度社會黨外務部部長羅西河博士 Dr. Lohia 及秘書長梅德 Mehta 擔任，並卽公佈新黨基本方針如下：

（一）民社黨堅信國家主權獨立，並防衞邊疆，惟有人民獲得個人基本自由，及遠離政治與經濟之壓迫，而獲得平等社會的基礎，方可使國家主權獨立，邊疆完整及進行建設事業。

（二）民社黨堅信依照國家實際情況，而將黨的方案予以實施。唯有施行自由經濟，才能使人民所渴慕之清廉有效政治與在經濟上的公平得以實現。地方的直接立法權與地方自治，為施行我人政治經濟政策之樞紐。

（三）鄉村及附屬村莊之集團，應為行政與經濟之合同體，在鄉村地區內，應具有完全民主政治。

（四）為繁榮鄉村經濟起見，黨並倡導共同協作耕種及穀物分配計劃。

（五）經濟之發展應求之於當地之資源、人力、技術。為求此一目的之實現起見，黨主張取消工業統制。同時注重由小型機器進而發展一種新的技術工業。此種技術工業不但與我們國家之經濟社會情況相合，同時亦可造成一種環境，使官僚政治無由發生。

（六）主要工業，對外貿易，以及類似之經濟事業容易獲得資本積聚及權力集中者，本黨主張收歸國營。為使民主方法澈底實施起見，對於工業貿易收歸國營之事，應須由自治團體負責為之。在此自治團體管制及領導國營事業之進行上，其會員當由工人、技術人員、消費者等選出代表組織之。

（七）本黨主張自由工運，換言之，工運不受政府、資方及政黨之操縱。

（八）完全實施人民之基本自由權利。

（九）對外政策，本黨主張中立及不干涉方針，並與其他類似此種主張的國家，共同合作。

（十）國防方面，應維持最基本之常備軍力，並建立民兵制度。

印度民社黨的誕生，在印度目前政局下，自屬一件大事。蓋國大黨年來所表現者，已使人有老大之感，而印共所表現者，則無異將印度歸附於鐵幕之內，所以印度人民對於民社黨具有良好之印像。

民社黨首次掌理省政

今年三月間，印度南端之屈芬科與伽靑聯合省 Travancore-Cochin Union 舉行大選，組織民選省政府。査該省面積計九千一百四十四方英里，人口有九百三十多萬，亦一較大之行省，與錫蘭僅一水之隔，印度之海軍基地，各黨派欲得該省政權者，無不奮力以赴。屈芬科伽靑聯合省議會計有議席一百十七席，到三月中旬選舉完畢止，各黨所得議席如此：

①國民大會黨 National Congress 四十五席

②印度民社黨 The Praja Socialist Party 十九席

③共產黨 Indian Communist Party 二十三席

④塔米爾國大黨 Tamilnad Congress 十二席

⑤革命社會黨 Revolutionary Socialist Party 九席

⑥伽羅拉社會黨 Kerala Socialist Party 三席

⑦社會賢達 Independents 六席

印度共產黨復聯合革命社會黨，伽羅拉社會黨及社會賢達等組織「左派聯合陣線」United Front of Leftists 亦不過四十席。所以此次大選結果，在省議會中，國大黨雖獲得四十五席爲多數黨，然依照憲法規定，其議席未超過半數，不得組閣，故國大黨如欲組閣，必須獲得印度民社黨的支持方可，若左派聯合陣線如想組閣，亦賴民社黨之協作，在此情形之下，民社黨舉足輕重。國大黨與左派聯合陣線，無不用盡甜言蜜語希望民社黨與其合作，以便組閣。可是民社黨經中央決議，既不支持國大黨，亦不協助左派聯合陣線，但希望他們兩黨來支持牠，以便由民社黨自己組閣。否則，民選政府不能成立，祇由省長自己實行一人統治。但各黨亦不願由省長(卽屈芬科土皇)來統治，使民主政治不能立時建立，可是民社黨却不願接受印共操縱下之左派聯合陣線來支持，因爲民社黨領袖尼蘿茵曾經說過，與共產黨協作，無異與死人擁抱；同時，民社黨書記長羅西河亦言共產主義乃另一種的帝國主義。此外國民大會黨爲打擊印共起見，就立刻宣佈支持印度民社黨出來組閣，因此，印共所操縱之左派聯合陣線雖在省議會中佔有四十議席，也祇好退居反對黨地位了。此次印度民社黨在一百一十七個議席中，祇佔有十七席的數目，果然出來組閣，這不得不佩服民社黨人有遠見，能利用國大黨與印共間之矛盾而取得權利。但印度國民大會黨能不爲權利所動，而毅然出來支持民社黨組閣，亦普遍的獲得人民的好評，其言如下：

①此次國大黨之支持民社黨組閣，足以證明國大黨人並不孜孜於權力之爭。

②給予民社黨人施展行政之能力，是否能比國大黨爲優。

③可以減少國大黨在中央與省政府間之衝突，因民社黨須賴國大黨支持故也。

三月十八日，屈芬科伽靑聯合省的民社黨領袖畢雷先生 Pattom Thanu Pillai 卽在省府宣誓就職，並發表施政方針，其最重要者，一、改善不接觸階級之生活；二、改善公務員待遇；三、懲治貪汚，施行淸廉政治；四、解決靑年就業問題；五、土地糧食之改革；六、農村手工業之發展等。當然，民社黨在省議會中爲一少數黨，今日起來組閣，單槍匹馬，自屬一件不易之事，何況印共尙虎視在旁？所好新任內閣總理畢雷先生參加印度獨立運動垂三十年，原爲國大黨的屈芬科土邦之領袖，且在一九四七年間，出任該邦內閣總理，具有從政經驗，則其所定今後施政方針，當能逐步施行。今日印度能國泰民安，未始不是民主政治施行之美果。民主政治不但需要一個有力的在朝黨，也需要一個强大之在野黨，然後互相注視，彼此勉勵，政治乃可進步。今日民社黨第一次在省中執政，亦可以預示着一九五七年印度普選時，民社黨或許起來掌政，亦未可知。事在人爲，今後須看民社黨對國事努力如何？

印度民社黨除對內努力實行甘地遺敎，利民福國之事業外，在國際上亦據有相當地位。去年春間在仰光召開之亞洲社會黨大會，便是印度民社黨所活動與從中主持。因爲他們看到資本主義制度已走下坡，但福利的社會主義不興起，則將來整個世界惟有蹈在集權的共產帝國主義手中。故欲拯救世界，則有賴乎民主社會主義之實施。亞洲社會主義大會係印度民社黨，印度尼細亞社會黨及緬甸社會黨所發起，當時出席人員亞洲各國社會黨均有代表參加。歐洲各國社會黨亦派代表列席，甚至英國前首相阿特里先生，亦不辭關山跋涉之勞，代表英國工黨，遠來參加。可是中國民社黨却拒絕參加，這裏作者不妨將實情相告，使我海內外同胞，亦知中國民社黨人之愛國反共之心跡爲如何也。

憶亞洲社會黨會議決定在仰光擧行前，該會籌委會曾邀請中國民社黨派代表出席，同時作者還記得一九五二年秋間，在新德里與印度民社黨領袖尼蘿茵相晤時，彼猶囑作者一同赴仰光出席大會。因此中國民社黨曾決定派該黨組織部長蔣勻田及作者二人出席，當大會開幕前一個月，亞洲社會黨大會籌備委員會秘書郭克雷教授曾面告作者，籌委會將決定聘請中國民社黨推派代表出席，惟有三點盼能接受。其三點如下：

(一)中國民社黨似宜承認中共政權之事實存在。(印度承認中共，民社黨首先提議)

(二)贊成撤退留在緬境之國民政府軍隊。(因緬甸爲亞洲唯一的社會主義國家)

(三)促使現在避地臺灣之中國國民政府成爲民主社會主義的政府。

作者當時卽嚴詞相告，第一、二兩點，我們中國民社黨不能接受，若以條件答應與否，作爲出席大會之條件，更不可以。因郭克雷教授與作者亦屬老友，故坦白相告：

(一)我們認定中共政權乃蘇俄之附庸；我們民社黨爲爭取國家主權之完整，不能在事實上去承認中共之存在。

(下轉第22頁)

西班牙之行

孫多慈

偶然的一個機會，在巴黎中國大使館段公使的宴席上，認識了黃瑪賽小姐。碩長的身材，白皙的皮膚，高高的鼻子襯着深褐色的髮和眉，給人一種明艷之感。雖然她說着一口流利的國語，但顯然地看出她還具有西方的血統。原來她的父親是中國人，曾經做過駐法領事；母親是比國人，她的白膚隆鼻大概便是承受母系的遺傳；丈夫則是西班牙的貴族；都已過世多年。但未亡人的頹喪憂傷的神情，在她臉上再也尋找不出。她是那樣獨立傲岸，堅定而充滿朝氣。由段公使的介紹中知道這次中西（西班牙）復交，瑪賽小姐也與有功焉。因爲她諳通六七國語言——中、英、法、西班牙、德、意、俄等——凡是有關東方問題，佛朗哥總統也得常常請敎于她。黃小姐現任西班牙外交部科長，在西班牙政府官吏中，也可算是數一數二的女官了，所以在西國境內，無人不知，無人不識。中西復交之後，兩國都曾頒贈勳章與她。傾談之後，不覺一見如故，我告訴她想去西班牙訪畫家 Murillo, Greco, Velasquez, Goya 之故居，她欣然相邀同往，並請我住宿她家，因爲她家中僅有一主一僕，極爲簡單。在我當然是最好的機緣了。

一星期後，我們倆人在巴黎的火車站集合，同乘十一時的班車南行，晚八時許到達法西交界的 San Sebastian（西班牙的暑都）。瑪賽小姐帶我住入一家她熟識的大旅館中，好像這家旅館中的老闆和服務人員都是女子，殷勤待客，和藹可親，其中有兩位可說英語，可見西班牙女子都具有獨立的精神。次晨我們又繼續向瑪德里前進，由瑪賽小姐駕駛自備小汽車，迎着陽光在一片紅色的曠野上馳騁着。巴黎的冬天是灰色的，差不多一個半月沒見過陽光了，這時眞如在昏睡中忽然淸醒，輕鬆而愉快。沿途瑪賽小姐向我娓娓敍述西班牙的風俗人情以及一些流傳的故事，並且指着一望無際的白沙紅土說：『從 San Sebastian 起，你便可以很明顯地看出西班牙土地的貧瘠是名付其實的，常常二三十里不見綠樹靑草，河流也很少，只有橄欖樹可以生長，所以橄欖油是西班牙的大宗出口品。天氣經常是乾燥晴朗，極少有久雨不晴的現象，也許是天時地利的關係，西班牙民風强悍，女子則以美而熱情聞名世界。但西班牙是公敎國家，所以共產主義在這個國家無法立足。』每當我們發現一些小小河流或水泉時，接連我們便也發現一些市鎭村落傍水而成。西班牙出畫家，愛美出自天性，每見人家窗櫺陽臺都愛用鮮花裝飾，偶或窗口出現一個少女，都成一幅幅美麗畫圖。可是也常常看見一些穿着黑色衣裙的婦女，踽踽獨行，據說這都是西班牙內戰的成績，壯丁死亡很多，造成了女多男少的悲慘景象。日落時分，我們翻過一個高嶺，便看到西京瑪德里了，這一帶土地比較肥沃，雜樹成叢，河流錯綜，工廠林立，氣象萬千，京城所在自是不同。

當晚宿在瑪賽小姐家中——是三數間小巧精緻的公寓樓房。整整一天的駕駛，並沒有累倒五十左右的瑪賽小姐，她一放下行囊，招呼我休息，便自出外訪友去了。在國內我常看到一些太太們，不到四十便自以爲此生休矣，只打算抱抱孩子，打打小牌以了餘生，眞是不可同日而語。瑪賽小姐雖已年近五十，但望之不過三十許，尤其是她的精神，更是很多年青人都不及的。她關懷祖國，每每在言談中流露出眞情。她說：光復大陸後將去北平安居。

次晨接我國駐西大使館桂宗堯先生電話，始知賴名湯先生亦正由臺來西，大使館將招待我們參觀鬪牛和土風舞。盛情可感，當然欣然允諾。此時于竣吉大使正在美國開會，大使館中只剩下桂、吳（祖禹）二君，據說他們兩位上上下下幾乎包辦了一切，雖人少事煩，工作效能却遠在其他擁有多數人員的機關之上。

預定在西班牙只有一週勾留，除了參觀各處名勝古蹟之外，大部份時間我都是獨自一人沉浸在 Museum 和 Gallery 裏。爲了節省時間，便也節省了午餐。我忘了飢渴、疲勞和寒冷，忘了人世間一切的愁煩！包圍我的只是純潔，無疵，和諧，圓滿，至美盡善的境界。我感到無比的安慰與滿足。在一幅幅的傑作中我認識了每一個畫家的『眞我』，冥想他們當年的思想與寄託。有時我發現自己正在竭盡心力以追求、以憧憬的境界，古人已先我達到了，又不免感到些微的頹喪，可是一轉眼間，我又有了新的啓示，新的理想。思想的火花，靈機的觸動，每在你飢餓寒冷時，不斷地向你暗襲，但却如逝水廻旋，寒夜燐火，稍縱卽去，轉瞬悉滅，如不敏捷地抓住，你便難得再在記憶中拾回。

我也曾拜訪 Greco, Sorolla, 和 Goya 的故居。現已改爲敎堂的 Goya 的畫室，滿堂壁畫都是Goya的手筆，有一個老門人爲我們敍述畫家的遺事遺聞，我的思想常常爲壁畫上天使的雙翅帶入雲中。Sorolla 的故居甚爲華麗，現已全部捐出爲私人博物館，遺作竟有五千幅之多，驚佩之餘，深覺愧恧！他是以爽利的筆調、明朗燿燦的色彩寫海、少女和孩童聞名于時，確是做到雅俗共賞的境界。

很慶幸在冬天還得有機緣看到西班牙的鬪牛與舞蹈，西班牙土風舞常是一種愛與恨的傾訴，高吭的歌聲揉和着自然的節拍和妖艶的舞姿，熱情奔放，不可遏止。鬪牛場則是如同古代鬪獸場一般，四圍坐滿了一層層的觀衆的圓形廣場。鬪牛武士共三位，爲首一人出場時將帽子交給父母妻子愛人或朋友，表示爲誰而鬪的意思，聽說這班英雄們常是爲愛人而鬪，藉以顯示他們的英武以博美人一粲。助手約十人左右，皆手執紅布一塊，還有騎馬執長矛者一人，每場有六條牛必被殺死，而每條牛都是飼養數年，專供搏鬪用的，所以都兇悍如野獸。當第二條牛上場時，一個武士不愼腿部被牛角戳傷，血流如注，不支昏倒，而在我右鄰一位觀衆也猝然昏倒，此時我自覺神經緊張，熱血沸湧頭部，如果不是桂學長在旁打氣，便也要怯場而退了。因之後來的幾個精彩場面，我却無從報導，只有在終場時看到一個鬪牛師被人擧起，觀衆起立歡呼，男子投之以美酒、衣物，婦女則投之以鮮花，甚至有脫下高跟鞋投入場中者，于是我恍然而悟西班牙女子熱情之所由來——實源始于英勇之鬪牛！

西班牙之行給了我一個極鮮明而深刻的印象，然而感人最深的，還是那表現民族魂的一幕，永遠縈繞在我腦際：離馬德里三四十里外，有一小城名 Toledo，一九三六年西班牙國共戰爭時由上校 Moscardo（現已晉升將軍）駐守，不幸在彈盡援絕的情況下，不得已率領守軍退入 Alcázar 城堡，以待援兵之至。共軍威逼利誘，將軍誓死不爲所動，甚至城堡之一角已爲共軍炮火摧毀，而西班牙國旗仍巍然矻立于四面楚歌、漫天烽火之城堡頂樓之上，時兩軍僅數牆之隔，共軍擄得將軍愛子 Luis 爲質，逼令其子以電話勸父投降，不降卽殺其子。當時一段對話如下：

紅軍首領：『一切屠殺與罪惡的發生都應由你們負責，我現給你十分鐘的時間，假如 Alcázar 不降，我將射殺你的兒子——他現已在我的勢力範圍之內。』

Moscard 將軍：『我相信你！』

紅軍首領：『讓你知道這是事實，現在他和你通話。』

Luis：『哈囉，爹爹。』

將軍：『什麼事？孩子。』

Luis：『沒什麼，他們說假如你不投降，便處死我，如此而已。』

將軍：『那末，託付你的靈魂給上帝，喊 "Viva España（西班牙萬歲），死得像一個愛國志士！』

Luis：『以我全部的愛給你，爹爹！』

將軍：『全部的愛給你，我的孩子！（此時轉向紅軍首領）還是節省你所給我的時間吧，告訴你，Alcázar 永不投降！』

次晨，將軍忍痛靜聽致其子絕命之槍聲劃破迷濛的晨霧，震動靜謐的太空，但却永遠撼不動將軍堅貞的心。如此犧牲，竟使共軍啞然失色，鬪志全無，援軍一至，紛紛瓦解。Toledo 城堡乃至整個西班牙卒得保全。桂學長撫摸着將軍辦公室壁上纍纍彈痕，爲我敍述這一段動人心魄的往事。守城堡者亦曾親與此役，帶領我們參觀各處及地下室，指示給我們，何處是傷病醫院，何處是產房（曾有一婦產子于此），何處是祈禱室……以及當日將軍親愛精誠，與士卒共甘苦、同生死之瑣事（如食馬肉，熬馬油以點燈……）。試細想以數百人死守一彈丸之地，卒能轉敗爲勝，豈非奇蹟!?誰使然之？『浩然正氣』四字而已，將軍現尚健在，願我國軍亦有將軍如此。

『再來，西班牙！』當我離開馬德里時不禁暗中自語。

（上接第28頁）

驗與洞見，可以提供一種解釋，比我們一般人的更周密，更細緻，更深刻，值得我們參考。每一批評家當然有他自己的看法。此所以論爭是好的，研究性的，啓示人的。而在藝術作品的創造上，在藝術作品的欣賞與領悟上，在藝術作品的批評上，在在需要批評感。對于作家，自我批評爲創作所必需。對於讀者，當然非有相當的批評感便不能了解作品。而批評家之需要批評感，當然是毋庸贅言的。

方才會講過批評感與品味形成的關係，我們知道除了感性悟性外，歷史感的培養，傳統的把握，都是創造與欣賞了解每一時代的傑作所不可或缺的。處於缺乏文藝批評的今日，不僅缺乏筆之於紙的批評家的批評，而且缺乏在一己心中的作家的自我批評，廣大讀者的選擇作品的判斷能力。今日的最大任務當爲新傳統的形成了罷。對當代心理有所把握，而以適切的方式表達，抉一股淸新之氣來臨的作品，我們大家在期待着。而解釋作家的獨有的世界的批評家，發現且啓示新的傑作的批評家，引動作家的自我批評感的批評家，幫助讀者知所選擇的批評家，你們應當是急先鋒！眞正的文藝批評，我們大家都在期待着哪。

文人與無行

吳魯芹

天下絕對有不少寃屈的事，把文人與無行連在一起，就是其中之一。

文人與無行，既無血緣上的瓜葛，更未發生隸屬關係，雖然『一爲文人，便無足觀』，也祇是說文人沒有什麼大出息而已。這原是文人自己引以爲恨的事，但無甚出息，亦並不足爲病；前途有限，絕不能說就等於無行，因爲這世界畢竟也需要無甚出息之人，才襯托出有出息之人的不同凡響。

或曰：『便無足觀』，是說一爲文人，就沒有什麼看頭了。這解釋在『注意到現實』的一面，實在是頗爲切中肯綮的。王世貞的『文章九命』，早就提到過千古文人必經的各種災難。隨這些災難而來的，當然是衣衫襤褸，再加上少修飾，多疾病，甚至於弄到面目可憎的地步，亦未可知，但是這與無行也還是不相干。臣本布衣，何等淸高瀟洒？面目一說，更是見仁見智，各有不同。何況還有內在的美，靈魂的美，或類此的光輝奪目的補救詞彙？縱退一步講，直認『可憎』不諱，證實『沒有什麼看頭』這一宗不忘現實的解釋，千眞萬確，無行的論斷，也還是無憑無據的。

然而，偏偏就有人說，『文人無行，自古已然，於今爲烈。』

天下還有更甚於此的寃枉麼？

文人當然並非好惹之徒。在別方面縱然無用，反唇相譏的本領，絕對是出色當行。而且文人自古就愛那點得來匪易的小聲名。孟肯 (H. L. Mencken) 在他的「偏見集」裏說得好，『在文士的生涯中，創造美感的衝動是難得有的。遠在有創造美感衝動之前，就來了求錢的渴望，有了幾文錢之後，又亂嚷嚷想出點小名聲了。』爲錢爲名，文人筆下，向不留情。可是對這無行的大侮辱，關係人品的大挑釁，居然置若罔聞，毫不動火。有時還不免揭發一兩件同道偶失檢點之事，或者描幾節身邊自以爲風流的瑣屑。縱非有意，暗地裏恰證明無行論實非完全虛構。

因此，有時不免令人懷疑，『無行』之說，多少有點是文人咎由自取吧。

其實『無行』等於一種疾病，並非祇及於文人，非文人一概免疫。也並非是個瘡疤，生到別人臉上，就變成美人痣，値得來一下存心維護的曲筆。非文人之無行，有遠甚於文人。奈何那種無行，竟不易垂諸永久。甚至於在當時就做得不落痕跡。獨有文人的瑕疵，經過他自己的渲染，同道的誇張，遂成爲衆所詬病之事。久而久之，大家把壞事一股腦兒望別人頭上一堆的習慣作祟，幾乎斷定文人與無行有不可分離的骨肉之情了。

文人一詞的涵義，在此處需略加詮釋。因爲事涉「無行」，不能籠統。否則，同樣屬筆爲文而恥居文人之列的飽學之士，要表示不悅的。大凡文人一詞用在涵義較廣的時候，同無行的緣份也就較差。如主張文人當政中的文人，如主張文武合一教育中的文人，其崇高與威武，恐怕與武人也僅是一襲戎裝之差。除非是存心侮辱聖賢的狂徒，誰也不會把他們與無行連在一起的。至於其他著書立說，倚馬萬言的人物，雖然也寫文章，決不甘心作文人。究竟是顧慮怕涉嫌無行，有損尊嚴；還是有自知之明，知道白紙黑字，並不一定是文章，那也是見仁見智，十分難說。不管怎麼，被人與無行連在一起的，就祇剩寫詩歌、小說、散文等：古時稱做詞章家之類的文人了，也就是身爲文人的揚雄在「法言」裏所說的幹「雕蟲小技」的可憐之輩。

這一類文人，有生之年，大約受盡了鄙視、饑寒、疾病的煞煎。無怪乎布韋 (C.N. Bovee) 要說，『對他們，恐怕來世沒有下地獄這回事，因爲他們這一世的罪已受够了。』境遇如此，他們自不免埋怨生不逢辰，恨懷才不遇。『不才明主棄，多病故人疏』，下聯祇是爲了對仗工穩，無關宏旨的。一朝得明主靑睞，立即改行，決不猶豫。但是世上知音畢竟難求，境遇而如斯，也許就屢屢發生借債不還的事情。同時文人自古多情，對情之所鍾所能產生的效果，還天眞地帶幾分迷信。於是鬧出世俗認爲『無行』的笑話。這些事經過他們自己過甚其詞的渲染，無行就成了定論。其實這是過份的。我們並不苛責間接借大債不還的人，我們也不苛責遠遜於偸書之雅的盜取行爲，因爲那做得不落痕跡，而我們不見諒小不檢點的文人，這實在是不公平，而且很殘忍，你想還有比『雕蟲小技，壯夫不爲』更謙抑，更看不起自己行當的人麼？

其實文人若眞有無行之處，（當然是少數，閣下不與焉！）他的無行，在其能爲別人的無行作掩飾。他從替死人作墓誌銘，進步到替活人作墓誌銘。這種人比別人更鄙視文學，比別人更瞧不起文人。他對這份行業，既無興趣，亦無信仰。他之作文人，完全是權宜之計。只要有機會，隨時準備革面洗心的。但有時還是生不逢辰，有什麼辦法呢？如果布韋氏有知，應該說，爲他們，來世有更深一層的地獄等着。

談文藝批評

方　思

一般人聽到「批評」二字，便想到攻訐，甚至一定聯想到吹毛求疵，黨同伐異，於是有人寫過文章澄淸「批評」的意義。但似乎今日「批評」又已成了另一種有趣的東西，卽捧朋友場，類似廣告一樣的招貼。有人不好意思，在大作裏邊略有微詞，而大體依然是好的，結論當然是好的，被評的作者却大爲不歡，因此竟得罪了。所以有位朋友說過，「批評麼，請作者自己寫了，簽上另一位作者的名就是！」

但是不少編輯嘆息今日文藝批評之缺乏，作家們也每每說今日就是缺少批評家。那麼，文藝批評在今日當然是必需的，而且文藝批評一定不就是攻訐與吹捧而已。

要談到文藝批評，主要先須有個批評感（Critical sense），也便是品味（Taste），好像一條舌頭一樣。一個人要知道菜餚的鮮美與否，必須有一條舌頭。這批評感不僅是批評家需要，任何作家也需要。今日不少作家不知自己作品的優劣，不少作家不願在印單行本時捨棄某些作品不收，而不少編輯不能決定一篇無名作者的來稿是否可以刋登。這便是缺乏批評感。這樣的作家寫自己作品的介紹，當然祇會吹捧；這樣的編輯當然祇會憑作家的「名」來決定稿件的取捨。

品味一向認爲祇是習慣而已。常常初見不喜歡的久之也便覺得不太討厭。所以貝奈脫（Arnold Bennett）在他那本有名的「文學品味」（Literary Taste）書中固然以本人的體驗告示我們養成好品味的最佳方法是多讀第一流作品，而我們必須著重在第一流作品及多讀各類各派的作品上。不然很可能由於久與某種氣息相共，卽使該氣息已因太久不換新鮮空氣而已變臭，我們却仍不知覺，甚至非此種氣息不願聞！成爲一時風尚的通俗小說往往卽這樣的把握了讀者。

各類各派的優良作品的廣泛閱讀，是養成好品味的必要條件。因此譯介外國第一流作品也是任何國家的文壇所必需的。無論讀者也好，作家也好，要欣賞與了解作品，要創作優良的作品，必須知道一作品的地位，必須具有歷史感。這便是說，必須對傳統有所把握。

但傳統並非「過去的東西」之謂。傳統不僅是過去的東西，而且是過去作品精華的有次序的排列，這是種次序（Order），整然有序的有其體系的在心中有張譜。傳統不僅是每一作品的時代配置及各時代作品間的關聯。傳統不止乎此而已。傳統且是各時代優秀作品與現代作品同時置於一平面上的次序。心中有此次序的人，把握住傳統的人，心中便隱然對一切作品有所範疇，對人類經驗的千變萬異有所理會，而對同一經驗的種種處理以及種種表現方式有所明曉。任何作品到手，知道牠的來龍去脈，知道牠在同類作品中的位置，以及知道牠對現代人的意義，牠對現代文藝的作用。所以傳統的把握不但非抄襲陳套而已，並且是開創新道路，表達當代意識所必需。

所以並非寫出一篇東西，與任何一種曾在過去流行一時或曾得當時稱譽的作品相似的，便是寫了好作品了，便是好作家了。因爲不少過去的作品在當時是好的，次日便未必算好。正好像今日有人發明手紡機決沒有什麼了不起。賴脫弟兄（The Wrights）的飛機今日已無人願造願用。而且每時代的需求不同。十九世紀法國浪漫派來勢洶洶，而高蒂愛（Gautier）爲雨果（Hugo）捧場，穿了紅披肩去戲院，也眞是有聲有色。今日却已不可能再重演一次了。說每一時代對上一時代必有所反動，可以。事實上是各時代的需求不同，人的心理不同。十八世紀英國頗潑（Pope）用韻文寫文章論人（"Essay on Man"），今日再無人如此寫而被稱爲詩人。了每一時代的事物與心理，必有一最適切的表達方式，這便是每個作家所追求的，也便是每個批評家所不讓錯過的，而且指示給人的。這便是挾一股淸新之氣，進入每時代的文壇，蔚然成風，並形成新的傳統的。

而能創造這種表達方式，能發現當代應寫的題材，能把握住傳統，而知有所抉擇，這一切固賴批評感的養成，廣泛的各種各類作品的閱讀，但最重要者還在人的明智與性靈，一種對周遭一切，過去未來一切，以及各種表達方式的感受性與反應力。寫過得去的作品易，寫蘊含獨創意思，富盈淸新之氣，似海上吹來的一陣鹹風的作品難。而一位第一流作家的傑作，必基于對某一事件，某一人物，某一頃刻的獨到的領悟。似對於一剎那一扇門的一啓一閉中所見室內一切的把握。而這種獨到的領悟中的事件與人物等等，又藉作家對各點各方面的獨到的取舍與著重，他的獨到的價值觀，他自己的價值觀與外界一般的社會與道德觀的關係，以及行文用字等的特色，而表現成一個獨有的具有特殊意義的世界。眞的，假使藝術是創造，那麼，藝術家的基本工作便是在他的種種作品中創造出一個他自己的世界。

這世界在我們周遭，我們也是這世界的一部份。我們是渺小的人，處於這廣大複雜的世界裏，以我們的肉眼看到這世界的一部份，而推理想像構成我們心目中的世界。作家以他的感性悟性，在他的創造活動中提供了一個獨有的世界。經由藝術作品，我們可以更了解我們所處於其中的世界是多麼的豐富，多麼的富有生趣與意義。批評家的基本任務便在解釋作家的獨有的世界。批評家以他的經

（下轉第26頁）

錯誤的抉擇（中）

郭良蕙

食堂的胖老板走過來了，臉上堆滿了諂諛的笑，打着洋經驚問他的需要，一面滔滔地爲他介紹有名的菜點。他胡亂應下了幾種，在滿腹心思的情形下放棄了使用筷子的困難，改用調羹，晚餐過後便匆匆地趕往ABC去。

當他到達之後，才發覺自己過於倉忙了；舞廳裏，除了幾個往來的僕役以外，寂寥乏人。他徬徨了一陣，不便獨自枯坐在那裏等待，決定沿着馬路去欣賞黃昏後的海景。

好容易拋棄了一個多鐘頭的時間，再度走進舞廳裏時，已將有人滿之患了。

選一張空位坐了下來，向場內作良久的環視；他希望能立刻瞥見如絲。這時，舞女大班走了過來。

「喂，能勞你將如絲．李小姐請到這裏來嗎？」約翰搶先發了言。

「對不起，先生，如絲因病請了假，今晚不來了。」舞女大班發覺了霎時內堆聚在他臉上的陰影以後，立刻又作補充：「挑別人來陪伴吧，看那邊穿紅衣服的蓓蒂，穿大花裙的露西，都是這裏最紅的舞星，假若您有興趣——」

「不用了，謝謝你。」他無力地搖了搖手。

然而大班並未因此而退去，他照例講下去：

「那邊的一個是昨晚和您同來的魏斯曼上尉最喜愛的姑娘，魏斯曼上尉是我們的老顧客，歡迎您以後也常來光雇。」一個姿態窈窕的女郎早已由大班的暗示，有意地從桌前走過了：「喂，海崙，到這邊來，我給妳介紹，這是羅吉少尉。」

海崙向約翰飛了個媚眼，自動坐了下來。

「有煙嗎？」她徐徐地伸出了兩個塗滿蔻丹的尖尖手指。

爲女人効勞是義不容辭的事，約翰不能不慇勤地掏出香煙和打火機。

「肯不肯請我喝一杯白蘭地？」

「當然。」他又遵照她的吩咐喚來了侍者。

「你很少到這裏來跳舞，可能你到中國的時間不久，是吧？」

「嗯，」他避去了她的目光，在他的感覺中，海崙比如絲妖媚而迷人得多了，然而她却缺少如絲那種靜穆高雅的風格。想到這裏，他不禁問她：「妳和如絲熟識嗎？」

「怎麼，你提起了她？」海崙有意地反問：「她是你的情人嗎？」

「不，」他面孔尷尬地分辯着：「我昨晚才和她認識。」

「你對她感興趣嗎？我倒對她的過去知道得很清楚。她的爲人很怪，結過婚，離過婚，而且還有一個男孩子。她已經廿七歲了，年紀比我們大很多，思想比我們都複雜。好了，我不願論別人的私事。難道我們就這樣坐下去？不請我跳舞嗎？」

這晚約翰走得很早，好容易才擺脫了海崙的糾纏；海崙的確有她獨特的誘惑力，如果是在昨晚邂逅了她，可能他會作了她的俘虜，雖僅一日之隔，情形却截然不同了；因爲他的心靈空白上，已被如絲塡上了色彩。

海崙的話引起他更多的思慮。在昨晚的閒談裏，如絲僅告訴過他，她是自幼受親戚撫養的孤女，曾經幸運地獲得了求學的機會，直到初中的階段，因着經濟限制而綴了學，作過公司的售貨員，作過飯店的女招待，以後作了舞女。她絲毫沒有表示曾經結過婚，以及生育過孩子。也許是他們仍屬泛泛之交，她自然不會向一個初次結識的人傾吐衷腸。爲自己尋出這樣的解答以後，他不再感到被蒙瞞的失望了，只是對她生命那些不能被他想像得到的不幸遭遇，深深地發出同情。

廿七歲了。想到海崙曾經提及她的年齡，他不禁搖頭笑了笑，那絕不會是眞實的。看上去她還是那麼年輕；以他的推測，雙十年華對她足足有餘了。可能是海崙有意毀謗她，但她爲什麼要如此呢？難道她忌妬他傾心於如絲嗎？女人的心眞是不可捉摸的。約翰認爲他沒有再在這方面多加思索的必要了，年齡如何，原和他毫不相干，即使如絲眞已是廿七歲，也不會因此而減低了在他心目中所佔據的地位。

今晚，他的心緒極其煩燥，無疑是受到了如絲生病的消息所影響。在他眼前，立刻現映出那個充滿藍色憂鬱的房間，不自覺地，他又順着道路驅車前進。

當他望見了那幢樓房時，羞怯漸漸剝奪去和她相見的願望，他立刻感到氣餒了。已經是十一點鐘，他的夜光錶在昏黯的光線裏發着鱗芒；選擇這樣一個時間去詢訪她，在習慣上來說，是不禮貌的。況且站在她的面前，首先應該講些什麼？這也是使他躊躇不前的難題。徘徊在樓房的矮牆外，不斷地向樓上的窗口頻送目光；雖然他不能斷定那發出微弱光亮的窗口是否她的住房。他佇立在那裏，默默地爲她祝福，在他決定離去以前，並且擧起了手向她道出晚安。

七

夕陽的光輝映入房內，如絲懶懶地從床上坐起來。首先被視線觸到的是那瓶玫瑰，她不覺走了過去，俯下頭，闔上了眼簾，深深地沉醉在芬芳的包圍裏。

「樓上的李小姐，」她聽出是房東太太在下面喊叫：「有人找妳，給妳送東西。」

是誰呢？她不禁奇疑起來。匆匆走至梳裝桌前，整理一下亂髮，然後急忙趕至窗口；她望見一個未成年侍童站立在大門旁邊，手裏握了一束玫瑰。她恍悟了。

她向他招了招手，順着樓梯向下走去。將花接在手裏，未等她開口，侍童便說：

「我是同慶樓老板派來的，一個外國人在那裏吃飯，讓我把花送給您，還有一個紙條。老板說要個回信。」

她急急地回到房裏，展開了紙條：

「假若妳已經寬恕了我，親愛的如絲，那麼請卽來此與我同餐，我時時都在關心着妳的健康。　約翰。」

字行裏有兩個陌生的字眼，已沒有時間允許她查翻字典，大致瞭解了內容以後，激動的情緒使她無法推却他的邀約，以口信打發走了侍童，她便開始梳裝了；也許是過多的睡眠所致，她的頭依然感到昏眩。約翰所寫的對她的健康時刻都在關懷的那句話，使她感動非常。無疑的，從舞廳他探知她生病的消息。其實所謂的病，也不過是晚間的失眠造成了略微的欠適而已。雖說如此，當自己宣佈了生病之後，有誰來安慰過一句？孤獨的哀愁不覺蔓延在她寂寞的心裏。世界上，人與人的一切關係都是假的，生活的波折早已令她得到如此的體驗了。然而她却奇異着那個陌生的異邦人爲什麼對她有着如此的關懷；她不能忘去前晚他那種原始的粗野舉動。她原是一番善意，在她眼裏，他是一個缺乏人生經驗的天眞大孩子，因此她不忍對他一進房稍坐的請求嚴加拒絕；然而他却因此而誤會了她的本意。

對於這種發生，她並沒有看得很嚴重，歲月已將她改造成一個老練的角色了。如在若干年以前，她所受到的刺激自然和今日絕對相異的。過去的一切都跟隨着思想湧往前來了，當晚失眠，也正因爲此。

假若不是約翰給她送來了花束和信箋，第二天，已恢復平靜的如絲可能已忘掉了他；那封信上的求恕言語使她深覺好笑，他的疑慮是多餘的了。對他，她並沒有留下任何惡劣的印象，男人們對於女人，那個不是爲了滿足肉體的需求？不過隨後她又因他的信而流下了淚，受了多數舞客對她的態度影響，她只將自己看作一件貨物一樣，雖然在她心裏仍存有自尊和自重，但她却從未受過任何人在言語或行動上的尊重，即使他們造成了錯誤以後。如今那異國的年輕人竟過於估高了她的身價，不惜爲她寫出卑微的道歉語句，使她不能不因此而深受感動。

爲了避免讓約翰久作等待，她匆匆換了件淡雅的旗袍；從花束裏選擇了兩朵玫瑰，僱了輛黃包車，直往同慶樓。

她剛跨了進來，便被時時都在注視着門首的約翰看到了。他立刻站了起來，接過她手中的披風，面孔被興奮的情緒激得微微發紅，像一個犯了過失的孩子，吶吶地不知作何言語。

起初他們都沉默着，還是他找到話題：

「恢復健康了嗎？」

「沒有什麼，」她向他表示了謝意：「只不過稍感頭痛吧了。」

「今晚還去舞廳？」

「自然。」

「已經到晚餐的時間了，這裏是妳介紹來的，一切應該由妳來決定。」

她順從了他。

「如絲，」沉默了片刻，他低低喊了一聲。

「什麼？」

「妳還恨我嗎？」

「恨你？呵！不要再提起了，過去的事讓我們都把它忘掉。」

「我眞該感謝妳，」他遞給她一個深情的目光：「從現在開始，讓我們建立起眞誠的友誼。」

飯後，他伴着她一同到舞廳去。

走至門前，他忽然停住了脚：

「答應我一個請求，如絲。今晚不要進舞廳吧，讓我們離開嘈雜的環境，到公園去欣賞夜景，不是更好嗎？」

他見她遲移着未作回答：「有什麼需要考慮的嗎？」

「好，」她轉過身來，挽住了他的臂膀：「走吧。」

八

消息傳播得最快最廣，莫過於藉着人的那張嘴的力量了。

「李如絲和外國毛孩子講起戀愛。」這是舞廳裏人所共知的事。

女人原是相妒的，那般同行姊妹，開始冷眼旁觀這對戀人的行踪而發出譏嘲了。舞女與舞客之間的交往，不過是金錢引起的作用，原談不上什麼眞實感情。然而如絲和約翰的情形却截然不同，一個月以來，他們形影未離；因着與約翰交遊，如絲對本身的職業疏忽了。她常常缺席請假，即使來到舞廳，也必有約翰相伴。舞女大班自然會對她不滿，終於有一日，她受到冷言苛責而自動辭了職。她認爲除了ABC以外，這城市仍擁有不在少數的舞廳，轉到任何地方，也可以另謀生涯。約翰却有着不同的想法，她的辭職引起他衷心的快慰；他本已存有這樣的心，希望能脫離舞海。操此職業也不過是爲了解決生活，他願意供給她足够的費用。然而他僅能將這種思想蘊藏於內心，始終缺乏向她坦述的勇氣；他知道她的性格相當孤傲，提出了金錢的問題，無疑會損傷了她的尊嚴。如今她的自動辭職，自然令他喜出望外，但當他得悉了她將再轉入其他舞廳的計劃時，他不能再作忍耐了。

「何必一定重操此業？假若妳眞將我當作一個朋友，如絲，那麼應該答應我，妳的生活問題由我來解決。」

她沉默了。他的誠摯態度深深打動了她，趁此機會休息休息也好；對於貨腰的行業她早已倦膩了。

「關於妳的住處，」他又提出另一項問題：「我總感到過於窄狹。爲什麼不去尋找一所寬適幽靜的住宅呢？答應我，親愛的。」

她如何能拒絕他的情意？再說，和他交往以來，每天同出同入，已引起鄰舍的閒言以及房東太太的惡語了。的確是遷地爲良。決定了之後，他們開始尋覓房屋了。

他們看中了一幢座立在龍山路上的小型樓房，寬濶的園庭，濃密的綠蔭，繁多的花草，幽靜無比。紅磚白漆的樓房似乎是近年的建築；樓下包括客廳餐室和書房，樓上是臥室，連帶着高雅的傢俱。毫不猶豫地，約翰先付了半年的租金。經過了工匠的粉飾修葺，僱了一個來自附近鄉間的女傭——唐媽，如絲便遷居過來了。

閉起門戶，幽雅的環境彷彿已與世人隔絕；經過一陣忙碌，一旦寧靜下來，感情在他們之間作加速度的進展了。久歷滄桑的如絲，那顆心原像一潭死水，然而到底經不住異國年輕人的熱情試探，無形中，泛起了感情的漣漪。

感情如同已氾濫的河水在奔放，從未曾有過戀愛經驗的約翰，如今已將整個的心魂擁向如絲。在專心品嘗愛的甜美果實時，國籍的區別與種族的不同已縮去了距離。

尋覓到安適的居處以後，他們不再將時間消磨在外面了；舞廳、公園和飯館很少再找到他們的踪影。利用着能够在一起的時間，他們時刻厮守在房中，談天，聽音樂，彼此學習着對方的語言。約翰漸漸學會了一些生硬的中國話，如絲的英語自然更有了進步。

看樣子如絲確實生來就是一個標準主婦，在她的督導下，家庭的瑣事一概俱有條理。她又尋找一些西菜食譜，孜孜不倦地學習着烹調煎燒；很快地，經驗已使她成爲牛排能手了。

幸福中暫時將憂慮拋棄在一旁，如絲已遺忘了整個的過去，同時也不去想像未知的將來，能够把握眼前的快樂對她便是最大的滿足了。任憑外人如何評議，她全不在意，洋人的姘婦，或是類似娼妓；只要她內心沒有歉疚。因爲她是爲愛情而獻出了她的一切；更重要的是，她是完全出於自動的。

約翰有了情婦的消息傳達於同事們之間，大家同因他的改變而驚異了，短短的幾個月中，他已蛻除去原有的稚氣，態度穩重而沉重得多了。約翰有了情婦這件消息，在他們看來並不值得好奇，那不過是逢場作戲罷了，然而產生了眞實的感情，確該令人去注意了。

「聽說你眞的在和那個妞談戀愛，是不是？兄弟。」有一次，鮑勃鄭重地提出問題。他已不再稱約翰作孩子了。

「說眞的，我已不能失去了她。」

「不要傻吧！想一想你對將來有什麼打算嗎？」鮑勃追問下去。「你不能在這裏住一輩子，隨時都可能調往他處的，到時候你能不拋下她？帶她走？那是夢話！你不是不清楚，在國內如果有人和一個有色人種結婚，所遭受的歧視和輿論。我很瞭解你現有的感情，缺乏經驗的年輕人，你不過像是一個沙漠中的旅客，那怕發現了一汪齷齪的泥湯，你也將它珍貴得如獲甘泉一樣。」

約翰默然地領受着鮑勃的訓示，並不加以辯駁；雖然鮑勃過於帶侮辱性的譬喻引起了他的反感。

「已經是十月了，」鮑勃望望窗外的藍天，以及那兩片隨風飄落的黃葉：「聖誕節左右我可能會得到一段時期的休假，假若你願意，我可以到上校那裏爲你通融一下。回到家鄉渡過聖誕以後，還有時間讓你去逛逛紐約，在那裏不難找到滿意的妞，到時候包管你會把她拋到九霄雲外了。」

對於鮑勃的話，他未加可否。在無話可談的靜默氣氛裏，鮑勃找了張唱片，開始在小型的留聲機上播放；那正是「我要於聖誕歸家」(I'll Come Home For X'mas)。聆聽中，不覺使約翰心裏泛起懷鄉的惆悵，久久不能揮去。

「有什麼不愉快的事發生了嗎？」當他回到如絲的身邊，她因着他沉鬱的神態作關懷的探問。

「什麼也沒有，親愛的。」他輕撫着她的黑髮，這樣安慰着她。

九

很久沒有出遊了。這是一個休假日，他們贊同了離開安樂的小巢，到外面去呼吸深秋的氣息。

受到季節的影響，海濱都市的繁榮遠非夏天可比了。往日的遊客已像季節鳥一般地紛紛離此他去，街道顯得冷落不少。過去遊人熙攘的滙泉浴場，如今已一片荒涼。落葉繽紛的海濱公園，也倍感蕭條。選一塊吻着海水的光潔圓石，他們坐了下來。陽光已失去威力了，一陣寒流從水面襲來，他緊緊地將她擁住。

「時間眞快，冬天已經來了。」她喟然輕嘆一聲，人如何被命運來支配，的確不可預測；如果沒有和約翰邂逅，正像不少淘金的姊妹一樣，此時她已經離開這裏重返江南了。

藉着她的發言，他抓到了表白的機會：

「聖誕節左右，我可能獲有一個休假歸國的機會。」

「多久呢？」

「大約一個月的時間。」他不能忍受她的悽然目光：「別擔心，親愛的，我決定犧牲了假期，不回去。」

「不，」她却回駁了：「這是一個難得的機會，爲什麼要輕易放棄？你離開家的時間已經相當長久了，應該回去歡聚。」

「但是，我離不開妳。」

「你還要回來的，不是嗎？」

「自然，」他癡癡地說：「我眞希望我們能一同回去，我相信妳到那裏以後，會愛上我的祖國的。」

如果不加思慮，任憑時間渡過，一切都似乎非常美滿；然而當面對着現實的時候，所有的問題都產生出來了。

「有什麼理由讓我們一同去呢？」她苦笑了笑：「不要再談這些吧。」

「假若我們結了婚。呵，親愛的，妳不會拒絕和我同渡永生吧？」

他的話激起她內心一陣興奮的狂喜，這是他第一次談論到他們之間的關係。她低下了頭：

「問題不在我，而在你那方面。」

「可是，」躊躇了一下，他接着問：「妳確實沒有任何的阻礙嗎？」

「我已將過去完全向你坦述了。海崙對你說的話不假，我曾經有過丈夫，但是自從離了婚以後，已經毫無牽葛了；至於那個五歲的男孩，早已完全由他父親撫養。」如絲的眼裡漸閃出淚光：「有時我也奇怪，爲什麼對自己親生的孩子毫無留戀之情，難道是自己缺乏母愛嗎？不，只是因爲他承受了他父親的血液，連帶地引起了我的惱恨。哎！提這些作什麼，過去的我早已死去了。」

「這是我的錯誤，」他溫存地撫慰着她：「我不該觸痛妳的創痕，短短幾個月裏，我已經透澈地認識了妳。我相信我們的戀愛不是盲目的。聖誕節的休假，最值得我歸家的原因是爲我們的婚姻開闢一條道路。」

「你會遭到家人阻止的。」她憂戚地說。

「任何人的阻止都沒有效用，主要的在乎自己。自然最好我和家裏不致因此而破壞了感情。」

半晌，她幽幽地說。

「我想和你同時離開這裏，回到上海住一個時期。」

「爲什麼？要去找回一點舊有的感情？」他忌妬了。

「不要這樣說，」她背過身，悄然吞下了眼淚：「我擔心你走之後，我無法獨自消受寂寞。」

「那麼，我不回去了。」

「不，絕不能，我不是那麼自私的人。好，我願意在這裏等待你。但是一個月以後，你決定返來嗎？」

「以我終身的幸福作保證。安心地等待着我吧，親愛的，歸來時，我會給妳帶來所有屬於妳所喜愛的禮物，還有最美麗的結婚禮服。」

「一切禮物都不是我所喜愛的，」她深情地依偎在他的胸前：「我所喜愛的是這顆永不改變的心。」

計劃決定了以後，約翰並沒有立刻告訴鮑勃。直到一件在他認爲是相當嚴重的事情發生以後，他才找一個機會，將鮑勃拉到無人的地方：

「告訴你一個消息，如絲懷孕了。」

「什麼？」鮑勃大聲地問。

「如絲已經有了孩子。」

「呵！上帝！好消息，」鮑勃雙手揉擠着胖面頰：「不知是誰幸運地作了父親？」

「不要尋開心！」約翰抓住了他的肩膀：「你說該怎麼辦？」

「年輕人做出來的胡塗事情，我怎麼知道！」鮑勃聳了聳肩。

「我預備聖誕節和你一同回國。」

「是嗎？」鮑勃睜大了眼睛：「這才是唯一的好辦法，我立刻去找上校說明，絕無問題。聽我的話不會錯，快將那個小娘兒拋掉吧，趁着時間還早，再晚就不容易脫手了。」

「不，我並不是那種意思，」約翰莊重地說：「我打算和她結婚。」

「結婚?」鮑勃的眼睛睜得更大了，隨後他乾笑了兩聲，他在笑約翰的無知：「一切都留到以後再談吧，這個年頭，今天不能決定明天如何。現在我替你去進行休假的事。」

走了幾步，他又停了脚，調轉過頭：

「過來，兄弟，我還有話對你說。這麼大的年紀應該懂得保守秘密了，關於如絲有孕的消息，不要向任何人透露，這是爲着你自己。」

十

羅吉回到故鄉的旅途中，正當飄雪。獨自乘上了開往潘帕(Pampa)的火車上，眺望着白茫茫的田野和已結冰的河溪，他不禁又思念起遙遠的東方：

當他離開海濱城市時，那裏也開始了落雪，他們的安樂小巢正受着朔風的襲擊，房內的壁爐又燃起熊熊火光，他和如絲無言地依偎在寬大的沙發裏，離別的辛酸已充滿了彼此的心中。

臨行的前幾日，如絲對他格外溫柔。午夜醒來，他重新將她擁在懷裏，發現淚水已浸溼了她的頭髮。他吻她，並且拿最動聽的言語安慰她；他讓她作出笑容給他看；但他知道並不能因此而止住她的哀愁。

他給她留下了一筆數目相當可觀的生活費用，她拒絕收留。

「難道你不再回來了?」他只好任憑她從裏面取出了菲薄的數目。「這些錢足夠維持到我們再見的時候了。」

她請求他每隔三天給她一封信，如果是太忙碌，那怕僅寄來一張白紙，也可以塡補她空虛的心。他爲她的深情而感動了，他答應她：

「假若時間允許，我將每天都遙寄給妳無數的相思。」

懷孕的生理現象使她的健康受到影響；食慾不振，嘔吐，頭昏；更加上爲離愁所苦，她一天天瘦弱下去。她這樣爲他受難，更增大了他對她的憐惜；同時他爲着將要作父親，極感振奮。他時常幻想着這混血嬰兒出世後的形態，像他?還是像她?

曾經有幾次，她準備到醫院去施動人工流產手術，却遭受了他嚴厲的阻止：

「留住他，好好的一條小生命，爲什麼要無人道地加以摧殘?」

「現在正是時候，再遲便無法可施了。」

「妳不應該剝奪去我有生以來第一次得到作父親的欣喜和光榮。」

「可是，一個私生子。」

「我們可以在他未出世以前結婚，使他得到法律的保障，」因此他更急於歸國：「忍耐着等待吧，我回去以後會將一切都安排妥善。」

「倘若你的父母不允許。」

「那麼只好隨他們去了。我已經長成了，舊有的家不及新的家對我重要，我可以捨棄去父母，然而却不能捨棄了妳。」

火車繼續駛行，捱過了這長距離的旅程後，不久即將和家人歡聚了約翰掏出了皮夾，將如絲的照片取了出來，他靜靜地凝視着；似乎就在歸國以後的短短幾天中，他發現了像片有疑於如絲本人。過去，在東方的國度裏，他並不自覺與如絲之間有着任何的區別；如今，重回到白人的天地裏，很自然地恢復了有色人種的懸殊感覺了。

「是一個日本人嗎?」坐在他身邊的一個禿了頂的中年人，眼望着像片，忍不住好奇地發問：「她是你的——?」

「朋友。」他淡淡地回答着將皮夾闔了起來：「是一個中國人。」

「請恕我冒昧，」中年人顯然發生興趣了：「你到中國去過嗎?呵，剛從那邊回來。在那裏住了多久?天，你能適應東方的生活嗎?聽說那裏很貧窮，齷齪，那裏的人們……」

中年人滔滔發表已見時，他急忙用報紙遮住了面孔。在自己的國度裏，能瞭解一點東方的人太少了；假若他携同如絲歸來，一定會像對待一隻動物園的野獸一樣，將不知更要引起多少人的好奇。想到這裏，他的心漸漸向下沉墜着。

如何向父母開口呢?當他們聽說自己的兒子已戀上了一個中國女郎，所表現的惡劣反應，自然遠較身邊的中年人爲甚；如果他那守舊的母親知道了如絲已懷了孕，很可能的會因驚惱而昏厥過去。

還是暫時瞞住他們吧!在家裏住上兩天以後，看情形再作進展。

火車進站了，遠遠地約翰便望見站立在月臺上迎接的親人。

「爸，」他不覺恢復了孩子的本態，舉起了手，興奮地揮動着。

車剛停下來，他便提起旅行箱迅速地跳下。

他首先投入母親的雙臂中，然後又和父親貼起臉，接着便將妹妹瑪莉亞擁在胸前。

「歡迎你回家。」「歡迎你回家。」「……」

這種熱烈的場面，使他感動得幾乎失去了言語的機能。

「約翰已長成了。」在歸家的路途上，羅吉太太含着快樂的眼淚對她的丈夫說。

「獨自在外面生活，自然要比在家裏容易獲得人生經驗。」羅吉先生滿意地回望着兒子那張被陽光和海風侵襲成爲棕色的健康臉面。

「保羅最近有信來嗎?他和露西聖誕回不回家?」

保羅是約翰的哥哥，已經結了婚，在紐約組織了一個廣告公司。

「要回來的，」羅吉太太立刻熱烈地回答：「他們又添了一個女孩。保羅在信上還提及你呢。」

「那好極了，」他拍了拍坐在前座的母親：「高興嗎?媽，又多一個孩子稱妳祖母了。」

「我的希望倒維繫在你的婚姻上，別怕羞，」羅吉太太回過頭逗着兒子說：「從小和你在一塊玩的麗莎表妹，現在長得相當漂亮了，你認爲怎麼樣?」

「我從來沒有考慮過。」如絲的影子又襲來了，他低着頭支吾過去。

「保羅還說，露西要給你介紹一個漂亮小姐呢，叫什麼名字，我忘掉了，她和露西好像還有點親戚關係。」

母親興緻勃勃地談下去，約翰不安地表示着沉默，他幾次想掏出皮夾，將如絲的照片取出來，向大家宣佈他已經找到愛人了，並且決定和她結婚。然而他却沒有勇氣這樣做。

「我們談些別的吧，媽。」他轉過臉去向他的父親：說「今年油的產量如何?」

擁有一大片油田的羅吉先生，自然對這項問題感到興趣；羅吉太太失去了插嘴的機會，默默地坐在一旁。

「約翰還是這樣，」她不禁感慨地想着：「雖然已長成了，對於女人仍然毫無經驗。」

(下期續完)

書刊評介

評介「老子哲學」

杜呈祥

張起鈞著

中國文化叢書
中央文物供應社印行

在中國文化的洪流中，道家的思想是佔了很重要的地位的。儒管從漢武帝罷黜百家，表彰六經以後，儒家的學說逐漸成爲中國文化的主流，但並未能完全把所謂「百家」的思想廓而清之，特別是道家和法家的思想，始終是在中國文化洪流中潛伏滋長，有時甚至奪取儒家思想的地位而代之。郎在中國近代史上的所謂新儒家思想，實際上是各種學說思想的滙合，這裏面有佛家的思想，有法家的思想，尤其含有大量的道家思想。我們在目前，不想對中國文化加以分析則已，不想整理民族文化遺產則已，否則便一定需要有人把孔、孟、荀、董等儒家宗師以外的大哲人像老子、莊子、韓非子諸人的學說思想分別作一番系統的研究說明，才能對中國文化的源流洞幽探賾，找出一個發展的脈絡！

老子這個人，根據「史記」的記載，是孔子的前輩，他的學說，到戰國時代似已成爲「顯學」。但近三十年來的史學者不少斷定老子後於孔子，因而使「老子」成書的年代也要往後移，在另一方面，也有人主張老子和「老子」一書成書的年代不會太晚，無形中便形成了一種論爭。這種論爭，直到現在還未解決，也許在將來都很難得到完滿的解決。因爲如果沒有新材料發現，只在詮釋史料方面「公說公有理，婆說婆有理」，大概很難得到一個結果的。此外，過去一般研究「老子」的人，多半偏重在註解文字方面，很少人對「老子」一書中的哲學思想作一番會通的研究。這就是說過去有若干研究「老子」的人，只是作訓詁的研究，而不是作哲學的研究。近見張起鈞先生所著「老子哲學」一書，却完全拋開老子的年代問題不談，專就「老子」的本文研究老子這個人的哲學思想，我想這並不是張先生根本對歷史考證沒有興趣或者是有意避重就輕，而是由於他已認定「老子」一書中所包含的哲學思想的本身自有其研究的價值，無論老子這個人的生平和「老子」這本書的成書早晚（如胡適之，錢穆先生所討論），甚至無論「老子」一書的著者究竟是誰，都可暫且不管，只求先把「老子」一書中所包含的哲學思想弄出一個系統來。換言之，本書的著者只是拿研究一個哲學學派的觀點來研究「老子」，而不是拿研究老子這個人的著述的觀點來研究「老子」，所以可以拋開歷史考證的問題不談，專從哲學本身上去着手研究！

「老子哲學」一書的正文共分四篇：第一篇，形而上學，第二篇，人生思想，第三篇，政治哲學，第四篇，老學的評價。另外有附錄兩篇：（一）「老子選讀」，（二）「西方文化與道家哲學」，末有「後記」一篇，是叙述此書之撰述歷程的。我想凡是讀過「老子哲學」這本書的人，一定會承認張起鈞先生研究老子哲學的結果，不僅把老子哲學作了一次全面的研究，而且替老子哲學找出了一個哲學系統。換言之，他對老子哲學有了一個「一以貫之」的看法，決不僅是枝枝節節的字句的解釋或文義的片段說明。這對於一般想窺知老子哲學梗概的人，固然是一種很好的讀物，對於專門研究老莊哲學的人，也該是一種極重要的參考吧！

張起鈞先生在這本書中所樹立起來的老子哲學系統，是以老子的形而上學爲基礎的。過去一般人講老子哲學，多半只注重老子哲學中「知其雄，守其雌」一類的人生哲學，和「法令滋彰，盜賊多有」一類的政治思想，幾乎完全忽略了老子的形而上學。其實，老子的哲學體系正和其他大哲學家的哲學體系是一樣，他的人生哲學和政治哲學都是以他的形而上學爲基礎的，忽略了這哲學體系的基礎部分，或者昧然於這基礎部分的重要性，根本不知道把老子的形而上學和人生哲學政治哲學聯繫起來，作一番成系統的研究，這該是一種方法上的錯誤，也可說是老子哲學研究領域中的一大缺陷。本書的分析和排列，大體上已矯正了這種錯誤並彌補了這種缺陷，這確實是極可喜的。

在閱讀這本書的程序上，我建議讀者先讀第四篇「老學的評價」，這就著者研究老子哲學的結果而論，可看作是一篇很有價值的研究報告，對本書而論，却可當作一篇結論，也可當作一篇導言。所以應當先讀，而且到最後還需要細讀。「老子選讀」的附錄，是本書著者在國立南嶽師範學院講授「老子哲學」的講義，只有「老子」白文，而且是分類編集，可以閱讀前四篇後仔細閱讀。我認爲值得向讀者特別介紹的是附錄(二)，「西方文化與道家哲學」一文。這是著者替美國 The Main Currents 寫的一本小冊子的一部份，文內在把握道家思想的要點之後，苦口婆心地喚醒西洋人「要接受道家的教訓，學習道家的智慧」，其主要用意，是想以道家哲學補救西洋文化之短，可以說完全是對西洋人說的，值得西方人士的考慮。

第十卷　第九期　內政部雜誌登記證內警臺誌字第三八一號　臺灣省雜誌事業協會會員　三一八

給讀者的報告

本期我們有兩篇社論，一篇是「更多的民主與更多的自由」，一篇是「競選活動應有這樣不合理的限制嗎？」前一篇社論乃是引釋前些時蔣總統對國民大會主席團所發表的談話，以及陳院長在施政報告中所提出的精簡主義的原則。這裏，我們旨在闡明政府權威與個人自由間對立的關係。近數十年來，人們受極權思想的影響，習慣於「泛政治論」與「萬能政府」的觀念，這些人率多主張無限制的擴大政府的權力，使及於人民生活的任何方面。這種思想自然是與民主自由傳統相違背的。西方民主思想重視個人價值，政府之存在正所以保障個人之自由而已。故人民是主，而政府是僕。在這方面，老子無爲而治的政治哲學，其庶幾乎近矣！

臺灣自實施自治以來，已頗著成績。人民對選舉都很熱心，遠非過去大陸情形可比。今年正值各縣市長及省議員改選之期，照說應較前更有進步，然實際上無論競選活動與投票率，均不如前此熱烈。默察其原因，最主要的固然還是由於我們缺乏政黨政治的基礎，沒有一個强有力的反對黨。但另一個重大原因則是，政府法令對競選活動所加的限制太多所致。尤其以節約的理由來限制競選活動是很不合理的；而且像這類的法令很易爲人取巧玩弄，滋生弊端。現行的「臺灣省妨害選舉取締辦法」，既未經立法機關通過，而對選舉活動倒是眞有「妨害」，因此我們要重申主張，從速廢止。

「個體主義與全體主義」代表兩種對立的思想，是輓近三百年來西歐學術思想界所熱烈爭辯的大問題。從個體主義出發，而有西方民主自由之文化；而全體主義之極致則成爲近代極權國家。吾人在民主與極權作殊死鬪爭之今日，更應對此兩種思想有一深刻之了解。羅鴻詔先生的文章，在這方面將給我們很多助益。

李濟之教授的大文在檢討臺灣大學現行招生辦法，李先生曾參與該校「招生辦法研究委員會」，收羅了很多實際的統計資料，故其意見更有事實之根據。臺大招生一事是社會上甚爲關切的問題，現在招生季節即將到臨，此時登載此文，是很合時宜的。

張延康先生的大文是響應本刊上期討論字體簡化的社論而作，張先生在本文中，也是大聲疾呼地主張推行簡字運動的。

夏道平先生摘譯的「爲目的可以不擇手段嗎？」一文，篇幅雖短，而含義精深。爲目的而不擇手段，實罪惡之源也。

方及先生的羅馬通訊報導意大利的一般政情及前此發生的政潮經過，有很多寶貴的資料。周祥光先生的大文在敍述印度民社黨的發展。

本期文藝欄除連載「錯誤的抉擇」一文外，另有短文三篇：孫多慈先生的遊記，吳魯芹先生的諷刺小品，方思先生的「談文藝批評」，都是不可多得的作品，願讀者細加品味。

最近我們收到一封未具姓名的「一個四年讀者」的來書，對於本刊上期社論「我們對於字體簡化的意見」，用了許多醜惡的字眼謾罵一頓，同時在信箋上頭寫上「望公開答覆」五字，並在旁邊加上兩個圈圈。這種匿名的東西，我們本不肯置答。但鑒於爭取言論自由，首先要大家有責任心。匿名謾篤這種事，不僅是關乎個人道德問題，也是爭取言論自由的過程中之大障碍。所以我們願告訴那位「讀者」：這類行逕是不正當的。

自由中國　半月刊　第十卷第九期　總第一〇八號

中華民國四十三年五月一日出版

發行人兼主編　『自由中國編輯委員會』

出版者　自由中國社

社址：臺北市和平東路二段十八巷一號

電話：二　八　五　七　〇

航空版

香港辦事處　香港時報社　香港高士打道六四號

菲律賓辦事處　岷里拉怡干洛街五〇二第三樓　3rd Floor, 562 Elcano St Manila, Philippines

經售者

臺灣　自由中國發行部

美國　中國書報發行所　紐約民氣日報社　舊金山少年中國晨報社　芝加哥中國出版公司

日本　東京僑豐企業公司

韓國　釜山草梁洞新泰行

馬尼剌　大中華日報社

印尼　椰嘉達天聲日報　棉蘭新中華報

越南　西貢中原文化印刷公司　越南華僑文化事業公司

暹羅　曼谷攀多社十二號

緬甸　仰光振成書報店

印度　孟買梅亞號　加爾各答塔梅學校

澳洲　雲梨瑞田公司

北婆羅洲　西利亞坡青年書店

新加坡　檳榔嶼、吉打邦均有出售

印刷處　精華印書館　廠址：臺北市長沙街二段六〇號　電話：二三四二九號

本刊經中華郵政登記認爲第一類新聞紙類　臺灣郵政管理局新聞紙類登記執照第五九七號　臺灣郵政劃撥儲金帳戶第八一三九號

自由中國

FREE CHINA

第十卷　第十期

要目

中華民國四十三年五月十六日出版
社址：臺北市和平東路二段十八巷一號

半月大事記

四月二十三日（星期五）
美英法三國照會蘇俄，拒絕中共以「五國」身份參加日內瓦會議。
美空運法增援越南之傘兵第一批抵西貢。
我代表夏晉麟向聯合國經社理事會提出有關大陸奴工情形，並建議聯合國提出公開譴責。

四月二十四日（星期六）
高棉向聯合國就越共入侵事提出控訴。
俄國因彼得洛夫案與澳洲斷絕邦交。
西方三外長已結束爲期四日的有關日內瓦會議的戰略會談。
法外長皮杜爾在日內瓦會議中的「越南和平計劃」，已獲得內閣支持。
美國務卿杜勒斯抵瑞士，聲明美國參加日內瓦會議立場。

四月二十五日（星期日）
英外相自巴黎返倫敦，邱吉爾召集內閣特別會議，並邀軍事首長參加。
越共炮兵猛轟奠邊府，法軍防地直徑僅一千四百碼。

四月二十六日（星期一）
美參謀首長主席自巴黎突返華府，緊急會商越南戰局。道經倫敦，曾與英方會談。
日內瓦會議開幕。
法國已向美國第二次提出空軍援救奠邊府的要求。法傘兵一部降落奠邊府。

四月二十七日（星期二）
日內瓦會議辯論韓國問題。
法外長皮杜爾與莫洛托夫會談越南問題，並提出了三個和平談判的可能計劃。
美國家廣播公司稱，中共已以三師軍隊派入越南作戰。

四月二十八日（星期三）
杜勒斯拒絕韓共所提解決韓局計劃。
符立德將軍代表艾森豪總統訪問遠東。
法越聯合宣言宣布越南完全獨立。

四月二十九日（星期四）
澳外長凱西在日內瓦會議提出三項解決韓國問題的原則。
奠邊府繼續炮戰，法機大舉襲擊越共補給線。法官方估計，越共十萬已滲入紅河三角洲法軍守區。

> ## 『自由中國』的宗旨
>
> 第一、我們要向全國國民宣傳自由與民主的真實價值，並且要督促政府(各級的政府)，切實改革政治經濟，努力建立自由民主的社會。
>
> 第二、我們要支持並督促政府用種種力量抵抗共產黨鐵幕之下剝奪一切自由的極權政治，不讓他擴張他的勢力範圍。
>
> 第三、我們要盡我們的努力，援助淪陷區域的同胞，幫助他們早日恢復自由。
>
> 第四、我們的最後目標是要使整個中華民國成為自由的中國。

四月三十日（星期五）
美衆院否決限制總統派軍赴國外的權力案。
中國與巴拿馬兩國使館升格爲大使館。
西方三國與蘇俄集團原則上同意召開九國越南和平會議。

五月一日（星期六）
第二屆亞洲運動會在馬尼拉閉幕。
西方盟國與共黨集團秘密會議，謀取解決韓國問題僵局的途徑。

五月二日（星期日）
臺灣省十五縣市選舉縣市長及省議員。
越共總攻奠邊府，四個據點已失其一。法軍出動所有飛機炸射敵陣。

五月三日（星期一）
菲律賓華僑學生二百餘人回國軍中服務。
奠邊府守軍反攻，光復伊沙貝爾據點。

五月四日（星期二）
美國務卿杜勒斯抵米蘭會晤義總理薛爾巴。
我亞運代表楊傳廣獲十項運動冠軍。
越盟代表抵日內瓦。

五月五日（星期三）
監察院舉行總檢討會議。
美總統艾森豪發表對遠東問題聲明。

五月六日（星期四）
美國符立德將軍抵韓國，調查對遠東軍援計劃。
西方國家與蘇俄同意即舉行越南會議。

五月七日（星期五）
美國務卿杜勒斯已擬就對東南亞反共聯盟的兩階段計劃。
奠邊府陷於越共。法國議會通過對蘭尼爾總理的信任案。
美英法三國向俄國提出五點世界和平計劃。
日衆議院通過整軍案。

五月八日（星期六）
我足球隊獲亞運冠軍。
美總統召集國家安全委員會特別會議。
葉公超外長就奠邊府陷落事發表聲明。

五月九日（星期日）
法外長皮杜爾提出解決越戰建議全文。
亞洲運動會閉幕。

社論

(一) 我們需要怎樣的行政院長

本月二十日蔣介石先生將就任中華民國第二任總統職位。這第二任總統，是由第一屆國民大會第二次會議依法選出的。當其當選之日，本刊（第十卷第七期）曾寫過「敬以錚言慶祝蔣總統當選連任」的社論，表示我們對於他的期望。現在再過四天，就是蔣先生第二任總統就職的日子。就職後第一件大事，當爲改組行政院，產生新政府。新政府的新政風，正爲海內外全體國民所佇待，我們再根據這次國民大會宣言中最重要的一段，加以申論。

「實行民主政治是我國憲法的基本精神，選舉總統副總統是憲法賦予本大會的第一項職權。我們現在遵守憲法的規定，循着民主的方式，選舉蔣中正先生連任中華民國第二任總統。……根據他卓越的才識和豐富的經驗，我們相信他一定能繼續領導中華民國掃除任何困難，衝破任何危險；在他領導之下，早日光復大陸；並且在他領導之下，確立民主制度，重建開國規模，使中華民國成爲現代化的國家。」

在這段文字中，我們特別重視三點：

第一、實行民主政治是我國憲法的基本精神。

第二、早日光復大陸。

第三、確立民主制度，重建開國規模，使中華民國成爲現代化的國家。

第一點是我們全體國民所確認，同時也是蔣總統在國大閉幕詞中所信誓且旦要實現、要護衛的。第二第三兩點也是蔣總統所時常提及，而尤爲國民所迫切矚望的。我們現在本此三點，就行政院改組事，一述我們的主張。

行政院在我們憲法中的地位，本刊在第十卷第七期那篇社論中，曾經說到：「憲法第五十三條規定，『行政院爲國家最高行政機關』，第五十七條又規定了行政院對立法院負責的一些條欵。這兩條是我國憲法最重要的地方，也可說就是憲法精神之所在。」要實現、要護衛我國憲法的基本精神，就要使行政院在實際政治中確確實實是國家「最高」行政機關，向立法院負其法定責任，而不是總統個人的幕僚機構。平時如此，戰時如此，準戰時亦應如此。這是第一個要點。把握這個要點，我們再進而就行政院院長人選，提出我們理想中的條件。

在上述國大宣言的三個要點中。第二第三兩點是很具體的。也卽是說，現在我們國民所矚望的新政府，是一個光復大陸的政府，也是一個確立民主制度，重建開國規模的政府。行政院既是國家最高行政機關，那末，新政府能否有效地負起反攻和建制的兩大任務，其關鍵在行政院，也就在行政院長的人選上。我們認爲這個人選應具備下列三個條件：

一、有抱負、有氣魄、可以擔起政治責任，配得上憲法給他的地位。

這一條件之所以重要，是從確立制度重建規模這方面着眼。行政院是國家最高行政機關。憲法第三十七條也規定「總統依法公佈法律、發佈命令，須經行政院長之副署，或行政院長及有關部令首長之副署。」由此，可知我國的行政院長，不同於美國的國務卿，而近似英法的內閣總理。行政院長其人，必須不是個善承意旨的幕僚人材，而要有其政治抱負，否則就不配做現行憲法下的行政院長；否則憲法上這一條副署的規定，在實質上也失其意義。在憲政實行的初期，我們要求確立制度，要求重建規模，要特別着重在實質上。實質上行政院是否爲國家最高行政機關，就要看行政院長是否具備這個條件——有抱負、有氣魄、可以負起責任，配得上憲法給他的地位。

二、富有國際政治知識，在國際上負有聲望的。

反攻，是新政府任務之一。同時我們都承認，國際間的密切配合，是我們反攻的條件。在民主國家這邊，美國是一個領導國家。任何反共國家，都得與她合作。我們因地域關係，近隣日本也是我們反共鬪爭中利害相關的友國。新政府在準備反攻的今天，特別是對美及對日的外交關係，必須更加密切。因此，行政院長人選在國際上的聲望，尤其是在美日兩國的聲望，我們必須考慮到。一個國家的對外關係，雖不完全決定於當政者個人，但個人的聲望之可以影響對外關係者亦非淺鮮。

三、眞有民主政治的信仰，其風度足以號召海內外一切反共非共的力量的。

蔣總統前在國大主席團宴會上，曾提出一個諾言，即新政府將給人民以更多的民主，更多的自由。這個諾言的實踐，也有賴於行政院長人選的適當。我們不輕易主張擴大政府組織，但我們堅持政府應擴大其代表性。凡反共非共的政團和人士，政府都要容納其政見。化對立爲團結，化猜忌爲融和。形成政治意識的大團結。這樣，才是反攻的陣容；這樣，才是復國的氣派。要做到這樣，行政院長必須具備這第三個條件——眞有民主政治的信仰，其風度足以號召一切反共非共力量。

以上三個條件，照說並不太高。然就目前政界人物一一衡量，可能出任行政院長而又符合這三個條件的，實在不多（我們在這裏又深深感到人才受時代的折磨！）。於是我們不得不籲請蔣總統，就其心目中的人物比較接近於這三個條件的提請立法院同意任命。

社論

(二) 這是國民黨反省的時候

近六十年來，中國國民黨是中國政治上的主導力量。他結束了數千年的專制形式，完成了北伐運動，領導八年抗戰而廢除了不平等條約。這些輝煌的史跡，是任何人所不能否認的。自大陸淪陷以來，整備實力，主導滅共倒俄的，還是國民黨。這些事實在在表明：國民黨的存在與中國的建國復國和中國人民的禍福安危，有着密切的關聯。正因如此，所以若干年來，國人對他所寄予的希望較深，而對他的督責也較切。

自退守臺灣以來，由於國民黨的主導努力，的確獲致若干進步。在物質建設方面的進步，尤爲清末以來所罕見。然而，在政治建設方面，有待改進的地方仍是很多。政治建設方面之有待改進，從這次競選中更得到明證。良以政治方面如果不求進步，則其他方面的進步都會落空。所以，我們願藉這次競選爲題，作一客觀的解析，以促起國民黨作一冷靜的自我反省。

這次競選，除了臺北等市以外，有些縣市，其縣市長的候選人竟只有一個。例如臺北縣和基隆市就是。難道這些地方有從政興趣的，眞的祇有一人嗎？祇准一人候選不是等於祇准選民選舉一人嗎？祇准選舉一人不是就等於指定嗎？這樣又怎能算是競選？祇准選舉一人，置選民的公民權於何地？一般人民對于這種獨佔作風，提起來無不深表遺憾。

這次國民黨之提名王民寧爲臺北市市長候選人，是以黨的全部力量支持，而且勢在必得的。國民黨發動臺北區全體黨員，投票支持王民寧。凡參加投票的黨員，一律在總考績上記二分。有些學校校長，甚至傳令學生，要他們的家長一致投選王民寧。就這種種做法看來，王民寧之當選，應該已成定局了。然而，結果何如呢？王民寧竟失敗了！

這是什麼原因呢？個中的原因，自然很值得國民黨的領導幹部們平心靜氣地，客觀地，詳加檢討。但是，據說黨中一部分負責幹部的第一個反應，認爲是由於『控制不力』。果眞有這種想法，那眞是錯誤已極！那眞是不可救藥！

對於一般人民而言，猶可說是『控制不力』。對於國民黨自己的黨員而言，應該是『控制甚力』了。可是，事實並非如此。據說，有許多黨員放棄投票，有許多黨員投廢票，有許多黨員改投高玉樹的票，甚至有少數黨員公開拒絕投票。這次由黨提名候選而落選的，不止王民寧一人而已，還有嘉義縣的林金生等。競選失敗，本是極平常的事。而這次失敗最堪注意的理由，並非一般選民對于黨提候選人本身一定有何成見。而係民主自由思想無可阻遏地逐漸深入人心，對於國民黨在競選中所暴露的那一套作風不感興趣，於是轉而厭憎候選人本身。這樣看來，這些候選人之所以失敗，並非由於『控制不力』所致；恰恰相反，主要是由于『控制過力』，碰到民主思想反激出來的結果。

當然，我們不能說這次失敗與候選人本身絕對沒有關係。說到這裏，我想對國民黨提候選人一事略貢愚忱。就是國民黨今後提候選人的時候，不要完全以對黨貢獻與幹部好惡作基礎，而要以民衆的意向作基礎。卽「民之所好好之，民之所惡惡之」。美國前年總統大選，共和黨內部提名的結果，不提塔虎脫而提名艾森豪就是一個很明顯的例子。

國民黨講求控制的這一套作風，原爲民國十三年改組容共後的感染所致。但在大陸時期表現得還不太積極。而到臺灣後之採取這種作風，甚至有變本加厲的趨勢。國民黨經過二年的改造，產生了七全大會，產生了現在的領導幹部。黨內某負責人士竟譽之爲『不流血的革命』。其躊躇滿志，當可想而知。胡適之先生謂國民黨這次改造是失敗的。的確國民黨這次的改造，是國民黨走向失敗的開端。見微知著，由於這次選舉的失敗，可以得到證明。這可以從兩方面觀察：第一、從幹部成分的轉換來看。前年國民黨因改組而轉換的領導幹部，多半是技術性的人物。這些技術性的人物，如從事技術性的局部工作，或可收到若干領導作用。但是，如果希望這種性質的人物權衡全局，顧全大體，溫暖人心，使人覺得國民黨可親可愛，從而使國民黨在人心中生根，發揮眞正的力量，那簡直是緣木求魚。第二、從思想的變質來看。這一點是與第一點密切關聯着的。這幾年來，國民黨的思想性格之發展方向日漸與他的傳統性格相反；而這種相反的發展在這幾年的改造中則得到定型。在這一發展路線中的國民黨人說：『國民黨過去的組織鬆懈，所以在大陸失敗。今後要能成功，必須加强組織。』加强組織是好的。可是，國民黨在現有的人事基礎上侈言加强組織，結果，加强組織之效未收，小圈子主義的陰影却借尸還魂。小圈子主義的陰影借尸還魂，則從私利出發的排他性日漸成長。在這一前題之下，國民黨的基本傳統性格行將毀棄殆盡。

國民黨的基本傳統性格，就是最大的『包容性』。國民黨的這一基本傳統性格，在思想上表現于孫中山先生的論著中；在實踐上表現于六十年來的政治作風中。多年以來，『一黨專政』之局，幾爲擧世詬病。而其所以未到達不堪忍受的程度者，就是因爲國民黨的這種最大包容性的基本傳統性格發生了『中和作用』所致。國民黨的這種最大包容性的基本傳統性格，與俄國人大不相同，是產生於道道地地的中國人的性格裏。因而，國民黨過去能够得到大多數中國人民的支持，完成了許多大業。辛亥革命之初，孫中山先生倡導種族革命，上自留學

（5）

生，下至黨分子，一概兼收並蓄。北伐運動是一個廣大的醒覺分子運動。當時祇要是贊同打倒軍閥的，一律歡迎參加。抗戰爆發，更是全民不分黨派，都在國民黨領導之下，一致對外。綜觀六十年來，國民黨之得以完成這些大業，主要地是靠着他的最大包容性。那一次是靠着『小圈子主義』成功了的？那一次是靠着『控制』成功了的？國民黨的這種最大包容性，是他成功的保證，因而也就是他優良的傳統。凡屬戕賊國民黨這一優良傳統的人，都是國民黨的罪人。國民黨失去了這一優良的傳統，也就不成其爲國民黨了，也就會因失去廣大的支持而不能發揮其主導作用了。

古往今來，『小圈子主義』、『控制手段』，從來沒有收過好的效果。實行『控制』政策最澈底的，無過於共產鐵幕國家。在這樣的國家選舉，共產組織要誰當選誰一定當選，而且投票率常超過百分之九十八。這樣的選舉與民主何關？這樣的當選又有什麼價值？這類可惡行徑，不正是我們反共的理由嗎？『順乎天理，應乎人情』的事，是用不着『嚴密控制』的。當年孫中山先生倡導革命，手無寸鐵，天下聞風興起，沒有聽說派人『控制』的事。北伐運動初興，全國熱血青年，南下參加，也沒有看見廣東革命政府派人『控制』。抗戰期間，陷區青年，自動冒險犯難，步行幾千里到後方參加抗戰工作。有什麼人到敵後去『控制』呢？

純正國民黨的傳統是不講『控制』的。祇有極權的政治組織才一味強調『控制』。也許有人懷疑：不講『控制』，在現階段怎樣才能發揮力量以滅共倒俄呢？道不在遠，就在眼前：眞心誠意實行民主是也。中國目前底一切政治問題，根本上都輻湊到民主問題上。不眞正實行民主，則條條路都是死巷子。任何枝枝節節的技術性的改革都屬勞而無功。能眞正實行民主，則條條路都暢通無阻。所以，眞正實行民主是政治上基本轉變的契機。要實行民主，不能實行『民主集權制』。『民主集權制』是俄製進口貨。『民主』而要『集權』，繞一個彎子，剛好跑到民主的反面。要眞正實行民主，就得實行西方傳統的正牌民主。眞正實行民主，無論對滅共倒俄，對國家前途，以及對國民黨自身，都有莫大的裨益。我們試略陳所見如後：

國民黨過去之所以有前面所說的光榮成就，除了因其有最大包容性的優秀傳統性格以外，還靠着黨員們一股內發的活力。近若干年來，國民黨的行動之最後的決定因素，是統治欲之發揮。這種欲望之發揮，不僅桎梏着一般國民的生機，而且凍結了國民黨自身的活力。演變所及，國民黨狀貌皇大，而黨的生命則奄奄如也。馴至部勒黨員，必須乞憐於毛細之命令，必須責以形式紀律，甚至必須仰仗特種方式。今後唯一起死回生的大道，就是實行黨內民主。有而且唯有實行黨內民主，才能振奮黨內聰明才智之士，使人人覺得黨並非『控制』與『噉飯』的工具，而是實現大家政治抱負的共同機構。有而且唯有實行黨內民主，才能讓大家的思想和能力，作最高度的發揮。國民黨只要眞的實行民主，將如冬眠之蟲，遇到春暖陽光，恢復生之喜悅，得到生命的活力。一個充滿活力的黨，怎會不能有所作爲？

阿克頓有句名言：『權力使人敗壞，絕對的權力使人絕對敗壞。』任何長期執政的黨，沒有合法的反對，沒有眞正的諍友，都不免於敗壞的。何況長期在危疑震撼之秋執政的黨？要執政的黨免于敗壞，而日新又新，必須允許强有力的合法反對黨之存在與發展。要做到這一點，必須執政黨有實行民主的誠意。

語云：『天時不如地利，地利不如人和』。現在滅共倒俄的事業，是人類歷史上空前艱鉅的事業。這一事業要能展進，必須能結納一切反共人士。要能結納一切反共人士，必須貴得『人和』。在一切政治之中，有而且祇有民主才是最能得『人和』的政治。所以，爲了滅共倒俄大事業的展進，眞正的民主勢在必行。

既然民主有上述的好處，國民黨應該羣策羣力地推動它。推動民主的先決條件，一方面必須放棄眼前的小利小害，向着國家民族的大利大害處着眼；另一方面，必須勉力放棄『碼頭獨佔』和『唯我獨尊』的心理習慣。依此，國民黨不要以爲這次臺北市等處黨提候選人失敗是件奇恥大辱的事。如果有種念頭橫在心裏，那末就是『碼頭獨佔』的心理習慣在作怪。需知競選勝負，在民主國家是常事。問題在於是否接受失敗的經驗教訓。

國民黨人也是中國人民的一部分。中國人民應享有基本人權，國民黨人當然也應享有相等的基本人權。國民黨人又是爲實現共同的政治目標而『組合』起來的。既然如此，國民黨人就應享有人的尊嚴，就應具有人的價值，就應具有人的意義；而不應作工具，不應作齒輪，不應作表冊上的統計數字。國民黨人祇要人人把人的尊嚴，價值，和意義樹立起來，立刻就和共產奴隸黨員成爲人與畜之間的顯明對照。人站在畜面前，將有無限的優越感，因而也將有無窮的力量。有無窮的力量，還怕不能除畜嗎？可是，要能樹立人的尊嚴，價值，和意義，有而且祇有眞正實行民主。因爲，有而且祇有民主才實徵地承認人的尊嚴，意義，和價值；有而且祇有在民主中，人的尊嚴，意義，和價值才能作無限制的發揮。民主就是力量！

老實說，就我們今日的憑藉和處境看來，我們再也沒有餘暇作歷史性的浪費了。我們此時正立在一個分歧點上：一邊是一個舊時代的殘尾；另一邊是一個新時代的開端。如果繼續採取那些落伍的『小動作』，那末注定了陷入舊時代的殘尾。在人類社會中，每一個時代都有新的因素出現。歷史並無重演的必然性。今後決沒有僥倖取巧的事。如果光明磊落地走上民主大道，那末眼前就是一個新時代的開端。身負重責的國民黨人，何去何從呢？這祇有待於國民黨人自決。國民黨內不乏優秀才智之士。願國民黨人反省，澈底反省！

日內瓦會議的國際政治背景

龍平甫

（一）由柏林到日內瓦

今年一月二十五日到二月十八日以討論德奧問題爲主的柏林四外長會議對德奧問題並沒有獲得協議，但是由於蘇俄的要求及法國的附和，於是有四月二十六日在日內瓦會議解決韓國統一問題及越南問題的決定。本來美國是不同意在韓國問題解決之前提出越南問題的。但是杜勒斯終於接受了法國外交部長皮杜(Georges Bidault)的意見，不但同意在日內瓦會議中設法解決越南問題，並且不反對越南問題和韓國問題同時談判。美國對法國如此讓步，其原因大概是：法國外交部長在柏林會議中表現得很好，成爲西方的代言人，維持了西方陣營的團結，使蘇俄不能實行其各個擊破的策略。然而蘇俄拒不接受西方解決德奧問題的合理提議，阻礙德國的統一，威脅歐洲的和平，在這樣情形下，西方祇有先行允許西德武裝，以保障西歐的安全。法國外交部長向杜勒斯允諾在日內瓦會議之前，由法國政府提請國會進行歐洲軍條約的批准的討論。皮杜以杜勒斯接受在日內瓦會議商討越南問題重大成就，可以使歐洲軍條約的及早批准。但是兩月來法國反對歐洲軍者從事許多運用以拖延條約的批准：例如：㈠有些人說：在日內瓦會議之前不宜由國會討論條約的批准問題，以免影響會議；㈡有些人說：越南的停戰是歐洲軍產生的先決條件之一，因爲如此可使法國在越的士官調回充實歐洲軍的法國部分；㈢政府多數黨集團中的前戴高樂派反對(但態度已趨和緩)，以退出內閣相威脅；有人說蘭尼爾(Yoseph Laniel)對於維持第四共和第二屆議會的最長久內閣的紀錄很感興趣，因此極力避任何足以引起閣潮的困難；㈣盟軍中歐區司令官余安元帥(A. Juin)，不久以前發表演說，認爲歐洲軍可以有替代品，他反對現在的歐洲軍條約，蘭尼爾以其言論違反政府政策，要求和他面談，余安拒不往見，遂被免職。因此種因素的滙合，皮杜未能履行他的諾言。不過最近英法簽訂英國對歐洲軍合作的協定，美總統重申其對西歐防禦的擔保。事實上法國所要求的批准條約先決條件祇剩下薩爾問題了。如果薩爾問題在五月十八日以前解決，則法國內閣將請國會進行歐洲軍條約的批准。

在另一方面，莫洛托夫雖然在柏林會議承認日內瓦會議的召開不能涉及中共的外交承認，却在事後大事曲解公報，說日內瓦會議是五强會議，說中共是邀請國；同時中共也大吹大擂，企圖提高其身價，使西方不得不聲明更正，不承認日內瓦會議是五强會議，不給中共以邀請的地位。共產集團一面大叫和平，一面在越南各地發動戰爭，擴張地盤，而奠邊府的攻城戰更赤裸地暴露了共產集團的所謂和平。奠邊府的攻守戰已使國際局勢發生重大變化，遠東局勢在日內瓦會議前夕已面臨決定關頭，此種局勢對日內瓦會議的成敗會發生重大影響，而日內瓦會議的成敗將決定遠東，甚至世界的前途。作者願於此分析日內瓦會議的國際政治背景，以幫助讀者了解日內瓦會議。

（二）共產集團的策略與運用

蘇俄原來是企圖把中共拖出來和西方三强同席而坐，談判所謂世界問題的解決。它既未獲得「五强會議」，怎麼會接受這商討局部問題的多國會議？蘇俄接受動機的可能解釋大概是：㈠馬林可夫政權大吹大擂緩和國際局勢，但在對德奧問題上絲毫沒有改變史大林的作風，爲了逃避會議失敗的責任，所以提出遠東問題，使世人對它的所謂緩和國際政策局勢不至絕望，等到遠東問題的解決陷入僵局，它可能要求另外召集會議以求所謂國際局勢的和緩，如是不斷地會議，蘇俄可以獲得爭取時間的便利，並阻撓西方的自衞準備。㈡美英法在遠東方面的政策相當紛岐，蘇俄自然想藉日內瓦會議加深三强間的摩擦，以分化其團結。㈢蘇俄想藉日內瓦會議打破中共的國際上的孤立。希望因參加會議的既成事實逐漸地使中共的國際地位合法化，如不能使它入聯合國，也要使它參加聯合國以外的國際集會。我們可以說蘇俄這種辦法是一種「外交上的滲透戰術」。㈣蘇俄想藉口越南問題的和解拖住法國，使其在越戰停止以前不能對歐洲軍採取任何行動。

但是日內瓦會議的召開，共產集團也有其很大的不便：蘇俄參加韓國問題的會談便由此確定它的交戰地位；對中共言，如越戰不能和解，它得和越盟共命運。

關於韓國問題的解決，共產集團很難在日內瓦會議中有所運用的餘地。共產集團以三年的時間和自由世界作了一次小規模的世界大戰，結果僅能守住殘缺不完的北韓。其目前政策當在如何守住北韓，絕不會容許自由選舉，統一全韓。它的策略恐與柏林會議對德國問題的策略大同小異，即對統一問題提出一些違反民主自由的方案，使西方不能接受，以求在事實上維持分裂的局面。它可能提議南北韓政府談判統一，俾在永無休止的談判中使北韓獲得恢復元氣的機會。有人說共產集團會提議外國軍隊撤出韓國的辦法，這並不是不可能的。但是要當心中共會做出一些僞裝，使撤軍等於具文。總之，蘇俄的基本政策是拖延現前局勢，使不正常的局勢正常化，維持韓國局勢的現狀。

至於對越南政策則不然。共產集團戰也罷，和也罷，都是富有攻擊性的。

對共產集團而言，越戰的繼續可以：㈠將法國軍隊的重要部分膠着在遠東，因而使法國在歐洲方面顯得對德國的劣勢而不敢允許西德武裝；㈡增加法國的負擔，使其經濟發生困難，同時利用法國共產黨的和平宣傳使人民對政府不滿意，使軍隊士氣低落；㈢利用越戰以動搖「法蘭西聯邦」(Union Française)，同時進行赤化東南亞的工作。我們可以說，如果沒有美國的支援法國，共產集團進行越戰是一着如意算盤。但是年來美援加强，共產集團所希望的如意效果差不多完全被對消，祗有第一效果尚繼續存在。

這樣的情形下，蘇俄自然認為有改變政策的必要：因而有胡志明的和平攻勢。對共產集團而言，越南戰爭的和解並不是戰爭的終結，而是戰爭的繼續。因為：㈠法國若罷戰言和，便是承認失敗，因此可以促成越南反共陣營內部的混亂，反共的越南與法國的不合，尤其是法美兩國的困難；㈡越南沒有連續的陣線，不能和韓國一樣由雙方劃界分守，言和而無確切的政治保障，則越南全部遲早要淪陷到共產黨手中，東南亞其他各地也將受嚴重威脅；㈢蘇俄企圖因越南的休戰使法國國會反對歐洲軍的議員藉口國際局勢緩和而有更强的反對批准理由，並可因此使美法與德法關係惡劣。蘇俄也可將越南的談判拖延下去，使法國議員猶豫下去，莫洛托夫在柏林會議誇口說：「歐洲軍條約在今年不被批准，則將成廢紙。」

（三） 法國對越南各邦政策的演變

事實上，越南問題是第四共和最頭痛的問題。為了明瞭越南問題，我們得對近來法國對越南各邦的政策略加解釋。第二次世界大戰以後的法國與殖民地合稱法蘭西聯邦。然而法國在大戰初期的失敗使其威望大傷，再加上時代的及國際的因素，這個法蘭西聯邦發生重重危機，其中最嚴重的是越南的戰爭。戰後法國對越南政策的得失，此時暫且不論。但是要注意的是越南戰爭經過七年多以後，不少的法國人對戰事感覺厭倦，許多國會議員因各種不同的立場要求及早結束越戰。法國政府對結束越戰的方法，一直到去年秋季以前仍是軍事而不是和議。它的政策是：一面建立民族軍以代替法軍抵抗越盟；一面逐步實現越南三邦在法蘭西聯邦內的獨立。

但是法國所予的漸進的獨立不能使越南三邦滿足。去年五月高棉國王自動流亡以求實現獨立，不久法國發生嚴重閣潮。激進黨議員孟岱法郎士 (Mendès-France) 和若干人試行組閣，均未成功。孟氏所擬綱領之一便是以和平方法結束越戰，他雖以三〇一票對一一一票不足法定多數(三一四票)失敗，但是這段插曲可以表明法人對越戰和解的心理。後來蘭尼爾內閣組成，新任內閣副總理雷諾 (Paul Reynand) 曾去遠東考察過。他是蘭尼爾的老上司，並在戰前任過內閣總理。因此在蘭尼爾內閣中有很大的聲望與影響。他對法國現內閣的遠東政策發生很大的作用。蘭尼爾內閣對越局政策是：㈠對越盟繼續用兵，發展越南民族軍以代法軍；㈡完成越南三邦在法蘭西聯邦內的獨立。為完成此種獨立遂有去年七月三日宣言的發表，這是法國對越南各邦政策的劃時代轉變。

法國根據新政策在遠東則就地和寮國及高棉當局談判並締結各種法國所保留權限 (Compétence) 的移交協定(和越南這方面的談判尚未舉行)，在巴黎方面則法寮談判在雷諾主持下完滿結束，並於去年十月二十二日簽訂「法寮友好協合條約」(Traité d'amitié et d'association entre la République française et le Royaume du Los)，規定「寮王國本其自由意志加入具有自主，自由及平等性質的民族協合團體的法蘭西聯邦」，而法國則承認「寮王國為一完全獨立的主權國家」。接着法國進行和越南的談判。但是在正式談判之前發生重大障礙，去年十月中旬西貢召集的半官性的國民大會通過議案反對越南加入「現在形式的」法蘭西聯盟。這個議案嚴格限制了保大政府和法國談判的範圍，同時也使巴黎輿論大譁，說越戰失去意義。固然法國官方言論說法國在越作戰是保障自由世界的利益，使越南不陷入鐵幕，但是它還有一點未經指明，即它同時保障法蘭西聯邦以及若干以經濟為主的利益。現在越南國民大會連法蘭西聯邦的名義也不接受，在法人眼光中看來越戰已無繼續的意義。於是國會對此事發生辯論，十月二十七日以三一五對二五一票通過議案，決定：㈠發展越南三邦軍隊以代替法軍；㈡以談判謀求亞洲的綏靖 (Pacification)；㈢平衡自由國家的犧牲；㈣實現協合邦 (Etats associés) 在法蘭西聯邦內的獨立。這個議案表示一方面繼續作戰，一方面不拒絕和解。

（四） 胡志明的和平攻勢

這時瑞典京城的「快報」(Expressen) 駐巴黎記者羅夫格倫 (Svante Löfgren) 根據法國國會辯論的觀察，認為法國不了解敵人意向，於是自動向胡志明提出五個問題，經由北平越盟使館轉達。十一月二十六日胡志明答覆，成為所謂「胡志明談話」。其答覆要點是：㈠越盟準備和法國談判；㈡休戰的基礎是法國眞正尊重越南的獨立；㈢談判是法國和越盟之間的事情。換言之，胡志明的條件是：㈠法國退出越南；㈡不承認越南政府，不以其為談判對象；㈢不主動的提出和議。

胡志明的「談話」在巴黎所引起的反響不一，但在越南則引起嚴重的人心不安，認為法國將遺棄其友人。法國政府經過研究後於十二月三日發表公報，要求「越盟正式表明其立場，此立場將由法國政府於獲得法蘭西聯邦的各協合邦的同意後，並以儘可能重建永久和平，保障各協合邦的獨立及其公民自由安全的意志予以研討。」換言之，法國政府的立場是：㈠不以胡志明的談話為基礎；㈡和談應由胡志明正式表明其立場；㈢法國不遺棄協合邦單獨進行談判，並且不犧牲其公民的自由與安全。

接着百慕達會議對越南問題有所討論，據十二月九日美聯社電：「三巨頭決定不給胡志明以韓國式的休戰，因爲法越軍對戰事有信心，並認爲在現陣地休戰使大部法軍凍結，而越盟軍可在散漫不連續的陣線前後出現。這種情勢對越盟是有利的。」越戰的和談問題似乎從此告一段落。然而胡志明和平攻勢的失敗是蘇俄所不甘心的，在胡志明談話發表前幾個月中，蘇俄的宣傳一再表示越戰可和。胡志明談話無結果，迫使蘇俄親自出馬。莫洛托夫在柏林會議中提出解決亞洲問題，法美在秘密會議中接受越南問題的解決爲日內瓦會議的主要議題之一。蘇俄要求「有關人民」(Penples intéressés) 參加，而法國則主張「有關國家」(Etats intéressés) 出席，法國的公式終被接受。在法國看來，越盟並不能構成國家，因此可以拒絕其參加會議，至少須在獲得若干讓步之後始允許其進入會場。二月二十四日法國外交部長在參議院報告柏林會議的經過後，前內政部長莫克 (Yules Moch) 詢問是否允許胡志明參加，他回答道：「現在尚不能答覆，此問題應由各協合邦及其他參加國家協議解決」。

正在這個時候，沽名釣譽的尼赫魯，雖不願克什米爾問題和解，却在印度議會中來一個越戰的「停火」呼籲。二月二十二日尼赫魯的言論引起若干法國議員的質詢，於是再度對越南問題辯論。三月五日社會黨議員馬掖丹尼爾 (Dauiel Mayer)，反對歐洲軍最烈的激進黨議員達拉第 (Edouard Daladier)、孟坐斯法朗士、民主社會抗敵同盟議員米特朗 (François Mitterrand) (自然還有共產黨議員) 分別向政府提出質詢，主張在日內瓦會議前「停火」。孟坐斯法朗士說：「直接和越盟談判是唯一解決辦法」。達拉第說：「停火是日內瓦會議的成功條件」，他並且攻擊法國外交部長在一九五三年六月五日和美國換文以獲得越援，允許不得美國同意不單獨和敵人媾和。皮杜說：「根本沒有這回事。一九五三年六月五日我正在設法組閣，差一票沒有成功，恐怕就是差達拉第的一票」。(閧堂大笑) 後來達拉第說：「日子記錯了，換文是一九五三年九月二十九日」。皮杜說：「九月二十九日的換文也無此規定」。達拉第又問：「不先停戰你怎會在日內瓦會議獲得問題的解決」？皮杜回答說：「將來再看吧」！

在辯論中，蘭尼爾對政府的政策予以解說。他說：「尼赫魯的演說在形式上僅是一種希望，並不是調停。如果在日內瓦會議之前停火，應有下列保證以預防一九四六年十二月十九日慘殺案的再起：㈠越盟撤離寮國；㈡北圻紅河三角洲緣邊劃出一個『無人地帶』(No man's land)，三角洲內越盟軍隊應行撤出；㈢中圻越盟軍應在一定地點集中；㈣南圻越盟應解除武裝。」

法國國會在三月九日辯論終結，以三三三票對二七一票通過議案，分下列四點：㈠向法國遠征軍致敬；㈡對日內瓦會議的召開表示欣慰；㈢不放棄所有可能及早結束越戰的方法，並確保與法蘭西聯邦不可分離的協合邦國內的和平與自由；㈣各協合邦若不接受法蘭西聯邦，則法國將解除其對協合國的義務。

這個議案和去年十月終的議案的主要差別是法國國會對各協合國的態度轉趨强硬，即要求它們接受法蘭西聯邦，法國方能保障它們的安全，當然是對越南政府的一種威脅。

（五）遠東「慕尼黑」的傳聞

蘭尼爾在三月五日國說演會詞中提及蘇俄及中共因不同的原因需要和平，接着他說：中共如協助重建越南和平，則可獲得若干「具體的便宜」(Avantages Concrets)。換言之，如中共放棄胡志明則法國可給它一些利益。關於法國的報償條件，蘭尼爾並未說明，作者認爲如不將這個問題予以分析解說，則本文不算完全。

可能是根據蘭尼爾的這段演說，也可能是根據一些官員茶餘酒後的閑談，一些報紙對法國政府給予中共的交換條件紛加臆測或報導。據說法國政府大部分官員認爲：㈠蘇俄及其附庸國發生嚴重的經濟困難；㈡蘇俄恐怕美國干涉使越戰擴大，因此共產世界可能對越南問題讓步。此外參加柏林會議的法國官員很驚訝蘇俄堅持討論亞洲問題，而對歐洲問題不作絲毫讓步。副總理雷諾也認爲中共正急於進入聯合國及恢復貿易。因此若干官員認爲中共在獲得若干交換條件後可能放棄胡志明。他們更引證「法蘭西新聞社」三月八日香港電，分析中共頭子陳雲在史大林死亡週年紀念日的演說詞，以爲中共暗示放棄胡志明的可能。法國認爲中共若不援助越盟，則後者不能支持三個月。據三月二十二日美國「新聞週刊」(Newsweek) 說，雷諾首先主張和中共談判越南問題，後來漸得其他人的附和。並說自三月五日蘭尼爾的演說發表後，對中共讓步以求交換胡志明的遺棄已成爲現政府非正式的政策。

法國政府官員認爲不能和胡志明談判，因爲這樣會示弱於敵會引起越南軍隊的倒戈或叛變，以致發生嚴重的災禍，但是得和中共談判停止援助越盟。換言之，法國希望和中共談判以求達軍事上(或其他辦法)來解決越盟問題。但是認爲和中共談判放棄胡志明必須給予報償條件。巴黎版「紐約先鋒論壇報」(New York Herald Tribune) 於三月八日、十三日及二十四日發表 McGurn 所寫的報導，據他說：法國政府若干官員對中共擬提出下列讓步以交換胡志明的放棄：㈠承認中共並使之入聯合國；㈡以一九四六年法國給予國民政府的利益給予中共，如滇越鐵路、海防自由港等；㈢解除對中共的經濟封鎖；㈣必要時予中共以經濟援助，例如一種新「馬歇爾計劃」的實行；㈤美國撤退臺灣海峽的艦隊，因爲他們認爲艦隊的撤退可以表示對中共的善意，同時並不影響臺灣的安全。「紐約先鋒論壇報」說這些是法政府官員預備在美英法三國籌備日內瓦會議的專家會議中提出的。

這些法國官員很知道他們的讓步辦法沒有美國的同意是行不通的，因此很希望獲得美國的支持。他們也很了解美國國會堅決反對任何形式的遠東「慕尼黑」。但是他們對美國提出論據以支持他們的意見。他們說：美國如不支持法國予中共以讓步以求停止對越盟的援助，則蘭尼爾內閣會因日內瓦會議的失敗而倒臺，第二次大戰以後的親美內閣可能從此完結，而由共產黨支持的中立性內閣繼承，則將停止越戰，與越盟言和，使歐洲軍成立延緩或流產，最後法國有赤化的危險。事實上法國內閣倒臺是常見的事，其他危險或是誇大，或難以實現。

這些人的想法忽略了許多重要之點，例如：㈠在共產與自由世界尖銳對立的情形下，蘇俄和中共沒有理由，而且也不能放棄胡志明，猶如北韓與東德的不能被放棄一樣；㈡對共產集團讓步所能獲得的祇是一些靠不住的諾言，過去的例證甚多，用不着列舉；㈢如不能控制中越邊境，則任何放棄越盟或停止援助的諾言都是假的。總之，這些人的想法不但有損朋友，而且不利自己。

不但法國政府官員一部分有這種不顧現實情況的幻想，甚至英國、加拿大、(印度更用不着說)，也有類似的傾向。它們對美國施以壓力，要求承認中共並容許其進入聯合國，企圖交換中共對韓國及越南問題的讓步。我們知道英國是不同意越戰的議和，但同時也反越戰的擴大。祇要中共對韓國及越南問題讓步，英國是要贊助它入聯合國的。在英國人眼中看來，這是政治的現實主義。

三月十八日英國駐聯合國代表哲布 (Sir Gladwyn Jebb) 說：「中共一旦洗刷其在韓國及越南的侵略罪行，卽可進入聯合國。」他的演說獲得聯合國秘書長哈馬紹的贊許。但是同日美國駐聯合國代表洛奇 (H. C. Lodge) 說：「美國爲阻止中共入聯合國不惜使用否決權」。十日後，美國參議院外交委員會主席魏理 (Wiley) 發表演說，大意謂：㈠和平不能以姑息侵略者獲致；㈡不能容許中共進入聯合國；因爲美國不能背棄歷久不渝的盟友——自由中國及南韓；㈢美國軍事領袖認爲自由臺灣的維持關係美國及太平洋的安全，美國政府不能承認中共及不容許其進入聯合國的決心已由美國駐法大使狄倫 (Dillon) 告知法國政府。

在這裏我們不妨將中共進入聯合國一問題予以分析：這個問題在法律上相當複雜。因爲它涉及「實質的」及「程序的」問題。「實質的」卽任何國家要入聯合國須由安全理事會推薦，然後由聯合國大會會員國三分之二以上的同意方得成爲會員。若會員問題是「程序的」，則可由聯合國大會以簡單多數表決，而不受安全理事會的否決權的限制。至於中共入聯合國一問題可由聯合國大會表決。決定是實質的(新會員入會)抑爲程序的(國家代表權問題)。如果聯大決定問題是實質的，則中共不能入聯合國，如果是程序的，則美國的在安全理事會對這個議案仍可予以否決，結果中共仍不能進入聯合國。近來美國對中共入聯合國問題已當作實質的問題，卽準備必要時行使否決權。我們可以說，除非美國政策作了一百八十度的轉變，中共是進不了聯合國的。

現在我們有很確實把握的說，由於美國態度的積極，一些傳聞的對中共姑息讓步的企圖如果存在的話，已成爲過去，不會有實現的可能。但是使美國態度積極的直接因素是越南西北部奠邊府的戰事。

（六） 奠邊府的攻守戰

美國對越南政策因各種顧慮而在數月來表現得舉棋不定：㈠國會不願再有一個韓國戰爭；㈡輿論對法國的越南政策尙不同意，認爲尙未完全免除殖民主義的嫌疑；㈢法國雖不斷要求美國的物質及經濟援助，但不贊成美國直接參加越戰，恐怕因此失去戰事的控制指揮及使戰爭擴大。但是奠邊府的戰事使美國不能不下定決心從事東南亞鎖鑰地帶的防共工作。隨着戰事的惡化，法國對美國直接干涉的需要更感迫切。

共產集團大唱和平，却同時自三月十三日起大舉進攻奠邊府，進攻奠邊府的越盟軍番號已査明的有第三五一裝甲師、第三〇八、三一二、三一六，步兵師，全部兵力約五、六萬人，而且時有增援。防守奠邊府的法越軍隊不及兩萬人，其中百分六十爲越南軍隊，攻守的兵力約爲四與一之比。

奠邊府的戰事爲越盟以蘇俄、捷克及中共的武器進行首次大規模的硬仗，形成一個原始的坑道戰與現代化的立體戰的混合戰爭。關於中共對越盟進攻奠邊府的援助，杜勒斯已在四月六日在美國衆議院外交委員會有所報告。他說奠邊府之戰中有中共將領 Li chen-hu，許多中共軍官，在武元甲下工作，及在越盟師團單位中有中共軍事顧問，中共並供給使用雷達的技術人員、砲手、及汽車司機(在奠邊府一帶有一千餘輛莫洛托夫汽車替越盟擔任運輸工作)。

對共產集團言，奠邊府的戰事的政治意義大於軍事價值。共方以這樣龐大的軍事賭注當然是想以奠邊府的陷落對法國加以强大的壓力，並企圖因此在日內瓦會議中獲得强有力的談判地位，在東南亞方面，則共產集團想以奠邊府的陷落提高地位，並從事進一步的發展。奠邊府之戰充分證明蘇俄不希望日內瓦會議成功。否則要求西方接受它的「和平」條件。它同時希望因奠邊府的陷落引起法國的嚴重閣潮，使法國有退出越戰的可能。卽使有這一天，越南三邦並不致有被遺棄的危險，因爲美國已準備親自出動，擔任東南亞的防禦。

由於法國的要求，美國對越南的協助自一九五一年開始，至一九五四年七月美國給予越戰的物資援助約共爲五一四〇億佛郎(約爲一四七〇百萬美元)，金錢的援助由一九五二年開始，至本年中約計爲五六一〇億佛郎(約爲一六八八百萬美元)，至去年終美國已擔任歷年越戰費用的百分之二十五。一九五四年度法國預算中，美援部分佔全部越戰軍費(六二六〇億佛郎)的百分之七十八。對美國而言，一九五四年度美國援外預算偏重於遠東，而對越南的預算則約佔三分之一。因此對越南三邦的援助已成爲美國的主要課題。

（七）美國的積極政策

華盛頓已成爲今日抵抗東南亞共禍的決策大本營。因此我們應注意美國國會的意見。三月二十七日報紙發表美國國會的「東南亞及太平洋考察團」(Study Mission On Southeast Asëa and the Pacific) 的一篇報告。這是一篇很重要的文獻。這個考察團由周以德 (W. Judd)、史悌德 (Maranerite Stitt) 夫人、艾德爾 (Ross Adair) (以上皆共和黨人)，及查布洛奇 (Zablocki)(民主黨人) 四議員所組織。他們旅行兩月，考察菲律賓、印尼、馬來、緬甸、泰國、越南、臺灣、韓國、日本。二月一日考察團將這篇報告送給美國國會外交委員會。報告內容相當長，不便摘要。在這裏祇就其重要結論略加敍述：㈠在越南休戰卽等於對敵人姑息，等於遠東的慕尼黑；㈡與越盟談判必須各協合邦參加；㈢承認中共或允許其入聯合國卽爲共產集團的勝利；㈣抵抗共產主義的最有效辦法爲允許各協合邦完全獨立；㈤若中國大陸不能恢復自由，則日本有被共產集團吸收的危險；㈥美國在東南亞洲應採取堅定的政策以支持鼓舞當地反共者。

美國國會旣支持政府，使政府可以放手作去，但是美國希望和有關國家共同行動。美國國務卿杜勒斯於三月二十九日在海外報紙俱樂部 (Overseas Press Club) 發表演說，認爲越南喪失將使自由世界感受到嚴重的危脅，因此向有關各國建議「聯合行動」(United action) 應付共禍。美國在日內瓦會議中要求蘇俄及中共：㈠撤返韓國境內的軍隊，實現韓國統一；㈡停止對越盟叛軍的援助，以表明中共並無侵略東南亞的企圖。杜勒斯拒絕予中共以交換條件。他最後說：「自由世界需要和平，但是和平不是僅以希望能獲得的，我們應爲和平而冒險，如爲勝利而冒險一般」。

接着杜勒斯主張在日內瓦會議之前予中共以「集體的警告」，由於英法的猶豫態度，杜勒斯先後去倫敦巴黎一次。在倫敦時他和邱吉爾及艾登會談，結果同意在日內瓦會議的前暫時不給中共以集體警告，英國同意組織東南亞及西太平洋的防禦組織。據說參加這個防禦組織的國家有：美、英、法、澳洲、紐西蘭、菲律賓、泰國、越南、高棉、寮國等十國。經過巴黎會談之後，法國也同意英美的協議。東南亞防禦組織原則的協議可以說是杜勒斯外交的重大成就。東南亞的共同防禦組織不但獲得原則上的承認，而且美英法在日內瓦會議中將有共同行動的標準。杜勒斯雖放棄卽時向中共提出共同警告的建議，但是倫敦會議的公報可說是變相的警告。但是我們必須指出，杜勒斯的勝利並不是完全的，若干眞正亞洲國家並未包括在預定計劃之內。美國參議院共和黨主席諾蘭批評說計劃缺漏自由中國及南韓，兩國擁有兵力一百十萬人的最强的亞洲反共國家。現在沒有提及自由中國及南韓參加這個計劃的防禦組織，自然是英國在那裏作祟。英國這種立場是非常矛盾的。我們相信世界局勢的演變將使英國放棄這種矛盾的立場。因此我們認爲英國放棄其矛盾的立場還是愈早愈妙。今日東南亞防禦組織尙在籌備期間，並不能決定自由中國不能參加，但是要注意的是不能因參加這個組織使自由中國的行動自由——反攻——受到限制。

總之，今日東南亞及亞洲的大局正在急劇演變中，日內瓦會議將決定今後國際局勢的發展。但是由於國際形勢的限制使雙方在會議中缺少運用與討價還價的餘地，說不定奠邊府戰事的發展決定了日內瓦會議的命運。

一九五四、四、二五脫稿於巴黎

編者按：奠邊府已於五月七日爲共黨攻陷，局勢雖有變化，但仍無損本文的價值。本文對國際政治背景的分析，瞭若指掌，日內瓦會議的前途，不卜可知矣。

（上接第21頁）

報刊有關消息即剪寄有關當局，或更不惜化巨資打電報，向政府報功，眞正效果如何？這他就不管了。這是要不得的事。同時政府在財政極其困難的關頭，拿用公欵的專使大員們也應該爲國庫節省才對，過去有某大員訪西班牙而住在 Hatel Welington——最豪華的美國人經營的旅館，每天房錢就化上二三十元美金。據筆者所知，我留西學生有三四十人每天膳宿費不外六毫美金，然而這位大員爲何不住西班牙最好國家旅館，每天也不過三百元西幣（折合美金七元多一點）。這或者有他特殊的原因吧！非住最豪華的旅館不足以代表國家嗎？我想留西的學生在他們心目中恐怕不這樣看！他們三四十人每天生活費總共不過一千元班幣，然而我政府派出之大員一天就化了千元以上，視人民血汗得來的錢如同沒有一回事。

第五點：對於使館下級工作人員待遇應從速改善，尤其是中南半島工作人員，他們的待遇實在太可憐了！

最後要向有關當局建議，我駐外使節應該與當地留學生合作，利用學生爲祖國文化宣傳是最直接和收效最大的方法！視學生如同仇人的觀念是錯之又錯的。不論現在對國際對僑社都需要積極外交，先後緩急的條理，苦幹實幹的精神都不容缺少的。

評新公務人員任用法

鄭知三

新公務人員任用法（以下簡稱新法，以別於簡稱原有公務員任用法爲舊法而言），完成立法程序於去年九月，生效於本年元月十四日。在立法之初，我們這班號稱主人的老百姓，既未受任何徵詢如最近立法院爲修正刑事訴訟法案登報徵求大家意見者然，即我們自動提出來見於報章雜誌的意見，亦未荷重視採納。現在已經公佈施行，我們雖感挽回乏術（複決權的行使，尚不知實現於何日），但是，說幾句內心希望的話，想亦不至被目爲多餘吧！

全國公務員無慮三四百萬，即在今日臺灣亦不下十餘萬人之多，這些人都是直接受新法規律的，至於間接受新法影響的則廣及全體老百姓。因爲公務員任用制度的良窳，即全體公務員健全與否之所由決定，而全體公務員健全與否又爲決定政治效果如何的原因。所以這一次新法的產生，其使命是非常重大的，正惟如此，我們認爲舊法變新法，必須符合左列四項原則：

㈠新法必須符合憲法第八十五條規定的精神。

㈡新法必須較舊法更能有助於公務員素質與行政效率的提高。

㈢新法必須較舊法更能發揮人事制度的完整性與公平性。

㈣新法必須使人民服公職的權利，不受到意外的損失，並與舊法保持一相當平衡的狀態。

假使新法不能符合第一項原則，無異明目張膽違抗憲法，毋寧以沿用舊法爲愈。假使不能符合第二三項原則，那就無貴乎有此新法。假使不能符合第四項原則，則令人蒙不測之損失，亦非立法所應爾。說到這裏，我們要檢討新法是否符合這些原則，不難從下面舉述中得到答案：

首先，新法不以公務人員的來源限於考試一途，已與憲法規定大相出入（考試用人的理論是否健全，非此處所欲探論，這是專從是否符合憲法精神之點作一論列）新法以曾經銓敍合格者亦在取得任用資格之列，而所謂銓敍合格之範圍何若，則一任執行機關以解釋定之。於是謀爲公務員者，不能透過考試取得「正途」的任用資格時，仍可透過銓敍取得「旁門」的任用資格。無論爲「正」爲「旁」，而其爲公務員則一，以憲法直接規定的公務員任用資格，今乃任由解釋補充，何愼重如彼而又輕率如此？

舊法變新法，其實變的祇是資格條欵，而不是整個任用制度，凡是舊法有的短處，新法亦莫不有之，請舉數例爲證：

㈠舊法分公務人員爲「任用」與「聘派用」兩大類，新法亦然。這種寬嚴懸殊的兩種規定，是人事制度的最大矛盾所在，拙作「人事制度要在機會主義中突圍」一文（登去年十一月廿八日香港自由人報），曾就此問題略作討論，力言其非。

㈡舊法以各機關秘書不受資格限制，但却與受資格限制人員同樣敍等核級，此種等級並予永久承認。於是有毫無資歷之人因得爲秘書一躍而爲薦任簡任，若一爲秘書對於國家便有莫大貢獻而非予以優待不可者然。新法於此亦作相同規定，可謂「克紹箕裘」了（秘書既不受資格限制而又與其長官同進退，自應定爲聘用爲宜，何能與受資格限制的其他人員同視）。

㈢舊法於普通任用法規之外，復有所謂特種任用法規與之並存，此在當時憲法尚未公布，公務人員之任用原不以考試及格者爲限，故尚無可厚非。玆新法既云係爲求合於憲法，則凡屬公務人員，自當不問其種類何若，而均適用新法辦理方爲妥洽，乃又一如舊法規定，仍有許多特種任用法規須爲另定。此種特種任用法規之內容現固尚難臆測，但其必較新法爲寬則可斷言。蓋苟非求寬，即無須另定特種法規也。此外，舊法有非常時期公務員任用補充辦法，邊遠省份復有邊遠省份公務員任用資格條例，新法亦一仍舊貫，是則實施新法之後，公務人員任用資格之取得，仍將因任用法規寬嚴之不一，而未由獲得公平競爭之機會，烏乎可？

㈣據說新法係以任用考試及格人員爲主，而以任用曾經銓敍合格人員爲輔，有的人還說新法之所以兼用攷試與銓敍合格人員者，乃取其能起「守常處變，執經用權」之作用。這眞是故創謬說自欺欺人得無以復加了。試思每年考試錄取了多少人？這被錄取的人政府每年又曾擢用了若干人？而竟昧着良心大言係以考試用人爲主不已。再就所謂「曾經銓敍合格者」，揭開其內幕一看，原來是包括去年年底聲請公務人員儲備登記的十幾萬人（不知多過考試及格人員多少倍）在裏面。這次儲備登記是根據聲請人的證件或保證書，適用舊任用法規來審定的，其中固難謂無可用之才，而由於儲備辦法之不高明，凡是經過儲備登記的人，其學識與才能的平均程度，已大大地引起我們的懷疑（報章雜誌，於此已多指陳），至少他們的學識才能是不會因曾經儲備登記而遂有所增進的，似此透過儲備登記即可取得新法上的任用資格，眞是名爲維「新」，實乃行「舊」，於提高公務員的素質與行政效率何補？

㈤新法一如舊法，對於公務人員之任用，僅作抽象的資格規定，曾不稍涉具體的職務限制，故凡具有某官等（現稱職等，分簡薦委三等）資格者，則在該官等內之任何職務皆得爲之，此種規定流弊之大盡人而知，實爲人事制度進步之累。

以上說的，足爲新法是否符合我所說的舊法變新法的第一二三項原則的說明。爲了實施新法後人民服公職的權利狀態發生極不平衡的變更，我又得再舉數例如次，以證明新法能否符合第四項原則：

㈠甲乙丙同係去年在某大學畢業，甲曾經儲備登記，甲聲請適用邊遠省份任用條例，取得薦任登記，乙不諳有此條例，僅適用公務員任用法取得委任登記，丙則未經儲備登記，今施行新法，甲可爲薦任官，乙僅能爲委任官，丙則更慘，並委任官而不得爲了(最多祇能當雇員)。

㈡丁戊同爲去年普考中等及格，丁在本年元月十三日找到職務，可敍委任四級，戊在同月十四日找到職務，因是日新法開始生效之故，祇能敍爲委任十級，一日之差就要多幹五六年，我誠不知舊法厚之何故新法薄之何因也。

任何一種法律，變更人民任何一種權利狀態，莫不力求其平衡，即如耕者有其田條例，基於世界潮流及國策就人民之土地所有權加以變更，也要來個補償，以安定人民情緒，質諸關係十百萬公務員權利之新法，曾一思此一安定作用否？

走筆至此，我覺得施行新法，除了可以在官制史上大書特書「中華民國四十三年一月十四日施行公務人員任用法」外(當然，我的意思是說好的事壞的事都可大書特書)，對於國家對於每一個公務員，都有點近乎開玩笑：

第一、在此朝野上下一致倡行職務分類之日，竟又急急制訂此一與職務分類毫不相涉的新法，如果政府確有誠心與信心實行職務分類，那麽新法不過居於過渡辦法的地位，既是過渡辦法，爲什麽不繼續沿用舊法免滋紛擾？(反正新法又不比舊法高明)

第二、新法當有「保存既得利益」意味，例如辦理儲備登記，一刀兩斷，登記過的，那怕小學都沒有畢更也可獵官求職，沒有登記過的，縱然是萬國博士亦將無路可通。又如施行新法後的公務員，級上有階，階上有等(舊法無階僅有級等)，一級來一個小限制，一階來一個大限制，一等又來一個總限制，要想晉階升等，直同斬將過關，而舊法則無此嚴格規定，故已依舊法取得較高階級之人，無形中變成一羣幸運者，可憐後來的公務員，趕，趕，趕，再也趕不上了(這是法律的限制，縱有奇才異能亦不免徒呼負負)。再如新法又有所謂副階之設(此亦爲舊法所無)，也是加於公務員毫無意義的一種限制，本來公務員的階級，祇能視之爲一種因競爭工作成績而獲得獎晉的標記，絕不能把它當作什麽品階來看，現在分階之不足，還要來個副階，不惜把我們拉回前清時代(當時品有正從之分)，我眞不懂，這樣會對人事制度的建立有什麽幫助？

總之，公務員任用制度，在民主政治中就是主人選用僕人的標準與方法，所以必須一以功績爲主，不可稍涉階級意味，它的效能在選拔最好的人做最好的事，除此之外，一切看起來很有花樣的規定，都是等於開公務員的玩笑，這是萬萬要不得的。一個有地位的人，往往認爲他的智慧也一定高人一等，故多挾其自奮之智，做出冒充內行的事來，人事行政已日趨專門化，關於人事制度的立法，自更不能以並非內行的有地位的人的意見爲根據，這是我寫本文的總希望。

最後，附帶一提的，就是新法的施行細則，以及依新法規定要另訂的特種任用法規，制定之日似尚遙遠，在此期間，舊法已經失效，新法則不知如何施行，人事法規成爲眞空狀態，各機關用人無所準據，謀職者不知怎樣纔行，情形已經混亂得很可以了，倂盼主管當局注意及之，倘使準備不够，一時拿不出一套輔助法規來，那麽施行新法眞是「何苦來」了。

凱恩斯的投資理論（上）

戴杜衡

在凱恩斯的體系中，必須投資理論與利息理論二者結合一起，才能構成一個完整的建築，祇有那個乘數原理，倒比較的可以獨立門戶。這整個建築的各部份，都互相牽連，說明其中一部份，有賴於其它部份的瞭解。凱恩斯的原著，也祇好前後反覆闡述，才能互相發揮。此一完整建築，得以下表概括之：

- 就業—投資
  - 資本邊際效率
    - 投資預期利益
    - 資本財供給價格
  - 利率
    - 流動性選擇
    - 貨幣數量

我深知把這些部份分篇討論的困難。解釋資本邊際效率，隨時要牽連到利率問題，而利率問題則必須專篇討論。所以先作個籠統而簡單的說明，實異常必要。

如果把消費傾向的因素撇開不計，則決定就業量的終極因素有四，即(a)投資預期利益，(b)資本財供給價格，(c)流動性選擇，(d)貨幣數量。在此四者之中，(b)是較為固定的，且其影響並不重大，凱恩斯少有論及。(a)與(c)二者，則植根於個人的心理因素，為政府當局所無法有效控制。所以，政府為維持充分就業，唯一可以着手之處，厥為貨幣數量。凱恩斯認為，維持充分就業，祇有依仗貨幣數量之不斷增加。他要藉貨幣數量之操縱以影響利率，轉而影響投資。但最後，凱恩斯卻發現即連藉貨幣數量之操縱以促進投資那個辦法的功效，亦非絕對，所以他提出社會化的主張。

本篇，擬暫把流動性選擇與貨幣數量二者擱置，專論資本邊際效率，以及它如何與利率合起來決定投資的問題。凱恩斯所研究的，是資本主義社會。這裏所謂投資，是指私人企業家的投資而言，因為假定國家投資不佔重要地位，所以無須把國家投資如何影響私人投資的問題，一併考慮。

假定沒有國家投資，則一社會的投資量，當然等於個別企業家的投資量之累加。所以，「投資量如何決定」一問題的解答，要從個別企業家投資抑不投資的選擇開始。我們無需到粗淺的常識以外去找尋此一選擇的依據。如果企業家的資金是自備的，他考慮：預期把這一筆資金去作某種投資所能獲得的利益，較諸僅僅把這一筆資金到尋常借貸市場去存放所能收取的利息，何者為大。前者大於後者，他遂行投資；後者大於前者，他不會遂行投資。如果企業家是準備借用他人的資金來投資，情形亦無不同，他考慮的是：預期投資所能獲得的利益，是否能夠付出資金的利息而有餘。有餘，他遂行投資；僅能付出利息或甚至不足，他不會遂行投資。總之，投資與不投資的選擇，決定於投資利益與利息的比較。這是凱恩斯全部理論的核心。

我們從頭就必須牢記二點：(一)所謂投資利益，當然是把本錢提出以後的利益；(二)投資利益是一種利息與利潤的混和，這中間要除去利息，才是利潤。許多人因為於此二點未能辨明，竟把整個資本邊際效率的概念都誤解了。

利息的大小，並不用它本身的數值來表現，而是用一個稱為利息率(簡稱利率)的百分率來量出。這是必要的，如此才能把時間的因素計算在內。不然的話，萬元本金在一年內獲息千元，與萬元本金在十年內獲息千元，就顯得毫無分別。所以要比較利息與投資利益，就必須替投資利益也找出一個與利息率類似的百分率，才能使二者具有共同的尺度。如果利息是一個百分率，而投資利益是一個絕對數值，則二者根本不能比較。如果利息與投資利益都用一個絕對數值來表現，則於比較時勢必把時間因素撇開不計，這樣的比較少有用處，因為事實上不會有人把十年內獲利千元看得與一年內獲利千元毫無分別。

凱恩斯找到了這個投資利益率，而名之曰「資本邊際效率」(marginal efficiency of capital)。我們對資本邊際效率，可以作這樣的初步瞭解：它是一個與利率性格非常類似的百分比率；如果「利潤率」一詞可以成立，則資本邊際效率事實上即為利息率與利潤率之和。但應知：根據凱恩斯學說，利息為另一獨立現象，它是由另一些與資本邊際效率或投資絕不相干的因素所決定。我們必須從其它處所獲知利息率為何，才能從資本邊際效率中減去利息率，讓利潤率顯現出來；如不知利息率為何，則在資本邊際效率之中，利息率與利潤率二者即混攪一起而莫可辨析，

投資預期利益

要進一步解釋清楚資本邊際效率，必須先解釋清楚它所依據的另外兩個基本概念：一是「投資之預期利益」，一是「資本財之供給價格」。但說明此二者，不太容易，而凱恩斯則照例的語焉不詳。

關於投資預期利益的界義，凱恩斯祇用極簡單的七行文字來把它交待了。這七行文字，把它全部錄出，亦不會大費篇幅。「當一個人買進一項投資或資本資產之時，他是買進了一聯串的預期收益(prospective returns)，此項收益，他料想於此項資產之生命持續期間靠着出賣其產品，在減掉為獲得此項產品所需的經營費用(running expenses)之後，能夠獲得。此一聯串的年金 Q_1，Q_2……Q_n，可以方便的稱為那投資之預期利益(prospective yield)。」(「一般原理」第一三五頁)依此說法，所謂預期收益與預期利益，顯然同為一物；同一物而有了兩個不同名詞，已經容易引起誤解。這且不說。預期利益是分成許多年陸續收進的，如果那項資本財的壽命是n年，則預期利益就可以有n份，

每年一份，分別稱爲 Q_1，Q_2……Q_n，Q_1 是第一年的收益，Q_2 是第二年的收益，餘類推，而 Q_n，即最末一年的收益，還可以包含此項資產的廢料價值在內。Q_1 當然等於第一年的售貨總收入（total revenue），減掉第一年的所謂經營費用。但這裏却遭逢困難：經營費用根本就是一個沒有解釋淸楚的名詞。

茲就凱恩斯原意，爲之補充說明。經營費用並不等於生產總成本；經營費用是等於總成本減掉兩項東西：(一)此項資本財本身的折舊，(二)此項資本財之原價的利息。但，此項資本財以外的資本設備之折舊與利息，則仍然要包含在經營費用之內。譬如，我聯合使用A、B、C、D等多種資本財生產一項商品，如估計資本財A的預期利益，則所謂經營費用，僅須從總成本中減A的折舊與原價利息即得，無須減B、C、D等的折舊與利息。如此，一項資本財之歷年的Q，即等於歷年的

總收入－(總成本－本身的折舊－本身的利息)；

因爲總收入減總成本等於利潤，所以歷年的Q亦等於歷年的

本身的折舊＋本身的利息＋利潤。

經這樣分解，就可以看到所謂預期利益，是略近於一種本利和的性質；祗是這裏的「利」，不是單純的利息之利，也不是單純的利潤之利，而是利息與利潤混和在一起的利。企業家爲購置一項資本財而付出一筆代價，此相當於本金。他從歷年的收益中提出一筆欵項作爲折舊，等於把本金收回，此歷年折舊之總和，恰好等於本金的數額。他又從歷年的收益提出一筆欵項作爲本金的利息，這是他即令不從事投資，而僅將資金存放生息亦可以取得的收入。在整個收益之中，如果提出了折舊與利息之後尚有剩餘，則此一餘額即成爲企業利潤。

關於預期利益的解釋，祗能至此爲止。但這仍然異常粗率，並沒有把許多複雜情形考慮在內。我們可以擧出兩種情形。情形一：企業家爲生產商品 a 而準備購置生產財A，如果他是一個新來者，則上文關於預期利益的說明，完全適用。但，如果這是事業的擴展而非事業的創辦，那個企業家已經有了 n 單位的A，並已在從事 a 的生產，他所面臨的是應否添置一單位A的問題，他的考慮就與新來者不完全一樣。添置一單位A而從事生產，則 a 的產量增加，a 的單位價格就可能因供給增加而低落；這是說，他所已有的 n 單位A的產品的售貨總收入，可能因A的數量之增加而減少。如果一單位A可生產 c 單位 a，又如果增產以前 a 的單位售價爲 p 而增產以後預期將降至 p'，則A的添置所遭致的損失是：$cn(p-p')$。所以，對於一個準備添置工具擴大生產的企業家，在上文所說的Q之中，尚須減去 $cn(p-p')$，才是眞正的投資預期利益。一個新來者，就不必顧到這些，因爲損失是人家的，與他自身無關。可以說：凱恩斯所理解的投資預期利益的概念，僅適用於創業投資而不能適用於擴展投資。

我們於此提出的考慮，如果在所謂「完全競爭」的場合，就並不重要，因爲在這場合，一個個別生產家之增產，對產品之價格絕少或甚至絕無影響，也就是說，$p-p'$ 幾等於零。但，在獨佔或準獨佔的情形下，此一考慮，却常常成爲擴展投資之一大障礙，一個以解答投資量從何決定爲目的的完整理論，不應該把它忽略。

情形二：企業家通常是使用A、B、C、D等若干種資本財來生產一項商品，他對於A、B、C、D的需求，是一種「聯合的需求」(joint demand)，但他對於A、B、C、D，並不是成組的，而是分別的購置。假定在程序上他先購置A，然後再購置B、C、D以與A相配合，則他對於B、C、D的預期利益的計算法，就與對A的預期利益的計算法，全不一樣。當他計算A的預期利益之時，他可以把B、C、D的原價利息與折舊（估計的）統統都歸入凱恩斯所謂經營費用項下，我們對

投資預期利益＝總收入－(總成本－本身折舊－本身利息)

這個公式，就無需作補充說明。但如果已購置了A而計算B的預期利益，則可能A的實際所值（即如果放棄經營而把A從新賣掉可得多少錢）已經改變，或升值，或貶值，都說不定。屬於A的經營費用不是就原來進價計算的利息與折舊，而是就新的所值計算的按年分攤的本息。如果就A的原來進價計算的一期間的本息爲 s'，則前列公式中總成本一項，就要減掉 $s-s'$ 這個數值，才能與企業家眞實的計算法相符合。（$s-s'$ 這個數值，可能是正數，也可能是負數，如果A曾貶值，它是正數，A曾升值，則爲負數。）換言之，對上文所說的Q，尚須加上 $s-s'$ 這麼一個數值，才是企業家在準備購置B時所意味到的投資預期利益。C與D等的情形，與此類似。如果把A稱爲主要生產財，而把B、C、D等稱爲輔助生產財，則可以說，凱恩斯所理解的投資預期利益的概念，僅適用於主要投資，而不適用於輔助投資。

企業家可以隨時把已購置的生產財照原價賣出的情形，是少有的；通常，貶值的機會多於升值，要出讓，往往不能得到本來那個價錢。即 $s-s'$ 通常爲正數。一個主要投資的既成事實，會迫使企業家非續作輔助投資不可。爲着投資量與就業量之增加或維持，這是一個重要的有利因素，完整的投資理論，也不應該把它忽略。

我擧出前述的情形(一)(二)，是說明凱恩斯的投資預期利益的概念，事實上是一個非常粗糙的概念，不加多方面的補充，就無法適用於一般場合。

資本財供給價格

凱恩斯所使用的資本財供給價格一詞，更帶來許多紛亂與誤解。此亦須首先辨明。

企業家計算生產成本，關於資本設備，是就其實際所值來估量其利息與折舊的，却並不關心此項設備本身的生產成本。因此，照我們的直覺，與投資之預期利益相對的，應該是資本財之市場價格。

凱恩斯却並不如此。他是拿「資本財之供給價格」(supply price of capital-asset) 來與預期利益相對，而且又明言此供給價格不是市場價格。他說：資本財之供給價格一詞所意指者，「不是那一項問題中的資產實際上能在市場上購得的市場價格，而是正好能誘使一個製造者去把此種資產新生產一加添單位的價格，也就是有時被稱爲它〔按指此種資產〕的替補成本 (replacement cost) 的那東西。」(「一般原理」第一三五頁) 這樣解釋，顯示凱恩斯所使用的供給價格一詞，至少在此處，實與一般習慣無異。一般的說法是：一產品之供給曲線，正好與它的邊際成本曲線相符合；如此，則凱恩斯所謂資本財之供給價格，應卽爲生產此項資本財的邊際成本。

凱恩斯爲什麼不把資本財之市場價格，卽我們所謂「進價」，而要把它的邊際成本，來與預期利益相對？我相信理由是在這裏；凱恩斯意味的投資，是社會的投資；他所意味的成本，也是社會的成本。一項資本設備在個人與個人之間轉讓，未必能使此項設備如 凱恩斯所說的「新生產一加添單位」出來；此一轉讓行爲，對購入者甲爲投資，但對賣出者乙則爲反投資，乙的反投資正好與甲的投資相抵銷，社會投資未嘗增加。他研究投資問題，主要目的是要把它聯繫於就業問題。他有這樣一個觀念，祗有在社會的投資總量增加時，就業才會增加，而任何不能使資本財之存在增加的行爲，都不算社會投資。

我們必須指出，這樣的理解，對實際情形全不符合，而且與我們所處理的問題毫不相干。一個企業家，除非他的生產設備是自己製造的，他可以對此種設備本身之生產成本絕無所知；他所接觸的，祗是它的市場價格，他實際上的計算基礎，也祗是那個市場價格。要他以此項設備之邊際生產成本爲依據，則投資預期利益及資本邊際效率等都可能無法把握，叫他從何去作投資抑不投資的決定？

個人企業家的投資動機，必然是個人的，而非社會的；而且，社會的投資量，也必然是個人的投資量之累加（再加上公家投資），本來就用不到把二者分別考慮。凱恩斯學說之所以難於理解，就在於這些多餘的轉彎抹角。

誠然，在把個人投資累加爲社會投資之時，必須注意甲的投資是否被乙的反投資所抵銷。譬如，一宗生產財始終不停的在使用之中，則僅僅主權的轉讓，誠如凱恩斯所理解，不構成社會投資。但如凱恩斯那樣，把資本財之存在量是否增加，視爲社會投資是否增加的唯一標幟，也不正確。社會投資量是否增加的標幟，是被使用的生產財會否增加，而非存在的生產財會否增加。如果把就業量與投資量聯繫起來考察，尤其應該作這樣的理解。一個製造者製造了許多機器因無人購買而任其閒置，他不能擴展就業；唯有那個把這些機器買進來使之開動的企業家，才能造成新的就業機會。

凱恩斯再拿「替補成本」來解釋資本財之供給價格，也仍然不能把觀念的混淆挽救過來。在一個企業家，替補成本是這樣的意義：譬如，一項機器，今天可以千元的價格買進，機器的壽命爲五年，預料到五年之後，要買進同樣的機器，却需要二千元：如此，千元爲市場價格，二千元爲替補成本。試看一企業家在今天考慮是否要購入此項機器之時，那替補成本之大小對他發生如何的影響？照凱恩斯的說法，此項機器的替補成本卽其供給價格；如下文所解釋，此供給價格愈大，則預期利益與之比較後所顯出的資本邊際效率就相對的縮小，因而削弱了投資動機。換言之，照凱恩斯的說法，替補成本愈大，投資動機就愈小。但，實際情形却可能正好與這個推論相反。實際情形是：愈是在替補成本大於市場價格的場合，投資動機愈大。一項生產財價格之看漲，同時卽意味着此項生產財所生產出來的產品價格之看漲，亦卽預期利益之看漲，企業家當然更樂於在今日以較低的價格將此項生產財購進。在一般場合，企業家在考慮投資抑不投資之時，也可能全不顧到這個替補成本。替補成本，祗有在企業家考慮他將以何種價格出售其產品（或考慮是否願就市場價格出售其產品）之時，才顯出其重要意義，對投資與否的抉擇，少有影響；縱有影響，其影響也正好與凱恩斯所意味者相反。

所以，我要奉勸凱恩斯的讀者，寧可違背了凱恩斯的原意，把他所時常用到的資本財供給價格一詞，直截了當的改竄爲市場價格。必如此，我們才能對資本邊際效率一義作平易的說明與確切的把握。否則，我們的觀念將永遠模糊不清。記住：下文所說的P，在凱恩斯應是指所謂資本財之供給價格，我們却要把它理解爲市場價格，亦卽簡單的所謂進價。

投資量之決定

在補充了投資預期利益的概念，並修改了資本財供給價格的概念以後，我們才算已經撥開雲霧，得以望見目標。因爲凱恩斯的資本邊際效率的理論，成問題的處所，不在此概念本身，而在此概念所從而建立的基礎。

凱恩斯 的定義：資本邊際 效率是一個折扣率 (rate of discount)，此一折扣率，「將使那一聯串預期能從某項資本財在其生命持續期間獲得的收益所構成的年金之現在價值，正好等於它的供給價格。」(「一般原理」第一三五頁) 除了對供給價格一詞我們有所爭辯之外，這是一個非常好的定義，但譯成中文，顯得嚕囌。我們把凱恩斯所謂供給價格，卽我們所意指的市場價格寫成P，則資本邊際效率就是這樣一個折扣率，它可以使某項生產財之最後一單位的 Q_1，Q_2……Q_n 這一聯串年金之現在價值，累加起來，正好等於P。

解釋清楚這個定義，差不多等於把握了關於資本邊際效率的全部概念。我們試爲解釋。

一項資本設備，今天可以千元買進，此卽謂：P＝1000元。

先假設一簡單的事例：此項資本設備的生命，祇能持續一年；滿一年以後，其廢料價值為零。所以祇有Q，無所謂Q_1，Q_2，Q_3以至Q_n。如企業家預期在一年以後，從此項設備之產品售價，除去其它經營費用以外，可淨得千二百元，此即謂：$Q=1200$元。

但此千二百元，是一年以後的千二百元，非今天的千二百元。企業家要考慮，以今天的千元換取一年以後的千二百元，是否值得。此考慮的依據是：千二百元與千元之間的折扣率之大小。從這個簡例，我們一望而知，折扣率是二〇%，即謂預期可獲利（利息與利潤）二成。此一折扣率愈大，投資動機愈強。代表折扣率與代表P與Q的數字，其間關係得以 $\frac{1200}{1+0.2}=1000$ 等式表出之。式中之 $\frac{1200}{1+0.2}$ 即凱恩斯所謂Q之現在價值。把0.2稱為e，這個e，就是此項資本設備之邊際效率。（嚴格說，這樣的解釋，祇闡明了資本效率，而未闡明資本邊際效率，此詳後。）前列式中的實際數字，以符號來替代，即成為 $\frac{Q}{1+e}=P$。此式中，Q與P應為已知數，由此已知數，即可求出e的值。

如果，此千二百元的收益，要在二年之後才能到手，則e的值就要減小。從 $\frac{1200}{(1+e)^2}=1000$，可求出$e=0.095+$。資本效率已非二成，而是約九分半。所以，前式應改寫為

$$P=\frac{Q}{(1+e)^n}$$

才能適用於一般場合，式中的n，為距離現在的年數。已知P，Q，與n，即可求得e。這幾個數字之間的關係是：(1)Q愈大，e愈大；(2)P愈小，e愈大；(3)n愈小，e愈大。

再進而說到一項資本財的生命持續不止一年的較複雜的場合。譬如，其生命預期將持續n年。此項資本財之產品售價，是分成n年陸續收進的，除去逐年的經營費用，即構成一聯串的Q_1，Q_2，Q_3……Q_n。這是說，在一年之後收進Q_1，在二年之後收進Q_2，以至在n年之後收進Q_n。這一聯串的逐年利益，不必逐年相等，也不必成有規則的級數，儘可以參差不齊。因為在事實上，企業家的預期，可能在某一年的收益較多，而在另一年的收益較少。再，如果在n年以後，此項資本財尚保有若干的廢料價值，則此廢料價值，也不妨加到最後一項的Q_n中去。當然，此逐年利益的累加值，必大於此項生產財之進價，否則企業家不會遂行投資。$\Sigma Q>P$為投資的前提，此前提不成立的場合，可置不論。

P本來是整個兒的。但為說明的便利，我們也可以把它分成n份，名之曰P_1，P_2，P_3……P_n，使每一個P與每一個Q相對，即P_1與Q_1相對，P_2與Q_2相對，以至P_n與Q_n相對。分法是比較任意的，各個的P相等也好，不相等也好。僅須注意：一、各個的P累加起來，正好等於整個的P。二、最好使每個P均小於與之相對的Q，即$P_1<Q_1$，$P_2<Q_2$，這可以辦到，因為$\Sigma Q>P$。把P分成n份，就是假定企業家把分錢本成n份：P_1是作為對第一年度的投資，打算在一年以後把它連本帶利收回；P_2是作為對第二年度的投資，打算在二年以後把它連本帶利收回，如此直至n年後，把最後一份P_n也連本帶利收回。照前述資本財生命僅持續一年的簡例類推，我們可以得到n個等式，即

$$P_1=\frac{Q_1}{1+e}，P_2=\frac{Q_2}{(1+e)^2}，P_3=\frac{Q_3}{(1+e)^3}，$$

$$……P_n=\frac{Q_n}{(1+e)^n}$$

因為諸P與諸Q以及n，均為已知數，我們即可求出每個等式中的e的值。當然，如此求出的e的值，參差不齊，但不會是負數。此參差並無妨礙，我們立即可使之歸一。既然 $P_1+P_2+…+P_n=P$，則把前列n個等式累加起來，就成為

$$P=\frac{Q_1}{1+e}+\frac{Q_2}{(1+e)^2}+……+\frac{Q_n}{(1+e)^n}$$

這是一個僅包含一個未知數e的多次冪方程式，它祇有一個正數的有理根。此唯一正數有理根，即凱恩斯的定義中所謂能使一聯串的Q之現在價值累加起來，正為等於P的那個折扣率，亦即我們所要找尋的資本效率。在那n個等式中e之值的參差不齊狀態，至此就不復存在。最後那個方程式，就是凱恩斯定義之最確切的說明。

熟悉利息計算法的人們一定能夠發現，前面那個重要方程式，實與整存零付法所依據的方程式，非常類似。祇要把e改成尋常代表利率的r，則P即本金，諸Q即分期提付的本利和。這是因為，資本效率與利率，本來就非常類似，所差祇有一點：即利率是單純的利息的率，而資本效率則為利息加利潤的率。正由於二者之類似，所以，如市場利率為已知者，資本效率就可以與利率相比較。以r為市場利率，則如$e>r$，預期利潤為正數，企業家可以投資，如$e<r$，則預期利潤為負數，企業家放棄投資。

何以把e稱為資本「邊際」效率？此與一商品的市場價格隨其供給量之增加而遞減的法則有關。企業家對某項資本設備打算購置一個單位，其預期利益為Q_1，Q_2……Q_n。但如果他打算購置二個單位，則預期利益不一定是僅購買一單位所預期的諸Q之二倍。購置二單位，其產品的供給量增加，售價就可能因而壓低。所以諸Q之值，隨打算購置的單位數之增加而遞減。前已言之，Q愈小，e亦隨之而愈小。而且，如果準備購置二單位，不僅那第二單位的e較諸僅購置一單位時的e為小，即連第一單位的e，亦被拉低下來，與第二單位的e看齊。在購買若干個單位的場合，作準的是最後一個單位，亦即在邊際上的那個單位的e，所以把它稱為邊際效率。

企業家已準備購置某項資本財而從事生產，他仍然面臨一個非常複雜的選擇：究竟是購置一個單位呢，抑兩個、三個以至數十百個單位？這也要靠資本邊際效率與利率的比較來幫助決定。譬如說，他預期：

若購置一單位，則e爲　四〇%；
若購置十單位，則e爲　一六%；
若購置二十單位，則e爲　八%；
若購置三十單位，則e爲　四%；
若購置四十單位，則e爲　二%。

這樣一串複雜的預期，得以簡單的圖解表明之。如圖，X軸量出準備購置的單位數，Y軸量出資本邊際效率的百分數，EE′即爲資本邊際效率的曲線。如果OR爲市場利率，則OX′的長度即量出了購置量的高限 (upper limit)。從圖中量出OR爲一〇%，OX′約爲一六單位。這就是說，如果市場利率爲一〇%，則企業家不會對此項資本財購置十六單位以上，因爲購置十六單位以上，e就小於r，投資不如存放生息。投資量既決定於資本財之購置量，所以利率的大小，實提供了一個投資量的高限。從圖中一望而知，如果OR減，則OX′增。這是說，利率愈低，則投資量的高限愈高，也就是說，可能的投資量愈大。

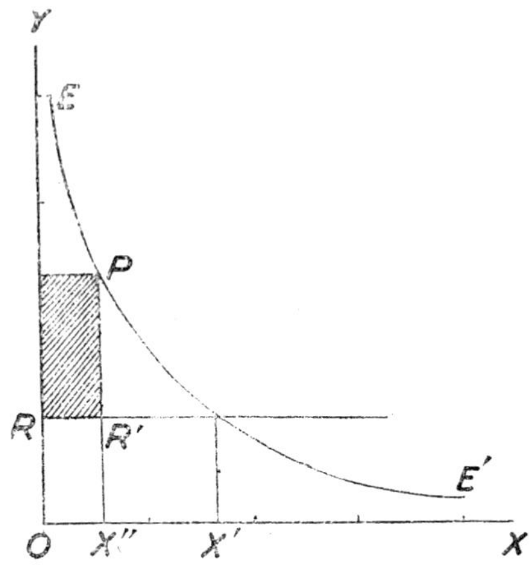

於此，我們又可指出凱恩斯投資理論的另一疏略之處。他認爲，資本邊際效率與市場利率的比較，即決定了個別企業家的投資量，而我們却能發現，這樣的比較，祇提供了投資量的高限，而沒有提供投資量的低限 (lower limit)。如上圖所示的情形，企業家所決定的購置量，不僅不會大於十六單位，同時也不會正好是十六單位，因爲購置十六單位，則e正好等於r，預期的利潤爲零。企業家所追求的是最大利潤，如利潤爲零，則投資與存放生息無異，他沒有投資的必要。企業家所決定的購置量，通常是小於十六單位。凱恩斯沒有考慮到這一點，所以他對投資量如何決定的問題，事實上祇作了一個不完全的解答。

依據企業家必追求最大利潤的原則，投資量是這樣決定的：仍就上圖所示的例來說明，在EE′線上可以尋求出一點P，使P的直坐標減去OR再乘以P的橫坐標所得之積，達到最大的數值，則P的橫坐標，即爲符合於最大利潤原則的投資量；換言之，要在那曲線上尋求這樣一個P點，能使陰影部份達到最大面積，則P點與Y軸的距離，即OX″的長度，就是所決定的投資量。再詳言之。X軸既表出購置的單位數，同時即表出投資的貨幣量。(附註：這裏要假定此項資本財的市場價格並不因購置量之增加而增加；但如果此市場價格因購置量之變動而變動，則僅須把圖中X軸的比例改換一下，整個原理仍能適用。) 當投資量爲OX″時，資本邊際效率爲PX″。OR爲市場利率，則PX″－OR＝PR′即爲利潤率。利潤率乘投資貨幣量，就是預期所能獲得的利潤總額。投資量 (OX″) 即決定於利潤總額 (PR′×RR′) 達到最大值之點。

尋求P點的方法：以 (x, y) 爲P的橫直坐標。$y=f(x)$。$x(y-r)$ 爲利潤總額，於此r即市場利率爲常數。$x(y-r)=x[f(x)-r]$，$\frac{d}{dx}[x(y-r)]=f(x)-r+xf'(x)$。當 $f(x)-r+xf'(x)=0$時，$x(y-r)$達到最大值。所以，祇要解出 $f(x)-r+xf'(x)=0$ 那個方程式，即可從x的值決定P點。

圖解顯出，X″與X′的距離，相當的遠；這是說，決定的購置量，不是十六單位，而僅是六單位左右，相差甚大。此相差的程度，需視曲線的形狀而定，也就是說，需隨資本邊際效率與購置量的函數關係之不同而改變。如圖所示，不過爲一特殊場合而已。在此特殊場合，曲線的形狀是上彎 (concave upward) 的，如果把上彎改成下彎 (concave dounward)，X″與X′的距離，就會接近得多。資本邊際效率曲線，除了它恆爲一遞減函數一點外，可以有各種各式的形狀，因此X″與X′的距離，也有無數變化，不能一概而論。由此可見，資本邊際效率與市場利率的比較，並不能決定投資量，而凱恩斯則認爲投資量單獨的決定於 (uniquely determined by) 此種比較，其說實並不正確。

上文，是說明了個別的企業家對各種個別的資本財之需求情形。我們已有了個別的投資需求表 (investment demand-schedule，這是凱恩斯定的名詞，即列出如投資爲若干元資本邊際效率爲若干%的那個表)，並可從而繪出個別的投資需求曲線 (如圖)。再把所有的個別投資需求表「集合」(aggregate) 一起，即構成一個集合的投資需求表，凱恩斯把它稱爲「總的資本邊際效率 表」(the schedule of marginal efficiency of capital in general)。

以最簡單的例來說明「集合」的方法：假定祇有甲、乙、丙三位企業家的個別投資需求表

e	甲	乙	丙
二〇%	一,000元	二,000元	三,000元
一五%	二,000元	三,000元	四,000元
一〇%	三,000元	四,000元	五,000元
五%	四,000元	五,000元	六,000元

則甲、乙、丙三人的集合需求表爲

e	二〇%	一五%	一〇%	五%
集合	六,〇〇〇元	九,〇〇〇元	一三,〇〇〇元	一五,〇〇〇元

卽將與各等級的資本邊際效率相關的那些個別投資量累加起來，其方法實與把普通商品的個別需求表累加爲集合需求表的方法無異。當然，眞實的情形是，個別投資需求表決不止三個，而資本邊際效率也要分成許多更爲細密的層次。但此可照前例類推。

凱恩斯認爲拿市場利率去和類此的一個集合投資需求表相比較卽可以決定社會的投資量。他結論說：「投資率（其實應該說投資量）將被推展到在那個投資需求表上的總的資本邊際效率正好等於市場利率的那一點。」（「一般原理」第一三六至一三七頁）其意謂：如上列簡例，假定市場利率爲一〇%，則社會投資將接近於一萬二千元。照我們的分析，那個一〇%的市場利率，並不能決定個別企業家的投資量。譬如在甲，當市場利率爲一〇%時，表中的三千元僅爲他的投資量的高限，他實際的投資量，可能比三千元少得多。乙與丙的情形亦復如是。所以，那集合需求表上的一萬二千元，也祇是提供了社會投資量的一個高限，實際的社會投資量，仍然可能距離這個高限甚遠，其確切的數值，則不能從凱恩斯的方法求得解答。

但我仍須指出：凱恩斯的這個疏略，尚不致使他的全部投資理論爲之失效。他主要是說明市場利率愈低則投資量愈增，並進而提示一種壓低利率的方法，以促進投資。我們暫時撇開關於利率的理論不談，低利率足以促進投資一點，却是確切不移。如上圖，祇要EE′爲一遞減函數，則OR愈小，能使PR的面積達到最大值的P點，就定然會向E′的方向移動，而OX″亦隨之增大。不過這也不是凱恩斯個人的創說。在他以前，馬歇爾 (A. Marshall) 早就有所闡明。費歇 (I. Fisher) 的「超出成本的收益率」(rate of return over cost)，更與凱恩斯的資本邊際效率幾乎完全一模一樣，而精確的程度，猶有過之。凱恩斯的理論，毋寧說是脫胎於費歇，不過把一些術語改變而已。（未完）

（上接第25頁）

秦始皇自以爲高明，實在不高明，就算他活到今天，活了兩千多年，天天要殺人，殺到沒有人好殺了，他會覺得無聊的。再說他一時榮譽心發作，把白骨堆得齊天，自己爬到骨山尖上喊：「看啊，我比埃佛勒斯峯還高！」喊完了沒有一個人呼「萬歲」，也會「前不見古人，後不見來者，念天地之悠悠，獨愴然而淚下」的。可見獨裁者還是離不開人民，至少要靠人民裝裝場面。

秦始皇的死，有些史學家推測可能是被害；史大林的死，有人說是馬林可夫謀害的，正跟列寧是史大林謀害的一模一樣：這些話確不確？不敢斷定。不過，中外古今的獨裁者，被害死的不少。我敢斷定：剝奪了人民死和不死的自由的人，他自己未見得就有死和不死的自由。

六

我們要有死的自由。除非眞犯了法，還要有不死的自由。

能够自由自在地生，才能够自由自在地死；死和不死的自由，要靠生的意志去爭取！

徵稿簡則

一、本刊歡迎：

(1) 凡能給人以早日恢復自由中國的希望，和鼓勵人以反共勇氣的文章。

(2) 介紹鐵幕後各國和中國鐵幕區極權專制的殘酷事實的通訊和特寫。

(3) 介紹世界各國反共的言論、書籍與事實的文字。

(4) 研究打擊極權主義有效對策的文章。

(5) 提出擊敗共黨後，建立政治民主、經濟平等的理想社會輪廓的文章。

(6) 其他反極權的論文、純文藝的小說、雋永小品、木刻、照片等。

二、翻譯稿件務請寄附原文。

三、投稿字數，每篇請勿超過四千字。

四、來稿請用稿紙繕寫清楚，並加標點。

五、凡附足郵票的稿件，不刊載卽退回。

六、稿件發表後，每千字致稿酬新臺幣四十元至五十元。

七、來稿本刊有刪改權，若不願受此限制，請先說明。

八、惠稿一經登載，版權便爲本刊所有，非經同意不得轉載。

九、來稿請寄臺北市和平東路二段十八巷一號本社編輯部。

檢討我駐外使節與華僑的關係！

聞逞

一

年來讀「自由中國」雜誌和其他刊物的報導，得知自由中國經濟、政治、軍事各方面都有長足的進步，在海外僑居的我們心情自感無限的興奮。最近國民大會已經開過，第二屆民選正副總統也選出來了，接着救國會議也將在臺召開，這都是海外僑胞所樂聞的。最近又不斷從臺北傳出來外交陣容將全面調整的消息，可見這都是政府積極開明的措施。不過在行將全面調整前，我願將個人年來在僑社所看到和聽到的向自由中國的讀者報導。

有人說：「弱國無外交」，我認爲這句話是不對的。恐怕也就是因着這句話造成了今日我國這個局面吧！多少外交官和駐外的工作人員因這句話損傷了自尊心，以致於消極；有些駐外使節也是一味聽命於最高決策——外交部，或抱着得過且過，保持自已職位；有些消極份子則不顧國家與亡，仍在醉生夢死求享受，或籠絡有錢有勢的大亨，對於護僑工作和爲祖國文化宣傳，可以說是做得很少。我們不信「弱國無外交」這句話，原因是假如不能與友邦辦外交，但對於宣揚祖國文化、組織僑社、團結僑社、教育僑社……等這些工作，至少也是我駐外使節應該做的。然而，現在我們看看今日的東南亞、中南美、和西歐我政府派駐使節的工作人員在這方面的表現。

二

菲律賓陳大使的作爲，自由中國和港九各報章雜誌已有很多報導，此地不多贅述。現在從中南半島西貢的總領事館說起：現有公使銜兼總領事、下有領事隨習領事各一，河內金邊亦有領事各一。抗戰勝利後凡遇有什麼事情交涉始終經過法國專員公署，從沒有直接與保大政府交涉，致三轉四轉到最後結局，毫無效果可言。以致僑社發生什麼事也不敢多請我外交人員去交涉。越南政府和國民也看中了這一着，所以不免有些苛捐雜稅，魚肉僑社情事發生，不公平待遇華僑情節層出無窮。以前百分之八十以上的商業經濟權握在我僑社手裏，也就在這種不公平待遇下轉移給法越人士了。越南政府對僑商所課商業稅之重，眞是史無前例。甚至無法律明文之規定。有好些僑商無法交納，要求使領館人員交涉，從未見效，惟有照原規定之數目十足交出。有的要求商會負責人交涉結果，可照原定價目交七成或八成，這當中底細可不用多說。

對於我國移民赴越南登岸後初步手續，多由客棧和幫會代辦，然後交些手續費。這都無所謂，但仍不免要三上移民局。向幫會塡各種不同的表格，然後排長蛇陣等待打指模一關，這一關往往從早八九點等至過午三四點，枵腹忍受，這是中國人還能做到的。但最令人難受的莫過於出入境一連打百個以上的手指模，從左手至右手，從大姆指至小姆指輪流不息，然後再用左右掌合攏五指打在規定的表格上。在衞生設備毫無的移民局要洗潔二掌就非易事。我想世界上指模打得最多的莫過於中南半島這些國家了。這樣對一個有正義感的知識份子是很難於忍受的，奇怪的從未聽見我使節提出抗議和改善。就在獨裁和警察的國家也沒有待中國人如此之苛，這簡直是一種藐視和汚辱。

中南半島華僑最多的暹羅，自謝保樵大使離職後，一切館務也就由孫代辦主持。雖然泰國也是站在反共的立場與我們政府是一致的，兩國間可以說經常維持正常的外交關係，可是，在泰有相當經濟地位的華僑，受到當地人民的民族主義和排外的思想排斥，數年前暹政府規定從十八歲至六十歲的華僑人頭稅四百銖，所以暹政府不費吹灰之力，强收了我華僑十餘億暹幣。四五十億國庫預算案，華僑無形中被他們强迫塡補這個數字的三分之一，這種不公平的待遇從未見改善。最近泰北發生之國內逃出來的五百餘人，已遵泰政府法令辦領身份證手續，受到當地移民機構數十次的勒索，至本年元月靖邁警署還扣押七八十人。僑胞們在物質和精神上所遭受之損失不可補償。凡此種種，還有待我駐當地之使領人員之努力，求得合理的解決！

在不久前某高級外交官還透露在暹我使館發生過這樣的一件事，就是屬員發護照舞弊，檢妥原有證件及塡好護照讓領事批示和簽字，最後拿出換上別人的相片，風聲傳出，警察追緝，他已逃至星暹交界邊區去了。

三

至於緬甸、馬來亞、印尼等地現沒有與我國維持正常外交關係，姑且勿論。但我願將年來在西歐和中南美親眼所見，親耳所聞，或從朋友信書來往無意中提到的一鱗半爪，不假文飾地直書出來。而又因篇幅關係，今僅舉中南美，華僑較多的古巴和墨西哥爲例，讓讀者舉一反三。可惜的我政府和民間至今都沒有好好地編一部華僑史，因此多少可歌可泣的事蹟被埋沒。如我僑胞在一百五十年前就與古巴發生關係，在五十年前他的獨立革命，我僑胞還有七千餘人用他們的熱血和頭臚參與此種壯烈的行動，這在中巴二國歷史的關係上是一光輝的記錄。當第一次大戰後也是華僑全盛時期，人數有八萬之衆，可是好景不長，自一九二五年以還華僑在當地的地位受到嚴重的打擊和限制。自五七零法令頒佈後，新僑入境至難，至現在僅存三萬六千餘人。迨至一九四零年雖由李廸俊公使與古巴簽定了一份友好條約，其中規定每年准許中國移民一百五十名，但至現在古巴仍未將該約各項細則通過。至於南美各地華僑組織更談不上，我使領館人員對華僑只好聽他自生自滅！護僑是他們的工作，也是他們的責任，但事實上會做了多少？

中美墨西哥則比古巴更慘，自一九二一年排華慘案發生後，由四萬人的華僑減至現在只有一萬人左右，而這數目字中有百分之六十是娶當地女子爲太太的，許多華僑本身知識水準低，故生養子女多由母教，長大後自然而然成爲當地國民，這不是以血汗來替人家培養國民嗎？還有更慘的事實，就是他們費了一生心血經營所得的利潤和一點財產，常被他們强制執行或較溫和些的限期離境而全部斷送了。雖然墨政府有象徵性的移民法規定一千名，但眞正移民則又另一回事。

今年很幸運遇到總統府國策顧問邵毓麟代表總統宣慰中南美、西歐、中東等地華僑歸來，筆者問邵先生對於訪問南美後看到日本人戰後在南美護僑的工作後有何感想？邵先生承認我政府駐外使節沒有積極注意這些事是事實，同時年來政府着重內部政治、經濟軍事改革而無暇注意到也是事實，他最後又感慨地說在外使節中有不少官僚作風，也無可否認。邵先生這個意見是很可寶貴的，願他能在未來調整外交陣容聲中有很大貢獻給政府。

南美阿根廷和智利也是舉足輕重，所幸我政府已經明智地調了一位衆望很高的外次胡慶育爲阿大使，希望他能在南美再繼續如在臺灣任內時的那樣苦幹，雖然在阿華僑比較少，但他若能與華僑打成一片，相信他將來的成功必能收到預期的效果！

四

在歐洲方面與我無外交關係的英、瑞等國不必談，我們先從比利時說起。一次在國慶和總統壽辰的大佳節中，華僑抱着十二萬分的熱情和興奮的心情從早晨沒吃早點卽趕數十公里路程來到大使館參與慶祝大會，然而會一開下去就是一篇篇冗長的演說直至過午二時，大使館連杯水都飲不到，直到午後二時肚子餓的厲害，可是按比國習例普通二時後是很難在餐廳裏買到飯食的。雖是使館沒有義務招待我們華僑，但他們自己則大餐大肉，同是一個國家的國民爲什麽有這樣冷酷的人情味呢？

至於說到法國。今日法國僑社被少數共產黨份子搞得烏烟瘴氣，從未見我使領館人員拿出一套辦法來對付這批不法的共產黨學生，甚至有些愛國學生願意與共產黨鬬爭，請我使節人員支持，若與他們談及，非但得不到同情，且會碰上釘子。若稍有血氣的青年來到巴黎住上一二月看到我政府使領館人員和國民黨員所辦的事，都感到無限的悲傷和失望。我眞不明白在這樣站在同一反共國家的法國，同時有我堂而皇之的外交官領導者，還有天然環境的人力物力和大批留學生，給極少數的共黨學生搞得一塲糟，整個僑社不寧，連國民黨自己也中立化起來了，共產黨眞要暗暗地在偸笑，這正中下懷！

筆者曾有機會與我駐外一高級職員談及此事，說出我個人意見，我原想他假如不會接受我的意見也會同情的，然而我說出了我的意見請政府使館多注意留學生，爭取留學生，最簡的方法先與這批留學生接近和聯絡，不一定要金錢幫助，只要你遇到學生時以親切的安慰就够了。可是不但得不到他的同情，他還這樣地回答我，他們（指法留學）已經二十歲以上的人了，要聽信共產黨欺騙的宣傳，我有什麽辦法呢？我聽到這種不負責任的談話，心裏眞難過極了。我心裏想爲何他們一做了官就把同是黃炎子孫的人民不理呢？推其原因恐怕還是官僚氣在作祟！

今年元旦破天荒來一個大同樂晚會。但不知事有巧合啊！還是我大使館與中法聯誼會有合約？（按法共所搞的學生會被法政府解散後，轉入地下活動，中法聯誼會則爲法共和中共所控制。）致中法聯誼會的新年同樂晚會放在一號晚上，而我使館所主持的放在第二天晚上。第一天晚上被邀出席的人數可說相當不少，且多係知識份子，當他們大會開幕時，主席所謂開場白，開口閉口就是「人民的祖國」如何的偉大、新生、進步，和工業建設交通等如何地在開展中，並拿出圖片電影來證明，做得有聲有色，稍爲意志不堅的是很容易上當和受矇騙的。然而反過來看看我們第二天晚上段公使主席致詞的開場白是用法文解析中國過年的意義，這或是迎合大部份華工和他們家屬的關係！然而爲什麽不能乘這機會給在場的介紹臺灣的壯大呢？聽後兩相比較實有天壤之別。請讀者注意我並不是贊同共產黨的宣傳，而實在爲我政府外交宣傳的失敗傷心！

自大陸淪陷後曾有不少人冒生命危險走出竹幕，爭取自由。其中也有不少學生，有些逃出虎口後，想返臺升學又談何容易，在港升學經濟也不容許，幸運的可由其海外友人或同學協助而能出國求學。在法國我就遇到四位女學生就是在這種光景下經過千辛萬苦來到異邦，寄人籬下虛心學習。然而她們出國時沒有申請到臺灣祖國護照，事實上正式手續也不易申請到，往往申請一年半載也得不到下文。所以她們在不得已中拿了香港居留紙來到法國，幾次她們往我大使館交涉換一份國民政府學生護照。然而她們上大使館說了不少好話，解析她們的境遇，並願在合法手續下取得自已所愛戴的政府之護照。她們心裏：想若我這次能領到護照，人家也不會再稱我爲香港人了。然而她們三求四請都沒有得到結果，內心也感慨萬千，生爲一個中華民國的兒女，而領不到自己所愛護的祖國政府所頒發的護照，這給她們心理上的刺激是多麼的大啊！我想這四位女生如是有錢有勢的話，也不會碰這大釘子。然而，所謂在法學成的一批左傾份子被大陸請回去做人民老師，需要我中華民國大使館簽證經過他國，大使館則毫無留難地照辦了。這是一個社會惡根性的諷刺寫照。

再舉一個例子：在第二次大戰時有一壞華僑甘願爲法西斯德國所利用，出賣華僑，爲虎作倀，敲榨華僑，後被法政府拘捕期滿釋放。但他惡習成性，仍不知悔改，故引起僑社一致公憤，要求我使館當局押送出境，大使館則裝着沒有這回事，僑胞在無可奈何之下只好轉求法政府把他送到大陸去。這雖是一件小事，但更證明我駐外使節不聽僑胞的心聲！更何況談護僑呢？

提到意大利的于峻吉大使則涉及西班牙，因于大使現兼駐西大使，于大使常代表我政府出席國際會議，他對於我國與西班牙邦交有顯著的成就。誠如于大使在某次招待留西學生集會上說：「我國與西邦交之有今日深厚的情誼，完全應歸功於留西同學和天主教神父」。我們在祖國報章也時可看到留西學生每年在不聲不響中爲祖國宣傳，各人隨時隨地一舉一動，都爲國民外交而盡最大的努力。不過我使館人員也有一種通病，即對華僑組織和文化事業、宣傳祖國文物之工作沒有盡到最大的努力。

五

走筆至此，原想結束這篇東西，然而又引起了我回想過去政府所派出來的各種代表大員或專使甚至特使等，又不得不再多說幾句。如一九五零年政府派要員赴西進行恢復邦交，一到西後竟首先與汪僞時代派駐西之僞公使黃德炎磋商。提到這位僞公使又聯想到我現駐美身爲總領事的某先生還不時與之通訊。在他們私人信件中來往還常稱黃某爲公使，我雖沒有學過外交，但總認爲有欠妥的地方。

還有一次一位某大員飛往法國途中，在西班牙之巴塞羅納城下機時鬧過一次這樣的笑話。當飛機降落時有該城保安司令迎接他，當然也有不少新聞記者趕上，原有一位航空小姐，在西首都給某大員送行者特別囑咐那位航空小姐多多照顧，可是在巴城下機時那位航姐跟在一傍，一位記者用英文問他，這位小姐是你的妻子嗎？這位大員不加思索答稱Yes！不但弄得那位航空小姐啼笑不得，次日留西學生看到報章也哭笑不得！

另一位大員黃某於一九五三年赴歐考察時，在途中某國旅館裏早晨穿着睡衣就走進人家的餐廳，在外國人眼光看來這是一件相當不禮貌的事。有一位他的同事告訴他說不應穿睡衣就走入餐廳，黃答說我在香港常常是這樣！這些貽笑客邦的事還多着呢！我想如有人留意我外交使節及留居海外之宦海人物，在外國所作所爲，寫出一本「新海外繽紛錄」，羣醜畢露倒是爲國爲民有益的事。

六

現在我願意提出個人的意見，也可以說是大多數人的意見，促請政府當局注意！

第一點：希望提出積極外交，洗刷弱國無外交的錯誤觀念！假如我這看法不能成立的話，我仍舊希望我政府多督促在外使節時常接近華僑。關心僑胞的利益，不一定須要金錢，方法各種都有，若取得僑胞合作，我認爲外交工作便已經成功一半。

第二點：我建議政府應該設立一事門訓練外交人員機構，這種學員的選擇應該有大學法政畢業以上的資格，然後再施以一年訓練，不但要懂外交政治知識，且還要有內在的「愛」待同胞，和外在的儀表，再加上熱情地待人接物的態度。儲備這些新血球是當前我政府應該注意到的。雖然外交部有他的慣例從科員秘書等考選人材，然後按步提升，這都是很好的現象，但其中未免仍有人事的關係。舉例言之，如西貢洪根松隨習領事之提升，可說把整個僑社人心失去。原因是僑社對洪先生沒有受過高等教育，一朝得官，派頭十足，威風凛凛，對僑胞如同法人待殖民地一樣，這怎能不令人失望！

第三點：要有積極的宣傳。不但對僑胞要經常供給以祖國文明精神的食糧，對所駐國也應經常供有關資料。對這種宣傳現除東南亞和其他僑胞較多的地方有中文報紙，而中南美西歐我大使館最多能找到一二個月前的中央日報外，恐怕你要找其他有關書報就不易了。反過來看看，在西歐或其他地方，任你走進任何一國之駐外使領館，縱使小至只有一位副領事代理館務的，在會客廳裏你都可欣賞到介紹他們本國的文物的厚厚巨冊，且還印成無數天然風景或其他工業之類的袖珍圖片，任人取用。日本人不但對僑民有嚴密的組織，且經常給他的僑民足够的精神食糧，同時他們使館經常有人注意當地國家報刊是否有對自己國家不利的宣傳，如有的話當天即通知該報刊更正，若再犯即嚴厲地向他們的政府抗議。日本美國現在西歐大使也經常以平民身份旅行各城市考察，或以大使身份參加民間的慶節。在這些慶節中，「民間」一定邀他演講，這種爲國宣傳是一種最好的機會，也是收效最大的直接方法。然而反觀我們今日駐外使節，要找一位像胡適之先生在抗戰期間受命駐美大使任內曾作過百餘次講演的人恐竟沒有第二人，最可惜的目前有許多我駐外使節；若與他提起請協助作一次文物宣傳或展覽，他會同你說我是辦外交的，假若我們再追問外交究竟是什麼？他會啞口無言，或天花亂墜地給你講一大套不關痛癢的東西。我覺得這一點是當局應該急予改正的！

第四點：臨時派出之代表或專使特使人選應該慎重，同時要眞正能代表爲原則，過去有很多所謂專使等代表，不知代表之爲何物。僑民歡迎他也是因爲他是國家的代表之故，或有團體請他發表講演，或他自己請我使領館設法來一次記者招待會，如次日

(下轉第10頁)

印尼通訊

與共黨鬪爭中的印尼自由僑教

片影

自印尼與中共建交以來，遐跡於印尼的赤奸文特，早就有搶奪華僑社團，囊括華僑教育的陰謀與行動。但是二百萬華僑的眼睛是雪亮的，由於正義僑賢的登高一呼，無量數的善良華僑，便磨拳以應。就挪城而言，自從亞弄公會的起義，洪義順公會的新生，贏得自强兩校的反正；乃至廣肇會館選擧的勝利，爭取廣仁學校的回頭；華僑公會的決鬪，博得華僑公學的轉向，自由學校的興起，救出大批被毒化的兒童。這一連串的大勝利，使整個挪城大僑團，大僑校，都恢復其磅礴大義，天地正氣！就是挪城以外的地區，所有僑團與僑校，也都紛紛新生，躍向自由！

可是道高一尺，魔高一丈，共產黨人誤以印尼政府的寬大爲軟弱，又故態復萌地大幹其赤化華僑進而「解放」東南亞的陰謀！怎樣赤化東南亞的華僑？教育便是一個最好的工具！就挪城而論，他們發動所謂「愛國」學生，並積極於毒校的另創，圖代已反正的華校，同時，又配合着「人民官」的政治攻勢，威迫僑眷在大陸的華僑，以捐資建校，作爲「立功」的表徵，於是所有正義學校的周圍，又佈滿了相當數目的毒校。校舍既創立，學生又何來呢？首先是利用自由學校已受毒的校友，回校作校友會的活動，並進一步的開設補習班，名爲畢業生補功課，實則爲毒校拉學生。其次，是以減價、免費、跳級……，作爲引誘學生的法寶。時常縱使中毒學生，以「反動派」的辱罵，橫加於掛有自由學校徽章的學生，或以行動挑釁，圖毆打穿有童子軍制服的兒童，使一般馴良或立場不堅的學生家長，都對子女之進入自由學校，抱有戒心。此外更於日校之外，又加以夜校的費免招徠，上課之外，又助以校外的球賽、游泳、秧舞、旅行種種的引誘與迫害，遂使屢發屢挫的赤燄，又再度地死灰復燃！

畢竟，反動派的迴光反照，已再不是旭日的光芒四射！繼着禁書與禁歌的頒布之後，又有着停止教員准字與勒令外僑出境的措施，友邦政府這一賢明的擧動，不啻警告了野心勃勃的赤奸文特，應該「到此止步」！同時以印尼爲第二故鄉的純良華僑，也以愛印尼卽愛華僑的同感，再度掀起救僑救國的熱潮，爲共同的安全繁榮而努力；各正義報刊，爲筆掃赤氛與啓矚僑民而協力；福建會館的建校，廣仁與自由學校的擴充，中山中學的奠基，乃至印華高商之正發動其大規模的建校，處處盡是教育救僑的喜訊！何況蘇東中學的新校舍，與新生後之仙達中學，已矗立於蘇北；楠榜中華中小學，占碑震南中小學，與巨港中山中學，已興起於蘇南；在蘇拉威西之南，有聯義中小學創辦於萬雅佬；泗水的民光中小學，已告新生；美德盧的中華中校，也在洗毒。此外苗壯於蘇甲巫眉的平民學校，雙木丹的中山學校，牙律的平民學校，也無一不顯示着自由教育與赤化教育的比賽！

印尼自由義校在挪城者，有印華高商學校，中山中學，自由中小學，福建學校，廣仁學校，華僑公學正分校，自强學校正分校，老華學校，丹華學校，光明學校，博愛學校，培華中學，勵志中學，與華實驗學校，中幼實驗學校，德進學校，三民義校，八華學校，等二十餘所；三寶隴有華僑中小學，中國中學，中華公學三所；泗水有聯合中學，民光中學，僑南小學，南華學校，中華學校，華僑學校，進文學校，中國女學等數所；萬隆有中平中學，中華學校兩所，展至有中僑學校，茂勿有中華學校，芝馬墟有中山學校，瑪琅有領華中小學，聖道中學，斯美學校，日惹有中華第一學校，龍越有中華學校，文都羅校有中華學校，梭羅有中正中學，中華小學；北加浪岸有中華中小學；井里汶有中正學校；外南夢有中華學校；羅果占碑有中華中學；蘇門答臘有蘇東中學，先達中華學校，亞沙漢中華學校，巴東應時中學，占碑震南中學，中華學校，巨港中山中學，南華學校；萬雅佬有聯義中小學；美德盧有中華學校；蘇甲巫眉有平民學校，牙律有平民學校；雙木丹有中山學校；峇厘陵有中華學校，勿里洞瑪琉有中正學校，其餘亦難盡錄。總之自由華校之在印尼，陣容不弱，遠超赤校之上，不過檢討一下，各方面缺點仍多，茲分別論列於後。

南洋方面，雖然有些華僑，對於僑教獨具熱心，對於教師之生活，也深表同情。無如獨力未能支持整個的僑教，是以一般的華僑學校所呈顯的現象，總是學校經費困難，教師待遇菲薄，學校設備簡陋。

以挪城自由華校而論，待遇最高者，莫如印華高商。而主任薪尚不過三四百，級任薪亦不過一百二十盾，高中每節最高五十五盾，初中每節最高四十餘盾。其他各校，概可想見。而各小學，高級教師月薪不過六七百盾，中級四五百，低級二三百。待遇既低，任期又短，年功復無，服務教界，前途絕無希望，試問誰願在學校工作？誰願爲教育效勞？誰願替學生服務？於是有才有學有德者，望望然去之，所餘者常爲一批無可奈何，無法轉業的教師匠，甚至那一些濫竽充數的南郭先生，教育，學校，學生的前途，豈不大糟其糕！

因此，今天如果不談改進華僑教

育則已，如欲改進華僑教育，首先卽應從提高教師待遇着手，因爲欲求教師之盡忠職守，竭力爲靑年服務，則教師的生活，教師的福利問題，必須爲之兼籌並顧，否則，教師本身的生活既困且難，而教人子女者，自己的子女且窮困不堪，試問誰有心爲他人服務？

至於自由教師，欲望其堅定反共立場，站穩教育崗位，不爲共黨所拉攏，在待遇方面，自應比赤校爲高，任期方面，更應比赤校爲長，優禮也應比赤校爲重。必如此，才能促進華僑自由教育。如果殷望教師以最少之薪金，作最大之貢獻，此不但事實上不可能，鼓不起工作熱誠，而終至敷衍塞責以從事。蓋枵腹從公，誠屬不合理之學。是以自由華校董事們，如欲發展華僑正義教育，必須廣籌經費，充實學校設備，羅致健全教師，提高學生程度，嚴格學生管理，這樣，僑教才有希望，教師才有貢獻，學生才有前途！

數十年來，華僑於本身生活之外，以餘力發展僑教工作，其推進教育，熱心公益，爲華僑教育而工作與奮鬬的精神，實令人敬佩，但窮其實際，今日南洋的教育，究竟收穫多少？是否徒有其名而無其實？是否成爲華僑社會中一種點綴工作？

遠者不論，且就吾人目前居住的印尼而言，半世紀來，印尼華僑對僑教的工作，出錢出力，確具熱誠，然以囿於目前商業環境，產生一種對於辦理教育的錯覺，以爲辦理教育，設立學校，正如開一雜貨店，只要資金足够，貨物繁多，就可以坐享其成；殊不知辦理教育，設立學校，造就人材，其辦法乃另一套，與經營商業的方法，絕不相同。常有學校的規模，固甚宏大，學校的經費，固甚充實，學校的設備，亦頗完善，而所辦的教育，既一團糟，其學風亦非常惡劣，而所教的學生，其程度之低下，幾令人難以置信。此無他，蓋辦理教育，並不能以有金錢，而能收金錢萬能之效，他如辦教育的普通常識，與及一般經驗，如注意教師的遴聘，提高教師的待遇，關心學生的管教，注重其學生的程度，均爲基本上應注意的事項，必如此，然後才可以談辦理教育，然後才可以言促進文化。

今天靑年求學，雖在追求學識，研究科學，發展學業，但更重要的却在養成冷靜的態度，精細的心靈，科學的頭腦，惟其如此，才能做到明是非，辨善惡，知順逆，同時，才能獲得治學的眞諦，才能談到他日有所作爲，對社會有所貢獻。

然而，我們放眼靜觀，今天的靑年學生，小學生固無論矣，那所謂年事稍長，智識粗具的中學生，有多少能够眞心向學，求得自身的進步，更有多少懂得治學的眞諦，求得眞正的學問，以備他日之應用。相反的，却鎮日在胡鬧，囂張，抑或不自振作，自己騙自己的情形下過日，以模糊的態度，對付課本，以敷衍的心情，應付學業，不知向上，不求進取，卽望能稍求進步，像做一天和尚撞一天鐘，以對自己之學業負責者，尙不得其萬一，豈不哀哉？

如此情形，在教育的領域裏，已是自暴自棄，成了自願落伍份子，卽使混得初中結束，高中畢業，雖手挾美麗之畢業文憑，而實質上亦僅獲一知半解之有限學識，要其成爲確具有普通中學程度之靑年，已屬不可能，而況望其學能致用，有以貢獻社會與國家，甚至進一步的，於讀書之外，而能明道理、知仁義、尙氣節、爲國家盡其忠貞，爲正義守其節操，爲眞理捐其身軀，爲自由捨其生命，此更戛戛乎難矣。

因此，我們殷望有爲靑年，進步學生，應切實地檢討自己以往的爲人，做事，求學，是否流於虛僞，敷衍不實際，欺騙自己，從而記取過去的教訓，把握眼前的現實，珍惜今後的前程，把以往被人視爲壞習慣：如不讀書，好鬧事，輕視師長，欺凌同學，虛榮浪費，一切不良的作風，傲慢的態度，從根拔起，先做到健全自己的人格，然後進而談到高深的學問，庶幾能成爲有作爲的靑年，有資格談到爲人民服務。

今天國家處此空前的大難，我們固不能苛望靑年學生們，但至少亦希望學生們成爲有思想、有頭腦、明是非、辨善惡、知順逆的靑年，不爲欺世的邪說迷惑，俯仰浮沉，隨波逐流，而爲赤色的共產主義所利用，必能如此，才不塊爲大時代的靑年！

所以我們對於今天在學的靑年學生，如欲其於事業有成就，對國家有所貢獻，目前最基本的工作，却爲鍛鍊自己的體魄，健全自己的人格，充實自己的智能，至於政治問題，思想研究，尙屬次一着的問題呢！

此外主持自由華校的校長們，也有少數對於招收學生，徒重量而不重質，學生增加，本來是事勢之所趨，而該校長等則引以爲己功，大家多以建築新校舍，濫收學生，多舉行校慶和各種紀念會展覽會，或新劇之演出，歌舞之登臺，以期炫耀社會，廣事招徠，每一校的每屆畢業生，必籌印畢業紀念刊，大募廣告，內容盡是題詞電版廣告，而無一篇有價值的專著，或有統計數字的調查，卽有數篇文字，也無非飾詞誇大，互相標榜，增長靑年學子的虛榮心，以紀念刊作大出風頭之工具。印尼華校，總數大小不下百數十所，果然節省以上種種不必要開支，爲數不貲，實足辦理一間大學而有餘。彼等浪費人力物力猶其次，影響學生的學業，貽誤甚大。無怪學生程度，江河日下，竟有某校每班不及格者幾佔百分之八十以上，然而一樣升班，一樣試讀，一樣畢業，試問那個學生肯刻苦求學呢！至於待遇教師，則一般都是惡劣，有某校長者，本是動搖份子，因緣時會，盜竊虛名，專以教席爲應酬之工具，對該校教師，招之則來，揮之則去，任意呵斥，比商店夥計之不如，甚至有尅扣教師薪金以自肥者，此種大騙子，誠教育界之敗類，我政府及僑委會諸公，不可不注意及之，否則影響及整個的自由僑教，眞有不堪設想者矣。

莎士比亞的秘密

張沅長

「莎學」是極有趣味的學科，正因爲莎士比亞的家世和生平事蹟，在傳記中保存的太少了。學者們費了一點心血，找到了一些新資料，便對這學科有了莫大的貢獻，在自己心頭獲得無限的安慰和愉快。

有一個故事很好玩。英文中對於中國人有兩個名稱；一是「支那人」(Chinese)，一是契丹人(Cathayan)，都是指我東亞大國的民衆而言。從十八世紀起，「契丹人」却得了一個惡名，英文大字典上往往說：「契丹人」的含義是摸竊或小偷，因爲中國人一向有偷竊之名。在事實上，「契丹人」這名稱在文學上並不多見。莎翁在他的喜劇中曾兩度用過，已可算是愛用「契丹人」的作家了。這是作者二十餘年前在做「莎學」考證時所遭遇到的一件國恥案。

這件公案的處理一共有兩個階段。民國十八九年作者正在寫博士論文的時候，曾爲此問題作一初步研究。這時搜集了若干證據，得到一個結論：英文大字典上的定義無疑是錯了。民二十五年左右在美國授課的時候又在課餘的時候繼續考證這個問題；直至資料比較完備，方纔在「語文研究報告」(Studies in Philology) 中發表，結束這個研究工作。

作者所提的證據一共有三點，第一，「契丹人」的惡名是莎翁所引起的；他叫了一個摸竊或小偷做契丹人！我的反證是，在另一喜劇中，他的「契丹人」却是一位身家清白，雍容華貴的窈窕淑女，和摸竊或小偷大不相同。第二點是：自上古時代一直到一六六〇年所有的書籍中，中國人或契丹人絕對沒有摸竊、小偷、或偷竊之名。完全是十八世紀編者的杜撰。這一點資料雖只寥寥幾個字，却費去了不少時間，方纔獲得定論。第三點是：莎翁時代的文藝作品中一共祇有七八個契丹人。而各人的身份性格絕不相同。除了莎翁的兩個以外，既沒有第二個摸竊小偷；也沒有第二個窈窕淑女。足可證明，契丹人這名稱，除了地理以外，在英國原沒有固定的含義，既不是摸竊小偷，也不是窈窕淑女。契丹人或中國人祇是契丹國或中國的人民而已！這個結論，大概是推不翻，站得住的了。

最近又有重要的資料發現。莎翁的本傳中有七年一段是行蹤不明的時期。一五八五年以前他住在故鄉 Stratford on Avon；一五九二年起他到了倫敦。中間的七年他在那裏？所做何事？行蹤何以不明？在過去祇有推測，沒有人知道。可靠的線索直至最近才找到；搜集的資料和提供的證據到上月(一九五四年三月)才公佈。

這次的線索是在無意中得來的。十四年前德國轟炸英國時，倫敦的書商慶艾蘭 (Alan Keen) 在一堆新購進的舊書中看到一冊破爛的歷史，霍邇所著英國史綱 (Halle's Chronicle)，一五五〇出版。起初他沒有特別注意，後來翻開一看，却在書的邊緣上看到許多評語註解，都是陳舊的字體，引起了他的興趣。隨後他又約了一位出版商勒博克 (Roger Lubbock) 共同研究，一共花了十四年的時間，方纔告一段落。

他們的結論是很重要的。第一：史綱上的評語和註解，可以斷定是莎士比亞的眞跡。他們一邊有英國博物院的專家們來了一個鑑定，證明確是十六世紀末葉(莎翁時期)的筆跡。一邊他們又拿公認的莎翁親筆來比較一下，去證明筆法相同的地方。但是最好的線索要算是評語註解的內容了。慶勒二人在莎翁的史劇和評語註解之間，找到了許多相同和相似的地方，提出來做證據，說莎翁評註霍邇史綱的目標，是在搜集著史劇的資料。

第二個結論是：當英國政府强迫天主教徒脫離天主教，來參加國教聖公會時，莎翁的父親是違抗命令，觸怒政府當局的人。現代的英美是信教自由的國家。天主教也好，聖公會也好，就連信回教佛教也好。政府是不來管的。但十六十七世紀的英國和歐洲就不同了。在宗教信仰上，與政府對抗是要引起麻煩的。所以從一五八五年以後，莎翁的父親就把兒子從故鄉送走。

第三個結論是：離開故鄉以後，莎翁可能跟了他的老師亨德 (Simon Hunt) 到法國瑞姆斯 (Rheims, France) 去了。瑞姆斯 (Rheims) 是天主教的英國學院 (English Catholic College) 所在地；而英國學院則是亨德的目的地。後來莎翁在馴悍記 (The Taming of the Shrew) 中特別提出瑞姆斯的英國學院，這是值得注意的。

第四個結論是：莎翁最後參加戲劇界，是因他在瑞姆斯地方，認識了豪富的天主教徒藿敦湯姆斯 (Thomas Houghton) 和他愛好戲劇的哥哥藿敦亞歷山大爵士 (Sir Alexander Houghton) 的緣故。所以莎翁的經歷是：從故鄉到法國瑞姆斯，從瑞姆斯到英國蘭開夏 (Lancashire) 藿敦別墅，再從蘭開夏到英國首都倫敦。

此外還有一點。莎翁的祖父早就用過莎克協甫德 Shakeshaft 這個姓氏。莎翁自己從法國回英，在蘭開夏藿敦別墅時可能就用這個別名。這是第五個結論。

這段新資料是在慶艾蘭和勒博克二人所著評註者(Alan Keen and Roger Lubbock, The Annotator) 書中所發表。根據現在所有報告看來，它是在震動着歐美各國專攻文史的學術界人士。慶勒二人的推論和證據有沒有錯誤的地方，在收到評註者全文，詳細研討以前，自不能遽加判斷。但這些評論註解出自莎翁的手筆，和莎翁在一五八五至一五九二年間經瑞姆斯蘭，開夏而到倫敦的可能性都是很大。評註者的印行的確是一件極有趣味的大事。

死的自由

黎中天

一

日本的作家芥川龍之介，對「人類的道德越來越衰敗，不能忍受，」三十多歲就自殺死了。看看今天的世界，我充分領會他當時的心情。

我怕看這個世界，又不得不看，於是，我想做荷馬，單作詩給別人看，自己看不見別人的屍。又想做貝多芬，單作曲給別人聽，自己聽不見別人的呻吟。在今天，又瞎又聾的人頂有福氣！

二

好久以前，臺北的報紙登了一條消息：有個大學畢業，又做過幾年事的人，因爲失業太久，生活很困難，一時沒有別的路走，只好在旅館裏吃安眠藥尋死。幸喜有人早發覺，救得快，沒有死成。

他住在醫院裏，有很多不認識他的人，帶着同情心去探望他，帶着慈悲去送錢救濟他。

過了一天，有家報紙發表一封讀者的信，信上指明他以前時常自殺，借此引起大衆的同情，騙大衆的救濟。

這件新聞就發展到這裏止，新聞記者對下文沒有交代。

我想：不論中國、外國，電影明星用自殺來揚名的事情不是新聞，智識份子靠自殺謀生活的事情倒是新聞；用自殺來騙救濟是件慘事，社會上有同情心好騙倒是好事，萬一他自殺過七八上十遍，始終沒有人眨眼睛，害他蹧躂幾瓶安眠藥，還寃枉費一些手脚，那就不像人的社會了。

由這件事，使我聯想到另外一件事：在前年，我有個表叔，共產黨罰他「掃地出門」，罪名是「地主」和「善覇」。這就是說：照共產黨的看法，他犯了沒有把田產早花掉的罪，和不該做好人的罪。

表叔被「鬪爭」光了以後，共產黨只許他在指定的地方討飯，也許是當地人失去了同情心，也許是有同情心不敢露，他討了幾天飯，都寃費了手脚。

他餓得受不了，一個晚上，投水自殺，被監視的人救起來，送到「區政府」，共產黨的幹部捶桌子、打板櫈，罵他不經過准許，隨便自殺，犯了錯誤。爲了「讓你自殺，未免太便宜了你。」把他交給他家裏的人，如果他再自殺，全家人都要受很重的處分。他到了這種地步，完全失去死的自由了。

照自由世界的習慣：自殺，是「天賦的基本人權」，誰要尋死，就可以隨時隨地自殺，別人不能够強迫干涉。今天大陸上的人，連這點天生的最起碼的權利，也被剝光了。

人到活不得、死不成的時候，才會曉得死的自由可貴！

三

死，是解決一切痛苦最有效的方法。大凡自殺的人，決沒有爲了「我太快活了，懶得再活」的，總是遇到大困難，受到大痛苦，沒有別的法子解決，才用死來解脫。法國有個看相的，自殺的理由比較不平凡：「我怕走明年的霉運。」也還是怕痛苦，如果他「怕走明年的紅運」自殺，就更不平凡了。

一個國家，有死的自由，才有選擇自殺方法的自由。德國的科學發達，人民自殺的方法也科學化，不是吃有毒的化學藥品，就是開槍打自己。日本的地方是海島，又有火山，人民要自殺，不是跳火山口，就是照天天看的剖魚方式，在自己的肚子上劃一刀。馬來亞的土人受壓迫太久了，潛意識養成一種反叛性，連自殺都有反叛性質，要自殺的人先拿殺刀亂殺人，旁人爲了自衞，聯合起來把他打死，這種人被稱爲「自殺英雄」。中國人圖簡便，不是跳井，就是吊頸。這些各色各樣的自殺方法，充分表現了死的自由的存在。

一個國家，給共產黨統治久了，別的自殺方法也許會淘汰掉，唯有「自殺英雄」，不但淘汰不了，還會越來越多。

四

大陸上的人民，沒有死的自由，也沒有不死的自由。

只看千千萬萬人，被共產黨亂加罪名，一批一批送上「集體屠場」，他們的心裏，何嘗願意這樣寃死。

我想：共產集團一旦征服了世界，人類死的罪名是加多了，死的方式也統一了。

五

獨裁者最怕死。

秦始皇怕死，派徐福帶三千童男童女，到海外去求長生不老的藥。史大林怕死，生前徵集很多醫藥專家，專治他的病，還望醫藥家發明特效藥，使他長壽。

大概權力越大的人，佔有慾格外強，他感到一旦死了，一切權力都成了別人的，所以他特別怕死。他更明白他的權力，是害了千千萬萬人的幸福和生命，才得到手的，他怕人報復他，害死他，就老用鎮壓和屠殺，來減輕自己心裏的死的威脅；做強盜的人不是眞勇敢，殺人的人更怕人殺他，所謂「英雄」，他們的眞心是脆弱的。

徐福聰明，他帶了童男童女，在海外另闢天地，再不回去了。要是他眞找到長生不老的藥，給秦始皇吃了，讓他活到今天，這世界那裏還有別人的份！

（下轉第18頁）

錯誤的抉擇(下)

郭良蕙

十一

聖誕節過後的第三天，為了工作的關係，保羅便携帶妻兒返回紐約了；同行的還有約翰。

他原想在家裏渡過新年，直到他收到了鮑勃邀約他的信才改變了初衷。

將近一個禮拜的家庭生活，確實給他的心靈上添了不少慰藉。家人同聚的歡樂，抹淡了如絲在他心裏的原有形像。然而每到夜晚，獨自回到房中安眠，他的思念又整個奪回龍山路的安樂小巢裏了。失眠中，他離開床位，扭亮桌上的燈，開始寫如絲遙寄相思。來到這裏以後，他已經收到一封寄自東方的信件了；信封是他預先為她寫好的，因此並未引起家人的猜疑。在文字上，如絲遠不及言語了，她的文法很糟，很多地方詞不達意。然而他並不介意這些，能够得到她的消息，便是最值得安慰的了。

他將臨行前由如絲陪伴着選購的土產，以及精美的刺繡等禮物分贈給家人；那些工藝絕絕的玩意，博得所有人的歡喜和珍惜，他們分別向他探問中國的情形，所懷的態度一如在火車上遇見的那個中年男人。他的母親至今還存着中國人那些梳辮纏腳的陳舊認識；有一次談起了中國少女的像貌，他終於鼓起了勇氣說：

「假若你們願意看，等我去取，我的箱子裏還有一張像片。」

他找出這樣的謊言，便跳上樓梯回到自己的臥室。從皮夾裏掏出如絲的照片，拿在微微顫抖的手中；他的心也緊跟着激烈地跳動起來。他不知將如何對他們措詞，但此刻不能再加以思慮了，否則他會完全失去勇氣而把像片收藏起來，走下樓說一聲已被他遺失了。於是很快地，他閉起眼睛衝出了房。

「呵，一個年輕的女郎，」羅吉太太接過來像片，翹着嘴唇驚呼了一聲，羅吉先生和瑪莉亞都向她身邊靠攏了。

「我敢打賭，她並不像我理想中的中國人那麼醜陋。」瑪莉亞伸手搶了過來。

「不要這麼無禮，」羅吉太太又奪了去。「那只是因為是張像片的關係，像片常會改變本面目，並且像片也不能顯示出皮膚的顏色。她的皮膚一定是很難看的黃色，不是嗎？約翰。」

「並不難看，媽，只是比白色深了一點。」為了掩飾激動的神態，他急忙背過身，點上一隻香煙。

「也許你在東方已經習慣了的關係。」羅吉太太不以為然地說：「她的眼睛比我們小得多，臉也這麼平板，東方人都是這樣的嗎？」

「你怎麼認識她的？孩子。」這次輪到羅吉先生發言了，他隨着又轉向太太：「我不相信約翰會談戀愛，哈哈。」

「和一個東方人談戀愛？你別作夢了吧！他連麗莎表妹都還看不上眼呢。但是告訴我們，親愛的，你怎麼有機會認識這個女孩子的呢？」

「在一個舞會上認識一位中國小姐，並不是困難的事。」不知是受到了什麼阻礙，約翰全然不能表達出他自己的思想。他唯願立刻躲避開衆人的注視和詢問，因此他避免談如絲的關係，淡淡地作此回答，以免引起他們更大的好奇。

事情過去以後，他頗為着失去的時機而痛苦。懊惱中，他深深責備着自己，為什麼沒有吐露實情的勇氣？不管後果如何，起碼可以釋去內心的重負了。

另找機會再作進行吧！最後他嘆息着安慰自己。

就在當晚，他懷着歉疚的心情，寫了封很熱情的信給如絲，用來彌補他的過失。

直到很久以後，他還記得信裏的一段話：

「今天，我取出了妳那張美麗的照片，將妳介紹給我的家人，先讓他們印下一個良好的印像。忍耐一些，親愛的，這不過是一個序幕，我並沒有講得太多；事情一步步地進展容易獲效。別為此顧慮吧，即使得到不能達到理想的完滿後果，也不足影響我們的感情。記住，約翰不屬於任何人，除妳以外。……」

十二

當約翰隨着保羅夫婦離去時，引起了家人的惜別之情。年將及笄的瑪莉亞想同他們一起到繁華的紐約去觀光；羅吉先生因着少了一個聊天的對手而感到失望；羅吉太太雖然留戀着兒子，但為了他的幸福着想，也就轉憂為樂了，她認為這次到了紐約，保羅夫婦可以很快地將那位漂亮的少女介紹給他；如今，她對她的次子所懷的最大願望莫過於娶一個才貌雙全的妻子，並且自動地退了伍，不再繼續動盪無定的軍旅生涯。

到達了紐約以後，約翰本想找一家幽靜的旅館住下，然而到底經不住保羅夫婦的強讓，最後才放棄原有的計劃，應諾了到他們家裏去做幾天上賓。

由於保羅的收入不惡，一家人的生活相當寬裕。他們僱用了一個名安娜的忠實老黑人，幫助照料家務以及看護嬰兒。約翰來臨以後，她立刻殷勤地將那間專為迎客的臥室收整得清潔而舒適，使約翰感到和回返自己的家裏一樣。由安娜的工作態度，約翰想起了忠心耿耿的唐媽，有着她服侍於如絲左右，他放心得多了；這次假滿回去，他定要為唐媽帶去幾樣珍貴的禮品，作為她照料如絲的感謝報答。

他立刻撥了一個電話給鮑勃。得到了他來此的消息以後，鮑勃自然興奮異常，他不禁在電話裏粗聲大喊：

「快來！年輕人，我和魯易絲無時不在盼望你，假如你不諳路途，可以僱一輛出差汽車。我們在熱烈地歡迎你。」

「好，我立刻就去，喂！停一停！」他正點頭允諾時，受到了露西的阻止。「呵！真是憾事，鮑勃，我不能去拜訪你們夫婦了，我原沒有想到我的兄嫂已決定佔據我今天的時間，至於以何種方式支配，我還沒有弄清楚。明天怎麼樣？你等我，到時一定赴約。」

放下聽筒，保羅便問他：

「飽勃是誰？」

「是我的一個同事，人很世故，而且很詼諧，在中國我們常在一起。今天不能到他那裏去，他定會失望。」

「讓他去失望吧，」他的嫂嫂接着說：「總比讓裘廸失望好。」

「裘廸？」他楞了一下：「誰是裘廸？」

「一位迷人的少女，」保羅回答以後，立刻又轉向露西：「自然不會比妳更迷人，親愛的。」

「保羅說得不錯，」露西說：「我相信你會對她滿意的，剛才我通過電話到她辦事的公司裏去，一聽見了你的名字，她立刻答應下班後就來。從見到你的照片以後，她早已對你仰慕了。」

「我很感謝你們的美意，」約翰明白了眞象後，兩手插進褲袋裏，開始低着頭徘徊：「不過說實話，我現在還無意交結女友。」

「什麼話！約翰，」保羅喊叫出來：「你以爲你還是個孩子嗎？過年便是廿四歲的人了，像你這麼大的年紀，我已經有過幾次戀愛經驗了。」

「先不要理他，保羅，等他見到裘廸以後，自然會打消他原有的觀念。」露西又轉向他：「也許你該趁着客人未到之前，去睡一覺，除去旅途上的疲憊。晚上我們還要去夜總會消遣；裘廸是一個跳舞能手，到時候，你得盡力去對付她。」

接受了露西的建議，約翰離開客廳，將自己關在臥房裏。

煩亂的思緒驅走了夢境，輾轉反側中，經過了很長的時間，他不能再勉强自己閉起眼睛。跳下了床，他感到頭有些昏眩，他需要得到一些飲料；於是便開了門走出去。

「睡好了嗎？少爺。」正在客廳裏收斂雜物的老安娜抬起了頭，笑着問他：「要不要咖啡？讓我去拿。」

「有酒就够了，謝謝妳。」說着他走向酒櫈。

「酒是傷胃的東西，」安娜不以爲然地搖着頭：「太太限制先生飲酒是對的。」

約翰忽然意識到四周特別清靜：

「他們呢？」

「在臥房裏休息，你應該多睡一會，免得現在沒人陪你。那邊有報紙和畫刊，嫌悶的話可以聽聽音樂。我該到廚房準備晚餐了。」

「我會照料自己的，妳放下心去忙吧。」

目送了安娜挪動着肥胖的身體離去後，約翰歪倒在沙發裏，時鐘適好敲響了四下。

時間一分分地渡過，不久，那個叫裘廸的女郎便會出現在眼前了。他不知道她的下班時間，據他猜測，多半是六點鐘便可以到達這裏了。去敷衍一個不必要敷衍的人確實是痛苦的，他開始後悔接受了兄嫂的邀請而留居此間，自投羅網了。天底下愛管閒事的人眞多，他不禁嘆怨起他們夫婦來。

四周異樣的清靜，漸漸地，寂寞已悄然襲上他的心頭；他正準備扭開無線電，一陣輕微的脚步聲傳來。

「約翰叔叔，」四歲的彼德在輕聲呼喚他了：「你在幹什麼？」

「沒有幹什麼，」和一個孩子談談也好，他親熱地招呼着他：「到這裏來。」

「你在開無線電？讓我來，我懂得怎樣開。」

「你喜歡聽什麼？」

「音樂，跑馬，球賽我都喜歡，」孩子認眞地皺起眉頭：「但是去看眞的更要有趣，約翰叔叔，你帶我去看一場電影好不好？媽和爸不會阻止我，他們都還在睡覺。」

「還是在家裏玩好。」

「帶我出去吧，附近就有電影院，如果你不要看電影，散散步也好。」

彼德的話忽然扭動了他思想的螺旋，他神情緊張地呆楞了幾秒鐘，忽然站立起來。

「到哪裏去？你到哪裏去？約翰叔叔。」

「噓！不要響，」他以輕快的步法趕向甬道，扭開大門的彈簧鎖，對追隨在身後的小彼德作一個臨別的交待：「我去給你買糖。」

十三

當飽勃丟開報紙，懶懶地從沙發上爬起來，將大門打開時，不覺驚呼了：

「喲！是你，快進來！約翰來了，魯易絲。」

「我在廚房裏呢，親愛的，請他先坐，我洗淨手就來。」

帶着興奮的溫柔聲音傳自裏面，飽勃擁着約翰走進了客室。

「你這裏很不壞，」約翰除去了大衣，環視着仍然裝置着小聖誕樹的客室四周。

「房子太小了，連吃飯都擠在廚房裏，好在我很少在家，房子小可以使魯易絲少去一點寂寞。」

「在紐約有這樣的生活，已經很不容易了，」約翰從飽勃手裏接過酒杯：「我雖然還沒有見過你的太太，不過從房間的佈置上便可以斷定她很優雅。」

「在談論我嗎？」一個略帶蒼白的纖小婦人微笑着走了出來：「這就是羅吉少尉吧，今天才和你相見，眞有太遲的感覺。」

「怎麼？難道是恨不相逢未嫁時嗎？」飽勃立刻開起玩笑：「當心我要吃醋了。」

「飽勃就是這麼一個說話不知輕重的人，」魯易絲的臉上微微泛起紅雲：「飽勃從中國的來信上說生活很單調，常和你在一起消磨假日，你肯把他當做朋友，確是他的榮幸呢。」

「好，來了證明人了。魯易絲總以爲我的生活裏缺少不了女人，她不相信東方寂寞得如同一片沙漠，」他向約翰擠了擠眼：「你說說看。」

約翰笑了，不知該如何回答，只好將目光集中在酒杯上。他想起了海濱都市的生活和浪漫行徑，在魯易絲面前不覺因共同作弊而羞愧起來。他不懂爲什麼已經作了丈夫的男人離開太太以後，便會胡做亂爲；過去他也曾將這種問題向飽勃提出，得到的回答，不過是「需要」而已。他却不以此爲然，他想，假若他結了婚，無論在任何情況下，也會用理智克服生理的衝動，以完整的愛情獻給他的太太。他始終主張感情專一，就爲着這個原因，他才臨陣逃避到這裏來的。

「東方眞是一片沙漠，那裏找得到像樣的女人！」飽勃因已得到了太太的信任，更加得意了：「喂！你的如絲有消息嗎？」

「誰是如絲？」約翰還沒有回答，便被魯易絲搶了先。

「你問如絲嗎？」飽勃乾咳了一聲：「約翰，這應該由你來介紹，因爲如絲是你的表妹。」

「是的，」約翰只好隨着撒謊。在不安中又驚佩着飽勃隨機應變的技能。

在他們閒談中，魯易絲道了歉，趕進廚房去爲晚餐而忙碌。

「也許我做的是件不能被人原諒的事，我是偷偷逃出來的。」約翰講述着兄嫂爲他介紹裘廸的安排。

「快！我下逐客令了，快回去！」飽勃爲他着了急：「爲什麼憑白丟棄了這麼好的機會，假若是爲着那個黃種女人，你眞太傻了，兄弟。」

「我不願勉强自己去敷衍別人，尤其在那些傲慢高貴的都市小姐面前。」

「見一見她也是好的，說不定她就是你心意中的人。」

「我還需要找什麼意中人呢？有了如絲就够了。」

「傻瓜，回到國內這些日子，你還沒有轉變過來你的頑固頭腦嗎？放棄了做夢的思想吧！我敢保你還沒有向你的家人將秘密公開，否則嚴重的反應將不會使你有今日的輕鬆了。」

「但是我不是一個薄情的人，能够忍心地遺棄一個懷了孕的可憐女人。」

「人總得自私一點，假若你時時刻刻都爲別人着想，你一輩子也不會得到幸福。何況你和如絲等於兩掌相擊，彼此出於情願，她沒有什麼理由埋怨你。感情不過就是這麼回事，你忠實她，她却可能背棄你，別生氣，說不定這時又有別的男人陪伴在她身旁了。」

「你不瞭解如絲，」他搖着頭。「再說孩子是無辜的。」

「孩子？哈哈，這是最簡單的事了，你以爲孩子稀奇嗎？假若你有意的話，同時去找十個女人，就可能同時得到十個孩子，像撒種一樣，撒在那裏，那裏發芽，你還愁沒有機會作爸爸？讓那個混血小雜種去他的吧。」

「我們最好改談別的，總之我們的見解不同。」約翰縐着眉頭說。

鮑勃從鼻子裏發出了笑聲：

「不久，我們的見解就同了，我相信。」

十四

晚上他回來得很遲，保羅夫婦已經安息了；安娜打着盹在爲他候門。

「你是怎麼回事呵，少爺，他們惦掛你一千遍了，」安娜好心地埋怨着他，心中深爲他沒有嚐到她製的絕妙布丁而感到遺憾。

當晚，因着過於疲憊，他睡得很甜。早晨醒來，第一個思慮便是如何向兄嫂道歉；對於保羅，他大可不必介意，只是女人的心地比較狹窄，露西對他一定懷着極大的氣惱，因此他深深地不安着。

「露西不會原諒你的。」早餐桌上，保羅對他的弟弟說。

「我原只是準備出去蹓蹓就回來的，沒想到碰見了一個在大學裏的同學，硬被他拉走了。」約翰歉然地說出謊言。

「你的逃避使裘廸很失望，她是一個好强的女孩子，可以想像得到的，她的自尊受到了損傷。」

「眞糟！我未曾考慮到這點，」表面上，他雖然顯示歉然的表情，內心却絲毫沒有這樣的感覺；他認爲裘廸如何與他毫不相干。

「露西爲你介紹裘廸也是一番好意，她確實是個不可多得的漂亮且聰慧的女孩子。」

「但是，」在保羅面前事情好辦得多，他們兄弟的感情自幼便很融洽，因此他有了勇氣：「我已經有了女朋友了。」

「呵！那確實是值得慶賀的事，」保羅興緻勃勃地說：「你爲什麼一直將秘密保留到今天呢？快告訴我那個女孩子在哪裏。」

「我必須讓你弄清楚，她是一個中國人。」

「什麼？」保羅對自己的聽覺疑惑了。

「我在中國認識她，」他取出了如絲的照片：「並且打算和他結婚。」

保羅張着嘴接過了照片。在紐約，他見的東方人已經不算少了，但他始終對那一張張的平板面孔發生惡感。至於這張照片僅看一眼已經够了，先入的觀念，不會使他發生良好的印象。

「你在開玩笑吧？約翰。」

「絕對是出乎誠意。」他一本正經地回答。

「我很懂得一般遠離祖國的軍人所懷的心情。需要異性的安慰是免不了的，但，性慾，愛情和婚姻，都是不同的事，你已經把它們弄混了。」

「我保證沒有。」

「你知道種族不同的婚姻會得到什麼後果嗎？和一個黃種人結婚，其惡劣的情況，不比黑人有多大區別。」

「近幾年這種結合已經不足爲奇了。」

「但是這種錯誤的結合，一百對裏面，不會有一對是幸福的。」

「和本國人結婚也同樣會有不幸發生。」約翰毫不容讓地反駁着。

「你們在爭論什麼？情緒這樣熱烈。」露西從裏面走了出來。

「告訴她吧，約翰在中國認識了一個女朋友。」

「即使他認識了十個女朋友，也不應該如此對待裘廸，」除了昨晚的發生以外，露西沒有心情去管別的：「快向她道歉吧，約翰，她會原諒你的，別讓她帶着不愉快的回憶渡過除夕。」

得到了約翰的默許，她立刻走向電話機旁邊。

十五

「時間不早了，露西。」保羅又在催促他的太太了。

「再等一下，性急的人。」

約翰站在窗前，安閒地眺望夜景；像一隻被困鎖的野獸，深悉自己的命運以後，便不再徒作掙扎了。他回頭望了望已穿戴整齊，站在那裏作焦急等待的保羅，今天是有生以來第一次對他感到失望；他原想藉着他的同情贊助，能和如絲達到結婚的願望；然而他發現他的觀念也是如此頑固陳腐。他感到自己處立在孤獨無援的地位了，但他絕不該因而氣餒；如絲的影像在他面前不斷恍過，他立定了決心，爲着他們的愛情必得繼續奮鬪下去。

露西終於出現了，貂皮大衣裏穿的是金色的晚禮服。

「漂亮極了！」爲着禮貌，約翰以驚奇的呼聲作爲讚嘆。在中國住了一個時期，使他對旗袍發生了好感；對於這種設計奇特的晚禮服，他反覺得過於複雜和累贅了。

時當除夕，夜總會裏繁鬧異常，爲了迎接快樂新年，四處佈置得更加堂皇富麗。僕役將他們領入預先訂好的座位上，約翰的身邊空着一份用具，不用說，那是爲裘廸而擺設的。想到那個未曾謀面的女郎，他的心頭便感到一陣閉塞，在這種不自然的情態下產生的友誼，絕不可能有良好進展的。爲了自己被防害的自由，他不覺又憎恨起裘廸來了。

「看！她來了。」露西忽然眼望着這夜總會的進口輕輕喊叫着，然後又有意地補上了幾句：「裘廸確實是個守信的人！你該驕傲，約翰，她今晚摒去幾個約會，專爲着你。」

他懶懶地移過去視線，一個鮮紅衣著的女郎吸引住不少來賓的注目，正向這方姍姍走來；她那窈窕的體態和眩人的面貌，不能不令他驟感震驚了。

「她竟有着如此的美貌！」如此思索時，他的目光接觸到了露西的得意神情，於是立刻將頭低下去。「對美的欣賞和對美的迷戀是兩回事，」他又坦然地想：「我依舊無動於衷。」

「來，坐這邊，裘廸。」露西首先發言：「用不着我再作介紹了吧。」

自然，裘廸的紅唇挑成了弓形，露出潔白的貝齒：

「我已久仰了。」

他禮貌地站了起來，爲她除去雪白的皮披肩，她那滑潤豐滿的酥胸眩耀在他的眼前，使他幾乎不敢再正視一眼。

「從你的外貌上看，你並不是一個高傲的人。」她將下頷依偎在他的肩膀上這樣說。

當保羅提議罷跳舞，便先擁着露西離開了座位；爲了避免失禮，他不得不邀請裘廸進入了舞池。像一對熱愛的情侶，她自動將身體緊緊地貼靠着他；一股誘人的香水氣息，幾乎使他不能自持。在中國經過了一段古老的生活，他確實驚攝於美國女孩子的大膽作風了。

他偏過頭去，深深地呼吸了一口自由的空氣，才得到清醒的力量作囘答：

「我不大瞭解你的話。」

「我是指昨晚你的逃遁而言。」

「眞抱歉。」除此而外，他不知該如何囘答了。他不願向她撒謊，但他也不能眞情透露，於是只好保持緘默了。

「放心，我絕不會因此介意，」她轉過頭來注視着他，她的眼睛淸澈得像一潭秋水，裏面却包藏了無限的奇妙情焰，似乎要想把他立刻焚燃。

他急忙廻避開視線。

「準備了多少時間在紐約消磨？」她又接連着發問。

「完全是一個外向型的人，和如絲不同，」由裘廸聯想到遠留在東方的情人以後，他不覺冷靜下來，囘答了她：「時間可能很短，假期滿後，我還要囘到中國。」

「難道你不喜歡留在國內工作嗎？你可以請求遣囘。」

「聽其自然吧，」他說：「軍人是應該服從上級命令的。」

她不能忘記適才進餐時，保羅提到的話：

「請別怪我如此坦白，保羅所說的有關你在東方的羅曼司是眞的嗎？」

「你認爲呢？」他反問了一句。

「我很奇怪，我們的軍人愛上了別的國家的女人，難道美國女孩子都不够動人？說實話，這對我們是一種必需雪洗的恥辱，假若男人都應該到戰場上去拼命的話，女人也應該在情場上鬪爭。」她說着便將面頰緊貼向了他。

這晚，原是狂歡的時刻，來賓分外擁擠，酒後大家的情緒更加興奮熱狂。裘廸的酒量很好，連一向拒飲的露西也乾了兩杯。由於酒的刺激，裘廸的臉上堆起玫瑰般的紅霞。受着衆人的影響，約翰的心情也逐漸輕鬆了，開始拋棄去一切思慮痛飲起來。音樂極其美妙，大家對跳舞的興緻也增添得更爲濃厚。

夜越來越深沉，時屆午夜的時分，按照慣例，舞廳裏的燈光全部突告熄滅了。正在舞池中的約翰忽覺裘廸的臂膀像蛇一樣地纏緊了他，還沒有時間允許他作何思想，她的火熱雙唇已找到了進攻的方向。……

離開夜總會時，已是淸晨四時，他們畢竟沒有力量支持過通宵。

車到達裘廸的公寓門前時，她早已倦依在約翰的肩上，進入睡眠狀態。

「到了，裘廸。」約翰輕呼了她幾聲，並且爲着座前的保羅的肩膀也同時因着露西受到像自己一樣的擔負，不覺失笑。

「什麼？親愛的。」裘廸睜開了惺忪的媚眼，吐出孩子般嬌懶的聲音。

「快囘去好好休息吧。」

「呵！」她這才醒悟過來，挪動了一下身體：「哎喲，我簡直沒有走動的力量了。」

「送她一送吧，約翰。」

「那麼，等我一等。」他下了車，將裘廸攙扶下來。

「露西不能再支持了，你可以喊一輛街車囘來。」保羅有意地給他造一個時機。

十六

從這裏開始，成爲命運的轉戾點。

約翰將裘廸送入房中以後，並沒有立刻出來。

他作了她的俘虜。

十七

一陣隱隱的雷聲響自天邊。約翰・羅吉上尉丢下了煙蒂，這時月亮已藏躲到密雲堆裏，涼風襲來了，是降雨的預兆。

不知從何處傳來的鷄啼，不覺中，他已經佇立在游泳池邊，經過相當悠長的時間了。當他重新意識到自已處身在亞熱帶的島上時，一切因囘憶而靠近他的人物又都遠離而去了；愛人、妻子、父母、兄妹、如今各據天一涯。

他永遠沒有勇氣思索下去被棄以後的如絲所遭到的是如何的命運。他不止下過一百次決心，希望能將她的影子從記憶裏完全抹去；然而不能。假若能以新的歡樂代替了舊有的，忘却原該是一件很簡單的事；可是一旦新的歡樂成爲泡影時，因失悔而自然將舊有的遺憾形成爲創傷了。

「年輕人的感情是沉浮不定的。」他懊悔當初不該毫不約束自己的情慾，接受了裘廸的挑逗，像一隻被誘入牢籠的鳥雀，永遠喪失了自由。

元旦的早晨，他昏昏迷迷地離開了裘廸的寓所，一切的發生都宛如在夢中渡過；當他發覺自己陷入情慾的汙泥中時，已經不可自拔了；他的脖頸無形中被裘廸拴上一根鐵鍊，儘管她並沒有約束他的行動，但她一聲「來」喊叫出時，鐵鍊便會緊緊地縮短，使他重囘到她的身邊。

雖然經過無數次感情與理智的搏鬪，對如絲他深深感到咎責；但受着裘廸的操縱，他無法再囘到東方。他繼續請了一個月的假期，假滿以前，他便將調囘國內的計劃進行妥善了。

他不會將自己的事瞞住鮑勃的。鮑勃聽到之後，拍着他的肩膀朗笑了：

「我的預料沒有錯，已經將那個東方女人忘去了吧！放心好了，兄弟，一切都由我替你解決。」

他默默無言。過去他多麼願意將如絲拿來作爲話題；如今他極力將她的影子遠遠拋開；他更希望着逗留在中國的那段時光裏什麼也沒有發生過。忘却吧！唯有忘却才能減輕心靈的負荷。

「也好。」他信任得過鮑勃，鮑勃會毫無困難地施出圓滑的手段。

「抓住機會吧！約翰，裘廸確是一個體面的女孩子，你應當爲自已驕傲。」

「但是，她過於浪漫了。」由她在他面前所表現的種種，使他不能不疑惑到她對其他男人的態度。

「不要再保留你那該死 的守舊腦筋吧！你認爲女孩子都應當像一塊木頭嗎？那是在中國，記住！這裏是美國。」鮑勃勸解着：「這才是一樁美滿的婚姻，裘廸勝過那個黃女人一千倍。不要講慈悲，不要談良心，怎樣有利於本身，怎樣行事，人與人之間本來就需要弄政治手腕。」

「至於她——」

「如絲嗎？對一個舞女，金錢足可以解決一切。付給她一點生活及產育的費用，還有什麼問題！」

他沉鬱地搖了搖頭：

「如絲並不是那麼簡單的人。」

「人總是人，人與人相殊無幾，別把她估量得太高了你們趁早分手，對她來說是有利的，即使你叛逆了家庭和社會，將她帶到美國來，在環境方面所受的刺激也絕不能僅靠一點愛情能彌補的。不必為她擔心，目前的打擊我相信她會忍受得了，過後，新的生活便填平了舊有的創傷。」

「那孩子——」

「對於一個混血小雜種還有什麼值得留戀？裘廸會為你創造完美的後裔。」

假期滿時，携帶着為約翰處理善後的錢欵，飽勃登上了到達中國的船。

不久後，他來了信：

「你該感謝我，已代你解決了這件事項，如絲是一個明達的女人，對於發生的事，她像有預感一樣地冷靜處之。一切進行得很順利，只是有一點令人抱憾的，她拒絕收留那筆欵。我希望你不必因而引起不安，因為過錯並不在我們；忘去這生命中的一個小經歷吧！約翰，假若有一天，你重來至東方你將不會再把眞摯的感情交付給一個被人尋樂的女人了。」

飽勃的信使他沉鬱了竟日，他很想知道一些關於如絲今後的行跡，然而飽勃却一字未提。之後經過他再三的函詢，飽勃才遲遲回答，她已經將龍山路的房屋退了租，是不是離開了海濱都市，他毫無所知。

一個遭受遺棄的孤獨女人，懷着一顆悲痛的心飄零到何處去了呢？他深為自己的無情作為而感到羞愧。

然而新的歡樂代替了對舊的懷念；陷身於情慾的泥淖裏越來越深了，終於，裘廸掠奪了他整個的心魂。

十八

舉行了婚禮以後，渡罷蜜月，約翰帶着新娘回到泰克撒斯州的家鄉。

羅吉老夫婦衷心地歡迎這對年輕人來與他們同住。裘廸不但受到羅吉太太的熱烈寵愛，而且也成為瑪莉亞崇慕的對象。

婚後，約翰退了伍，幾年來的動盪生活使他感到確實需要安靜地蟄居一個時期了。人生還有比這樣更幸福的嗎？在優裕的環境中，有着嬌妻相伴，和家人厮守在一起，渡着歡樂的歲月。

然而不久，他便失望起來，在樸實的生活中，更容易顯露出裘廸虛榮的特性。最初，對這陌生小城的新奇感覺讓她產生了不少樂趣；日子久了，漸漸對一切厭膩起來。

終於有一天，她向約翰表示出自己的心意：

「這裏太寂寞了，為什麼不重回到紐約去？」

經不住她的苦求，他們結束了僅僅三個月的寧靜生活。

他的父母雖因他們這樣迅速便離開了家鄉而感嘆着，但也無可奈何；年輕人的心情全像急急待飛的幼鳥，無時不在渴望離開舊巢去建築新窩。他們毫不惜嗇地拿出一筆安家費用，使約翰在紐約尋覓到一處安適的居所，餘賸的錢欵也足夠裘廸作一時的揮擢。

裘廸不只一次地向他稱讚着雙親的慷慨作為。由她的態度和言語，他開始疑惑她和他結婚的目的；講為愛情是騙人的，最大的原因是她曾在天秤上測量過他的家產；再者她是一個具有着征服別人的野心的女人；最初因約翰的冷淡使她決定要耍弄手段，其次她為了要佔據那個東方女人在他心目中的位置。結婚成為她最後的勝利。只要本身的條件優越，縱然加上了「夫人」的頭銜，對她並沒有什麼損失。

藉着父親的力量，約翰在一家貿易公司獲得了一個待遇豐厚的職位，由於他的辛勤與認眞，深被那位原與父親為執交的上司所器重。忙碌過工作的時間，每天匆匆歸返，希望着家的溫馨和妻子的慰藉洗刷去滿身疲憊。然而事實却全然迴異於理想，他時常會遇到裘廸和朋友們聚集在客廳裏，談笑的聲音震得他昏眩閉上眼睛，如同處身於喧囂的下等酒吧間。有時他又像踏進了一片墓場，整個的寓所充滿了寂寞淒清。

「太太呢？」他詢問着那個由母親特別為他們從家鄉物色的忠實女傭。

「出去了。」

他沒有再探問下去的必要了，因為凡是有關於裘廸的行跡她一定回答：「不知道。」

他推開裘廸的臥室門，赴宴後的凌亂情形，還沒有清整；和那些化妝品散亂在一起的，有不少張精美的請貼，大多數都仍然稱呼她為裘廸小姐，懷着一顆自尊受到損傷的心，他黯然回返自己的臥室。

年輕夫婦便各居一房，如果被他母親探悉到，一定會發出責怨的言語；然而裘廸堅持着如此，他又能如何。結婚的第一年內，裘廸拒絕懷孕，他也認為孩子無須早早來臨；第二年，第三年，每逢他提到後裔的問題，仍然遭她冷言相拒：

「我不願意因孩子的降生而使自己的腰身變成一個啤酒桶。」

「但是——」

「沒有什麼，但是，」她冷冷地阻止了他的話：「假若你作爸爸的興緻很濃厚，那麼去找別的女人吧，我的度量並不是那麼窄狹。」

所追求到的現實失望了以後，對於留戀過去的感情才會油然而生。久已遺忘的記憶又在思想裏復甦了，被他拋棄的如絲以及那未脫母體的胎兒，都已成為他追悔的影像。

他深為今日所選擇的途徑而懊喪着，心情的惡劣影響了工作的情緒；他厭膩了寫字間的刻板生活，開始懷念着海濶天空的軍旅生涯。

韓戰的爆發使他決定了再度從軍的志向。他曾經出入於和敵人作生死搏鬪的炮火裏，最後，他被遣去戰場，不久便派到這亞熱帶的島上。

在自由無羈中的裘廸，當約翰離去未久，她便找到一份秘書的工作，更加擴大她的社交生活。

十九

遠遠地，一種異樣的響聲衝破了寂靜，漸行漸近，正當約翰準備去分辨這響聲時，幾滴水點打在他的頭上。是驟雨降臨了。

毫不猶豫地，他轉過身急急踏向歸途。

陰雲在和他賽跑，刹那間他落後了。在雨水的浸洗下，他並沒有懊惱；一陣清凉反倒使他產生了舒適的感覺。

雨越來越大了，當他跑進室內時，外面正是雷電交加，雨聲更似萬馬奔騰。

溫度緊跟着驟然下降，從窗口送入潮溼的氣息。以雷雨作為催眠曲，應該尋找到夢境了吧！他這樣自慰着脫除去溼衣，用浴巾擦乾了頭髮，然後擺出一個舒適的姿態倒在床上。

一個硬硬的紙片碰觸到他的肩背，他知道那是臨睡前被他放置在枕邊的如絲底照片；不由得又扭燃了電燈，將它拿起。

照片裏的如絲永遠以同樣的方式在向他微笑，由於褪了色的關係，給微笑添上了幾分哀愁；她那東方式的眼睛裏也包藏着幽怨，使他總感到 她在對他作無言 的責備：

「你這負心的人，約翰。」

翻看照片背後所留記的日期，時光竟已匆匆地滑過了六年；無論在外貌上或是內心，他認爲自己都有着絕大的改變；但是她呢？這六年的時光對她施出的是恩惠抑或殘酷？

他不願往壞的方向去想，他希望她生活得很幸福，並且希望離開他以後，她已找到了美滿的歸宿。

自從他被派到東方以來，在黃色人種的世界裏，更加深了對她的追念。他常常感到有這種需要，需要再見她一眼；假若有機會給他，他將伏倒在她的脚前，向她表示自已的懺悔；如果她仍舊孑然一身，他發誓會再向她求婚。這幾年的生活經歷使他深悉如何去應付所遭受的困難了，並且意志也絕不會再像過去那樣容易動搖，聽受別人的言語支配。由這裏，他想到了對他影響最大的鮑勃．魏斯曼，除了爲追念老友哀嘆了一聲，他不忍對他發出一句怨言；人應該寬恕已逝者的生前種種錯誤的作爲。是的，鮑勃已於兩年前死亡於南韓的戰場上了。

「大陸淪陷後，像很多不干屈服的人民一樣，可能如絲已隨着政府來到臺灣。」一種新的萌念產生於約翰的思想裏了，假若如此，他相信終有一天會和她邂逅街頭；祈禱吧！他暫時閉上了眼睛，他盼望着心靈的呼聲直達上帝的座前。

「然而，也許她仍被關在幕後。」雖作如此推斷，他也並未感到失望。以軍事的目光側量，他認爲不久大陸又會重新被自由拯救。時間不會拖得太久，到時候他將隨着中國政府離開海島，踏上舊遊之地，去尋覓故人。

將照片放在枕下，熄滅了燈；他安然地閉上了眼睛。

漸漸地，他感到身體飄渺起來了；恍惚間，他重回到龍山路的安樂小巢，門鈴響後，出現在面前的正是如絲，她含着帶淚的微笑投過身來，被他緊緊地擁在懷裏。隨後，他又宛如站在牧師的面前，像魏廉軍曹一樣地在舉行婚禮；新聞記者的鎂光燈不斷在閃射，觀禮的人們對這種族不同的結合都懷有嘖嘖的好奇。他默默地望着站立在身邊的新娘，那張蒙罩在白紗裏的面孔是如此溫柔而靜穆。除了受到幸福和快樂的包圍以外，他還有着這種感覺：「兩性間相戀原是最自然不過的事，同是人類，又何必堅持着種族和國籍的區分呢？」

外面的雨聲逐漸微小了。黎明的光輝從窗口透射進來，正酣醉於夢境裏的約翰．羅吉，在他的棕色臉上展出了一絲久已消逝了的天眞笑意。

（全稿完）

讀者投書

響應字體簡化運動

楊志希

儆寰先生道鑒：久疎修候，仰慕殊深。近悉在臺灣因字體簡化問題，引起激烈的爭辯。貴刊在第十卷八期的社論欄裏，發表了精闢的意見，對這件事表示贊同。有位朋友在舊金山出版的金山時報上，也發出同樣的呼聲。本人站在大衆的立場，認爲中國字體的簡化，對于現代科學文化的傳播，有益無損，盼望教育文化當局，能將此事縝密籌劃，逐步實施。誰都知道，文字是傳遞知識和表達思想的工具，它本身不是目的。誠如貴刊所云，工具能夠簡單化，而又無損其功用，總是好的。古代蒼頡造字，仰觀天文，俯察地理，始源于「象形」。自蒼頡以後，中國字體，已屢經演易，其間有大篆小篆漢隸以迄今日通用的楷書，足見字體並非一成不變，而且演變的趨勢，是由繁而簡。以今日流行的楷書，和古代的大篆小篆相較，已迥然不同。無怪故吳稚暉先生說，今日的字體，雖孔子在世，也不會認識。這是眞話。在科學時代，讀書人的工作，只是讀經習字，而現代的學生，除了國文一科外，尙須學習各種科學和外國語言，負擔已經夠重。如能將字體予以盡量簡化，多少可以節省他們的精力和時間。

由于中國字體的構造複雜，對軍公文書的處理，圖書目錄等的編排，無形中增加許多困難，減低辦事效率。拉丁系的文字，由若干字母拼音而成，構造比較簡單，運用時不但可依字母順序排列，而且可用打字機代替繕寫。雖然也有華文打字機，究竟不夠便利。我們縱不能將中國文字拉丁化，至少亦應在可能範圍內，推行簡化字體，藉以促進軍公文書處理的效率，以及減少繕寫方面的複雜和困難。

說到這裏，本人連帶想到一個問題，就是中國文字的排列，是由上而下由右而左的。這種排式，不但對于科學的闡述，感到非常不便，即使在一般敘事說理的文章中，遇到必須引述外國語文時，也嫌文字的排列不一致。因此，除了響應字體簡化以外，本人還有兩項建議：第一、將所有文字的排列，包括學校課本，軍公文書，表冊帳簿以及報章雜誌等，一律改用橫行式。事實上許多科學方面的著述和教科書如數學、物理、化學、生物學等，早已採用這種排式，不過沒有普遍推行到其他方面罷了。第二、遇到列舉數字時，一律採用阿拉伯字，即1、2、3、4等。這種數字，全球通用，和中國數字比較，不但閱讀便利，而且清晰醒目。以上兩點建議，在反對字體簡化的人看來，更是荒唐至極，毀壞傳統文化了！未知先生以爲如何，尙乞賜教是幸。

專此　敬頌

撰安

後學　楊志希上

四十三年五月二日于美國洛山磯

書刊評介

鼓浪嶼之夏

王敬義

詩人拉瑪爾丁曾寫過「葛萊齊拉」，是一篇詩般的戀愛故事。

黃思騁的「鼓浪嶼之夏」，多少受「葛萊齊拉」的影響，寫的也是漁家女的愛情。

但在主題上是有着頗大的分野的：「葛萊齊拉」是寫年青人的浪漫；當一個人年老時回憶他的初戀，會感到多少悵惘與懊悔？「鼓浪嶼之夏」則寫人世間的不平，雖也是第一次戀愛的故事，但那畢竟不是書中的中心思想！作者在書中籍主角第一人稱的「我」說：「無論甚麼人，總要有一些人生的虔誠感覺。那是多麼需要的啊！」又說：「我總想給人一點希望，我感到我們這個世界要是不給點希望，已經到不值得活下去的程度了。」又說：「我們年青，我們應該有幻想，祇有幻想的天地才是我們年青人所有的，要是我們不敢幻想的話，一個年青人還能有什麼好處呢？」

「鼓浪嶼之夏」寫一個年青人，到他的作市長的姑父家中去渡暑假。他的姑母有兩個子女，兒子被父母冷淡，變得自卑，生活的天地只是一個鴿子籠般的房間，雖然鼓浪嶼有的是藍天藍海，美麗的沙灘。女兒則被寵愛，但她被汽車、夜禮服、鑽飾、晚宴完全的征服了，再沒有年青人的幻想了。而去姑父家渡假的年青人，却是有幻想的。因此，他同情着表哥，不習慣於表妹的輕浮，近乎愚蠢的舉止。當他富有的表妹穿着平底高跟鞋，戴着耳環和鐲子陪他去海灘上時，他便覺得幽默，而感到「服裝對於一個人，除了可以在那些動物面前炫耀人類的文明以外，在人與人之間是一無價值可言的。」

表妹受到揶揄，氣憤的跑掉；在海灘上，他發見一隻漁船，而長久以前便生長在心中的航海捕魚的渴望，現在立刻變得激烈了。他被允許出海，坐在那老婦人的船上。老婦人有一個女兒，第一次遇見他時，便「用兩隻深邃得像海一般的眼睛瞪着他，使他幾乎倒退了幾步」。那個純潔的漁家女，因爲她的純潔，所以她應是有幻想的，但現實生活使她們「除了大風浪的日子，她們是沒有一天可以規避的，金錢對於她們的意義就是操勞。在她們生活中，也沒有假日這個名詞，生病的資格完全是被剝奪了的」。

但去鼓浪嶼渡假的他，却被那漁家女激起無限的遐想。當阿瑰——漁家女——要他將落下的襯衫蓋在頭上遮暑時，那個小動作，「初次觸動他對於一個異性的溫存」。而使他在離開她以後「心裏有着一種新鮮而奇特的感覺」，使他懷疑那是否便是「人們所稱的初戀的感覺」，也使他，當他將阿瑰與他美麗的楫表妹 相比的時候，對阿瑰有「另一種好感」。

出海捕魚歸來，他美麗的表妹便將他拖到厦門去玩，儘管他前一天曬了太陽，「鼻子像個馬戲班裏的小丑」。這年青人開始抱怨了：他是從繁華的上海來鼓浪嶼享清閒的，表妹却拖他去領略厦門的囂張氣氛！你聽，這年青人對爵士樂的評價是這樣的：

「爵士樂？我對它的評價是這樣的，那幾年我們住在鄉下，無論春天夏天，我都聽過爵士樂。在我們住處的四周一到天黑，青蛙就奏起爵士樂來了。到了夏天，在屋前的柳樹上，和槐樹上，知了就是上等的爵士樂聖手，但牠們縱然使人厭煩，還給我一點點自然的遐想啊！」

表妹認爲用汽車代步，對於增加一個人的身價，是很重要的事。但是他却不甘心「坐在不通風的汽車裏，讓引擎的熱度和晒熱的車頂所蒸烤」。他說：

「要保持我們的民族自尊心，經濟權益，身心健康，無過於乘坐脚踏車。甚至，更原始一點——步行。即使對於體力吝嗇到頂點的公主們，也要到花園中去散散步，以消散一些爲苗條所不容的油脂啊！」

都市破壞了他的好心情，這年青人在發牢騷了。

但他還要被表妹拖着去見花花公子，晚上去參加公子哥兒的舞會。但泥塘中也有白蓮花。一個叫歸鴻書的纖小身材的少女，懂得這位學哲學的青年。他也瞭解她。他問她：「妳也許會感到孤獨，是嗎？」

「不錯，我相信我的心要比我的年齡更蒼老些。」她說。

就是這點相互的了解，引起楫表妹的誤會。報紙上的一段市長小姐爭風吃醋的新聞，在姑父家中引起軒然大波，造成小說中主人翁的出走。

作者在情節方面的剪裁是極成功的，故事的發展自然已極，剪裁處不落刀剪跡。

袋中有一筆小數目的錢，年青人又去追隨他的幻想去了，漁家女的倩影又在對他召喚了。他找到她們——那老婦人與阿瑰。但夢與現實之間確有一個很大的距離。

他愛出海打魚，愛吃糙米飯、豆腐乳、乾菜、但這並不足說明他的夢已變成現實。現實是更殘酷的對於捕漁的人家，現實是颶風，是過渡的操勞，營養不佳的病症——肺癆。

暴風使捕魚人留在家裏歎氣；三期肺病將阿瑰的母親留在床上呻吟。但年青人的幻想並不會受到妨礙：他的身邊，還有那純潔的漁家女呢！但母親的病、貧窮，阿瑰也悲哀了。

恐怕只有兩顆年青的心有了默契，有了情愫，才會感到那樣的世界也是美麗的吧！試想風在房外吼叫，房中臥着肺病的老婦，橱中沒有隔宿之糧，而在小油燈下，年青人有了沉默的愛情。在日記上，他寫了以下的詩句：

「何須把青春粧點得如此豪華，
愛情原應居於無猜。
我縱有無限憂惱，
一朵桃花已洋溢了春意。」

於是，風漸漸止了，阿瑰出海捕魚，老婦人的病却每況愈下。年青人靠他袋中僅餘的錢，爲老婦人覓了較好的住所。倔强的阿瑰，想到被風浪吞噩去的父親，想到垂危的母親，想到十年的悲哀生活，一言不發的飲泣了。

他安慰她，敎她識字。這年青人對生活有了新的認識，正如作者所說：「世界上不外是兩種人，一種是遊蕩慣了的人，一旦工作在手，就要悲不自勝。另一種是工作慣了的人，忽然靜止下來，就覺得他不像是活着了。」他幫她工作，工作倦了便棲息在一個屋頂下，而感到幸福。

老婦人終於死去。阿瑰是被孤零零的遺在這個世界上了。他想帶她回上海家中去，又怕家中母親的反對，阿瑰瞭解一切情形，悄悄逃走了。他去四處找她，找不着；他感到自己病了，便讓一架轎子將他抬回姑母家中。

姑母正因姑父的戀愛事件，氣得病在牀上。表哥表妹，則在他出走後，沒有一天不去外面找他。表妹氣喘喘的失望回來，却意外的看到他。表妹已經改變了，她漸漸懂得他了。看見他，表妹便「瘋狂的撲到他身邊」。她的皮膚已經晒黑，衣着樸素，而重病的姑母已經爲他們撮婚了。

但他心中還有阿瑰那一段未了的姻緣。阿瑰的母親死時也將她託給他了。在他的心中，他早就想過：「要使表哥改變他的憂鬱，必須借助於一個生活的轉變。像阿瑰這樣的女孩子，對表哥而言，遠較我爲適合。相反的，對於阿瑰，得着表哥也較得着我更好些。因爲就阿瑰而言，不適宜於一個好動的人——像我，她需要耐性、老成和體貼的人，而表哥正是具有這些條件的人。」

因此，他告訴表哥：「在選擇阿瑰與表妹之時，我全然沒有半點虛榮之念，愛情非但是偶然的，而且也是主觀的。就性格上說，我寧取表妹的活潑，烈性和進取，而不喜阿瑰的呆板，溫柔和保守。除開這些，表妹的愛我之深，姑媽的托付，也是重要原因之一。還有表妹最近所表現的改善生活方式的虔誠，也不能說是不重要的。」

就這樣，他幫助表哥去追求阿瑰。像每一個富於幻想的青年，他選擇了春天花朶般新鮮的表妹了！

姑媽死了。

作者在這裏給了我們一個明顯的對比：同樣是年老、久病的婦人，她們的死多麼不同啊！一個掙扎在狂風海浪中，臨死還擔憂着孤零的女兒，只得將她託付在陌生人的手中。對於阿瑰的未來，老婦人恐怕不敢想像。另一個則不同了，她的死引起的只是單純的悲哀，並不混合任何恐懼與絕望的氣氛。

姑父在喪事後決定回上海，帶全家同去。楫表妹要到上海去訂婚了。船開時却不見那憂鬱的表哥的來到；船離開碼頭，才見表哥帶着阿瑰跑來。但船已開航了；表哥要他們把他的行李送回鼓浪嶼，他明年再去上海。

「碼頭上吹起一陣江風，已有一點初秋的寒意了。」多夢幻的年青人的暑假已經過去了。

小說的故事與情節就是這樣。文字的描寫與意境是同樣的美麗。但我總認爲筆者前半部，一直到阿瑰的母親死後，阿瑰出走，要寫的最成功。情節處理得好，氣氛够濃，對於暴風及捕魚生活的描寫，都使人留下深刻的印象，並且在很多地方都開展了讀者的想像國土。但從姑母的死到書中的主人翁決定接受表妹的愛情，以及鼓勵表哥去追求阿瑰都有些牽强。我認爲除非作者怕這篇小說拖得太長，後半部這些感情上的變化，是應該由一件事情來說明的。如果我們看前半部青年與漁家女阿瑰在漁船上的細膩描寫，看完後半部便不會滿意的。就像看慣了紡織精細的綢緞，再看粗陋的牛毛布，而裁縫却固執的要將它們縫成一件衣服。

而且，儘管書中的「我」一再强調：「就我而言，我需要一個活潑、烈性和進取的女孩子。而在這一點之上，阿瑰顯然不合我的理想。這也就是說爲甚麼在那漫長的一個月中，我不敢過分地接近她的理由。」但是，也如作者所說：「一個單純的女孩子，總願意把第一個遇見的男孩子，誤認爲是自己的丈夫，而阿瑰很可能是這樣的女孩子。」並且，也正如書中的主人翁在沒有回姑父家前私自的感慨：「要我置阿瑰於不顧，一無交代回去，我是極不願意的。因爲我們已經共同生活過，彼此用時間了解過，並且質樸地愛憐過。」那麼，當阿瑰聽見他與表妹訂婚的消息，那消息當是一個很大的打擊。愛情不是憐憫，她應當恨他。一個城市人輕易的佔去少女的心，又遺棄掉，阿瑰是有理由憎恨他，儘管他照應過她，幫助過她。阿瑰更應該憎恨所有城市人；而我想，那是更適合一個倔强，純潔的少女性格的。卽使阿瑰改變了她的思想，表哥也不會那樣快便贏得阿瑰的心，並且能勉强她一起去碼頭，看她心中的愛人偎在另一個女孩子身旁遠去。（儘管作者在書的後半部，强調他並沒有求愛，但說「我愛妳」的還是他。）

如果結尾是姑父全家回上海，船開了，阿瑰跑到碼頭，眼中含淚看他們離去，是不是會更親切些呢？那樣，也並不會使人誤會書中的「我」是一個負心漢（事實上他也是），「葛萊齊拉」中的「我」，不也是負了那漁家女的嗎？男人總是沒有良心的多，就何必用一段强湊的婚姻來裝飾書中主人翁的完美無缺呢？

書中表哥是姑父的長子，他爲甚麼在家庭中不受重視，而受到壓迫，似乎也需要一些解釋。

這篇小說最初在香港的純文藝半月刊「人人文學」連載，一九五三年底被編爲南國文藝叢書之一，由南國出版社出版。

第十卷　第十期　內政部雜誌登記證內警臺誌字第三八一號　臺灣省雜誌事業協會會員　三五二

給讀者的報告

一個多月以前，第一屆第二次國民大會依法選擧蔣介石先生爲中華民國第二任大總統，當選之時，本刊曾寫社論一篇，意在以諍言慶祝蔣先生之連任。本月二十日，亦卽本刊本期發行後之第四日，蔣先生卽正式就職，於此，我們謹先表祝賀之忱。同時，我們並願乘此時機，對新任行政院長人選之提名，略獻芻蕘之言。蓋總統就職後的第一件大事卽在改組政院，新政府未來須肩負實行民主政治、早日光復大陸、與重建開國規模的重任，攸關至鉅，其人選應格外愼重。邇來一般人言談之間便常以推測人選爲話題，輒謂某人某人呼聲最高。我們不擬從人的方面討論此一問題，但願提供擔任此項重任者所應具備的一些條件，俾蔣先生就其心目中選擇最佳的人選，提請立法院同意任命，以符全國人民殷殷之望。

最近臺灣省地方選擧，選擧各縣市長及省參議員。這次選擧結果，很值得吾人檢討，就中尤以臺北市長的選擧尤具敎訓的意義。國民黨全力支持的候選人王民寧，竟爲其敵手，以無黨派立場競選的高玉樹所擊敗。這結果頗出一般人意料，並使國民黨高級幹部爲之震驚。人們在想：國民黨爲何會有此失敗？這個失敗暗示了什麼意義？這的確是國民黨應該切實反省的！如果國民黨以爲這次選擧失敗於黨的控制不力，那就大錯特錯了。却却相反，今後國民黨應如何力行民主，無論自黨內以至黨外，務使黨的基礎濶大，建黨於大多數黨員，以至大多數國民的意志之上，這樣才能獲致全國人民發自內心的愛戴。這是國民黨與國家之福。若反其道而行之，勢必南轅北轍，錯誤愈陷愈深。其實，選擧勝敗乃民主之常事，國民黨若能因此記取教訓，則今日之敗未始非他日成功之母。吾人愛國家而愛國民黨，願促其切實反省。此正是我們寫社論（一）的動機。

日內瓦會議揭幕以來已逾兩旬，談來毫無結果，一如吾人始所料及。共黨傾全力攻下奠邊府，於韓國與越南問題之談判則毫無誠意，惟蓄意伺機製造民主國家之矛盾，其用心昭然若揭。本期龍平甫先生爲文分析當前國際政治背景，鞭辟入微，據以不難卜知會議之前途也。

去年九月立法院通過的新公務人員任用法，于今年元月十四日正式生效。這個新公務人員任用法的訂定似有不妥之處，其中值得商榷的地方頗爲不少。鄭知三先生就憲法精神與人事制度，指出新法不當的各點，以爲他日檢討修正之鑒。

戴杜衡先生對凱恩斯學說，集數年來研究心得，作成一書，其第一章已在本刊發表，本期所刊爲其第二篇。輓近凱恩斯學說風靡一時，國內學界引述甚多，而客觀批評的文字，則百不一見。故戴先生的工作對經濟學界當甚有貢獻也。

本期通訊兩篇，西歐通訊檢討我駐外使節外交之得失，容有責備賢者之辭，蓋意在勉其加强護僑工作耳。印尼通訊在報導與共黨鬭爭中當地華僑敎育，亦可提供今後僑務工作應行努力的方向。

張沅長先生的大文記述關於莎學的最近的新發現，凡愛好文學的人將高興聽這件極有興趣的事。黎中天先生的「死的自由」一文，短短兩千餘言，却是血淚寫成的字句，他描繪出古往今來專制極權的暴君們之猙獰的面目，也道出了我們這一時代的悲哀。

本刊售價

地區	幣別	每册價目
臺灣	臺幣	4.00
香港	港幣	1.50
日本	日圓	100.00
美國	美金	.20
菲律賓	呂宋幣	.50
馬來亞	叻幣	.50
暹羅	暹幣	4.00
越南	越幣	8.00
印尼	印尼盾	9.00

自由中國 半月刊 總第一〇九號 第十卷第十期

中華民國四十三年五月十六日出版

發行人兼編輯　『自由中國編輯委員會』

出版者　自由中國社
社址：臺北市和平東路二段十八巷一號
電話：二八五七〇

航空版
香港辦事處　香港時報社　香港高士打道六四號
菲律賓辦事處　岷里拉怡干洛街五〇二第三樓　3rd Floor, 502 Elcano St. Manila, Philippines.

經售者
臺灣　美國　日本　韓國　馬尼剌　印尼　越南　暹羅　緬甸　印度　澳洲　北婆羅洲　新加坡

自由中國發行部
中國書報發行所
國民日報社
Chinese Daily Post, 809 Soncamment St., San Francisco, Calif. U.S.A.
東京僑豐企業公司
釜山草梁洞新泰行
大中華日報社
椰嘉達天聲日報
棉蘭新中華報
西貢中原文化印刷公司
越南華僑文化事業公司
曼谷攀多社十二號
仰光振成書報店
孟買梅亞號
加爾各答塔梅學校
雲梨瑞田公司
西利亞坡青年書店
檳榔嶼、吉打邦均有出售

印刷處　精華印書館
廠址：臺北市長沙街二段六〇號
電話：二三四二九號

本刊經中華郵政登記認爲第一類新聞紙類　臺灣郵政管理局新聞紙類登記執照第五九七號　臺灣郵政劃撥儲金帳戶第八一三九號

自由中國

FREE CHINA

第十卷 第十一期

要目

中華民國四十三年六月一日出版

社址：臺北市和平東路二段十八巷一號

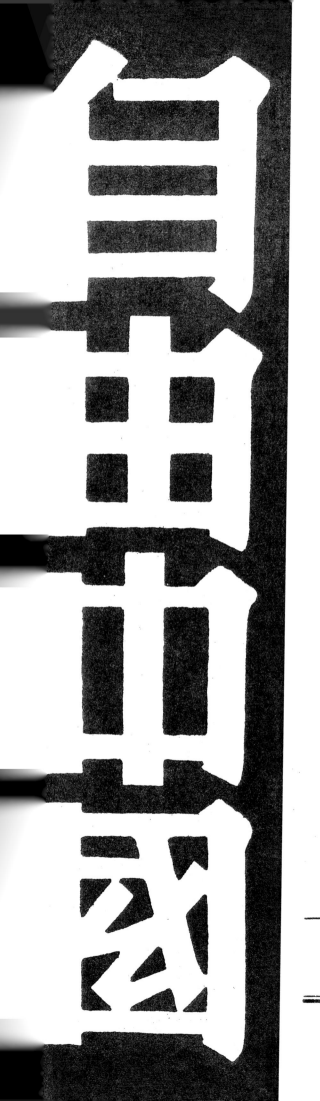

半月大事記

五月十日（星期一）

美副國務卿史密斯發表聲明，重申美國參加日內瓦會議的目的。

越盟外長范文同向日內瓦會議提八點和平計劃，已為西方國家拒絕。

美國防部稱，奠邊府陷落後，美國對援助越、棉、寮的軍事計劃不變。

越共進攻紅河三角洲，已侵佔河內兩前哨站。

五月十一日（星期二）

我空軍在浙海上空與共匪機空戰，擊傷匪一米格機。

美國防部長威爾森啓程赴遠東各國訪問。

五月十二日（星期三）

中法貿易協定在臺北正式簽字。

美總統艾森豪特使符立德將軍來華訪問。

日內瓦會議中莫洛托夫拒絕由國際監督北韓選舉的建議。

法越聯軍在紅河三角洲對越共發動反攻。

五月十三日（星期四）

蔣總統接見美特使符立德，商談中美有關問題。

日內瓦會議中，法、英均拒絕共黨所投的韓國選舉計劃。

行政院會議通過，任命謝壽康為我國駐教廷公使。

五月十四日（星期五）

紐西蘭外長稱美、英、法、澳、紐五國同意迅即舉行高階層軍事會談，以促進東南亞防務公約的早日締訂。

印度、印尼、緬甸三國表明不願參加東南亞聯盟。

五月十五日（星期六）

葉公超外長對日記者談話，否認商談國軍援越謠諑。

美法商討對越南的軍事和政治新策略。

五月十六日（星期日）

我艦隊在浙海與匪艦隊兩度遭遇戰，七匪艦負重創。

法參謀總長艾雷偕薩浪將軍飛河內，計劃改善紅河三角洲防務。

澳外長凱西表示，願與盟國會商抗共政策。

五月十七日（星期一）

浙海我艦以一敵十，擊沉匪艇一艘，其餘各匪艦皆負重創。

去年十月被我截扣之油輪布拉汚號波蘭籍船員請求政治庇護。

日內瓦會議九單位代表人員秘密談判越南停戰問題。

五月十八日（星期二）

行政院總辭。

我空軍在浙海炸沉匪艦一艘並擊傷匪機一架。

法空軍恢復空襲自奠邊府公路源源東調的共軍

美最高法院判決公立學校黑白學生隔離制度為違憲。

五月十九日（星期三）

美國防部長威爾森自韓國飛抵臺北

美國與巴基斯坦簽署共同防禦援助協定。

美巡邏艇兩艘在美移交中國。

五月二十日（星期四）

中華民國行憲後第二任總統副總統就職典禮。

蔣總統提名俞鴻鈞出任行政院長、咨請立法院行使同意權。

菲參院通過零售商菲化案。

五月二十一日（星期五）

我政府對菲國會通過零售商菲化案已提出嚴重抗議。

參謀總長周至柔稱，我軍防守大陳具有充分準備，共匪對大陳威脅不足慮。

五月二十二日（星期六）

蔣總統茶會招待海外歸國僑團。

美總統特使符立德二次來臺，就中美有關問題作進一步磋商。

日內瓦會議中西方提出十四點舉行全韓選舉以統一韓國的折衷計劃。

五月二十三日（星期日）

被提名為行政院長之俞鴻鈞氏招待立法委員，說明將來組閣抱負。

法軍在河內附近兩處擊敗越共。

『自由中國』的宗旨

第一、我們要向全國國民宣傳自由與民主的真實價值，並且要督促政府（各級的政府），切實改革政治經濟，努力建立自由民主的社會。

第二、我們要支持並督促政府用種種力量抵抗共產黨鐵幕之下剝奪一切自由的極權政治，不讓他擴張他的勢力範圍。

第三、我們要盡我們的努力，援助淪陷區域的同胞，幫助他們早日恢復自由。

第四、我們的最後目標是要使整個中華民國成為自由的中國。

社論

（一）從氫彈試驗盼望美國改變對蘇政策

最近美蘇兩方的武器競賽，由原子彈而至於氫彈，已進入人類自行毀滅之境，不但震驚了軍事專家而且嚇壞了科學家和技術家了。今年三月一日及二十六日兩次試驗的結果，使美國一般人都有大禍將臨而惶惶不可終日之感。據試驗的報告說：假使一氫彈落下某地，則三哩以內將全被毀滅；十二哩以內雖非人人都死傷，但災難則甚廣大；四十哩以內其爆裂足以破壞房屋，放射線的傷害很大；一百七十五哩以至二百哩以內放射線仍能傷害人們。如果我們要謀安全，則落彈地區二百哩以內須速即離開。如此可怕的武器，蘇俄究竟有沒有呢？照美國專家的推測，它是有的。它去年試爆一氫彈，其威力當勝於美國在一九五二年試爆的，而與最近的相接近。但是美國在造成氫彈以後至能用飛機載往目的地去投下，其間之距離爲二年，蘇俄現在已能用飛機載氫彈去空投與否尚不可知，但照最寬的估計，一年，至多二年以後，它無疑是可能的。

在原子彈競賽的時期，量的多寡還是重要的因素，現在的氫彈則多寡的問題比較少了。照上面的報告，只要有幾十個便足使美國全國受損傷，要毀滅蘇俄也怕要不到一百個吧。說者謂，美國要在全面戰爭中獲勝，必須在今後一年，至多二年以內動手，過此以往恐怕無能爲力了。這即是說，二年以後美國的技術優勢便不復存在了。但是還有一種推論，即是今後美蘇兩方都不敢發動全面大戰，即使有大戰發生，雙方也不敢使用如此的武器以致兩敗俱傷，自招毀滅。查考幾年來蘇俄的宣傳都以絕對禁止原子武器的使用爲主要，在它沒有原子彈時是如此，有了以後依然是如此。氫彈的威力超過原子彈有幾千倍，則蘇俄要主張絕對禁止使用自無疑問。故我們以爲後一說較爲可靠。不特此也，蘇俄今日的國際政治實以避免大戰爲前提，馬倫可夫繼承史大林的衣鉢，其膽識與才具均不敢作澈底的變更。史大林終身不敢發動大戰，而且詛咒國與國的戰爭，只鼓吹階級鬪爭而以無產階級的解放者自任，這種史大林的大政略，馬倫可夫還敢改變嗎？果然則蘇俄今後的動向業經可以斷定，即是歐洲方面只是維持現狀，確保已得的勢力範圍，而亞洲方面則以中共爲主力，逐步展開其蠶食政策，以「擴展勝利」罷了。

面對着這種情勢，美國的反共政策已到不能不變的時候了。時間因素未必有利於西方。共黨的第五縱隊在自由國家內遍地潛伏着，現在握有技術優勢尚可抵消，技術優勢一旦失去，則恐共畏共的心理更易潛滋暗長，其結果必影響民心士氣而使之日趨畏葸。這幾年來美國的重歐輕亞政策，屢欲改變而不果，雖說爲他國（如法、英等國）所牽掣，然其重大原因仍在決心與毅力之不足。現在針對俄共的政略戰略，歐洲方面只要歐洲軍事同盟組成，西德建軍成立，便可靜以觀變了，在亞洲則正待努力的尚多，自須逐步以求其實現。當前的重心在越南，奠邊府雖然失陷，軍事的意義並不大，經濟的意義更小。今天的視線咸集中於紅河三角洲，這裏是海岸線，是產米區，軍事及經濟的意義均異常重要，自非固守不可，但是僅靠法越聯軍的力量不足以阻止中共越共之火力人力，也和奠邊府無或二致。如果河內與海防陷落，則越南局勢便無可挽回，而高棉和老撾乃至泰國均屬岌岌可危了。其實只要美國的海空軍及時應援，以充分的火力迎頭痛擊，固守紅河三角洲的目的是容易達到的。但要扭轉越南的軍事局勢，僅僅保衞紅河三角洲是不够的，必須使法國放棄殖民地主義，越南三邦完全獨立，然後訓練土着軍隊以從事解放戰爭，再加以美國所主張的聯合行動，由各國共同出兵，則鞏固越南以保障東南亞，在這一地區共黨便不能「擴展勝利」了。

可是越南雖然可以固守，仍不能消滅越共的勢力，以收復越南的失地，因爲越共的背後有中共，可以源源接濟，而不憂人力物力之匱乏。美國當局雖已屢次警告中共，如果參加越戰，則必遭到報復，今日奠邊府之戰已充分證明中共之不顧警告，今後美國如不出諸行動則已，苟有行動，則不應再作「有限度的戰爭」，而非直接打擊中共不可了。其實要解決亞洲問題非消滅中共政權不爲功，共黨在亞洲所以能張牙舞爪者，都是倚靠中共的實力。如果中共不消滅，則越南三邦的失地即使完全收復，共黨還可以向其他地區如緬甸，泰國等地以鼓勵內戰，而從事侵略的。現在不但有限度戰爭已成過去，即圍堵政策亦已屆清算之期，正是實行解放政策的時候了。要使亞洲問題澈底解決，必須實行中國大陸之解放，才是釜底抽薪之計。故由南韓揮兵北上，直攻東北，自由中國則在東南海岸以反攻大陸，再加以越南方面進攻滇桂，三方合擊使中共首尾不能相顧，最後必至於崩潰無疑。

至於蘇俄本身固然不是今天解放的對象，即東歐鐵幕國家之解放亦須假以時日，但經濟上的打擊仍應積極進行。馬倫可夫政權已自承農業的失敗以及民間消費品的缺乏，且輸出大量黃金以易貨品，其經濟困難概可想見。柏林會議以來俄共與中共均提出擴大貿易，爲談判的條件之一，說者猶謂它們以此爲甘

（下轉第6頁）

社論

(二) 打開投資之門

——解救當前財經困厄的唯一方案

近日政府改組，我們擬乘此機會，對當前財經問題作一般性的檢討，藉以對決策當局貢一得之愚。

不必是十分敏感的人，都已經覺察到了問題的嚴重。最顯著的一點是：本年度的財政預算赤字相當龐大，當局於此，尙在籌謀對策之中。在今日，開源節流這些老調，已經沒有重大的意義，不作釜底抽薪的久長之計，終必有一天會無源可開，無流可節；枝枝節節的補救，充其量不過是把危機稍稍延緩一下而已。在今日，就財政言財政，幾乎沒有一位專家能提供一個面面顧到的十全辦法，所提辦法總不外是挖肉補瘡，殺雞取卵。凡屬此類辦法，縱能濟急於一時，我們爲國家遠大前途計，畢竟無法贊同。

財政之所以困難，主要原因當不外三點：一是軍費負擔，二是生產事業之賠累，三是政府機構之龐大。第一個原因，是無可奈何的。不及千萬的人口，要負擔幾十萬人的現代化軍隊，無論如何是一件異常吃力之事。如果沒有友邦的援助，我們無法責成任何當局作無米之炊。但是有了友邦的軍經援助，則軍費負擔，至少應能抵消大半，財政困難的第一個原因，應該可以不復存在。至於第二第三的原因，表面上爲財政問題，實際上則爲經濟問題。經濟爲病根，財政不過是表露出來的症象。在今日，離開了經濟的改革而談整理財政，那是緣木求魚。

各方面關於經濟問題的討論，目前差不多已達到一種共同的看法。基本的客觀情勢是：(一)人口之激增；(二)農地利用之漸達飽和點。(附注：也有人認爲，本省耕地面積，仍可發展，單位生產量仍可提高，但我們要指出，農業生產照樣要計算成本，要依仗太大的水利工程與太多的肥料，可能仍爲虧本的增產。)爲養活這些人口，我們是被迫非向工業化的前途發展不可。工業化的前提，是資金之籌措。大家考慮到也許「內資」不够，於是想起要吸收僑資外資，要吸收僑資外資，並動員民間資金，祇有發展民營事業。這不是許多可行的方案中之一個，而是唯一可行的方案。這一條出路能够打通，則國民所得與就業量增加，到處可以發現新的稅源，各政府機關裁減人員，有新的產業界可以吸收，不致引起長期性的失業問題，如此一通百通，一切症象都可因病根之解除而消滅於無形。但如此一方案不能實現，我們將終無自救之道。

這樣的看法，現在已爲政府當局所接受。吸收投資的辦法，正在研討之中；自由企業的口號，已成了一時的流行。但是，爲什麼無論內資或僑資外資，直至今日還是瞻望不前，新事業的創辦竟是如此的緩慢而稀少，甚至有美援的幫助，都如此難以推動？這才是眞正值得我們政府當局深長考慮的一個問題。

爲什麼投資瞻顧不前？企業家可以乾脆而簡單的回答說：因爲算來算去，幾乎所有事業都無法賺錢，盈餘是產品成本與售價的差額。爲什麼就各種產業計算，此一差額竟統統均爲負數？在售價的一面，如果產品市場是在國外，則所得外滙要就官價給滙，這就大大的打了一個扣折。在成本的一面，則生產器材與原料的取得，到處都要遭受拘束。首先，凡屬國內所能供應者，不准進口。其次，即令國內無此項供應，政府還要看一看，所申請進口的物品，是否合乎它所規定的「必需」標準；幸能獲得准許，也常常躭誤了許多時日，無法與一定的生產與行銷計劃相配合。我們要指出，所謂國內能自行供應的器材與原料，大都是我們那些效率低落的公營事業的出貨，價格昂貴而品質够不上水準，其昂貴的程度，有時竟超出以黑市外滙加上運費向國外採購的價格。高水準成本，已是一個既成的客觀條件，不是個別企業家的主觀努力所能更改，建立在此種高成本水準的基礎上的企業，豈有盈利之望？

任何企業，都必須有獲得最有效的生產器材以及最低廉的原料的充分自由，才能發展。近年來國際市場競爭劇烈，價格有普遍趨跌之勢，我們的企業，如果仍然被迫非接受高成本不可，又如何能與人家爭一日之短長？

甚至，如果器材原料非取給於國外不可，企業家竟是沒有長期獲得此類器材與原料的充分把握。每次進口都要申請，這一次幸獲准許，下一次却沒有保證，因爲政府所認爲的「必需」，儘可以隨時改變。連器材原料之取得都無把握，誰還有設廠經營的勇氣？在這樣的情形下，舊的事業都朝不保暮，被迫非依仗「津貼」「統購」「配銷」等等的保護措施不可，又從何處去生出新的企業？

政策之改變，有賴於新觀念之確立。我們認爲，在今日，有三點至爲重要：

第一是，不要把新事業的創立，利用爲維持或救濟舊事業的手段。政府所能做到的，祇有給予舊事業以同樣的便利與待遇，同樣的爲之解除種種束縛；如果舊事業仍然無以自存，也祇能聽其自生自滅。這是正常的競爭。這是正常的新陳代謝。在自由企業的體制下，有時候，破壞甚至還是建設之本，勉强維持舊的，則必然扼殺一切新生之機。明白言之，自己有的東西，不進外貨，這一原則必須放棄。自己的產品果眞價廉物美，沒有人會去採用外貨，倘若價不廉而物不美，則早應減產或逕行停產，若强制銷售，則高成本水準之害，將永遠無法解除。

第二是，不要斤斤於短期間的外滙平衡。在建設期間，相當數量的入超是必然現象。爲了將來的出口，今天反而要增加進口。如果在觀念上反過來，認爲爲了輸入，必須先有輸出，則總有一天會發現我們竟無可供輸出而不致賠本的物品。短期間入超所招來的外滙差額，不必定要依仗政府來塡補，所吸收的僑資外資，本來就是作爲塡補此一差額之用。明白言之，必須澈底解除進口的束縛，才能讓新的企業，自己去尋求最低成本水準，然後再把產品拿到國際市場去與人家較量。如此，今天的輸入到明天就變成輸出，或者在國內市場上可以眞正的代替舶來品而減少輸入。

第三是，再不要存什麼「重點」或「國計民生必需」之類的想法，來限制企業家的選擇。就企業言，祇要其產品可以銷售出去，不管是內銷抑外銷，都是必需，都應該是重點之所在；沒有市場的生產，才非必需，才不值得提倡。個人消費有所謂奢侈品與必需品之分，生產則無論爲奢侈品爲必需品，都同樣可以賺錢，同樣可以提高國民所得。而且一切產品都可以爲國家節省外滙代替舶來。即令是女人用的口紅之類，有人生產，也是好的，因爲，如果沒有這樣供應，政府雖不爲之核准進口外滙，仍然會有單幫客把它走私進來，在市面流行，整個社會，仍將爲之付出外滙的代價。打破「必需」觀念的束縛，企業界才有廣濶的天地可供活動。

由上所論，我們已能明白看到，整個問題的關鍵，是在我們的貿易政策。企業自由，必須以貿易自由爲前提；要談企業自由而不肯放棄貿易管制，則一切華美的遠景，都如望梅止渴，可望而不可即，投資之門，亦終將無法洞開。如我們誠能把這一層看透，則在實際政策上應作如何的措施，都不過是些現成的推論而已。一切枝枝節節的改革，在今日都無濟於事。我們是需要一個全面性的轉變，我們必須放棄一切的貿易管制，聯帶的，亦必須放棄法定的外滙平價，讓滙率經由供求關係以平衡於自然水準。

我們於此，當然也應該把幾種反對意見考慮一下。(一)目前的官價滙率，妨礙出口，已屬無人可以否認，但頗有人仍以爲進口物品的價格，却賴此一政策以維持穩定。外滙管制驟告解除，進口成本提高，物價立即可以受到影響。在他們看來，似乎連調整官價滙率都不可行，何況完全開放。我們很覺奇怪，正是作此種主張的人，却同時在對我們說，對進口結滙之徵收防衞捐，並不影響物價，因此，防衞捐當有提高的可能。如果徵收防衞捐不影響物價一點屬實，那是因爲目前舶來品在市場出售的價格，本來就已足抵付黑市外滙而有餘。今天的外滙管制，對消費者並無實惠，祇是爲那些擁有「實績」者流製造一些特權利益而已。貿易與外滙的管制誠能同時解除，進口商免於特權者的剝削，當仍能就現在的市價銷售其進口物品而够本，甚至，由於進口物資之暢流，有些物品還可以用競爭而削價。本質的，恢復自由外滙並沒有使物價必脹的理由，物價縱有波動，也是心理因素使然，單純心理因素所造成的波動，祇能是暫時的，自主的供求關係必可使之平復。(附註：目前輸入品的價格，根本非由成本決定，而是一種寡頭獨佔價格，不是偏低而是偏高，但此點不擬於此詳論。)

(二)目前行的管制，有許多種不僅祇是爲了經濟的目的，同時還聯帶的有財政的目的。因此有人恐懼，管制之解除，無異是把政府一部份的財源斷絕，將使已經困難的財政更增困難。如前述對進口結滙的防衞捐即爲一例。我們的看法是，凡屬依賴管制的財源，其爲殺雞取卵固不必說，即在目前，事實上往往亦無補於財政之挹注。政府在公營事業身上撈到一些外滙差額，另一方面就以低利貸欵的形式付出；向進口結滙徵收的防衞捐，也至少有一大部份爲出口補貼所抵消。像這樣左手進右手出的財源，要來何用？各種管制政策之解除必伴以各種貼補政策之放棄，如此則喪失一部份財源，同時却省掉了一部份開支。這一筆細帳雖一時無法算清，但兩相抵消後，總不是一項大的短缺。

(三)也有人這樣想，貿易束縛驟告解除，可能外貨湧入，我們的新興企業來不及建設，舊的企業却先告破產，頓時就引起大規模的失業恐慌。這種論者不反對我們的基本主張，却深怕如此脆弱的經濟基礎，受不了劇變。在所有反對理由之中，這可說是最有力的一項，值得我們從詳研討。

是這樣一個問題：病人已到了非動大手術無法根治的地步，但是動大手術，却又怕他流血過多而先告死亡。我們要建立新興企業，如能一邊新的在生長，一邊舊的緩緩淘汰，那是很好。如果，連舊的都因束縛之解除與競爭之鞭策而健全起來，那就更好。但，萬一破壞的影響趕在建設的步驟前面，那是不好玩的。這的確是一個矛盾。決策者面臨此一矛盾要躊躇一下，委實也不可厚非。

醫生逢到這一類的情形，有一個辦法。他不是放棄手術，因爲放棄手術，病人將無痊愈之可能。他可以把手術分幾次來做，使每一次流的血少一點。同樣的，把貿易與外滙管制一下子解除，主其事者是需要有一種勇氣，甚至有幾分狠氣。此恐難以期望於穩健持重的當局。在產業界方面，因過去習於保護，可能也要經過一個時期，才能逐漸站住脚跟。爲此，我們願提出一個較次的實行方案，那就是，把消費品的進口管制保留；聯帶的，結滙制度，也可以不必立即取消。如此，就足以避免了最大的震動，決無立即引起大規模恐慌之虞。但有兩點必須做到：(一)滙率要調整得極接近於自然水準；(二)以自備外滙進口生產物資(原料與器材)應完全自由。因爲，祇有這兩點，才是對症下藥，更次於此種處分，等於沒有醫治。

但我們仍須指出：卽連消費品進口管制之保留，也祇能是暫時的，不久的將來還是要把它解除。消費品生產的長期保護，提高了物價水準，轉而提高工資，轉而提高一切其它企業的生產成本。成本水準，終極的，仍然是依存於一般的物價，不過其關係稍爲間接而已。我們縱有必要勿使政策的變更過於急遽，但究竟也不能過於緩慢。說遠一些，至多三年，就必須把一切改革計劃都完成。

至於新方案之收效，則可能要不到三年，已能顯出端倪。投資之門誠能打開，則國民所得與就業之提高，在眼前就能實現。經過一兩個生產週期以後，輸出(非賠累的輸出)就可漸趨活躍。當然，在初期，政府尙未便對新興的企業課以較重的捐稅，所以財政方面的收穫，勢必最爲遲緩。這是無法性急的，欲速則不達，步驟一經錯亂，可能把成效大部毀棄。新的稅源，可能要到三五年以後才能漸趨旺盛。

我們要回過來談財政問題。三五年以後的收穫又如何能解救當前的燃眉之急？我們認爲，治標治本雖然是兩個不同的問題，解決的方法仍然祇有一個，還是要靠打開投資之門。我們的這許多公營事業，遲早必出讓民營而後已，在公家之手，難以希望其充分發揮企業精神，澈底改善。出讓公營事業，本來怕的是無人承購，但如滙率對輸出的剝削取消，貿易的束縛解除，經營與管理可以保證不受政府干涉，則祇要有人願意投資，則投資於新興事業或投資於原有的公營事業，初無二致，而且，政府還可在估價上予以優待，以減輕投資者的負擔，說起來，可比創辦新事業更爲合算。投資不來，一切俱無辦法，投資之路一通，公營事業之出讓，亦非難事。公營事業有人承購，則三數年內的財政赤字，就可以從這一筆臨時性的收入獲得彌補。

最根本的一個問題：究竟有沒有資金可供吸收？我們的答覆是：不僅有，而且目前正逢到一個千載難逢的理想機會。目前，東南亞地區整個兒受到了共產主義的威脅。民主世界如不作聯合抵抗，可能有些地區會淪入鐵幕；民主世界如起而抵抗，那就得遭受戰爭的破壞。東南亞是僑商的集中地，他們目前所苦惱的，正在於資產無處可逃，因爲他們無法爲資本找尋一個安全而有利的歸宿。自由祖國如能誠心誠意的歡迎他們，豈有不來之理。以筆者極有限的接觸，計劃來臺設廠的事，卽會逢到十餘起之多，但結果總是由於「種種原因」，廢然而返。「種種原因」爲何，顯而易見，整個財經措施，應不難發現努力的目標與原則。而且，在今日實已捨此別無他圖，我們希望新政府要作迅速的決定，迅速的行動，再不能因循延誤了。

（上接第3頁社論一）

餌欲誘英國上鈎，其實此乃是鐵幕國家經濟窮困的暴露。故今日美國應該針對其困難而施以致命的打擊，戰略物資固應禁絕輸運，卽民用物資亦應完全禁運，以加重其經濟的困難而促其崩潰。總括一句話說，美國應領導自由國家與鐵幕國家經濟絕交。這種國家固然越多越好，然若有些國家不願參加，也儘可獨行其是，將願意參加的國家聯合起來。而且受美國經援的國家，要顧慮其經濟上的得失，自不會拒絕美國的領導的。倘若這些國家只求自私自利而不欲參加，美國當可斷絕經援的。或者以爲解放中國和經濟絕交，不是逼蘇俄攤牌而促成大戰之爆發嗎？其實逼蘇俄攤牌是眞的，但促成大戰却是不會的。共黨的行動大家已經明白，只要他們認爲有利，對於勝利有把握，隨時都可以發動大戰，固無待自由國家的促成；反之如果他認爲不利則雖逼他們攤牌也依然不敢發動，卽雖促亦不能成。且看西歐的經濟和軍事一經站起，共黨知道無隙可乘，便步步退守翻不起花樣來；亞洲則因中共尙有餘力，美英法意見紛歧，他們便張牙舞爪，氣燄萬丈了。如果中國大陸解放戰爭一起，蘇俄必須以大量的軍事物資援助中共，更加以經濟的絕交，則其經濟必越發困窮，越發不能發動大戰了。我們以爲這正是「不戰而屈人之兵」的上策，要避免大戰，勢必出此一途，願美國當局亟起圖之！

自由經濟必然平等

王聿修

一、兩個事實

首先我要說明兩個無可爭辯的事實：㈠在現代的工業和自由經濟制度之下，大量生產的結果，必須為大衆所分享，不然大量生產便不能存在，因為大量生產不是少數人所能享用完的，所以在自由經濟和現代工業技術之下，經濟生活必然趨向平等。㈡只有在社會主義之下，政治經濟的大權都完全操在少數當政者手中，才會產生最大的經濟不平等。實行社會主義，結果必然走到專制的途徑。

二、什麼是社會主義

社會主義雖然有許多不同的派別，但各派社會主義者却有一個基本的共同主張——就是把生產工具收歸國有，社會主義者由於看到十九世紀初期工業化的情形，認為社會上所以有貧富差別的原因，是因為有人有生產工具，如工廠、機器，所以他們是資本家。其他沒有生產工具的人，只有作工，所以他們便窮。因為社會主義者看到這種初期工業化的簡單情形，他們講求經濟平等的方法，只是主張把生產工具收歸國有，他們天眞的說，大家都沒有了生產工具，豈不是就平等了嗎？至於如何積極改進生活，社會主義者並未能提出直接、具體、而有效的方法，因為社會主義的重點，一向是放在把生產工具收歸國有上。

其實，他們忽略了一個重大的事實，即生產工具整個把握在當政者手中，所造成的不平等與專制，更遠甚於在個人手中，因為這些人不但握有經濟權，而且握有政權，他們可以把人民的整個生活控制起來。結果是少數當權者計劃生產什麼，人民便食用什麼，少數當權者計劃製造什麼，人民便為什麼工作，絕無選擇餘地。

三、社會主義必然專制

在社會主義之下，自由早晚被限制到一點也沒有了為止。社會主義的計劃經濟，是與民主自由根本衝突的，因為計劃就是統制。例如在計劃經濟之下，當局計劃開採多少鐵礦煤礦，煉多少鋼製造多少機器，以及為養活以上這些工人，需要多少糧食，都必須有一定的硬性規定。任何一部份不達標準，便牽動全盤計劃。例如假如所煉的鋼不足規定，便影響了所要製造的機器，連帶又影響到用這些機器所要製造的物品。因之在計劃經濟的國家，不許罷工怠工，認為這是叛國罪。不許人口移動，因為恐怕某一地區的勞工不够用。甚至要實行強迫勞工，因為有些工作的性質或工作地點的氣候為工人所不喜。最省事的辦法，便是強迫勞工。計劃經濟必然走到專制，因為計劃是無止境的，只要開始實行計劃，就越來越需要更多的計劃，以至全盤計劃，也就是等於全盤統制。

社會主義者的用心也許是好的，但他們的基本錯誤在迷信教條，企圖用若干年前的陳舊藥方，來治今天的病。他們仍迷信將生產工具收歸國有，是消除不平等的唯一方法，而不再看看今天自由社會的工業化和大量生產對於經濟生活的影響。社會主義者至今仍未能認識到「國有國營」並不能普遍改進大衆的生活，甚至事實上這二者竟彼此毫不相干。

在經濟活動由國家經營之下，沒有了競爭，沒有了進取心，沒有了效率，沒有了個人創造力。結果是生產低落，人民普遍受窮；人民活動的範圍日狹，漸漸失去了自由。一般人絕對享受不到國有國營的好處，只有少數主管的官吏得到利益。譬如在蘇俄，普通人民絕享受不到坐汽車，而坐汽車的只是共黨官吏。蘇俄實行社會主義將近四十年，到今天俄國人的經濟生活更不平等了。共產黨成為新的統治兼資產階級，變成一個大資本家。一般人民都完全成了無產階級，降低了生活，成了新的奴隸。統治者的享受可以無限，而普通工人的工資，每月五六百盧布，尚不够買一身衣服。

四、自由經濟必然平等

事實上，只有在政治經濟都自由的社會裏，國民教育普及，技術知識提高，有大規模的有效率的生產，一般人的生活才能改好，貧富的距離才可縮短。在自由經濟之下，人人用了他們的智慧，日新月異發明低價的大量的產品。這樣由於利用新的機器，生產成本日低，因之工資可以不斷的提高，工作時數不斷的減少；僱用的工人加多了，工人的購買力也增大了。而且，出品低廉，人人買得起。這樣一般人的生活才都可改好。

美國是實行自由經濟的國家，到今天，全世界以美國人民的生活為最好，貧富的距離最短。雖然美國的人口只佔全世界人口的百分之七，但美國所出產的製造品，在一九五二年為全世界製造品的百分之六十五。一九五一年美國製造了六百八十萬輛汽車，一千二百五十萬個收音機，四百一十萬個電冰箱，二百九十萬個烤麵包器，六億雙尼龍絲襪，一百萬所住房。在一九五三年，建築了四萬六千里公路，一百一十萬所住房，製造了五億雙皮鞋，三百萬個電吸塵器，三百七十萬個電洗衣機，七百萬隻電視機，和值七億元的肥皂。

我們列舉這些生產數字，目的在說明，這樣大量的生產，不可能僅限於少數人享用，不可能不使一般人的生活都改善。常識也可以判斷，這樣鉅量的物資不是為少數資本家所享用。現代的工業技術，其進步遠超過前人的想像。現代工業的大量生產是使人類經濟平等的主動力有了大量的生產，大家才有得享受。並且大量生產的制度，必須由大家享受才能存在。

在一個眞正的民主自由的社會裏，一般人民大權在握（選舉），經濟生活必然日趨平等。反之，如無自由，便一切平等都談不到，我們再以美國爲例，美國每年收入在二萬五千元以上的人們，算是比較富的，其收入的總和，除付所得稅外，在一九一七年佔全國總收入的百分之六點七，到一九三二年降爲三點四，到一九四一年降爲二點五，到一九四四年降爲一點三。在一九二九年全美國人的收入平均每人稍多於一千元（以一九五二年物價計算），到一九五二年，每人的收入平均爲一千五百元。在一九二九年全美國在使用中的汽車是二千三百萬輛，到一九五二年增爲四千四百萬輛。一九五二年工人的工資平均爲每小時一元七角七分五。一九五三年美國人購買了六百億元的食品，這一年每人平均吃了一百五十一磅肉。

這表示出，在一個自由的社會內，絕大多數人享用了絕大多數的財富和出品。

五、馬克斯的錯誤預言

在自由社會內，日趨平等的經濟發展是必然的，是十九世紀中葉的馬克斯所絕未想到的。馬克斯曾錯誤的預言，在自由經濟制度（他名之爲資本主義）之下，財富將集中在少數人手中。他誤認爲由於生產是大規模的，所以握有大規模生產工具的人愈富，工人愈貧。馬克斯未想到沒有大量的消費，大量生產不能存在，他未想到現代的大企業可以有成千成萬的股東，絕不是由一二人所有，他未想到利用機器的結果，不但工人的收入未減少，並且由於生產增多，工資也加高了。（例如在美國，一九五二年每個工人較一九二九年多生產百分之八十的貨物。）他也更未想到，一個遠較「收歸國有」更簡便更有效，同時可使經濟平等，並能保持自由的一個妙法——累進所得稅。

現在在自由經濟的國家，都實行累進所得稅。例如在一九五二年，一個四口之家，每年淨收入一萬元者，在美國須納所得稅一、七七四元，在加拿大須納一、八一〇元，在英國須納四、〇二四元。收入五萬元者，在美須納二一、〇八八元，在加須納二三、五七四元，在英須納三八、九二四元。收入十萬元者，在美須納五六、〇三二元，在加須納五九、〇九四元，在英須納八七、六七四元，收入五十萬元者，在美須納四一一、一二四元，在加須納四〇七、二二六元，在英須納四七七、六七四元。收入再多，稅率更高。

美國自一九一三年開始實行聯邦所得稅，起初稅率並不高，但以後國會一再通過議案，使所得稅的累進比例增高，收入愈多的，納稅的稅率愈高。我們例舉上面美加英三國的所得稅稅率，目的在說明，在實行累進所得稅制度之下，實際上有能力收入多的人，納稅更多，對社會的供獻更大。這樣，保持了經濟的自由，也保持了個人發展才能的機會。此外，尚可以有公司稅與贈遺稅，一個股票持有人在收得公司紅利之前，公司已納了一次稅，他收入以後尚須交個人所得稅，在這個人故去後又須納遺產稅。在自由經濟的社會內，卽便有貧富的距離，還可消滅於無形——何必要社會主義呢！

六、認識事實

一般人所希望的是改善生活與經濟平等，但我們爲什麼不直接了當，就說我們要改善生活與經濟平等，何必用陳舊名詞，說要社會主義呢？就因爲這一點未分別清楚，因之被共產黨所利用，增加了它的不少力量。各國許多知識份子，以至有名的科學家，加入共產黨的外圍組織，替共產黨作義務宣傳，甚至替共黨作間諜，多半是這些人不瞭解社會主義便錯誤的同情社會主義。這眞是我們這時代的一個大悲劇。

本來社會主義與共產主義並不是兩種根本不同的制度。共產黨說，社會主義是走向共產主義的臺階，是共產主義的初步。等到社會主義完成後，便是共產主義的開始。共產黨宣傳說，建立共產主義，必須自社會主義開始。他們吹牛說，在社會主義之下，生產工具收歸國有，這時仍是按工作給報酬，所以仍有不同的待遇，等到生產增多到每個人都足够用，於是「每個人的需要都可滿足」，這叫做共產主義。

這是誘惑人的宣傳，是白日說夢。因爲人的需要是無止境的，不論在何種社會，也不可能不計工作能力，就可隨心所欲，取之不盡，用之不竭。卽以蘇俄而論，卅七年的社會主義俄共首領亦不敢說他們完成了共產主義，也只說他們仍是在社會主義階段。其實社會主義絕不能改進一般人的生活，因爲要改進一般人的生活，必須有大量而便宜的生產，但在這一點上社會主義絕不能與自由經濟相比。甚至蘇俄宣傳性的公佈，也只說（米高揚在去年十一月初全俄商業大會上演說）希望在一九五六年製造三十三萬隻電冰箱，五十萬個電吸塵器，一百萬隻電視機——這與美國相較，有天壤之別。

假如我們反共而傾向社會主義，愛好自由民主而傾向社會主義，是矛盾的行不通的。

任何一個有良知的人，沒有願意自己生活好而要別人挨餓受凍，沒有人願意一部份人享受一部份人受苦。所以，愈是知識份子愈嚮往經濟平等，與改善大衆生活，要貧富的距離縮短，要大衆的生活有安全的保障。

但這些全不是社會主義！

七、什麼不是社會主義

要貧富的距離接近，前邊已說過，最簡便而有效的方法是實行累進所得稅遺產稅等制度，而不是什麼把生產工具收歸國有。累進稅制再加上普及敎育，可以使貧富的距離日短；將生產工具收歸國有只是使人民與政府官吏的距離更加遠。

要大衆生活有安全保障，最好用具體方法，直接去保障大衆的生活，例如實行失業保險，養老金制度，最低工資的規定，最多工作時間的限制等等。但這些是社會立法，社會改革；而不是社會主義。這些在自由經濟制度(企業由個人經營)之下樣樣都可以有。

美國國會在一九三五年八月通過社會安全法案，其後又經過一九三九年與一九四四年的修正，才算完成。羅斯福總統在一九四四年與國會的咨文中，稱讚社會安全法案等於「第二個人權宣言」。這個法案包括十項，救助失業的，年老的，有病的，懷孕的，孤寡的。

此外在農業方面，美國自一九二三年以來便有貸款與農人的法案，在工業方面，自一九一六年起便有限制工作時間的法案。一九三八年規定在若干工業中最低工資每小時四角，每週最多工作時間四十小時，一九四九年又將每小時最低工資增爲七角五分。

至此，我們可以知道，在現代的工業化之下，改善一般人的生活，須不斷的研究，與不斷的設計。而社會主義所主張的國有國營，根本太陳舊無用了。

八、正如政治需要自由，經濟亦需要自由

正如政治必須自由，在經濟上我們亦同樣需要自由。一個社會制度，絕不能一半自由，另一半被控制。並且事實上政治經濟是分不開的，如果只有政治自由而無經濟自由是行不通的。例如在英國，選民對工黨的社會主義失望，因之現在保守黨又上臺執政，將許多收歸國有的事業，又歸還民營。例如在澳洲，社會主義的工黨執政八年，在一九四九年十二月的大選中失敗，自由黨得勝。又如在紐西蘭，社會主義的工黨執政十四年，亦在一九四九年十一月的大選中失敗，主張自由經濟的國民黨被選。由此可見，如果人民眞正握有取決權，人民在認識了社會主義的眞面目之後，是不會選擇社會主義的。我們相信自由經濟制度，因爲人人的經濟活動，人人的智慧與努力，加起來要比少數統治者廣博得多。當然，在經濟方面亦與在政治方面一樣，應規定出基本的權利與義務，正如政治不是漫無限制，經濟亦不是漫無限制的自由。

但限制絕不是社會主義。自由經濟與社會主義的根本不同點，在於自由經濟允許一切經濟事業由人民經營，由政府征稅，再拿這些錢來爲人民服務。社會主義的基本政策是不允許個人經營，一切由國家經營。但事實上，國營的結果必然效率低生產少，不可能對一般人有任何益處。自由經濟是養鷄下蛋，許多人民發揮才能，然後政府用征稅方式，取富以濟貧。社會主義是殺鷄取蛋，把一切整個拿過來，以少數人的控制，抹殺多數人的創造能力，結果是大衆貧窮與更甚的不平等和專制。(完)

(上接第32頁)

謊言之得以出售，主要的原因是由於大家不用腦筋或愚昧所致。『共產黨和法西斯一樣，很懂得把他們所認爲重要的事物一再重複的告訴人民。他們的所謂「事實」，都是謊言，所以重複便成爲欺騙說服的重要手段。人的心理不能毫無信仰，是眞是假，大多數人心目中通常要存有某種形式的觀念。又一般人之獲得信仰觀念，並不經過縝思密慮的過程，讀文法念幾何莫不如此。所以極權主義者很瞭解人民囫圇吞棗不求甚解的學習習慣，進而把他們所希望人民深信的東西，繼續不斷的打進千萬個自由國家人民的腦海裏呢！』這一番話，可謂道着一般人不用腦筋的毛病。這種毛病是普遍的極權災害構成之一因。我們要免於這種災害，首先就須用腦筋。所謂用腦筋，並非玄思默想。玄思默想，只有愈鬧愈糊塗。我們必須眞切觀察經驗事實，然後貼切着經驗事實來分析，來判斷。這樣，慢慢可以看穿『謊言體系』。極權戲劇底『謊言體系』一經拆穿，它底本錢已經少掉了一半，所餘的暴力也就隨之縮小其威力了。凡屬企望自由的人都須有這個了解。從這個角度開始，也是捲縮極權戲劇的一種重要方法。可是，這種方法之實行，要靠着知識和解析能力。極權者底謊言效力在西方國家之相對的減低，可作明證。培根有言：『知識即是力量』。

司徒理瀾所著的這本書，主要地係以東歐六國爲論列的對象。可是，我們應須明白，在蘇俄建立共產帝國的現今，她所採取的策略，在基本上，對于世界任何角落都是同樣的一套。因此，她施用於東歐六國的基本策略，除了因地因人而作必須的制宜以外，對于別的地方也是同樣施用的。這是她底侵略政策之普遍性（universality）。所以，本書所指雖限於東歐六國，其他地方反極權暴政的人民完全有了解之必要。我們讀了這本書，不僅可對于恐怖統治底眞面目增加不少認識；而且不難推測在這個地球上，凡照着蘇俄共產方式而施爲者，會鬧成一個什麼樣子。我們應該警惕！

依此，我們又可以作進一步的了解：我們現在反對毛澤東，並不是因爲他姓毛。天下姓毛者多矣！我們現在滅共，並非因爲它是不同名義的『黨』。共產赤魔集團是一個暴亂集團。遑論它根本不能叫做『黨』。退一百步說，即使它能叫做一個『黨』，我們也不能因爲它是一個不同名義的黨而反對它。天下之黨多矣！我們之所以反對毛澤東，主要的原因，是反對他底那一套作風，是他摧毀人權，禍國殃民，置『黨』於國之上，建立恐怖統治。祇有這些才是滅共的實質理由。基於這些理由而滅共，我們又可以進一步了解：香港捉賊的巡捕不能自己做賊。愈是在想法、作風、和特色上與共產赤魔不同者，才愈有資格反共。環顧當今之世，誰在基本上與共產赤魔不同呢？有而且祇有自由民主的思想者。

美國是否不景氣之研究

劉國增

一

美國是現代自由經濟國家領導者，現在是否已進入不景氣階段，不但關係美國本身，而且影響其他自由經濟國家至深且鉅。我們必須注意觀察，詳加研究。在研究此問題之前，我們必先明瞭何謂不景氣(recession)，何謂重大不景氣(depression)。所謂不景氣者，普通說起來，卽在經濟繁榮之後所有工商業營業範圍縮小，經濟情形動盪不定，並漸漸日趨下游之謂。在不景氣期間，總生產量日漸減少，失業者日漸增加，存貨堆積，銀根緊縮，消費者減購消費品，訂貨者減少訂貨量，所有躉售零售物價指數及股票市場價格均日漸下跌。以上各種減少增加等現象，就程度言有高低之分，就時間言，有長短之別。美國一般經濟學者的意見：以爲衡量美國不景氣，須以經濟繁榮時爲標準。當經濟繁榮之後，就生產言：凡總生產量繼續降低至百分之五，其降低之期間由六個月至一年半者謂之不景氣。就失業言：凡失業人數繼續增加至四百萬到五百萬，其失業期間由六個月至一年半者謂之不景氣。所謂重大不景氣者卽全面蕭條之謂。就生產言，凡生產急劇較之不景氣更爲嚴重者，則爲重大不景氣。所謂重大不景氣者卽全面蕭條之謂。就生產言，凡生產急劇普遍繼續下降低至百分之三十以上，就失業言：凡失業人數急劇繼續增加至一千萬以上，並且此種衰退現象延長至數年之久者，卽謂之重大不景氣。美國過去曾發生三次不景氣，一次重大不景氣。第一次不景氣爲一九二〇—二一年，第二次不景氣爲一九三七年—三八年，第三次不景氣爲一九四九年。此三次不景氣的性質各不相同。一九二〇—二一年之不景氣的現象爲：躉售物價指數下降百分之四十五，失業者達四百八十萬，股票價格降低百分之十八，杜張氏 Dow Jones 所編之工業生產指數由九十降低至七十二。至一九三七—三八年之不景氣則爲：躉售物價指數僅降低百分之九，工業生產及股票市場價格指數均降低約百分之二十，失業人數由六百四十萬增加至九百八十萬。至一九四九年之不景氣：失業者僅三百八十萬人，工業生產僅減低百分之八，股票價格有一個時期猛降百分之十，但不久卽恢復原狀，及至該年年底該項價格反較一九四八年爲高，物價降落亦甚低，且此不景氣現象不數月間卽行過去。在此三次不景氣期間，所有經濟衰退情形均是每月平均降低百分之二。至一次重大不景氣則爲一九二九—三三年，在此期間生產減低百分之三十以上，失業者達百分之二十五。股票市場全部崩潰。此其大較也。

二

在明瞭美國現在是否不景氣之前，除知道以上各種現象之外，更須明瞭一九五三年美國經濟全部情形。茲將該年經濟情形加以分析如下：

在一九五三年之初卽有很多經濟學者預言美國將發生不景氣或重大不景氣。但事實證明所預測者並不盡然。蓋美國在一九五三年所產生之貨物供給之貨幣均較歷年爲多。所有人口僅佔世界百分之七，而製造成品則佔世界百分之六十七。實行生產工人共約爲六千二百一十萬人，所產生之貨物：就軍事物資言：在一九五三年卽產生四百三十億成品，已達到第二次大戰時軍需生產最高峯之半數。其他不論僅就飛機一項而言，已造成者爲一萬二千架。軍需生產雖如此浩繁，但不影響美國經濟之繁榮。據美國國家設計委員會 National Planning 估計，按美國現在經濟力量，卽產生此兩倍軍需品亦不影響美國人民生活水準之提高。就民用物資之犖犖大者言之：共造成汽車六百萬部，佔歷年汽車產量之第二位，價值爲三十億元，眞空掃除箒三百萬具，較一九五二年爲多。洗衣機三百七十萬部，電視機七百萬部，均打破已往生產紀錄。全國人民食物支出共約六百億元，較之以前亦增加。全國人民平均食肉量每人爲一百五十磅，較之一九五二年之一百四十四磅多六磅。就建築言：共建築住宅及公司房子一百一十萬座，共費三百四十七億元，造成新紀錄。一九五三年無罷工風潮，同時短期停工事件亦少，故人民生活水準亦較一九五二年爲高。益以艾森豪總統執政以來解除工資物價統制，工人集體要求增加工資事件政府不從中干涉，故勞資發生爭執時容易解決，較之一九五二年鋼鐵業大罷工因政府從中干涉致罷工風潮曠日持久，影響國民經濟者不可同日語。一九五三年鋼鐵生產爲一億一千二百萬噸較之一九五二年增加百分之二十。電力產量爲四千四百二十億瓦特 kw-h 較之一九五二年增加百分之十一，造成歷來新紀錄。就失業人數言：失業者僅一百五十萬亦較過去爲少。工廠工資平均數爲每星期七十一元，並無超時 overtime 工作。就銀行信用言：一九五三年銀行放欵數額亦較一九五二年爲多。其中消費貸欵爲二百九十億元，較之一九五二年多百分之十二。人民零星購買物品共支出兩千二百億元，個人所得共爲二千八百五十億元，較之一九五二年增加百分之六，亦造成新紀錄。而人民儲蓄已到達一百八十億元，較之一九五二年之一百六十九億多十一億元。由聯邦準備制度理事會以一九四七年爲基期之工業生產指數觀察：一九五三年之工業生產指數爲一三五較之一九五二年高百分之九，較大戰時生產最高峯尚高八點，造成大戰以來未有之紀錄。稅率雖重而各商業公司在納稅之後的純盈餘尚達二百零五億之多。較之戰後各年除一九四八及一九五〇兩年外任何一年爲高，同時共支出股東紅利九十五億元，打破歷史紀錄。全國總生產量為三千六百八十億較之一九五二年高百分之五，比已往任何一年為高。以上各項數字之一大部係代表眞正所得並非因通貨比較膨脹而增加的。生活費在十二月以前僅增加百分之一，及至年底復行下降。

由一九五三年全年觀察，美國工商業並未衰退，工人就業情形亦甚良好，而通貨膨脹在七月以前反有死灰復燃之勢。鋼鐵業因日用生活費增加乃增加工資。增加工資之結果，鋼鐵價格亦隨之上漲。其他工商業在七月以前亦繼續景氣。工商繼續景氣需要貨幣之處甚多，因之貨幣數量增加，通貨膨脹現象有復熾之勢。為遏止通貨膨脹計，美國政府乃設法減少貨幣供給量。於是緊縮會員銀行信用提高放欵利率等辦法相繼實行。除此以外更發行公債二十億元，其利率為年利百分之三·二五，創二十年來公債利率最高紀錄。美國政府會正式公佈共和黨執政後將放棄民主黨放鬆銀根政策 easy money policy，改採反通貨膨脹政策 anti-inflation policy，因之銀根益緊。公債三年至五年到期者的利率由年利百分之二·六提高至二·九。公債利率提高後，各商業公司股東紅利亦因之提高至百分之五·八與之抗衡。股票市場指數降低至二五五創一年內最低紀錄。因全國銀行信用緊縮之故，於是建築房屋者感覺抵押資金缺乏，零售商感覺存貨不易售出，乃羣相責難，謂抽緊銀根政策 hard money policy 如不改變則國民經濟將日益退縮。美國財政部長休穆費 Humphrey 有鑒於此，第二次發行公債時乃將利率減低，同時聯邦準備制度理事會亦將會員銀行準備全數額減低以放寬信用。以上各種辦法實施後國民經濟又突飛猛進，零售物品量又造成新紀錄，生產亦繼續增加，股票市場價格亦因韓戰停止之故開始上漲。就各種生產情形觀察在一九五三年十月以前並無顯著之衰退。惟自十月初因汽車冰箱等工廠開始減產，其他工業亦隨之減產。年底遣散工人之數亦較過去三年為多。但股票市場仍上漲，高至杜張氏工業平均數 Dow Jones industrial average 一八·二，僅比該年最高峯低百分之三，而全年工業生產量亦出乎原意料之外，零售物品購買量不但並未減低而聖誕節購買量竟超過每年之上。查一九五三年生產量之所以增加者，係由私人消費開支增加，並非由於聯邦政府國家安全費用增加。蓋在該年國家安全費用開支僅增加少許，較之前兩年之佔全國工業總生產量之一半者不可同日語。現各種工業對於國家經濟前途甚具信心，就鋼鐵業言現正計劃再投資三億元擴張各項設備。由以上種種情形觀察，一九五三年乃美國有史以來經濟最繁榮之一年。

三

就一九五三年全年觀察美國經濟雖甚繁榮，但自六月以後卽稍見衰退。各種原料成品雖多，而銷路則較前為少。各種工廠因訂貨者減少乃實行減產並遣散工人。商人因堆積存貨甚多，同時又滯銷乃不再增加存貨。在該年秋季全國總生產量較之每年平均數三千六百五十億減低百分之一，冬季又減低少許。一九五三年農業收入較之一九五二年減少百分之五·五，又因生產浮餘之故尚有四十五億農產品存在倉庫不能售出。工業生產品在五月至十一月間降低百分之五。至汽車冰箱等經久性物品的指數在一九五三年八月為一五七，十二月則降為一四二。換言之在五個月之間該項生產指數降低百分之十四。至失業人數在一九五四年一月十五日則增加至二百三十六萬，較之一九五三年十二月底增加五十萬，較之一九五三年十月增加一倍。（該月為失業人數最少之一月）據聯邦準備制度理事會二月一日所發表之數字以工業生產總指數在一九五三年七月為一三七，九月為一三三，十月為一二九，十二月為一二八，並推測在一九五四年一月必更降低少許。又鋼鐵生產在一九五三年十二月減少之數超過季節性減產數，在一九五四年一月增加之數遜於季節性增產數。蓋在一月間之生產量為九千四百萬噸，僅佔最高生產量百分之七十五。至其減少之原因則因經久性貨物存貨太多（在一九五三年十一月經久貨物產商存貨價值達二十八億元，較之一年前增加百分之十二）軍用設備生產減少，需要鋼鐵量減少之故。由以上種種數字觀察：自一九五三年六月起美國生產逐漸減少，失業逐漸增加則毫無疑義。惟其減少增加之速度是緩慢的，有秩序的，並且是一步一步的毫不驟烈。較之一九四九年之輕微不景氣尚輕，較之一九二〇—二一年及一九三七—三八年的不景氣更差的多，至重大不景氣更談不到矣。再以此經濟輕微退步情形衡諸一九五三年全年經濟繁榮情形，其所佔之比例數更微乎其微不足道也。從以上種種現象加以研究，我們得一結論為：美國現在各種經濟活動略微退步情形乃係在韓戰經濟景氣之後工廠存貨甚多，不得不暫時減產，重新調整業務之一種現象，尚未進入不景氣階段，但已受不景氣威脅矣。關於美國現在是否已進入不景氣階段，經濟學者有兩種相反的意見，一派的意見：謂美國現在已發生不景氣，將來定為嚴重。代表此派意見者為英國著名經濟學者克拉克 Colin Clark，英國前財政部長蓋斯克路 Geitkell，現財政部長費特勒 Butler 亦有此同樣意見。克拉克於一九五三年夏季在曼策斯特導報 The Manchester Guardian 發表一篇論文題為美國不景氣之危險朕兆 Danger Signal of an American Slump，其中大意：謂美國因汽車等生產過剩，各種存貨堆積太多，一時不易銷售，已臨工商業衰退邊緣。此種衰退情形如不採用減稅等方法補救，在銷售存貨過程中必諸多危險情形發生。此種危險情形將愈演愈烈，至一九五四年夏季將有重大不景氣降臨云。他於今年一月在美國在紐約美國工業協會講演時更重申此種意見。與克拉克相反的意見則以美國著名經濟學者魏廷斯基 E.S. Woytinsky 為代表，美國政府當局亦有此同樣見解。魏氏謂克拉克所預測者毫不正確。蓋在經濟活動過程中不能無危險跡象發生。要在國家之經濟體制是否有十足的自動力量及預防力量足以克服此項危險。如能克服時則危險之來，正是我們發揮偉大主動力量處理經濟問題之時。況在一九五三年年底有些生產情形業已好轉。雖有些生產尚在退步，但其退步情形，並不嚴重，絕無重大不景氣來臨跡象。益以我們消費者積極消費，銀行家積極投資，各項建設積極興辦，政府又積極發展工商業，重大不景氣望塵却步，絕無發生之可能，自不待言。即所謂不景氣者即云存在，亦是特別式之不景氣，無以名之，名之爲精製不景氣 recession de luxe可也。蓋在我們高度生產高度就業情況之下，工商業調整業務使之好轉之時竟發生不景氣，只好以此命名也。以上兩種意見各走極端，前者未免危言聳聽，言過其實，後者又未免忽略事實過於樂觀，均非持平之論。總之以美國尚未進入不景氣階段，但已受不景氣危脅爲近是。在此緊要關頭，必須趕緊設法未雨綢繆，以免惡化。

四

美國現在經濟略微衰退的原因及其影響如何，見仁見智各不相同。茲綜合各方意見加以分析。其原因：㊀韓戰停止工商業缺乏戰爭激刺：自一九五〇年六月韓戰爆發後美國人民恐戰爭延長物資缺乏，通貨膨脹，乃爭相購買消費物品，尤其是經久性消費物品，各工廠亦競相製造各種消費品。終以製造者多，需求者少，造成供過於求現象。及乎韓戰停止，人心穩定，不再爭購物資，因之存貨更多，遂發生滯銷情形。存貨既多，工廠不得不從事減產以免損失，同時又不得不遣散工人以節省開支。益以在韓戰期間軍事生產甚夥，及乎韓戰停止，軍事生產銳減，所有委託私人工廠代製合同多不續訂。原從事軍事生產工廠必須轉業。在此停止一種營業改營他種營業期間，生產勢必減少，失業勢必增加。㊁非美元國家繼續限制美國貨物入口：歐洲大陸國家及英鎊集團等國家在大戰以後，因美元缺乏，均用統制外滙入口限額等辦法限制美國貨物入口。在前數年各國因國內生產尚未復原，物資缺乏，需要美國貨物入口之處甚多。彼時對於美國貨物入口雖亦從事限制，但必需品由美入口尚多。及至一九五二年各國生產十之八九恢復原狀，益以美國軍援經援仍繼續援助，因之需要美國必需品入口之處更小，美元缺口亦銳減，因之美國國際貿易幾無盈餘可言。及乎一九五三年美國輸出亦未好轉。最近英鎊集團要求美國減低關稅，以便外國貨物向美輸出，並喊出「需要貿易不需要援助」口號。美國雖允予考慮，並由蘭德爾 Randall 組織委員會從事研究，提出報告，但尚未實行。在此期間各國更加緊限制美貨入口，值此美國國內貨物存量過多之時出口貨物不能增加，對於生產不無影響。㊂高度補助農產品價格之結果：艾森豪總統上臺後，爲爭取農民信仰起見，實行百分之九十補助農產品價格辦法。補助之結果農產品浮餘過多，不能售出，現尚有值四十五億元農產品存在倉庫，實行凍結以免特別跌價，影響其他物價。農產品生產過剩之結果價格劇跌，農民收入銳減，購買力亦因之減少，農民購買力減少影響其他生產至深且鉅。美國一部份經濟學者謂美國現在經濟略微衰退情形係由農產品生產過剩始，將來必須由農業方面設法方可使此衰退情形終止，不無片面眞理也。

美國現在經濟略微衰退之原因已如上述。至其所發生之影響可就國際國內兩方面觀察，就國際言：㊀對貿易之影響：美國爲自由經濟國家領導者，其國內經濟之隆替與自由世界息息相關。稍有不景氣發生即影響其他自由經濟國家至深且鉅。過去八個月經濟稍行衰退，其他國家向美輸出即減少。由各項統計觀察，美國入口數量與國內工業總生產指數有密切關係，而總入口之價值又與經久性製造品的生產指數有連帶關係。換言之，經久性製造品減產一分，入口價值即減少一分。由入口統計及生產統計觀察：在一九五三年六月—十二月之間經久性製造品減少百分之十，而同期入口貨物價值即減少百分之九·四。由此可知美國一有不景氣發生，其他自由經濟國家出口即大爲減少，經濟亦隨之衰退。經濟爲政治外交軍事之基礎，經濟一發生問題，所有政治外交軍事亦必隨之失敗。尤有進者，英日荷蘭西德等國家貨物不能向美輸出，勢必挺而走險，與蘇聯鐵幕集團從事貿易，整個自由世界經濟即行瓦解。蘇聯因軍事外交策略與美國邊談邊打，其目的即在將美國經濟拖垮，以達到它的侵略野心。斯大林說：資本主義國家將來必因經濟利益互相衝突同走滅亡之路。此時自由國家如不覺悟，瞻念前途，眞令人不寒而慄！㊁對於關稅之影響：關稅壁壘爲國際貿易最大之障碍。艾森豪總統有鑒於此，上臺後即主張減低美國關稅，並派工商業鉅子蘭戴爾 Randall 組織委員會從事研究。該委員會於本年一月提出報告，關於關稅部份：①授權總統在三年之內每年將關稅減低百分之五，共減低百分之十五。②授權總統將入口數量不多貨物應繳納之關稅減低百分之五十。③授權總統在三年之內將從價稅減低至百分之五十。該委員會由十七人組成，其中五人係國會議員。其所提之報告係多數同意之報告，另有少數委員提出反對報告。此少數委員之中有兩個委員係國會議員，一爲瑞立德 Daniel Reed 係衆議院籌欵委員會主席，一爲斯姆皮森 Richard Simpson 係籌欵委員會委員。按規定艾森豪總統減低關稅之提議，必先經衆議院籌欵委員會通過。此項減低關稅提議在經濟繁榮之時，如艾森豪總統特別努力或可在國會通過。但在此經濟接近不景氣期間，國會議員保守分子甚多，爲保護國內生產起見，此項建議本屆國會殊難通過，關稅一時不易減低。美國關稅不能減低，其他國家在需要貿易不需要援助號召之下，必仍繼續以高度關稅等辦法以限制美國貨物入口，國際自由貿易高尚理想一時恐難達到。

就美國國內言：㊀對於共和黨今冬參衆兩院選舉之影響：一九三二年共和黨大選失敗胡佛總統下臺，即由於一九二九——三三年之重大不景氣無法應付。一九五三年艾森豪總統上臺後不數月，又受不景氣威脅。有人嘲笑共和黨謂共和黨這個名詞即代表不景氣。艾森豪總統鑒往察來，必須未雨綢繆以免蹈胡佛總統覆轍。按參衆兩院選舉法，今年十一月參議院議員改選三分之一，衆議院議員全部改選。現在共和黨在參議院所佔之席數與民主黨相等，在衆議院所佔之席數比民主黨多三席。在今冬改選以前經濟衰退情形如不改善或竟惡化，其惡化之程度至總生產量降低百分之五，失業人數增至三百萬時，一般人預料下次選舉共和黨必定失敗，即想維持現在的席數亦不可得。爲爭取兩院選舉勝利計，艾森豪總統此時必須盡力設法以挽回此經濟頹勢。

㊁對於預算之影響：艾森豪總統上臺後即主張減少人民租稅，減少政府開支，使預算平衡。本年一月二十八日向國會提出之一九五四年六月至五五年六月三十日的預算：支出爲六百五十億元，較之一九五三年——五四年之預算減少五十三億元，預計收支相抵後將虧空二十九億元。但此項預算係按經濟繁榮時收支標準編製。如現在經濟衰退情形再惡化時，則減低各種租稅，改良失業保險，擴大社會安全法案等政策勢在必行。實行該項政策時則歲出增加歲收減少，原預算之二十九億元赤字必須增加數倍方可足用。其他不論，僅就提高個人所得稅免徵額一項而言：如將該免額由現在之六百元提高至七百元時則即虧空二十三億元，全預算赤字即爲五十二億元。增加開支減少稅收是與平衡預算不相容的。而實行反不景氣 antirecession 計劃，又必須增加開支減少稅收，因之原預算之二十九億赤字必須增加數倍方可足用。

㊂對於艾森豪總統金融政策之影響：美國自羅斯福總統施行新政杜魯門總統施行公政以來，政府開支增加，人民負擔加重，造成通貨膨脹現象。艾森豪總統上臺後實行統制信用抽緊銀根等辦法，以遏止通貨膨脹。並時時宣佈艾森豪時代決不採杜魯門時代之放鬆信用政策，所謂反通貨膨脹政策 anti-inflation policy 者是也。但自經濟受不景氣威脅後，不得不將原採取之金融政策略加修改，另實行放寬信用等辦法以增加貨幣供應量。

五

美國現在經濟略微衰退情形如不改善，影響美國本身及其他自由經濟國家至深且鉅已如上述。至如何設法遏止此種衰退現象，使之不再擴大，實爲世界人士最關心的問題。據一般經濟學者分析，所有補救辦法亦須由國際國內兩方面着手。就國際言：各自由經濟國家須有經濟合作精神，彼此對於國際貿易互相讓步和衷共濟。就美國言，須將蘭戴路 Randall 委員會所擬之減低關稅計劃趕緊實行，勿太過於保守。該計劃實行後各國需要貿易不需要援助之宿願得償，他們貨物由此可自由向美輸出。就其他自由經濟國家言：國際收支既日漸平衡，爲國際經濟合作着想，不應再對美貨入口過事限制。尤其是當美國現在受不景氣威脅之時，更宜本同舟共濟之誼，格外放寬入口限制，使美國堆積之存貨得漸漸輸出，以免不景氣來臨各國均蒙重大損失，使蘇聯坐收漁人之利。就美國內部言：艾森豪總統向新聞記者表示：他對於政府與人民之關係採取自由政策，他對於經濟採取保守政策。換言之，他對於現在經濟衰退情形決不坐視，必一步一步的採取溫和辦法以應付之。現爲應付不景氣來臨起見，已成立兩個委員會，一爲在白宮成立之經濟顧問委員會，一爲各部會經濟繁榮安定委員會，均由著名經濟學者朋斯 Burns 主持。此兩個委員會可視爲艾森豪總統阻止不景氣最高戰略設計機構。對於生產現狀失業情形時時調查，並研究對策。茲將各項對策分析如下：

一、金融政策：艾森豪總統上臺後所採取之金融政策爲反通貨膨脹政策。惟自一九五三年六月韓戰停止後，存貨堆積，生產衰退，失業增加，不得不將原採取之金融政策略加修改以應付此新的經濟環境。修改後之金融政策爲：①減低會員銀行存款準備金以擴大信用。②減低聯邦準備銀行貼現率以使會員銀行貼現增加，貸款與工商業。③在市場上買進公債以增加貨幣供應量。以上三種辦法業已分別實行，並均已生效。又爲應變起見，擬定兩種的辦法：①實行消費貸款由聯邦政府擔保辦法。②授權總統變更政府保險貸款及抵押條款。以上兩種辦法均爲打擊不景氣最有力之武器。二、租稅政策：實行減租政策以刺激消費生產，用以打擊不景氣。其辦法：①減低個人所得稅並將免稅額由六百元提高至七百元或八百元以刺激消費。同時又減低貨物稅以減輕消費者負擔而便大量消費。②減低公司利得稅以鼓勵長期生產。③減低各公司股東紅利稅並將一部份紅利稅准予暫時賒欠，將來在二年以內如公司賠錢無紅利可分時即行免徵。同時又規定五十元紅利爲免稅額，其用意在鼓勵小資本家向工商業投資。④准許租稅損失之回溯由一年延長爲二年。例如本年公司獲利，應納利得稅，但前二年則賠本，按此規定本年應繳納之利得稅即予免徵。⑤從速辦理退稅手續，以免納人受損失。⑥杜魯門總統執政時爲補貼韓戰費用，創辦四種緊急租稅，現將到期，爲實行減稅政策起見，擬將其中之過分利得稅特種消費稅全部取銷。公司企業及個人利得稅稅率酌予減輕以利生產消費。預計此項政策實行後，政府將損失八十億——九十億元。但爲打擊不景氣起見，減少歲收應在所不計也。⑦減少國外投資所得稅：爲鼓勵私人向國外投資起見，將國外投資所得稅較之國內減低百分之十四。蓋國外投資等於國內產品在國外傾銷，故特別獎勵以利生產。三、社會政策：實行社會政策時所使用之方法有二：一屬於安定性的爲：①使失業保險辦法進代化，②擴大社會安全法案。以上兩種措施的目的在增加被保險人數及其利益，以免失業者感覺生活困難，此乃就消極方面而言。就積極方面言：失業者所到失業保險金增加後消費量即增加，消費量增加爲銷售存貨先決條件。故實此種安定政策即間接打擊不景氣也。③創設規模較小之家庭抵押市場，以便鄉民抵押貨物換取現金。就開發方面而言：①由聯邦政府大舉興辦公用事業，如加修長距離公路等等。②進行改良民間房屋使之現代化運動。此項運動包括改良陋巷，修補舊屋等工作。其目的在繁榮建築工業。其辦法係交由私人企業進行。政府的任務只限於推動調整及少數經濟上之援助。③由地方政府發行公債興辦公用事業以繁榮經濟、增加就業，同時亦可節省聯邦政府開支。四、農業政策：艾森豪總統上臺後雖將杜魯門總統時代的農業政策略加修改，但爲爭取農民信仰起見，仍繼續實行高度貼補農產品價格政策。其結果農產品生產過剩不易售出。爲補救計，擬改採取有伸縮性的補貼政策，至農民能自己獨立經營爲止。同時並實行管理田地計劃。換言之即由政府指導農民生產方向以免生產過剩。五、宣傳政策：不景氣之演進，心理作用所佔之成分居多。蓋生產者及消費者感覺經濟情況日非，疑懼日增，乃減少生產計劃，減少消費開支。其結果每況愈下，不可收拾。為消滅此種失敗心理起見，政府當局乃廣事宣傳，鼓動人民使之傾向生產傾向消費。艾森豪總統於本年一月二十五日招待新聞記者席上謂，美國在高度生產高度就業之下，絕對不會有不景氣發生。政府對付不景氣有絕對辦法，請國人安心生產安心就業云云。又於本年一月二十八日致國會經濟報告中，亦強調謂：美國不會有不景氣來臨，對付不景氣政府有十分把握云云，此種樂觀態度對於鼓勵生產刺激消費有極大作用。同時警告工商業謂：當此存貨堆積之時宜略微減價，慢慢出售。不可操之過急，跌價傾銷，以免演成經濟衰退循環現象。此種宣傳工作收效甚宏。以上各種政策除金融政策及租稅政策中之公司利得稅個人所得稅減稅辦法以及各種宣傳政策業已分別實行外，其他各項政策正存擬議中。所有政策中艾森豪政府最有信心者則為減低公司企業賦稅一項。蓋工商業穩定是經濟穩定之樞紐。工商業賦稅減低，既可促盡生產又可增加就業，實為目前當務之急。至其他開發計劃則視事實之需要一步一步分期進行。所謂對於處理經濟事務採取保守主義者是也。在記者招待席上有人問艾森豪總統是否將重新採用新政政策以打擊不景氣。他立刻回答說：由杜魯門總統時代的預算及他的政府的預算觀察，即可解答此問題。杜魯門的預算龐大政府負債與日俱增。而他的政府預算則減少，開支與杜魯門時代恰恰相反，由此推測他是否將採用新政政策將不難索解矣。但據一般人觀察，艾森豪總統雖不積極採取新政政策對付不景氣，惟為應付新的經濟環境起見亦不得不將反通貨膨脹政策略加修改矣。

六

美國現在經濟略微衰退情形，將來如何演變，關係至為重要。在研究此問題之前，我們先將本年一月以來各種經濟動態略加分析：一、股票市場上漲至杜張氏工業平均指數二九四、〇三，打破一九三〇年四月十七日以來最高紀錄。股票市場之漲落為經濟隆替之指標，股票市場繼續上漲即表示一般人對於工商業前途甚為樂觀。二、一月份建設費用共支出二十四億元較之一九五三年平均數增加百分之三。建築工程佔經濟繁榮最重要之一環，建築事業發達即表示經濟前途頗有希望。三、農產品價格略微提高，農家僱用農工數目亦增加，農具工廠售貨量亦較去年九十月為多。美國農業在經濟上所佔之地位至為重要，此次經濟衰退即由農業開始，農業經濟好轉其他生產亦必隨之。四、百貨公司售貨量較之一年前增加百分之一，足見消費量業已增加。五、機器定貨量較之一九五三年十一、十二兩月份增加百分之十。足見工廠設備增加，工業家對於工業前途頗具信心。五、農產品價格在去年十二月十五日至本年一月十五日之間高漲百分一.九五。六、失業人數在本年一月雖增加五十萬，現失業總數已達二百三十六萬。但工人遣散率業已降低，且多數失業係屬季節性的。又至二月間要求失業補償者已較前為少。六、工商業存貨自去年十一月起即陸續減少，至本年二月存貨總價值已減至八百零七億元。較之去年九月減少三十六億元。七、查聯邦準備制度理事會調查消費者購買貨物計劃報告內載，去年秋季全國消費者計劃今年消費開支僅擬節省少許。證之現在零售商售貨量並未大量減少情形，足見消費者原來計劃並未改變，購買力亦未特別減少。八、汽車生產量繼續削減，春季實際產量為一百四十九萬一千部，較之預計數量少二十萬部。其減少之原因則由於各工廠積存舊貨新貨甚多，同時消費者儲存數量亦夥，故滯銷現象一時稍難解除。惟自三月起交易情形亦略微好轉。九、鋼鐵生產量仍繼續減少，二月間生產量僅估最高生產量百分之七十，較之一年前百分之九十九生產量減低百分之二十九。至其減少之原因：①因經久性物品生產減少。②因韓戰停止，軍用機械製造減少。以上兩種減少原因均屬暫時性質不久即可恢復原狀，故鋼鐵產前途亦不甚悲觀。

就以上各種經濟動態觀察：除汽車鋼鐵生產略有遜色，失業人數稍微增加外，其餘各項均有進步。其進步之原因雖一半由於季節性，但大體看起來在經濟調整過程中各種經濟活動已有好轉傾向。按之過去三次不景氣的經驗經濟活動一經好轉即不再行惡化。益以各種打擊不景氣政策相機使用。更足使不景氣望塵却步。現在我們又可得個結論：即美國現在雖受不景氣威脅，但不景氣終不會來臨。茲再進一步陳述幾點事實以申吾說：第一：就國際言，各自由經濟國家近年來感覺與蘇聯經濟冷戰日形激烈，彼此經濟合作有加強之必要，曾於一九五三年舉行各種國際經濟會議。成立新協定或將舊協定加以改進。例如國際關稅貿易協定 GATT、國際橡膠協定、國際小麥協定、以及國際糖業協定等等。其表現之合作精神均較前大有進步。益以艾森豪總統上台後首先主張減低關稅，發展自由貿易。共他大多自由經濟國家繼又向美國要求開放貿易。足見各國均趨向多邊貿易自由貿易。最近四國柏林會議失敗，經濟冷戰更趨劇烈。當此互讓則共存互爭則共亡的生死關頭，各國不乏明智之士，想定能更進一步加強經濟合作，取消關稅壁壘使各國貨物互相交流。對於美國貨物入口不再特別限制。如此美國不景氣之威脅自然減少矣。就美國國內言：㈠人口增加率甚大，消費量亦隨之增加。㈡各種阻止不景氣的技術較之胡佛總統時代大有進步，自能應付裕如。㈢民間儲蓄甚多，購買力極強。㈣減低所得稅後新購買力增加五十億元。㈤工業家對於設立新工廠購置新設備均有遠大計劃。㈥銀行信用極為穩定，對於生產貸款消費貸款均不發生問題。㈦房屋建設計劃已達到一九五三年水準。㈧聯邦政府開支雖減少，但地方府政開支則增加，對於生產建設不受影響。益以實行失業補償擴大安全法案使失業情形穩定，不致惡化。補貼農產品價格，使農民不受損失。更加上公司過分利得稅業已取消，新的鼓勵生產稅制正在積極制定。除此以外到必要時艾森豪總統尚有第二道防線，那就是大規模興辦公共事業。換言之即大興工木。預計在一年之內可以增加百分之五十以上的公共事業。此種辦法對於增加生產減少失業大有裨益。本自由主義的原則，用保守派的方法把美國引到經濟繁榮之路，是艾森豪總統的目的。總之，我們根據經濟學理過去事實現在情況以及各種新經濟政策推斷，美國定可安全度過此經濟難關，將來經濟必繼續繁榮。美國免掉不景氣威脅，不但美國之幸，世界其他自由經濟國家實利賴之。

今後財經政策的展望

林希美

當前財政經濟政策，是輿論界異常關切的大問題，幾乎一致祈望于新政府的新作風。在財政方面，不外爲開源節流，經濟方面加强生產與貿易，賢明的當局，已主張今後給予更多的企業自由。筆者認爲于今節流已無補于實益，對于當前經濟政策的改進，在陳式銳王撫洲先生等人的改進方案中已多論列：本文所討論者爲如何開拓財源，以發掘金融資本來發展經濟，以經濟來培養財政。

前事不忘，後事之師，故展望將來，檢討過去，終爲不可或免的啓示。臺灣經濟積弊甚深，爲發展生產，培養經濟力量，實爲允當途徑，可惜連年以來，先爲公營事業的復舊擴展，繼爲民營事業的滋長生產，不惜以發行來挹注，同時又以諸般管制政策，如配給原料，金融管制，外滙貿易管制，政策相互矛盾，以至增加生產的結果，不能成爲國民所得的增加，反使政府除了原有的公營事業以外更加一重負累，如棉紗銷港去年底每件補貼五百元，即是一例。至於貸欵之由于優利存欵的存放倒差的賠累，除了在臺銀放欵餘額的總賬中探尋外，一時無從估計。生產如此，賠累的日積月累，加深政府的困難。去年的財政平衡，國際收支，多未見進步。金融物價動盪的波瀾，始終在起伏的旋律中盤廻。四十二年度的貿易總額較上年衰退了美金四百餘萬元，於此暗流之中，弱點的繼續暴露，自屬不可避免，傳聞上半年的財政將逆差二億元之約，今後的赤字恐難能如過去三年的就下，而將相反的回上。在此新閣登台之後，將如何挽轉乾坤，當爲各方所注視。本文提出若干基本建議，掛一漏萬，自所不免，聊作拋磚引玉而已。

一、無論由發展生產與誘導國內外資金而言，必須建立新式投資工具，如證券市場及票據市場：

近代資本主義式的生產與企業經營，已非直接投資的生產組織所能競存，更非目前如臺灣新興之一萬餘小工廠所能達成增進國民財富之效果，即龐巴克之繞道生產 (round about prduction)，此一生產方式爲技術發展之必然結果，再爲擴大生產成果提高生產水準之必經途徑，現代生產不能停滯於直接投資的耕耘型式，繞道的生產，爲利用國際資金最適當的方法，如美國、加拿大、阿根廷、戰後日本，在產業發展的初期，均以此種型式的外資爲主，此於今日之臺灣，尤感需要；因直接投資外來資本，其發生之利息，與本國資本所負擔之利息懸殊，在資金缺乏的情況下無法改善，外來資金數量鉅大，設備新穎，自非本國資本所能競爭，現有產業基礎，將受嚴重打擊，即退一步言，將來外國直接投資造成優勢之結果，本國產業資本之趨向，終至步入大資本之經營方式，而產業資本證券化實爲積聚資本之有利方法，亦非此不足以聚集資本達成現代企業經營之領域。

過去商業組織，囿于家屬式之小型組織，限于少數人之合夥經營，與情面關係的勸募股本，其信用以人的資產聲望地位爲衡量對象，而缺乏法人觀念者，其一原于法治精神之未能樹立，亦由于過去立法精神，囿于限制資本之說，對於人民債務之保障欠週，對私權的維護不密，以致社會信用未能建立，企業之經營方法，保守秘密，會計向以逃稅爲目的而永不公開，循至公司組織規模龐大，往往爲少數人所吞併，民間投資，裹足不前，有之則多移作投機之目的，以此國人縱有較大企業，外人未敢貿然投資。其二，數千年來儒家思想之貴仕輕商，學而優則仕的觀念，因至十餘年，政府雖不斷培植工業人才，而成功之工業人才，亦以進入仕途爲最終目的，爲政者過份重工輕商，每使工商不能互濟爲用，談生產建設而忽視貿易與積聚資金之重要，使再生產資金無着，一面則社會資金，變爲散漫之游資。其三，政府金融業務，拘泥於舊銀行論的範圍，對于擔負證券的發行之投資銀行，設計證券發行，組織銀團承銷或包銷股票及公司債等投資信託，投資保險等金融機構，則絕無僅有，人民對于近代企業之投資多至茫無所知，而未有予以啓發。

近代工業化的生產方法，由于科學之不斷進步，固定資本的機器已代替了許多工人勞動，加重固定資本對勞工的比例，因爲生產部門與整個生產機構資本化之程度於以加深，在財產私有制度與分工細密之工業化社會中，握有儲蓄對資本有支配權力者，與利用儲蓄對資本有運用權力者，並不同屬一人，產業的資本與經營者，顯然已告分離，如欲使資本與產業的經營相配合，使無數零星散漫不用的儲蓄，有效的變成長期資本；在另一方面，由于工業化的大規模生產的結果，對於市場亦將發生重大影響，引起城市中的分配問題，如市場的販賣、運輸、管理、危險等等，生產者與消費者供求關係之如何調劑，均須增進市場作用，則大規模市場之設立，實有必要，以臺灣現狀而言，爲耕者有其田政策之實施後果，陳誠院長在國民大會報告中有云「：將以土地經濟爲中心的社會階段向以工業經濟爲中心的社會階段推進……」，即以四大出售公營事業的生產資金來源，已非企業家私人資力或親友間以及情面上之籌措所能勝任愉快。對於今後發展工業化的途徑，必須集合廣大衆多之散漫資金，以承購證券之方式，由于買賣關係的永續，使長期資本之供需得以予取予求而不絕，故政府宜于此時加强金融與工商之配合，而謀資本市場的建立，率先示信於海內外，使證券之發行與流通活動運用，便利誘導社會資金趨向于產業途徑，同時可以培養工業社會之意識與習尙，以爲推進工商業社會爲精神動力的客觀環境之建立。至于設立證券市場的利弊得失，筆者于四十一年十月十九日的聯合版，十二月二十五日的徵信新聞，以及十二月財政經濟月刊中交易所之理論與實務諸文中，分析較詳；本文不及論列。總之發展臺灣經濟之途徑，首爲解決生產資金問題，使資金的性質爲眞正的民間儲蓄，而非爲嫁累於政府的貸欵，則產業擴張所由來的膨脹，方爲眞正的繁榮之造成，當此積極提倡工業之際，對於資金的籌措以發達金融資本的方式，促進自由企業環境，實爲今後重要課題之一。

利用外資開放經濟，平衡國際收支，乃改進經濟環境最先應採之策略，亦爲發展落後地區經濟之捷徑。任何國家社會之生產資金來源，非出于人民的儲蓄，即由于外來的投資。引用外資開發經濟，原則上外資自應與國人資本同等地位，吾人祗求有人投資開發資源，即可增加國民所得，其在當地創造之財富中，大多數實爲當地人民所享受，未宜以陳舊的「主權」觀念而阻滯國民經濟之發展。近代民富卽國富的說法爲美國發展財富之觀念，其對于本國如此，而對於開發落後地區之經濟，解決當地民間資本的普遍缺乏，爲改善小工業、小農業的生產現狀，增加國民就業，擴大所得，以及平衡國際收支，鼓勵美國私人投資，以充實其金融資金，奠定其財政基礎。戰後拉丁美州，吸收美國私人資本五十億美元以上，加拿大一百餘億。由于國際間對於資本交流與開發的注意，美國近年以私人對外投資代替政府資本移出之傾向的濃厚，則吾人對於吸收外人投資環境之促成，實爲刻不容緩之急務。

二、過去金融政策取低利率生產貸欵與物價市場之效果問題：就長期趨勢看，利率因官方低利政策的領導，不斷促使契約利率的下降，對于黑市利率亦有就下之趨勢，但物價指數則節節上升，這中間祗有棉布因存貨過多，無法持久而減產競賣，與四十一年用布換穀，農民普遍將換得之布削價求現，因布價之特別低落，以及政府停止發行，一時穩住物價以外，就歷年物價指數看，均與低利背道而馳，利率與物價二者，關係錯綜複雜，當通貨膨脹開始，物價上升，借貸關係爲幣值下降之補償，故利率隨之上升，成爲物價之助瀾；物價幣值穩定時期，利率居高則有增加產業成本之虞。二者究以何者爲主，何者爲從，應視當前經濟環境爲移轉，爲匡訂利率政策者之必需深思熟慮，未可貿然以主觀偏好爲之抑拂。本省於改幣之初，人民恐幣心理仍未去除，高利貸習慣不能轉變，故利率高至不合理程度，苟當時對于正當事業有低利政策之配合，更以低價輸入爲輔導以冲淡物價上漲心理因素，利率或不致逐物價而有隨影隨形之上升，通貨數量之膨脹，亦可能免受物價之壓迫，雖當時軍用浩繁，或不致有半年之間，迅卽達到二億限額的速度。迄至卅九年開始，主持財金當局，爲抑制二億元限額之不再逾限，挽回幣值頽勢，在進口方面，採取充沛物資，開放若干日用管制品之進口，一面緊縮金融，推行愛債與節儲券，收藏民間剩餘資金，推行低利政策，一時成爲打擊高利貸與囤積居奇之利器，於是倒風靡漫，社會游資放棄高利冒險。政府卽於此時，運用優利存欵，吸收游移資金；另以推行生產政策，同時執行低利率低物價政策，協助生產事業之茁長。雖利率不斷抑降，優利存欵仍能繼續增加，成爲四十一年之全盛時期。但以此而欲爲生產事業之運用，利率始終仍嫌過高，非但無助于生產建設，徒然造成臺銀之負擔，而一切生產資金之取予，普感困難之情形，則一仍如故。

優利存欵，自卅九年三月開始，迄今四年，存欵總額高達六億元，不失爲穩定幣值之象徵，但其利息較高，期限仍短，尙難有助于生產事業資金之週轉，而臺銀對此存欵利息差出之負擔，轉成爲整個社會經濟之負擔，加重發行擴張的潛在刺激。就其自四十一年十二月至去年底一年之中構成內容爲剖視，則小額貯蓄存欵比例逐漸退縮，其中以機關團體的大額存欵，或爲經費之剩餘，與待辦事業之基金，或爲員工福利之孳息，以此造成臺銀之負擔，殊已不合情理。銀行存欵餘額之增加，在正常的情形之下，應爲國民所得之增加，以致儲蓄的增加與產業資金累積增加之結果；今優存中儲蓄性質的存欵遽減，生產界已困感資金匱乏，當無餘力貯存，此一存欵餘額增加之現象，由于上述公共支出增加之結果，故優存已失其眞實意義。

市場利率的高下，正常的爲決定於工商企業資金的盈絀，而非爲官定利率，以銀行吸收社會儲蓄充作生產資金，已爲歷史陳跡的生產方法，英美生產界資金來源由于間接投資，恆在百分之六十至九十之間。今我則以國家銀行作賠累的生產貸欵，除非爲一時的權宜之計，終不能當作財金方案，如此因循相因，終將轉嫁於全體人民之負累。

近代各國中央銀行均以利率政策與貼現政策，對物價與生產作直接與間接的控制，在通貨膨脹，信用擴大，物價高漲時，國家銀行提高利率，影響商銀與市場利率之上升，於是信用收縮，通貨大批回籠，使物價停止上漲，或竟回跌。在通貨緊縮，物價跌落時，爲提高物價，促進生產，必須減低利率，採取低利政策，信用擴張，發行增加，物價回漲，生產發展，利率政策的運用與物價爲相反。今日推行低利政策而希望減低物價，另行舉辦低利貸欵，徒然造成物價更漲。固然，減輕生產成本，原需低利息來配合，但①利率低，成本減輕，企業利潤大，加以有政府低利貸欵之競取，如爭相設廠，對於設備需要增加，就業人口增加，購買力增大，消費品需要較以前爲大，日用消費品之上漲，促成其他物價上漲。②低利減輕成本，刺激生產而物價上漲，生產者決不因低利貸入而減低售價，必然與其他物價看齊。③銀行利率過低，人民儲蓄投向于銀行之趨勢衰退，易于促成物價上漲。④銀行存欵利率減低，社會可貸資金將不轉存於銀行，而受通貨膨脹影響，生產事業之不能獲得政府貸欵者，必向市場負擔更高利息，政府既不能爲全體貸欵，生產成品必然與物價隨波逐瀾。⑤工商業者多欲以獲得救濟性的或稱優惠性的低利貸欵爲目的，政府負荷，日積加深，結果造成通貨膨脹，通貨貶值，必然促成眞實利率之上漲，故利率上漲爲物價上漲之果而非爲因。政府爲調劑生產資金的供求，通過生產運銷機構放出低利貸欵，又種下膨脹的因。四十二年之發行數字較上年又增加百分之三十左右，苟於臺銀二十億放欵餘額作一分析，則低利政策不爲無因。因此吾人既不欲利率超過物價趨勢，亦不希求利率低於物價漲勢甚遠，利率原應取決于自然供需，資金不足之社會爲低利政策之配合，有阻塞資金內流，社會資金隨時有奔向於物價趨勢之上漲，目前一面普遍鬧資金缺乏，一面執行低利貸欵，仍然生產滯銷，輸出未展，則低利之適足爲少數人所沾利已無疑義。本省公營事業範圍龐大，爲爭取外滙之公營事業，爲充裕物資生產足以平抑物價之公營事業，以及若干公用事業，自宜貸于低利，可收控制售價之效而不致成爲虛擲，使低利成爲示範目標，一面開放商業銀行之業務，苟爲救濟資金困難而發行，則不如擴大金融業務，成立短期信用市場，使資金自然謀求與市場利率迎合，高利足以啓發窖藏資本，且可吸引外資之流入，充實資本運用，前途有望之企業，必然自動尋求生產效率之增進以謀適應，經營不善無利可圖之落伍企業，在現代大規模生產化之下，惟有另求改業或合併經營，依貸欵爲投機之工業，自然歛跡以減少社會負擔，生產事業納於正軌發展之後，當能週旋於信用市場而無慮資金之缺乏，此類之生產增加，方能成爲眞正的國民財富之增加，因財富之增加的擴張信用，當爲有利而無患。

三、基於上述的觀念，對于今後生產政策的希望，於此願引述四月十二日聯合報的一段記載：『在當局的善意扶植下，本省工業呈畸形，政府不但停止外貨進口，甚至搞了外滙給廠家去買便宜原料，但產品的品質如何，價格應該如何，都未有精密的計算，乘機發財的究竟是誰？薄荷腦停止進口，原因爲本省已有此生產的工廠，結果，停止後，本省生產量不足供應一家牙膏廠的需要，試看荒唐不？目前又由物資局來進口，供應還感不足，於是促成走私家與有辦法的人獲到好處。』又借用五月十三日徐道鄰先生給聯合報的讀者來函一札，『十二日貴報發表福懋塑膠公司及中國車胎公司計劃，使自由中國熱心工業建設者，與爲興奮，惟鄙人尚求多所瞭解，即塑膠及輪胎於今日的國際價格爲若干，進口來臺加一切必需費用，在臺售價應爲若干？該兩公司營業計劃中，將來的出品，預計是臺幣若干，合外滙若干，是否比進口貨便宜，若否，需要過多少時候，才能比進口貨便宜，……不然的話，新設工廠，停進外貨，把物價提高，初則影響到人民生活，繼則影響到其他物產的出口，而損失了更多的可以用出口貨換進來的外滙，是不合算的，並且政府花了一百七八十萬美援，三千七百萬臺幣，還要使民衆負擔更大的支出，來養活兩家新公司的老闆就更不合理了。』

自由經濟的生產建設，將在經濟進行中自去發現，由市場消費的需要來發現，憑着優勝劣敗的途徑，永續產生優良勁進的工商企業，而不由政府去選擇保護，特惠，特許等特權之存在，過去工商界，多針對着政府所爲的賜予爲爭取而作經營圖利之目標，不以效率爲爭競，結果徒然造成全民的損失。生產資金理應不勞政府去籌劃，爲審核批准，優良的企業自能得到金融業的支持與社會的扶助。

四、滙率自新金融措施實施後三年來迄未調整，從物價指數與發行指數來看，四〇年四月的物價指數爲四一〇，發行指數爲九四六，(省府主計處統計月報)四三年一月，前者爲六三二，後者爲二一、四五七，(以三八年六月爲基期)，新臺幣對外價值脫離了其適當的平價，形成日益加深的高估現象。高估使消費者得到進口便宜之益，使出口者有虧本之苦。滙率的偏高或低對於國民經濟的利益應該是整個的，如果我們的輸出彈性可能大於輸入（美援除外），則高滙率有利，如果對國外物資的依存性過大，則調整現行滙率對幣值物價的刺激，雖能對出口有利，終於爲曇花一現。對這確是需要有精密的研究，作長期趨勢的推敲，不能立時可以調整的，但是目前的困惑是出口依賴補貼，其他農工生產無不感覺再生產資金的無着，一致仰望政府救濟，政府生財無道，輾轉乞助發行，終非辦法。臺灣經濟對外貿易的依存性極大，滙率不合理足以阻塞貿易的平衡發展。故不容延遲不決。故除了前述陳王兩先生等的開放結滙證市場，採取保有制，自備外滙進口。都是對症的良方。但爲了調整滙率有立時宣告幣值下跌的現象，人民心理，普遍浮現不安，官價滙率的維持，收縮度支以作示範目標，似有必要(東南亞若干落後地區的滙率現象多與本省相同)。爲目前的對策，第一是配合生產資金的內流應有適應的鼓勵自備外滙的措施，第二生產政策，應爲調整作地區貿易圈的配合。政府爲隨時對國內外生產貿易狀況對人民報告，任其作迎合趨勢的發展。第三，締結滙兌清算或償付協定，甚至易貨制度，使貿易暢通而減少外滙支付。由于目前臺灣的出口情形，更致缺少締結貿易協定的對象，故施行之時尚以第一項爲首居重要。我國過去的財政政策，多少尚受傳統財用觀念的影響，因此可濟一時之用的財政措施，便往往占先，主持財政者好採急功近利的保守作法，積沿成習，經濟基礎不免遭受影響；今日爲反攻復國建造基礎打算，一切措施，當不僅以支應當前的財用爲已足；爲了如何充沛資金作長途的打算，一時的忍痛犧牲實有必要，故如能鼓起黃金存兌的精神，來處理外滙管理問題者，在滙率方面，採取多邊滙率制，儘先以優惠滙率容納外資僑資之內流，不問其爲資本財，或消費財均分別歡迎內流，充實內地物資與外滙，則物價無法立時反動，待資金充溢，新式生產發達，以後的外滙滙率，將自然不成爲問題焦點。

（下轉第23頁）

日本重建之途徑

（從工程方面透視）

宋希尚

日本爲第二次世界大戰中之一戰敗國家，初以爲其「復國」「建國」工作，亦將遭遇到國際勢力，經濟上，物質上，種種重大困難，決非短時間內所可恢復。況其全國重要城市，軍事基地，生產工業，各項建設，無一不受盟軍之嚴重摧毀，兩次原子彈之投擲，破壞損失之慘重，尤可想見。乃竟不料在短短六七年中，瞬與列強簽訂平等互惠友好條約，完成其復國大業，國內各項建設亦正突飛猛進，從事重建，過去殘破損壞之戰事遺蹟幾已一掃而空，卽國民經濟與生活水準，不僅恢復戰前原狀，且多較前進步，日本之復興固得助於美經援，前途已無問題，而其重建之途經，值得吾人效法之處實多。筆者曾應日本政府之邀請；參加其召開之國際港灣會議，因得遍歷九州各地，一覩其建國工程之過程，茲就見聞所及，分別述之。

一、水利工程與多目標水庫

日本爲一島嶼國家，故其水利計劃，與「平原」「高原」性質不同，往往山陡坡急，流速且猛，降水量又集中在梅雨與颱風季節，同爲島國，與我臺灣頗相似也。所以大多河川，旱季乾枯，一遇雨季暴雨，各河陡漲，且挾大量泥沙礫石與俱，于是河床高墊，泛濫成災。據日本調查，每年農作物，水利建築物（包括堤防在內），橋樑屋宇等，因水災所蒙之損失，當在千億日元以上。水之爲災，在日本成爲一種重大威脅。加以過去水利行政系統頗爲紊亂，如農田水利及水源地之森林，由農林省主管，蓄水庫與水電工程屬通產省，一般土木建築屬建設省，水的天然條件，既害多利少，而水的管理制度，又甚複雜分岐，所以水利工作，實感頭緒紛繁，有待改進。

日本水利原效法于我國，對于我國古代治水書籍，亦多翻譯。故其防洪工程，一貫採用「以堤束水」政策；全國主要河川計共三十八條，全長約六千公里，經過長時期的築堤防洪工作，已完成之堤工約居全部三分之一。迨一九四七年日本最大之河「利根川」發生最大水災，水位之高，打破二百年來紀錄，致已築之堤潰決甚多，若欲按照此最高水位以重建堤工，則又爲經濟上技術上所不可能，遂使水利專家徬徨不知所措。適美國 T.V.A. 計劃完成，成效大著，以「一條河一個問題」的口號相號召，以多目標水庫作今後治水的方針，爲學術上劃時代的一大轉變。日本不甘落後，亟欲追蹤效法，捨棄過去以堤束水的成規，採用多目標水庫，將防洪、水電、灌溉、航運、給水、游覽等問題，統籌兼顧，全盤策劃，作爲今後重建水利工程的新途徑。但水庫工程其重心在築「高壩」以攔水，以蓄洪，故高壩設計與施工，遂爲目前日本工程界學術界特別重視之問題。余曾參觀東京附近水川鎭多麻川上正在積極進行之高壩工程，亦卽爲一多目標之水庫。此庫主要目標，爲補救東京市之水荒，蓋東京現有八百萬人口，且日在增長中，自來水量供給不足，形勢嚴重，亟待擴充，而以防洪、水電、灌溉、游覽等附焉。壩高一四九公尺（合四八九英尺），居世界高壩中之第四位。壩頂長度爲一一三二英尺，壩頂寬度爲三〇英尺，壩底寬度爲四五九英尺，上游坡度爲一比十，下游坡度爲一比八十三，全部以混凝土爲之，其全部體積爲二百十萬立方碼。此壩成後，蓄水庫面積可達一〇五〇英畝，蓄水量可得一五三〇〇〇英畝英尺，每日可供給一億一千萬加侖之水，與六萬八千瓩之電，及每秒七十立方英尺之灌溉水量。從此庫內水量蓄洩可以自由調節，昔日水災可以永除，全工經費預算爲七十億日元，完工日期預定爲一九五五年。余從旁參觀注意所得，深覺日本重建工作中，有若干精神，可供吾人參考者，如：

①分層負責　當政府決定興建此項多目標水庫工程後，卽開始遴選主持該項工程之工程師，多方物識，異常審愼。既定，卽遣其赴美作六個月之考察，專研高壩之設計與施工，並將有關一切圖書、儀器、試驗器材及本計劃施工中應用之工具機械等等，卽由其就地採購，隨身帶回。換言之，卽將此工全部責任，付託此人，政府僅居協助領導監督地位，不作任何干涉，以專責成，俾工程進行，得以放手放膽做去，而主持者之夙夜在工，小心翼翼，深恐有負政府付託之重，其分層負責精神至可佩也。

②迎頭趕上　日本身受戰爭教訓，八年中對于學術研究，已感落伍，鑒于美國科學上種種進步與新發明，意欲亟起直追。故政府明示該工程處，認爲該高壩工程爲日本戰後最大工程，一切設施務必仿照最新各種方法，分別加以試驗研究，不惜工本，不容顧忌，力求精進，原有土木水利工程方面之學理與公式，儘可從作估計更不妨推翻重寫，根據最近新學理與試驗所得之新資料，分別訂定今後日本重建技術的「新標準」，作劃時代的革新運動。故主持者亦正遵照設立各種試驗室，作種種應有之試驗，據告高壩最新建築方法，有下列五種新步驟：㊀以人造沙及人選碎石與天然沙石混合使用，可以增强混凝土之抗力。㊁用堅實橡皮，以作卸接伸縮縫。㊂使用人工冷氣，藉以調和混凝土龐大體積內之氣溫。㊃採取空氣貫注，促進密合大體積之內部。㊄研究各種不同式樣之高壓水門，以採擇一最適用者。

③建教合作　工程教育必須實驗與學理配合，方免脫節及閉門造車之弊，日本大學教育，確能把握此點，努力實行。上述水庫工程，既奉令須從新着手，革新運動，則一切工作，首重試驗分析。此種試驗工作現均指派各大學工科畢業生辦理，未畢業學生，則于暑假期中前往實習，建教合作，相得益彰，兩受其益。

二、築港工程與港灣會議

三十年前日本在大連召開「路港會議」，由南滿鐵路公司召集其鐵路築港專家，商討大連港發展問題，同時決議組織全國性「日本港灣協會」，其目的在促進港灣建設，研究港灣技術，搜集港灣資料，並出版港灣專著與定期刊物。一九五二年十月為該會三十周年，為擴大紀念起見，遂召開「國際港灣會議」，在神戶開會，邀請與日本對外貿易及航業有密切關係之國家與港灣，派遣代表出席，計有美國、加拿大、韓國、自由中國、香港、越南、泰國、南洋羣島、緬甸、印度、巴基斯坦、錫蘭、菲律賓、印尼、澳國，紐西蘭等十餘國，濟濟多士，盛況空前。最後大會決議：①為求國際港灣，互相瞭解及聯繫起見。有組織永久性國際港灣會議之必要。②請日本港灣協會，即日着手籌備。③下次國際會議，應美國代表邀請，決在落山磯港灣舉行，日期另行通知。

查日本召開此第一次國際性之港灣會議，中央與地方，招待費用，聞在二十萬美元左右。其用意所在，實以日本為一島國，全國縣市約有百分之八十為港口性或港埠性。全國人民之生活約有半數以上與港灣息息相關。即以全國海岸線長度而言，平均四十公里間即有一港口。且日本經濟完全建立在對外貿易，原料之輸入，成品之輸出，外滙之爭取，均有賴于港灣——國家門戶——之良好與健全，且必須聯合國際港灣之合作與瞭解，航運往來，方能收安全、便利、迅速、經濟等互惠利益，現在日本已經為獨立自主國家，為求今後對外發展，貨流更暢，航運更便，商務關係更深，彼此瞭解更多起見，所以趁此三十周年召開此會，隱然有執太平洋牛耳之概。

會後參觀日本著名港灣，共十一港，照地圖位置來說，即長崎、佐世保、門司、下關、名古屋、神戶、四日市、大坂、橫濱、川崎、東京等。門司下關之間，有海底隧道，可通火車，為世界港工中大工程之一。佐世保向為日本海軍根據地，極守秘密，現則公開參觀。各港均為日本之主要港，亦即是國際貿易港，其中以神戶橫濱兩港規模最大，神戶一港，在一九三七年其吞吐量曾達一千八百萬噸，戰後銳減，迄今僅為戰前三分之一而已。

個人觀感所及，綜合起來，分下列數點：①日本港灣，一般看來，規模甚宏，計劃者均具遠大眼光，且寬留後日發展餘地。港灣位置，儘可能避免內河之注入港內，以防泥沙之沉澱，增加港灣內疏濬工作。②設備方面，裝卸貨物，竭力提倡機械化，轉運貨物，儘量利用駁船，注意港灣以外附近一帶之水道運輸，不獨可以減少上下裝卸手續，且以水運轉駁價廉，間接減輕成本。例如東京橫濱之間，雖鐵路公路交通至為發達，但以貨運觀之，仍多取道水運。③港埠工業化。為求原料輸入，成品輸出，交通便利，運費減低起見，各種大規模之工廠，每多集中于港區之內或在其附近，目的在減輕製造品之成本，爭取國際市場，政府方針，亦竭力配合，維護備至，例如大工廠之貨物，可以直接逕送廠方倉庫，海關人員移樽就教，到廠再辦檢驗手續，不必由輪上陸，再進碼頭倉庫，聽候報關，增加工廠一再裝卸種種手續及其費用，致影響其成本，轉而影響國際市場之競爭，此眞所謂體邮商艱，上下通力合作，全國一致對外之好政策也。④戰後港灣重建工作，現正積極推進。如神戶之第七號碼頭為一指形碼頭，三面可以泊船，正在積極建築中，規模之大，可以停泊美國郵輪六七只之多。橫濱亦有一大規模之碼頭正在施工。又若干港之防波堤重建工程，均能于極短時間內次第完成，令人驚異。其原因在利用日本戰時擊沉擊破之軍艦或為聯合國所俘獲者，為數不尠，統得美軍部之許可，移作重修防波堤裝置大石塊，代替沉箱，誠廢物利用，一舉兩得也。⑤行政管理方面，則頗為混亂。就港的系統而言，有屬于縣政府者，有屬于市政府者，極不一致，亦無理由可以解釋。惟港灣工程則全屬于中央，在運輸省港灣總局下設立工程局，將全國分為四區。所有築港工程，先由中央主持辦理，工竣後交由地方（或縣或市），運用管理。就港內行政而言，除工程部份以外，則有港務局，航政局，海上安全局等，所以一船進港，手續不少，但均可在船到指定碼頭停泊後，再分別辦理手續。港務局本身工作似較單純，重在監督及租用碼頭倉庫等事。至碼頭倉庫方面，情形更為複雜，有屬于公家者，有屬于私人者（如後線倉庫，則完全是私人產業），有為公家產業，而出租由私人經營者。總之其行政似嫌紊亂，不亞于我國昔日之上海，較之德人經營之青島，港以內之事，集權于港務局，檢查之事，集權于海關，相去遠甚，不足效法也。

三、工程教育與一般教育

余於參觀港工及水利工程之餘，曾視察其工程教育，京都大學與東京大學等，多舉行茶會歡迎，並約談「中國的水文」，因余著之「水文學」，承國立編譯館出版，為中國第一部之水文學，費時十年，頗引起日本學術界之重視，各教授紛紛贈其新著之書，求相交換，拋磚引玉，收獲不少。現在各大學教授，均在埋頭苦幹，安心教讀，問其月薪所入，約在三四萬日元之間，折合美金，約為七八十元，較之臺灣，已勝數籌，但以科學日新，學術界方面，亦競相爭取新智，凡從前已出版之專門教材，現均在重新寫作，大加刷新。新書中確較原著者大有進步，如鈴木雅次博士之「港工學」，本間仁博士之「水力學」及「河川工學」，均為良好教材。工科學生攻讀甚勤，十分用功，且注重實驗工作。當余參觀京都大學工學院時，學生正在水功試驗室中，作蓄水庫內泥沙沉澱之探討。東京大學則做高壩水壓力之研究。另一班學生，則為某製造廠所製之流速儀器，作「係數」之檢定。若干學生，在溝渠上循環往來，細心檢查，狀至認眞。社會與學校確能聯合一起，密切合作，其有助於工業教育與重建途徑至為遠大也。此外中小學教育雖無暇考察，但每在旅行車上，常見道旁，有中學生，赤臂短褲，習練長距賽跑，其體力雄偉，今而後，不能以「侏儒」相稱矣。聞自明治維新以來，日本人種之高度，平均增高六英寸云。至小學生之集團旅行，尤為吾人旅途中所習見，凡吾人足跡所至之處，必與十歲以下數百小朋友同相游覽，領隊之男女教員，對各種微生物、史蹟、博物、礦產等一一解釋無遺，在在含有教育意義，國民教育水準之提高，其收效至大也。

凱恩斯的投資理論（下）

戴杜衡

影響「預期」之諸因素

資本邊際效率e，係由所謂資本財之供給價格P與投資之預期利益諸Q二者決定。對於P，凱恩斯差不多把它視爲常數；P在他的整個體系中，爲一設定條件，因此少有論及。但那一聯串的Q，却可以受種種因素的影響而變化。凱恩斯一再强調提醒，資本邊際效率，因爲它以諸Q爲基礎，所以在本質上是一種預期，而非一種現實。預期爲一種心理現象，e的高低，實隨企業家心理上的悲觀與樂觀而移轉。悲觀使e下降而樂觀使e上升，e之升降又進而影響投資與就業之增減。凱恩斯研究此種心理變化從何而生，並且把他的研究隨處與經濟循環的解釋聯繫起來。

非常不幸的，凱恩斯這個研究，在許多處所都成問題，以致竟不能達到較爲健全的結論。

他首先指出，生產技術之進步的預期，對資本邊際效率，也就是對投資與就業，有不利影響。理由是簡單的：如果企業家預期不久的將來，譬如三年五年之後，生產技術大概會有新的進步，則他就會想到他所準備生產的那一項商品的價格，將因成本減輕供給增加而低落。他今天所擬購置的那項資本財的壽命，可能不止維持三五年。如此，則三五年以後的產品，就將因採用新生產技術的同類產品之競爭而貶價求售；三五年以後的Q勢必減少，e即隨之而降低。這是說，企業家想到他自己所準備購置的那項資本設備在技術上行將落伍，所以他投資的興趣與勇氣就要受到挫折。凱恩斯始終認爲，在一個生產技術不斷發展的先進國家，投資所遭逢的障礙較諸一個落後國家爲多，而前述情形亦爲理由之一。所以，愈是在先進國家，投資與就業之促進就愈爲困難。

其實，這個推論並不正確。生產技術之迅速發展，對投資所能造成的影響，有有利的，也有不利的，但它所能造成的有利影響，常能抵消凱恩斯所指出的那種不利影響而有餘。企業家想起將來的生產設備會比他所準備購置的設備更爲進步，以致那一聯串Q之中的後面幾個因而縮小；但，由於他所準備購置的那種設備，在技術水準上通常是比已經被使用的同類設備爲進步，所以那一聯串Q之中的前面幾個，却正因爲技術的發展而增大。換言之，他雖然估計在將來勢必以高成本換取低的產品售價，而在眼前這幾年却可以低成本換取高的產品售價。那一聯串Q之中，Q_{n-1}，Q_n 等誠然因技術之迅速進步而減小，但 Q_1，Q_2 等則正由於技術之迅速發展而增大。對於e的數值之大小，前面那幾個Q所能發生的影響，無疑的强於後面即幾個Q。簡言之，生產技術之迅速發展，使企業家時時有機會採用新的技術，因而在短期間內即把本錢收回而有餘，縱令那設備未到達壽命的限度而提前廢棄，亦不足惜。此對於新的投資，是一個有利因素。

凱恩斯繼而研究貨幣購買力的變化對投資預期利益所能發生的影響。他是一個澈頭澈尾的膨脹論者，在本問題上亦抱持一貫的觀點。他認爲：當一般企業家把貨幣購買力看跌時，換言之，即把物價水準看漲時，換言之，即估計通貨數量勢將增加時，e會因Q之增加而提高，而投資就會因e之提高而趨於踴躍。反過來，當貨幣購買力看漲時，即物價水準看跌時，即估計通貨數量勢將減小時，則Q減小，e降低，而投資萎縮。總之，凱恩斯認爲通貨數量之不斷增加，可以促進投資。（按照凱恩斯的全部理論，通貨數量之增加，是可以經由兩條不同的途徑促進投資。一條途徑是經由利率之壓低。但這裏是說，縱令撇開利率的關係不談，通貨增加僅僅經由它對資本邊際效率的影響，亦可促進投資。）理由也是簡單的。當貨幣購買力看跌或物價看漲時，人人都知道，持有貨幣不如持有實物，而投資爲持有實物的一種方法。當此之時，企業家估計將來的產品可以獲得更高的價格，諸Q的數值因而增加，投資即經由Q之增加而擴展。

我們知道，經驗並不能佐證凱恩斯的這個判斷。當人人都把貨幣購買力看跌，把物價看漲之時，投資未必就一定踴躍，生產未必就一定旺盛。這是爲什麼？原因是相當複雜的，這裏祇能僅僅針對凱恩斯所提出的論點來說明。

投資誠爲持有實物的一種方法，却並不是一種最有利的方法。最有利的方法是囤積。囤積實物可以把握價格高漲的最有利機會隨時脫手，而生產投資却決沒有此種靈活性。生產投資，其出品必須按照一定的時間程序生產出來，當價格達到最高峯的機會，生產家未必剛巧能擁有大批的存貨應市。所以，假如生產投資而帶有投機的意味，實遠不如直截了當的以囤積實物爲投機之爲愈。

一般人把物價看漲，此種心理因素，可以使物價在「今天」就提高起來。大家把消費品囤積，工資可能上漲，於是企業家所預期的人工成本提高。大家把原料也囤積，企業家所預期的原料成本也爲之提高。預期的售貨收益誠然可望增加，但同時經營費用也增加了，如此則諸Q究竟爲增爲減，並不確定。再則，在此種情形下，P亦可能上漲，因爲那個資本財的製造者，可能要考慮到再生產成本而把售價提高。如此則e究竟爲增爲減，更不確定。縱令e確實增加了，還要進一步拿這個e去與市場利率相比較，才能斷言對投資爲有利抑不利。

通貨數量增加對市場利率畢竟有如何的影響，必須留到討論利率問題時再行詳研。這裏，我祇能把我所達到的結論預先提出，而暫不列舉其理由。

我認為：通貨數量增加的預期會使利率提高，而通貨數量增加的事實，則會使利率降低。更明言之：如果大家估計在不久的「將來」通貨數量會增加，則利率在「今天」就會提高；如果通貨數量事實上「今天」正在增加，則利率在「今天」及不久的「將來」反而可以降低。我這個結論倘能站得住，則通貨數量增加的「預期」，即按照凱恩斯的說法來推論，亦祇能對投資有不利的影響。而不能有有利的影響。今天利率提高會挫折投資，那是顯然的，無需解釋。如果企業家預期將來利率會因資金之充沛或過剩而趨跌，則正如凱恩斯自已所指出，將來的生產家可以較低的成本生產同一商品，而使今天以高利貸入資金的企業家處於劣勢地位。他對此種情形倘先能料見，諸Q就要為之減小。所以，我們不拘從那一條路線來推論，都無法同意凱恩斯那個通貨增加之預期可促進投資的見解。

凱恩斯把資本邊際效率視為一種心理現象；但究竟是什麼因素，在形成此種心理上的悲觀與樂觀，他却未能作圓滿的解答。凱恩斯自已也差不多承認了此種現象之難以捉摸，並且以為這正是近代資本主義社會最大弱點之所在。當悲觀的浪潮來襲時，它就會像一場瘟疫似的傳播於整個企業界，一般的資本邊際效率大大降低，投資萎縮，失業增加，因此就招來了蕭條與恐慌；要到現存的生產財漸漸廢棄，心理的樂觀才會恢復，蕭條與恐慌才有轉機。正因為心理現象之難以捉摸，所以凱恩斯認為把投資的變化完全委諸在放任主義原則下的私人企業，是極不好的一件事，使繁榮與蕭條相更迭的週期性波動成為無法避免。所以終極的，凱恩斯主張投資必須社會化。

資本邊際效率的基礎，為未來利益的預期，而非現在利益的實況。這是不錯的。但，凱恩斯却竭力想把這個未來預期，與現在實況的關係割斷，把它獨立起來，這才使之顯得如此的難以捉摸，甚至無從追溯其變化的原因。我要於此指出：未來預期，事實上是除了現在實況之外，不會有其它的根據，祇有過去及現在的經驗，才能幫助對未來的推測之形成。企業家是根據現在的生產成本，現在的產品價格，以及現在的資本財存在數量，以估計將來。普遍的樂觀，是由於現在利潤之增加，普遍的悲觀，則由於現在利潤之減少或消滅。（甚至，技術發展的預期，物價及利率等變化的預期，如果對資本邊際效率有一定的影響，則此種預期亦仍然是根據過去以至現在的發展與變化之實況。）關於此一問題，祇有被凱恩斯所攻擊的「古典派」的解釋是正確的。為什麼會有普遍的悲觀？為什麼資本邊際效率會普遍的低落？最基本的理由，便是生產已經達到供過於求的過剩邊緣。不管投資係掌握於私人企業家抑掌握於國家之手，供過於求的過剩現象都可以發生，而且都必須從減少生產或創造新的需求這兩個辦法以求得解決。減少生產，凱恩斯根本反對。但他所提出的以公家投資來刺激消費的辦法，我們已經指出，效力不能有確切把握。為維持就業，凱恩斯主張必須把投資量維持於一定的水準。我們現在且不論他所提出的維持投資量的辦法是否有效。算它是有效的，也不過是把現在的危機延遲到將來而已；並且，危機延遲到將來，其嚴重性祇會增加而不會減少，因為本來就已經生產過剩了，繼續不斷的投資當然更使過剩的現象加劇。

消化不良，最好是在癥象輕微的時候，對飲食稍加節制，人雖然可能消瘦一點，恢復食慾是比較容易的。如果為害怕消瘦而勉強進食，腸胃如何能長期負擔？在私人企業社會，生產過剩的輕微癥象可經由利潤之低落或消滅覺察出來，利潤之低落或消滅又反應到資本邊際效率，生出一種自動的節制作用，使供求恢復於平衡狀態。

我知道，凱恩斯理論的擁護者於此定然會提出這樣的責難：生產發展之停頓，招來失業，所得為之減少，需求因而萎縮；需求之萎縮又回頭來影響資本邊際效率，進一步打擊投資興趣。如此互相推移，蕭條就不容易恢復了。我承認此種現象可以發生。人在節制飲食之時，消瘦一點是難以避免的。但我們仍有種種方法，使消費隨所得之變化而變化的幅度，儘量縮小。於此，勞工保險與失業救濟等，都可以有所補益；而更重要的，則為大衆應在平時即養成儲蓄的習慣，私人有了儲蓄，消費就可少受到繁榮與蕭條的影響而趨於平均。照凱恩斯的主張，則是要一貫的打擊儲蓄；儲蓄不復存在，本來並不一定嚴重的問題，就可能變得十分嚴重。

投資與投機

近代資本主義，較諸前期資本主義，有二點顯著差別：一是企業的所有人與經營者之分開，二是有組織的投資市場（股票交易所）之發展。此二個特徵，對投資而言，應該是有利的。（一）在今天，企業家不一定是資本家，他是拿人家的血本去冒險，勇氣一定較大；並且，他為了自己的事業，要用種種方法把資金導誘出來，常不惜製造樂觀，縱令是實質上無利的經營，都可以引人上鈎。（二）有了靈活的投資市場，投資者隨時可把他的股票售脫，他所冒的風險，充其量不過是股票貶值而已，總不至於全部落空；風險大部份可以轉嫁，當其決定投資之時，就不必多所瞻顧。

凱恩斯承認這個事實，却進一步指出近代資本主義之此類特徵，另有其重大的不利之處：它增加了資本主義經濟制度的不穩定性。有了投資市場的存在，使人們決定投資與否的關鍵，從投資利益的計算，移轉於股票市價漲落的推測。換言之，當人們在準備投資或準備購進股票之時，他所考慮的，已不復是此項企業的生產成本如何，它的產品售價如何，等等，而主要是此項股票在不久的將來的市價之漲落。股票市價之漲落，在凱恩斯看來，又是一個難以捉摸的東西。他常常用“precariousness”一字來說明市場情態，並曾列舉構成這個 precariousness 的種種因素：

（一）由於企業所有人與經營者之分開，並由於所有權之易於轉讓，股票乃常爲一些對此一企業本身全無認識的人們所持有；他們的買進賣出，常是偶然的，與投資預期利益絕少關係。(二)股票市價易於反映眼前的利益而難於反映遠大的展望；有些企業本無前途，但因眼前獲利甚豐，它的股票市價亦會猛漲不已，先苦後甘的長期事業，在投資市場上就處於不利地位。(三)一種盲目的羣衆心理可以無緣無故的使市場發生劇烈波動，使之在一時間泛濫悲觀或樂觀的浪潮。股票市場的這種非理性的波動，常增大了經濟循環中繁榮與蕭條的變化幅度。(四)眞正的企業家，亦並不能拿他們卓越的遠見與冷靜的計算來穩定此種不安的市場情態，相反的，他們是受了此種情態的影響而爲無知大衆所同化。企業家已成爲一種職業的投資家。他們的全部心力，都用在市價變化的猜測上面。那一種股票看漲，搶先買進，看跌就趕快脫手。我購進某種資產，並不是因爲我預期此種資產可以獲利，而是因爲我預期人家將認爲此種資產可以獲利，有時候，甚至是因爲我預期人家將預期我認爲此種資產可以獲利。(譬如說，裝出一種將大量買進的姿態，而事實上却在準備賣出。）此種勾心鬪角的競爭在許多職業的投資家之間進行，投資事實，就成了一種完完全全的賭博。(五)最後，投資市場還常要受到資金市場的牽累。股票市價之漲跌，表示了資本邊際效率之升降，股票市場一般信心衰落，會經由資本邊際效率之削弱而引起蕭條；同時，資金市場一般信心之衰落，不必經由資本邊際效率之削弱，也可以引起蕭條。銀根緊縮，常招致股票普跌。此兩種信心(股票市場的信心與資金市場的信心)中之任何一種發生不利變化，都足以損害繁榮，而繁榮之恢復，則有賴於兩種信心之同時重振。因此，由繁榮跌進蕭條易，而由蕭條爬上繁榮難。

凱恩斯把投資動機分爲兩種：一種是爲了所得而投資，即是爲了股息與紅利；另一種是爲了資產升值 (capital appreciation) 而投資，即是爲了股票之漲價。他認爲：前者是企業 (enterprise)，而後者則爲投機 (speculation)。如果，投機僅爲「穩定的企業之川流」上的一些水泡，那是無礙的；但反過來，如果企業成爲「投機之漩渦」中的一些水泡，那就非常可怕。首先，整個社會經濟會因毫無理性的市場波動而受到蕭條的威脅。其次，企業成了投機的副產品，它就無法與長期間的社會利益相符合。

「古典派的」經濟學者，認爲利潤動機正可以把投資導致於對社會最有利的方向。凱恩斯對這個觀點雖表示懷疑，但並不斷然否定。他祇是進一步指出：縱令利潤動機會把投資導致於對社會最有利的方向，近代資本主義因爲有了異常發達的投資市場，投資的方向亦不復單純的由利潤動機來決定了。由於此一原因，他就更感覺把投資交託於私人企業家之手，是一件極難放心的事。資本市場最發達的是美國，凱恩斯認爲投資最不能適合社會需要的，也正是美國。在他看來，英國的情形就比較好一點。在英國，股票交易的佣金較大，而財產過戶稅之徵課亦較重。這多少可以挫折投機。

但，凱恩斯却充分意識到他已陷於一種難於解決的矛盾之中。他指陳資產之易於轉讓，即所謂投資之流動性 (liquidity of investment)，有如上的種種弊端，但他却不敢主張應用一切可能的方法來對此種轉讓的便利加以限制，如徵課懲罰性的過戶稅之類，因爲他完全知道此種流動性同時亦可因減輕風險而促進投資，如果硬性的限制了資產之轉讓，結果一定是使投資萎縮，失業增加。既知其不妥而又無法限制，那怎麼辦呢？凱恩斯又進一步認爲當資本邊際效率發生急遽而猛烈的不利變化之時(即當悲觀心理普遍流行之時)，即令是他自己所竭力主張的壓低利率以刺激投資的對策，亦不足以抵消資本邊際效率之跌落而挽回頹勢。如果連最有效的對策都時常可以失效，那怎麼辦呢？

我要在這裏指出：有許多人都認爲凱恩斯的主張，是在資本主義與社會主義之外找到了第三條的出路。這是錯誤的。本質上，凱恩斯是一個社會主義者。或者可以這樣說，他在動機上不是社會主義的，但是這樣一種理論的發展，却使他不得不達到與社會主義者相同的對策。至低限度，他是一個不自願的社會主義者。有些人，明明看到社會主義足以妨礙個人自由，削弱民主政治的基礎，却因爲發現資本主義的幾項缺點已成爲「不可救藥」而迫不得已的接受了社會主義的方案。凱恩斯就是這類人中的一個。爲解決前述那種無可奈何的矛盾，凱恩斯所能提出的一勞永逸的最後辦法是：政府應該擔當起「直接組織投資」的責任來；要長期確保充分就業，祇好經由「廣泛的投資社會化」之途徑。(見「一般原理」第一六四及三七八等頁。）凱恩斯有意的祇說「社會化」而避免「社會主義」字樣，但他却從未說明社會化與社會主義二者究竟有什麼分別。

凱恩斯用整整一章的篇幅來闡釋投資市場的流弊，而最後達到非社會化不可的結論，行文雄辯而風趣，爲全書其它篇頁所未有。但是，我們如果不僅僅作文學的欣賞，則我們當能發現，傾凱恩斯的全部論據，亦不足推翻「古典派」經濟學的基本原則。此原則，再說一遍，是這樣：利潤動機決定投資，消費者的需要決定利潤，而所謂「社會需要」，實不過是每一個消費者的需要累加起來的總量。股票市價的漲落，主要就是利潤的漲落之反映。沒有一個理論可說明當一個企業獲利頗豐之時，它的股票市價反而可以下跌；也沒有一個統計曾經告訴我們，當利潤普遍跌落之時，股票市價反而可以普遍上升。凱恩斯所列舉的種種情況，充其量祇能說明股票市價的漲落與利潤的漲落，並不一定成爲正確而呆板的正比，兩者之間可能有一些上下，但那些情況，實並不能使二者互相背馳。投資，歸根結蒂，還是決定於每一個個別消費者的需要，而不是一場完全碰機會的賭博。

不錯，就個人說，有許多事僅屬偶然，如凱恩斯所指出，一個投資者的神經，歇斯的里，他的腸胃消化狀態，甚至天氣對他的反應，都可以對投資的決定有重大影響。但，此一個人的偶然，却常會被另一個人的相反方向的偶然所抵消，而社會的平均，仍可遵循一定的常軌。投資的整個趨向，並不會因這些個人的偶然而成為毫無理性。（即令退一步說，縱承認私人企業制度下的投資為毫無理性者，則投資社會化亦不是一個好的補救：誰能擔保在社會化以後那個政府決策者一定不會受他的神經，他的歇斯的里等等的影響，而必然遵照理性以行動？）

當一企業家考慮是否投資之時，不管他着眼的是投資所得，抑是資產市價之升降，他的終極依據是一樣的。祇是，如着眼於前者，他是直接受利潤動機的指導；如着眼於後者，他是間接的受利潤動機的指導。因為在最大多數的場合，祇有利潤看漲的企業，它的股票市價才會看漲。

多數股票持有人與買賣者對企業本身的情形絕無所知，亦沒有大的害處。有一點他是知道的：盈虧。他不會以高價買進那虧本的股票而以低價賣出那盈餘的股票。他的行動，亦幫助了那個為消費者所需要的企業，使之獲得增資及擴大生產的便利，自然而然的導投資於正軌。

我祇是說，凱恩斯對投資市場的攻擊是過火的，但並不願說，他的意見絲毫沒有是處。至少有一點必須承認：在不穩定期間，悲觀心理可以通過投資市場的關係而擴大其影響。某種程度的悲觀，原為生產品的供求之正確反映，為節制投資所必要；但如果悲觀超越了正確反映的程度，就可能使節制因而過當。譬如說，消化不良的癥象本來是輕微的，少吃一點就可以了，根本不吃實為不必要的犧牲。沒有人能够反對當投資市場發生劇變時政府以某種措施來限制資本資產之轉讓及交易所的活動。但，更重要的，還是在瞭解悲觀心理所以發生的原因。這原因，前面說過，常常是由於投資過量；而投資過量，又常常是由於管制當局刺激投資的措施。管制論者，是把自己的政策所造成的後果，歸咎於自由企業了。

（本文完）

（上接第17頁）

五、財政收支與預算平衡：當一國生產資金充沛，便利外資內流的環境造成之後，嚴部長在國民大會報告中有，『財政上要想人民有貢獻，必須要增加財富。』故開源節流為千古不移的作為理財者的守圭，源開不憂流之無自，但開源往往遠不濟急，故節流不失為消極的開源，當軍費已佔百分之八十以上的情況下，剩餘的支節打小算盤，無補於實際，為節流之計，則審查預算，應有統籌準則，於行政經費，應衡量緩急，作適當之分配，對人事，政費，必須做到清簡廉明程度；在歲入預算的核列，宜取實收數字為準繩，以免超支而破壞平衡，對於各行政單位自行列報的預算，未免夾有預防還價的習氣，故如能建立整個行政預算的統收統支政策，將不失為節流開源的收獲。

收支平衡可以穩定經濟，多年來財政上的負荷，多半由于公營事業的拖累，近來更有民營事業低利貸欵出口補貼等增加負擔；四一年財政當局建立公營事業統收統支制度，藉此差可做到接近平衡，由于四二年的民營出口萎縮，生產事業的加重財政負累，成為無可掩飾，癥結所在，都為缺乏資金穩定經濟環境，須以充沛資金為體，而以公平分配為用，今後的財政金融，愼宜做到嚴格的分工合作，當財政上有季節性虛短或建設性的支出時，用短期債券的方式交家銀行發行或抵借，必須有的欵收入為擔保。近來愛國公債的市場債信已立，加能樹立證券市場的健全基礎，當為不難推行。祇要財政上不拖累發行，重新建立社會經濟秩序，至於信用流轉速度的膨脹，為近世工商社會籌措週轉資金的必經手段，膨脹程度的適應性，則權在金融當局的指使，務宜求其與經濟趨勢相配合。（完）

巴黎通訊

與法國大將談兵

陳賢文

歐洲聯軍最高統帥格朗特 Gruenther 將軍在向美國參謀總部報告中宣稱，目前在歐洲只有兩位大將，一位是德國的古德良 Guderian 將軍，另一位便是本文所說的法國的五星上將前參謀總長 Revers 將軍。

筆者深欲覓機識荊，恰好有位外國記者朋友認得他，經過介紹，蒙他在百冗紛繁中予我以接見。

我一開頭便請教越南的問題，他很感慨的說，奠邊府的戰爭完全是我們軍事上的錯誤。他說：我先要談到奠邊府的重要性，第一、在財政方面說，那兒是個雅片市場。第二、交通方面，是各線的焦點。他說我們所以要守住它，也是爲了這個原因。那是山陵地帶，在山谷中有一個一百五十公尺的重要機場，這個機場，當遇着在奠邊府附近有事時，是空軍運輸的主要基地，但一旦戰事臨到它本身，便毫無價值可言了。他說一向我便主張丟了完事，因爲這個地方最少需要二三十營的軍力才守得住，而法方人力太少，知不可爲而爲，那有不失敗的道理！在三月十五日敵人開始進攻時，我們便發覺人家砲兵火力的猛烈，根本便須掉頭跑了，還守着幹嗎？他又說，假如要守，必先把裏面的精兵，調去補充來奇上校的流動兵團（守衛寮國部隊），而另調其他隊伍來防衛，然後再以精兵及流動部隊從外面趨救奠邊府，那才是上策，可是這事情不早爲之，現在眼看是太遲了！（編者按：當時奠邊府尙未失守）記者問及時機至此，是否法方須向越盟談和以便了之？他果斷的說，談和便是投降。他說，我們西方人從前不懂得和戰並施的策略，這倒要向你們中國學習了。那便是一邊打一邊談，談談打打，打打談談，一直拖下去以便不了了之便是！總之他的結論是要從打戰去尋求和平。記者問及是否法方需要聯合國如在朝鮮一樣來參戰？他說，聯合國的部隊，除了少數一二營的各國兵力外，都是美國人的軍旅，可是美國人目前都不喜歡隨便消耗軍力在外國的戰場，何況老遠調來一些軍隊，而中共却會走馬來得更多，那不更加吃虧了嗎？他認爲由美國人幫助武器而讓法國人和安南人自己去打最爲上算。

當記者問及貴政府是否獲有中共直接參戰的證據時？大將答稱雖然還沒有，不過我們都可以料想到他們（中共）間接參戰是必然的。他說譬如物質上和技術人員的訓練等等，又如敵人砲兵的兇猛，他相信，只有在中國大陸才可以訓練出這許多的砲手。

關於幾年前麥克阿瑟將軍在韓國打戰的問題，記者順便向他翻翻舊案。他很讚同麥帥的爲人和他的戰略，他說在軍事方面說，封鎖大陸和攻擊東北那是最好辦法，不過戰爭是以政治爲根據，聯合國的政治家們又那敢輕易舉棋呢！

美國的政治他自認看不清楚。我問他自由世界是否便這麼不明不白地坐着等待挨打而毫無辦法？他表示和我同感。他說在軍人立場，是希望越早打越好的。此之謂「將有智慧不如乘勢。」他說當一九三八年他在軍校幹一名上校教官時便寫了許多文章主張打的。可是一切還是要等政治家們去料理，我們軍人不過是些「配角」而已！記者談及世界局勢的演變，他說除非有特別情況，否則不會很快便打起來的，人人都懼戰，可是人人都備戰，所以終會有一天要打將起來的。

最後，記者請教關於他對自由中國的觀感。他說在法國關於臺灣的報導很少，不過他據各方面所得到的一切，知道寶島上正在勵精圖治。他說臺灣在戰略上是很重要地。關於自由中國反攻的問題，他的意思以爲能早日動手爲妙，不過他以爲我們的人數和中共比相差過遠，有點爲難。我說「師克在和不在衆」，中國的歷史「文王以百里興，湯以七十里」，我以爲我們的顧慮倒是蘇聯人是否會出面參予戰爭。他相信，當我們一朝在大陸上節節勝利時，俄國人不敢輕易便動。他以爲很可能在那時蘇俄人便藉口把你們的東北和新疆收入他們的版圖，那時候又需要另費一番唇舌了！

他對於反攻大陸的條件，認爲先要用「神經戰」，便是兵家所謂的攻心，從政治上外交上去謀求進展，也許可以在第三次大戰之前，自由中國已能在大陸上獲得輝煌的成功。

記者正有許多問題需要請教時，樂將軍告以因爲這幾天政府常派人來見他，這時正有約會，希望我們改天能長談，當然我們也不敢多奉擾，連致謝意後辭出。

將軍年逾六旬，中等身材，肥而又胖，負軍人豪氣，慷慨陳辭，滔滔不倦。雖然白髮垂鬢，但精神矍鑠，行走甚健。前任參謀總長，對於世界的局勢，早料未來，而時間過去的，都和他所說的若合符契，這便是現在人家常常想起他的原因。法國政府曾一度擬派他去安南任高專，據說因官小而不肯就，後來爲了幾點和當軸不合，便慨然辭去，難道也深得蘇東坡「合則留，不合則去」之旨嗎？最近聽說在致力做生意，他不理會政事，越南局勢變遷，政府屢有請其再起的意思，他毫無表示。今天記者得見了他，出門以後，便料他必再出做「馮婦」。「謝公在東山畜妓，簡文曰，安石必出，既與人同樂，亦不得不與人同憂。」曾經爲國家樹立過功勛的人，國家一旦有事，能不之顧者，我不之信也。所以說，將軍再起，是其時矣。

五月六日寄自巴黎（奠邊府於次日陷落——編者註）

被擯棄與被選擇的

王敬義

一

很久了，我夢想一間安靜的小屋，有一扇窗子。

但是，我從不曾相信會有那樣慈善的人，將我夢想中的小屋租給我。

你懷疑嗎？如果我說：「我有一間小屋了！」

二

那天夜裏，暴雨傾盆。早晨，長空如洗，遠山都跑近了，紅色的屋頂在陽光中熠耀。我在淡水河畔散步了半小時，被那日昇前變幻的雲霞，被那日昇時雲雀的歌唱，被那日光下滔滔的大河，吸引了我全部的注意力，使我忘記了自己，躑躅在混合着河水的清新與菜花的甜香的涼沁空氣中，而想像自己是一片彩霞，一滴歌聲，一翻白浪。

可是，沉睡的都市漸漸醒了。火車尖促的汽笛，沉悶的遙遠的馬達跳動聲（像是大地的心臟在跳躍），交織在路上的車鈴與小販的喚賣聲，都在催我回去。而也是回去的時候了。於是，一扇扇窗子推開，在回去的路上，我受到陌生人無數次的歡迎——只僅僅將窗子推開呵！

路的轉彎處，不知誰貼了一個大紅紙條，墨跡猶新，那鮮艷的顏色，在陽光中尤其惹人注意。那是一張召租的條子。

我走進小巷；被層層的綠蔭遮蓋着，只有一些活潑的小蟲子在飛，這條小巷很幽靜，很長。我找到召租條子上的號碼，徘徊在門外，躊躇着是否來的太早，會惹起房主人的不快。

灰色的門緊閉，陽光由綠葉間漏下，在門上蹦跳。麵包樹厚大的葉片，被晚間的雨洗得潔淨，現在像翡翠般閃鑠着。桂花樹的椏枝探出牆外，擲下醉人的香氣，一若是代表房主人，挽住我這徘徊門外的房客。

我決定扣門。門打開了。一個高大，黑髮的男子走出來。

「這裏有房子租嗎？」我問。

「你等等，」他說。他走進去，不久帶來一個中年婦人。那婦人穿着肥大的布褂子，頭髮用一條手帕縛在頸後，方方的臉，和善的圓眼睛。

「您看房子？」她問。這時，那高大的男子已經走了。

「我來的太早嗎？」

「不，」她說：「我們起身早。請進來吧！」

園中是一個幽美的所在。五顆鐵樹蜷臥在籬邊，杜鵑怒放；更紅艷的是茶花，一大朵，一大朵像是一盞盞燈懸在綠葉下；聖誕花在葉叢中高高擧起，似在召喚悠遊的白雲。綠色太濃了；葉片遮覆着葉片，枝條壓蓋着枝條。而在這極紅與極綠的茂盛中，更灑滿細小的珠子，金光閃閃，那是滿天星的花朵。

籬邊是一條小路，直通房門，芭蕉的大葉子，不甘寂寞的拂人衣衫，牆隅獨有一株黃椰子，雖是細小，雖是孤獨，却嫻靜如少女，別有風姿。

我們走進屋去，出租的是一間小屋，六個塌塌米大，却是地板。牆壁久未經粉刷，很多地方已經脫落，充滿了被遺忘的荒涼，與園中的茂盛恰是一個相反的對比。我不禁對房主人感到興趣：別的房主總是將簡陋的小屋刷一層灰水，用那蒼白的牆壁去博取房客的好感，而這位房主人，却將一間精緻的小屋，造成房客凄涼的感觸。

「這間屋很久沒有人住了吧？」我問。

「我們住在後面，這間屋很久沒有人住了。」

「啊！」我忽然像發現奇跡般驚叫了一聲。

窗子！是的，窗子！被塵土掩蓋，被蛛網一層層的織蓋，那扇很大的窗子，竟像一面牆壁。我說它像一面牆壁，因爲，窗子，窗子是要打開，歡迎陽光的啊！

那中年婦人仍是一臉慵倦，一臉消沉，與這幽暗的小屋是配襯的。她只呆呆的站在那裏，對我的驚喜無所激動。我不能再忍耐了，有窗子就要打開，就像每一顆年青的心，在陽光下都應沒有秘密的陰影一樣。

我用力推開那久閉的窗，陽光，瀑布般傾瀉進來，窗檻上堆積的塵埃落下，在光影中翻滾如瀑布的浪花。窗外便是那生命力充沛的園子，一刹那間，紅色的花像勇敢孩子的臉，綠色的葉像天眞孩子的笑聲，充滿這間小屋了。牆壁一小撮，一小片的脫落，彷彿知悉新的，前進的浪潮來了，慚愧於本身的殘破與呆板，悄悄流着眼淚。

我帶着驕傲的笑容轉向那中年婦人，但她已躲避的走出門外，站在門的陰影中。

「您滿意這房間嗎？」她問。

「太好了，」我說，憶起召租紙條上的房租，又補充了一句：「房租也不貴。我先付一個月錢，明天便搬進來，可以吧！我要刷白色的漆，用天一般藍色的麻布裝飾窗子，我要……。」

「可是，先生，這孩子！這孩子！」那婦人着急的說。

三

我轉過身，一樣重重的東西像錐子般撞在我的胸上，那是一個孩子的頭。那孩子一頭蓬鬆的短髮，她用雙手圍住我的腰，忽然又分開雙手，扯我的衣袖。

中年婦人拖住那孩子，對我連聲道歉。這時，我可以看清那像一頭野鹿般的孩子了。她站在那婦人身旁，瞪大了眼睛。突出的雙眼像兩顆黑李子，瞪住我，動也不動。她的面頰虛腫、蒼白，嘴唇很厚，攣瘁着，咬着牙齒格格的響。你在她的臉上覓不着兒童的溫柔與美麗。她像是一具浮雕的木偶，每一個擧止都是機械的。在她遲滯的眼神中，更可以看到一種惶惑，一種失落自己的悵惘。但她是不安定的，一隻手臂被中年婦人握着，另一隻手就不停的撕耳朵，撕頭髮，用力的搔臉。她幾次想再衝過來；因爲被那婦人阻止便暴燥的跺腳，喉中發出含混的聲音，像是從一個臨終的痰喘病人的喉嚨中擠出來的。她的外表，她的聲音，她是痛苦的化身啊！我被面前另一個「人」的痛苦刺激得失去想像與分析的力量，嘴張着，一句話都說不出了。

是那婦人的聲音幫助了我。她說：「就是這孩子，她患了結核性腦膜炎，本來是沒有救的，却被醫生救活了，就變成現在這個樣子，不會說也聽不見。您要是決定租這間屋，我們將裏面門釘住，她便不會到您屋中煩您了。」

眷戀着有窗子的小屋，懷着對無辜的孩子的同情，我付了房租，並且在第二天早晨搬了進去。

四

我自已買了油漆；小屋在我雙手的勞動下，煥然一新。我將書桌對窗放好，小床貼牆站着。床旁是小書架，堆得滿滿的書。晚上，捻亮燈，我可以在床上看書到夜深，然後，捻熄燈，滿窗亮星爲我訴說一個又一個夢。樹在我夢中嘩嘩搖着，蓓蕾在我夢中開放。早晨，當我睜開眼，花與葉的淸香充滿了小屋，我一躍起身，走出門，不需十分鐘，便可聽見淡水河對我的遥遠的呼喚了。

如那中年婦人所允諾的，通往後屋的門被釘住了。但是，不時仍可聽到撞門聲與困難的嘶喊聲。即使在深夜，這些聲音也不停止。知道它們是一個善良生命痛苦的呼籲，代替畏懼與不安，我的心中乃充滿悲憤與感慨。

一星期後，我已經與那婦人很熟悉了。她是一個好人，直爽、誠懇。每次遇見我，總是再三的詢問是否我夜間睡得好，然後對那孩子的騷擾，表示歉意。她吃飯吃得很多；總是將那被病菌折磨的孩子，擁在懷裏，一口一口的餵着。孩子吃剩的東西，她一視同仁的都塞到嘴中。她說話時唾液會飛到你臉上，可是她絕不是故意的，如果你告訴了她，以後她會先用一塊手帕堵住嘴。她經常穿拖鞋出門，在牆上吐涎，有時一天不洗臉，天冷時便穿一件破黑呢大衣，從來不知扣好所有的紐扣。

她整天不離孩子身旁。她從不曾報怨過，彷彿她謙虛、善良的靈魂中早因孩子的痛苦充滿痛苦。而她的餘生便是服侍那孩子，使她在被遺棄的寒冷生活中，得到些微人性的溫暖，

她在夜半起身，在破曉起身，她的生命與那病孩子的在同一齒輪上，她永遠隨着她轉。那孩子將痰桶，飯碗倒在地上，她細心的將它們拭淨。那孩子打她，踢她，她溫情的哄她。她的忍耐像是無限止的，還有她的愛情。

但是最使她傷心的，是那孩子不認識她。

那孩子不認識任何人。結核菌仍緊緊包圍着她的腦子，(隨時都可以奪去她的生命，)以至，她雖具有着健全的五臟，日漸高大的軀體，她的頭腦却仍停留在無知的幼稚狀態中。她看得見，她也有所需求，(當然對於虛榮的需求是再沒有了，) 但她的思想是混亂的，一個思想永遠被無數思想騷擾，她的躍跳，她的不成語言的嘶喊，都是對她自己的抗議。她無時不想掙脫命運的魔掌，在這冷酷的世界中追尋一些溫暖，但她是無望的了，她已經被擯棄，或者竟是被選擇：無知使她永遠保留一份純潔，不被這喧囂的人間染上汚點。

那中年婦人並非這不幸孩子的母親。她是她的遠親，被孩子的母親再三邀請，才允肯照應這可憐的小生命。豈知却由厭憎而生憐而生愛，她下了決心，不再離開她了。語言本不是靈魂溝通的工具；那麼，她與這病孩在心靈的深處已有所瞭解，有所默契，也不是不可能的呢！

那孩子的生母，另有三個孩子，兩女一男，都生長得健壯。他們居住在鄉間，過着平靜、幸福的日子。母親唯一的愁慮是來自那病痛的孩子的。她想念她，但是除非必需，她避免看見她。同樣是吮着母親的乳汁長大，爲甚麼會有幸與不幸的分野？是不是這世界上本只有一條很窄的路？但是路的盡頭又是那裏？

也是那中年婦人告訴我的，我來租屋時在門口遇見的高大，黑髮的男子，便是那孩子的父親。

而一連數夜，咀嚼着「幸福」與「痛苦」的字眼，聽着那失去生活中一切美好事物的孩子的悲號，鐘擺的聲音滴答，時間溜過去，我的思想旅行在安靜雪覆的戰場上，旅行在欲哭無淚的廣大民衆的黑暗屋頂上，我輾轉不能入睡；數夜失眠，我消瘦了，雖然綠葉無比新鮮，蓓蕾又在開放，園子中是永恒的春天，但我小屋中的春天已經過去了。

五

很久，我沒有去淡水河畔看日出了。很久，我緊閉着我小屋的窗子。

但是，在一個黃昏，好心腸的朋友們來看望我了。他們任性的推開小屋的窗，放進艷麗如紅色茶花的晚霞；他們任性的笑謔，任性的讚美與諷刺。這一羣狂士多像狂熱的革命者，古老陰森的帝國的土地，也迸發出熱情的花朵了。於是在我憂鬱的面頰上，裂出靑春的微笑，像是枯乾河岸上綻出的綠苗一樣的新鮮。

「你以爲是孤獨的愛好者嗎？」狂士之一揶揄着我，他的聲音響朗。「不錯，這小屋是靜的，但窗外是怎樣一個春的世界？」

「那綠的葉，紅的花，春天是可以拒絕的？」另一個狂士說。「此外，我更不相信你的彌蓋朗琪羅式的孤獨與刻苦！我不相信你的生活中沒有愛情的顏色。」

「或者你就如這間小屋；爲了使人們眩惑，你用一扇窗子對人們關閉你心中的春天。」

「不，不，」我反抗着。「窗外的春天不是我的；綠葉、紅花裝飾着我的窗子；但對於我它們是沒有生命的，它們的顏色與香氣都使我感到煩惱；因爲，在我的心中，一種無名的冷酷已經結成堅厚的冰。」狂士們笑了。是我心中僅存的一絲人性的憤慨，阻止我去打開釘緊的後門，放進那被痛苦煎熬的孩子，來損害他們的好情趣。

他們要告辭了。留下一張音樂會的票，邀我同去。

我拒絕。我厭惡一切在舞臺上表演的節目。「天才在舞臺上發洩他的悲哀，蠢才在舞臺上滿足於被人們的嘲笑，同樣是病態的心理。」我說。

他們聳肩。「哲學家，」他們說。

「不，我更願意到後臺去，如果定要我作前臺觀衆的話。在後臺我將看到美的、醜的、幸福的或饑餓的臉，看見痛苦的淚，開朗的笑，而那些都是眞實的；但作爲一個前臺觀衆，我能見到的都是最完美的一面，無論是幸福或痛苦、美與醜。我更愛殘缺，因爲殘缺的更自然，更眞。」我昂着首，大聲的說，我心中積存的苦悶泛濫了。

他們將我拖出去，將門在我身後鎖上。

夜已經來了。夜很靜，很冷。燈光在樹叢中閃鑠，我們爭吵着，像歸巢的烏鴉羣。當我們變得沉默時，便可聽到如浪潮遠去，樹木的輕嘩聲。我們紛雜的脚步，踏過一條又一條黝黑的小巷。

在一家四川麵鋪裝滿了胃，幾盃酒刺激着血管，我們走着，感到夜很重，很軟。

×　×　×

煌輝的燈光，飄着大紅綢結的各式花籃，豐滿面頰、黑亮眼珠充招待的少女，兩架鋼琴熠耀着，這一切都在說明一個盛會。

這裏是頭髮與前額；那裏是頸項與潔白的牙齒；前面是婀娜的腰姿，後面是顫抖的高聳的紳士的肚皮。我們被人推着、擁着、前進、前進；然後，海潮般散開，在女人化裝品的氣息與醇厚的煙草氣味中坐下。

臺上，雍容高貴，走出一位女士，黑絲絨的旗袍，長到脚踝，赤裸着兩條白潤的臂膀。她先用中文後用英文，介紹了演奏會。而她自己，就是這演奏會的主人。她的介紹詞博得一片掌聲。後來，秩序欠佳，她又請來賓安靜，

因爲演奏會就要開始。這次是只用中文說的。在女士的介紹詞中，我才得知這是一個兒童演奏會，女士是鋼琴教師，演奏的是她的學生們。當然學生中不乏達官貴人的子女，那麼，花籃與來賓的數目同樣驚人，應該不是一個奇跡。從來不習慣於閃電般的鎂光燈，暴雷般的鼓掌聲的我，確是煩厭了。「何苦鼓勵天眞孩子們的虛榮心呢？」我想。「其實，孩子懂得甚麽？還不是孩子們的老師爲她自己打算。」

我看着孩子們兩個，兩個牽着手走出臺，羞腼的鞠躬，再規矩的坐到大鋼琴前，膽怯的陌生的手指彈出簡單的曲調。我感到煩厭，難以忍耐的煩厭。但，慢慢坐久了，煩厭的心情消失了，一種新奇的事物集中了我全部的注意力。

就是那些簡單的曲調，由那些膽怯的手指彈奏出來，却賦有了新鮮的生命。不是貝哈、貝多芬，蕭邦的生命。而是那些幼稚、純潔的生命，在噓息、在讚美、在沉默。它們集中了我的注意力，更大膽的撕破我憂鬱的面網，於是四月的綠葉與花朵，在一剎那間又充滿我靈魂的深谷。

從我的靈魂中，笑聲流出來。偏見與厭憎不復存在，生命伸展了，在那些紅裙、白綢衫的小女孩子們的臉上，我看見愛情，看見最美麗的羞怯與熠耀着陽光的青春。她們坐在鋼琴前，瘦小的軀體與龐大的琴身是不相稱的，但她們用力的敲打着琴鍵，以至縛在她們髮上紅色或天藍色的蝴蝶結，顫動着，彷彿一隻隻春天的蝴蝶停在花枝上，在第一陣薰人的和風裏，鼓翅欲飛。

我的靈魂已經飛出去了。飛出去，並且酣睡在琴聲織成的小搖籃裏，受那些纖小的手指的撫摸，受那些純潔心靈的關懷，受那些嬌羞的笑靨的溫暖。那麽，我的熱情將燃燒成一朶奇花，即在凋葉的秋天與寒冰的冬日，亦永不萎凋。

× × ×

歸途上，狂士朋友相繼別去。我孤獨的踏着樹影，踏着崎嶇的小路；滿天亮星，寂靜無聲；仰着頭，我走着，可愛的兒童的面影，從我面前掠過去，「呵！」我說，「戰爭，進行吧！如果只是爲了保護那些小靈魂的幸福與平靜；戰士們，就插上你們的刺刀吧！對付嗜血的野獸，是應當殘酷的！」

那一夜，我步行歸去，已經很遲，但是我睡得很酣。

六

我恢復了早晨看日出的習慣。在我的生命中，一些新鮮的綠芽在生長；那病痛的孩子不再能磨折我的靈魂，或者，他竟已從我的記憶中溜走。

他的困難的嘶喊，猛烈的撞門聲，雖仍不時破壞我的寧靜，像一些兇狠的野獸，急欲衝入我的記憶，但我只要去河岸上走走，朝日的明輝，大河雄壯的歌聲立刻又會充滿我的胸膛。當我再回到小屋，便可以重新安靜的工作了。在這種情形下，我寫完我的第一部小說。

一家書店決定出版它，我的驚喜是可以想像的了。狂士朋友們知道這個消息，又將我拖出去，每人灌了三兩黃湯。我沒有醉，精神很好的走回家，推開大門，便被我不習慣的燈光眩惑了。

每一扇窗子中都有燈光射出來。當我走近房門時，更可以聽見嬉笑聲，兒童的呼喊聲。我是不相信會有人在這座房屋中開宴會的。那麽我的迷惑只有在我走進房門後，才能找到答案。

走進我自己的小屋，除去燈不知被誰捻亮外，一切沒有變化。我斟了一杯開水，好奇心已經減退，我已不想追究燈光輝煌的原因了。但這時，那中年婦人走進來。

仍舊是一派和善的神氣，她來請我到後面屋去。她說那病孩子的母親從鄉下來了，預備在這裏住幾天。

房東太太要欣賞房客，「天底下最普通的事了！」我想。

在我一生中，我從不會再度見到如此美麗的一幅圖畫。被柔和的燈光籠罩着，肥胖的嬰兒臥在懷中，一位卅歲左右的少婦，安靜的坐在籐椅上。屋中的平靜與和諧，都使我的心中充滿異樣的安慰。

嬰兒在懷中睡着了：紅嫩的小嘴唇微啓着，長長的睫毛投了纖細的影子在面頰上，她發出輕微的鼻息聲。年輕的母親對我微笑頷首，低聲說：

「您請坐，請不要客氣。」

我坐下，籐椅吱吱的叫起來。屋中再沒有其他聲音。

「您還滿意這裏吧！」她問。

「好極了，」我說。

「我們很早就想將那間小屋租出去，但總怕那孩子會惹人煩厭，」她說「那孩子」三個字時，微蹙起眉梢。

我剛要答話，側邊的門閉了，幾個孩子追逐着跑進來，最前面是那不幸的孩子，後面緊隨着兩個六七歲的，笑着，喊着，母親懷中的嬰兒驚醒了，張嘴哭了。

× × ×

她一共有四個孩子，雖然她有廿九歲。她有三個女兒，一個男孩子，患腦膜炎的是第二個女兒。最小的只有一週歲。

她來了，這座房屋不再是那樣可怕的寂靜，只偶而被數聲嘶喊劃破。孩子的笑聲，母親的責駡聲，嬰兒咿呀的學語聲，造成另一種快樂，幸福的氣氛，一種「家」的氣氛。但這些幸福的人們的聲音，却使我又變得消沉，變得苦惱了。園中的丁香已經開放，已經是暮春的時候。

她來了，這年輕、親切的母親，她時常邀我一起吃飯，飯後，便陪她坐在那裏，看孩子們嬉戲。

有的時候，她的大女兒，化妝成一位公主，弟弟便作王子，最小只有週歲的妹妹，便在他們身後爬。忽然，那不幸的病孩子，推開門，衝進來了。作王子的弟弟，立刻用拳頭捶她。她怕他，躲他，他們重新將她關閉起來。她撞門，踢門。她雖沒有思想，但却不甘心寂寞。她雖然不懂得玩遊戲，但也願意參加到他們的行列中。

被拒絕了，她嘶喊、暴跳。允許她加入吧！不，她不受任何束縛。

於是，年輕的母親悲哀的說。「這孩子怕活不過春天了。她的病症最近又變得嚴重。她時常跌倒在地上，嘴唇青紫，眼珠往上翻，呼吸幾乎停頓，醫生說包圍在她腦子四周的結核菌，隨時都可以取走她的生命。所以，我來這裏住幾天，看看她。唉！」

我凝視着那被擯棄在人類生活以外的孩子，一陣寒冷掠過我的全身。「還是讓她早些死吧！給她吃藥！給她吃藥！那不是謀殺，那是最仁慈的醫生的行爲！」我想大聲喊，但看見那年輕的母親眼中的淚水，我壓抑着自己。

回到小室，那一夜，連續的嘶喊與撞門聲，像些狠毒的野獸，都帶着那可憐孩子的面孔，紛紛衝入我的心中，將數週內平靜心田上盛生的綠苗，蹂躪得一乾二淨。

早晨，我疲倦已極，在朦朧中聽到話聲、步聲、開門聲。不知何時又酣睡了。在夢中我聽見嘈雜的狂笑聲，桌椅撞擊聲，最後，一聲命令式的呼喊驚醒了我。

我睜開眼睛。我揉眼睛。我不相信。

那不幸的孩子張大了嘴站在我床前！血染透了她的胸衣。她看見我睜開眼，便撲到我床上來。

給惠德曼

——Walt Whitman 誕生百卅五週年紀念

余光中

惠德曼，你民主的詩人！
二十世紀需要你雄壯的歌聲！
這民主的暗夜的二十世紀，
當自由女神那微弱的火光
已經照不到大半個地球，
照不到受難者臉上的痛苦和絕望。
惠德曼，你民主的詩人！
二十世紀需要你嘹亮的歌聲！

是你第一個從古代的夢裏醒來，
像赫九力士，你奮臂掙扎，
掙扎，掙扎，把舊的詩律掙開；
當沉重的鐵鏈砉然墮地
同時便墮下了新詩那健壯的嬰孩。
是你第一個從古代的夢裏醒來；
你，站在你新詩的天文臺上，
發現了整座的銀河——人民，
發現這新的銀河是轉動着宇宙的軸心，
像哥白尼克斯和加里略
發現了太陽在太陽系的中央，
發現了是地球環繞着太陽。
是你第一個在新詩的曠野
發現了人，人和他自己，
於是你大聲地歌頌自己，
歌頌自尊而自由的個人。
在這充滿了歌頌別人的二十世紀，
這將是多麼可貴的有力的歌聲！

是你第一個警告這萬物之靈的人類，
你逼等我們問：「靈在那裏？」
是因爲動物不會向同類下跪，
而人會跪向別人，或是要別人跪向自己？
是因爲動物不會在白天虛僞地裝笑？
是因爲動物不會在夜間慚愧地悲泣？

惠德曼，你民主的詩人！
詩中的哥白尼克斯，詩中的林肯！
二十世紀需要你粗獷的呼聲！
暴君們怕聽你預言般的警告
像黑夜將盡的幢幢鬼影
怕聽那一聲聲啼雞催曉。

吼吧，惠德曼！你人民的歌手！
吼醒二十世紀這一場惡夢！
讓二十世紀充滿了你的怒吼，
像枯萎的秋林掃過了一陣西風！

惠德曼，你民主的詩人！
二十世紀需要你嘹亮的歌聲！
你的呼吸是澎湃的大海。
像華玆華斯呼密爾頓歸來，
我站在二十世紀的岸邊呼你：
歸來吧，惠德曼！回到這二十世紀！

五月卅一日

我爬起身，躲開她。她用牙齒咬我的枕頭，用手撕床單。我站在地板上，地板上灑滿碎紙屑。我再看書桌，那上面更亂成一團。抽斗都打開，書頁散滿桌上、椅上。我的幾本心愛的書都被撕壞了，一部份文稿更撕得仔細。那孩子還在我床上翻滾。我召喚，但沒有人答應。她胸前的血已染遍我的枕頭、床單；我有些驚慌了。

我決定去制止她。我在床旁邊拾起一把小裁紙刀，她是用它刺傷了自己。

但我聽到匆忙的脚步聲了。跑進來的是照管孩子的中年婦人。她顯然爲室中凌亂的情形驚訝了，一句話都說不出來。她先跑到床上，拖起孩子，將孩子抱走。

我恢復鎮靜，開始整理我損失慘重的小屋。約十分鐘後，那婦人走進來，先向我一遍又一遍的道歉。

「但是孩子傷得重嗎？」我問。

「不重，只劃傷了幾道。她幾天來不時抓胸部，我們將刀剪都藏起來。她以前也刺傷過自己一次。大概她因爲呼吸困難，以爲那樣可以幫助她。」那婦人無精打采的說。

她不能忘懷的還是我的損失。她告訴我她去買菜，豈知回來便發生這種事情。那門本是釘住的，近來怕是被孩子將門上釘子撞活了。最後，她說：

「她媽媽要是沒有去教堂，就不會有這件事！」

我才想起又是星期日了。

我問那她孩子爲甚麼撕紙。她說：

「這又是我的疏忽。那孩子看見紙就撕，不知是喜歡聽紙裂時的聲音，還是撕紙可以減她心中的悶氣。我們這裏從來也看不見紙的。您有這許多書，早應該告訴您就好了。」

孩子的母親還沒有回來，那孩子又推開門，站在門口，面頰蒼白，嘴唇抖顫，那婦人去抱她，她嘶喊着、掙扎着。

七

我還居了，遷回以前吵鬧的宿舍。不是我自己的主張。孩子的母親請求我還居的，爲了我的安全。

那孩子不會活過春天。在她離開這世界前，她會騷擾得更厲害。孩子的母親告訴我，只要我喜歡那裏的環境，以後她再租給我，作爲對我損失的一種報償。

就這樣，爲了不使那年輕的母親傷心、煩惱，我離開

給胡適之先生的公開信

尤光先

適之先生：遠隔重洋，思何能已！現在我有一點意見，或許也是自由中國多數人的意見，要向先生請教。爲着閱讀這信便利起見，特地寫了三首七絕，來做這信每段的提要。這絕句不特採用了先生所提倡的「詩體大解放」，還嵌着先生在嘗試集裏所常說的話，謹以十二分的虔誠懇請先生一一惠教。假使還蒙賜答以詩，使我得到「拋磚引玉」的效果，那麽不僅我個人感到無限的榮幸；我想全自由中國的詩壇，也會因此更感到蓬勃而有生氣了。

「自古成功在嘗試」，先生這話未曾差；
「詩爐將冷」詩將盡，還望先生一炭加。

自從先生提倡白話詩，發刊試集以後，迄今多年，還沒有拜讀過先生的大作，以致白話詩爐瀕於灰冷。目下自由中國的詩壇，不論新舊，沒有不虔誠地祈求先生重新加炭，使這些微的爐火又能熊熊地發出光燄來。

能哼兩句算詩家，「無病呻吟」枉自誇！
「濫調陳腔」「言無物」，讀來好似叫蝦蟆。

目前自由中國詩風甚盛，聽說在臺灣只臺人所組織的詩社，已達一百六十以上，而外省人所組織的，雖然沒有統計，但爲數也不在少，可是所做的詩都是舊詩，好的固然很多；但一部份還難免像先生所說的「陳腔濫調」「言之無物」，(自然本人也包含在內)深望先生重張旗鼓，加以糾正，使舊詩的體裁韻味縱然仍舊，而內容思想還是簇新，並且還能够趨向潮流，適合時代。

無韻無腔「重白描」，羣賢高唱入雲霄；
「新詩苗地」今將槁，敢請先生抱甕澆。

「詩體大解放」我是贊成的，但是我的意見，「新舊詩可以並存」，只要詩意和用字不受着五、七言句法和音調的拘束，(我以上三首詩，便是不受平仄的束縛)寫出來的東西沒有「削足適履」的毛病，就無須一律打倒。再進一步說，假使舊詩能够剷除堆砌的典故，脫掉腐化文言的窠臼，使每字每句都要從性靈中掘發出來，而趕上時代的話，那麽也無須要他非做白話詩不可。正如先生曩年致書叔永先生所說的：「倘數年之後，竟能用文言白話作文作詩無不隨心所欲，豈非一大快事？」我想目下白話詩還受着許多人的懷疑，其原因不外三點：一、做新詩的人們中，還有一部份只知道「死文字不能產生活文學」，却不知道「新文學必須有新思想做裏子」。二、是缺乏做新詩的指導，使他們無處學習，無法改進。三、缺乏參考書籍。像嘗試集等這一類白話詩集，目下在臺灣是不易購到的。所以近來舊詩日見興盛，而白話詩似乎反而日趨寂寞了！在這新詩苗地快要枯槁的時候，我們希望先生抱甕來澆的心情，比於農夫的望歲，更爲殷切。

詩詞雖然是文人的末事，但牠可以鼓舞士氣；可以激勵人心；影響於世道民風者實非淺鮮。我相信，我絕對相信，具有民主風度，兼以樂育爲懷的胡先生在不久的將來，一定會把簇新的詩詞旗幟，遍插在自由中國每一個的詩壇上，使牠隨着詩風而到處飄揚了。敬祝

健康

尤光先上　四三、五、四

了那間只住了二個多月精緻的小屋。

環境改變了，但記憶仍舊保存。很多個夜晚，當宿舍中靜下來，月光照進窗子，我躺在床上，窗外疾馳過沉重的載重汽車，那沉重的車胎輾過去，輾過去，一若輾過我的記憶。於是，記憶的線索伸長了，伸遠了，車胎聲變得模糊，往事也模糊了。星子閃着柔和的光輝，甜美的睡眠遂悄悄降臨，覆蓋了一切，悄悄的，如帶着掛滿鑽石面綱的夜之女神的脚步。

但我往往會在夜深驚醒，只因自己相信聽見那困難的嘶喊，一個無辜但被懲罰的靈魂絕望的呼籲。

而耳朵又響起昔日的心聲：「那些是上帝的選民呢？又有那些是被擯棄的？」

× × ×

一個月以後，我懷着顫悸的心去敲門，那孩子已經逝去。開門的是那中年婦人，她看見我，表示很愉快，並且告訴我房子在粉刷中，因爲孩子的母親要搬回來住了。告別時，她記起孩子母親的許諾，問我：

「您還搬回來住嗎？那小屋還租給您。」

「不，」我說。「不住了。」

我走出小巷，感到悵惘與空虛。「爲甚麽不再搬回去住呢？」我問着自己。我想不出適當的回答，聳了聳肩。「人就是這樣的呢！」我自對自，低聲的說。

太陽光已經有些威力了，在我額角上聚集了小撮的汗水。我拭去汗水，轉過身，小巷還是那樣長，幽靜而美。我躊躇着，回轉頭，大踏步走遠了。我想到那痛苦的小靈魂，現在得到了平靜，感到安慰。天上的雲，那樣白，那樣亮。

書刊評介

恐怖征服

司徒理瀾著
陳楚男譯
明華書局印行

殷海光

當評者讀這本書的時候，恍如置身十八層地獄。地獄雖說奇形怪狀，然而地獄底最大特色就是恐怖。現代極權統治者最高的人生『理想』，就是把人間造成恐怖的地獄。祇有這樣，他們底權力欲才得到最大的滿足和最高的發揮。他們怎樣造地獄呢？撒旦是望塵莫及的。除非我們身歷其境而又具有現代知識，我們簡直不能想象極權恐怖地獄底構成及其情境爲何。生而爲一個現代人，眞是不容易。我們不獨苦役勞形，而且精神上的負擔太大了。我們不僅需要許多知識與技能以俾謀生，而且尤須對於現代極權統治底實質與效果有眞切的認識。如其不然，一旦災禍凝成，人身完全失去保障，則一切努力，俱屬徒勞。遑論自由與幸福！評者現在所評介的『恐怖征服』這本書，可以對于我們認識現代極權統治，提供相當分量的幫助。這本書，不是閉門造車的鋼筆工業產品；而是親身觀察和認眞研究之成果。因此，在這本書裏，有驚心動魄的事實報導，也有很深入而銳敏的理論觀見。

在一開頭，本書就說，共產式的極權暴政，是『世界的最大陰謀』。它『如何奴隸人民』呢？『俄共奴隸人民的一套，可以說是一齣現代的大悲劇。在莫斯科出版，演出者和導演人是俄共。目前正在被佔領下的東歐各地上演，演員爲東歐九千萬人民。現在這齣戲的第一場，已接近尾聲。依照克里姆林的標準說，再有幾年時間，這齣悲劇就可以盡善盡美了。同時有些小節目、小毛病，都在修正改善中。不但這一齣戲就可以搬上西歐、中東、和亞洲各主要舞臺上演，共產黨的導演人確信這齣戲可以不分畛域，不分語言，在全球各地上演呢！』我們對於這樣的戲班子可以不當心嗎？

又說：『這一幕悲劇有好幾點是史無前例的。它所影響範圍之大，的確是曠古未有；它所包含的屠殺與搶刼，恐怖與暴虐，卑鄙與兇猛，諷刺與悲傷，比莎士比亞的劇本還要豐富得多。還有一點也是歷來所沒有的，劇本的設計在全世界可以普遍應用。所以我們說蘇維埃共產主義是有史以來最大規模的陰謀，是一點也不過火的。你看古往今來，有那一個大征服者能夠像俄共一樣，幾乎在世界各國每個角落裏，都設有第五縱隊的組織？亞歷山大，凱撒，成吉斯汗，拿破崙，希特勒，誰能夠像俄共一樣經常訓練數以百萬計的外國臣民來替他奔走，來出賣自己的家國呢？有歷史以來，誰能夠經三十幾年不斷不休的努力，有計劃的在各國選拔黨徒，訓練同謀呢？……』

蘇俄藉着這類方式，已經統治了世界多于三分之一的人口了。俄式極權統治底廣度與深度，是亘古所無的。而且，它底這種統治，與舊式軍國主義的統治有一個根本不同的地方：『但是俄共的侵略，不僅是舊式的表面的空間佔領，它的革命手段還深入東歐各國社會、政治、經濟組織。他們先把原有的社會結構完全剷平，代之以史達林式的一套。』『共產黨和納粹黨征服的方式還有一點顯著的差異。納粹只顧瘋狂的追求土地面積的擴大，而共產黨征服的目的則不僅僅爲了地產的加增——共產黨除地皮外，主要的爲要掌握人民，掌握所有的人民，這就包括你在內了。從共產黨的眼光看來，人無分地位高低，年紀老少，都須要予以鐐銬，管制，破其產致之死。你就是一件東西——所不同的就是你有兩條腿，直立步行而已。要知克里姆林對待人民的態度，完全和福特汽車公司處理汽車零件一樣。一個國家被史達林黨徒奴役了之後，一切都變成他們所有，私有財產和國家都無二致。……』

這是俄式極權統治底全幅大樣。在這全幅大樣之中，共產赤魔怎樣作爲呢？且舉其要者而觀之。

在俄式極權暴政之下，最重要的核心工作，就是一切必須黨化。『共產黨治軍的方法與目標和西方的不同。他們有雙重目標必要同時達到：他們的目的在使每一個士兵既爲良好的戰士又爲忠實的黨徒，軍事化與黨化雙管齊下，這就說明爲什麼自始至終蘇俄式的政幹在所有附庸軍隊中佔有重要份量的原因。一九五〇年十月一日起，波、捷各地普遍設立軍官特別學習學校和所謂「夜校」，連附庸國的將領和參謀人員也要參加每週兩次每次兩小時的訓練課程。學習史達林的布爾什維克黨史 History of the Bolshevik Party，寫作政治論文，並須參預筆試。』

就對內而言，『秘密警察』是維持極權恐怖暴政的主要支柱之一。在極權恐怖暴政之下，『沒有人不處在警察機構的控制和威脅之下』。『俄共的警察制度是向鐵幕國家出口的第一批貨色，現已在所有城市、鄉鎮、村落中，普遍設立，連繫完妥。它的力量滲透各行各業，以及人類的一切活動和娛樂。……』『共產政權下警衞部隊雖然異常龐大，但是它另外還有許多控制組織，捷克有一個機構名叫DOZ (Officers for Defense of the Nation，衞國團)的，有權可以管理所有軍事機構、人民政治態度、和所有外僑。所用秘密人員數目很多，算是SNB保安警察外最使人害怕的機關了。共產黨又在所有傀儡國組識「經濟警察」……』

在秘密警察無所不在的偵伺之下，一般人民底生活狀態是怎樣的呢？茲舉一例：『在布達佩斯有一個被「解僱」的銀行家，有一天來到他所常到的咖啡館裏叫了一杯咖啡，然後和他所熟悉的一個侍者閑聊起來。這個侍者小心的向四周看了一眼後，低聲的說：「先生，這年頭還是請你不要跟任何侍者交談的妥當！」』在這種統治之下，人與人之間，『交談』的自由也失掉了！凡極權恐怖瀰漫的地區，無不如此。

有許多人撇開政治環境，空談『法治』，亦若『法治』本身可以帶來『民主』。殊不知『法治』卽使意謂行政權受立法權之拘束，也是中立性的工具，也不能帶來民主。在民主的前題之下，『法治』可以使民主得到保障與高度的發揚；在極權恐怖暴政之下，『法律是約束和壓迫人民的工具』。因爲，『共產黨幾乎什麼事都有法律規定』。本書作者司徒理瀾把這一點認識得很淸楚。他說：

『……他們的一切越軌行爲纔能變成法律。別人的自由不用說是迅速的給窒息了。

『……假定你不留心說了一句：「這些人在管理國家，你還希望有好的嗎？」你犯的過失可就大了。這是對神聖的「人民民主政府」顚覆性的攻擊，罪狀是違反國家安全。……

『以千百種行政命令替代法律，犯法的規定又多如牛毛，……一個國家既然能够以命令代替法律，或憑自己的意志訂定法律，天下還有什麼事做不到？

『俄共的傀儡政府，無完無盡的命令流水一樣的發佈出來。不幸的老百姓，在這些數不清的規章、限制、禁令、罰則的壓制下，早已喘不過氣來。現行的法律規章，又天天在改變，日漸加嚴，好像無數鐵箍，加在滿身鐐銬的人民身上。……』聰明的讀者，這種滋味何如？

又說：『在共產黨無遠勿屆，無孔不入的法律體系下，死亡恐怕是唯一的生路。共產黨利用法律的名義，一面作爲征服的工具，一面作爲長久控制的韁轡。我們要瞭解這一點，必須盡力設想一個由詭譎，毫無顧忌的陰謀分子絕對控制的法律體系，所能產生的可怕力量。法律在極權的獨裁者手裏，就像一本無錢欵限制的支票簿，高興開多少就有多少。所以爲世界最大規模的暴徒集團着想，爲任何國家裏政治性組織的暴徒集團着想，以命令替代法律的權力，的確是一種不可缺少的武器。具備了這一件武器，隨後一切爲非犯法的事都好辦了。』

我們再看極權恐怖者怎樣實行『控胃主義』。共產主義者，控胃主義也。如果說馬克思有任何貢獻，那末我們可以說，他底貢獻在啓示現代極權恐怖統治者：控制經濟是基本的統制手段。而在控制經濟中，『掌握糧食』尤足『制人生死』。『食糧和饑餓都是政治武器』。因此，『你可以吃多少東西，要看你對共產制度效忠的程度如何；或者看共產統治者對你這份工作的社會價值估價如何。』共產式的極權恐怖統治者在『吃飯問題』方面的基本政策是：『塡飽黨同志，餵活同路人，餓死資產階級和其他「階級敵人」。』

共產式的極權恐怖統治者所特別要餓死的，是中上階層的人。爲什麼呢？這裏有很淸楚的解答：『因爲這些人是現在傀儡國家裏所存留的唯一受過良好敎育而人數又很大的一羣人，其中一小部份生活很富有，其餘的也都過慣良好生活，比蘇俄一般人的家庭情形，自然好得不得了。所以共產黨人就認爲這些人有「資本主義生活標準」，傳染西方文明的惡習，他們必然的懷念以前的生活，雖然現在也許無可如何。但其一聲短嘆，一滴眼淚，都構成共產制度的威脅。這些人有獨立的思想能力，有自成一家的價值觀念，因此他們從共產黨的眼光看來是些無可救藥的人物。他們的趣味既不能澈底平民化，思想方法又無由改變至足以使共產份子置信的程度。所以凡在共產黨所統治的地方，對付這些中上階級份子的方法只有一個：「使他貧困！使他饑餓！餓而未死者，餓到使他屈服爲止！」』

家庭生活，係出自人底天性和需要。可是，照共產式的極權恐怖統治者看來，家庭是『私有財產』的窠子，是『溫情』的淵藪。人，一被家庭吸收，作無情的政治灰塵的興趣自然要大打折扣。所以，『我們一向所公認的個人家庭生活，共產黨是不許存在的。』爲了政治目標，共產式的極權統治者，是不惜拆散家庭的。請看這裏的報導：

『南吉太太 Mrs. Stephen Nagy 是一個寡婦，因爲有一個年纔兩歲的兒子路易，所以在一家工廠裏做工養家。當時共黨政府接連宣佈了兩道命令：一道說，要在陸軍裏附設一支俄式婦女隊；另一道命令說，被徵調的婦女其子女由國家負責照顧，母親並可獲得特別償欵。這位南吉太太因爲工作成績低於規定標準，廠裏的共產廠長就把她的名字放進徵召名單。她於是被指派加入第二婦女隊，通知她帶着小孩到拉科西托兒所 Rakosi Children's Home 去報到。托兒所職員告訴她說國家可以給她的兒子以「適當敎育」，同時還「補償」她二千弗靈(forint，匈牙利錢幣單位，全數約值四十美元)。兒子便從她懷抱裏强搶走了，她也再沒有看見他了。一九五一年夏天，南吉太太逃出匈牙利到奧地利亞去，身上還帶着搶走她兒子的官方正式「收據」，上面寫道：

『拉科西托兒所立此證明，「南吉太太，閨名裘麗亞・科娃斯 Julia Kovacs，現爲人民陸軍第一婦女隊志願兵，今將其兩歲的兒子路易，以二千弗靈的價錢，讓棄給國家。她從此放棄其一切爲人母之權利，此項權利移轉予拉科西托兒所。」』

人間何世！人是可以價錢强迫買賣的！『爲人母之權利』都是可以『放棄』的！在自由世界，就算買一隻猪仔也得要主人同意呀！在共產式的極權恐怖統治之下，人是不如猪仔的。『分裂家庭關係，是一種政府政策，一方面爲了報復，一方面爲了爭取年青的一代。』

如所周知，共產黨人叫得最響亮的是所謂『實行土地改革』，並且『强制實行集體農場制』。他們爲了要『貫澈』這種政策，不惜以最大的壓力推行。這又是爲了什麽呢？『因爲只有這樣，國家（其實應該說是『獨裁統治者』——評者）纔能控制住獨立散漫的農民。列寧說得很清楚，他說：農民是「資本主義的最後一個階段」。他引述布爾什維克黨人在俄國土改的經驗。認爲「要趕走地主倒不太艱難，驅除資本家亦復如是」。但是要使農民和田地分開倒是「階級鬪爭過程中最困難的一件工作——又是最重要的一部份工作」。因爲共產黨若不能完全控制農民，就不能「維持其權力」。所以凡是共產黨控制的地方，農民有足够田園可以維持其自立生活者，遲早必須將其土地奪去，東歐的當然也要這樣做。』……農民們根源鞏固的獨立生活習慣和自立精神，還是極權主義的障碍，還須要加以破壞。』一根草從泥土裏拔出來了，還能不枯萎嗎？當然，如此『土地改革』，對內固然可以麻醉一部份人，對外則可收宣傳之效！

共產式的極權戲劇還有一個不可少的節目就是『毒化青年』。『共產黨爲了要維持政權於久遠，必須要爭取青年和兒童的信心。』他們爲達到這一目標所用的辦法是：

一、『强迫所有附庸國的兒童，加入蘇維埃式青年組織。

……

二、『無論校內校外，不斷灌輸共產黨化敎育。

……

六、『訓練青年，使發生仇恨西方民主國家和「墮落的資產階級觀念」的心理！

……

『共產黨怎麽爭取青年呢？莫斯科既然已經控制了整個國家、軍力、警察、立法權和行政權，再要爭取青年自然是一件簡單的事。在學校裏它時時刻刻灌輸史達林的一套謊話，課餘時間則幾乎全部由黨部佔去。他們的花樣多得很。所謂「學習小組」，顧名思義是爲加强灌輸政治思想；此外團體閱讀共產主義刋物。……分離家庭關係，同時又使每個學生沒有思考的時間，只會盲從，而不會思想。……』

所以，『在一個共產國度裏，你的子女和別人的子女遭遇怎樣？簡單的可以說是給共產國家綁架去了。但也不完全是綁架。因爲綁票還可以用錢贖回來。可是你的子女被共產黨搶走，你再有錢，也沒法贖回做人父母的自由敎導權。共產黨所要的是子女的頭腦和靈魂。所以除非你的子女寧願殉身而不可屈志，或寧忍受其不容於社會的痛苦生活，否則遲早有一天共產黨會取得它的代價——頭腦和靈魂。……』

共產式的統治者如此毒化青年，收到什麽效果呢？我們只舉一個例子就够明白：『有一個匈牙利人發生過這樣一件事。一九五〇年十月AVO秘密警察因爲他連續偸聽西方無線電廣播，屢戒不改，認爲罪大惡極，把他打得半死，然後用擔架送他回家。但是被打的這一個匈牙利人暗自猜度，他已經十分戒備嚴密，除了他的太太，和十二歲的兒子知道他偸聽外，別無他人知道。秘密警察怎麽會知道呢？他想來想去，實在不得其解，不得已鼓起勇氣，盤問他兒子。殊不料他的兒子倒滿不在乎，冷冷的答復說：「你聽帝國主義者的無線電廣播，你就是人民民主的敵人，我當然要告發你。你若敢再聽，我還要報告。」這個匈牙利人好容易挨到兩條腿能够恢復步行，第一件事就是弄到一支手槍。當晚他就殺死他的兒子，再而殺死他的太太，然後自殺。』我們不難想象，在共產式的極權恐怖統治者魔掌底下，這樣的人間悲劇是演不完的。

這樣的統制有人願意接受嗎？祗有願過地獄生活的人才願意接受。既然沒有正常的人願意接受，這種統制何以行得通呢？這種統制之所以行得通，原因固然不少，而從心理方面來分析，則主要靠着恐怖之製造：『西方國家的人民因爲沒有受過警察國獨裁的苦，所以最難體會共產黨以恐怖統治國家的理由和實況。共產政權在人民間存心廣泛的製造恐怖，製造永恒的恐怖心理。在日常生活工作中，你隨時有萬一走錯一步，做錯一事，後果如何的戒心。再而，在共產制度下沒有一個人，甚至於最盲從的共產黨員也不能擔保自己沒有問題。隨時隨地都有人警告你，在共產制度下誰都保不住不出岔子。他們有全國人民總登記制度，分級糧食配給制度，「工作手册」，旅行許可登記，家庭不斷的侵入，用來提高你永恒的不安全的感覺。同時任何人的任何事，警察和黨部都瞭如指掌，使無論什麽人走到無論什麽地方，無論做什麽事，說什麽話，都有一種被人追踪，監視，草木皆兵，隔牆有耳的畏懼感覺。』滋味怎樣？

凡在極權暴政之下的人，無不處於這類恐怖氣氛之中。恐懼，正猶之乎自尊一樣，是人底基本心理因素之一。基於這種基本的心理因素，利用羣衆心理以及其他種種現代技術，恐怖是不難製造的。設有兩個人走夜路。某甲說『有鬼』！並繼之以急促之脚步，於是某乙底恐懼之情也就產生。其實什麽都沒有！暴力與謊言，二者爲現代極權戲劇缺一不可而且相互爲用的雙口刀。謊言靠暴力維護其尊嚴，並助長其擴張。而暴力則藉謊言在羣衆之中傳播，膨脹其形狀，發生其動能。恐懼之情一經在人衆之間播散，而形成氣流，它就會震懾着陷入其中的每一個人。於是，一分暴力在人衆看來有十分暴力。因而，一分暴力可作十分用。眼鏡蛇底頭本來很小，可是它兩面的假眼膨脹起來，却顯得頭很大，因而小動物爲之懾服，任其吞食。所以，儘管極權的『巨人實銅首而泥足，色厲而內荏』，可是廣大人衆只好睜着眼睛任其横行無忌，而莫可如何了。

（下轉第9頁）

服務東方的
民航空運隊
"THE ORIENT'S OWN"
CAT
CIVIL AIR TRANSPORT
CAT
釜山
東京
岩國
沖繩
台北
香港
曼谷
馬尼剌
沿島航綫
迅速安全
台北營業處：青島西路七號 電話：二二三四〇

第十卷 第十一期 內政部雜誌登記證內警臺誌字第二八一號 臺灣省雜誌事業協會會員 二八六

給讀者的報告

本期我們編輯方面，有一項顯著的特點，便是本期的專論幾乎一致集中於經濟與財政問題的討論，包括理論與實際諸方面的探究。現在還讓我們循例依序介紹如次。

社論（一）是本期唯一一篇非經濟問題的文字。在這篇社論裏，我們全面檢討當前的局勢，以十分憂急的心情，矚望美國能從速改變其目前所持的對蘇政策。原因在氫彈之試驗成功，使人類戰爭的性質又起了一次重大的變化，便是誰先動手誰便操勝利之左券。據專家們的推測，蘇俄現已擁有氫彈，一二年後不難有載運氫彈之飛機出現，且其氫彈之存量亦可達相當數目，足以消滅美國之軍事工業。至時，任何人都知道蘇俄是不會講情面的。果爾，則留給美國的時間已經無多。若常此蹉跎委蛇，延續目前這種被動挨打的政策，終將演成悲慘之結局。美國爲自由世界命運之所繫，美國一旦爲蘇俄所乘，全世界將淪於赤禍而萬刼不復。吾人休戚相關，不能不爲之大聲疾呼也。

就臺灣而言，我們現在唯一的目標是在反共復國，其先決條件首在求內部之安定。在這方面，我們目前所面臨的財經危機，乃是急待克服的難關。過去我們由於財政的困難，以及政府一貫所採用的管制政策，已成造經濟虛弱的現象。目前的情況已經相當嚴重，實到了非改絃更張不可的時候，不是枝節的變革所能奏效。挽救之道在捨管制而趨自由。必須發掘資本，鼓勵生產，振興經濟，以經濟培養財政，萬不可因財政而拖垮經濟。爲矚望新內閣在財經政策方面有所作爲，我們願獻一得之愚，這便是我們本期登載社論（二）與林希美先生大文的用意。林文泛論今後財經應有之興革，社論（二）則強調打開投資之門徑，良以資本之籌集是發展生產促進經濟的先決條件。過去人們之所以倡言管制，常係囿於一些教條或陳舊的觀念，然而今日事實擺在我們眼前，不容我們視而無覩了。

劉國增先生的大文在研究美國是否有不景氣現象發生？根據社會主義者必然論的說法，資本主義國家命定的是不能逃於不景氣的悲劇的，這種陳腔濫調我們聽到的太多了，直到現在蘇俄在冷戰中還常以此爲宣傳的工具。另一方面，美國經濟確因國際局勢的轉移而有所推演，敏感的人免不了要有一番疑懼，於是不景氣的問題甚至在美國亦有人在討論了。那麼，究竟眞象如何呢？在這裏劉國增先生給了我們一個否定的答案。美國不會走向不景氣的道路，是美國人之福，也是自由世界之福。劉先生的答案不是「願望的想法」，而是有事實根據與理論基礎的推論。

另一篇與經濟有關的文字是宋希尚先生的「日本重建之途徑」，本文係專就工程的角落而立論，亦可供我們經濟建設的借鑑。

本期文藝有王敬義先生的短篇小說與余光中先生的新詩。王先生的文字與意境非同凡響；而余先生的新詩久已載譽文壇，雖然這還是第一次爲我們撰稿。尤光先先生「給胡適之先生的公開信」也是討論詩的寫作的，所以我們也刊之於文藝欄。

本刊售價		
地區	幣別	每册價目
臺灣	臺幣	4.00
香港	港幣	.50
日本	日圓	100.00
美國	美金	.20
菲律賓	呂宋幣	.50
馬來亞	叻幣	.50
暹羅	暹幣	4.00
越南	越幣	8.00
印尼	印尼盾	9.00

自由中國 半月刊 總第一一〇號 第十卷第十一期

中華民國四十三年六月一日出版

發行人兼主編：『自由中國編輯委員會』

出版者：自由中國社

社址：臺北市和平東路二段十八巷一號

電話：二 八 五 七 〇

航空版

香港辦事處：香港時報社 香港高士打道六四號

菲律賓辦事處：岷市怡干洛街五〇二號三樓 3rd Floor, 502 Elcano St. Manila, Philippines

總經銷

臺灣：自由中國發行部

美國：中國書報發行所 中國日報社 Chinese Daily Post 809 Sarcamento St., San Francisco, Calif. U.S.A.

經售者

日本 韓國 馬尼剌 印尼 越南 暹羅 緬甸 印度 澳洲 北婆羅洲 新加坡

東京僑豐企業公司 釜山草梁洞新泰行 大中華日報社 椰嘉達天聲日報 棉蘭新中華報 西貢中原文化印刷公司 越南華僑文化事業公司 曼谷攀多社十二號 仰光振成書報店 孟買梅張號 加爾各答塔梅學校 雲梨瑞田公司 西利亞坡青年書店 檳榔嶼、吉打邦均有出售

印刷處

精華印書館

廠址：臺北市長沙街二段六〇號

電話：二 三 四 一 九

本刊經中華郵政登記認爲第一類新聞紙類 臺灣郵政管理局新聞紙類登記執照第五九七號 臺灣郵政劃撥儲金帳戶第八一三九號

自由中國

FREE CHINA

第十卷　第十二期

要目

中華民國四十三年六月十六日出版
社址：臺北市和平東路二段十八巷一號

（２）

半月大事記

五月二十四日（星期一）

我駐菲大使陳質平訪菲外長蓋瑞羅，促修正零售商菲化案。

美國防部長威爾森飛抵馬尼拉，將與菲總統商討美菲聯防條約。

五月二十五日（星期二）

立法院對總統提名俞鴻鈞長行政院事投票同意。

美駐聯合國代表洛奇列舉十三點理由，反對中共進入聯合國。

美國防部長威爾森與菲總統麥格塞塞同意設立一個執行美菲聯防條約的聯合委員會。

五月二十六日（星期三）

俞鴻鈞新閣人選報請總統任命。

美國勞工聯盟執行委員會通過七項建議以阻止共黨征服東南亞，要求美政府採行。

紅河三角洲共軍兩師向安福發動攻擊。

五月二十七日（星期四）

總統任命行政院各政務委員及部會首長。

日內瓦越南和平會議，法國提出五點立即停戰新計劃。

越共在紅河三角洲對安福緊縮其弧形包圍圈。

五月二十八日（星期五）

我空軍在浙海轟沉匪艇一艘，重傷一艘。

法國政府決定提前召集新兵入伍以便正規軍可派越作戰法參謀首長艾雷向內閣提五項越戰建議。

日內瓦會議雙方同意舉行軍事會商，以擬定越南三部停火線。

五月二十九日（星期六）

法軍突破紅河三角洲共軍陣地，解救安府之圍。

美英法澳紐五國同意於六月三日集會，以決定可能採取之聯合行動，阻止共黨侵略東南亞。

法國反對泰國將越戰問題提交聯合國。

泰國要求安全理事會以考慮派遣調查團視察越共對泰之威脅。

五月三十日（星期日）

行政院決定籌欵五千萬元，建造平民住宅。

日內瓦九國秘密會通過越戰雙方代表赴日內瓦會商停戰事宜。

五月三十一日（星期一）

行政院發表四年來重要施政書面報告。

美國在越南已獲有兩個訓練中心，在年底前訓練越軍五師。

澳紐二國參謀首長抵華盛頓，出席五國軍事會議。

六月一日（星期二）

新任行政院長俞鴻鈞及全體閣員就職。

六月二日（星期三）

越南訪問中韓代表團長阮文心抵臺。

美總統艾森豪要求增加下年度國防預算。

美原子能委員會拒絕原子科學家歐本海默繼續參與原子能秘密。

六月三日（星期四）

行政院政務會議通過改組臺灣省政府，並任命嚴家淦為主席。

我駐菲大使陳質平訪菲總理，抗議零售商菲化案。

美英法澳紐五國軍事會議在華府舉行。

『自由中國』的宗旨

第一、我們要向全國國民宣傳自由與民主的真實價值，並且要督促政府（各級的政府），切實改革政治經濟，努力建立自由民主的社會。

第二、我們要支持並督促政府用種種力量抵抗共產黨鐵幕之下剝奪一切自由的極權政治，不讓他擴張他的勢力範圍。

第三、我們要盡我們的努力，援助淪陷區域的同胞，幫助他們早日恢復自由。

第四、我們的最後目標是要使整個中華民國成為自由的中國。

談。

南斯拉夫與希臘進行軍事同盟會

六月四日（星期五）

法國內閣任命參謀總長艾雷為越南法越聯軍總司令。

法越簽定條約，正式給與越南完全獨立。

越共在紅河三角洲進佔一據點，海防河內間交通受威脅。

六月五日（星期六）

美國又以轟炸機十架交越南法軍使用。

非泰兩國以未能參加五國軍事會議向美國提出抗議。

美土發表聯合聲明，美國決定加速對土耳其的軍事援助。

希臘、南斯拉夫、土耳其宣佈將訂立軍事聯盟。

六月六日（星期日）

日內瓦韓國問題全體會中，俄提五點原則的建議，美代表史密斯斥之為「欺騙性的」。

法國要求美國再協助運送軍隊增援越南。

六月七日（星期一）

臺灣省政府主席嚴家淦就職。

美國外業務署史塔生稱，美下年度援外經費半數劃歸亞洲。

法越聯軍渡過台河作戰，越共對府里壓力因之減輕。

六月八日（星期二）

行政院長俞鴻鈞列席立法院會議，報告新閣施政方針。

法軍陸空聯合攻擊，摧毀河內以東七哩兩共軍基地。

鎮海東南亞人民反共會議日程已排定。

社論

(一) 確立文人治軍制度

最近行憲後第二任總統及副總統就職，跟着俞內閣成立，在閣員名單中，國防部長由俞大維充任，打開文人治軍的先路，這一舉措確實是明智的。查總統就職宣言已强調「要建立制度」，與厲行法治並擧。我們的憲法上明白規定現役軍人不得充任文官（憲法第一百四〇條），國防部長是文官，依法應由文人充任，自無疑義。聽說今後政府要嚴格遵守憲法這一條規定，軍人非至退役後不得充任一切文職官吏云。這一制度雖說是仿傚歐美，其實還是中國的傳統。英國的陸海軍大臣及法國的國防部長都是由國會議員出任，絕無例外；美國的國防部長亦須文人充任，軍人則須退役十年以後才行，前幾年杜爾門總統提出馬歇爾爲國防部長時，因他退役尚不及十年，國會雖然勉爲通過，仍聲明下不爲例，可見遵守制度之嚴格。中國則自趙宋以來文人治軍已成慣例，如韓琦、范仲淹之出將入相已是膾炙人口，明淸兩代的兵部尙書也無一不是賜進士出身的。惟自民國以來戰亂頻仍，始終沒有離開軍事時期，因之文人治軍的制度也被破壞無遺。但是新的制度又是旋立旋廢，多半視爲具文，並沒有嚴格遵守。比方新憲法已施行六年了，此六年間行政院長及各部長仍有由現役軍人出任者，豈不是明白的違憲嗎？由此可知，我們並不是沒有制度，乃是有制度而不能遵守，今後「要確立制度」嗎，請從嚴格遵守文人治軍始。

那麼這文人治軍的制度何以值得擁護呢？照中國歷史上的試驗，確實可以說沒有多大的弊病。宋代右文而國力不競，固然是事實，但是明淸兩代沿襲其制度却見到國威的遠揚，可知宋代積弱的原因固別有所在。若從反面來看，日本此次的敗亡由於軍人跋扈，實與其制度有關。依照日本明治憲法的規定：陸軍大臣與海軍大臣必須以現役軍人任之；內閣總理不能免除他們職務，如意見不合則須提出總辭；陸海軍大臣有帷幄上奏權，即是不由內閣總理而獨自直接上奏天皇而請其裁可。天皇的侍從官以前是文武各二人，第一次大戰開始後，藉口於軍事機密乃將文職侍從官除掉。有了帷幄上奏權，則在天皇之下有三個各不相屬的系統，即內閣總理，陸軍大臣，海軍大臣；而且事實上天皇的不裁可權是極少行使的，故軍事行動儘可由軍部完全決定，而不使內閣知道。據重光葵在「昭和之動亂」上說，東條在獄中猶抱憾於統率權之不統一，他雖身爲首相而中途島之敗直至一個月後才知道消息，至其詳情則永遠不得而知云。東條是陸軍的首領，但是無法統率海軍，若文人當政則陸海兩軍都不能統率，怎能够主持全局呢？但是帷幄上奏權只與軍事行動有關，還只是部分的。至於非現役軍人不得任軍部大臣及總理不能免大臣之職，則牽涉到全盤政治了。今專就陸軍而論，如果有一文人奉命組閣，若不得「軍部」（陸軍總體的稱謂）的贊同，則陸軍大臣無人擔任，其組閣必然胎死腹中，故除放棄組閣外勢必須與「軍部」謀妥協。在內閣中，如果總理與陸軍大臣意見衝突，則必出於總辭職之一途；即使天皇再命原來的總理組閣，也必須找得一個現役軍人爲大臣然後內閣始能成立。若該總理的意見不僅與那一大臣衝突而爲「軍部」所反對的話，則他除了接受「軍部」的意見以外，唯有不幹政治罷了。於是「軍部」的政見乃壓倒一切而能以全力求其貫澈。當日本强盛時，有人以爲它的制度是軍民分治，中國也有一部份人稱贊它的制度而主張仿傚它。其實那種制度乃是以軍統政，只要軍部一致，其他政治家實無法與之抗衡。犬養被刺後政友會在國會中雖擁有絕對多數的議員，而政權却始終無分，那時候還不是軍人的天下嗎？

依上面的分析，我國的傳統以及先進的民主國家都是文人治軍的，歷史事實的證明確是利多而害少。反之，最近的日本的事例則因限於軍人治軍，馴致以軍統政，其軍人乃趾高氣揚，橫衝直闖，演成亡國的慘禍。兩相比較，其利害已很明白了。但是爲甚麼以軍統政便會闖下大禍呢？豈軍人的政見錯誤常多，文人的政見特別正確嗎？不是的。文人用兵較能審慎，而武人則動輒以武力貫澈其政見。

軍事行動關係國家的安危存亡，照我國的古訓，左傳謂兵猶火也，弗戢自焚，老子亦以佳兵不祥爲戒，故用兵必須審愼，各國的成訓亦莫不相同。如果文人當國，則事關用兵，自不能不顧及各方的意見，而且戰爭的結果，敗則割地賠欵，詬誶叢集，勝則武人跋扈，駕馭維難，凡此種種均在考慮之中，雖有錯誤的政見，亦不敢一意孤行，故其用兵常能出之以審愼。若軍人主政，則有武力以强人之必從，儘可抹殺其他一切的意見而貫澈其獨自的主張，故其政見雖錯誤，依然不受阻力而錯誤到底，非至敗亡不止。晚近日本軍閥的行動，其元老，重臣，及其他有力的政治家雖竭力反對而卒無如之何，不是很明白的實例嗎？我們已有好的傳統，好的制度，自宜嚴格遵行，走上歐美民主之途，免蹈日本覆車之轍（日本戰後新憲法第六十六條第一欵：內閣總理及和其他國務大臣，非文人不得充任）。

社論

(二) 立法院給憲政開一惡例

上月二十五日上午，立法院全院委員會審查總統提名俞鴻鈞爲行政院長諮請同意案時，爲着應否邀請俞氏報告施政方針，曾引起激烈辯論。在場委員三二三人，表決結果，贊成邀請者一六一人，反對者一六二人，僅以一票的多數決定不邀請俞氏報告施政方針。當天下午卽舉行投票，通過同意案。

這件事，我們在這裏不得不大書特書：在我國憲政史上立法院又開了一個惡例！

立法院同意任命俞氏爲行政院長，我們並無反對之意。問題只在同意的程序上。

本刊最近幾期所發表的文章（包括社論、專論和通訊），有一個顯著的重點，卽特別着重於如何切實施行憲政。我們所以如此者，是想趁政府改組，人民期望有新政風的時候，籲請行政當局一革過去「我行我素」的習性，尊重憲法精神，從而確立制度，培養優良的憲政傳統。行政部門，是我們這些時與之申論憲政的對象，初不料我們的立法部門——立法院，也需要我們與之申論這同一課題！

我們曾經一再指出，我國憲法的基本精神，是在第五十三條及第五十七條。前者規定了行政院爲國家最高行政機關，後者規定了行政院向立法院負責的一些事項。這兩條表明了我國政治制度不同於美國的總統制，而近似英法的責任內閣制。在責任內閣制下，行政部門是要以其政策向立法部門負責任的。

負責任必須有所依據。不拿出施政方針，行政院憑甚麼負責任？同意必須有所憑藉。不聽取施政方針，立法院憑甚麼來同意？

據上月廿五日報載，當時立法委員中主張不邀請俞氏報告施政方針的，其理由可歸納成三點：㈠俞氏過去的政績很好，可以信賴；㈡時局緊張，行政院改組不容稍緩；㈢五月廿三日俞氏在招待立委的酒會上已經非正式地講過他的施政意見。

上述三個理由，第一個只是表示對「人」的信賴。過去善於辦事的人，將來也不會笨拙，這是常情。從俞氏過去的政績好，推想他將來的政績不壞，這也是合理的。但我們應該知道，俞氏過去的政績，都是屬於奉命執行的，而與「決策」無關。責任內閣制的閣揆，所貴的不在善於「服從」、「奉命」；而在善於決策。我們大可僅憑某人的執行能力，贊成政府任用他做一個事務官；但立法院決不應僅憑這一方面，就同意任命某人做一個責任內閣制的閣揆。責任內閣制的閣揆，是要拿出自己一套政策來的。否則就無以向立法院負責，立法院也無以表示同意任命。

第二個理由，是上述三個理由中最弱的一個。今天國內外局勢，誠然相當緊張，但究未緊張到行政院改組不容一日或緩的程度。

第三個理由，亦無足取。蓋酒會中非正式的講話，不能代替院會中的正式報告，前者是酬酢場合，後者是法律行爲。

總而言之，以上三個理由，乃至任何其他的理由，均不足以否認立法院在這件事上又給我們的憲政留下一個惡例！

我國憲法並沒有明文規定立法院對行政院長的任命行使同意權時，必須聽取行政院長的施政方針。而且立法院議事規則，關於同意權之行使一章，也只規定全院委員會議「如認爲必要」，得諮請總統通知所提人提出施政意見（第五十三條）；也沒有硬性規定非聽取施政意見不可。因此有人以爲立法院這次行使同意權，未邀請俞氏報告施政方針，並無不是之處。這種看法，是對憲政無充分認識的一種膚淺看法。我們應該了解，憲法條文只是憲政的必要條件，但不可能是憲政的充分條件。憲政的實政，除遵守憲法條文以外，還要靠依照憲法精神，形成若干憲法習慣或傳統（卽憲法學上所謂「習慣憲法」），以補充憲法條文之不足。英國的憲政，遵照習慣憲法之處特多，卽採用成文憲法的國家如美、法，亦有若干憲法習慣或傳統存在。這個習慣或傳統之形成，均得力於憲政初期有優良政治訓練與知識的政治家們一點一滴地創制下來。我國憲法的基本精神，上文已經說過，是近似英法的責任內閣制。如果我們了解並重視這一點，我們就不能不對立法院這次行使同意權的程序表示異議。立法院議事規則第五十三條那種彈性的規定，是不當的。但在這種不當的規定下，如果立法委員中永久有絕大多數能夠領會憲法精神，則這一彈性條文也不致有被濫用的危險。但鑒於這一次立法院以一票之差，在我國憲政上開一惡例，我們建議立法院修改這一條文，將彈性變爲硬性，以免這次惡例，得以再被援引。

現階段美國對亞政策評議

朱伴耘

一　前　言

當前亞洲局勢的演變趨向，對美國講是：「事急矣，快拿辦法出來」的時候。我們知道自艾氏執政以後，決策當局已有着重亞洲的傾向，譬如援外欵項，亞洲部份已逐漸增多，奠邊府圍戰之時，除了給法國以空運援助外，並有要員高叫出兵。這些事實都說明了美國當局的目標已注視着亞洲的動態。不過美國似乎尚未決定；這個世界僵局究應以戰的方式來打破呢，抑是以妥協的方式來打破？同時尚未澈底看清以妥協方式來維持現狀之不可能。是以整個外交政策，尤其對亞洲方面，大有擧棋不定之勢。由於政策不定，戰略方面自然隨之而受影響，負責當局常怕上共方圈套而將美國誘入無決定性的小戰。結果在韓戰方面是虎頭蛇尾，對越戰是空自焦慮。最後無論政略方面或戰略方面，都一切寄望於敵人的內鬨，北京與蘇俄的分裂，乃至克姆林宮主人心腸的改變——放棄全球蘇維埃化的企圖。這種矛盾的心理，如何能抵抗共產世界有計劃的推進？艾氏執政之初，一再高唱積極外交，直到現在爲止，何嘗不是仍處於被動的地位？爲了美國的利益，更爲了人類自由的前途，現階段美國對亞洲方面的措施，實有檢討的必要。

二　美國在日內瓦會議中的地位

日內瓦會議業於四月廿六日開始擧行。這個會議的促成以及美國遷就英法太甚而參加，無論美國官方如何聲明，實在是美國現代外交上一大錯誤，一大挫敗。這個會議名義上是討論韓國及越南問題，實質上是討論共產集團在亞洲所造成的既成事實問題。美國既無意承認遠東的既成事實，這個會議自然無法達成協議。美國一方面又同意擧行會議，同時又在柏林會議公報上一再堅持與中共會商並不構成外交上的承認，以及開會之初又再度堅持僅是四强會議，而非包括中共在內的五强會議。這些枝節的爭執，是不足以提高美國在會議席上發言的地位的。要知道：韓戰結果，雙方至少是半斤八兩，越戰方面，共方更是佔着上風，試問美國有什麼力量及理由要敵人承認她所提出的方案？敵方既無讓步的可能，美國又無屈服的意圖，爲什麼要同意並參加自已明知沒有結果的會議？美國曾認請這個會議是解決亞洲問題的會議嗎？美國曾了解這個會議在亞洲人眼光中的意義嗎？

我曾說過，美國在日內瓦會議中的地位，名爲主人，實爲客人（見十卷八期「從柏林會議展望日內瓦會議」一文）。她有主觀的決定力量而無客觀的發言立場。韓國的統一問題，在聯合國的旗幟之下，本有發言地位，可是會議開始未久性質已完全改變，問題中心已由韓國統一移到越南停戰方面去了。尤其越南熱戰方酣，主要促成此會議的法國，正聚精會神希望能同共方得一妥協。美國的眞意所在，一方面不願直接捲入越戰漩渦，以免共方稱爲法國帝國主義者的替身；另一方面，又不願接受任何有利於共方的政治解決，而希望法國能繼續維持現在殘局而拼下去，以等待所謂聯合行動的到來。法國本身則以美國態度不够堅定又急於言和。這樣一個在東方極不名譽的戰爭，內部意見又極紛歧，在這種被動的處境下，美國發言之困難可以想見。無怪于杜勒斯自其提倡的聯合行動遭到英法反對後，僅在日內瓦逗留十日便匆匆返國了。

美國在日內瓦會議的處境困難，是否早爲杜勒斯氏所預料的呢！我想美國如有堅持不再讓東南亞陷入共方的立場，會議中的發展，自在杜氏預料之中。據說杜氏之所以遷就法國，在日內瓦會議中將韓國、越南兩問題同時討論，是希望越南問題早日解決，法國議會能對歐洲聯軍計劃早日批准。如美國用意在此，根據這一點細加分析，又充分顯露美國外交措施的矛盾。在目前的越南情況下，法國在八年戰爭之下，已感到孤立難支，胡志明在驅逐帝國主義求得民族獨立的外衣下氣燄正盛，假定越南問題求一解決，只有法國妥協讓步。而法國妥協讓步，是共產世界囊括印度支那半島，席捲整個東南亞的初步。這是美國想用戰爭以外的辦法支持法國而力加阻止的。假定法國不作妥協，越戰自談不上解決，如以越戰之解決爲獲得歐洲聯軍計劃被批准的先決條件，很明顯的是此路不通。再談到共產世界在此次會議中的企圖，誰都知道蘇俄是利用此會議分裂西方，尤其是法美，主要目的是阻止法國批准歐洲聯軍計劃。如果越局有一解決，美國不願出任何代價而希望胡志明讓步的話，那麼必須要法國自出代價以獲得若干讓步，這代價在共產世界所要的，便是法國不得批准歐洲聯軍計劃。是以無論從那一個角度看來，美國如想運用越局的解決，而獲得歐洲聯軍計劃的批准是不可能的，而蘇俄如運用越局的解決來阻止歐洲聯軍計劃的批准卻迎刃有餘。美國當局是應當考慮到這一點的。美國不多加思索而受英法壓力參加此次會議，實非明智之舉。這也表明美國外交有目的而無達到目的的辦法，是守而不是攻，是等待敵人先有發動後再想抵制辦法，而不能拿出辦法使敵人不能在亞洲有所行動。目下東南亞局勢是日益危急，爲了民主自由的前途，我們爲美國現行辦法擔憂。

三　日內瓦會議中雙方策略的比較

蘇俄在日內瓦會議中的主要目的，誰都知道是分化西方，尤其是法國與美國，俾能進一步瓦解歐洲聯軍計劃的實現。她握有的利器甚多：

第一點、她可利用西歐一般願意承認亞洲既成事實的妥協心理，作幕後的交易，以排斥美國在歐洲的影響；

第二點、她可利用西歐畏戰厭戰的心理，阻止美國武裝西歐政策的推進；

第三點、利用解決亞洲問題的日內瓦會議，作爲對美國干擾的攻擊；

第四點、利用亞洲在共方威脅之下的所謂中立集團，以阻止美國武裝亞洲非共產國家計劃的實現。

日內瓦開會之日，馬林可夫在莫斯科發出威脅性的警告：謂西歐如侵略蘇俄，蘇俄即以原子武器予以還擊，蘇俄應加入北大西洋公約組織以保衞歐洲和平，以及周恩來在日內瓦會議上提出亞洲是屬於亞洲人的亞洲，所有外國軍隊應自亞洲撤離。乃至於越盟對奠邊府的攻陷 都是配合上述幾種交易利器的運用。只要英法有意離開美國與共方談交易，共方有的是可以交換的媒介。這也就是法國曾一度表示願意正式分越南爲二，或組織聯合政府以換取越南停戰的原因。假定胡志明對奠邊府圍而不取，可能誘使法方單獨與之成立某種協議也未可知。反觀美國，她在日內瓦會議中是兩面作戰。因爲在當前的情況下，以國內的政策不決，不能介入越戰以應法國的要求，加强法國發言的力量，使法國不走向屈服的道路。同時又沒法使英國也了解亞洲的危機，放棄其撫綏政策而與美國採取平行行動。她一方面不得不對盟方的團結而戰，使英法態度强硬不入共產集團的圈套。另一方面爲了堅持自己不妥協的態度，如不願承認中共，阻止中共入聯合國等，沒有交易的條件可以提出，又得向敵人作戰，使敵人能接受美國所支持的條件。如就宣傳的目標言，美國所處的地位是不利的。我前段說過，美國談韓國問題尚可，談越南問題，在現階段下自易引起誤會，尤其將杜魯門時代對國共戰爭認爲是內戰問題，對國府一筆鈎銷的態度予以對照，對於越南問題如沒有正大的旗幟，自然會給共產世界以宣傳的口實。假定美國政府的決策只防不反，沒有實行艾森豪總統解放政策以自由對抗奴役的決心同勇氣，截至目前爲止的措施，都難令渴望自由的人士，尤其咱們中國人滿意。所謂亞洲是亞洲人的亞洲， 亞洲的安全問題應以亞洲人來設法解決，美國如無決心進一步打破現在的既成事實，這些口號並無可議之處。否則共方問起美國爲什麼對南美有所謂門羅主義，美國的安全線爲什麼推廣到了南太平洋。美國均難置答。從這些地方看來，美國在被動的情況下與敵人談判，美國用以交易的條件太少。如雙方堅持其立場，美國至少得吃宣傳的敗仗。綜上所論，我們總覺得在美國對亞洲方面，採防而不反的政策而要與共方談出一個結果，那是自討沒趣。

四　美國現行政策的缺點

艾氏上臺後着重亞洲，艾氏以下的美國軍政要員一再高叫不能讓東南亞落入共方之手，可是越南局勢的惡化，儘管杜勒斯氏一再警告中共不得直接援助越盟，等到奠邊府被圍攻時，除了杜氏高叫中共對越盟之援助是非常接近直接援助越盟外，自由世界領導者的美國是一籌莫展。如今越南局勢只會繼續惡化。杜勒斯氏五月十一日記者招待會上說：即令越南失去一部或全部，並不就是失去整個東南亞。儘管美國一再又向法方解釋美方並未將越南一筆鈎銷，我們總覺得有低調之感。易言之，假定胡志明能在美方未佈置完備時，以武力取得紅河三角洲地帶；自由世界也只有自認晦氣，將防線再縮到棉寮乃至泰國。這都反應出美國慢條斯理的措施，趕不上敵人一貫得寸進尺的陰謀。也可說是美國外交有目的——不使東南亞再失寸土，而無有效達到此外交目的的辦法。牠的缺點，值得我們分析。

第一、我認爲美國現行政策的缺點，是了解敵人的企圖太遲。蘇俄已成了美國的死敵，她的擴張，最後目的是摧毀美國。二次戰後，人人厭戰，各國經濟基礎動搖；這是蘇俄最好的時機，史太林如此，馬林可夫也未改變其心腸。尤其中國大陸陷入鐵幕後，更是如虎添翼。由於蘇俄有固定的目的，不論韓戰也好，越戰也好，和平攻勢也好，都是爲了達到其最後目的的各種策略的運用。韓戰如不是美國直接用兵，共方不早已席捲全韓了麼？越南如不是美國竭力支援法國，胡志明不早已統一全越了麼？所謂東南亞的危機豈是今日才突然發生？蔣總統不早在大陸危急時，即向盟邦警告過的嗎？共方能以小戰的方式進攻獲勝，則採取小戰政策，看見美國加强準備，她即提出和平共存的濫調，來同你會商一番以拖延時間緩和盟國的準備。美國始終未把敵人視着敵人。敵人動手了，於是毫無準備地還擊一下。敵人覺得動手不是時機，要一點時間準備作再度的猛擊，假笑一聲我們來談談吧，美國就趕忙派代表擇地會商。試問七年以來與共方會商曾解決一件大問題嗎？本月十五日杜氏在維吉尼亞洲演說稱：今天與蘇俄竭力協商自原子能和平使用問題至越南和平，均與其堅定的統治全人類的目的相衝突。他說蘇俄不僅在其控制區域施行暴政，並要將暴政帶到現在尚屬自由的區域。其實共產帝國主義者的目的豈自今日方定？杜氏今天才認清蘇俄一成不變的目的，無怪乎一切措施是被動的應付了。很明顯地今日對付共產世界不是他前進我阻攔的問題，而是如何設法根本不使其再行前進的問題。換句話說，只有澈底摧毀其行動的力量，才是根本之圖，也就是說自由世界應採：「攻擊是最好的防禦的政策！」

第二個缺點是根據第一項缺點產生的。由於美國認清蘇俄的面目太遲，自中國大陸淪陷至今，美國始終沒有堅定有系統的反共策略。將南韓及臺灣列入美國防線以外的是美國，韓戰發生美國又挺身加入，同時臺灣也視爲重要了。越戰已達八年，美國只知盲目用錢使法國繼續帝國主義式的戰爭。去年胡志明兵抵寮之都城附近時，大家曾一度緊張，未幾敵人退兵，美國心情也隨之而鬆懈。至於越南對東南亞的重要性，時而謂爲門戶，謂爲瓶上的木塞，越南一失東南亞即隨之而丟掉。奠邊府丟後，竟又謂萬一越南一部或全部失去，並不表示東南亞之不可守。這種說法無論美官方如何解釋，都無法掩飾其矛盾及不決。而這一點正是敵人所利用的。再看看奠邊府危急時自由世界領導者的美國措施：主張直接介入者有之，反對用兵者亦有之，結果不但敵人趁議論未定之際，攻下自由的象徵的奠邊府，吃掉法國一萬以上的兵力，更引起法國的怨恨，怨美國未能盡責。凡此都說明美國吃了沒有有系統的辦法的虧。不錯，美國在防共的策略中，作長期的打算，但美國目下是否應急起直追修正其長期的打算？時間並不是僅僅站在美國自由世界這一邊。所謂長期打算的目的，是假定共方不再前進，美國就已有的自由地區，一方面加以軍事援助，增强其防禦力量，另一方面是協助各地區經濟的發展，提高當地人民生活水準，使共產主義的思想無法傳播。這看起來是言之成理，如多加思考，這是太理想而不着重實際。這個長期計劃的假定是：第一、這個世界就算是分成兩部；第二、共方不再前進；第三、自由世界絕對團結；第四、自由世界始終保持軍事優勢。但是這四個假定都可靠嗎？我的答案是否定的。因此基於不可靠的假定上的政策，自然無法生效。在自由世界僅爲一空洞名詞，蘇俄實力日益增加的情況下，赤色邊緣的地區，共產世界擴張的機會及辦法太多，即令不是公開侵略，內部的叛亂也極易奏效。蘇俄愈强，則土共以得着鼓勵會活動更積極。以美國目下的措施如何能應付裕如？中國俗語說：「取法乎上，僅得乎中；取法乎中，僅得乎下」。蘇俄的目的是在統治全人類，此目的雖未全達，以其有一貫的辦法，目下三分之一以上的人口已受其控制。美國時而只想保持西歐不落入共方之手，時而又想使東南亞不落於共方之手。自然一切的辦法是枝節應付，如不改弦更張，最多可能自保。如自蘇俄意圖希土時，乃在捷克政變以及中國大陸淪陷後，美國之目的在摧毀克里姆林政權，五年以來，美國以此爲鵠的，縱未達到，也絕不會仍處於被動應付的地位。

第三個缺點是：依賴英法的合作太切。美國抗蘇計劃中需要英法合作，及其歷年來的成績，我不擬於在此多加評論。就對亞洲的反共而言，美國是否除了拉住英法以外便別無辦法？英、法在亞洲人眼中，是始作俑者的帝國主義，美國如忽視亞洲人的反共意志而硬把英法拉在一起，在共產黨的宣傳下，是白色帝國主義者又要捲土重來，反而引起亞洲人的恐懼及仇視。再看看英法與美國無論在歐在亞合作的成績，遠的姑且不論，即就一月以前越戰危急杜卿高叫聯合行動給中共以警告時，各人皆爲了自私的企圖，雖杜氏數度奔走，結果是得着英法願在日內瓦會議後再考慮組織東南亞防禦同盟問題。奠邊府危急，美國力圖挽救，聯合參謀長飛往倫敦，盼英國能予以支持，結果英官方除一再聲明敬謝不敏外，邱吉爾氏還於四月三十日向莫斯科大播和平之曲。他稱英國對蘇是以和平爲基礎，並祝蘇俄和平幸福及無限的繁榮。同日英官方並宣佈對東歐橡膠禁運開放，這將美國面子置於何地，豈不也等於幫同蘇俄罵美國是戰爭販子嗎？無怪乎美國在日內瓦會議中一敗塗地，不僅直接受敵方的攻擊，也間接受所謂盟邦的奚落。美政府當局還不應檢討過去的措施嗎？敵方看清盟國內部意見不一，所謂聯合行動也者，至遲在會議閉幕後看有無頭緒，自然利用會議期間，加强其軍事行動，多拖一天是一天，多得一域是一域，等到毫無結果時，說不定紅河三角洲地帶已爲其掌握東南亞的防線又得退後一步了。

五　對於美國政府的建議

我們知道美國的反蘇反共是有決心的，而且也在日趨積極。但是決心不够堅强，積極不够澈底。是以歷年以來所擬對策都着重事變發生時之應付，而缺乏制止事變發生的辦法。又因民主國家意見不一，敵人有計劃的某一事件發動等待盟邦商討時，爲時已晚，結果敵方又造成了一件新的既成事實。美國本身一面既不願承認既成事實，同時又無勇氣打破既成事實，冷戰拖到如今始終有敗無勝。爲了自由世界的前途，我們不得不對美決策當局作幾點積極性的建議。

西歐有一北大西洋公約組織，蘇俄對西歐的着重點，是政治性的，經濟性的，希望這個組織能癱瘓，甚至瓦解。對於亞洲方面，自蘇俄與中共同盟，鄰近東南亞國家，或以初獲獨立國基未固，或仍在求得獨立之中，人民經濟生活又多窮困，共產黨施用的技倆太多。只要中共蘇俄在歐亞分別强大，東南亞諸國，多有第五縱隊活動，外有强敵壓境，遲早也會落入共方之手。如僅組一性同北大西洋公約組織的防禦同盟，是否收效，很成問題。更何況由於共方的强大，有的國家如印度等，是否加入尚成問題。而東南亞危機已迫在目前，是以與其費時磋商，不如着重如何使共方不能在亞洲再動着手。以美國爲了應付東南亞危機的辦法，雖不改防爲攻反守勢爲攻勢，至少也得防反並進。目下迫切需要反的是臺灣南韓及越南，美國應竭力援助讓他們爲了自由、統一、而反攻。其餘各國自願加入防共陣線的則由其參加。反防並進不僅能守而且是根本解除東南亞威脅之道。美國當局必要了解東南亞各國政情絕不與西歐各國相同。西歐若干國家中雖有共黨勢力存在，武裝叛亂的機會總太小，東南亞國家如緬甸和印尼，隨時有共黨武裝叛亂的可能，即令他們政府加入防共組織，一旦內亂發生時，美國何以自處？爲美國計，在遠東方面，美與南韓、菲律賓、日本等國已有安全協定，在南太平洋有美澳紐聯防，均是美國單獨負擔，東南亞情況既異，而英、美之間又意見參差，同時擬議中的聯盟是包括三强，澳紐菲泰及印度支那三邦，若干東南亞地區主要國家或自動的或被動的均不包括在內。結果有東亞同盟其名而無其實。從此盟構成國家看來，美之主要目的不過在設法使越南不丟掉而已。此十國中美對其餘五國都有條約義務關係，就是泰國他日一旦有警，美國也可透過聯合國而與以支援，實際上僅為越南等三邦，與其曠日持久多費周折，不如暫置東南亞聯盟日後討論，促法國早日宣佈三邦獨立，如三邦願連同臺灣南韓在美國協助下先組成反共聯盟，使馬上發生反防並具的作用，採取一次主動。

第二點建議，我們認為更為重要，就是對中國政策作決定性的宣佈。二次戰後至今，由於美國對華政策的錯誤，是以造成今日世界的危機。美國今日對華的政策，在他們自己覺得很現實很聰明，而在亞洲人，尤其中國人眼中看來，實為不智已極。她既不承認中共，而又不給臺灣足够反攻的援助，充分證明她只有以臺灣為基地的自私目的，而無道義上的目的。假定美國的決策是助臺反攻，當周恩來氏在日內瓦會議謂美國佔領臺灣時，杜勒斯國務卿很可明告周氏，美國根本不承認以暴力奪取的政權，美國並不視中國的勘亂工作業已停止，現正援助一個合法代表全中國的政府，繼續其勘亂工作。美國必要有此決心及態度，她的措施才能順理成章。在宣傳戰上蘇俄既可支持一個政府奪取大陸，美國又為什麼不能支持一個久已承認的合法政府反攻大陸？同時，這種堅定的立場，不僅給臺灣及海外中國人民的信心，也給大陸上愛好自由的人民以鼓舞，使他們知道，中國的問題並未了結。至於說，美國這種政策的決定，是為了避免與中共或蘇俄攤牌，這種心理是失敗主義的先聲，也請美國不必提倡什麼東南亞防禦同盟。在美國現行政策下，東南亞是無法避免赤化的，共產世界赤化此一地區的辦法太多了。東南亞各國內部起叛亂的時候，當不是一紙防禦條約所可保全的。

六　結論

所謂兩個世界並存的夢，所謂北京與莫斯科分裂的夢，我想美國決策當局該不會再做了。艾氏過去曾說蘇俄共產政權存在一天，美國就感受一天的威脅，這話已不是驚人之語了。瓜地馬拿對美的仇視，不認明共產地界對美的包圍圈又縮進了一步嗎？面對着當前的危機，美國只有拿出決心同勇氣來，先在亞洲反守為攻，使共方立於應戰的地位，同時再加强反共盟邦的力量，使其各自完成國家的統一。這種擒賊擒王的戰略，才能保守東南亞。而且美國必須明白，要採行這種攻勢戰略目下是唯一的時機：第一點，東方的共產盟主，本身尚未完全强固；第二、東方反共國家，尚相信大決戰時，美國是勝利者。此時尚能找着可靠的盟邦，等待此機會失去，兩大世界强弱之勢已明，即令美國要採此種政策，也找不着可靠的盟邦了。美國今天失敗的根本原因，是怕與共產世界攤牌。其實誰也知道；美國要想打破蘇俄勢力的包圍，除一戰而外，是無他路可走的。愈遲則蘇俄愈强，美國愈孤立，那時實只有屈膝投降了。寫到這裏我們可以說『事急矣，美國當軸其圖之！』

本刊啓事

本刊各欄所載文字，一經刊用，其版權便為本刊所有。近查有若干刊物，轉載本刊文字，既未徵得本刊同意，亦未註明出處；殊違出版道德，而損本刊權益。本刊雖不拒絕轉載，但以事先徵得本刊同意者為限。特此聲明。

本刊編輯部啓

論中山先生的全面利用外資政策

徐芸書

一、序　言

我在本文裏要說明中山先生的全面利用外資政策是怎樣一個政策；要說明這個政策在中山先生的解決中國民生問題的整個綱領裏佔怎樣一個關鍵地位；也要從這個關鍵重新說明這個綱領。

我更要指出這個政策正是我們今日臺灣應當立刻實行的；也要指出今日實行這個政策的途徑和遠大影響。

二、文　獻

中山先生論利用外資政策的主要著述有八項：㈠民國元年論外資政策的幾次演講，㈡同年專論利用外資築全國鐵路計劃的多次演講，㈢同年關於外資政策及築路計劃的幾次談話，㈣民國六年再答李村農論借用外資的一封信，㈤民國七八年著作的「國際共同發展中國實業計劃」，㈥同時的「孫文學說」第七章「不知亦能行」，概括着外資政策及實業計劃的本旨，㈦民國九年的論文「中國實業當如何發展」，㈧民國十三年的「民生主義演講」第二講裏總結發展實業之途徑的部份。

我們看這些材料就可以知道全面的，而非枝節的，片斷的，利用外資，是中山先生一個不變的政策，並且可以充分明瞭這個政策的內容。但我們還需要看中山先生關於民生主義的全部著述，才能夠確切知道這個政策在他的民生問題綱領裏佔怎樣的關鍵地位。

三、這是怎樣一個政策？

中山先生的利用外資政策不是仰望政治借欵；不是依賴經濟援助；不是漫然空想吸收一些外國資本；不是給予一些外國工商家以特殊的投資權利；不是尋求點綴式的技術合作；不是以某一些特殊資源引動某一外國工程家或投資家的特殊興趣。

他的政策是一個中外互利的大道；是中國高度開發的惟一方法；是一個極大膽的，全面的，充分利用外國資本和人才的政策；是有一個物質建設的龐大計劃而把它整個付託給外國的投資與外國人才的經營；是要利用外國的雄厚資本，高等人才，最新技術，達成中國的全面、迅速、高度工業化。

中山先生在民國元年就把他的這種政策稱爲「開放政策」或「開放主義」。他那時就主張由外國許多投資者承辦修築全國二十萬里的鐵路，預計吸收資本六十萬萬元，五年至十年內全部完成，許投資者經營四十年。他在第一次大戰方結束時著成「實業計劃」，主張由一個國際投資團推進全中國的迅速、高度開發事業。他在十三年的民生主義演講裏也指出中國的交通，礦業，和一般大工業，都必須借用外國資本和人才，照美國那樣的規模進行。

他在「孫文學說」第七章裏作了一個總括的解釋。他用一個荒島孤人的譬喻，先指出中國自力謀迅速高度開發是絕不可能的：

「……以中國而言，則本無其法，更無迅速之法也。欲中國之實業於十年之間而發達至美國現在之程度，則中國人不獨不能知，不能行，且爲夢想所不能及也。是猶望荒島之孤人以一人力而發展其荒島，使之田園盡闢，道路悉修，港灣深濬，市場繁盛，……雖延長其壽命至萬年，彼亦無由成就此等事業也。」

於是他指出了惟一的途徑：

「然若荒島之孤人肯出其岩穴所埋藏纍纍之金塊明珠以與海客謀，將其荒島發展成爲繁盛華麗之海市，而許酬以相當之金塊明珠，則必有人焉爲之經營，爲之籌劃，爲之招集人才，爲之搜集資料，不期年而諸事可以畢集矣。……中國之欲發展其工商事業，其道亦猶是也。」

這就是全面利用外資政策的一個最好的說明。所謂「出其……金塊明珠以與海客謀」，和「必有人焉爲之經營，爲之籌劃……」就是確指一個把整個開發事業付託給外國資本與外國人才的政策。所謂使荒島成爲「繁盛華麗之海市」，「田園盡闢，道路悉修，港灣深濬……」和「不期年而諸事可以畢集」，就是確指這個政策所要達成的全面、迅速、高度工業化。

四、這個政策何以必要？

我們現在所最應注意的是：在中山先生看來，這個全面利用外資政策乃是必要的，不是用一個枝節片斷的政策可以代替的；這個必要又是工業化與投資本身的規律所決定的，不是主觀的奢望或理想所決定的。

中山先生的一個最主要的觀念就是一個成功的中國工業化計劃必須是全面的，整個的。而這個全面的，整個的工業化就必須借助於全面的外國投資與外國人才的經營；這樣的投資與經營又必然達到一個全面、迅速、高度工業化的成就。

民國六年中山先生在再答李村農的信裏舉漢陽鐵廠出品在國內無銷路的例，特別說明中國的工業化必須是全面的，整個的，因而也必須是全面借助於外資的：

「漢陽鐵廠已開辦二十餘年矣，能造出機器幾何？每年所出之豬鐵數十萬噸尚要運銷於出鐵三千萬噸之美國。是可知欲謀實業之發達者，非謀其一端之可有成效也，必也萬般齊發，始能收效。然要其萬端齊發，非一二銀行所能爲力，亦非一二工廠所能爲功。必也廣借外資（即多賒機器）以開發種種之利源，互相挹注，互相爲用，乃能日進千里，……」

民元的五年至十年內築鐵路二十萬里的主張就是着眼於中國的全面、迅速、高度工業化而提出的。後來的「實業計劃」就是這樣一個工業化的整個計劃。這個計劃包括了開港，築鐵路，道路，治河，設埠，改造農業，開礦等項「關鍵及根本工業」和食、衣、住、行、印刷五項「本部工業」。這就是認爲這兩大部份的種種工業是互相關聯而必須同時並進的。沒有種種「關鍵及根本工業」的發達，則一般工業沒有發達的可能；而有了前者的發達，則必然有一般工業的迅速發達，及人民生活水準的迅速提高，因而又有迅速發達種種「本部工業」以供應人民需求的必要。

我們必須不只看到「實業計劃」所列的龐多部門，鉅大規模，和驚人速度，而首先應當知道在中山先生看來，一個全面的、整個的工業化計劃乃是必要的，而不是奢望或空想的。

因爲一個全面的、整個的工業化計劃是必要的，所以一個全面的、整個的利用外資政策也是必要的，而不是任何枝節片斷的政策所能代替的。

五、從食、衣、住、行四目標來看

中山先生所說的食、衣、住、行四項建設幾乎還沒有完全得到眞正的了解。人們往往以爲這是一種泛泛的目標；或者以爲只要政府掌握着或推行着一些有關於食、衣、住、行的事業就是實行着「民生主義」。

我們必須認清中山先生所說的四種大建設完全是以有一個全面利用外資政策而能够成就中國的全面、迅速、高度工業化爲前提的。「實業計劃」和「民生主義演講」裏所說的食、衣、住、行建設的水準和規模，都是只有一個全面、迅速、高度工業化中的社會才作得到的。

例如「實業計劃」的「糧食工業」項下所舉的①應用機械及科學方法於耕種，②科學化的測量農地，③設農器廠，④食物貯運現代化，⑤食物加工，⑥全國有一年餘糧後的大量輸出；或民生主義第三講裏所舉的①應用機械，②水電製肥，③換種，④除物害，⑤食物加工，⑥貯運現代化，⑦防止水旱——這些建設都是只有憑藉鉅大的工業與科學力量才眞正作得到的。

我們要特別注意「實業計劃」的第一至第四部份是各項龐大的「關鍵及根本工業」，第五部份才是食、衣、住、行、印刷五項龐大的「本部工業」。同樣地，民生主義演講也是第二講先提出利用外資發展交通、礦業、及一般大工業

的原則，才有第三講論食的生產，第四講論衣的生產。可見中山先生所說的食、衣、住、行四項建設都是一個整個的工業化計劃的具體部份，都是要以有這樣一個整個計劃爲前提的。

但我們更要注意這四項大建設不僅是一個全面工業化中的社會才作得到的，而且是這樣一個社會的必然要求。「實業計劃」第五部份就指出：

「關鍵及根本工業發達，人民本有許多工事可爲，而工資及生活程度皆提高。工資既增多，生活必需品及安適品之價格亦增加。故發達本部工業之目的，乃當中國國際發展進行之時，使多數人民既得較高工資，又得許多生活必需品、安適品，而減少其生活費也。」

這也就是說：只有一個全面工業化中的社會，由於就業增多與工資增加，人民才眞正有提高生活水準的要求和條件，於是大大發展種種「本部工業」才成爲眞正的必要。

因此，我們從中山先生所說的食、衣、住、行四目標看來，也就知道一個全面利用外資以達成全面工業化的政策乃是民生問題綱領的根本關鍵。忽略了這個關鍵，也就不足以談論中山先生所說的食、衣、住、行四項建設。

六、從「平均地權」來看

中山先生所說的「平均地權」也沒有得到應有的了解。人們往往把「平均地權」當作一個泛泛的口號；或者當作一種解決農村土地問題的辦法。

「平均地權」絕不是一個泛泛的口號，而只是「自行報價，照價抽稅，照價收買，漲價歸公」這一套具體的辦法。這套辦法所要解決的也不是一般人所說的「農村土地問題」，而是中山先生所特別注重的，當中國一旦施行工業化以後，由於地價激漲而引起的貧富不均問題。

這套辦法的重要性完全是隨着一個中國全面、迅速、高度工業化的前提而存在的。中山先生因爲有一個全面利用外資政策，所以有中國全面、迅速、高度工業化的假設；更因爲有這樣一個工業化的假設，所以有地價普遍激漲的預想，於是主張在中國建設開始之際就要全面規定以「照價抽稅」爲中心的一套辦法：一方面要根本防止由地價激漲而引起的暴富與投機，一方面要藉地稅的大收入達到謀國民福利並充分減除國民負擔的大目的。這就使「平均地權」辦法成爲民生問題綱領裏一個極重要的部份。

我們要特別注意中山先生全部著述裏所用的「土地問題」一語的獨特含義。如「民生主義第二講」就說：

「由於土地問題所生的毛病，歐美還沒有完善方法來解決。我們要解決這個問題，便要趁現在的時候。」

「中國的工商業幾千年都沒有大進步，所以土地價值常常經過許多年代都

沒有大改變。如果一有進步，一經改良，……那種地價便要增加幾千倍，幾萬倍了。」

這就完全不是指古老的農村社會的土地分配問題，而是指隨着近代工業文明的興起，由於地價的激漲而發生的貧富不均問題，也是中國一旦施行工業化就必然發生的問題。

我們更要注意中山先生在「實業計劃」裏幾乎逐步提醒，隨着工業化的推行，必須應用「平均地權」辦法使地價增漲的利益歸於公衆。可見這套辦法正是要與一個全面工業化並行的。

因此，我們從「平均地權」辦法看來，也可以知道一個全面利用外資以達成全面工業化的政策是民生問題綱領的根本關鍵。失了這個關鍵，則「平均地權」辦法不僅沒有重要性可言，而且幾於失去實際的意義。

七、關於企業的自由

「實業計劃」第一部份開端就指出只有私人力量不能經營或具有獨佔性的企業才應當由國家經營。但我們如果只是抽象地解釋這個原則，那是終於紛歧而且無益的。這個原則也是必須放在一個全面利用外資以達成全面工業化的具體政策裏，才能够得到正確了解的。

我們必須注意兩個要點：第一、中山先生的國家企業政策是要建築在私人經營的基礎之上的。第二、這個國家企業政策又是促使一般私人企業迅速發達的前提條件。

中山先生在民國元年就詳盡地指出借外資築鐵路的最好方法不是借歟自營，而是把全國鐵路分別批給外國資本家承辦，定期四十年收回。他稱這個辦法爲「批辦」或「民辦國有」。後來的「實業計劃」實際上就是鐵路計劃的擴大。「實業計劃」裏雖只提到借歟一種方式，也着重投資者在本利付淸前負「經營監督」的責任。我們看中山先生所說的國家企業由外國投資者「承辦」或「經營監督」的範圍的擴大和期限的長久，就可以知道他的整個國家企業政策是要建築在私人經營的基礎之上。

中山先生所說的國家企業雖有極多的項目，但主要的就是開港、築鐵路、道路、治河、設埠、改造農業、開發礦業等項「關鍵及根本工業」，這是中國全面、迅速、高度工業化的關鍵，也正是一般私人企業迅速普遍發達的前提條件。

「實業計劃」第五部份特別說到：「當關鍵及根本工業既發達，其他多種工業皆自然於全國在甚短時期內同時發生。」這也就是說，關鍵及根本工業的發達必然促成一般私人企業的發達。

「實業計劃」中的國家企業所以還包括了食、衣、住、行、印刷五項「本部工業」，正是爲了適應「關鍵及根本工業」和一般私人企業迅速發達，因而人民生活水準迅速提高以後激劇增加的需要，換言之，是要補救一個急趨繁榮的社會中私人企業的不足；而不是沒有工業化的條件，却要空有一個「國家企業」的原則，反限制私人企業的自由。

於是我們看到一個龐大的國家企業政策乃是建築在私人經營的基礎之上，並且是一般私人企業發達的前提條件。但這都是不能離開一個全面利用外資以達成全面工業化的具體政策來說的。如果離開了這個具體政策，那麼，無論强調國家企業，或强調企業的自由，或强調二者的適當配合，都是徒然而無益的。

八、關於農民問題的解決

中山先生對農民問題的主張也還有待於正確的認識。而這個主張也是附屬於一個全面利用外資以達成全面工業化的大政策的。

這個主張不能用「平均地權」來代表，因爲那是解決工業化社會的「土地問題」的辦法，而不是解決農民問題的辦法。這個主張也不能用「耕者有其田」來代表，因爲那只是解決農民問題的一個最高原則的一部份，而不能代替這個最高原則。

中山先生的最高原則就是用種種進步的法律保證農民充分得到他們勞動的結果。他在「實業計劃」第五部份裏提出一個「自由農業法」的概念，就是指西方已有成例的種種幫助農民的立法，其總目的就是「保護獎勵農民使其獲得己力之結果。」後來的「民生主義第三講」又同樣指出：「要在政治法律上制出種種規定來保護農民，……讓農民自己可以多得收成。」在這種保護獎勵農民的立法裏，幫助農民得到土地當然是一個重要項目。但幫助農民獲得土地，也還只是爲了使農民多得到「己力之結果」。

我們必須注意中山先生沒有把農民問題的解決當作孤立的題目，而是把它放在一個全面利用外資以達成全面工業化的大政策裏，與農業的科學化及工業化相配合着來提出的。他是在「實業計劃」第五部份的「糧食工業」項下，一面提出應用機械及科學方法改良農業生產，一面提出以「自由農業法」保護獎勵農民。後來的民生主義演講也是第二講先提出利用外資達成工業化的途徑，第三講才一面提出應用種種現代方法於農業，一面提出以政治法律給農民以鼓勵和保障。這都是認爲要用工業與科學的力量大大提高農田生產力，而同時還要保障農民充分得到他們勞動的結果，才是農民問題的眞正解決。

實際上，進步的農業立法所應有的內容，如充分減輕農民的負擔，幫助農民獲得土地且享其實在利益，幫助農民獲得充分生產資金，及更多水利，也都不是非工業化社會作得到的，而是必須憑藉着工業化社會的財富力量才眞正作得到的。

於是我們看到中山先生有一個眞正解決農民問題的主張，而這個主張正是一個全面利用外資以達成全面工業化的大政策的一部份。如果脫離了這個大政策，那麼中山先生所說的種種保護及獎勵農民的立法就要大半成爲空洞的名義。

九、臺灣今日的需要

臺灣經濟上的一些基本事實指出我們今日惟一眞正的需要就是：立即採取中山先生的全面利用外資政策，以達成本島的全面、迅速、高度工業化。

我們現在只維持着一條舊式設備的幹線鐵路。我們的縱貫公路一部份改修高級路面，醞釀宣傳了兩三年才能够施行。完成一段二十公里的鐵路在我們需要一年的時間。修築一個至小的漁港也是漫長的事業。我們的電力經四年積極建設只增加了六七萬瓩。我們的食糧大約每年有十分之一的餘剩。我們每年的主要外滙收入只是糖和米的約一億美元，此外還有幾千萬元的美援，而這都只有一部份用於建設。我們今後一個四年工業計劃的總投資額只是一億一千餘萬美元。這些就指示出我們的整個生產力在世界水準上是十分貧弱的。

我們糖的增產全靠發行，而通貨膨脹下的成本昂貴及高利息正造成臺糖的嚴重虧累。我們藉保護政策建立了一些紡織廠，而紗布價的高漲至少在一時期曾是經濟不安的顯著因素。增產的紗布又陷於滯銷，復造成減產，因爲社會缺乏購買力。鋁廠的設備也只利用一部份，因爲出品沒有重要的工業銷場。煤也略經增產即感受銷路的狹窄。公私營的航輪，由於船齡、速度、資金基礎的缺陷，很快地入於危境。這些就指出，因爲沒有一個成功的整個的工業化計劃，所以個別的工業建設都沒有健全的基礎。

我們的軍隊待遇已不斷改善，但士兵的副食還是以蔬菜爲主。最近調整後中下級公務員的月薪只有美金十元至二十元。熟練工廠工人收入略優於中下級公務員，但他們通常是每日工作十小時。照「耕者有其田」辦法獲得耕地的農民，在十年之內，每年付出地價及賦稅仍約爲收成的百分之四十。漁民鹽民仍只有勞苦慘淡的生活。山地居民的生活還幾乎是原始的。都市雖有些消費景氣，但中層生活是十分逼促，下層則是汚穢黑暗。這些就指出，生產雖然增加着，而我們多數人民的生活還被抑制在一個很低的水準。

我們不能輕估這幾年來臺灣經濟的相對安定與進步；不能故作灰色的圖畫；更不能挑動不滿的情緒。但只要我們不常用恐慌時代的眼光看目前的安定，只要我們不常持着農業社會的觀念而滿足於現有的繁榮，只要我們肯用世界的水準來衡量我們自己，只要我們能够超越了現在的界限而更向前看去——我們就會面對我們的生產力貧弱、工業不健全、及人民生活低下的種種基本事實，並且會知道我們今日惟一眞正的需要不是在現有的基礎上繼續謀個別工業的增產，同時希冀得到少量散漫的外國投資，而是：立即採取中山先生的全面利用外資政策，在一個完全新的基礎上，達成臺灣的全面、迅速、高度工業化。

十、一個綱領的輪廓

我們今日實施全面利用外資政策應有如下的綱領：

甲、對可投資的各國提出一個臺灣工業化的草案，要求這些國家合作商定實際進行的計劃。

乙、臺灣工業化計劃中應同時迅速達到的目標——

①重建南北部兩大港口，開築東部大港口，以適應全島高度工業化的需要。
②鐵路現代化；增築鐵路，首先是橫貫山地的鐵路。
③公路現代化；增築公路，首先是橫貫山地的公路。
④大規模增加電力；擴張農田水利。
⑤建立大肥料廠；擴張農業研究及改良。
⑥石油及其他礦產的大規模調查及開發。
⑦山地林業、農業、畜牧業的開發。
⑧大小城鎭現代化；建設山地中游憩及生活的中心。
⑨建築多數漁港。
⑩建立鍊鋼廠。
⑪建立大船廠，與造航輪及漁輪。
⑫大規模建築現代化的房屋。
⑬建立汽車及其他交通工具廠。
⑭開發澎湖等附屬島嶼。

丙、上項各種建設可有三種不同的借助外資的方式——

①特許經營，即中山先生所說的由外國投資者承辦。外國公司創建並經營臺灣所需要的某項事業，其經營期限照通例爲二十至六十年，到期或不到期我國政府得無代價或給價收回。這個方式適用於多種生產事業。(註二)

②借欵承辦，即特許經營的又一方式。外國公司爲臺灣某項事業負籌欵及建立的責任，但事業建成後即交給我國政府。我國政府按年支付資本的利息，滿相當期限還本。這適用於港口、道路、水壩、房屋的建築等。

③合資經營。外國公司以資本加入臺灣現有的某項事業，如鐵路，電廠，而取得管理權，以改進並擴張其經營。

丁、在利用外資進行工業化期間，應有幾項平行的經濟政策——

①將臺灣現有的公營事業中便於本國私人經營的讓給有能力的私人。如糖、烟、酒、樟腦等製造業都應讓給私人，而政府應指導承受者借助外國專門人才。

②工業化計劃中的事業應儘量容納本國人的投資。

③全臺灣不論城鄉一律施行以「照價抽稅」爲中心的平均地權辦法，以防止因地價激漲而引起的暴富與投機，而同時使政府得到地稅的大收入。(註二)

④普遍減低稅率，減少稅目，使勞力及資本獲得解放。

⑤以大量資金貸給農民，漁民，山地居民，尤其是以資金幫助農民獲得更多耕地。

十一、臺灣工業化的遠大影響

在臺灣實施一個全面利用外資以達成全面工業化的影響將不僅是物質的，而且是精神的；不僅是局部的，而且是全球性的。

第一、這個政策的實施將在幾年內提高我們的生產力幾十倍百倍，並且無限增强我們的信心與活力。這使我們得到政治、軍事、社會、文化大革新所需要的物質與精神條件。

第二、生產力的提高將擴大臺灣的天地，使自由中國眞正可以大量容納海內外傾向自由的同胞。

第三、這個政策是用自由企業的力量迅速造成一個全民享受高度工業化利益的新社會。這對於極權統治所强行的，以人民福利與生命爲犧牲的工業化是一個最有力的挑戰。

第四、這個政策的實施將樹立一個無前例的國際合作的榜樣。二次大戰後美國的對外經濟援助，或國際間現有的片斷投資，以及美國最近增進私人對外投資的論調，都不能比擬這個全面利用外資造一個新社會的政策。

第五、這個政策將首先爲亞洲、非洲許多落後的國度所倣效，其次還要爲許多雖是工業先進但在二次大戰後始終沒有脫出經濟困難的國度所採取。這就使一個極大範圍內的許多區域得到開發與再開發及社會的改造，使整個自由世界的物質與精神力量增加數十倍百倍。

這些重要影響甚至都是不必等到建設的完成才看得到的。只要我們提出並確定了計劃，只要這個計劃付諸了實行，只要大建設的第一批人才與第一批物資走上了來中國的路途，只要第一部機器發出了開動的鬧音，我們就可以看到整個自由中國呈現出新時代的蓬勃，看到國際合作的新潮流跟隨着猛進，看到極權統治者們錯諤驚奇，看到整個世界情勢要起決定性的轉變。

十二、結論：時間的重要

中山先生在民國元年四月的一次演講裏舉淸末蘆漢鐵路安費二十餘年籌備終於借外資才得造成的例說：

「西人所謂時間卽金錢，吾國人不知顧惜，殊爲可嘆。……遲二十餘年，所失不知幾何！中國知金錢不知時間，顧小失大，大都如是。」

同年九月十四日的演講指出國人對借資築路二十萬里政策的取捨就是迅速成就與長期蹉跎的選擇：

「若能得國民全體贊成，鄙人深信不待十年可以全路修成；若國民處處反對，不但十年，卽五十年亦不能修成。」

同一演講更斷言國人嫉忌外國投資者賺得大利的錯誤心理將使無數時間虛擲：

「我等若不先存此貪心，儘可由他賺去。倘使此路不能修成，千萬年我亦無利可賺。」

在四十幾年後的今日，我們的政府和民間的領袖們都應當懂得立刻決定，立刻實行。我們的經濟決策者們，民生主義的理論家們，羨慕西方自由企業力量的人們，工程家們，工商業者們，一般討論政治改革與反極權戰略的人們，應當毫不猶疑地一致贊助：立刻採取中山先生的全面利用外資政策，在短短幾年裏達成一個本來是我們「夢想所不能及」的事業——臺灣的高度工業化。

（註一）特許經營Concession實爲最通行的方式。特許合同多規定儘量利用當地物資及人力；投資者例應每年繳若干報效金於利用外資國政府；公用事業通常須給價收回，其他可以無代價收回。

（註二）臺灣現已擬議所謂都市平均地權辦法，其目未悉。但以地價稅爲中心的一套制度不應僅在都市施行，因受工業化影響而地價激漲區域不限於現有的都市。

從一點邏輯問題說起

殷海光

民主評論第五卷第十期，載有勞思光先生底『自由的討論』一作。這篇大作係對民主評論第五卷第六期上以『自由的討論』爲名的幾篇信札而發的。關於『自由的討論』之主題，作者們認爲，在那幾篇信札所示的範圍以內，陳敍得够清楚了，凡屬稍有分析能力的人都能了解我們底劃限(circumscribing)，所以沒有再說之必要。惟勞先生在該作中有涉及『邏輯』的地方，似可略予剖示。

勞先生文中關于邏輯的地方，集中於分別『「個體與類之係屬關係」，與「類與類之包括關係」之不同。』此與雷函之着意重點，可謂『差之毫釐，謬以千里』！雷函云：『「國家」爲一類名。國家之類與其中個體分子並非立於同一平層之上。國家之類較被包於其中的個體分子高一層級。故：吾人用來形容個人自由的那些性質謂詞，不可用來形容「國家」。於是：吾人不能拿「不守國際公法……」等反對「國家自由」一詞之論據套來依樣反對個人自由。』這一段中的着意重點在『吾人用來形容個人自由的那些性質謂詞，不可用來形容「國家」』。至於『「國家」爲一類名。國家之類與其中個體分子並非立於同一平層之上，國家之類較被包於其中的個體分子高一層級。』云云，不過爲支持『吾人用來形容個人自由的那些性質謂詞，不可用來形容「國家」』一說之預立基礎而已，非着意重點所在甚明。形容一類的性質謂詞，不必即能用來形容該類中的分子。這裏所說的『性質謂詞』即邏輯中的predicate。因此，這裏的問題，是定着謂詞(predication)的問題。勞先生只摸着這個問題底邊沿，但沒有觸及這個問題底核心，便率爾操戈，大動刀斧，難怪砍錯了處所。例如，我們可以說『個人可以合法地自空間之此一點移動至彼一點』；我們可以說『國家可以合法地自空間之此一點移動至彼一點』嗎？假若英國穆爾(G. E. Moore)在英國住的不耐煩，他『可以搬到美國去住』；我們能說『英國可以搬到美國去』嗎？個人『可以被提審』；國家是否也『可以被提審』呢？

假若雷函中有所謂『邏輯問題』，那末有而且祇有這麼芝蔴大一釘點兒。這一釘點兒道理，隨便那本較新式的邏輯入門書中，隨手可得。何勞勞先生『割鷄用牛刀』，滿身大汗，去搬羅素巨著Principia Mathematica呢？更何勞去請出弗勒格(G. Frege)底大駕呢？

問題討論至此，本可告一結束。但是，勞先生接着表演了一陣子符號。『五色令人迷』。爲了幫助大家一清耳目，作者且把這陣子符號底眞面目揭示於衆。我們藉此也可明白，『符號邏輯』是任何常人可懂可學的一種科學。這種科學是安排經驗語句(empirical sentences)的形式工具；而不是妖道拿來誑騙鄉下人的陰符。

勞先生寫道：

『(1) $\vdash : \alpha \subset \beta \cdot \beta \subset \gamma \cdot \supset \cdot \alpha \subset \gamma$

(2) $\vdash : \alpha \subset \gamma \cdot x \in \alpha \cdot \supset \cdot x \in \gamma$

『此二式中，(1)是羅素書中「類演算」(Calculus of Classes)一章內列爲有用命題者(原書號碼爲22·44)，(2)是據原書22·441代換而得者。22·441爲：

『(2′) $\vdash : \alpha \subset \beta \cdot x \in \alpha \cdot \supset \cdot x \in \beta$，此亦爲有用命題。茲以「$\beta$」代(2′)中之「$\alpha$」，以「$\gamma$」代(2′)中之「$\beta$」，即得(2)式。

『此二式依次表類與類之包括關係，及個體與類的係屬關係。二者皆是Tautology。

『現在如肯認$\beta \supset \gamma$，則據(1)可說，若$\beta \subset \gamma$而$\alpha \subset \beta$則$\alpha \subset \gamma$；同樣在此肯認下，據(2)可說：若是$\beta \subset \gamma$而$x \in \beta$則$x \in \gamma$。這只是分開說而已，形式效力無異。』

勞先生在這一番陳示中說：『此二式中，(1)是羅素書中「類演算」(Calculus of Classes)一章內列爲有用命題者(原號碼爲22·44)，……』勞先生不必舉出『原號碼』以示信於天下。因許多此類教科書中亦有標明原號碼者。即中文的邏輯教本如金岳霖先生底著作中也標明原號碼。然而，勞先生說『(1)是羅素書中「類演算」……一章內列爲有用命題者』。所謂『有用命題』字樣，作者遍查勞先生所示『類演算』一章，即自Principia Mathematica第二〇五頁至二一二頁，用顯微鏡也找不出任何字句相當於勞先生所謂的『有用命題』。如果羅素要特別標明(1)等命題是『有用的』，豈非暗示其餘命題是『無用的』？『無用的』命題，何必納入其系統之中？作著底Principia Mathematica係英國劍橋大學版本。勞先生底出自何家？

勞先生說：『(2′) $\vdash : \alpha \subset \beta \cdot x \in \alpha \cdot \supset \cdot x \in \beta$，此亦爲有用命題。茲以「$\beta$」代(2′)中之「$\alpha$」，以「$\gamma$」代(2′)中之「$\beta$」，即得(2)式。』查勞先生之(2)式爲：

『(2) $\vdash : \alpha \subset \gamma \cdot x \in \alpha \cdot \supset \cdot x \in \gamma$』

但是，作者依勞先生底規定，無論怎樣得不到這樣的(2)式；而祇能得到：

$\beta \subset \gamma \cdot x \in \beta \cdot \supset \cdot x \in \gamma$

勞先生在後來自己也是這麼寫的。這樣簡單的一點代換手術，勞先生就弄得自己前後不符。這個樣子的頭腦，如何耍弄邏輯？

這種錯誤，也許是出於粗心大意，或情緒不穩，甚至算在手民排誤的帳上，不足以證實勞先生不通邏輯之皮毛。我們且往下看勞先生是怎麼說的。

勞先生說：『此二式依次表類與類之包括關係，及個體與類的係屬關係。二者皆是Tautology。』

Tautology 一字，有人譯作『套套絡基』；有人譯作『同語反覆』。近人之自以爲通『符號邏輯』而其實一心以玄幻爲務者，每好侈言這隻詞兒。這種人一提起邏輯，就說『那不過是同語反覆而已』。不懂現代學問爲何事者，也跟着鸚鵡學語。一般說邏輯是同語反覆的人，不知道自己所說的同語反覆究竟是那一種同語反覆。通常所說的同語反覆，應是 truth functional mode of tautology，卽眞值函數所決定的同語反覆。迄今爲止，任一公式是否爲一同語反覆，必須靠決定程序 (Entscheidungs process) 來決定；而非靠演證程序來演證。依此，迄今爲止，我們祇能有把握地說，語句演算中的可決定的語句是同語反覆。未聞有說類底演算中的可演證語句是同語反覆。有之，自勞先生始。邏輯中的專門術語之使用有其一定的嚴格範限。那裏可以自作聰明！隨意搬弄？

勞先生接着說：『現在如肯認 $\beta \cup \gamma$，則據(1)可說，若 $\beta \subset \gamma$ 而 $\alpha \subset \beta$ 則 $\alpha \subset \gamma$。』這套妙論，眞是妙絕人寰！這裏所說『肯認』是什麼呢？是而且祇能是英文的『assert』，用邏輯符號表示是『⊢』。$\beta \cup \gamma$ 怎麼能够『肯認』？$\beta \cup \gamma$ 究竟是什麼？前題嗎？推論工具嗎？總應有一樣是的。勞先生自己鬧清楚了沒有？$\beta \cup \gamma$ 如果要有意義，在此只能是一語句函數 (sentential function)。一個語句函數，有時眞，有時假；總而言之不是永眞的。不是永眞的語句函數，就不是一個同語反覆。不是同語反覆的東西，如何可以『據』之推出同語反覆？老鼠怎麼生得出貓子來？

在邏輯上，能作爲推論工具的，有而且祇有這三者：一、形變規律；二、未經證明的語句，卽通常所謂原基語句；三、所擬證明的語句之前的任何已經證明過的語句。我民孤陋寡聞，才疏學淺，從來沒有見過勞先生這種超人的辦法，把一個語句函數作爲推論工具之事。

勞先生又說：『(1)……(2)……這只是分開說而已，形式效力無異。』但是，他在前面老早說過：『將此二者混而言之，在嚴格意義上爲一錯誤；並非謂表蘊涵關係之形式命題不能同時適用於二者。』大談『邏輯』的有數學人，頭腦竟混亂到這種地步，實在不能不令我民大失所望。作者現在要問：一、什麼叫做『形式效力無異』？二、『表蘊涵關係之形式命題』旣然『並非不能同時適用於二者』，爲什麼會弄出『在嚴格意義上』的『錯誤』？

凡稍習現代邏輯者當知，簡單原則爲邏輯上有幫助的原則。果如勞先生所言『包含關係』與『分子關係』底『形式效力無異』，那末『包含關係』與『分子關係』何必要『分開說』？之所以『包含關係』與『分子關係』要『分開說』者，因二者底形式資財 (formal property) 不同故也。『包含關係』有傳達性 (transitive)；『分子關係』沒有。『分子關係』在組論 (set theory) 中所起的作用，『包含關係』也無法替代。離開了這些形式資材，勞先生跑到那裏去找『形式效力』？到唯心論者底那一顆『道心』裏去挖嗎？不同的符號設計 (symbol-design) 可表不同的『形式效力』。離開符號設計而談『形式效力』便是談玄。邏輯領域裏，是沒有談玄者底座位的。勞先生旣然說『包含關係』與『分子關係』二者底『形式效力無異』，就得用一可符徵的概念來統攝二者。果爾，將爲現代邏輯上的空前貢獻。如其不然，是否用『窮理盡性』之『法力』來統攝呢？

蘊涵關係，在第一次謂詞演算的層次中，以及再上的層次中，祇是必要條件而已。這也就是說，在這些層次的演算中，不滿足蘊涵關係是演不通的；可是，僅僅滿足了蘊涵關係，而其他條件未滿足時，還是演不通的。所以，『表蘊涵關係之形式命題』，雖然『並非不能同時適用於』『包含關係』和『分子關係』這『二者』，可是『在嚴格意義上』還有『錯誤』。因爲，一談『分子關係』，便涉及一個語句底『內部結構 (inward structure)』。而蘊涵關係只能涉及語句與語句之間的『外部結構 (outward structure)』。紅藥水只能塗抹皮膚表層，藥力不能滲入肌肉的。勞先生看不到這一層，所以他提着筆在表面滑來滑去，以致所作論斷全不相干也。

够了！勞先生有關邏輯的議論之中心的文字，算來不滿一百三十個字。在這不到一百三十個字的世界裏，無中生有，錯誤叢出，捕風捉影，層見迭出。作者所指出的這些毛病，都是基本而又基本的毛病。祇要是老老誠誠習完大學一年邏輯的學生都不會犯這些毛病的。不意有數的學人竟連這點基本訓練都發生嚴重的問題，眞令我民惶惑莫名！

話說到這裏，作者聯想到，如果我們『中國現代哲學家』都是勞先生這種搞法，那末，如何縱談『大學問』；如何『綜合深高的哲理』；如何『護持歷史文化』；又怎樣一忽兒黑格爾，一忽兒『古今中外』，一忽兒『印度西洋中國文化之比觀』，學問之『大』，漫天蓋地；時而『承續道統』，『繼往開來』；時而『爲生民立命』，『爲天地立心』，氣象萬千；揪緊這些 ethos 不放，怎樣不妨害科學與民主底展進。凡此等等，俱非凡夫俗子愚頑不靈如我民者所能『懂得』於萬一。

然而，有一點却已爲我們測驗得明明白白。從勞先生談邏輯，我們可以確知：談玄說幻與談邏輯之類底學問大不相同。談邏輯是『硬過硬』的事。任何人一談邏輯，則是非、眞妄、對錯、深淺、立刻分明。談玄說幻則不然。談玄說幻，第一不需要任何東西來對證，第二不用社會化的語言。這樣一來，賣弄花槍，招搖蒙混，裝腔作勢，巧立名詞，妄自造作之事，便盛行四海。並且，任何提得起筆的人，都可『立地成佛』，作大法師，板起面孔，『教化萬民』。這一套妙法，在理知不發達的社會，是極易得售的。而相形之下，弄科學則是極度辛苦的事，也許十年不見一功。

『馬後桃花馬前雪，叫人那得不回頭！』

知識—最有力量的武器

Grayso Kirk 作
徐 里 譯

美國哥倫比亞大學校長科克(Grayso Kirk)曾選定「人類有求知和自由使用知識的權利」一句話作為今年慶祝該校成立二百週年的一句口號。本文便是科氏一篇用這句話作為主題，在本年一月三日「紐約時報星期雜誌」上發表，以闡述學術自由的權利與責任觀念的短文。

——譯者

一所大學——任何名符其實的大學——的永恆任務是眞理的追求。如果我們的大學要求工作有效，並朝着完成這一它們所委身的任務而前進的話，有一個條件是不可缺少的，那就是：它們必須能夠生活並工作於一種思想完全自由的氣氛中。

誠然的，這種自由會被那些有時出賣它的基本義務的人們所奉為擋箭牌；會被頑固的人們諷為學者們要求特權的藉口。但是，當所有這些悖理的行徑消滅時，則事實將是：任何大學都必須以思想的完全自由作為它的基石。

當然，思想自由不是一種特權。它是一個學術團體能夠作為一個自由團體而服務的基本條件。如果大學無自由的話，則所有其他的人類自由制度——出版自由、宗教自由，以及民主制度的本身——都將陷於可怕的危險中。

哥倫比亞大學值此人類歷史上的緊急關頭，選定這一主題來紀念它的二百週年，便是這個緣故。

「人類有求知和自由使用知識的權利」("Man's Right to Knowledge and the Free Use Thereof")這句話是說明學術探討與表現有充分自由的理想的聲明。它是呼籲各地善意的人們，共同來堅定對基本眞理的信心的聲明。它是要求不要徒託空言而以行動來表示上述信心的挑戰。它是要求對於人類制度與生活各種問題起而研究的呼籲。

這句話，對於學者、教師、作家，以求知識的發展為正式任務的人固然非常重要；但是，如果作充分的分析的話，它對於每一個人——商人、專業人員、政界人員、工商人員、用手工作的人們、和他們的家屬，都有同等的重要性。對於各個國家中的這些人們，求知與使用知識的權利，（經常附以明確地默示的責任）是極端重要的。

在二十世紀中期的今天，政治環境已經產生了為若干年前的開明人士可能認為奇異和不可能的一種局勢。幾百年來文明世界曾鼓勵學者之間思想的互相流通。那些以追求眞理與促進我們的文明為職志的人們，已經由通訊，個人旅行，國際會議，和發行學術刊物等方法，不顧政治立場如何而和各地的同人交往。當四百年前伊拉斯莫斯（荷蘭學者——譯者註）遍遊西歐時，當一百年後卡笛兒訪問荷比盧和斯干的那維亞時，他們受到了熱烈的歡迎。這種獨立思想的自由交換所帶給知識進展的激勵，對於全體人類有着極大的利益。誰也沒有把學術獨佔起來。

我們所說的「鐵幕」的阻隔，其最危險之點，是在於它也是思想知識的阻隔。在鐵幕後，千千萬萬的人民既不能在他們的國內自由表現自己的思想，也不能和國外的朋友或同人自由通訊。即使在黑暗時代，人類在思想上也未曾受過這樣的隔離。即使那種褊狹愚昧時期的統治者們，都未曾這般努力地來把他們的人民和時代的思想潮流隔離，今天的這種挑戰，是我們學者們所不敢忽視的。

但是我們不要沾沾自喜地以為這種挑戰只是來自鐵幕後面。我們可以這樣說，在美國，任何一個比小村落較大的地方，都有與「人類有求知和自由使用知識的權利」這句口號相抵觸的問題的。

在美國，有些市郊學校董事會的董事們，在為少年男女爭取健康而自由的中等教育權利時，會時常受到某些集團的攻擊，這些董事們的遭遇便是我們的這句口號尚待實行的註釋。有些週報的編輯，時常會有與他們報紙業務有重大的關係的人來拜訪，因為那些人對於報上批評地方上社會與政治事務的社論不能同意；公共圖書館的館長們也時常有人來告訴他們那些書是公衆感到興趣的，那些書則否；甚至大學校長也時常會從各種不同的個人——從恐懼不安的到極端誤解的——收到最令人驚訝的函件；所有這些以及其他的例子都可以告訴你，「人類有求知和自由使用知識的權利」這句話，在美國是具有什麼意義。

但是，請注意，美國還是世界上最自由的國家。在我們美好的政治制度之下，沒有問題是我們無力量和能力去加以解決的。我們要做的事情，是檢討我們的缺點，和增加熱誠去尋找補救的辦法。「人類有求知和自由使用知識的權利」這句話的含義，像無限的學術領域一般地廣泛，包含有思想、政治、社會、經濟，各種世界事務在內。這句話並且觸及於每個人的生活。

如果在這句言簡意賅的話上再加上一個副題，將是多餘的。不過，如果有什麼句子可以用來作為解釋性的副題的話，我相信那該是哥大二百週年祝典指導人里查·R·鮑威爾教授的一句話。他曾說，我們那句標語，代表着「下一信心：當所有相衝突的觀念能完全自由發表時，眞理乃有力量傳播。」

這是對人類的信心，對人類的思想完整的信心。關於這一點我覺得在長遠的過程中沒有理由悲觀。誠然人類解決人與人之間的關係的問題（這是人類——作爲具有理解力與責任感的動物——自由的基本問題）的能力，遠落在他於技術領域的發明能力之後，智慧已經遠落在智能之後。

但是我不能同意前芝加哥大學校長羅柏·M·赫金斯博士的看法，他曾說：「現在美國正在漫延着的思想控制的惡毒，是自從希特勒以來的最大威脅。」我不承認有着兩百年的我們這種政治制度背景的美國人，會有成爲思想控制的犧牲者的可能。我不相信我們之中的那些專權主義的小人會變得如此重要，當然，我贊成我們得機警地保衞「發表所有相衝突的觀念的完全自由」。我們必須在各方面來這樣做，在鄉鎭、城市、州與聯邦政府中，在學校、在講堂、在出版物上，都必須這樣做。

這樣，我們才可以表現我們對於人類的牢固信心。

紐約州前州長廸威特·克林頓於一八二六年在向州議會提出的一件咨文中說：「知識的普遍傳播，是共和制度的先鋒和保障者；我們必須信賴它爲保護我們的各種自由，以及防止這些由變成欺詐、陰謀、腐敗、和狂暴的一種不滅的力量。」這是對的，當我們公民中的大多數，或相當多的少數人缺少這種使他們參加民主制度的因素的話，我們便誰也不能過安寧的日子。

承認人類具有我們所提到的這些權利，乃是哲理上的必需，是保持自由制度的必要措施，並且是一件簡單的正義行動。我們必須不斷檢討我們的缺點，然後專心地去尋找補救的辦法。如果全世界都採取和這相同的行動的話，將使這世界變成我們子孫可以生活得更美好的地方。

我們的政治制度要求把我們的基本政策在輿論的鐵砧上槌成。同樣地（不過較不正式但一樣地確定），我們的社會問題和思想自由問題也是在輿論的鐵砧上槌成的。做這件工作的，是一億六千萬美國男女老幼。在大學領導下的教育的任務，是保證「所有相衝突的觀念完全的發表自由」。這樣，眞理才會傳播。

當然，這將容許那些喧囂的小人們取得一時的虛偽宣傳利益；所以我得強調「人類求知和自由使用知識的權利」還意味着隨自由使用而來的責任這一事實。這是草擬我們這句口號的人心中所愼重思慮到的，它的含義非常明顯，而不必形諸於字面。但是，普通的人還會詢問，「自由使用知識的責任是什麼呢？」

把知識告訴學習者時，必須同時使他充分知道使用知識時的責任，這乃是各級教育任務的一部份。知道火有取暖和烹煮食物等用途的兒童，同時也知道如對火不妥爲控制，會發生很大的危險。教一個青年駕駛汽車時，必須同時告訴他車蓋裏面機器的龐大力量，和不用判斷與技術加以控制時它對他自己以及別人的潛在危險性。

大學學生都被告誡——眞正的學者也都知道——對知識加以負責的使用，乃是學術自由中不可缺少的一部份，沒有了它，自由將變成特權。譬如，我所以主張一所大學應該把我們所知道的關於共產主義的一切都告訴學生，但我不相信應該容許一個共黨在大學中教書，便是這個緣故。一個共黨學者是與學者這個名詞相悖的；他是不負責任的，因爲他已經放棄了學術探討的一切客觀資格。他是一個騙子，在學者的社會中是沒有他的席位的。

我是企圖舉出一些理由，表示我們爲什麼相信今年哥倫比亞大學的二百週年紀念能有益於全美國和全世界的公共福利與思想自由。我們這句口號的含義是不受國界或地理界限的限制的。在波士頓或是在波黎維亞，在紐約或是在紐西蘭，它都是通用無阻，而可產生許多其重要性將累增且已甚爲顯明的衝力的。我們從最近的消息中知道，它甚至已滲入了鐵幕的黑暗壁壘。

如果在今年，「人類有求知和自由使用知識的自由」這句話的基本重要性獲得全世界的承認，討論，和重新强調，而促使各地的學者和普通人都更充分認識自由人的權利和責任的話，則一項偉大的思想進展將指日可期。

佛蘭西斯·培根曾說：「如果說盲目的服從習慣，是一種比因教育之後而瞭解的職責還更能善盡其義務的話，則便是承認一個由他人導引而行的瞎子，比一個在光亮下行走的眼睛看得見的人，還走得更穩。」我很高興這句話已被裝飾在哥大二百週年紀念的一項重要展覽會會場中的牌示上。

（原文載紐約時報星期雜誌）

（下接第28頁）

清晨，披着一身輕薄的晨霧，駕着扁舟，在朝日投射於湖面的光帶中漂去，一隻白鳥掠過，一片白羽掉下了，漂在鍍金的湖上。

這一切，雖也曾令我心醉，但我能說些什麼呢？我忘不了白冷。

二月十二日

本準備今天下午離開日月潭，但於清晨遊湖時，忽覺興緻已盡，奇怪的是大家都不約而同的懷有歸意，我只是輕聲的一提，大家都齊聲贊同，比去時更有力的划攏了岸。母親與孩子們正憑欄看湖，忽見我們氣喘喘的跑回來了，母親笑着說：「我已收拾好了，我知道是該離去的時候了！」當我們又馳騁於那萬綠叢中的蜿蜒山路時，每個人都覺輕鬆快活，這樣離去最好，若再拖延到下午，有名的日月潭恐怕更要抱怨我的不公平了。

在回家的火車上，我們很恬靜，不像去時那樣狂野，但那是一種很滿足的沉默，景物和人都十分清晰的顯現在眼前，我的心，如水晶般的光亮而透明。

離去僅僅十數日，臺北車站對面已聳立起一座新建築。看見街上熙攘的人羣，這世界好像離我很遠，我茫茫然，不知所措，連汽車站也找不着了！

歸來，我折去了窗前的老藤，栽了一排桂竹，抹淨了塵封的舊書桌，對着麗莎的微笑和一盆素蘭，我又拿起了書本。窗外，鳥忽然叫了！

奠邊府之戰

巴黎通訊·四三·五·一九

齊萬森

一、納華爾戰術

納華爾(Navarce)將軍自接任駐印支法遠征軍統帥，即改變戰術，以機動部隊突襲越盟，神出鬼沒，使越盟難於應付。初期新戰術進行甚爲順利，例以傘兵突襲諒山，八月十二日（一九五三年）納山之撤退，戰術的執行大膽而精奇。九月中所執行的「Muette 動作」是新的機動戰術的最高成就，越盟的三二〇師受創甚重；於是武元甲被迫改變計劃，於九月二十日以其三一六師開始向越南西北泰族區移動。當時越北守將柯尼（Cogny）要求乘機攻擊三角洲越盟軍，而納華爾將軍以職責所負：①須注意到印支三國全部戰事的發展，②更須防守寮國及保護法國忠實的盟友泰人，或可因此減輕共產軍對東南亞的威脅；遂決定追隨武元甲，於是十一月八日決定進佔奠邊府，並將此地建立成機動部隊的出擊中心。

奠邊府爲戰略要地，泰族區中心，並可作爲寮國的屛障，原有居民九千餘，乃於去年二月間爲越盟佔據。法方計劃原定十一月十五日，但因準備不及延至十一月二十一日以數千傘兵降落掃蕩越盟重佔該地，且將居民移出。法軍在奠邊府建立基地之目標有：①收容自萊州撤退的軍隊，②截斷越盟向南武河及鑾布剌邦移動軍隊的供應線，以此保障寮國的安全。於奠邊府建立基地的動作法軍稱之爲「Castor」動作。武元甲以奠邊府成爲心腹之患，乃以其三一二師調回奠邊府外圍，其最精銳的三〇八師亦向該區移動，奠邊府堡壘亦因之更急於防守準備。十二月十二日法方撤退泰族區北部的萊州，但機動戰術並未放棄，却還準備以奠邊府爲中心作其他突襲。同年十二月三十日越盟第二次發動對寮攻勢，包圍鑾布剌邦，但因奠邊府扼其後防交通，越盟遂不得不退兵。由於越盟繼續增援，至今年一月奠邊府附近已集結越盟軍達四萬餘，人數之衆爲空前所未有，中共更供給越盟大量重武器及軍事顧問，甚至有一團高射炮兵。中共援助越盟的軍事供應線如圖所示。

奠邊府守軍約一萬二千至一萬四千餘人，守將賈斯德上校（註二）。境內且有一日軍在第二次大戰末期所建的飛機跑道。守軍所需的一切如大炮、戰車等重武器以下的軍火器材都是由空中運來的。

然而奠邊府終是一個孤立的城堡，距河內三百公里，四圍均係越盟佔領區，除空運外，沒有其他的聯繫，故使西貢及河內的指揮部不得不顧慮奠邊府的安危，尤其是奠邊府的地形不利於防守而有利於進攻。奠邊府位於長約十五公里寬約八公里的盆地中，周圍山上滿生熱帶森林，並由越盟佔據；於是奠邊府的守軍成爲最容易攻擊的目標，而守軍的大炮却難以發現敵人。自越盟竄入寮國後使奠邊府的安全更受威脅，因此軍方認爲難於防守奠邊府。然而守軍却仍須死守城堡，這並不是戰略上的限制，而是執行巴黎的決策。因爲巴黎國防委員會以政治的原因不能放棄寮國；雖國防部長布理溫氏及佘安元帥均極力支持越南統帥部的意見，終未成功，奠邊府仍須擔負保障寮國安全的使命。奠邊府也只好承受其命運了。

二、奠邊府的防守戰

奠邊府之戰是三月十三日開始的。一開始越盟便以極强烈的炮火轟擊，第二天守軍的情況便已經很危險，奠邊府外圍據點 Gabrieple，Béatrice 等相繼失守，河內的指揮部認爲情勢已經絕望；到第三天情勢好轉，奠邊府守軍仍撐得住，而越盟的攻勢衰了。三月三十日越盟又發動强烈的攻擊，四天之後

奠邊府的情勢又極度危險，看看保不住了；但是經過一度極爲混亂的撕殺之後守軍仍算渡過危險局面。然而奠邊府守軍所佔的地面越來越小，若不得生力軍來援，其失敗祇是時間問題而已。

爲了配合日內瓦會議，在五月五日十七時（越南時間）越盟主動的發動了最後一次攻城戰。這時奠邊府的城堡已縮小到僅有約一平方公里的面積，飛機場跑道亦在四月十四日的戰爭中被武元甲部隊，佔去一大部份，再加上越盟高射炮 (D. C. A.)(註三) 的準確，使赴援飛機不能低飛，法方物資與軍火的空投因而十分困難。每次空投會受到：①地區過狹，②高空（二千公尺左右）的限制而不準確，守軍的軍火已很有限，而來援的傘兵及軍火的一部（約三分之一强）落於敵方；幸士氣甚强，堅決撐持到底。戰事繼續了

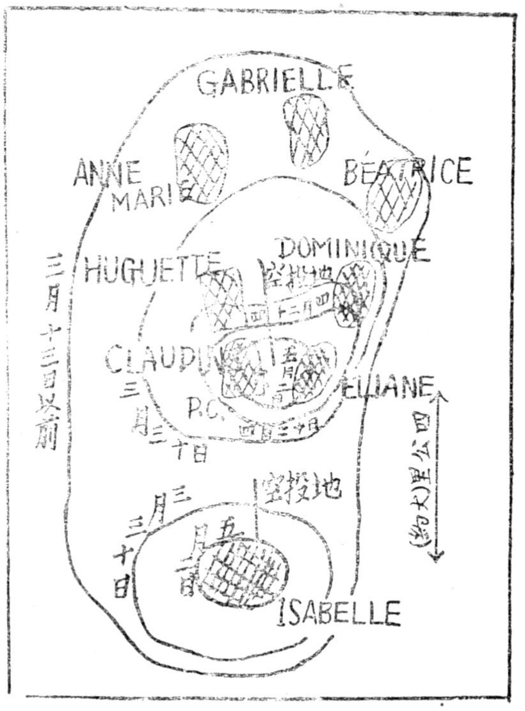

兩晝夜，越盟使用「莫洛托夫」卡車新運到的中共軍火——輕便的連發新武器，還有蘇聯在二次大戰中曾用過的武器——史大林式攻城炮 (Orgnes Staline)；集中火力自北、西北、東三路向奠邊府守軍攻來，而主力却集中於攻擊Eliane陣地。

戰至二十二時武元甲部已攻入守軍西部的 Claudine 陣地，至子夜又在東部 Eliane 陣地攻下守軍的三個據點。這時攻守距離縮短，雙方用白刄戰，死傷甚大。次日（六日）清晨敵人攻進賈斯德的指揮部，而東邊的 Eliane 陣地幾爲敵人所控制。下午十三時武元甲攻下 Claudine 陣地，Eliane 陣地的第三、十一、十二等據點先後棄守。在西部戰場上越盟亦已滲入數據點。賈斯德將軍仍繼續發號施令，然彈藥將盡，空無來援，已無反撲的力量。

至十七時賈斯德與河內指揮部柯尼將軍通了最後一次無線電話：

賈斯德：「情形極端危殆。戰況十分混亂，且到處棄守。越盟軍已侵入所有的根據地。我已感到末路的來臨，但是我們會戰到最後一秒鐘。」

柯尼：「當然，你們要戰到最後一秒鐘。絕不可在英勇的抵抗後在奠邊府城上豎白旗。」

賈斯德：「當然，我們會毀掉一切重武器和所有的通訊器材，通訊臺將於十七時三十分毀掉。我們要打到最後一秒鐘。再見，將軍！法蘭西萬歲！」

守軍一部擬於陣地東南部突圍，與指揮部南方相距四公里尚未受大撞傷的 Isabelle 陣地會合而未成功。

這時巴黎國會中由內閣總理蘭尼爾在七日十六時（巴黎時間）報告了奠邊府失守的消息，該時除共產黨籍議員外全體起立，於蘭氏報告後，由國會議長勒圖克 (Le Troquer) 氏代表向奠邊府英勇戰士致敬。

蘭氏稱 Isabelle 陣地尚在抵抗中。然而在子夜一時五十分（越南時間）該陣地守將拉蘭得 (Lalande) 上校與河內指揮部通電話：「我們已不能與你們繼續通電訊」，接着 Isabelle 陣地失守。

經過了五十五天的戰事後奠邊府是失守了，在純軍事方面看這該是失敗，然而戰士們忠勇不屈的精神獲得西方世界的欽佩與贊揚。五月八日倫敦泰晤士報稱讚道：「勇氣獲致勝利，而刀劍則不能」。並說這是一個戰役的失利，而不是一個戰爭的失敗。

三、請求美軍參戰的一幕

遠在四月四日（星期日）的法內閣會議中，空前的出現了一位外國使節，這位乃是美駐法大使狄倫 (Douglas Dillon)，其被邀出席 是受託轉達法國要求美國出面援助奠邊府守軍，派遣 B-29 轟炸機轟炸越盟以加强守軍的抵抗。因此四月六日杜勒斯發表中共援助越盟情形，稱其近於干預越戰。不久杜勒斯來歐分別與英法政府發表聯合公報；但美國提出援助奠邊府之戰的條件：①獲得美國國會允許，②越南獨立，③成立東南亞防禦公約的共同宣言。杜勒斯與艾登及法外長皮杜對共同宣言的談判並無結果。四月二十四日法內閣會議，三軍參謀長均出席，鑒於奠邊府情勢危急，蘭尼爾親向杜勒斯再度提出援助要求，這時杜勒斯祇要求實現英國的贊助與支持一條件以便美國出頭援助。是夜艾登匆匆返英倫，次日（星期日）英內閣召開非常會議。二十六日法駐英大使馬西里 (Massgli) 返巴黎報告，復銜命於二十七日晨向邱吉爾作最後交涉，邱氏終於拒絕干預。

四月二十七日邱吉爾在下院宣佈：「英政府在獲 知日內瓦會議 結果之前，不在越南作任何軍事承擔。」對東南亞共同行動僅提及此應置於和平解決辦法之內。法國請求美國從臺灣海峽第七艦隊飛機轟炸奠邊府越盟軍，使其發生混亂而令守軍突圍的計劃，遂不能實行。

美國的猶豫不決，不能援助奠邊府守軍，主要原因之一恐怕是顧慮國際上中立國家的不良反響，因而希望英國參加。而英國却顧慮國內的輿論與尼赫魯的反應。尼赫魯此時一方面高叫越南停戰，另一方面又在可倫坡會議（該會議包括印度、錫蘭、緬甸及印尼王國）提出親共的主張來擊自

由國家的後腿，直接影響了英國，而間接又牽制了美國的行動。

四、奠邊府的教訓

奠邊府的失敗雖爲意中事，然而武元甲的最後一次攻勢，却選到在日內瓦開始討論越南問題的前兩天發動，以期在討論越南問題之前攻下奠邊府。在日內瓦則莫洛托夫對法外長皮杜所提出的暫時停戰撤退傷兵的請求予以拒絕，使越南問題不能早日開始討論，到越盟攻下奠邊府而後返轉來指責法方拖延對越南問題的討論。這一切均應使自由民主陣線中的國家，尤其是正在做美夢的「中立主義者」了解：越盟並非是爲了越南的自由、獨立而戰。奠邊府之戰的策動人是中共，是蘇聯。共產集團正在抓奠邊府之役的王牌而好抬高日內瓦的「和平市價」，並藉奠邊府失守的心理影響使東南亞的局勢愈演愈糟。

這次悲劇固然由於法國未能拿出有效力量來對付越盟（例如法國迄今沒有動員）；而英印等國的態度尤須檢討。如果他們認爲那種自私自利的政治作風是不清高的話，那麼就無須打着反共或中立的旗幟，而到處拌住盟友的後腿。

在這次教訓中應該承認：①低估中共於韓戰後可能對越盟的大量援助，②過高估計空軍對敵人的威脅，③英國的自私政治牽制了美國的行動。西方國家應了解越南在反共戰爭中的重要性，不要以爲在越南之後東南亞還會有很多的反共國家；要承認現在須堅守東京區，否則一旦越南完結，緬甸、印度在共產集團看來都是不堪一擊的。經過奠邊府的教訓後，歐洲及亞洲的「中立主義者」應了解：這座城堡的失守，不但使危險更近於紅河三角洲，並且更迫近新德里、巴黎、倫敦、華盛頓。

奠邊府是完了，然而越戰並未完結，而且東京區將即會有劇烈戰爭爆發。如果民主國家自認敗北，那就無話可說了。否則是要死守越南的。目前越南的反共勢力雖不够强，但比東南亞的其他國家都要强些；如果能按照符立德將軍的建議加以訓練與配備，則會成爲反共第一線上的勁旅。假如以爲放棄越南而後再防禦東南亞還不遲的話，那麼只有在巴黎、倫敦、華盛頓建立第一道防線了。

當然越南的局勢難於處理，東南亞的人民，恨殖民主義甚於共產主義，但是你眞正能協助他們建立獨立民主的國家，事態當會兩樣的。總之民主國家要覺醒了，假如「中立主義者」還只高喊和平；而西方國家再不精誠團結起來，且只聽憑邱吉爾擺弄的話，那麼不要說是越南，即是整個世界也只好任憑敵人處置了。美國方面也得下定決心才行，諾蘭先生說：「誰不與我們合作，就停止給他的援助」。這原則固然是很對的，但仍不免是消極的，今日的局勢是要美國積極行動挺身出來擔任東南亞的防禦使命。

四三、五、十九、於巴黎

註一：賈斯德上校(Coponep de Castries)後經升爲准將。

註二：D. C. A. 防空高射炮爲口徑三七公厘，由雷達指揮的高射炮，準度强，且能穿過雲層命中飛機，據杜勒斯四月七日發表，該炮密佈奠邊府四周，而炮手均係中共擔任。

等待（新詩）

方思

等待

等待主題的再現，我隨樂曲的許多變調瀉流而下，而我，在這七彩繽紛中又想留住，不再飄流

等待

等待青羽朱喙的能言鳥再來啄食，我坦開的掌心欲抓住牠的歌聲，牠正飛在空際，自由自在

等待

等待一道清明光芒，在圓圓的高高的拱頂之下，彩色玻璃織成的圖案，令人幻想的，映射暗暗陽光的，突然開朗

等待

等待奇蹟的榮耀，萬能的創造者的歷程完全彰顯，歷史上失落了的連鎖出現，一顆顆珍珠重又貫串，懸掛項間

等待

啊，白色的頸項，金色的心，絳色的唇，透明的輕柔的語音，啊，等待

等待，像等待那一切，我等待這一切，這完美的整個，經由一個個樂音，一段段樂句，一篇篇樂章

第九交響樂，迸濺如珠，瀉流似瀑布，一道素絹，一帶白鍊，一條初冬的圍巾

共黨覬覦下的泰國

王魯

若說越南緬甸是中南半島的兩翼，則泰國可說是東南亞的心臟，其空間地位，與地理價值，都非常重要。但自越盟於今年五月七日攻下奠邊府以後，安南山脈對泰國已失去了屏藩作用，泰國以湄公河做第一道防線，在戰略上講是處於不利的地位。尤其它在中共、越共、馬共、三面環伺之下，未來的命運將如何決定？此爲今後世界各國所密切注意的。

泰國（Thailand）原名暹邏，而暹邏是我明代洪武十年賜封的。英文名曰「Siam」，係黃金之意，自梵文轉來的。戰後泰政府爲提高其民族意識，故於一九四八年七月二十日，正式更名曰泰。今之泰國，面積五十一萬八千方公里，年產稻米六百五十萬公噸，是東亞的米倉。人口約一千八百萬，皆篤信佛教，故又被稱爲「黃衣佛國」；或「白象之國」。華僑在泰約有三百五十萬人，頗能左右當地的經濟命脈，泰人視爲「東方的猶太」。其實，一生必須去做兩年和尚的泰人，離開華僑根本不能生活。

二次戰後，國際共黨已相繼潛入泰境，構成社會上紊亂的一個基本因素。共黨在泰不僅破壞泰人與華僑的感情，挑撥商民對現政府的敵視行爲，同時又有地下武力，散佈在南部的膠園和東北部各省。今年元月十四日，警方在泰南那空是貪嗎叻府，曾逮捕共黨重要首領蔡添木等多人，據搜出之證件，得知他們正在計劃暗殺國委及某政要，並規定酬金每人十萬銖。

目前泰國實際的主政者是鑾披汶（Lung Phybun Sunggram），雖然想在泰樹立民主政治之規範，改善人民的經濟生活，甚至不惜將華僑的錢，拿來充當他們的國富，終因其手下的政要，多是一些具有濃厚的機會主義者，只重視政權之遞嬗，缺乏改良政治的熱心，而未能有成績表現出來。惟在軍事方面，因得美國協助，進步較快，六萬的陸軍，和三萬左右的警察，將是保衛泰國的一支精兵。

由泰人塞巴頓領導的泰共，在一九四七年一月已正式開始活動了，惟塞巴頓本人力單才疏，在當時並無多大作用。但在抗日勝利的前夕，中共武裝隊員千名，由匪幹趙志率領，取道越南，夾在難民羣中，暗中轉入泰國曼谷，在與泰共合流之後不久，即進而代替泰共的領導地位。趙匪潛入曼谷以後，更名曰「Nikonkip」，藉泰國中央勞工聯合會的名義(C.L.U.)，在碼頭、礦場、基層社會，開始其赤化工作。及一九四八年初，趙志在曼谷爲警方逮獲、中泰共的領導權又轉入崔志康手中。崔匪係全民報的總編輯，加入匪黨有年，他先後將共黨現有武力，分佈在泰境東北與南部各省，並進行聯合失意之政客發動政變。當泰政府於一九五二年六月遭遇政變後，曾捕獲共幹多人，但中共在泰之勢力依然很大。

除了中泰共黨以外，越共於却克里王朝（Chakri）末年（一九三〇），已滲入泰國了，不過正式出面活動是在二次大戰後。越盟在泰支部的首領是陳文豪，此人性情倔强，曾受訓於莫斯科列寧大學，後因與泰共首要不合，暗中潛歸越南。越盟支部由中共派黃森接替。斯時中泰越共三股合流，溝成對泰國的嚴重威脅。

中共匪幫侵入雲南以後，即利用滇南車里縣(瀾蒼江下游西岸)土司名召存信者作傀儡，組織所謂「自由泰」，企圖假車里一帶土司撣部泰族的名義，來號召散居在泰越邊境的二十萬泰族，作爲侵泰的掩護。召存信係滇南鎮越縣人，據說他是該縣整董土司的後裔，曾娶車里土司王族之女爲妻，故在當地（車里）頗有影響之力。在中共支持之下「自由泰」即以車里爲首府，並包有滇南二十八個鎮的十二板納地。當中共於一九五三年二月宣佈這項消息時，泰國上下無不感到這是一項巨大的心理威脅。

「自由泰」之下，又有「自由泰人民解放軍總司令部」的設置，司令一人則由眞正的泰國人鑾巴立出任，鑾巴立是一九三二年(拉瑪七世時代)主持泰國不流血革命的重要份子，曾於一九三六年創立「自由泰」(黨派性質)，二次大戰中堅決主張抗日，戰後一度出任泰國務總理，在位時曾釋放了一九四五年十月十六日被捕的鑾披汶，後來又支持鑾貪隆（Lung Timr-ong Nawasuwat）重組新閣。但及一九四七年十一月八日，鑾披汶以舊有部下爲主，强佔了政府各機關，使鑾貪隆政府澈底倒臺，不久又登上了國務總理的寶坐，以迄於今。如此鑾巴立在泰自然不能立足，因經香港步向中國共區，當經中共任爲自由泰的人民解放軍總司令，充當侵泰的先鋒。傳聞「自由泰」的組織，已隨胡志明在越南的勝利，而遷駐寮國境內，鑾巴立面對着鑾披汶顯然是要捲土重來了。泰政府雖也曾下令討伐「自由泰」，但不能實際的去作，因車里屬我國滇境。

泰國今日的地位非常重要，而它面臨的危機也相當嚴重，其存亡將影響及全東南亞，甚至整個自由世界。目前泰國的外交立場與反共態度，比緬甸、印尼、馬來聯邦都來的鮮明而堅定。當去年冬天，越盟初次抵達湄公河畔，泰國朝野無不恐惶，從其內閣改組來看，必然是受越南戰局的影響，再觀警察總監吶砲率全國軍力之赴東線佈防的情形，更足證明政府反共意志之堅强。

近年以來，泰政府鑑於越局之惡化，故對寮國、高棉頗有表示親善或拉攏之意。由泰以兩千枝步槍供應高棉，以及其駐高棉公使，所發表有關泰高寮三國之商業交通談話中，可以窺出。寮高棉和寮國對泰國之來意在迫於現實之下，將會暫時放下歷史的回憶而接受之。當前高棉、寮國對泰國之關係，眞是唇亡齒寒。亞洲民族在對抗共黨侵略，防止赤流南奔的今天，必須團結起來，才能免於俄帝對亞洲的奴役。

印尼通訊

迷途的印尼

林剛

五月十五日印尼政治圈子裏傳說：要聯同印度緬甸和中共訂立互不侵犯協定。這從某一個角度觀察，似乎不過是一個試探汽球。但是這個汽球其來有因，而且是很具誘惑力的。據中立的安特拉通訊社報告，這是政府一些高級外交人員的意見，政府黨（印尼國民黨）機關報——獨立報，便曾以互不侵犯公約更有引誘性為題，發表社論。其譯文如下：

「信奉積極的自由外交政策的印尼，在東南亞公約與不侵犯協定兩事上，對後者更感興趣。現在印尼各領袖想象中的互不侵犯協定，實對於現仍須傾力建設的印尼更爲適合。我們在科倫坡會議中所開始進行的和平活動，自然需要有更明確的實際工作，以充實這活動的內容。

現在各大國所企圖訂立的東南亞公約，實給與我們的和平活動以相當的困難。東南亞防衛公約將使印尼陷入國際糾紛，而互不侵犯公約，則在東南亞國家間之合作事業上，將建立健全的基礎。」

反對黨的泉源報亦即發表評論，其譯文如下：

「我們亦屬信奉自由獨立外交政策的人們，因爲我們相信自由獨立外交政策，是在現階段的國際情勢中，企圖維護國家民族利益的最妥善之途徑。未來我們的自由獨立外交政策，行將面對着某種考驗，並非是不可能的事。這種考驗，可能是由企圖使我們放棄自由獨立外交政策而代以其所勸勉的某種政策的外來勢力方面來的。但亦可能由我國內部——即從一些企圖「使我們自由獨立外交政策轉向而以彼等所同情的某一集團爲基礎」的人們來的。倘這果成了事實，那末這些人將自己揭開其假面具，彼等之酷愛自由獨立外交政策云者只不過用以掩飾其眞實企圖，而把我們實際的牽入現在世界上互相對立之一方。

我們希望我們的人民有充分的警覺性，使我們的外交政策仍保持着原有的基礎——即僅僅以印尼國家民族利益爲基礎。」

從上述兩篇社論看，政府黨方面已堂而皇之公然表示出親共的趨向；而反對黨方面，則祇是旁敲側擊，閃爍其辭，不肯正面說出反對和中共訂立不侵犯協定。這和泛常的態度不同。因爲在大選前夕的現在，政府黨與反對黨早已進入短兵相接時期，反對黨對於政府黨每事吹毛求疵，苟有話柄，攻擊惟恐不力。

印尼之和中共訂立不侵犯協定是沒有其需要的，正如競報(註)所說是十分值得驚奇的，因爲恐其互相侵犯纔要反侵，中共沒有充足的海軍怎能侵犯羣島之國的印尼？至於印尼侵犯中共，更爲莫須有的一回事，因爲印尼的海軍，更遠比中共不上，那末爲什麼要訂立這一紙不需要的協定呢？而且像美國所說：假定印尼認中共確有侵犯印尼的軍力，或者說，印尼推測中共在若干期間的將來，會擴充其海空軍力至有侵犯印尼的可能，這樣說來，印尼自然有和中共訂立不侵犯協定的需要，但是印尼和中共訂約便好了，做什麼要把印度和緬甸拉在一起。這很顯明的是要樹立一個集團來和美國在籌備中的太平洋聯盟或者東南亞公約對立，印尼素來標榜中立外交政策，現在則已開始向左轉了。

現在印尼國會中，政府黨和反對黨有着約略相等的票數，印共介居二者之間，擁有三十餘票，投政府票則政府勝，投反政府票則政府敗。自過去以迄今日，印共始終是投政府票的。但是，不久以前印共召開中央會議議決要求政府今後對於內政外交不能再像過去的依違敷衍，必須採取更明確的路線。現在四國不侵犯協定的推動乃爲上述決議提出後的第一砲。

現在的印尼國民黨，本來是一個中立偏右的政黨，過去和右傾的馬斯友美黨，有過長久密切合作的歷史，最近忽然反臉，勢成水火。現在，印共利用他們鷸蚌相持祇欲坐收漁人之利，斷不能夠說他們和印尼國民黨能夠流瀣一氣。反之，將來如果印共得勢，對於小資產階級氣味十分濃厚的印尼國民黨，一定不會放過的。凡是稍有政治眼光的人，都可以預料得到。可惜印尼國民黨，爲謀達到打倒馬斯友美黨的目的，對於所取手段及必將產生的後果均不暇計及。這事祇有俟將來讓歷史家來判斷其是非了。

更值得我們注意的是：如我在上文所說爲什麼反政府黨機關報——源泉報不敢正面的提出這一紙不侵犯協定來攻政府呢？那是因爲他們要顧慮到民意。印尼的民意，顯然已日漸趨向於親共。這是自由世界所應當瞬眼注視的嚴重問題。

不可否認的，作爲蘇俄代表的中共大使館的一切活動，顯然較之美方的更爲有效。因爲印尼民衆，大多數是貧乏的，而且在數百年受白人壓迫的歷史下，對於白人早已具有先天的憎惡感。所以中共駐印尼大使館的一切地下活動，成爲因勢利導，事半功倍。

自由世界對於印尼如果認是不必注意，倒就罷了。否則，其今後的政策必須從新確定。其政策必須爲正義的、明朗的、決斷的，絕忌因循敷衍、拖泥帶水。否則這一國家，必將倒向共產主義，現在四國不侵犯協定的推動，不過是這一趨勢的一聲警鐘而已。

四三·五·廿二于印尼挪城

註：競報是土生華僑所辦的印尼文報，標榜社會主義，激烈反共。其主編人楊明月，爲過去荷蘭時代工運的有力人物。曾因批評希特拉入獄，日治時代又被拘集中營。該報現爲全印尼反共報刊中銷數最多者。

明清名賢百家書札真迹序

胡　適

陶君貞白收藏明清兩代名人的手札很多，今年他請臺北臺中的學人幫助他挑出一百多位名人的書札眞蹟，影印流傳。我很贊成這件事，所以寫幾句話作個小序。

信札是傳記的原料；傳記是歷史的來源。故保存古人信札的墨蹟，卽是爲史家保存最可靠的史料。

可惜中國文人學者寫信往往不標明年、月、日，或但記日而不記年月，或但記月日而不記年。這種信札往往需要愼重考證，才可以決定作札的年、月、日。這種考證是很不容易做的，往往是不可能的，是不可完全信賴的。

陶君的遠祖陶隱居(弘景)在一千四百年前，就在他的周氏冥通記裏特別指出：凡記月日，必須標明何年的月日。可惜一千四百年來很少人肯實行這種最明智的敎訓。試看陶君所收一百多家手札，除了張叔未一人之外，全是僅記月日而不記年的。

我曾借看陶君收藏的張叔未十六札，其中只有一紙短短三行的便條沒有題年月日；其餘十五札，從道光廿二年壬寅到廿七年丁未，——從他七十五歲到八十歲，——每札都題道光某年某月某日。這種精神眞可佩服！這種風範眞可效法！

難道不記年、月、日的信札就全沒有史料價值了嗎？這也不盡如此。

有些信札的年月是容易考定的。如駱文忠札中詳述石達開在大渡河被擒的事，就使人可以查考作札的年月。

有些信札雖不記年分，也可以表現作者的性情風格。例如我的太老師吳清卿先生：他寫的信札，無論給家人朋友，無論給上司下屬，總是一筆不苟，字字工整秀挺的。這不是表現性情風度的傳記資料嗎？

最後我要指出，一切手札墨蹟都有幫助考證史料的功用。我在二十多年前曾買得劉子重(銓福)收藏的「脂硯齋評紅樓夢」十六回，有他的印章，又有他的三個短跋。現在我看了陶君收藏的兩大冊劉子重的短簡眞蹟，看了他的許多印章，證實了他的字蹟，我更相信我的紅樓夢殘鈔本確是他手藏手跋的本子了。

舊日石刻木刻的古人尺牘眞蹟，也有幫助考證稿本鈔本眞僞的功用。今日有照相影印的新法，古人的墨蹟可以永遠保留眞面目；後來的史家更可以利用眞蹟影本做考定史料的工具了！

中華民國四十三年四月四日，胡適。

編者案語：

胡先生這篇文字，是在他這次離臺飛美的前夕寫成的。現在這部「明清名賢百家書札眞迹」，已由中央印製廠印好，由臺北市重慶南路一段世界書局經售。全書分上下兩巨冊，收集明清兩代一百十餘家(書名中稱「百家」，係據成數而言。)的書札，共影印墨蹟三百七十餘幅。每家墨蹟以前，都附有書人小傳。印刷精美，裝潢雅緻；凡收藏家和學書者，固應該各備置一部以作參考，卽普通對於我國文化或歷史稍有興趣的人，都應家藏一編。這樣的書籍，眞所謂「開卷有益」的；一個人得以隨時翻覽，可以增長見解，提高趣味，非特有益於學問，並且有助於修養。定價臺幣二百八十元，以書的本質講，可以說是低廉的。

這部書除胡先生序文以外，還有陳含光、莊嚴二先生的序文。因爲陳莊二先生都是當代精於書法和鑒賞的人，所以他們的序文裏都有很中肯的話。茲略擧幾個例。陳序中說：

古人之於碑版也，雖名手不免矜持，而簡牘則縱意所如，不加修飾，故其字天機橫溢，往往有平生精意所不能到者。

這幾句話，的確是「經驗之談」；由陳先生說出來，自然更值得我們的注意。陳序中又說：

古人往矣，尺牘幸有一二留存。其間巨而朝局，細而家事；友朋之相與贈處，藝事之相與商量：人事百端，莫不畢見。讀之而當時風俗之所形與其人性情之所在，嬉笑怒罵，使人若親其顏色而聞其言詞。

這段話的意思，和胡先生序文後幾段中的意思可以互相發明。(莊序亦提到這點。)

至於本書出版的歷史，可由莊先生序文中得知大概：

吾友陶貞白先生，江南世胄，家富藏庋。舊藏明清名賢書翰，常携之行篋。茲循友好之敦促，先選其中精品百家，景印以廣流傳。甚盛事也。吾不多先生收藏之富，而多其能公諸同好也。

一個人能够將家藏珍品公諸同好，的確是一件值得稱讚的事情。

最後，胡先生序中提到陶弘景周氏冥通記裏所說的凡記月日必須標明何年的月日一事，我們以爲不僅是一件有趣的談資，乃是「改良」語文的要義。我們現在將道藏本周氏冥通記(卷一第十六葉)關於這一事的文字鈔錄於下，以爲讀胡先生序文者的參考。

五月廿七日事。(此人見子良題此，乃笑曰，「知記月爲好，歲代久遠，後人見之，知其何年？」子良曰，「前丞帥來，已記年，今詎須又？」曰，「紙紙記爲好！」子良因疏下作下四字。)太歲乙未。

這幾行文字，是一段記載的開始；括弧裏的，原來是小字注。實在，紀月日而不記年的，非特「後人見之」不知何年，卽記者本人過了一二年後，有時亦考不出是那一年。

山居

聶華苓

仲展着道路的地方，我步行的慾望；
濃蔭處，休息的慾望；
水深的岸邊，游泳的慾望。
——紀德

二月一日

我們提早來了白冷。

山中的友人卓曾給我們信說：『……早點來吧！我嫌日子過得太慢。昨日我曾去溪邊漫步，我想，這些光潔的白石，飛躍的浪花，柔細的沙子，野草，碧潭都會引你喜悅。當你環顧四山，流水聲，鳥語，和孩子們的笑聲，這一片天籟，將震動你內心的和弦，於是心扉開了，和大自然的呼吸相通！你的心，將是深遠空靈，與天同高！你將會屏息凝氣，聽見心弦輕輕彈出一個諧音：「好美！」……』

有什麼比這更誘人的邀請嗎!?

一大早，我們就連人帶行包，一陣風似的，旋向了車站，好像要旅行到地球的那一頭去似的。對於火車，我曾有一種奇特的厭煩，每逢聽見了火車沉重的軋軋聲，心中便泛起了一種莫名的悵惘。我總覺它象徵別離，顛波，戰亂。我知道這是一種病態心理，但呼吸於這個病態時代的我，怎能擺脫它而另生一種美麗的聯想呢!?

但這一次，我的感覺却不同，大概這才是健康的感覺。

天宇從沒這樣柔美，雲從沒這樣飄逸，田野從沒這樣綠。風浪在樹頂翻騰，樹好像爭着往高裏長。一上了火車，我的心，我的靈魂，便快樂的悸動着。我們興奮的叫笑，旅客們都痴痴的望着我們，張着嘴巴。我們已脫去了城市的服裝，擺脫了城市的灰塵，再也用不着綳着臉，硬着頸子，擺出一副假尊嚴了。風暖暖的，輕拂着臉，早春微溫的陽光，柔柔的罩在身上，火車有節奏的軋軋作響。遠山，樹林，農舍，田野，向後急速的退去。一條小溪流過，村女在石旁搗衣。母親忽然變得那麼年青，爽朗。弟弟望着遠處空漠的高崗說：『在那兒騎大白馬該多好！』妹妹指着天際比天更藍的地方驚叫：『海！多美的海！』孩子們却拉着我的手要求道：『媽媽，我要和人魚公主一塊兒騎在那浪花上！』

我像一個會害熱病的人，突然觸着了清涼的杯盞，顫抖着，狂喜的，一口口深深飲下！我的慾望，我的幻想，我的青春，都復活了！

世界還是美麗的啊！

火車在豐原一停，便在窗口瞥見了來接我們的卓。他笑迎着我們走來，我很少看見我們這位孤零的好友笑得那樣明快，我們爭着向他講自己的興奮，他也許一句也沒聽進，但我們已管不了那許多，小小的心，那容得了那一股如春潮般湧來的喜悅!?兩個孩子，像兩團小紅火，在卓身邊跳。

汽車經東勢時，卓去爲我們辦理入山手續，我們跑去溪邊。小鎮的石板路上，人好像離得更近些。母親背着嬰兒，提着籃子在街上閒盪，店舖陳列着豐盛的物品，老闆站在門口和路人搭訕，貓兒懶洋洋的躺在門檻上。然而，這安祥，這滿足，反使我心頭罩上了一層輕愁：『這世界爲什麼要有戰爭!?』

我常抱怨，自來海島，便沒聽見鳥叫（不知是眞沒鳥叫，還是我的靈魂沉睡了）。但這一次，我可聽見了！當我立在溪邊的一棵大樹下，聆聽淙淙的溪水，忽然，樹上洒下了一陣鳥鳴，那麼近，那麼嘹亮，那麼單純，一直波及我心底，只那麼一陣，就够了，靈魂已脫離我隨着那一片鳥鳴飄去了！眼中，噙滿了淚！

溪水歡樂的在脚下流，陽光閃耀着光華的和平。我們在大樹下的白石上野餐，我眞餓！我忽然發現母親的頭上已添了幾莖白髮，多久不曾見她如此衷心的笑了！妹妹快活得像高空的雲雀，以前爲何我沒發現她有如此魅人的美！卓永遠是以別人的快樂爲快樂，他爲我們摘來一束桂花，我將花粒壓在髮鬈下。孩子們爬在大石上，找石縫的野草。我拿起照像機，看鏡中的雲朵，但在鏡中，我發現弟弟蹲在後山的一塊大石上，樹葉如蓋，爲他遮住了陽光，他忽然好像離得我們很遠，我驚叫了一聲：『想不到在鏡中找到了你！』但我來不及掩口，他已被驚醒了！

車順溪流而上，溪谷深懸在我們脚下，溪水閃閃，像一條玲瓏銀鍊。我們默默無語，全靈魂都給這奇麗山景魅住了！山腰的烟霧迷濛，夕陽浸沉了一片蒼翠，偶而一株梅花，或是一樹紅葉，輕拂我們的車身而過，我們便驚叫了！我原是愛水的，但現在我却愛山了，愛它的深沉和無盡的變化！

我們終於到達了這個小村。山坡上一棟棟綠色小木屋，夢般的靜立着。當我們的車停在卓爲我們準備的小屋門前時，我和妹妹高興得幾相抱而吻了，這不就是那夢中的小綠屋麼!?我想起了初戀時的囈語，我跑進了屋，我知道路會在那兒等我的，不是嗎？他就坐在那洒滿陽光的長廊上，抽着煙斗，拿着一本闔着的書沉思，煙霧裊裊飄入了暮靄。我喃喃的說：『我可不走了！』但耳邊響起了一陣笑聲：『請到這樣的客人可糟糕！』我醒了，他們正望着我笑。

卓這位好心的友人，為我們準備得無微不至，幾年來，同甘共苦，他已熟悉我們每個人的個性，即令是房間，也是依照我們的性情分配的。母親的房當然最舒適，也最安靜，另處一角，一列長窗的外面，幾棵淡雅的梅花，黃昏，斜依窗前，可以享受對山竹梢的暮色。妹妹的房最安穩，假若夜間眞有鬼怪的話，是不會摸到她那兒去的。拉開白色的窗幔，便可坐在窗臺上閒聽後山的鳥鳴。弟弟的房在我與妹妹的房之間，坐在那明淨的小書桌前，可以描摹襯着峽口碧空的一株蒼松。我的房外是一條明亮的長廊，正對着滿山的新綠。坐在這長廊上，可以俯視山野的景色，或看那飄過峽口的白雲，或展讀我愛好的書本。長廊外，兩棵老槐，籬笆上，幾朵小花。

卓還為我們請來一坎事的小女孩。她眼睛閃着清靈的光，像掠過山谷的流星，她樸實的布衣，沾着太陽氣息，襯得我們這身所謂的「時裝」不禁自慚形穢了！

這綠色小村是發電所的住宅區。黃昏，幾縷炊烟，孩子跑下山坡拉着爸爸的手，向着那閃灼的一點安祥燈光走去。這兒沒有叫囂，沒有野心，人只是為他所愛而也愛他的人樸實的努力。人若都能像他們那樣有勇氣甘於平凡，甘於寂寞，這世界不就好辦了嗎？

一切都是新鮮迷人的，這兒的聲、光、色、空氣，都預示人以幸福，連我自己也變成幸福的化身了！我好似一隻迷途的小鹿，突然闖回了久別的林園，對於這意外的歡樂，惶然不知所措了！

二月二日

一夜好夢，醒來，不知此身何在!?我嚐味着慵懶的甜蜜，似夢似醒，在枕上靜聽鳥叫，再也用不着計算時間（我討厭一切計算）去擠公共汽車了。隨着鳥叫，這裏一聲，那裏一聲，我丟下或拾起零落的夢。

晨起，還不知今日何處去，我品味着流浪者無羈的快樂。推開長窗，陽光，流水聲，湧進窗來，山和樹，在晨霧下，柔美極了！

上午乘車去谷關。山邊有些樹枝優美的大樹，遠處，三三兩兩的小屋出沒於樹叢中，銀裝小溪，在奶油色的天空下熠耀。蜿蜒的山徑上，我忽然想到城市中單調畢直的馬路，不知我原來是如何忍受的!?

卓與同車的人寒喧，他們多半是當地的居民或地方工作人員。不知是種什麼默契使他們如此相親。起初我感到驚奇，但猛的我好像失落了點什麼：城市生活的枯澀已將人與人之間最可貴的人情味像剝筍子似的，一層層剝掉了。在這些篤誠的鄉民面前，我的可卑的矜持像久凍的冰河，溶於溫暖的陽光，我情不自禁的和他們談笑，不再感到寂寞了。

下車後，沿山路向裏走。碎石小徑，鋪滿了落葉。這兒的寂靜迷着了我。沒一個人影兒。路旁安放着一把鋤頭，不知是老農夫遺失的，還是他耕作後存放在那兒的!?我呆看了它半晌，羨慕它老主人那雙結實有力的手，和他纖塵不染的山居生活。多久我就夢想着山中一間小屋和這樣的一把鋤頭！山徑忽隱忽現，溪水像粒粒碎鑽綴滿葉隙。山巔，金光輝煌；山腰，飄浮着珠色霧紗。山林靜靜的，忽而一聲鳥叫，我便停住了，尋找它的方向，有時它好像有意逗人似的，再也不叫了，有時嚯的一下，從頂空掠過，待我回過頭時，它又不知飛棲在那棵樹上了。

滿眼的綠！滿心的綠！呼吸着快樂！呼吸着幸福！

小徑盡處，一灣神秘的綠潭，水邊，一棵枯樹，俯吻着河面，樹旁，一隻孤獨的竹排。我們禁不住水的誘惑，跳上竹排，除了脚下那一小塊踏着的木板，竹排幾全浸在水中。摸摸濡濕的裙裾，好像觸着了自然，我感到一種莫名的喜悅。我們向溪中的沙灘划去，妹妹的白裙，像天邊的雲朵，與風戲舞，遠遠的，她在沙灘上跑，像山林的小精靈。水奏着輕柔的曲子，一朵浮雲，正冉冉飄過山頭，我想：在雲端俯瞰地面，我們與沙灘上的粒粒沙礫何異？我撇開了他們，獨坐水邊。水清澈極了，我不禁拂起了額前的髮絲，照了一個清亮的影子。赤裸的脚，踏着水底溫柔的青苔。一片又一片的落葉飄過去了，我扔了一塊小石，一片浮葉翻轉了過來，又繼續飄去。孩子們的笑聲衝破了寥寂，我回過頭來，她們像兩隻小蝶，在沙灘上跑，我眞不忍再帶她們回到城市！

歸來時，路經一俱樂部。柔美的草坪，繞以青石小徑，點綴着玲瓏的花畦；疏落的大樹下，倚着安適的靠椅；草坪中的噴泉，在夕陽中飛躍。孩子們在草上做騎馬的遊戲。我愛那株白玫瑰，園丁採了一朵送我，我禁不住拿起來吻。

今日是農曆除夕，若不是卓的友人邀我們去吃年飯，幾已忘記了這節日。

快樂，興奮，我幾撐不起了，我心已醉。柔和的夜，圍着我，我眞幸福！只有女孩時代，曾有過這樣甜蜜的感覺！

二月三日

清晨，卓送來一束梅花，插在妹妹的奶油色瓶中。鳥語細碎，和着淡淡幽香，瀰漫着白色小屋。

上午，沿溪流向下走去。遠遠的，一座吊橋懸在兩山之間，一個綠衣人，像風吹綠葉似的，騎車馳過橋上。看見了橋，就想過去。那兒溪面較寬，溪流湍急，橋很窄，兩人不能並行，走時橋身動搖得十分厲害，走到橋中間，那擺動的鐵索，那更其瘋狂的水聲，令人昏眩。我緊抓住鐵索，不敢俯視，欲返不能，欲罷不得，只有咬着牙根，平視着前方向前走去，終於走到了橋頭，待我回過頭來，妹妹已攙扶着母親走上橋了，看見橋上幌動着的老母倔強的身影，我的眼潤濕了，幾年來，我們不就是這樣渡過來的!?

都走過來了！

我們爬上了一個荒涼的小丘，看閘門流出的水像瀑布一樣奔瀉而去，藍色的水面，湧起一簇簇銀浪。弟弟獨自一人躲在小丘的那邊畫天邊的雲和樹(他若知道我提起他的畫，他會臉紅的，他偷偷愛藝術，我會偷偷愛文學，因此我懂得那種微妙的感情。)小丘旁，一株孤立的梅花，微風散播着清香。琤琤的溪水聲引誘着我們向下走去。沒有路，面前擋着一個深潭。赤裸着脚，心緊縮着，我們攀越料峭的岩石，雖有點驚險，但有趣極了！溪邊，是冒險後的寧靜與安適。陽光，暖暖的；沙，暖暖的；溪水，暖暖的；心，也暖暖的。天空呈現着湖水般的蔚藍，沒有一絲風。一朵白雲，像一隻小白帆停泊在峽口的碧空。我躺在溪中的一塊大石上，沒有思想，沒有掛慮，什麽也沒有，只有藍天，白雲，青山，綠水，和我。不，這一切我也意識不清了，昏迷迷的，我已與自然融成一體，我就是自然，自然就是我。我好像一直就躺在那兒的，和那青山，那流水，那大石……一樣，一直就在那兒。沒有過去，也沒未來，一切與我停止在那永恆的瞬間！

我們漫無目的的向上游走去。我赤着脚，踏着那清涼的小石，溫柔的沙子，又回到了兒時的夢中。還是女孩時代，我會有過這種浪漫的情愫，和奔放無羈的歡樂。我像一個久離家園的浪子，歸來時，每一感觸，似親切，又似遙遠，像找回了什麽，又像失落了什麽。

我們總得回去。卓先涉水過溪，探知何處水淺。記得兒時常愛獨立溪中，讓溪水拍擊我的裸脚，我却戲弄水中的青苔。憑着這份經驗，我自告奮勇先涉水過溪。但行到溪中，脚踏在一塊長滿青苔的石上，半身滑入水中，跌了一交，再也不敢向弟妹炫耀我是溪水的知己了！不知是溪水不認識我，還是我不認識溪水了!?

晚上，帶着一身甜蜜的疲倦，躺在床上讀着隨手拈來的一本浮生六記。

二月四日

山裏，夢也好。

過了幾天仙人似的生活，沒有責任的羈絆，沒有柴米油鹽的紛擾，我吸吮着流浪人的快樂。我要飲那岩洞的山澗，我要嚼那樹梢的花朵，我要吸盡泥土的鹽分……

正如紀德所說的：

「伸展着道路的地方，我步行的慾望；
濃蔭處，休息的慾望，
水深的岸邊，游泳的慾望。」

我像脫籠的小鳥，狂喜的在藍空中翺翔，不願有片刻停留。

晨起，沿山路而上。路旁的樹，投下了可愛的陰影，鳥在陰影裏歌唱。沿途有支起的竹管，綴滿了水珠，水叮咚滴在地上，潤濕了地上的青草。這竹管是山裏人家用以接山澗用的。水珠在陽光中閃耀。人，無論如何，是要活過來的！

過了木橋，小徑往山裏隱去。我們在山谷中行走。昂首看那聳立在金光中的峰巒，我突然覺得人多可憐，在這地面蠕動！淺紫小花，輕掠着我的素裙，孩子們拾着地上飄落的紅葉。浮雲過處，山徑籠罩在清涼的陰影中，但雲過後，陽光又鍍黃了小徑。我沿途摘着野花，答應孩子們摘着了足够的野花時，爲他們編一個花冠，像人魚公主一樣，戴在頭上。但花還未摘够，我的手已傷痕斑斑，裙裾上沾滿了小刺。溝中的水，清澈無比，幾隻小鴨，在溝中追逐。一隻猴子，聽見了人音，溜走了，樹枝被搖的颯颯的響。鳥爲溪流伴奏，時而洒下一陣純潔的鳴叫。這情調，柔美極了，像低迷的小提琴協奏曲。我的心，我的靈魂，也合着那輕柔的音調低吟。

山中闃無人跡，我們就是它唯一的訪客。漸行漸高，溪水已深懸在我們脚下。山徑盡處，躺着兩株被划到的櫻花，滿地枯葉，伴着殘紅。再過去立着一棟小木屋，門口貼着紅紙對聯，其中一句我還記得是『山中自有山中福』，我們在那幸福的門外徘徊，羨慕着那小屋主人的山林隱逸之樂。這是山上僅有的人家，管這兒的水閘。主人從屋內出來笑迎

我們。男的約摸四十歲左右，滿臉風霜，但他的笑，他的眼光，誠實而善良，他身旁的女子比他年輕得多，在她篤誠的目光裏有一種羞澀的女性美。我凝視着她，愛她身上盪漾着的生命，她一定是屬於這清絕山林的。

「來這兒遊山的嗎?」男主人笑問道。

我們微笑着點點頭，我看見了那閃灼在室內牆壁上的結婚片。

『這兒眞好!』我只能笨拙的表達這唯一的心音，站在那兒，不知是羨妒，是嘆賞，還是歉然!?

『嗯!』男主人含有深意的點點頭。『來這兒的人都羨慕我們，也許那只是一種新鮮感，他們若也住在這兒，我怕他們會奈不住山居的寂寞。我以前一直就過着漂泊的生活，……』

我沒有聽下去。冥冥中，我似看見一個熱情的青年，滿身風塵，飄洋過海，來尋找他的夢，那夢，引誘他跌得遍體鱗傷！他倦了，遇見了一個善良的女孩，她能給他一個安靜恬適的家，他娶了她，住在這青山綠水間，這種淡泊的幸福和他年青時的浪漫幻想完全不同。他沒找着他的夢，但他尋得了澈悟後的寧靜，還給上帝一個豐富而恬靜的靈魂，他是有福的！

『……休息一下吧！吃點點心再去！』主人熱誠的聲音又在耳邊響起。我們正要謝絕時，發現女主人已不知溜到那兒去了，廚房中傳來鍋鏟的聲音。男主人帶我們看他屋後的菜園和小鷄，女主人微笑着端來兩盤年糕，香氣撲鼻。山中的一切都引起我的饑渴，我幾乎是貪婪的吃下。當我們走上崖邊的小路，回頭看見小屋門口那一對夫婦的幸福身影時，我還不敢相信，在這漫長而陰暗的世紀裏，還有這樣溫暖的人情！

山路已盡，我們赤裸着脚，爬下鐵梯，涉過溪水，爬上了立在溪中的一塊大岩石上。羣山環抱，只露出頂空一小塊藍天，溪水在岩石的陰影下憂鬱的呢喃，一隻紅羽小鳥飛過，一陣溫暖的風，吹起

了地上的枯葉。在羣山的懷抱裏，宇宙好像縮小了，離我們如此近，如此肅穆，令人敬畏。兩邊是峭的岩石，沒有路。我們要去找水源，母親與孩子們留在大石上。我們又涉水爬上峋嶙的崖邊，好像要去非洲探險一樣，自以爲有冒險家的意志。赤裸的脚，踏着潤濕的岩縫，一步步探索。每繞過一轉彎處，發現一個小潭，我們便停下來，沉默於那一潭靜穆神秘的綠水。最後我們探索到一個較大的潭，竹林掩住了去路，水在竹枝下流。這兒的水，更綠，更靜。我坐在一塊最高的岩石上，什麼也沒想，什麼也沒希望，一切的思想，一切的希望，縱令是人間最偉大的，在這兒也不敢抬頭了，多渺小！多可憐！我從沒嚐味過這種莊嚴的寧靜，看看我周圍被水冲擊的石頭，不禁顫於這脆弱的人身！現在我才知什麼是偉大！

已是薄暮時分，晚霞染紅了天際。山林靜靜的，遠處，一株蒼松映着西天的晚霞。我帶回了滿身毛刺，一捧野花。手上的刺傷微微作痛，裙裾濕潤的，沾着泥土。

但我已有了一顆豐滿的心！

二月五日

一宵好寧。

卓爲我們送來一束桂花。

晨起，獨步林中。

一到白冷，我就愛上了這山坡上的樹林。但我一直脫離不了人羣，直到今晨才有了這孤寂的幸福。

晨霧濡濕了山徑，小鳥在霧裏歌唱。一隻白色蝴蝶在我前後飛舞。落葉蓋着伐倒的樹幹。我愛這兒荒涼的美，徘徊在這林蔭小路上，聆聽靈魂的低語，我吸吮着微濕的朝氣，女孩時代的詩意又回上心頭。我朝着山巔走去，山的那邊，可是一湖迷人的綠水!?

但山下傳來了孩子的呼喚，我禁不住那人間最美的聲音的誘惑，走下了山。

孩子們已跑上來了。我牽着她們倆，樹葉在晨風中低頸，路好像在我身邊，我是一個幸福的母親！

午間，我們走上公路，走過石橋，穿過山洞，便由一條蜿蜒小徑走下山坡。田野裏閃着新綠。經過了一片香蕉園，來到竹林。飄落的竹葉掩着小徑。我偏愛沒人走的荒涼小路，和枯黃的落葉。撥開拂面的竹枝，恍如夢中，假若不是怕使大家掃興，我眞想撇掉他們，獨自留在那冷清的竹林裏了。

爬過纍纍亂石，又到溪邊，孩子們在沙地上堆砌城牆，我斜倚在一塊大石上，享受那甜蜜的靜謐。微風吹起了我頸際的綠色紗巾，輕巧的蓋着我的臉，陽光泌過綠紗，柔柔的暖着我。現在所感到的，不是興奮，不是狂熱，只是恬適與寧靜，像脚下的小溪，柔聲低吟着永恆！

我們渴慕着一切的新異，又向溪的上游走去，尋找另一個天地。我們爬上了臨溪一塊龐大的岩石。我躺在石上，雲天似海，一隻燕子掠過。孩子們在溪邊玩，小薇伏在石上，兩手撐着水底的卵石，用嘴吸吮溪水，抬起頭來，臉上閃着晶瑩的水珠。我跨到溪中的石上，掬起了一捧水，那泌涼的有點淤泥味的水，泌入我心田。一條小魚游過；微風吹縐了水面；我低下了頭，水中盪漾着紗影。浪花輕拍着我脚下的石頭，淺濕了我的衣裾，自然離我更近了！

歸途，我發現孩子們已被太陽晒黑，被山風吹粗的小臉，又沾上了一塊塊芬芳的泥土，我覺她們沒有什麼時候比現在更美更可愛了，我給了她們一個最甜的吻！

二月六日

今天身體微感不適，這樣也好，我可享受階前可愛的陽光。

陽光篩過庭前的樹枝，在長廊上洒滿了如幻的陰影，我披着一襲跳動的葉影，坐在階前織毛線。一朵白雲正依戀着對面山頭的樹梢，襯着藍天的底子。綠線球滾落在地上，孩子們像小貓似的，追趕着它。

一上午，就這麼迷迷沉沉的渡過了。

午間，躺在床上，鳥叫的撩人心魂，不知是什麼時候睡去的。醒來，在長廊上讀紀德。我眞愛他那支清麗自然的筆，充滿了靈性。再沒有比在這朴實的大自然中更適合讀這歌頌「人」的慾望的美麗詩篇了！我在它裏面發現了眞「我」，它使我的心更豁朗，更熱愛生命！我重覆讀着此時最感親切的句子：

『……在書本上讀到海灘上的沙土是輕柔的，這對我是不够的，我願我赤裸的雙足印在上面……。任何未經感覺的認識對我是無用的』。平時，這些話，我也許輕掠了過去，但在此時此地讀到它，我特別懂，因我已感覺到沙土的輕柔了。

『明日的夢是一種快樂，但明日的快樂又是另一種快樂，可喜沒有事物能與自已所夢想的正相符合；因爲每一事物的價值在於互不相似。』正因此，我不再吁嘆。生命，是一個壯美的花園，我的一切遭遇，好的和壞的，是它裏面各種不同的花卉，它們點綴了我的生命，豐富了我的生命。每天，我含笑欣賞着生命的美麗，儘管那笑有時比淚還苦。我知道，生命是一杯誘人的醇酒，必須以我們的笑與淚來換取心醉。

晚餐，在卓友人家碰着了一張過時的報紙，我怯生生的拿了起來，好像一個犯人重見了他昔日犯罪的地方，觸起了他對罪惡過去的回憶。那世界，離我那麼遠，又那麼近，對於它，說不出是懼怕，還是親切!?

二月七日

今天本準備去八仙山嚐嚐纜車爬山的驚險滋味，據說車行至山腰時，人便倒懸而上了。濃霧，大風，終未成行。

鉛色的天宇，重沉沉的，壓着裏着濃霧的山林，溪邊的石頭更灰了！

來了好幾天也沒去參觀發電廠，機械比不上自然引起我的興趣。這些天，忘記了一切，也忘記了我自已，興奮、快樂、慾望，攪昏了我！

我們趁此雨天去參觀發電廠，在那些機器的面前，人好像縮得更小了！但想到這些偉大的複雜機械竟是如人這樣的動物的腦筋想出來的，我不禁木然！卓爲我們講解一切，我肅穆而專心，但我仍聽不懂。總之，那當是不可思議的事，複雜極了，緊張極了。隆隆機聲中，我只想溜出去看卓在園中插枝的玫瑰。對於發電廠本身我無法記述，但它外面那個俯瞰溪流，懸立在高崗上的小花園却令我難忘。那個簡樸的小花園靜極了。草坪、小亭、噴泉、玫瑰，這畫面已够清新可愛，更何況還有那霏霏細雨！卓移栽的幾枝玫瑰已生出嫩綠小葉，在雨中閃灼，卓答應以後帶給我們，栽在家裏的小花園中。歸途，夾道的冬青樹更綠了！

傍晚，散步林中。山霧仍濃。雨後的鳥叫和流水聲更清亮了。小徑、落葉、樹椿、都濕潤潤的。天邊，一道彩虹。

山下的燈光像螢火般稀疏的綴上了葉隙。夜幕柔柔降下了！

二月八日

午夜醒來，母親正醒着，她告我曾由噩夢驚醒，那夢是個不祥之兆。她心神不安，輾轉不能入眠。弟妹都醒了。母親說只要我們答應次日不去八仙山『冒險』，她便可安睡。我們苦笑着答應了。不一會，我便聽見母親輕微的鼾聲，我却默然於母親坎坷的一生。

我們改變了原來的計劃，放棄了八仙山之行，重遊谷關。但這一次感覺已失去新鮮，對於那兒清悠的鳥鳴，潤濕的山洞，深山的幽徑，只是一種卽將離去的依戀之情，已不復是初次來時那震撼靈魂的喜悅了。一切依舊：溪水低柔的鳴奏着，孤樹旁，浮着竹排，繩子套在木樁上（那繩子還是我們上次離去時所套的樣子）。我們乘竹排去到溪中的沙灘。無論如何，我還是愛這小溪。我坐在溪邊扔着小石，與水嬉戲，撲通一聲，一個漣漪，散開了，擴大了，消失了，又是撲通一聲……。我赤着的脚輕撫着岸邊溫柔的沙土、水中的青苔和淤泥。我們又乘竹排向上划去，此處水很急，卓與弟弟充當縴夫，拖着竹排逆水而上，浪花像雲般的擁着我們，銀色水珠綴滿了我的衫袖。我站在竹排上，春風吹起了我的紗巾，我好像在雲端遨遊。我們跑上另一個沙灘，踏過水中點點小石，又走到更遠的一個沙灘上，享受小溪轉彎處的陽光。我坐在溪邊，看水中輕舞的青苔，靜聽溪語和鳥鳴，手拿着槳，漫不經意的拍着水面，幸福的脚，（在這段時期的日記中，我用了過多的「幸福」字眼，因我覺得再沒有其他的字眼更能表達我此時的感受了，文字多笨拙啊！）浸在水中。何等樣的陶醉！遠山，深紫色，輕抹着雲煙，太陽不知什麼時候隱下山了。歸去時，在竹排上，我的手一直依戀的浸在水中，何時再能獨坐那兒聽溪水與靈魂傾心相談！

二月九日

臨行前反而不想動了，不知是依戀，還是失去了新鮮感!?

現在才知我最捨不得的還是那山坡的樹林，幾天的山居生活已使我了解山，愛山了！

清晨，去林中散步。我坐在林中的一小塊空地上，幾隻美麗的大蝴蝶逗引我遐想。忽然，身後的樹葉沙沙的響，我回過頭來，一個女子背着一擔柴走來了。在這兒見着人眞不容易，但見着的都是『人』！她向我笑笑，褐色的臉上淌着熱汗，身上泛着山野的氣息。我向她來路看去，原來樹叢掩着的山坡下，還有人家。

上午，和妹妹去看卓窗前的梅花。那小房整潔得令人發愁，我虔心祝福這位孤獨的友人，他的愛應該得到報償了，雖然他自已常引用這句話：『你所愛的人對你有一切權利，甚至有權不愛你。』那小室中所有的光，所有的熱，所有的生命，全聚集在牆上掛着的一張女孩照片上，那雙童稚的眸子，灼灼有神，逼得人不敢近視她；那笑容，和窗外的梅花一樣，散發着一室的幽香。小聰獨坐，面對着峽口的白雲，窗前的素梅，和這張生命蓬勃的美麗女孩的像，山居的歲月還會寂寞麽!?連我也不禁在那明淨的小書桌前坐下了！

我們出來，尋找荊棘裏的幽徑，隨手摘着帶刺的野花。一個破損的小水池，浮着幾片殘葉。一隻小松鼠，眏着眼在樹叢中溜走了。我們在藍色的光中行走，好像浮游於藍色的水中。

午後，又去林中散步。

今晚月色如洗，我們去橋頭看月。大理石般的橋下，呢喃着銀色小溪。山上疏落的燈光，星般的熠耀。夜，好像完全被這迷離月色魅住了！

我遺憾這些日子未曾去山巔看日出。

過了幾天神仙生活，現在又該下凡了，所喜的是我已成了一個健康的凡人！

二月十一日

我們順道來了日月潭。它並不如我想像中那樣可愛，我覺它有點俗，至少是在喧囂的白晝。我仍慕戀着淡雅孤高的白冷。我不能說日月潭不美，但它引不起我震撼心靈的喜悅。我之所以有此感覺，也許因爲我是慕『名』而來的。人的本身也許美麗，景物的本身也許美麗，但若不幸一沾上了名，就變俗了。

陽光下那一湖的碧綠漣漪，文武廟前聖誕紅下的湖景，仍然逗人喜歡，但它沒個性，沒詩，沒畫。我寧可閑坐室內，一盤花生米，一盞清茶，享受那清涼的靜謐。

但我仍極力去愛它。

黃昏，獨立湖邊，湖上泛起了霧，比紗還薄，還輕；湖水變成了黛綠色，與西天的晚霞相掩映；遠山，淡淡的抹着天際。

霧夜，我駕一葉孤舟，在湖中漫無目的遨游。空寂的漁舟旁，漂着一張破漁網；遠處，野火染紅了天的一角，也染江了山頭。

黑夜，我依窗等待湖上的黎明。何等樣神秘的寂靜！我抖索着看生命在晨曦中蘇醒。（下轉第17頁）

書刊評介

中華文物集成

蘇景坡

編輯兼發行者：國立中央博物圖書院館聯合管理處
總經銷處：華國出版社及臺中市振興路四四號
定價：精裝本臺幣四百元，平裝本三百元
出版日期：中華民國四十三年二月初版

本書內容包括圖片、凡例、目錄、概述等項，全部用銅版紙精印（除扉頁上之書名單印橙紅色外，餘皆藍黑色）。封面「中華文物集成」六字，集漢碑文；地爲古錦圖案綴成，古香古色，設計精緻！全書文物圖片五百（計銅器一〇〇，瓷器一〇〇，法書九〇，名畫一一〇，版刻一〇〇）幀，分訂五冊。每冊除列「概述」（即每一類文物之概括說明）一篇外，復附個別說明於每件文物之旁，覽者可以一目了然。

年來自由中國之文化出版事業，雖漸欣欣向榮，但能直接灌輸民族意識、宏揚祖國文化之巨著，尙少見到。在本書未問世以前，臺北藝文印書館曾發行「中國歷史參考圖譜」一套（共十二幅）；同時，敎育部社敎推行委員會亦有編印「中國文物影集」的計劃，是皆所謂空谷足音也。不過前者考證雖精，取材雖廣；但係掛圖性質，披覽或感不便。後者圖片及說明文字亦係中央博物圖書院館聯合管理處同人所編製，其文物種類雖多，（計分十七組，上起殷商，下訖近代。）部份內容（尤其銅器、名畫版刻等類圖片）似較差遜。茲就本書首輯內容評述如次：

第一冊爲銅器，計分六類，四十一屬目；共收銅器（包括「鉢」「鏡」等物）一二〇件，其件數雖視「參加倫敦中國藝術國際展覽會出品圖說」（民國廿五年商務印書館出版）第一冊所收爲少，但類別則較增多。本冊除列有「銅器概述」一篇外，其說明文字，包括品名、時代、形制（花紋）、尺寸、重量、銘文、著錄、出土等八項，亦較「倫敦藝展出品圖說」爲詳贍！

銅器之有圖，昉於宋代「皇祐三館古器圖」及劉敞所作「先秦古器記」（刻石）。其附圖解及釋文者，則自李公麟之「考古圖」始。但其書今並失傳，吾人所得見者，當以呂大臨「考古圖」一書爲最早。自趙宋至清同治以前，著錄銅器之法，率皆繪圖刻木，或刻於石，光、宣時代，乃有石印。民國以來，多用攝影；印以玻璃版。而著錄之書。大致可分二類，一爲圖象；一爲文字。前者多屬自藏，後者多屬彙集。本書於詳述各器著錄狀況外，兼及出土經過，尤具卓識！蓋就近代考古學觀點言，治銅器者，若不明瞭各該器物之出土地（或墓葬中的坑位）以及當時發掘情形，誠如盲人騎瞎馬，至多也不過和骨董家一樣地欣賞牠的花紋形態而已。本冊所列「父辛方鼎」、「毛公鼎」、「小臣遯毀」、「陳侯午錞」、「齊陳曼簠」、「乳丁罍」、「矢令方尊」、「□卣」、「頌壺」、「曾伯陭壺」、「獵紋鈁」、「散盤」、「王子匜」、「宗周鐘」、「金絲嵌成鳥篆劍」、「新衡」、「嘉量」等件，或以形制見稱，或以花紋精美；或則銘文特殊，或則攸關古史，胥爲著名重器。惟各器說明內容，不無疏略之處。如中博院藏品多列「色彩及斑銹」一項；而故宮藏品，則付闕如。其兩院藏器之「重量」，似亦未盡標明。再如銘文審釋部分，亦有可商，如謂□父乙鼎之銘文爲「□父乙五字」，亦欠妥！蓋「析子孫」三字尙未爲定釋也。又各器出土地之省縣市鎭名稱，亦應予以畫一，如「壽縣」上應加省名「安徽」二字；「州」（舊制，今廢。）字並應改作「縣」。餘如壹玖號寬兒鼎下「正書右行」之「正書」二字，似應刪去，否則每器銘文下均應加「正書」二字矣。他若「故宮』、』倫敦藝展出品圖說著錄」之『、』，每多漏列。——全部標點，亦欠明確。凡此均盼再版時加以訂正。

抑又有進者，本書對象既不限於考古專家，似應在個別說明中增列「用途」一項，詳述造器原委及其使用方法，藉以激發一般讀者的興趣！

綜觀本冊所列各器時代，以及分類（多以「倫敦圖說爲準）方法，均尙審愼。例如列「堇鼎」（戰國末期物）於戰國晚期，將大方鼎及小臣遯簋（均爲西周初年物）並入西周早期；雖嫌籠統，究較謹愼。至以獻侯鼎入早期，毛公厝鼎（亦非必爲成王時器）入晚期，恐尙難定讞。，再如困父乙甗、自作用劍（第玖陸號者）及鄭伯大司工召叔山父簠三器，或非原錯金；或出翻砂；或與金文銘辭（其稱爲「鄭伯」，在文獻上亦乏先例。）不類，難免令人置疑。他如鉢、鏡二項，似以列入「附錄」爲宜。該類（尋常用器）品名下之「均商器」三字，尤欠妥當！其權量類之玖捌號「新衡」品名下，復註以「新器」二字，亦嫌意複。

第二冊爲瓷器，就中除清瓷二十一件係中央博物院藏品外，其餘七十九件，均爲故宮博物院所藏宋以來之歷代名窯。本冊圖片總數，較「中國文物影集」所收增出一〇幀；其攝影技術既精，而每器圖形，亦較「倫敦藝展出品圖說」照片爲大。

本冊所列「瓷器概述」，尙稱簡明。其個別說明，包括時代、窯別、品名、尺寸等項。按我國瓷器實導源於陶器，陶器在新石器時代，即已能爲之。民初以來，在甘、青及河南、遼寧等省，皆迭有發見，世人通以仰韶陶瓷呼之，而殷商白陶、黑陶，或發現於龍山；或出土於安陽，均甚精緻。爾後漢代自西域輸入琉璃甚多，因有油藥之發明，於是陶器大興，銅器式微。直至李唐之世，始有眞正之瓷器出現，其時製瓷之窯，竟達二十餘處。今傳世蜀窯，琉璃廠窯越窯（晚近出土者）等瓷器，皆五代時物。自北宋四大名窯（定、汝、官、哥）以後，經元、明、清三朝之改進，日益精美！觀於本册所列，可知梗概矣。

第三册爲法書，共收晉以來之各家眞蹟九十種。計東晉三件（就中二件爲唐人摹本），唐七件；五代一件；宋三三件；南宋一六件；元一二件；明一八件；均係故宮所藏。

本册除列「概述」一篇外，尚附個別說明及書人小傳。所收歷代書家，包括帝王、將、相、名賢、才子、方外、隱逸，其質量俱較倫敦藝展出品爲豐！如晉之王右軍，唐之孫過庭、陸柬之、徐季海、釋懷素；周之楊景度；宋之徽宗及蔡、蘇、黃、米；元之趙子昂、鮮于伯機、倪元鎭、柯敬仲；明之沈石田、祝希哲、唐子畏、董玄宰，並屬書學巨擘。他若唐之褚河南、顏魯公，宋之歐陽、司馬、范氏父子、富韓公、呂惠穆、文潞公、林和靖；南渡後之李伯紀、韓良臣、張德遠、虞彬父、陸務觀、范致能、朱元晦、眞景元、吳雲壑、陸君實；元之虞伯生；明之宋景濂、劉伯溫、方希古、李賓之、王伯安、黃幼平，或爲重臣良輔，或以文章道德並著；或則寄跡山林，矢志不渝。吾人於臨池效法之餘，尤應崇敬其高風亮節！

惟就歷代書體言，本册所列（行書最多，草、楷次之。）似嫌單調。蓋我國文字形態奇特，變化萬端；其能在美術界占一席地，良非偶然。即如篆、隸諸體，（本册「概述」謂帶有美術性之篆、隸兩體，爲晉唐以後產物。殊屬不妥！）在應用方面雖其價値或漸消失；但就審美觀點言，固無礙其存在也。本書除首册「銅器」中附有銘文刻辭（包括商周鼎彝暨秦量莽權）外，其於先秦以來之石刻（如秦碣、漢碑、南北朝碑刻造像等）文字及六朝寫經（是項寫本出自敦煌石室，其眞實性遠過晉唐楷帖。）皆付闕如，不無微憾！

又本册「品名」一項，修辭方面，似欠精審？例如二二五號（其「次韻秦太虛見戲」七字，即可省略。）及二二六號（其「次辯才韻」四字，亦可省略。）之品名，均嫌煩瑣；二五一號之「答遠辱手翰」及二五七號品名中之「問」「康寧」等字，均宜省略。二〇七號之作者字而不名，以及二七八號作者方孝孺之「孺」，譌作「儒」（想係筆誤）。均盼於再版時加以更正。

第四册爲名畫，自唐之韓幹訖清之四王吳惲，共收圖片一一〇幀，除「唐人明皇幸蜀圖」、「宋李唐灸艾圖」係中博院藏品外，餘均國立北平故宮博物院所藏。

本册所列「概述」一篇，於國畫流派作扼括之闡釋，其各家小傳及個別說明（包括時代、品名、尺寸等），則附於每頁圖片之旁。以本册所列名畫數量與「倫敦藝展出品圖說」第三册相較，唐及五代之作，本册均較「倫敦圖說」爲多；宋、元、明、清四朝作品，則本册所收較「倫敦圖說」爲少。

我國有史時期的藝術，從殷商銅器時代積漸演進以至於今，達三千七百餘年之歷史；其間且有實物可資憑信，而尤足自豪者，即爲書、画兩項。由於吾國的書法與繪事相通，且能形成特殊之藝術，故於畫法之外，別有所謂書法，此在世界各國皆無其例。我國古代繪畫遺留至今者，漆器以戰國時之彩繪漆奩爲最早；絹本以近年長沙楚墓出土之采繒爲最古；其質量俱豐者，則推莫高、榆林、永靖諸窟之歷代（上起西魏下迄宋元）壁畫。但前者一鱗片爪，不足以窺全豹，後者僻處邊陲，一般的人們極少觀摩機會。惟有晉唐以來之傳世名畫（包括卷軸册頁），懷挾既便；流佈亦廣。本册所列，雖僅起自唐代，亦足以觀其會通矣！

第五册爲版刻，共收宋以來之精槧善本一百種。就中七十八種爲國立中央圖書館所藏，二十種爲故宮舊藏；兩種係中博院所藏。本册「概述」，首敍中國印刷術及雕版源流，次述歷代官私刻書情形；均尙簡明得體！其個別說明，分品名、（包括編譯人姓名）裝式、板框尺寸及雕刻年代、地點等項。如較之「倫敦圖說」第四册珍本古書說明略有異同，如本册詳註各書尺寸，而「圖說」則付闕如；本册僅標撰者姓名，而「圖說」兼及書之內容。

本册所列版刻（包括銅活字、朱墨套印、彩色套印本等）圖片，較之「倫敦藝展出品圖說」及「中國文物影集」所收，可謂質量俱豐！北宋刊本，如中央圖書館藏之「李賀歌詩編」（公牘紙印本）；佛經如中館之梵筴本東禪藏「雜阿含經」，故宮之「華嚴經普賢行願品」，均屬名槧。他若中博院之南宋浙刊「劉賓客文集」，中央圖書館之宋槧宋印「南宋羣賢小集」、「吳郡圖經續記」、「東都事略」、「吳郡志」等書，並皆海內孤本。金刊如故宮之「大佛頂首楞嚴經會解」、「宣和畫譜」；中館之「景德傳燈錄」、「金剛般若波羅蜜經」（至正間朱墨套印本，據此，知套印不始於明。）尤爲難得。至中館所藏朱明刊本，聞達數千種，就中除集部最多外；明代雜史，亦有可觀。本册所列，聊見一斑，關於太平天國資料，蓋因清廷查禁綦嚴，除歐美諸邦略有庋藏外，國內極罕流傳。本册所列之「英傑歸眞」一書（中央圖書館藏），係太平天國十一年辛酉殿刊本，在國內外尙無第二刻本發現，堪稱孤笈。

我國文字的記載，最早爲甲骨契辭和金石碑版上的銘刻，稍後遂有帛書、簡牘；直至紙張發明以後，才有卷子和書本。書本爲智識的源泉，精神的食糧；這是古今中外無可否認的事實。自大陸陷匪後，各文化機構（包括研究院、圖書館、博物院）運存臺灣的國有圖書，總計約達五十餘萬册，就中善本約居三分之二；而中館所藏即達十餘萬册，彌足珍貴！

客歲胡適之先生返國時，鑒於自由中國圖書資料的蘊藏豐富，曾與文物主管當局，擬定了影照存在臺灣的各種善本書和檔案的詳細計劃。一俟欵項籌足，即可進行工作，把珍貴的史料和圖書攝入小型影片（microfilm）之中，一部卷帙浩繁的書籍，轉瞬間便將成爲一小捲照片，且可加印若干副本，既便保存，又廣流傳，實亦現代圖書館之重要任務也。

吾人當本書發行之初，亦即胡先生主持攝製史料副本的前夕，更値自由中國歷史學會成立伊始，相信大陸共匪的改造歷史必無效果，摧殘文化亦屬徒勞，今後的漢學中心，已不復在過去的巴黎或京都，而將重建於臺灣！

讀者投書

儆寰先生：自由中國半月刊最近各期極力提倡簡體字運動，此舉實迫切需要，宜促請政府切實施行，刻不容緩也。民國初年許多學者曾極力提倡過，惜爲一般軍閥所反對，致未實行。抗戰前若干年，語文學家林語堂先生創辦「論語」，又復提倡簡體字，並改「論語」簡字版爲倡導，頗著成績。當時教育部似已將常用簡體字，公佈一批，時間太久，公佈的原文未加保存，手頭現有民國二十四年十月十四日廣州民國日報一張，茲將該報社論節錄如下：

「近教育部徇國語統一籌備委員會之請，公佈所謂簡體字，令各省市教育廳局採用，其力起而反對之者，湘省主席何鍵也。……而教育部漫不省察，最近復呈國府令下各省，得用簡體字於公牘，吾不知各省對此舉，將有如何主席之抗議與否？……教育部今當舉行之事亦多矣。如何教國人以保存固有道德，如何教國人以博采泰西文化，務其大者遠者，然後民族之復興，方有希望；不料其舍此大者遠者而弗爲，獨公佈所謂簡體字，既欲用於課本，欲復用於公牘，再接再厲，非廓延全國不止，其意之堅決如此也。嗚乎如此！」

此爲腐儒之見，宜乎政府不予理睬，然政府雖經公佈（教育部應有原案可查），或因推行不力，，致成具文。迄今相隔二十年，新增簡體字，當在不少，擬請教育部維持原案，繼續公佈並切實推行。區區之意，乞爲轉致爲感。耑此敬請

撰安

後學 李銳華 謹啓

四十三年五月二十一日於印尼

給讀者的報告

編者

繼總統副總統就職以後的第一件大事，便是新內閣之成立。由於各方對新閣寄望之殷，遠在新閣尚未組成之前，我們便曾作社論，提供一個理想人選應該具備的條件。現在新閣已經就職，輿論界對新閣人選的評論已多，我們無庸再贅。但新閣名單中，有一事值得吾人贊揚者，厥爲俞大維氏之以文人而被提名爲國防部長。在憲政歷史上，這件事是應該大書特書的。國防部長是文官，而現役軍人不得兼任文官，憲法上有明文規定。我們今後應嚴格遵奉這個良好的制度，使國家走上民治的正途。在社論(一)裏，我們從正反兩方面分析文人與武人治軍之利害，進而希望從此「確立文人治軍的制度」。

在社論(二)裏，我們評論立法院對俞內閣行使同意權措施之失當。立法機關對行政首長行使同意權必須根據其施政方針，而不可只以人爲標準。因爲行政院須對立法院負責，而負責必須以施政方針爲憑藉。這次立法院行使同意權並未邀俞氏報告施政計劃，實「給憲政開一惡例」。雖然根據「立法院議事規則」第五十三條，並無必須作施政報告的硬性規定；但依我國憲法的基本精神，該條彈性的規定是不當的。爲免這次惡例之再被引用，我們主張修改這一條議事規則。

朱伴耘先生評議美國對亞政策，有極警闢的見解。作者指出美國同意舉行日內瓦會議是外交上的重大失敗。現在美國在會議中進退失據，而對亞洲問題則處於兩面作戰的不利地位。這些嚴重的錯誤，必須從速糾正；美國應該擺脫英法的牽累，援助中韓越三國反攻，確立「反防並進」的積極政策。

最近數期以來，本刊屢次著文討論當前財經政策。我們一再積極主張，打開投資的門徑，促進工業生產，從根本上挽救財經的危機。本期我們更登載徐芸書先生的大文。徐先生引述中山先生的主張，說明全面利用外資實爲我國工業化的唯一的捷徑，而今日臺灣尤迫切有此需要。作者以滿腔熱忱擬具一個臺灣工業化綱領的輪廓，希望藉以引起各方的討論。歡迎外資雖爲當前政府所揭櫫的政策，但此必須見之於行動；首應掃除一切投資的種種限制與障礙，否則是不能收實效的。時不我與，不容瞻顧躊躇矣！

治學之道，首重「誠」「實」。若僞學眩世，則是學人所不取的。本期殷海光先生的大文乃在辨正一點邏輯問題。在知識與學問的面前，我們是馬虎不得的。

由此，我們要特別推薦本期的一篇譯文：「知識——最有力量的武器」。本文是哥大二百周年紀念學術演講的主題，爲該校校長科克博士所作，文中闡述學術自由的精義，足以發人深思。作者並特別指出「對知識加以負責的使用，乃是學術自由中不可缺少的一部份。」誠屬真知灼見。於此我們亦可明白爲什麼在學術自由的社會裏，甚少「妄言」；縱有，亦不足以「惑衆」也。然則今日中國的學人，其責任是何其重大了。

此外，本期通訊三篇。越南通訊報導奠邊府戰事經過甚詳，其對戰局與外交形勢之分析，極有見地，實與專論中朱文相印證。奠邊既失，河內告急，泰國將是共黨次一侵略之對象；而印尼的動向，亦頗堪吾人注視。故此三篇通訊，均可增進吾人對當前東南亞形勢之瞭解。

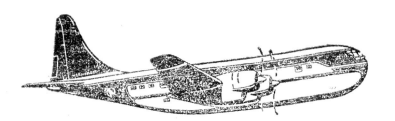

自由中國　半月刊　總第一一二號　第十卷第十二期

中華民國四十三年六月十六日出版

發行人兼主編　『自由中國編輯委員會』

出版者　自由中國社

社址：臺北市和平東路二段十八巷一號

電話：二八五七〇

航空版

香港辦事處　香港時報社　香港高士打道六四號

菲律賓辦事處　馬尼拉怡干洛街五〇二號三樓 3rd Floor, 502 Elcano St. Manila, Philippines

總經銷

臺灣　自由中國發行部

美國　中國書報發行所　國民日報社 Chinese Daily Post 809 Sacramento St., San Francisco, Calif. U.S.A.

加拿大　醒華日報 Shing Wah Daily News 12 Hagerman St. Toronto, Canada

經售者

日本　韓國　馬尼剌　印尼　越南　暹羅　緬甸　印度　澳洲　北婆羅洲　新加坡

東京[illegible]企業公司　釜山[illegible]洞新[illegible]行　大中華日報社　椰嘉達天聲日報　中華商報　[illegible]文化事業公司　[illegible]　[illegible]十一號　[illegible]書店　[illegible]　[illegible]田公司　[illegible]書店　[illegible]書報社

印刷處　精華印書館　廠址：臺北市長沙街二段六〇號　電話：二三四二九號

本刊經中華郵政登記認為第一類新聞紙類　臺灣郵政管理局新聞紙類登記執照第五九七號　臺灣郵政劃撥儲金帳戶第八一三九號

第十卷　第十二期　內政部雜誌登記證內警臺誌字第三八一號　臺灣省雜誌事業協會會員

自由中國
第九集

第十卷第一期至第十卷第十二期
1954.01-1954.06

數位重製・印刷　秀威資訊科技股份有限公司
http://www.showwe.com.tw
114 台北市內湖區瑞光路 76 巷 65 號 1 樓
電話：+886-2-2796-3638
傳真：+886-2-2796-1377
劃　撥　帳　號　19563868　戶名：秀威資訊科技股份有限公司
讀者服務信箱：service@showwe.com.tw
網　路　訂　購　秀威網路書店：https://store.showwe.tw
網路訂購：order@showwe.com.tw

2013 年 9 月
全套精裝印製工本費：新台幣 50,000 元（不分售）

Printed in Taiwan